资产证券化

规定·案例·文书

陈蕾 编

法律与政策工具箱

法律出版社
LAW PRESS·CHINA
北京

中国银行业监督管理委员会办公厅关于进一步加强信贷资产证券化业务管理工作的通知(2008年2月4日) ………… 341

中国银行业监督管理委员会关于进一步规范银行业金融机构信贷资产转让业务的通知(2010年12月3日) ………… 343

中国人民银行、中国银行业监督管理委员会、财政部关于进一步扩大信贷资产证券化试点有关事项的通知(2012年5月17日) ………… 346

中国人民银行、中国银行业监督管理委员会公告2013年第21号——关于规范信贷资产证券化发起机构风险自留行为的公告(2013年12月31日) ………… 349

中国银行业监督管理委员会办公厅关于信贷资产证券化备案登记工作流程的通知(2014年11月20日) ………… 350

中国人民银行公告2015年第7号——关于信贷资产支持证券发行管理有关事宜的公告(2015年3月26日) ………… 353

中国银监会办公厅关于银行业信贷资产流转集中登记的通知(2015年6月25日) ………… 355

中国银监会办公厅关于规范银行业金融机构信贷资产收益权转让业务的通知(2016年4月27日) ………… 356

商业银行理财业务监督管理办法(2018年9月26日) ………… 358

中国银保监会办公厅关于银行业金融机构信贷资产证券化信息登记有关事项的通知(2020年9月30日) ………… 381

二、业务规则和业务指引

银行间市场清算所股份有限公司关于信贷资产支持证券登记托管、清算结算业务的公告(2012年7月2日) ………… 384

中国银行间市场交易商协会关于发布《个人汽车贷款资产支持证券信息披露指引(试行)》、《个人住房抵押贷款资产支持证券信息披露指引(试行)》的公告(2015年5月15日) ………… 389

棚户区改造项目贷款资产支持证券信息披露指引(试行)

(2015 年 8 月 3 日) ·········· 408

个人消费贷款资产支持证券信息披露指引(试行)(2015 年 9 月 30 日) ·········· 416

中国银行间市场交易商协会关于发布《不良贷款资产支持证券信息披露指引(试行)》的公告(2016 年 4 月 19 日) ········ 426

信贷资产支持证券信息披露工作评价规程(试行)(2016 年 11 月 14 日) ·········· 434

微小企业贷款资产支持证券信息披露指引(2018 年 10 月 8 日) ·········· 441

第三篇 企业资产证券化

一、部门规范性文件

中国证监会机构监管部关于证券公司开展资产证券化业务试点有关问题的通知(2004 年 10 月 21 日) ········ 451

中国证券监督管理委员会关于证券投资基金投资资产支持证券有关事项的通知(2006 年 5 月 14 日) ········ 461

证券公司及基金管理公司子公司资产证券化业务管理规定(2014 年 11 月 19 日) ·········· 463

证券公司及基金管理公司子公司资产证券化业务信息披露指引(2014 年 11 月 19 日) ·········· 474

证券公司及基金管理公司子公司资产证券化业务尽职调查工作指引(2014 年 11 月 19 日) ·········· 480

国家发展改革委、中国证监会关于推进传统基础设施领域政府和社会资本合作(PPP)项目资产证券化相关工作的通知(2016 年 12 月 21 日) ·········· 485

中国证监会、住房城乡建设部关于推进住房租赁资产证券化相关工作的通知(2018 年 4 月 24 日) ·········· 488

资产证券化监管问答(一)(2016 年 5 月 13 日) ·········· 492

资产证券化监管问答(三)(2019 年 4 月 19 日) ·········· 493

二、业务规则和业务指引

中国证券投资基金业协会关于发布《资产支持专项计划备案管理办法》及配套规则的通知(2014年12月24日)·············495

中国证券投资基金业协会关于PPP项目资产证券化产品实施专人专岗备案的通知(2017年2月17日)·············520

中国证券投资基金业协会关于发布《政府和社会资本合作(PPP)项目资产证券化业务尽职调查工作细则》等系列自律规则的通知(2019年6月24日)·············521

上海证券交易所关于发布《上海证券交易所资产支持证券业务规则》的通知(2024年3月29日)·············550

上海证券交易所关于发布《上海证券交易所资产管理计划份额转让业务指引》的通知(2014年4月4日)·············567

上海证券交易所关于推进传统基础设施领域政府和社会资本合作(PPP)项目资产证券化业务的通知(2017年2月17日)·············574

上海证券交易所政府和社会资本合作(PPP)项目资产支持证券挂牌条件确认指南(2017年10月19日)·············575

上海证券交易所政府和社会资本合作(PPP)项目资产支持证券信息披露指南(2017年10月19日)·············582

上海证券交易所企业应收账款资产支持证券挂牌条件确认指南(2017年12月15日)·············592

上海证券交易所融资租赁债权资产支持证券挂牌条件确认指南(2018年2月9日)·············598

上海证券交易所融资租赁债权资产支持证券信息披露指南(2018年2月9日)·············606

上海证券交易所关于发布《上海证券交易所债券自律监管规则适用指引第4号——公司债券和资产支持证券信用风险管理》的通知(2023年10月20日)·············613

上海证券交易所基础设施类资产支持证券挂牌条件确认指

南(2018年6月8日) ····· 655

上海证券交易所基础设施类资产支持证券信息披露指南
（2018年6月8日） ····· 662

上海证券交易所关于发布《上海证券交易所债券自律监管规
则适用指引第5号——资产支持证券持续信息披露》的通
知(2024年3月29日) ····· 670

深圳证券交易所资产管理计划份额转让业务操作指南(2014
年12月修订) ····· 705

深圳证券交易所关于发布《深圳证券交易所资产证券化业务
指引(2014年修订)》的通知(2014年11月25日) ····· 711

深圳证券交易所关于推进传统基础设施领域政府和社会资
本合作(PPP)项目资产证券化业务的通知(2017年2月17
日) ····· 720

深圳证券交易所关于发布《深圳证券交易所政府和社会资本
合作(PPP)项目资产支持证券挂牌条件确认指南》、《深圳
证券交易所政府和社会资本合作(PPP)项目资产支持证
券信息披露指南》的通知(2017年10月19日) ····· 722

深圳证券交易所关于发布《深圳证券交易所企业应收账款资
产支持证券挂牌条件确认指南》和《深圳证券交易所企业
应收账款资产支持证券信息披露指南》的通知(2017年12
月15日) ····· 739

深圳证券交易所关于发布《深圳证券交易所融资租赁债权资
产支持证券挂牌条件确认指南》和《深圳证券交易所融资
租赁债权资产支持证券信息披露指南》的通知(2018年2
月9日) ····· 752

深圳证券交易所关于发布《深圳证券交易所基础设施类资产
支持证券挂牌条件确认指南》和《深圳证券交易所基础设
施类资产支持证券信息披露指南》的通知(2018年6月8
日) ····· 768

深圳证券交易所关于发布《深圳证券交易所资产支持证券存续期监管业务指引第2号——临时报告》的通知(2024年3月29日) ………………………………………………………… 784

深圳证券交易所关于发布《深圳证券交易所资产证券化业务指南第1号——挂牌条件确认业务办理》的通知(2020年12月31日) ………………………………………………… 802

深圳证券交易所关于发布《深圳证券交易所债券市场投资者适当性管理办法(2023年修订)》的通知(2023年10月20日) ……………………………………………………………… 813

第四篇　公募REITs
一、部门规章及规范性文件

中国证监会、国家发展改革委关于推进基础设施领域不动产投资信托基金(REITs)试点相关工作的通知(2020年4月24日) ………………………………………………………… 821

国家发展改革委办公厅关于建立全国基础设施领域不动产投资信托基金(REITs)试点项目库的通知(2021年1月13日) ……………………………………………………………… 825

国家发展改革委关于进一步做好基础设施领域不动产投资信托基金(REITs)试点工作的通知(2021年6月29日) …… 829

国家发展改革委办公厅关于加快推进基础设施领域不动产投资信托基金(REITs)有关工作的通知(2021年12月29日) ……………………………………………………………… 840

公开募集证券投资基金运作管理办法(2014年7月7日) …… 843

中国证券监督管理委员会关于实施《公开募集证券投资基金信息披露管理办法》有关问题的规定(2020年10月30日修正) ………………………………………………………… 857

公开募集基础设施证券投资基金指引(试行)(2023年10月20日修订) …………………………………………………… 860

中国银保监会办公厅关于保险资金投资公开募集基础设施

证券投资基金有关事项的通知(2021年11月10日)………… 880

财政部、税务总局关于基础设施领域不动产投资信托基金
（REITs）试点税收政策的公告(2022年1月26日) ………… 882

二、业务规则和业务指引

上海证券交易所关于发布《上海证券交易所公开募集基础设
施证券投资基金（REITs）业务办法（试行）》的通知(2021
年1月29日)…………………………………………………… 883

上海证券交易所关于发布《上海证券交易所公开募集基础设
施证券投资基金（REITs）规则适用指引第1号——审核关
注事项（试行）（2023年修订）》的通知(2023年5月12
日)……………………………………………………………… 901

上海证券交易所关于发布《上海证券交易所公开募集基础设
施证券投资基金（REITs）规则适用指引第2号——发售业
务（试行）》的通知(2021年1月29日)………………………… 921

上海证券交易所关于发布《上海证券交易所公开募集基础设
施证券投资基金（REITs）规则适用指引第3号——新购入
基础设施项目（试行）》的通知(2022年5月31日)…………… 935

上海证券交易所关于发布《上海证券交易所公开募集基础设
施证券投资基金（REITs）业务指南第1号——发售上市业
务办理》的通知(2021年4月30日) …………………………… 954

上海证券交易所公开募集基础设施证券投资基金（REITs）业
务指南第2号——存续业务(2021年6月17日) …………… 981

深圳证券交易所关于发布公开募集基础设施证券投资基金
配套业务规则的通知(2021年1月29日) …………………… 1001

深圳证券交易所关于发布《深圳证券交易所公开募集基础设
施证券投资基金业务指南第1号——发售上市业务办理》
的通知(2021年4月30日) ……………………………………… 1032

深圳证券交易所关于发布《深圳证券交易所公开募集基础设
施证券投资基金业务指南第2号——网下发行电子平台

用户手册》的通知(2021年4月30日) …………………… 1061

深圳证券交易所关于发布《深圳证券交易所公开募集基础设
施证券投资基金业务指南第3号——交易业务》的通知
(2021年6月18日) ………………………………………… 1118

深圳证券交易所关于发布《深圳证券交易所公开募集基础设
施证券投资基金业务指南第4号——存续期业务办理》的
通知(2021年7月15日) …………………………………… 1124

中国证券业协会关于发布《公开募集基础设施证券投资基金
网下投资者管理细则》的通知(2021年1月29日) ……… 1137

中国证券登记结算有限责任公司公开募集基础设施证券投
资基金登记结算业务实施细则(试行)(2021年2月5日)
…………………………………………………………………… 1148

中国证券登记结算有限责任公司上海证券交易所公开募集
基础设施证券投资基金登记结算业务指引(试行)(2022
年6月24日) ………………………………………………… 1151

中国证券登记结算有限责任公司深圳证券交易所公开募集
基础设施证券投资基金登记结算业务指引(试行)(2022
年6月24日) ………………………………………………… 1160

第五篇 保险资产支持计划

一、法规性文件

国务院关于加快发展现代保险服务业的若干意见(2014年8
月10日) ……………………………………………………… 1170

二、部门规章及规范性文件

项目资产支持计划试点业务监管口径(2014年7月28日) …… 1178
资产支持计划业务管理暂行办法(2021年12月8日修改)
…………………………………………………………………… 1180
国家发展改革委、中国保监会关于保险业支持重大工程建设
有关事项的指导意见(2015年9月24日) ……………… 1189
保险资金运用管理办法(2018年1月24日) ………………… 1192

保险资产管理产品管理暂行办法（2020 年 3 月 18 日）··············· 1207
中国银保监会办公厅关于资产支持计划和保险私募基金登
　　记有关事项的通知（2021 年 9 月 18 日）························ 1220

三、业务规则和业务指引

上海保险交易所股份有限公司关于发布《保险资产管理产品
　　登记办法》等业务制度的通知（2018 年 6 月 21 日）············ 1222

第六篇　资产支持票据

业务规则和业务指引

中国银行间市场交易商协会关于发布《非金融企业债务融资
　　工具尽职调查指引（2023 版）》的公告（2023 年 8 月 3 日）····· 1250
中国银行间市场交易商协会关于规范资产支持票据业务尽
　　职调查行为有关事项的通知（2021 年 1 月 5 日）··············· 1259
银行间市场清算所股份有限公司关于非金融企业资产支持
　　票据登记托管、清算结算业务的公告（2012 年 8 月 8 日）······ 1266

第二部分　典型案例

001　投资人是否能明确主张经济损失，系资产支持专项计
　　　划管理人是否承担侵权责任的重要前提之一 ·············· 1271
002　资产支持专项计划管理人是否存在违约行为的认定，
　　　在专项计划清算阶段投资人的具体损失金额的认定 ······ 1273
003　基础资产买卖协议的效力，基础资产与原始权益人是
　　　否实现有效风险隔离 ······································ 1276
004　资产支持专项计划的隔离效果，及监管账户内资金如
　　　何实现对"资金占有及所有"规则的突破 ················ 1278
005　差额支付约定及对差额支付义务提供担保的效力问题
　　　·· 1280
006　ABS 资产证券化中的票据行权要求 ····················· 1282
007　原始权益人在法院受理破产申请前一年内向资产支持

专项计划追加的抵押担保应否撤销? ………………………… 1285

第三部分 文 书 范 本

文书范本使用说明 ……………………………………………… 1290

第一部分　法 律 法 规

第一话 志华太姐

第一篇 总 则

中华人民共和国信托法

（2001年4月28日第九届全国人民代表大会常务委员会第二十一次会议通过 中华人民共和国主席令第50号 2001年4月28日公布 自2001年10月1日起施行）

第一章 总 则

第一条 为了调整信托关系，规范信托行为，保护信托当事人的合法权益，促进信托事业的健康发展，制定本法。

第二条 本法所称信托，是指委托人基于对受托人的信任，将其财产权委托给受托人，由受托人按委托人的意愿以自己的名义，为受益人的利益或者特定目的，进行管理或者处分的行为。

第三条 委托人、受托人、受益人（以下统称信托当事人）在中华人民共和国境内进行民事、营业、公益信托活动，适用本法。

第四条 受托人采取信托机构形式从事信托活动，其组织和管理由国务院制定具体办法。

第五条 信托当事人进行信托活动，必须遵守法律、行政法规，遵循自愿、公平和诚实信用原则，不得损害国家利益和社会公共利益。

第二章 信托的设立

第六条 设立信托，必须有合法的信托目的。

第七条 设立信托，必须有确定的信托财产，并且该信托财产必须是委托人合法所有的财产。

本法所称财产包括合法的财产权利。

第八条 设立信托,应当采取书面形式。

书面形式包括信托合同、遗嘱或者法律、行政法规规定的其他书面文件等。

采取信托合同形式设立信托的,信托合同签订时,信托成立。采取其他书面形式设立信托的,受托人承诺信托时,信托成立。

第九条 设立信托,其书面文件应当载明下列事项:

(一)信托目的;

(二)委托人、受托人的姓名或者名称、住所;

(三)受益人或者受益人范围;

(四)信托财产的范围、种类及状况;

(五)受益人取得信托利益的形式、方法。

除前款所列事项外,可以载明信托期限、信托财产的管理方法、受托人的报酬、新受托人的选任方式、信托终止事由等事项。

第十条 设立信托,对于信托财产,有关法律、行政法规规定应当办理登记手续的,应当依法办理信托登记。

未依照前款规定办理信托登记的,应当补办登记手续;不补办的,该信托不产生效力。

第十一条 有下列情形之一的,信托无效:

(一)信托目的违反法律、行政法规或者损害社会公共利益;

(二)信托财产不能确定;

(三)委托人以非法财产或者本法规定不得设立信托的财产设立信托;

(四)专以诉讼或者讨债为目的设立信托;

(五)受益人或者受益人范围不能确定;

(六)法律、行政法规规定的其他情形。

第十二条 委托人设立信托损害其债权人利益的,债权人有权申请人民法院撤销该信托。

人民法院依照前款规定撤销信托的,不影响善意受益人已经取得的信托利益。

本条第一款规定的申请权,自债权人知道或者应当知道撤销原因之日起一年内不行使的,归于消灭。

第十三条 设立遗嘱信托,应当遵守继承法关于遗嘱的规定。

遗嘱指定的人拒绝或者无能力担任受托人的,由受益人另行选任受托人;受益人为无民事行为能力人或者限制民事行为能力人的,依法由其监护人代行选任。遗嘱对选任受托人另有规定的,从其规定。

第三章 信托财产

第十四条 受托人因承诺信托而取得的财产是信托财产。

受托人因信托财产的管理运用、处分或者其他情形而取得的财产,也归入信托财产。

法律、行政法规禁止流通的财产,不得作为信托财产。

法律、行政法规限制流通的财产,依法经有关主管部门批准后,可以作为信托财产。

第十五条 信托财产与委托人未设立信托的其他财产相区别。设立信托后,委托人死亡或者依法解散、被依法撤销、被宣告破产时,委托人是唯一受益人的,信托终止,信托财产作为其遗产或者清算财产;委托人不是唯一受益人的,信托存续,信托财产不作为其遗产或者清算财产;但作为共同受益人的委托人死亡或者依法解散、被依法撤销、被宣告破产时,其信托受益权作为其遗产或者清算财产。

第十六条 信托财产与属于受托人所有的财产(以下简称固有财产)相区别,不得归入受托人的固有财产或者成为固有财产的一部分。

受托人死亡或者依法解散、被依法撤销、被宣告破产而终止,信托财产不属于其遗产或者清算财产。

第十七条 除因下列情形之一外,对信托财产不得强制执行:

(一)设立信托前债权人已对该信托财产享有优先受偿的权利,并依法行使该权利的;

(二)受托人处理信托事务所产生债务,债权人要求清偿该债务的；

（三）信托财产本身应担负的税款；

（四）法律规定的其他情形。

对于违反前款规定而强制执行信托财产，委托人、受托人或者受益人有权向人民法院提出异议。

第十八条 受托人管理运用、处分信托财产所产生的债权，不得与其固有财产产生的债务相抵销。

受托人管理运用、处分不同委托人的信托财产所产生的债权债务，不得相互抵销。

第四章 信托当事人

第一节 委托人

第十九条 委托人应当是具有完全民事行为能力的自然人、法人或者依法成立的其他组织。

第二十条 委托人有权了解其信托财产的管理运用、处分及收支情况，并有权要求受托人作出说明。

委托人有权查阅、抄录或者复制与其信托财产有关的信托帐目以及处理信托事务的其他文件。

第二十一条 因设立信托时未能预见的特别事由，致使信托财产的管理方法不利于实现信托目的或者不符合受益人的利益时，委托人有权要求受托人调整该信托财产的管理方法。

第二十二条 受托人违反信托目的处分信托财产或者因违背管理职责、处理信托事务不当致使信托财产受到损失的，委托人有权申请人民法院撤销该处分行为，并有权要求受托人恢复信托财产的原状或者予以赔偿；该信托财产的受让人明知是违反信托目的而接受该财产的，应当予以返还或者予以赔偿。

前款规定的申请权，自委托人知道或者应当知道撤销原因之日起一年内不行使的，归于消灭。

第二十三条 受托人违反信托目的处分信托财产或者管理运用、

处分信托财产有重大过失的,委托人有权依照信托文件的规定解任受托人,或者申请人民法院解任受托人。

第二节 受 托 人

第二十四条 受托人应当是具有完全民事行为能力的自然人、法人。

法律、行政法规对受托人的条件另有规定的,从其规定。

第二十五条 受托人应当遵守信托文件的规定,为受益人的最大利益处理信托事务。

受托人管理信托财产,必须恪尽职守,履行诚实、信用、谨慎、有效管理的义务。

第二十六条 受托人除依照本法规定取得报酬外,不得利用信托财产为自己谋取利益。

受托人违反前款规定,利用信托财产为自己谋取利益的,所得利益归入信托财产。

第二十七条 受托人不得将信托财产转为其固有财产。受托人将信托财产转为其固有财产的,必须恢复该信托财产的原状;造成信托财产损失的,应当承担赔偿责任。

第二十八条 受托人不得将其固有财产与信托财产进行交易或者将不同委托人的信托财产进行相互交易,但信托文件另有规定或者经委托人或者受益人同意,并以公平的市场价格进行交易的除外。

受托人违反前款规定,造成信托财产损失的,应当承担赔偿责任。

第二十九条 受托人必须将信托财产与其固有财产分别管理、分别记帐,并将不同委托人的信托财产分别管理、分别记帐。

第三十条 受托人应当自己处理信托事务,但信托文件另有规定或者有不得已事由的,可以委托他人代为处理。

受托人依法将信托事务委托他人代理的,应当对他人处理信托事务的行为承担责任。

第三十一条 同一信托的受托人有两个以上的,为共同受托人。

共同受托人应当共同处理信托事务,但信托文件规定对某些具体事务由受托人分别处理的,从其规定。

共同受托人共同处理信托事务,意见不一致时,按信托文件规定处理;信托文件未规定的,由委托人、受益人或者其利害关系人决定。

第三十二条 共同受托人处理信托事务对第三人所负债务,应当承担连带清偿责任。第三人对共同受托人之一所作的意思表示,对其他受托人同样有效。

共同受托人之一违反信托目的处分信托财产或者因违背管理职责、处理信托事务不当致使信托财产受到损失的,其他受托人应当承担连带赔偿责任。

第三十三条 受托人必须保存处理信托事务的完整记录。

受托人应当每年定期将信托财产的管理运用、处分及收支情况,报告委托人和受益人。

受托人对委托人、受益人以及处理信托事务的情况和资料负有依法保密的义务。

第三十四条 受托人以信托财产为限向受益人承担支付信托利益的义务。

第三十五条 受托人有权依照信托文件的约定取得报酬。信托文件未作事先约定的,经信托当事人协商同意,可以作出补充约定;未作事先约定和补充约定的,不得收取报酬。

约定的报酬经信托当事人协商同意,可以增减其数额。

第三十六条 受托人违反信托目的处分信托财产或者因违背管理职责、处理信托事务不当致使信托财产受到损失的,在未恢复信托财产的原状或者未予赔偿前,不得请求给付报酬。

第三十七条 受托人因处理信托事务所支出的费用、对第三人所负债务,以信托财产承担。受托人以其固有财产先行支付的,对信托财产享有优先受偿的权利。

受托人违背管理职责或者处理信托事务不当对第三人所负债务或者自己所受到的损失,以其固有财产承担。

第三十八条 设立信托后,经委托人和受益人同意,受托人可以辞任。本法对公益信托的受托人辞任另有规定的,从其规定。

受托人辞任的,在新受托人选出前仍应履行管理信托事务的职责。

第三十九条 受托人有下列情形之一的,其职责终止:

(一)死亡或者被依法宣告死亡;

(二)被依法宣告为无民事行为能力人或者限制民事行为能力人;

(三)被依法撤销或者被宣告破产;

(四)依法解散或者法定资格丧失;

(五)辞任或者被解任;

(六)法律、行政法规规定的其他情形。

受托人职责终止时,其继承人或者遗产管理人、监护人、清算人应当妥善保管信托财产,协助新受托人接管信托事务。

第四十条 受托人职责终止的,依照信托文件规定选任新受托人;信托文件未规定的,由委托人选任;委托人不指定或者无能力指定的,由受益人选任;受益人为无民事行为能力人或者限制民事行为能力人的,依法由其监护人代行选任。

原受托人处理信托事务的权利和义务,由新受托人承继。

第四十一条 受托人有本法第三十九条第一款第(三)项至第(六)项所列情形之一,职责终止的,应当作出处理信托事务的报告,并向新受托人办理信托财产和信托事务的移交手续。

前款报告经委托人或者受益人认可,原受托人就报告中所列事项解除责任。但原受托人有不正当行为的除外。

第四十二条 共同受托人之一职责终止的,信托财产由其他受托人管理和处分。

第三节 受 益 人

第四十三条 受益人是在信托中享有信托受益权的人。受益人可以是自然人、法人或者依法成立的其他组织。

委托人可以是受益人,也可以是同一信托的唯一受益人。

受托人可以是受益人,但不得是同一信托的唯一受益人。

第四十四条 受益人自信托生效之日起享有信托受益权。信托文件另有规定的,从其规定。

第四十五条 共同受益人按照信托文件的规定享受信托利益。信托文件对信托利益的分配比例或者分配方法未作规定的,各受益人按照均等的比例享受信托利益。

第四十六条 受益人可以放弃信托受益权。

全体受益人放弃信托受益权的,信托终止。

部分受益人放弃信托受益权的,被放弃的信托受益权按下列顺序确定归属:

(一)信托文件规定的人;

(二)其他受益人;

(三)委托人或者其继承人。

第四十七条 受益人不能清偿到期债务的,其信托受益权可以用于清偿债务,但法律、行政法规以及信托文件有限制性规定的除外。

第四十八条 受益人的信托受益权可以依法转让和继承,但信托文件有限制性规定的除外。

第四十九条 受益人可以行使本法第二十条至第二十三条规定的委托人享有的权利。受益人行使上述权利,与委托人意见不一致时,可以申请人民法院作出裁定。

受托人有本法第二十二条第一款所列行为,共同受益人之一申请人民法院撤销该处分行为的,人民法院所作出的撤销裁定,对全体共同受益人有效。

第五章 信托的变更与终止

第五十条 委托人是唯一受益人的,委托人或者其继承人可以解除信托。信托文件另有规定的,从其规定。

第五十一条 设立信托后,有下列情形之一的,委托人可以变更受益人或者处分受益人的信托受益权:

（一）受益人对委托人有重大侵权行为；

（二）受益人对其他共同受益人有重大侵权行为；

（三）经受益人同意；

（四）信托文件规定的其他情形。

有前款第（一）项、第（三）项、第（四）项所列情形之一的，委托人可以解除信托。

第五十二条　信托不因委托人或者受托人的死亡、丧失民事行为能力、依法解散、被依法撤销或者被宣告破产而终止，也不因受托人的辞任而终止。但本法或者信托文件另有规定的除外。

第五十三条　有下列情形之一的，信托终止：

（一）信托文件规定的终止事由发生；

（二）信托的存续违反信托目的；

（三）信托目的已经实现或者不能实现；

（四）信托当事人协商同意；

（五）信托被撤销；

（六）信托被解除。

第五十四条　信托终止的，信托财产归属于信托文件规定的人；信托文件未规定的，按下列顺序确定归属：

（一）受益人或者其继承人；

（二）委托人或者其继承人。

第五十五条　依照前条规定，信托财产的归属确定后，在该信托财产转移给权利归属人的过程中，信托视为存续，权利归属人视为受益人。

第五十六条　信托终止后，人民法院依据本法第十七条的规定对原信托财产进行强制执行的，以权利归属人为被执行人。

第五十七条　信托终止后，受托人依照本法规定行使请求给付报酬、从信托财产中获得补偿的权利时，可以留置信托财产或者对信托财产的权利归属人提出请求。

第五十八条　信托终止的，受托人应当作出处理信托事务的清算报告。受益人或者信托财产的权利归属人对清算报告无异议的,受托人就清算报告所列事项解除责任。但受托人有不正当行为的除外。

第六章 公 益 信 托

第五十九条 公益信托适用本章规定。本章未规定的,适用本法及其他相关法律的规定。

第六十条 为了下列公共利益目的之一而设立的信托,属于公益信托:

(一)救济贫困;

(二)救助灾民;

(三)扶助残疾人;

(四)发展教育、科技、文化、艺术、体育事业;

(五)发展医疗卫生事业;

(六)发展环境保护事业,维护生态环境;

(七)发展其他社会公益事业。

第六十一条 国家鼓励发展公益信托。

第六十二条 公益信托的设立和确定其受托人,应当经有关公益事业的管理机构(以下简称公益事业管理机构)批准。

未经公益事业管理机构的批准,不得以公益信托的名义进行活动。

公益事业管理机构对于公益信托活动应当给予支持。

第六十三条 公益信托的信托财产及其收益,不得用于非公益目的。

第六十四条 公益信托应当设置信托监察人。

信托监察人由信托文件规定。信托文件未规定的,由公益事业管理机构指定。

第六十五条 信托监察人有权以自己的名义,为维护受益人的利益,提起诉讼或者实施其他法律行为。

第六十六条 公益信托的受托人未经公益事业管理机构批准,不得辞任。

第六十七条　公益事业管理机构应当检查受托人处理公益信托事务的情况及财产状况。

受托人应当至少每年一次作出信托事务处理情况及财产状况报告，经信托监察人认可后，报公益事业管理机构核准，并由受托人予以公告。

第六十八条　公益信托的受托人违反信托义务或者无能力履行其职责的，由公益事业管理机构变更受托人。

第六十九条　公益信托成立后，发生设立信托时不能预见的情形，公益事业管理机构可以根据信托目的，变更信托文件中的有关条款。

第七十条　公益信托终止的，受托人应当于终止事由发生之日起十五日内，将终止事由和终止日期报告公益事业管理机构。

第七十一条　公益信托终止的，受托人作出的处理信托事务的清算报告，应当经信托监察人认可后，报公益事业管理机构核准，并由受托人予以公告。

第七十二条　公益信托终止，没有信托财产权利归属人或者信托财产权利归属人是不特定的社会公众的，经公益事业管理机构批准，受托人应当将信托财产用于与原公益目的相近似的目的，或者将信托财产转移给具有近似目的的公益组织或者其他公益信托。

第七十三条　公益事业管理机构违反本法规定的，委托人、受托人或者受益人有权向人民法院起诉。

第七章　附　　则

第七十四条　本法自 2001 年 10 月 1 日起施行。

第一篇 总则

中华人民共和国企业破产法

(2006年8月27日第十届全国人民代表大会常务委员会第二十三次会议通过 中华人民共和国主席令第54号 2006年8月27日公布 自2007年6月1日起施行)

第一章 总 则

第一条 为规范企业破产程序,公平清理债权债务,保护债权人和债务人的合法权益,维护社会主义市场经济秩序,制定本法。

第二条 企业法人不能清偿到期债务,并且资产不足以清偿全部债务或者明显缺乏清偿能力的,依照本法规定清理债务。

企业法人有前款规定情形,或者有明显丧失清偿能力可能的,可以依照本法规定进行重整。

第三条 破产案件由债务人住所地人民法院管辖。

第四条 破产案件审理程序,本法没有规定的,适用民事诉讼法的有关规定。

第五条 依照本法开始的破产程序,对债务人在中华人民共和国领域外的财产发生效力。

对外国法院作出的发生法律效力的破产案件的判决、裁定,涉及债务人在中华人民共和国领域内的财产,申请或者请求人民法院承认和执行的,人民法院依照中华人民共和国缔结或者参加的国际条约,或者按照互惠原则进行审查,认为不违反中华人民共和国法律的基本原则,不损害国家主权、安全和社会公共利益,不损害中华人民共和国领域内债权人的合法权益的,裁定承认和执行。

第六条 人民法院审理破产案件,应当依法保障企业职工的合法权益,依法追究破产企业经营管理人员的法律责任。

第二章　申请和受理

第一节　申　　请

第七条　债务人有本法第二条规定的情形,可以向人民法院提出重整、和解或者破产清算申请。

债务人不能清偿到期债务,债权人可以向人民法院提出对债务人进行重整或者破产清算的申请。

企业法人已解散但未清算或者未清算完毕,资产不足以清偿债务的,依法负有清算责任的人应当向人民法院申请破产清算。

第八条　向人民法院提出破产申请,应当提交破产申请书和有关证据。

破产申请书应当载明下列事项:

(一)申请人、被申请人的基本情况;

(二)申请目的;

(三)申请的事实和理由;

(四)人民法院认为应当载明的其他事项。

债务人提出申请的,还应当向人民法院提交财产状况说明、债务清册、债权清册、有关财务会计报告、职工安置预案以及职工工资的支付和社会保险费用的缴纳情况。

第九条　人民法院受理破产申请前,申请人可以请求撤回申请。

第二节　受　　理

第十条　债权人提出破产申请的,人民法院应当自收到申请之日起五日内通知债务人。债务人对申请有异议的,应当自收到人民法院的通知之日起七日内向人民法院提出。人民法院应当自异议期满之日起十日内裁定是否受理。

除前款规定的情形外,人民法院应当自收到破产申请之日起十五日内裁定是否受理。

有特殊情况需要延长前两款规定的裁定受理期限的,经上一级人民法院批准,可以延长十五日。

第十一条 人民法院受理破产申请的,应当自裁定作出之日起五日内送达申请人。

债权人提出申请的,人民法院应当自裁定作出之日起五日内送达债务人。债务人应当自裁定送达之日起十五日内,向人民法院提交财产状况说明、债务清册、债权清册、有关财务会计报告以及职工工资的支付和社会保险费用的缴纳情况。

第十二条 人民法院裁定不受理破产申请的,应当自裁定作出之日起五日内送达申请人并说明理由。申请人对裁定不服的,可以自裁定送达之日起十日内向上一级人民法院提起上诉。

人民法院受理破产申请后至破产宣告前,经审查发现债务人不符合本法第二条规定情形的,可以裁定驳回申请。申请人对裁定不服的,可以自裁定送达之日起十日内向上一级人民法院提起上诉。

第十三条 人民法院裁定受理破产申请的,应当同时指定管理人。

第十四条 人民法院应当自裁定受理破产申请之日起二十五日内通知已知债权人,并予以公告。

通知和公告应当载明下列事项:

(一)申请人、被申请人的名称或者姓名;

(二)人民法院受理破产申请的时间;

(三)申报债权的期限、地点和注意事项;

(四)管理人的名称或者姓名及其处理事务的地址;

(五)债务人的债务人或者财产持有人应当向管理人清偿债务或者交付财产的要求;

(六)第一次债权人会议召开的时间和地点;

(七)人民法院认为应当通知和公告的其他事项。

第十五条 自人民法院受理破产申请的裁定送达债务人之日起至破产程序终结之日,债务人的有关人员承担下列义务:

(一)妥善保管其占有和管理的财产、印章和账簿、文书等资料;

(二)根据人民法院、管理人的要求进行工作,并如实回答询问;

(三)列席债权人会议并如实回答债权人的询问;

(四)未经人民法院许可,不得离开住所地;

(五)不得新任其他企业的董事、监事、高级管理人员。

前款所称有关人员,是指企业的法定代表人;经人民法院决定,可以包括企业的财务管理人员和其他经营管理人员。

第十六条　人民法院受理破产申请后,债务人对个别债权人的债务清偿无效。

第十七条　人民法院受理破产申请后,债务人的债务人或者财产持有人应当向管理人清偿债务或者交付财产。

债务人的债务人或者财产持有人故意违反前款规定向债务人清偿债务或者交付财产,使债权人受到损失的,不免除其清偿债务或者交付财产的义务。

第十八条　人民法院受理破产申请后,管理人对破产申请受理前成立而债务人和对方当事人均未履行完毕的合同有权决定解除或者继续履行,并通知对方当事人。管理人自破产申请受理之日起二个月内未通知对方当事人,或者自收到对方当事人催告之日起三十日内未答复的,视为解除合同。

管理人决定继续履行合同的,对方当事人应当履行;但是,对方当事人有权要求管理人提供担保。管理人不提供担保的,视为解除合同。

第十九条　人民法院受理破产申请后,有关债务人财产的保全措施应当解除,执行程序应当中止。

第二十条　人民法院受理破产申请后,已经开始而尚未终结的有关债务人的民事诉讼或者仲裁应当中止;在管理人接管债务人的财产后,该诉讼或者仲裁继续进行。

第二十一条　人民法院受理破产申请后,有关债务人的民事诉讼,只能向受理破产申请的人民法院提起。

第三章 管 理 人

第二十二条 管理人由人民法院指定。

债权人会议认为管理人不能依法、公正执行职务或者有其他不能胜任职务情形的,可以申请人民法院予以更换。

指定管理人和确定管理人报酬的办法,由最高人民法院规定。

第二十三条 管理人依照本法规定执行职务,向人民法院报告工作,并接受债权人会议和债权人委员会的监督。

管理人应当列席债权人会议,向债权人会议报告职务执行情况,并回答询问。

第二十四条 管理人可以由有关部门、机构的人员组成的清算组或者依法设立的律师事务所、会计师事务所、破产清算事务所等社会中介机构担任。

人民法院根据债务人的实际情况,可以在征询有关社会中介机构的意见后,指定该机构具备相关专业知识并取得执业资格的人员担任管理人。

有下列情形之一的,不得担任管理人:

(一)因故意犯罪受过刑事处罚;

(二)曾被吊销相关专业执业证书;

(三)与本案有利害关系;

(四)人民法院认为不宜担任管理人的其他情形。

个人担任管理人的,应当参加执业责任保险。

第二十五条 管理人履行下列职责:

(一)接管债务人的财产、印章和账簿、文书等资料;

(二)调查债务人财产状况,制作财产状况报告;

(三)决定债务人的内部管理事务;

(四)决定债务人的日常开支和其他必要开支;

(五)在第一次债权人会议召开之前,决定继续或者停止债务人的营业;

（六）管理和处分债务人的财产；

（七）代表债务人参加诉讼、仲裁或者其他法律程序；

（八）提议召开债权人会议；

（九）人民法院认为管理人应当履行的其他职责。

本法对管理人的职责另有规定的，适用其规定。

第二十六条 在第一次债权人会议召开之前，管理人决定继续或者停止债务人的营业或者有本法第六十九条规定行为之一的，应当经人民法院许可。

第二十七条 管理人应当勤勉尽责，忠实执行职务。

第二十八条 管理人经人民法院许可，可以聘用必要的工作人员。

管理人的报酬由人民法院确定。债权人会议对管理人的报酬有异议的，有权向人民法院提出。

第二十九条 管理人没有正当理由不得辞去职务。管理人辞去职务应当经人民法院许可。

第四章　债务人财产

第三十条 破产申请受理时属于债务人的全部财产，以及破产申请受理后至破产程序终结前债务人取得的财产，为债务人财产。

第三十一条 人民法院受理破产申请前一年内，涉及债务人财产的下列行为，管理人有权请求人民法院予以撤销：

（一）无偿转让财产的；

（二）以明显不合理的价格进行交易的；

（三）对没有财产担保的债务提供财产担保的；

（四）对未到期的债务提前清偿的；

（五）放弃债权的。

第三十二条 人民法院受理破产申请前六个月内，债务人有本法第二条第一款规定的情形，仍对个别债权人进行清偿的，管理人有权请求人民法院予以撤销。但是，个别清偿使债务人财产受益的除外。

第三十三条 涉及债务人财产的下列行为无效：

（一）为逃避债务而隐匿、转移财产的；

（二）虚构债务或者承认不真实的债务的。

第三十四条 因本法第三十一条、第三十二条或者第三十三条规定的行为而取得的债务人的财产，管理人有权追回。

第三十五条 人民法院受理破产申请后，债务人的出资人尚未完全履行出资义务的，管理人应当要求该出资人缴纳所认缴的出资，而不受出资期限的限制。

第三十六条 债务人的董事、监事和高级管理人员利用职权从企业获取的非正常收入和侵占的企业财产，管理人应当追回。

第三十七条 人民法院受理破产申请后，管理人可以通过清偿债务或者提供为债权人接受的担保，取回质物、留置物。

前款规定的债务清偿或者替代担保，在质物或者留置物的价值低于被担保的债权额时，以该质物或者留置物当时的市场价值为限。

第三十八条 人民法院受理破产申请后，债务人占有的不属于债务人的财产，该财产的权利人可以通过管理人取回。但是，本法另有规定的除外。

第三十九条 人民法院受理破产申请时，出卖人已将买卖标的物向作为买受人的债务人发运，债务人尚未收到且未付清全部价款的，出卖人可以取回在运途中的标的物。但是，管理人可以支付全部价款，请求出卖人交付标的物。

第四十条 债权人在破产申请受理前对债务人负有债务的，可以向管理人主张抵销。但是，有下列情形之一的，不得抵销：

（一）债务人的债务人在破产申请受理后取得他人对债务人的债权的；

（二）债权人已知债务人有不能清偿到期债务或者破产申请的事实，对债务人负担债务的；但是，债权人因为法律规定或者有破产申请一年前所发生的原因而负担债务的除外；

（三）债务人的债务人已知债务人有不能清偿到期债务或者破产

申请的事实,对债务人取得债权的;但是,债务人的债务人因为法律规定或者有破产申请一年前所发生的原因而取得债权的除外。

第五章 破产费用和共益债务

第四十一条 人民法院受理破产申请后发生的下列费用,为破产费用:

(一)破产案件的诉讼费用;

(二)管理、变价和分配债务人财产的费用;

(三)管理人执行职务的费用、报酬和聘用工作人员的费用。

第四十二条 人民法院受理破产申请后发生的下列债务,为共益债务:

(一)因管理人或者债务人请求对方当事人履行双方均未履行完毕的合同所产生的债务;

(二)债务人财产受无因管理所产生的债务;

(三)因债务人不当得利所产生的债务;

(四)为债务人继续营业而应支付的劳动报酬和社会保险费用以及由此产生的其他债务;

(五)管理人或者相关人员执行职务致人损害所产生的债务;

(六)债务人财产致人损害所产生的债务。

第四十三条 破产费用和共益债务由债务人财产随时清偿。

债务人财产不足以清偿所有破产费用和共益债务的,先行清偿破产费用。

债务人财产不足以清偿所有破产费用或者共益债务的,按照比例清偿。

债务人财产不足以清偿破产费用的,管理人应当提请人民法院终结破产程序。人民法院应当自收到请求之日起十五日内裁定终结破产程序,并予以公告。

第六章 债权申报

第四十四条 人民法院受理破产申请时对债务人享有债权的债权人，依照本法规定的程序行使权利。

第四十五条 人民法院受理破产申请后，应当确定债权人申报债权的期限。债权申报期限自人民法院发布受理破产申请公告之日起计算，最短不得少于三十日，最长不得超过三个月。

第四十六条 未到期的债权，在破产申请受理时视为到期。

附利息的债权自破产申请受理时起停止计息。

第四十七条 附条件、附期限的债权和诉讼、仲裁未决的债权，债权人可以申报。

第四十八条 债权人应当在人民法院确定的债权申报期限内向管理人申报债权。

债务人所欠职工的工资和医疗、伤残补助、抚恤费用，所欠的应当划入职工个人账户的基本养老保险、基本医疗保险费用，以及法律、行政法规规定应当支付给职工的补偿金，不必申报，由管理人调查后列出清单并予以公示。职工对清单记载有异议的，可以要求管理人更正；管理人不予更正的，职工可以向人民法院提起诉讼。

第四十九条 债权人申报债权时，应当书面说明债权的数额和有无财产担保，并提交有关证据。申报的债权是连带债权的，应当说明。

第五十条 连带债权人可以由其中一人代表全体连带债权人申报债权，也可以共同申报债权。

第五十一条 债务人的保证人或者其他连带债务人已经代替债务人清偿债务的，以其对债务人的求偿权申报债权。

债务人的保证人或者其他连带债务人尚未代替债务人清偿债务的，以其对债务人的将来求偿权申报债权。但是，债权人已经向管理人申报全部债权的除外。

第五十二条 连带债务人数人被裁定适用本法规定的程序的，其债权人有权就全部债权分别在各破产案件中申报债权。

第五十三条 管理人或者债务人依照本法规定解除合同的,对方当事人以因合同解除所产生的损害赔偿请求权申报债权。

第五十四条 债务人是委托合同的委托人,被裁定适用本法规定的程序,受托人不知该事实,继续处理委托事务的,受托人以由此产生的请求权申报债权。

第五十五条 债务人是票据的出票人,被裁定适用本法规定的程序,该票据的付款人继续付款或者承兑的,付款人以由此产生的请求权申报债权。

第五十六条 在人民法院确定的债权申报期限内,债权人未申报债权的,可以在破产财产最后分配前补充申报;但是,此前已进行的分配,不再对其补充分配。为审查和确认补充申报债权的费用,由补充申报人承担。

债权人未依照本法规定申报债权的,不得依照本法规定的程序行使权利。

第五十七条 管理人收到债权申报材料后,应当登记造册,对申报的债权进行审查,并编制债权表。

债权表和债权申报材料由管理人保存,供利害关系人查阅。

第五十八条 依照本法第五十七条规定编制的债权表,应当提交第一次债权人会议核查。

债务人、债权人对债权表记载的债权无异议的,由人民法院裁定确认。

债务人、债权人对债权表记载的债权有异议的,可以向受理破产申请的人民法院提起诉讼。

第七章　债权人会议

第一节　一般规定

第五十九条 依法申报债权的债权人为债权人会议的成员,有权参加债权人会议,享有表决权。

债权尚未确定的债权人,除人民法院能够为其行使表决权而临时确定债权额的外,不得行使表决权。

对债务人的特定财产享有担保权的债权人,未放弃优先受偿权利的,对于本法第六十一条第一款第七项、第十项规定的事项不享有表决权。

债权人可以委托代理人出席债权人会议,行使表决权。代理人出席债权人会议,应当向人民法院或者债权人会议主席提交债权人的授权委托书。

债权人会议应当有债务人的职工和工会的代表参加,对有关事项发表意见。

第六十条 债权人会议设主席一人,由人民法院从有表决权的债权人中指定。

债权人会议主席主持债权人会议。

第六十一条 债权人会议行使下列职权:

(一)核查债权;

(二)申请人民法院更换管理人,审查管理人的费用和报酬;

(三)监督管理人;

(四)选任和更换债权人委员会成员;

(五)决定继续或者停止债务人的营业;

(六)通过重整计划;

(七)通过和解协议;

(八)通过债务人财产的管理方案;

(九)通过破产财产的变价方案;

(十)通过破产财产的分配方案;

(十一)人民法院认为应当由债权人会议行使的其他职权。

债权人会议应当对所议事项的决议作成会议记录。

第六十二条 第一次债权人会议由人民法院召集,自债权申报期限届满之日起十五日内召开。

以后的债权人会议,在人民法院认为必要时,或者管理人、债权人委员会、占债权总额四分之一以上的债权人向债权人会议主席提议时召开。

第六十三条　召开债权人会议,管理人应当提前十五日通知已知的债权人。

第六十四条　债权人会议的决议,由出席会议的有表决权的债权人过半数通过,并且其所代表的债权额占无财产担保债权总额的二分之一以上。但是,本法另有规定的除外。

债权人认为债权人会议的决议违反法律规定,损害其利益的,可以自债权人会议作出决议之日起十五日内,请求人民法院裁定撤销该决议,责令债权人会议依法重新作出决议。

债权人会议的决议,对于全体债权人均有约束力。

第六十五条　本法第六十一条第一款第八项、第九项所列事项,经债权人会议表决未通过的,由人民法院裁定。

本法第六十一条第一款第十项所列事项,经债权人会议二次表决仍未通过的,由人民法院裁定。

对前两款规定的裁定,人民法院可以在债权人会议上宣布或者另行通知债权人。

第六十六条　债权人对人民法院依照本法第六十五条第一款作出的裁定不服,债权额占无财产担保债权总额二分之一以上的债权人对人民法院依照本法第六十五条第二款作出的裁定不服的,可以自裁定宣布之日或者收到通知之日起十五日内向该人民法院申请复议。复议期间不停止裁定的执行。

第二节　债权人委员会

第六十七条　债权人会议可以决定设立债权人委员会。债权人委员会由债权人会议选任的债权人代表和一名债务人的职工代表或者工会代表组成。债权人委员会成员不得超过九人。

债权人委员会成员应当经人民法院书面决定认可。

第六十八条　债权人委员会行使下列职权:

(一)监督债务人财产的管理和处分;

(二)监督破产财产分配;

(三)提议召开债权人会议;

(四)债权人会议委托的其他职权。

债权人委员会执行职务时,有权要求管理人、债务人的有关人员对其职权范围内的事务作出说明或者提供有关文件。

管理人、债务人的有关人员违反本法规定拒绝接受监督的,债权人委员会有权就监督事项请求人民法院作出决定;人民法院应当在五日内作出决定。

第六十九条 管理人实施下列行为,应当及时报告债权人委员会:

(一)涉及土地、房屋等不动产权益的转让;

(二)探矿权、采矿权、知识产权等财产权的转让;

(三)全部库存或者营业的转让;

(四)借款;

(五)设定财产担保;

(六)债权和有价证券的转让;

(七)履行债务人和对方当事人均未履行完毕的合同;

(八)放弃权利;

(九)担保物的取回;

(十)对债权人利益有重大影响的其他财产处分行为。

未设立债权人委员会的,管理人实施前款规定的行为应当及时报告人民法院。

第八章 重 整

第一节 重整申请和重整期间

第七十条 债务人或者债权人可以依照本法规定,直接向人民法院申请对债务人进行重整。

债权人申请对债务人进行破产清算的,在人民法院受理破产申请后、宣告债务人破产前,债务人或者出资额占债务人注册资本十分之一以上的出资人,可以向人民法院申请重整。

第七十一条　人民法院经审查认为重整申请符合本法规定的,应当裁定债务人重整,并予以公告。

第七十二条　自人民法院裁定债务人重整之日起至重整程序终止,为重整期间。

第七十三条　在重整期间,经债务人申请,人民法院批准,债务人可以在管理人的监督下自行管理财产和营业事务。

有前款规定情形的,依照本法规定已接管债务人财产和营业事务的管理人应当向债务人移交财产和营业事务,本法规定的管理人的职权由债务人行使。

第七十四条　管理人负责管理财产和营业事务的,可以聘任债务人的经营管理人员负责营业事务。

第七十五条　在重整期间,对债务人的特定财产享有的担保权暂停行使。但是,担保物有损坏或者价值明显减少的可能,足以危害担保权人权利的,担保权人可以向人民法院请求恢复行使担保权。

在重整期间,债务人或者管理人为继续营业而借款的,可以为该借款设定担保。

第七十六条　债务人合法占有的他人财产,该财产的权利人在重整期间要求取回的,应当符合事先约定的条件。

第七十七条　在重整期间,债务人的出资人不得请求投资收益分配。

在重整期间,债务人的董事、监事、高级管理人员不得向第三人转让其持有的债务人的股权。但是,经人民法院同意的除外。

第七十八条　在重整期间,有下列情形之一的,经管理人或者利害关系人请求,人民法院应当裁定终止重整程序,并宣告债务人破产:

(一)债务人的经营状况和财产状况继续恶化,缺乏挽救的可能性;

(二)债务人有欺诈、恶意减少债务人财产或者其他显著不利于债权人的行为;

(三)由于债务人的行为致使管理人无法执行职务。

第二节　重整计划的制定和批准

第七十九条　债务人或者管理人应当自人民法院裁定债务人重整之日起六个月内,同时向人民法院和债权人会议提交重整计划草案。

前款规定的期限届满,经债务人或者管理人请求,有正当理由的,人民法院可以裁定延期三个月。

债务人或者管理人未按期提出重整计划草案的,人民法院应当裁定终止重整程序,并宣告债务人破产。

第八十条　债务人自行管理财产和营业事务的,由债务人制作重整计划草案。

管理人负责管理财产和营业事务的,由管理人制作重整计划草案。

第八十一条　重整计划草案应当包括下列内容:

(一)债务人的经营方案;

(二)债权分类;

(三)债权调整方案;

(四)债权受偿方案;

(五)重整计划的执行期限;

(六)重整计划执行的监督期限;

(七)有利于债务人重整的其他方案。

第八十二条　下列各类债权的债权人参加讨论重整计划草案的债权人会议,依照下列债权分类,分组对重整计划草案进行表决:

(一)对债务人的特定财产享有担保权的债权;

(二)债务人所欠职工的工资和医疗、伤残补助、抚恤费用,所欠的应当划入职工个人账户的基本养老保险、基本医疗保险费用,以及法律、行政法规规定应当支付给职工的补偿金;

(三)债务人所欠税款;

(四)普通债权。

人民法院在必要时可以决定在普通债权组中设小额债权组对重整计划草案进行表决。

第八十三条 重整计划不得规定减免债务人欠缴的本法第八十二条第一款第二项规定以外的社会保险费;该项费用的债权人不参加重整计划草案的表决。

第八十四条 人民法院应当自收到重整计划草案之日起三十日内召开债权人会议,对重整计划草案进行表决。

出席会议的同一表决组的债权人过半数同意重整计划草案,并且其所代表的债权额占该组债权总额的三分之二以上的,即为该组通过重整计划草案。

债务人或者管理人应当向债权人会议就重整计划草案作出说明,并回答询问。

第八十五条 债务人的出资人代表可以列席讨论重整计划草案的债权人会议。

重整计划草案涉及出资人权益调整事项的,应当设出资人组,对该事项进行表决。

第八十六条 各表决组均通过重整计划草案时,重整计划即为通过。

自重整计划通过之日起十日内,债务人或者管理人应当向人民法院提出批准重整计划的申请。人民法院经审查认为符合本法规定的,应当自收到申请之日起三十日内裁定批准,终止重整程序,并予以公告。

第八十七条 部分表决组未通过重整计划草案的,债务人或者管理人可以同未通过重整计划草案的表决组协商。该表决组可以在协商后再表决一次。双方协商的结果不得损害其他表决组的利益。

未通过重整计划草案的表决组拒绝再次表决或者再次表决仍未通过重整计划草案,但重整计划草案符合下列条件的,债务人或者管理人可以申请人民法院批准重整计划草案:

（一）按照重整计划草案，本法第八十二条第一款第一项所列债权就该特定财产将获得全额清偿，其因延期清偿所受的损失将得到公平补偿，并且其担保权未受到实质性损害，或者该表决组已经通过重整计划草案；

（二）按照重整计划草案，本法第八十二条第一款第二项、第三项所列债权将获得全额清偿，或者相应表决组已经通过重整计划草案；

（三）按照重整计划草案，普通债权所获得的清偿比例，不低于其在重整计划草案被提请批准时依照破产清算程序所能获得的清偿比例，或者该表决组已经通过重整计划草案；

（四）重整计划草案对出资人权益的调整公平、公正，或者出资人组已经通过重整计划草案；

（五）重整计划草案公平对待同一表决组的成员，并且所规定的债权清偿顺序不违反本法第一百一十三条的规定；

（六）债务人的经营方案具有可行性。

人民法院经审查认为重整计划草案符合前款规定的，应当自收到申请之日起三十日内裁定批准，终止重整程序，并予以公告。

第八十八条 重整计划草案未获得通过且未依照本法第八十七条的规定获得批准，或者已通过的重整计划未获得批准的，人民法院应当裁定终止重整程序，并宣告债务人破产。

第三节 重整计划的执行

第八十九条 重整计划由债务人负责执行。

人民法院裁定批准重整计划后，已接管财产和营业事务的管理人应当向债务人移交财产和营业事务。

第九十条 自人民法院裁定批准重整计划之日起，在重整计划规定的监督期内，由管理人监督重整计划的执行。

在监督期内，债务人应当向管理人报告重整计划执行情况和债务人财务状况。

第九十一条 监督期届满时，管理人应当向人民法院提交监督报告。自监督报告提交之日起,管理人的监督职责终止。

管理人向人民法院提交的监督报告,重整计划的利害关系人有权查阅。

经管理人申请,人民法院可以裁定延长重整计划执行的监督期限。

第九十二条 经人民法院裁定批准的重整计划,对债务人和全体债权人均有约束力。

债权人未依照本法规定申报债权的,在重整计划执行期间不得行使权利;在重整计划执行完毕后,可以按照重整计划规定的同类债权的清偿条件行使权利。

债权人对债务人的保证人和其他连带债务人所享有的权利,不受重整计划的影响。

第九十三条 债务人不能执行或者不执行重整计划的,人民法院经管理人或者利害关系人请求,应当裁定终止重整计划的执行,并宣告债务人破产。

人民法院裁定终止重整计划执行的,债权人在重整计划中作出的债权调整的承诺失去效力。债权人因执行重整计划所受的清偿仍然有效,债权未受清偿的部分作为破产债权。

前款规定的债权人,只有在其他同顺位债权人同自己所受的清偿达到同一比例时,才能继续接受分配。

有本条第一款规定情形的,为重整计划的执行提供的担保继续有效。

第九十四条 按照重整计划减免的债务,自重整计划执行完毕时起,债务人不再承担清偿责任。

第九章 和 解

第九十五条 债务人可以依照本法规定,直接向人民法院申请和解;也可以在人民法院受理破产申请后、宣告债务人破产前,向人民法院申请和解。

债务人申请和解,应当提出和解协议草案。

第九十六条 人民法院经审查认为和解申请符合本法规定的,应当裁定和解,予以公告,并召集债权人会议讨论和解协议草案。

对债务人的特定财产享有担保权的权利人,自人民法院裁定和解之日起可以行使权利。

第九十七条 债权人会议通过和解协议的决议,由出席会议的有表决权的债权人过半数同意,并且其所代表的债权额占无财产担保债权总额的三分之二以上。

第九十八条 债权人会议通过和解协议的,由人民法院裁定认可,终止和解程序,并予以公告。管理人应当向债务人移交财产和营业事务,并向人民法院提交执行职务的报告。

第九十九条 和解协议草案经债权人会议表决未获得通过的,或者已经债权人会议通过的和解协议未获得人民法院认可的,人民法院应当裁定终止和解程序,并宣告债务人破产。

第一百条 经人民法院裁定认可的和解协议,对债务人和全体和解债权人均有约束力。

和解债权人是指人民法院受理破产申请时对债务人享有无财产担保债权的人。

和解债权人未依照本法规定申报债权的,在和解协议执行期间不得行使权利;在和解协议执行完毕后,可以按照和解协议规定的清偿条件行使权利。

第一百零一条 和解债权人对债务人的保证人和其他连带债务人所享有的权利,不受和解协议的影响。

第一百零二条 债务人应当按照和解协议规定的条件清偿债务。

第一百零三条 因债务人的欺诈或者其他违法行为而成立的和解协议,人民法院应当裁定无效,并宣告债务人破产。

有前款规定情形的,和解债权人因执行和解协议所受的清偿,在其他债权人所受清偿同等比例的范围内,不予返还。

第一百零四条 债务人不能执行或者不执行和解协议的,人民法院经和解债权人请求,应当裁定终止和解协议的执行,并宣告债务人破产。

人民法院裁定终止和解协议执行的,和解债权人在和解协议中作出的债权调整的承诺失去效力。和解债权人因执行和解协议所受的清偿仍然有效,和解债权未受清偿的部分作为破产债权。

前款规定的债权人,只有在其他债权人同自己所受的清偿达到同一比例时,才能继续接受分配。

有本条第一款规定情形的,为和解协议的执行提供的担保继续有效。

第一百零五条 人民法院受理破产申请后,债务人与全体债权人就债权债务的处理自行达成协议的,可以请求人民法院裁定认可,并终结破产程序。

第一百零六条 按照和解协议减免的债务,自和解协议执行完毕时起,债务人不再承担清偿责任。

第十章 破产清算

第一节 破产宣告

第一百零七条 人民法院依照本法规定宣告债务人破产的,应当自裁定作出之日起五日内送达债务人和管理人,自裁定作出之日起十日内通知已知债权人,并予以公告。

债务人被宣告破产后,债务人称为破产人,债务人财产称为破产财产,人民法院受理破产申请时对债务人享有的债权称为破产债权。

第一百零八条 破产宣告前,有下列情形之一的,人民法院应当裁定终结破产程序,并予以公告:

(一)第三人为债务人提供足额担保或者为债务人清偿全部到期债务的;

(二)债务人已清偿全部到期债务的。

第一百零九条 对破产人的特定财产享有担保权的权利人,对该特定财产享有优先受偿的权利。

第一百一十条 享有本法第一百零九条规定权利的债权人行使优先受偿权利未能完全受偿的,其未受偿的债权作为普通债权;放弃优先受偿权利的,其债权作为普通债权。

第二节 变价和分配

第一百一十一条 管理人应当及时拟订破产财产变价方案,提交债权人会议讨论。

管理人应当按照债权人会议通过的或者人民法院依照本法第六十五条第一款规定裁定的破产财产变价方案,适时变价出售破产财产。

第一百一十二条 变价出售破产财产应当通过拍卖进行。但是,债权人会议另有决议的除外。

破产企业可以全部或者部分变价出售。企业变价出售时,可以将其中的无形资产和其他财产单独变价出售。

按照国家规定不能拍卖或者限制转让的财产,应当按照国家规定的方式处理。

第一百一十三条 破产财产在优先清偿破产费用和共益债务后,依照下列顺序清偿:

(一)破产人所欠职工的工资和医疗、伤残补助、抚恤费用,所欠的应当划入职工个人账户的基本养老保险、基本医疗保险费用,以及法律、行政法规规定应当支付给职工的补偿金;

(二)破产人欠缴的除前项规定以外的社会保险费用和破产人所欠税款;

(三)普通破产债权。

破产财产不足以清偿同一顺序的清偿要求的,按照比例分配。

破产企业的董事、监事和高级管理人员的工资按照该企业职工的平均工资计算。

第一百一十四条 破产财产的分配应当以货币分配方式进行。但是,债权人会议另有决议的除外。

第一百一十五条 管理人应当及时拟订破产财产分配方案,提交债权人会议讨论。

破产财产分配方案应当载明下列事项:

(一)参加破产财产分配的债权人名称或者姓名、住所;

(二)参加破产财产分配的债权额;

(三)可供分配的破产财产数额;

(四)破产财产分配的顺序、比例及数额;

(五)实施破产财产分配的方法。

债权人会议通过破产财产分配方案后,由管理人将该方案提请人民法院裁定认可。

第一百一十六条 破产财产分配方案经人民法院裁定认可后,由管理人执行。

管理人按照破产财产分配方案实施多次分配的,应当公告本次分配的财产额和债权额。管理人实施最后分配的,应当在公告中指明,并载明本法第一百一十七条第二款规定的事项。

第一百一十七条 对于附生效条件或者解除条件的债权,管理人应当将其分配额提存。

管理人依照前款规定提存的分配额,在最后分配公告日,生效条件未成就或者解除条件成就的,应当分配给其他债权人;在最后分配公告日,生效条件成就或者解除条件未成就的,应当交付给债权人。

第一百一十八条 债权人未受领的破产财产分配额,管理人应当提存。债权人自最后分配公告之日起满二个月仍不领取的,视为放弃受领分配的权利,管理人或者人民法院应当将提存的分配额分配给其他债权人。

第一百一十九条 破产财产分配时,对于诉讼或者仲裁未决的债权,管理人应当将其分配额提存。自破产程序终结之日起满二年仍不能受领分配的,人民法院应当将提存的分配额分配给其他债权人。

第三节　破产程序的终结

第一百二十条　破产人无财产可供分配的,管理人应当请求人民法院裁定终结破产程序。

管理人在最后分配完结后,应当及时向人民法院提交破产财产分配报告,并提请人民法院裁定终结破产程序。

人民法院应当自收到管理人终结破产程序的请求之日起十五日内作出是否终结破产程序的裁定。裁定终结的,应当予以公告。

第一百二十一条　管理人应当自破产程序终结之日起十日内,持人民法院终结破产程序的裁定,向破产人的原登记机关办理注销登记。

第一百二十二条　管理人于办理注销登记完毕的次日终止执行职务。但是,存在诉讼或者仲裁未决情况的除外。

第一百二十三条　自破产程序依照本法第四十三条第四款或者第一百二十条的规定终结之日起二年内,有下列情形之一的,债权人可以请求人民法院按照破产财产分配方案进行追加分配:

(一)发现有依照本法第三十一条、第三十二条、第三十三条、第三十六条规定应当追回的财产的;

(二)发现破产人有应当供分配的其他财产的。

有前款规定情形,但财产数量不足以支付分配费用的,不再进行追加分配,由人民法院将其上交国库。

第一百二十四条　破产人的保证人和其他连带债务人,在破产程序终结后,对债权人依照破产清算程序未受清偿的债权,依法继续承担清偿责任。

第十一章　法 律 责 任

第一百二十五条　企业董事、监事或者高级管理人员违反忠实义务、勤勉义务,致使所在企业破产的,依法承担民事责任。

有前款规定情形的人员,自破产程序终结之日起三年内不得担任任何企业的董事、监事、高级管理人员。

第一百二十六条 有义务列席债权人会议的债务人的有关人员，经人民法院传唤，无正当理由拒不列席债权人会议的，人民法院可以拘传，并依法处以罚款。债务人的有关人员违反本法规定，拒不陈述、回答，或者作虚假陈述、回答的，人民法院可以依法处以罚款。

第一百二十七条 债务人违反本法规定，拒不向人民法院提交或者提交不真实的财产状况说明、债务清册、债权清册、有关财务会计报告以及职工工资的支付情况和社会保险费用的缴纳情况的，人民法院可以对直接责任人员依法处以罚款。

债务人违反本法规定，拒不向管理人移交财产、印章和账簿、文书等资料的，或者伪造、销毁有关财产证据材料而使财产状况不明的，人民法院可以对直接责任人员依法处以罚款。

第一百二十八条 债务人有本法第三十一条、第三十二条、第三十三条规定的行为，损害债权人利益的，债务人的法定代表人和其他直接责任人员依法承担赔偿责任。

第一百二十九条 债务人的有关人员违反本法规定，擅自离开住所地的，人民法院可以予以训诫、拘留，可以依法并处罚款。

第一百三十条 管理人未依照本法规定勤勉尽责，忠实执行职务的，人民法院可以依法处以罚款；给债权人、债务人或者第三人造成损失的，依法承担赔偿责任。

第一百三十一条 违反本法规定，构成犯罪的，依法追究刑事责任。

第十二章 附　　则

第一百三十二条 本法施行后，破产人在本法公布之日前所欠职工的工资和医疗、伤残补助、抚恤费用，所欠的应当划入职工个人账户的基本养老保险、基本医疗保险费用，以及法律、行政法规规定应当支付给职工的补偿金，依照本法第一百一十三条的规定清偿后不足以清偿的部分，以本法第一百零九条规定的特定财产优先于对该特定财产享有担保权的权利人受偿。

第一百三十三条　在本法施行前国务院规定的期限和范围内的国有企业实施破产的特殊事宜,按照国务院有关规定办理。

第一百三十四条　商业银行、证券公司、保险公司等金融机构有本法第二条规定情形的,国务院金融监督管理机构可以向人民法院提出对该金融机构进行重整或者破产清算的申请。国务院金融监督管理机构依法对出现重大经营风险的金融机构采取接管、托管等措施的,可以向人民法院申请中止以该金融机构为被告或者被执行人的民事诉讼程序或者执行程序。

金融机构实施破产的,国务院可以依据本法和其他有关法律的规定制定实施办法。

第一百三十五条　其他法律规定企业法人以外的组织的清算,属于破产清算的,参照适用本法规定的程序。

第一百三十六条　本法自2007年6月1日起施行,《中华人民共和国企业破产法(试行)》同时废止。

中华人民共和国商业银行法

(1995年5月10日第八届全国人民代表大会常务委员会第十三次会议通过　根据2003年12月27日第十届全国人民代表大会常务委员会第六次会议《关于修改〈中华人民共和国商业银行法〉的决定》第一次修正　根据2015年8月29日第十二届全国人民代表大会常务委员会第十六次会议《关于修改〈中华人民共和国商业银行法〉的决定》第二次修正)

第一章　总　　则

第一条　为了保护商业银行、存款人和其他客户的合法权益,规范商业银行的行为,提高信贷资产质量,加强监督管理,保障商业银行的稳健运行,维护金融秩序,促进社会主义市场经济的发展,制定本法。

第二条 本法所称的商业银行是指依照本法和《中华人民共和国公司法》设立的吸收公众存款、发放贷款、办理结算等业务的企业法人。

第三条 商业银行可以经营下列部分或者全部业务:

(一)吸收公众存款;

(二)发放短期、中期和长期贷款;

(三)办理国内外结算;

(四)办理票据承兑与贴现;

(五)发行金融债券;

(六)代理发行、代理兑付、承销政府债券;

(七)买卖政府债券、金融债券;

(八)从事同业拆借;

(九)买卖、代理买卖外汇;

(十)从事银行卡业务;

(十一)提供信用证服务及担保;

(十二)代理收付款项及代理保险业务;

(十三)提供保管箱服务;

(十四)经国务院银行业监督管理机构批准的其他业务。

经营范围由商业银行章程规定,报国务院银行业监督管理机构批准。

商业银行经中国人民银行批准,可以经营结汇、售汇业务。

第四条 商业银行以安全性、流动性、效益性为经营原则,实行自主经营,自担风险,自负盈亏,自我约束。

商业银行依法开展业务,不受任何单位和个人的干涉。

商业银行以其全部法人财产独立承担民事责任。

第五条 商业银行与客户的业务往来,应当遵循平等、自愿、公平和诚实信用的原则。

第六条　商业银行应当保障存款人的合法权益不受任何单位和个人的侵犯。

第七条　商业银行开展信贷业务,应当严格审查借款人的资信,实行担保,保障按期收回贷款。

商业银行依法向借款人收回到期贷款的本金和利息,受法律保护。

第八条　商业银行开展业务,应当遵守法律、行政法规的有关规定,不得损害国家利益、社会公共利益。

第九条　商业银行开展业务,应当遵守公平竞争的原则,不得从事不正当竞争。

第十条　商业银行依法接受国务院银行业监督管理机构的监督管理,但法律规定其有关业务接受其他监督管理部门或者机构监督管理的,依照其规定。

第二章　商业银行的设立和组织机构

第十一条　设立商业银行,应当经国务院银行业监督管理机构审查批准。

未经国务院银行业监督管理机构批准,任何单位和个人不得从事吸收公众存款等商业银行业务,任何单位不得在名称中使用"银行"字样。

第十二条　设立商业银行,应当具备下列条件:

(一)有符合本法和《中华人民共和国公司法》规定的章程;

(二)有符合本法规定的注册资本最低限额;

(三)有具备任职专业知识和业务工作经验的董事、高级管理人员;

(四)有健全的组织机构和管理制度;

(五)有符合要求的营业场所、安全防范措施和与业务有关的其他设施。

设立商业银行,还应当符合其他审慎性条件。

第十三条 设立全国性商业银行的注册资本最低限额为十亿元人民币。设立城市商业银行的注册资本最低限额为一亿元人民币,设立农村商业银行的注册资本最低限额为五千万元人民币。注册资本应当是实缴资本。

国务院银行业监督管理机构根据审慎监管的要求可以调整注册资本最低限额,但不得少于前款规定的限额。

第十四条 设立商业银行,申请人应当向国务院银行业监督管理机构提交下列文件、资料:

(一)申请书,申请书应当载明拟设立的商业银行的名称、所在地、注册资本、业务范围等;

(二)可行性研究报告;

(三)国务院银行业监督管理机构规定提交的其他文件、资料。

第十五条 设立商业银行的申请经审查符合本法第十四条规定的,申请人应当填写正式申请表,并提交下列文件、资料:

(一)章程草案;

(二)拟任职的董事、高级管理人员的资格证明;

(三)法定验资机构出具的验资证明;

(四)股东名册及其出资额、股份;

(五)持有注册资本百分之五以上的股东的资信证明和有关资料;

(六)经营方针和计划;

(七)营业场所、安全防范措施和与业务有关的其他设施的资料;

(八)国务院银行业监督管理机构规定的其他文件、资料。

第十六条 经批准设立的商业银行,由国务院银行业监督管理机构颁发经营许可证,并凭该许可证向工商行政管理部门办理登记,领取营业执照。

第十七条 商业银行的组织形式、组织机构适用《中华人民共和国公司法》的规定。

本法施行前设立的商业银行,其组织形式、组织机构不完全符合《中华人民共和国公司法》规定的,可以继续沿用原有的规定,适用前款规定的日期由国务院规定。

第十八条 国有独资商业银行设立监事会。监事会的产生办法由国务院规定。

监事会对国有独资商业银行的信贷资产质量、资产负债比例、国有资产保值增值等情况以及高级管理人员违反法律、行政法规或者章程的行为和损害银行利益的行为进行监督。

第十九条 商业银行根据业务需要可以在中华人民共和国境内外设立分支机构。设立分支机构必须经国务院银行业监督管理机构审查批准。在中华人民共和国境内的分支机构,不按行政区划设立。

商业银行在中华人民共和国境内设立分支机构,应当按照规定拨付与其经营规模相适应的营运资金额。拨付各分支机构营运资金额的总和,不得超过总行资本金总额的百分之六十。

第二十条 设立商业银行分支机构,申请人应当向国务院银行业监督管理机构提交下列文件、资料:

(一)申请书,申请书应当载明拟设立的分支机构的名称、营运资金额、业务范围、总行及分支机构所在地等;

(二)申请人最近二年的财务会计报告;

(三)拟任职的高级管理人员的资格证明;

(四)经营方针和计划;

(五)营业场所、安全防范措施和与业务有关的其他设施的资料;

(六)国务院银行业监督管理机构规定的其他文件、资料。

第二十一条 经批准设立的商业银行分支机构,由国务院银行业监督管理机构颁发经营许可证,并凭该许可证向工商行政管理部门办理登记,领取营业执照。

第二十二条 商业银行对其分支机构实行全行统一核算,统一调度资金,分级管理的财务制度。

商业银行分支机构不具有法人资格,在总行授权范围内依法开展业务,其民事责任由总行承担。

第二十三条 经批准设立的商业银行及其分支机构,由国务院银行业监督管理机构予以公告。

商业银行及其分支机构自取得营业执照之日起无正当理由超过六个月未开业的,或者开业后自行停业连续六个月以上的,由国务院银行业监督管理机构吊销其经营许可证,并予以公告。

第二十四条 商业银行有下列变更事项之一的,应当经国务院银行业监督管理机构批准:

(一)变更名称;

(二)变更注册资本;

(三)变更总行或者分支行所在地;

(四)调整业务范围;

(五)变更持有资本总额或者股份总额百分之五以上的股东;

(六)修改章程;

(七)国务院银行业监督管理机构规定的其他变更事项。

更换董事、高级管理人员时,应当报经国务院银行业监督管理机构审查其任职资格。

第二十五条 商业银行的分立、合并,适用《中华人民共和国公司法》的规定。

商业银行的分立、合并,应当经国务院银行业监督管理机构审查批准。

第二十六条 商业银行应当依照法律、行政法规的规定使用经营许可证。禁止伪造、变造、转让、出租、出借经营许可证。

第二十七条 有下列情形之一的,不得担任商业银行的董事、高级管理人员:

(一)因犯有贪污、贿赂、侵占财产、挪用财产罪或者破坏社会经济秩序罪,被判处刑罚,或者因犯罪被剥夺政治权利的;

(二)担任因经营不善破产清算的公司、企业的董事或者厂长、经理,并对该公司、企业的破产负有个人责任的;

(三)担任因违法被吊销营业执照的公司、企业的法定代表人,并负有个人责任的;

(四)个人所负数额较大的债务到期未清偿的。

第二十八条 任何单位和个人购买商业银行股份总额百分之五以上的,应当事先经国务院银行业监督管理机构批准。

第三章 对存款人的保护

第二十九条 商业银行办理个人储蓄存款业务,应当遵循存款自愿、取款自由、存款有息、为存款人保密的原则。

对个人储蓄存款,商业银行有权拒绝任何单位或者个人查询、冻结、扣划,但法律另有规定的除外。

第三十条 对单位存款,商业银行有权拒绝任何单位或者个人查询,但法律、行政法规另有规定的除外;有权拒绝任何单位或者个人冻结、扣划,但法律另有规定的除外。

第三十一条 商业银行应当按照中国人民银行规定的存款利率的上下限,确定存款利率,并予以公告。

第三十二条 商业银行应当按照中国人民银行的规定,向中国人民银行交存存款准备金,留足备付金。

第三十三条 商业银行应当保证存款本金和利息的支付,不得拖延、拒绝支付存款本金和利息。

第四章 贷款和其他业务的基本规则

第三十四条 商业银行根据国民经济和社会发展的需要,在国家产业政策指导下开展贷款业务。

第三十五条 商业银行贷款,应当对借款人的借款用途、偿还能力、还款方式等情况进行严格审查。

商业银行贷款,应当实行审贷分离、分级审批的制度。

第三十六条 商业银行贷款,借款人应当提供担保。商业银行应当对保证人的偿还能力,抵押物、质物的权属和价值以及实现抵押权、质权的可行性进行严格审查。

经商业银行审查、评估,确认借款人资信良好,确能偿还贷款的,可以不提供担保。

第三十七条　商业银行贷款,应当与借款人订立书面合同。合同应当约定贷款种类、借款用途、金额、利率、还款期限、还款方式、违约责任和双方认为需要约定的其他事项。

第三十八条　商业银行应当按照中国人民银行规定的贷款利率的上下限,确定贷款利率。

第三十九条　商业银行贷款,应当遵守下列资产负债比例管理的规定：

(一)资本充足率不得低于百分之八；

(二)流动性资产余额与流动性负债余额的比例不得低于百分之二十五；

(三)对同一借款人的贷款余额与商业银行资本余额的比例不得超过百分之十；

(四)国务院银行业监督管理机构对资产负债比例管理的其他规定。

本法施行前设立的商业银行,在本法施行后,其资产负债比例不符合前款规定的,应当在一定的期限内符合前款规定。具体办法由国务院规定。

第四十条　商业银行不得向关系人发放信用贷款；向关系人发放担保贷款的条件不得优于其他借款人同类贷款的条件。

前款所称关系人是指：

(一)商业银行的董事、监事、管理人员、信贷业务人员及其近亲属；

(二)前项所列人员投资或者担任高级管理职务的公司、企业和其他经济组织。

第四十一条　任何单位和个人不得强令商业银行发放贷款或者提供担保。商业银行有权拒绝任何单位和个人强令要求其发放贷款或者提供担保。

第四十二条　借款人应当按期归还贷款的本金和利息。

借款人到期不归还担保贷款的，商业银行依法享有要求保证人归还贷款本金和利息或者就该担保物优先受偿的权利。商业银行因行使抵押权、质权而取得的不动产或者股权，应当自取得之日起二年内予以处分。

借款人到期不归还信用贷款的，应当按照合同约定承担责任。

第四十三条 商业银行在中华人民共和国境内不得从事信托投资和证券经营业务，不得向非自用不动产投资或者向非银行金融机构和企业投资，但国家另有规定的除外。

第四十四条 商业银行办理票据承兑、汇兑、委托收款等结算业务，应当按照规定的期限兑现，收付入账，不得压单、压票或者违反规定退票。有关兑现、收付入账期限的规定应当公布。

第四十五条 商业银行发行金融债券或者到境外借款，应当依照法律、行政法规的规定报经批准。

第四十六条 同业拆借，应当遵守中国人民银行的规定。禁止利用拆入资金发放固定资产贷款或者用于投资。

拆出资金限于交足存款准备金、留足备付金和归还中国人民银行到期贷款之后的闲置资金。拆入资金用于弥补票据结算、联行汇差头寸的不足和解决临时性周转资金的需要。

第四十七条 商业银行不得违反规定提高或者降低利率以及采用其他不正当手段，吸收存款，发放贷款。

第四十八条 企业事业单位可以自主选择一家商业银行的营业场所开立一个办理日常转账结算和现金收付的基本账户，不得开立两个以上基本账户。

任何单位和个人不得将单位的资金以个人名义开立账户存储。

第四十九条 商业银行的营业时间应当方便客户，并予以公告。商业银行应当在公告的营业时间内营业，不得擅自停止营业或者缩短营业时间。

第五十条 商业银行办理业务，提供服务，按照规定收取手续费。收费项目和标准由国务院银行业监督管理机构、中国人民银行根据职责分工，分别会同国务院价格主管部门制定。

第五十一条　商业银行应当按照国家有关规定保存财务会计报表、业务合同以及其他资料。

第五十二条　商业银行的工作人员应当遵守法律、行政法规和其他各项业务管理的规定，不得有下列行为：

（一）利用职务上的便利，索取、收受贿赂或者违反国家规定收受各种名义的回扣、手续费；

（二）利用职务上的便利，贪污、挪用、侵占本行或者客户的资金；

（三）违反规定徇私向亲属、朋友发放贷款或者提供担保；

（四）在其他经济组织兼职；

（五）违反法律、行政法规和业务管理规定的其他行为。

第五十三条　商业银行的工作人员不得泄露其在任职期间知悉的国家秘密、商业秘密。

第五章　财 务 会 计

第五十四条　商业银行应当依照法律和国家统一的会计制度以及国务院银行业监督管理机构的有关规定，建立、健全本行的财务、会计制度。

第五十五条　商业银行应当按照国家有关规定，真实记录并全面反映其业务活动和财务状况，编制年度财务会计报告，及时向国务院银行业监督管理机构、中国人民银行和国务院财政部门报送。商业银行不得在法定的会计账册外另立会计账册。

第五十六条　商业银行应当于每一会计年度终了三个月内，按照国务院银行业监督管理机构的规定，公布其上一年度的经营业绩和审计报告。

第五十七条　商业银行应当按照国家有关规定，提取呆账准备金，冲销呆账。

第五十八条　商业银行的会计年度自公历1月1日起至12月31日止。

第六章 监督管理

第五十九条 商业银行应当按照有关规定,制定本行的业务规则,建立、健全本行的风险管理和内部控制制度。

第六十条 商业银行应当建立、健全本行对存款、贷款、结算、呆账等各项情况的稽核、检查制度。

商业银行对分支机构应当进行经常性的稽核和检查监督。

第六十一条 商业银行应当按照规定向国务院银行业监督管理机构、中国人民银行报送资产负债表、利润表以及其他财务会计、统计报表和资料。

第六十二条 国务院银行业监督管理机构有权依照本法第三章、第四章、第五章的规定,随时对商业银行的存款、贷款、结算、呆账等情况进行检查监督。检查监督时,检查监督人员应当出示合法的证件。商业银行应当按照国务院银行业监督管理机构的要求,提供财务会计资料、业务合同和有关经营管理方面的其他信息。

中国人民银行有权依照《中华人民共和国中国人民银行法》第三十二条、第三十四条的规定对商业银行进行检查监督。

第六十三条 商业银行应当依法接受审计机关的审计监督。

第七章 接管和终止

第六十四条 商业银行已经或者可能发生信用危机,严重影响存款人的利益时,国务院银行业监督管理机构可以对该银行实行接管。

接管的目的是对被接管的商业银行采取必要措施,以保护存款人的利益,恢复商业银行的正常经营能力。被接管的商业银行的债权债务关系不因接管而变化。

第六十五条 接管由国务院银行业监督管理机构决定,并组织实施。国务院银行业监督管理机构的接管决定应当载明下列内容:

(一)被接管的商业银行名称;

(二)接管理由;

(三)接管组织;

(四)接管期限。

接管决定由国务院银行业监督管理机构予以公告。

第六十六条 接管自接管决定实施之日起开始。

自接管开始之日起,由接管组织行使商业银行的经营管理权力。

第六十七条 接管期限届满,国务院银行业监督管理机构可以决定延期,但接管期限最长不得超过二年。

第六十八条 有下列情形之一的,接管终止:

(一)接管决定规定的期限届满或者国务院银行业监督管理机构决定的接管延期届满;

(二)接管期限届满前,该商业银行已恢复正常经营能力;

(三)接管期限届满前,该商业银行被合并或者被依法宣告破产。

第六十九条 商业银行因分立、合并或者出现公司章程规定的解散事由需要解散的,应当向国务院银行业监督管理机构提出申请,并附解散的理由和支付存款的本金和利息等债务清偿计划。经国务院银行业监督管理机构批准后解散。

商业银行解散的,应当依法成立清算组,进行清算,按照清偿计划及时偿还存款本金和利息等债务。国务院银行业监督管理机构监督清算过程。

第七十条 商业银行因吊销经营许可证被撤销的,国务院银行业监督管理机构应当依法及时组织成立清算组,进行清算,按照清偿计划及时偿还存款本金和利息等债务。

第七十一条 商业银行不能支付到期债务,经国务院银行业监督管理机构同意,由人民法院依法宣告其破产。商业银行被宣告破产的,由人民法院组织国务院银行业监督管理机构等有关部门和有关人员成立清算组,进行清算。

商业银行破产清算时,在支付清算费用、所欠职工工资和劳动保险费用后,应当优先支付个人储蓄存款的本金和利息。

第七十二条 商业银行因解散、被撤销和被宣告破产而终止。

第八章　法律责任

第七十三条　商业银行有下列情形之一，对存款人或者其他客户造成财产损害的，应当承担支付迟延履行的利息以及其他民事责任：

（一）无故拖延、拒绝支付存款本金和利息的；

（二）违反票据承兑等结算业务规定，不予兑现，不予收付入账，压单、压票或者违反规定退票的；

（三）非法查询、冻结、扣划个人储蓄存款或者单位存款的；

（四）违反本法规定对存款人或者其他客户造成损害的其他行为。

有前款规定情形的，由国务院银行业监督管理机构责令改正，有违法所得的，没收违法所得，违法所得五万元以上的，并处违法所得一倍以上五倍以下罚款；没有违法所得或者违法所得不足五万元的，处五万元以上五十万元以下罚款。

第七十四条　商业银行有下列情形之一，由国务院银行业监督管理机构责令改正，有违法所得的，没收违法所得，违法所得五十万元以上的，并处违法所得一倍以上五倍以下罚款；没有违法所得或者违法所得不足五十万元的，处五十万元以上二百万元以下罚款；情节特别严重或者逾期不改正的，可以责令停业整顿或者吊销其经营许可证；构成犯罪的，依法追究刑事责任：

（一）未经批准设立分支机构的；

（二）未经批准分立、合并或者违反规定对变更事项不报批的；

（三）违反规定提高或者降低利率以及采用其他不正当手段，吸收存款，发放贷款的；

（四）出租、出借经营许可证的；

（五）未经批准买卖、代理买卖外汇的；

（六）未经批准买卖政府债券或者发行、买卖金融债券的；

（七）违反国家规定从事信托投资和证券经营业务、向非自用不动产投资或者向非银行金融机构和企业投资的；

（八）向关系人发放信用贷款或者发放担保贷款的条件优于其他

借款人同类贷款的条件的。

第七十五条 商业银行有下列情形之一，由国务院银行业监督管理机构责令改正，并处二十万元以上五十万元以下罚款；情节特别严重或者逾期不改正的，可以责令停业整顿或者吊销其经营许可证；构成犯罪的，依法追究刑事责任：

（一）拒绝或者阻碍国务院银行业监督管理机构检查监督的；

（二）提供虚假的或者隐瞒重要事实的财务会计报告、报表和统计报表的；

（三）未遵守资本充足率、资产流动性比例、同一借款人贷款比例和国务院银行业监督管理机构有关资产负债比例管理的其他规定的。

第七十六条 商业银行有下列情形之一，由中国人民银行责令改正，有违法所得的，没收违法所得，违法所得五十万元以上的，并处违法所得一倍以上五倍以下罚款；没有违法所得或者违法所得不足五十万元的，处五十万元以上二百万元以下罚款；情节特别严重或者逾期不改正的，中国人民银行可以建议国务院银行业监督管理机构责令停业整顿或者吊销其经营许可证；构成犯罪的，依法追究刑事责任：

（一）未经批准办理结汇、售汇的；

（二）未经批准在银行间债券市场发行、买卖金融债券或者到境外借款的；

（三）违反规定同业拆借的。

第七十七条 商业银行有下列情形之一，由中国人民银行责令改正，并处二十万元以上五十万元以下罚款；情节特别严重或者逾期不改正的，中国人民银行可以建议国务院银行业监督管理机构责令停业整顿或者吊销其经营许可证；构成犯罪的，依法追究刑事责任：

（一）拒绝或者阻碍中国人民银行检查监督的；

（二）提供虚假的或者隐瞒重要事实的财务会计报告、报表和统计报表的；

（三）未按照中国人民银行规定的比例交存存款准备金的。

第七十八条 商业银行有本法第七十三条至第七十七条规定情

形的,对直接负责的董事、高级管理人员和其他直接责任人员,应当给予纪律处分;构成犯罪的,依法追究刑事责任。

第七十九条 有下列情形之一,由国务院银行业监督管理机构责令改正,有违法所得的,没收违法所得,违法所得五万元以上的,并处违法所得一倍以上五倍以下罚款;没有违法所得或者违法所得不足五万元的,处五万元以上五十万元以下罚款:

(一)未经批准在名称中使用"银行"字样的;

(二)未经批准购买商业银行股份总额百分之五以上的;

(三)将单位的资金以个人名义开立账户存储的。

第八十条 商业银行不按照规定向国务院银行业监督管理机构报送有关文件、资料的,由国务院银行业监督管理机构责令改正,逾期不改正的,处十万元以上三十万元以下罚款。

商业银行不按照规定向中国人民银行报送有关文件、资料的,由中国人民银行责令改正,逾期不改正的,处十万元以上三十万元以下罚款。

第八十一条 未经国务院银行业监督管理机构批准,擅自设立商业银行,或者非法吸收公众存款、变相吸收公众存款,构成犯罪的,依法追究刑事责任;并由国务院银行业监督管理机构予以取缔。

伪造、变造、转让商业银行经营许可证,构成犯罪的,依法追究刑事责任。

第八十二条 借款人采取欺诈手段骗取贷款,构成犯罪的,依法追究刑事责任。

第八十三条 有本法第八十一条、第八十二条规定的行为,尚不构成犯罪的,由国务院银行业监督管理机构没收违法所得,违法所得五十万元以上的,并处违法所得一倍以上五倍以下罚款;没有违法所得或者违法所得不足五十万元的,处五十万元以上二百万元以下罚款。

第八十四条 商业银行工作人员利用职务上的便利,索取、收受贿赂或者违反国家规定收受各种名义的回扣、手续费,构成犯罪的,依法追究刑事责任;尚不构成犯罪的,应当给予纪律处分。

有前款行为,发放贷款或者提供担保造成损失的,应当承担全部或者部分赔偿责任。

第八十五条 商业银行工作人员利用职务上的便利,贪污、挪用、侵占本行或者客户资金,构成犯罪的,依法追究刑事责任;尚不构成犯罪的,应当给予纪律处分。

第八十六条 商业银行工作人员违反本法规定玩忽职守造成损失的,应当给予纪律处分;构成犯罪的,依法追究刑事责任。

违反规定徇私向亲属、朋友发放贷款或者提供担保造成损失的,应当承担全部或者部分赔偿责任。

第八十七条 商业银行工作人员泄露在任职期间知悉的国家秘密、商业秘密的,应当给予纪律处分;构成犯罪的,依法追究刑事责任。

第八十八条 单位或者个人强令商业银行发放贷款或者提供担保的,应当对直接负责的主管人员和其他直接责任人员或者个人给予纪律处分;造成损失的,应当承担全部或者部分赔偿责任。

商业银行的工作人员对单位或者个人强令其发放贷款或者提供担保未予拒绝的,应当给予纪律处分;造成损失的,应当承担相应的赔偿责任。

第八十九条 商业银行违反本法规定的,国务院银行业监督管理机构可以区别不同情形,取消其直接负责的董事、高级管理人员一定期限直至终身的任职资格,禁止直接负责的董事、高级管理人员和其他直接责任人员一定期限直至终身从事银行业工作。

商业银行的行为尚不构成犯罪的,对直接负责的董事、高级管理人员和其他直接责任人员,给予警告,处五万元以上五十万元以下罚款。

第九十条 商业银行及其工作人员对国务院银行业监督管理机构、中国人民银行的处罚决定不服的,可以依照《中华人民共和国行政诉讼法》的规定向人民法院提起诉讼。

第九章 附 则

第九十一条 本法施行前,按照国务院的规定经批准设立的商业银行不再办理审批手续。

第九十二条 外资商业银行、中外合资商业银行、外国商业银行分行适用本法规定,法律、行政法规另有规定的,依照其规定。

第九十三条 城市信用合作社、农村信用合作社办理存款、贷款和结算等业务,适用本法有关规定。

第九十四条 邮政企业办理商业银行的有关业务,适用本法有关规定。

第九十五条 本法自2015年10月1日起施行。

中华人民共和国银行业监督管理法

(2003年12月27日第十届全国人民代表大会常务委员会第六次会议通过 根据2006年10月31日第十届全国人民代表大会常务委员会第二十四次会议《关于修改〈中华人民共和国银行业监督管理法〉的决定》修正)

第一章 总 则

第一条 为了加强对银行业的监督管理,规范监督管理行为,防范和化解银行业风险,保护存款人和其他客户的合法权益,促进银行业健康发展,制定本法。

第二条 国务院银行业监督管理机构负责对全国银行业金融机构及其业务活动监督管理的工作。

本法所称银行业金融机构,是指在中华人民共和国境内设立的商业银行、城市信用合作社、农村信用合作社等吸收公众存款的金融机构以及政策性银行。

对在中华人民共和国境内设立的金融资产管理公司、信托投资公司、财务公司、金融租赁公司以及经国务院银行业监督管理机构批准设立的其他金融机构的监督管理，适用本法对银行业金融机构监督管理的规定。

国务院银行业监督管理机构依照本法有关规定，对经其批准在境外设立的金融机构以及前二款金融机构在境外的业务活动实施监督管理。

第三条 银行业监督管理的目标是促进银行业的合法、稳健运行，维护公众对银行业的信心。

银行业监督管理应当保护银行业公平竞争，提高银行业竞争能力。

第四条 银行业监督管理机构对银行业实施监督管理，应当遵循依法、公开、公正和效率的原则。

第五条 银行业监督管理机构及其从事监督管理工作的人员依法履行监督管理职责，受法律保护。地方政府、各级政府部门、社会团体和个人不得干涉。

第六条 国务院银行业监督管理机构应当和中国人民银行、国务院其他金融监督管理机构建立监督管理信息共享机制。

第七条 国务院银行业监督管理机构可以和其他国家或者地区的银行业监督管理机构建立监督管理合作机制，实施跨境监督管理。

第二章 监督管理机构

第八条 国务院银行业监督管理机构根据履行职责的需要设立派出机构。国务院银行业监督管理机构对派出机构实行统一领导和管理。

国务院银行业监督管理机构的派出机构在国务院银行业监督管理机构的授权范围内，履行监督管理职责。

第九条 银行业监督管理机构从事监督管理工作的人员，应当具备与其任职相适应的专业知识和业务工作经验。

第十条 银行业监督管理机构工作人员,应当忠于职守,依法办事,公正廉洁,不得利用职务便利牟取不正当的利益,不得在金融机构等企业中兼任职务。

第十一条 银行业监督管理机构工作人员,应当依法保守国家秘密,并有责任为其监督管理的银行业金融机构及当事人保守秘密。

国务院银行业监督管理机构同其他国家或者地区的银行业监督管理机构交流监督管理信息,应当就信息保密作出安排。

第十二条 国务院银行业监督管理机构应当公开监督管理程序,建立监督管理责任制度和内部监督制度。

第十三条 银行业监督管理机构在处置银行业金融机构风险、查处有关金融违法行为等监督管理活动中,地方政府、各级有关部门应当予以配合和协助。

第十四条 国务院审计、监察等机关,应当依照法律规定对国务院银行业监督管理机构的活动进行监督。

第三章 监督管理职责

第十五条 国务院银行业监督管理机构依照法律、行政法规制定并发布对银行业金融机构及其业务活动监督管理的规章、规则。

第十六条 国务院银行业监督管理机构依照法律、行政法规规定的条件和程序,审查批准银行业金融机构的设立、变更、终止以及业务范围。

第十七条 申请设立银行业金融机构,或者银行业金融机构变更持有资本总额或者股份总额达到规定比例以上的股东的,国务院银行业监督管理机构应当对股东的资金来源、财务状况、资本补充能力和诚信状况进行审查。

第十八条 银行业金融机构业务范围内的业务品种,应当按照规定经国务院银行业监督管理机构审查批准或者备案。需要审查批准或者备案的业务品种,由国务院银行业监督管理机构依照法律、行政法规作出规定并公布。

第十九条　未经国务院银行业监督管理机构批准,任何单位或者个人不得设立银行业金融机构或者从事银行业金融机构的业务活动。

第二十条　国务院银行业监督管理机构对银行业金融机构的董事和高级管理人员实行任职资格管理。具体办法由国务院银行业监督管理机构制定。

第二十一条　银行业金融机构的审慎经营规则,由法律、行政法规规定,也可以由国务院银行业监督管理机构依照法律、行政法规制定。

前款规定的审慎经营规则,包括风险管理、内部控制、资本充足率、资产质量、损失准备金、风险集中、关联交易、资产流动性等内容。

银行业金融机构应当严格遵守审慎经营规则。

第二十二条　国务院银行业监督管理机构应当在规定的期限,对下列申请事项作出批准或者不批准的书面决定;决定不批准的,应当说明理由:

(一)银行业金融机构的设立,自收到申请文件之日起六个月内;

(二)银行业金融机构的变更、终止,以及业务范围和增加业务范围内的业务品种,自收到申请文件之日起三个月内;

(三)审查董事和高级管理人员的任职资格,自收到申请文件之日起三十日内。

第二十三条　银行业监督管理机构应当对银行业金融机构的业务活动及其风险状况进行非现场监管,建立银行业金融机构监督管理信息系统,分析、评价银行业金融机构的风险状况。

第二十四条　银行业监督管理机构应当对银行业金融机构的业务活动及其风险状况进行现场检查。

国务院银行业监督管理机构应当制定现场检查程序,规范现场检查行为。

第二十五条　国务院银行业监督管理机构应当对银行业金融机构实行并表监督管理。

第二十六条 国务院银行业监督管理机构对中国人民银行提出的检查银行业金融机构的建议，应当自收到建议之日起三十日内予以回复。

第二十七条 国务院银行业监督管理机构应当建立银行业金融机构监督管理评级体系和风险预警机制，根据银行业金融机构的评级情况和风险状况，确定对其现场检查的频率、范围和需要采取的其他措施。

第二十八条 国务院银行业监督管理机构应当建立银行业突发事件的发现、报告岗位责任制度。

银行业监督管理机构发现可能引发系统性银行业风险、严重影响社会稳定的突发事件的，应当立即向国务院银行业监督管理机构负责人报告；国务院银行业监督管理机构负责人认为需要向国务院报告的，应当立即向国务院报告，并告知中国人民银行、国务院财政部门等有关部门。

第二十九条 国务院银行业监督管理机构应当会同中国人民银行、国务院财政部门等有关部门建立银行业突发事件处置制度，制定银行业突发事件处置预案，明确处置机构和人员及其职责、处置措施和处置程序，及时、有效地处置银行业突发事件。

第三十条 国务院银行业监督管理机构负责统一编制全国银行业金融机构的统计数据、报表，并按照国家有关规定予以公布。

第三十一条 国务院银行业监督管理机构对银行业自律组织的活动进行指导和监督。

银行业自律组织的章程应当报国务院银行业监督管理机构备案。

第三十二条 国务院银行业监督管理机构可以开展与银行业监督管理有关的国际交流、合作活动。

第四章 监督管理措施

第三十三条 银行业监督管理机构根据履行职责的需要，有权要求银行业金融机构按照规定报送资产负债表、利润表和其他财务会计、统计报表、经营管理资料以及注册会计师出具的审计报告。

第三十四条 银行业监督管理机构根据审慎监管的要求,可以采取下列措施进行现场检查:

(一)进入银行业金融机构进行检查;

(二)询问银行业金融机构的工作人员,要求其对有关检查事项作出说明;

(三)查阅、复制银行业金融机构与检查事项有关的文件、资料,对可能被转移、隐匿或者毁损的文件、资料予以封存;

(四)检查银行业金融机构运用电子计算机管理业务数据的系统。

进行现场检查,应当经银行业监督管理机构负责人批准。现场检查时,检查人员不得少于二人,并应当出示合法证件和检查通知书;检查人员少于二人或者未出示合法证件和检查通知书的,银行业金融机构有权拒绝检查。

第三十五条 银行业监督管理机构根据履行职责的需要,可以与银行业金融机构董事、高级管理人员进行监督管理谈话,要求银行业金融机构董事、高级管理人员就银行业金融机构的业务活动和风险管理的重大事项作出说明。

第三十六条 银行业监督管理机构应当责令银行业金融机构按照规定,如实向社会公众披露财务会计报告、风险管理状况、董事和高级管理人员变更以及其他重大事项等信息。

第三十七条 银行业金融机构违反审慎经营规则的,国务院银行业监督管理机构或者其省一级派出机构应当责令限期改正;逾期未改正的,或者其行为严重危及该银行业金融机构的稳健运行、损害存款人和其他客户合法权益的,经国务院银行业监督管理机构或者其省一级派出机构负责人批准,可以区别情形,采取下列措施:

(一)责令暂停部分业务、停止批准开办新业务;

(二)限制分配红利和其他收入;

(三)限制资产转让;

(四)责令控股股东转让股权或者限制有关股东的权利;

（五）责令调整董事、高级管理人员或者限制其权利；

（六）停止批准增设分支机构。

银行业金融机构整改后，应当向国务院银行业监督管理机构或者其省一级派出机构提交报告。国务院银行业监督管理机构或者其省一级派出机构经验收，符合有关审慎经营规则的，应当自验收完毕之日起三日内解除对其采取的前款规定的有关措施。

第三十八条 银行业金融机构已经或者可能发生信用危机，严重影响存款人和其他客户合法权益的，国务院银行业监督管理机构可以依法对该银行业金融机构实行接管或者促成机构重组。接管和机构重组依照有关法律和国务院的规定执行。

第三十九条 银行业金融机构有违法经营、经营管理不善等情形，不予撤销将严重危害金融秩序、损害公众利益的，国务院银行业监督管理机构有权予以撤销。

第四十条 银行业金融机构被接管、重组或者被撤销的，国务院银行业监督管理机构有权要求该银行业金融机构的董事、高级管理人员和其他工作人员，按照国务院银行业监督管理机构的要求履行职责。

在接管、机构重组或者撤销清算期间，经国务院银行业监督管理机构负责人批准，对直接负责的董事、高级管理人员和其他直接责任人员，可以采取下列措施：

（一）直接负责的董事、高级管理人员和其他直接责任人员出境将对国家利益造成重大损失的，通知出境管理机关依法阻止其出境；

（二）申请司法机关禁止其转移、转让财产或者对其财产设定其他权利。

第四十一条 经国务院银行业监督管理机构或者其省一级派出机构负责人批准，银行业监督管理机构有权查询涉嫌金融违法的银行业金融机构及其工作人员以及关联行为人的账户；对涉嫌转移或者隐匿违法资金的，经银行业监督管理机构负责人批准，可以申请司法机关予以冻结。

第四十二条 银行业监督管理机构依法对银行业金融机构进行检查时，经设区的市一级以上银行业监督管理机构负责人批准，可以对与涉嫌违法事项有关的单位和个人采取下列措施：

（一）询问有关单位或者个人，要求其对有关情况作出说明；

（二）查阅、复制有关财务会计、财产权登记等文件、资料；

（三）对可能被转移、隐匿、毁损或者伪造的文件、资料，予以先行登记保存。

银行业监督管理机构采取前款规定措施，调查人员不得少于二人，并应当出示合法证件和调查通知书；调查人员少于二人或者未出示合法证件和调查通知书的，有关单位或者个人有权拒绝。对依法采取的措施，有关单位和个人应当配合，如实说明有关情况并提供有关文件、资料，不得拒绝、阻碍和隐瞒。

第五章　法　律　责　任

第四十三条 银行业监督管理机构从事监督管理工作的人员有下列情形之一的，依法给予行政处分；构成犯罪的，依法追究刑事责任：

（一）违反规定审查批准银行业金融机构的设立、变更、终止，以及业务范围和业务范围内的业务品种的；

（二）违反规定对银行业金融机构进行现场检查的；

（三）未依照本法第二十八条规定报告突发事件的；

（四）违反规定查询账户或者申请冻结资金的；

（五）违反规定对银行业金融机构采取措施或者处罚的；

（六）违反本法第四十二条规定对有关单位或者个人进行调查的；

（七）滥用职权、玩忽职守的其他行为。

银行业监督管理机构从事监督管理工作的人员贪污受贿，泄露国家秘密、商业秘密和个人隐私，构成犯罪的，依法追究刑事责任；尚不构成犯罪的，依法给予行政处分。

第四十四条 擅自设立银行业金融机构或者非法从事银行业金

融机构的业务活动的,由国务院银行业监督管理机构予以取缔;构成犯罪的,依法追究刑事责任;尚不构成犯罪的,由国务院银行业监督管理机构没收违法所得,违法所得五十万元以上的,并处违法所得一倍以上五倍以下罚款;没有违法所得或者违法所得不足五十万元的,处五十万元以上二百万元以下罚款。

第四十五条 银行业金融机构有下列情形之一,由国务院银行业监督管理机构责令改正,有违法所得的,没收违法所得,违法所得五十万元以上的,并处违法所得一倍以上五倍以下罚款;没有违法所得或者违法所得不足五十万元的,处五十万元以上二百万元以下罚款;情节特别严重或者逾期不改正的,可以责令停业整顿或者吊销其经营许可证;构成犯罪的,依法追究刑事责任:

(一)未经批准设立分支机构的;

(二)未经批准变更、终止的;

(三)违反规定从事未经批准或者未备案的业务活动的;

(四)违反规定提高或者降低存款利率、贷款利率的。

第四十六条 银行业金融机构有下列情形之一,由国务院银行业监督管理机构责令改正,并处二十万元以上五十万元以下罚款;情节特别严重或者逾期不改正的,可以责令停业整顿或者吊销其经营许可证;构成犯罪的,依法追究刑事责任:

(一)未经任职资格审查任命董事、高级管理人员的;

(二)拒绝或者阻碍非现场监管或者现场检查的;

(三)提供虚假的或者隐瞒重要事实的报表、报告等文件、资料的;

(四)未按照规定进行信息披露的;

(五)严重违反审慎经营规则的;

(六)拒绝执行本法第三十七条规定的措施的。

第四十七条 银行业金融机构不按照规定提供报表、报告等文件、资料的,由银行业监督管理机构责令改正,逾期不改正的,处十万元以上三十万元以下罚款。

第四十八条 银行业金融机构违反法律、行政法规以及国家有关

银行业监督管理规定的,银行业监督管理机构除依照本法第四十四条至第四十七条规定处罚外,还可以区别不同情形,采取下列措施:

（一）责令银行业金融机构对直接负责的董事、高级管理人员和其他直接责任人员给予纪律处分；

（二）银行业金融机构的行为尚不构成犯罪的,对直接负责的董事、高级管理人员和其他直接责任人员给予警告,处五万元以上五十万元以下罚款；

（三）取消直接负责的董事、高级管理人员一定期限直至终身的任职资格,禁止直接负责的董事、高级管理人员和其他直接责任人员一定期限直至终身从事银行业工作。

第四十九条　阻碍银行业监督管理机构工作人员依法执行检查、调查职务的,由公安机关依法给予治安管理处罚；构成犯罪的,依法追究刑事责任。

第六章　附　　则

第五十条　对在中华人民共和国境内设立的政策性银行、金融资产管理公司的监督管理,法律、行政法规另有规定的,依照其规定。

第五十一条　对在中华人民共和国境内设立的外资银行业金融机构、中外合资银行业金融机构、外国银行业金融机构的分支机构的监督管理,法律、行政法规另有规定的,依照其规定。

第五十二条　本法自2004年2月1日起施行。

中华人民共和国证券法

（1998年12月29日第九届全国人民代表大会常务委员会第六次会议通过 根据2004年8月28日第十届全国人民代表大会常务委员会第十一次会议《关于修改〈中华人民共和国证券法〉的决定》第一次修正 2005年10月27日第十届全国人民代表大会常务委员会第十八次会议第一次修订 根据2013年6月29日第十二届全国人民代表大会常务委员会第三次会议《关于修改〈中华人民共和国文物保护法〉等十二部法律的决定》第二次修正 根据2014年8月31日第十二届全国人民代表大会常务委员会第十次会议《关于修改〈中华人民共和国保险法〉等五部法律的决定》第三次修正 2019年12月28日第十三届全国人民代表大会常务委员会第十五次会议第二次修订 自2020年3月1日起施行）

第一章 总 则

第一条 为了规范证券发行和交易行为，保护投资者的合法权益，维护社会经济秩序和社会公共利益，促进社会主义市场经济的发展，制定本法。

第二条 在中华人民共和国境内，股票、公司债券、存托凭证和国务院依法认定的其他证券的发行和交易，适用本法；本法未规定的，适用《中华人民共和国公司法》和其他法律、行政法规的规定。

政府债券、证券投资基金份额的上市交易，适用本法；其他法律、行政法规另有规定的，适用其规定。

资产支持证券、资产管理产品发行、交易的管理办法，由国务院依照本法的原则规定。

在中华人民共和国境外的证券发行和交易活动,扰乱中华人民共和国境内市场秩序,损害境内投资者合法权益的,依照本法有关规定处理并追究法律责任。

第三条 证券的发行、交易活动,必须遵循公开、公平、公正的原则。

第四条 证券发行、交易活动的当事人具有平等的法律地位,应当遵守自愿、有偿、诚实信用的原则。

第五条 证券的发行、交易活动,必须遵守法律、行政法规;禁止欺诈、内幕交易和操纵证券市场的行为。

第六条 证券业和银行业、信托业、保险业实行分业经营、分业管理,证券公司与银行、信托、保险业务机构分别设立。国家另有规定的除外。

第七条 国务院证券监督管理机构依法对全国证券市场实行集中统一监督管理。

国务院证券监督管理机构根据需要可以设立派出机构,按照授权履行监督管理职责。

第八条 国家审计机关依法对证券交易场所、证券公司、证券登记结算机构、证券监督管理机构进行审计监督。

第二章 证券发行

第九条 公开发行证券,必须符合法律、行政法规规定的条件,并依法报经国务院证券监督管理机构或者国务院授权的部门注册。未经依法注册,任何单位和个人不得公开发行证券。证券发行注册制的具体范围、实施步骤,由国务院规定。

有下列情形之一的,为公开发行:

(一)向不特定对象发行证券;

(二)向特定对象发行证券累计超过二百人,但依法实施员工持股计划的员工人数不计算在内;

(三)法律、行政法规规定的其他发行行为。

非公开发行证券,不得采用广告、公开劝诱和变相公开方式。

第十条 发行人申请公开发行股票、可转换为股票的公司债券,依法采取承销方式的,或者公开发行法律、行政法规规定实行保荐制度的其他证券的,应当聘请证券公司担任保荐人。

保荐人应当遵守业务规则和行业规范,诚实守信,勤勉尽责,对发行人的申请文件和信息披露资料进行审慎核查,督导发行人规范运作。

保荐人的管理办法由国务院证券监督管理机构规定。

第十一条 设立股份有限公司公开发行股票,应当符合《中华人民共和国公司法》规定的条件和经国务院批准的国务院证券监督管理机构规定的其他条件,向国务院证券监督管理机构报送募股申请和下列文件:

(一)公司章程;

(二)发起人协议;

(三)发起人姓名或者名称,发起人认购的股份数、出资种类及验资证明;

(四)招股说明书;

(五)代收股款银行的名称及地址;

(六)承销机构名称及有关的协议。

依照本法规定聘请保荐人的,还应当报送保荐人出具的发行保荐书。

法律、行政法规规定设立公司必须报经批准的,还应当提交相应的批准文件。

第十二条 公司首次公开发行新股,应当符合下列条件:

(一)具备健全且运行良好的组织机构;

(二)具有持续经营能力;

(三)最近三年财务会计报告被出具无保留意见审计报告;

(四)发行人及其控股股东、实际控制人最近三年不存在贪污、贿赂、侵占财产、挪用财产或者破坏社会主义市场经济秩序的刑事犯罪;

（五）经国务院批准的国务院证券监督管理机构规定的其他条件。

上市公司发行新股，应当符合经国务院批准的国务院证券监督管理机构规定的条件，具体管理办法由国务院证券监督管理机构规定。

公开发行存托凭证的，应当符合首次公开发行新股的条件以及国务院证券监督管理机构规定的其他条件。

第十三条 公司公开发行新股，应当报送募股申请和下列文件：

（一）公司营业执照；

（二）公司章程；

（三）股东大会决议；

（四）招股说明书或者其他公开发行募集文件；

（五）财务会计报告；

（六）代收股款银行的名称及地址。

依照本法规定聘请保荐人的，还应当报送保荐人出具的发行保荐书。依照本法规定实行承销的，还应当报送承销机构名称及有关的协议。

第十四条 公司对公开发行股票所募集资金，必须按照招股说明书或者其他公开发行募集文件所列资金用途使用；改变资金用途，必须经股东大会作出决议。擅自改变用途，未作纠正的，或者未经股东大会认可的，不得公开发行新股。

第十五条 公开发行公司债券，应当符合下列条件：

（一）具备健全且运行良好的组织机构；

（二）最近三年平均可分配利润足以支付公司债券一年的利息；

（三）国务院规定的其他条件。

公开发行公司债券筹集的资金，必须按照公司债券募集办法所列资金用途使用；改变资金用途，必须经债券持有人会议作出决议。公开发行公司债券筹集的资金，不得用于弥补亏损和非生产性支出。

上市公司发行可转换为股票的公司债券，除应当符合第一款规定的条件外，还应当遵守本法第十二条第二款的规定。但是，按照公司债券募集办法，上市公司通过收购本公司股份的方式进行公司债券转换的除外。

第十六条　申请公开发行公司债券，应当向国务院授权的部门或者国务院证券监督管理机构报送下列文件：

（一）公司营业执照；

（二）公司章程；

（三）公司债券募集办法；

（四）国务院授权的部门或者国务院证券监督管理机构规定的其他文件。

依照本法规定聘请保荐人的，还应当报送保荐人出具的发行保荐书。

第十七条　有下列情形之一的，不得再次公开发行公司债券：

（一）对已公开发行的公司债券或者其他债务有违约或者延迟支付本息的事实，仍处于继续状态；

（二）违反本法规定，改变公开发行公司债券所募资金的用途。

第十八条　发行人依法申请公开发行证券所报送的申请文件的格式、报送方式，由依法负责注册的机构或者部门规定。

第十九条　发行人报送的证券发行申请文件，应当充分披露投资者作出价值判断和投资决策所必需的信息，内容应当真实、准确、完整。

为证券发行出具有关文件的证券服务机构和人员，必须严格履行法定职责，保证所出具文件的真实性、准确性和完整性。

第二十条　发行人申请首次公开发行股票的，在提交申请文件后，应当按照国务院证券监督管理机构的规定预先披露有关申请文件。

第二十一条　国务院证券监督管理机构或者国务院授权的部门依照法定条件负责证券发行申请的注册。证券公开发行注册的具体办法由国务院规定。

按照国务院的规定，证券交易所等可以审核公开发行证券申请，判断发行人是否符合发行条件、信息披露要求，督促发行人完善信息披露内容。

依照前两款规定参与证券发行申请注册的人员,不得与发行申请人有利害关系,不得直接或者间接接受发行申请人的馈赠,不得持有所注册的发行申请的证券,不得私下与发行申请人进行接触。

第二十二条 国务院证券监督管理机构或者国务院授权的部门应当自受理证券发行申请文件之日起三个月内,依照法定条件和法定程序作出予以注册或者不予注册的决定,发行人根据要求补充、修改发行申请文件的时间不计算在内。不予注册的,应当说明理由。

第二十三条 证券发行申请经注册后,发行人应当依照法律、行政法规的规定,在证券公开发行前公告公开发行募集文件,并将该文件置备于指定场所供公众查阅。

发行证券的信息依法公开前,任何知情人不得公开或者泄露该信息。

发行人不得在公告公开发行募集文件前发行证券。

第二十四条 国务院证券监督管理机构或者国务院授权的部门对已作出的证券发行注册的决定,发现不符合法定条件或者法定程序,尚未发行证券的,应当予以撤销,停止发行。已经发行尚未上市的,撤销发行注册决定,发行人应当按照发行价并加算银行同期存款利息返还证券持有人;发行人的控股股东、实际控制人以及保荐人,应当与发行人承担连带责任,但是能够证明自己没有过错的除外。

股票的发行人在招股说明书等证券发行文件中隐瞒重要事实或者编造重大虚假内容,已经发行并上市的,国务院证券监督管理机构可以责令发行人回购证券,或者责令负有责任的控股股东、实际控制人买回证券。

第二十五条 股票依法发行后,发行人经营与收益的变化,由发行人自行负责;由此变化引致的投资风险,由投资者自行负责。

第二十六条 发行人向不特定对象发行的证券,法律、行政法规规定应当由证券公司承销的,发行人应当同证券公司签订承销协议。证券承销业务采取代销或者包销方式。

证券代销是指证券公司代发行人发售证券,在承销期结束时,将未售出的证券全部退还给发行人的承销方式。

证券包销是指证券公司将发行人的证券按照协议全部购入或者在承销期结束时将售后剩余证券全部自行购入的承销方式。

第二十七条 公开发行证券的发行人有权依法自主选择承销的证券公司。

第二十八条 证券公司承销证券,应当同发行人签订代销或者包销协议,载明下列事项:

(一)当事人的名称、住所及法定代表人姓名;

(二)代销、包销证券的种类、数量、金额及发行价格;

(三)代销、包销的期限及起止日期;

(四)代销、包销的付款方式及日期;

(五)代销、包销的费用和结算办法;

(六)违约责任;

(七)国务院证券监督管理机构规定的其他事项。

第二十九条 证券公司承销证券,应当对公开发行募集文件的真实性、准确性、完整性进行核查。发现有虚假记载、误导性陈述或者重大遗漏的,不得进行销售活动;已经销售的,必须立即停止销售活动,并采取纠正措施。

证券公司承销证券,不得有下列行为:

(一)进行虚假的或者误导投资者的广告宣传或者其他宣传推介活动;

(二)以不正当竞争手段招揽承销业务;

(三)其他违反证券承销业务规定的行为。

证券公司有前款所列行为,给其他证券承销机构或者投资者造成损失的,应当依法承担赔偿责任。

第三十条 向不特定对象发行证券聘请承销团承销的,承销团应当由主承销和参与承销的证券公司组成。

第三十一条 证券的代销、包销期限最长不得超过九十日。

证券公司在代销、包销期内,对所代销、包销的证券应当保证先行出售给认购人,证券公司不得为本公司预留所代销的证券和预先购入并留存所包销的证券。

第三十二条 股票发行采取溢价发行的,其发行价格由发行人与承销的证券公司协商确定。

第三十三条 股票发行采用代销方式,代销期限届满,向投资者出售的股票数量未达到拟公开发行股票数量百分之七十的,为发行失败。发行人应当按照发行价并加算银行同期存款利息返还股票认购人。

第三十四条 公开发行股票,代销、包销期限届满,发行人应当在规定的期限内将股票发行情况报国务院证券监督管理机构备案。

第三章 证券交易

第一节 一般规定

第三十五条 证券交易当事人依法买卖的证券,必须是依法发行并交付的证券。

非依法发行的证券,不得买卖。

第三十六条 依法发行的证券,《中华人民共和国公司法》和其他法律对其转让期限有限制性规定的,在限定的期限内不得转让。

上市公司持有百分之五以上股份的股东、实际控制人、董事、监事、高级管理人员,以及其他持有发行人首次公开发行前发行的股份或者上市公司向特定对象发行的股份的股东,转让其持有的本公司股份的,不得违反法律、行政法规和国务院证券监督管理机构关于持有期限、卖出时间、卖出数量、卖出方式、信息披露等规定,并应当遵守证券交易所的业务规则。

第三十七条 公开发行的证券,应当在依法设立的证券交易所上市交易或者在国务院批准的其他全国性证券交易场所交易。

非公开发行的证券,可以在证券交易所、国务院批准的其他全国性证券交易场所、按照国务院规定设立的区域性股权市场转让。

第三十八条 证券在证券交易所上市交易,应当采用公开的集中交易方式或者国务院证券监督管理机构批准的其他方式。

第三十九条 证券交易当事人买卖的证券可以采用纸面形式或者国务院证券监督管理机构规定的其他形式。

第四十条 证券交易场所、证券公司和证券登记结算机构的从业人员,证券监督管理机构的工作人员以及法律、行政法规规定禁止参与股票交易的其他人员,在任期或者法定限期内,不得直接或者以化名、借他人名义持有、买卖股票或者其他具有股权性质的证券,也不得收受他人赠送的股票或者其他具有股权性质的证券。

任何人在成为前款所列人员时,其原已持有的股票或者其他具有股权性质的证券,必须依法转让。

实施股权激励计划或者员工持股计划的证券公司的从业人员,可以按照国务院证券监督管理机构的规定持有、卖出本公司股票或者其他具有股权性质的证券。

第四十一条 证券交易场所、证券公司、证券登记结算机构、证券服务机构及其工作人员应当依法为投资者的信息保密,不得非法买卖、提供或者公开投资者的信息。

证券交易场所、证券公司、证券登记结算机构、证券服务机构及其工作人员不得泄露所知悉的商业秘密。

第四十二条 为证券发行出具审计报告或者法律意见书等文件的证券服务机构和人员,在该证券承销期内和期满后六个月内,不得买卖该证券。

除前款规定外,为发行人及其控股股东、实际控制人,或者收购人、重大资产交易方出具审计报告或者法律意见书等文件的证券服务机构和人员,自接受委托之日起至上述文件公开后五日内,不得买卖该证券。实际开展上述有关工作之日早于接受委托之日的,自实际开展上述有关工作之日起至上述文件公开后五日内,不得买卖该证券。

第四十三条 证券交易的收费必须合理,并公开收费项目、收费标准和管理办法。

第四十四条 上市公司、股票在国务院批准的其他全国性证券交易场所交易的公司持有百分之五以上股份的股东、董事、监事、高级管理人员,将其持有的该公司的股票或者其他具有股权性质的证券在买入后六个月内卖出,或者在卖出后六个月内又买入,由此所得收益归该公司所有,公司董事会应当收回其所得收益。但是,证券公司因购入包销售后剩余股票而持有百分之五以上股份,以及有国务院证券监督管理机构规定的其他情形的除外。

前款所称董事、监事、高级管理人员、自然人股东持有的股票或者其他具有股权性质的证券,包括其配偶、父母、子女持有的及利用他人账户持有的股票或者其他具有股权性质的证券。

公司董事会不按照第一款规定执行的,股东有权要求董事会在三十日内执行。公司董事会未在上述期限内执行的,股东有权为了公司的利益以自己的名义直接向人民法院提起诉讼。

公司董事会不按照第一款的规定执行的,负有责任的董事依法承担连带责任。

第四十五条 通过计算机程序自动生成或者下达交易指令进行程序化交易的,应当符合国务院证券监督管理机构的规定,并向证券交易所报告,不得影响证券交易所系统安全或者正常交易秩序。

第二节 证券上市

第四十六条 申请证券上市交易,应当向证券交易所提出申请,由证券交易所依法审核同意,并由双方签订上市协议。

证券交易所根据国务院授权的部门的决定安排政府债券上市交易。

第四十七条 申请证券上市交易,应当符合证券交易所上市规则规定的上市条件。

证券交易所上市规则规定的上市条件,应当对发行人的经营年限、财务状况、最低公开发行比例和公司治理、诚信记录等提出要求。

第四十八条 上市交易的证券,有证券交易所规定的终止上市情形的,由证券交易所按照业务规则终止其上市交易。

证券交易所决定终止证券上市交易的,应当及时公告,并报国务院证券监督管理机构备案。

第四十九条 对证券交易所作出的不予上市交易、终止上市交易决定不服的,可以向证券交易所设立的复核机构申请复核。

第三节 禁止的交易行为

第五十条 禁止证券交易内幕信息的知情人和非法获取内幕信息的人利用内幕信息从事证券交易活动。

第五十一条 证券交易内幕信息的知情人包括:

(一)发行人及其董事、监事、高级管理人员;

(二)持有公司百分之五以上股份的股东及其董事、监事、高级管理人员,公司的实际控制人及其董事、监事、高级管理人员;

(三)发行人控股或者实际控制的公司及其董事、监事、高级管理人员;

(四)由于所任公司职务或者因与公司业务往来可以获取公司有关内幕信息的人员;

(五)上市公司收购人或者重大资产交易方及其控股股东、实际控制人、董事、监事和高级管理人员;

(六)因职务、工作可以获取内幕信息的证券交易场所、证券公司、证券登记结算机构、证券服务机构的有关人员;

(七)因职责、工作可以获取内幕信息的证券监督管理机构工作人员;

(八)因法定职责对证券的发行、交易或者对上市公司及其收购、重大资产交易进行管理可以获取内幕信息的有关主管部门、监管机构的工作人员;

(九)国务院证券监督管理机构规定的可以获取内幕信息的其他人员。

第五十二条 证券交易活动中,涉及发行人的经营、财务或者对该发行人证券的市场价格有重大影响的尚未公开的信息,为内幕信息。

本法第八十条第二款、第八十一条第二款所列重大事件属于内幕信息。

第五十三条 证券交易内幕信息的知情人和非法获取内幕信息的人,在内幕信息公开前,不得买卖该公司的证券,或者泄露该信息,或者建议他人买卖该证券。

持有或者通过协议、其他安排与他人共同持有公司百分之五以上股份的自然人、法人、非法人组织收购上市公司的股份,本法另有规定的,适用其规定。

内幕交易行为给投资者造成损失的,应当依法承担赔偿责任。

第五十四条 禁止证券交易场所、证券公司、证券登记结算机构、证券服务机构和其他金融机构的从业人员、有关监管部门或者行业协会的工作人员,利用因职务便利获取的内幕信息以外的其他未公开的信息,违反规定,从事与该信息相关的证券交易活动,或者明示、暗示他人从事相关交易活动。

利用未公开信息进行交易给投资者造成损失的,应当依法承担赔偿责任。

第五十五条 禁止任何人以下列手段操纵证券市场,影响或者意图影响证券交易价格或者证券交易量:

(一)单独或者通过合谋,集中资金优势、持股优势或者利用信息优势联合或者连续买卖;

(二)与他人串通,以事先约定的时间、价格和方式相互进行证券交易;

(三)在自己实际控制的账户之间进行证券交易;

(四)不以成交为目的,频繁或者大量申报并撤销申报;

(五)利用虚假或者不确定的重大信息,诱导投资者进行证券交易;

(六)对证券、发行人公开作出评价、预测或者投资建议,并进行反向证券交易；

（七）利用在其他相关市场的活动操纵证券市场；

（八）操纵证券市场的其他手段。

操纵证券市场行为给投资者造成损失的，应当依法承担赔偿责任。

第五十六条 禁止任何单位和个人编造、传播虚假信息或者误导性信息，扰乱证券市场。

禁止证券交易场所、证券公司、证券登记结算机构、证券服务机构及其从业人员，证券业协会、证券监督管理机构及其工作人员，在证券交易活动中作出虚假陈述或者信息误导。

各种传播媒介传播证券市场信息必须真实、客观，禁止误导。传播媒介及其从事证券市场信息报道的工作人员不得从事与其工作职责发生利益冲突的证券买卖。

编造、传播虚假信息或者误导性信息，扰乱证券市场，给投资者造成损失的，应当依法承担赔偿责任。

第五十七条 禁止证券公司及其从业人员从事下列损害客户利益的行为：

（一）违背客户的委托为其买卖证券；

（二）不在规定时间内向客户提供交易的确认文件；

（三）未经客户的委托，擅自为客户买卖证券，或者假借客户的名义买卖证券；

（四）为牟取佣金收入，诱使客户进行不必要的证券买卖；

（五）其他违背客户真实意思表示，损害客户利益的行为。

违反前款规定给客户造成损失的，应当依法承担赔偿责任。

第五十八条 任何单位和个人不得违反规定，出借自己的证券账户或者借用他人的证券账户从事证券交易。

第五十九条 依法拓宽资金入市渠道，禁止资金违规流入股市。

禁止投资者违规利用财政资金、银行信贷资金买卖证券。

第六十条 国有独资企业、国有独资公司、国有资本控股公司买卖上市交易的股票，必须遵守国家有关规定。

第六十一条　证券交易场所、证券公司、证券登记结算机构、证券服务机构及其从业人员对证券交易中发现的禁止的交易行为，应当及时向证券监督管理机构报告。

第四章　上市公司的收购

第六十二条　投资者可以采取要约收购、协议收购及其他合法方式收购上市公司。

第六十三条　通过证券交易所的证券交易，投资者持有或者通过协议、其他安排与他人共同持有一个上市公司已发行的有表决权股份达到百分之五时，应当在该事实发生之日起三日内，向国务院证券监督管理机构、证券交易所作出书面报告，通知该上市公司，并予公告，在上述期限内不得再行买卖该上市公司的股票，但国务院证券监督管理机构规定的情形除外。

投资者持有或者通过协议、其他安排与他人共同持有一个上市公司已发行的有表决权股份达到百分之五后，其所持该上市公司已发行的有表决权股份比例每增加或者减少百分之五，应当依照前款规定进行报告和公告，在该事实发生之日起至公告后三日内，不得再行买卖该上市公司的股票，但国务院证券监督管理机构规定的情形除外。

投资者持有或者通过协议、其他安排与他人共同持有一个上市公司已发行的有表决权股份达到百分之五后，其所持该上市公司已发行的有表决权股份比例每增加或者减少百分之一，应当在该事实发生的次日通知该上市公司，并予公告。

违反第一款、第二款规定买入上市公司有表决权的股份的，在买入后的三十六个月内，对该超过规定比例部分的股份不得行使表决权。

第六十四条　依照前条规定所作的公告，应当包括下列内容：

（一）持股人的名称、住所；

（二）持有的股票的名称、数额；

（三）持股达到法定比例或者持股增减变化达到法定比例的日期、增持股份的资金来源；

（四）在上市公司中拥有有表决权的股份变动的时间及方式。

第六十五条 通过证券交易所的证券交易，投资者持有或者通过协议、其他安排与他人共同持有一个上市公司已发行的有表决权股份达到百分之三十时，继续进行收购的，应当依法向该上市公司所有股东发出收购上市公司全部或者部分股份的要约。

收购上市公司部分股份的要约应当约定，被收购公司股东承诺出售的股份数额超过预定收购的股份数额的，收购人按比例进行收购。

第六十六条 依照前条规定发出收购要约，收购人必须公告上市公司收购报告书，并载明下列事项：

（一）收购人的名称、住所；

（二）收购人关于收购的决定；

（三）被收购的上市公司名称；

（四）收购目的；

（五）收购股份的详细名称和预定收购的股份数额；

（六）收购期限、收购价格；

（七）收购所需资金额及资金保证；

（八）公告上市公司收购报告书时持有被收购公司股份数占该公司已发行的股份总数的比例。

第六十七条 收购要约约定的收购期限不得少于三十日，并不得超过六十日。

第六十八条 在收购要约确定的承诺期限内，收购人不得撤销其收购要约。收购人需要变更收购要约的，应当及时公告，载明具体变更事项，且不得存在下列情形：

（一）降低收购价格；

（二）减少预定收购股份数额；

（三）缩短收购期限；

（四）国务院证券监督管理机构规定的其他情形。

第六十九条　收购要约提出的各项收购条件，适用于被收购公司的所有股东。

　　上市公司发行不同种类股份的，收购人可以针对不同种类股份提出不同的收购条件。

　　第七十条　采取要约收购方式的，收购人在收购期限内，不得卖出被收购公司的股票，也不得采取要约规定以外的形式和超出要约的条件买入被收购公司的股票。

　　第七十一条　采取协议收购方式的，收购人可以依照法律、行政法规的规定同被收购公司的股东以协议方式进行股份转让。

　　以协议方式收购上市公司时，达成协议后，收购人必须在三日内将该收购协议向国务院证券监督管理机构及证券交易所作出书面报告，并予公告。

　　在公告前不得履行收购协议。

　　第七十二条　采取协议收购方式的，协议双方可以临时委托证券登记结算机构保管协议转让的股票，并将资金存放于指定的银行。

　　第七十三条　采取协议收购方式的，收购人收购或者通过协议、其他安排与他人共同收购一个上市公司已发行的有表决权股份达到百分之三十时，继续进行收购的，应当依法向该上市公司所有股东发出收购上市公司全部或者部分股份的要约。但是，按照国务院证券监督管理机构的规定免除发出要约的除外。

　　收购人依照前款规定以要约方式收购上市公司股份，应当遵守本法第六十五条第二款、第六十六条至第七十条的规定。

　　第七十四条　收购期限届满，被收购公司股权分布不符合证券交易所规定的上市交易要求的，该上市公司的股票应当由证券交易所依法终止上市交易；其余仍持有被收购公司股票的股东，有权向收购人以收购要约的同等条件出售其股票，收购人应当收购。

　　收购行为完成后，被收购公司不再具备股份有限公司条件的，应当依法变更企业形式。

　　第七十五条　在上市公司收购中，收购人持有的被收购的上市公司的股票,在收购行为完成后的十八个月内不得转让。

第七十六条　收购行为完成后,收购人与被收购公司合并,并将该公司解散的,被解散公司的原有股票由收购人依法更换。

收购行为完成后,收购人应当在十五日内将收购情况报告国务院证券监督管理机构和证券交易所,并予公告。

第七十七条　国务院证券监督管理机构依照本法制定上市公司收购的具体办法。

上市公司分立或者被其他公司合并,应当向国务院证券监督管理机构报告,并予公告。

第五章　信息披露

第七十八条　发行人及法律、行政法规和国务院证券监督管理机构规定的其他信息披露义务人,应当及时依法履行信息披露义务。

信息披露义务人披露的信息,应当真实、准确、完整,简明清晰,通俗易懂,不得有虚假记载、误导性陈述或者重大遗漏。

证券同时在境内境外公开发行、交易的,其信息披露义务人在境外披露的信息,应当在境内同时披露。

第七十九条　上市公司、公司债券上市交易的公司、股票在国务院批准的其他全国性证券交易场所交易的公司,应当按照国务院证券监督管理机构和证券交易场所规定的内容和格式编制定期报告,并按照以下规定报送和公告:

(一)在每一会计年度结束之日起四个月内,报送并公告年度报告,其中的年度财务会计报告应当经符合本法规定的会计师事务所审计;

(二)在每一会计年度的上半年结束之日起二个月内,报送并公告中期报告。

第八十条　发生可能对上市公司、股票在国务院批准的其他全国性证券交易场所交易的公司的股票交易价格产生较大影响的重大事件,投资者尚未得知时,公司应当立即将有关该重大事件的情况向国务院证券监督管理机构和证券交易场所报送临时报告,并予公告,说明事件的起因、目前的状态和可能产生的法律后果。

前款所称重大事件包括:

(一)公司的经营方针和经营范围的重大变化;

(二)公司的重大投资行为,公司在一年内购买、出售重大资产超过公司资产总额百分之三十,或者公司营业用主要资产的抵押、质押、出售或者报废一次超过该资产的百分之三十;

(三)公司订立重要合同、提供重大担保或者从事关联交易,可能对公司的资产、负债、权益和经营成果产生重要影响;

(四)公司发生重大债务和未能清偿到期重大债务的违约情况;

(五)公司发生重大亏损或者重大损失;

(六)公司生产经营的外部条件发生的重大变化;

(七)公司的董事、三分之一以上监事或者经理发生变动,董事长或者经理无法履行职责;

(八)持有公司百分之五以上股份的股东或者实际控制人持有股份或者控制公司的情况发生较大变化,公司的实际控制人及其控制的其他企业从事与公司相同或者相似业务的情况发生较大变化;

(九)公司分配股利、增资的计划,公司股权结构的重要变化,公司减资、合并、分立、解散及申请破产的决定,或者依法进入破产程序、被责令关闭;

(十)涉及公司的重大诉讼、仲裁,股东大会、董事会决议被依法撤销或者宣告无效;

(十一)公司涉嫌犯罪被依法立案调查,公司的控股股东、实际控制人、董事、监事、高级管理人员涉嫌犯罪被依法采取强制措施;

(十二)国务院证券监督管理机构规定的其他事项。

公司的控股股东或者实际控制人对重大事件的发生、进展产生较大影响的,应当及时将其知悉的有关情况书面告知公司,并配合公司履行信息披露义务。

第八十一条 发生可能对上市交易公司债券的交易价格产生较

大影响的重大事件，投资者尚未得知时，公司应当立即将有关该重大事件的情况向国务院证券监督管理机构和证券交易场所报送临时报告，并予公告，说明事件的起因、目前的状态和可能产生的法律后果。

前款所称重大事件包括：

（一）公司股权结构或者生产经营状况发生重大变化；

（二）公司债券信用评级发生变化；

（三）公司重大资产抵押、质押、出售、转让、报废；

（四）公司发生未能清偿到期债务的情况；

（五）公司新增借款或者对外提供担保超过上年末净资产的百分之二十；

（六）公司放弃债权或者财产超过上年末净资产的百分之十；

（七）公司发生超过上年末净资产百分之十的重大损失；

（八）公司分配股利，作出减资、合并、分立、解散及申请破产的决定，或者依法进入破产程序、被责令关闭；

（九）涉及公司的重大诉讼、仲裁；

（十）公司涉嫌犯罪被依法立案调查，公司的控股股东、实际控制人、董事、监事、高级管理人员涉嫌犯罪被依法采取强制措施；

（十一）国务院证券监督管理机构规定的其他事项。

第八十二条 发行人的董事、高级管理人员应当对证券发行文件和定期报告签署书面确认意见。

发行人的监事会应当对董事会编制的证券发行文件和定期报告进行审核并提出书面审核意见。监事应当签署书面确认意见。

发行人的董事、监事和高级管理人员应当保证发行人及时、公平地披露信息，所披露的信息真实、准确、完整。

董事、监事和高级管理人员无法保证证券发行文件和定期报告内容的真实性、准确性、完整性或者有异议的，应当在书面确认意见中发表意见并陈述理由，发行人应当披露。发行人不予披露的，董事、监事和高级管理人员可以直接申请披露。

第八十三条 信息披露义务人披露的信息应当同时向所有投资

者披露,不得提前向任何单位和个人泄露。但是,法律、行政法规另有规定的除外。

任何单位和个人不得非法要求信息披露义务人提供依法需要披露但尚未披露的信息。任何单位和个人提前获知的前述信息,在依法披露前应当保密。

第八十四条 除依法需要披露的信息之外,信息披露义务人可以自愿披露与投资者作出价值判断和投资决策有关的信息,但不得与依法披露的信息相冲突,不得误导投资者。

发行人及其控股股东、实际控制人、董事、监事、高级管理人员等作出公开承诺的,应当披露。不履行承诺给投资者造成损失的,应当依法承担赔偿责任。

第八十五条 信息披露义务人未按照规定披露信息,或者公告的证券发行文件、定期报告、临时报告及其他信息披露资料存在虚假记载、误导性陈述或者重大遗漏,致使投资者在证券交易中遭受损失的,信息披露义务人应当承担赔偿责任;发行人的控股股东、实际控制人、董事、监事、高级管理人员和其他直接责任人员以及保荐人、承销的证券公司及其直接责任人员,应当与发行人承担连带赔偿责任,但是能够证明自己没有过错的除外。

第八十六条 依法披露的信息,应当在证券交易场所的网站和符合国务院证券监督管理机构规定条件的媒体发布,同时将其置备于公司住所、证券交易场所,供社会公众查阅。

第八十七条 国务院证券监督管理机构对信息披露义务人的信息披露行为进行监督管理。

证券交易场所应当对其组织交易的证券的信息披露义务人的信息披露行为进行监督,督促其依法及时、准确地披露信息。

第六章 投资者保护

第八十八条 证券公司向投资者销售证券、提供服务时,应当按照规定充分了解投资者的基本情况、财产状况、金融资产状况、投资知识和经验、专业能力等相关信息;如实说明证券、服务的重要内容,充分揭示投资风险;销售、提供与投资者上述状况相匹配的证券、服务。

投资者在购买证券或者接受服务时,应当按照证券公司明示的要求提供前款所列真实信息。拒绝提供或者未按照要求提供信息的,证券公司应当告知其后果,并按照规定拒绝向其销售证券、提供服务。

证券公司违反第一款规定导致投资者损失的,应当承担相应的赔偿责任。

第八十九条 根据财产状况、金融资产状况、投资知识和经验、专业能力等因素,投资者可以分为普通投资者和专业投资者。专业投资者的标准由国务院证券监督管理机构规定。

普通投资者与证券公司发生纠纷的,证券公司应当证明其行为符合法律、行政法规以及国务院证券监督管理机构的规定,不存在误导、欺诈等情形。证券公司不能证明的,应当承担相应的赔偿责任。

第九十条 上市公司董事会、独立董事、持有百分之一以上有表决权股份的股东或者依照法律、行政法规或者国务院证券监督管理机构的规定设立的投资者保护机构(以下简称投资者保护机构),可以作为征集人,自行或者委托证券公司、证券服务机构,公开请求上市公司股东委托其代为出席股东大会,并代为行使提案权、表决权等股东权利。

依照前款规定征集股东权利的,征集人应当披露征集文件,上市公司应当予以配合。

禁止以有偿或者变相有偿的方式公开征集股东权利。

公开征集股东权利违反法律、行政法规或者国务院证券监督管理机构有关规定,导致上市公司或者其股东遭受损失的,应当依法承担赔偿责任。

第九十一条 上市公司应当在章程中明确分配现金股利的具体安排和决策程序,依法保障股东的资产收益权。

上市公司当年税后利润,在弥补亏损及提取法定公积金后有盈余的,应当按照公司章程的规定分配现金股利。

第九十二条 公开发行公司债券的,应当设立债券持有人会议,并应当在募集说明书中说明债券持有人会议的召集程序、会议规则和其他重要事项。

公开发行公司债券的,发行人应当为债券持有人聘请债券受托管理人,并订立债券受托管理协议。受托管理人应当由本次发行的承销机构或者其他经国务院证券监督管理机构认可的机构担任,债券持有人会议可以决议变更债券受托管理人。债券受托管理人应当勤勉尽责,公正履行受托管理职责,不得损害债券持有人利益。

债券发行人未能按期兑付债券本息的,债券受托管理人可以接受全部或者部分债券持有人的委托,以自己名义代表债券持有人提起、参加民事诉讼或者清算程序。

第九十三条 发行人因欺诈发行、虚假陈述或者其他重大违法行为给投资者造成损失的,发行人的控股股东、实际控制人、相关的证券公司可以委托投资者保护机构,就赔偿事宜与受到损失的投资者达成协议,予以先行赔付。先行赔付后,可以依法向发行人以及其他连带责任人追偿。

第九十四条 投资者与发行人、证券公司等发生纠纷的,双方可以向投资者保护机构申请调解。普通投资者与证券公司发生证券业务纠纷,普通投资者提出调解请求的,证券公司不得拒绝。

投资者保护机构对损害投资者利益的行为,可以依法支持投资者向人民法院提起诉讼。

发行人的董事、监事、高级管理人员执行公司职务时违反法律、行政法规或者公司章程的规定给公司造成损失的,发行人的控股股东、实际控制人等侵犯公司合法权益给公司造成损失的,投资者保护机构持有该公司股份的,可以为公司的利益以自己的名义向人民法院提起诉讼,持股比例和持股期限不受《中华人民共和国公司法》规定的限制。

第九十五条 投资者提起虚假陈述等证券民事赔偿诉讼时,诉讼标的是同一种类,且当事人一方人数众多的,可以依法推选代表人进行诉讼。

对按照前款规定提起的诉讼,可能存在有相同诉讼请求的其他众多投资者的,人民法院可以发出公告,说明该诉讼请求的案件情况,通知投资者在一定期间向人民法院登记。人民法院作出的判决、裁定,对参加登记的投资者发生效力。

投资者保护机构受五十名以上投资者委托,可以作为代表人参加诉讼,并为经证券登记结算机构确认的权利人依照前款规定向人民法院登记,但投资者明确表示不愿意参加该诉讼的除外。

第七章　证券交易场所

第九十六条　证券交易所、国务院批准的其他全国性证券交易场所为证券集中交易提供场所和设施,组织和监督证券交易,实行自律管理,依法登记,取得法人资格。

证券交易所、国务院批准的其他全国性证券交易场所的设立、变更和解散由国务院决定。

国务院批准的其他全国性证券交易场所的组织机构、管理办法等,由国务院规定。

第九十七条　证券交易所、国务院批准的其他全国性证券交易场所可以根据证券品种、行业特点、公司规模等因素设立不同的市场层次。

第九十八条　按照国务院规定设立的区域性股权市场为非公开发行证券的发行、转让提供场所和设施,具体管理办法由国务院规定。

第九十九条　证券交易所履行自律管理职能,应当遵守社会公共利益优先原则,维护市场的公平、有序、透明。

设立证券交易所必须制定章程。证券交易所章程的制定和修改,必须经国务院证券监督管理机构批准。

第一百条　证券交易所必须在其名称中标明证券交易所字样。其他任何单位或者个人不得使用证券交易所或者近似的名称。

第一百零一条　证券交易所可以自行支配的各项费用收入,应当首先用于保证其证券交易场所和设施的正常运行并逐步改善。

实行会员制的证券交易所的财产积累归会员所有，其权益由会员共同享有，在其存续期间，不得将其财产积累分配给会员。

第一百零二条 实行会员制的证券交易所设理事会、监事会。

证券交易所设总经理一人，由国务院证券监督管理机构任免。

第一百零三条 有《中华人民共和国公司法》第一百四十六条规定的情形或者下列情形之一的，不得担任证券交易所的负责人：

（一）因违法行为或者违纪行为被解除职务的证券交易场所、证券登记结算机构的负责人或者证券公司的董事、监事、高级管理人员，自被解除职务之日起未逾五年；

（二）因违法行为或者违纪行为被吊销执业证书或者被取消资格的律师、注册会计师或者其他证券服务机构的专业人员，自被吊销执业证书或者被取消资格之日起未逾五年。

第一百零四条 因违法行为或者违纪行为被开除的证券交易场所、证券公司、证券登记结算机构、证券服务机构的从业人员和被开除的国家机关工作人员，不得招聘为证券交易所的从业人员。

第一百零五条 进入实行会员制的证券交易所参与集中交易的，必须是证券交易所的会员。证券交易所不得允许非会员直接参与股票的集中交易。

第一百零六条 投资者应当与证券公司签订证券交易委托协议，并在证券公司实名开立账户，以书面、电话、自助终端、网络等方式，委托该证券公司代其买卖证券。

第一百零七条 证券公司为投资者开立账户，应当按照规定对投资者提供的身份信息进行核对。

证券公司不得将投资者的账户提供给他人使用。

投资者应当使用实名开立的账户进行交易。

第一百零八条 证券公司根据投资者的委托，按照证券交易规则提出交易申报，参与证券交易所场内的集中交易，并根据成交结果承担相应的清算交收责任。证券登记结算机构根据成交结果，按照清算交收规则，与证券公司进行证券和资金的清算交收，并为证券公司客户办理证券的登记过户手续。

第一百零九条 证券交易所应当为组织公平的集中交易提供保障,实时公布证券交易即时行情,并按交易日制作证券市场行情表,予以公布。

证券交易即时行情的权益由证券交易所依法享有。未经证券交易所许可,任何单位和个人不得发布证券交易即时行情。

第一百一十条 上市公司可以向证券交易所申请其上市交易股票的停牌或者复牌,但不得滥用停牌或者复牌损害投资者的合法权益。

证券交易所可以按照业务规则的规定,决定上市交易股票的停牌或者复牌。

第一百一十一条 因不可抗力、意外事件、重大技术故障、重大人为差错等突发性事件而影响证券交易正常进行时,为维护证券交易正常秩序和市场公平,证券交易所可以按照业务规则采取技术性停牌、临时停市等处置措施,并应当及时向国务院证券监督管理机构报告。

因前款规定的突发性事件导致证券交易结果出现重大异常,按交易结果进行交收将对证券交易正常秩序和市场公平造成重大影响的,证券交易所按照业务规则可以采取取消交易、通知证券登记结算机构暂缓交收等措施,并应当及时向国务院证券监督管理机构报告并公告。

证券交易所对其依照本条规定采取措施造成的损失,不承担民事赔偿责任,但存在重大过错的除外。

第一百一十二条 证券交易所对证券交易实行实时监控,并按照国务院证券监督管理机构的要求,对异常的交易情况提出报告。

证券交易所根据需要,可以按照业务规则对出现重大异常交易情况的证券账户的投资者限制交易,并及时报告国务院证券监督管理机构。

第一百一十三条 证券交易所应当加强对证券交易的风险监测,出现重大异常波动的,证券交易所可以按照业务规则采取限制交易、强制停牌等处置措施,并向国务院证券监督管理机构报告;严重影响证券市场稳定的,证券交易所可以按照业务规则采取临时停市等处置措施并公告。

证券交易所对其依照本条规定采取措施造成的损失,不承担民事赔偿责任,但存在重大过错的除外。

第一百一十四条 证券交易所应当从其收取的交易费用和会员费、席位费中提取一定比例的金额设立风险基金。风险基金由证券交易所理事会管理。

风险基金提取的具体比例和使用办法,由国务院证券监督管理机构会同国务院财政部门规定。

证券交易所应当将收存的风险基金存入开户银行专门账户,不得擅自使用。

第一百一十五条 证券交易所依照法律、行政法规和国务院证券监督管理机构的规定,制定上市规则、交易规则、会员管理规则和其他有关业务规则,并报国务院证券监督管理机构批准。

在证券交易所从事证券交易,应当遵守证券交易所依法制定的业务规则。违反业务规则的,由证券交易所给予纪律处分或者采取其他自律管理措施。

第一百一十六条 证券交易所的负责人和其他从业人员执行与证券交易有关的职务时,与其本人或者其亲属有利害关系的,应当回避。

第一百一十七条 按照依法制定的交易规则进行的交易,不得改变其交易结果,但本法第一百一十一条第二款规定的除外。对交易中违规交易者应负的民事责任不得免除;在违规交易中所获利益,依照有关规定处理。

第八章 证 券 公 司

第一百一十八条 设立证券公司,应当具备下列条件,并经国务院证券监督管理机构批准:

(一)有符合法律、行政法规规定的公司章程；

(二)主要股东及公司的实际控制人具有良好的财务状况和诚信记录,最近三年无重大违法违规记录；

(三)有符合本法规定的公司注册资本；

(四)董事、监事、高级管理人员、从业人员符合本法规定的条件；

(五)有完善的风险管理与内部控制制度；

(六)有合格的经营场所、业务设施和信息技术系统；

(七)法律、行政法规和经国务院批准的国务院证券监督管理机构规定的其他条件。

未经国务院证券监督管理机构批准,任何单位和个人不得以证券公司名义开展证券业务活动。

第一百一十九条 国务院证券监督管理机构应当自受理证券公司设立申请之日起六个月内,依照法定条件和法定程序并根据审慎监管原则进行审查,作出批准或者不予批准的决定,并通知申请人；不予批准的,应当说明理由。

证券公司设立申请获得批准的,申请人应当在规定的期限内向公司登记机关申请设立登记,领取营业执照。

证券公司应当自领取营业执照之日起十五日内,向国务院证券监督管理机构申请经营证券业务许可证。未取得经营证券业务许可证,证券公司不得经营证券业务。

第一百二十条 经国务院证券监督管理机构核准,取得经营证券业务许可证,证券公司可以经营下列部分或者全部证券业务：

(一)证券经纪；

(二)证券投资咨询；

(三)与证券交易、证券投资活动有关的财务顾问；

(四)证券承销与保荐；

(五)证券融资融券；

(六)证券做市交易；

(七)证券自营；

(八)其他证券业务。

国务院证券监督管理机构应当自受理前款规定事项申请之日起三个月内,依照法定条件和程序进行审查,作出核准或者不予核准的决定,并通知申请人;不予核准的,应当说明理由。

证券公司经营证券资产管理业务的,应当符合《中华人民共和国证券投资基金法》等法律、行政法规的规定。

除证券公司外,任何单位和个人不得从事证券承销、证券保荐、证券经纪和证券融资融券业务。

证券公司从事证券融资融券业务,应当采取措施,严格防范和控制风险,不得违反规定向客户出借资金或者证券。

第一百二十一条 证券公司经营本法第一百二十条第一款第(一)项至第(三)项业务的,注册资本最低限额为人民币五千万元;经营第(四)项至第(八)项业务之一的,注册资本最低限额为人民币一亿元;经营第(四)项至第(八)项业务中两项以上的,注册资本最低限额为人民币五亿元。证券公司的注册资本应当是实缴资本。

国务院证券监督管理机构根据审慎监管原则和各项业务的风险程度,可以调整注册资本最低限额,但不得少于前款规定的限额。

第一百二十二条 证券公司变更证券业务范围,变更主要股东或者公司的实际控制人,合并、分立、停业、解散、破产,应当经国务院证券监督管理机构核准。

第一百二十三条 国务院证券监督管理机构应当对证券公司净资本和其他风险控制指标作出规定。

证券公司除依照规定为其客户提供融资融券外,不得为其股东或者股东的关联人提供融资或者担保。

第一百二十四条 证券公司的董事、监事、高级管理人员,应当正直诚实、品行良好,熟悉证券法律、行政法规,具有履行职责所需的经营管理能力。证券公司任免董事、监事、高级管理人员,应当报国务院证券监督管理机构备案。

有《中华人民共和国公司法》第一百四十六条规定的情形或者下

列情形之一的，不得担任证券公司的董事、监事、高级管理人员：

（一）因违法行为或者违纪行为被解除职务的证券交易场所、证券登记结算机构的负责人或者证券公司的董事、监事、高级管理人员，自被解除职务之日起未逾五年；

（二）因违法行为或者违纪行为被吊销执业证书或者被取消资格的律师、注册会计师或者其他证券服务机构的专业人员，自被吊销执业证书或者被取消资格之日起未逾五年。

第一百二十五条 证券公司从事证券业务的人员应当品行良好，具备从事证券业务所需的专业能力。

因违法行为或者违纪行为被开除的证券交易场所、证券公司、证券登记结算机构、证券服务机构的从业人员和被开除的国家机关工作人员，不得招聘为证券公司的从业人员。

国家机关工作人员和法律、行政法规规定的禁止在公司中兼职的其他人员，不得在证券公司中兼任职务。

第一百二十六条 国家设立证券投资者保护基金。证券投资者保护基金由证券公司缴纳的资金及其他依法筹集的资金组成，其规模以及筹集、管理和使用的具体办法由国务院规定。

第一百二十七条 证券公司从每年的业务收入中提取交易风险准备金，用于弥补证券经营的损失，其提取的具体比例由国务院证券监督管理机构会同国务院财政部门规定。

第一百二十八条 证券公司应当建立健全内部控制制度，采取有效隔离措施，防范公司与客户之间、不同客户之间的利益冲突。

证券公司必须将其证券经纪业务、证券承销业务、证券自营业务、证券做市业务和证券资产管理业务分开办理，不得混合操作。

第一百二十九条 证券公司的自营业务必须以自己的名义进行，不得假借他人名义或者以个人名义进行。

证券公司的自营业务必须使用自有资金和依法筹集的资金。

证券公司不得将其自营账户借给他人使用。

第一百三十条 证券公司应当依法审慎经营，勤勉尽责，诚实守信。

证券公司的业务活动,应当与其治理结构、内部控制、合规管理、风险管理以及风险控制指标、从业人员构成等情况相适应,符合审慎监管和保护投资者合法权益的要求。

证券公司依法享有自主经营的权利,其合法经营不受干涉。

第一百三十一条 证券公司客户的交易结算资金应当存放在商业银行,以每个客户的名义单独立户管理。

证券公司不得将客户的交易结算资金和证券归入其自有财产。禁止任何单位或者个人以任何形式挪用客户的交易结算资金和证券。证券公司破产或者清算时,客户的交易结算资金和证券不属于其破产财产或者清算财产。非因客户本身的债务或者法律规定的其他情形,不得查封、冻结、扣划或者强制执行客户的交易结算资金和证券。

第一百三十二条 证券公司办理经纪业务,应当置备统一制定的证券买卖委托书,供委托人使用。采取其他委托方式的,必须作出委托记录。

客户的证券买卖委托,不论是否成交,其委托记录应当按照规定的期限,保存于证券公司。

第一百三十三条 证券公司接受证券买卖的委托,应当根据委托书载明的证券名称、买卖数量、出价方式、价格幅度等,按照交易规则代理买卖证券,如实进行交易记录;买卖成交后,应当按照规定制作买卖成交报告单交付客户。

证券交易中确认交易行为及其交易结果的对账单必须真实,保证账面证券余额与实际持有的证券相一致。

第一百三十四条 证券公司办理经纪业务,不得接受客户的全权委托而决定证券买卖、选择证券种类、决定买卖数量或者买卖价格。

证券公司不得允许他人以证券公司的名义直接参与证券的集中交易。

第一百三十五条 证券公司不得对客户证券买卖的收益或者赔

偿证券买卖的损失作出承诺。

第一百三十六条 证券公司的从业人员在证券交易活动中,执行所属的证券公司的指令或者利用职务违反交易规则的,由所属的证券公司承担全部责任。

证券公司的从业人员不得私下接受客户委托买卖证券。

第一百三十七条 证券公司应当建立客户信息查询制度,确保客户能够查询其账户信息、委托记录、交易记录以及其他与接受服务或者购买产品有关的重要信息。

证券公司应当妥善保存客户开户资料、委托记录、交易记录和与内部管理、业务经营有关的各项信息,任何人不得隐匿、伪造、篡改或者毁损。上述信息的保存期限不得少于二十年。

第一百三十八条 证券公司应当按照规定向国务院证券监督管理机构报送业务、财务等经营管理信息和资料。国务院证券监督管理机构有权要求证券公司及其主要股东、实际控制人在指定的期限内提供有关信息、资料。

证券公司及其主要股东、实际控制人向国务院证券监督管理机构报送或者提供的信息、资料,必须真实、准确、完整。

第一百三十九条 国务院证券监督管理机构认为有必要时,可以委托会计师事务所、资产评估机构对证券公司的财务状况、内部控制状况、资产价值进行审计或者评估。具体办法由国务院证券监督管理机构会同有关主管部门制定。

第一百四十条 证券公司的治理结构、合规管理、风险控制指标不符合规定的,国务院证券监督管理机构应当责令其限期改正;逾期未改正,或者其行为严重危及该证券公司的稳健运行、损害客户合法权益的,国务院证券监督管理机构可以区别情形,对其采取下列措施:

(一)限制业务活动,责令暂停部分业务,停止核准新业务;

(二)限制分配红利,限制向董事、监事、高级管理人员支付报酬、提供福利;

（三）限制转让财产或者在财产上设定其他权利；

（四）责令更换董事、监事、高级管理人员或者限制其权利；

（五）撤销有关业务许可；

（六）认定负有责任的董事、监事、高级管理人员为不适当人选；

（七）责令负有责任的股东转让股权，限制负有责任的股东行使股东权利。

证券公司整改后，应当向国务院证券监督管理机构提交报告。国务院证券监督管理机构经验收，治理结构、合规管理、风险控制指标符合规定的，应当自验收完毕之日起三日内解除对其采取的前款规定的有关限制措施。

第一百四十一条　证券公司的股东有虚假出资、抽逃出资行为的，国务院证券监督管理机构应当责令其限期改正，并可责令其转让所持证券公司的股权。

在前款规定的股东按照要求改正违法行为、转让所持证券公司的股权前，国务院证券监督管理机构可以限制其股东权利。

第一百四十二条　证券公司的董事、监事、高级管理人员未能勤勉尽责，致使证券公司存在重大违法违规行为或者重大风险的，国务院证券监督管理机构可以责令证券公司予以更换。

第一百四十三条　证券公司违法经营或者出现重大风险，严重危害证券市场秩序、损害投资者利益的，国务院证券监督管理机构可以对该证券公司采取责令停业整顿、指定其他机构托管、接管或者撤销等监管措施。

第一百四十四条　在证券公司被责令停业整顿、被依法指定托管、接管或者清算期间，或者出现重大风险时，经国务院证券监督管理机构批准，可以对该证券公司直接负责的董事、监事、高级管理人员和其他直接责任人员采取以下措施：

（一）通知出境入境管理机关依法阻止其出境；

（二）申请司法机关禁止其转移、转让或者以其他方式处分财产，或者在财产上设定其他权利。

第九章　证券登记结算机构

第一百四十五条　证券登记结算机构为证券交易提供集中登记、存管与结算服务,不以营利为目的,依法登记,取得法人资格。

设立证券登记结算机构必须经国务院证券监督管理机构批准。

第一百四十六条　设立证券登记结算机构,应当具备下列条件:

(一)自有资金不少于人民币二亿元;

(二)具有证券登记、存管和结算服务所必须的场所和设施;

(三)国务院证券监督管理机构规定的其他条件。

证券登记结算机构的名称中应当标明证券登记结算字样。

第一百四十七条　证券登记结算机构履行下列职能:

(一)证券账户、结算账户的设立;

(二)证券的存管和过户;

(三)证券持有人名册登记;

(四)证券交易的清算和交收;

(五)受发行人的委托派发证券权益;

(六)办理与上述业务有关的查询、信息服务;

(七)国务院证券监督管理机构批准的其他业务。

第一百四十八条　在证券交易所和国务院批准的其他全国性证券交易场所交易的证券的登记结算,应当采取全国集中统一的运营方式。

前款规定以外的证券,其登记、结算可以委托证券登记结算机构或者其他依法从事证券登记、结算业务的机构办理。

第一百四十九条　证券登记结算机构应当依法制定章程和业务规则,并经国务院证券监督管理机构批准。证券登记结算业务参与人应当遵守证券登记结算机构制定的业务规则。

第一百五十条　在证券交易所或者国务院批准的其他全国性证券交易场所交易的证券,应当全部存管在证券登记结算机构。

证券登记结算机构不得挪用客户的证券。

第一百五十一条 证券登记结算机构应当向证券发行人提供证券持有人名册及有关资料。

证券登记结算机构应当根据证券登记结算的结果,确认证券持有人持有证券的事实,提供证券持有人登记资料。

证券登记结算机构应当保证证券持有人名册和登记过户记录真实、准确、完整,不得隐匿、伪造、篡改或者毁损。

第一百五十二条 证券登记结算机构应当采取下列措施保证业务的正常进行:

(一)具有必备的服务设备和完善的数据安全保护措施;

(二)建立完善的业务、财务和安全防范等管理制度;

(三)建立完善的风险管理系统。

第一百五十三条 证券登记结算机构应当妥善保存登记、存管和结算的原始凭证及有关文件和资料。其保存期限不得少于二十年。

第一百五十四条 证券登记结算机构应当设立证券结算风险基金,用于垫付或者弥补因违约交收、技术故障、操作失误、不可抗力造成的证券登记结算机构的损失。

证券结算风险基金从证券登记结算机构的业务收入和收益中提取,并可以由结算参与人按照证券交易业务量的一定比例缴纳。

证券结算风险基金的筹集、管理办法,由国务院证券监督管理机构会同国务院财政部门规定。

第一百五十五条 证券结算风险基金应当存入指定银行的专门账户,实行专项管理。

证券登记结算机构以证券结算风险基金赔偿后,应当向有关责任人追偿。

第一百五十六条 证券登记结算机构申请解散,应当经国务院证券监督管理机构批准。

第一百五十七条 投资者委托证券公司进行证券交易,应当通过证券公司申请在证券登记结算机构开立证券账户。证券登记结算机构应当按照规定为投资者开立证券账户。

投资者申请开立账户,应当持有证明中华人民共和国公民、法人、合伙企业身份的合法证件。国家另有规定的除外。

第一百五十八条 证券登记结算机构作为中央对手方提供证券结算服务的,是结算参与人共同的清算交收对手,进行净额结算,为证券交易提供集中履约保障。

证券登记结算机构为证券交易提供净额结算服务时,应当要求结算参与人按照货银对付的原则,足额交付证券和资金,并提供交收担保。

在交收完成之前,任何人不得动用用于交收的证券、资金和担保物。

结算参与人未按时履行交收义务的,证券登记结算机构有权按照业务规则处理前款所述财产。

第一百五十九条 证券登记结算机构按照业务规则收取的各类结算资金和证券,必须存放于专门的清算交收账户,只能按业务规则用于已成交的证券交易的清算交收,不得被强制执行。

第十章 证券服务机构

第一百六十条 会计师事务所、律师事务所以及从事证券投资咨询、资产评估、资信评级、财务顾问、信息技术系统服务的证券服务机构,应当勤勉尽责、恪尽职守,按照相关业务规则为证券的交易及相关活动提供服务。

从事证券投资咨询服务业务,应当经国务院证券监督管理机构核准;未经核准,不得为证券的交易及相关活动提供服务。从事其他证券服务业务,应当报国务院证券监督管理机构和国务院有关主管部门备案。

第一百六十一条 证券投资咨询机构及其从业人员从事证券服务业务不得有下列行为:

(一)代理委托人从事证券投资;

(二)与委托人约定分享证券投资收益或者分担证券投资损失;

(三)买卖本证券投资咨询机构提供服务的证券;

(四)法律、行政法规禁止的其他行为。

有前款所列行为之一,给投资者造成损失的,应当依法承担赔偿责任。

第一百六十二条　证券服务机构应当妥善保存客户委托文件、核查和验证资料、工作底稿以及与质量控制、内部管理、业务经营有关的信息和资料,任何人不得泄露、隐匿、伪造、篡改或者毁损。上述信息和资料的保存期限不得少于十年,自业务委托结束之日起算。

第一百六十三条　证券服务机构为证券的发行、上市、交易等证券业务活动制作、出具审计报告及其他鉴证报告、资产评估报告、财务顾问报告、资信评级报告或者法律意见书等文件,应当勤勉尽责,对所依据的文件资料内容的真实性、准确性、完整性进行核查和验证。其制作、出具的文件有虚假记载、误导性陈述或者重大遗漏,给他人造成损失的,应当与委托人承担连带赔偿责任,但是能够证明自己没有过错的除外。

第十一章　证券业协会

第一百六十四条　证券业协会是证券业的自律性组织,是社会团体法人。

证券公司应当加入证券业协会。

证券业协会的权力机构为全体会员组成的会员大会。

第一百六十五条　证券业协会章程由会员大会制定,并报国务院证券监督管理机构备案。

第一百六十六条　证券业协会履行下列职责:

(一)教育和组织会员及其从业人员遵守证券法律、行政法规,组织开展证券行业诚信建设,督促证券行业履行社会责任;

(二)依法维护会员的合法权益,向证券监督管理机构反映会员的建议和要求;

(三)督促会员开展投资者教育和保护活动,维护投资者合法权益；

（四）制定和实施证券行业自律规则，监督、检查会员及其从业人员行为，对违反法律、行政法规、自律规则或者协会章程的，按照规定给予纪律处分或者实施其他自律管理措施；

（五）制定证券行业业务规范，组织从业人员的业务培训；

（六）组织会员就证券行业的发展、运作及有关内容进行研究，收集整理、发布证券相关信息，提供会员服务，组织行业交流，引导行业创新发展；

（七）对会员之间、会员与客户之间发生的证券业务纠纷进行调解；

（八）证券业协会章程规定的其他职责。

第一百六十七条　证券业协会设理事会。理事会成员依章程的规定由选举产生。

第十二章　证券监督管理机构

第一百六十八条　国务院证券监督管理机构依法对证券市场实行监督管理，维护证券市场公开、公平、公正，防范系统性风险，维护投资者合法权益，促进证券市场健康发展。

第一百六十九条　国务院证券监督管理机构在对证券市场实施监督管理中履行下列职责：

（一）依法制定有关证券市场监督管理的规章、规则，并依法进行审批、核准、注册，办理备案；

（二）依法对证券的发行、上市、交易、登记、存管、结算等行为，进行监督管理；

（三）依法对证券发行人、证券公司、证券服务机构、证券交易场所、证券登记结算机构的证券业务活动，进行监督管理；

（四）依法制定从事证券业务人员的行为准则，并监督实施；

（五）依法监督检查证券发行、上市、交易的信息披露；

（六）依法对证券业协会的自律管理活动进行指导和监督；

（七）依法监测并防范、处置证券市场风险；

（八）依法开展投资者教育；

（九）依法对证券违法行为进行查处；

（十）法律、行政法规规定的其他职责。

第一百七十条 国务院证券监督管理机构依法履行职责，有权采取下列措施：

（一）对证券发行人、证券公司、证券服务机构、证券交易场所、证券登记结算机构进行现场检查；

（二）进入涉嫌违法行为发生场所调查取证；

（三）询问当事人和与被调查事件有关的单位和个人，要求其对与被调查事件有关的事项作出说明；或者要求其按照指定的方式报送与被调查事件有关的文件和资料；

（四）查阅、复制与被调查事件有关的财产权登记、通讯记录等文件和资料；

（五）查阅、复制当事人和与被调查事件有关的单位和个人的证券交易记录、登记过户记录、财务会计资料及其他相关文件和资料；对可能被转移、隐匿或者毁损的文件和资料，可以予以封存、扣押；

（六）查询当事人和与被调查事件有关的单位和个人的资金账户、证券账户、银行账户以及其他具有支付、托管、结算等功能的账户信息，可以对有关文件和资料进行复制；对有证据证明已经或者可能转移或者隐匿违法资金、证券等涉案财产或者隐匿、伪造、毁损重要证据的，经国务院证券监督管理机构主要负责人或者其授权的其他负责人批准，可以冻结或者查封，期限为六个月；因特殊原因需要延长的，每次延长期限不得超过三个月，冻结、查封期限最长不得超过二年；

（七）在调查操纵证券市场、内幕交易等重大证券违法行为时，经国务院证券监督管理机构主要负责人或者其授权的其他负责人批准，可以限制被调查的当事人的证券买卖，但限制的期限不得超过三个月；案情复杂的，可以延长三个月；

（八）通知出境入境管理机关依法阻止涉嫌违法人员、涉嫌违法单位的主管人员和其他直接责任人员出境。

为防范证券市场风险,维护市场秩序,国务院证券监督管理机构可以采取责令改正、监管谈话、出具警示函等措施。

第一百七十一条 国务院证券监督管理机构对涉嫌证券违法的单位或者个人进行调查期间,被调查的当事人书面申请,承诺在国务院证券监督管理机构认可的期限内纠正涉嫌违法行为,赔偿有关投资者损失,消除损害或者不良影响的,国务院证券监督管理机构可以决定中止调查。被调查的当事人履行承诺的,国务院证券监督管理机构可以决定终止调查;被调查的当事人未履行承诺或者有国务院规定的其他情形的,应当恢复调查。具体办法由国务院规定。

国务院证券监督管理机构决定中止或者终止调查的,应当按照规定公开相关信息。

第一百七十二条 国务院证券监督管理机构依法履行职责,进行监督检查或者调查,其监督检查、调查的人员不得少于二人,并应当出示合法证件和监督检查、调查通知书或者其他执法文书。监督检查、调查的人员少于二人或者未出示合法证件和监督检查、调查通知书或者其他执法文书的,被检查、调查的单位和个人有权拒绝。

第一百七十三条 国务院证券监督管理机构依法履行职责,被检查、调查的单位和个人应当配合,如实提供有关文件和资料,不得拒绝、阻碍和隐瞒。

第一百七十四条 国务院证券监督管理机构制定的规章、规则和监督管理工作制度应当依法公开。

国务院证券监督管理机构依据调查结果,对证券违法行为作出的处罚决定,应当公开。

第一百七十五条 国务院证券监督管理机构应当与国务院其他金融监督管理机构建立监督管理信息共享机制。

国务院证券监督管理机构依法履行职责,进行监督检查或者调查时,有关部门应当予以配合。

第一百七十六条 对涉嫌证券违法、违规行为,任何单位和个人有权向国务院证券监督管理机构举报。

对涉嫌重大违法、违规行为的实名举报线索经查证属实的,国务院证券监督管理机构按照规定给予举报人奖励。

国务院证券监督管理机构应当对举报人的身份信息保密。

第一百七十七条 国务院证券监督管理机构可以和其他国家或者地区的证券监督管理机构建立监督管理合作机制,实施跨境监督管理。

境外证券监督管理机构不得在中华人民共和国境内直接进行调查取证等活动。未经国务院证券监督管理机构和国务院有关主管部门同意,任何单位和个人不得擅自向境外提供与证券业务活动有关的文件和资料。

第一百七十八条 国务院证券监督管理机构依法履行职责,发现证券违法行为涉嫌犯罪的,应当依法将案件移送司法机关处理;发现公职人员涉嫌职务违法或者职务犯罪的,应当依法移送监察机关处理。

第一百七十九条 国务院证券监督管理机构工作人员必须忠于职守、依法办事、公正廉洁,不得利用职务便利牟取不正当利益,不得泄露所知悉的有关单位和个人的商业秘密。

国务院证券监督管理机构工作人员在任职期间,或者离职后在《中华人民共和国公务员法》规定的期限内,不得到与原工作业务直接相关的企业或者其他营利性组织任职,不得从事与原工作业务直接相关的营利性活动。

第十三章 法 律 责 任

第一百八十条 违反本法第九条的规定,擅自公开或者变相公开发行证券的,责令停止发行,退还所募资金并加算银行同期存款利息,处以非法所募资金金额百分之五以上百分之五十以下的罚款;对擅自公开或者变相公开发行证券设立的公司,由依法履行监督管理职责的机构或者部门会同县级以上地方人民政府予以取缔。对直接负责的主管人员和其他直接责任人员给予警告,并处以五十万元以上五百万元以下的罚款。

第一百八十一条 发行人在其公告的证券发行文件中隐瞒重要事实或者编造重大虚假内容,尚未发行证券的,处以二百万元以上二千万元以下的罚款;已经发行证券的,处以非法所募资金金额百分之十以上一倍以下的罚款。对直接负责的主管人员和其他直接责任人员,处以一百万元以上一千万元以下的罚款。

发行人的控股股东、实际控制人组织、指使从事前款违法行为的,没收违法所得,并处以违法所得百分之十以上一倍以下的罚款;没有违法所得或者违法所得不足二千万元的,处以二百万元以上二千万元以下的罚款。对直接负责的主管人员和其他直接责任人员,处以一百万元以上一千万元以下的罚款。

第一百八十二条 保荐人出具有虚假记载、误导性陈述或者重大遗漏的保荐书,或者不履行其他法定职责的,责令改正,给予警告,没收业务收入,并处以业务收入一倍以上十倍以下的罚款;没有业务收入或者业务收入不足一百万元的,处以一百万元以上一千万元以下的罚款;情节严重的,并处暂停或者撤销保荐业务许可。对直接负责的主管人员和其他直接责任人员给予警告,并处以五十万元以上五百万元以下的罚款。

第一百八十三条 证券公司承销或者销售擅自公开发行或者变相公开发行的证券的,责令停止承销或者销售,没收违法所得,并处以违法所得一倍以上十倍以下的罚款;没有违法所得或者违法所得不足一百万元的,处以一百万元以上一千万元以下的罚款;情节严重的,并处暂停或者撤销相关业务许可。给投资者造成损失的,应当与发行人承担连带赔偿责任。对直接负责的主管人员和其他直接责任人员给予警告,并处以五十万元以上五百万元以下的罚款。

第一百八十四条 证券公司承销证券违反本法第二十九条规定的,责令改正,给予警告,没收违法所得,可以并处五十万元以上五百万元以下的罚款;情节严重的,暂停或者撤销相关业务许可。对直接负责的主管人员和其他直接责任人员给予警告,可以并处二十万元以上二百万元以下的罚款;情节严重的,并处以五十万元以上五百万元以下的罚款。

第一百八十五条　发行人违反本法第十四条、第十五条的规定擅自改变公开发行证券所募集资金的用途的,责令改正,处以五十万元以上五百万元以下的罚款;对直接负责的主管人员和其他直接责任人员给予警告,并处以十万元以上一百万元以下的罚款。

发行人的控股股东、实际控制人从事或者组织、指使从事前款违法行为的,给予警告,并处以五十万元以上五百万元以下的罚款;对直接负责的主管人员和其他直接责任人员,处以十万元以上一百万元以下的罚款。

第一百八十六条　违反本法第三十六条的规定,在限制转让期内转让证券,或者转让股票不符合法律、行政法规和国务院证券监督管理机构规定的,责令改正,给予警告,没收违法所得,并处以买卖证券等值以下的罚款。

第一百八十七条　法律、行政法规规定禁止参与股票交易的人员,违反本法第四十条的规定,直接或者以化名、借他人名义持有、买卖股票或者其他具有股权性质的证券的,责令依法处理非法持有的股票、其他具有股权性质的证券,没收违法所得,并处以买卖证券等值以下的罚款;属于国家工作人员的,还应当依法给予处分。

第一百八十八条　证券服务机构及其从业人员,违反本法第四十二条的规定买卖证券的,责令依法处理非法持有的证券,没收违法所得,并处以买卖证券等值以下的罚款。

第一百八十九条　上市公司、股票在国务院批准的其他全国性证券交易场所交易的公司的董事、监事、高级管理人员、持有该公司百分之五以上股份的股东,违反本法第四十四条的规定,买卖该公司股票或者其他具有股权性质的证券的,给予警告,并处以十万元以上一百万元以下的罚款。

第一百九十条　违反本法第四十五条的规定,采取程序化交易影响证券交易所系统安全或者正常交易秩序的,责令改正,并处以五十万元以上五百万元以下的罚款。对直接负责的主管人员和其他直接责任人员给予警告,并处以十万元以上一百万元以下的罚款。

第一百九十一条 证券交易内幕信息的知情人或者非法获取内幕信息的人违反本法第五十三条的规定从事内幕交易的,责令依法处理非法持有的证券,没收违法所得,并处以违法所得一倍以上十倍以下的罚款;没有违法所得或者违法所得不足五十万元的,处以五十万元以上五百万元以下的罚款。单位从事内幕交易的,还应当对直接负责的主管人员和其他直接责任人员给予警告,并处以二十万元以上二百万元以下的罚款。国务院证券监督管理机构工作人员从事内幕交易的,从重处罚。

违反本法第五十四条的规定,利用未公开信息进行交易的,依照前款的规定处罚。

第一百九十二条 违反本法第五十五条的规定,操纵证券市场的,责令依法处理其非法持有的证券,没收违法所得,并处以违法所得一倍以上十倍以下的罚款;没有违法所得或者违法所得不足一百万元的,处以一百万元以上一千万元以下的罚款。单位操纵证券市场的,还应当对直接负责的主管人员和其他直接责任人员给予警告,并处以五十万元以上五百万元以下的罚款。

第一百九十三条 违反本法第五十六条第一款、第三款的规定,编造、传播虚假信息或者误导性信息,扰乱证券市场的,没收违法所得,并处以违法所得一倍以上十倍以下的罚款;没有违法所得或者违法所得不足二十万元的,处以二十万元以上二百万元以下的罚款。

违反本法第五十六条第二款的规定,在证券交易活动中作出虚假陈述或者信息误导的,责令改正,处以二十万元以上二百万元以下的罚款;属于国家工作人员的,还应当依法给予处分。

传播媒介及其从事证券市场信息报道的工作人员违反本法第五十六条第三款的规定,从事与其工作职责发生利益冲突的证券买卖的,没收违法所得,并处以买卖证券等值以下的罚款。

第一百九十四条 证券公司及其从业人员违反本法第五十七条的规定,有损害客户利益的行为的,给予警告,没收违法所得,并处以违法所得一倍以上十倍以下的罚款;没有违法所得或者违法所得不足十万元的,处以十万元以上一百万元以下的罚款;情节严重的,暂停或者撤销相关业务许可。

第一百九十五条 违反本法第五十八条的规定,出借自己的证券账户或者借用他人的证券账户从事证券交易的,责令改正,给予警告,可以处五十万元以下的罚款。

第一百九十六条 收购人未按照本法规定履行上市公司收购的公告、发出收购要约义务的,责令改正,给予警告,并处以五十万元以上五百万元以下的罚款。对直接负责的主管人员和其他直接责任人员给予警告,并处以二十万元以上二百万元以下的罚款。

收购人及其控股股东、实际控制人利用上市公司收购,给被收购公司及其股东造成损失的,应当依法承担赔偿责任。

第一百九十七条 信息披露义务人未按照本法规定报送有关报告或者履行信息披露义务的,责令改正,给予警告,并处以五十万元以上五百万元以下的罚款;对直接负责的主管人员和其他直接责任人员给予警告,并处以二十万元以上二百万元以下的罚款。发行人的控股股东、实际控制人组织、指使从事上述违法行为,或者隐瞒相关事项导致发生上述情形的,处以五十万元以上五百万元以下的罚款;对直接负责的主管人员和其他直接责任人员,处以二十万元以上二百万元以下的罚款。

信息披露义务人报送的报告或者披露的信息有虚假记载、误导性陈述或者重大遗漏的,责令改正,给予警告,并处以一百万元以上一千万元以下的罚款;对直接负责的主管人员和其他直接责任人员给予警告,并处以五十万元以上五百万元以下的罚款。发行人的控股股东、实际控制人组织、指使从事上述违法行为,或者隐瞒相关事项导致发生上述情形的,处以一百万元以上一千万元以下的罚款;对直接负责的主管人员和其他直接责任人员,处以五十万元以上五百万元以下的罚款。

第一百九十八条 证券公司违反本法第八十八条的规定未履行或者未按照规定履行投资者适当性管理义务的,责令改正,给予警告,并处以十万元以上一百万元以下的罚款。对直接负责的主管人员和其他直接责任人员给予警告,并处以二十万元以下的罚款。

第一百九十九条 违反本法第九十条的规定征集股东权利的,责令改正,给予警告,可以处五十万元以下的罚款。

第二百条 非法开设证券交易场所的,由县级以上人民政府予以取缔,没收违法所得,并处以违法所得一倍以上十倍以下的罚款;没有违法所得或者违法所得不足一百万元的,处以一百万元以上一千万元以下的罚款。对直接负责的主管人员和其他直接责任人员给予警告,并处以二十万元以上二百万元以下的罚款。

证券交易所违反本法第一百零五条的规定,允许非会员直接参与股票的集中交易的,责令改正,可以并处五十万元以下的罚款。

第二百零一条 证券公司违反本法第一百零七条第一款的规定,未对投资者开立账户提供的身份信息进行核对的,责令改正,给予警告,并处以五万元以上五十万元以下的罚款。对直接负责的主管人员和其他直接责任人员给予警告,并处以十万元以下的罚款。

证券公司违反本法第一百零七条第二款的规定,将投资者的账户提供给他人使用的,责令改正,给予警告,并处以十万元以上一百万元以下的罚款。对直接负责的主管人员和其他直接责任人员给予警告,并处以二十万元以下的罚款。

第二百零二条 违反本法第一百一十八条、第一百二十条第一款、第四款的规定,擅自设立证券公司、非法经营证券业务或者未经批准以证券公司名义开展证券业务活动的,责令改正,没收违法所得,并处以违法所得一倍以上十倍以下的罚款;没有违法所得或者违法所得不足一百万元的,处以一百万元以上一千万元以下的罚款。对直接负责的主管人员和其他直接责任人员给予警告,并处以二十万元以上二百万元以下的罚款。对擅自设立的证券公司,由国务院证券监督管理机构予以取缔。

证券公司违反本法第一百二十条第五款规定提供证券融资融券服务的，没收违法所得，并处以融资融券等值以下的罚款；情节严重的，禁止其在一定期限内从事证券融资融券业务。对直接负责的主管人员和其他直接责任人员给予警告，并处以二十万元以上二百万元以下的罚款。

第二百零三条 提交虚假证明文件或者采取其他欺诈手段骗取证券公司设立许可、业务许可或者重大事项变更核准的，撤销相关许可，并处以一百万元以上一千万元以下的罚款。对直接负责的主管人员和其他直接责任人员给予警告，并处以二十万元以上二百万元以下的罚款。

第二百零四条 证券公司违反本法第一百二十二条的规定，未经核准变更证券业务范围、变更主要股东或者公司的实际控制人，合并、分立、停业、解散、破产的，责令改正，给予警告，没收违法所得，并处以违法所得一倍以上十倍以下的罚款；没有违法所得或者违法所得不足五十万元的，处以五十万元以上五百万元以下的罚款；情节严重的，并处撤销相关业务许可。对直接负责的主管人员和其他直接责任人员给予警告，并处以二十万元以上二百万元以下的罚款。

第二百零五条 证券公司违反本法第一百二十三条第二款的规定，为其股东或者股东的关联人提供融资或者担保的，责令改正，给予警告，并处以五十万元以上五百万元以下的罚款。对直接负责的主管人员和其他直接责任人员给予警告，并处以十万元以上一百万元以下的罚款。股东有过错的，在按照要求改正前，国务院证券监督管理机构可以限制其股东权利；拒不改正的，可以责令其转让所持证券公司股权。

第二百零六条 证券公司违反本法第一百二十八条的规定，未采取有效隔离措施防范利益冲突，或者未分开办理相关业务、混合操作的，责令改正，给予警告，没收违法所得，并处以违法所得一倍以上十倍以下的罚款；没有违法所得或者违法所得不足五十万元的，处以五十万元以上五百万元以下的罚款;情节严重的,并处撤销相关业务许可。对直接负责的主管人员和其他直接责任人员给予警告,并处以二十万元以上二百万元以下的罚款。

第二百零七条 证券公司违反本法第一百二十九条的规定从事证券自营业务的,责令改正,给予警告,没收违法所得,并处以违法所得一倍以上十倍以下的罚款;没有违法所得或者违法所得不足五十万元的,处以五十万元以上五百万元以下的罚款;情节严重的,并处撤销相关业务许可或者责令关闭。对直接负责的主管人员和其他直接责任人员给予警告,并处以二十万元以上二百万元以下的罚款。

第二百零八条 违反本法第一百三十一条的规定,将客户的资金和证券归入自有财产,或者挪用客户的资金和证券的,责令改正,给予警告,没收违法所得,并处以违法所得一倍以上十倍以下的罚款;没有违法所得或者违法所得不足一百万元的,处以一百万元以上一千万元以下的罚款;情节严重的,并处撤销相关业务许可或者责令关闭。对直接负责的主管人员和其他直接责任人员给予警告,并处以五十万元以上五百万元以下的罚款。

第二百零九条 证券公司违反本法第一百三十四条第一款的规定接受客户的全权委托买卖证券的,或者违反本法第一百三十五条的规定对客户的收益或者赔偿客户的损失作出承诺的,责令改正,给予警告,没收违法所得,并处以违法所得一倍以上十倍以下的罚款;没有违法所得或者违法所得不足五十万元的,处以五十万元以上五百万元以下的罚款;情节严重的,并处撤销相关业务许可。对直接负责的主管人员和其他直接责任人员给予警告,并处以二十万元以上二百万元以下的罚款。

证券公司违反本法第一百三十四条第二款的规定,允许他人以证券公司的名义直接参与证券的集中交易的,责令改正,可以并处五十万元以下的罚款。

第二百一十条 证券公司的从业人员违反本法第一百三十六条的规定,私下接受客户委托买卖证券的,责令改正,给予警告,没收违法所得,并处以违法所得一倍以上十倍以下的罚款;没有违法所得的,处以五十万元以下的罚款。

第二百一十一条 证券公司及其主要股东、实际控制人违反本法第一百三十八条的规定,未报送、提供信息和资料,或者报送、提供的信息和资料有虚假记载、误导性陈述或者重大遗漏,责令改正,给予警告,并处以一百万元以下的罚款;情节严重的,并处撤销相关业务许可。对直接负责的主管人员和其他直接责任人员,给予警告,并处以五十万元以下的罚款。

第二百一十二条 违反本法第一百四十五条的规定,擅自设立证券登记结算机构的,由国务院证券监督管理机构予以取缔,没收违法所得,并处以违法所得一倍以上十倍以下的罚款;没有违法所得或者违法所得不足五十万元的,处以五十万元以上五百万元以下的罚款。对直接负责的主管人员和其他直接责任人员给予警告,并处以二十万元以上二百万元以下的罚款。

第二百一十三条 证券投资咨询机构违反本法第一百六十条第二款的规定擅自从事证券服务业务,或者从事证券服务业务有本法第一百六十一条规定行为的,责令改正,没收违法所得,并处以违法所得一倍以上十倍以下的罚款;没有违法所得或者违法所得不足五十万元的,处以五十万元以上五百万元以下的罚款。对直接负责的主管人员和其他直接责任人员,给予警告,并处以二十万元以上二百万元以下的罚款。

会计师事务所、律师事务所以及从事资产评估、资信评级、财务顾问、信息技术系统服务的机构违反本法第一百六十条第二款的规定,从事证券服务业务未报备案的,责令改正,可以处二十万元以下的罚款。

证券服务机构违反本法第一百六十三条的规定,未勤勉尽责,所制作、出具的文件有虚假记载、误导性陈述或者重大遗漏,责令改正,没收业务收入,并处以业务收入一倍以上十倍以下的罚款,没有业务收入或者业务收入不足五十万元的,处以五十万元以上五百万元以下的罚款;情节严重的,并处暂停或者禁止从事证券服务业务。对直接负责的主管人员和其他直接责任人员给予警告,并处以二十万元以上二百万元以下的罚款。

第二百一十四条 发行人、证券登记结算机构、证券公司、证券服务机构未按照规定保存有关文件和资料的,责令改正,给予警告,并处以十万元以上一百万元以下的罚款;泄露、隐匿、伪造、篡改或者毁损有关文件和资料的,给予警告,并处以二十万元以上二百万元以下的罚款;情节严重的,处以五十万元以上五百万元以下的罚款,并处暂停、撤销相关业务许可或者禁止从事相关业务。对直接负责的主管人员和其他直接责任人员给予警告,并处以十万元以上一百万元以下的罚款。

第二百一十五条 国务院证券监督管理机构依法将有关市场主体遵守本法的情况纳入证券市场诚信档案。

第二百一十六条 国务院证券监督管理机构或者国务院授权的部门有下列情形之一的,对直接负责的主管人员和其他直接责任人员,依法给予处分:

(一)对不符合本法规定的发行证券、设立证券公司等申请予以核准、注册、批准的;

(二)违反本法规定采取现场检查、调查取证、查询、冻结或者查封等措施的;

(三)违反本法规定对有关机构和人员采取监督管理措施的;

(四)违反本法规定对有关机构和人员实施行政处罚的;

(五)其他不依法履行职责的行为。

第二百一十七条 国务院证券监督管理机构或者国务院授权的部门的工作人员,不履行本法规定的职责,滥用职权、玩忽职守,利用职务便利牟取不正当利益,或者泄露所知悉的有关单位和个人的商业秘密的,依法追究法律责任。

第二百一十八条 拒绝、阻碍证券监督管理机构及其工作人员依法行使监督检查、调查职权,由证券监督管理机构责令改正,处以十万元以上一百万元以下的罚款,并由公安机关依法给予治安管理处罚。

第二百一十九条 违反本法规定,构成犯罪的,依法追究刑事责任。

第二百二十条 违反本法规定,应当承担民事赔偿责任和缴纳罚款、罚金、违法所得,违法行为人的财产不足以支付的,优先用于承担民事赔偿责任。

第二百二十一条 违反法律、行政法规或者国务院证券监督管理机构的有关规定,情节严重的,国务院证券监督管理机构可以对有关责任人员采取证券市场禁入的措施。

前款所称证券市场禁入,是指在一定期限内直至终身不得从事证券业务、证券服务业务,不得担任证券发行人的董事、监事、高级管理人员,或者一定期限内不得在证券交易所、国务院批准的其他全国性证券交易场所交易证券的制度。

第二百二十二条 依照本法收缴的罚款和没收的违法所得,全部上缴国库。

第二百二十三条 当事人对证券监督管理机构或者国务院授权的部门的处罚决定不服的,可以依法申请行政复议,或者依法直接向人民法院提起诉讼。

第十四章 附 则

第二百二十四条 境内企业直接或者间接到境外发行证券或者将其证券在境外上市交易,应当符合国务院的有关规定。

第二百二十五条 境内公司股票以外币认购和交易的,具体办法由国务院另行规定。

第二百二十六条 本法自2020年3月1日起施行。

中华人民共和国证券投资基金法

（2003年10月28日第十届全国人民代表大会常务委员会第五次会议通过 2012年12月28日第十一届全国人民代表大会常务委员会第三十次会议修订 根据2015年4月24日第十二届全国人民代表大会常务委员会第十四次会议《关于修改〈中华人民共和国港口法〉等七部法律的决定》修正）

第一章 总 则

第一条 为了规范证券投资基金活动，保护投资人及相关当事人的合法权益，促进证券投资基金和资本市场的健康发展，制定本法。

第二条 在中华人民共和国境内，公开或者非公开募集资金设立证券投资基金（以下简称基金），由基金管理人管理，基金托管人托管，为基金份额持有人的利益，进行证券投资活动，适用本法；本法未规定的，适用《中华人民共和国信托法》、《中华人民共和国证券法》和其他有关法律、行政法规的规定。

第三条 基金管理人、基金托管人和基金份额持有人的权利、义务，依照本法在基金合同中约定。

基金管理人、基金托管人依照本法和基金合同的约定，履行受托职责。

通过公开募集方式设立的基金（以下简称公开募集基金）的基金份额持有人按其所持基金份额享受收益和承担风险，通过非公开募集方式设立的基金（以下简称非公开募集基金）的收益分配和风险承担由基金合同约定。

第四条 从事证券投资基金活动，应当遵循自愿、公平、诚实信用的原则,不得损害国家利益和社会公共利益。

第五条　基金财产的债务由基金财产本身承担,基金份额持有人以其出资为限对基金财产的债务承担责任。但基金合同依照本法另有约定的,从其约定。

基金财产独立于基金管理人、基金托管人的固有财产。基金管理人、基金托管人不得将基金财产归入其固有财产。

基金管理人、基金托管人因基金财产的管理、运用或者其他情形而取得的财产和收益,归入基金财产。

基金管理人、基金托管人因依法解散、被依法撤销或者被依法宣告破产等原因进行清算的,基金财产不属于其清算财产。

第六条　基金财产的债权,不得与基金管理人、基金托管人固有财产的债务相抵销;不同基金财产的债权债务,不得相互抵销。

第七条　非因基金财产本身承担的债务,不得对基金财产强制执行。

第八条　基金财产投资的相关税收,由基金份额持有人承担,基金管理人或者其他扣缴义务人按照国家有关税收征收的规定代扣代缴。

第九条　基金管理人、基金托管人管理、运用基金财产,基金服务机构从事基金服务活动,应当恪尽职守,履行诚实信用、谨慎勤勉的义务。

基金管理人运用基金财产进行证券投资,应当遵守审慎经营规则,制定科学合理的投资策略和风险管理制度,有效防范和控制风险。

基金从业人员应当具备基金从业资格,遵守法律、行政法规,恪守职业道德和行为规范。

第十条　基金管理人、基金托管人和基金服务机构,应当依照本法成立证券投资基金行业协会(以下简称基金行业协会),进行行业自律,协调行业关系,提供行业服务,促进行业发展。

第十一条　国务院证券监督管理机构依法对证券投资基金活动实施监督管理;其派出机构依照授权履行职责。

第二章　基金管理人

第十二条　基金管理人由依法设立的公司或者合伙企业担任。

公开募集基金的基金管理人,由基金管理公司或者经国务院证券监督管理机构按照规定核准的其他机构担任。

第十三条　设立管理公开募集基金的基金管理公司,应当具备下列条件,并经国务院证券监督管理机构批准:

(一)有符合本法和《中华人民共和国公司法》规定的章程;

(二)注册资本不低于一亿元人民币,且必须为实缴货币资本;

(三)主要股东应当具有经营金融业务或者管理金融机构的良好业绩、良好的财务状况和社会信誉,资产规模达到国务院规定的标准,最近三年没有违法记录;

(四)取得基金从业资格的人员达到法定人数;

(五)董事、监事、高级管理人员具备相应的任职条件;

(六)有符合要求的营业场所、安全防范设施和与基金管理业务有关的其他设施;

(七)有良好的内部治理结构、完善的内部稽核监控制度、风险控制制度;

(八)法律、行政法规规定的和经国务院批准的国务院证券监督管理机构规定的其他条件。

第十四条　国务院证券监督管理机构应当自受理基金管理公司设立申请之日起六个月内依照本法第十三条规定的条件和审慎监管原则进行审查,作出批准或者不予批准的决定,并通知申请人;不予批准的,应当说明理由。

基金管理公司变更持有百分之五以上股权的股东,变更公司的实际控制人,或者变更其他重大事项,应当报经国务院证券监督管理机构批准。国务院证券监督管理机构应当自受理申请之日起六十日内作出批准或者不予批准的决定,并通知申请人;不予批准的,应当说明理由。

第十五条 有下列情形之一的,不得担任公开募集基金的基金管理人的董事、监事、高级管理人员和其他从业人员:

(一)因犯有贪污贿赂、渎职、侵犯财产罪或者破坏社会主义市场经济秩序罪,被判处刑罚的;

(二)对所任职的公司、企业因经营不善破产清算或者因违法被吊销营业执照负有个人责任的董事、监事、厂长、高级管理人员,自该公司、企业破产清算终结或者被吊销营业执照之日起未逾五年的;

(三)个人所负债务数额较大,到期未清偿的;

(四)因违法行为被开除的基金管理人、基金托管人、证券交易所、证券公司、证券登记结算机构、期货交易所、期货公司及其他机构的从业人员和国家机关工作人员;

(五)因违法行为被吊销执业证书或者被取消资格的律师、注册会计师和资产评估机构、验证机构的从业人员、投资咨询从业人员;

(六)法律、行政法规规定不得从事基金业务的其他人员。

第十六条 公开募集基金的基金管理人的董事、监事和高级管理人员,应当熟悉证券投资方面的法律、行政法规,具有三年以上与其所任职务相关的工作经历;高级管理人员还应当具备基金从业资格。

第十七条 公开募集基金的基金管理人的董事、监事、高级管理人员和其他从业人员,其本人、配偶、利害关系人进行证券投资,应当事先向基金管理人申报,并不得与基金份额持有人发生利益冲突。

公开募集基金的基金管理人应当建立前款规定人员进行证券投资的申报、登记、审查、处置等管理制度,并报国务院证券监督管理机构备案。

第十八条 公开募集基金的基金管理人的董事、监事、高级管理人员和其他从业人员,不得担任基金托管人或者其他基金管理人的任何职务,不得从事损害基金财产和基金份额持有人利益的证券交易及其他活动。

第十九条 公开募集基金的基金管理人应当履行下列职责:

(一)依法募集资金,办理基金份额的发售和登记事宜;

(二)办理基金备案手续；

(三)对所管理的不同基金财产分别管理、分别记账,进行证券投资；

(四)按照基金合同的约定确定基金收益分配方案,及时向基金份额持有人分配收益；

(五)进行基金会计核算并编制基金财务会计报告；

(六)编制中期和年度基金报告；

(七)计算并公告基金资产净值,确定基金份额申购、赎回价格；

(八)办理与基金财产管理业务活动有关的信息披露事项；

(九)按照规定召集基金份额持有人大会；

(十)保存基金财产管理业务活动的记录、账册、报表和其他相关资料；

(十一)以基金管理人名义,代表基金份额持有人利益行使诉讼权利或者实施其他法律行为；

(十二)国务院证券监督管理机构规定的其他职责。

第二十条 公开募集基金的基金管理人及其董事、监事、高级管理人员和其他从业人员不得有下列行为:

(一)将其固有财产或者他人财产混同于基金财产从事证券投资；

(二)不公平地对待其管理的不同基金财产；

(三)利用基金财产或者职务之便为基金份额持有人以外的人牟取利益；

(四)向基金份额持有人违规承诺收益或者承担损失；

(五)侵占、挪用基金财产；

(六)泄露因职务便利获取的未公开信息、利用该信息从事或者明示、暗示他人从事相关的交易活动；

(七)玩忽职守,不按照规定履行职责；

(八)法律、行政法规和国务院证券监督管理机构规定禁止的其他行为。

第二十一条 公开募集基金的基金管理人应当建立良好的内部

治理结构,明确股东会、董事会、监事会和高级管理人员的职责权限,确保基金管理人独立运作。

公开募集基金的基金管理人可以实行专业人士持股计划,建立长效激励约束机制。

公开募集基金的基金管理人的股东、董事、监事和高级管理人员在行使权利或者履行职责时,应当遵循基金份额持有人利益优先的原则。

第二十二条 公开募集基金的基金管理人应当从管理基金的报酬中计提风险准备金。

公开募集基金的基金管理人因违法违规、违反基金合同等原因给基金财产或者基金份额持有人合法权益造成损失,应当承担赔偿责任的,可以优先使用风险准备金予以赔偿。

第二十三条 公开募集基金的基金管理人的股东、实际控制人应当按照国务院证券监督管理机构的规定及时履行重大事项报告义务,并不得有下列行为:

(一)虚假出资或者抽逃出资;

(二)未依法经股东会或者董事会决议擅自干预基金管理人的基金经营活动;

(三)要求基金管理人利用基金财产为自己或者他人牟取利益,损害基金份额持有人利益;

(四)国务院证券监督管理机构规定禁止的其他行为。

公开募集基金的基金管理人的股东、实际控制人有前款行为或者股东不再符合法定条件的,国务院证券监督管理机构应当责令其限期改正,并可视情节责令其转让所持有或者控制的基金管理人的股权。

在前款规定的股东、实际控制人按照要求改正违法行为、转让所持有或者控制的基金管理人的股权前,国务院证券监督管理机构可以限制有关股东行使股东权利。

第二十四条 公开募集基金的基金管理人违法违规,或者其内部治理结构、稽核监控和风险控制管理不符合规定的,国务院证券监督管理机构应当责令其限期改正；逾期未改正，或者其行为严重危及该基金管理人的稳健运行、损害基金份额持有人合法权益的，国务院证券监督管理机构可以区别情形，对其采取下列措施：

（一）限制业务活动，责令暂停部分或者全部业务；

（二）限制分配红利，限制向董事、监事、高级管理人员支付报酬、提供福利；

（三）限制转让固有财产或者在固有财产上设定其他权利；

（四）责令更换董事、监事、高级管理人员或者限制其权利；

（五）责令有关股东转让股权或者限制有关股东行使股东权利。

公开募集基金的基金管理人整改后，应当向国务院证券监督管理机构提交报告。国务院证券监督管理机构经验收，符合有关要求的，应当自验收完毕之日起三日内解除对其采取的有关措施。

第二十五条　公开募集基金的基金管理人的董事、监事、高级管理人员未能勤勉尽责，致使基金管理人存在重大违法违规行为或者重大风险的，国务院证券监督管理机构可以责令更换。

第二十六条　公开募集基金的基金管理人违法经营或者出现重大风险，严重危害证券市场秩序、损害基金份额持有人利益的，国务院证券监督管理机构可以对该基金管理人采取责令停业整顿、指定其他机构托管、接管、取消基金管理资格或者撤销等监管措施。

第二十七条　在公开募集基金的基金管理人被责令停业整顿、被依法指定托管、接管或者清算期间，或者出现重大风险时，经国务院证券监督管理机构批准，可以对该基金管理人直接负责的董事、监事、高级管理人员和其他直接责任人员采取下列措施：

（一）通知出境管理机关依法阻止其出境；

（二）申请司法机关禁止其转移、转让或者以其他方式处分财产，或者在财产上设定其他权利。

第二十八条　有下列情形之一的，公开募集基金的基金管理人职责终止：

（一）被依法取消基金管理资格；

(二)被基金份额持有人大会解任;

(三)依法解散、被依法撤销或者被依法宣告破产;

(四)基金合同约定的其他情形。

第二十九条 公开募集基金的基金管理人职责终止的,基金份额持有人大会应当在六个月内选任新基金管理人;新基金管理人产生前,由国务院证券监督管理机构指定临时基金管理人。

公开募集基金的基金管理人职责终止的,应当妥善保管基金管理业务资料,及时办理基金管理业务的移交手续,新基金管理人或者临时基金管理人应当及时接收。

第三十条 公开募集基金的基金管理人职责终止的,应当按照规定聘请会计师事务所对基金财产进行审计,并将审计结果予以公告,同时报国务院证券监督管理机构备案。

第三十一条 对非公开募集基金的基金管理人进行规范的具体办法,由国务院金融监督管理机构依照本章的原则制定。

第三章 基金托管人

第三十二条 基金托管人由依法设立的商业银行或者其他金融机构担任。

商业银行担任基金托管人的,由国务院证券监督管理机构会同国务院银行业监督管理机构核准;其他金融机构担任基金托管人的,由国务院证券监督管理机构核准。

第三十三条 担任基金托管人,应当具备下列条件:

(一)净资产和风险控制指标符合有关规定;

(二)设有专门的基金托管部门;

(三)取得基金从业资格的专职人员达到法定人数;

(四)有安全保管基金财产的条件;

(五)有安全高效的清算、交割系统;

(六)有符合要求的营业场所、安全防范设施和与基金托管业务有关的其他设施;

（七）有完善的内部稽核监控制度和风险控制制度；

（八）法律、行政法规规定的和经国务院批准的国务院证券监督管理机构、国务院银行业监督管理机构规定的其他条件。

第三十四条 本法第十五条、第十七条、第十八条的规定，适用于基金托管人的专门基金托管部门的高级管理人员和其他从业人员。

本法第十六条的规定，适用于基金托管人的专门基金托管部门的高级管理人员。

第三十五条 基金托管人与基金管理人不得为同一机构，不得相互出资或者持有股份。

第三十六条 基金托管人应当履行下列职责：

（一）安全保管基金财产；

（二）按照规定开设基金财产的资金账户和证券账户；

（三）对所托管的不同基金财产分别设置账户，确保基金财产的完整与独立；

（四）保存基金托管业务活动的记录、账册、报表和其他相关资料；

（五）按照基金合同的约定，根据基金管理人的投资指令，及时办理清算、交割事宜；

（六）办理与基金托管业务活动有关的信息披露事项；

（七）对基金财务会计报告、中期和年度基金报告出具意见；

（八）复核、审查基金管理人计算的基金资产净值和基金份额申购、赎回价格；

（九）按照规定召集基金份额持有人大会；

（十）按照规定监督基金管理人的投资运作；

（十一）国务院证券监督管理机构规定的其他职责。

第三十七条 基金托管人发现基金管理人的投资指令违反法律、行政法规和其他有关规定，或者违反基金合同约定的，应当拒绝执行，立即通知基金管理人，并及时向国务院证券监督管理机构报告。

基金托管人发现基金管理人依据交易程序已经生效的投资指令违反法律、行政法规和其他有关规定，或者违反基金合同约定的，应当立即通知基金管理人,并及时向国务院证券监督管理机构报告。

第三十八条 本法第二十条、第二十二条的规定,适用于基金托管人。

第三十九条 基金托管人不再具备本法规定的条件,或者未能勤勉尽责,在履行本法规定的职责时存在重大失误的,国务院证券监督管理机构、国务院银行业监督管理机构应当责令其改正;逾期未改正,或者其行为严重影响所托管基金的稳健运行、损害基金份额持有人利益的,国务院证券监督管理机构、国务院银行业监督管理机构可以区别情形,对其采取下列措施:

(一)限制业务活动,责令暂停办理新的基金托管业务;

(二)责令更换负有责任的专门基金托管部门的高级管理人员。

基金托管人整改后,应当向国务院证券监督管理机构、国务院银行业监督管理机构提交报告;经验收,符合有关要求的,应当自验收完毕之日起三日内解除对其采取的有关措施。

第四十条 国务院证券监督管理机构、国务院银行业监督管理机构对有下列情形之一的基金托管人,可以取消其基金托管资格:

(一)连续三年没有开展基金托管业务的;

(二)违反本法规定,情节严重的;

(三)法律、行政法规规定的其他情形。

第四十一条 有下列情形之一的,基金托管人职责终止:

(一)被依法取消基金托管资格;

(二)被基金份额持有人大会解任;

(三)依法解散、被依法撤销或者被依法宣告破产;

(四)基金合同约定的其他情形。

第四十二条 基金托管人职责终止的,基金份额持有人大会应当在六个月内选任新基金托管人;新基金托管人产生前,由国务院证券监督管理机构指定临时基金托管人。

基金托管人职责终止的,应当妥善保管基金财产和基金托管业务资料,及时办理基金财产和基金托管业务的移交手续,新基金托管人或者临时基金托管人应当及时接收。

第四十三条　基金托管人职责终止的，应当按照规定聘请会计师事务所对基金财产进行审计，并将审计结果予以公告，同时报国务院证券监督管理机构备案。

第四章　基金的运作方式和组织

第四十四条　基金合同应当约定基金的运作方式。

第四十五条　基金的运作方式可以采用封闭式、开放式或者其他方式。

采用封闭式运作方式的基金（以下简称封闭式基金），是指基金份额总额在基金合同期限内固定不变，基金份额持有人不得申请赎回的基金；采用开放式运作方式的基金（以下简称开放式基金），是指基金份额总额不固定，基金份额可以在基金合同约定的时间和场所申购或者赎回的基金。

采用其他运作方式的基金的基金份额发售、交易、申购、赎回的办法，由国务院证券监督管理机构另行规定。

第四十六条　基金份额持有人享有下列权利：

（一）分享基金财产收益；

（二）参与分配清算后的剩余基金财产；

（三）依法转让或者申请赎回其持有的基金份额；

（四）按照规定要求召开基金份额持有人大会或者召集基金份额持有人大会；

（五）对基金份额持有人大会审议事项行使表决权；

（六）对基金管理人、基金托管人、基金服务机构损害其合法权益的行为依法提起诉讼；

（七）基金合同约定的其他权利。

公开募集基金的基金份额持有人有权查阅或者复制公开披露的基金信息资料；非公开募集基金的基金份额持有人对涉及自身利益的情况，有权查阅基金的财务会计账簿等财务资料。

第四十七条　基金份额持有人大会由全体基金份额持有人组成，行使下列职权：

（一）决定基金扩募或者延长基金合同期限；

（二）决定修改基金合同的重要内容或者提前终止基金合同；

（三）决定更换基金管理人、基金托管人；

（四）决定调整基金管理人、基金托管人的报酬标准；

（五）基金合同约定的其他职权。

第四十八条　按照基金合同约定，基金份额持有人大会可以设立日常机构，行使下列职权：

（一）召集基金份额持有人大会；

（二）提请更换基金管理人、基金托管人；

（三）监督基金管理人的投资运作、基金托管人的托管活动；

（四）提请调整基金管理人、基金托管人的报酬标准；

（五）基金合同约定的其他职权。

前款规定的日常机构，由基金份额持有人大会选举产生的人员组成；其议事规则，由基金合同约定。

第四十九条　基金份额持有人大会及其日常机构不得直接参与或者干涉基金的投资管理活动。

第五章　基金的公开募集

第五十条　公开募集基金，应当经国务院证券监督管理机构注册。未经注册，不得公开或者变相公开募集基金。

前款所称公开募集基金，包括向不特定对象募集资金、向特定对象募集资金累计超过二百人，以及法律、行政法规规定的其他情形。

公开募集基金应当由基金管理人管理，基金托管人托管。

第五十一条　注册公开募集基金，由拟任基金管理人向国务院证券监督管理机构提交下列文件：

（一）申请报告；

（二）基金合同草案；

（三）基金托管协议草案；

（四）招募说明书草案；

（五）律师事务所出具的法律意见书；

（六）国务院证券监督管理机构规定提交的其他文件。

第五十二条　公开募集基金的基金合同应当包括下列内容：

（一）募集基金的目的和基金名称；

（二）基金管理人、基金托管人的名称和住所；

（三）基金的运作方式；

（四）封闭式基金的基金份额总额和基金合同期限，或者开放式基金的最低募集份额总额；

（五）确定基金份额发售日期、价格和费用的原则；

（六）基金份额持有人、基金管理人和基金托管人的权利、义务；

（七）基金份额持有人大会召集、议事及表决的程序和规则；

（八）基金份额发售、交易、申购、赎回的程序、时间、地点、费用计算方式，以及给付赎回款项的时间和方式；

（九）基金收益分配原则、执行方式；

（十）基金管理人、基金托管人报酬的提取、支付方式与比例；

（十一）与基金财产管理、运用有关的其他费用的提取、支付方式；

（十二）基金财产的投资方向和投资限制；

（十三）基金资产净值的计算方法和公告方式；

（十四）基金募集未达到法定要求的处理方式；

（十五）基金合同解除和终止的事由、程序以及基金财产清算方式；

（十六）争议解决方式；

（十七）当事人约定的其他事项。

第五十三条　公开募集基金的基金招募说明书应当包括下列内容：

（一）基金募集申请的准予注册文件名称和注册日期；

（二）基金管理人、基金托管人的基本情况；

（三）基金合同和基金托管协议的内容摘要；

（四）基金份额的发售日期、价格、费用和期限；

（五）基金份额的发售方式、发售机构及登记机构名称；

（六）出具法律意见书的律师事务所和审计基金财产的会计师事务所的名称和住所；

（七）基金管理人、基金托管人报酬及其他有关费用的提取、支付方式与比例；

（八）风险警示内容；

（九）国务院证券监督管理机构规定的其他内容。

第五十四条　国务院证券监督管理机构应当自受理公开募集基金的募集注册申请之日起六个月内依照法律、行政法规及国务院证券监督管理机构的规定进行审查，作出注册或者不予注册的决定，并通知申请人；不予注册的，应当说明理由。

第五十五条　基金募集申请经注册后，方可发售基金份额。

基金份额的发售，由基金管理人或者其委托的基金销售机构办理。

第五十六条　基金管理人应当在基金份额发售的三日前公布招募说明书、基金合同及其他有关文件。

前款规定的文件应当真实、准确、完整。

对基金募集所进行的宣传推介活动，应当符合有关法律、行政法规的规定，不得有本法第七十七条所列行为。

第五十七条　基金管理人应当自收到准予注册文件之日起六个月内进行基金募集。超过六个月开始募集，原注册的事项未发生实质性变化的，应当报国务院证券监督管理机构备案；发生实质性变化的，应当向国务院证券监督管理机构重新提交注册申请。

基金募集不得超过国务院证券监督管理机构准予注册的基金募集期限。基金募集期限自基金份额发售之日起计算。

第五十八条　基金募集期限届满，封闭式基金募集的基金份额总额达到准予注册规模的百分之八十以上，开放式基金募集的基金份额总额超过准予注册的最低募集份额总额，并且基金份额持有人人数符合国务院证券监督管理机构规定的,基金管理人应当自募集期限届满之日起十日内聘请法定验资机构验资,自收到验资报告之日起十日内,向国务院证券监督管理机构提交验资报告,办理基金备案手续,并予以公告。

第五十九条 基金募集期间募集的资金应当存入专门账户,在基金募集行为结束前,任何人不得动用。

第六十条 投资人交纳认购的基金份额的款项时,基金合同成立;基金管理人依照本法第五十八条的规定向国务院证券监督管理机构办理基金备案手续,基金合同生效。

基金募集期限届满,不能满足本法第五十八条规定的条件的,基金管理人应当承担下列责任:

(一)以其固有财产承担因募集行为而产生的债务和费用;

(二)在基金募集期限届满后三十日内返还投资人已交纳的款项,并加计银行同期存款利息。

第六章 公开募集基金的基金份额的交易、申购与赎回

第六十一条 申请基金份额上市交易,基金管理人应当向证券交易所提出申请,证券交易所依法审核同意的,双方应当签订上市协议。

第六十二条 基金份额上市交易,应当符合下列条件:

(一)基金的募集符合本法规定;

(二)基金合同期限为五年以上;

(三)基金募集金额不低于二亿元人民币;

(四)基金份额持有人不少于一千人;

(五)基金份额上市交易规则规定的其他条件。

第六十三条 基金份额上市交易规则由证券交易所制定,报国务院证券监督管理机构批准。

第六十四条 基金份额上市交易后,有下列情形之一的,由证券交易所终止其上市交易,并报国务院证券监督管理机构备案:

（一）不再具备本法第六十二条规定的上市交易条件；

（二）基金合同期限届满；

（三）基金份额持有人大会决定提前终止上市交易；

（四）基金合同约定的或者基金份额上市交易规则规定的终止上市交易的其他情形。

第六十五条 开放式基金的基金份额的申购、赎回、登记，由基金管理人或者其委托的基金服务机构办理。

第六十六条 基金管理人应当在每个工作日办理基金份额的申购、赎回业务；基金合同另有约定的，从其约定。

投资人交付申购款项，申购成立；基金份额登记机构确认基金份额时，申购生效。

基金份额持有人递交赎回申请，赎回成立；基金份额登记机构确认赎回时，赎回生效。

第六十七条 基金管理人应当按时支付赎回款项，但是下列情形除外：

（一）因不可抗力导致基金管理人不能支付赎回款项；

（二）证券交易场所依法决定临时停市，导致基金管理人无法计算当日基金资产净值；

（三）基金合同约定的其他特殊情形。

发生上述情形之一的，基金管理人应当在当日报国务院证券监督管理机构备案。

本条第一款规定的情形消失后，基金管理人应当及时支付赎回款项。

第六十八条 开放式基金应当保持足够的现金或者政府债券，以备支付基金份额持有人的赎回款项。基金财产中应当保持的现金或者政府债券的具体比例，由国务院证券监督管理机构规定。

第六十九条 基金份额的申购、赎回价格，依据申购、赎回日基金份额净值加、减有关费用计算。

第七十条 基金份额净值计价出现错误时，基金管理人应当立即纠正，并采取合理的措施防止损失进一步扩大。计价错误达到基金份额净值百分之零点五时，基金管理人应当公告，并报国务院证券监督管理机构备案。

因基金份额净值计价错误造成基金份额持有人损失的，基金份额持有人有权要求基金管理人、基金托管人予以赔偿。

第七章　公开募集基金的投资与信息披露

第七十一条　基金管理人运用基金财产进行证券投资，除国务院证券监督管理机构另有规定外，应当采用资产组合的方式。

资产组合的具体方式和投资比例，依照本法和国务院证券监督管理机构的规定在基金合同中约定。

第七十二条　基金财产应当用于下列投资：

（一）上市交易的股票、债券；

（二）国务院证券监督管理机构规定的其他证券及其衍生品种。

第七十三条　基金财产不得用于下列投资或者活动：

（一）承销证券；

（二）违反规定向他人贷款或者提供担保；

（三）从事承担无限责任的投资；

（四）买卖其他基金份额，但是国务院证券监督管理机构另有规定的除外；

（五）向基金管理人、基金托管人出资；

（六）从事内幕交易、操纵证券交易价格及其他不正当的证券交易活动；

（七）法律、行政法规和国务院证券监督管理机构规定禁止的其他活动。

运用基金财产买卖基金管理人、基金托管人及其控股股东、实际控制人或者与其有其他重大利害关系的公司发行的证券或承销期内承销的证券，或者从事其他重大关联交易的，应当遵循基金份额持有人利益优先的原则，防范利益冲突，符合国务院证券监督管理机构的规定,并履行信息披露义务。

第七十四条 基金管理人、基金托管人和其他基金信息披露义务人应当依法披露基金信息,并保证所披露信息的真实性、准确性和完整性。

第七十五条 基金信息披露义务人应当确保应予披露的基金信息在国务院证券监督管理机构规定时间内披露,并保证投资人能够按照基金合同约定的时间和方式查阅或者复制公开披露的信息资料。

第七十六条 公开披露的基金信息包括:

(一)基金招募说明书、基金合同、基金托管协议;

(二)基金募集情况;

(三)基金份额上市交易公告书;

(四)基金资产净值、基金份额净值;

(五)基金份额申购、赎回价格;

(六)基金财产的资产组合季度报告、财务会计报告及中期和年度基金报告;

(七)临时报告;

(八)基金份额持有人大会决议;

(九)基金管理人、基金托管人的专门基金托管部门的重大人事变动;

(十)涉及基金财产、基金管理业务、基金托管业务的诉讼或者仲裁;

(十一)国务院证券监督管理机构规定应予披露的其他信息。

第七十七条 公开披露基金信息,不得有下列行为:

(一)虚假记载、误导性陈述或者重大遗漏;

(二)对证券投资业绩进行预测;

(三)违规承诺收益或者承担损失;

(四)诋毁其他基金管理人、基金托管人或者基金销售机构;

(五)法律、行政法规和国务院证券监督管理机构规定禁止的其他行为。

第八章　公开募集基金的基金合同的变更、终止与基金财产清算

第七十八条　按照基金合同的约定或者基金份额持有人大会的决议,基金可以转换运作方式或者与其他基金合并。

第七十九条　封闭式基金扩募或者延长基金合同期限,应当符合下列条件,并报国务院证券监督管理机构备案:

(一)基金运营业绩良好;

(二)基金管理人最近二年内没有因违法违规行为受到行政处罚或者刑事处罚;

(三)基金份额持有人大会决议通过;

(四)本法规定的其他条件。

第八十条　有下列情形之一的,基金合同终止:

(一)基金合同期限届满而未延期;

(二)基金份额持有人大会决定终止;

(三)基金管理人、基金托管人职责终止,在六个月内没有新基金管理人、新基金托管人承接;

(四)基金合同约定的其他情形。

第八十一条　基金合同终止时,基金管理人应当组织清算组对基金财产进行清算。

清算组由基金管理人、基金托管人以及相关的中介服务机构组成。

清算组作出的清算报告经会计师事务所审计,律师事务所出具法律意见书后,报国务院证券监督管理机构备案并公告。

第八十二条　清算后的剩余基金财产,应当按照基金份额持有人所持份额比例进行分配。

第九章　公开募集基金的基金份额持有人权利行使

第八十三条　基金份额持有人大会由基金管理人召集。基金份

额持有人大会设立日常机构的,由该日常机构召集;该日常机构未召集的,由基金管理人召集。基金管理人未按规定召集或者不能召集的,由基金托管人召集。

代表基金份额百分之十以上的基金份额持有人就同一事项要求召开基金份额持有人大会,而基金份额持有人大会的日常机构、基金管理人、基金托管人都不召集的,代表基金份额百分之十以上的基金份额持有人有权自行召集,并报国务院证券监督管理机构备案。

第八十四条　召开基金份额持有人大会,召集人应当至少提前三十日公告基金份额持有人大会的召开时间、会议形式、审议事项、议事程序和表决方式等事项。

基金份额持有人大会不得就未经公告的事项进行表决。

第八十五条　基金份额持有人大会可以采取现场方式召开,也可以采取通讯等方式召开。

每一基金份额具有一票表决权,基金份额持有人可以委托代理人出席基金份额持有人大会并行使表决权。

第八十六条　基金份额持有人大会应当有代表二分之一以上基金份额的持有人参加,方可召开。

参加基金份额持有人大会的持有人的基金份额低于前款规定比例的,召集人可以在原公告的基金份额持有人大会召开时间的三个月以后、六个月以内,就原定审议事项重新召集基金份额持有人大会。重新召集的基金份额持有人大会应当有代表三分之一以上基金份额的持有人参加,方可召开。

基金份额持有人大会就审议事项作出决定,应当经参加大会的基金份额持有人所持表决权的二分之一以上通过;但是,转换基金的运作方式、更换基金管理人或者基金托管人、提前终止基金合同、与其他基金合并,应当经参加大会的基金份额持有人所持表决权的三分之二以上通过。

基金份额持有人大会决定的事项,应当依法报国务院证券监督管理机构备案,并予以公告。

第十章 非公开募集基金

第八十七条 非公开募集基金应当向合格投资者募集,合格投资者累计不得超过二百人。

前款所称合格投资者,是指达到规定资产规模或者收入水平,并且具备相应的风险识别能力和风险承担能力、其基金份额认购金额不低于规定限额的单位和个人。

合格投资者的具体标准由国务院证券监督管理机构规定。

第八十八条 除基金合同另有约定外,非公开募集基金应当由基金托管人托管。

第八十九条 担任非公开募集基金的基金管理人,应当按照规定向基金行业协会履行登记手续,报送基本情况。

第九十条 未经登记,任何单位或者个人不得使用"基金"或者"基金管理"字样或者近似名称进行证券投资活动;但是,法律、行政法规另有规定的除外。

第九十一条 非公开募集基金,不得向合格投资者之外的单位和个人募集资金,不得通过报刊、电台、电视台、互联网等公众传播媒体或者讲座、报告会、分析会等方式向不特定对象宣传推介。

第九十二条 非公开募集基金,应当制定并签订基金合同。基金合同应当包括下列内容:

(一)基金份额持有人、基金管理人、基金托管人的权利、义务;

(二)基金的运作方式;

(三)基金的出资方式、数额和认缴期限;

(四)基金的投资范围、投资策略和投资限制;

(五)基金收益分配原则、执行方式;

(六)基金承担的有关费用;

(七)基金信息提供的内容、方式;

(八)基金份额的认购、赎回或者转让的程序和方式;

(九)基金合同变更、解除和终止的事由、程序;

（十）基金财产清算方式；

（十一）当事人约定的其他事项。

基金份额持有人转让基金份额的，应当符合本法第八十七条、第九十一条的规定。

第九十三条 按照基金合同约定，非公开募集基金可以由部分基金份额持有人作为基金管理人负责基金的投资管理活动，并在基金财产不足以清偿其债务时对基金财产的债务承担无限连带责任。

前款规定的非公开募集基金，其基金合同还应载明：

（一）承担无限连带责任的基金份额持有人和其他基金份额持有人的姓名或者名称、住所；

（二）承担无限连带责任的基金份额持有人的除名条件和更换程序；

（三）基金份额持有人增加、退出的条件、程序以及相关责任；

（四）承担无限连带责任的基金份额持有人和其他基金份额持有人的转换程序。

第九十四条 非公开募集基金募集完毕，基金管理人应当向基金行业协会备案。对募集的资金总额或者基金份额持有人的人数达到规定标准的基金，基金行业协会应当向国务院证券监督管理机构报告。

非公开募集基金财产的证券投资，包括买卖公开发行的股份有限公司股票、债券、基金份额，以及国务院证券监督管理机构规定的其他证券及其衍生品种。

第九十五条 基金管理人、基金托管人应当按照基金合同的约定，向基金份额持有人提供基金信息。

第九十六条 专门从事非公开募集基金管理业务的基金管理人，其股东、高级管理人员、经营期限、管理的基金资产规模等符合规定条件的，经国务院证券监督管理机构核准，可以从事公开募集基金管理业务。

第十一章 基金服务机构

第九十七条 从事公开募集基金的销售、销售支付、份额登记、估值、投资顾问、评价、信息技术系统服务等基金服务业务的机构，应当按照国务院证券监督管理机构的规定进行注册或者备案。

第九十八条 基金销售机构应当向投资人充分揭示投资风险，并根据投资人的风险承担能力销售不同风险等级的基金产品。

第九十九条 基金销售支付机构应当按照规定办理基金销售结算资金的划付，确保基金销售结算资金安全、及时划付。

第一百条 基金销售结算资金、基金份额独立于基金销售机构、基金销售支付机构或者基金份额登记机构的自有财产。基金销售机构、基金销售支付机构或者基金份额登记机构破产或者清算时，基金销售结算资金、基金份额不属于其破产财产或者清算财产。非因投资人本身的债务或者法律规定的其他情形，不得查封、冻结、扣划或者强制执行基金销售结算资金、基金份额。

基金销售机构、基金销售支付机构、基金份额登记机构应当确保基金销售结算资金、基金份额的安全、独立，禁止任何单位或者个人以任何形式挪用基金销售结算资金、基金份额。

第一百零一条 基金管理人可以委托基金服务机构代为办理基金的份额登记、核算、估值、投资顾问等事项，基金托管人可以委托基金服务机构代为办理基金的核算、估值、复核等事项，但基金管理人、基金托管人依法应当承担的责任不因委托而免除。

第一百零二条 基金份额登记机构以电子介质登记的数据，是基金份额持有人权利归属的根据。基金份额持有人以基金份额出质的，质权自基金份额登记机构办理出质登记时设立。

基金份额登记机构应当妥善保存登记数据，并将基金份额持有人名称、身份信息及基金份额明细等数据备份至国务院证券监督管理机构认定的机构。其保存期限自基金账户销户之日起不得少于二十年。

基金份额登记机构应当保证登记数据的真实、准确、完整，不得隐匿、伪造、篡改或者毁损。

第一百零三条 基金投资顾问机构及其从业人员提供基金投资顾问服务,应当具有合理的依据,对其服务能力和经营业绩进行如实陈述,不得以任何方式承诺或者保证投资收益,不得损害服务对象的合法权益。

第一百零四条 基金评价机构及其从业人员应当客观公正,按照依法制定的业务规则开展基金评价业务,禁止误导投资人,防范可能发生的利益冲突。

第一百零五条 基金管理人、基金托管人、基金服务机构的信息技术系统,应当符合规定的要求。国务院证券监督管理机构可以要求信息技术系统服务机构提供该信息技术系统的相关资料。

第一百零六条 律师事务所、会计师事务所接受基金管理人、基金托管人的委托,为有关基金业务活动出具法律意见书、审计报告、内部控制评价报告等文件,应当勤勉尽责,对所依据的文件资料内容的真实性、准确性、完整性进行核查和验证。其制作、出具的文件有虚假记载、误导性陈述或者重大遗漏,给他人财产造成损失的,应当与委托人承担连带赔偿责任。

第一百零七条 基金服务机构应当勤勉尽责、恪尽职守,建立应急等风险管理制度和灾难备份系统,不得泄露与基金份额持有人、基金投资运作相关的非公开信息。

第十二章 基金行业协会

第一百零八条 基金行业协会是证券投资基金行业的自律性组织,是社会团体法人。

基金管理人、基金托管人应当加入基金行业协会,基金服务机构可以加入基金行业协会。

第一百零九条 基金行业协会的权力机构为全体会员组成的会员大会。

基金行业协会设理事会。理事会成员依章程的规定由选举产生。

第一百一十条　基金行业协会章程由会员大会制定,并报国务院证券监督管理机构备案。

第一百一十一条　基金行业协会履行下列职责:

(一)教育和组织会员遵守有关证券投资的法律、行政法规,维护投资人合法权益;

(二)依法维护会员的合法权益,反映会员的建议和要求;

(三)制定和实施行业自律规则,监督、检查会员及其从业人员的执业行为,对违反自律规则和协会章程的,按照规定给予纪律处分;

(四)制定行业执业标准和业务规范,组织基金从业人员的从业考试、资质管理和业务培训;

(五)提供会员服务,组织行业交流,推动行业创新,开展行业宣传和投资人教育活动;

(六)对会员之间、会员与客户之间发生的基金业务纠纷进行调解;

(七)依法办理非公开募集基金的登记、备案;

(八)协会章程规定的其他职责。

第十三章　监督管理

第一百一十二条　国务院证券监督管理机构依法履行下列职责:

(一)制定有关证券投资基金活动监督管理的规章、规则,并行使审批、核准或者注册权;

(二)办理基金备案;

(三)对基金管理人、基金托管人及其他机构从事证券投资基金活动进行监督管理,对违法行为进行查处,并予以公告;

(四)制定基金从业人员的资格标准和行为准则,并监督实施;

(五)监督检查基金信息的披露情况;

(六)指导和监督基金行业协会的活动;

(七)法律、行政法规规定的其他职责。

第一百一十三条　国务院证券监督管理机构依法履行职责,有权采取下列措施:

（一）对基金管理人、基金托管人、基金服务机构进行现场检查，并要求其报送有关的业务资料；

（二）进入涉嫌违法行为发生场所调查取证；

（三）询问当事人和与被调查事件有关的单位和个人，要求其对与被调查事件有关的事项作出说明；

（四）查阅、复制与被调查事件有关的财产权登记、通讯记录等资料；

（五）查阅、复制当事人和与被调查事件有关的单位和个人的证券交易记录、登记过户记录、财务会计资料及其他相关文件和资料；对可能被转移、隐匿或者毁损的文件和资料，可以予以封存；

（六）查询当事人和与被调查事件有关的单位和个人的资金账户、证券账户和银行账户；对有证据证明已经或者可能转移或者隐匿违法资金、证券等涉案财产或者隐匿、伪造、毁损重要证据的，经国务院证券监督管理机构主要负责人批准，可以冻结或者查封；

（七）在调查操纵证券市场、内幕交易等重大证券违法行为时，经国务院证券监督管理机构主要负责人批准，可以限制被调查事件当事人的证券买卖，但限制的期限不得超过十五个交易日；案情复杂的，可以延长十五个交易日。

第一百一十四条　国务院证券监督管理机构工作人员依法履行职责，进行调查或者检查时，不得少于二人，并应当出示合法证件；对调查或者检查中知悉的商业秘密负有保密的义务。

第一百一十五条　国务院证券监督管理机构工作人员应当忠于职守，依法办事，公正廉洁，接受监督，不得利用职务牟取私利。

第一百一十六条　国务院证券监督管理机构依法履行职责时，被调查、检查的单位和个人应当配合，如实提供有关文件和资料，不得拒绝、阻碍和隐瞒。

第一百一十七条　国务院证券监督管理机构依法履行职责，发现违法行为涉嫌犯罪的，应当将案件移送司法机关处理。

第一百一十八条　国务院证券监督管理机构工作人员在任职期

间,或者离职后在《中华人民共和国公务员法》规定的期限内,不得在被监管的机构中担任职务。

第十四章 法律责任

第一百一十九条 违反本法规定,未经批准擅自设立基金管理公司或者未经核准从事公开募集基金管理业务的,由证券监督管理机构予以取缔或者责令改正,没收违法所得,并处违法所得一倍以上五倍以下罚款;没有违法所得或者违法所得不足一百万元的,并处十万元以上一百万元以下罚款。对直接负责的主管人员和其他直接责任人员给予警告,并处三万元以上三十万元以下罚款。

基金管理公司违反本法规定,擅自变更持有百分之五以上股权的股东、实际控制人或者其他重大事项的,责令改正,没收违法所得,并处违法所得一倍以上五倍以下罚款;没有违法所得或者违法所得不足五十万元的,并处五万元以上五十万元以下罚款。对直接负责的主管人员给予警告,并处三万元以上十万元以下罚款。

第一百二十条 基金管理人的董事、监事、高级管理人员和其他从业人员,基金托管人的专门基金托管部门的高级管理人员和其他从业人员,未按照本法第十七条第一款规定申报的,责令改正,处三万元以上十万元以下罚款。

基金管理人、基金托管人违反本法第十七条第二款规定的,责令改正,处十万元以上一百万元以下罚款;对直接负责的主管人员和其他直接责任人员给予警告,暂停或者撤销基金从业资格,并处三万元以上三十万元以下罚款。

第一百二十一条 基金管理人的董事、监事、高级管理人员和其他从业人员,基金托管人的专门基金托管部门的高级管理人员和其他从业人员违反本法第十八条规定的,责令改正,没收违法所得,并处违法所得一倍以上五倍以下罚款;没有违法所得或者违法所得不足一百万元的,并处十万元以上一百万元以下罚款;情节严重的,撤销基金从业资格。

第一百二十二条 基金管理人、基金托管人违反本法规定,未对基金财产实行分别管理或者分账保管,责令改正,处五万元以上五十万元以下罚款;对直接负责的主管人员和其他直接责任人员给予警告,暂停或者撤销基金从业资格,并处三万元以上三十万元以下罚款。

第一百二十三条 基金管理人、基金托管人及其董事、监事、高级管理人员和其他从业人员有本法第二十条所列行为之一的,责令改正,没收违法所得,并处违法所得一倍以上五倍以下罚款;没有违法所得或者违法所得不足一百万元的,并处十万元以上一百万元以下罚款;基金管理人、基金托管人有上述行为的,还应当对其直接负责的主管人员和其他直接责任人员给予警告,暂停或者撤销基金从业资格,并处三万元以上三十万元以下罚款。

基金管理人、基金托管人及其董事、监事、高级管理人员和其他从业人员侵占、挪用基金财产而取得的财产和收益,归入基金财产。但是,法律、行政法规另有规定的,依照其规定。

第一百二十四条 基金管理人的股东、实际控制人违反本法第二十三条规定的,责令改正,没收违法所得,并处违法所得一倍以上五倍以下罚款;没有违法所得或者违法所得不足一百万元的,并处十万元以上一百万元以下罚款;对直接负责的主管人员和其他直接责任人员给予警告,暂停或者撤销基金或证券从业资格,并处三万元以上三十万元以下罚款。

第一百二十五条 未经核准,擅自从事基金托管业务的,责令停止,没收违法所得,并处违法所得一倍以上五倍以下罚款;没有违法所得或者违法所得不足一百万元的,并处十万元以上一百万元以下罚款;对直接负责的主管人员和其他直接责任人员给予警告,并处三万元以上三十万元以下罚款。

第一百二十六条 基金管理人、基金托管人违反本法规定,相互出资或者持有股份的,责令改正,可以处十万元以下罚款。

第一百二十七条 违反本法规定,擅自公开或者变相公开募集基金的,责令停止,返还所募资金和加计的银行同期存款利息,没收违法所得,并处所募资金金额百分之一以上百分之五以下罚款。对直接负责的主管人员和其他直接责任人员给予警告,并处五万元以上五十万元以下罚款。

第一百二十八条 违反本法第五十九条规定,动用募集的资金的,责令返还,没收违法所得,并处违法所得一倍以上五倍以下罚款;没有违法所得或者违法所得不足五十万元的,并处五万元以上五十万元以下罚款;对直接负责的主管人员和其他直接责任人员给予警告,并处三万元以上三十万元以下罚款。

第一百二十九条 基金管理人、基金托管人有本法第七十三条第一款第一项至第五项和第七项所列行为之一,或者违反本法第七十三条第二款规定的,责令改正,处十万元以上一百万元以下罚款;对直接负责的主管人员和其他直接责任人员给予警告,暂停或者撤销基金从业资格,并处三万元以上三十万元以下罚款。

基金管理人、基金托管人有前款行为,运用基金财产而取得的财产和收益,归入基金财产。但是,法律、行政法规另有规定的,依照其规定。

第一百三十条 基金管理人、基金托管人有本法第七十三条第一款第六项规定行为的,除依照《中华人民共和国证券法》的有关规定处罚外,对直接负责的主管人员和其他直接责任人员暂停或者撤销基金从业资格。

第一百三十一条 基金信息披露义务人不依法披露基金信息或者披露的信息有虚假记载、误导性陈述或者重大遗漏的,责令改正,没收违法所得,并处十万元以上一百万元以下罚款;对直接负责的主管人员和其他直接责任人员给予警告,暂停或者撤销基金从业资格,并处三万元以上三十万元以下罚款。

第一百三十二条 基金管理人或者基金托管人不按照规定召集基金份额持有人大会的,责令改正,可以处五万元以下罚款;对直接负责的主管人员和其他直接责任人员给予警告,暂停或者撤销基金从业资格。

第一百三十三条 违反本法规定,未经登记,使用"基金"或者"基金管理"字样或者近似名称进行证券投资活动的,没收违法所得,并处违法所得一倍以上五倍以下罚款;没有违法所得或者违法所得不足一百万元的,并处十万元以上一百万元以下罚款。对直接负责的主管人员和其他直接责任人员给予警告,并处三万元以上三十万元以下罚款。

第一百三十四条 违反本法规定,非公开募集基金募集完毕,基金管理人未备案的,处十万元以上三十万元以下罚款。对直接负责的主管人员和其他直接责任人员给予警告,并处三万元以上十万元以下罚款。

第一百三十五条 违反本法规定,向合格投资者之外的单位或者个人非公开募集资金或者转让基金份额的,没收违法所得,并处违法所得一倍以上五倍以下罚款;没有违法所得或者违法所得不足一百万元的,并处十万元以上一百万元以下罚款。对直接负责的主管人员和其他直接责任人员给予警告,并处三万元以上三十万元以下罚款。

第一百三十六条 违反本法规定,擅自从事公开募集基金的基金服务业务的,责令改正,没收违法所得,并处违法所得一倍以上五倍以下罚款;没有违法所得或者违法所得不足三十万元的,并处十万元以上三十万元以下罚款。对直接负责的主管人员和其他直接责任人员给予警告,并处三万元以上十万元以下罚款。

第一百三十七条 基金销售机构未向投资人充分揭示投资风险并误导其购买与其风险承担能力不相当的基金产品的,处十万元以上三十万元以下罚款;情节严重的,责令其停止基金服务业务。对直接负责的主管人员和其他直接责任人员给予警告,撤销基金从业资格,并处三万元以上十万元以下罚款。

第一百三十八条 基金销售支付机构未按照规定划付基金销售结算资金的,处十万元以上三十万元以下罚款;情节严重的,责令其停止基金服务业务。对直接负责的主管人员和其他直接责任人员给予警告,撤销基金从业资格,并处三万元以上十万元以下罚款。

第一百三十九条 挪用基金销售结算资金或者基金份额的,责令改正,没收违法所得,并处违法所得一倍以上五倍以下罚款;没有违法所得或者违法所得不足一百万元的,并处十万元以上一百万元以下罚款。对直接负责的主管人员和其他直接责任人员给予警告,并处三万元以上三十万元以下罚款。

第一百四十条 基金份额登记机构未妥善保存或者备份基金份额登记数据的,责令改正,给予警告,并处十万元以上三十万元以下罚款;情节严重的,责令其停止基金服务业务。对直接负责的主管人员和其他直接责任人员给予警告,撤销基金从业资格,并处三万元以上十万元以下罚款。

基金份额登记机构隐匿、伪造、篡改、毁损基金份额登记数据的,责令改正,处十万元以上一百万元以下罚款,并责令其停止基金服务业务。对直接负责的主管人员和其他直接责任人员给予警告,撤销基金从业资格,并处三万元以上三十万元以下罚款。

第一百四十一条 基金投资顾问机构、基金评价机构及其从业人员违反本法规定开展投资顾问、基金评价服务的,处十万元以上三十万元以下罚款;情节严重的,责令其停止基金服务业务。对直接负责的主管人员和其他直接责任人员给予警告,撤销基金从业资格,并处三万元以上十万元以下罚款。

第一百四十二条 信息技术系统服务机构未按照规定向国务院证券监督管理机构提供相关信息技术系统资料,或者提供的信息技术系统资料虚假、有重大遗漏的,责令改正,处三万元以上十万元以下罚款。对直接负责的主管人员和其他直接责任人员给予警告,并处一万元以上三万元以下罚款。

第一百四十三条 会计师事务所、律师事务所未勤勉尽责,所出具的文件有虚假记载、误导性陈述或者重大遗漏的,责令改正,没收业务收入,暂停或者撤销相关业务许可,并处业务收入一倍以上五倍以下罚款。对直接负责的主管人员和其他直接责任人员给予警告,并处三万元以上十万元以下罚款。

第一百四十四条 基金服务机构未建立应急等风险管理制度和灾难备份系统,或者泄露与基金份额持有人、基金投资运作相关的非公开信息的,处十万元以上三十万元以下罚款;情节严重的,责令其停止基金服务业务。对直接负责的主管人员和其他直接责任人员给予警告,撤销基金从业资格,并处三万元以上十万元以下罚款。

第一百四十五条 违反本法规定,给基金财产、基金份额持有人或者投资人造成损害的,依法承担赔偿责任。

基金管理人、基金托管人在履行各自职责的过程中,违反本法规定或者基金合同约定,给基金财产或者基金份额持有人造成损害的,应当分别对各自的行为依法承担赔偿责任;因共同行为给基金财产或者基金份额持有人造成损害的,应当承担连带赔偿责任。

第一百四十六条 证券监督管理机构工作人员玩忽职守、滥用职权、徇私舞弊或者利用职务上的便利索取或者收受他人财物的,依法给予行政处分。

第一百四十七条 拒绝、阻碍证券监督管理机构及其工作人员依法行使监督检查、调查职权未使用暴力、威胁方法的,依法给予治安管理处罚。

第一百四十八条 违反法律、行政法规或者国务院证券监督管理机构的有关规定,情节严重的,国务院证券监督管理机构可以对有关责任人员采取证券市场禁入的措施。

第一百四十九条 违反本法规定,构成犯罪的,依法追究刑事责任。

第一百五十条 违反本法规定,应当承担民事赔偿责任和缴纳罚款、罚金,其财产不足以同时支付时,先承担民事赔偿责任。

第一百五十一条 依照本法规定,基金管理人、基金托管人、基金服务机构应当承担的民事赔偿责任和缴纳的罚款、罚金,由基金管理人、基金托管人、基金服务机构以其固有财产承担。

依法收缴的罚款、罚金和没收的违法所得,应当全部上缴国库。

第十五章 附 则

第一百五十二条 在中华人民共和国境内募集投资境外证券的

基金,以及合格境外投资者在境内进行证券投资,应当经国务院证券监督管理机构批准,具体办法由国务院证券监督管理机构会同国务院有关部门规定,报国务院批准。

第一百五十三条 公开或者非公开募集资金,以进行证券投资活动为目的设立的公司或者合伙企业,资产由基金管理人或者普通合伙人管理的,其证券投资活动适用本法。

第一百五十四条 本法自2013年6月1日起施行。

中华人民共和国公司法

（1993年12月29日第八届全国人民代表大会常务委员会第五次会议通过 根据1999年12月25日第九届全国人民代表大会常务委员会第十三次会议《关于修改〈中华人民共和国公司法〉的决定》第一次修正 根据2004年8月28日第十届全国人民代表大会常务委员会第十一次会议《关于修改〈中华人民共和国公司法〉的决定》第二次修正 2005年10月27日第十届全国人民代表大会常务委员会第十八次会议第一次修订 根据2013年12月28日第十二届全国人民代表大会常务委员会第六次会议《关于修改〈中华人民共和国海洋环境保护法〉等七部法律的决定》第三次修正 根据2018年10月26日第十三届全国人民代表大会常务委员会第六次会议《关于修改〈中华人民共和国公司法〉的决定》第四次修正 2023年12月29日第十四届全国人民代表大会常务委员会第七次会议第二次修订）

第一章 总 则

第一条 为了规范公司的组织和行为,保护公司、股东、职工和债权人的合法权益,完善中国特色现代企业制度,弘扬企业家精神,维护社会经济秩序,促进社会主义市场经济的发展,根据宪法,制定本法。

第二条　本法所称公司,是指依照本法在中华人民共和国境内设立的有限责任公司和股份有限公司。

第三条　公司是企业法人,有独立的法人财产,享有法人财产权。公司以其全部财产对公司的债务承担责任。

公司的合法权益受法律保护,不受侵犯。

第四条　有限责任公司的股东以其认缴的出资额为限对公司承担责任;股份有限公司的股东以其认购的股份为限对公司承担责任。

公司股东对公司依法享有资产收益、参与重大决策和选择管理者等权利。

第五条　设立公司应当依法制定公司章程。公司章程对公司、股东、董事、监事、高级管理人员具有约束力。

第六条　公司应当有自己的名称。公司名称应当符合国家有关规定。

公司的名称权受法律保护。

第七条　依照本法设立的有限责任公司,应当在公司名称中标明有限责任公司或者有限公司字样。

依照本法设立的股份有限公司,应当在公司名称中标明股份有限公司或者股份公司字样。

第八条　公司以其主要办事机构所在地为住所。

第九条　公司的经营范围由公司章程规定。公司可以修改公司章程,变更经营范围。

公司的经营范围中属于法律、行政法规规定须经批准的项目,应当依法经过批准。

第十条　公司的法定代表人按照公司章程的规定,由代表公司执行公司事务的董事或者经理担任。

担任法定代表人的董事或者经理辞任的,视为同时辞去法定代表人。

法定代表人辞任的,公司应当在法定代表人辞任之日起三十日内确定新的法定代表人。

第十一条 法定代表人以公司名义从事的民事活动,其法律后果由公司承受。

公司章程或者股东会对法定代表人职权的限制,不得对抗善意相对人。

法定代表人因执行职务造成他人损害的,由公司承担民事责任。公司承担民事责任后,依照法律或者公司章程的规定,可以向有过错的法定代表人追偿。

第十二条 有限责任公司变更为股份有限公司,应当符合本法规定的股份有限公司的条件。股份有限公司变更为有限责任公司,应当符合本法规定的有限责任公司的条件。

有限责任公司变更为股份有限公司的,或者股份有限公司变更为有限责任公司的,公司变更前的债权、债务由变更后的公司承继。

第十三条 公司可以设立子公司。子公司具有法人资格,依法独立承担民事责任。

公司可以设立分公司。分公司不具有法人资格,其民事责任由公司承担。

第十四条 公司可以向其他企业投资。

法律规定公司不得成为对所投资企业的债务承担连带责任的出资人的,从其规定。

第十五条 公司向其他企业投资或者为他人提供担保,按照公司章程的规定,由董事会或者股东会决议;公司章程对投资或者担保的总额及单项投资或者担保的数额有限额规定的,不得超过规定的限额。

公司为公司股东或者实际控制人提供担保的,应当经股东会决议。

前款规定的股东或者受前款规定的实际控制人支配的股东,不得参加前款规定事项的表决。该项表决由出席会议的其他股东所持表决权的过半数通过。

第十六条　公司应当保护职工的合法权益,依法与职工签订劳动合同,参加社会保险,加强劳动保护,实现安全生产。

公司应当采用多种形式,加强公司职工的职业教育和岗位培训,提高职工素质。

第十七条　公司职工依照《中华人民共和国工会法》组织工会,开展工会活动,维护职工合法权益。公司应当为本公司工会提供必要的活动条件。公司工会代表职工就职工的劳动报酬、工作时间、休息休假、劳动安全卫生和保险福利等事项依法与公司签订集体合同。

公司依照宪法和有关法律的规定,建立健全以职工代表大会为基本形式的民主管理制度,通过职工代表大会或者其他形式,实行民主管理。

公司研究决定改制、解散、申请破产以及经营方面的重大问题、制定重要的规章制度时,应当听取公司工会的意见,并通过职工代表大会或者其他形式听取职工的意见和建议。

第十八条　在公司中,根据中国共产党章程的规定,设立中国共产党的组织,开展党的活动。公司应当为党组织的活动提供必要条件。

第十九条　公司从事经营活动,应当遵守法律法规,遵守社会公德、商业道德,诚实守信,接受政府和社会公众的监督。

第二十条　公司从事经营活动,应当充分考虑公司职工、消费者等利益相关者的利益以及生态环境保护等社会公共利益,承担社会责任。

国家鼓励公司参与社会公益活动,公布社会责任报告。

第二十一条　公司股东应当遵守法律、行政法规和公司章程,依法行使股东权利,不得滥用股东权利损害公司或者其他股东的利益。

公司股东滥用股东权利给公司或者其他股东造成损失的,应当承担赔偿责任。

第二十二条　公司的控股股东、实际控制人、董事、监事、高级管理人员不得利用关联关系损害公司利益。

违反前款规定,给公司造成损失的,应当承担赔偿责任。

第二十三条 公司股东滥用公司法人独立地位和股东有限责任,逃避债务,严重损害公司债权人利益的,应当对公司债务承担连带责任。

股东利用其控制的两个以上公司实施前款规定行为的,各公司应当对任一公司的债务承担连带责任。

只有一个股东的公司,股东不能证明公司财产独立于股东自己的财产的,应当对公司债务承担连带责任。

第二十四条 公司股东会、董事会、监事会召开会议和表决可以采用电子通信方式,公司章程另有规定的除外。

第二十五条 公司股东会、董事会的决议内容违反法律、行政法规的无效。

第二十六条 公司股东会、董事会的会议召集程序、表决方式违反法律、行政法规或者公司章程,或者决议内容违反公司章程的,股东自决议作出之日起六十日内,可以请求人民法院撤销。但是,股东会、董事会的会议召集程序或者表决方式仅有轻微瑕疵,对决议未产生实质影响的除外。

未被通知参加股东会会议的股东自知道或者应当知道股东会决议作出之日起六十日内,可以请求人民法院撤销;自决议作出之日起一年内没有行使撤销权的,撤销权消灭。

第二十七条 有下列情形之一的,公司股东会、董事会的决议不成立:

(一)未召开股东会、董事会会议作出决议;

(二)股东会、董事会会议未对决议事项进行表决;

(三)出席会议的人数或者所持表决权数未达到本法或者公司章程规定的人数或者所持表决权数;

(四)同意决议事项的人数或者所持表决权数未达到本法或者公司章程规定的人数或者所持表决权数。

第二十八条　公司股东会、董事会决议被人民法院宣告无效、撤销或者确认不成立的,公司应当向公司登记机关申请撤销根据该决议已办理的登记。

股东会、董事会决议被人民法院宣告无效、撤销或者确认不成立的,公司根据该决议与善意相对人形成的民事法律关系不受影响。

第二章　公司登记

第二十九条　设立公司,应当依法向公司登记机关申请设立登记。

法律、行政法规规定设立公司必须报经批准的,应当在公司登记前依法办理批准手续。

第三十条　申请设立公司,应当提交设立登记申请书、公司章程等文件,提交的相关材料应当真实、合法和有效。

申请材料不齐全或者不符合法定形式的,公司登记机关应当一次性告知需要补正的材料。

第三十一条　申请设立公司,符合本法规定的设立条件的,由公司登记机关分别登记为有限责任公司或者股份有限公司;不符合本法规定的设立条件的,不得登记为有限责任公司或者股份有限公司。

第三十二条　公司登记事项包括:

(一)名称;

(二)住所;

(三)注册资本;

(四)经营范围;

(五)法定代表人的姓名;

(六)有限责任公司股东、股份有限公司发起人的姓名或者名称。

公司登记机关应当将前款规定的公司登记事项通过国家企业信用信息公示系统向社会公示。

第三十三条　依法设立的公司,由公司登记机关发给公司营业执照。公司营业执照签发日期为公司成立日期。

公司营业执照应当载明公司的名称、住所、注册资本、经营范围、法定代表人姓名等事项。

公司登记机关可以发给电子营业执照。电子营业执照与纸质营业执照具有同等法律效力。

第三十四条 公司登记事项发生变更的,应当依法办理变更登记。

公司登记事项未经登记或者未经变更登记,不得对抗善意相对人。

第三十五条 公司申请变更登记,应当向公司登记机关提交公司法定代表人签署的变更登记申请书、依法作出的变更决议或者决定等文件。

公司变更登记事项涉及修改公司章程的,应当提交修改后的公司章程。

公司变更法定代表人的,变更登记申请书由变更后的法定代表人签署。

第三十六条 公司营业执照记载的事项发生变更的,公司办理变更登记后,由公司登记机关换发营业执照。

第三十七条 公司因解散、被宣告破产或者其他法定事由需要终止的,应当依法向公司登记机关申请注销登记,由公司登记机关公告公司终止。

第三十八条 公司设立分公司,应当向公司登记机关申请登记,领取营业执照。

第三十九条 虚报注册资本、提交虚假材料或者采取其他欺诈手段隐瞒重要事实取得公司设立登记的,公司登记机关应当依照法律、行政法规的规定予以撤销。

第四十条 公司应当按照规定通过国家企业信用信息公示系统公示下列事项:

(一)有限责任公司股东认缴和实缴的出资额、出资方式和出资日期,股份有限公司发起人认购的股份数;

(二)有限责任公司股东、股份有限公司发起人的股权、股份变更信息;

(三)行政许可取得、变更、注销等信息;

(四)法律、行政法规规定的其他信息。

公司应当确保前款公示信息真实、准确、完整。

第四十一条 公司登记机关应当优化公司登记办理流程,提高公司登记效率,加强信息化建设,推行网上办理等便捷方式,提升公司登记便利化水平。

国务院市场监督管理部门根据本法和有关法律、行政法规的规定,制定公司登记注册的具体办法。

第三章 有限责任公司的设立和组织机构

第一节 设 立

第四十二条 有限责任公司由一个以上五十个以下股东出资设立。

第四十三条 有限责任公司设立时的股东可以签订设立协议,明确各自在公司设立过程中的权利和义务。

第四十四条 有限责任公司设立时的股东为设立公司从事的民事活动,其法律后果由公司承受。

公司未成立的,其法律后果由公司设立时的股东承受;设立时的股东为二人以上的,享有连带债权,承担连带债务。

设立时的股东为设立公司以自己的名义从事民事活动产生的民事责任,第三人有权选择请求公司或者公司设立时的股东承担。

设立时的股东因履行公司设立职责造成他人损害的,公司或者无过错的股东承担赔偿责任后,可以向有过错的股东追偿。

第四十五条 设立有限责任公司,应当由股东共同制定公司章程。

第四十六条 有限责任公司章程应当载明下列事项:

(一)公司名称和住所;

（二）公司经营范围；

（三）公司注册资本；

（四）股东的姓名或者名称；

（五）股东的出资额、出资方式和出资日期；

（六）公司的机构及其产生办法、职权、议事规则；

（七）公司法定代表人的产生、变更办法；

（八）股东会认为需要规定的其他事项。

股东应当在公司章程上签名或者盖章。

第四十七条 有限责任公司的注册资本为在公司登记机关登记的全体股东认缴的出资额。全体股东认缴的出资额由股东按照公司章程的规定自公司成立之日起五年内缴足。

法律、行政法规以及国务院决定对有限责任公司注册资本实缴、注册资本最低限额、股东出资期限另有规定的，从其规定。

第四十八条 股东可以用货币出资，也可以用实物、知识产权、土地使用权、股权、债权等可以用货币估价并可以依法转让的非货币财产作价出资；但是，法律、行政法规规定不得作为出资的财产除外。

对作为出资的非货币财产应当评估作价，核实财产，不得高估或者低估作价。法律、行政法规对评估作价有规定的，从其规定。

第四十九条 股东应当按期足额缴纳公司章程规定的各自所认缴的出资额。

股东以货币出资的，应当将货币出资足额存入有限责任公司在银行开设的账户；以非货币财产出资的，应当依法办理其财产权的转移手续。

股东未按期足额缴纳出资的，除应当向公司足额缴纳外，还应当对给公司造成的损失承担赔偿责任。

第五十条 有限责任公司设立时，股东未按照公司章程规定实际缴纳出资，或者实际出资的非货币财产的实际价额显著低于所认缴的出资额的，设立时的其他股东与该股东在出资不足的范围内承担连带责任。

第五十一条 有限责任公司成立后,董事会应当对股东的出资情况进行核查,发现股东未按期足额缴纳公司章程规定的出资的,应当由公司向该股东发出书面催缴书,催缴出资。

未及时履行前款规定的义务,给公司造成损失的,负有责任的董事应当承担赔偿责任。

第五十二条 股东未按照公司章程规定的出资日期缴纳出资,公司依照前条第一款规定发出书面催缴书催缴出资的,可以载明缴纳出资的宽限期;宽限期自公司发出催缴书之日起,不得少于六十日。宽限期届满,股东仍未履行出资义务的,公司经董事会决议可以向该股东发出失权通知,通知应当以书面形式发出。自通知发出之日起,该股东丧失其未缴纳出资的股权。

依照前款规定丧失的股权应当依法转让,或者相应减少注册资本并注销该股权;六个月内未转让或者注销的,由公司其他股东按照其出资比例足额缴纳相应出资。

股东对失权有异议的,应当自接到失权通知之日起三十日内,向人民法院提起诉讼。

第五十三条 公司成立后,股东不得抽逃出资。

违反前款规定的,股东应当返还抽逃的出资;给公司造成损失的,负有责任的董事、监事、高级管理人员应当与该股东承担连带赔偿责任。

第五十四条 公司不能清偿到期债务的,公司或者已到期债权的债权人有权要求已认缴出资但未届出资期限的股东提前缴纳出资。

第五十五条 有限责任公司成立后,应当向股东签发出资证明书,记载下列事项:

(一)公司名称;

(二)公司成立日期;

(三)公司注册资本;

(四)股东的姓名或者名称、认缴和实缴的出资额、出资方式和出资日期;

（五）出资证明书的编号和核发日期。

出资证明书由法定代表人签名，并由公司盖章。

第五十六条 有限责任公司应当置备股东名册，记载下列事项：

（一）股东的姓名或者名称及住所；

（二）股东认缴和实缴的出资额、出资方式和出资日期；

（三）出资证明书编号；

（四）取得和丧失股东资格的日期。

记载于股东名册的股东，可以依股东名册主张行使股东权利。

第五十七条 股东有权查阅、复制公司章程、股东名册、股东会会议记录、董事会会议决议、监事会会议决议和财务会计报告。

股东可以要求查阅公司会计账簿、会计凭证。股东要求查阅公司会计账簿、会计凭证的，应当向公司提出书面请求，说明目的。公司有合理根据认为股东查阅会计账簿、会计凭证有不正当目的，可能损害公司合法利益的，可以拒绝提供查阅，并应当自股东提出书面请求之日起十五日内书面答复股东并说明理由。公司拒绝提供查阅的，股东可以向人民法院提起诉讼。

股东查阅前款规定的材料，可以委托会计师事务所、律师事务所等中介机构进行。

股东及其委托的会计师事务所、律师事务所等中介机构查阅、复制有关材料，应当遵守有关保护国家秘密、商业秘密、个人隐私、个人信息等法律、行政法规的规定。

股东要求查阅、复制公司全资子公司相关材料的，适用前四款的规定。

第二节　组织机构

第五十八条 有限责任公司股东会由全体股东组成。股东会是公司的权力机构，依照本法行使职权。

第五十九条 股东会行使下列职权：

（一）选举和更换董事、监事，决定有关董事、监事的报酬事项；

(二)审议批准董事会的报告；

(三)审议批准监事会的报告；

(四)审议批准公司的利润分配方案和弥补亏损方案；

(五)对公司增加或者减少注册资本作出决议；

(六)对发行公司债券作出决议；

(七)对公司合并、分立、解散、清算或者变更公司形式作出决议；

(八)修改公司章程；

(九)公司章程规定的其他职权。

股东会可以授权董事会对发行公司债券作出决议。

对本条第一款所列事项股东以书面形式一致表示同意的，可以不召开股东会会议，直接作出决定，并由全体股东在决定文件上签名或者盖章。

第六十条 只有一个股东的有限责任公司不设股东会。股东作出前条第一款所列事项的决定时，应当采用书面形式，并由股东签名或者盖章后置备于公司。

第六十一条 首次股东会会议由出资最多的股东召集和主持，依照本法规定行使职权。

第六十二条 股东会会议分为定期会议和临时会议。

定期会议应当按照公司章程的规定按时召开。代表十分之一以上表决权的股东、三分之一以上的董事或者监事会提议召开临时会议的，应当召开临时会议。

第六十三条 股东会会议由董事会召集，董事长主持；董事长不能履行职务或者不履行职务的，由副董事长主持；副董事长不能履行职务或者不履行职务的，由过半数的董事共同推举一名董事主持。

董事会不能履行或者不履行召集股东会会议职责的，由监事会召集和主持；监事会不召集和主持的，代表十分之一以上表决权的股东可以自行召集和主持。

第六十四条 召开股东会会议，应当于会议召开十五日前通知全体股东；但是，公司章程另有规定或者全体股东另有约定的除外。

股东会应当对所议事项的决定作成会议记录,出席会议的股东应当在会议记录上签名或者盖章。

第六十五条 股东会会议由股东按照出资比例行使表决权;但是,公司章程另有规定的除外。

第六十六条 股东会的议事方式和表决程序,除本法有规定的外,由公司章程规定。

股东会作出决议,应当经代表过半数表决权的股东通过。

股东会作出修改公司章程、增加或者减少注册资本的决议,以及公司合并、分立、解散或者变更公司形式的决议,应当经代表三分之二以上表决权的股东通过。

第六十七条 有限责任公司设董事会,本法第七十五条另有规定的除外。

董事会行使下列职权:

(一)召集股东会会议,并向股东会报告工作;

(二)执行股东会的决议;

(三)决定公司的经营计划和投资方案;

(四)制订公司的利润分配方案和弥补亏损方案;

(五)制订公司增加或者减少注册资本以及发行公司债券的方案;

(六)制订公司合并、分立、解散或者变更公司形式的方案;

(七)决定公司内部管理机构的设置;

(八)决定聘任或者解聘公司经理及其报酬事项,并根据经理的提名决定聘任或者解聘公司副经理、财务负责人及其报酬事项;

(九)制定公司的基本管理制度;

(十)公司章程规定或者股东会授予的其他职权。

公司章程对董事会职权的限制不得对抗善意相对人。

第六十八条 有限责任公司董事会成员为三人以上,其成员中可以有公司职工代表。职工人数三百人以上的有限责任公司,除依法设监事会并有公司职工代表的外,其董事会成员中应当有公司职工代表。董事会中的职工代表由公司职工通过职工代表大会、职工大会或者其他形式民主选举产生。

董事会设董事长一人,可以设副董事长。董事长、副董事长的产生办法由公司章程规定。

第六十九条 有限责任公司可以按照公司章程的规定在董事会中设置由董事组成的审计委员会,行使本法规定的监事会的职权,不设监事会或者监事。公司董事会成员中的职工代表可以成为审计委员会成员。

第七十条 董事任期由公司章程规定,但每届任期不得超过三年。董事任期届满,连选可以连任。

董事任期届满未及时改选,或者董事在任期内辞任导致董事会成员低于法定人数的,在改选出的董事就任前,原董事仍应当依照法律、行政法规和公司章程的规定,履行董事职务。

董事辞任的,应当以书面形式通知公司,公司收到通知之日辞任生效,但存在前款规定情形的,董事应当继续履行职务。

第七十一条 股东会可以决议解任董事,决议作出之日解任生效。

无正当理由,在任期届满前解任董事的,该董事可以要求公司予以赔偿。

第七十二条 董事会会议由董事长召集和主持;董事长不能履行职务或者不履行职务的,由副董事长召集和主持;副董事长不能履行职务或者不履行职务的,由过半数的董事共同推举一名董事召集和主持。

第七十三条 董事会的议事方式和表决程序,除本法有规定的外,由公司章程规定。

董事会会议应当有过半数的董事出席方可举行。董事会作出决议,应当经全体董事的过半数通过。

董事会决议的表决,应当一人一票。

董事会应当对所议事项的决定作成会议记录,出席会议的董事应当在会议记录上签名。

第七十四条 有限责任公司可以设经理,由董事会决定聘任或者解聘。

经理对董事会负责,根据公司章程的规定或者董事会的授权行使职权。经理列席董事会会议。

第七十五条 规模较小或者股东人数较少的有限责任公司,可以不设董事会,设一名董事,行使本法规定的董事会的职权。该董事可以兼任公司经理。

第七十六条 有限责任公司设监事会,本法第六十九条、第八十三条另有规定的除外。

监事会成员为三人以上。监事会成员应当包括股东代表和适当比例的公司职工代表,其中职工代表的比例不得低于三分之一,具体比例由公司章程规定。监事会中的职工代表由公司职工通过职工代表大会、职工大会或者其他形式民主选举产生。

监事会设主席一人,由全体监事过半数选举产生。监事会主席召集和主持监事会会议;监事会主席不能履行职务或者不履行职务的,由过半数的监事共同推举一名监事召集和主持监事会会议。

董事、高级管理人员不得兼任监事。

第七十七条 监事的任期每届为三年。监事任期届满,连选可以连任。

监事任期届满未及时改选,或者监事在任期内辞任导致监事会成员低于法定人数的,在改选出的监事就任前,原监事仍应当依照法律、行政法规和公司章程的规定,履行监事职务。

第七十八条 监事会行使下列职权:

(一)检查公司财务;

(二)对董事、高级管理人员执行职务的行为进行监督,对违反法律、行政法规、公司章程或者股东会决议的董事、高级管理人员提出解任的建议;

(三)当董事、高级管理人员的行为损害公司的利益时,要求董事、高级管理人员予以纠正;

（四）提议召开临时股东会会议，在董事会不履行本法规定的召集和主持股东会会议职责时召集和主持股东会会议；

（五）向股东会会议提出提案；

（六）依照本法第一百八十九条的规定，对董事、高级管理人员提起诉讼；

（七）公司章程规定的其他职权。

第七十九条 监事可以列席董事会会议，并对董事会决议事项提出质询或者建议。

监事会发现公司经营情况异常，可以进行调查；必要时，可以聘请会计师事务所等协助其工作，费用由公司承担。

第八十条 监事会可以要求董事、高级管理人员提交执行职务的报告。

董事、高级管理人员应当如实向监事会提供有关情况和资料，不得妨碍监事会或者监事行使职权。

第八十一条 监事会每年度至少召开一次会议，监事可以提议召开临时监事会会议。

监事会的议事方式和表决程序，除本法有规定的外，由公司章程规定。

监事会决议应当经全体监事的过半数通过。

监事会决议的表决，应当一人一票。

监事会应当对所议事项的决定作成会议记录，出席会议的监事应当在会议记录上签名。

第八十二条 监事会行使职权所必需的费用，由公司承担。

第八十三条 规模较小或者股东人数较少的有限责任公司，可以不设监事会，设一名监事，行使本法规定的监事会的职权；经全体股东一致同意，也可以不设监事。

第四章 有限责任公司的股权转让

第八十四条 有限责任公司的股东之间可以相互转让其全部或

者部分股权。

股东向股东以外的人转让股权的，应当将股权转让的数量、价格、支付方式和期限等事项书面通知其他股东，其他股东在同等条件下有优先购买权。股东自接到书面通知之日起三十日内未答复的，视为放弃优先购买权。两个以上股东行使优先购买权的，协商确定各自的购买比例；协商不成的，按照转让时各自的出资比例行使优先购买权。

公司章程对股权转让另有规定的，从其规定。

第八十五条　人民法院依照法律规定的强制执行程序转让股东的股权时，应当通知公司及全体股东，其他股东在同等条件下有优先购买权。其他股东自人民法院通知之日起满二十日不行使优先购买权的，视为放弃优先购买权。

第八十六条　股东转让股权的，应当书面通知公司，请求变更股东名册；需要办理变更登记的，并请求公司向公司登记机关办理变更登记。公司拒绝或者在合理期限内不予答复的，转让人、受让人可以依法向人民法院提起诉讼。

股权转让的，受让人自记载于股东名册时起可以向公司主张行使股东权利。

第八十七条　依照本法转让股权后，公司应当及时注销原股东的出资证明书，向新股东签发出资证明书，并相应修改公司章程和股东名册中有关股东及其出资额的记载。对公司章程的该项修改不需再由股东会表决。

第八十八条　股东转让已认缴出资但未届出资期限的股权的，由受让人承担缴纳该出资的义务；受让人未按期足额缴纳出资的，转让人对受让人未按期缴纳的出资承担补充责任。

未按照公司章程规定的出资日期缴纳出资或者作为出资的非货币财产的实际价额显著低于所认缴的出资额的股东转让股权的，转让人与受让人在出资不足的范围内承担连带责任；受让人不知道且不应当知道存在上述情形的，由转让人承担责任。

第八十九条　有下列情形之一的，对股东会该项决议投反对票的

股东可以请求公司按照合理的价格收购其股权:

(一)公司连续五年不向股东分配利润,而公司该五年连续盈利,并且符合本法规定的分配利润条件;

(二)公司合并、分立、转让主要财产;

(三)公司章程规定的营业期限届满或者章程规定的其他解散事由出现,股东会通过决议修改章程使公司存续。

自股东会决议作出之日起六十日内,股东与公司不能达成股权收购协议的,股东可以自股东会决议作出之日起九十日内向人民法院提起诉讼。

公司的控股股东滥用股东权利,严重损害公司或者其他股东利益的,其他股东有权请求公司按照合理的价格收购其股权。

公司因本条第一款、第三款规定的情形收购的本公司股权,应当在六个月内依法转让或者注销。

第九十条 自然人股东死亡后,其合法继承人可以继承股东资格;但是,公司章程另有规定的除外。

第五章 股份有限公司的设立和组织机构

第一节 设 立

第九十一条 设立股份有限公司,可以采取发起设立或者募集设立的方式。

发起设立,是指由发起人认购设立公司时应发行的全部股份而设立公司。

募集设立,是指由发起人认购设立公司时应发行股份的一部分,其余股份向特定对象募集或者向社会公开募集而设立公司。

第九十二条 设立股份有限公司,应当有一人以上二百人以下为发起人,其中应当有半数以上的发起人在中华人民共和国境内有住所。

第九十三条 股份有限公司发起人承担公司筹办事务。

发起人应当签订发起人协议,明确各自在公司设立过程中的权利和义务。

第九十四条　设立股份有限公司,应当由发起人共同制订公司章程。

第九十五条　股份有限公司章程应当载明下列事项:

(一)公司名称和住所;

(二)公司经营范围;

(三)公司设立方式;

(四)公司注册资本、已发行的股份数和设立时发行的股份数,面额股的每股金额;

(五)发行类别股的,每一类别股的股份数及其权利和义务;

(六)发起人的姓名或者名称、认购的股份数、出资方式;

(七)董事会的组成、职权和议事规则;

(八)公司法定代表人的产生、变更办法;

(九)监事会的组成、职权和议事规则;

(十)公司利润分配办法;

(十一)公司的解散事由与清算办法;

(十二)公司的通知和公告办法;

(十三)股东会认为需要规定的其他事项。

第九十六条　股份有限公司的注册资本为在公司登记机关登记的已发行股份的股本总额。在发起人认购的股份缴足前,不得向他人募集股份。

法律、行政法规以及国务院决定对股份有限公司注册资本最低限额另有规定的,从其规定。

第九十七条　以发起设立方式设立股份有限公司的,发起人应当认足公司章程规定的公司设立时应发行的股份。

以募集设立方式设立股份有限公司的,发起人认购的股份不得少于公司章程规定的公司设立时应发行股份总数的百分之三十五;但是,法律、行政法规另有规定的,从其规定。

第九十八条　发起人应当在公司成立前按照其认购的股份全额

缴纳股款。

发起人的出资,适用本法第四十八条、第四十九条第二款关于有限责任公司股东出资的规定。

第九十九条 发起人不按照其认购的股份缴纳股款,或者作为出资的非货币财产的实际价额显著低于所认购的股份的,其他发起人与该发起人在出资不足的范围内承担连带责任。

第一百条 发起人向社会公开募集股份,应当公告招股说明书,并制作认股书。认股书应当载明本法第一百五十四条第二款、第三款所列事项,由认股人填写认购的股份数、金额、住所,并签名或者盖章。认股人应当按照所认购股份足额缴纳股款。

第一百零一条 向社会公开募集股份的股款缴足后,应当经依法设立的验资机构验资并出具证明。

第一百零二条 股份有限公司应当制作股东名册并置备于公司。股东名册应当记载下列事项:

(一)股东的姓名或者名称及住所;

(二)各股东所认购的股份种类及股份数;

(三)发行纸面形式的股票的,股票的编号;

(四)各股东取得股份的日期。

第一百零三条 募集设立股份有限公司的发起人应当自公司设立时应发行股份的股款缴足之日起三十日内召开公司成立大会。发起人应当在成立大会召开十五日前将会议日期通知各认股人或者予以公告。成立大会应当有持有表决权过半数的认股人出席,方可举行。

以发起设立方式设立股份有限公司成立大会的召开和表决程序由公司章程或者发起人协议规定。

第一百零四条 公司成立大会行使下列职权:

(一)审议发起人关于公司筹办情况的报告;

(二)通过公司章程;

(三)选举董事、监事;

（四）对公司的设立费用进行审核；

（五）对发起人非货币财产出资的作价进行审核；

（六）发生不可抗力或者经营条件发生重大变化直接影响公司设立的，可以作出不设立公司的决议。

成立大会对前款所列事项作出决议，应当经出席会议的认股人所持表决权过半数通过。

第一百零五条 公司设立时应发行的股份未募足，或者发行股份的股款缴足后，发起人在三十日内未召开成立大会的，认股人可以按照所缴股款并加算银行同期存款利息，要求发起人返还。

发起人、认股人缴纳股款或者交付非货币财产出资后，除未按期募足股份、发起人未按期召开成立大会或者成立大会决议不设立公司的情形外，不得抽回其股本。

第一百零六条 董事会应当授权代表，于公司成立大会结束后三十日内向公司登记机关申请设立登记。

第一百零七条 本法第四十四条、第四十九条第三款、第五十一条、第五十二条、第五十三条的规定，适用于股份有限公司。

第一百零八条 有限责任公司变更为股份有限公司时，折合的实收股本总额不得高于公司净资产额。有限责任公司变更为股份有限公司，为增加注册资本公开发行股份时，应当依法办理。

第一百零九条 股份有限公司应当将公司章程、股东名册、股东会会议记录、董事会会议记录、监事会会议记录、财务会计报告、债券持有人名册置备于本公司。

第一百一十条 股东有权查阅、复制公司章程、股东名册、股东会会议记录、董事会会议决议、监事会会议决议、财务会计报告，对公司的经营提出建议或者质询。

连续一百八十日以上单独或者合计持有公司百分之三以上股份的股东要求查阅公司的会计账簿、会计凭证的，适用本法第五十七条第二款、第三款、第四款的规定。公司章程对持股比例有较低规定的，从其规定。

股东要求查阅、复制公司全资子公司相关材料的,适用前两款的规定。

上市公司股东查阅、复制相关材料的,应当遵守《中华人民共和国证券法》等法律、行政法规的规定。

第二节　股　东　会

第一百一十一条　股份有限公司股东会由全体股东组成。股东会是公司的权力机构,依照本法行使职权。

第一百一十二条　本法第五十九条第一款、第二款关于有限责任公司股东会职权的规定,适用于股份有限公司股东会。

本法第六十条关于只有一个股东的有限责任公司不设股东会的规定,适用于只有一个股东的股份有限公司。

第一百一十三条　股东会应当每年召开一次年会。有下列情形之一的,应当在两个月内召开临时股东会会议:

(一)董事人数不足本法规定人数或者公司章程所定人数的三分之二时;

(二)公司未弥补的亏损达股本总额三分之一时;

(三)单独或者合计持有公司百分之十以上股份的股东请求时;

(四)董事会认为必要时;

(五)监事会提议召开时;

(六)公司章程规定的其他情形。

第一百一十四条　股东会会议由董事会召集,董事长主持;董事长不能履行职务或者不履行职务的,由副董事长主持;副董事长不能履行职务或者不履行职务的,由过半数的董事共同推举一名董事主持。

董事会不能履行或者不履行召集股东会会议职责的,监事会应当及时召集和主持;监事会不召集和主持的,连续九十日以上单独或者合计持有公司百分之十以上股份的股东可以自行召集和主持。

单独或者合计持有公司百分之十以上股份的股东请求召开临时

股东会会议的,董事会、监事会应当在收到请求之日起十日内作出是否召开临时股东会会议的决定,并书面答复股东。

第一百一十五条　召开股东会会议,应当将会议召开的时间、地点和审议的事项于会议召开二十日前通知各股东;临时股东会会议应当于会议召开十五日前通知各股东。

单独或者合计持有公司百分之一以上股份的股东,可以在股东会会议召开十日前提出临时提案并书面提交董事会。临时提案应当有明确议题和具体决议事项。董事会应当在收到提案后二日内通知其他股东,并将该临时提案提交股东会审议;但临时提案违反法律、行政法规或者公司章程的规定,或者不属于股东会职权范围的除外。公司不得提高提出临时提案股东的持股比例。

公开发行股份的公司,应当以公告方式作出前两款规定的通知。

股东会不得对通知中未列明的事项作出决议。

第一百一十六条　股东出席股东会会议,所持每一股份有一表决权,类别股股东除外。公司持有的本公司股份没有表决权。

股东会作出决议,应当经出席会议的股东所持表决权过半数通过。

股东会作出修改公司章程、增加或者减少注册资本的决议,以及公司合并、分立、解散或者变更公司形式的决议,应当经出席会议的股东所持表决权的三分之二以上通过。

第一百一十七条　股东会选举董事、监事,可以按照公司章程的规定或者股东会的决议,实行累积投票制。

本法所称累积投票制,是指股东会选举董事或者监事时,每一股份拥有与应选董事或者监事人数相同的表决权,股东拥有的表决权可以集中使用。

第一百一十八条　股东委托代理人出席股东会会议的,应当明确代理人代理的事项、权限和期限;代理人应当向公司提交股东授权委托书,并在授权范围内行使表决权。

第一百一十九条　股东会应当对所议事项的决定作成会议记录,

主持人、出席会议的董事应当在会议记录上签名。会议记录应当与出席股东的签名册及代理出席的委托书一并保存。

第三节　董事会、经理

第一百二十条　股份有限公司设董事会,本法第一百二十八条另有规定的除外。

本法第六十七条、第六十八条第一款、第七十条、第七十一条的规定,适用于股份有限公司。

第一百二十一条　股份有限公司可以按照公司章程的规定在董事会中设置由董事组成的审计委员会,行使本法规定的监事会的职权,不设监事会或者监事。

审计委员会成员为三名以上,过半数成员不得在公司担任除董事以外的其他职务,且不得与公司存在任何可能影响其独立客观判断的关系。公司董事会成员中的职工代表可以成为审计委员会成员。

审计委员会作出决议,应当经审计委员会成员的过半数通过。

审计委员会决议的表决,应当一人一票。

审计委员会的议事方式和表决程序,除本法有规定的外,由公司章程规定。

公司可以按照公司章程的规定在董事会中设置其他委员会。

第一百二十二条　董事会设董事长一人,可以设副董事长。董事长和副董事长由董事会以全体董事的过半数选举产生。

董事长召集和主持董事会会议,检查董事会决议的实施情况。副董事长协助董事长工作,董事长不能履行职务或者不履行职务的,由副董事长履行职务;副董事长不能履行职务或者不履行职务的,由过半数的董事共同推举一名董事履行职务。

第一百二十三条　董事会每年度至少召开两次会议,每次会议应当于会议召开十日前通知全体董事和监事。

代表十分之一以上表决权的股东、三分之一以上董事或者监事会,可以提议召开临时董事会会议。董事长应当自接到提议后十日内,召集和主持董事会会议。

董事会召开临时会议,可以另定召集董事会的通知方式和通知时限。

第一百二十四条 董事会会议应当有过半数的董事出席方可举行。董事会作出决议,应当经全体董事的过半数通过。

董事会决议的表决,应当一人一票。

董事会应当对所议事项的决定作成会议记录,出席会议的董事应当在会议记录上签名。

第一百二十五条 董事会会议,应当由董事本人出席;董事因故不能出席,可以书面委托其他董事代为出席,委托书应当载明授权范围。

董事应当对董事会的决议承担责任。董事会的决议违反法律、行政法规或者公司章程、股东会决议,给公司造成严重损失的,参与决议的董事对公司负赔偿责任;经证明在表决时曾表明异议并记载于会议记录的,该董事可以免除责任。

第一百二十六条 股份有限公司设经理,由董事会决定聘任或者解聘。

经理对董事会负责,根据公司章程的规定或者董事会的授权行使职权。经理列席董事会会议。

第一百二十七条 公司董事会可以决定由董事会成员兼任经理。

第一百二十八条 规模较小或者股东人数较少的股份有限公司,可以不设董事会,设一名董事,行使本法规定的董事会的职权。该董事可以兼任公司经理。

第一百二十九条 公司应当定期向股东披露董事、监事、高级管理人员从公司获得报酬的情况。

第四节 监 事 会

第一百三十条 股份有限公司设监事会,本法第一百二十一条第一款、第一百三十三条另有规定的除外。

监事会成员为三人以上。监事会成员应当包括股东代表和适当比例的公司职工代表,其中职工代表的比例不得低于三分之一,具体比例由公司章程规定。监事会中的职工代表由公司职工通过职工代表大会、职工大会或者其他形式民主选举产生。

监事会设主席一人,可以设副主席。监事会主席和副主席由全体监事过半数选举产生。监事会主席召集和主持监事会会议;监事会主席不能履行职务或者不履行职务的,由监事会副主席召集和主持监事会会议;监事会副主席不能履行职务或者不履行职务的,由过半数的监事共同推举一名监事召集和主持监事会会议。

董事、高级管理人员不得兼任监事。

本法第七十七条关于有限责任公司监事任期的规定,适用于股份有限公司监事。

第一百三十一条 本法第七十八条至第八十条的规定,适用于股份有限公司监事会。

监事会行使职权所必需的费用,由公司承担。

第一百三十二条 监事会每六个月至少召开一次会议。监事可以提议召开临时监事会会议。

监事会的议事方式和表决程序,除本法有规定的外,由公司章程规定。

监事会决议应当经全体监事的过半数通过。

监事会决议的表决,应当一人一票。

监事会应当对所议事项的决定作成会议记录,出席会议的监事应当在会议记录上签名。

第一百三十三条 规模较小或者股东人数较少的股份有限公司,可以不设监事会,设一名监事,行使本法规定的监事会的职权。

第五节 上市公司组织机构的特别规定

第一百三十四条 本法所称上市公司,是指其股票在证券交易所上市交易的股份有限公司。

第一百三十五条　上市公司在一年内购买、出售重大资产或者向他人提供担保的金额超过公司资产总额百分之三十的,应当由股东会作出决议,并经出席会议的股东所持表决权的三分之二以上通过。

第一百三十六条　上市公司设独立董事,具体管理办法由国务院证券监督管理机构规定。

上市公司的公司章程除载明本法第九十五条规定的事项外,还应当依照法律、行政法规的规定载明董事会专门委员会的组成、职权以及董事、监事、高级管理人员薪酬考核机制等事项。

第一百三十七条　上市公司在董事会中设置审计委员会的,董事会对下列事项作出决议前应当经审计委员会全体成员过半数通过:

(一)聘用、解聘承办公司审计业务的会计师事务所;

(二)聘任、解聘财务负责人;

(三)披露财务会计报告;

(四)国务院证券监督管理机构规定的其他事项。

第一百三十八条　上市公司设董事会秘书,负责公司股东会和董事会会议的筹备、文件保管以及公司股东资料的管理,办理信息披露事务等事宜。

第一百三十九条　上市公司董事与董事会会议决议事项所涉及的企业或者个人有关联关系的,该董事应当及时向董事会书面报告。有关联关系的董事不得对该项决议行使表决权,也不得代理其他董事行使表决权。该董事会会议由过半数的无关联关系董事出席即可举行,董事会会议所作决议须经无关联关系董事过半数通过。出席董事会会议的无关联关系董事人数不足三人的,应当将该事项提交上市公司股东会审议。

第一百四十条　上市公司应当依法披露股东、实际控制人的信息,相关信息应当真实、准确、完整。

禁止违反法律、行政法规的规定代持上市公司股票。

第一百四十一条　上市公司控股子公司不得取得该上市公司的股份。

上市公司控股子公司因公司合并、质权行使等原因持有上市公司股份的，不得行使所持股份对应的表决权，并应当及时处分相关上市公司股份。

第六章　股份有限公司的股份发行和转让

第一节　股份发行

第一百四十二条　公司的资本划分为股份。公司的全部股份，根据公司章程的规定择一采用面额股或者无面额股。采用面额股的，每一股的金额相等。

公司可以根据公司章程的规定将已发行的面额股全部转换为无面额股或者将无面额股全部转换为面额股。

采用无面额股的，应当将发行股份所得股款的二分之一以上计入注册资本。

第一百四十三条　股份的发行，实行公平、公正的原则，同类别的每一股份应当具有同等权利。

同次发行的同类别股份，每股的发行条件和价格应当相同；认购人所认购的股份，每股应当支付相同价额。

第一百四十四条　公司可以按照公司章程的规定发行下列与普通股权利不同的类别股：

（一）优先或者劣后分配利润或者剩余财产的股份；

（二）每一股的表决权数多于或者少于普通股的股份；

（三）转让须经公司同意等转让受限的股份；

（四）国务院规定的其他类别股。

公开发行股份的公司不得发行前款第二项、第三项规定的类别股；公开发行前已发行的除外。

公司发行本条第一款第二项规定的类别股的，对于监事或者审计委员会成员的选举和更换，类别股与普通股每一股的表决权数相同。

第一百四十五条　发行类别股的公司，应当在公司章程中载明以下事项：

（一）类别股分配利润或者剩余财产的顺序；

（二）类别股的表决权数；

（三）类别股的转让限制；

（四）保护中小股东权益的措施；

（五）股东会认为需要规定的其他事项。

第一百四十六条 发行类别股的公司，有本法第一百一十六条第三款规定的事项等可能影响类别股股东权利的，除应当依照第一百一十六条第三款的规定经股东会决议外，还应当经出席类别股股东会议的股东所持表决权的三分之二以上通过。

公司章程可以对需经类别股股东会议决议的其他事项作出规定。

第一百四十七条 公司的股份采取股票的形式。股票是公司签发的证明股东所持股份的凭证。

公司发行的股票，应当为记名股票。

第一百四十八条 面额股股票的发行价格可以按票面金额，也可以超过票面金额，但不得低于票面金额。

第一百四十九条 股票采用纸面形式或者国务院证券监督管理机构规定的其他形式。

股票采用纸面形式的，应当载明下列主要事项：

（一）公司名称；

（二）公司成立日期或者股票发行的时间；

（三）股票种类、票面金额及代表的股份数，发行无面额股的，股票代表的股份数。

股票采用纸面形式的，还应当载明股票的编号，由法定代表人签名，公司盖章。

发起人股票采用纸面形式的，应当标明发起人股票字样。

第一百五十条 股份有限公司成立后，即向股东正式交付股票。公司成立前不得向股东交付股票。

第一百五十一条 公司发行新股，股东会应当对下列事项作出决议：

（一）新股种类及数额；
（二）新股发行价格；
（三）新股发行的起止日期；
（四）向原有股东发行新股的种类及数额；
（五）发行无面额股的，新股发行所得股款计入注册资本的金额。

公司发行新股，可以根据公司经营情况和财务状况，确定其作价方案。

第一百五十二条 公司章程或者股东会可以授权董事会在三年内决定发行不超过已发行股份百分之五十的股份。但以非货币财产作价出资的应当经股东会决议。

董事会依照前款规定决定发行股份导致公司注册资本、已发行股份数发生变化的，对公司章程该项记载事项的修改不需再由股东会表决。

第一百五十三条 公司章程或者股东会授权董事会决定发行新股的，董事会决议应当经全体董事三分之二以上通过。

第一百五十四条 公司向社会公开募集股份，应当经国务院证券监督管理机构注册，公告招股说明书。

招股说明书应当附有公司章程，并载明下列事项：
（一）发行的股份总数；
（二）面额股的票面金额和发行价格或者无面额股的发行价格；
（三）募集资金的用途；
（四）认股人的权利和义务；
（五）股份种类及其权利和义务；
（六）本次募股的起止日期及逾期未募足时认股人可以撤回所认股份的说明。

公司设立时发行股份的，还应当载明发起人认购的股份数。

第一百五十五条 公司向社会公开募集股份，应当由依法设立的证券公司承销，签订承销协议。

第一百五十六条 公司向社会公开募集股份，应当同银行签订代收股款协议。

代收股款的银行应当按照协议代收和保存股款,向缴纳股款的认股人出具收款单据,并负有向有关部门出具收款证明的义务。

公司发行股份募足股款后,应予公告。

第二节 股份转让

第一百五十七条 股份有限公司的股东持有的股份可以向其他股东转让,也可以向股东以外的人转让;公司章程对股份转让有限制的,其转让按照公司章程的规定进行。

第一百五十八条 股东转让其股份,应当在依法设立的证券交易场所进行或者按照国务院规定的其他方式进行。

第一百五十九条 股票的转让,由股东以背书方式或者法律、行政法规规定的其他方式进行;转让后由公司将受让人的姓名或者名称及住所记载于股东名册。

股东会会议召开前二十日内或者公司决定分配股利的基准日前五日内,不得变更股东名册。法律、行政法规或者国务院证券监督管理机构对上市公司股东名册变更另有规定的,从其规定。

第一百六十条 公司公开发行股份前已发行的股份,自公司股票在证券交易所上市交易之日起一年内不得转让。法律、行政法规或者国务院证券监督管理机构对上市公司的股东、实际控制人转让其所持有的本公司股份另有规定的,从其规定。

公司董事、监事、高级管理人员应当向公司申报所持有的本公司的股份及其变动情况,在就任时确定的任职期间每年转让的股份不得超过其所持有本公司股份总数的百分之二十五;所持本公司股份自公司股票上市交易之日起一年内不得转让。上述人员离职后半年内,不得转让其所持有的本公司股份。公司章程可以对公司董事、监事、高级管理人员转让其所持有的本公司股份作出其他限制性规定。

股份在法律、行政法规规定的限制转让期限内出质的,质权人不得在限制转让期限内行使质权。

第一百六十一条 有下列情形之一的,对股东会该项决议投反对票的股东可以请求公司按照合理的价格收购其股份,公开发行股份的公司除外:

(一)公司连续五年不向股东分配利润,而公司该五年连续盈利,并且符合本法规定的分配利润条件;

(二)公司转让主要财产;

(三)公司章程规定的营业期限届满或者章程规定的其他解散事由出现,股东会通过决议修改章程使公司存续。

自股东会决议作出之日起六十日内,股东与公司不能达成股份收购协议的,股东可以自股东会决议作出之日起九十日内向人民法院提起诉讼。

公司因本条第一款规定的情形收购的本公司股份,应当在六个月内依法转让或者注销。

第一百六十二条 公司不得收购本公司股份。但是,有下列情形之一的除外:

(一)减少公司注册资本;

(二)与持有本公司股份的其他公司合并;

(三)将股份用于员工持股计划或者股权激励;

(四)股东因对股东会作出的公司合并、分立决议持异议,要求公司收购其股份;

(五)将股份用于转换公司发行的可转换为股票的公司债券;

(六)上市公司为维护公司价值及股东权益所必需。

公司因前款第一项、第二项规定的情形收购本公司股份的,应当经股东会决议;公司因前款第三项、第五项、第六项规定的情形收购本公司股份的,可以按照公司章程或者股东会的授权,经三分之二以上董事出席的董事会会议决议。

公司依照本条第一款规定收购本公司股份后,属于第一项情形的,应当自收购之日起十日内注销;属于第二项、第四项情形的,应当在六个月内转让或者注销;属于第三项、第五项、第六项情形的,公司合计持有的本公司股份数不得超过本公司已发行股份总数的百分之十,并应当在三年内转让或者注销。

上市公司收购本公司股份的,应当依照《中华人民共和国证券法》的规定履行信息披露义务。上市公司因本条第一款第三项、第五项、第六项规定的情形收购本公司股份的,应当通过公开的集中交易方式进行。

公司不得接受本公司的股份作为质权的标的。

第一百六十三条 公司不得为他人取得本公司或者其母公司的股份提供赠与、借款、担保以及其他财务资助,公司实施员工持股计划的除外。

为公司利益,经股东会决议,或者董事会按照公司章程或者股东会的授权作出决议,公司可以为他人取得本公司或者其母公司的股份提供财务资助,但财务资助的累计总额不得超过已发行股本总额的百分之十。董事会作出决议应当经全体董事的三分之二以上通过。

违反前两款规定,给公司造成损失的,负有责任的董事、监事、高级管理人员应当承担赔偿责任。

第一百六十四条 股票被盗、遗失或者灭失,股东可以依照《中华人民共和国民事诉讼法》规定的公示催告程序,请求人民法院宣告该股票失效。人民法院宣告该股票失效后,股东可以向公司申请补发股票。

第一百六十五条 上市公司的股票,依照有关法律、行政法规及证券交易所交易规则上市交易。

第一百六十六条 上市公司应当依照法律、行政法规的规定披露相关信息。

第一百六十七条 自然人股东死亡后,其合法继承人可以继承股东资格;但是,股份转让受限的股份有限公司的章程另有规定的除外。

第七章 国家出资公司组织机构的特别规定

第一百六十八条 国家出资公司的组织机构,适用本章规定;本章没有规定的,适用本法其他规定。

本法所称国家出资公司,是指国家出资的国有独资公司、国有资本控股公司,包括国家出资的有限责任公司、股份有限公司。

第一百六十九条　国家出资公司,由国务院或者地方人民政府分别代表国家依法履行出资人职责,享有出资人权益。国务院或者地方人民政府可以授权国有资产监督管理机构或者其他部门、机构代表本级人民政府对国家出资公司履行出资人职责。

代表本级人民政府履行出资人职责的机构、部门,以下统称为履行出资人职责的机构。

第一百七十条　国家出资公司中中国共产党的组织,按照中国共产党章程的规定发挥领导作用,研究讨论公司重大经营管理事项,支持公司的组织机构依法行使职权。

第一百七十一条　国有独资公司章程由履行出资人职责的机构制定。

第一百七十二条　国有独资公司不设股东会,由履行出资人职责的机构行使股东会职权。履行出资人职责的机构可以授权公司董事会行使股东会的部分职权,但公司章程的制定和修改,公司的合并、分立、解散、申请破产,增加或者减少注册资本,分配利润,应当由履行出资人职责的机构决定。

第一百七十三条　国有独资公司的董事会依照本法规定行使职权。

国有独资公司的董事会成员中,应当过半数为外部董事,并应当有公司职工代表。

董事会成员由履行出资人职责的机构委派;但是,董事会成员中的职工代表由公司职工代表大会选举产生。

董事会设董事长一人,可以设副董事长。董事长、副董事长由履行出资人职责的机构从董事会成员中指定。

第一百七十四条　国有独资公司的经理由董事会聘任或者解聘。经履行出资人职责的机构同意,董事会成员可以兼任经理。

第一百七十五条　国有独资公司的董事、高级管理人员,未经履行出资人职责的机构同意,不得在其他有限责任公司、股份有限公司或者其他经济组织兼职。

第一百七十六条　国有独资公司在董事会中设置由董事组成的审计委员会行使本法规定的监事会职权的,不设监事会或者监事。

第一百七十七条　国家出资公司应当依法建立健全内部监督管理和风险控制制度,加强内部合规管理。

第八章　公司董事、监事、高级管理人员的资格和义务

第一百七十八条　有下列情形之一的,不得担任公司的董事、监事、高级管理人员:

(一)无民事行为能力或者限制民事行为能力;

(二)因贪污、贿赂、侵占财产、挪用财产或者破坏社会主义市场经济秩序,被判处刑罚,或者因犯罪被剥夺政治权利,执行期满未逾五年,被宣告缓刑的,自缓刑考验期满之日起未逾二年;

(三)担任破产清算的公司、企业的董事或者厂长、经理,对该公司、企业的破产负有个人责任的,自该公司、企业破产清算完结之日起未逾三年;

(四)担任因违法被吊销营业执照、责令关闭的公司、企业的法定代表人,并负有个人责任的,自该公司、企业被吊销营业执照、责令关闭之日起未逾三年;

(五)个人因所负数额较大债务到期未清偿被人民法院列为失信被执行人。

违反前款规定选举、委派董事、监事或者聘任高级管理人员的,该选举、委派或者聘任无效。

董事、监事、高级管理人员在任职期间出现本条第一款所列情形的,公司应当解除其职务。

第一百七十九条　董事、监事、高级管理人员应当遵守法律、行政

法规和公司章程。

第一百八十条　董事、监事、高级管理人员对公司负有忠实义务，应当采取措施避免自身利益与公司利益冲突，不得利用职权牟取不正当利益。

董事、监事、高级管理人员对公司负有勤勉义务，执行职务应当为公司的最大利益尽到管理者通常应有的合理注意。

公司的控股股东、实际控制人不担任公司董事但实际执行公司事务的，适用前两款规定。

第一百八十一条　董事、监事、高级管理人员不得有下列行为：

（一）侵占公司财产、挪用公司资金；

（二）将公司资金以其个人名义或者以其他个人名义开立账户存储；

（三）利用职权贿赂或者收受其他非法收入；

（四）接受他人与公司交易的佣金归为己有；

（五）擅自披露公司秘密；

（六）违反对公司忠实义务的其他行为。

第一百八十二条　董事、监事、高级管理人员，直接或者间接与本公司订立合同或者进行交易，应当就与订立合同或者进行交易有关的事项向董事会或者股东会报告，并按照公司章程的规定经董事会或者股东会决议通过。

董事、监事、高级管理人员的近亲属，董事、监事、高级管理人员或者其近亲属直接或者间接控制的企业，以及与董事、监事、高级管理人员有其他关联关系的关联人，与公司订立合同或者进行交易，适用前款规定。

第一百八十三条　董事、监事、高级管理人员，不得利用职务便利为自己或者他人谋取属于公司的商业机会。但是，有下列情形之一的除外：

（一）向董事会或者股东会报告，并按照公司章程的规定经董事会或者股东会决议通过；

（二）根据法律、行政法规或者公司章程的规定，公司不能利用该商业机会。

第一百八十四条　董事、监事、高级管理人员未向董事会或者股东会报告，并按照公司章程的规定经董事会或者股东会决议通过，不得自营或者为他人经营与其任职公司同类的业务。

第一百八十五条　董事会对本法第一百八十二条至第一百八十四条规定的事项决议时，关联董事不得参与表决，其表决权不计入表决权总数。出席董事会会议的无关联关系董事人数不足三人的，应当将该事项提交股东会审议。

第一百八十六条　董事、监事、高级管理人员违反本法第一百八十一条至第一百八十四条规定所得的收入应当归公司所有。

第一百八十七条　股东会要求董事、监事、高级管理人员列席会议的，董事、监事、高级管理人员应当列席并接受股东的质询。

第一百八十八条　董事、监事、高级管理人员执行职务违反法律、行政法规或者公司章程的规定，给公司造成损失的，应当承担赔偿责任。

第一百八十九条　董事、高级管理人员有前条规定的情形的，有限责任公司的股东、股份有限公司连续一百八十日以上单独或者合计持有公司百分之一以上股份的股东，可以书面请求监事会向人民法院提起诉讼；监事有前条规定的情形的，前述股东可以书面请求董事会向人民法院提起诉讼。

监事会或者董事会收到前款规定的股东书面请求后拒绝提起诉讼，或者自收到请求之日起三十日内未提起诉讼，或者情况紧急、不立即提起诉讼将会使公司利益受到难以弥补的损害，前款规定的股东有权为公司利益以自己的名义直接向人民法院提起诉讼。

他人侵犯公司合法权益，给公司造成损失的，本条第一款规定的股东可以依照前两款的规定向人民法院提起诉讼。

公司全资子公司的董事、监事、高级管理人员有前条规定情形，或者他人侵犯公司全资子公司合法权益造成损失的，有限责任公司的股东、股份有限公司连续一百八十日以上单独或者合计持有公司百分之一以上股份的股东，可以依照前三款规定书面请求全资子公司的监事会、董事会向人民法院提起诉讼或者以自己的名义直接向人民法院提起诉讼。

第一百九十条　董事、高级管理人员违反法律、行政法规或者公司章程的规定，损害股东利益的，股东可以向人民法院提起诉讼。

第一百九十一条　董事、高级管理人员执行职务，给他人造成损害的，公司应当承担赔偿责任；董事、高级管理人员存在故意或者重大过失的，也应当承担赔偿责任。

第一百九十二条　公司的控股股东、实际控制人指示董事、高级管理人员从事损害公司或者股东利益的行为的，与该董事、高级管理人员承担连带责任。

第一百九十三条　公司可以在董事任职期间为董事因执行公司职务承担的赔偿责任投保责任保险。

公司为董事投保责任保险或者续保后，董事会应当向股东会报告责任保险的投保金额、承保范围及保险费率等内容。

第九章　公司债券

第一百九十四条　本法所称公司债券，是指公司发行的约定按期还本付息的有价证券。

公司债券可以公开发行，也可以非公开发行。

公司债券的发行和交易应当符合《中华人民共和国证券法》等法律、行政法规的规定。

第一百九十五条　公开发行公司债券，应当经国务院证券监督管理机构注册，公告公司债券募集办法。

公司债券募集办法应当载明下列主要事项：

（一）公司名称；

（二）债券募集资金的用途；

（三）债券总额和债券的票面金额；

（四）债券利率的确定方式；

（五）还本付息的期限和方式；

（六）债券担保情况；

（七）债券的发行价格、发行的起止日期；

（八）公司净资产额；

（九）已发行的尚未到期的公司债券总额；

（十）公司债券的承销机构。

第一百九十六条 公司以纸面形式发行公司债券的，应当在债券上载明公司名称、债券票面金额、利率、偿还期限等事项，并由法定代表人签名，公司盖章。

第一百九十七条 公司债券应当为记名债券。

第一百九十八条 公司发行公司债券应当置备公司债券持有人名册。

发行公司债券的，应当在公司债券持有人名册上载明下列事项：

（一）债券持有人的姓名或者名称及住所；

（二）债券持有人取得债券的日期及债券的编号；

（三）债券总额，债券的票面金额、利率、还本付息的期限和方式；

（四）债券的发行日期。

第一百九十九条 公司债券的登记结算机构应当建立债券登记、存管、付息、兑付等相关制度。

第二百条 公司债券可以转让，转让价格由转让人与受让人约定。

公司债券的转让应当符合法律、行政法规的规定。

第二百零一条 公司债券由债券持有人以背书方式或者法律、行政法规规定的其他方式转让；转让后由公司将受让人的姓名或者名称及住所记载于公司债券持有人名册。

第二百零二条 股份有限公司经股东会决议，或者经公司章程、股东会授权由董事会决议，可以发行可转换为股票的公司债券，并规定具体的转换办法。上市公司发行可转换为股票的公司债券，应当经国务院证券监督管理机构注册。

发行可转换为股票的公司债券，应当在债券上标明可转换公司债券字样，并在公司债券持有人名册上载明可转换公司债券的数额。

第二百零三条 发行可转换为股票的公司债券的，公司应当按照其转换办法向债券持有人换发股票，但债券持有人对转换股票或者不转换股票有选择权。法律、行政法规另有规定的除外。

第二百零四条 公开发行公司债券的，应当为同期债券持有人设立债券持有人会议，并在债券募集办法中对债券持有人会议的召集程序、会议规则和其他重要事项作出规定。债券持有人会议可以对与债券持有人有利害关系的事项作出决议。

除公司债券募集办法另有约定外，债券持有人会议决议对同期全体债券持有人发生效力。

第二百零五条 公开发行公司债券的，发行人应当为债券持有人聘请债券受托管理人，由其为债券持有人办理受领清偿、债权保全、与债券相关的诉讼以及参与债务人破产程序等事项。

第二百零六条 债券受托管理人应当勤勉尽责，公正履行受托管理职责，不得损害债券持有人利益。

受托管理人与债券持有人存在利益冲突可能损害债券持有人利益的，债券持有人会议可以决议变更债券受托管理人。

债券受托管理人违反法律、行政法规或者债券持有人会议决议，损害债券持有人利益的，应当承担赔偿责任。

第十章 公司财务、会计

第二百零七条 公司应当依照法律、行政法规和国务院财政部门的规定建立本公司的财务、会计制度。

第二百零八条 公司应当在每一会计年度终了时编制财务会计报告，并依法经会计师事务所审计。

财务会计报告应当依照法律、行政法规和国务院财政部门的规定制作。

第二百零九条 有限责任公司应当按照公司章程规定的期限将财务会计报告送交各股东。

股份有限公司的财务会计报告应当在召开股东会年会的二十日前置备于本公司,供股东查阅;公开发行股份的股份有限公司应当公告其财务会计报告。

第二百一十条 公司分配当年税后利润时,应当提取利润的百分之十列入公司法定公积金。公司法定公积金累计额为公司注册资本的百分之五十以上的,可以不再提取。

公司的法定公积金不足以弥补以前年度亏损的,在依照前款规定提取法定公积金之前,应当先用当年利润弥补亏损。

公司从税后利润中提取法定公积金后,经股东会决议,还可以从税后利润中提取任意公积金。

公司弥补亏损和提取公积金后所余税后利润,有限责任公司按照股东实缴的出资比例分配利润,全体股东约定不按照出资比例分配利润的除外;股份有限公司按照股东所持有的股份比例分配利润,公司章程另有规定的除外。

公司持有的本公司股份不得分配利润。

第二百一十一条 公司违反本法规定向股东分配利润的,股东应当将违反规定分配的利润退还公司;给公司造成损失的,股东及负有责任的董事、监事、高级管理人员应当承担赔偿责任。

第二百一十二条 股东会作出分配利润的决议的,董事会应当在股东会决议作出之日起六个月内进行分配。

第二百一十三条 公司以超过股票票面金额的发行价格发行股份所得的溢价款、发行无面额股所得股款未计入注册资本的金额以及国务院财政部门规定列入资本公积金的其他项目,应当列为公司资本公积金。

第二百一十四条 公司的公积金用于弥补公司的亏损、扩大公司生产经营或者转为增加公司注册资本。

公积金弥补公司亏损,应当先使用任意公积金和法定公积金;仍不能弥补的,可以按照规定使用资本公积金。

法定公积金转为增加注册资本时,所留存的该项公积金不得少于转增前公司注册资本的百分之二十五。

第二百一十五条 公司聘用、解聘承办公司审计业务的会计师事务所,按照公司章程的规定,由股东会、董事会或者监事会决定。

公司股东会、董事会或者监事会就解聘会计师事务所进行表决时,应当允许会计师事务所陈述意见。

第二百一十六条 公司应当向聘用的会计师事务所提供真实、完整的会计凭证、会计账簿、财务会计报告及其他会计资料,不得拒绝、隐匿、谎报。

第二百一十七条 公司除法定的会计账簿外,不得另立会计账簿。

对公司资金,不得以任何个人名义开立账户存储。

第十一章 公司合并、分立、增资、减资

第二百一十八条 公司合并可以采取吸收合并或者新设合并。

一个公司吸收其他公司为吸收合并,被吸收的公司解散。两个以上公司合并设立一个新的公司为新设合并,合并各方解散。

第二百一十九条 公司与其持股百分之九十以上的公司合并,被合并的公司不需经股东会决议,但应当通知其他股东,其他股东有权请求公司按照合理的价格收购其股权或者股份。

公司合并支付的价款不超过本公司净资产百分之十的,可以不经股东会决议;但是,公司章程另有规定的除外。

公司依照前两款规定合并不经股东会决议的,应当经董事会决议。

第二百二十条 公司合并,应当由合并各方签订合并协议,并编制资产负债表及财产清单。公司应当自作出合并决议之日起十日内通知债权人,并于三十日内在报纸上或者国家企业信用信息公示系统公告。债权人自接到通知之日起三十日内,未接到通知的自公告之日

起四十五日内,可以要求公司清偿债务或者提供相应的担保。

第二百二十一条 公司合并时,合并各方的债权、债务,应当由合并后存续的公司或者新设的公司承继。

第二百二十二条 公司分立,其财产作相应的分割。

公司分立,应当编制资产负债表及财产清单。公司应当自作出分立决议之日起十日内通知债权人,并于三十日内在报纸上或者国家企业信用信息公示系统公告。

第二百二十三条 公司分立前的债务由分立后的公司承担连带责任。但是,公司在分立前与债权人就债务清偿达成的书面协议另有约定的除外。

第二百二十四条 公司减少注册资本,应当编制资产负债表及财产清单。

公司应当自股东会作出减少注册资本决议之日起十日内通知债权人,并于三十日内在报纸上或者国家企业信用信息公示系统公告。债权人自接到通知之日起三十日内,未接到通知的自公告之日起四十五日内,有权要求公司清偿债务或者提供相应的担保。

公司减少注册资本,应当按照股东出资或者持有股份的比例相应减少出资额或者股份,法律另有规定、有限责任公司全体股东另有约定或者股份有限公司章程另有规定的除外。

第二百二十五条 公司依照本法第二百一十四条第二款的规定弥补亏损后,仍有亏损的,可以减少注册资本弥补亏损。减少注册资本弥补亏损的,公司不得向股东分配,也不得免除股东缴纳出资或者股款的义务。

依照前款规定减少注册资本的,不适用前条第二款的规定,但应当自股东会作出减少注册资本决议之日起三十日内在报纸上或者国家企业信用信息公示系统公告。

公司依照前两款的规定减少注册资本后,在法定公积金和任意公积金累计额达到公司注册资本百分之五十前,不得分配利润。

第二百二十六条 违反本法规定减少注册资本的,股东应当退还其收到的资金,减免股东出资的应当恢复原状;给公司造成损失的,股东及负有责任的董事、监事、高级管理人员应当承担赔偿责任。

第二百二十七条 有限责任公司增加注册资本时,股东在同等条件下有权优先按照实缴的出资比例认缴出资。但是,全体股东约定不按照出资比例优先认缴出资的除外。

股份有限公司为增加注册资本发行新股时,股东不享有优先认购权,公司章程另有规定或者股东会决议决定股东享有优先认购权的除外。

第二百二十八条 有限责任公司增加注册资本时,股东认缴新增资本的出资,依照本法设立有限责任公司缴纳出资的有关规定执行。

股份有限公司为增加注册资本发行新股时,股东认购新股,依照本法设立股份有限公司缴纳股款的有关规定执行。

第十二章 公司解散和清算

第二百二十九条 公司因下列原因解散:

(一)公司章程规定的营业期限届满或者公司章程规定的其他解散事由出现;

(二)股东会决议解散;

(三)因公司合并或者分立需要解散;

(四)依法被吊销营业执照、责令关闭或者被撤销;

(五)人民法院依照本法第二百三十一条的规定予以解散。

公司出现前款规定的解散事由,应当在十日内将解散事由通过国家企业信用信息公示系统予以公示。

第二百三十条 公司有前条第一款第一项、第二项情形,且尚未向股东分配财产的,可以通过修改公司章程或者经股东会决议而存续。

依照前款规定修改公司章程或者经股东会决议,有限责任公司须经持有三分之二以上表决权的股东通过,股份有限公司须经出席股东会会议的股东所持表决权的三分之二以上通过。

第二百三十一条 公司经营管理发生严重困难,继续存续会使股东利益受到重大损失,通过其他途径不能解决的,持有公司百分之十以上表决权的股东,可以请求人民法院解散公司。

第二百三十二条 公司因本法第二百二十九条第一款第一项、第二项、第四项、第五项规定而解散的,应当清算。董事为公司清算义务人,应当在解散事由出现之日起十五日内组成清算组进行清算。

清算组由董事组成,但是公司章程另有规定或者股东会决议另选他人的除外。

清算义务人未及时履行清算义务,给公司或者债权人造成损失的,应当承担赔偿责任。

第二百三十三条 公司依照前条第一款的规定应当清算,逾期不成立清算组进行清算或者成立清算组后不清算的,利害关系人可以申请人民法院指定有关人员组成清算组进行清算。人民法院应当受理该申请,并及时组织清算组进行清算。

公司因本法第二百二十九条第一款第四项的规定而解散的,作出吊销营业执照、责令关闭或者撤销决定的部门或者公司登记机关,可以申请人民法院指定有关人员组成清算组进行清算。

第二百三十四条 清算组在清算期间行使下列职权:

(一)清理公司财产,分别编制资产负债表和财产清单;

(二)通知、公告债权人;

(三)处理与清算有关的公司未了结的业务;

(四)清缴所欠税款以及清算过程中产生的税款;

(五)清理债权、债务;

(六)分配公司清偿债务后的剩余财产;

(七)代表公司参与民事诉讼活动。

第二百三十五条 清算组应当自成立之日起十日内通知债权人,并于六十日内在报纸上或者国家企业信用信息公示系统公告。债权人应当自接到通知之日起三十日内,未接到通知的自公告之日起四十五日内,向清算组申报其债权。

债权人申报债权,应当说明债权的有关事项,并提供证明材料。清算组应当对债权进行登记。

在申报债权期间,清算组不得对债权人进行清偿。

第二百三十六条 清算组在清理公司财产、编制资产负债表和财产清单后,应当制订清算方案,并报股东会或者人民法院确认。

公司财产在分别支付清算费用、职工的工资、社会保险费用和法定补偿金,缴纳所欠税款,清偿公司债务后的剩余财产,有限责任公司按照股东的出资比例分配,股份有限公司按照股东持有的股份比例分配。

清算期间,公司存续,但不得开展与清算无关的经营活动。公司财产在未依照前款规定清偿前,不得分配给股东。

第二百三十七条 清算组在清理公司财产、编制资产负债表和财产清单后,发现公司财产不足清偿债务的,应当依法向人民法院申请破产清算。

人民法院受理破产申请后,清算组应当将清算事务移交给人民法院指定的破产管理人。

第二百三十八条 清算组成员履行清算职责,负有忠实义务和勤勉义务。

清算组成员怠于履行清算职责,给公司造成损失的,应当承担赔偿责任;因故意或者重大过失给债权人造成损失的,应当承担赔偿责任。

第二百三十九条 公司清算结束后,清算组应当制作清算报告,报股东会或者人民法院确认,并报送公司登记机关,申请注销公司登记。

第二百四十条 公司在存续期间未产生债务,或者已清偿全部债务的,经全体股东承诺,可以按照规定通过简易程序注销公司登记。

通过简易程序注销公司登记,应当通过国家企业信用信息公示系统予以公告,公告期限不少于二十日。公告期限届满后,未有异议的,公司可以在二十日内向公司登记机关申请注销公司登记。

公司通过简易程序注销公司登记,股东对本条第一款规定的内容承诺不实的,应当对注销登记前的债务承担连带责任。

第二百四十一条 公司被吊销营业执照、责令关闭或者被撤销,满三年未向公司登记机关申请注销公司登记的,公司登记机关可以通过国家企业信用信息公示系统予以公告,公告期限不少于六十日。公告期限届满后,未有异议的,公司登记机关可以注销公司登记。

依照前款规定注销公司登记的,原公司股东、清算义务人的责任不受影响。

第二百四十二条 公司被依法宣告破产的,依照有关企业破产的法律实施破产清算。

第十三章 外国公司的分支机构

第二百四十三条 本法所称外国公司,是指依照外国法律在中华人民共和国境外设立的公司。

第二百四十四条 外国公司在中华人民共和国境内设立分支机构,应当向中国主管机关提出申请,并提交其公司章程、所属国的公司登记证书等有关文件,经批准后,向公司登记机关依法办理登记,领取营业执照。

外国公司分支机构的审批办法由国务院另行规定。

第二百四十五条 外国公司在中华人民共和国境内设立分支机构,应当在中华人民共和国境内指定负责该分支机构的代表人或者代理人,并向该分支机构拨付与其所从事的经营活动相适应的资金。

对外国公司分支机构的经营资金需要规定最低限额的,由国务院另行规定。

第二百四十六条 外国公司的分支机构应当在其名称中标明该外国公司的国籍及责任形式。

外国公司的分支机构应当在本机构中置备该外国公司章程。

第二百四十七条 外国公司在中华人民共和国境内设立的分支机构不具有中国法人资格。

外国公司对其分支机构在中华人民共和国境内进行经营活动承担民事责任。

第二百四十八条 经批准设立的外国公司分支机构,在中华人民共和国境内从事业务活动,应当遵守中国的法律,不得损害中国的社会公共利益,其合法权益受中国法律保护。

第二百四十九条 外国公司撤销其在中华人民共和国境内的分支机构时,应当依法清偿债务,依照本法有关公司清算程序的规定进行清算。未清偿债务之前,不得将其分支机构的财产转移至中华人民共和国境外。

第十四章 法律责任

第二百五十条 违反本法规定,虚报注册资本、提交虚假材料或者采取其他欺诈手段隐瞒重要事实取得公司登记的,由公司登记机关责令改正,对虚报注册资本的公司,处以虚报注册资本金额百分之五以上百分之十五以下的罚款;对提交虚假材料或者采取其他欺诈手段隐瞒重要事实的公司,处以五万元以上二百万元以下的罚款;情节严重的,吊销营业执照;对直接负责的主管人员和其他直接责任人员处以三万元以上三十万元以下的罚款。

第二百五十一条 公司未依照本法第四十条规定公示有关信息或者不如实公示有关信息的,由公司登记机关责令改正,可以处以一万元以上五万元以下的罚款。情节严重的,处以五万元以上二十万元以下的罚款;对直接负责的主管人员和其他直接责任人员处以一万元以上十万元以下的罚款。

第二百五十二条 公司的发起人、股东虚假出资,未交付或者未按期交付作为出资的货币或者非货币财产的,由公司登记机关责令改正,可以处以五万元以上二十万元以下的罚款;情节严重的,处以虚假出资或者未出资金额百分之五以上百分之十五以下的罚款;对直接负责的主管人员和其他直接责任人员处以一万元以上十万元以下的罚款。

第二百五十三条　公司的发起人、股东在公司成立后,抽逃其出资的,由公司登记机关责令改正,处以所抽逃出资金额百分之五以上百分之十五以下的罚款;对直接负责的主管人员和其他直接责任人员处以三万元以上三十万元以下的罚款。

第二百五十四条　有下列行为之一的,由县级以上人民政府财政部门依照《中华人民共和国会计法》等法律、行政法规的规定处罚:

(一)在法定的会计账簿以外另立会计账簿;

(二)提供存在虚假记载或者隐瞒重要事实的财务会计报告。

第二百五十五条　公司在合并、分立、减少注册资本或者进行清算时,不依照本法规定通知或者公告债权人的,由公司登记机关责令改正,对公司处以一万元以上十万元以下的罚款。

第二百五十六条　公司在进行清算时,隐匿财产,对资产负债表或者财产清单作虚假记载,或者在未清偿债务前分配公司财产的,由公司登记机关责令改正,对公司处以隐匿财产或者未清偿债务前分配公司财产金额百分之五以上百分之十以下的罚款;对直接负责的主管人员和其他直接责任人员处以一万元以上十万元以下的罚款。

第二百五十七条　承担资产评估、验资或者验证的机构提供虚假材料或者提供有重大遗漏的报告的,由有关部门依照《中华人民共和国资产评估法》、《中华人民共和国注册会计师法》等法律、行政法规的规定处罚。

承担资产评估、验资或者验证的机构因其出具的评估结果、验资或者验证证明不实,给公司债权人造成损失的,除能够证明自己没有过错的外,在其评估或者证明不实的金额范围内承担赔偿责任。

第二百五十八条　公司登记机关违反法律、行政法规规定未履行职责或者履行职责不当的,对负有责任的领导人员和直接责任人员依法给予政务处分。

第二百五十九条　未依法登记为有限责任公司或者股份有限公司,而冒用有限责任公司或者股份有限公司名义的,或者未依法登记为有限责任公司或者股份有限公司的分公司,而冒用有限责任公司或者股份有限公司的分公司名义的,由公司登记机关责令改正或者予以取缔,可以并处十万元以下的罚款。

第二百六十条 公司成立后无正当理由超过六个月未开业的,或者开业后自行停业连续六个月以上的,公司登记机关可以吊销营业执照,但公司依法办理歇业的除外。

公司登记事项发生变更时,未依照本法规定办理有关变更登记的,由公司登记机关责令限期登记;逾期不登记的,处以一万元以上十万元以下的罚款。

第二百六十一条 外国公司违反本法规定,擅自在中华人民共和国境内设立分支机构的,由公司登记机关责令改正或者关闭,可以并处五万元以上二十万元以下的罚款。

第二百六十二条 利用公司名义从事危害国家安全、社会公共利益的严重违法行为的,吊销营业执照。

第二百六十三条 公司违反本法规定,应当承担民事赔偿责任和缴纳罚款、罚金的,其财产不足以支付时,先承担民事赔偿责任。

第二百六十四条 违反本法规定,构成犯罪的,依法追究刑事责任。

第十五章 附　　则

第二百六十五条 本法下列用语的含义:

(一)高级管理人员,是指公司的经理、副经理、财务负责人,上市公司董事会秘书和公司章程规定的其他人员。

(二)控股股东,是指其出资额占有限责任公司资本总额超过百分之五十或者其持有的股份占股份有限公司股本总额超过百分之五十的股东;出资额或者持有股份的比例虽然低于百分之五十,但依其出资额或者持有的股份所享有的表决权已足以对股东会的决议产生重大影响的股东。

(三)实际控制人,是指通过投资关系、协议或者其他安排,能够实际支配公司行为的人。

（四）关联关系,是指公司控股股东、实际控制人、董事、监事、高级管理人员与其直接或者间接控制的企业之间的关系,以及可能导致公司利益转移的其他关系。但是,国家控股的企业之间不仅因为同受国家控股而具有关联关系。

第二百六十六条　本法自2024年7月1日起施行。

本法施行前已登记设立的公司,出资期限超过本法规定的期限的,除法律、行政法规或者国务院另有规定外,应当逐步调整至本法规定的期限以内;对于出资期限、出资额明显异常的,公司登记机关可以依法要求其及时调整。具体实施办法由国务院规定。

中华人民共和国民法典（节录）

(2020年5月28日第十三届全国人民代表大会第三次会议通过　中华人民共和国主席令第45号　2020年5月28日公布　自2021年1月1日起施行)

第二编　物　　权

第一分编　通　　则

第一章　一般规定

第二百零五条　本编调整因物的归属和利用产生的民事关系。

第二百零六条　国家坚持和完善公有制为主体、多种所有制经济共同发展,按劳分配为主体、多种分配方式并存,社会主义市场经济体制等社会主义基本经济制度。

国家巩固和发展公有制经济,鼓励、支持和引导非公有制经济的发展。

国家实行社会主义市场经济,保障一切市场主体的平等法律地位和发展权利。

第二百零七条 国家、集体、私人的物权和其他权利人的物权受法律平等保护,任何组织或者个人不得侵犯。

第二百零八条 不动产物权的设立、变更、转让和消灭,应当依照法律规定登记。动产物权的设立和转让,应当依照法律规定交付。

第二章 物权的设立、变更、转让和消灭

第一节 不动产登记

第二百零九条 不动产物权的设立、变更、转让和消灭,经依法登记,发生效力;未经登记,不发生效力,但是法律另有规定的除外。

依法属于国家所有的自然资源,所有权可以不登记。

第二百一十条 不动产登记,由不动产所在地的登记机构办理。

国家对不动产实行统一登记制度。统一登记的范围、登记机构和登记办法,由法律、行政法规规定。

第二百一十一条 当事人申请登记,应当根据不同登记事项提供权属证明和不动产界址、面积等必要材料。

第二百一十二条 登记机构应当履行下列职责:

(一)查验申请人提供的权属证明和其他必要材料;

(二)就有关登记事项询问申请人;

(三)如实、及时登记有关事项;

(四)法律、行政法规规定的其他职责。

申请登记的不动产的有关情况需要进一步证明的,登记机构可以要求申请人补充材料,必要时可以实地查看。

第二百一十三条 登记机构不得有下列行为:

(一)要求对不动产进行评估;

(二)以年检等名义进行重复登记;

(三)超出登记职责范围的其他行为。

第二百一十四条 不动产物权的设立、变更、转让和消灭,依照法律规定应当登记的,自记载于不动产登记簿时发生效力。

第二百一十五条 当事人之间订立有关设立、变更、转让和消灭不动产物权的合同,除法律另有规定或者当事人另有约定外,自合同成立时生效;未办理物权登记的,不影响合同效力。

第二百一十六条 不动产登记簿是物权归属和内容的根据。

不动产登记簿由登记机构管理。

第二百一十七条 不动产权属证书是权利人享有该不动产物权的证明。不动产权属证书记载的事项,应当与不动产登记簿一致;记载不一致的,除有证据证明不动产登记簿确有错误外,以不动产登记簿为准。

第二百一十八条 权利人、利害关系人可以申请查询、复制不动产登记资料,登记机构应当提供。

第二百一十九条 利害关系人不得公开、非法使用权利人的不动产登记资料。

第二百二十条 权利人、利害关系人认为不动产登记簿记载的事项错误的,可以申请更正登记。不动产登记簿记载的权利人书面同意更正或者有证据证明登记确有错误的,登记机构应当予以更正。

不动产登记簿记载的权利人不同意更正的,利害关系人可以申请异议登记。登记机构予以异议登记,申请人自异议登记之日起十五日内不提起诉讼的,异议登记失效。异议登记不当,造成权利人损害的,权利人可以向申请人请求损害赔偿。

第二百二十一条 当事人签订买卖房屋的协议或者签订其他不动产物权的协议,为保障将来实现物权,按照约定可以向登记机构申请预告登记。预告登记后,未经预告登记的权利人同意,处分该不动产的,不发生物权效力。

预告登记后,债权消灭或者自能够进行不动产登记之日起九十日内未申请登记的,预告登记失效。

第二百二十二条 当事人提供虚假材料申请登记,造成他人损害的,应当承担赔偿责任。

因登记错误,造成他人损害的,登记机构应当承担赔偿责任。登记机构赔偿后,可以向造成登记错误的人追偿。

第二百二十三条 不动产登记费按件收取,不得按照不动产的面积、体积或者价款的比例收取。

第二节 动产交付

第二百二十四条 动产物权的设立和转让,自交付时发生效力,但是法律另有规定的除外。

第二百二十五条 船舶、航空器和机动车等的物权的设立、变更、转让和消灭,未经登记,不得对抗善意第三人。

第二百二十六条 动产物权设立和转让前,权利人已经占有该动产的,物权自民事法律行为生效时发生效力。

第二百二十七条 动产物权设立和转让前,第三人占有该动产的,负有交付义务的人可以通过转让请求第三人返还原物的权利代替交付。

第二百二十八条 动产物权转让时,当事人又约定由出让人继续占有该动产的,物权自该约定生效时发生效力。

第三节 其他规定

第二百二十九条 因人民法院、仲裁机构的法律文书或者人民政府的征收决定等,导致物权设立、变更、转让或者消灭的,自法律文书或者征收决定等生效时发生效力。

第二百三十条 因继承取得物权的,自继承开始时发生效力。

第二百三十一条 因合法建造、拆除房屋等事实行为设立或者消灭物权的,自事实行为成就时发生效力。

第二百三十二条 处分依照本节规定享有的不动产物权,依照法律规定需要办理登记的,未经登记,不发生物权效力。

第三章 物权的保护

第二百三十三条 物权受到侵害的,权利人可以通过和解、调解、仲裁、诉讼等途径解决。

第二百三十四条 因物权的归属、内容发生争议的,利害关系人可以请求确认权利。

第二百三十五条 无权占有不动产或者动产的,权利人可以请求返还原物。

第二百三十六条 妨害物权或者可能妨害物权的,权利人可以请求排除妨害或者消除危险。

第二百三十七条 造成不动产或者动产毁损的,权利人可以依法请求修理、重作、更换或者恢复原状。

第二百三十八条 侵害物权,造成权利人损害的,权利人可以依法请求损害赔偿,也可以依法请求承担其他民事责任。

第二百三十九条 本章规定的物权保护方式,可以单独适用,也可以根据权利被侵害的情形合并适用。

第二分编 所 有 权

第四章 一 般 规 定

第二百四十条 所有权人对自己的不动产或者动产,依法享有占有、使用、收益和处分的权利。

第二百四十一条 所有权人有权在自己的不动产或者动产上设立用益物权和担保物权。用益物权人、担保物权人行使权利,不得损害所有权人的权益。

第二百四十二条 法律规定专属于国家所有的不动产和动产,任何组织或者个人不能取得所有权。

第二百四十三条 为了公共利益的需要,依照法律规定的权限和程序可以征收集体所有的土地和组织、个人的房屋以及其他不动产。

征收集体所有的土地,应当依法及时足额支付土地补偿费、安置补助费以及农村村民住宅、其他地上附着物和青苗等的补偿费用,并安排被征地农民的社会保障费用,保障被征地农民的生活,维护被征地农民的合法权益。

征收组织、个人的房屋以及其他不动产,应当依法给予征收补偿,维护被征收人的合法权益;征收个人住宅的,还应当保障被征收人的居住条件。

任何组织或者个人不得贪污、挪用、私分、截留、拖欠征收补偿费等费用。

第二百四十四条 国家对耕地实行特殊保护,严格限制农用地转为建设用地,控制建设用地总量。不得违反法律规定的权限和程序征收集体所有的土地。

第二百四十五条 因抢险救灾、疫情防控等紧急需要,依照法律规定的权限和程序可以征用组织、个人的不动产或者动产。被征用的不动产或者动产使用后,应当返还被征用人。组织、个人的不动产或者动产被征用或者征用后毁损、灭失的,应当给予补偿。

第五章 国家所有权和集体所有权、私人所有权

第二百四十六条 法律规定属于国家所有的财产,属于国家所有即全民所有。

国有财产由国务院代表国家行使所有权。法律另有规定的,依照其规定。

第二百四十七条 矿藏、水流、海域属于国家所有。

第二百四十八条 无居民海岛属于国家所有,国务院代表国家行使无居民海岛所有权。

第二百四十九条 城市的土地,属于国家所有。法律规定属于国家所有的农村和城市郊区的土地,属于国家所有。

第二百五十条 森林、山岭、草原、荒地、滩涂等自然资源,属于国家所有,但是法律规定属于集体所有的除外。

第二百五十一条 法律规定属于国家所有的野生动植物资源,属于国家所有。

第二百五十二条 无线电频谱资源属于国家所有。

第二百五十三条 法律规定属于国家所有的文物,属于国家所有。

第二百五十四条　国防资产属于国家所有。

铁路、公路、电力设施、电信设施和油气管道等基础设施,依照法律规定为国家所有的,属于国家所有。

第二百五十五条　国家机关对其直接支配的不动产和动产,享有占有、使用以及依照法律和国务院的有关规定处分的权利。

第二百五十六条　国家举办的事业单位对其直接支配的不动产和动产,享有占有、使用以及依照法律和国务院的有关规定收益、处分的权利。

第二百五十七条　国家出资的企业,由国务院、地方人民政府依照法律、行政法规规定分别代表国家履行出资人职责,享有出资人权益。

第二百五十八条　国家所有的财产受法律保护,禁止任何组织或者个人侵占、哄抢、私分、截留、破坏。

第二百五十九条　履行国有财产管理、监督职责的机构及其工作人员,应当依法加强对国有财产的管理、监督,促进国有财产保值增值,防止国有财产损失;滥用职权,玩忽职守,造成国有财产损失的,应当依法承担法律责任。

违反国有财产管理规定,在企业改制、合并分立、关联交易等过程中,低价转让、合谋私分、擅自担保或者以其他方式造成国有财产损失的,应当依法承担法律责任。

第二百六十条　集体所有的不动产和动产包括:

(一)法律规定属于集体所有的土地和森林、山岭、草原、荒地、滩涂;

(二)集体所有的建筑物、生产设施、农田水利设施;

(三)集体所有的教育、科学、文化、卫生、体育等设施;

(四)集体所有的其他不动产和动产。

第二百六十一条　农民集体所有的不动产和动产,属于本集体成员集体所有。

下列事项应当依照法定程序经本集体成员决定:

(一)土地承包方案以及将土地发包给本集体以外的组织或者个人承包；
(二)个别土地承包经营权人之间承包地的调整；
(三)土地补偿费等费用的使用、分配办法；
(四)集体出资的企业的所有权变动等事项；
(五)法律规定的其他事项。

第二百六十二条 对于集体所有的土地和森林、山岭、草原、荒地、滩涂等，依照下列规定行使所有权：
(一)属于村农民集体所有的，由村集体经济组织或者村民委员会依法代表集体行使所有权；
(二)分别属于村内两个以上农民集体所有的，由村内各该集体经济组织或者村民小组依法代表集体行使所有权；
(三)属于乡镇农民集体所有的，由乡镇集体经济组织代表集体行使所有权。

第二百六十三条 城镇集体所有的不动产和动产，依照法律、行政法规的规定由本集体享有占有、使用、收益和处分的权利。

第二百六十四条 农村集体经济组织或者村民委员会、村民小组应当依照法律、行政法规以及章程、村规民约向本集体成员公布集体财产的状况。集体成员有权查阅、复制相关资料。

第二百六十五条 集体所有的财产受法律保护，禁止任何组织或者个人侵占、哄抢、私分、破坏。

农村集体经济组织、村民委员会或者其负责人作出的决定侵害集体成员合法权益的，受侵害的集体成员可以请求人民法院予以撤销。

第二百六十六条 私人对其合法的收入、房屋、生活用品、生产工具、原材料等不动产和动产享有所有权。

第二百六十七条 私人的合法财产受法律保护，禁止任何组织或者个人侵占、哄抢、破坏。

第二百六十八条 国家、集体和私人依法可以出资设立有限责任公司、股份有限公司或者其他企业。国家、集体和私人所有的不动产或者动产投到企业的,由出资人按照约定或者出资比例享有资产收益、重大决策以及选择经营管理者等权利并履行义务。

第二百六十九条　营利法人对其不动产和动产依照法律、行政法规以及章程享有占有、使用、收益和处分的权利。

营利法人以外的法人,对其不动产和动产的权利,适用有关法律、行政法规以及章程的规定。

第二百七十条　社会团体法人、捐助法人依法所有的不动产和动产,受法律保护。

第六章　业主的建筑物区分所有权

第二百七十一条　业主对建筑物内的住宅、经营性用房等专有部分享有所有权,对专有部分以外的共有部分享有共有和共同管理的权利。

第二百七十二条　业主对其建筑物专有部分享有占有、使用、收益和处分的权利。业主行使权利不得危及建筑物的安全,不得损害其他业主的合法权益。

第二百七十三条　业主对建筑物专有部分以外的共有部分,享有权利,承担义务;不得以放弃权利为由不履行义务。

业主转让建筑物内的住宅、经营性用房,其对共有部分享有的共有和共同管理的权利一并转让。

第二百七十四条　建筑区划内的道路,属于业主共有,但是属于城镇公共道路的除外。建筑区划内的绿地,属于业主共有,但是属于城镇公共绿地或者明示属于个人的除外。建筑区划内的其他公共场所、公用设施和物业服务用房,属于业主共有。

第二百七十五条　建筑区划内,规划用于停放汽车的车位、车库的归属,由当事人通过出售、附赠或者出租等方式约定。

占用业主共有的道路或者其他场地用于停放汽车的车位,属于业主共有。

第二百七十六条　建筑区划内,规划用于停放汽车的车位、车库应当首先满足业主的需要。

第二百七十七条 业主可以设立业主大会,选举业主委员会。业主大会、业主委员会成立的具体条件和程序,依照法律、法规的规定。

地方人民政府有关部门、居民委员会应当对设立业主大会和选举业主委员会给予指导和协助。

第二百七十八条 下列事项由业主共同决定:

(一)制定和修改业主大会议事规则;

(二)制定和修改管理规约;

(三)选举业主委员会或者更换业主委员会成员;

(四)选聘和解聘物业服务企业或者其他管理人;

(五)使用建筑物及其附属设施的维修资金;

(六)筹集建筑物及其附属设施的维修资金;

(七)改建、重建建筑物及其附属设施;

(八)改变共有部分的用途或者利用共有部分从事经营活动;

(九)有关共有和共同管理权利的其他重大事项。

业主共同决定事项,应当由专有部分面积占比三分之二以上的业主且人数占比三分之二以上的业主参与表决。决定前款第六项至第八项规定的事项,应当经参与表决专有部分面积四分之三以上的业主且参与表决人数四分之三以上的业主同意。决定前款其他事项,应当经参与表决专有部分面积过半数的业主且参与表决人数过半数的业主同意。

第二百七十九条 业主不得违反法律、法规以及管理规约,将住宅改变为经营性用房。业主将住宅改变为经营性用房的,除遵守法律、法规以及管理规约外,应当经有利害关系的业主一致同意。

第二百八十条 业主大会或者业主委员会的决定,对业主具有法律约束力。

业主大会或者业主委员会作出的决定侵害业主合法权益的,受侵害的业主可以请求人民法院予以撤销。

第二百八十一条 建筑物及其附属设施的维修资金,属于业主共有。经业主共同决定，可以用于电梯、屋顶、外墙、无障碍设施等共有部分的维修、更新和改造。建筑物及其附属设施的维修资金的筹集、使用情况应当定期公布。

紧急情况下需要维修建筑物及其附属设施的，业主大会或者业主委员会可以依法申请使用建筑物及其附属设施的维修资金。

第二百八十二条 建设单位、物业服务企业或者其他管理人等利用业主的共有部分产生的收入，在扣除合理成本之后，属于业主共有。

第二百八十三条 建筑物及其附属设施的费用分摊、收益分配等事项，有约定的，按照约定；没有约定或者约定不明确的，按照业主专有部分面积所占比例确定。

第二百八十四条 业主可以自行管理建筑物及其附属设施，也可以委托物业服务企业或者其他管理人管理。

对建设单位聘请的物业服务企业或者其他管理人，业主有权依法更换。

第二百八十五条 物业服务企业或者其他管理人根据业主的委托，依照本法第三编有关物业服务合同的规定管理建筑区划内的建筑物及其附属设施，接受业主的监督，并及时答复业主对物业服务情况提出的询问。

物业服务企业或者其他管理人应当执行政府依法实施的应急处置措施和其他管理措施，积极配合开展相关工作。

第二百八十六条 业主应当遵守法律、法规以及管理规约，相关行为应当符合节约资源、保护生态环境的要求。对于物业服务企业或者其他管理人执行政府依法实施的应急处置措施和其他管理措施，业主应当依法予以配合。

业主大会或者业主委员会，对任意弃置垃圾、排放污染物或者噪声、违反规定饲养动物、违章搭建、侵占通道、拒付物业费等损害他人合法权益的行为，有权依照法律、法规以及管理规约，请求行为人停止侵害、排除妨碍、消除危险、恢复原状、赔偿损失。

业主或者其他行为人拒不履行相关义务的，有关当事人可以向有关行政主管部门报告或者投诉,有关行政主管部门应当依法处理。

第二百八十七条 业主对建设单位、物业服务企业或者其他管理人以及其他业主侵害自己合法权益的行为,有权请求其承担民事责任。

第七章 相邻关系

第二百八十八条 不动产的相邻权利人应当按照有利生产、方便生活、团结互助、公平合理的原则,正确处理相邻关系。

第二百八十九条 法律、法规对处理相邻关系有规定的,依照其规定;法律、法规没有规定的,可以按照当地习惯。

第二百九十条 不动产权利人应当为相邻权利人用水、排水提供必要的便利。

对自然流水的利用,应当在不动产的相邻权利人之间合理分配。对自然流水的排放,应当尊重自然流向。

第二百九十一条 不动产权利人对相邻权利人因通行等必须利用其土地的,应当提供必要的便利。

第二百九十二条 不动产权利人因建造、修缮建筑物以及铺设电线、电缆、水管、暖气和燃气管线等必须利用相邻土地、建筑物的,该土地、建筑物的权利人应当提供必要的便利。

第二百九十三条 建造建筑物,不得违反国家有关工程建设标准,不得妨碍相邻建筑物的通风、采光和日照。

第二百九十四条 不动产权利人不得违反国家规定弃置固体废物,排放大气污染物、水污染物、土壤污染物、噪声、光辐射、电磁辐射等有害物质。

第二百九十五条 不动产权利人挖掘土地、建造建筑物、铺设管线以及安装设备等,不得危及相邻不动产的安全。

第二百九十六条 不动产权利人因用水、排水、通行、铺设管线等利用相邻不动产的,应当尽量避免对相邻的不动产权利人造成损害。

第八章 共　　有

第二百九十七条　不动产或者动产可以由两个以上组织、个人共有。共有包括按份共有和共同共有。

第二百九十八条　按份共有人对共有的不动产或者动产按照其份额享有所有权。

第二百九十九条　共同共有人对共有的不动产或者动产共同享有所有权。

第三百条　共有人按照约定管理共有的不动产或者动产；没有约定或者约定不明确的，各共有人都有管理的权利和义务。

第三百零一条　处分共有的不动产或者动产以及对共有的不动产或者动产作重大修缮、变更性质或者用途的，应当经占份额三分之二以上的按份共有人或者全体共同共有人同意，但是共有人之间另有约定的除外。

第三百零二条　共有人对共有物的管理费用以及其他负担，有约定的，按照其约定；没有约定或者约定不明确的，按份共有人按照其份额负担，共同共有人共同负担。

第三百零三条　共有人约定不得分割共有的不动产或者动产，以维持共有关系的，应当按照约定，但是共有人有重大理由需要分割的，可以请求分割；没有约定或者约定不明确的，按份共有人可以随时请求分割，共同共有人在共有的基础丧失或者有重大理由需要分割时可以请求分割。因分割造成其他共有人损害的，应当给予赔偿。

第三百零四条　共有人可以协商确定分割方式。达不成协议，共有的不动产或者动产可以分割且不会因分割减损价值的，应当对实物予以分割；难以分割或者因分割会减损价值的，应当对折价或者拍卖、变卖取得的价款予以分割。

共有人分割所得的不动产或者动产有瑕疵的，其他共有人应当分担损失。

第三百零五条　按份共有人可以转让其享有的共有的不动产或

者动产份额。其他共有人在同等条件下享有优先购买的权利。

第三百零六条 按份共有人转让其享有的共有的不动产或者动产份额的,应当将转让条件及时通知其他共有人。其他共有人应当在合理期限内行使优先购买权。

两个以上其他共有人主张行使优先购买权的,协商确定各自的购买比例;协商不成的,按照转让时各自的共有份额比例行使优先购买权。

第三百零七条 因共有的不动产或者动产产生的债权债务,在对外关系上,共有人享有连带债权、承担连带债务,但是法律另有规定或者第三人知道共有人不具有连带债权债务关系的除外;在共有人内部关系上,除共有人另有约定外,按份共有人按照份额享有债权、承担债务,共同共有人共同享有债权、承担债务。偿还债务超过自己应当承担份额的按份共有人,有权向其他共有人追偿。

第三百零八条 共有人对共有的不动产或者动产没有约定为按份共有或者共同共有,或者约定不明确的,除共有人具有家庭关系等外,视为按份共有。

第三百零九条 按份共有人对共有的不动产或者动产享有的份额,没有约定或者约定不明确的,按照出资额确定;不能确定出资额的,视为等额享有。

第三百一十条 两个以上组织、个人共同享有用益物权、担保物权的,参照适用本章的有关规定。

第九章 所有权取得的特别规定

第三百一十一条 无处分权人将不动产或者动产转让给受让人的,所有权人有权追回;除法律另有规定外,符合下列情形的,受让人取得该不动产或者动产的所有权:

(一)受让人受让该不动产或者动产时是善意;

(二)以合理的价格转让;

(三)转让的不动产或者动产依照法律规定应当登记的已经登记,

不需要登记的已经交付给受让人。

受让人依据前款规定取得不动产或者动产的所有权的,原所有权人有权向无处分权人请求损害赔偿。

当事人善意取得其他物权的,参照适用前两款规定。

第三百一十二条 所有权人或者其他权利人有权追回遗失物。该遗失物通过转让被他人占有的,权利人有权向无处分权人请求损害赔偿,或者自知道或者应当知道受让人之日起二年内向受让人请求返还原物;但是,受让人通过拍卖或者向具有经营资格的经营者购得该遗失物的,权利人请求返还原物时应当支付受让人所付的费用。权利人向受让人支付所付费用后,有权向无处分权人追偿。

第三百一十三条 善意受让人取得动产后,该动产上的原有权利消灭。但是,善意受让人在受让时知道或者应当知道该权利的除外。

第三百一十四条 拾得遗失物,应当返还权利人。拾得人应当及时通知权利人领取,或者送交公安等有关部门。

第三百一十五条 有关部门收到遗失物,知道权利人的,应当及时通知其领取;不知道的,应当及时发布招领公告。

第三百一十六条 拾得人在遗失物送交有关部门前,有关部门在遗失物被领取前,应当妥善保管遗失物。因故意或者重大过失致使遗失物毁损、灭失的,应当承担民事责任。

第三百一十七条 权利人领取遗失物时,应当向拾得人或者有关部门支付保管遗失物等支出的必要费用。

权利人悬赏寻找遗失物的,领取遗失物时应当按照承诺履行义务。

拾得人侵占遗失物的,无权请求保管遗失物等支出的费用,也无权请求权利人按照承诺履行义务。

第三百一十八条 遗失物自发布招领公告之日起一年内无人认领的,归国家所有。

第三百一十九条 拾得漂流物、发现埋藏物或者隐藏物的,参照适用拾得遗失物的有关规定。法律另有规定的,依照其规定。

第三百二十条　主物转让的,从物随主物转让,但是当事人另有约定的除外。

第三百二十一条　天然孳息,由所有权人取得;既有所有权人又有用益物权人的,由用益物权人取得。当事人另有约定的,按照其约定。

法定孳息,当事人有约定的,按照约定取得;没有约定或者约定不明确的,按照交易习惯取得。

第三百二十二条　因加工、附合、混合而产生的物的归属,有约定的,按照约定;没有约定或者约定不明确的,依照法律规定;法律没有规定的,按照充分发挥物的效用以及保护无过错当事人的原则确定。因一方当事人的过错或者确定物的归属造成另一方当事人损害的,应当给予赔偿或者补偿。

第三分编　用益物权

第十章　一般规定

第三百二十三条　用益物权人对他人所有的不动产或者动产,依法享有占有、使用和收益的权利。

第三百二十四条　国家所有或者国家所有由集体使用以及法律规定属于集体所有的自然资源,组织、个人依法可以占有、使用和收益。

第三百二十五条　国家实行自然资源有偿使用制度,但是法律另有规定的除外。

第三百二十六条　用益物权人行使权利,应当遵守法律有关保护和合理开发利用资源、保护生态环境的规定。所有权人不得干涉用益物权人行使权利。

第三百二十七条　因不动产或者动产被征收、征用致使用益物权消灭或者影响用益物权行使的,用益物权人有权依据本法第二百四十三条、第二百四十五条的规定获得相应补偿。

第三百二十八条　依法取得的海域使用权受法律保护。

第三百二十九条　依法取得的探矿权、采矿权、取水权和使用水域、滩涂从事养殖、捕捞的权利受法律保护。

第十一章　土地承包经营权

第三百三十条　农村集体经济组织实行家庭承包经营为基础、统分结合的双层经营体制。

农民集体所有和国家所有由农民集体使用的耕地、林地、草地以及其他用于农业的土地，依法实行土地承包经营制度。

第三百三十一条　土地承包经营权人依法对其承包经营的耕地、林地、草地等享有占有、使用和收益的权利，有权从事种植业、林业、畜牧业等农业生产。

第三百三十二条　耕地的承包期为三十年。草地的承包期为三十年至五十年。林地的承包期为三十年至七十年。

前款规定的承包期限届满，由土地承包经营权人依照农村土地承包的法律规定继续承包。

第三百三十三条　土地承包经营权自土地承包经营权合同生效时设立。

登记机构应当向土地承包经营权人发放土地承包经营权证、林权证等证书，并登记造册，确认土地承包经营权。

第三百三十四条　土地承包经营权人依照法律规定，有权将土地承包经营权互换、转让。未经依法批准，不得将承包地用于非农建设。

第三百三十五条　土地承包经营权互换、转让的，当事人可以向登记机构申请登记；未经登记，不得对抗善意第三人。

第三百三十六条　承包期内发包人不得调整承包地。

因自然灾害严重毁损承包地等特殊情形，需要适当调整承包的耕地和草地的，应当依照农村土地承包的法律规定办理。

第三百三十七条　承包期内发包人不得收回承包地。法律另有规定的，依照其规定。

第三百三十八条　承包地被征收的，土地承包经营权人有权依据本法第二百四十三条的规定获得相应补偿。

第三百三十九条 土地承包经营权人可以自主决定依法采取出租、入股或者其他方式向他人流转土地经营权。

第三百四十条 土地经营权人有权在合同约定的期限内占有农村土地，自主开展农业生产经营并取得收益。

第三百四十一条 流转期限为五年以上的土地经营权，自流转合同生效时设立。当事人可以向登记机构申请土地经营权登记；未经登记，不得对抗善意第三人。

第三百四十二条 通过招标、拍卖、公开协商等方式承包农村土地，经依法登记取得权属证书的，可以依法采取出租、入股、抵押或者其他方式流转土地经营权。

第三百四十三条 国家所有的农用地实行承包经营的，参照适用本编的有关规定。

第十二章　建设用地使用权

第三百四十四条 建设用地使用权人依法对国家所有的土地享有占有、使用和收益的权利，有权利用该土地建造建筑物、构筑物及其附属设施。

第三百四十五条 建设用地使用权可以在土地的地表、地上或者地下分别设立。

第三百四十六条 设立建设用地使用权，应当符合节约资源、保护生态环境的要求，遵守法律、行政法规关于土地用途的规定，不得损害已经设立的用益物权。

第三百四十七条 设立建设用地使用权，可以采取出让或者划拨等方式。

工业、商业、旅游、娱乐和商品住宅等经营性用地以及同一土地有两个以上意向用地者的，应当采取招标、拍卖等公开竞价的方式出让。

严格限制以划拨方式设立建设用地使用权。

第三百四十八条 通过招标、拍卖、协议等出让方式设立建设用地使用权的,当事人应当采用书面形式订立建设用地使用权出让合同。

建设用地使用权出让合同一般包括下列条款:

(一)当事人的名称和住所;

(二)土地界址、面积等;

(三)建筑物、构筑物及其附属设施占用的空间;

(四)土地用途、规划条件;

(五)建设用地使用权期限;

(六)出让金等费用及其支付方式;

(七)解决争议的方法。

第三百四十九条 设立建设用地使用权的,应当向登记机构申请建设用地使用权登记。建设用地使用权自登记时设立。登记机构应当向建设用地使用权人发放权属证书。

第三百五十条 建设用地使用权人应当合理利用土地,不得改变土地用途;需要改变土地用途的,应当依法经有关行政主管部门批准。

第三百五十一条 建设用地使用权人应当依照法律规定以及合同约定支付出让金等费用。

第三百五十二条 建设用地使用权人建造的建筑物、构筑物及其附属设施的所有权属于建设用地使用权人,但是有相反证据证明的除外。

第三百五十三条 建设用地使用权人有权将建设用地使用权转让、互换、出资、赠与或者抵押,但是法律另有规定的除外。

第三百五十四条 建设用地使用权转让、互换、出资、赠与或者抵押的,当事人应当采用书面形式订立相应的合同。使用期限由当事人约定,但是不得超过建设用地使用权的剩余期限。

第三百五十五条 建设用地使用权转让、互换、出资或者赠与的,应当向登记机构申请变更登记。

第三百五十六条 建设用地使用权转让、互换、出资或者赠与的,附着于该土地上的建筑物、构筑物及其附属设施一并处分。

第三百五十七条　建筑物、构筑物及其附属设施转让、互换、出资或者赠与的,该建筑物、构筑物及其附属设施占用范围内的建设用地使用权一并处分。

第三百五十八条　建设用地使用权期限届满前,因公共利益需要提前收回该土地的,应当依据本法第二百四十三条的规定对该土地上的房屋以及其他不动产给予补偿,并退还相应的出让金。

第三百五十九条　住宅建设用地使用权期限届满的,自动续期。续期费用的缴纳或者减免,依照法律、行政法规的规定办理。

非住宅建设用地使用权期限届满后的续期,依照法律规定办理。该土地上的房屋以及其他不动产的归属,有约定的,按照约定;没有约定或者约定不明确的,依照法律、行政法规的规定办理。

第三百六十条　建设用地使用权消灭的,出让人应当及时办理注销登记。登记机构应当收回权属证书。

第三百六十一条　集体所有的土地作为建设用地的,应当依照土地管理的法律规定办理。

第十三章　宅基地使用权

第三百六十二条　宅基地使用权人依法对集体所有的土地享有占有和使用的权利,有权依法利用该土地建造住宅及其附属设施。

第三百六十三条　宅基地使用权的取得、行使和转让,适用土地管理的法律和国家有关规定。

第三百六十四条　宅基地因自然灾害等原因灭失的,宅基地使用权消灭。对失去宅基地的村民,应当依法重新分配宅基地。

第三百六十五条　已经登记的宅基地使用权转让或者消灭的,应当及时办理变更登记或者注销登记。

第十四章　居　住　权

第三百六十六条　居住权人有权按照合同约定,对他人的住宅享有占有、使用的用益物权,以满足生活居住的需要。

第三百六十七条　设立居住权，当事人应当采用书面形式订立居住权合同。

居住权合同一般包括下列条款：

（一）当事人的姓名或者名称和住所；

（二）住宅的位置；

（三）居住的条件和要求；

（四）居住权期限；

（五）解决争议的方法。

第三百六十八条　居住权无偿设立，但是当事人另有约定的除外。设立居住权的，应当向登记机构申请居住权登记。居住权自登记时设立。

第三百六十九条　居住权不得转让、继承。设立居住权的住宅不得出租，但是当事人另有约定的除外。

第三百七十条　居住权期限届满或者居住权人死亡的，居住权消灭。居住权消灭的，应当及时办理注销登记。

第三百七十一条　以遗嘱方式设立居住权的，参照适用本章的有关规定。

第十五章　地　役　权

第三百七十二条　地役权人有权按照合同约定，利用他人的不动产，以提高自己的不动产的效益。

前款所称他人的不动产为供役地，自己的不动产为需役地。

第三百七十三条　设立地役权，当事人应当采用书面形式订立地役权合同。

地役权合同一般包括下列条款：

（一）当事人的姓名或者名称和住所；

（二）供役地和需役地的位置；

（三）利用目的和方法；

（四）地役权期限；

（五）费用及其支付方式；

（六）解决争议的方法。

第三百七十四条 地役权自地役权合同生效时设立。当事人要求登记的，可以向登记机构申请地役权登记；未经登记，不得对抗善意第三人。

第三百七十五条 供役地权利人应当按照合同约定，允许地役权人利用其不动产，不得妨害地役权人行使权利。

第三百七十六条 地役权人应当按照合同约定的利用目的和方法利用供役地，尽量减少对供役地权利人物权的限制。

第三百七十七条 地役权期限由当事人约定；但是，不得超过土地承包经营权、建设用地使用权等用益物权的剩余期限。

第三百七十八条 土地所有权人享有地役权或者负担地役权的，设立土地承包经营权、宅基地使用权等用益物权时，该用益物权人继续享有或者负担已经设立的地役权。

第三百七十九条 土地上已经设立土地承包经营权、建设用地使用权、宅基地使用权等用益物权的，未经用益物权人同意，土地所有权人不得设立地役权。

第三百八十条 地役权不得单独转让。土地承包经营权、建设用地使用权等转让的，地役权一并转让，但是合同另有约定的除外。

第三百八十一条 地役权不得单独抵押。土地经营权、建设用地使用权等抵押的，在实现抵押权时，地役权一并转让。

第三百八十二条 需役地以及需役地上的土地承包经营权、建设用地使用权等部分转让时，转让部分涉及地役权的，受让人同时享有地役权。

第三百八十三条 供役地以及供役地上的土地承包经营权、建设用地使用权等部分转让时，转让部分涉及地役权的，地役权对受让人具有法律约束力。

第三百八十四条 地役权人有下列情形之一的，供役地权利人有权解除地役权合同，地役权消灭：

（一）违反法律规定或者合同约定,滥用地役权；

（二）有偿利用供役地,约定的付款期限届满后在合理期限内经两次催告未支付费用。

第三百八十五条　已经登记的地役权变更、转让或者消灭的,应当及时办理变更登记或者注销登记。

第四分编　担保物权

第十六章　一般规定

第三百八十六条　担保物权人在债务人不履行到期债务或者发生当事人约定的实现担保物权的情形,依法享有就担保财产优先受偿的权利,但是法律另有规定的除外。

第三百八十七条　债权人在借贷、买卖等民事活动中,为保障实现其债权,需要担保的,可以依照本法和其他法律的规定设立担保物权。

第三人为债务人向债权人提供担保的,可以要求债务人提供反担保。反担保适用本法和其他法律的规定。

第三百八十八条　设立担保物权,应当依照本法和其他法律的规定订立担保合同。担保合同包括抵押合同、质押合同和其他具有担保功能的合同。担保合同是主债权债务合同的从合同。主债权债务合同无效的,担保合同无效,但是法律另有规定的除外。

担保合同被确认无效后,债务人、担保人、债权人有过错的,应当根据其过错各自承担相应的民事责任。

第三百八十九条　担保物权的担保范围包括主债权及其利息、违约金、损害赔偿金、保管担保财产和实现担保物权的费用。当事人另有约定的,按照其约定。

第三百九十条　担保期间,担保财产毁损、灭失或者被征收等,担保物权人可以就获得的保险金、赔偿金或者补偿金等优先受偿。被担保债权的履行期限未届满的,也可以提存该保险金、赔偿金或者补偿金等。

第三百九十一条 第三人提供担保,未经其书面同意,债权人允许债务人转移全部或者部分债务的,担保人不再承担相应的担保责任。

第三百九十二条 被担保的债权既有物的担保又有人的担保的,债务人不履行到期债务或者发生当事人约定的实现担保物权的情形,债权人应当按照约定实现债权;没有约定或者约定不明确,债务人自己提供物的担保的,债权人应当先就该物的担保实现债权;第三人提供物的担保的,债权人可以就物的担保实现债权,也可以请求保证人承担保证责任。提供担保的第三人承担担保责任后,有权向债务人追偿。

第三百九十三条 有下列情形之一的,担保物权消灭:

(一)主债权消灭;

(二)担保物权实现;

(三)债权人放弃担保物权;

(四)法律规定担保物权消灭的其他情形。

第十七章 抵 押 权

第一节 一般抵押权

第三百九十四条 为担保债务的履行,债务人或者第三人不转移财产的占有,将该财产抵押给债权人的,债务人不履行到期债务或者发生当事人约定的实现抵押权的情形,债权人有权就该财产优先受偿。

前款规定的债务人或者第三人为抵押人,债权人为抵押权人,提供担保的财产为抵押财产。

第三百九十五条 债务人或者第三人有权处分的下列财产可以抵押:

(一)建筑物和其他土地附着物;

(二)建设用地使用权;

(三)海域使用权;

（四）生产设备、原材料、半成品、产品；

（五）正在建造的建筑物、船舶、航空器；

（六）交通运输工具；

（七）法律、行政法规未禁止抵押的其他财产。

抵押人可以将前款所列财产一并抵押。

第三百九十六条 企业、个体工商户、农业生产经营者可以将现有的以及将有的生产设备、原材料、半成品、产品抵押，债务人不履行到期债务或者发生当事人约定的实现抵押权的情形，债权人有权就抵押财产确定时的动产优先受偿。

第三百九十七条 以建筑物抵押的，该建筑物占用范围内的建设用地使用权一并抵押。以建设用地使用权抵押的，该土地上的建筑物一并抵押。

抵押人未依据前款规定一并抵押的，未抵押的财产视为一并抵押。

第三百九十八条 乡镇、村企业的建设用地使用权不得单独抵押。以乡镇、村企业的厂房等建筑物抵押的，其占用范围内的建设用地使用权一并抵押。

第三百九十九条 下列财产不得抵押：

（一）土地所有权；

（二）宅基地、自留地、自留山等集体所有土地的使用权，但是法律规定可以抵押的除外；

（三）学校、幼儿园、医疗机构等为公益目的成立的非营利法人的教育设施、医疗卫生设施和其他公益设施；

（四）所有权、使用权不明或者有争议的财产；

（五）依法被查封、扣押、监管的财产；

（六）法律、行政法规规定不得抵押的其他财产。

第四百条 设立抵押权，当事人应当采用书面形式订立抵押合同。

抵押合同一般包括下列条款：

（一）被担保债权的种类和数额；
（二）债务人履行债务的期限；
（三）抵押财产的名称、数量等情况；
（四）担保的范围。

第四百零一条 抵押权人在债务履行期限届满前，与抵押人约定债务人不履行到期债务时抵押财产归债权人所有的，只能依法就抵押财产优先受偿。

第四百零二条 以本法第三百九十五条第一款第一项至第三项规定的财产或者第五项规定的正在建造的建筑物抵押的，应当办理抵押登记。抵押权自登记时设立。

第四百零三条 以动产抵押的，抵押权自抵押合同生效时设立；未经登记，不得对抗善意第三人。

第四百零四条 以动产抵押的，不得对抗正常经营活动中已经支付合理价款并取得抵押财产的买受人。

第四百零五条 抵押权设立前，抵押财产已经出租并转移占有的，原租赁关系不受该抵押权的影响。

第四百零六条 抵押期间，抵押人可以转让抵押财产。当事人另有约定的，按照其约定。抵押财产转让的，抵押权不受影响。

抵押人转让抵押财产的，应当及时通知抵押权人。抵押权人能够证明抵押财产转让可能损害抵押权的，可以请求抵押人将转让所得的价款向抵押权人提前清偿债务或者提存。转让的价款超过债权数额的部分归抵押人所有，不足部分由债务人清偿。

第四百零七条 抵押权不得与债权分离而单独转让或者作为其他债权的担保。债权转让的，担保该债权的抵押权一并转让，但是法律另有规定或者当事人另有约定的除外。

第四百零八条 抵押人的行为足以使抵押财产价值减少的，抵押权人有权请求抵押人停止其行为；抵押财产价值减少的，抵押权人有权请求恢复抵押财产的价值，或者提供与减少的价值相应的担保。抵押人不恢复抵押财产的价值，也不提供担保的，抵押权人有权请求债务人提前清偿债务。

第四百零九条 抵押权人可以放弃抵押权或者抵押权的顺位。抵押权人与抵押人可以协议变更抵押权顺位以及被担保的债权数额等内容。但是，抵押权的变更未经其他抵押权人书面同意的，不得对其他抵押权人产生不利影响。

债务人以自己的财产设定抵押，抵押权人放弃该抵押权、抵押权顺位或者变更抵押权的，其他担保人在抵押权人丧失优先受偿权益的范围内免除担保责任，但是其他担保人承诺仍然提供担保的除外。

第四百一十条 债务人不履行到期债务或者发生当事人约定的实现抵押权的情形，抵押权人可以与抵押人协议以抵押财产折价或者以拍卖、变卖该抵押财产所得的价款优先受偿。协议损害其他债权人利益的，其他债权人可以请求人民法院撤销该协议。

抵押权人与抵押人未就抵押权实现方式达成协议的，抵押权人可以请求人民法院拍卖、变卖抵押财产。

抵押财产折价或者变卖的，应当参照市场价格。

第四百一十一条 依据本法第三百九十六条规定设定抵押的，抵押财产自下列情形之一发生时确定：

（一）债务履行期限届满，债权未实现；

（二）抵押人被宣告破产或者解散；

（三）当事人约定的实现抵押权的情形；

（四）严重影响债权实现的其他情形。

第四百一十二条 债务人不履行到期债务或者发生当事人约定的实现抵押权的情形，致使抵押财产被人民法院依法扣押的，自扣押之日起，抵押权人有权收取该抵押财产的天然孳息或者法定孳息，但是抵押权人未通知应当清偿法定孳息义务人的除外。

前款规定的孳息应当先充抵收取孳息的费用。

第四百一十三条 抵押财产折价或者拍卖、变卖后，其价款超过债权数额的部分归抵押人所有，不足部分由债务人清偿。

第四百一十四条 同一财产向两个以上债权人抵押的，拍卖、变卖抵押财产所得的价款依照下列规定清偿：

（一）抵押权已经登记的，按照登记的时间先后确定清偿顺序；

（二）抵押权已经登记的先于未登记的受偿；

（三）抵押权未登记的，按照债权比例清偿。

其他可以登记的担保物权，清偿顺序参照适用前款规定。

第四百一十五条 同一财产既设立抵押权又设立质权的，拍卖、变卖该财产所得的价款按照登记、交付的时间先后确定清偿顺序。

第四百一十六条 动产抵押担保的主债权是抵押物的价款，标的物交付后十日内办理抵押登记的，该抵押权人优先于抵押物买受人的其他担保物权人受偿，但是留置权人除外。

第四百一十七条 建设用地使用权抵押后，该土地上新增的建筑物不属于抵押财产。该建设用地使用权实现抵押权时，应当将该土地上新增的建筑物与建设用地使用权一并处分。但是，新增建筑物所得的价款，抵押权人无权优先受偿。

第四百一十八条 以集体所有土地的使用权依法抵押的，实现抵押权后，未经法定程序，不得改变土地所有权的性质和土地用途。

第四百一十九条 抵押权人应当在主债权诉讼时效期间行使抵押权；未行使的，人民法院不予保护。

第二节 最高额抵押权

第四百二十条 为担保债务的履行，债务人或者第三人对一定期间内将要连续发生的债权提供担保财产的，债务人不履行到期债务或者发生当事人约定的实现抵押权的情形，抵押权人有权在最高债权额限度内就该担保财产优先受偿。

最高额抵押权设立前已经存在的债权，经当事人同意，可以转入最高额抵押担保的债权范围。

第四百二十一条 最高额抵押担保的债权确定前，部分债权转让的，最高额抵押权不得转让，但是当事人另有约定的除外。

第四百二十二条 最高额抵押担保的债权确定前，抵押权人与抵押人可以通过协议变更债权确定的期间、债权范围以及最高债权额。但是,变更的内容不得对其他抵押权人产生不利影响。

第四百二十三条 有下列情形之一的,抵押权人的债权确定:

(一)约定的债权确定期间届满;

(二)没有约定债权确定期间或者约定不明确,抵押权人或者抵押人自最高额抵押权设立之日起满二年后请求确定债权;

(三)新的债权不可能发生;

(四)抵押权人知道或者应当知道抵押财产被查封、扣押;

(五)债务人、抵押人被宣告破产或者解散;

(六)法律规定债权确定的其他情形。

第四百二十四条 最高额抵押权除适用本节规定外,适用本章第一节的有关规定。

第十八章 质 权

第一节 动产质权

第四百二十五条 为担保债务的履行,债务人或者第三人将其动产出质给债权人占有的,债务人不履行到期债务或者发生当事人约定的实现质权的情形,债权人有权就该动产优先受偿。

前款规定的债务人或者第三人为出质人,债权人为质权人,交付的动产为质押财产。

第四百二十六条 法律、行政法规禁止转让的动产不得出质。

第四百二十七条 设立质权,当事人应当采用书面形式订立质押合同。

质押合同一般包括下列条款:

(一)被担保债权的种类和数额;

(二)债务人履行债务的期限;

(三)质押财产的名称、数量等情况;

(四)担保的范围;

(五)质押财产交付的时间、方式。

第四百二十八条 质权人在债务履行期限届满前,与出质人约定债务人不履行到期债务时质押财产归债权人所有的,只能依法就质押财产优先受偿。

第四百二十九条 质权自出质人交付质押财产时设立。

第四百三十条 质权人有权收取质押财产的孳息,但是合同另有约定的除外。

前款规定的孳息应当先充抵收取孳息的费用。

第四百三十一条 质权人在质权存续期间,未经出质人同意,擅自使用、处分质押财产,造成出质人损害的,应当承担赔偿责任。

第四百三十二条 质权人负有妥善保管质押财产的义务;因保管不善致使质押财产毁损、灭失的,应当承担赔偿责任。

质权人的行为可能使质押财产毁损、灭失的,出质人可以请求质权人将质押财产提存,或者请求提前清偿债务并返还质押财产。

第四百三十三条 因不可归责于质权人的事由可能使质押财产毁损或者价值明显减少,足以危害质权人权利的,质权人有权请求出质人提供相应的担保;出质人不提供的,质权人可以拍卖、变卖质押财产,并与出质人协议将拍卖、变卖所得的价款提前清偿债务或者提存。

第四百三十四条 质权人在质权存续期间,未经出质人同意转质,造成质押财产毁损、灭失的,应当承担赔偿责任。

第四百三十五条 质权人可以放弃质权。债务人以自己的财产出质,质权人放弃该质权的,其他担保人在质权人丧失优先受偿权益的范围内免除担保责任,但是其他担保人承诺仍然提供担保的除外。

第四百三十六条 债务人履行债务或者出质人提前清偿所担保的债权的,质权人应当返还质押财产。

债务人不履行到期债务或者发生当事人约定的实现质权的情形,质权人可以与出质人协议以质押财产折价,也可以就拍卖、变卖质押财产所得的价款优先受偿。

质押财产折价或者变卖的,应当参照市场价格。

第四百三十七条 出质人可以请求质权人在债务履行期限届满

后及时行使质权;质权人不行使的,出质人可以请求人民法院拍卖、变卖质押财产。

出质人请求质权人及时行使质权,因质权人怠于行使权利造成出质人损害的,由质权人承担赔偿责任。

第四百三十八条 质押财产折价或者拍卖、变卖后,其价款超过债权数额的部分归出质人所有,不足部分由债务人清偿。

第四百三十九条 出质人与质权人可以协议设立最高额质权。

最高额质权除适用本节有关规定外,参照适用本编第十七章第二节的有关规定。

第二节 权利质权

第四百四十条 债务人或者第三人有权处分的下列权利可以出质:

(一)汇票、本票、支票;

(二)债券、存款单;

(三)仓单、提单;

(四)可以转让的基金份额、股权;

(五)可以转让的注册商标专用权、专利权、著作权等知识产权中的财产权;

(六)现有的以及将有的应收账款;

(七)法律、行政法规规定可以出质的其他财产权利。

第四百四十一条 以汇票、本票、支票、债券、存款单、仓单、提单出质的,质权自权利凭证交付质权人时设立;没有权利凭证的,质权自办理出质登记时设立。法律另有规定的,依照其规定。

第四百四十二条 汇票、本票、支票、债券、存款单、仓单、提单的兑现日期或者提货日期先于主债权到期的,质权人可以兑现或者提货,并与出质人协议将兑现的价款或者提取的货物提前清偿债务或者提存。

第四百四十三条 以基金份额、股权出质的,质权自办理出质登记时设立。

基金份额、股权出质后,不得转让,但是出质人与质权人协商同意的除外。出质人转让基金份额、股权所得的价款,应当向质权人提前清偿债务或者提存。

第四百四十四条 以注册商标专用权、专利权、著作权等知识产权中的财产权出质的,质权自办理出质登记时设立。

知识产权中的财产权出质后,出质人不得转让或者许可他人使用,但是出质人与质权人协商同意的除外。出质人转让或者许可他人使用出质的知识产权中的财产权所得的价款,应当向质权人提前清偿债务或者提存。

第四百四十五条 以应收账款出质的,质权自办理出质登记时设立。

应收账款出质后,不得转让,但是出质人与质权人协商同意的除外。出质人转让应收账款所得的价款,应当向质权人提前清偿债务或者提存。

第四百四十六条 权利质权除适用本节规定外,适用本章第一节的有关规定。

第十九章 留 置 权

第四百四十七条 债务人不履行到期债务,债权人可以留置已经合法占有的债务人的动产,并有权就该动产优先受偿。

前款规定的债权人为留置权人,占有的动产为留置财产。

第四百四十八条 债权人留置的动产,应当与债权属于同一法律关系,但是企业之间留置的除外。

第四百四十九条 法律规定或者当事人约定不得留置的动产,不得留置。

第四百五十条 留置财产为可分物的,留置财产的价值应当相当于债务的金额。

第四百五十一条 留置权人负有妥善保管留置财产的义务;因保

管不善致使留置财产毁损、灭失的,应当承担赔偿责任。

第四百五十二条 留置权人有权收取留置财产的孳息。

前款规定的孳息应当先充抵收取孳息的费用。

第四百五十三条 留置权人与债务人应当约定留置财产后的债务履行期限;没有约定或者约定不明确的,留置权人应当给债务人六十日以上履行债务的期限,但是鲜活易腐等不易保管的动产除外。债务人逾期未履行的,留置权人可以与债务人协议以留置财产折价,也可以就拍卖、变卖留置财产所得的价款优先受偿。

留置财产折价或者变卖的,应当参照市场价格。

第四百五十四条 债务人可以请求留置权人在债务履行期限届满后行使留置权;留置权人不行使的,债务人可以请求人民法院拍卖、变卖留置财产。

第四百五十五条 留置财产折价或者拍卖、变卖后,其价款超过债权数额的部分归债务人所有,不足部分由债务人清偿。

第四百五十六条 同一动产上已经设立抵押权或者质权,该动产又被留置的,留置权人优先受偿。

第四百五十七条 留置权人对留置财产丧失占有或者留置权人接受债务人另行提供担保的,留置权消灭。

第五分编 占 有

第二十章 占 有

第四百五十八条 基于合同关系等产生的占有,有关不动产或者动产的使用、收益、违约责任等,按照合同约定;合同没有约定或者约定不明确的,依照有关法律规定。

第四百五十九条 占有人因使用占有的不动产或者动产,致使该不动产或者动产受到损害的,恶意占有人应当承担赔偿责任。

第四百六十条 不动产或者动产被占有人占有的,权利人可以请求返还原物及其孳息;但是,应当支付善意占有人因维护该不动产或者动产支出的必要费用。

第四百六十一条 占有的不动产或者动产毁损、灭失,该不动产或者动产的权利人请求赔偿的,占有人应当将因毁损、灭失取得的保险金、赔偿金或者补偿金等返还给权利人;权利人的损害未得到足够弥补的,恶意占有人还应当赔偿损失。

第四百六十二条 占有的不动产或者动产被侵占的,占有人有权请求返还原物;对妨害占有的行为,占有人有权请求排除妨害或者消除危险;因侵占或者妨害造成损害的,占有人有权依法请求损害赔偿。

占有人返还原物的请求权,自侵占发生之日起一年内未行使的,该请求权消灭。

第三编 合 同

第一分编 通 则

第一章 一般规定

第四百六十三条 本编调整因合同产生的民事关系。

第四百六十四条 合同是民事主体之间设立、变更、终止民事法律关系的协议。

婚姻、收养、监护等有关身份关系的协议,适用有关该身份关系的法律规定;没有规定的,可以根据其性质参照适用本编规定。

第四百六十五条 依法成立的合同,受法律保护。

依法成立的合同,仅对当事人具有法律约束力,但是法律另有规定的除外。

第四百六十六条 当事人对合同条款的理解有争议的,应当依据本法第一百四十二条第一款的规定,确定争议条款的含义。

合同文本采用两种以上文字订立并约定具有同等效力的,对各文本使用的词句推定具有相同含义。各文本使用的词句不一致的,应当根据合同的相关条款、性质、目的以及诚信原则等予以解释。

第四百六十七条 本法或者其他法律没有明文规定的合同,适用本编通则的规定,并可以参照适用本编或者其他法律最相类似合同的规定。

在中华人民共和国境内履行的中外合资经营企业合同、中外合作经营企业合同、中外合作勘探开发自然资源合同，适用中华人民共和国法律。

第四百六十八条 非因合同产生的债权债务关系，适用有关该债权债务关系的法律规定；没有规定的，适用本编通则的有关规定，但是根据其性质不能适用的除外。

第二章 合同的订立

第四百六十九条 当事人订立合同，可以采用书面形式、口头形式或者其他形式。

书面形式是合同书、信件、电报、电传、传真等可以有形地表现所载内容的形式。

以电子数据交换、电子邮件等方式能够有形地表现所载内容，并可以随时调取查用的数据电文，视为书面形式。

第四百七十条 合同的内容由当事人约定，一般包括下列条款：

（一）当事人的姓名或者名称和住所；

（二）标的；

（三）数量；

（四）质量；

（五）价款或者报酬；

（六）履行期限、地点和方式；

（七）违约责任；

（八）解决争议的方法。

当事人可以参照各类合同的示范文本订立合同。

第四百七十一条 当事人订立合同，可以采取要约、承诺方式或者其他方式。

第四百七十二条 要约是希望与他人订立合同的意思表示，该意思表示应当符合下列条件：

（一）内容具体确定；

（二）表明经受要约人承诺，要约人即受该意思表示约束。

第四百七十三条 要约邀请是希望他人向自己发出要约的表示。拍卖公告、招标公告、招股说明书、债券募集办法、基金招募说明书、商业广告和宣传、寄送的价目表等为要约邀请。

商业广告和宣传的内容符合要约条件的，构成要约。

第四百七十四条 要约生效的时间适用本法第一百三十七条的规定。

第四百七十五条 要约可以撤回。要约的撤回适用本法第一百四十一条的规定。

第四百七十六条 要约可以撤销，但是有下列情形之一的除外：

（一）要约人以确定承诺期限或者其他形式明示要约不可撤销；

（二）受要约人有理由认为要约是不可撤销的，并已经为履行合同做了合理准备工作。

第四百七十七条 撤销要约的意思表示以对话方式作出的，该意思表示的内容应当在受要约人作出承诺之前为受要约人所知道；撤销要约的意思表示以非对话方式作出的，应当在受要约人作出承诺之前到达受要约人。

第四百七十八条 有下列情形之一的，要约失效：

（一）要约被拒绝；

（二）要约被依法撤销；

（三）承诺期限届满，受要约人未作出承诺；

（四）受要约人对要约的内容作出实质性变更。

第四百七十九条 承诺是受要约人同意要约的意思表示。

第四百八十条 承诺应当以通知的方式作出；但是，根据交易习惯或者要约表明可以通过行为作出承诺的除外。

第四百八十一条 承诺应当在要约确定的期限内到达要约人。

要约没有确定承诺期限的，承诺应当依照下列规定到达：

（一）要约以对话方式作出的，应当即时作出承诺；

(二)要约以非对话方式作出的,承诺应当在合理期限内到达。

第四百八十二条 要约以信件或者电报作出的,承诺期限自信件载明的日期或电报交发之日开始计算。信件未载明日期的,自投寄该信件的邮戳日期开始计算。要约以电话、传真、电子邮件等快速通讯方式作出的,承诺期限自要约到达受要约人时开始计算。

第四百八十三条 承诺生效时合同成立,但是法律另有规定或者当事人另有约定的除外。

第四百八十四条 以通知方式作出的承诺,生效的时间适用本法第一百三十七条的规定。

承诺不需要通知的,根据交易习惯或者要约的要求作出承诺的行为时生效。

第四百八十五条 承诺可以撤回。承诺的撤回适用本法第一百四十一条的规定。

第四百八十六条 受要约人超过承诺期限发出承诺,或者在承诺期限内发出承诺,按照通常情形不能及时到达要约人的,为新要约;但是,要约人及时通知受要约人该承诺有效的除外。

第四百八十七条 受要约人在承诺期限内发出承诺,按照通常情形能够及时到达要约人,但是因其他原因致使承诺到达要约人时超过承诺期限的,除要约人及时通知受要约人因承诺超过期限不接受该承诺外,该承诺有效。

第四百八十八条 承诺的内容应当与要约的内容一致。受要约人对要约的内容作出实质性变更的,为新要约。有关合同标的、数量、质量、价款或者报酬、履行期限、履行地点和方式、违约责任和解决争议方法等的变更,是对要约内容的实质性变更。

第四百八十九条 承诺对要约的内容作出非实质性变更的,除要约人及时表示反对或者要约表明承诺不得对要约的内容作出任何变更外,该承诺有效,合同的内容以承诺的内容为准。

第四百九十条 当事人采用合同书形式订立合同的,自当事人均签名、盖章或者按指印时合同成立。在签名、盖章或者按指印之前,当事人一方已经履行主要义务,对方接受时,该合同成立。

法律、行政法规规定或者当事人约定合同应当采用书面形式订立,当事人未采用书面形式但是一方已经履行主要义务,对方接受时,该合同成立。

第四百九十一条 当事人采用信件、数据电文等形式订立合同要求签订确认书的,签订确认书时合同成立。

当事人一方通过互联网等信息网络发布的商品或者服务信息符合要约条件的,对方选择该商品或者服务并提交订单成功时合同成立,但是当事人另有约定的除外。

第四百九十二条 承诺生效的地点为合同成立的地点。

采用数据电文形式订立合同的,收件人的主营业地为合同成立的地点;没有主营业地的,其住所地为合同成立的地点。当事人另有约定的,按照其约定。

第四百九十三条 当事人采用合同书形式订立合同的,最后签名、盖章或者按指印的地点为合同成立的地点,但是当事人另有约定的除外。

第四百九十四条 国家根据抢险救灾、疫情防控或者其他需要下达国家订货任务、指令性任务的,有关民事主体之间应当依照有关法律、行政法规规定的权利和义务订立合同。

依照法律、行政法规的规定负有发出要约义务的当事人,应当及时发出合理的要约。

依照法律、行政法规的规定负有作出承诺义务的当事人,不得拒绝对方合理的订立合同要求。

第四百九十五条 当事人约定在将来一定期限内订立合同的认购书、订购书、预订书等,构成预约合同。

当事人一方不履行预约合同约定的订立合同义务的,对方可以请求其承担预约合同的违约责任。

第四百九十六条 格式条款是当事人为了重复使用而预先拟定,并在订立合同时未与对方协商的条款。

采用格式条款订立合同的,提供格式条款的一方应当遵循公平原则确定当事人之间的权利和义务,并采取合理的方式提示对方注意免除或者减轻其责任等与对方有重大利害关系的条款,按照对方的要求,对该条款予以说明。提供格式条款的一方未履行提示或者说明义务,致使对方没有注意或者理解与其有重大利害关系的条款的,对方可以主张该条款不成为合同的内容。

第四百九十七条 有下列情形之一的,该格式条款无效:

(一)具有本法第一编第六章第三节和本法第五百零六条规定的无效情形;

(二)提供格式条款一方不合理地免除或者减轻其责任、加重对方责任、限制对方主要权利;

(三)提供格式条款一方排除对方主要权利。

第四百九十八条 对格式条款的理解发生争议的,应当按照通常理解予以解释。对格式条款有两种以上解释的,应当作出不利于提供格式条款一方的解释。格式条款和非格式条款不一致的,应当采用非格式条款。

第四百九十九条 悬赏人以公开方式声明对完成特定行为的人支付报酬的,完成该行为的人可以请求其支付。

第五百条 当事人在订立合同过程中有下列情形之一,造成对方损失的,应当承担赔偿责任:

(一)假借订立合同,恶意进行磋商;

(二)故意隐瞒与订立合同有关的重要事实或者提供虚假情况;

(三)有其他违背诚信原则的行为。

第五百零一条 当事人在订立合同过程中知悉的商业秘密或者其他应当保密的信息,无论合同是否成立,不得泄露或者不正当地使用;泄露、不正当地使用该商业秘密或者信息,造成对方损失的,应当承担赔偿责任。

第三章　合同的效力

第五百零二条　依法成立的合同,自成立时生效,但是法律另有规定或者当事人另有约定的除外。

依照法律、行政法规的规定,合同应当办理批准等手续的,依照其规定。未办理批准等手续影响合同生效的,不影响合同中履行报批等义务条款以及相关条款的效力。应当办理申请批准等手续的当事人未履行义务的,对方可以请求其承担违反该义务的责任。

依照法律、行政法规的规定,合同的变更、转让、解除等情形应当办理批准等手续的,适用前款规定。

第五百零三条　无权代理人以被代理人的名义订立合同,被代理人已经开始履行合同义务或者接受相对人履行的,视为对合同的追认。

第五百零四条　法人的法定代表人或者非法人组织的负责人超越权限订立的合同,除相对人知道或者应当知道其超越权限外,该代表行为有效,订立的合同对法人或者非法人组织发生效力。

第五百零五条　当事人超越经营范围订立的合同的效力,应当依照本法第一编第六章第三节和本编的有关规定确定,不得仅以超越经营范围确认合同无效。

第五百零六条　合同中的下列免责条款无效:

(一)造成对方人身损害的;

(二)因故意或者重大过失造成对方财产损失的。

第五百零七条　合同不生效、无效、被撤销或者终止的,不影响合同中有关解决争议方法的条款的效力。

第五百零八条　本编对合同的效力没有规定的,适用本法第一编第六章的有关规定。

第四章　合同的履行

第五百零九条　当事人应当按照约定全面履行自己的义务。

当事人应当遵循诚信原则,根据合同的性质、目的和交易习惯履行通知、协助、保密等义务。

当事人在履行合同过程中,应当避免浪费资源、污染环境和破坏生态。

第五百一十条 合同生效后,当事人就质量、价款或者报酬、履行地点等内容没有约定或者约定不明确的,可以协议补充;不能达成补充协议的,按照合同相关条款或者交易习惯确定。

第五百一十一条 当事人就有关合同内容约定不明确,依据前条规定仍不能确定的,适用下列规定:

(一)质量要求不明确的,按照强制性国家标准履行;没有强制性国家标准的,按照推荐性国家标准履行;没有推荐性国家标准的,按照行业标准履行;没有国家标准、行业标准的,按照通常标准或者符合同目的的特定标准履行。

(二)价款或者报酬不明确的,按照订立合同时履行地的市场价格履行;依法应当执行政府定价或者政府指导价的,依照规定履行。

(三)履行地点不明确,给付货币的,在接受货币一方所在地履行;交付不动产的,在不动产所在地履行;其他标的,在履行义务一方所在地履行。

(四)履行期限不明确的,债务人可以随时履行,债权人也可以随时请求履行,但是应当给对方必要的准备时间。

(五)履行方式不明确的,按照有利于实现合同目的的方式履行。

(六)履行费用的负担不明确的,由履行义务一方负担;因债权人原因增加的履行费用,由债权人负担。

第五百一十二条 通过互联网等信息网络订立的电子合同的标的为交付商品并采用快递物流方式交付的,收货人的签收时间为交付时间。电子合同的标的为提供服务的,生成的电子凭证或者实物凭证中载明的时间为提供服务时间;前述凭证没有载明时间或者载明时间与实际提供服务时间不一致的,以实际提供服务的时间为准。

电子合同的标的物为采用在线传输方式交付的,合同标的物进入对方当事人指定的特定系统且能够检索识别的时间为交付时间。

电子合同当事人对交付商品或者提供服务的方式、时间另有约定的，按照其约定。

第五百一十三条 执行政府定价或者政府指导价的，在合同约定的交付期限内政府价格调整时，按照交付时的价格计价。逾期交付标的物的，遇价格上涨时，按照原价格执行；价格下降时，按照新价格执行。逾期提取标的物或者逾期付款的，遇价格上涨时，按照新价格执行；价格下降时，按照原价格执行。

第五百一十四条 以支付金钱为内容的债，除法律另有规定或者当事人另有约定外，债权人可以请求债务人以实际履行地的法定货币履行。

第五百一十五条 标的有多项而债务人只需履行其中一项的，债务人享有选择权；但是，法律另有规定、当事人另有约定或者另有交易习惯的除外。

享有选择权的当事人在约定期限内或者履行期限届满未作选择，经催告后在合理期限内仍未选择的，选择权转移至对方。

第五百一十六条 当事人行使选择权应当及时通知对方，通知到达对方时，标的确定。标的确定后不得变更，但是经对方同意的除外。

可选择的标的发生不能履行情形的，享有选择权的当事人不得选择不能履行的标的，但是该不能履行的情形是由对方造成的除外。

第五百一十七条 债权人为二人以上，标的可分，按照份额各自享有债权的，为按份债权；债务人为二人以上，标的可分，按照份额各自负担债务的，为按份债务。

按份债权人或者按份债务人的份额难以确定的，视为份额相同。

第五百一十八条 债权人为二人以上，部分或者全部债权人均可以请求债务人履行债务的，为连带债权；债务人为二人以上，债权人可以请求部分或者全部债务人履行全部债务的，为连带债务。

连带债权或者连带债务，由法律规定或者当事人约定。

第五百一十九条 连带债务人之间的份额难以确定的，视为份额相同。

实际承担债务超过自己份额的连带债务人，有权就超出部分在其他连带债务人未履行的份额范围内向其追偿，并相应地享有债权人的权利，但是不得损害债权人的利益。其他连带债务人对债权人的抗辩，可以向该债务人主张。

被追偿的连带债务人不能履行其应分担份额的，其他连带债务人应当在相应范围内按比例分担。

第五百二十条 部分连带债务人履行、抵销债务或者提存标的物的，其他债务人对债权人的债务在相应范围内消灭；该债务人可以依据前条规定向其他债务人追偿。

部分连带债务人的债务被债权人免除的，在该连带债务人应当承担的份额范围内，其他债务人对债权人的债务消灭。

部分连带债务人的债务与债权人的债权同归于一人的，在扣除该债务人应当承担的份额后，债权人对其他债务人的债权继续存在。

债权人对部分连带债务人的给付受领迟延的，对其他连带债务人发生效力。

第五百二十一条 连带债权人之间的份额难以确定的，视为份额相同。

实际受领债权的连带债权人，应当按比例向其他连带债权人返还。

连带债权参照适用本章连带债务的有关规定。

第五百二十二条 当事人约定由债务人向第三人履行债务，债务人未向第三人履行债务或者履行债务不符合约定的，应当向债权人承担违约责任。

法律规定或者当事人约定第三人可以直接请求债务人向其履行债务，第三人未在合理期限内明确拒绝，债务人未向第三人履行债务或者履行债务不符合约定的，第三人可以请求债务人承担违约责任；债务人对债权人的抗辩，可以向第三人主张。

第五百二十三条 当事人约定由第三人向债权人履行债务，第三人不履行债务或者履行债务不符合约定的,债务人应当向债权人承担违约责任。

第五百二十四条 债务人不履行债务,第三人对履行该债务具有合法利益的,第三人有权向债权人代为履行;但是,根据债务性质、按照当事人约定或者依照法律规定只能由债务人履行的除外。

债权人接受第三人履行后,其对债务人的债权转让给第三人,但是债务人和第三人另有约定的除外。

第五百二十五条 当事人互负债务,没有先后履行顺序的,应当同时履行。一方在对方履行之前有权拒绝其履行请求。一方在对方履行债务不符合约定时,有权拒绝其相应的履行请求。

第五百二十六条 当事人互负债务,有先后履行顺序,应当先履行债务一方未履行的,后履行一方有权拒绝其履行请求。先履行一方履行债务不符合约定的,后履行一方有权拒绝其相应的履行请求。

第五百二十七条 应当先履行债务的当事人,有确切证据证明对方有下列情形之一的,可以中止履行:

(一)经营状况严重恶化;

(二)转移财产、抽逃资金,以逃避债务;

(三)丧失商业信誉;

(四)有丧失或者可能丧失履行债务能力的其他情形。

当事人没有确切证据中止履行的,应当承担违约责任。

第五百二十八条 当事人依据前条规定中止履行的,应当及时通知对方。对方提供适当担保的,应当恢复履行。中止履行后,对方在合理期限内未恢复履行能力且未提供适当担保的,视为以自己的行为表明不履行主要债务,中止履行的一方可以解除合同并可以请求对方承担违约责任。

第五百二十九条 债权人分立、合并或者变更住所没有通知债务人,致使履行债务发生困难的,债务人可以中止履行或者将标的物提存。

第五百三十条 债权人可以拒绝债务人提前履行债务,但是提前履行不损害债权人利益的除外。

债务人提前履行债务给债权人增加的费用,由债务人负担。

第五百三十一条 债权人可以拒绝债务人部分履行债务,但是部分履行不损害债权人利益的除外。

债务人部分履行债务给债权人增加的费用,由债务人负担。

第五百三十二条 合同生效后,当事人不得因姓名、名称的变更或者法定代表人、负责人、承办人的变动而不履行合同义务。

第五百三十三条 合同成立后,合同的基础条件发生了当事人在订立合同时无法预见的、不属于商业风险的重大变化,继续履行合同对于当事人一方明显不公平的,受不利影响的当事人可以与对方重新协商;在合理期限内协商不成的,当事人可以请求人民法院或者仲裁机构变更或者解除合同。

人民法院或者仲裁机构应当结合案件的实际情况,根据公平原则变更或者解除合同。

第五百三十四条 对当事人利用合同实施危害国家利益、社会公共利益行为的,市场监督管理和其他有关行政主管部门依照法律、行政法规的规定负责监督处理。

第五章 合同的保全

第五百三十五条 因债务人怠于行使其债权或者与该债权有关的从权利,影响债权人的到期债权实现的,债权人可以向人民法院请求以自己的名义代位行使债务人对相对人的权利,但是该权利专属于债务人自身的除外。

代位权的行使范围以债权人的到期债权为限。债权人行使代位权的必要费用,由债务人负担。

相对人对债务人的抗辩,可以向债权人主张。

第五百三十六条 债权人的债权到期前,债务人的债权或者与该债权有关的从权利存在诉讼时效期间即将届满或者未及时申报破产债权等情形,影响债权人的债权实现的,债权人可以代位向债务人的相对人请求其向债务人履行、向破产管理人申报或者作出其他必要的行为。

第五百三十七条 人民法院认定代位权成立的,由债务人的相对人向债权人履行义务,债权人接受履行后,债权人与债务人、债务人与相对人之间相应的权利义务终止。债务人对相对人的债权或者与该债权有关的从权利被采取保全、执行措施,或者债务人破产的,依照相关法律的规定处理。

第五百三十八条 债务人以放弃其债权、放弃债权担保、无偿转让财产等方式无偿处分财产权益,或者恶意延长其到期债权的履行期限,影响债权人的债权实现的,债权人可以请求人民法院撤销债务人的行为。

第五百三十九条 债务人以明显不合理的低价转让财产、以明显不合理的高价受让他人财产或者为他人的债务提供担保,影响债权人的债权实现,债务人的相对人知道或者应当知道该情形的,债权人可以请求人民法院撤销债务人的行为。

第五百四十条 撤销权的行使范围以债权人的债权为限。债权人行使撤销权的必要费用,由债务人负担。

第五百四十一条 撤销权自债权人知道或者应当知道撤销事由之日起一年内行使。自债务人的行为发生之日起五年内没有行使撤销权的,该撤销权消灭。

第五百四十二条 债务人影响债权人的债权实现的行为被撤销的,自始没有法律约束力。

第六章 合同的变更和转让

第五百四十三条 当事人协商一致,可以变更合同。

第五百四十四条 当事人对合同变更的内容约定不明确的,推定为未变更。

第五百四十五条 债权人可以将债权的全部或者部分转让给第三人,但是有下列情形之一的除外:

（一）根据债权性质不得转让；

（二）按照当事人约定不得转让；

（三）依照法律规定不得转让。

当事人约定非金钱债权不得转让的，不得对抗善意第三人。当事人约定金钱债权不得转让的，不得对抗第三人。

第五百四十六条 债权人转让债权，未通知债务人的，该转让对债务人不发生效力。

债权转让的通知不得撤销，但是经受让人同意的除外。

第五百四十七条 债权人转让债权的，受让人取得与债权有关的从权利，但是该从权利专属于债权人自身的除外。

受让人取得从权利不因该从权利未办理转移登记手续或者未转移占有而受到影响。

第五百四十八条 债务人接到债权转让通知后，债务人对让与人的抗辩，可以向受让人主张。

第五百四十九条 有下列情形之一的，债务人可以向受让人主张抵销：

（一）债务人接到债权转让通知时，债务人对让与人享有债权，且债务人的债权先于转让的债权到期或者同时到期；

（二）债务人的债权与转让的债权是基于同一合同产生。

第五百五十条 因债权转让增加的履行费用，由让与人负担。

第五百五十一条 债务人将债务的全部或者部分转移给第三人的，应当经债权人同意。

债务人或者第三人可以催告债权人在合理期限内予以同意，债权人未作表示的，视为不同意。

第五百五十二条 第三人与债务人约定加入债务并通知债权人，或者第三人向债权人表示愿意加入债务，债权人未在合理期限内明确拒绝的，债权人可以请求第三人在其愿意承担的债务范围内和债务人承担连带债务。

第五百五十三条 债务人转移债务的，新债务人可以主张原债务人对债权人的抗辩；原债务人对债权人享有债权的，新债务人不得向债权人主张抵销。

第五百五十四条 债务人转移债务的，新债务人应当承担与主债务有关的从债务，但是该从债务专属于原债务人自身的除外。

第五百五十五条 当事人一方经对方同意，可以将自己在合同中的权利和义务一并转让给第三人。

第五百五十六条 合同的权利和义务一并转让的，适用债权转让、债务转移的有关规定。

第七章　合同的权利义务终止

第五百五十七条 有下列情形之一的，债权债务终止：

（一）债务已经履行；

（二）债务相互抵销；

（三）债务人依法将标的物提存；

（四）债权人免除债务；

（五）债权债务同归于一人；

（六）法律规定或者当事人约定终止的其他情形。

合同解除的，该合同的权利义务关系终止。

第五百五十八条 债权债务终止后，当事人应当遵循诚信等原则，根据交易习惯履行通知、协助、保密、旧物回收等义务。

第五百五十九条 债权债务终止时，债权的从权利同时消灭，但是法律另有规定或者当事人另有约定的除外。

第五百六十条 债务人对同一债权人负担的数项债务种类相同，债务人的给付不足以清偿全部债务的，除当事人另有约定外，由债务人在清偿时指定其履行的债务。

债务人未作指定的，应当优先履行已经到期的债务；数项债务均到期的，优先履行对债权人缺乏担保或者担保最少的债务；均无担保或者担保相等的，优先履行债务人负担较重的债务；负担相同的，按照债务到期的先后顺序履行；到期时间相同的，按照债务比例履行。

第五百六十一条 债务人在履行主债务外还应当支付利息和实现债权的有关费用,其给付不足以清偿全部债务的,除当事人另有约定外,应当按照下列顺序履行:

(一)实现债权的有关费用;

(二)利息;

(三)主债务。

第五百六十二条 当事人协商一致,可以解除合同。

当事人可以约定一方解除合同的事由。解除合同的事由发生时,解除权人可以解除合同。

第五百六十三条 有下列情形之一的,当事人可以解除合同:

(一)因不可抗力致使不能实现合同目的;

(二)在履行期限届满前,当事人一方明确表示或者以自己的行为表明不履行主要债务;

(三)当事人一方迟延履行主要债务,经催告后在合理期限内仍未履行;

(四)当事人一方迟延履行债务或者有其他违约行为致使不能实现合同目的;

(五)法律规定的其他情形。

以持续履行的债务为内容的不定期合同,当事人可以随时解除合同,但是应当在合理期限之前通知对方。

第五百六十四条 法律规定或者当事人约定解除权行使期限,期限届满当事人不行使的,该权利消灭。

法律没有规定或者当事人没有约定解除权行使期限,自解除权人知道或者应当知道解除事由之日起一年内不行使,或者经对方催告后在合理期限内不行使的,该权利消灭。

第五百六十五条 当事人一方依法主张解除合同的,应当通知对方。合同自通知到达对方时解除;通知载明债务人在一定期限内不履行债务则合同自动解除,债务人在该期限内未履行债务的,合同自通知载明的期限届满时解除。对方对解除合同有异议的,任何一方当事人均可以请求人民法院或者仲裁机构确认解除行为的效力。

当事人一方未通知对方，直接以提起诉讼或者申请仲裁的方式依法主张解除合同，人民法院或者仲裁机构确认该主张的，合同自起诉状副本或者仲裁申请书副本送达对方时解除。

第五百六十六条 合同解除后，尚未履行的，终止履行；已经履行的，根据履行情况和合同性质，当事人可以请求恢复原状或者采取其他补救措施，并有权请求赔偿损失。

合同因违约解除的，解除权人可以请求违约方承担违约责任，但是当事人另有约定的除外。

主合同解除后，担保人对债务人应当承担的民事责任仍应当承担担保责任，但是担保合同另有约定的除外。

第五百六十七条 合同的权利义务关系终止，不影响合同中结算和清理条款的效力。

第五百六十八条 当事人互负债务，该债务的标的物种类、品质相同的，任何一方可以将自己的债务与对方的到期债务抵销；但是，根据债务性质、按照当事人约定或者依照法律规定不得抵销的除外。

当事人主张抵销的，应当通知对方。通知自到达对方时生效。抵销不得附条件或者附期限。

第五百六十九条 当事人互负债务，标的物种类、品质不相同的，经协商一致，也可以抵销。

第五百七十条 有下列情形之一，难以履行债务的，债务人可以将标的物提存：

（一）债权人无正当理由拒绝受领；

（二）债权人下落不明；

（三）债权人死亡未确定继承人、遗产管理人，或者丧失民事行为能力未确定监护人；

（四）法律规定的其他情形。

标的物不适于提存或者提存费用过高的，债务人依法可以拍卖或者变卖标的物，提存所得的价款。

第五百七十一条 债务人将标的物或者将标的物依法拍卖、变卖所得价款交付提存部门时，提存成立。

提存成立的，视为债务人在其提存范围内已经交付标的物。

第五百七十二条 标的物提存后，债务人应当及时通知债权人或者债权人的继承人、遗产管理人、监护人、财产代管人。

第五百七十三条 标的物提存后，毁损、灭失的风险由债权人承担。提存期间，标的物的孳息归债权人所有。提存费用由债权人负担。

第五百七十四条 债权人可以随时领取提存物。但是，债权人对债务人负有到期债务的，在债权人未履行债务或者提供担保之前，提存部门根据债务人的要求应当拒绝其领取提存物。

债权人领取提存物的权利，自提存之日起五年内不行使而消灭，提存物扣除提存费用后归国家所有。但是，债权人未履行对债务人的到期债务，或者债权人向提存部门书面表示放弃领取提存物权利的，债务人负担提存费用后有权取回提存物。

第五百七十五条 债权人免除债务人部分或者全部债务的，债权债务部分或者全部终止，但是债务人在合理期限内拒绝的除外。

第五百七十六条 债权和债务同归于一人的，债权债务终止，但是损害第三人利益的除外。

第八章 违约责任

第五百七十七条 当事人一方不履行合同义务或者履行合同义务不符合约定的，应当承担继续履行、采取补救措施或者赔偿损失等违约责任。

第五百七十八条 当事人一方明确表示或者以自己的行为表明不履行合同义务的，对方可以在履行期限届满前请求其承担违约责任。

第五百七十九条 当事人一方未支付价款、报酬、租金、利息，或者不履行其他金钱债务的，对方可以请求其支付。

第五百八十条 当事人一方不履行非金钱债务或者履行非金钱债务不符合约定的,对方可以请求履行,但是有下列情形之一的除外:

(一)法律上或者事实上不能履行;

(二)债务的标的不适于强制履行或者履行费用过高;

(三)债权人在合理期限内未请求履行。

有前款规定的除外情形之一,致使不能实现合同目的的,人民法院或者仲裁机构可以根据当事人的请求终止合同权利义务关系,但是不影响违约责任的承担。

第五百八十一条 当事人一方不履行债务或者履行债务不符合约定,根据债务的性质不得强制履行的,对方可以请求其负担由第三人替代履行的费用。

第五百八十二条 履行不符合约定的,应当按照当事人的约定承担违约责任。对违约责任没有约定或者约定不明确,依据本法第五百一十条的规定仍不能确定的,受损害方根据标的的性质以及损失的大小,可以合理选择请求对方承担修理、重作、更换、退货、减少价款或者报酬等违约责任。

第五百八十三条 当事人一方不履行合同义务或者履行合同义务不符合约定的,在履行义务或者采取补救措施后,对方还有其他损失的,应当赔偿损失。

第五百八十四条 当事人一方不履行合同义务或者履行合同义务不符合约定,造成对方损失的,损失赔偿额应当相当于因违约所造成的损失,包括合同履行后可以获得的利益;但是,不得超过违约一方订立合同时预见到或者应当预见到的因违约可能造成的损失。

第五百八十五条 当事人可以约定一方违约时应当根据违约情况向对方支付一定数额的违约金,也可以约定因违约产生的损失赔偿额的计算方法。

约定的违约金低于造成的损失的,人民法院或者仲裁机构可以根据当事人的请求予以增加;约定的违约金过分高于造成的损失的,人民法院或者仲裁机构可以根据当事人的请求予以适当减少。

当事人就迟延履行约定违约金的,违约方支付违约金后,还应当履行债务。

第五百八十六条 当事人可以约定一方向对方给付定金作为债权的担保。定金合同自实际交付定金时成立。

定金的数额由当事人约定;但是,不得超过主合同标的额的百分之二十,超过部分不产生定金的效力。实际交付的定金数额多于或者少于约定数额的,视为变更约定的定金数额。

第五百八十七条 债务人履行债务的,定金应当抵作价款或者收回。给付定金的一方不履行债务或者履行债务不符合约定,致使不能实现合同目的的,无权请求返还定金;收受定金的一方不履行债务或者履行债务不符合约定,致使不能实现合同目的的,应当双倍返还定金。

第五百八十八条 当事人既约定违约金,又约定定金的,一方违约时,对方可以选择适用违约金或者定金条款。

定金不足以弥补一方违约造成的损失的,对方可以请求赔偿超过定金数额的损失。

第五百八十九条 债务人按照约定履行债务,债权人无正当理由拒绝受领的,债务人可以请求债权人赔偿增加的费用。

在债权人受领迟延期间,债务人无须支付利息。

第五百九十条 当事人一方因不可抗力不能履行合同的,根据不可抗力的影响,部分或者全部免除责任,但是法律另有规定的除外。因不可抗力不能履行合同的,应当及时通知对方,以减轻可能给对方造成的损失,并应当在合理期限内提供证明。

当事人迟延履行后发生不可抗力的,不免除其违约责任。

第五百九十一条 当事人一方违约后,对方应当采取适当措施防止损失的扩大;没有采取适当措施致使损失扩大的,不得就扩大的损失请求赔偿。

当事人因防止损失扩大而支出的合理费用,由违约方负担。

第五百九十二条 当事人都违反合同的,应当各自承担相应的责任。

当事人一方违约造成对方损失,对方对损失的发生有过错的,可以减少相应的损失赔偿额。

第五百九十三条 当事人一方因第三人的原因造成违约的,应当依法向对方承担违约责任。当事人一方和第三人之间的纠纷,依照法律规定或者按照约定处理。

第五百九十四条 因国际货物买卖合同和技术进出口合同争议提起诉讼或者申请仲裁的时效期间为四年。

第二分编　典型合同

第九章　买卖合同

第五百九十五条 买卖合同是出卖人转移标的物的所有权于买受人,买受人支付价款的合同。

第五百九十六条 买卖合同的内容一般包括标的物的名称、数量、质量、价款、履行期限、履行地点和方式、包装方式、检验标准和方法、结算方式、合同使用的文字及其效力等条款。

第五百九十七条 因出卖人未取得处分权致使标的物所有权不能转移的,买受人可以解除合同并请求出卖人承担违约责任。

法律、行政法规禁止或者限制转让的标的物,依照其规定。

第五百九十八条 出卖人应当履行向买受人交付标的物或者交付提取标的物的单证,并转移标的物所有权的义务。

第五百九十九条 出卖人应当按照约定或者交易习惯向买受人交付提取标的物单证以外的有关单证和资料。

第六百条 出卖具有知识产权的标的物的,除法律另有规定或者当事人另有约定外,该标的物的知识产权不属于买受人。

第六百零一条 出卖人应当按照约定的时间交付标的物。约定交付期限的,出卖人可以在该交付期限内的任何时间交付。

第六百零二条 当事人没有约定标的物的交付期限或者约定不明确的,适用本法第五百一十条、第五百一十一条第四项的规定。

第六百零三条 出卖人应当按照约定的地点交付标的物。

当事人没有约定交付地点或者约定不明确,依据本法第五百一十条的规定仍不能确定的,适用下列规定:

(一)标的物需要运输的,出卖人应当将标的物交付给第一承运人以运交给买受人;

(二)标的物不需要运输,出卖人和买受人订立合同时知道标的物在某一地点的,出卖人应当在该地点交付标的物;不知道标的物在某一地点的,应当在出卖人订立合同时的营业地交付标的物。

第六百零四条 标的物毁损、灭失的风险,在标的物交付之前由出卖人承担,交付之后由买受人承担,但是法律另有规定或者当事人另有约定的除外。

第六百零五条 因买受人的原因致使标的物未按照约定的期限交付的,买受人应当自违反约定时起承担标的物毁损、灭失的风险。

第六百零六条 出卖人出卖交由承运人运输的在途标的物,除当事人另有约定外,毁损、灭失的风险自合同成立时起由买受人承担。

第六百零七条 出卖人按照约定将标的物运送至买受人指定地点并交付给承运人后,标的物毁损、灭失的风险由买受人承担。

当事人没有约定交付地点或者约定不明确,依据本法第六百零三条第二款第一项的规定标的物需要运输的,出卖人将标的物交付给第一承运人后,标的物毁损、灭失的风险由买受人承担。

第六百零八条 出卖人按照约定或者依据本法第六百零三条第二款第二项的规定将标的物置于交付地点,买受人违反约定没有收取的,标的物毁损、灭失的风险自违反约定时起由买受人承担。

第六百零九条 出卖人按照约定未交付有关标的物的单证和资料的,不影响标的物毁损、灭失风险的转移。

第六百一十条 因标的物不符合质量要求,致使不能实现合同目的的,买受人可以拒绝接受标的物或者解除合同。买受人拒绝接受标的物或者解除合同的,标的物毁损、灭失的风险由出卖人承担。

第六百一十一条 标的物毁损、灭失的风险由买受人承担的,不影响因出卖人履行义务不符合约定，买受人请求其承担违约责任的权利。

第六百一十二条 出卖人就交付的标的物，负有保证第三人对该标的物不享有任何权利的义务，但是法律另有规定的除外。

第六百一十三条 买受人订立合同时知道或者应当知道第三人对买卖的标的物享有权利的，出卖人不承担前条规定的义务。

第六百一十四条 买受人有确切证据证明第三人对标的物享有权利的，可以中止支付相应的价款，但是出卖人提供适当担保的除外。

第六百一十五条 出卖人应当按照约定的质量要求交付标的物。出卖人提供有关标的物质量说明的，交付的标的物应当符合该说明的质量要求。

第六百一十六条 当事人对标的物的质量要求没有约定或者约定不明确，依据本法第五百一十条的规定仍不能确定的，适用本法第五百一十一条第一项的规定。

第六百一十七条 出卖人交付的标的物不符合质量要求的，买受人可以依据本法第五百八十二条至第五百八十四条的规定请求承担违约责任。

第六百一十八条 当事人约定减轻或者免除出卖人对标的物瑕疵承担的责任，因出卖人故意或者重大过失不告知买受人标的物瑕疵的，出卖人无权主张减轻或者免除责任。

第六百一十九条 出卖人应当按照约定的包装方式交付标的物。对包装方式没有约定或者约定不明确，依据本法第五百一十条的规定仍不能确定的，应当按照通用的方式包装；没有通用方式的，应当采取足以保护标的物且有利于节约资源、保护生态环境的包装方式。

第六百二十条 买受人收到标的物时应当在约定的检验期限内检验。没有约定检验期限的，应当及时检验。

第六百二十一条 当事人约定检验期限的，买受人应当在检验期限内将标的物的数量或者质量不符合约定的情形通知出卖人。买受人怠于通知的，视为标的物的数量或者质量符合约定。

当事人没有约定检验期限的，买受人应当在发现或者应当发现标的物的数量或者质量不符合约定的合理期限内通知出卖人。买受人在合理期限内未通知或者自收到标的物之日起二年内未通知出卖人的，视为标的物的数量或者质量符合约定；但是，对标的物有质量保证期的，适用质量保证期，不适用该二年的规定。

出卖人知道或者应当知道提供的标的物不符合约定的，买受人不受前两款规定的通知时间的限制。

第六百二十二条 当事人约定的检验期限过短，根据标的物的性质和交易习惯，买受人在检验期限内难以完成全面检验的，该期限仅视为买受人对标的物的外观瑕疵提出异议的期限。

约定的检验期限或者质量保证期短于法律、行政法规规定期限的，应当以法律、行政法规规定的期限为准。

第六百二十三条 当事人对检验期限未作约定，买受人签收的送货单、确认单等载明标的物数量、型号、规格的，推定买受人已经对数量和外观瑕疵进行检验，但是有相关证据足以推翻的除外。

第六百二十四条 出卖人依照买受人的指示向第三人交付标的物，出卖人和买受人约定的检验标准与买受人和第三人约定的检验标准不一致的，以出卖人和买受人约定的检验标准为准。

第六百二十五条 依照法律、行政法规的规定或者按照当事人的约定，标的物在有效使用年限届满后应予回收的，出卖人负有自行或者委托第三人对标的物予以回收的义务。

第六百二十六条 买受人应当按照约定的数额和支付方式支付价款。对价款的数额和支付方式没有约定或者约定不明确的，适用本法第五百一十条、第五百一十一条第二项和第五项的规定。

第六百二十七条 买受人应当按照约定的地点支付价款。对支付地点没有约定或者约定不明确，依据本法第五百一十条的规定仍不能确定的，买受人应当在出卖人的营业地支付；但是，约定支付价款以交付标的物或者交付提取标的物单证为条件的，在交付标的物或者交付提取标的物单证的所在地支付。

第六百二十八条 买受人应当按照约定的时间支付价款。对支付时间没有约定或者约定不明确,依据本法第五百一十条的规定仍不能确定的,买受人应当在收到标的物或者提取标的物单证的同时支付。

第六百二十九条 出卖人多交标的物的,买受人可以接收或者拒绝接收多交的部分。买受人接收多交部分的,按照约定的价格支付价款;买受人拒绝接收多交部分的,应当及时通知出卖人。

第六百三十条 标的物在交付之前产生的孳息,归出卖人所有;交付之后产生的孳息,归买受人所有。但是,当事人另有约定的除外。

第六百三十一条 因标的物的主物不符合约定而解除合同的,解除合同的效力及于从物。因标的物的从物不符合约定被解除的,解除的效力不及于主物。

第六百三十二条 标的物为数物,其中一物不符合约定的,买受人可以就该物解除。但是,该物与他物分离使标的物的价值显受损害的,买受人可以就数物解除合同。

第六百三十三条 出卖人分批交付标的物的,出卖人对其中一批标的物不交付或者交付不符合约定,致使该批标的物不能实现合同目的的,买受人可以就该批标的物解除。

出卖人不交付其中一批标的物或者交付不符合约定,致使之后其他各批标的物的交付不能实现合同目的的,买受人可以就该批以及之后其他各批标的物解除。

买受人如果就其中一批标的物解除,该批标的物与其他各批标的物相互依存的,可以就已经交付和未交付的各批标的物解除。

第六百三十四条 分期付款的买受人未支付到期价款的数额达到全部价款的五分之一,经催告后在合理期限内仍未支付到期价款的,出卖人可以请求买受人支付全部价款或者解除合同。

出卖人解除合同的,可以向买受人请求支付该标的物的使用费。

第六百三十五条 凭样品买卖的当事人应当封存样品,并可以对样品质量予以说明。出卖人交付的标的物应当与样品及其说明的质量相同。

第六百三十六条 凭样品买卖的买受人不知道样品有隐蔽瑕疵的,即使交付的标的物与样品相同,出卖人交付的标的物的质量仍然应当符合同种物的通常标准。

第六百三十七条 试用买卖的当事人可以约定标的物的试用期限。对试用期限没有约定或者约定不明确,依据本法第五百一十条的规定仍不能确定的,由出卖人确定。

第六百三十八条 试用买卖的买受人在试用期内可以购买标的物,也可以拒绝购买。试用期限届满,买受人对是否购买标的物未作表示的,视为购买。

试用买卖的买受人在试用期内已经支付部分价款或者对标的物实施出卖、出租、设立担保物权等行为的,视为同意购买。

第六百三十九条 试用买卖的当事人对标的物使用费没有约定或者约定不明确的,出卖人无权请求买受人支付。

第六百四十条 标的物在试用期内毁损、灭失的风险由出卖人承担。

第六百四十一条 当事人可以在买卖合同中约定买受人未履行支付价款或者其他义务的,标的物的所有权属于出卖人。

出卖人对标的物保留的所有权,未经登记,不得对抗善意第三人。

第六百四十二条 当事人约定出卖人保留合同标的物的所有权,在标的物所有权转移前,买受人有下列情形之一,造成出卖人损害的,除当事人另有约定外,出卖人有权取回标的物:

(一)未按照约定支付价款,经催告后在合理期限内仍未支付;

(二)未按照约定完成特定条件;

(三)将标的物出卖、出质或者作出其他不当处分。

出卖人可以与买受人协商取回标的物;协商不成的,可以参照适用担保物权的实现程序。

第六百四十三条 出卖人依据前条第一款的规定取回标的物后,买受人在双方约定或者出卖人指定的合理回赎期限内,消除出卖人取回标的物的事由的,可以请求回赎标的物。

买受人在回赎期限内没有回赎标的物,出卖人可以以合理价格将标的物出卖给第三人,出卖所得价款扣除买受人未支付的价款以及必要费用后仍有剩余的,应当返还买受人;不足部分由买受人清偿。

第六百四十四条 招标投标买卖的当事人的权利和义务以及招标投标程序等,依照有关法律、行政法规的规定。

第六百四十五条 拍卖的当事人的权利和义务以及拍卖程序等,依照有关法律、行政法规的规定。

第六百四十六条 法律对其他有偿合同有规定的,依照其规定;没有规定的,参照适用买卖合同的有关规定。

第六百四十七条 当事人约定易货交易,转移标的物的所有权的,参照适用买卖合同的有关规定。

第十章 供用电、水、气、热力合同

第六百四十八条 供用电合同是供电人向用电人供电,用电人支付电费的合同。

向社会公众供电的供电人,不得拒绝用电人合理的订立合同要求。

第六百四十九条 供用电合同的内容一般包括供电的方式、质量、时间,用电容量、地址、性质,计量方式,电价、电费的结算方式,供用电设施的维护责任等条款。

第六百五十条 供用电合同的履行地点,按照当事人约定;当事人没有约定或者约定不明确的,供电设施的产权分界处为履行地点。

第六百五十一条 供电人应当按照国家规定的供电质量标准和约定安全供电。供电人未按照国家规定的供电质量标准和约定安全供电,造成用电人损失的,应当承担赔偿责任。

第六百五十二条 供电人因供电设施计划检修、临时检修、依法限电或者用电人违法用电等原因,需要中断供电时,应当按照国家有关规定事先通知用电人;未事先通知用电人中断供电,造成用电人损失的,应当承担赔偿责任。

第六百五十三条 因自然灾害等原因断电,供电人应当按照国家有关规定及时抢修;未及时抢修,造成用电人损失的,应当承担赔偿责任。

第六百五十四条 用电人应当按照国家有关规定和当事人的约定及时支付电费。用电人逾期不支付电费的,应当按照约定支付违约金。经催告用电人在合理期限内仍不支付电费和违约金的,供电人可以按照国家规定的程序中止供电。

供电人依据前款规定中止供电的,应当事先通知用电人。

第六百五十五条 用电人应当按照国家有关规定和当事人的约定安全、节约和计划用电。用电人未按照国家有关规定和当事人的约定用电,造成供电人损失的,应当承担赔偿责任。

第六百五十六条 供用水、供用气、供用热力合同,参照适用供用电合同的有关规定。

第十一章 赠 与 合 同

第六百五十七条 赠与合同是赠与人将自己的财产无偿给予受赠人,受赠人表示接受赠与的合同。

第六百五十八条 赠与人在赠与财产的权利转移之前可以撤销赠与。

经过公证的赠与合同或者依法不得撤销的具有救灾、扶贫、助残等公益、道德义务性质的赠与合同,不适用前款规定。

第六百五十九条 赠与的财产依法需要办理登记或者其他手续的,应当办理有关手续。

第六百六十条 经过公证的赠与合同或者依法不得撤销的具有救灾、扶贫、助残等公益、道德义务性质的赠与合同,赠与人不交付赠与财产的,受赠人可以请求交付。

依据前款规定应当交付的赠与财产因赠与人故意或者重大过失致使毁损、灭失的,赠与人应当承担赔偿责任。

第六百六十一条　赠与可以附义务。

赠与附义务的,受赠人应当按照约定履行义务。

第六百六十二条　赠与的财产有瑕疵的,赠与人不承担责任。附义务的赠与,赠与的财产有瑕疵的,赠与人在附义务的限度内承担与出卖人相同的责任。

赠与人故意不告知瑕疵或者保证无瑕疵,造成受赠人损失的,应当承担赔偿责任。

第六百六十三条　受赠人有下列情形之一的,赠与人可以撤销赠与:

(一)严重侵害赠与人或者赠与人近亲属的合法权益;

(二)对赠与人有扶养义务而不履行;

(三)不履行赠与合同约定的义务。

赠与人的撤销权,自知道或者应当知道撤销事由之日起一年内行使。

第六百六十四条　因受赠人的违法行为致使赠与人死亡或者丧失民事行为能力的,赠与人的继承人或者法定代理人可以撤销赠与。

赠与人的继承人或者法定代理人的撤销权,自知道或者应当知道撤销事由之日起六个月内行使。

第六百六十五条　撤销权人撤销赠与的,可以向受赠人请求返还赠与的财产。

第六百六十六条　赠与人的经济状况显著恶化,严重影响其生产经营或者家庭生活的,可以不再履行赠与义务。

第十二章　借款合同

第六百六十七条　借款合同是借款人向贷款人借款,到期返还借款并支付利息的合同。

第六百六十八条　借款合同应当采用书面形式,但是自然人之间借款另有约定的除外。

借款合同的内容一般包括借款种类、币种、用途、数额、利率、期限和还款方式等条款。

第六百六十九条 订立借款合同,借款人应当按照贷款人的要求提供与借款有关的业务活动和财务状况的真实情况。

第六百七十条 借款的利息不得预先在本金中扣除。利息预先在本金中扣除的,应当按照实际借款数额返还借款并计算利息。

第六百七十一条 贷款人未按照约定的日期、数额提供借款,造成借款人损失的,应当赔偿损失。

借款人未按照约定的日期、数额收取借款的,应当按照约定的日期、数额支付利息。

第六百七十二条 贷款人按照约定可以检查、监督借款的使用情况。借款人应当按照约定向贷款人定期提供有关财务会计报表或者其他资料。

第六百七十三条 借款人未按照约定的借款用途使用借款的,贷款人可以停止发放借款、提前收回借款或者解除合同。

第六百七十四条 借款人应当按照约定的期限支付利息。对支付利息的期限没有约定或者约定不明确,依据本法第五百一十条的规定仍不能确定,借款期间不满一年的,应当在返还借款时一并支付;借款期间一年以上的,应当在每届满一年时支付,剩余期间不满一年的,应当在返还借款时一并支付。

第六百七十五条 借款人应当按照约定的期限返还借款。对借款期限没有约定或者约定不明确,依据本法第五百一十条的规定仍不能确定的,借款人可以随时返还;贷款人可以催告借款人在合理期限内返还。

第六百七十六条 借款人未按照约定的期限返还借款的,应当按照约定或者国家有关规定支付逾期利息。

第六百七十七条 借款人提前返还借款的,除当事人另有约定外,应当按照实际借款的期间计算利息。

第六百七十八条 借款人可以在还款期限届满前向贷款人申请展期;贷款人同意的,可以展期。

第六百七十九条 自然人之间的借款合同,自贷款人提供借款时成立。

第六百八十条 禁止高利放贷,借款的利率不得违反国家有关规定。

借款合同对支付利息没有约定的,视为没有利息。

借款合同对支付利息约定不明确,当事人不能达成补充协议的,按照当地或者当事人的交易方式、交易习惯、市场利率等因素确定利息;自然人之间借款的,视为没有利息。

第十三章 保证合同

第一节 一般规定

第六百八十一条 保证合同是为保障债权的实现,保证人和债权人约定,当债务人不履行到期债务或者发生当事人约定的情形时,保证人履行债务或者承担责任的合同。

第六百八十二条 保证合同是主债权债务合同的从合同。主债权债务合同无效的,保证合同无效,但是法律另有规定的除外。

保证合同被确认无效后,债务人、保证人、债权人有过错的,应当根据其过错各自承担相应的民事责任。

第六百八十三条 机关法人不得为保证人,但是经国务院批准为使用外国政府或者国际经济组织贷款进行转贷的除外。

以公益为目的的非营利法人、非法人组织不得为保证人。

第六百八十四条 保证合同的内容一般包括被保证的主债权的种类、数额,债务人履行债务的期限,保证的方式、范围和期间等条款。

第六百八十五条 保证合同可以是单独订立的书面合同,也可以是主债权债务合同中的保证条款。

第三人单方以书面形式向债权人作出保证,债权人接收且未提出异议的,保证合同成立。

第六百八十六条 保证的方式包括一般保证和连带责任保证。

当事人在保证合同中对保证方式没有约定或者约定不明确的,按照一般保证承担保证责任。

第六百八十七条 当事人在保证合同中约定，债务人不能履行债务时，由保证人承担保证责任的，为一般保证。

一般保证的保证人在主合同纠纷未经审判或者仲裁，并就债务人财产依法强制执行仍不能履行债务前，有权拒绝向债权人承担保证责任，但是有下列情形之一的除外：

（一）债务人下落不明，且无财产可供执行；

（二）人民法院已经受理债务人破产案件；

（三）债权人有证据证明债务人的财产不足以履行全部债务或者丧失履行债务能力；

（四）保证人书面表示放弃本款规定的权利。

第六百八十八条 当事人在保证合同中约定保证人和债务人对债务承担连带责任的，为连带责任保证。

连带责任保证的债务人不履行到期债务或者发生当事人约定的情形时，债权人可以请求债务人履行债务，也可以请求保证人在其保证范围内承担保证责任。

第六百八十九条 保证人可以要求债务人提供反担保。

第六百九十条 保证人与债权人可以协商订立最高额保证的合同，约定在最高债权额限度内就一定期间连续发生的债权提供保证。

最高额保证除适用本章规定外，参照适用本法第二编最高额抵押权的有关规定。

第二节　保证责任

第六百九十一条 保证的范围包括主债权及其利息、违约金、损害赔偿金和实现债权的费用。当事人另有约定的，按照其约定。

第六百九十二条 保证期间是确定保证人承担保证责任的期间，不发生中止、中断和延长。

债权人与保证人可以约定保证期间，但是约定的保证期间早于主债务履行期限或者与主债务履行期限同时届满的，视为没有约定；没有约定或者约定不明确的,保证期间为主债务履行期限届满之日起六个月。

债权人与债务人对主债务履行期限没有约定或者约定不明确的,保证期间自债权人请求债务人履行债务的宽限期届满之日起计算。

第六百九十三条 一般保证的债权人未在保证期间对债务人提起诉讼或者申请仲裁的,保证人不再承担保证责任。

连带责任保证的债权人未在保证期间请求保证人承担保证责任的,保证人不再承担保证责任。

第六百九十四条 一般保证的债权人在保证期间届满前对债务人提起诉讼或者申请仲裁的,从保证人拒绝承担保证责任的权利消灭之日起,开始计算保证债务的诉讼时效。

连带责任保证的债权人在保证期间届满前请求保证人承担保证责任的,从债权人请求保证人承担保证责任之日起,开始计算保证债务的诉讼时效。

第六百九十五条 债权人和债务人未经保证人书面同意,协商变更主债权债务合同内容,减轻债务的,保证人仍对变更后的债务承担保证责任;加重债务的,保证人对加重的部分不承担保证责任。

债权人和债务人变更主债权债务合同的履行期限,未经保证人书面同意的,保证期间不受影响。

第六百九十六条 债权人转让全部或者部分债权,未通知保证人的,该转让对保证人不发生效力。

保证人与债权人约定禁止债权转让,债权人未经保证人书面同意转让债权的,保证人对受让人不再承担保证责任。

第六百九十七条 债权人未经保证人书面同意,允许债务人转移全部或者部分债务,保证人对未经其同意转移的债务不再承担保证责任,但是债权人和保证人另有约定的除外。

第三人加入债务的,保证人的保证责任不受影响。

第六百九十八条 一般保证的保证人在主债务履行期限届满后,向债权人提供债务人可供执行财产的真实情况,债权人放弃或者怠于行使权利致使该财产不能被执行的,保证人在其提供可供执行财产的价值范围内不再承担保证责任。

第六百九十九条 同一债务有两个以上保证人的,保证人应当按照保证合同约定的保证份额,承担保证责任;没有约定保证份额的,债权人可以请求任何一个保证人在其保证范围内承担保证责任。

第七百条 保证人承担保证责任后,除当事人另有约定外,有权在其承担保证责任的范围内向债务人追偿,享有债权人对债务人的权利,但是不得损害债权人的利益。

第七百零一条 保证人可以主张债务人对债权人的抗辩。债务人放弃抗辩的,保证人仍有权向债权人主张抗辩。

第七百零二条 债务人对债权人享有抵销权或者撤销权的,保证人可以在相应范围内拒绝承担保证责任。

第十四章 租赁合同

第七百零三条 租赁合同是出租人将租赁物交付承租人使用、收益,承租人支付租金的合同。

第七百零四条 租赁合同的内容一般包括租赁物的名称、数量、用途、租赁期限、租金及其支付期限和方式、租赁物维修等条款。

第七百零五条 租赁期限不得超过二十年。超过二十年的,超过部分无效。

租赁期限届满,当事人可以续订租赁合同;但是,约定的租赁期限自续订之日起不得超过二十年。

第七百零六条 当事人未依照法律、行政法规规定办理租赁合同登记备案手续的,不影响合同的效力。

第七百零七条 租赁期限六个月以上的,应当采用书面形式。当事人未采用书面形式,无法确定租赁期限的,视为不定期租赁。

第七百零八条 出租人应当按照约定将租赁物交付承租人,并在租赁期限内保持租赁物符合约定的用途。

第七百零九条 承租人应当按照约定的方法使用租赁物。对租赁物的使用方法没有约定或者约定不明确，依据本法第五百一十条的规定仍不能确定的，应当根据租赁物的性质使用。

第七百一十条 承租人按照约定的方法或者根据租赁物的性质使用租赁物，致使租赁物受到损耗的，不承担赔偿责任。

第七百一十一条 承租人未按照约定的方法或者未根据租赁物的性质使用租赁物，致使租赁物受到损失的，出租人可以解除合同并请求赔偿损失。

第七百一十二条 出租人应当履行租赁物的维修义务，但是当事人另有约定的除外。

第七百一十三条 承租人在租赁物需要维修时可以请求出租人在合理期限内维修。出租人未履行维修义务的，承租人可以自行维修，维修费用由出租人负担。因维修租赁物影响承租人使用的，应当相应减少租金或者延长租期。

因承租人的过错致使租赁物需要维修的，出租人不承担前款规定的维修义务。

第七百一十四条 承租人应当妥善保管租赁物，因保管不善造成租赁物毁损、灭失的，应当承担赔偿责任。

第七百一十五条 承租人经出租人同意，可以对租赁物进行改善或者增设他物。

承租人未经出租人同意，对租赁物进行改善或者增设他物的，出租人可以请求承租人恢复原状或者赔偿损失。

第七百一十六条 承租人经出租人同意，可以将租赁物转租给第三人。承租人转租的，承租人与出租人之间的租赁合同继续有效；第三人造成租赁物损失的，承租人应当赔偿损失。

承租人未经出租人同意转租的，出租人可以解除合同。

第七百一十七条 承租人经出租人同意将租赁物转租给第三人，转租期限超过承租人剩余租赁期限的，超过部分的约定对出租人不具有法律约束力，但是出租人与承租人另有约定的除外。

第七百一十八条 出租人知道或者应当知道承租人转租，但是在六个月内未提出异议的,视为出租人同意转租。

第七百一十九条　承租人拖欠租金的,次承租人可以代承租人支付其欠付的租金和违约金,但是转租合同对出租人不具有法律约束力的除外。

次承租人代为支付的租金和违约金,可以充抵次承租人应当向承租人支付的租金;超出其应付的租金数额的,可以向承租人追偿。

第七百二十条　在租赁期限内因占有、使用租赁物获得的收益,归承租人所有,但是当事人另有约定的除外。

第七百二十一条　承租人应当按照约定的期限支付租金。对支付租金的期限没有约定或者约定不明确,依据本法第五百一十条的规定仍不能确定,租赁期限不满一年的,应当在租赁期限届满时支付;租赁期限一年以上的,应当在每届满一年时支付,剩余期限不满一年的,应当在租赁期限届满时支付。

第七百二十二条　承租人无正当理由未支付或者迟延支付租金的,出租人可以请求承租人在合理期限内支付;承租人逾期不支付的,出租人可以解除合同。

第七百二十三条　因第三人主张权利,致使承租人不能对租赁物使用、收益的,承租人可以请求减少租金或者不支付租金。

第三人主张权利的,承租人应当及时通知出租人。

第七百二十四条　有下列情形之一,非因承租人原因致使租赁物无法使用的,承租人可以解除合同:

(一)租赁物被司法机关或者行政机关依法查封、扣押;

(二)租赁物权属有争议;

(三)租赁物具有违反法律、行政法规关于使用条件的强制性规定情形。

第七百二十五条　租赁物在承租人按照租赁合同占有期限内发生所有权变动的,不影响租赁合同的效力。

第七百二十六条　出租人出卖租赁房屋的,应当在出卖之前的合理期限内通知承租人,承租人享有以同等条件优先购买的权利;但是,房屋按份共有人行使优先购买权或者出租人将房屋出卖给近亲属的除外。

出租人履行通知义务后，承租人在十五日内未明确表示购买的，视为承租人放弃优先购买权。

第七百二十七条 出租人委托拍卖人拍卖租赁房屋的，应当在拍卖五日前通知承租人。承租人未参加拍卖的，视为放弃优先购买权。

第七百二十八条 出租人未通知承租人或者有其他妨害承租人行使优先购买权情形的，承租人可以请求出租人承担赔偿责任。但是，出租人与第三人订立的房屋买卖合同的效力不受影响。

第七百二十九条 因不可归责于承租人的事由，致使租赁物部分或者全部毁损、灭失的，承租人可以请求减少租金或者不支付租金；因租赁物部分或者全部毁损、灭失，致使不能实现合同目的的，承租人可以解除合同。

第七百三十条 当事人对租赁期限没有约定或者约定不明确，依据本法第五百一十条的规定仍不能确定的，视为不定期租赁；当事人可以随时解除合同，但是应当在合理期限之前通知对方。

第七百三十一条 租赁物危及承租人的安全或者健康的，即使承租人订立合同时明知该租赁物质量不合格，承租人仍然可以随时解除合同。

第七百三十二条 承租人在房屋租赁期限内死亡的，与其生前共同居住的人或者共同经营人可以按照原租赁合同租赁该房屋。

第七百三十三条 租赁期限届满，承租人应当返还租赁物。返还的租赁物应当符合按照约定或者根据租赁物的性质使用后的状态。

第七百三十四条 租赁期限届满，承租人继续使用租赁物，出租人没有提出异议的，原租赁合同继续有效，但是租赁期限为不定期。

租赁期限届满，房屋承租人享有以同等条件优先承租的权利。

第十五章　融资租赁合同

第七百三十五条 融资租赁合同是出租人根据承租人对出卖人、

租赁物的选择,向出卖人购买租赁物,提供给承租人使用,承租人支付租金的合同。

第七百三十六条 融资租赁合同的内容一般包括租赁物的名称、数量、规格、技术性能、检验方法、租赁期限、租金构成及其支付期限和方式、币种、租赁期限届满租赁物的归属等条款。

融资租赁合同应当采用书面形式。

第七百三十七条 当事人以虚构租赁物方式订立的融资租赁合同无效。

第七百三十八条 依照法律、行政法规的规定,对于租赁物的经营使用应当取得行政许可的,出租人未取得行政许可不影响融资租赁合同的效力。

第七百三十九条 出租人根据承租人对出卖人、租赁物的选择订立的买卖合同,出卖人应当按照约定向承租人交付标的物,承租人享有与受领标的物有关的买受人的权利。

第七百四十条 出卖人违反向承租人交付标的物的义务,有下列情形之一的,承租人可以拒绝受领出卖人向其交付的标的物:

(一)标的物严重不符合约定;

(二)未按照约定交付标的物,经承租人或者出租人催告后在合理期限内仍未交付。

承租人拒绝受领标的物的,应当及时通知出租人。

第七百四十一条 出租人、出卖人、承租人可以约定,出卖人不履行买卖合同义务的,由承租人行使索赔的权利。承租人行使索赔权利的,出租人应当协助。

第七百四十二条 承租人对出卖人行使索赔权利,不影响其履行支付租金的义务。但是,承租人依赖出租人的技能确定租赁物或者出租人干预选择租赁物的,承租人可以请求减免相应租金。

第七百四十三条 出租人有下列情形之一,致使承租人对出卖人行使索赔权利失败的,承租人有权请求出租人承担相应的责任:

(一)明知租赁物有质量瑕疵而不告知承租人;

（二）承租人行使索赔权利时，未及时提供必要协助。

出租人怠于行使只能由其对出卖人行使的索赔权利，造成承租人损失的，承租人有权请求出租人承担赔偿责任。

第七百四十四条 出租人根据承租人对出卖人、租赁物的选择订立的买卖合同，未经承租人同意，出租人不得变更与承租人有关的合同内容。

第七百四十五条 出租人对租赁物享有的所有权，未经登记，不得对抗善意第三人。

第七百四十六条 融资租赁合同的租金，除当事人另有约定外，应当根据购买租赁物的大部分或者全部成本以及出租人的合理利润确定。

第七百四十七条 租赁物不符合约定或者不符合使用目的的，出租人不承担责任。但是，承租人依赖出租人的技能确定租赁物或者出租人干预选择租赁物的除外。

第七百四十八条 出租人应当保证承租人对租赁物的占有和使用。

出租人有下列情形之一的，承租人有权请求其赔偿损失：

（一）无正当理由收回租赁物；

（二）无正当理由妨碍、干扰承租人对租赁物的占有和使用；

（三）因出租人的原因致使第三人对租赁物主张权利；

（四）不当影响承租人对租赁物占有和使用的其他情形。

第七百四十九条 承租人占有租赁物期间，租赁物造成第三人人身损害或者财产损失的，出租人不承担责任。

第七百五十条 承租人应当妥善保管、使用租赁物。

承租人应当履行占有租赁物期间的维修义务。

第七百五十一条 承租人占有租赁物期间，租赁物毁损、灭失的，出租人有权请求承租人继续支付租金，但是法律另有规定或者当事人另有约定的除外。

第七百五十二条 承租人应当按照约定支付租金。承租人经催告后在合理期限内仍不支付租金的，出租人可以请求支付全部租金；也可以解除合同，收回租赁物。

第七百五十三条 承租人未经出租人同意，将租赁物转让、抵押、质押、投资入股或者以其他方式处分的，出租人可以解除融资租赁合同。

第七百五十四条 有下列情形之一的，出租人或者承租人可以解除融资租赁合同：

（一）出租人与出卖人订立的买卖合同解除、被确认无效或者被撤销，且未能重新订立买卖合同；

（二）租赁物因不可归责于当事人的原因毁损、灭失，且不能修复或者确定替代物；

（三）因出卖人的原因致使融资租赁合同的目的不能实现。

第七百五十五条 融资租赁合同因买卖合同解除、被确认无效或者被撤销而解除，出卖人、租赁物系由承租人选择的，出租人有权请求承租人赔偿相应损失；但是，因出租人原因致使买卖合同解除、被确认无效或者被撤销的除外。

出租人的损失已经在买卖合同解除、被确认无效或者被撤销时获得赔偿的，承租人不再承担相应的赔偿责任。

第七百五十六条 融资租赁合同因租赁物交付承租人后意外毁损、灭失等不可归责于当事人的原因解除的，出租人可以请求承租人按照租赁物折旧情况给予补偿。

第七百五十七条 出租人和承租人可以约定租赁期限届满租赁物的归属；对租赁物的归属没有约定或者约定不明确，依据本法第五百一十条的规定仍不能确定的，租赁物的所有权归出租人。

第七百五十八条 当事人约定租赁期限届满租赁物归承租人所有，承租人已经支付大部分租金，但是无力支付剩余租金，出租人因此解除合同收回租赁物，收回的租赁物的价值超过承租人欠付的租金以及其他费用的，承租人可以请求相应返还。

当事人约定租赁期限届满租赁物归出租人所有，因租赁物毁损、灭失或者附合、混合于他物致使承租人不能返还的，出租人有权请求承租人给予合理补偿。

第七百五十九条 当事人约定租赁期限届满，承租人仅需向出租人支付象征性价款的，视为约定的租金义务履行完毕后租赁物的所有权归承租人。

第七百六十条 融资租赁合同无效，当事人就该情形下租赁物的归属有约定的，按照其约定；没有约定或者约定不明确的，租赁物应当返还出租人。但是，因承租人原因致使合同无效，出租人不请求返还或者返还后会显著降低租赁物效用的，租赁物的所有权归承租人，由承租人给予出租人合理补偿。

第十六章　保理合同

第七百六十一条 保理合同是应收账款债权人将现有的或者将有的应收账款转让给保理人，保理人提供资金融通、应收账款管理或者催收、应收账款债务人付款担保等服务的合同。

第七百六十二条 保理合同的内容一般包括业务类型、服务范围、服务期限、基础交易合同情况、应收账款信息、保理融资款或者服务报酬及其支付方式等条款。

保理合同应当采用书面形式。

第七百六十三条 应收账款债权人与债务人虚构应收账款作为转让标的，与保理人订立保理合同的，应收账款债务人不得以应收账款不存在为由对抗保理人，但是保理人明知虚构的除外。

第七百六十四条 保理人向应收账款债务人发出应收账款转让通知的，应当表明保理人身份并附有必要凭证。

第七百六十五条 应收账款债务人接到应收账款转让通知后，应收账款债权人与债务人无正当理由协商变更或者终止基础交易合同，对保理人产生不利影响的，对保理人不发生效力。

第七百六十六条 当事人约定有追索权保理的，保理人可以向应收账款债权人主张返还保理融资款本息或者回购应收账款债权，也可以向应收账款债务人主张应收账款债权。保理人向应收账款债务人主张应收账款债权，在扣除保理融资款本息和相关费用后有剩余的，剩余部分应当返还给应收账款债权人。

第七百六十七条 当事人约定无追索权保理的，保理人应当向应收账款债务人主张应收账款债权，保理人取得超过保理融资款本息和相关费用的部分，无需向应收账款债权人返还。

第七百六十八条 应收账款债权人就同一应收账款订立多个保理合同，致使多个保理人主张权利的，已经登记的先于未登记的取得应收账款；均已经登记的，按照登记时间的先后顺序取得应收账款；均未登记的，由最先到达应收账款债务人的转让通知中载明的保理人取得应收账款；既未登记也未通知的，按照保理融资款或者服务报酬的比例取得应收账款。

第七百六十九条 本章没有规定的，适用本编第六章债权转让的有关规定。

第十七章 承揽合同

第七百七十条 承揽合同是承揽人按照定作人的要求完成工作，交付工作成果，定作人支付报酬的合同。

承揽包括加工、定作、修理、复制、测试、检验等工作。

第七百七十一条 承揽合同的内容一般包括承揽的标的、数量、质量、报酬、承揽方式、材料的提供、履行期限、验收标准和方法等条款。

第七百七十二条 承揽人应当以自己的设备、技术和劳力，完成主要工作，但是当事人另有约定的除外。

承揽人将其承揽的主要工作交由第三人完成的，应当就该第三人完成的工作成果向定作人负责；未经定作人同意的，定作人也可以解除合同。

第七百七十三条 承揽人可以将其承揽的辅助工作交由第三人完成。承揽人将其承揽的辅助工作交由第三人完成的，应当就该第三人完成的工作成果向定作人负责。

第七百七十四条　承揽人提供材料的,应当按照约定选用材料,并接受定作人检验。

第七百七十五条　定作人提供材料的,应当按照约定提供材料。承揽人对定作人提供的材料应当及时检验,发现不符合约定时,应当及时通知定作人更换、补齐或者采取其他补救措施。

承揽人不得擅自更换定作人提供的材料,不得更换不需要修理的零部件。

第七百七十六条　承揽人发现定作人提供的图纸或者技术要求不合理的,应当及时通知定作人。因定作人怠于答复等原因造成承揽人损失的,应当赔偿损失。

第七百七十七条　定作人中途变更承揽工作的要求,造成承揽人损失的,应当赔偿损失。

第七百七十八条　承揽工作需要定作人协助的,定作人有协助的义务。定作人不履行协助义务致使承揽工作不能完成的,承揽人可以催告定作人在合理期限内履行义务,并可以顺延履行期限;定作人逾期不履行的,承揽人可以解除合同。

第七百七十九条　承揽人在工作期间,应当接受定作人必要的监督检验。定作人不得因监督检验妨碍承揽人的正常工作。

第七百八十条　承揽人完成工作的,应当向定作人交付工作成果,并提交必要的技术资料和有关质量证明。定作人应当验收该工作成果。

第七百八十一条　承揽人交付的工作成果不符合质量要求的,定作人可以合理选择请求承揽人承担修理、重作、减少报酬、赔偿损失等违约责任。

第七百八十二条　定作人应当按照约定的期限支付报酬。对支付报酬的期限没有约定或者约定不明确的,依据本法第五百一十条的规定仍不能确定的,定作人应当在承揽人交付工作成果时支付;工作成果部分交付的,定作人应当相应支付。

第七百八十三条 定作人未向承揽人支付报酬或者材料费等价款的,承揽人对完成的工作成果享有留置权或者有权拒绝交付,但是当事人另有约定的除外。

第七百八十四条 承揽人应当妥善保管定作人提供的材料以及完成的工作成果,因保管不善造成毁损、灭失的,应当承担赔偿责任。

第七百八十五条 承揽人应当按照定作人的要求保守秘密,未经定作人许可,不得留存复制品或者技术资料。

第七百八十六条 共同承揽人对定作人承担连带责任,但是当事人另有约定的除外。

第七百八十七条 定作人在承揽人完成工作前可以随时解除合同,造成承揽人损失的,应当赔偿损失。

第十八章 建设工程合同

第七百八十八条 建设工程合同是承包人进行工程建设,发包人支付价款的合同。

建设工程合同包括工程勘察、设计、施工合同。

第七百八十九条 建设工程合同应当采用书面形式。

第七百九十条 建设工程的招标投标活动,应当依照有关法律的规定公开、公平、公正进行。

第七百九十一条 发包人可以与总承包人订立建设工程合同,也可以分别与勘察人、设计人、施工人订立勘察、设计、施工承包合同。发包人不得将应当由一个承包人完成的建设工程支解成若干部分发包给数个承包人。

总承包人或者勘察、设计、施工承包人经发包人同意,可以将自己承包的部分工作交由第三人完成。第三人就其完成的工作成果与总承包人或者勘察、设计、施工承包人向发包人承担连带责任。承包人不得将其承包的全部建设工程转包给第三人或者将其承包的全部建设工程支解以后以分包的名义分别转包给第三人。

禁止承包人将工程分包给不具备相应资质条件的单位。禁止分包单位将其承包的工程再分包。建设工程主体结构的施工必须由承包人自行完成。

第七百九十二条 国家重大建设工程合同,应当按照国家规定的程序和国家批准的投资计划、可行性研究报告等文件订立。

第七百九十三条 建设工程施工合同无效,但是建设工程经验收合格的,可以参照合同关于工程价款的约定折价补偿承包人。

建设工程施工合同无效,且建设工程经验收不合格的,按照以下情形处理:

(一)修复后的建设工程经验收合格的,发包人可以请求承包人承担修复费用;

(二)修复后的建设工程经验收不合格的,承包人无权请求参照合同关于工程价款的约定折价补偿。

发包人对因建设工程不合格造成的损失有过错的,应当承担相应的责任。

第七百九十四条 勘察、设计合同的内容一般包括提交有关基础资料和概预算等文件的期限、质量要求、费用以及其他协作条件等条款。

第七百九十五条 施工合同的内容一般包括工程范围、建设工期、中间交工工程的开工和竣工时间、工程质量、工程造价、技术资料交付时间、材料和设备供应责任、拨款和结算、竣工验收、质量保修范围和质量保证期、相互协作等条款。

第七百九十六条 建设工程实行监理的,发包人应当与监理人采用书面形式订立委托监理合同。发包人与监理人的权利和义务以及法律责任,应当依照本编委托合同以及其他有关法律、行政法规的规定。

第七百九十七条 发包人在不妨碍承包人正常作业的情况下,可以随时对作业进度、质量进行检查。

第七百九十八条 隐蔽工程在隐蔽以前,承包人应当通知发包人检查。发包人没有及时检查的,承包人可以顺延工程日期,并有权请求赔偿停工、窝工等损失。

第七百九十九条 建设工程竣工后,发包人应当根据施工图纸及说明书、国家颁发的施工验收规范和质量检验标准及时进行验收。验收合格的,发包人应当按照约定支付价款,并接收该建设工程。

建设工程竣工经验收合格后,方可交付使用;未经验收或者验收不合格的,不得交付使用。

第八百条 勘察、设计的质量不符合要求或者未按照期限提交勘察、设计文件拖延工期,造成发包人损失的,勘察人、设计人应当继续完善勘察、设计,减收或者免收勘察、设计费并赔偿损失。

第八百零一条 因施工人的原因致使建设工程质量不符合约定的,发包人有权请求施工人在合理期限内无偿修理或者返工、改建。经过修理或者返工、改建后,造成逾期交付的,施工人应当承担违约责任。

第八百零二条 因承包人的原因致使建设工程在合理使用期限内造成人身损害和财产损失的,承包人应当承担赔偿责任。

第八百零三条 发包人未按照约定的时间和要求提供原材料、设备、场地、资金、技术资料的,承包人可以顺延工程日期,并有权请求赔偿停工、窝工等损失。

第八百零四条 因发包人的原因致使工程中途停建、缓建的,发包人应当采取措施弥补或者减少损失,赔偿承包人因此造成的停工、窝工、倒运、机械设备调迁、材料和构件积压等损失和实际费用。

第八百零五条 因发包人变更计划,提供的资料不准确,或者未按照期限提供必需的勘察、设计工作条件而造成勘察、设计的返工、停工或者修改设计,发包人应当按照勘察人、设计人实际消耗的工作量增付费用。

第八百零六条 承包人将建设工程转包、违法分包的,发包人可以解除合同。

发包人提供的主要建筑材料、建筑构配件和设备不符合强制性标准或者不履行协助义务,致使承包人无法施工,经催告后在合理期限内仍未履行相应义务的,承包人可以解除合同。

合同解除后,已经完成的建设工程质量合格的,发包人应当按照约定支付相应的工程价款;已经完成的建设工程质量不合格的,参照本法第七百九十三条的规定处理。

第八百零七条 发包人未按照约定支付价款的,承包人可以催告发包人在合理期限内支付价款。发包人逾期不支付的,除根据建设工程的性质不宜折价、拍卖外,承包人可以与发包人协议将该工程折价,也可以请求人民法院将该工程依法拍卖。建设工程的价款就该工程折价或者拍卖的价款优先受偿。

第八百零八条 本章没有规定的,适用承揽合同的有关规定。

第十九章 运输合同

第一节 一般规定

第八百零九条 运输合同是承运人将旅客或者货物从起运地点运输到约定地点,旅客、托运人或者收货人支付票款或者运输费用的合同。

第八百一十条 从事公共运输的承运人不得拒绝旅客、托运人通常、合理的运输要求。

第八百一十一条 承运人应当在约定期限或者合理期限内将旅客、货物安全运输到约定地点。

第八百一十二条 承运人应当按照约定的或者通常的运输路线将旅客、货物运输到约定地点。

第八百一十三条 旅客、托运人或者收货人应当支付票款或者运输费用。承运人未按照约定路线或者通常路线运输增加票款或者运输费用的,旅客、托运人或者收货人可以拒绝支付增加部分的票款或者运输费用。

第二节 客运合同

第八百一十四条 客运合同自承运人向旅客出具客票时成立,但是当事人另有约定或者另有交易习惯的除外。

第八百一十五条 旅客应当按照有效客票记载的时间、班次和座位号乘坐。旅客无票乘坐、超程乘坐、越级乘坐或者持不符合减价条件的优惠客票乘坐的,应当补交票款,承运人可以按照规定加收票款;旅客不支付票款的,承运人可以拒绝运输。

实名制客运合同的旅客丢失客票的,可以请求承运人挂失补办,承运人不得再次收取票款和其他不合理费用。

第八百一十六条 旅客因自己的原因不能按照客票记载的时间乘坐的,应当在约定的期限内办理退票或者变更手续;逾期办理的,承运人可以不退票款,并不再承担运输义务。

第八百一十七条 旅客随身携带行李应当符合约定的限量和品类要求;超过限量或者违反品类要求携带行李的,应当办理托运手续。

第八百一十八条 旅客不得随身携带或者在行李中夹带易燃、易爆、有毒、有腐蚀性、有放射性以及可能危及运输工具上人身和财产安全的危险物品或者违禁物品。

旅客违反前款规定的,承运人可以将危险物品或者违禁物品卸下、销毁或者送交有关部门。旅客坚持携带或者夹带危险物品或者违禁物品的,承运人应当拒绝运输。

第八百一十九条 承运人应当严格履行安全运输义务,及时告知旅客安全运输应当注意的事项。旅客对承运人为安全运输所作的合理安排应当积极协助和配合。

第八百二十条 承运人应当按照有效客票记载的时间、班次和座位号运输旅客。承运人迟延运输或者有其他不能正常运输情形的,应当及时告知和提醒旅客,采取必要的安置措施,并根据旅客的要求安排改乘其他班次或者退票;由此造成旅客损失的,承运人应当承担赔偿责任,但是不可归责于承运人的除外。

第八百二十一条 承运人擅自降低服务标准的,应当根据旅客的请求退票或者减收票款;提高服务标准的,不得加收票款。

第八百二十二条 承运人在运输过程中,应当尽力救助患有急病、分娩、遇险的旅客。

第八百二十三条 承运人应当对运输过程中旅客的伤亡承担赔偿责任；但是，伤亡是旅客自身健康原因造成的或者承运人证明伤亡是旅客故意、重大过失造成的除外。

前款规定适用于按照规定免票、持优待票或者经承运人许可搭乘的无票旅客。

第八百二十四条 在运输过程中旅客随身携带物品毁损、灭失，承运人有过错的，应当承担赔偿责任。

旅客托运的行李毁损、灭失的，适用货物运输的有关规定。

第三节 货运合同

第八百二十五条 托运人办理货物运输，应当向承运人准确表明收货人的姓名、名称或者凭指示的收货人，货物的名称、性质、重量、数量，收货地点等有关货物运输的必要情况。

因托运人申报不实或者遗漏重要情况，造成承运人损失的，托运人应当承担赔偿责任。

第八百二十六条 货物运输需要办理审批、检验等手续的，托运人应当将办理完有关手续的文件提交承运人。

第八百二十七条 托运人应当按照约定的方式包装货物。对包装方式没有约定或者约定不明确的，适用本法第六百一十九条的规定。

托运人违反前款规定的，承运人可以拒绝运输。

第八百二十八条 托运人托运易燃、易爆、有毒、有腐蚀性、有放射性等危险物品的，应当按照国家有关危险物品运输的规定对危险物品妥善包装，做出危险物品标志和标签，并将有关危险物品的名称、性质和防范措施的书面材料提交承运人。

托运人违反前款规定的，承运人可以拒绝运输，也可以采取相应措施以避免损失的发生，因此产生的费用由托运人负担。

第八百二十九条 在承运人将货物交付收货人之前，托运人可以要求承运人中止运输、返还货物、变更到达地或者将货物交给其他收货人,但是应当赔偿承运人因此受到的损失。

第八百三十条 货物运输到达后,承运人知道收货人的,应当及时通知收货人,收货人应当及时提货。收货人逾期提货的,应当向承运人支付保管费等费用。

第八百三十一条 收货人提货时应当按照约定的期限检验货物。对检验货物的期限没有约定或者约定不明确,依据本法第五百一十条的规定仍不能确定的,应当在合理期限内检验货物。收货人在约定的期限或者合理期限内对货物的数量、毁损等未提出异议的,视为承运人已经按照运输单证的记载交付的初步证据。

第八百三十二条 承运人对运输过程中货物的毁损、灭失承担赔偿责任。但是,承运人证明货物的毁损、灭失是因不可抗力、货物本身的自然性质或者合理损耗以及托运人、收货人的过错造成的,不承担赔偿责任。

第八百三十三条 货物的毁损、灭失的赔偿额,当事人有约定的,按照其约定;没有约定或者约定不明确,依据本法第五百一十条的规定仍不能确定的,按照交付或者应当交付时货物到达地的市场价格计算。法律、行政法规对赔偿额的计算方法和赔偿限额另有规定的,依照其规定。

第八百三十四条 两个以上承运人以同一运输方式联运的,与托运人订立合同的承运人应当对全程运输承担责任;损失发生在某一运输区段的,与托运人订立合同的承运人和该区段的承运人承担连带责任。

第八百三十五条 货物在运输过程中因不可抗力灭失,未收取运费的,承运人不得请求支付运费;已经收取运费的,托运人可以请求返还。法律另有规定的,依照其规定。

第八百三十六条 托运人或者收货人不支付运费、保管费或者其他费用的,承运人对相应的运输货物享有留置权,但是当事人另有约定的除外。

第八百三十七条 收货人不明或者收货人无正当理由拒绝受领货物的,承运人依法可以提存货物。

第四节 多式联运合同

第八百三十八条 多式联运经营人负责履行或者组织履行多式联运合同,对全程运输享有承运人的权利,承担承运人的义务。

第八百三十九条 多式联运经营人可以与参加多式联运的各区段承运人就多式联运合同的各区段运输约定相互之间的责任;但是,该约定不影响多式联运经营人对全程运输承担的义务。

第八百四十条 多式联运经营人收到托运人交付的货物时,应当签发多式联运单据。按照托运人的要求,多式联运单据可以是可转让单据,也可以是不可转让单据。

第八百四十一条 因托运人托运货物时的过错造成多式联运经营人损失的,即使托运人已经转让多式联运单据,托运人仍然应当承担赔偿责任。

第八百四十二条 货物的毁损、灭失发生于多式联运的某一运输区段的,多式联运经营人的赔偿责任和责任限额,适用调整该区段运输方式的有关法律规定;货物毁损、灭失发生的运输区段不能确定的,依照本章规定承担赔偿责任。

第二十章 技术合同

第一节 一般规定

第八百四十三条 技术合同是当事人就技术开发、转让、许可、咨询或者服务订立的确立相互之间权利和义务的合同。

第八百四十四条 订立技术合同,应当有利于知识产权的保护和科学技术的进步,促进科学技术成果的研发、转化、应用和推广。

第八百四十五条 技术合同的内容一般包括项目的名称,标的的内容、范围和要求,履行的计划、地点和方式,技术信息和资料的保密,技术成果的归属和收益的分配办法,验收标准和方法,名词和术语的解释等条款。

与履行合同有关的技术背景资料、可行性论证和技术评价报告、项目任务书和计划书、技术标准、技术规范、原始设计和工艺文件，以及其他技术文档，按照当事人的约定可以作为合同的组成部分。

技术合同涉及专利的，应当注明发明创造的名称、专利申请人和专利权人、申请日期、申请号、专利号以及专利权的有效期限。

第八百四十六条 技术合同价款、报酬或者使用费的支付方式由当事人约定，可以采取一次总算、一次总付或者一次总算、分期支付，也可以采取提成支付或者提成支付附加预付入门费的方式。

约定提成支付的，可以按照产品价格、实施专利和使用技术秘密后新增的产值、利润或者产品销售额的一定比例提成，也可以按照约定的其他方式计算。提成支付的比例可以采取固定比例、逐年递增比例或者逐年递减比例。

约定提成支付的，当事人可以约定查阅有关会计账目的办法。

第八百四十七条 职务技术成果的使用权、转让权属于法人或者非法人组织的，法人或者非法人组织可以就该项职务技术成果订立技术合同。法人或者非法人组织订立技术合同转让职务技术成果时，职务技术成果的完成人享有以同等条件优先受让的权利。

职务技术成果是执行法人或者非法人组织的工作任务，或者主要是利用法人或者非法人组织的物质技术条件所完成的技术成果。

第八百四十八条 非职务技术成果的使用权、转让权属于完成技术成果的个人，完成技术成果的个人可以就该项非职务技术成果订立技术合同。

第八百四十九条 完成技术成果的个人享有在有关技术成果文件上写明自己是技术成果完成者的权利和取得荣誉证书、奖励的权利。

第八百五十条 非法垄断技术或者侵害他人技术成果的技术合同无效。

第二节 技术开发合同

第八百五十一条 技术开发合同是当事人之间就新技术、新产品、新工艺、新品种或者新材料及其系统的研究开发所订立的合同。

技术开发合同包括委托开发合同和合作开发合同。

技术开发合同应当采用书面形式。

当事人之间就具有实用价值的科技成果实施转化订立的合同，参照适用技术开发合同的有关规定。

第八百五十二条 委托开发合同的委托人应当按照约定支付研究开发经费和报酬，提供技术资料，提出研究开发要求，完成协作事项，接受研究开发成果。

第八百五十三条 委托开发合同的研究开发人应当按照约定制定和实施研究开发计划，合理使用研究开发经费，按期完成研究开发工作，交付研究开发成果，提供有关的技术资料和必要的技术指导，帮助委托人掌握研究开发成果。

第八百五十四条 委托开发合同的当事人违反约定造成研究开发工作停滞、延误或者失败的，应当承担违约责任。

第八百五十五条 合作开发合同的当事人应当按照约定进行投资，包括以技术进行投资，分工参与研究开发工作，协作配合研究开发工作。

第八百五十六条 合作开发合同的当事人违反约定造成研究开发工作停滞、延误或者失败的，应当承担违约责任。

第八百五十七条 作为技术开发合同标的的技术已经由他人公开，致使技术开发合同的履行没有意义的，当事人可以解除合同。

第八百五十八条 技术开发合同履行过程中，因出现无法克服的技术困难，致使研究开发失败或者部分失败的，该风险由当事人约定；没有约定或者约定不明确，依据本法第五百一十条的规定仍不能确定的，风险由当事人合理分担。

当事人一方发现前款规定的可能致使研究开发失败或者部分失

败的情形时,应当及时通知另一方并采取适当措施减少损失;没有及时通知并采取适当措施,致使损失扩大的,应当就扩大的损失承担责任。

第八百五十九条 委托开发完成的发明创造,除法律另有规定或者当事人另有约定外,申请专利的权利属于研究开发人。研究开发人取得专利权的,委托人可以依法实施该专利。

研究开发人转让专利申请权的,委托人享有以同等条件优先受让的权利。

第八百六十条 合作开发完成的发明创造,申请专利的权利属于合作开发的当事人共有;当事人一方转让其共有的专利申请权的,其他各方享有以同等条件优先受让的权利。但是,当事人另有约定的除外。

合作开发的当事人一方声明放弃其共有的专利申请权的,除当事人另有约定外,可以由另一方单独申请或者由其他各方共同申请。申请人取得专利权的,放弃专利申请权的一方可以免费实施该专利。

合作开发的当事人一方不同意申请专利的,另一方或者其他各方不得申请专利。

第八百六十一条 委托开发或者合作开发完成的技术秘密成果的使用权、转让权以及收益的分配办法,由当事人约定;没有约定或者约定不明确,依据本法第五百一十条的规定仍不能确定的,在没有相同技术方案被授予专利权前,当事人均有使用和转让的权利。但是,委托开发的研究开发人不得在向委托人交付研究开发成果之前,将研究开发成果转让给第三人。

第三节 技术转让合同和技术许可合同

第八百六十二条 技术转让合同是合法拥有技术的权利人,将现有特定的专利、专利申请、技术秘密的相关权利让与他人所订立的合同。

技术许可合同是合法拥有技术的权利人,将现有特定的专利、技术秘密的相关权利许可他人实施、使用所订立的合同。

技术转让合同和技术许可合同中关于提供实施技术的专用设备、原材料或者提供有关的技术咨询、技术服务的约定,属于合同的组成部分。

第八百六十三条 技术转让合同包括专利权转让、专利申请权转让、技术秘密转让等合同。

技术许可合同包括专利实施许可、技术秘密使用许可等合同。

技术转让合同和技术许可合同应当采用书面形式。

第八百六十四条 技术转让合同和技术许可合同可以约定实施专利或者使用技术秘密的范围,但是不得限制技术竞争和技术发展。

第八百六十五条 专利实施许可合同仅在该专利权的存续期限内有效。专利权有效期限届满或者专利权被宣告无效的,专利权人不得就该专利与他人订立专利实施许可合同。

第八百六十六条 专利实施许可合同的许可人应当按照约定许可被许可人实施专利,交付实施专利有关的技术资料,提供必要的技术指导。

第八百六十七条 专利实施许可合同的被许可人应当按照约定实施专利,不得许可约定以外的第三人实施该专利,并按照约定支付使用费。

第八百六十八条 技术秘密转让合同的让与人和技术秘密使用许可合同的许可人应当按照约定提供技术资料,进行技术指导,保证技术的实用性、可靠性,承担保密义务。

前款规定的保密义务,不限制许可人申请专利,但是当事人另有约定的除外。

第八百六十九条 技术秘密转让合同的受让人和技术秘密使用许可合同的被许可人应当按照约定使用技术,支付转让费、使用费,承担保密义务。

第八百七十条 技术转让合同的让与人和技术许可合同的许可人应当保证自己是所提供的技术的合法拥有者,并保证所提供的技完整、无误、有效,能够达到约定的目标。

第八百七十一条 技术转让合同的受让人和技术许可合同的被许可人应当按照约定的范围和期限,对让与人、许可人提供的技术中尚未公开的秘密部分,承担保密义务。

第八百七十二条 许可人未按照约定许可技术的,应当返还部分或者全部使用费,并应当承担违约责任;实施专利或者使用技术秘密超越约定的范围的,违反约定擅自许可第三人实施该项专利或者使用该项技术秘密的,应当停止违约行为,承担违约责任;违反约定的保密义务的,应当承担违约责任。

让与人承担违约责任,参照适用前款规定。

第八百七十三条 被许可人未按照约定支付使用费的,应当补交使用费并按照约定支付违约金;不补交使用费或者支付违约金的,应当停止实施专利或者使用技术秘密,交还技术资料,承担违约责任;实施专利或者使用技术秘密超越约定的范围的,未经许可人同意擅自许可第三人实施该专利或者使用该技术秘密的,应当停止违约行为,承担违约责任;违反约定的保密义务的,应当承担违约责任。

受让人承担违约责任,参照适用前款规定。

第八百七十四条 受让人或者被许可人按照约定实施专利、使用技术秘密侵害他人合法权益的,由让与人或者许可人承担责任,但是当事人另有约定的除外。

第八百七十五条 当事人可以按照互利的原则,在合同中约定实施专利、使用技术秘密后续改进的技术成果的分享办法;没有约定或者约定不明确,依据本法第五百一十条的规定仍不能确定的,一方后续改进的技术成果,其他各方无权分享。

第八百七十六条 集成电路布图设计专有权、植物新品种权、计算机软件著作权等其他知识产权的转让和许可,参照适用本节的有关规定。

第八百七十七条 法律、行政法规对技术进出口合同或者专利、专利申请合同另有规定的,依照其规定。

第四节 技术咨询合同和技术服务合同

第八百七十八条 技术咨询合同是当事人一方以技术知识为对方就特定技术项目提供可行性论证、技术预测、专题技术调查、分析评价报告等所订立的合同。

技术服务合同是当事人一方以技术知识为对方解决特定技术问题所订立的合同，不包括承揽合同和建设工程合同。

第八百七十九条 技术咨询合同的委托人应当按照约定阐明咨询的问题，提供技术背景材料及有关技术资料，接受受托人的工作成果，支付报酬。

第八百八十条 技术咨询合同的受托人应当按照约定的期限完成咨询报告或者解答问题，提出的咨询报告应当达到约定的要求。

第八百八十一条 技术咨询合同的委托人未按照约定提供必要的资料，影响工作进度和质量，不接受或者逾期接受工作成果的，支付的报酬不得追回，未支付的报酬应当支付。

技术咨询合同的受托人未按期提出咨询报告或者提出的咨询报告不符合约定的，应当承担减收或者免收报酬等违约责任。

技术咨询合同的委托人按照受托人符合约定要求的咨询报告和意见作出决策所造成的损失，由委托人承担，但是当事人另有约定的除外。

第八百八十二条 技术服务合同的委托人应当按照约定提供工作条件，完成配合事项，接受工作成果并支付报酬。

第八百八十三条 技术服务合同的受托人应当按照约定完成服务项目，解决技术问题，保证工作质量，并传授解决技术问题的知识。

第八百八十四条 技术服务合同的委托人不履行合同义务或者履行合同义务不符合约定，影响工作进度和质量，不接受或者逾期接受工作成果的，支付的报酬不得追回，未支付的报酬应当支付。

技术服务合同的受托人未按照约定完成服务工作的，应当承担免收报酬等违约责任。

第八百八十五条　技术咨询合同、技术服务合同履行过程中,受托人利用委托人提供的技术资料和工作条件完成的新的技术成果,属于受托人。委托人利用受托人的工作成果完成的新的技术成果,属于委托人。当事人另有约定的,按照其约定。

第八百八十六条　技术咨询合同和技术服务合同对受托人正常开展工作所需费用的负担没有约定或者约定不明确的,由受托人负担。

第八百八十七条　法律、行政法规对技术中介合同、技术培训合同另有规定的,依照其规定。

第二十一章　保管合同

第八百八十八条　保管合同是保管人保管寄存人交付的保管物,并返还该物的合同。

寄存人到保管人处从事购物、就餐、住宿等活动,将物品存放在指定场所的,视为保管,但是当事人另有约定或者另有交易习惯的除外。

第八百八十九条　寄存人应当按照约定向保管人支付保管费。

当事人对保管费没有约定或者约定不明确,依据本法第五百一十条的规定仍不能确定的,视为无偿保管。

第八百九十条　保管合同自保管物交付时成立,但是当事人另有约定的除外。

第八百九十一条　寄存人向保管人交付保管物的,保管人应当出具保管凭证,但是另有交易习惯的除外。

第八百九十二条　保管人应当妥善保管保管物。

当事人可以约定保管场所或者方法。除紧急情况或者为维护寄存人利益外,不得擅自改变保管场所或者方法。

第八百九十三条　寄存人交付的保管物有瑕疵或者根据保管物的性质需要采取特殊保管措施的,寄存人应当将有关情况告知保管人。寄存人未告知,致使保管物受损失的,保管人不承担赔偿责任;保管人因此受损失的,除保管人知道或者应当知道且未采取补救措施外,寄存人应当承担赔偿责任。

第八百九十四条 保管人不得将保管物转交第三人保管,但是当事人另有约定的除外。

保管人违反前款规定,将保管物转交第三人保管,造成保管物损失的,应当承担赔偿责任。

第八百九十五条 保管人不得使用或者许可第三人使用保管物,但是当事人另有约定的除外。

第八百九十六条 第三人对保管物主张权利的,除依法对保管物采取保全或者执行措施外,保管人应当履行向寄存人返还保管物的义务。

第三人对保管人提起诉讼或者对保管物申请扣押的,保管人应当及时通知寄存人。

第八百九十七条 保管期内,因保管人保管不善造成保管物毁损、灭失的,保管人应当承担赔偿责任。但是,无偿保管人证明自己没有故意或者重大过失的,不承担赔偿责任。

第八百九十八条 寄存人寄存货币、有价证券或者其他贵重物品的,应当向保管人声明,由保管人验收或者封存;寄存人未声明的,该物品毁损、灭失后,保管人可以按照一般物品予以赔偿。

第八百九十九条 寄存人可以随时领取保管物。

当事人对保管期限没有约定或者约定不明确的,保管人可以随时请求寄存人领取保管物;约定保管期限的,保管人无特别事由,不得请求寄存人提前领取保管物。

第九百条 保管期限届满或者寄存人提前领取保管物的,保管人应当将原物及其孳息归还寄存人。

第九百零一条 保管人保管货币的,可以返还相同种类、数量的货币;保管其他可替代物的,可以按照约定返还相同种类、品质、数量的物品。

第九百零二条 有偿的保管合同,寄存人应当按照约定的期限向保管人支付保管费。

当事人对支付期限没有约定或者约定不明确，依据本法第五百一十条的规定仍不能确定的，应当在领取保管物的同时支付。

第九百零三条 寄存人未按照约定支付保管费或者其他费用的，保管人对保管物享有留置权，但是当事人另有约定的除外。

第二十二章 仓储合同

第九百零四条 仓储合同是保管人储存存货人交付的仓储物，存货人支付仓储费的合同。

第九百零五条 仓储合同自保管人和存货人意思表示一致时成立。

第九百零六条 储存易燃、易爆、有毒、有腐蚀性、有放射性等危险物品或者易变质物品的，存货人应当说明该物品的性质，提供有关资料。

存货人违反前款规定的，保管人可以拒收仓储物，也可以采取相应措施以避免损失的发生，因此产生的费用由存货人负担。

保管人储存易燃、易爆、有毒、有腐蚀性、有放射性等危险物品的，应当具备相应的保管条件。

第九百零七条 保管人应当按照约定对入库仓储物进行验收。保管人验收时发现入库仓储物与约定不符合的，应当及时通知存货人。保管人验收后，发生仓储物的品种、数量、质量不符合约定的，保管人应当承担赔偿责任。

第九百零八条 存货人交付仓储物的，保管人应当出具仓单、入库单等凭证。

第九百零九条 保管人应当在仓单上签名或者盖章。仓单包括下列事项：

（一）存货人的姓名或者名称和住所；

（二）仓储物的品种、数量、质量、包装及其件数和标记；

（三）仓储物的损耗标准；

（四）储存场所；

（五）储存期限；

（六）仓储费；

（七）仓储物已经办理保险的，其保险金额、期间以及保险人的名称；

（八）填发人、填发地和填发日期。

第九百一十条 仓单是提取仓储物的凭证。存货人或者仓单持有人在仓单上背书并经保管人签名或者盖章的，可以转让提取仓储物的权利。

第九百一十一条 保管人根据存货人或者仓单持有人的要求，应当同意其检查仓储物或者提取样品。

第九百一十二条 保管人发现入库仓储物有变质或者其他损坏的，应当及时通知存货人或者仓单持有人。

第九百一十三条 保管人发现入库仓储物有变质或者其他损坏，危及其他仓储物的安全和正常保管的，应当催告存货人或者仓单持有人作出必要的处置。因情况紧急，保管人可以作出必要的处置；但是，事后应当将该情况及时通知存货人或者仓单持有人。

第九百一十四条 当事人对储存期限没有约定或者约定不明确的，存货人或者仓单持有人可以随时提取仓储物，保管人也可以随时请求存货人或者仓单持有人提取仓储物，但是应当给予必要的准备时间。

第九百一十五条 储存期限届满，存货人或者仓单持有人应当凭仓单、入库单等提取仓储物。存货人或者仓单持有人逾期提取的，应当加收仓储费；提前提取的，不减收仓储费。

第九百一十六条 储存期限届满，存货人或者仓单持有人不提取仓储物的，保管人可以催告其在合理期限内提取；逾期不提取的，保管人可以提存仓储物。

第九百一十七条 储存期内，因保管不善造成仓储物毁损、灭失的，保管人应当承担赔偿责任。因仓储物本身的自然性质、包装不符合约定或者超过有效储存期造成仓储物变质、损坏的，保管人不承担赔偿责任。

第九百一十八条 本章没有规定的,适用保管合同的有关规定。

第二十三章 委托合同

第九百一十九条 委托合同是委托人和受托人约定,由受托人处理委托人事务的合同。

第九百二十条 委托人可以特别委托受托人处理一项或者数项事务,也可以概括委托受托人处理一切事务。

第九百二十一条 委托人应当预付处理委托事务的费用。受托人为处理委托事务垫付的必要费用,委托人应当偿还该费用并支付利息。

第九百二十二条 受托人应当按照委托人的指示处理委托事务。需要变更委托人指示的,应当经委托人同意;因情况紧急,难以和委托人取得联系的,受托人应当妥善处理委托事务,但是事后应当将该情况及时报告委托人。

第九百二十三条 受托人应当亲自处理委托事务。经委托人同意,受托人可以转委托。转委托经同意或者追认的,委托人可以就委托事务直接指示转委托的第三人,受托人仅就第三人的选任及其对第三人的指示承担责任。转委托未经同意或者追认的,受托人应当对转委托的第三人的行为承担责任;但是,在紧急情况下受托人为了维护委托人的利益需要转委托第三人的除外。

第九百二十四条 受托人应当按照委托人的要求,报告委托事务的处理情况。委托合同终止时,受托人应当报告委托事务的结果。

第九百二十五条 受托人以自己的名义,在委托人的授权范围内与第三人订立的合同,第三人在订立合同时知道受托人与委托人之间的代理关系的,该合同直接约束委托人和第三人;但是,有确切证据证明该合同只约束受托人和第三人的除外。

第九百二十六条 受托人以自己的名义与第三人订立合同时,第三人不知道受托人与委托人之间的代理关系的,受托人因第三人的原因对委托人不履行义务,受托人应当向委托人披露第三人,委托人因此可以行使受托人对第三人的权利。但是,第三人与受托人订立合同时如果知道该委托人就不会订立合同的除外。

受托人因委托人的原因对第三人不履行义务,受托人应当向第三人披露委托人,第三人因此可以选择受托人或者委托人作为相对人主张其权利,但是第三人不得变更选定的相对人。

委托人行使受托人对第三人的权利的,第三人可以向委托人主张其对受托人的抗辩。第三人选定委托人作为其相对人的,委托人可以向第三人主张其对受托人的抗辩以及受托人对第三人的抗辩。

第九百二十七条 受托人处理委托事务取得的财产,应当转交给委托人。

第九百二十八条 受托人完成委托事务的,委托人应当按照约定向其支付报酬。

因不可归责于受托人的事由,委托合同解除或者委托事务不能完成的,委托人应当向受托人支付相应的报酬。当事人另有约定的,按照其约定。

第九百二十九条 有偿的委托合同,因受托人的过错造成委托人损失的,委托人可以请求赔偿损失。无偿的委托合同,因受托人的故意或者重大过失造成委托人损失的,委托人可以请求赔偿损失。

受托人超越权限造成委托人损失的,应当赔偿损失。

第九百三十条 受托人处理委托事务时,因不可归责于自己的事由受到损失的,可以向委托人请求赔偿损失。

第九百三十一条 委托人经受托人同意,可以在受托人之外委托第三人处理委托事务。因此造成受托人损失的,受托人可以向委托人请求赔偿损失。

第九百三十二条 两个以上的受托人共同处理委托事务的,对委托人承担连带责任。

第九百三十三条 委托人或者受托人可以随时解除委托合同。因解除合同造成对方损失的,除不可归责于该当事人的事由外,无偿委托合同的解除方应当赔偿因解除时间不当造成的直接损失,有偿委托合同的解除方应当赔偿对方的直接损失和合同履行后可以获得的利益。

第九百三十四条　委托人死亡、终止或者受托人死亡、丧失民事行为能力、终止的,委托合同终止;但是,当事人另有约定或者根据委托事务的性质不宜终止的除外。

第九百三十五条　因委托人死亡或者被宣告破产、解散,致使委托合同终止将损害委托人利益的,在委托人的继承人、遗产管理人或者清算人承受委托事务之前,受托人应当继续处理委托事务。

第九百三十六条　因受托人死亡、丧失民事行为能力或者被宣告破产、解散,致使委托合同终止的,受托人的继承人、遗产管理人、法定代理人或者清算人应当及时通知委托人。因委托合同终止将损害委托人利益的,在委托人作出善后处理之前,受托人的继承人、遗产管理人、法定代理人或者清算人应当采取必要措施。

第二十四章　物业服务合同

第九百三十七条　物业服务合同是物业服务人在物业服务区域内,为业主提供建筑物及其附属设施的维修养护、环境卫生和相关秩序的管理维护等物业服务,业主支付物业费的合同。

物业服务人包括物业服务企业和其他管理人。

第九百三十八条　物业服务合同的内容一般包括服务事项、服务质量、服务费用的标准和收取办法、维修资金的使用、服务用房的管理和使用、服务期限、服务交接等条款。

物业服务人公开作出的有利于业主的服务承诺,为物业服务合同的组成部分。

物业服务合同应当采用书面形式。

第九百三十九条　建设单位依法与物业服务人订立的前期物业服务合同,以及业主委员会与业主大会依法选聘的物业服务人订立的物业服务合同,对业主具有法律约束力。

第九百四十条 建设单位依法与物业服务人订立的前期物业服务合同约定的服务期限届满前,业主委员会或者业主与新物业服务人订立的物业服务合同生效的,前期物业服务合同终止。

第九百四十一条 物业服务人将物业服务区域内的部分专项服务事项委托给专业性服务组织或者其他第三人的,应当就该部分专项服务事项向业主负责。

物业服务人不得将其应当提供的全部物业服务转委托给第三人,或者将全部物业服务支解后分别转委托给第三人。

第九百四十二条 物业服务人应当按照约定和物业的使用性质,妥善维修、养护、清洁、绿化和经营管理物业服务区域内的业主共有部分,维护物业服务区域内的基本秩序,采取合理措施保护业主的人身、财产安全。

对物业服务区域内违反有关治安、环保、消防等法律法规的行为,物业服务人应当及时采取合理措施制止、向有关行政主管部门报告并协助处理。

第九百四十三条 物业服务人应当定期将服务的事项、负责人员、质量要求、收费项目、收费标准、履行情况,以及维修资金使用情况、业主共有部分的经营与收益情况等以合理方式向业主公开并向业主大会、业主委员会报告。

第九百四十四条 业主应当按照约定向物业服务人支付物业费。物业服务人已经按照约定和有关规定提供服务的,业主不得以未接受或者无需接受相关物业服务为由拒绝支付物业费。

业主违反约定逾期不支付物业费的,物业服务人可以催告其在合理期限内支付;合理期限届满仍不支付的,物业服务人可以提起诉讼或者申请仲裁。

物业服务人不得采取停止供电、供水、供热、供燃气等方式催交物业费。

第九百四十五条 业主装饰装修房屋的,应当事先告知物业服务人,遵守物业服务人提示的合理注意事项,并配合其进行必要的现场检查。

业主转让、出租物业专有部分、设立居住权或者依法改变共有部分用途的，应当及时将相关情况告知物业服务人。

第九百四十六条 业主依照法定程序共同决定解聘物业服务人的，可以解除物业服务合同。决定解聘的，应当提前六十日书面通知物业服务人，但是合同对通知期限另有约定的除外。

依据前款规定解除合同造成物业服务人损失的，除不可归责于业主的事由外，业主应当赔偿损失。

第九百四十七条 物业服务期限届满前，业主依法共同决定续聘的，应当与原物业服务人在合同期限届满前续订物业服务合同。

物业服务期限届满前，物业服务人不同意续聘的，应当在合同期限届满前九十日书面通知业主或者业主委员会，但是合同对通知期限另有约定的除外。

第九百四十八条 物业服务期限届满后，业主没有依法作出续聘或者另聘物业服务人的决定，物业服务人继续提供物业服务的，原物业服务合同继续有效，但是服务期限为不定期。

当事人可以随时解除不定期物业服务合同，但是应当提前六十日书面通知对方。

第九百四十九条 物业服务合同终止的，原物业服务人应当在约定期限或者合理期限内退出物业服务区域，将物业服务用房、相关设施、物业服务所必需的相关资料等交还给业主委员会、决定自行管理的业主或者其指定的人，配合新物业服务人做好交接工作，并如实告知物业的使用和管理状况。

原物业服务人违反前款规定的，不得请求业主支付物业服务合同终止后的物业费；造成业主损失的，应当赔偿损失。

第九百五十条 物业服务合同终止后，在业主或者业主大会选聘的新物业服务人或者决定自行管理的业主接管之前，原物业服务人应当继续处理物业服务事项，并可以请求业主支付该期间的物业费。

第二十五章　行纪合同

第九百五十一条　行纪合同是行纪人以自己的名义为委托人从事贸易活动,委托人支付报酬的合同。

第九百五十二条　行纪人处理委托事务支出的费用,由行纪人负担,但是当事人另有约定的除外。

第九百五十三条　行纪人占有委托物的,应当妥善保管委托物。

第九百五十四条　委托物交付给行纪人时有瑕疵或者容易腐烂、变质的,经委托人同意,行纪人可以处分该物;不能与委托人及时取得联系的,行纪人可以合理处分。

第九百五十五条　行纪人低于委托人指定的价格卖出或者高于委托人指定的价格买入的,应当经委托人同意;未经委托人同意,行纪人补偿其差额的,该买卖对委托人发生效力。

行纪人高于委托人指定的价格卖出或者低于委托人指定的价格买入的,可以按照约定增加报酬;没有约定或者约定不明确,依据本法第五百一十条的规定仍不能确定的,该利益属于委托人。

委托人对价格有特别指示的,行纪人不得违背该指示卖出或者买入。

第九百五十六条　行纪人卖出或者买入具有市场定价的商品,除委托人有相反的意思表示外,行纪人自己可以作为买受人或者出卖人。

行纪人有前款规定情形的,仍然可以请求委托人支付报酬。

第九百五十七条　行纪人按照约定买入委托物,委托人应当及时受领。经行纪人催告,委托人无正当理由拒绝受领的,行纪人依法可以提存委托物。

委托物不能卖出或者委托人撤回出卖,经行纪人催告,委托人不取回或者不处分该物的,行纪人依法可以提存委托物。

第九百五十八条　行纪人与第三人订立合同的,行纪人对该合同直接享有权利、承担义务。

第三人不履行义务致使委托人受到损害的,行纪人应当承担赔偿责任,但是行纪人与委托人另有约定的除外。

第九百五十九条 行纪人完成或者部分完成委托事务的,委托人应当向其支付相应的报酬。委托人逾期不支付报酬的,行纪人对委托物享有留置权,但是当事人另有约定的除外。

第九百六十条 本章没有规定的,参照适用委托合同的有关规定。

第二十六章 中介合同

第九百六十一条 中介合同是中介人向委托人报告订立合同的机会或者提供订立合同的媒介服务,委托人支付报酬的合同。

第九百六十二条 中介人应当就有关订立合同的事项向委托人如实报告。

中介人故意隐瞒与订立合同有关的重要事实或者提供虚假情况,损害委托人利益的,不得请求支付报酬并应当承担赔偿责任。

第九百六十三条 中介人促成合同成立的,委托人应当按照约定支付报酬。对中介人的报酬没有约定或者约定不明确,依据本法第五百一十条的规定仍不能确定的,根据中介人的劳务合理确定。因中介人提供订立合同的媒介服务而促成合同成立的,由该合同的当事人平均负担中介人的报酬。

中介人促成合同成立的,中介活动的费用,由中介人负担。

第九百六十四条 中介人未促成合同成立的,不得请求支付报酬;但是,可以按照约定请求委托人支付从事中介活动支出的必要费用。

第九百六十五条 委托人在接受中介人的服务后,利用中介人提供的交易机会或者媒介服务,绕开中介人直接订立合同的,应当向中介人支付报酬。

第九百六十六条 本章没有规定的,参照适用委托合同的有关规定。

第二十七章　合　伙　合　同

第九百六十七条　合伙合同是两个以上合伙人为了共同的事业目的,订立的共享利益、共担风险的协议。

第九百六十八条　合伙人应当按照约定的出资方式、数额和缴付期限,履行出资义务。

第九百六十九条　合伙人的出资、因合伙事务依法取得的收益和其他财产,属于合伙财产。

合伙合同终止前,合伙人不得请求分割合伙财产。

第九百七十条　合伙人就合伙事务作出决定的,除合伙合同另有约定外,应当经全体合伙人一致同意。

合伙事务由全体合伙人共同执行。按照合伙合同的约定或者全体合伙人的决定,可以委托一个或者数个合伙人执行合伙事务;其他合伙人不再执行合伙事务,但是有权监督执行情况。

合伙人分别执行合伙事务的,执行事务合伙人可以对其他合伙人执行的事务提出异议;提出异议后,其他合伙人应当暂停该项事务的执行。

第九百七十一条　合伙人不得因执行合伙事务而请求支付报酬,但是合伙合同另有约定的除外。

第九百七十二条　合伙的利润分配和亏损分担,按照合伙合同的约定办理;合伙合同没有约定或者约定不明确的,由合伙人协商决定;协商不成的,由合伙人按照实缴出资比例分配、分担;无法确定出资比例的,由合伙人平均分配、分担。

第九百七十三条　合伙人对合伙债务承担连带责任。清偿合伙债务超过自己应当承担份额的合伙人,有权向其他合伙人追偿。

第九百七十四条　除合伙合同另有约定外,合伙人向合伙人以外的人转让其全部或者部分财产份额的,须经其他合伙人一致同意。

第九百七十五条　合伙人的债权人不得代位行使合伙人依照本章规定和合伙合同享有的权利,但是合伙人享有的利益分配请求权

第九百七十六条　合伙人对合伙期限没有约定或者约定不明确，依据本法第五百一十条的规定仍不能确定的，视为不定期合伙。

合伙期限届满，合伙人继续执行合伙事务，其他合伙人没有提出异议的，原合伙合同继续有效，但是合伙期限为不定期。

合伙人可以随时解除不定期合伙合同，但是应当在合理期限之前通知其他合伙人。

第九百七十七条　合伙人死亡、丧失民事行为能力或者终止的，合伙合同终止；但是，合伙合同另有约定或者根据合伙事务的性质不宜终止的除外。

第九百七十八条　合伙合同终止后，合伙财产在支付因终止而产生的费用以及清偿合伙债务后有剩余的，依据本法第九百七十二条的规定进行分配。

第三分编　准合同

第二十八章　无因管理

第九百七十九条　管理人没有法定的或者约定的义务，为避免他人利益受损失而管理他人事务的，可以请求受益人偿还因管理事务而支出的必要费用；管理人因管理事务受到损失的，可以请求受益人给予适当补偿。

管理事务不符合受益人真实意思的，管理人不享有前款规定的权利；但是，受益人的真实意思违反法律或者违背公序良俗的除外。

第九百八十条　管理人管理事务不属于前条规定的情形，但是受益人享有管理利益的，受益人应当在其获得的利益范围内向管理人承担前条第一款规定的义务。

第九百八十一条　管理人管理他人事务，应当采取有利于受益人的方法。中断管理对受益人不利的，无正当理由不得中断。

第九百八十二条　管理人管理他人事务，能够通知受益人的，应当及时通知受益人。管理的事务不需要紧急处理的，应当等待受益人的指示。

第九百八十三条 管理结束后,管理人应当向受益人报告管理事务的情况。管理人管理事务取得的财产,应当及时转交给受益人。

第九百八十四条 管理人管理事务经受益人事后追认的,从管理事务开始时起,适用委托合同的有关规定,但是管理人另有意思表示的除外。

第二十九章 不当得利

第九百八十五条 得利人没有法律根据取得不当利益的,受损失的人可以请求得利人返还取得的利益,但是有下列情形之一的除外:

(一)为履行道德义务进行的给付;

(二)债务到期之前的清偿;

(三)明知无给付义务而进行的债务清偿。

第九百八十六条 得利人不知道且不应当知道取得的利益没有法律根据,取得的利益已经不存在的,不承担返还该利益的义务。

第九百八十七条 得利人知道或者应当知道取得的利益没有法律根据的,受损失的人可以请求得利人返还其取得的利益并依法赔偿损失。

第九百八十八条 得利人已经将取得的利益无偿转让给第三人的,受损失的人可以请求第三人在相应范围内承担返还义务。

第二篇 信贷资产证券化

一、部门规章及规范性文件

信贷资产证券化试点管理办法

(中国人民银行、中国银行业监督管理委员会公告
〔2005〕第7号 2005年4月20日公布)

第一章 总 则

第一条 为了规范信贷资产证券化试点工作,保护投资人及相关当事人的合法权益,提高信贷资产流动性,丰富证券品种,根据《中华人民共和国中国人民银行法》、《中华人民共和国银行业监督管理法》、《中华人民共和国信托法》等法律及相关法规,制定本办法。

第二条 在中国境内,银行业金融机构作为发起机构,将信贷资产信托给受托机构,由受托机构以资产支持证券的形式向投资机构发行受益证券,以该财产所产生的现金支付资产支持证券收益的结构性融资活动,适用本办法。

受托机构应当依照本办法和信托合同约定,分别委托贷款服务机构、资金保管机构、证券登记托管机构及其他为证券化交易提供服务的机构履行相应职责。

受托机构以信托财产为限向投资机构承担支付资产支持证券收益的义务。

第三条 资产支持证券由特定目的信托受托机构发行,代表特定目的信托的信托受益权份额。

资产支持证券在全国银行间债券市场上发行和交易。

第四条 信贷资产证券化发起机构、受托机构、贷款服务机构、资金保管机构、证券登记托管机构、其他为证券化交易提供服务的机构和资产支持证券投资机构的权利和义务,依照有关法律法规、本办法的规定和信托合同等合同(以下简称相关法律文件)的约定。

受托机构依照有关法律法规、本办法的规定和相关法律文件约定,履行受托职责。发起机构、贷款服务机构、资金保管机构、证券登记托管机构及其他为证券化交易提供服务的机构依照有关法律法规、本办法的规定和相关法律文件约定,履行相应职责。

资产支持证券投资机构(也称资产支持证券持有人)按照相关法律文件约定享有信托财产利益并承担风险,通过资产支持证券持有人大会对影响其利益的重大事项进行决策。

第五条 从事信贷资产证券化活动,应当遵循自愿、公平、诚实信用的原则,不得损害国家利益和社会公共利益。

第六条 受托机构因承诺信托而取得的信贷资产是信托财产,独立于发起机构、受托机构、贷款服务机构、资金保管机构、证券登记托管机构及其他为证券化交易提供服务的机构的固有财产。

受托机构、贷款服务机构、资金保管机构及其他为证券化交易提供服务的机构因特定目的信托财产的管理、运用或其他情形而取得的财产和收益,归入信托财产。

发起机构、受托机构、贷款服务机构、资金保管机构、证券登记托管机构及其他为证券化交易提供服务的机构因依法解散、被依法撤销或者被依法宣告破产等原因进行清算的,信托财产不属于其清算财产。

第七条 受托机构管理运用、处分信托财产所产生的债权,不得与发起机构、受托机构、贷款服务机构、资金保管机构、证券登记托管机构及其他为证券化交易提供服务机构的固有财产产生的债务相抵销;受托机构管理运用、处分不同信托财产所产生的债权债务,不得相互抵销。

第八条 受托机构、贷款服务机构、资金保管机构、证券登记托管机构及其他为证券化交易提供服务的机构,应当恪尽职守,履行诚实信用、谨慎勤勉的义务。

第九条 中国银行业监督管理委员会(以下简称中国银监会)依法监督管理有关机构的信贷资产证券化业务活动。有关监管规定由中国银监会另行制定。

第十条 中国人民银行依法监督管理资产支持证券在全国银行间债券市场上的发行与交易活动。

第二章 信贷资产证券化发起机构与特定目的信托

第十一条 信贷资产证券化发起机构是指通过设立特定目的信托转让信贷资产的金融机构。

第十二条 发起机构应在全国性媒体上发布公告,将通过设立特定目的信托转让信贷资产的事项,告知相关权利人。

第十三条 发起机构应与受托机构签订信托合同,载明下列事项:

(一)信托目的;

(二)发起机构、受托机构的名称、住所;

(三)受益人范围和确定办法;

(四)信托财产的范围、种类、标准和状况;

(五)本办法第十四条规定的赎回或置换条款;

(六)受益人取得信托利益的形式、方法;

(七)信托期限;

(八)信托财产的管理方法;

(九)发起机构、受托机构的权利与义务;

(十)接受受托机构委托代理信托事务的机构的职责;

(十一)受托机构的报酬;

(十二)资产支持证券持有人大会的组织形式与权力;

（十三）新受托机构的选任方式；

（十四）信托终止事由。

第十四条 在信托合同有效期内，受托机构若发现作为信托财产的信贷资产在入库起算日不符合信托合同约定的范围、种类、标准和状况，应当要求发起机构赎回或置换。

第三章 特定目的信托受托机构

第十五条 特定目的信托受托机构（以下简称受托机构）是因承诺信托而负责管理特定目的信托财产并发行资产支持证券的机构。

第十六条 受托机构由依法设立的信托投资公司或中国银监会批准的其他机构担任。

第十七条 受托机构依照信托合同约定履行下列职责：

（一）发行资产支持证券；

（二）管理信托财产；

（三）持续披露信托财产和资产支持证券信息；

（四）依照信托合同约定分配信托利益；

（五）信托合同约定的其他职责。

第十八条 受托机构必须委托商业银行或其他专业机构担任信托财产资金保管机构，依照信托合同约定分别委托其他有业务资格的机构履行贷款服务、交易管理等其他受托职责。

第十九条 有下列情形之一的，受托机构职责终止：

（一）被依法取消受托机构资格；

（二）被资产支持证券持有人大会解任；

（三）依法解散、被依法撤销或者被依法宣告破产；

（四）受托机构辞任；

（五）法律、行政法规规定的或信托合同约定的其他情形。

第二十条 受托机构被依法取消受托机构资格、依法解散、被依法撤销或者被依法宣告破产的，在新受托机构产生前，由中国银监会指定临时受托机构。

受托机构职责终止的,应当妥善保管资料,及时办理移交手续;新受托机构或者临时受托机构应及时接收。

第四章 贷款服务机构

第二十一条 贷款服务机构是接受受托机构委托,负责管理贷款的机构。

贷款服务机构可以是信贷资产证券化发起机构。

第二十二条 受托机构应与贷款服务机构签订服务合同,载明下列事项:

(一)受托机构、贷款服务机构的名称、住所;

(二)贷款服务机构职责;

(三)贷款管理方法与标准;

(四)受托机构、贷款服务机构的权利与义务;

(五)贷款服务机构的报酬;

(六)违约责任;

(七)其他事项。

第二十三条 贷款服务机构依照服务合同约定管理作为信托财产的信贷资产,履行下列职责:

(一)收取贷款本金和利息;

(二)管理贷款;

(三)保管信托财产法律文件,并使其独立于自身财产的法律文件;

(四)定期向受托机构提供服务报告,报告作为信托财产的信贷资产信息;

(五)服务合同约定的其他职责。

第二十四条 贷款服务机构应有专门的业务部门,对作为信托财产的信贷资产单独设账、单独管理。

第二十五条 贷款服务机构应按照服务合同要求,将作为信托财产的信贷资产回收资金转入资金保管机构,并通知受托机构。

第二十六条 受托机构若发现贷款服务机构不能按照服务合同约定的方式、标准履行职责，经资产支持证券持有人大会决定，可以更换贷款服务机构。

受托机构更换贷款服务机构应及时通知借款人。

第五章 资金保管机构

第二十七条 资金保管机构是接受受托机构委托，负责保管信托财产账户资金的机构。

信贷资产证券化发起机构和贷款服务机构不得担任同一交易的资金保管机构。

第二十八条 受托机构应与资金保管机构签订资金保管合同，载明下列事项：

（一）受托机构、资金保管机构的名称、住所；

（二）资金保管机构职责；

（三）资金管理方法与标准；

（四）受托机构、资金保管机构的权利与义务；

（五）资金保管机构的报酬；

（六）违约责任；

（七）其他事项。

第二十九条 资金保管机构依照资金保管合同管理资金，履行下列职责：

（一）安全保管信托财产资金；

（二）以信贷资产证券化特定目的信托名义开设信托财产的资金账户；

（三）依照资金保管合同约定方式，向资产支持证券持有人支付投资收益；

（四）依照资金保管合同约定方式和受托机构指令，管理特定目的信托账户资金；

（五）按照资金保管合同约定，定期向受托机构提供资金保管报

告,报告资金管理情况和资产支持证券收益支付情况;

(六)资金保管合同约定的其他职责。

依照信托合同约定,受托机构也可委托其他服务机构履行上述(三)、(四)、(五)项职责。

第三十条 在向投资机构支付信托财产收益的间隔期内,资金保管机构只能按照合同约定的方式和受托机构指令,将信托财产收益投资于流动性好、变现能力强的国债、政策性金融债及中国人民银行允许投资的其他金融产品。

第三十一条 受托机构若发现资金保管机构不能按照合同约定方式、标准保管资金,经资产支持证券持有人大会决定,可以更换资金保管机构。

第六章 资产支持证券发行与交易

第三十二条 受托机构在全国银行间债券市场发行资产支持证券应当向中国人民银行提交下列文件:

(一)申请报告;

(二)发起机构章程或章程性文件规定的权力机构的书面同意文件;

(三)信托合同、贷款服务合同和资金保管合同及其他相关法律文件草案;

(四)发行说明书草案(格式要求见附);

(五)承销协议;

(六)中国银监会的有关批准文件;

(七)执业律师出具的法律意见书;

(八)注册会计师出具的会计意见书;

(九)资信评级机构出具的信用评级报告草案及有关持续跟踪评级安排的说明;

(十)中国人民银行规定提交的其他文件。

第三十三条 中国人民银行应当自收到资产支持证券发行全部

文件之日起 5 个工作日内决定是否受理申请。中国人民银行决定不受理的,应书面通知申请人不受理原因;决定受理的,应当自受理申请之日起 20 个工作日内作出核准或不核准的书面决定。

第三十四条 资产支持证券可通过内部或外部信用增级方式提升信用等级。

第三十五条 资产支持证券在全国银行间债券市场发行与交易应聘请具有评级资质的资信评级机构,对资产支持证券进行持续信用评级。

资信评级机构应保证其信用评级客观公正。

第三十六条 发行资产支持证券时,发行人应组建承销团,承销人可在发行期内向其他投资者分销其所承销的资产支持证券。

第三十七条 资产支持证券名称应与发起机构、受托机构、贷款服务机构和资金保管机构名称有显著区别。

第三十八条 资产支持证券的发行可采取一次性足额发行或限额内分期发行的方式。分期发行资产支持证券的,在每期资产支持证券发行前 5 个工作日,受托机构应将最终的发行说明书、评级报告及所有最终的相关法律文件报中国人民银行备案,并按中国人民银行的要求披露有关信息。

第三十九条 资产支持证券的承销可采用协议承销和招标承销等方式。承销机构应为金融机构,并须具备下列条件:

(一)注册资本不低于 2 亿元人民币;

(二)具有较强的债券分销能力;

(三)具有合格的从事债券市场业务的专业人员和债券分销渠道;

(四)最近两年内没有重大违法、违规行为;

(五)中国人民银行要求的其他条件。

第四十条 资产支持证券在全国银行间债券市场发行结束后 10 个工作日内,受托机构应当向中国人民银行和中国银监会报告资产支持证券发行情况。

第四十一条 资产支持证券可以向投资者定向发行。定向发行资产支持证券可免于信用评级。定向发行的资产支持证券只能在认购人之间转让。

第四十二条 资产支持证券在全国银行间债券市场发行结束之后2个月内,受托机构可根据《全国银行间债券市场债券交易流通审核规则》的规定申请在全国银行间债券市场交易资产支持证券。

第四十三条 资产支持证券在全国银行间债券市场登记、托管、交易、结算应按照《全国银行间债券市场债券交易管理办法》等有关规定执行。

第七章 信息披露

第四十四条 受托机构应当在资产支持证券发行前和存续期间依法披露信托财产和资产支持证券信息。信息披露应通过中国人民银行指定媒体进行。

受托机构及相关知情人在信息披露前不得泄露其内容。

第四十五条 受托机构应保证信息披露真实、准确、完整、及时,不得有虚假记载、误导性陈述和重大遗漏。

接受受托机构委托为证券化交易提供服务的机构应按照相关法律文件约定,向受托机构提供有关信息报告,并保证所提供信息真实、准确、完整、及时。

第四十六条 受托机构应当在发行资产支持证券5个工作日前发布最终的发行说明书。

第四十七条 受托机构应在发行说明书的显著位置提示投资机构:资产支持证券仅代表特定目的信托受益权的相应份额,不是信贷资产证券化发起机构、特定目的信托受托机构或任何其他机构的负债,投资机构的追索权仅限于信托财产。

第四十八条 在资产支持证券存续期内,受托机构应核对由贷款服务机构和资金保管机构定期提供的贷款服务报告和资金保管报告,定期披露受托机构报告,报告信托财产信息、贷款本息支付情况、证券收益情况和中国人民银行、中国银监会规定的其他信息。

第四十九条　受托机构应及时披露一切对资产支持证券投资价值有实质性影响的信息。

第五十条　受托机构年度报告应经注册会计师审计,并由受托机构披露审计报告。

第五十一条　受托机构应于信息披露前将相关信息披露文件分别报送全国银行间同业拆借中心和中央国债登记结算有限责任公司。

全国银行间同业拆借中心和中央国债登记结算有限责任公司应为资产支持证券信息披露提供服务,及时将违反信息披露规定的行为向中国人民银行报告并公告。

第八章　资产支持证券持有人权利及其行使

第五十二条　资产支持证券持有人依照相关法律文件约定,享有下列权利:

（一）分享信托利益；

（二）参与分配清算后的剩余信托财产；

（三）依法转让其持有的资产支持证券；

（四）按照规定要求召开资产支持证券持有人大会；

（五）对资产支持证券持有人大会审议事项行使表决权；

（六）查阅或者复制公开披露的信托财产和资产支持证券信息资料；

（七）信托合同和发行说明书约定的其他权利。

第五十三条　下列事项应当通过召开资产支持证券持有人大会审议决定,信托合同如已有明确约定,从其约定。

（一）更换特定目的信托受托机构；

（二）信托合同约定的其他事项。

第五十四条　资产支持证券持有人大会由受托机构召集。受托机构不召集的,资产支持证券持有人有权依照信托合同约定自行召集,并报中国人民银行备案。

第五十五条 召开资产支持证券持有人大会,召集人应当至少提前三十日公告资产支持证券持有人大会的召开时间、地点、会议形式、审议事项、议事程序和表决方式等事项。

资产支持证券持有人大会不得就未经公告的事项进行表决。

第五十六条 资产支持证券持有人大会可以采取现场方式召开,也可以采取通讯等方式召开。

资产支持证券持有人依照信托合同约定享有表决权,资产支持证券持有人可以委托代理人出席资产支持证券持有人大会并行使表决权。

第五十七条 资产支持证券持有人大会决定的事项,应当报中国人民银行备案,并予以公告。

第九章 附　则

第五十八条 与信贷资产证券化相关的会计、税收处理规定和房地产抵押登记变更规定,由国务院有关部门另行规定。

第五十九条 购买和持有资产支持证券的投资管理政策由有关监管机构另行规定。

第六十条 本办法自发布之日起实施。

第六十一条 本办法由中国人民银行和中国银行业监督管理委员会负责解释。

附:

资产支持证券发行说明书的编制要求

一、发行机构(受托机构)、发起机构、贷款服务机构、资金保管机构、证券登记托管机构及其他为证券化交易提供服务的机构的名称、住所

二、发起机构简介和财务状况概要

三、发起机构、受托机构、贷款服务机构和资金保管机构在以往证

券化交易中的经验及违约记录申明

四、交易结构及当事方的主要权利与义务

五、资产支持证券持有人大会的组织形式与权力

六、交易各方的关联关系申明

七、信托合同、贷款服务合同和资金保管合同等相关法律文件的主要内容

八、贷款发放程序、审核标准、担保形式、管理方法、违约贷款处置程序及方法

九、设立特定目的信托的信贷资产选择标准和统计信息

十、信托财产现金流需要支付的税费清单,各种税费支付来源和支付优先顺序

十一、发行的资产支持证券的分档情况,各档次的本金数额、信用等级、票面利率、预计期限和本息偿付优先顺序

十二、资产支持证券的内外部信用提升方式

十三、信用评级机构出具的资产支持证券信用评级报告概要及有关持续跟踪评级安排的说明

十四、执业律师出具的法律意见书概要

十五、选择性或强制性的赎回或终止条款,如清仓回购条款

十六、各档次资产支持证券的利率敏感度分析;在给定提前还款率下,各档次资产支持证券的收益率和加权平均期限的变化情况

十七、投资风险提示

十八、注册会计师出具的该交易的税收安排意见书

十九、证券存续期内信息披露内容及取得方式

二十、中国人民银行规定载明的其他事项

资产支持证券信息披露规则

(中国人民银行公告〔2005〕第14号
2005年6月13日公布)

第一条 为规范资产支持证券信息披露行为,维护投资者合法权益,推动债券市场的发展,根据《信贷资产证券化试点管理办法》(中国人民银行公告〔2005〕第7号)等有关规定,制定本规则。

第二条 资产支持证券受托机构(以下简称受托机构)的信息披露应通过中国货币网、中国债券信息网以及中国人民银行规定的其他方式进行。

第三条 受托机构应保证信息披露真实、准确和完整,不得有虚假记载、误导性陈述和重大遗漏。

资产支持证券发起机构和接受受托机构委托为证券化提供服务的机构应按照信托合同和服务合同的约定,及时向受托机构提供有关信息报告,并保证所提供信息真实、准确和完整。

第四条 受托机构、为证券化提供服务的机构、全国银行间同业拆借中心(以下简称同业中心)、中央国债登记结算有限责任公司(以下简称中央结算公司)等相关知情人在信息披露前不得泄露拟披露的信息。

第五条 受托机构应在资产支持证券发行前的第五个工作日,向投资者披露发行说明书、评级报告、募集办法和承销团成员名单。

分期发行资产支持证券的,其第一期的信息披露按本条第一款的有关规定执行;自第二期起,受托机构只在每期资产支持证券发行前第五个工作日披露补充发行说明书。

第六条 受托机构应在发行说明书中说明资产支持证券的清偿

顺序和投资风险,并在显著位置提示投资者:"投资者购买资产支持证券,应当认真阅读本文件及有关的信息披露文件,进行独立的投资判断。主管部门对本期证券发行的核准,并不表明对本期证券的投资价值作出了任何评价,也不表明对本期证券的投资风险作出了任何判断"。

第七条 受托机构应在每期资产支持证券发行结束的当日或次一工作日公布资产支持证券发行情况。

第八条 资产支持证券存续期内,受托机构应在每期资产支持证券本息兑付日的三个工作日前公布受托机构报告(编制要求附后),反映当期资产支持证券对应的资产池状况和各档次资产支持证券对应的本息兑付信息;每年4月30日前公布经注册会计师审计的上年度受托机构报告。

第九条 受托机构应与信用评级机构就资产支持证券跟踪评级的有关安排作出约定,并应于资产支持证券存续期内每年的7月31日前向投资者披露上年度的跟踪评级报告。

第十条 召开资产支持证券持有人大会,召集人应至少提前三十日公布资产支持证券持有人大会的召开时间、地点、会议形式、审议事项、议事程序和表决方式等事项,并于大会结束后十日内披露大会决议。

第十一条 在发生可能对资产支持证券投资价值有实质性影响的临时性重大事件时,受托机构应在事发后的三个工作日内向同业中心和中央结算公司提交信息披露材料,并向中国人民银行报告。

本条所称重大事件包括但不限于以下事项:

(一)发生或预期将发生受托机构不能按时兑付资产支持证券本息等影响投资者利益的事项;

(二)受托机构和证券化服务机构发生影响资产支持证券投资价值的违法、违规或违约事件;

(三)资产支持证券第三方担保人主体发生变更;

(四)资产支持证券的信用评级发生变化;

(五)信托合同规定应公告的其他事项;

（六）中国人民银行和中国银行业监督管理委员会等监管部门规定应公告的其他事项；

（七）法律、行政法规规定应公告的其他事项。

第十二条　同业中心和中央结算公司应在不迟于收到信息披露文件的次一工作日将有关文件予以公告。

第十三条　资产支持证券的信息披露除适用本规则外，还适用于《全国银行间债券市场债券交易管理办法》（中国人民银行令〔2000〕第2号）、《全国银行间债券市场金融债券发行管理办法》（中国人民银行令〔2005〕第1号）和《全国银行间债券市场债券交易流通审核规则》（中国人民银行公告〔2004〕第19号）等有关规定。

第十四条　本规则由中国人民银行负责解释。

第十五条　本规则自公布之日起施行。

附：

受托机构报告编制要求

一、受托机构和证券化服务机构的名称、地址。

二、各档次证券的本息兑付情况，包括各档次证券入库时点的本金金额、本期期初及期末的本金余额、证券票面利率、本期本金和利息支付情况、本期利息迟付情况、本期本金损失情况以及评级情况等。

三、本期资产池统计特征说明，包括贷款余额、贷款数目、加权平均贷款利率和加权平均剩余期限等。

四、本期的资产池本金细项分列（含正常还本金额、本金提前结清金额、部分提前还本金额、处置回收本金金额及回购贷款本金金额等）和利息（含税费支出）细项分列的说明。

五、资产池提前还款、拖欠、违约、处置、处置回收及损失等情况。

六、内外部信用增级情况说明。

七、资产池中进入法律诉讼程序的信托资产情况；法律诉讼程序进度。

八、依信托合同所进行许可投资之投资收入或损失之总金额等情况。

九、其他情况说明。

金融机构信贷资产证券化
试点监督管理办法

(2005年9月29日中国银行业监督管理委员会第38次主席会议通过 中国银行业监督管理委员会令2005年第3号 2005年11月7日公布 自2005年12月1日起施行)

第一章 总 则

第一条 为规范信贷资产证券化试点工作,促进金融机构审慎开展信贷资产证券化业务,有效管理和控制信贷资产证券化业务中的相关风险,保护投资人及相关当事人的合法权益,根据《中华人民共和国银行业监督管理法》、《中华人民共和国商业银行法》、《中华人民共和国信托法》等有关法律、行政法规和《信贷资产证券化试点管理办法》,制定本办法。

第二条 本办法所称金融机构,是指在中华人民共和国境内依法设立的商业银行、政策性银行、信托投资公司、财务公司、城市信用社、农村信用社以及中国银行业监督管理委员会(以下简称银监会)依法监督管理的其他金融机构。

第三条 在中华人民共和国境内,银行业金融机构作为发起机构,将信贷资产信托给受托机构,由受托机构以资产支持证券的形式向投资机构发行受益证券,以该财产所产生的现金支付资产支持证券收益的结构性融资活动,适用本办法。

第四条 金融机构作为信贷资产证券化发起机构、受托机构、信用增级机构、贷款服务机构、资金保管机构、资产支持证券投资机构等从事信贷资产证券化业务活动，应当依照有关法律、行政法规、部门规章的规定和信贷资产证券化相关法律文件的约定，履行相应职责，并有效地识别、计量、监测和控制相关风险。

第五条　银监会依法对金融机构的信贷资产证券化业务活动实施监督管理。

未经银监会批准，金融机构不得作为信贷资产证券化发起机构或者特定目的信托受托机构从事信贷资产证券化业务活动。

第二章　市场准入管理

第六条　信贷资产证券化发起机构是指通过设立特定目的信托转让信贷资产的金融机构。

第七条　银行业金融机构作为信贷资产证券化发起机构，通过设立特定目的信托转让信贷资产，应当具备以下条件：

（一）具有良好的社会信誉和经营业绩，最近三年内没有重大违法、违规行为；

（二）具有良好的公司治理、风险管理体系和内部控制；

（三）对开办信贷资产证券化业务具有合理的目标定位和明确的战略规划，并且符合其总体经营目标和发展战略；

（四）具有适当的特定目的信托受托机构选任标准和程序；

（五）具有开办信贷资产证券化业务所需要的专业人员、业务处理系统、会计核算系统、管理信息系统以及风险管理和内部控制制度；

（六）最近三年内没有从事信贷资产证券化业务的不良记录；

（七）银监会规定的其他审慎性条件。

第八条　特定目的信托受托机构是指在信贷资产证券化过程中，因承诺信托而负责管理特定目的信托财产并发行资产支持证券的机构。受托机构由依法设立的信托投资公司或者银监会批准的其他机构担任。

第九条　信托投资公司担任特定目的信托受托机构，应当具备以下条件：

（一）根据国家有关规定完成重新登记三年以上；

（二）注册资本不低于五亿元人民币，并且最近三年年末的净资产不低于五亿元人民币；

（三）自营业务资产状况和流动性良好，符合有关监管要求；

（四）原有存款性负债业务全部清理完毕，没有发生新的存款性负债或者以信托等业务名义办理的变相负债业务；

（五）具有良好的社会信誉和经营业绩，到期信托项目全部按合同约定顺利完成，没有挪用信托财产的不良记录，并且最近三年内没有重大违法、违规行为；

（六）具有良好的公司治理、信托业务操作流程、风险管理体系和内部控制；

（七）具有履行特定目的信托受托机构职责所需要的专业人员、业务处理系统、会计核算系统、管理信息系统以及风险管理和内部控制制度；

（八）已按照规定披露公司年度报告；

（九）银监会规定的其他审慎性条件。

第十条 信托投资公司申请特定目的信托受托机构资格，应当向银监会提出申请，并且报送下列文件和资料（一式三份）：

（一）申请报告；

（二）公司营业执照、注册资本证明和重新登记完成三年以上的证明；

（三）管理特定目的信托财产的操作规程、会计核算制度、风险管理和内部控制制度；

（四）管理特定目的信托财产的业务主管人员和主要业务人员的名单和履历；

（五）公司最近三个会计年度经审计的财务报表；

（六）申请人自律承诺书；

（七）银监会要求提交的其他文件和资料。

第十一条 银监会应当自收到信托投资公司的完整申请材料之日起五个工作日内决定是否受理申请。银监会决定不受理的,应当书面通知申请人并说明理由;决定受理的,应当自受理之日起一个月内做出批准或者不批准的书面决定。

第十二条 其他金融机构申请特定目的信托受托机构资格的市场准入条件和程序,由银监会另行制定。

第十三条 银行业金融机构作为发起机构,将信贷资产信托给受托机构,由受托机构以资产支持证券的形式向投资机构发行受益证券,应当由符合本办法第七条规定条件的银行业金融机构与获得特定目的信托受托机构资格的金融机构向银监会联合提出申请,并且报送下列文件和资料(一式三份):

(一)由发起机构和受托机构联合签署的申请报告;

(二)可行性研究报告;

(三)信贷资产证券化业务计划书;

(四)信托合同、贷款服务合同、资金保管合同及其他相关法律文件草案;

(五)执业律师出具的法律意见书草案、注册会计师出具的会计意见书草案、资信评级机构出具的信用评级报告草案及有关持续跟踪评级安排的说明;

(六)发起机构对特定目的信托受托机构的选任标准及程序;

(七)发起机构信贷资产证券化的业务流程、会计核算制度、风险管理和内部控制制度;

(八)发起机构信贷资产证券化业务主管人员和主要业务人员的名单和履历;

(九)受托机构对贷款服务机构、资金保管机构、信贷资产证券化交易中其他有关机构的选任标准及程序;

(十)受托机构在信托财产收益支付的间隔期内,对信托财产收益进行投资管理的原则及方式说明;

(十一)银监会要求提交的其他文件和资料。

前款第(三)项所称信贷资产证券化业务计划书应当包括以下内容：

(一)发起机构、受托机构、贷款服务机构、资金保管机构及其他参与证券化交易的机构的名称、住所及其关联关系说明；

(二)发起机构、受托机构、贷款服务机构和资金保管机构在以往证券化交易中的经验及违约记录说明；

(三)设立特定目的信托的信贷资产选择标准、资产池情况说明及相关统计信息；

(四)资产池信贷资产的发放程序、审核标准、担保形式、管理方法、违约贷款处置程序及方法；

(五)交易结构及各参与方的主要权利与义务；

(六)信托财产现金流需要支付的税费清单，各种税费支付来源、支付环节和支付优先顺序；

(七)资产支持证券发行计划，包括资产支持证券的分档情况、各档次的本金数额、信用等级、票面利率、期限和本息偿付优先顺序；

(八)信贷资产证券化交易的内外部信用增级方式及相关合同草案；

(九)清仓回购条款等选择性或强制性的赎回或终止条款；

(十)该信贷资产证券化交易的风险分析及其控制措施；

(十一)拟在发行说明书显著位置对投资机构进行风险提示的内容；

(十二)银监会要求的其他内容。

第十四条 银监会应当自收到发起机构和受托机构联合报送的完整申请材料之日起五个工作日内决定是否受理申请。银监会决定不受理的，应当书面通知申请人并说明理由；决定受理的，应当自受理之日起三个月内做出批准或者不批准的书面决定。

第三章 业务规则与风险管理

第十五条 金融机构应当根据本机构的经营目标、资本实力、风险管理能力和信贷资产证券化业务的风险特征,确定是否从事信贷资产证券化业务以及参与的方式和规模。

第十六条 金融机构在开展信贷资产证券化业务之前,应当充分识别和评估可能面临的信用风险、利率风险、流动性风险、操作风险、法律风险和声誉风险等各类风险,建立相应的内部审批程序、业务处理系统、风险管理和内部控制制度,由信贷管理部门、资金交易部门、风险管理部门、法律部门/合规部门、财务会计部门和结算部门等相关部门对信贷资产证券化的业务处理和风险管理程序进行审核和认可,必要时还需获得董事会或其授权的专门委员会的批准。

第十七条 金融机构应当充分认识其因从事信贷资产证券化业务而承担的义务和责任,并根据其在信贷资产证券化业务中担当的具体角色,针对信贷资产证券化业务的风险特征,制定相应的风险管理政策和程序,以确保持续有效地识别、计量、监测和控制信贷资产证券化业务中的风险,同时避免因在信贷资产证券化交易中担当多种角色而可能产生的利益冲突。

金融机构应当将对信贷资产证券化业务的风险管理纳入其总体的风险管理体系。

第十八条 金融机构的董事会和高级管理层应当了解信贷资产证券化业务及其所包含的风险,确定开展信贷资产证券化业务的总体战略和政策,确保具备从事信贷资产证券化业务和风险管理所需要的专业人员、管理信息系统和会计核算系统等人力、物力资源。从事信贷资产证券化业务和风险管理的工作人员应当充分了解信贷资产证券化业务的法律关系、交易结构、主要风险及其控制方法和技术。

第一节 发起机构

第十九条 信贷资产证券化发起机构拟证券化的信贷资产应当符合以下条件:

(一)具有较高的同质性;

(二)能够产生可预测的现金流收入;

(三) 符合法律、行政法规以及银监会等监督管理机构的有关规定。

第二十条　发起机构应当按照公平的市场交易条件和条款转让信贷资产，并且不得违反法律、行政法规、银监会等监督管理机构的有关规定以及贷款合同的约定。

第二十一条　发起机构应当准确区分和评估通过信贷资产证券化交易转移的风险和仍然保留的风险，并对所保留的风险进行有效的监测和控制。

发起机构应当按照本办法第四章的有关规定，对所保留的风险计提资本。

第二十二条　发起机构应当确保受托机构在资产支持证券发行说明书的显著位置提示投资机构：资产支持证券不代表发起机构的负债，资产支持证券投资机构的追索权仅限于信托财产。发起机构除了承担在信托合同和可能在贷款服务合同等信贷资产证券化相关法律文件中所承诺的义务和责任外，不对信贷资产证券化业务活动中可能产生的其他损失承担义务和责任。

第二节　特定目的信托受托机构

第二十三条　特定目的信托受托机构应当在资产支持证券发行结束后十个工作日内，向银监会报告资产支持证券的发行情况，并向银监会报送与发起机构、信用增级机构、贷款服务机构和其他为信贷资产证券化交易提供服务的机构正式签署的相关法律文件。

在资产支持证券存续期内，受托机构应当向银监会报送所披露的受托机构报告。

第二十四条　受托机构应当将作为信托财产的信贷资产与其固有财产和其他信托财产分别记账，分别管理。不同证券化交易中的信托财产也应当分别记账，分别管理。

第二十五条　受托机构应当在下列事项发生后五个工作日内向银监会报告：

（一）作为信托财产的信贷资产质量发生重大变化，可能无法按时向投资机构支付资产支持证券收益；

（二）受托机构、贷款服务机构、资金保管机构违反有关法律、行政法规、部门规章的规定或者信贷资产证券化相关法律文件约定，可能会影响资产支持证券收益的按时支付；

（三）外部信用增级机构发生变更；

（四）资产支持证券和其他证券化风险暴露的信用评级发生变化；

（五）发生清仓回购；

（六）银监会规定的其他可能导致信贷资产证券化业务活动产生重大损失的事项。

第二十六条 受托机构因辞任、被资产支持证券持有人大会解任或者信托合同约定的其他情形而终止履行职责的，应当在五个工作日内向银监会报告。

新受托机构应当自签署信托合同之日起五个工作日内向银监会报告，并报送新签署的信托合同以及其他相关法律文件。

第二十七条 贷款服务机构更换的，受托机构应当及时通知借款人，并在五个工作日内向银监会报告，报送新签署的贷款服务合同。

资金保管机构更换的，受托机构应当在五个工作日内向银监会报告，并报送新签署的资金保管合同。

第二十八条 受托机构应当在资产支持证券发行说明书的显著位置提示投资机构：资产支持证券仅代表特定目的信托受益权的相应份额，不是受托机构的负债。受托机构以信托财产为限向投资机构承担支付资产支持证券收益的义务，不对信贷资产证券化业务活动中可能产生的其他损失承担义务和责任。

第三节 信用增级机构

第二十九条 本办法所称信用增级是指在信贷资产证券化交易结构中通过合同安排所提供的信用保护。信用增级机构根据在相关法律文件中所承诺的义务和责任，向信贷资产证券化交易的其他参与机构提供一定程度的信用保护,并为此承担信贷资产证券化业务活动中的相应风险。

第三十条 信用增级可以采用内部信用增级和/或外部信用增级的方式提供。内部信用增级包括但不限于超额抵押、资产支持证券分层结构、现金抵押账户和利差账户等方式。外部信用增级包括但不限于备用信用证、担保和保险等方式。

第三十一条 金融机构提供信用增级,应当在信贷资产证券化的相关法律文件中明确规定信用增级的条件、保护程度和期限,并将因提供信用增级而承担的义务和责任与因担当其他角色而承担的义务和责任进行明确的区分。

第三十二条 金融机构应当在法律、行政法规和银监会等监督管理机构有关规定允许的范围内,按照公平的市场交易条件和条款,约定提供信用增级的条件、条款及其所承担的义务和责任。

第三十三条 信用增级机构应当确保受托机构在资产支持证券发行说明书中披露信贷资产证券化交易中的信用增级安排情况,并在其显著位置提示投资机构:信用增级仅限于在信贷资产证券化相关法律文件所承诺的范围内提供,信用增级机构不对信贷资产证券化业务活动中可能产生的其他损失承担义务和责任。

第三十四条 商业银行为信贷资产证券化交易提供信用增级,应当按照本办法第四章的有关规定计提资本。

第四节 贷款服务机构

第三十五条 贷款服务机构是指在信贷资产证券化交易中,接受受托机构委托,负责管理贷款的机构。贷款服务机构应当由在中华人民共和国境内依法设立并具有经营贷款业务资格的金融机构担任。

第三十六条 贷款服务机构可以是信贷资产证券化的发起机构。贷款服务机构为发起机构的,应当与受托机构签署单独的贷款服务合同。

第三十七条 贷款服务机构根据与受托机构签署的贷款服务合

同,收取证券化资产的本金、利息和其他收入,并及时、足额转入受托机构在资金保管机构开立的资金账户。

第三十八条　贷款服务机构应当制定管理证券化资产的政策和程序,由专门的业务部门负责履行贷款管理职责。证券化资产应当单独设账,与贷款服务机构自身的信贷资产分开管理。不同信贷资产证券化交易中的证券化资产也应当分别记账,分别管理。

第三十九条　贷款服务机构履行贷款服务职能,应当具备所需要的专业人员以及相应的业务处理系统和管理信息系统。

第四十条　贷款服务费用应当按照公平的市场交易条件和条款确定。

第四十一条　贷款服务机构应当确保受托机构在资产支持证券发行说明书的显著位置提示投资机构:贷款服务机构根据贷款服务合同履行贷款管理职责,并不表明其为信贷资产证券化业务活动中可能产生的损失承担义务和责任。

第四十二条　银监会根据贷款服务机构在信贷资产证券化业务活动中所承担义务和责任的经济实质,判断其是否形成证券化风险暴露。如果形成证券化风险暴露,贷款服务机构应当按照本办法第四章的有关规定计提资本。

第五节　资金保管机构

第四十三条　资金保管机构是指在信贷资产证券化交易中,接受受托机构委托,负责保管信托财产账户资金的机构。

信贷资产证券化发起机构和贷款服务机构不得担任同一交易的资金保管机构。

第四十四条　受托机构应当选择具备下列条件的商业银行担任资金保管机构:

(一)有专门的业务部门负责履行信托资金保管职责;

(二)具有健全的资金保管制度和风险管理、内部控制制度;

(三)具备安全保管信托资金的条件和能力;

（四）具有足够的熟悉信托资金保管业务的专职人员；

（五）具有安全高效的清算、交割系统；

（六）具有符合要求的营业场所、安全防范设施和与保管信托资金有关的其他设施；

（七）最近三年内没有重大违法、违规行为。

第四十五条 资金保管机构应当为每项信贷资产证券化信托资金单独设账，单独管理，并将所保管的信托资金与其自有资产和管理的其他资产严格分开管理。

第四十六条 在向资产支持证券投资机构支付信托财产收益的间隔期内，资金保管机构发现对信托财产收益进行投资管理的投资指令违反法律、行政法规、其他有关规定或者资金保管合同约定的，应当及时向银监会报告。

第六节 资产支持证券投资机构

第四十七条 金融机构按照法律、行政法规和银监会等监督管理机构的有关规定可以买卖政府债券、金融债券的，也可以在法律、行政法规和银监会等监督管理机构有关规定允许的范围内投资资产支持证券。

第四十八条 金融机构投资资产支持证券，应当充分了解可能面临的信用风险、利率风险、流动性风险、法律风险等各类风险，制定相应的投资管理政策和程序，建立投资资产支持证券的业务处理系统、管理信息系统和风险控制系统。

参与资产支持证券投资和风险管理的工作人员应当在充分了解信贷资产证券化的交易结构、资产池资产状况、信用增级情况、信用评级情况等信息的基础上做出投资决策，分析资产支持证券的风险特征并运用相应的风险管理方法和技术控制相关风险。

第四十九条 金融机构投资资产支持证券，将面临资产池资产所包含的信用风险。金融机构应当根据资产池资产的客户、地域和行业特征，将其纳入本机构统一的信用风险管理体系，包括对风险集中度的管理。

第五十条 金融机构投资资产支持证券,应当实行内部限额管理,根据本机构的风险偏好、资本实力、风险管理能力和信贷资产证券化的风险特征,设定并定期审查、更新资产支持证券的投资限额、风险限额、止损限额等,同时对超限额情况制定监控和处理程序。

第五十一条 金融机构负责资产支持证券投资的部门应当与负责风险管理的部门保持相对独立。在负责资产支持证券投资的部门内部,应当将前台与后台严格分离。

第五十二条 信贷资产证券化发起机构不得投资由其发起的资产支持证券,但发起机构持有最低档次资产支持证券的除外。

特定目的信托受托机构不得用所有者权益项下的资金或者信托资金投资由其发行的资产支持证券,但受托机构依据有关规定(或合同)进行提前赎回的除外。

第五十三条 信贷资产证券化的其他参与机构投资在同一证券化交易中发行的资产支持证券,应当建立有效的内部风险隔离机制,由与在证券化交易中履行其他职责(如贷款服务和资金保管职责)相独立的部门负责资产支持证券的投资管理,并且不得利用信息优势进行内幕交易或者操纵市场。

第五十四条 商业银行投资资产支持证券,应当按照本办法第四章的有关规定计提资本。

第五十五条 信托投资公司所有者权益项下依照规定可以运用的资金以及信托项下委托人不为自然人的信托资金,可以投资于资产支持证券。信托投资公司所有者权益项下资产支持证券的投资余额不得超过其净资产的50%,自用固定资产、股权投资和资产支持证券的投资余额总和不得超过其净资产的80%。

第四章 资本要求

第五十六条 从事信贷资产证券化业务的商业银行应当按照《商业银行资本充足率管理办法》和本办法计算资本充足率。

第五十七条 为充分抵御因从事信贷资产证券化业务而承担的风险,商业银行应当基于信贷资产证券化业务的经济实质,而不仅限于法律形式计提资本。

第五十八条 商业银行因从事信贷资产证券化业务而形成的风险暴露称为证券化风险暴露。证券化风险暴露包括但不限于资产支持证券和信用增级。储备账户如果作为发起机构的资产,应当视同于证券化风险暴露。

前款所称储备账户包括但不限于现金抵押账户和利差账户。

第五十九条 商业银行作为信贷资产证券化发起机构、信用增级机构、投资机构或者贷款服务机构等从事信贷资产证券化业务,只要产生了证券化风险暴露,就应当计提相应的资本。

银监会有权根据信贷资产证券化业务的经济实质,判断商业银行是否持有证券化风险暴露,并确定应当如何计提资本。

第六十条 在符合下列所有条件的情况下,发起机构才能在计算风险加权资产时扣减被证券化的信贷资产:

(一)与被转让信贷资产相关的重大信用风险已经转移给了独立的第三方机构。

(二)发起机构对被转让的信贷资产不再拥有实际的或者间接的控制。

发起机构证明对被转让的信贷资产不再拥有实际的或者间接的控制,至少需要由执业律师出具法律意见书,表明发起机构与被转让的信贷资产实现了破产隔离。

发起机构对被转让的信贷资产保留实际的或者间接的控制,包括但不限于下列情形:

1.发起机构为了获利,可以赎回被转让的信贷资产,但发起机构按照《信贷资产证券化试点管理办法》第十四条规定,因已转让的信贷资产被发现在入库起算日不符合信托合同约定的范围、种类、标准和状况而被要求赎回或置换的除外;

2.发起机构有义务承担被转让信贷资产的重大信用风险。

(三)发起机构对资产支持证券的投资机构不承担偿付义务和责任。

(四)在信托合同和信贷资产证券化其他相关法律文件中不包括下列条款:

1. 要求发起机构改变资产池中的资产,以提高资产池的加权平均信用质量,但通过以市场价格向独立的第三方机构转让资产除外;

2. 在信贷资产转让之后,仍然允许发起机构追加第一损失责任或者加大信用增级的支持程度;

3. 在资产池信用质量下降的情况下,增加向除发起机构以外的其他参与机构支付的收益。

(五)清仓回购符合本办法第六十八条所规定的条件。

在符合上述(一)至(五)项条件的情况下,发起机构仍然应当为所保留的证券化风险暴露计提资本。

在上述(一)至(五)项条件中任何一项不符合的情况下,发起机构都应当按照资产证券化前的资本要求计提资本。

第六十一条 银监会按照客观性、独立性、国际通用性、信息披露充分性、可信度、资源充足性、对资产支持证券评级的专业能力、评级方法和结果的公开性、市场接受程度等标准,确定资信评级机构对信贷资产证券化交易的评级是否可以作为确定风险权重的依据。

第六十二条 银监会认可资信评级机构对信贷资产证券化交易的信用评级作为确定风险权重依据的,证券化风险暴露的风险权重按照本办法附录所示的对应关系确定。

长期评级在BB+(含BB+)到BB-(含BB-)之间的,非发起机构应当对所持有的证券化风险暴露运用350%的风险权重,发起机构应当将证券化风险暴露从资本中扣减。

最高档次的证券化风险暴露未进行评级的,按照被转让信贷资产的平均风险权重确定风险权重。其他未评级的证券化风险暴露,从资本中扣减。

第六十三条 同一证券化风险暴露具有两个不同的评级结果时,

商业银行应当运用所对应的较高风险权重。

同一证券化风险暴露具有三个或者三个以上的评级结果时，商业银行应当从所对应的两个较低的风险权重中选用较高的一个风险权重。

本办法采用标准普尔的评级符号仅为示例目的，银监会不指定资信评级机构的选用。

第六十四条 信贷资产证券化交易没有信用评级或者信用评级未被银监会认可作为风险权重依据的，商业银行应当区别以下情形，为证券化风险暴露计提资本：

（一）将第一损失责任从资本中扣减；

（二）对最高档次的证券化风险暴露，按照被转让信贷资产的平均风险权重确定风险权重；

（三）对其他的证券化风险暴露，运用100%的风险权重。

证券化风险暴露由《商业银行资本充足率管理办法》规定的保证主体提供具有风险缓释作用的保证的，按照对保证人直接债权的风险权重确定风险权重。

第六十五条 对表外的证券化风险暴露，运用100%的信用转换系数。

第六十六条 商业银行为信贷资产证券化交易提供保证的，不论资产证券化交易的信用评级是否作为确定风险权重的依据，都应当根据本办法第六十四条的规定确定被保证对象的风险权重，并以此作为该项保证的风险权重。

第六十七条 在将证券化风险暴露从资本中扣减的情况下，应当首先从需要扣减的证券化风险暴露中扣除所计提的专项准备或者减值准备，然后再从核心资本和附属资本中分别扣减扣除专项准备或者减值准备后证券化风险暴露的50%。

第六十八条 如果信贷资产证券化交易合同中含有清仓回购条款，在符合下列条件的情况下，发起机构可以不为其计提资本：

（一）发起机构有权决定是否进行清仓回购，清仓回购的行使无论在形式还是实质上都不是强制性的；

（二）清仓回购安排不会免除信用增级机构或者资产支持证券投资机构理应承担的损失，或者被用来提供信用增级；

（三）只有在资产池或者以该资产池为基础发行的资产支持证券余额降至10%或者10%以下时，才能进行清仓回购。

在上述任何一项条件不符合的情况下，发起机构都应当按照资产证券化前的资本要求计提资本。

第六十九条 商业银行为信贷资产证券化业务所计提的资本，以被转让信贷资产证券化前的资本要求为上限。

第七十条 商业银行以超过合同义务的方式为信贷资产证券化交易提供隐性支持的，银监会有权要求其按照被转让信贷资产证券化前的资本要求计提资本，并要求其公开披露所提供的隐性支持和为此需要增加的资本。

商业银行提供隐性支持的方式包括但不限于以下情形：

（一）以高于市场价格的方式从资产池赎回部分资产，或赎回资产池中信用质量下降的资产，但发起机构按照《信贷资产证券化试点管理办法》第十四条规定，因已转让的信贷资产被发现在入库起算日不符合信托合同约定的范围、种类、标准和状况而被要求赎回或置换的除外；

（二）以打折的方式向资产池再次注入信贷资产；

（三）增加合同约定之外的第一损失责任。

第五章 监督管理

第七十一条 从事信贷资产证券化业务活动的金融机构应当按照规定向银监会报送与信贷资产证券化业务有关的财务会计报表、统计报表和其他报告。有关规定由银监会另行制定。

第七十二条 从事信贷资产证券化业务活动的金融机构在信贷资产证券化业务中出现重大风险和损失时，应当及时向银监会报告，并提交应对措施。

第七十三条　银监会应当根据金融机构在信贷资产证券化业务中担当的具体角色,定期对其信贷资产证券化业务的合规性和风险状况进行现场检查。

第七十四条　金融机构应当按照银监会关于信息披露的有关规定,披露其从事信贷资产证券化业务活动的有关信息,披露的信息应当至少包括以下内容:

(一)从事信贷资产证券化业务活动的目的;

(二)在信贷资产证券化业务活动中担当的角色、提供的服务、所承担的义务、责任及其限度;

(三)当年所开展的信贷资产证券化业务概述;

(四)发起机构的信用风险转移或者保留程度;

(五)因从事信贷资产证券化业务活动而形成的证券化风险暴露及其数额;

(六)信贷资产证券化业务的资本计算方法和资本要求;

(七)对所涉及信贷资产证券化业务的会计核算方式。

金融机构应当在每个会计年度终了后的四个月内披露上述信息。因特殊原因不能按时披露的,应当至少提前十五个工作日向银监会申请延期。

第七十五条　金融机构违反本办法第三章规定的审慎经营规则从事信贷资产证券化业务活动,或者未按照本办法第四章有关规定计提资本的,应当根据银监会提出的整改建议,在规定的时限内向银监会提交整改方案并采取整改措施。

对于在规定的时限内未能采取有效整改措施或者其行为造成重大损失的金融机构,银监会有权采取下列措施:

(一)暂停金融机构开展新的信贷资产证券化业务;

(二)责令调整董事、高级管理人员或者限制其权利;

(三)《中华人民共和国银行业监督管理法》第三十七条规定的其他措施。

第七十六条　特定目的信托受托机构有下列情形之一的,银监会有权取消其担任特定目的信托受托机构的资格：

（一）经营状况发生恶化，连续两年出现亏损；

（二）在担任特定目的信托受托机构期间出现重大失误，未能尽职管理信托财产而被解任；

（三）严重损害信托财产以及信贷资产证券化发起机构、投资机构和其他相关机构的利益；

（四）银监会认为影响其履行受托机构职责的其他重大事项。

第六章 法律责任

第七十七条 未经银监会批准，金融机构作为信贷资产证券化发起机构或者特定目的信托受托机构从事信贷资产证券化业务活动的，由银监会依据《中华人民共和国银行业监督管理法》第四十四条的规定，予以处罚。

第七十八条 金融机构从事信贷资产证券化业务活动，有下列情形之一的，由银监会依据《中华人民共和国银行业监督管理法》第四十五条的规定，予以处罚：

（一）违反本办法规定投资资产支持证券，或者严重违反本办法第三章、第四章规定的其他审慎经营规则的；

（二）提供虚假的或者隐瞒重要事实的报表、报告等文件、资料的；

（三）未按照规定进行风险揭示或者信息披露的；

（四）拒绝执行本办法第七十五条规定的措施的。

第七十九条 金融机构从事信贷资产证券化业务活动，未按照规定向银监会报告或者报送有关文件、资料的，由银监会依据《中华人民共和国银行业监督管理法》第四十六条的规定，予以处罚。

第八十条 金融机构从事信贷资产证券化业务活动的其他违法违规行为，由银监会依据《中华人民共和国银行业监督管理法》、《中华人民共和国商业银行法》、《中华人民共和国信托法》、《金融违法行为处罚办法》等有关法律、行政法规，予以处罚。

第八十一条 金融机构从事信贷资产证券化业务活动，违反有关法律、行政法规和部门规章规定的，银监会除依照本办法第七十七条至第八十条规定处罚外，还可以依据《中华人民共和国银行业监督管理法》第四十七条和《金融违法行为处罚办法》的相关规定，对直接负责的董事、高级管理人员和其他直接责任人员进行处理；构成犯罪的，依法追究刑事责任。

第七章　附　则

第八十二条　商业银行投资境外资产支持证券，参照本办法计提资本。

第八十三条　从事信贷资产证券化业务活动的农村合作银行、城市信用社、农村信用社、财务公司计算证券化风险暴露的资本要求，比照适用本办法。从事信贷资产证券化业务活动的外国银行在华分行参照本办法计算营运资金加准备金等之和中的人民币份额与其风险资产中的人民币份额的比例。

第八十四条　信托投资公司以外的不适用于资本充足率考核的金融机构投资资产支持证券的有关规定，由银监会另行制定。

第八十五条　未设立董事会的金融机构，应当由其经营决策机构履行本办法规定的董事会的有关职责。

第八十六条　本办法下列用语的含义：

（一）"超额抵押"是指在信贷资产证券化交易中，将资产池价值超过资产支持证券票面价值的差额作为信用保护的一种内部信用增级方式，该差额用于弥补信贷资产证券化业务活动中可能会产生的损失。

（二）"资产支持证券分层结构"是指在信贷资产证券化交易中，将资产支持证券按照受偿顺序分为不同档次证券的一种内部信用增级方式。在这一分层结构中，较高档次的证券比较低档次的证券在本息支付上享有优先权，因此具有较高的信用评级；较低档次的证券先于较高档次的证券承担损失，以此为较高档次的证券提供信用保护。

（三）"现金抵押账户"是指信贷资产证券化交易中的一种内部信用增级方式。现金抵押账户资金由发起机构提供或者来源于其他金融机构的贷款,用于弥补信贷资产证券化业务活动中可能产生的损失。

（四）"利差账户"是指信贷资产证券化交易中的一种内部信用增级方式。利差账户资金来源于信贷资产利息收入和其他证券化交易收入减去资产支持证券利息支出和其他证券化交易费用之后所形成的超额利差,用于弥补信贷资产证券化业务活动中可能产生的损失。

（五）"第一损失责任"是指信用增级机构向信贷资产证券化交易中的其他参与机构提供的首要的财务支持或者风险保护。

（六）"清仓回购"是指在全部偿还资产池资产或者资产支持证券之前,赎回证券化风险暴露的一种选择权。清仓回购的通常做法是在资产池或者资产支持证券余额降至一定的水平之后,赎回剩余的证券化风险暴露。

第八十七条　本办法由银监会负责解释。

第八十八条　本办法自 2005 年 12 月 1 日起施行。

财政部、国家税务总局关于信贷资产证券化有关税收政策问题的通知[*]

（财税〔2006〕5 号　2006 年 2 月 20 日发布）

各省、自治区、直辖市、计划单列市财政厅（局）、国家税务局、地方税务局,新疆生产建设兵团财务局：

为了贯彻落实《国务院关于推进资本市场改革开放和稳定发展的若干意见》（国发〔2004〕3 号）,支持扩大直接融资比重,改进银行资产负债结构,促进金融创新,经报国务院批准,现就我国银行业开展信贷

---

[*] 本篇法规中"第二条第（三）项"已被财政部、国家税务总局关于公布若干废止和失效的营业税规范性文件的通知宣布失效或废止,本篇法规中"第一条第（一）项、第（二）项"已被财政部、税务总局关于印花税法实施后有关优惠政策衔接问题的公告废止。

资产证券化业务试点中的有关税收政策问题通知如下：

一、关于印花税政策问题

（一）信贷资产证券化的发起机构[指通过设立特定目的信托项目（以下简称信托项目）转让信贷资产的金融机构，下同]将实施资产证券化的信贷资产信托予受托机构（指因承诺信托而负责管理信托项目财产并发售资产支持证券的机构，下同）时，双方签订的信托合同暂不征收印花税。

（二）受托机构委托贷款服务机构（指接受受托机构的委托，负责管理贷款的机构，下同）管理信贷资产时，双方签订的委托管理合同暂不征收印花税。

（三）发起机构、受托机构在信贷资产证券化过程中，与资金保管机构（指接受受托机构委托，负责保管信托项目财产账户资金的机构，下同）、证券登记托管机构（指中央国债登记结算有限责任公司）以及其他为证券化交易提供服务的机构签订的其他应税合同，暂免征收发起机构、受托机构应缴纳的印花税。

（四）受托机构发售信贷资产支持证券以及投资者买卖信贷资产支持证券暂免征收印花税。

（五）发起机构、受托机构因开展信贷资产证券化业务而专门设立的资金账簿暂免征收印花税。

二、关于营业税政策问题

（一）对受托机构从其受托管理的信贷资产信托项目中取得的贷款利息收入，应全额征收营业税。

（二）在信贷资产证券化的过程中，贷款服务机构取得的服务费收入、受托机构取得的信托报酬、资金保管机构取得的报酬、证券登记托管机构取得的托管费、其他为证券化交易提供服务的机构取得的服务费收入等，均应按现行营业税的政策规定缴纳营业税。

（三）对金融机构（包括银行和非银行金融机构）投资者买卖信贷资产支持证券取得的差价收入征收营业税；对非金融机构投资者买卖信贷资产支持证券取得的差价收入，不征收营业税。

三、关于所得税政策问题

（一）发起机构转让信贷资产取得的收益应按企业所得税的政策规定计算缴纳企业所得税，转让信贷资产所发生的损失可按企业所得税的政策规定扣除。发起机构赎回或置换已转让的信贷资产，应按现行企业所得税有关转让、受让资产的政策规定处理。

发起机构与受托机构在信贷资产转让、赎回或置换过程中应当按照独立企业之间的业务往来支付价款和费用，未按照独立企业之间的业务往来支付价款和费用的，税务机关依照《税收征收管理法》的有关规定进行调整。

（二）对信托项目收益在取得当年向资产支持证券的机构投资者（以下简称机构投资者）分配的部分，在信托环节暂不征收企业所得税；在取得当年未向机构投资者分配的部分，在信托环节由受托机构按企业所得税的政策规定申报缴纳企业所得税；对在信托环节已经完税的信托项目收益，再分配给机构投资者时，对机构投资者按现行有关取得税后收益的企业所得税政策规定处理。

（三）在信贷资产证券化的过程中，贷款服务机构取得的服务收入、受托机构取得的信托报酬、资金保管机构取得的报酬、证券登记托管机构取得的托管费、其他为证券化交易提供服务的机构取得的服务费收入等，均应按照企业所得税的政策规定计算缴纳企业所得税。

（四）在对信托项目收益暂不征收企业所得税期间，机构投资者从信托项目分配获得的收益，应当在机构投资者环节按照权责发生制的原则确认应税收入，按照企业所得税的政策规定计算缴纳企业所得税。机构投资者买卖信贷资产支持证券获得的差价收入，应当按照企业所得税的政策规定计算缴纳企业所得税，买卖信贷资产支持证券所发生的损失可按企业所得税的政策规定扣除。

（五）受托机构和证券登记托管机构应向其信托项目主管税务机关和机构投资者所在地税务机关提供有关信托项目的全部财务信息以及向机构投资者分配收益的详细信息。

（六）机构投资者从信托项目清算分配中取得的收入，应按企业所得税的政策规定缴纳企业所得税,清算发生的损失可按企业所得税的政策规定扣除。

四、受托机构处置发起机构委托管理的信贷资产时,属于本通知未尽事项的,应按现行税收法律、法规及政策规定处理。

五、本通知自信贷资产证券化业务试点之日起执行。

中国人民银行公告〔2007〕第16号 ——信贷资产证券化基础资产池 信息披露有关事项的公告

(中国人民银行公告〔2007〕第16号
2007年8月21日公布)

为规范信贷资产证券化信息披露行为,维护投资者合法权益,推动信贷资产证券化业务的健康发展,根据《信贷资产证券化试点管理办法》(中国人民银行公告〔2005〕第7号发布)、《资产支持证券信息披露规则》(中国人民银行公告〔2005〕第14号发布)等有关规定,现就信贷资产证券化基础资产池信息披露有关事项公告如下:

一、基础资产池信息披露是投资者识别风险,进行投资决策选择的重要依据。受托机构、发起机构或其他证券化服务机构要高度重视基础资产池信息披露工作,严格按照《信贷资产证券化试点管理办法》、《资产支持证券信息披露规则》和本公告要求做好基础资产池的信息披露。受托机构、发起机构或其他证券化服务机构应保证信息披露真实、准确、完整、及时,不得有虚假记载、误导性陈述和重大遗漏。

二、受托机构在《发行说明书》中应披露包括但不限于以下有关基础资产池的内容:

(一)发起机构构建基础资产池所适用的具体标准。在信托合同有效期内,受托机构若发现作为信托财产的信贷资产在入库起算日不符合信托合同约定的条件的,发起机构应当采取的应对措施(如赎回或置换)。

(二)发起机构的贷款发放程序、审核标准、担保形式、管理方法、违约贷款处置程序和方法,以及对基础资产池贷款的相关说明。

(三)基础资产池的总体特征。包括:贷款笔数、总本金余额、单笔贷款最高本金余额、单笔贷款平均本金余额、合同总金额、单笔贷款最高合同金额、单笔贷款平均合同金额、加权平均贷款年利率、单笔贷款最高年利率、加权平均贷款合同期限、加权平均贷款剩余期限、加权平均贷款账龄、加权平均贷款初始抵押率(贷款是抵押贷款的)、加权平均借款人年龄(贷款是个人消费类贷款的)以及加权平均值的计算方法。

(四)基础资产池的分布情况。包括:贷款种类、信贷资产质量、信贷资产期限结构、信贷资产利率结构、担保情况、借款人年龄结构(贷款是个人消费类贷款的)、借款人地域结构(以不动产或动产抵押的指不动产或动产的登记或注册地)、借款人行业结构。为说明上述分布情况,应至少披露按上述分类的贷款笔数及占比、合同金额及占比、本金余额及占比、平均每笔余额、加权平均贷款初始抵押率(贷款是抵押贷款的),说明贷款合同期限、贷款账龄分布情况时还应披露加权平均存续期限。

(五)如果单一借款人的入池贷款本金余额占资产池比例超过15%,或某一借款人及其关联方的入池贷款本金余额占资产池比例超过20%,应披露相关借款人的名称、贷款用途、担保或抵押情况、经营情况、基本财务信息及信用评级或相关信用状况。

(六)执业律师出具的法律意见书概要。该法律意见书概要包括但不限于以下有关基础资产池的内容:

1. 对基础资产池合法合规性进行尽职调查的情况、过程和结果的简要说明。

2. 对基础资产池合法合规性所做出的判断。

3. 对该基础资产池是否可依法设立信托做出的判断。

（七）投资者在资产支持证券发行期限内查阅基础资产池全部具体信息（包括借款人姓名、借款合同等）的途径和方法。

三、发起机构、受托机构在共同发布的《信托公告》中应披露包括但不限于以下有关基础资产池的内容：

（一）设为信托财产的贷款合同编号。

（二）上述贷款的笔数、本金余额。

（三）上述贷款借款人所在地区、行业分布情况，包括贷款笔数及占比、本金余额及占比信息。

四、受托机构在《受托机构报告》中应披露包括但不限于以下有关基础资产池的内容：

（一）本期资产池统计特征说明。包括贷款余额、贷款笔数、担保情况、加权平均贷款利率和加权平均剩余期限等。

（二）本期资产池的本金细项分列（含正常还本金额、本金提前结清金额、部分提前还本金额、处置回收本金金额及回购贷款本金金额等）和利息（含税费支出）细项分列的说明。

（三）本期资产池的贷款状态特征、提前还款、拖欠、违约、处置、处置回收及损失等情况。

（四）信托合同约定发起机构或其他第三方可对基础资产池进行回购或替换的，应披露本期回购或替换的贷款笔数、金额及原因。

（五）本期资产池中进入法律诉讼程序的信托资产情况；法律诉讼程序进度及结果。

五、信用评级机构在发行前的《信用评级报告》中应披露包括但不限于以下有关基础资产池的内容：

（一）基础资产池概况。包括基础资产池所涉及的借款人户数、贷款笔数、初始贷款规模、贷款期限、入池贷款规模及剩余期限、现行贷款利率、加权平均贷款利率、最长贷款剩余期限、最短贷款剩余期限、加权平均贷款剩余期限、贷款本息偿付方式、入池贷款合格标准等资产池概况；资产池在资产质量、贷款性质、债务人分布、行业分布、地区分布等特征方面的统计情况，尤其是资产池前十大债务人及前五大债务人占比数据等。

（二）基础资产池信用风险分析。包括从资产质量、债务人分布、行业分布、地区分布、期限分布等方面对资产池进行的信用风险分析，尤其对于入池贷款中，单一行业贷款占比超过10%、单一借款人贷款占比超过5%的情况，要披露相关信息，如借款人所在行业背景、所在地区、未偿本金余额、剩余期限、贷款偿付记录、贷款担保措施等以及借款人的信用等级情况或考虑贷款担保后的信用等级情况等。

（三）基础资产池加权平均信用等级情况。包括入池贷款所涉及的借款人及保证人的信用级别判定依据；按未偿本金余额、借款人户数等统计的借款人信用级别分布情况或考虑贷款担保后的信用级别分布情况；资产池的加权平均信用级别等。

（四）现金流分析及压力测试。包括压力测试内容、测试参数及测试结果，如违约率及违约时间分布、违约回收率及回收周期等。

六、信用评级机构在跟踪《信用评级报告》中应披露包括但不限于以下有关基础资产池的内容：

（一）基础资产池的变动概况。截止跟踪信用评级报告日，基础资产池的借款人户数、贷款笔数、未偿本金余额及剩余期限、现行贷款利率等概况；基础资产池在资产质量、贷款性质、债务人分布、行业分布、地区分布、信用等级分布等方面的特征与发行日的变化对比情况。

（二）基础资产池信用风险分析。包括从发行日至跟踪报告日的违约率、违约回收率、逾期率、提前还款率等指标的统计情况；截止跟踪报告日资产池贷款所涉及的分类调整、信用等级调整、违约贷款及其处置、提前还款、逾期还款等具体情况的说明及分析。

七、若本公告某些具体要求对个别基础资产确实不适用的，受托机构可根据实际情况，在不影响披露内容完整性的前提下做出适当修改，但应在相关信息披露文件中做出说明。

八、本公告未作规定的，参照《信贷资产证券化试点管理办法》、《资产支持证券信息披露规则》及中国人民银行的其他规定执行。

中国银行业监督管理委员会办公厅关于进一步加强信贷资产证券化业务管理工作的通知

(银监办发〔2008〕23号 2008年2月4日发布)

国家开发银行,中国工商银行、中国农业银行、中国银行、中国建设银行、交通银行,各股份制商业银行:

自2005年信贷资产证券化试点工作启动以来,部分银行相继开办了该项业务,业务规模日益扩大。为保障信贷资产证券化业务的稳健发展,切实加强风险监管,现就有关事项通知如下:

一、强调资产质量,循序渐进推进证券化业务。各行要根据自身业务水平及管理能力等情况循序渐进发展证券化业务。鉴于目前市场情况及投资者风险偏好和承受能力,应强调资产质量,证券化资产以好的和比较好的资产为主;如试点不良资产证券化,由于其风险特征完全不同,各行要切实做好违约风险和信用(经营)风险的分散和信息披露工作。

二、确保"真实出售",控制信贷风险。一是发起行要切实落实证券化资产的"出表"要求,做到真实出售,降低银行信贷风险;二是发起行要准确区分和评估交易转移的风险和仍然保留的风险,对保留的风险必须进行有效的监测和控制。

三、强调"经济实质",严格资本计提。参与证券化业务的相关银行要严格遵循资本监管的有关要求,对于风险的衡量应依据交易的"经济实质",而不仅仅是"法律形式",准确判断资产证券化是否实现了风险的有效转移,对于因证券发起、信用增级、投资以及贷款服务等形成的证券化风险暴露都要计提资本,确保资本充足和审慎经营。

四、加强风险管理和内部控制，防范操作风险。一是在发起资产支持证券时，发起行应建立针对性较强的证券化业务内部风险管理制度，具体内容应涵盖业务流程与管理、基础资产选调流程、证券化业务会计处理方法等。要确保将信贷资产证券化业务风险管理纳入总体风险管理体系，持续有效地识别、计量、监测和控制各类相关风险。二是在履行贷款服务功能时，贷款服务银行要明确信息提供、资金划付等工作的业务操作流程和内部规章制度，建立严格的内部监督审核机制，动态监控系统运行情况，提高系统功能完备性及稳定性，优化信息系统支持，明确每一个环节的时间截点，确保严格履行相关合同中的义务。

五、科学合理制定贷款服务考核机制，防范道德风险。贷款服务银行应建立健全证券化资产管理服务的内部规章和标准，明确岗位职责，充实人员，规范服务管理行为，建立相应的激励考核机制，将证券化贷款管理尽职情况纳入对相关人员的考核范围，确保管理水平达到交易文件约定标准，切实防范贷款服务道德风险。尤其是对于证券化后出现借款人违约的贷款，要切实加大催收力度，提高催收要求和处置效率，实施动态监控，降低操作风险和声誉风险。

六、规范债权转移相关工作，防范法律风险。一是发起行应聘请具有良好专业能力和丰富经验的律师事务所、承销商、会计顾问、评级机构等专业机构，确保业务各个环节、步骤的规范运作。二是发起行应与相关司法以及监管部门充分沟通，确保交易结构设计以及实际操作依法合规。三是发起行按照相关规定做好与债务人的沟通工作，防止债务人对证券化业务产生误解，为信贷资产证券化业务提供方便，防范证券化业务可能引发的法律风险。

七、严格信息披露，保护投资者利益。参与证券化业务的相关银行要按照有关监管规定做好基础资产池信息披露工作，切实保护投资者利益。在向次级证券投资者披露基础资产信息时，应督促投资者按照相关约定做好重要客户信息的保密工作。

八、加强投资者教育工作。参与证券化业务的相关银行要提高公众对信贷资产支持产品价值的认识,充分揭示风险。同时,做好投资者培养工作,尤其是对中小投资者的培养工作。

中国银行业监督管理委员会关于进一步规范银行业金融机构信贷资产转让业务的通知

(银监发〔2010〕102号 2010年12月3日发布)

为进一步规范银行业金融机构信贷资产转让,促进相关业务规范、有序、健康发展,现就有关事项通知如下:

一、银行业金融机构开展信贷资产转让业务,应当严格遵守国家法律、法规、规章和规范性文件的相关规定,健全并严格执行相应风险管理制度和内部操作规程。

二、本通知所称信贷资产是指确定的、可转让的正常类信贷资产,不良资产的转让与处置不适用本通知规定。

信贷资产的转出方应征得借款人同意方可进行信贷资产的转让,但原先签订的借款合同中另有约定的除外。

三、信贷资产转入方应当做好对拟转入信贷资产的尽职调查,包括但不限于借款方资信状况、经营情况、信贷资产用途的合规性和合法性、担保情况等。

信贷资产转入方应当将拟转入的信贷资产提交授信审批部门进行严格审查、核实,复评贷款风险度,提出审核意见,按规定履行审批手续。

四、银行业金融机构转让信贷资产应当遵守真实性原则,禁止资产的非真实转移。

转出方不得安排任何显性或隐性的回购条款;转让双方不得采取

签订回购协议、即期买断加远期回购等方式规避监管。

五、银行业金融机构转让信贷资产应当遵守整体性原则，即转让的信贷资产应当包括全部未偿还本金及应收利息，不得有下列情形：

（一）将未偿还本金与应收利息分开；

（二）按一定比例分割未偿还本金或应收利息；

（三）将未偿还本金及应收利息整体按比例进行分割；

（四）将未偿还本金或应收利息进行期限分割。

银行业金融机构转让银团贷款的，转出方在进行转让时，应优先整体转让给其他银团贷款成员；如其他银团贷款成员均无意愿接受转让，且对转出方将其转给银团贷款成员之外的银行业金融机构无异议，转出方可将其整体转让给银团贷款成员之外的银行业金融机构。

六、银行业金融机构转让信贷资产应当遵守洁净转让原则，即实现资产的真实、完全转让，风险的真实、完全转移。

信贷资产转入方应当与信贷资产的借款方重新签订协议，确认变更后的债权债务关系。

拟转让的信贷资产有保证人的，转出方在信贷资产转让前，应当征求保证人意见，保证人同意后，可进行转让；如保证人不同意，转出方应和借款人协商，更换保证人或提供新的抵质押物，以实现信贷资产的安全转让。

拟转让的信贷资产有抵质押物的，应当完成抵质押物变更登记手续或将质物移交占有、交付，确保担保物权有效转移。

银行业金融机构在签订信贷资产转让协议时，应当明确双方权利和义务，转出方应当向转入方提供资产转让业务涉及的法律文件和其他相关资料；转入方应当行使信贷资产的日常贷后管理职责。

七、信贷资产转出方将信用风险、市场风险和流动性风险等完全转移给转入方后，应当在资产负债表内终止确认该项信贷资产，转入方应当在表内确认该项信贷资产，作为自有资产进行管理；转出方和转入方应当做到衔接一致，相关风险承担在任何时点上均不得落空。

信贷资产转让后,转出方和转入方的资本充足率、拨备覆盖率、大额集中度、存贷比、风险资产等监管指标的计算应当作出相应调整。

八、银行业金融机构应当严格按照《企业会计准则》关于"金融资产转移"的规定及其他相关规定进行信贷资产转移确认,并做相应的会计核算和账务处理。

九、银行业金融机构应当严格遵守信贷资产转让和银信理财合作业务的各项规定,不得使用理财资金直接购买信贷资产。

十、银行业金融机构开展信贷资产转让业务,不论是转入还是转出,应按照监管部门的要求及时完成相应信息的报送,并应当在每个季度结束后30个工作日内,向监管机构报送信贷资产转让业务报告。报告应当至少包括以下内容:

(一)信贷资产转让业务开展的整体情况;

(二)具体的转让笔数,每一笔交易的标的、金额、交易对手方、借款方、担保方或担保物权的情况等;

(三)信贷资产的风险变化情况;

(四)其他需要报告的情况。

十一、银行业金融机构开展信贷资产转让业务未能审慎经营,违反本通知规定的,监管机构可以根据《中华人民共和国银行业监督管理法》的有关规定,责令其暂停信贷资产转让业务,给予相应处罚,并追究相关人员责任。

请各银监局将本通知转发至辖内银监分局和银行业金融机构。

中国人民银行、中国银行业监督管理委员会、财政部关于进一步扩大信贷资产证券化试点有关事项的通知

(银发〔2012〕127号 2012年5月17日发布)

国家开发银行,各政策性银行、国有商业银行、股份制商业银行,中国邮政储蓄银行,各金融资产管理公司,各会计师事务所,各信托公司、企业集团财务公司、汽车金融公司:

根据国务院批复精神和前期信贷资产证券化试点实践经验,结合国际金融危机以后国际资产证券化业务监管的趋势性变化,为了进一步完善制度,防范风险,扎实推进我国信贷资产证券化业务健康可持续性发展,现就扩大信贷资产证券化试点有关事项通知如下:

一、基础资产。信贷资产证券化入池基础资产的选择要兼顾收益性和导向性,既要有稳定可预期的未来现金流,又要注意加强与国家产业政策的密切配合。鼓励金融机构选择符合条件的国家重大基础设施项目贷款、涉农贷款、中小企业贷款、经清理合规的地方政府融资平台公司贷款、节能减排贷款、汽车贷款等多元化信贷资产作为基础资产开展信贷资产证券化,丰富信贷资产证券化基础资产种类。信贷资产证券化产品结构要简单明晰,扩大试点阶段禁止进行再证券化、合成证券化产品试点。

二、机构准入。扩大试点阶段,金融机构信贷资产证券化业务准入条件及审批程序继续按照《信贷资产证券化试点管理办法》(中国人民银行 中国银行业监督管理委员会公告〔2005〕第7号公布)和《金融机构信贷资产证券化试点监督管理办法》(中国银行业监督管理委员会令2005年第3号发布)有关规定执行。鼓励更多经审核符合条件

的金融机构参与信贷资产证券化业务。银监会在收到发起机构和受托机构联合报送的完整申请材料之日起五个工作日内决定是否受理申请。银监会决定不受理的,应当书面通知申请人并说明理由;决定受理的,应当自受理之日起三个月内做出批准或不批准的书面决定。

三、风险自留。扩大试点阶段,信贷资产证券化各发起机构应持有由其发起的每一单资产证券化中的最低档次资产支持证券的一定比例,该比例原则上不得低于每一单全部资产支持证券发行规模的5%,持有期限不得低于最低档次证券的存续期限。本通知施行前,已经发行的资产支持证券不受此规定限制。发起机构原则上应担任信贷资产证券化的贷款服务机构,切实履行贷款服务合同各项约定。

四、信用评级。资产支持证券在全国银行间债券市场发行与交易初始评级应当聘请两家具有评级资质的资信评级机构,进行持续信用评级,并按照有关政策规定在申请发行资产支持证券时向金融监管部门提交两家评级机构的评级报告。鼓励探索采取多元化信用评级。参与资产支持证券评级的各信用评级机构要努力提高资产支持证券信用评级的透明度和公信力。同时,资产支持证券投资者应建立内部信用评级体系,加强对投资风险自主判断,减少对外部评级的依赖。

五、资本计提。扩大试点阶段,各银行业金融机构仍按照《商业银行资本充足率管理办法》(中国银行业监督管理员会令2007年第11号发布)、《金融机构信贷资产证券化试点监督管理办法》(中国银行业监督管理委员会令2005年第3号发布)和《商业银行资产证券化风险暴露监管资本计量指引》(银监发〔2009〕116号)等规定,计提监管资本。本通知施行后,如中国银行业监督管理委员会发布新的资本监管规定,按新规定有关要求执行。

六、会计处理。扩大试点阶段,信贷资产证券化会计处理按照《企业会计准则第23号——金融资产转移》(财会〔2006〕3号)及财政部发布的相关《企业会计准则解释》的有关规定执行。参与资产证券化业务的各会计师事务所应严格执行财政部相关规定，按要求做好信贷资产证券化会计处理工作。

七、信息披露。信贷资产证券化发起机构、受托机构、信用评级机构或其他证券化服务机构应严格按照《信贷资产证券化试点管理办法》（中国人民银行　中国银行业监督管理委员会公告〔2005〕第7号公布）、《资产支持证券化基础资产池信息披露有关事项》（中国人民银行公告〔2007〕第16号公布）等政策规定，做好信贷资产证券化业务信息披露工作，按投资人要求及时、准确、真实、完整披露资产支持证券相关信息。在遵循法律法规有关信贷资产证券化相关方私密性权利规定要求的基础上，鼓励创造条件逐步实现对每一笔入池资产按要求进行规范信息披露。

八、投资者要求。稳步扩大资产支持证券机构投资者范围，鼓励保险公司、证券投资基金、企业年金、全国社保基金等经批准合规的非银行机构投资者投资资产支持证券。单个银行业金融机构购买持有单支资产支持证券的比例，原则上不得超过该单资产支持证券发行规模的40%。

九、中介服务。信贷资产证券化各受托机构、贷款服务机构、资金保管机构、信用增级机构和承销机构及其他为信贷资产证券化发行交易提供服务的中介服务机构，应认真总结前期资产证券化试点实践经验，勤勉尽责，规范经营，在有效识别、计量、监测和控制相关风险的前提下，合理匹配证券风险收益，进一步提高中介服务的质量和水平。

十、本通知自发布之日起施行。前期试点过程中已经发布的信贷资产证券化有关政策规定中的具体条款有与本通知不一致的，在扩大试点阶段按本通知有关规定执行。本通知执行过程中遇到相关情况和问题，请及时报告。

中国人民银行、中国银行业监督管理委员会公告 2013 年第 21 号——关于规范信贷资产证券化发起机构风险自留行为的公告

（中国人民银行、中国银行业监督管理委员会公告 2013 年第 21 号　2013 年 12 月 31 日发布）

为进一步规范信贷资产证券化发起机构风险自留行为，维护投资者合法权益，防范风险，促进我国资产证券化业务健康可持续发展，现就有关事项公告如下：

一、信贷资产证券化发起机构需保留一定比例的基础资产信用风险，该比例不得低于 5%。

二、信贷资产证券化发起机构应按以下要求保留基础资产信用风险：

（一）持有由其发起资产证券化产品的一定比例，该比例不得低于该单证券化产品全部发行规模的 5%。

（二）持有最低档次资产支持证券的比例不得低于该档次资产支持证券发行规模的 5%。

（三）若持有除最低档次之外的资产支持证券，各档次证券均应持有，且应以占各档次证券发行规模的相同比例持有。

（四）持有期限不低于各档次资产支持证券存续期限。

（五）中国人民银行、中国银行业监督管理委员会规定的其他要求。

三、信贷资产证券化发起机构可按照上述要求，根据实际情况灵活确定风险自留的具体方式。信贷资产证券化发起机构原则上应担任信贷资产证券化的贷款服务机构，切实履行贷款服务合同各项

约定。

四、本公告自发布之日起施行。前期试点过程中已经发布的信贷资产证券化有关政策规定中的具体条款有与本公告不一致的,在扩大试点阶段按本公告有关规定执行。

信贷资产证券化发起机构应根据本公告要求,进一步加强和完善信贷资产证券化业务管理,严格做好信贷资产证券化风险自留工作。相关部门将继续深入研究资产证券化风险自留豁免条件以及商业银行持有最低档次资产支持证券的风险权重等问题,不断完善信贷资产证券化发起机构风险自留制度。本公告执行过程中遇到的相关情况和问题,请及时报告中国人民银行和中国银行业监督管理委员会。

中国银行业监督管理委员会办公厅关于信贷资产证券化备案登记工作流程的通知

(银监办便函〔2014〕1092号 2014年11月20日发布)

各银监局,政策性银行、国有商业银行、股份制商业银行、金融资产管理公司、中国邮政储蓄银行、银监会直接监管的信托公司、企业集团财务公司、金融租赁公司:

为加大金融支持实体经济力度,加快推进信贷资产证券化工作,根据金融监管协调部际联席第四次会议和我会2014年第8次主席会议的决定,信贷资产证券化业务将由审批制改为业务备案制。本着简政放权原则,我会不再针对证券化产品发行进行逐笔审批,银行业金融机构应在申请取得业务资格后开展业务,在发行证券化产品前应进行备案登记。现就有关事项通知如下:

一、业务资格审批

银行业金融机构开展信贷资产证券化业务应向我会提出申请相关业务资格。应依据《金融机构信贷资产证券化业务试点监督管理办法》相关规定,将申请材料报送各机构监管部并会签创新部。对已发行过信贷资产支持证券的银行业金融机构豁免资格审批,但需履行相应手续。

二、产品备案登记

银行业金融机构发行证券化产品前需进行备案登记。信贷资产证券化产品的备案申请由创新部统一受理、核实、登记;转送各机构监管部实施备案统计;备案后由创新部统一出口。银行业金融机构在完成备案登记后可开展资产支持证券的发行工作。已备案产品需在三个月内完成发行,三个月内未完成发行的须重新备案。

在备案过程中,各机构监管部应对发起机构合规性进行考察,不再打开产品"资产包"对基础资产等具体发行方案进行审查;会计师事务所、律师事务所、评级机构等合格中介机构应针对证券化产品发行方案出具专业意见,并向投资者充分披露;各银行业金融机构应选择符合国家相关政策的优质资产,采取简单透明的交易结构开展证券化业务,盘活信贷存量。

三、过渡期安排

在本通知正式发布前已报送我会,正处于发行审批通道内的证券化产品仍按照原审批制下工作流程继续推进。本通知正式发布后,已发行过信贷资产支持证券的银行业金融机构被视为已具备相关业务资格,可按照上述新工作流程开展产品报备登记,并应补充完成业务资格审批手续;未发行过证券化产品的机构则需在获得业务资格后再进行产品备案。

请各银监局将本通知转发至辖内银监分局和银行业金融机构。

附件一:信贷资产证券化项目备案登记工作相关要求

附件二:信贷资产证券化项目备案登记表(略)

附件一：

信贷资产证券化项目备案登记工作相关要求

一、备案登记材料清单

1. 信贷资产证券化项目备案登记表（附件二）；

2. 由发起机构和受托机构联合签署的项目备案报告；

3. 信贷资产证券化项目计划书；

4. 信托合同、贷款服务合同、资金保管合同及其他相关法律文件草案；

5. 执业律师出具的法律意见书草案、注册会计师出具的会计意见书草案、资信评级机构出具的信用评级报告草案及有关持续跟踪评级安排的说明；

6. 受托机构在信托财产收益支付的间隔期内，对信托财产收益进行投资管理的原则及方式说明；

7. 发起机构信贷资产证券化业务资格的批复或相关证明文件；

8. 特定目的信托受托机构资格的批复；

9. 银监会要求的其他文件和材料。

以上备案登记材料应参照《金融机构信贷资产证券化试点监督管理办法》第十三条相关要求报送。

二、备案登记工作相关要求

1. 信贷资产证券化项目备案登记工作由发起机构进行。

2. 信贷资产证券化发起机构应填写《信贷资产证券化项目备案登记表》，并由相关填报人员签字并加盖机构公章。

3. 填报机构将备案登记材料清单中相关材料报送至银监会创新部，并将《信贷资产证券化项目备案登记表》电子版发送至 zhangmengsheng@cbrc.gov.cn。

中国人民银行公告2015年第7号——关于信贷资产支持证券发行管理有关事宜的公告

（中国人民银行公告2015年第7号　2015年3月26日发布）

为简化信贷资产支持证券发行管理流程，提高发行管理效率和透明度，促进受托机构与发起机构提高信息披露质量，切实保护投资人合法权益，推动信贷资产证券化业务健康发展，根据《中华人民共和国中国人民银行法》和《信贷资产证券化试点管理办法》（中国人民银行公告〔2005〕第7号公布），现就信贷资产支持证券发行管理有关事宜公告如下：

一、已经取得监管部门相关业务资格、发行过信贷资产支持证券且能够按规定披露信息的受托机构和发起机构可以向中国人民银行申请注册，并在注册有效期内自主分期发行信贷资产支持证券。申请注册发行的证券化信贷资产应具有较高的同质性。

二、受托机构和发起机构应提交注册申请报告、与交易框架相关的标准化合同文本、评级安排等文件。

注册申请报告应包括以下内容：

（一）信贷资产支持证券名称；

（二）证券化的信贷资产类型；

（三）信贷资产支持证券注册额度和分期发行安排；

（四）证券化的信贷资产发放程序、审核标准、担保形式、管理方法、过往表现、违约贷款处置程序及方法；

（五）交易结构及各当事方的主要权利与义务；

（六）贷款服务机构管理证券化信贷资产的方法、标准；

（七）拟披露信息的主要内容、时间及取得方式；

（八）拟采用簿记建档发行信贷资产证券化产品的，应说明采用簿记建档发行的必要性，定价、配售的具体原则和方式，以及防范操作风险和不正当利益输送的措施。

三、中国人民银行接受注册后，在注册有效期内，受托机构和发起机构可自主选择信贷资产支持证券发行时机，在按有关规定进行产品发行信息披露前5个工作日，将最终的发行说明书、评级报告及所有最终的相关法律文件和信贷资产支持证券发行登记表（见附件）送中国人民银行备案。

四、按照投资者适当性原则，由市场和发行人双向选择信贷资产支持证券交易场所。

五、受托机构、发起机构可与主承销商或其他机构通过协议约定信贷资产支持证券的做市安排。

六、采用分层结构的信贷资产支持证券，其最低档次证券发行可免于信用评级。

七、受托机构和发起机构应向中国人民银行报送书面的注册登记材料和发行材料，同时提交电子版文件光盘。

八、中国人民银行在其官方网站（www.pbc.gov.cn）"银行间债券市场"栏目下实时公开信贷资产支持证券发行管理信息。

九、受托机构和发起机构在信贷资产支持证券发行前和存续期间，应切实履行信息披露职责，并承担主体责任。采用注册方式分期发行的，可在注册后即披露产品交易结构等信息，每期产品发行前披露基础资产池相关信息。受托机构、承销机构、信用评级机构、会计师事务所、律师事务所等中介机构要按合同约定切实履行尽职调查责任，依法披露信息。

十、中国银行间市场交易商协会应组织市场成员起草并发布信贷资产支持证券相关标准合同范本和信息披露指引，定期跟踪市场成员对信贷资产证券化信息披露情况的评价，对不能按相关规定进行信息披露的，应及时报告中国人民银行。

十一、本公告自发布之日起施行。

中国银监会办公厅关于银行业信贷资产流转集中登记的通知

（银监办发〔2015〕108号　2015年6月25日发布）

各银监局，各政策性银行、大型银行、股份制银行、邮储银行、外资银行、金融资产管理公司，其他会管金融机构，银行业信贷资产登记流转中心：

根据国务院提出的"盘活货币信贷存量，支持实体经济转型升级"的工作要求，为进一步规范信贷资产流转业务，完善非现场监管，决定开展银行业信贷资产流转集中登记工作。现就有关事项通知如下：

一、银行业金融机构开展信贷资产流转业务，即将所持有的信贷资产及对应的受益权进行转让，应实施集中登记，以促进信贷资产流转规范化、透明化，实现对信贷资产流向的跟踪监测。鉴于当前银行业金融机构开展的信贷资产流转规模较大、交易结构复杂多样，应本着先易后难、循序渐进的原则推进集中登记工作。

二、银行业信贷资产登记流转中心（以下简称"信贷资产登记中心"）承担信贷资产集中登记职能。信贷资产登记中心应本着为市场服务的宗旨，制定相关登记规则，明确实施细则和操作流程，建立安全、高效运行的技术系统，完善软、硬件设施，充分发挥金融基础设施机构的作用。各银行业金融机构应规范业务流程，做好技术准备，健全风险管控，确保信贷资产流转集中登记工作有序开展。

三、信贷资产登记中心应保障信贷资产登记的准确性、及时性、完整性；为银行业金融机构提供必要的技术支持和相关服务；确保登记客户信息的保密安全；严格履行日常监测和统计职责，服务于银监会的非现场监管要求；根据监管要求定期提交登记情况报告，促进银行业金融机构信贷资产流转健康、有序开展。

中国银监会办公厅关于规范银行业金融机构信贷资产收益权转让业务的通知

(银监办发〔2016〕82号 2016年4月27日发布)

各银监局,各政策性银行、大型银行、股份制银行、邮储银行、外资银行,金融资产管理公司,其他会管金融机构,银行业信贷资产登记流转中心:

近年来,银行业金融机构开展信贷资产收益权转让业务,对进一步盘活信贷存量、加快资金周转发挥了积极作用,但部分业务存在交易结构不规范不透明,会计处理和资本、拨备计提不审慎等问题。为促进信贷资产收益权转让业务健康有序发展,现就有关事项通知如下:

一、信贷资产收益权转让应当遵守"报备办法、报告产品和登记交易"相关要求

(一)报备办法。银行业金融机构应当制定信贷资产收益权转让业务管理制度;银行业信贷资产登记流转中心(以下简称银登中心)应当根据银监会相关要求,制定并发布信贷资产收益权转让业务规则和操作流程,并及时报送银监会备案。

(二)报告产品。银登中心应当根据银监会相关要求,制定并发布产品报告流程和备案审核要求;银行业金融机构应当向银登中心逐笔报送产品相关信息。

(三)登记交易。出让方银行应当依照《中国银监会办公厅关于银行业信贷资产流转集中登记的通知》(银监办发〔2015〕108号)相关规定,及时在银登中心办理信贷资产收益权转让集中登记。

二、信贷资产收益权转让应当依法合规开展,有效防范风险

(一)出让方银行应当根据《商业银行资本管理办法(试行)》,在

信贷资产收益权转让后按照原信贷资产全额计提资本。

（二）出让方银行应当按照《企业会计准则》对信贷资产收益权转让业务进行会计核算和账务处理。开展不良资产收益权转让的，在继续涉入情形下，计算不良贷款余额、不良贷款比例和拨备覆盖率等指标时，出让方银行应当将继续涉入部分计入不良贷款统计口径。

（三）出让方银行应当根据《商业银行贷款损失准备管理办法》、《银行贷款损失准备计提指引》和《金融企业准备金计提管理办法》等相关规定，按照会计处理和风险实际承担情况计提拨备。

（四）出让方银行不得通过本行理财资金直接或间接投资本行信贷资产收益权，不得以任何方式承担显性或者隐性回购义务。

（五）信贷资产收益权的投资者应当持续满足监管部门关于合格投资者的相关要求。不良资产收益权的投资者限于合格机构投资者，个人投资者参与认购的银行理财产品、信托计划和资产管理计划不得投资；对机构投资者资金来源应当实行穿透原则，不得通过嵌套等方式直接或变相引入个人投资者资金。

（六）出让方银行和其他相关交易主体应当审慎评估信贷资产质量和风险，按照市场化原则合理定价，必要时委托会计师事务所、律师事务所、评级机构、估值机构等独立第三方机构，对相关业务环节出具专业意见。

（七）出让方银行和其他相关交易主体应当按照有关要求，向投资者及时、准确、完整披露拟转让收益权的信贷资产相关情况，并及时披露对投资者权益或投资收益等产生重大影响的突发事件。

（八）符合上述规定的合格投资者认购的银行理财产品投资信贷资产收益权，按本通知要求在银登中心完成转让和集中登记的，相关资产不计入非标准化债权资产统计，在全国银行业理财信息登记系统中单独列示。

三、银登中心应当加强市场监督，并及时报告重要情况

（一）开展业务产品备案审核。审核内容包括但不限于资产构成、交易结构、投资者适当性、信息披露和风险管控措施等。

(二)加强市场基础设施建设。完善信贷资产收益权转让相关平台功能,加强软硬件设施建设,保障系统运行的稳定性和连续性。

(三)及时报告重要情况。定期向银监会报告信贷资产收益权转让产品备案、登记转让信息和相关统计分析报告。发生重大突发事件时,应当及时向银监会报告。

四、银行业监督管理机构对银行业金融机构的信贷资产收益权转让业务实施监督管理,必要时根据《中华人民共和国银行业监督管理法》等法律法规,采取相关监管措施或者实施行政处罚。

商业银行理财业务监督管理办法

(中国银保监会2018年第3次主席会议通过 中国银行保险监督管理委员会令2018年第6号 2018年9月26日公布)

第一章 总 则

第一条 为加强对商业银行理财业务的监督管理,促进商业银行理财业务规范健康发展,依法保护投资者合法权益,根据《中华人民共和国银行业监督管理法》、《中华人民共和国商业银行法》等法律、行政法规以及《关于规范金融机构资产管理业务的指导意见》(以下简称《指导意见》),制定本办法。

第二条 本办法适用于在中华人民共和国境内设立的商业银行,包括中资商业银行、外商独资银行、中外合资银行。

第三条 本办法所称理财业务是指商业银行接受投资者委托,按照与投资者事先约定的投资策略、风险承担和收益分配方式,对受托的投资者财产进行投资和管理的金融服务。

本办法所称理财产品是指商业银行按照约定条件和实际投资收

益情况向投资者支付收益、不保证本金支付和收益水平的非保本理财产品。

第四条 商业银行理财产品财产独立于管理人、托管机构的自有资产，因理财产品财产的管理、运用、处分或者其他情形而取得的财产，均归入银行理财产品财产。

商业银行理财产品管理人、托管机构不得将银行理财产品财产归入其自有资产，因依法解散、被依法撤销或者被依法宣告破产等原因进行清算的，银行理财产品财产不属于其清算财产。

第五条 商业银行理财产品管理人管理、运用和处分理财产品财产所产生的债权，不得与管理人、托管机构因自有资产所产生的债务相抵销；管理人管理、运用和处分不同理财产品财产所产生的债权债务，不得相互抵销。

第六条 商业银行开展理财业务，应当按照《指导意见》第八条的相关规定，诚实守信、勤勉尽职地履行受人之托、代人理财职责，投资者自担投资风险并获得收益。

商业银行开展理财业务，应当遵守成本可算、风险可控、信息充分披露的原则，严格遵守投资者适当性管理要求，保护投资者合法权益。

第七条 银行业监督管理机构依法对商业银行理财业务活动实施监督管理。

银行业监督管理机构应当对理财业务实行穿透式监管，向上识别理财产品的最终投资者，向下识别理财产品的底层资产，并对理财产品运作管理实行全面动态监管。

第二章 分类管理

第八条 商业银行应当根据募集方式的不同，将理财产品分为公募理财产品和私募理财产品。

本办法所称公募理财产品是指商业银行面向不特定社会公众公开发行的理财产品。公开发行的认定标准按照《中华人民共和国证券法》执行。

本办法所称私募理财产品是指商业银行面向合格投资者非公开发行的理财产品。合格投资者是指具备相应风险识别能力和风险承受能力，投资于单只理财产品不低于一定金额且符合下列条件的自然人、法人或者依法成立的其他组织：

（一）具有 2 年以上投资经历，且满足家庭金融净资产不低于 300 万元人民币，或者家庭金融资产不低于 500 万元人民币，或者近 3 年本人年均收入不低于 40 万元人民币；

（二）最近 1 年末净资产不低于 1000 万元人民币的法人或者依法成立的其他组织；

（三）国务院银行业监督管理机构规定的其他情形。

私募理财产品的投资范围由合同约定，可以投资于债权类资产和权益类资产等。权益类资产是指上市交易的股票、未上市企业股权及其受（收）益权。

第九条 商业银行应当根据投资性质的不同，将理财产品分为固定收益类理财产品、权益类理财产品、商品及金融衍生品类理财产品和混合类理财产品。固定收益类理财产品投资于存款、债券等债权类资产的比例不低于 80%；权益类理财产品投资于权益类资产的比例不低于 80%；商品及金融衍生品类理财产品投资于商品及金融衍生品的比例不低于 80%；混合类理财产品投资于债权类资产、权益类资产、商品及金融衍生品类资产且任一资产的投资比例未达到前三类理财产品标准。

非因商业银行主观因素导致突破前述比例限制的，商业银行应当在流动性受限资产可出售、可转让或者恢复交易的 15 个交易日内将理财产品投资比例调整至符合要求，国务院银行业监督管理机构规定的特殊情形除外。

第十条 商业银行应当根据运作方式的不同，将理财产品分为封闭式理财产品和开放式理财产品。

本办法所称封闭式理财产品是指有确定到期日，且自产品成立日至终止日期间，投资者不得进行认购或者赎回的理财产品。开放式理财产品是指自产品成立日至终止日期间,理财产品份额总额不固定,投资者可以按照协议约定,在开放日和相应场所进行认购或者赎回的理财产品。

第十一条　商业银行发行投资衍生产品的理财产品的,应当具有衍生产品交易资格,并遵守国务院银行业监督管理机构关于衍生产品业务管理的有关规定。

商业银行开展理财业务涉及外汇业务的,应当具有开办相应外汇业务的资格,并遵守外汇管理的有关规定。

第十二条　商业银行总行应当按照以下要求,在全国银行业理财信息登记系统对理财产品进行集中登记:

(一)商业银行发行公募理财产品的,应当在理财产品销售前10日,在全国银行业理财信息登记系统进行登记;

(二)商业银行发行私募理财产品的,应当在理财产品销售前2日,在全国银行业理财信息登记系统进行登记;

(三)在理财产品募集和存续期间,按照有关规定持续登记理财产品的募集情况、认购赎回情况、投资者信息、投资资产、资产交易明细、资产估值、负债情况等信息;

(四)在理财产品终止后5日内完成终止登记。

商业银行应当确保本行理财产品登记信息的真实性、准确性、完整性和及时性。信息登记不齐全或者不符合要求的,应当进行补充或者重新登记。

商业银行不得发行未在全国银行业理财信息登记系统进行登记并获得登记编码的理财产品。商业银行应当在理财产品销售文件的显著位置列明该产品在全国银行业理财信息登记系统获得的登记编码,并提示投资者可以依据该登记编码在中国理财网查询产品信息。

银行业理财登记托管中心应当在国务院银行业监督管理机构的指导下,履行下列职责:

(一)持续加强全国银行业理财信息登记系统的建设和管理,确保系统独立、安全、高效运行;

（二）完善理财信息登记业务规则、操作规程和技术标准规范等，加强理财信息登记质量监控；

（三）向国务院银行业监督管理机构报告理财业务、理财信息登记质量和系统运行等有关情况；

（四）提供必要的技术支持、业务培训和投资者教育等服务；

（五）依法合规使用信息，建立保密制度并采取相应的保密措施，确保信息安全；

（六）国务院银行业监督管理机构规定的其他职责。

第三章 业务规则与风险管理

第一节 管理体系与管理制度

第十三条 商业银行董事会和高级管理层应当充分了解理财业务及其所面临的各类风险，根据本行的经营目标、投资管理能力、风险管理水平等因素，确定开展理财业务的总体战略和政策，确保具备从事理财业务和风险管理所需要的专业人员、业务处理系统、会计核算系统和管理信息系统等人力、物力资源。

第十四条 商业银行应当通过具有独立法人地位的子公司开展理财业务。暂不具备条件的，商业银行总行应当设立理财业务专营部门，对理财业务实行集中统一经营管理。

商业银行设立理财子公司的监管规定由国务院银行业监督管理机构另行制定。

第十五条 商业银行开展理财业务，应当确保理财业务与其他业务相分离，理财产品与其代销的金融产品相分离，理财产品之间相分离，理财业务操作与其他业务操作相分离。

第十六条 商业银行应当根据理财业务性质和风险特征，建立健全理财业务管理制度，包括产品准入管理、风险管理与内部控制、人员管理、销售管理、投资管理、合作机构管理、产品托管、产品估值、会计核算和信息披露等。

商业银行应当针对理财业务的风险特征，制定和实施相应的风险管理政策和程序,确保持续有效地识别、计量、监测和控制理财业务的各类风险,并将理财业务风险管理纳入其全面风险管理体系。商业银行应当按照国务院银行业监督管理机构关于内部控制的相关规定,建立健全理财业务的内部控制体系,作为银行整体内部控制体系的有机组成部分。

商业银行内部审计部门应当按照国务院银行业监督管理机构关于内部审计的相关规定,至少每年对理财业务进行一次内部审计,并将审计报告报送审计委员会及董事会。董事会应当针对内部审计发现的问题,督促高级管理层及时采取整改措施。内部审计部门应当跟踪检查整改措施的实施情况,并及时向董事会提交有关报告。

商业银行应当按照国务院银行业监督管理机构关于外部审计的相关规定,委托外部审计机构至少每年对理财业务和公募理财产品进行一次外部审计,并针对外部审计发现的问题及时采取整改措施。

第十七条 商业银行应当建立理财产品的内部审批政策和程序,在发行新产品之前充分识别和评估各类风险。理财产品由负责风险管理、法律合规、财务会计管理和消费者保护等相关职能部门进行审核,并获得董事会、董事会授权的专门委员会、高级管理层或者相关部门的批准。

第十八条 商业银行开展理财业务,应当确保每只理财产品与所投资资产相对应,做到每只理财产品单独管理、单独建账和单独核算,不得开展或者参与具有滚动发行、集合运作、分离定价特征的资金池理财业务。

本办法所称单独管理是指对每只理财产品进行独立的投资管理。单独建账是指为每只理财产品建立投资明细账,确保投资资产逐项清晰明确。单独核算是指对每只理财产品单独进行会计账务处理,确保每只理财产品具有资产负债表、利润表、产品净值变动表等财务会计报表。

第十九条 商业银行开展理财业务,应当按照《企业会计准则》和《指导意见》等关于金融工具估值核算的相关规定,确认和计量理财产品的净值。

第二十条 商业银行开展理财业务，应当遵守市场交易和公平交易原则，不得在理财产品之间、理财产品投资者之间或者理财产品投资者与其他市场主体之间进行利益输送。

第二十一条 商业银行理财产品投资于本行或托管机构，其主要股东、控股股东、实际控制人、一致行动人、最终受益人，其控股的机构或者与其有重大利害关系的公司发行或者承销的证券，或者从事其他重大关联交易的，应当符合理财产品的投资目标、投资策略和投资者利益优先原则，按照商业原则，以不优于对非关联方同类交易的条件进行，并向投资者充分披露信息。

商业银行应当按照金融监督管理部门关于关联交易的相关规定，建立健全理财业务关联交易内部评估和审批机制。理财业务涉及重大关联交易的，应当提交有权审批机构审批，并向银行业监督管理机构报告。

商业银行不得以理财资金与关联方进行不正当交易、利益输送、内幕交易和操纵市场，包括但不限于投资于关联方虚假项目、与关联方共同收购上市公司、向本行注资等。

第二十二条 商业银行开展理财业务，应当按照《商业银行资本管理办法（试行）》的相关规定计提操作风险资本。

第二十三条 商业银行应当建立有效的理财业务投资者投诉处理机制，明确受理和处理投资者投诉的途径、程序和方式，根据法律、行政法规、金融监管规定和合同约定妥善处理投资者投诉。

第二十四条 商业银行应当建立健全理财业务人员的资格认定、培训、考核评价和问责制度，确保理财业务人员具备必要的专业知识、行业经验和管理能力，充分了解相关法律、行政法规、监管规定以及理财产品的法律关系、交易结构、主要风险及风险管控方式，遵守行为准则和职业道德标准。

商业银行的董事、监事、高级管理人员和其他理财业务人员不得有下列行为：

（一）将自有财产或者他人财产混同于理财产品财产从事投资活动；

（二）不公平地对待所管理的不同理财产品财产；

（三）利用理财产品财产或者职务之便为理财产品投资者以外的人牟取利益；

（四）向理财产品投资者违规承诺收益或者承担损失；

（五）侵占、挪用理财产品财产；

（六）泄露因职务便利获取的未公开信息，利用该信息从事或者明示、暗示他人从事相关的交易活动；

（七）玩忽职守，不按照规定履行职责；

（八）法律、行政法规和国务院银行业监督管理机构规定禁止的其他行为。

第二节 销售管理

第二十五条 商业银行理财产品销售是指商业银行将本行发行的理财产品向投资者进行宣传推介和办理认购、赎回等业务活动。

第二十六条 商业银行销售理财产品，应当加强投资者适当性管理，向投资者充分披露信息和揭示风险，不得宣传或承诺保本保收益，不得误导投资者购买与其风险承受能力不相匹配的理财产品。

商业银行理财产品宣传销售文本应当全面、如实、客观地反映理财产品的重要特性，充分披露理财产品类型、投资组合、估值方法、托管安排、风险和收费等重要信息，所使用的语言表述必须真实、准确和清晰。

商业银行发行理财产品，不得宣传理财产品预期收益率，在理财产品宣传销售文本中只能登载该理财产品或者本行同类理财产品的过往平均业绩和最好、最差业绩，并以醒目文字提醒投资者"理财产品过往业绩不代表其未来表现，不等于理财产品实际收益，投资须谨慎"。

第二十七条 商业银行应当采用科学合理的方法，根据理财产品的投资组合、同类产品过往业绩和风险水平等因素,对拟销售的理财产品进行风险评级。

理财产品风险评级结果应当以风险等级体现,由低到高至少包括一级至五级,并可以根据实际情况进一步细分。

第二十八条 商业银行应当对非机构投资者的风险承受能力进行评估,确定投资者风险承受能力等级,由低到高至少包括一级至五级,并可以根据实际情况进一步细分。

商业银行不得在风险承受能力评估过程中误导投资者或者代为操作,确保风险承受能力评估结果的真实性和有效性。

第二十九条 商业银行只能向投资者销售风险等级等于或低于其风险承受能力等级的理财产品,并在销售文件中明确提示产品适合销售的投资者范围,在销售系统中设置销售限制措施。

商业银行不得通过对理财产品进行拆分等方式,向风险承受能力等级低于理财产品风险等级的投资者销售理财产品。

其他资产管理产品投资于商业银行理财产品的,商业银行应当按照穿透原则,有效识别资产管理产品的最终投资者。

第三十条 商业银行应当根据理财产品的性质和风险特征,设置适当的期限和销售起点金额。

商业银行发行公募理财产品的,单一投资者销售起点金额不得低于1万元人民币。

商业银行发行私募理财产品的,合格投资者投资于单只固定收益类理财产品的金额不得低于30万元人民币,投资于单只混合类理财产品的金额不得低于40万元人民币,投资于单只权益类理财产品、单只商品及金融衍生品类理财产品的金额不得低于100万元人民币。

第三十一条 商业银行只能通过本行渠道(含营业网点和电子渠道)销售理财产品,或者通过其他商业银行、农村合作银行、村镇银行、农村信用合作社等吸收公众存款的银行业金融机构代理销售理财产品。

第三十二条 商业银行通过营业场所向非机构投资者销售理财

产品的,应当按照国务院银行业监督管理机构的相关规定实施理财产品销售专区管理,并在销售专区内对每只理财产品销售过程进行录音录像。

第三十三条　商业银行应当按照国务院银行业监督管理机构的相关规定,妥善保存理财产品销售过程涉及的投资者风险承受能力评估、录音录像等相关资料。

商业银行应当依法履行投资者信息保密义务,建立投资者信息管理制度和保密制度,防范投资者信息被不当采集、使用、传输和泄露。商业银行与其他机构共享投资者信息的,应当在理财产品销售文本中予以明确,征得投资者书面授权或者同意,并要求其履行投资者信息保密义务。

第三十四条　商业银行应当建立理财产品销售授权管理体系,制定统一的标准化销售服务规程,建立清晰的报告路线,明确分支机构业务权限,并采取定期核对、现场核查、风险评估等方式加强对分支机构销售活动的管理。

第三节　投资运作管理

第三十五条　商业银行理财产品可以投资于国债、地方政府债券、中央银行票据、政府机构债券、金融债券、银行存款、大额存单、同业存单、公司信用类债券、在银行间市场和证券交易所市场发行的资产支持证券、公募证券投资基金、其他债权类资产、权益类资产以及国务院银行业监督管理机构认可的其他资产。

第三十六条　商业银行理财产品不得直接投资于信贷资产,不得直接或间接投资于本行信贷资产,不得直接或间接投资于本行或其他银行业金融机构发行的理财产品,不得直接或间接投资于本行发行的次级档信贷资产支持证券。

商业银行面向非机构投资者发行的理财产品不得直接或间接投资于不良资产、不良资产支持证券,国务院银行业监督管理机构另有规定的除外。

商业银行理财产品不得直接或间接投资于本办法第三十五条所列示资产之外、由未经金融监督管理部门许可设立、不持有金融牌照的机构发行的产品或管理的资产，金融资产投资公司的附属机构依法依规设立的私募股权投资基金以及国务院银行业监督管理机构另有规定的除外。

第三十七条 理财产品销售文件应当载明产品类型、投资范围、投资资产种类及其投资比例，并确保在理财产品成立后至到期日前，投资比例按照销售文件约定合理浮动，不得擅自改变理财产品类型。

金融市场发生重大变化导致理财产品投资比例暂时超出浮动区间且可能对理财产品收益产生重大影响的，商业银行应当及时向投资者进行信息披露。

商业银行应当根据市场情况调整投资范围、投资资产种类或投资比例，并按照有关规定事先进行信息披露。超出销售文件约定比例的，除高风险类型的理财产品超出比例范围投资较低风险资产外，应当先取得投资者书面同意，并在全国银行业理财信息登记系统做好理财产品信息登记；投资者不接受的，应当允许投资者按照销售文件约定提前赎回理财产品。

第三十八条 商业银行理财产品投资资产管理产品的，应当符合以下要求：

（一）准确界定相关法律关系，明确约定各参与主体的责任和义务，并符合法律、行政法规、《指导意见》和金融监督管理部门对该资产管理产品的监管规定；

（二）所投资的资产管理产品不得再投资于其他资产管理产品（公募证券投资基金除外）；

（三）切实履行投资管理职责，不得简单作为资产管理产品的资金募集通道；

（四）充分披露底层资产的类别和投资比例等信息，并在全国银行业理财信息登记系统登记资产管理产品及其底层资产的相关信息。

第三十九条 商业银行理财产品投资于非标准化债权类资产的，

应当符合以下要求：

（一）确保理财产品投资与审批流程相分离，比照自营贷款管理要求实施投前尽职调查、风险审查和投后风险管理，并纳入全行统一的信用风险管理体系；

（二）商业银行全部理财产品投资于单一债务人及其关联企业的非标准化债权类资产余额，不得超过本行资本净额的10%；

（三）商业银行全部理财产品投资于非标准化债权类资产的余额在任何时点均不得超过理财产品净资产的35%，也不得超过本行上一年度审计报告披露总资产的4%。

第四十条 商业银行理财产品不得直接或间接投资于本行信贷资产受（收）益权，面向非机构投资者发行的理财产品不得直接或间接投资于不良资产受（收）益权。

商业银行理财产品投资于信贷资产受（收）益权的，应当审慎评估信贷资产质量和风险，按照市场化原则合理定价，必要时委托会计师事务所、律师事务所、评级机构等独立第三方机构出具专业意见。

商业银行应当向投资者及时、准确、完整地披露理财产品所投资信贷资产受（收）益权的相关情况，并及时披露对投资者权益或投资收益等产生重大影响的突发事件。

第四十一条 商业银行理财产品直接或间接投资于银行间市场、证券交易所市场或者国务院银行业监督管理机构认可的其他证券的，应当符合以下要求：

（一）每只公募理财产品持有单只证券或单只公募证券投资基金的市值不得超过该理财产品净资产的10%；

（二）商业银行全部公募理财产品持有单只证券或单只公募证券投资基金的市值，不得超过该证券市值或该公募证券投资基金市值的30%；

（三）商业银行全部理财产品持有单一上市公司发行的股票，不得超过该上市公司可流通股票的30%。

国务院银行业监督管理机构另有规定的除外。

非因商业银行主观因素导致突破前述比例限制的，商业银行应当在流动性受限资产可出售、可转让或者恢复交易的10个交易日内调整至符合要求，国务院银行业监督管理机构规定的特殊情形除外。

商业银行理财产品投资于国债、地方政府债券、中央银行票据、政府机构债券、政策性金融债券以及完全按照有关指数的构成比例进行投资的除外。

第四十二条　商业银行不得发行分级理财产品。

本办法所称分级理财产品是指商业银行按照本金和收益受偿顺序的不同，将理财产品划分为不同等级的份额，不同等级份额的收益分配不按份额比例计算，而是由合同另行约定、按照优先与劣后份额安排进行收益分配的理财产品。

商业银行每只开放式公募理财产品的杠杆水平不得超过140%，每只封闭式公募理财产品、每只私募理财产品的杠杆水平不得超过200%。

本办法所称杠杆水平是指理财产品总资产/理财产品净资产。商业银行计算理财产品总资产时，应当按照穿透原则合并计算理财产品所投资的底层资产。理财产品投资资产管理产品的，应当按照理财产品持有资产管理产品的比例计算底层资产。

第四十三条　商业银行应当建立健全理财业务流动性风险管理制度，加强理财产品及其所投资资产期限管理，专业审慎、勤勉尽责地管理理财产品流动性风险，确保投资者的合法权益不受损害并得到公平对待。

商业银行应当在理财产品设计阶段，综合评估分析投资策略、投资范围、投资资产流动性、销售渠道、投资者类型与风险偏好等因素，审慎决定是否采取开放式运作。

商业银行发行的封闭式理财产品的期限不得低于90天；开放式理财产品所投资资产的流动性应当与投资者赎回需求相匹配，确保持有足够的现金、活期存款、国债、中央银行票据、政策性金融债券等具有良好流动性的资产，以备支付理财产品投资者的赎回款项。开放式公募理财产品应当持有不低于该理财产品资产净值5%的现金或者到期日在一年以内的国债、中央银行票据和政策性金融债券。

第四十四条 商业银行理财产品直接或间接投资于非标准化债权类资产的,非标准化债权类资产的终止日不得晚于封闭式理财产品的到期日或者开放式理财产品的最近一次开放日。

商业银行理财产品直接或间接投资于未上市企业股权及其受(收)益权的,应当为封闭式理财产品,并明确股权及其受(收)益权的退出安排。未上市企业股权及其受(收)益权的退出日不得晚于封闭式理财产品的到期日。

第四十五条 商业银行应当加强理财产品开展同业融资的流动性风险、交易对手风险和操作风险等风险管理,做好期限管理和集中度管控,按照穿透原则对交易对手实施尽职调查和准入管理,设置适当的交易限额并根据需要进行动态调整。

商业银行应当建立健全买入返售交易质押品的管理制度,采用科学合理的质押品估值方法,审慎确定质押品折扣系数,确保其能够满足正常和压力情景下融资交易的质押品需求,并且能够及时向相关交易对手履行返售质押品的义务。

第四十六条 商业银行应当建立健全理财产品压力测试制度。理财产品压力测试应当至少符合以下要求:

(一)针对单只理财产品,合理审慎设定并定期审核压力情景,充分考虑理财产品的规模、投资策略、投资者类型等因素,审慎评估各类风险对理财产品的影响,压力测试的数据应当准确可靠并及时更新,压力测试频率应当与商业银行理财产品的规模和复杂程度相适应。

(二)针对每只公募理财产品,压力测试应当至少每季度进行一次,出现市场剧烈波动等情况时,应当提高压力测试频率。

(三)在可能情况下,应当参考以往出现的影响理财产品的外部冲击,对压力测试结果实施事后检验,压力测试结果和事后检验应当有书面记录。

(四)在理财产品投资运作和风险管理过程中应当充分考虑压力

测试结果,必要时根据压力测试结果进行调整。

(五)制定有效的理财产品应急计划,确保其可以应对紧急情况下的理财产品赎回需求。应急计划的制定应当充分考虑压力测试结果,内容包括但不限于触发应急计划的各种情景、应急资金来源、应急程序和措施,董事会、高级管理层及相关部门实施应急程序和措施的权限与职责等。

(六)由专门的团队负责压力测试的实施与评估,该团队应当与投资管理团队保持相对独立。

第四十七条 商业银行应当加强对开放式公募理财产品认购环节的管理,合理控制理财产品投资者集中度,审慎确认大额认购申请,并在理财产品销售文件中对拒绝或暂停接受投资者认购申请的情形进行约定。

当接受认购申请可能对存量开放式公募理财产品投资者利益构成重大不利影响时,商业银行可以采取设定单一投资者认购金额上限或理财产品单日净认购比例上限、拒绝大额认购、暂停认购等措施,切实保护存量理财产品投资者的合法权益。

在确保投资者得到公平对待的前提下,商业银行可以按照法律、行政法规和理财产品销售文件约定,综合运用设置赎回上限、延期办理巨额赎回申请、暂停接受赎回申请、收取短期赎回费等方式,作为压力情景下开放式公募理财产品流动性风险管理的辅助措施。商业银行应当按照理财产品销售文件中约定的信息披露方式,在3个交易日内通知投资者相关处理措施。

本办法所称巨额赎回是指商业银行开放式公募理财产品单个开放日净赎回申请超过理财产品总份额的10%的赎回行为,国务院银行业监督管理机构另有规定的除外。

第四十八条 商业银行应当对理财投资合作机构的资质条件、专业服务能力和风险管理水平等开展尽职调查,实行名单制管理,明确规定理财投资合作机构的准入标准和程序、责任与义务、存续期管理、利益冲突防范机制、信息披露义务及退出机制,理财投资合作机构的名单应当至少由总行高级管理层批准并定期评估，必要时进行调整。商业银行应当以书面方式明确界定双方的权利义务和风险责任承担方式，切实履行投资管理职责，不因委托其他机构投资而免除自身应当承担的责任。

本办法所称理财投资合作机构包括但不限于商业银行理财产品所投资资产管理产品的发行机构、根据合同约定从事理财产品受托投资的机构以及与理财产品投资管理相关的投资顾问等。理财投资合作机构应当是具有专业资质并受金融监督管理部门依法监管的金融机构或国务院银行业监督管理机构认可的其他机构。

商业银行聘请理财产品投资顾问的，应当审查投资顾问的投资建议，不得由投资顾问直接执行投资指令，不得向未提供实质服务的投资顾问支付费用或者支付与其提供的服务不相匹配的费用。

商业银行首次与理财投资合作机构合作的，应当提前10日将该合作机构相关情况报告银行业监督管理机构。

第四十九条 商业银行不得用自有资金购买本行发行的理财产品，不得为理财产品投资的非标准化债权类资产或权益类资产提供任何直接或间接、显性或隐性的担保或回购承诺，不得用本行信贷资金为本行理财产品提供融资和担保。

第四节 理财托管

第五十条 商业银行应当选择具有证券投资基金托管业务资格的金融机构、银行业理财登记托管机构或者国务院银行业监督管理机构认可的其他机构托管所发行的理财产品。

第五十一条 从事理财产品托管业务的机构应当履行下列职责，确保实现实质性独立托管：

（一）安全保管理财产品财产；

（二）为每只理财产品开设独立的托管账户，不同托管账户中的资产应当相互独立；

（三）按照托管协议约定和理财产品发行银行的投资指令，及时办

理清算、交割事宜;

（四）建立与理财产品发行银行的对账机制,复核、审查理财产品资金头寸、资产账目、资产净值、认购和赎回价格等数据,及时核查认购、赎回以及投资资金的支付和到账情况;

（五）监督理财产品投资运作,发现理财产品违反法律、行政法规、规章规定或合同约定进行投资的,应当拒绝执行,及时通知理财产品发行银行并报告银行业监督管理机构;

（六）办理与理财产品托管业务活动相关的信息披露事项,包括披露理财产品托管协议、对理财产品信息披露文件中的理财产品财务会计报告等出具意见,以及在公募理财产品半年度和年度报告中出具理财托管机构报告等;

（七）理财托管业务活动的记录、账册、报表和其他相关资料保存15年以上;

（八）对理财产品投资信息和相关资料承担保密责任,除法律、行政法规、规章规定、审计要求或者合同约定外,不得向任何机构或者个人提供相关信息和资料;

（九）国务院银行业监督管理机构规定的其他职责。

从事理财产品托管业务机构的董事、监事、高级管理人员和其他托管业务人员不得有本办法第二十四条第二款所列行为。

第五十二条 商业银行有下列情形之一的,国务院银行业监督管理机构可以要求其发行的理财产品由指定的机构进行托管:

（一）理财产品未实现实质性独立托管的;

（二）未按照穿透原则,在全国银行业理财信息登记系统中,向上穿透登记最终投资者信息,向下穿透登记理财产品投资的底层资产信息,或者信息登记不真实、准确、完整和及时的;

（三）国务院银行业监督管理机构规定的其他情形。

第五节 信息披露

第五十三条 商业银行应当按照国务院银行业监督管理机构关

于信息披露的有关规定,每半年披露其从事理财业务活动的有关信息,披露的信息应当至少包括以下内容:当期发行和到期的理财产品类型、数量和金额、期末存续理财产品数量和金额,列明各类理财产品的占比及其变化情况,以及理财产品直接和间接投资的资产种类、规模和占比等信息。

第五十四条 商业银行应当在本行营业网点或官方网站建立理财产品信息查询平台,收录全部在售及存续期内公募理财产品的基本信息。

第五十五条 商业银行应当及时、准确、完整地向理财产品投资者披露理财产品的募集信息、资金投向、杠杆水平、收益分配、托管安排、投资账户信息和主要投资风险等内容。

第五十六条 商业银行发行公募理财产品的,应当在本行官方网站或者按照与投资者约定的方式,披露以下理财产品信息:

(一)在全国银行业理财信息登记系统获取的登记编码;

(二)销售文件,包括说明书、销售协议书、风险揭示书和投资者权益须知;

(三)发行公告,包括理财产品成立日期和募集规模等信息;

(四)定期报告,包括理财产品的存续规模、收益表现,并分别列示直接和间接投资的资产种类、投资比例、投资组合的流动性风险分析,以及前十项资产具体名称、规模和比例等信息;

(五)到期公告,包括理财产品的存续期限、终止日期、收费情况和收益分配情况等信息;

(六)重大事项公告;

(七)临时性信息披露;

(八)国务院银行业监督管理机构规定的其他信息。

商业银行应当在理财产品成立之后 5 日内披露发行公告,在理财产品终止后 5 日内披露到期公告,在发生可能对理财产品投资者或者理财产品收益产生重大影响的事件后 2 日内发布重大事项公告。

商业银行应当在每个季度结束之日起 15 日内、上半年结束之日起60日内、每年结束之日起90日内,编制完成理财产品的季度、半年和年度报告等定期报告。理财产品成立不足90日或者剩余存续期不超过90日的,商业银行可以不编制理财产品当期的季度、半年和年度报告。

第五十七条 商业银行应当在每个开放日结束后2日内,披露开放式公募理财产品在开放日的份额净值、份额累计净值、认购价格和赎回价格,在定期报告中披露开放式公募理财产品在季度、半年和年度最后一个市场交易日的份额净值、份额累计净值和资产净值。

商业银行应当至少每周向投资者披露一次封闭式公募理财产品的资产净值和份额净值。

第五十八条 商业银行应当在公募理财产品的存续期内,至少每月向投资者提供其所持有的理财产品账单,账单内容包括但不限于投资者持有的理财产品份额、认购金额、份额净值、份额累计净值、资产净值、收益情况、投资者理财交易账户发生的交易明细记录等信息。

第五十九条 商业银行发行私募理财产品的,应当按照与合格投资者约定的方式和频率,披露以下理财产品信息:

(一)在全国银行业理财信息登记系统获取的登记编码;

(二)销售文件,包括说明书、销售协议书、风险揭示书和投资者权益须知;

(三)至少每季度向合格投资者披露理财产品的资产净值、份额净值和其他重要信息;

(四)定期报告,至少包括季度、半年和年度报告;

(五)到期报告;

(六)重大事项报告;

(七)临时性信息披露;

(八)国务院银行业监督管理机构规定的其他信息。

第六十条 商业银行理财产品终止后的清算期原则上不得超过5日;清算期超过5日的,应当在理财产品终止前,根据与投资者的约定,在指定渠道向理财产品投资者进行披露。

第六十一条 商业银行应当在理财产品销售文件中明确约定与投资者联络和信息披露的方式、渠道和频率，以及在信息披露过程中各方的责任，确保投资者及时获取信息。

商业银行在未与投资者明确约定的情况下，在其官方网站公布理财产品相关信息，不能视为向投资者进行了信息披露。

第四章 监督管理

第六十二条 从事理财业务的商业银行应当按照规定，向银行业监督管理机构报送与理财业务有关的财务会计报表、统计报表、外部审计报告和银行业监督管理机构要求报送的其他材料，并于每年度结束后2个月内报送理财业务年度报告。

第六十三条 理财托管机构应当按照规定，向银行业监督管理机构报送与理财产品托管有关的材料，并于每年度结束后2个月内报送理财产品年度托管报告。

第六十四条 从事理财业务的商业银行在理财业务中出现重大风险和损失时，应当及时向银行业监督管理机构报告，并提交应对措施。

第六十五条 银行业监督管理机构应当定期对商业银行理财业务进行现场检查。

第六十六条 银行业监督管理机构应当基于非现场监管和现场检查情况，定期对商业银行理财业务进行评估，并将其作为监管评级的重要依据。

第六十七条 商业银行违反本办法规定从事理财业务活动的，应当根据国务院银行业监督管理机构或者其省一级派出机构提出的整改要求，在规定的时限内向国务院银行业监督管理机构或者其省一级派出机构提交整改方案并采取整改措施。

第六十八条 对于在规定的时限内未能采取有效整改措施的商业银行，或者其行为严重危及本行稳健运行、损害投资者合法权益的，国务院银行业监督管理机构或者其省一级派出机构有权按照《中华人

民共和国银行业监督管理法》第三十七条的规定,采取下列措施:

(一)责令暂停发行理财产品;

(二)责令暂停开展理财产品托管等业务;

(三)责令调整董事、高级管理人员或者限制其权利;

(四)《中华人民共和国银行业监督管理法》第三十七条规定的其他措施。

第六十九条 商业银行开展理财业务,根据《指导意见》经认定存在刚性兑付行为的,应当足额补缴存款准备金和存款保险保费,按照国务院银行业监督管理机构的相关规定,足额计提资本、贷款损失准备和其他各项减值准备,计算流动性风险和大额风险暴露等监管指标。

第五章 法律责任

第七十条 商业银行从事理财业务活动,有下列情形之一的,由银行业监督管理机构依照《中华人民共和国银行业监督管理法》第四十六条的规定,予以处罚:

(一)提供虚假的或者隐瞒重要事实的报表、报告等文件、资料的;

(二)未按照规定进行风险揭示或者信息披露的;

(三)根据《指导意见》经认定存在刚性兑付行为的;

(四)拒绝执行本办法第六十八条规定的措施的;

(五)严重违反本办法规定的其他情形。

第七十一条 商业银行从事理财业务活动,未按照规定向银行业监督管理机构报告或者报送有关文件、资料的,由银行业监督管理机构依照《中华人民共和国银行业监督管理法》第四十七条的规定,予以处罚。

第七十二条 商业银行从事理财业务活动的其他违法违规行为,由银行业监督管理机构依照《中华人民共和国银行业监督管理法》、《中华人民共和国商业银行法》等法律法规予以处罚。

第七十三条 商业银行从事理财业务活动,违反有关法律、行政法规以及国家有关银行业监督管理规定的,银行业监督管理机构除依照本办法第七十条至第七十二条规定处罚外,还可以依照《中华人民共和国银行业监督管理法》第四十八条和《金融违法行为处罚办法》的相关规定,对直接负责的董事、高级管理人员和其他直接责任人员进行处理;涉嫌犯罪的,依法移送司法机关处理。

第六章 附 则

第七十四条 政策性银行、农村合作银行、农村信用合作社等其他银行业金融机构开展理财业务,适用本办法规定。外国银行分行开展理财业务,参照本办法执行。

第七十五条 商业银行已经发行的保证收益型和保本浮动收益型理财产品应当按照结构性存款或者其他存款进行规范管理。

本办法所称结构性存款是指商业银行吸收的嵌入金融衍生产品的存款,通过与利率、汇率、指数等的波动挂钩或者与某实体的信用情况挂钩,使存款人在承担一定风险的基础上获得相应收益的产品。

结构性存款应当纳入商业银行表内核算,按照存款管理,纳入存款准备金和存款保险保费的缴纳范围,相关资产应当按照国务院银行业监督管理机构的相关规定计提资本和拨备。衍生产品交易部分按照衍生产品业务管理,应当有真实的交易对手和交易行为。

商业银行发行结构性存款应当具备相应的衍生产品交易业务资格。

商业银行销售结构性存款,应当参照本办法第三章第二节和本办法附件的相关规定执行。

第七十六条 具有代客境外理财业务资格的商业银行开展代客境外理财业务,参照本办法执行,并应当遵守法律、行政法规和金融监督管理部门的相关规定。

第七十七条 本办法中"以上"均含本数;"日"指工作日;"收益率"指年化收益率。

第七十八条 本办法附件《商业银行理财产品销售管理要求》是

本办法的组成部分。

第七十九条　本办法由国务院银行业监督管理机构负责解释。

第八十条　本办法自公布之日起施行。《商业银行个人理财业务管理暂行办法》（中国银行业监督管理委员会令 2005 年第 2 号）、《商业银行个人理财业务风险管理指引》（银监发〔2005〕63 号）、《中国银行业监督管理委员会办公厅关于商业银行开展个人理财业务风险提示的通知》（银监办发〔2006〕157 号）、《中国银监会办公厅关于调整商业银行个人理财业务管理有关规定的通知》（银监办发〔2007〕241 号）、《中国银监会办公厅关于进一步规范商业银行个人理财业务有关问题的通知》（银监办发〔2008〕47 号）、《中国银监会办公厅关于进一步规范商业银行个人理财业务报告管理有关问题的通知》（银监办发〔2009〕172 号）、《中国银监会关于进一步规范商业银行个人理财业务投资管理有关问题的通知》（银监发〔2009〕65 号）、《中国银监会关于规范信贷资产转让及信贷资产类理财业务有关事项的通知》（银监发〔2009〕113 号）、《商业银行理财产品销售管理办法》（中国银行业监督管理委员会令 2011 年第 5 号）、《中国银监会关于进一步加强商业银行理财业务风险管理有关问题的通知》（银监发〔2011〕91 号）、《中国银监会关于规范商业银行理财业务投资运作有关问题的通知》（银监发〔2013〕8 号）、《中国银监会关于完善银行理财业务组织管理体系有关事项的通知》（银监发〔2014〕35 号）同时废止。本办法实施前出台的有关规章及规范性文件如与本办法不一致的，按照本办法执行。

第八十一条　本办法过渡期为施行之日起至 2020 年底。过渡期内，商业银行新发行的理财产品应当符合本办法规定；对于存量理财产品，商业银行可以发行老产品对接存量理财产品所投资的未到期资产，但应当严格控制在存量产品的整体规模内，并有序压缩递减。

商业银行应当制定本行理财业务整改计划，明确时间进度安排和内部职责分工，经董事会审议通过并经董事长签批后，报送银行业监督管理机构认可，同时报备中国人民银行。银行业监督管理机构监督指导商业银行实施整改计划，对于提前完成整改的商业银行，给予适当监管激励；对于未严格执行整改计划或者整改不到位的商业银行，适时采取相关监管措施。

过渡期结束之后，商业银行理财产品按照本办法和《指导意见》进行全面规范管理，因子公司尚未成立而达不到第三方独立托管要求的情形除外；商业银行不得再发行或者存续不符合《指导意见》和本办法规定的理财产品。

中国银保监会办公厅关于银行业金融机构信贷资产证券化信息登记有关事项的通知

（银保监办发〔2020〕99号　2020年9月30日发布）

各银保监局，各政策性银行、大型银行、股份制银行，外资银行，金融资产管理公司，其他会管经营类机构，银行业信贷资产登记流转中心：

为贯彻落实国务院"放管服"政策精神，推进简政放权，促进信贷资产证券化业务规范健康发展，进一步优化银行业金融机构信贷资产证券化登记管理流程，银保监会不再对信贷资产证券化产品备案登记，实施信贷资产证券化信息登记，现就有关事项通知如下：

一、银行业金融机构开展信贷资产证券化业务，应当依照本通知要求进行信息集中统一登记。按照规定向负责信贷资产证券化信息登记的管理机构（以下简称信息登记机构）按产品逐笔提交数据和资料等，并取得具有唯一性的产品信息登记编码。受托机构持有产品信息登记编码，按程序申请发行。

二、银行业金融机构开展信贷资产证券化业务，发行信贷资产证券化产品前，应当对拟发行产品的基础资产明细和资产支持证券信息实施初始登记。信贷资产证券化产品存续期内，其基础资产和资产支持证券信息发生变化的,应当在规定时间内进行变更登记。信贷资产证券化产品存续期内发生风险和损失等重大变化的,应当及时报告银保监会和信息登记机构,并提出应对措施。

三、银行业金融机构应当持续加强信贷资产证券化信息登记内部管理。制定健全完善的信息登记管理制度并严格实施,设立或者指定专门责任部门、岗位及人员并明确责任,严格内部操作流程,建立完备的风险管理、内部控制体系、信息系统和依照有关规定设置的专线报送网络,确保本机构信贷资产证券化信息登记工作规范有序开展。

四、银行业金融机构应当切实加强信贷资产证券化信息登记质量管理,确保登记数据的真实性、准确性、完整性和及时性,建立严格的数据质量管控和责任追究机制,持续监控并杜绝迟报、漏报、错报和瞒报等行为。

五、银行业金融机构应当切实加强信贷资产证券化信息登记相关信息安全管理,依法履行信息保密义务,不得损害社会公共利益和客户及其他相关方的合法权益。

六、信息登记机构按照银保监会规定要求,承担信贷资产证券化信息登记相关职责。包括:

(一)制定并实施信贷资产证券化信息登记的相关制度细则和操作流程,明确登记要素、数据标准、报送方式和管理要求等,并将相关制度细则和操作流程向银保监会备案。

(二)受理银行业金融机构信贷资产证券化信息登记,依照程序进行完备性核验,按规定发放产品信息登记编码。同时,严格持续实施信息登记质量的监督管控,对银行业金融机构未按规定实施信息登记等行为,予以纠正和督促限期整改,开展行业通报,情节严重或者长期存在数据登记质量问题的,应当暂停受理和发放产品信息登记编码,并将有关情况及时报告银保监会。

(三)严格履行日常风险监测和统计职责,定期向银保监会报送信息登记总体情况、业务运行情况、风险分析报告和其他有关情况。管理和维护登记信息,确保信息依法、合规使用。

（四）建立与信贷资产证券化信息登记相匹配的安全、高效的业务系统,配置符合业务系统持续独立、安全、稳定运行要求的物理场所、设备设施和综合保障,安排专责部门和专职人员负责管理。科学合理配置软硬件设施,做好系统运营维护和数据日常备份工作,保障系统运行的稳定性和连续性。持续加强信息登记自动化建设,不断提高信息登记效率。根据有关法律法规,建立保密制度并采取保密措施,根据相关保密要求,设置不同级别的查询权限,严格履行保密义务,确保信息安全。

（五）为银保监会实施信贷资产证券化业务持续性监管提供支持,配合银保监会非现场监管、现场检查和其他日常监管工作。对履行信贷资产证券化信息登记职责中发现的银行业金融机构的相关重大风险和违规行为线索,及时报告银保监会。

（六）银保监会规定的其他事项。

七、银保监会依法对银行业金融机构的信贷资产证券化业务实施监督管理。银行业金融机构应当根据审慎经营规则开展信贷资产证券化业务,未按照本通知规定要求和程序实施信息登记及报送有关数据和资料、对监管工作形成不利影响的,或者相关业务活动中存在违法违规行为的,银保监会视情节可以指导信息登记机构采取纠正措施,或者依据《中华人民共和国银行业监督管理法》等法律法规,采取相关监管措施或者实施行政处罚。

八、信息登记机构应当履职尽责,建立并有效实施严格的履职问责制度和监督机制,严禁违规下载、复制、传送、使用和篡改登记信息等行为,严禁泄露保密信息。信息登记机构及其工作人员违反本通知和相关监管规定的,应当依照规定实施内部问责,银保监会可依法进行问责。

九、银行业金融机构开展信贷资产证券化业务,应当根据《金融机构信贷资产证券化业务试点监督管理办法》和《关于信贷资产证券化备案登记工作流程的通知》（银监办便函〔2014〕1092号,以下简称《备案通知》）等相关规定,履行业务资格审批程序。

十、本通知自 2020 年 11 月 13 日起施行。自本通知施行之日起，《备案通知》中"产品备案登记"的规定停止执行。银行业金融机构已在银保监会备案，且在本通知施行之日仍存续的信贷资产证券化产品，应当进行补登记。具体补登记事项由信息登记机构另行规定。银行业信贷资产登记流转中心依照本通知要求履行信息登记机构职责，负责制定发布实施细则和登记工作流程，统筹实施相关信息系统建设、测试和培训等工作。

二、业务规则和业务指引

银行间市场清算所股份有限公司关于信贷资产支持证券登记托管、清算结算业务的公告

（清算所公告〔2012〕7 号　2012 年 7 月 2 日发布）

经中国人民银行批准，自即日起，银行间市场清算所股份有限公司（以下简称上海清算所）开办信贷资产支持证券（以下简称资产支持证券）的登记托管、清算结算业务。现就有关事宜公告如下：

一、资产支持证券受托机构（以下简称发行人）首次申请办理资产支持证券登记时，应与上海清算所签订发行人服务协议，申请开立发行人账户。发行人应在发行前向上海清算所提交当期发行文件、发行登记申请书等发行登记所需材料，上海清算所据此办理资产支持证券的初始登记。

二、上海清算所为资产支持证券交易提供清算和结算服务。净额模式的清算和结算，按照《银行间债券市场现券交易净额清算业务规

则(试行)》及相关规定办理;逐笔全额模式的清算和结算,按照《银行间市场清算所股份有限公司超短期融资券登记结算业务规则(试行)》第五章"超短期融资券交易的结算"相关规定办理。

三、上海清算所为资产支持证券发行人提供代理付息兑付和信息披露服务,具体程序按相关规定办理。

四、本公告未尽事宜,参照上海清算所相关规定执行。

附件:

信贷资产支持证券登记托管、清算结算业务细则

第一条 为规范信贷资产支持证券(以下简称资产支持证券)登记托管、清算结算业务,保障市场参与各方合法权益,银行间市场清算所股份有限公司(以下简称上海清算所)根据《信贷资产证券化试点管理办法》(中国人民银行公告〔2005〕第7号)、《银行间债券市场债券登记托管结算管理办法》(中国人民银行令〔2009〕第1号)、《全国银行间债券市场债券交易管理办法》(中国人民银行令〔2000〕第2号)和《全国银行间债券市场债券交易流通审核规则》(中国人民银行公告〔2004〕第19号)等有关规定,制定本细则。

第二条 发行人(即资产支持证券受托机构)首次申请办理资产支持证券登记时,应与上海清算所签订发行人服务协议,申请开立发行人账户。

第三条 发行人可以通过簿记建档方式发行资产支持证券,也可以通过中国人民银行债券发行系统招标发行资产支持证券。

发行人应在发行日前五个工作日上午10点前,向上海清算所送达加盖发行人公章的当期发行文件(包括发行说明书、评级报告、募集办法、承销团名单等)PDF电子版,通过上海清算所网站进行公告。

分期发行资产支持证券的,其第一期的信息披露按前款的有关规定执行;自第二期起,发行人只需在每期资产支持证券发行前五个工作日提交补充发行说明书 PDF 电子版。

第四条 采用簿记建档方式发行资产支持证券的,发行人应在缴款日 12:00 前,向上海清算所提交以下材料:

(一)发行批文复印件;

(二)资产支持证券信托合同文件的主要内容;

(三)与资产证券化交易相关的资产管理(贷款服务)、资金托管(资金保管)、承销等协议文本复印件;

(四)《资产支持证券发行登记申请书》;

(五)《资产支持证券注册要素表》;

(六)《资产支持证券承销/认购额度表》。

其中,有分销安排的,发行人应在分销时点前提交上述文件。上海清算所对上述材料进行形式查阅,配发资产支持证券代码,确定资产支持证券简称。同期同档次的资产支持证券,代码及简称均单独确定。

第五条 在发行人规定的分销期内,承销团成员及其认购人可通过上海清算所客户端提交分销指令,办理资产支持证券的分销。上海清算所根据合法有效的分销指令办理分销额度的结算和登记。

第六条 采用系统招标方式发行资产支持证券的,发行人应在缴款日 12:00 前,向上海清算所提交第四条中除第六项外的其他材料。

招标发行的有关要求和程序,按照中国人民银行债券发行系统的规定办理。

第七条 采用簿记建档方式发行的,发行人应在信托受益权登记日 17:00 前,向上海清算所提交《固定收益产品发行款到账确认书》,上海清算所据此办理资产支持证券的初始登记;信托受益权登记日 17:00 后提交的,上海清算所于次一工作日办理资产支持证券的初始登记。采用系统招标方式发行的,上海清算所根据确权结果,于信托受益权登记日办理资产支持证券的初始登记。登记完毕后,上海清算所向发行人出具初始登记证明书。

对发行人明确的发行款未到账的额度,上海清算所将根据发行公告、发行人与承销商的协议约定及发行人申请,进行相关处理。

第八条　资产支持证券发行成功的,发行人应于信托受益权登记日17:00前,向上海清算所提供加盖发行人公章的《发行结果公告》PDF电子版,通过上海清算所网站进行公告。

资产支持证券发行失败的,发行人应不迟于发行结束后的次一工作日向上海清算所提供加盖公章的发行结果公告PDF电子版。上海清算所据此办理资产支持证券注销手续。

第九条　资产支持证券发行人申请已发行的资产支持证券在银行间市场交易流通的,应按照《全国银行间债券市场债券交易流通审核规则》(中国人民银行公告〔2004〕第19号)、《资产支持证券在银行间债券市场的登记托管、交易和结算等有关事项公告》(中国人民银行公告〔2005〕15号)的要求,向人民银行提出申请。

第十条　上海清算所为资产支持证券交易提供清算和结算服务。发行人应及时向上海清算所提供中国人民银行同意资产支持证券交易流通的批准文件复印件、交易流通公告。上海清算所于收到发行人材料的次一工作日通过网站披露相关信息,确定交易流通要素,同时将交易流通要素信息发送全国银行间同业拆借中心,第三个工作日起资产支持证券可交易流通。

第十一条　在上海清算所登记的资产支持证券交易的清算和结算,既可以按照净额模式进行,也可以按照逐笔全额模式进行。净额模式的清算和结算,按照《银行间债券市场现券交易净额清算业务规则(试行)》及相关规定办理;逐笔全额模式的清算和结算,按照《银行间市场清算所股份有限公司超短期融资券登记结算业务规则(试行)》第五章"超短期融资券交易的结算"相关规定办理。

第十二条　资产支持证券预期到期日前的第三个工作日为截止过户日,终止交易流通。

第十三条　上海清算所为资产支持证券发行人提供代理付息和

兑付服务。

第十四条　付息兑付日前一个工作日,为资产支持证券权益登记日。登记日日终的资产支持证券持有人,享有当期付息兑付收益。

第十五条　资产支持证券存续期间,付息兑付的日期、付息兑付金额由发行人确定。上海清算所根据发行人确定的日期,在收到足额付息兑付资金后,代为办理资产支持证券付息兑付资金的划付。

第十六条　发行人应于付息兑付日5个工作日前,向上海清算所提交下列文件:

（一）资产支持证券付息兑付通知单;

（二）当期《受托机构报告》电子文本。

上海清算所根据发行人上述文件,于资产支持证券权益登记日日终,计算各持有人应收本期本金和利息,并通过客户端通知相关持有人。

第十七条　发行人应于付息兑付日前一个工作日16:00前,将付息兑付资金划付至上海清算所指定的资金账户。

上海清算所在确认发行人本期应付资金足额后,于付息兑付日向资产支持证券持有人支付相应的付息兑付资金,如付息兑付日为非工作日,顺延至下一工作日。同时,上海清算所登记托管系统根据本次本金应付金额进行除本处理,按每百元面额资产支持证券的兑付本金资金额减少其本金值。

第十八条　付息兑付完成后,上海清算所向发行人出具《资产支持证券兑付、付息手续完成确认书》。

第十九条　发行人未及时足额划付付息兑付资金,导致持有人未能收到相关款项的,所有责任由发行人承担,发行人应及时通过上海清算所网站及相关媒体向市场公告。

第二十条　上海清算所可为发行人提供信息披露服务。资产支持证券信息披露的要求,按照《资产支持证券信息披露规则》(中国人民银行公告〔2005〕第14号)、上海清算所发布的实施细则及其他有关规定执行。

第二十一条 资产支持证券登记托管、清算结算服务的收费项目及收费标准,按照上海清算所《登记结算业务收费办法(试行)》执行。

第二十二条 本细则由上海清算所负责解释,自公布之日起实行。

附(具体内容见本书第三部分):
1. 资产支持证券发行登记申请书
2. 资产支持证券注册要素表
3. 资产支持证券承销/认购额度表
4. 资产支持证券发行款到账确认书
5. 资产支持证券兑付付息通知单

中国银行间市场交易商协会关于发布《个人汽车贷款资产支持证券信息披露指引(试行)》、《个人住房抵押贷款资产支持证券信息披露指引(试行)》的公告

(中国银行间市场交易商协会公告〔2015〕10号
2015年5月15日发布)

为规范信贷资产支持证券信息披露行为,提高信贷资产证券化业务透明度,维护投资者合法权益,促进信贷资产证券化业务规范化、常态化,推动债券市场发展,盘活存量资金,更好地支持实体经济的发展,根据《资产支持证券信息披露规则》(中国人民银行公告〔2005〕第14号)、《信贷资产支持证券发行管理有关事宜》(中国人民银行公告〔2015〕第7号)及相关法律法规,中国银行间市场交易商协会组织市场成员制定了《个人汽车贷款资产支持证券信息披露指引(试行)》和《个人住房抵押贷款资产支持证券信息披露指引(试行)》,于2015年

5月11日经交易商协会第三届债券市场专业委员会第三次会议审议通过,并经人民银行同意,现予公布施行。

附件1:个人汽车贷款资产支持证券信息披露指引(试行)

附件2:个人住房抵押贷款资产支持证券信息披露指引(试行)

附件1:

个人汽车贷款资产支持证券信息披露指引(试行)

第一章 总 则

第一条 【制定依据】为规范个人汽车贷款资产支持证券信息披露行为,提高信贷资产证券化业务透明度,维护投资者合法权益,促进信贷资产证券化业务规范化、常态化,推动债券市场发展,根据《信贷资产证券化试点管理办法》(中国人民银行公告〔2005〕第7号)、《资产支持证券信息披露规则》(中国人民银行公告〔2005〕第14号)、《信贷资产证券化基础资产池信息披露有关事项》(中国人民银行公告〔2007〕第16号)、《关于进一步扩大信贷资产证券化试点有关事项的通知》(银发〔2012〕127号)、《信贷资产支持证券发行管理有关事宜》(中国人民银行公告〔2015〕第7号)等有关规定,制定本指引。

第二条 【产品定义】以注册方式发行的个人汽车贷款资产支持证券的信息披露适用本指引,以其他方式发行的个人汽车贷款资产支持证券的信息披露参照本指引执行。

本指引所称个人汽车贷款资产支持证券,是指在中国境内,商业银行、汽车金融公司等金融机构作为发起机构,将个人汽车贷款(包括信用卡分期汽车贷款、汽车抵押贷款)信托给受托机构,由受托机构以资产支持证券的形式向投资机构发行受益证券,以该个人汽车贷款所产生的现金支付资产支持证券收益的证券化融资工具。

个人汽车贷款应当符合法律法规规定,权属明确,能够产生可预期的现金流。

第三条 【自律管理】中国银行间市场交易商协会(以下简称交易商协会)对个人汽车贷款资产支持证券信息披露工作开展自律管理。

第四条 【信息披露责任】受托机构和发起机构应切实履行信息披露职责,保证信息披露真实、准确、完整、及时,不得有虚假记载、误导性陈述和重大遗漏,并承担主体责任。

发起机构和接受受托机构委托为证券化提供服务的机构应按照信托合同和服务合同等相关约定,及时向受托机构提供相关报告,并保证所提供信息真实、准确、完整。

本指引所称的为证券化提供服务的机构包括但不限于承销机构、贷款服务机构、资金保管机构、信用评级机构、律师事务所、会计师事务所、信用增进机构等。

第五条 【中介机构尽职履责】承销机构、信用评级机构、律师事务所、会计师事务所及其他为证券化提供服务的机构应按合同约定切实履行尽职调查责任,依法披露信息,对所出具的专业报告和专业意见负责。

第六条 【投资者风险自担】投资者应对披露的信息进行独立分析,独立判断个人汽车贷款资产支持证券投资价值,自行承担投资风险。

第七条 【信息披露内容】受托机构、发起机构及为证券化提供服务的机构应根据本指引及相关表格体系要求,在注册环节、发行环节及存续期充分披露个人汽车贷款资产支持证券相关信息。

第八条 【信息披露渠道】受托机构、发起机构及为证券化提供服务的机构应通过交易商协会信息披露服务系统、中国货币网、中国债券信息网、与交易商协会信息披露服务系统直连模板化披露的北京金融资产交易所官方网站及交易商协会认可的其他方式进行个人汽车贷款资产支持证券相关信息披露。信息披露相关服务平台应及时以书面形式将违反信息披露规定的行为向中国人民银行报告、同时告知交易商协会,并向市场公告。

信息披露相关服务平台应严格按照银行间市场法律法规及交易商协会相关自律规范文件要求,规范开展信息披露工作,不断完善信息披露基础设施,提高技术支持、信息披露服务和信息安全管理水平。

第九条　【信息保密义务】受托机构、发起机构及为证券化提供服务的机构、全国银行间同业拆借中心、中央国债登记结算有限责任公司、北京金融资产交易所及其他相关知情人在信息披露前不得泄露拟披露的信息。

第十条　【信息披露豁免】因涉及国家机密、技术性困难或其他客观原因确实无法披露相关信息的,相关信息披露义务人应对无法披露信息的情况及原因进行说明,向投资者披露情况说明书并向中国人民银行报告,同时告知交易商协会。

第二章　注册环节信息披露

第十一条　【注册文件】受托机构、发起机构应在个人汽车贷款资产支持证券接受注册后十个工作日内,披露注册申请报告等文件。

注册申请报告包括但不限于以下内容:

(一)个人汽车贷款资产支持证券名称、资产类型、注册额度、分期发行安排等基本信息;

(二)发行方式可选择招标或集中簿记建档;拟采用集中簿记建档发行的,应说明采用集中簿记建档发行的必要性,定价、配售的具体原则和方式,以及防范操作风险和不正当利益输送的措施;

(三)风险提示及风险披露;

(四)受托机构、发起机构及其他为证券化提供服务的机构信息,发起机构证券化的信贷资产发放程序、审核标准、担保形式、管理办法、过往表现、违约贷款处置程序及方法等,贷款服务机构管理证券化信贷资产的方法、标准;

(五)交易结构及各当事方的主要权利与义务等信息;

(六)个人汽车贷款入池筛选标准;

（七）发起机构个人汽车贷款历史数据信息；

（八）发行及存续期的信息披露安排。

第十二条　【风险提示】受托机构应在注册申请报告显著位置提示投资者：投资者购买本期个人汽车贷款资产支持证券，应当认真阅读本文件及有关的信息披露文件，进行独立的投资判断。主管部门对本期证券发行的注册，并不表明对本期证券的投资价值作出了任何评价，也不表明对本期证券的投资风险作出了任何判断。

第十三条　【风险披露】受托机构应在注册申请报告中充分披露个人汽车贷款资产支持证券可能存在的投资风险，包括但不限于早偿风险、信用风险、流动性风险、法律风险、抵押车辆贬值风险（如有）等。

第十四条　【历史数据信息】受托机构应在注册申请报告中披露发起机构个人汽车贷款资产的历史数据信息，包括但不限于动态数据信息、静态数据信息等。

受托机构应披露发起机构个人汽车贷款至少五年的完整数据，经营不足五年的，应提供自开始经营时起的完整数据。

第十五条　【信息披露精简原则】在注册环节已披露的信息，如受托机构、发起机构及其他为证券化提供服务的机构信息、交易条款信息等，在发行环节及存续期内可免于披露，鼓励在注册环节披露更多信息。若注册环节已披露的前述信息发生变化或需要变更的，应在发行环节披露变更后的信息，并向中国人民银行报告，同时告知交易商协会。

第十六条　【投资者保护机制】受托机构应在注册申请报告或发行说明书中披露各档投资者保护机制，包括但不限于：

（一）各档证券的支付顺序变化（如类似加速清偿事件以及违约事件触发后的支付顺序）；

（二）基础资产现金流恶化或其它可能影响投资者利益等情况的应对措施；

（三）优先档证券发生违约后的债权及权益保障及清偿安排；

（四）发生基础资产权属争议时的解决机制；

（五）持有人大会的召开条件、议事程序等安排；

（六）其他投资者保护措施或相关安排。

第三章 发行环节信息披露

第十七条 【发行文件】受托机构和发起机构应至少于发行日前五个工作日，披露信托公告、发行说明书、评级报告、募集办法和承销团成员名单等文件。

发行说明书包括但不限于以下内容：

（一）本次发行个人汽车贷款资产支持证券名称、受托机构、发起机构以及其他为证券化提供服务的机构名称、分档情况等发行基本信息；

（二）发行方式可选择招标或集中簿记建档；拟采用集中簿记建档发行的，应说明采用集中簿记建档发行的必要性，定价、配售的具体原则和方式，以及防范操作风险和不正当利益输送的措施；

（三）风险提示及风险披露；

（四）交易结构信息；

（五）个人汽车贷款入池资产总体特征；

（六）个人汽车贷款入池资产分布信息；

（七）证券基础信息；

（八）其他为证券化提供服务的机构的专业意见；

（九）跟踪评级及后续信息披露安排。

第十八条 【风险提示】受托机构应在发行说明书显著位置提示投资者：投资者购买本期个人汽车贷款资产支持证券，应当认真阅读本文件及有关的信息披露文件，进行独立的投资判断。主管部门对本期证券发行的备案，并不表明对本期证券的投资价值作出了任何评价，也不表明对本期证券的投资风险作出了任何判断。

受托机构需在发行说明书显著位置提示投资者：本期个人汽车贷款资产支持证券仅代表特定目的信托受益权的相应份额，不是发起机构、特定目的信托受托机构或任何其他机构的负债，投资机构的追索权仅限于信托财产。

第十九条 【风险披露】受托机构应在发行说明书中充分披露本期发行个人汽车贷款资产支持证券的投资风险,包括但不限于:信用风险、交易结构风险、集中度风险、流动性风险、利率风险、抵押车辆贬值风险(如有)、操作风险、法律风险、交易对手方的违约风险和发生重大不利变化风险等。

第二十条 【交易结构】受托机构应在发行说明书中披露本期发行个人汽车贷款资产支持证券的交易结构信息,包括但不限于本期发行交易结构示意图、受托机构、发起机构以及其他为证券化提供服务的机构简介、受托机构、发起机构以及其他为证券化提供服务的机构权利与义务、本期发行的现金流分配机制、本期发行信用增进措施、资产支持证券持有人大会的组织形式与权利等。

第二十一条 【基础资产总体信息】受托机构应在发行说明书中披露本期发行个人汽车贷款资产支持证券的基础资产总体信息,包括但不限于入池资产笔数与金额特征、入池资产期限特征、利率特征、借款人特征、抵押物特征(如有)等。

个人汽车贷款入池资产如设置抵押的,还需重点披露入池资产抵押车辆的初始评估价值合计、加权平均初始贷款价值比、资产池抵押新车占比等信息。

第二十二条 【基础资产分布信息】受托机构应在发行说明书中披露本期发行个人汽车贷款资产支持证券的入池个人汽车贷款资产分布信息,包括但不限于贷款分布、借款人分布、抵押物分布(如有)。

个人汽车贷款入池资产如设置抵押的,还需重点披露入池资产抵押车辆的初始贷款价值比分布、抵押车辆品牌分布、新旧车分布等信息。

第二十三条 【发行结果信息披露】受托机构应在每期个人汽车贷款资产支持证券发行结束的当日或次一工作日公布资产支持证券发行情况。

第二十四条 【发行环节信息披露查阅途径】受托机构需在发行说明书显著位置载明投资者在个人汽车贷款资产支持证券发行期间和存续期内查阅基础资产池具体信息的途径和方法。

第四章 存续期定期信息披露

第二十五条 【定期披露】在个人汽车贷款资产支持证券存续期内,受托机构应依据贷款服务机构和资金保管机构提供的贷款服务报告和资金保管报告,按照本指引及相关表格体系的要求,在每期资产支持证券本息兑付日的三个工作日前披露受托机构报告;每年4月30日前披露经具有从事证券期货相关业务资格的会计师审计的上年度受托机构报告。

对于信托设立不足二个月的,受托机构可以不编制年度受托机构报告。

第二十六条 【受托机构报告】受托机构报告应当包括但不限于以下内容:

(一)受托机构和证券化服务机构的名称、地址;

(二)资产支持证券基本信息;

(三)各档次证券的本息兑付及税费支付情况;

(四)本期资产池表现情况,包括资产池整体表现、累计违约率、现金流归集表、资产池现金流入情况等;

(五)基础资产存续期总体信息,包括入池资产笔数与金额特征、期限特征、利率特征等;

(六)内外部信用增进情况说明;

(七)资产池中进入法律诉讼程序的个人汽车贷款情况,法律诉讼程序进展等。

第二十七条 【跟踪评级】受托机构应与信用评级机构就个人汽车贷款资产支持证券跟踪评级的有关安排作出约定,并应于资产支持证券存续期内的每年7月31日前向投资者披露上年度的跟踪评级报告。

第五章 存续期重大事件信息披露

第二十八条 【重大事件信息披露】在发生可能对个人汽车贷款资产支持证券投资价值有实质性影响的临时性重大事件时,受托机构应在事发后三个工作日内披露相关信息,并向交易商协会报告。

前款所称重大事件包括但不限于以下事项:

(一)发生或预期将发生受托机构不能按时兑付个人汽车贷款资产支持证券本息等影响投资者利益的事项;

(二)受托机构和证券化服务机构发生影响个人汽车贷款资产支持证券投资价值的违法、违规或违约事件;

(三)个人汽车贷款资产支持证券受托机构及其他为证券化提供服务的机构发生变更;

(四)个人汽车贷款资产支持证券的信用评级发生不利变化;

(五)受托机构和其他为证券化提供服务的机构或者基础资产涉及法律纠纷,可能影响按时分配收益;

(六)受托机构、发起机构或其他为证券化提供服务的机构的经营情况发生重大变化,或者作出减资、合并、分立、解散、申请破产等决定,可能降低其从事证券化业务水平,对个人汽车贷款资产支持证券投资者利益造成严重不利影响的;

(七)信托合同规定应公告的其他事项;

(八)中国人民银行和中国银行业监督管理委员会等监管部门规定应公告的其他事项;

(九)法律、行政法规规定应公告的其他事项。

第二十九条 【其他重大事件】本指引前条列举的重大事件是重大事件信息披露的最低要求,可能影响各档次证券本息兑付的其他重大事件,受托机构也应依据本指引在事发后三个工作日内予以及时披露。

第三十条 【重大事件进展持续披露机制】受托机构披露重大事件后,已披露的重大事件出现可能对个人汽车贷款资产支持证券的投资价值产生较大影响的进展或者变化的,应当在上述进展或者变化出现之日起三个工作日内披露进展或者变化情况。

第三十一条 【持有人大会信息披露】召开资产支持证券持有人大会,召集人应至少提前三十日公布资产支持证券持有人大会的召开时间、地点、会议形式、审议事项、议事程序和表决方式等事项,并于大会结束后十日内披露大会决议。

第六章 信息披露反馈与评价及违规处理机制

第三十二条 【投资者信息披露反馈机制】交易商协会建立信息披露的市场意见征集和反馈机制,跟踪监测个人汽车贷款资产支持证券信息披露情况。

第三十三条 【信息披露评价机制】交易商协会根据个人汽车贷款资产支持证券信息披露情况和市场成员的反馈意见,遵循公平、公正、公开原则,组织市场成员对信息披露质量进行评价。

第三十四条 【评价结果运用】交易商协会及时向市场公布信息披露评价结果,并及时向中国人民银行报告。

第三十五条 【不合规情况报告和自律处分】交易商协会在信息披露情况跟踪监测和评价过程中,对不能按相关规定进行信息披露的情况,及时向中国人民银行报告。

对于未按本指引履行相应职责的受托机构、发起机构及其他为证券化提供服务的机构,经调查核实后,交易商协会视情节轻重可给予有关自律处分。涉嫌违反相关法律法规的,交易商协会将移交有关部门处理。

第七章 附 则

第三十六条 【解释权】本指引由交易商协会秘书处负责解释。

第三十七条 【生效时间】本指引自发布之日起施行。

附:个人汽车贷款资产支持证券信息披露表格体系(略)

附件2：

个人住房抵押贷款资产支持证券信息披露指引（试行）

第一章 总 则

第一条 【制定依据】为规范个人住房抵押贷款资产支持证券信息披露行为，提高信贷资产证券化业务透明度，维护投资者合法权益，促进信贷资产证券化业务规范化、常态化，推动债券市场发展，根据《信贷资产证券化试点管理办法》（中国人民银行公告〔2005〕第7号）、《资产支持证券信息披露规则》（中国人民银行公告〔2005〕第14号）、《信贷资产证券化基础资产池信息披露有关事项》（中国人民银行公告〔2007〕第16号）、《关于进一步扩大信贷资产证券化试点有关事项的通知》（银发〔2012〕127号）、《信贷资产支持证券发行管理有关事宜》（中国人民银行公告〔2015〕第7号）等有关规定，制定本指引。

第二条 【产品定义】以注册方式发行的个人住房抵押贷款资产支持证券的信息披露适用本指引，以其他方式发行的个人住房抵押贷款资产支持证券的信息披露参照本指引执行。

本指引所称个人住房抵押贷款资产支持证券，是指在中国境内，银行业金融机构作为发起机构，将个人住房抵押贷款信托给受托机构，由受托机构以资产支持证券的形式向投资机构发行受益证券，以该个人住房抵押贷款所产生的现金支付资产支持证券收益的证券化融资工具。

个人住房抵押贷款应当符合法律法规规定，权属明确，能够产生可预期的现金流。

第三条 【自律管理】中国银行间市场交易商协会（以下简称交易商协会）对个人住房抵押贷款资产支持证券信息披露工作开展自律管理。

第四条 【信息披露责任】受托机构和发起机构应切实履行信息披露职责，保证信息披露真实、准确、完整、及时，不得有虚假记载、误导性陈述和重大遗漏，并承担主体责任。

发起机构和接受受托机构委托为证券化提供服务的机构应按照信托合同和服务合同等相关约定，及时向受托机构提供相关报告，并保证所提供信息真实、准确、完整。

本指引所称的为证券化提供服务的机构包括但不限于承销机构、贷款服务机构、资金保管机构、信用评级机构、律师事务所、会计师事务所、信用增进机构等。

第五条 【中介机构尽职履责】承销机构、信用评级机构、律师事务所、会计师事务所及其他为证券化提供服务的机构应按合同约定切实履行尽职调查责任，依法披露信息，对所出具的专业报告和专业意见负责。

第六条 【投资者风险自担】投资者应对披露的信息进行独立分析，独立判断个人住房抵押贷款资产支持证券投资价值，自行承担投资风险。

第七条 【信息披露内容】受托机构、发起机构及为证券化提供服务的机构应根据本指引及相关表格体系要求，在注册环节、发行环节及存续期充分披露个人住房抵押贷款资产支持证券相关信息。

第八条 【信息披露渠道】受托机构、发起机构及为证券化提供服务的机构应通过交易商协会信息披露服务系统、中国货币网、中国债券信息网、与交易商协会信息披露服务系统直连模板化披露的北京金融资产交易所官方网站及交易商协会认可的其他方式进行个人住房抵押贷款资产支持证券相关信息披露。信息披露相关服务平台应及时以书面形式将违反信息披露规定的行为向中国人民银行报告、同时告知交易商协会，并向市场公告。

信息披露相关服务平台应严格按照银行间市场法律法规及交易商协会相关自律规范文件要求，规范开展信息披露工作，不断完善信息披露基础设施，提高技术支持、信息披露服务和信息安全管理水平。

第九条 【信息保密义务】受托机构、发起机构及为证券化提供服务的机构、全国银行间同业拆借中心、中央国债登记结算有限责任公司、北京金融资产交易所及其他相关知情人在信息披露前不得泄露拟披露的信息。

第十条 【信息披露豁免】因涉及国家机密、技术性困难或其他客观原因确实无法披露相关信息的,相关信息披露义务人应对无法披露信息的情况及原因进行说明,向投资者披露情况说明书并向中国人民银行报告,同时告知交易商协会。

第二章 注册环节信息披露

第十一条【注册文件】受托机构、发起机构应在个人住房抵押贷款资产支持证券接受注册后十个工作日内,披露注册申请报告等文件。

注册申请报告包括但不限于以下内容：

（一）个人住房抵押贷款资产支持证券名称、资产类型、注册额度、分期发行安排等基本信息；

（二）发行方式可选择招标或集中簿记建档；拟采用集中簿记建档发行的,应说明采用集中簿记建档发行的必要性,定价、配售的具体原则和方式,以及防范操作风险和不正当利益输送的措施；

（三）风险提示及风险披露；

（四）受托机构、发起机构及其他为证券化提供服务的机构信息,发起机构证券化的信贷资产发放程序、审核标准、担保形式、管理办法、过往表现、违约贷款处置程序及方法等,贷款服务机构管理证券化信贷资产的方法、标准；

（五）交易结构及各当事方的主要权利与义务等信息；

（六）个人住房抵押贷款入池筛选标准；

（七）发起机构个人住房抵押贷款历史数据信息；

（八）发行及存续期的信息披露安排。

第十二条 【风险提示】受托机构应在注册申请报告显著位置提

示投资者：投资者购买本期个人住房抵押贷款资产支持证券，应当认真阅读本文件及有关的信息披露文件，进行独立的投资判断。主管部门对本期证券发行的注册，并不表明对本期证券的投资价值作出了任何评价，也不表明对本期证券的投资风险作出了任何判断。

第十三条 【风险披露】受托机构应在注册申请报告中充分披露个人住房抵押贷款资产支持证券可能存在的投资风险，包括但不限于早偿风险、信用风险、流动性风险、法律风险、不动产抵押物价值波动风险、国家房地产政策调控风险等。

第十四条 【历史数据信息】受托机构应在注册申请报告中披露发起机构个人住房抵押贷款资产的历史数据信息，包括但不限于动态数据信息、静态数据信息等。

受托机构应披露发起机构个人住房抵押贷款至少十年的完整数据，经营不足十年的，应提供自开始经营时起的完整数据。

第十五条 【信息披露精简原则】在注册环节已披露的信息，如受托机构、发起机构及其他为证券化提供服务的机构信息、交易结构信息等，在发行环节及存续期内可免于披露，鼓励在注册环节披露更多信息。若注册环节已披露的前述信息发生变化、需要变更的，应在发行时披露变更后的信息，并向中国人民银行报告，同时告知交易商协会。

第十六条 【投资者保护机制】受托机构应在注册申请报告或发行说明书中披露各档投资者保护机制，包括但不限于：

（一）各档证券的支付顺序变化（如类似加速清偿事件以及违约事件触发后的支付顺序）；

（二）基础资产现金流恶化或其它可能影响投资者利益等情况的应对措施；

（三）优先档证券发生违约后的债权及权益保障及清偿安排；

（四）发生基础资产权属争议时的解决机制；

（五）持有人大会的召开条件、议事程序等安排；

（六）其他投资者保护措施或相关安排。

第三章 发行环节信息披露

第十七条 【发行文件】受托机构和发起机构应至少于发行日前五个工作日,披露信托公告、发行说明书、评级报告、募集办法和承销团成员名单等文件。

发行说明书包括但不限于以下内容:

(一)本次发行个人住房抵押贷款资产支持证券名称、受托机构、发起机构以及其他为证券化提供服务的机构名称、分档情况等发行基本信息;

(二)发行方式可选择招标或集中簿记建档;拟采用集中簿记建档发行的,应说明采用集中簿记建档发行的必要性、定价、配售的具体原则和方式,以及防范操作风险和不正当利益输送的措施;

(三)风险提示及风险披露;

(四)交易结构信息;

(五)个人住房抵押贷款入池资产总体特征;

(六)个人住房抵押贷款入池资产分布信息;

(七)证券基础信息;

(八)其他为证券化提供服务的机构的专业意见;

(九)跟踪评级及后续信息披露安排。

第十八条 【风险提示】受托机构应在发行说明书显著位置提示投资者:投资者购买本期个人住房抵押贷款资产支持证券,应当认真阅读本文件及有关的信息披露文件,进行独立的投资判断。主管部门对本期证券发行的备案,并不表明对本期证券的投资价值作出了任何评价,也不表明对本期证券的投资风险作出了任何判断。

受托机构需在发行说明书显著位置提示投资者:本期个人住房抵押贷款资产支持证券仅代表特定目的信托受益权的相应份额,不是发起机构、特定目的信托受托机构或任何其他机构的负债,投资机构的追索权仅限于信托财产。

第十九条 【风险披露】受托机构应在发行说明书中充分披露本

次发行个人住房抵押贷款资产支持证券的投资风险，包括但不限于：信用风险、交易结构风险、集中度风险、流动性风险、利率风险、不动产抵押物价值波动风险、国家房地产政策调控风险、操作风险、法律风险、交易对手方的违约风险和发生重大不利变化风险等。

第二十条 【交易结构】受托机构应在发行说明书中披露本期发行个人住房抵押贷款资产支持证券的交易结构信息，包括但不限于本期发行交易结构示意图、受托机构、发起机构以及其他为证券化提供服务的机构简介、受托机构、发起机构以及其他为证券化提供服务的机构权利与义务、本次发行现金流分配机制、本期发行信用增进措施、资产支持证券持有人大会的组织形式与权利等。

第二十一条 【基础资产总体信息】受托机构应在发行说明书中披露本次发行个人住房抵押贷款资产支持证券的基础资产总体信息，包括但不限于入池资产笔数与金额特征、入池资产期限特征、利率特征、抵押物特征、借款人特征等。

受托机构应从个人住房抵押贷款资产支持证券基础资产特性出发，重点披露入池抵押住房初始评估价值合计、加权平均初始贷款价值比、入池抵押住房一二线城市占比、资产池抵押新房占比等信息。

第二十二条 【基础资产分布信息】受托机构应在发行说明书中披露本期发行个人住房抵押贷款资产支持证券的入池个人住房抵押贷款资产分布信息，包括但不限于贷款分布、借款人分布、抵押物分布。

受托机构应从个人住房抵押贷款资产支持证券基础资产特性出发，重点披露入池个人住房抵押贷款的抵押住房初始贷款价值比分布、抵押住房地区分布、新房二手房分布等信息。

第二十三条 【发行结果信息披露】受托机构应在每期个人住房抵押贷款资产支持证券发行结束的当日或次一工作日公布资产支持证券发行情况。

第二十四条 【发行环节信息披露查阅途径】受托机构需在发行

说明书显著位置载明投资者在个人住房抵押贷款资产支持证券发行期间和存续期内查阅基础资产池具体信息的途径和方法。

第四章　存续期定期信息披露

第二十五条　【定期披露】在个人住房抵押贷款资产支持证券存续期内,受托机构应依据贷款服务机构和资金保管机构提供的贷款服务报告和资金保管报告,按照本指引及相关表格体系的要求,在每期资产支持证券本息兑付日的三个工作日前披露受托机构报告;每年4月30日前披露经具有从事证券期货相关业务资格的会计师审计的上年度受托机构报告。

对于信托设立不足二个月的,受托机构可以不编制年度受托机构报告。

第二十六条　【受托机构报告】受托机构报告应当包括但不限于以下内容:

(一)受托机构和证券化服务机构的名称、地址;

(二)资产支持证券基本信息;

(三)各档次证券的本息兑付及税费支付情况;

(四)本期资产池表现情况,包括资产池整体表现、累计违约率、现金流归集表、资产池现金流入情况等;

(五)基础资产存续期总体信息,包括入池资产笔数与金额特征、期限特征、利率特征等;

(六)内外部信用增进情况说明;

(七)资产池中进入法律诉讼程序的个人住房抵押贷款情况,法律诉讼程序进展等。

第二十七条　【跟踪评级】受托机构应与信用评级机构就个人住房抵押贷款资产支持证券跟踪评级的有关安排作出约定,并应于资产支持证券存续期内每年的7月31日前向投资者披露上年度的跟踪评级报告。

第五章 存续期重大事件信息披露

第二十八条 【重大事件信息披露】在发生可能对个人住房抵押贷款资产支持证券投资价值有实质性影响的临时性重大事件时,受托机构应在事发后三个工作日内披露相关信息,并向交易商协会报告。

前款所称重大事件包括但不限于以下事项:

(一)发生或预期将发生受托机构不能按时兑付个人住房抵押贷款资产支持证券本息等影响投资者利益的事项;

(二)受托机构和证券化服务机构发生影响个人住房抵押贷款资产支持证券投资价值的违法、违规或违约事件;

(三)个人住房抵押贷款资产支持证券受托机构及其他为证券化提供服务的机构发生变更;

(四)个人住房抵押贷款资产支持证券的信用评级发生不利变化;

(五)受托机构和其他为证券化提供服务的机构或者基础资产涉及法律纠纷,可能影响按时分配收益;

(六)受托机构、发起机构或其他为证券化提供服务的机构的经营情况发生重大变化,或者作出减资、合并、分立、解散、申请破产等决定,可能降低其从事证券化业务水平,对个人住房抵押贷款资产支持证券投资者利益造成严重不利影响的;

(七)信托合同规定应公告的其他事项;

(八)中国人民银行和中国银行业监督管理委员会等监管部门规定应公告的其他事项;

(九)法律、行政法规规定应公告的其他事项。

第二十九条 【其他重大事件】本指引前条列举的重大事件是重大事件信息披露的最低要求,可能影响各档次证券本息兑付的其他重大事件,受托机构也应依据本指引在事发后三个工作日内予以及时披露。

第三十条 【重大事件进展持续披露机制】受托机构披露重大事件后,已披露的重大事件出现可能对个人住房抵押贷款资产支持证的投资价值产生较大影响的进展或者变化的,应当在上述进展或者变化出现之日起三个工作日内披露进展或者变化情况。

第三十一条 【持有人大会信息披露】召开资产支持证券持有人大会,召集人应至少提前三十日公布资产支持证券持有人大会的召开时间、地点、会议形式、审议事项、议事程序和表决方式等事项,并于大会结束后十日内披露大会决议。

第六章 信息披露反馈与评价及违规处理机制

第三十二条 【投资者信息披露反馈机制】交易商协会建立信息披露的市场意见征集和反馈机制,跟踪监测个人住房抵押贷款资产支持证券信息披露情况。

第三十三条 【信息披露评价机制】交易商协会根据个人住房抵押贷款资产支持证券信息披露情况和市场成员的反馈意见,遵循公平、公正、公开原则,组织市场成员对信息披露质量进行评价。

第三十四条 【评价结果运用】交易商协会及时向市场公布信息披露评价结果,并及时向中国人民银行报告。

第三十五条 【不合规情况报告和自律处分】交易商协会在对信息披露情况跟踪监测和评价过程中,对不能按相关规定进行信息披露的情况,及时向中国人民银行报告。

对于未按本指引履行相应职责的受托机构、发起机构及其他为证券化提供服务的机构,经调查核实后,交易商协会视情节轻重可给予有关自律处分。涉嫌违反相关法律法规的,交易商协会将移交有关部门处理。

第七章 附　则

第三十六条 【解释权】本指引由交易商协会秘书处负责解释。
第三十七条 【生效时间】本指引自发布之日起施行。
附:个人住房抵押贷款资产支持证券信息披露表格体系(略)

棚户区改造项目贷款资产支持证券信息披露指引(试行)

(中国银行间市场交易商协会公告〔2015〕16号
2015年8月3日发布)

第一章 总 则

第一条 【制定依据】 为规范棚户区改造项目贷款(以下简称"棚改贷款")资产支持证券信息披露行为,维护投资者合法权益,促进信贷资产证券化市场规范健康发展,根据《中国人民银行关于信贷资产支持证券发行管理有关事宜的公告》(中国人民银行公告〔2015〕第7号)等有关规定和自律规范,制定本指引。

第二条 【产品定义】 本指引所称棚改贷款资产支持证券,是指在中国境内,银行业金融机构作为发起机构,将棚改贷款信托给受托机构,由受托机构以资产支持证券的形式向投资机构发行受益证券,以该棚改贷款所产生的现金支付资产支持证券收益的证券化融资工具。

棚改贷款是指对纳入国家计划的棚户区改造项目发放的用于棚改征地拆迁、安置住房筹集和配套基础设施建设等方面的贷款。棚改贷款应当符合法律法规规定,权属明确,能够产生可预期的现金流。

以注册方式发行的棚改贷款资产支持证券的信息披露适用本指引,以其他方式发行的棚改贷款资产支持证券的信息披露参照本指引执行。

第三条 【自律管理】 中国银行间市场交易商协会(以下简称交易商协会)对棚改贷款资产支持证券信息披露等工作开展自律管理。

第四条 【信息披露责任】 受托机构和发起机构应切实履行信息

披露职责,保证信息披露真实、准确、完整、及时,不得有虚假记载、误导性陈述和重大遗漏,并承担主体责任。

发起机构和接受受托机构委托为证券化提供服务的机构应按照信托合同和服务合同等相关约定,及时向受托机构提供相关报告,并保证所提供信息真实、准确、完整。

本指引所称的为证券化提供服务的机构包括但不限于承销机构、贷款服务机构、资金保管机构、信用评级机构、律师事务所、会计师事务所、信用增进机构等。

第五条　【中介机构尽职履责】承销机构、信用评级机构、律师事务所、会计师事务所及其他为证券化提供服务的机构应按合同约定切实履行尽职调查责任,依法披露信息,对所出具的专业报告和专业意见负责。

第六条　【投资者风险自担】投资者应对披露的信息进行独立分析,独立判断棚改贷款资产支持证券投资价值,自行承担投资风险。

第七条　【信息披露内容】受托机构、发起机构及为证券化提供服务的机构应根据本指引及相关表格体系要求,在注册环节、发行环节及存续期充分披露棚改贷款资产支持证券相关信息。

第八条　【信息披露渠道】受托机构、发起机构及为证券化提供服务的机构应通过交易商协会信息披露服务系统、中国货币网、中国债券信息网、与交易商协会信息披露服务系统直连模板

化披露的北京金融资产交易所官方网站及交易商协会认可的其他方式进行棚改贷款资产支持证券相关信息披露。信息披露相关服务平台应及时以书面形式将违反信息披露规定的行为向中国人民银行报告、同时告知交易商协会,并向市场公告。

信息披露相关服务平台应严格按照银行间市场法律法规及交易商协会相关自律规范文件要求,规范开展信息披露工作,不断完善信息披露基础设施,提高技术支持、信息披露服务和信息安全管理水平。

第九条　【信息保密义务】受托机构、发起机构及为证券化提供服务的机构、全国银行间同业拆借中心、中央国债登记结算有限责任公

司、北京金融资产交易所及其他相关知情人在信息披露前不得泄露拟披露的信息。

第十条　【信息披露豁免】因涉及国家机密、技术性困难或其他客观原因确实无法披露相关信息的,相关信息披露义务人应对无法披露信息的情况及原因进行说明,向投资者披露情况说明书并向中国人民银行报告,同时告知交易商协会。

第二章　注册环节信息披露

第十一条　【注册文件】受托机构、发起机构应在棚改贷款资产支持证券接受注册后十个工作日内,披露注册申请报告等文件。

注册申请报告包括但不限于以下内容:

(一)棚改贷款资产支持证券名称、资产类型、注册额度、分期发行安排等基本信息;

(二)发行方式可选择招标或簿记建档;拟采用簿记建档发行的,应说明采用簿记建档发行的必要性,定价、配售的具体原则和方式,以及防范操作风险和不正当利益输送的措施;

(三)风险提示及风险披露;

(四)受托机构、发起机构及其他为证券化提供服务的机构信息,发起机构证券化的信贷资产发放程序、审核标准、担保形式、管理办法、过往表现、违约贷款处置程序及方法等,贷款服务机构管理证券化信贷资产的方法、标准;

(五)交易结构及各当事方的主要权利与义务等信息;

(六)棚改贷款入池筛选标准;

(七)发行及存续期的信息披露安排。

第十二条　【风险提示】受托机构应在注册申请报告显著位置提示投资者:投资者购买本期棚改贷款资产支持证券,应当认真阅读本文件及有关的信息披露文件,进行独立的投资判断。主管部门对本期证券发行的注册,并不表明对本期证券的投资价值作出了任何评价,也不表明对本期证券的投资风险作出了任何判断。

第十三条 【风险披露】受托机构应在注册申请报告中充分披露棚改贷款资产支持证券可能存在的投资风险，包括但不限于早偿风险、信用风险、流动性风险、法律风险等。

第十四条 【信息披露精简原则】在注册环节已披露的信息，如受托机构、发起机构及其他为证券化提供服务的机构信息、交易结构信息等，在发行环节及存续期内可免于披露，鼓励在注册环节披露更多信息。若注册环节已披露的前述信息发生变化、需要变更的，应在发行时披露变更后的信息，并向中国人民银行报告，同时告知交易商协会。

第十五条 【投资者保护机制】受托机构应在注册申请报告或发行说明书中披露各档投资者保护机制，包括但不限于：

（一）各档证券的支付顺序变化（如类似加速清偿事件以及违约事件触发后的支付顺序）；

（二）基础资产现金流恶化或其它可能影响投资者利益等情况的应对措施；

（三）优先档证券发生违约后的债权及权益保障及清偿安排；

（四）发生基础资产权属争议时的解决机制；

（五）持有人大会的召开条件、议事程序等安排；

（六）其他投资者保护措施或相关安排。

第三章 发行环节信息披露

第十六条 【发行文件】受托机构和发起机构应至少于发行日前五个工作日，披露信托公告、发行说明书、评级报告、募集办法和承销团成员名单等文件。

发行说明书包括但不限于以下内容：

（一）本次发行棚改贷款资产支持证券名称、受托机构、发起机构以及其他为证券化提供服务的机构名称、分档情况等发行基本信息；

（二）风险提示及风险披露；

（三）交易结构信息；

（四）棚改贷款入池资产总体特征；

（五）棚改贷款入池资产分布信息；

（六）证券基础信息；

（七）其他为证券化提供服务的机构的专业意见；

（八）跟踪评级及后续信息披露安排。

第十七条 【风险提示】受托机构应在发行说明书显著位置提示投资者：投资者购买本期棚改贷款资产支持证券，应当认真阅读本文件及有关的信息披露文件，进行独立的投资判断。主管部门对本期证券发行的备案，并不表明对本期证券的投资价值作出了任何评价，也不表明对本期证券的投资风险作出了任何判断。

受托机构需在发行说明书显著位置提示投资者：本期棚改贷款资产支持证券仅代表特定目的信托受益权的相应份额，不是发起机构、特定目的信托受托机构或任何其他机构的负债，投资机构的追索权仅限于信托财产。

第十八条 【风险披露】受托机构应在发行说明书中充分披露本次发行棚改贷款资产支持证券的投资风险，包括但不限于信用风险、交易结构风险、集中度风险、流动性风险、利率风险、操作风险、法律风险、交易对手方的违约风险和发生重大不利变化风险等。

第十九条 【交易结构】受托机构应在发行说明书中披露本期发行棚改贷款资产支持证券的交易结构信息，包括但不限于本期发行交易结构示意图、受托机构、发起机构以及其他为证券化提供服务的机构简介、受托机构、发起机构以及其他为证券化提供服务的机构权利与义务、本次发行现金流分配机制、本期发行信用增进措施、资产支持证券持有人大会的组织形式与权利等。

第二十条 【基础资产总体信息】受托机构应在发行说明书中披露本次发行棚改贷款资产支持证券的基础资产总体信息，包括但不限于入池资产笔数与金额特征、入池资产期限特征、利率特征、抵（质）押物特征、借款人特征等。

受托机构应从棚改贷款资产支持证券基础资产特性出发，重点披露入池抵(质)押资产初始评估价值合计、加权平均初始贷款价值比等信息。

第二十一条 【基础资产分布信息】受托机构应在发行说明书中披露本期发行棚改贷款资产支持证券的入池棚改贷款资产分布信息,包括但不限于贷款分布、借款人分布、抵(质)押物分布。

受托机构应从棚改贷款资产支持证券基础资产特性出发,重点披露入池资产的抵(质)押资产初始贷款价值比分布等信息。

第二十二条 【发行结果信息披露】受托机构应在每期棚改贷款资产支持证券发行结束的当日或次一工作日公布资产支持证券发行情况。

第二十三条 【发行环节信息披露查阅途径】受托机构需在发行说明书显著位置载明投资者在棚改贷款资产支持证券发行期间和存续期内查阅基础资产池具体信息的途径和方法。

第四章 存续期定期信息披露

第二十四条 【定期披露】在棚改贷款资产支持证券存续期内,受托机构应依据贷款服务机构和资金保管机构提供的贷款服务报告和资金保管报告,按照本指引及相关表格体系的要求,在每期资产支持证券本息兑付日的三个工作日前披露受托机构报告;每年4月30日前披露经具有从事证券期货相关业务资格的会计师审计的上年度受托机构报告。

对于信托设立不足二个月的,受托机构可以不编制年度受托机构报告。

第二十五条 【受托机构报告】受托机构报告应当包括但不限于以下内容:

(一)受托机构和证券化服务机构的名称、地址;

(二)资产支持证券基本信息;

(三)各档次证券的本息兑付及税费支付情况;

(四)本期资产池表现情况,包括资产池整体表现、累计违约率、现金流归集表、资产池现金流入情况等；

（五）基础资产存续期总体信息，包括入池资产笔数与金额特征、期限特征、利率特征等；

（六）内外部信用增进情况说明；

（七）资产池中进入法律诉讼程序的棚改贷款情况，法律诉讼程序进展等。

第二十六条 【跟踪评级】受托机构应与信用评级机构就棚改贷款资产支持证券跟踪评级的有关安排作出约定，并应于资产支持证券存续期内每年的7月31日前向投资者披露上年度的跟踪评级报告。

第五章 存续期重大事件信息披露

第二十七条 【重大事件信息披露】在发生可能对棚改贷款资产支持证券投资价值有实质性影响的临时性重大事件时，受托机构应在事发后三个工作日内披露相关信息，并向交易商协会报告。

前款所称重大事件包括但不限于以下事项：

（一）发生或预期将发生受托机构不能按时兑付棚改贷款资产支持证券本息等影响投资者利益的事项；

（二）受托机构和证券化服务机构发生影响棚改贷款资产支持证券投资价值的违法、违规或违约事件；

（三）棚改贷款资产支持证券受托机构及其他为证券化提供服务的机构发生变更；

（四）棚改贷款资产支持证券的信用评级发生不利变化；

（五）受托机构和其他为证券化提供服务的机构或者基础资产涉及法律纠纷，可能影响按时分配收益；

（六）受托机构、发起机构或其他为证券化提供服务的机构的经营情况发生重大变化，或者作出减资、合并、分立、解散、申请破产等决定，可能降低其从事证券化业务水平，对棚改贷款资产支持证券投资者利益造成严重不利影响的；

（七）信托合同规定应公告的其他事项；

(八)中国人民银行和中国银行业监督管理委员会等监管部门规定应公告的其他事项;

(九)法律、行政法规规定应公告的其他事项。

第二十八条 【其他重大事件】本指引前条列举的重大事件是重大事件信息披露的最低要求,可能影响各档次证券本息兑付的其他重大事件,受托机构也应依据本指引在事发后三个工作日内予以及时披露。

第二十九条 【重大事件进展持续披露机制】受托机构披露重大事件后,已披露的重大事件出现可能对棚改贷款资产支持证券的投资价值产生较大影响的进展或者变化的,应当在上述进展或者变化出现之日起三个工作日内披露进展或者变化情况。

第三十条 【持有人大会信息披露】召开资产支持证券持有人大会,召集人应至少提前三十日公布资产支持证券持有人大会的召开时间、地点、会议形式、审议事项、议事程序和表决方式等事项,并于大会结束后十日内披露大会决议。

第六章 信息披露反馈与评价及违规处理机制

第三十一条 【投资者信息披露反馈机制】交易商协会建立信息披露的市场意见征集和反馈机制,跟踪监测棚改贷款资产支持证券信息披露情况。

第三十二条 【信息披露评价机制】交易商协会根据棚改贷款资产支持证券信息披露情况和市场成员的反馈意见,遵循公平、公正、公开原则,组织市场成员对信息披露工作进行评价。

第三十三条 【评价结果运用】交易商协会及时向市场公布信息披露评价结果,并及时向中国人民银行报告。

第三十四条 【不合规情况报告和自律处分】交易商协会在对信息披露情况跟踪监测和评价过程中,对不能按相关规定进行信息披露的情况,及时向中国人民银行报告。

对于未按本指引履行相应职责的受托机构、发起机构及其他为证券化提供服务的机构,经调查核实后,交易商协会视情节轻重可给予有关自律处分。涉嫌违反相关法律法规的,交易商协会将移交有关部门处理。

第七章 附　则

第三十五条 【解释权】本指引由交易商协会秘书处负责解释。

第三十六条 【生效时间】本指引自发布之日起施行。

附:棚户区改造项目贷款资产支持证券信息披露表格体系(略)

个人消费贷款资产支持证券信息披露指引(试行)

(中国银行间市场交易商协会公告〔2015〕20号
2015年9月30日发布)

第一章 总　则

第一条 【制定依据与适用范围】为规范个人消费贷款资产支持证券信息披露行为,维护投资者合法权益,促进信贷资产证券化市场规范健康发展,根据《中国人民银行关于信贷资产支持证券发行管理有关事宜的公告》(中国人民银行公告〔2015〕第7号)等有关规定和自律规范,制定本指引。

以注册方式发行的个人消费贷款资产支持证券的信息披露适用本指引,以其他方式发行的个人消费贷款资产支持证券的信息披露参照本指引执行。

第二条 【产品定义】本指引所称个人消费贷款资产支持证券,是指在中国境内,商业银行、消费金融公司等金融机构作为发起机构,将非循环资产类型的个人消费贷款信托给受托机构,由受托机构以资产支持证券的形式向投资机构发行证券,以该个人消费贷款资产池所产生的现金支付资产支持证券本金和收益的证券化融资工具。

个人消费贷款应当符合法律法规规定,权属明确,能够产生可预期的现金流。

以个人汽车贷款、个人住房抵押贷款为基础资产的资产支持证券,如涉及持续购买基础资产的有关安排,而相关信息披露规则对持续购买基础资产的信息披露无特殊规定的,参照本指引的相关规定执行。本指引所称"持续购买",系指受托机构在信托设立后的存续期间内,将本金回收款(可以包括超额收益)根据交易合同规定的标准再次或多次购买新的合格基础资产纳入资产池,不包括基础资产本身为循环资产的情形。

本指引所称"循环资产",系指基于特定账户、授信合同或类似授信安排项下可循环使用的信用额度所产生的信贷资产,根据基础资产入池标准或安排,该特定账户、授信合同或类似授信安排一旦被确定,其项下现存及未来产生的信贷资产将在其产生后被自动纳入资产池;但持续购买该账户、授信合同或授信安排项下已经产生的特定信贷资产的,仍应适用本指引关于持续购买基础资产的相关规定。交易商协会将根据需要另行制定适用于循环资产证券化交易的信息披露规则。

第三条 【自律管理】中国银行间市场交易商协会(以下简称交易商协会)对个人消费贷款资产支持证券信息披露、标准合同范本执行等行为开展自律管理。受托机构、发起机构及其他相关中介机构应接受交易商协会的自律管理,履行会员义务。

交易商协会、债券登记托管结算机构和全国银行间同业拆借中心应当按照中国人民银行有关规定建立信息和数据交流机制,共同做好数据互换、信息共享、市场监测等工作。

第四条 【信息披露责任】受托机构和发起机构应切实履行信息披露职责,保证信息披露真实、准确、完整、及时,不得有虚假记载、误导性陈述和重大遗漏,并承担主体责任。

发起机构和接受受托机构委托为证券化提供服务的机构应按照

信托合同和服务合同等相关约定,及时向受托机构提供相关报告,并保证所提供信息真实、准确、完整。

本指引所称的为证券化提供服务的机构包括但不限于承销机构、贷款服务机构、资金保管机构、信用评级机构、律师事务所、会计师事务所、信用增进机构等。

第五条　【中介机构尽职履责】为证券化提供服务的机构应按合同约定切实履行尽职调查责任,依法披露信息,对所出具的专业报告和专业意见负责。

第六条　【投资者风险自担】投资者应对披露的信息进行独立分析,独立判断个人消费贷款资产支持证券投资价值,自行承担投资风险。

第七条　【信息披露内容】受托机构、发起机构及为证券化提供服务的机构应根据本指引及相关表格体系要求,在注册环节、发行环节及存续期充分披露个人消费贷款资产支持证券相关信息。

第八条　【信息披露渠道】受托机构、发起机构及为证券化提供服务的机构应通过交易商协会信息披露服务系统、中国货币网、中国债券信息网、与交易商协会信息披露服务系统直连模板化披露的北京金融资产交易所官方网站及交易商协会认可的其他方式进行个人消费贷款资产支持证券相关信息披露。信息披露相关服务平台应及时以书面形式将违反信息披露规定的行为向中国人民银行报告,同时告知交易商协会,并向市场公告。

信息披露相关服务平台应严格按照银行间市场法律法规及交易商协会相关自律规范文件要求,规范开展信息披露工作,不断完善信息披露基础设施,提高技术支持、信息披露服务和信息安全管理水平。

第九条　【信息保密义务】受托机构、发起机构、为证券化提供服务的机构、全国银行间同业拆借中心、中央国债登记结算有限责任公司、北京金融资产交易所及其他相关知情人在信息披露前不得泄露拟披露的信息。

第十条　【信息披露豁免】因涉及国家秘密、技术性困难或其他客观原因确实无法披露相关信息的,相关信息披露义务人应对无法披露信息的情况及原因进行说明,向投资者披露情况说明书并向中国人民银行报告,同时告知交易商协会。

第二章 注册环节信息披露

第十一条 【注册文件】受托机构、发起机构应在个人消费贷款资产支持证券接受注册后 10 个工作日内,披露注册申请报告等文件。

注册申请报告包括但不限于以下内容:

(一)个人消费贷款资产支持证券名称、资产类型、是否采用持续购买结构的说明、注册额度、分期发行安排等基本信息;

(二)发行方式可选择招标或簿记建档;拟采用簿记建档发行的,应说明采用簿记建档发行的必要性,定价、配售的具体原则和方式,以及防范操作风险和不正当利益输送的措施;

(三)风险提示及风险披露;

(四)受托机构、发起机构及为证券化提供服务的机构信息,发起机构证券化的信贷资产发放程序、审核标准、担保形式、管理办法、过往表现、违约贷款处置程序及方法等,贷款服务机构管理证券化信贷资产的方法、标准;

(五)交易结构及各当事方的主要权利与义务等信息;

(六)个人消费贷款入池筛选标准;

(七)发起机构个人消费贷款历史数据信息;

(八)发行及存续期的信息披露安排。

如采用持续购买结构的,还需在注册基本信息、参与机构信息、交易条款信息、基础资产筛选标准、历史数据信息等部分,按照附件表格体系的要求披露持续购买的相关信息。

第十二条 【风险提示】受托机构应在注册申请报告显著位置提示投资者:投资者购买本期个人消费贷款资产支持证券,应当认真阅读本文件及有关的信息披露文件,进行独立的投资判断。主管部门对本期证券发行的注册,并不表明对本期证券的投资价值作出了任何评价,也不表明对本期证券的投资风险作出了任何判断。

第十三条 【风险披露】受托机构应在注册申请报告中充分披露个人消费贷款资产支持证券可能存在的投资风险,包括但不限于早偿风险、信用风险、流动性风险、法律风险等。

第十四条 【历史数据信息】受托机构应在注册申请报告中披露发起机构个人消费贷款资产的历史数据信息,包括但不限于动态数据信息、静态数据信息等。

受托机构应披露发起机构个人消费贷款至少5年的完整数据,经营不足5年的,应提供自开始经营时起的完整数据。

第十五条 【信息披露精简原则】在注册环节已披露的信息,如受托机构、发起机构及为证券化提供服务的机构信息、交易条款信息等,在发行环节及存续期内可免于披露,鼓励在注册环节披露更多信息。若注册环节已披露的前述信息发生变化或需要变更的,应在发行环节披露变更后的信息,并向中国人民银行报告,同时告知交易商协会。

第十六条 【投资者保护机制】受托机构应在注册申请报告或发行说明书中披露各档投资者保护机制,包括但不限于:

(一)各档证券的支付顺序变化(如类似加速清偿事件以及违约事件触发后的支付顺序);

(二)基础资产现金流恶化或其它可能影响投资者利益等情况的应对措施;

(三)优先档证券发生违约后的债权及权益保障及清偿安排;

(四)发生基础资产权属争议时的解决机制;

(五)持有人大会的召开条件、议事程序等安排;

(六)其他投资者保护措施或相关安排。

第三章 发行环节信息披露

第十七条 【发行文件】受托机构和发起机构应至少于发行日前5个工作日,披露信托公告、发行说明书、评级报告、募集办法和承销团成员名单等文件。

发行说明书包括但不限于以下内容：

（一）本次发行个人消费贷款资产支持证券名称、受托机构、发起机构以及为证券化提供服务的机构名称、分档情况等发行基本信息；

（二）风险提示及风险披露；

（三）交易结构信息；

（四）个人消费贷款入池资产总体信息；

（五）个人消费贷款入池资产分布信息；

（六）证券基础信息；

（七）为证券化提供服务的机构的专业意见；

（八）跟踪评级及后续信息披露安排。

如采用持续购买结构的，还需在交易结构信息、基础资产总体信息、基础资产分布信息、证券基础信息等部分，按照附件表格体系的要求披露持续购买的相关信息。

第十八条　【风险提示】受托机构应在发行说明书显著位置提示投资者：投资者购买本期个人消费贷款资产支持证券，应当认真阅读本文件及有关的信息披露文件，进行独立的投资判断。主管部门对本期证券发行的备案、核准或注册，并不表明对本期证券的投资价值作出了任何评价，也不表明对本期证券的投资风险作出了任何判断。

受托机构需在发行说明书显著位置提示投资者：本期个人消费贷款资产支持证券仅代表特定目的信托受益权的相应份额，不是发起机构、特定目的信托受托机构或任何其他机构的负债，投资机构的追索权仅限于信托财产。

第十九条　【风险披露】受托机构应在发行说明书中充分披露本期发行个人消费贷款资产支持证券的投资风险，包括但不限于：信用风险、交易结构风险、早偿风险、集中度风险、流动性风险、利率风险、操作风险、法律风险、交易对手方的违约风险和发生重大不利变化风险等。

第二十条　【交易结构】受托机构应在发行说明书中披露本期发行个人消费贷款资产支持证券的交易结构信息，包括但不限于本期发行交易结构示意图、受托机构、发起机构以及为证券化提供服务的机构简介、受托机构、发起机构以及为证券化提供服务的机构权利与义务、本期发行的现金流分配机制、本期发行信用增进措施、资产支持证券持有人大会的组织形式与权利等。

第二十一条 【基础资产总体信息】受托机构应在发行说明书中披露本期发行个人消费贷款资产支持证券的基础资产总体信息,包括但不限于入池资产笔数与金额特征、入池资产期限特征、利率特征、借款人特征、抵(质)押物特征(如有)、入池资产贷款用途等。

个人消费贷款入池资产如设置抵(质)押的,还需重点披露入池资产抵(质)押物的初始评估价值合计、加权平均初始贷款价值比等信息。

第二十二条 【基础资产分布信息】受托机构应在发行说明书中披露本期发行个人消费贷款资产支持证券的入池个人消费贷款资产分布信息,包括但不限于贷款分布、借款人分布、抵(质)押物分布(如有)。

个人消费贷款入池资产如设置抵(质)押的,还需重点披露入池资产抵(质)押物的初始贷款价值比分布等信息。

第二十三条 【发行结果信息披露】受托机构应在每期个人消费贷款资产支持证券发行结束的当日或次一工作日公布资产支持证券发行情况。

第二十四条 【发行环节信息披露查阅途径】受托机构需在发行说明书显著位置载明投资者在个人消费贷款资产支持证券发行期间和存续期内查阅基础资产池具体信息的途径和方法。对标准化程度较高的信息,鼓励受托机构通过交易商协会指定的信息披露服务平台向投资者提供。

第四章 存续期定期信息披露

第二十五条 【定期披露】在个人消费贷款资产支持证券存续期内,受托机构应依据贷款服务机构和资金保管机构提供的贷款服务报告和资金保管报告,按照本指引及相关表格体系的要求,按月披露受托机构报告,具体披露时间为每期资产支持证券本息兑付日的3个工作日前;每年4月30日前披露经具有从事证券期货相关业务资格的会计师审计的上年度受托机构报告。

对于信托设立不足2个月的,受托机构可以不编制年度受托机构报告。

第二十六条 【受托机构报告】受托机构报告应当包括但不限于以下内容:

(一)受托机构和为证券化提供服务机构的名称、地址;

(二)资产支持证券基本信息;

(三)各档次证券的本息兑付及税费支付情况;

(四)本期资产池表现情况,包括资产池整体表现、累计违约率、现金流归集表、资产池现金流入情况等;

(五)基础资产存续期总体信息,包括入池资产笔数与金额特征、期限特征、利率特征、抵(质)押物特征、借款人特征、贷款用途等;

(六)内外部信用增进情况说明;

(七)资产池中进入法律诉讼程序的个人消费贷款情况,法律诉讼程序进展等。

如采用持续购买结构的,还需按照附件表格体系的要求披露基础资产存续期分布信息、存续期基础资产持续购买情况及持续购买分布等信息。

第二十七条 【跟踪评级】受托机构应与信用评级机构就个人消费贷款资产支持证券跟踪评级的有关安排作出约定,并应于资产支持证券存续期内的每年7月31日前向投资者披露上年度的跟踪评级报告。

第五章 存续期重大事件信息披露

第二十八条 【重大事件信息披露】在发生可能对个人消费贷款资产支持证券投资价值有实质性影响的临时性重大事件时,受托机构应在事发后 3 个工作日内披露相关信息,并向交易商协会报告。

前款所称重大事件包括但不限于以下事项:

(一)发生或预期将发生受托机构不能按时兑付个人消费贷款资产支持证券本息等影响投资者利益的事项;

(二)受托机构和为证券化提供服务的机构发生影响个人消费贷款资产支持证券投资价值的违法、违规或违约事件;

(三)个人消费贷款资产支持证券受托机构及为证券化提供服务的机构发生变更;

(四)个人消费贷款资产支持证券的信用评级发生不利变化;

(五)受托机构和为证券化提供服务的机构或者基础资产涉及法律纠纷,可能影响交易文件约定的正常分配收益;

(六)受托机构、发起机构或为证券化提供服务的机构的经营情况发生重大变化,或者作出减资、合并、分立、解散、申请破产等决定,可能降低其从事证券化业务水平,对个人消费贷款资产支持证券投资者利益造成严重不利影响的;

(七)信托合同规定应公告的其他事项;

(八)中国人民银行和中国银行业监督管理委员会等监管部门规定应公告的其他事项;

(九)法律、行政法规规定应公告的其他事项。

第二十九条 【其他重大事件】本指引前条列举的重大事件是重大事件信息披露的最低要求,可能影响各档次证券本息兑付的其他重大事件,受托机构也应依据本指引在事发后 3 个工作日内予以及时披露。

第三十条 【重大事件进展持续披露机制】受托机构披露重大事件后,已披露的重大事件出现可能对个人消费贷款资产支持证券的投资价值产生较大影响的进展或者变化的,应当在上述进展或者变化出现之日起 3 个工作日内披露进展或者变化情况。

第三十一条 【持有人大会信息披露】召开资产支持证券持有人大会,召集人应至少提前 10 日公布资产支持证券持有人大会的召开时间、地点、会议形式、审议事项、议事程序和表决方式等事项,并于大会结束后10日内披露大会决议。

第六章 信息披露评价与反馈机制

第三十二条 【信息披露跟踪监测】交易商协会建立专门邮箱、电话、传真等信息披露的市场意见征集和反馈机制,跟踪监测个人消费贷款资产支持证券信息披露工作情况。

第三十三条 【相关机构报告义务】发起机构、受托机构及为证券化提供服务的机构发现相关信息披露义务人未及时履行披露义务或存在违反法律、法规或自律规则行为的,应及时向交易商协会报告。

第三十四条 【信息披露评价机制】交易商协会根据个人消费贷款资产支持证券信息披露情况和市场成员的反馈意见,遵循公平、公正、公开原则,定期或不定期组织投资机构、发起机构、受托机构及为证券化提供服务的机构等市场成员代表对信息披露工作进行评价。

第三十五条 【评价结果运用】交易商协会及时向市场公布信息披露评价结果,并及时向中国人民银行报告。

第三十六条 【不合规情况报告和自律处分】交易商协会在信息披露情况跟踪监测和评价过程中,对不能按相关规定进行信息披露的情况,及时向中国人民银行报告。

对于未按本指引履行相应职责的受托机构、发起机构及为证券化提供服务的机构,经调查核实后,交易商协会视情节轻重可给予有关自律处分。涉嫌违反相关法律法规的,交易商协会将移交中国人民银行等有关部门处理。

第七章 附 则

第三十七条 【解释权】本指引由交易商协会秘书处负责解释。

第三十八条 【生效时间】本指引自发布之日起施行。

中国银行间市场交易商协会关于发布《不良贷款资产支持证券信息披露指引(试行)》的公告

(中国银行间市场交易商协会公告〔2016〕10号 2016年4月19日发布)

为规范不良贷款资产支持证券信息披露行为,维护投资者合法权益,促进信贷资产证券化市场健康有序发展,更好发挥金融支持实体经济作用,根据《中国人民银行关于信贷资产支持证券发行管理有关事宜的公告》(中国人民银行公告〔2015〕第7号)及相关法律法规,中国银行间市场交易商协会组织市场成员制定了《不良贷款资产支持证券信息披露指引(试行)》,经交易商协会第三届债券市场专业委员会第十次会议审议通过,并经人民银行同意,现予发布施行。

附件:不良贷款资产支持证券信息披露指引(试行)

附件:

不良贷款资产支持证券信息披露指引(试行)

第一章 总 则

第一条 【制定依据与适用范围】 为规范不良贷款资产支持证券信息披露行为,维护投资者合法权益,促进信贷资产证券化市场规范健康发展,根据《中国人民银行关于信贷资产支持证券发行管理有关事宜的公告》(中国人民银行公告〔2015〕第 7 号)等有关规定和自律规范,制定本指引。

第二条　【产品定义】本指引所称不良贷款资产支持证券,是指在中国境内,银行业金融机构及其他经监管部门认定的金融机构作为发起机构,将不良贷款信托给受托机构,由受托机构以资产支持证券的形式向投资机构发行受益证券,以该不良贷款所产生的现金支付资产支持证券收益的证券化融资工具。

不良贷款应当符合法律法规规定,权属明确,能够产生可预期的现金流或通过执行担保获得收入。

第三条　【自律管理】中国银行间市场交易商协会(以下简称交易商协会)对不良贷款资产支持证券信息披露行为开展自律管理。受托机构、发起机构及其他相关中介机构应接受交易商协会的自律管理,履行会员义务。

交易商协会、债券登记托管结算机构和全国银行间同业拆借中心应当按照中国人民银行有关规定建立信息和数据交流机制,共同做好数据互换、信息共享、市场监测等工作。

第四条　【信息披露责任】受托机构和发起机构应切实履行信息披露职责,保证信息披露真实、准确、完整、及时,不得有虚假记载、误导性陈述和重大遗漏,并承担主体责任。

发起机构和为证券化提供服务的机构应按照信托合同、服务合同和相关聘用合同等相关约定,及时向受托机构提供相关报告,并保证所提供信息真实、准确、完整。

本指引所称的为证券化提供服务的机构包括但不限于承销机构、贷款服务机构、资产池实际处置机构、资金保管机构、信用评级机构、律师事务所、会计师事务所、资产服务顾问、资产评估机构、信用增进机构等。

第五条　【中介机构尽职履责】为证券化提供服务的机构应按合同约定切实履行尽职调查责任,依法披露信息,对所出具的专业报告和专业意见负责。

第六条 【投资者风险自担】投资者应对披露的信息进行独立分析,独立判断不良贷款资产支持证券投资价值,自行承担投资风险。

第七条 【信息披露内容】受托机构、发起机构及为证券化提供服务的机构应根据本指引及相关表格体系要求,在发行环节及存续期充分披露不良贷款资产支持证券相关信息。

第八条 【信息披露渠道】受托机构、发起机构及为证券化提供服务的机构应通过交易商协会信息披露服务系统、中国货币网、中国债券信息网、北京金融资产交易所网站及交易商协会认可的其他方式进行不良贷款资产支持证券相关信息披露。信息披露相关服务平台应及时以书面形式将违反信息披露规定的行为向中国人民银行报告,同时告知交易商协会,并向市场公告。

信息披露相关服务平台应严格按照银行间市场法律法规及交易商协会相关自律规范文件要求,规范开展信息披露工作,不断完善信息披露基础设施,提高技术支持、信息披露服务和信息安全管理水平。

第九条 【信息保密义务】受托机构、发起机构、为证券化提供服务的机构、全国银行间同业拆借中心、中央国债登记结算有限责任公司、北京金融资产交易所及其他相关知情人在信息披露前不得泄露拟披露的信息。

第十条 【信息披露豁免】因涉及国家秘密、技术性困难或其他客观原因确实无法披露相关信息的,相关信息披露义务人应对无法披露信息的情况及原因进行说明,向投资者披露情况说明书并向中国人民银行报告,同时告知交易商协会。

第二章 发行环节信息披露

第十一条 【发行文件】受托机构和发起机构应至少于发行日前五个工作日,披露信托公告、发行说明书、评级报告、募集办法和承销团成员名单等文件。

发行说明书包括但不限于以下内容:

(一)扉页、目录、本次发行不良贷款资产支持证券基本信息;

（二）风险提示及风险披露；

（三）参与机构信息；

（四）发起机构及为证券化提供服务的机构相关经验及历史数据（如有）；

（五）交易结构信息；

（六）基础资产筛选标准和资产保证；

（七）基础资产价值评估相关的尽职调查程序及方法、资产估值程序及回收预测依据；

（八）基础资产总体信息；

（九）基础资产分布信息及预计回收情况；

（十）不良贷款资产支持证券基础信息；

（十一）中介机构意见；

（十二）跟踪评级及后续信息披露安排。

第十二条 【风险提示】 受托机构应在发行说明书显著位置提示投资者：投资者购买本期不良贷款资产支持证券，应当认真阅读本文件及有关的信息披露文件，进行独立的投资判断。主管部门对本期证券发行的备案或核准，并不表明对本期证券的投资价值作出了任何评价，也不表明对本期证券的投资风险作出了任何判断。

受托机构需在发行说明书显著位置提示投资者：本期不良贷款资产支持证券仅代表特定目的信托受益权的相应份额，不是发起机构、特定目的信托受托机构或任何其他机构的负债，投资机构的追索权仅限于信托财产。

第十三条 【风险披露】 受托机构应在发行说明书中充分披露不良贷款资产支持证券可能存在的投资风险，包括但不限于现金流实际回收不足的风险、现金流回收时间波动的风险、利率风险、政策风险、操作风险等。

第十四条 【历史数据信息】 受托机构应在发行说明书中披露发起机构不良贷款情况，发起机构、贷款服务机构、资产服务顾问（如有）及资产池实际处置机构不良贷款证券化相关经验和历史数据。

如果发行后明确资产服务顾问的,受托机构应在发行结果公告中补充披露上述信息。

第十五条 【投资者保护机制】受托机构应在发行说明书中披露各档投资者保护机制,包括但不限于:

(一)各档证券的支付顺序变化(如类似加速清偿事件以及违约事件触发后的支付顺序);

(二)基础资产现金流恶化或其它可能影响投资者利益等情况的应对措施;

(三)优先档证券发生违约后的债权及权益保障及清偿安排;

(四)发生基础资产权属争议时的解决机制;

(五)持有人大会的召开条件、议事程序等安排;

(六)其他投资者保护措施或相关安排。

第十六条 【交易结构】受托机构应在发行说明书中披露本期发行不良贷款资产支持证券的交易结构信息,包括但不限于本期发行交易结构示意图、中介机构简介、参与机构权利与义务、信托账户设置、各交易条款设置、各触发条件设置及解决机制、本期发行的现金流分配机制、信用增进措施、资产支持证券持有人大会的组织形式与权利等。

第十七条 【基础资产筛选标准及资产保证】受托机构应在发行说明书中披露本期发行不良贷款资产支持证券的基础资产筛选标准,包括但不限于债权合法有效性、贷款分类情况、贷款币种、单个借款人在发起机构的所有贷款是否全部入池等,并明确入池每笔贷款在初始起算日和信托财产交付日的状况的全部陈述和保证。

第十八条 【基础资产价值评估相关的尽职调查程序和方法、资产估值程序及回收预测依据】受托机构应在发行说明书中披露本期发行不良贷款资产支持证券基础资产价值评估相关的尽职调查程序和方法、资产估值程序及回收预测依据等。

第十九条 【基础资产总体信息】受托机构应在发行说明书中披露本期发行不良贷款资产支持证券的基础资产总体信息,包括但不限于入池资产笔数、金额与期限特征、入池资产抵(质)押特征、入池资产借款人特征、借款人基础信息等。

第二十条 【基础资产分布信息及预计回收情况】受托机构应在发行说明书中披露本期发行不良贷款资产支持证券的基础资产分布信息及预计回收情况,包括但不限于贷款分布、借款人分布、抵(质)押物分布、预测回收率分布表、现金流回收预测表等。

第二十一条 【发行结果信息披露】受托机构应在每期不良贷款资产支持证券发行结束的当日或次一工作日公布资产支持证券发行情况。

第二十二条 【发行环节信息披露查阅途径】受托机构需在发行说明书显著位置载明投资者在不良贷款资产支持证券发行期间和存续期内查阅基础资产池具体信息的途径和方法。对标准化程度较高的信息,鼓励受托机构通过交易商协会指定的信息披露方式制作并披露相关文件。

第三章　存续期定期信息披露

第二十三条 【定期披露】在不良贷款资产支持证券存续期内,受托机构应依据贷款服务机构和资金保管机构提供的贷款服务报告和资金保管报告,按照本指引及相关表格体系的要求在每期资产支持证券本息兑付日的三个工作日前披露受托机构报告。每年4月30日、8月31日前分别披露上年度受托机构报告(经具有从事证券期货相关业务资格的会计师事务所审计的)和半年度受托机构报告。本息兑付频率为每年两次或两次以上的,可不编制半年度受托机构报告。

对于信托设立不足两个月的,受托机构可以不编制年度和半年度受托机构报告。

第二十四条 【受托机构报告】受托机构报告应当包括但不限于以下内容:

(一)扉页、目录、受托机构报告基本信息;

(二)总信托账户及各信托子账户本期核算情况;

(三)证券日期及各档证券本息兑付情况;

（四）资产池表现情况，包括资产池整体表现情况、资产池现金流入情况、资产池现金流出情况及预计资产池未来表现情况等；

（五）信用增进方式及各信用增进方式的具体情况。

第二十五条　【跟踪评级】受托机构应与信用评级机构就不良贷款资产支持证券跟踪评级的有关安排作出约定，并应于资产支持证券存续期内的每年 7 月 31 日前向投资者披露上年度的跟踪评级报告。

第四章　存续期重大事件信息披露

第二十六条　【重大事件信息披露】在发生可能对不良贷款资产支持证券投资价值有实质性影响的临时性重大事件时，受托机构应在事发后三个工作日内披露相关信息，并向交易商协会报告。

前款所称重大事件包括但不限于以下事项：

（一）发生或预期将发生受托机构不能按时兑付不良贷款资产支持证券本息等影响投资者利益的事项；

（二）受托机构和为证券化提供服务的机构发生影响不良贷款资产支持证券投资价值的违法、违规或违约事件；

（三）不良贷款资产支持证券受托机构及为证券化提供服务的机构发生变更；

（四）不良贷款资产支持证券的信用评级发生不利变化；

（五）受托机构、为证券化提供服务的机构及基础资产发生可能影响正常收益分配的法律纠纷；

（六）受托机构、发起机构或为证券化提供服务的机构的经营情况发生重大变化，或者作出减资、合并、分立、解散、申请破产等决定，可能降低其从事证券化业务水平，对不良贷款资产支持证券投资者利益造成严重不利影响的；

（七）信托合同规定应公告的其他事项；

（八）中国人民银行和中国银行业监督管理委员会等监管部门规定应公告的其他事项；

（九）法律、行政法规规定应公告的其他事项。

第二十七条 【其他重大事件】本指引前条列举的重大事件是重大事件信息披露的最低要求，可能影响各档次证券本息兑付的其他重大事件，受托机构也应依据本指引在事发后三个工作日内予以及时披露。

第二十八条 【重大事件进展持续披露机制】受托机构披露重大事件后，已披露的重大事件出现可能对不良贷款资产支持证券的投资价值产生较大影响的进展或者变化的，应当在上述进展或者变化出现之日起三个工作日内披露进展或者变化情况。

第二十九条 【持有人大会信息披露】召开资产支持证券持有人大会，召集人应至少提前10日公布资产支持证券持有人大会的召开时间、地点、会议形式、审议事项、议事程序和表决方式等事项，并于大会结束后10日内披露大会决议。

第五章 信息披露评价与反馈机制

第三十条 【信息披露跟踪监测】交易商协会建立专门邮箱、电话、传真等信息披露的市场意见征集和反馈机制，跟踪监测不良贷款资产支持证券信息披露工作情况。

第三十一条 【相关机构报告义务】发起机构、受托机构及为证券化提供服务的机构发现相关信息披露义务人未及时履行披露义务或存在违反法律、法规或自律规则行为的，应及时向交易商协会报告。

第三十二条 【信息披露评价机制】交易商协会根据不良贷款资产支持证券信息披露情况和市场成员的反馈意见，遵循公平、公正、公开原则，定期或不定期组织投资机构、发起机构、受托机构及为证券化提供服务的机构等市场成员代表对信息披露工作进行评价。

第三十三条 【评价结果运用】交易商协会及时向市场公布信息披露评价结果，并及时向中国人民银行报告。

第三十四条 【不合规情况报告和自律处分】交易商协会在信息披露情况跟踪监测和评价过程中，对不能按相关规定进行信息披露的情况，及时向中国人民银行报告。

对于未按本指引履行相应职责的受托机构、发起机构及为证券化提供服务的机构,经调查核实后,交易商协会视情节轻重可给予有关自律处分。涉嫌违反相关法律法规的,交易商协会将移交中国人民银行等有关部门处理。

第六章 附 则

第三十五条 【解释权】本指引由交易商协会秘书处负责解释。

第三十六条 【生效时间】本指引自发布之日起施行。

信贷资产支持证券信息披露工作评价规程(试行)

(中国银行间市场交易商协会公告〔2016〕35号
2016年11月14日发布)

第一章 总 则

第一条 【制定目的和依据】为规范信贷资产支持证券信息披露行为,维护投资者合法权益,促进信贷资产证券化市场规范健康发展,根据中国人民银行公告〔2015〕第7号文件等有关规定和自律规范,制定本规程。

第二条 【适用范围】本规程适用于中国银行间市场交易商协会(以下简称"交易商协会")组织市场成员对信贷资产支持证券受托机构、发起机构等信息披露义务人的信息披露工作进行评价。

第三条 【信息披露工作】信息披露工作包括受托机构和发起机构等信息披露义务人在信贷资产支持证券发行前和存续期间的信息披露和其他规范运作情况。

受托机构、承销机构、信用评级机构、会计师事务所、律师事务所等中介机构要按合同约定切实履行尽职调查责任,依法披露信息。

第四条 【其他机构】本规程所称的为证券化提供服务的机构包括但不限于承销机构、贷款服务机构、资金保管机构、信用评级机构、律师事务所、会计师事务所、信用增进机构等。

第二章 评价内容

第五条 【评价内容】信贷资产支持证券信息披露工作评价内容如下:

(一)信息披露的合规性,重点关注受托机构和发起机构等信息披露义务人的信息披露真实性、准确性、完整性和及时性;

(二)信息披露的有效性;

(三)落实不同产品的信息披露要求的情况;

(四)针对复杂交易结构或特别安排的披露是否充分;

(五)投资者关系管理情况;

(六)信息披露相关制度建设和资源配置情况;

(七)其他信息披露相关工作情况。

第六条 【真实性】对信贷资产支持证券信息披露真实性情况进行评价重点关注以下几个方面:

(一)披露的信息是否以客观事实或具有事实基础的判断和意见为依据;

(二)披露的信息是否如实反映真实情况,是否有虚假记载;

(三)相关备查文件是否存在伪造、变造等虚假情形。

第七条 【准确性】对信贷资产支持证券信息披露准确性情况进行评价重点关注以下几个方面:

(一)披露的信息是否客观,是否夸大其辞,是否存在歧义、误导性陈述;

(二)披露预测性信息及其他涉及基础资产表现或未来现金流等信息是否合理、谨慎、客观;

(三)披露的信息是否出现关键文字或重要数据错误。

第八条 【完整性】对信贷资产支持证券信息披露完整性情况进行评价重点关注以下几个方面：

（一）披露的信息内容是否完整，是否存在重大遗漏；

（二）提供文件是否齐备；

（三）披露信息的格式是否符合规定要求。

第九条 【及时性】对信贷资产支持证券信息披露及时性情况进行评价重点关注以下几个方面：

（一）是否在规定期限内披露注册申请报告、发行说明书、定期受托报告、跟踪评级报告等；

（二）是否在指引及相关表格体系规定的期限内披露可能对信贷资产支持证券投资价值有实质性影响的临时性重大事件；

（三）是否及时披露重大事件出现的可能对信贷资产支持证券的投资价值产生较大影响的进展或变化。

第十条 【有效性】对信贷资产支持证券信息披露有效性情况进行评价重点关注以下几个方面：

（一）披露的信息是否有针对性地反映了该期信贷资产支持证券的基本特点；

（二）披露的信息是否充分地反映了该期信贷资产支持证券基础资产池的重要信息，包括总体特征、基础资产分布信息、证券基础信息、资产池存续期表现情况及总体信息等；

（三）披露的信息内容是否简明清晰，语言是否通俗易懂；相关表格和附件是否数值完整、列示清晰；

（四）披露的信息是否具有可比性，是否前后一致。

第十一条 【分产品信息披露要求】对信贷资产支持证券信息披露落实不同产品披露要求的情况进行评价将重点关注以下几个方面：

（一）是否按照交易商协会相关产品的信息披露指引及相关表格体系的要求，充分披露参与机构、交易条款、基础资产池总体特征及分布等信息；

（二）是否结合不同产品信贷资产支持证券的特点，有针对性地披露了有助于判断该产品投资风险的重要信息。

第十二条 【投资者关系管理】对受托机构和发起机构投资者关系管理情况进行评价将重点关注以下方面：

（一）是否按照发行说明书载明的存续期内查询信贷资产支持证券具体信息的途径和方法，配合投资者查询相关信息；

（二）是否按时召开持有人大会，就触发召开持有人大会的相关事宜向投资者说明；会议程序、会议形式、审议事项和表决方式等是否符合相关规定和募集说明书中的有关约定；

（三）是否及时回应投资者的投诉，定期向投资者征求意见，并相应改进信息披露等方面的工作。

第十三条 【制度建设和资源配置】对受托机构和发起机构信息披露相关制度建设和资源配置情况进行评价将重点关注以下几个方面：

（一）是否制定了符合公司实际的信息披露事务管理制度，并针对不同环节所承担的业务角色作出规定；

（二）是否配置了足够的工作人员从事信息披露工作，是否为信息披露工作提供了良好的工作环境和便利的工作条件；

（三）若发起机构作为贷款服务机构，是否按照注册申请报告、发行说明书中的承诺以及相关协议的约定按时向受托机构提供了贷款服务报告；

（四）公司相关业务部门是否支持、配合信息披露工作。

第十四条 【会员义务履行情况】受托机构、发起机构及为证券化提供服务的机构应认真遵守交易商协会相关自律规则，积极履行会员义务。

第十五条 【年度定期评价】信贷资产支持证券信息披露工作定期评价每年度进行一次，评价期为1月1日至12月31日。

第十六条 【机构自评】发起机构和受托机构信息披露工作自评应涵盖上一年度本机构全部信贷资产支持证券的挂网披露文件。

发起机构和受托机构应在1月31日前向交易商协会提交上一年

度信息披露工作自评报告。自评报告应按照发起机构自评报告编制表格或受托机构自评报告编制表格进行汇总。前述表格作为本规程的附件,由交易商协会根据评价工作开展实际进行更新。

第十七条 【发起机构自评报告内容】发起机构的自评报告应包括以下内容:

(一)发起机构关于自评报告的承诺及声明;

(二)证券发行概况,包括注册额度申请及使用情况、评价期项目进展情况等;

(三)重大事件,包括重大事件的发生时间、具体事项、披露情况、可能影响等;

(四)各产品信息披露情况,包括证券概况、相关日期、注册申请报告、发行说明书中涉及的信息披露要点的披露情况等;

(五)其他交易商协会要求的内容。

信息披露工作自评报告还应包括机构信息披露工作相关制度建设和资源配置情况。

若发起机构同时担任贷款服务机构,还应在自评报告中包括向受托机构提供贷款服务报告的相关情况。

第十八条 【受托机构自评报告内容】受托机构的自评报告应包括以下内容:

(一)受托机构关于自评报告的承诺及声明;

(二)证券发行概况,包括注册额度申请及使用情况、评价期项目进展情况等;

(三)重大事件,包括重大事件的发生时间、具体事项、披露情况、可能影响等;

(四)各产品信息披露情况,包括证券概况、相关日期、注册申请报告、发行说明书中涉及的信息披露要点的披露情况等;

(五)其他交易商协会要求的内容。

信息披露工作自评报告还应包括机构信息披露工作相关制度建设和资源配置情况。

若在注册有效期内受托机构发生变更,变更后的受托机构应结合自身资产支持证券业务开展的实际情况对相关信息进行核查。

第十九条　【自评报告附属材料】发起机构和受托机构提交自评报告时,应提供相关证明材料。

贷款服务机构应在评价期内各产品最近一期受托报告日编制基础资产信息表,以反映资产池具体情况。受托机构应收集上述基础资产信息表,作为自评报告的附属材料提交交易商协会,以便于交易商协会抽查与核实相关信息披露真实性与准确性。

第三章　评价实施

第二十条　【定期披露情况报送】信息披露相关服务平台应按照交易商协会的要求定期报送信贷资产支持证券信息披露相关文件的挂网披露情况。

第二十一条　【市场意见征集和反馈机制】交易商协会建立专门邮箱、电话、传真等市场意见征集和反馈机制,跟踪监测资产支持证券信息披露工作情况。

第二十二条　【相关机构报告义务】受托机构、发起机构及为证券化提供服务的机构发现相关信息披露义务人未及时履行披露义务或存在违反法律、法规或自律规则行为的,应及时向交易商协会报告。

第二十三条　【不定期评价】交易商协会可根据监管机构的要求或市场发展情况,根据本规程对相关机构的信息披露工作开展不定期评价。

以非注册方式发行的信贷资产支持证券以不定期评价方式为主。

第二十四条　【市场成员评价】交易商协会遵循公平、公正、公开原则,定期或不定期组织投资机构、发起机构、受托机构及为证券化提供服务的机构等市场成员代表对信息披露工作进行评价并填制相应的评价表格。

参与评价的市场成员应在有效时间内向交易商协会提交独立、客观、真实的评价结果。

第二十五条 【评价工作报告】交易商协会收集市场成员对信息披露工作的评价意见后,根据受托机构和发起机构的信息披露工作自评报告及附属材料、评价期内征集的市场成员反馈意见、会员义务履行情况等编制评价工作报告。

受托机构、发起机构及相关责任人在评价期内因信息披露工作违规被有权机关予以行政处罚或采取其他监管措施的,或被交易商协会进行自律处分的,将在评价工作报告中予以重点记录。

发起机构和受托机构对评价工作报告有异议的,应在收到评价工作报告之日起5个工作日内向交易商协会提交书面异议,交易商协会在收到异议后5个工作日内予以答复。

第二十六条 【专业委员会评议】交易商协会将评价工作报告及相关资料提交至资产证券化暨结构化融资专业委员会,由专业委员会进行评议。

第二十七条 【评价结果公布】交易商协会及时向中国人民银行报告信贷资产支持证券信息披露工作评价结果,并向市场公告。

评价结果将作为有关主管部门判断发起机构和受托机构能够以何种发行管理方式开展信贷资产证券化业务的重要参考。

第二十八条 【自律处分】对于未按交易商协会相关自律规则履行相应职责的受托机构、发起机构及为证券化提供服务的机构,经调查核实后,交易商协会可视情节轻重给予相关自律处分。

第二十九条 【违规行为移交】对涉嫌违反法律、行政法规的相关责任机构及责任人员,交易商协会可将其移交行政主管部门或司法机关处理。

第四章 附 则

第三十条 【解释权】本规程由交易商协会秘书处负责解释。

第三十一条 【生效时间】本规程自公布之日起施行。

微小企业贷款资产支持证券信息披露指引

(中国银行间市场交易商协会公告〔2018〕24号
2018年10月8日发布)

第一章 总 则

第一条 【制定依据与适用范围】为规范微小企业贷款资产支持证券信息披露行为,维护投资者合法权益,促进信贷资产证券化市场规范健康发展,根据《中国人民银行关于信贷资产支持证券发行管理有关事宜的公告》(中国人民银行公告〔2015〕第7号)等有关规定和自律规范,制定本指引。

以注册方式发行的微小企业贷款资产支持证券的信息披露适用本指引,以其他方式发行的微小企业贷款资产支持证券的信息披露参照本指引执行。

第二条 【产品定义】本指引所称微小企业贷款资产支持证券,是指在中国境内,银行业金融机构及其他经监管部门认定的金融机构作为发起机构,将非循环资产类型的微小企业贷款信托给受托机构,由受托机构以资产支持证券的形式向投资人发行证券,以该微小企业贷款资产池所产生的现金支付资产支持证券本金和收益的证券化融资工具。

本指引所称微小企业贷款,系指银行或其他金融机构按照相关规定对符合条件的微小企业或个人发放的用于生产经营性活动的贷款,具体包含小型企业贷款、微型企业贷款、个体工商户经营性贷款、小微企业主经营性贷款。

作为证券化基础资产的微小企业贷款应当具备较高同质性且符合以下分散度要求:借款人单户授信不超过500万,或单一借款人入池贷款合同金额在资产池贷款合同金额中的占比不超过 1/1000。

微小企业贷款应当符合法律法规规定，权属明确，能够产生可预期的现金流。

本指引所称循环资产，系指基于特定账户、授信合同或类似授信安排项下可循环使用的信用额度所产生的信贷资产。

第三条 【持续购买交易结构】微小企业贷款资产支持证券如涉及持续购买基础资产的有关安排，且相关信息披露规则对持续购买基础资产的信息披露无特殊规定的，参照《个人消费贷款资产支持证券信息披露指引（试行）》的相关规定执行。

本指引所称"持续购买"，系指受托机构在信托设立后的存续期间内，将本息回收款及孳息根据交易合同规定的标准再次或多次购买新的合格基础资产纳入资产池。

第四条 【自律管理】中国银行间市场交易商协会（以下简称交易商协会）对微小企业贷款资产支持证券信息披露、标准合同范本执行等行为开展自律管理。受托机构、发起机构及其他相关中介机构应接受交易商协会的自律管理。

交易商协会、债券登记托管结算机构和全国银行间同业拆借中心应当按照中国人民银行有关规定建立信息和数据交流机制，共同做好数据互换、信息共享、市场监测等工作。

第五条 【信息披露责任】受托机构和发起机构应切实履行信息披露职责，保证信息披露真实、准确、完整、及时，不得有虚假记载、误导性陈述和重大遗漏，并承担主体责任。

发起机构和接受受托机构委托为证券化提供服务的机构应按照信托合同和服务合同等相关约定，及时向受托机构提供相关报告，并保证所提供信息真实、准确、完整。

本指引所称的为证券化提供服务的机构包括但不限于承销机构、贷款服务机构、资金保管机构、信用评级机构、律师事务所、会计师事务所、信用增进机构等。

第六条 【中介机构尽职履责】为证券化提供服务的机构应按合

同约定切实履行尽职调查责任,依法披露信息,对所出具的专业报告和专业意见负责。

第七条 【投资者风险自担】投资者应对披露的信息进行独立分析,独立判断微小企业贷款资产支持证券投资价值,自行承担投资风险。

第八条 【信息披露内容】受托机构、发起机构及为证券化提供服务的机构应根据本指引及相关表格体系要求,在注册环节、发行环节及存续期充分披露微小企业贷款资产支持证券相关信息。

第九条 【信息披露渠道】受托机构、发起机构及为证券化提供服务的机构应通过交易商协会信息披露服务系统、中国货币网、中国债券信息网、北京金融资产交易所网站及交易商协会认可的其他方式进行微小企业贷款资产支持证券相关信息披露。信息披露相关服务平台应及时以书面形式将违反信息披露规定的行为向中国人民银行报告,同时告知交易商协会,并向市场公告。

信息披露相关服务平台应严格按照银行间市场法律法规及交易商协会相关自律规范文件要求,规范开展信息披露工作,不断完善信息披露基础设施,提高技术支持、信息披露服务和信息安全管理水平。

第十条 【信息保密义务】受托机构、发起机构、为证券化提供服务的机构、全国银行间同业拆借中心、中央国债登记结算有限责任公司、北京金融资产交易所及其他相关知情人在信息披露前不得向市场泄露拟披露的信息。

第十一条 【信息披露豁免】因涉及国家秘密、技术性困难或其他客观原因确实无法披露相关信息的,相关信息披露义务人应对无法披露信息的情况及原因进行说明,向投资者披露情况说明书并向中国人民银行报告,同时告知交易商协会。

第二章 注册环节信息披露

第十二条 【注册文件】受托机构、发起机构应在微小企业贷款资产支持证券接受注册后10个工作日内,披露注册申请报告等文件。

注册申请报告包括但不限于以下内容：

（一）微小企业贷款资产支持证券名称、资产类型、是否采用持续购买结构的说明、注册额度、分期发行安排等基本信息；

（二）发行方式可选择招标或簿记建档；拟采用簿记建档发行的，应说明采用簿记建档发行的必要性，定价、配售的具体原则和方式，以及防范操作风险和不正当利益输送的措施；

（三）风险提示及风险披露；

（四）受托机构、发起机构及为证券化提供服务的机构信息，发起机构证券化的信贷资产发放程序、审核标准、担保形式、管理办法、过往表现、违约贷款处置程序及方法等，贷款服务机构管理证券化信贷资产的方法、标准，受托机构对信托财产的投资管理安排等；

（五）交易结构及各当事方的主要权利与义务等信息；

（六）微小企业贷款入池筛选标准；

（七）发起机构微小企业贷款历史数据信息；

（八）发行及存续期的信息披露安排。

第十三条 【风险提示】受托机构应在注册申请报告显著位置提示投资者：投资者购买本期微小企业贷款资产支持证券，应当认真阅读本文件及有关的信息披露文件，进行独立的投资判断。主管部门对本期证券发行的注册，并不表明对本期证券的投资价值做出了任何评价，也不表明对本期证券的投资风险做出了任何判断。

第十四条 【风险披露】受托机构应在注册申请报告中充分披露微小企业贷款资产支持证券可能存在的投资风险，包括但不限于利率风险、早偿风险、流动性风险、信用风险、法律风险等。

第十五条 【历史数据信息】受托机构应在注册申请报告中披露发起机构微小企业贷款资产的历史数据信息，包括但不限于动态数据信息、静态数据信息、静态池逐笔信息、历史监管指标等。

受托机构应披露发起机构微小企业贷款至少5年的月度完整数据，经营不足5年的，应提供自开始经营时起的月度完整数据。原则上每个经营季度至少随机抽取一个月度静态池数据。

第十六条 【信息披露精简原则】在注册环节已披露的信息,如受托机构、发起机构及为证券化提供服务的机构信息、交易条款信息等,在发行环节及存续期内可免于披露,鼓励在注册环节

披露更多信息。若注册环节已披露的前述信息发生变化或需要变更的,应在发行环节披露变更后的信息,并向中国人民银行报告,同时告知交易商协会。

第十七条 【投资者保护机制】受托机构应在注册申请报告或发行说明书中披露各档投资者保护机制,包括但不限于:

(一)各档证券的支付顺序变化(如类似加速清偿事件以及违约事件触发后的支付顺序);

(二)基础资产现金流恶化或其它可能影响投资者利益等情况的应对措施;

(三)优先档证券发生违约后的债权及权益保障及清偿安排;

(四)发生基础资产权属争议时的解决机制;

(五)持有人大会的召开条件、议事程序等安排;

(六)其他投资者保护措施或相关安排。

第三章 发行环节信息披露

第十八条 【发行文件】受托机构和发起机构应至少于发行日前5个工作日,披露信托公告、发行说明书、评级报告、募集办法和承销团成员名单等文件。

发行说明书包括但不限于以下内容:

(一)本次发行微小企业贷款资产支持证券名称、受托机构、发起机构以及为证券化提供服务的机构名称、分档情况等发行基本信息;

(二)风险提示及风险披露;

(三)交易结构信息;

(四)微小企业贷款入池资产总体信息;

(五)微小企业贷款入池资产分布信息;

(六)证券基础信息;

（七）为证券化提供服务的中介机构的专业意见；

（八）证券跟踪评级及后续信息披露安排；

（九）投资者保护机制。

第十九条 【风险提示】受托机构应在发行说明书显著位置提示投资者：投资者购买本期微小企业贷款资产支持证券，应当认真阅读本文件及有关的信息披露文件，进行独立的投资判断。主管部门对本期证券发行的备案、核准或注册，并不表明对本期证券的投资价值做出了任何评价，也不表明对本期证券的投资风险做出了任何判断。

受托机构需在发行说明书显著位置提示投资者：本期微小企业贷款资产支持证券仅代表特定目的信托受益权的相应份额，不是发起机构、特定目的信托受托机构或任何其他机构的负债，投资机构的追索权仅限于信托财产。

第二十条 【风险披露】受托机构应在发行说明书中充分披露本期发行微小企业贷款资产支持证券的投资风险，包括但不限于：信用风险、早偿风险、流动性风险、利率风险、操作风险、法律风险、集中度风险、交易结构风险、交易对手方的违约风险和发生重大不利变化风险等。

第二十一条 【交易结构】受托机构应在发行说明书中披露本期发行微小企业贷款资产支持证券的交易结构信息，包括但不限于本期发行交易结构示意图、受托机构、发起机构以及为证券化提供服务的机构简介、受托机构、发起机构以及为证券化提供服务的机构权利与义务、本期发行的现金流分配机制、本期发行信用增进措施、资产支持证券持有人大会的组织形式与权利、现金流归集表等。

第二十二条 【基础资产总体信息】受托机构应在发行说明书中披露本期发行微小企业贷款资产支持证券的基础资产总体信息，包括但不限于入池资产笔数与金额特征、入池资产期限特征、利率特征、抵（质）押物特征（如有）、借款人特征等。

微小企业贷款入池资产如设置抵（质）押的，还需重点披露抵（质）押物的初始评估价值合计、入池贷款中含抵（质）押贷款的未偿本金余额占比、初始抵押率等信息。

第二十三条 【基础资产分布信息】受托机构应在发行说明书中披露本期发行微小企业贷款资产支持证券的入池微小企业贷款资产分布信息,包括但不限于贷款分布、借款人分布、入池资产贷款行业及用途、抵(质)押物分布(如有)。

微小企业贷款入池资产如设置抵(质)押的,还需重点披露入池资产抵(质)押物的初始抵押率分布等信息。

第二十四条 【发行结果信息披露】受托机构应在每期微小企业贷款资产支持证券发行结束的当日或次一工作日公布资产支持证券发行情况。

第二十五条 【发行环节信息披露查阅途径】受托机构需在发行说明书显著位置载明投资者在微小企业贷款资产支持证券发行期间和存续期内查阅基础资产池具体信息的途径和方法。对标准化程度较高的信息,鼓励受托机构通过交易商协会指定的信息披露服务平台向投资者提供。

第四章 存续期定期信息披露

第二十六条 【定期披露】在微小企业贷款资产支持证券存续期内,受托机构应依据贷款服务机构和资金保管机构提供的贷款服务报告和资金保管报告,按照本指引及相关表格体系的要求,于每期资产支持证券本息兑付日的 3 个工作日前披露受托机构报告。每年 4 月 30 日、8 月 31 日前分别披露上年度受托机构报告(经具有从事证券期货相关业务资格的会计师事务所审计)和半年度受托机构报告。本息兑付频率为每年两次或两次以上的,可不编制半年度受托机构报告。

对于信托设立不足 2 个月的,受托机构可以不编制年度受托机构报告。

第二十七条 【受托机构报告】受托机构报告应当包括但不限于以下内容:

(一)受托机构和为证券化提供服务机构的名称、地址;

(二)资产支持证券基本信息；

(三)各档次证券的本息兑付及税费支付情况；

(四)本期资产池表现情况，包括资产池整体表现、累计违约率、现金流归集表、资产池现金流入情况等；

(五)基础资产存续期总体信息，包括入池资产笔数与金额特征、期限特征、利率特征等；

(六)内外部信用增进情况说明；

(七)资产池中进入法律诉讼程序的微小企业贷款情况,法律诉讼程序进展等。

第二十八条　【跟踪评级】受托机构应与信用评级机构就微小企业贷款资产支持证券跟踪评级的有关安排做出约定，并应于资产支持证券存续期内的每年7月31日前向投资者披露上年度的跟踪评级报告。本年度发行的资产支持证券当年无需披露跟踪评级报告。

第五章　存续期重大事件信息披露

第二十九条　【重大事件信息披露】在发生可能对微小企业贷款资产支持证券投资价值有实质性影响的临时性重大事件时，受托机构应在事发后3个工作日内披露相关信息，并向交易商协会报告。

前款所称重大事件包括但不限于以下事项：

(一)发生或已预期到将发生受托机构不能按时兑付微小企业贷款资产支持证券本息等影响投资者利益的事项；

(二)受托机构和为证券化提供服务的机构发生影响微小企业贷款资产支持证券投资价值的违法、违规或违约事件；

(三)微小企业贷款资产支持证券受托机构及为证券化提供服务的机构发生变更；

(四)微小企业贷款资产支持证券的信用评级发生不利变化；

(五)受托机构和为证券化提供服务的机构或者基础资产涉及法律纠纷，可能影响交易文件约定的正常分配收益的；

(六)受托机构、发起机构或为证券化提供服务的机构的经营情况发生重大变化，或者做出减资、合并、分立、解散、申请破产等决定，可能降低其从事证券化业务水平，对微小企业贷款资产支持证券投资者利益造成严重不利影响的；

（七）信托合同规定应公告的其他事项；

（八）中国人民银行和中国银行保险监督管理委员会等监管部门规定应公告的其他事项；

（九）法律、行政法规规定应公告的其他事项。

（十）包括但不限于重大事件报告书中涉及的其他可能对证券投资者利益造成严重不利影响的事件。

第三十条　【其他重大事件】本指引前条列举的重大事件是重大事件信息披露的最低要求，可能影响各档次证券本息兑付的其他重大事件，受托机构也应依据本指引在事发后3个工作日内予以及时披露。

第三十一条　【重大事件进展持续披露机制】受托机构披露重大事件后，已披露的重大事件出现可能对微小企业贷款资产支持证券的投资价值产生较大影响的进展或者变化的，应当在上述进展或者变化出现之日起3个工作日内披露进展或者变化情况。

第三十二条　【持有人大会信息披露】召开资产支持证券持有人大会，召集人应至少提前10个工作日公布资产支持证券持有人大会的召开时间、地点、会议形式、审议事项、议事程序和表决方式等事项，并于大会结束后10个工作日内披露大会决议。

第六章　信息披露评价与反馈机制

第三十三条　【信息披露跟踪监测】交易商协会建立专门邮箱、电话、传真等信息披露的市场意见征集和反馈机制，跟踪监测微小企业贷款资产支持证券信息披露工作情况。

第三十四条　【相关机构报告义务】发起机构、受托机构及为证券化提供服务的机构发现相关信息披露义务人未按照自律规则要求履行信息披露义务的，应及时向交易商协会报告。

第三十五条 【信息披露评价机制】交易商协会根据微小企业贷款资产支持证券信息披露情况和市场成员的反馈意见,遵循公平、公正、公开原则,定期或不定期组织投资机构、发起机构、受托机构及为证券化提供服务的机构等市场成员代表对信息披露工作进行评价。

第三十六条 【评价结果运用】交易商协会及时向市场公布信息披露评价结果,并及时向中国人民银行报告。

第三十七条 【不合规情况报告和自律处分】交易商协会在信息披露情况跟踪监测和评价过程中,对不能按相关规定进行信息披露的情况,及时向中国人民银行报告。

对于未按本指引履行相应职责的受托机构、发起机构及为证券化提供服务的机构,经调查核实后,交易商协会视情节轻重可给予有关自律处分。涉嫌违反相关法律法规的,交易商协会将移交中国人民银行等有关部门处理。

第七章 附 则

第三十八条 【解释权】本指引由交易商协会秘书处负责解释。

第三十九条 【生效时间】本指引自发布之日起施行。

第三篇　企业资产证券化

一、部门规范性文件

中国证监会机构监管部
关于证券公司开展资产证券化
业务试点有关问题的通知

（2004年10月21日发布）

为彻落实国务院《关于推进资本市场改革开放和稳定发展的若干意见》，推动固定收益类产品创新，发展多层次资本市场，根据《证券法》、《证券公司客户资产管理业务试行办法》、《关于推进证券业创新活动有关问题的通知》等规定，现就证券公司开展资产证券化业务试点的有关问题通知如下：

一、资产证券化业务的定义和基本要求

（一）资产证券化业务，是指证券公司面向境内机构投资者推广资产支持受益凭证（以下简称受益凭证），发起设立专项资产管理计划（以下简称专项计划或计划），用所募集的资金按照约定购买原始权益人能够产生可预期稳定现金流的特定资产（即基础资产），并将该资产的收益分配给受益凭证持有人的专项资产管理业务活动。

（二）证券公司作为计划管理人代计划向原始权益人购买基础资产，并委托托管机构托管。

基础资产及其收益属于计划的财产，独立于原始权益人、管理人、托管机构的固有财产，不得与原始权益人、管理人、托管机构固有财产产生的债权债务相抵销；投资者可以转让所持受益凭证，但不得主张分割计划项下的财产，也不得向计划要求回购其受益凭证。管理人按照约定管理、运用、处分计划项下的资产取得的收益，应当归入计划，所产生的法律后果由计划承担。

受益凭证作为投资者的权利证明，以计划项下的资产为信用支持，其收益来自于基础资产未来产生的现金流，属于固定收益类投资产品。管理人仅以基础资产及其收益为限向投资者承担支付收益的义务。投资者按照约定取得投资收益，承担投资风险。

二、基础资产及其转让

（一）基础资产应当为能够产生未来现金流的可以合法转让的财产权利，可以是单项财产权利，也可以是多项财产权利构成的资产组合。

基础资产为收益权的，收益权的来源应符合法律、行政法规规定，收益权应当有独立、真实、稳定的现金流量历史记录，未来现金流量保持稳定或稳定增长趋势并能够合理预测和评估；基础资产为债权的，有关交易行为应当真实、合法，预期收益金额能够基本确定。

（二）管理人应当代表计划与原始权益人签订基础资产买卖协议，取得基础资产的所有合法权益；有关法律、行政法规规定应当办理登记手续的，应当依法登记。基础资产设定担保安排的，其担保权益作为基础资产的组成部分应一并转让。

三、相关主体的职责和要求

（一）原始权益人

1. 保证基础资产真实、有效，且不存在任何影响计划设立的情形；

2. 转让基础资产不违反法律、本公司章程和其他协议的规定或约定，不侵犯其他权利人的合法权益，转让行为合法有效；

3. 在基础资产转让后，按照约定履行相关义务和职责，配合并支持管理人、基础资产服务机构、托管机构及专业服务机构履行职责，不得从事损害基础资产的活动；

4. 转让基础资产取得资金的用途应当符合法律、法规和国家政策规定；

5. 法律、法规和中国证监会规定的其他职责和要求。

(二) 管理人

1. 按照《证券公司内部控制指引》等相关规定，明确业务的主办部门和相关的分工协作安排，建立健全有效的隔离和制衡机制，切实防范利益冲突、控制业务风险；为每支专项计划建立独立完整的账户、报告、审计和档案管理制度，保证风险控制部门、监督检查部门能够对专项计划的运行情况进行监督，切实防止帐外经营、挪用专项计划资产及其他违法违规行为发生。

2. 成立内核小组，对基础资产进行尽职调查，建立项目质量评价体系，对拟发起设立的计划确立内部审核制度。证券公司上报计划设立申请前，应首先通过内部审核程序，并经内核小组推荐。

3. 为计划确定专门的项目主办人，即计划的主办部门应当指定专人承担基础资产的尽职调查义务和计划的管理职责。项目主办人应当具有三年以上投资银行、资产管理、固定收益业务的从业经历，且应当具备良好的职业道德，无不良行为记录。

4. 建立计划管理工作档案。工作档案至少应包括尽职调查报告、内核小组工作记录、设立申请文件及对中国证监会反馈意见的回复、管理报告等信息披露文件、回访工作记录、其他向监管部门报送的材料。

5. 在计划说明书中详细说明与原始权益人之间的利益关系，除应当披露相互间的关联关系外，还应当披露近3年来与原始权益人是否存在投资与被投资、承销保荐、财务顾问及其他重大业务关系。

6. 按照计划说明书的约定，履行计划管理职责，切实保证计划资产的安全；不得挪用计划资产、不得以计划账户及资产设定任何形式的担保。

7. 密切监督基础资产的运行情况，基础资产或原始权益人出现影响现金流回收的重大事项时，应当及时采取措施。

8. 遵守法律、法规和中国证监会的其他有关规定。

（三）基础资产服务机构

1. 按照约定管理基础资产；
2. 定期收取基础资产收益，并按约定划转资金；
3. 催收基础资产产生的收益；
4. 提供基础资产的相关信息和服务报告；
5. 法律、法规和服务协议约定的其他职责。

（四）托管机构

托管机构接受管理人委托托管计划资产。托管机构应为具有客户交易结算资金法人存管业务资格的商业银行或中国证监会认可的其他机构。

托管机构应勤勉尽责履行托管职责，指定专门部门办理计划资产托管业务，为专项计划开立专用的资金账户，监督、核查管理人对计划资产的管理和运作，确保计划资产的安全、独立、完整。

（五）推广机构

推广机构接受管理人委托代理计划的推广销售。除管理人自身担任以外，推广机构应为创新试点类或规范类证券公司。

推广机构应当为计划的销售推广、资金托管、资金划拨、登记结算、收益分配等活动建立相应的账户管理制度和技术支持系统。

（六）专业服务机构

资信评级机构接受管理人委托，根据基础资产的风险收益情况和计划的结构安排对受益凭证的信用状况进行信用评级，包括初始评级和跟踪评级。

具备证券期货相关业务资格的审计、评估机构接受管理人委托，对计划的基础资产进行专项审计，根据具体情况对基础资产的现金流进行分析测算，进行敏感度测试，出具现金流预测报告。

律师事务所接受管理人委托，对基础资产的真实性、合法性、有效性和权属状况进行尽职调查，并至少应对如下事项发表明确的法律意见：

1. 计划管理人、推广机构、托管机构的资质及权限；

2. 基础资产的权利归属以及负担情况；

3. 基础资产转让的合法性；

4. 基础资产的真实销售；

5. 计划结构安排的安全性，包括但不限于信用增级的真实性、有效性和破产风险隔离设计；

6. 资产转让协议、托管协议、推广协议等重要合同文本的合法性；

7. 计划整体合法性、安全性以及有效性的总体法律意见。

专业服务机构违反法律规定或合同约定，未能履行有关职责，损害投资者合法权益的，应当承担相应的法律责任。

四、主要结构

（一）规模、偿付安排和期限

计划的规模、本息偿付安排应当与基础资产评估或预测的现金流状况相匹配，计划的存续期限应当根据基础资产的存续期限和收益偿付安排予以确定。

（二）信用增级

计划可以资产信用为基础作出内、外部信用增级安排。内部信用增级可以为结构分层等方式，外部信用增级安排可以为第三方担保等方式。

以第三方担保方式进行信用增级的，担保人应当按照合同约定为基础资产或受益凭证的收益提供担保。

（三）受益凭证收益率及价格

受益凭证的收益率和销售价格可由管理人通过市场调查、公开询价等方式确定。同一级别的受益凭证，其收益率和销售价格应当相同。

（四）推广销售

计划的推广销售应向特定的机构投资者进行，但不得通过广播、电视、报刊及其他公共媒体进行。推广机构应当履行充分的风险揭示和解释说明义务,使投资者详尽了解计划的特性、风险及自身权利、义务。

受益凭证的最低认购金额不得低于人民币100万元。投资者只能以人民币现金方式认购受益凭证,且不得非法汇集他人资金参与认购。

(五)登记结算

中国证券登记结算有限责任公司(下称证券登记结算机构)负责办理受益凭证的登记结算业务并代理发放投资收益。

(六)流动性安排

计划设立后,受益凭证应按照有关规定在证券交易所转让。

(七)信用评级

计划存续期间,资信评级机构应当至少每年出具一次评级报告,并根据计划的资信状况及时调整信用评级、揭示风险情况。

(八)管理人持有受益凭证

管理人可以自有资金持有受益凭证,但不得超过受益凭证总份额的10%,中国证监会另有规定的除外。

(九)信息披露

1. 管理人应当按照规定和约定履行定期公告、临时公告等信息披露义务。信息披露可以通过证券交易所、证券业协会、管理人及推广机构的网站、邮寄或电子邮件等方式进行,但不得通过广播、电视、报刊及其他公共媒体进行。

计划设立之日起,管理人应至少每三个月出具一次管理报告,并经托管机构复核;年度管理报告和计划终止时的清算报告应当经具有证券相关业务资格的会计师事务所的审计。

计划存续期间发生如下情况之一的,管理人应当及时向投资者披露:

(1)基础资产发生超过资产总额10%以上的重大损失;

(2)基础资产涉及法律纠纷、担保等重大或有负债,可能影响计划收益;

（3）原始权益人或基础资产服务机构违反合同约定，损害基础资产及其收益；

（4）原始权益人或基础资产服务机构的经营方针、经营范围发生重大变化或者作出减资、合并、分立、解散及申请破产的决定，可能影响基础资产的持续经营管理；

（5）受益凭证转让价格异常波动；

（6）变更托管机构、信用评级机构等中介机构；

（7）发生其他导致或可能导致基础资产风险收益状况发生重大变化，或者可能对投资者利益产生重大影响的情况。

2.托管机构应当按照约定向受益凭证持有人提供账户管理信息，有关披露内容应当真实、准确、完整。计划设立之日起，托管机构应当至少每三个月出具一次托管报告；每满一年度，应提交年度托管报告。

（十）持有人大会

计划成立后，由全体受益凭证持有人组成持有人大会。对持有人权益有重大影响的事项，应当由持有人大会决定。有关持有人大会的组成、职权、召集和表决机制等事项应在计划说明书中明确作出约定。

（十一）收益分配与救济

管理人应当按照约定向投资者分配计划收益。发生可能影响投资者收益的情形时，管理人应当按照约定的方式立即启动担保或采取其他救济措施。

（十二）清算安排

计划到期或提前终止时，管理人在完成收益分配后应当出具清算报告，托管机构应及时注销专项计划证券账户和资金账户。

（十三）风险揭示

管理人应充分揭示计划存在的风险并作出相应安排，有关内容应当在计划说明书的显著位置以显著字体予以标识。

（十四）纠纷解决机制

计划应当对相关主体之间纠纷的解决机制作出约定。

五、申请与审核

(一)可行性论证

试点阶段,可以组织专家对拟申请设立的专项资产管理计划进行可行性论证,并对拟设立计划的基础资产、结构安排、产品设计及法律关系等提出书面可行性论证意见。

(二)申请

证券公司向中国证监会申请设立专项资产管理计划,应当提交如下申请材料:

1. 申请书;
2. 计划说明书;
3. 基础资产转让协议;
4. 基础资产服务协议;
5. 担保协议或其他信用增级方案;
6. 托管协议;
7. 推广方案及代理推广协议;
8. 原始权益人相关资料,包括企业法人营业执照复印件、近两年的年度审计报告、近两年融资情况说明等;以及原始权益人出具的关于基础资产及其转让安排真实性、合法性的承诺;
9. 管理人、托管机构关于利益冲突和风险控制措施的特别说明;
10. 具有证券期货相关业务资格的审计、评估机构出具的基础资产的专项审计意见、基础资产现金流状况的预测报告和原始权益人、管理人、投资者相关会计处理安排的专项说明;
11. 资信评级机构出具的信用评级报告;
12. 律师事务所出具的法律意见书;
13. 管理人的净资本计算表和最近一期经具有证券相关业务资格的会计师事务所审计的财务报表;
14. 管理人负责计划的高级管理人员、主办人员的情况登记表;
15. 中国证监会要求提交的其他材料。

上述申请材料一式四份（至少一份为原件），其中报送中国证监会三份，报送注册地证监局一份。

（三）受理

中国证监会在收到申请材料后5个工作日内作出是否受理的决定。

（四）评审与核准

中国证监会受理计划设立申请后，对计划设立申请进行初步审核，形成预审报告，提交评审委员会评审。

评审委员会依照法律、法规和本通知的规定，对计划设立申请提出评审意见。

中国证监会根据评审意见对计划设立申请作出核准或不予核准的决定。不予核准的，应当说明理由。

六、监督管理

1. 计划设立后五日内，管理人应将计划的推广、设立情况向中国证监会及注册地证监局报备。

2. 管理人、托管人应向中国证监会及注册地证监局提交计划管理、托管工作的季度及年度报告。上述报告应在期满后十日内提交。

3. 计划存续期间，发生对计划持续运作或持有人利益产生重大影响的情况或其他意外事件的，管理人、托管机构应在当日向中国证监会和注册地证监局报告，并及时在管理人和托管机构网站上披露。

4. 计划存续期届满的，管理人应至少提前一个月向中国证监会及注册地证监局报告，并在计划终止后五个工作日内将有关情况向中国证监会及注册地证监局报告。

计划到期前拟终止的，管理人应当立即将有关情况向中国证监会及注册地证监局报告。

5. 管理人发现原始权益人、推广机构、托管机构、基础资产服务机构违反相关规定或者约定的，应予以制止；情节严重的，应当按照约定解除有关协议，并及时报告中国证监会和注册地证监局。

6. 原始权益人、推广机构、托管机构、基础资产服务机构以及专业服务机构应当认真履行职责,发现管理人违反计划说明书及相关规定的,应当予以制止,并及时向中国证监会及相关证监局报告。

7. 证券交易所、证券登记结算机构应当按照《试行办法》和本通知的规定制定资产证券化业务的规则,加强对受益凭证挂牌转让、登记结算和计划的信息披露等事项的监管,切实防范可能出现的风险。遇到重大情况时,应当及时向中国证监会报告,并通报证券公司注册地证监局。管理人、托管机构应当按照证券交易所、证券登记结算机构的要求报送有关材料。

证券业协会应当根据《试行办法》和本通知的规定加强对证券公司开展资产证券化业务的自律管理和行业指导,制止证券公司业务活动中的不正当竞争行为,并对证券公司的业务运作情况跟踪记录。

8. 中国证监会依法履行监管职责,可以采取以下监管措施:

(1)要求管理人、原始权益人、推广机构、托管机构、基础资产服务机构以及有关专业服务机构就有关事项如实作出说明;

(2)对管理人、推广机构、托管机构负责资产证券化业务的负责人及其相关责任人员进行监管谈话;

(3)对管理人、推广机构、托管机构与资产证券化业务有关的部门和场所进行现场检查;

(4)法律、行政法规规定的其它措施。

七、试点原则与要求

为稳妥推动资产证券化业务的发展,防范可能出现的风险,中国证监会对证券公司开展资产证券化业务采取先试点、后推开的原则。在试点阶段,严格限定证券公司的试点范围,仅允许已通过创新试点评审、并具有证券资产管理业务资格的证券公司开展此项业务,待积累一定经验后再逐步推开;鼓励证券公司开展能够对推动经济和社会发展产生显著影响的项目,如基础设施、交通运输、通讯、能源、公用事业、环境保护、技术成果产业化等领域的资产证券化项目。

本通知自发布之日起执行。

中国证券监督管理委员会关于证券投资基金投资资产支持证券有关事项的通知

(证监基金字〔2006〕93号 2006年5月14日发布)

为规范证券投资基金投资于资产支持证券的行为,保护基金份额持有人的利益,根据《证券投资基金法》、《证券投资基金运作管理办法》及其他有关规定,现将证券投资基金投资资产支持证券的有关事项通知如下:

一、本通知所称资产支持证券,是指符合中国人民银行、中国银行业监督管理委员会发布的《信贷资产证券化试点管理办法》规定的信贷资产支持证券和中国证券监督管理委员会(以下简称"中国证监会")批准的企业资产支持证券类品种。

二、证券投资基金投资的资产支持证券必须在全国银行间债券交易市场或证券交易所交易。

三、基金管理人应当根据本公司的投资管理能力、风险管理水平以及资产支持证券的风险特征,确定所管理的证券投资基金是否投资资产支持证券以及投资的具体品种和规模。

四、证券投资基金在投资资产支持证券之前,基金管理人应当充分识别和评估可能面临的信用风险、利率风险、流动性风险、提前偿付风险、操作风险和法律风险,建立相应的风险评估流程,并制订相应的投资审批程序和风险控制制度。

五、基金管理人应当将公司对资产支持证券的风险管理纳入其总体的风险管理体系。

六、基金管理人拟投资资产支持证券的,应当遵守有关法律法规,符合基金合同的有关约定,将资产支持证券的投资方案和风险控制措施报中国证监会备案并公告。

七、单只证券投资基金持有的同一（指同一信用级别）资产支持证券的比例，不得超过该资产支持证券规模的10%。

八、单只证券投资基金投资于同一原始权益人的各类资产支持证券的比例，不得超过该基金资产净值的10%。

九、同一基金管理人管理的全部证券投资基金投资于同一原始权益人的各类资产支持证券，不得超过其各类资产支持证券合计规模的10%。

十、单只证券投资基金持有的全部资产支持证券，其市值不得超过该基金资产净值的20%，中国证监会规定的特殊品种除外。

十一、因市场波动、基金规模变动等基金管理人之外的因素致使证券投资基金投资资产支持证券不符合第八条、第十条规定的比例，基金管理人应当在10交易日内调整完毕。

十二、货币市场基金可投资于剩余期限在397天以内（含397天）的资产支持证券。债券基金、股票基金、混合基金等其他类别的基金投资于资产支持证券的期限，依照中国证监会的相关规定和基金合同中的约定执行。

浮动利率资产支持证券的剩余期限以计算日至下一个利率调整日的实际剩余天数计算。

十三、证券投资基金投资的资产支持证券须具有评级资质的资信评级机构进行持续信用评级。

货币市场基金投资的资产支持证券的信用评级，应不低于国内信用评级机构评定的AAA级或相当于AAA级的信用级别。其他类别的证券投资基金投资于资产支持证券，根据基金合同制订相应的证券信用级别限制，若基金合同未订明相应的证券信用级别限制，应投资于信用级别评级为BBB以上（含BBB）的资产支持证券。

证券投资基金持有资产支持证券期间，如果其信用等级下降、不再符合投资标准，应在评级报告发布之日起3个月内予以全部卖出。

十四、证券投资基金投资资产支持证券应当按照公允原则进行估值，其中货币市场基金或中国证监会规定的其他类别基金可采用摊余成本法估值。

十五、中国证监会或经中国证监会认可的机构可召集基金管理公司成立资产支持证券估值小组,确定资产支持证券的估值方法、剩余期限和久期计算方法等事项,或者委托独立的第三方机构对资产支持证券进行报价。在成立估值小组或委托独立第三方机构对资产支持证券报价之前,基金管理人拟投资资产支持证券的,应当与基金托管人协商确定资产支持证券的估值方法。

十六、基金管理人应当依法披露其所管理的证券投资基金投资资产支持证券的情况,并保证所披露信息的真实性、准确性和完整性,不得有虚假记载、误导性陈述和重大遗漏。

十七、基金管理人应在基金年报及半年报中披露其持有的资产支持证券总额、资产支持证券市值占基金净资产的比例和报告期内所有的资产支持证券明细。

十八、基金管理人应在基金季度报告中披露其持有的资产支持证券总额、资产支持证券市值占基金净资产的比例和报告期末按市值占基金净资产比例大小排序的前10名资产支持证券明细。

十九、本通知自发布之日起施行。

证券公司及基金管理公司子公司资产证券化业务管理规定

(中国证券监督管理委员会公告2014年第49号
2014年11月19日公布)

第一章 总 则

第一条 为了规范证券公司、基金管理公司子公司等相关主体开展资产证券化业务,保障投资者的合法权益,根据《证券法》、《证券投资基金法》、《私募投资基金监督管理暂行办法》和其他相关法律法规，制定本规定。

第二条 本规定所称资产证券化业务，是指以基础资产所产生的现金流为偿付支持，通过结构化等方式进行信用增级，在此基础上发行资产支持证券的业务活动。

开展资产证券化业务的证券公司须具备客户资产管理业务资格，基金管理公司子公司须由证券投资基金管理公司设立且具备特定客户资产管理业务资格。

第三条 本规定所称基础资产，是指符合法律法规规定，权属明确，可以产生独立、可预测的现金流且可特定化的财产权利或者财产。基础资产可以是单项财产权利或者财产，也可以是多项财产权利或者财产构成的资产组合。

前款规定的财产权利或者财产，其交易基础应当真实，交易对价应当公允，现金流应当持续、稳定。

基础资产可以是企业应收款、租赁债权、信贷资产、信托受益权等财产权利，基础设施、商业物业等不动产财产或不动产收益权，以及中国证监会认可的其他财产或财产权利。

第四条 证券公司、基金管理公司子公司通过设立特殊目的载体开展资产证券化业务适用本规定。

前款所称特殊目的载体，是指证券公司、基金管理公司子公司为开展资产证券化业务专门设立的资产支持专项计划（以下简称专项计划）或者中国证监会认可的其他特殊目的载体。

第五条 因专项计划资产的管理、运用、处分或者其他情形而取得的财产，归入专项计划资产。因处理专项计划事务所支出的费用、对第三人所负债务，以专项计划资产承担。

专项计划资产独立于原始权益人、管理人、托管人及其他业务参与人的固有财产。

原始权益人、管理人、托管人及其他业务参与人因依法解散、被依法撤销或者宣告破产等原因进行清算的，专项计划资产不属于其清算财产。

第六条　原始权益人是指按照本规定及约定向专项计划转移其合法拥有的基础资产以获得资金的主体。

管理人是指为资产支持证券持有人之利益，对专项计划进行管理及履行其他法定及约定职责的证券公司、基金管理公司子公司。

托管人是指为资产支持证券持有人之利益，按照规定或约定对专项计划相关资产进行保管，并监督专项计划运作的商业银行或其他机构。

第七条　管理人管理、运用和处分专项计划资产所产生的债权，不得与原始权益人、管理人、托管人、资产支持证券投资者及其他业务参与人的固有财产产生的债务相抵销。管理人管理、运用和处分不同专项计划资产所产生的债权债务，不得相互抵销。

第八条　专项计划资产应当由具有相关业务资格的商业银行、中国证券登记结算有限责任公司、具有托管业务资格的证券公司或者中国证监会认可的其他资产托管机构托管。

第二章　原始权益人、管理人及托管人职责

第九条　原始权益人不得侵占、损害专项计划资产，并应当履行下列职责：

（一）依照法律、行政法规、公司章程和相关协议的规定或者约定移交基础资产；

（二）配合并支持管理人、托管人以及其他为资产证券化业务提供服务的机构履行职责；

（三）专项计划法律文件约定的其他职责。

第十条　原始权益人向管理人等有关业务参与人所提交的文件应当真实、准确、完整，不存在虚假记载、误导性陈述或者重大遗漏；原始权益人应当确保基础资产真实、合法、有效，不存在虚假或欺诈性转移等任何影响专项计划设立的情形。

第十一条　业务经营可能对专项计划以及资产支持证券投资者

的利益产生重大影响的原始权益人(以下简称特定原始权益人)还应当符合下列条件：

(一)生产经营符合法律、行政法规、特定原始权益人公司章程或者企业、事业单位内部规章文件的规定；

(二)内部控制制度健全；

(三)具有持续经营能力，无重大经营风险、财务风险和法律风险；

(四)最近三年未发生重大违约、虚假信息披露或者其他重大违法违规行为；

(五)法律、行政法规和中国证监会规定的其他条件。

上述特定原始权益人，在专项计划存续期间，应当维持正常的生产经营活动或者提供合理的支持，为基础资产产生预期现金流提供必要的保障。发生重大事项可能损害资产支持证券投资者利益的，应当及时书面告知管理人。

第十二条 管理人设立专项计划、发行资产支持证券，除应当具备本规定第二条第二款的相关资格外，还应当符合以下条件：

(一)具有完善的合规、风控制度以及风险处置应对措施，能有效控制业务风险；

(二)最近1年未因重大违法违规行为受到行政处罚。

第十三条 管理人应当履行下列职责：

(一)按照本规定及所附《证券公司及基金管理公司子公司资产证券化业务尽职调查工作指引》(以下简称《尽职调查指引》)对相关交易主体和基础资产进行全面的尽职调查，可聘请具有从事证券期货相关业务资格的会计师事务所、资产评估机构等相关中介机构出具专业意见；

(二)在专项计划存续期间，督促原始权益人以及为专项计划提供服务的有关机构，履行法律规定及合同约定的义务；

(三)办理资产支持证券发行事宜；

(四)按照约定及时将募集资金支付给原始权益人；

(五)为资产支持证券投资者的利益管理专项计划资产；

（六）建立相对封闭、独立的基础资产现金流归集机制，切实防范专项计划资产与其他资产混同以及被侵占、挪用等风险；

（七）监督、检查特定原始权益人持续经营情况和基础资产现金流状况，出现重大异常情况的，管理人应当采取必要措施，维护专项计划资产安全；

（八）按照约定向资产支持证券投资者分配收益；

（九）履行信息披露义务；

（十）负责专项计划的终止清算；

（十一）法律、行政法规和中国证监会规定以及计划说明书约定的其他职责。

第十四条 管理人不得有下列行为：

（一）募集资金不入账或者进行其他任何形式的账外经营；

（二）超过计划说明书约定的规模募集资金；

（三）侵占、挪用专项计划资产；

（四）以专项计划资产设定担保或者形成其他或有负债；

（五）违反计划说明书的约定管理、运用专项计划资产；

（六）法律、行政法规和中国证监会禁止的其他行为。

第十五条 管理人应当为专项计划单独记账、独立核算，不同的专项计划在账户设置、资金划拨、账簿记录等方面应当相互独立。

第十六条 管理人应当针对专项计划存续期内可能出现的重大风险，制订切实可行的风险控制措施和风险处置预案。在风险发生时，管理人应当勤勉尽责地执行风险处置预案，最大程度地保护资产支持证券投资者利益。

第十七条 有下列情形之一的，管理人应当在计划说明书中充分披露有关事项，并对可能存在的风险以及采取的风险防范措施予以说明：

（一）管理人持有原始权益人5%以上的股份或出资份额；

（二）原始权益人持有管理人5%以上的股份或出资份额；

（三）管理人与原始权益人之间近三年存在承销保荐、财务顾问等

业务关系;

(四)管理人与原始权益人之间存在其他重大利益关系。

第十八条 管理人与原始权益人存在第十七条所列情形,或者管理人以自有资金或者其管理的资产管理计划、其他客户资产、证券投资基金认购资产支持证券的,应当采取有效措施,防范可能产生的利益冲突。

管理人以自有资金或其管理的资产管理计划、其他客户资产、证券投资基金认购资产支持证券的比例上限,由其按照有关规定和合同约定确定。

第十九条 专项计划终止的,管理人应当按照计划说明书的约定成立清算组,负责专项计划资产的保管、清理、估价、变现和分配。

管理人应当自专项计划清算完毕之日起 10 个工作日内,向托管人、资产支持证券投资者出具清算报告,并将清算结果向中国证券投资基金业协会(以下简称中国基金业协会)报告,同时抄送对管理人有辖区监管权的中国证监会派出机构。

管理人应当聘请具有证券期货相关业务资格的会计师事务所对清算报告出具审计意见。

第二十条 专项计划变更管理人,应当充分说明理由,并向中国基金业协会报告,同时抄送变更前后对管理人有辖区监管权的中国证监会派出机构。

管理人出现被取消资产管理业务资格、解散、被撤销或宣告破产以及其他不能继续履行职责情形的,在依据计划说明书或者其他相关法律文件的约定选任符合本规定要求的新的管理人之前,由中国基金业协会指定临时管理人。计划说明书应当对此作出明确提示。

第二十一条 管理人职责终止的,应当及时办理档案和职责移交手续。管理人完成移交手续前,应当妥善保管专项计划文件和资料,维护资产支持证券投资者的合法权益。

管理人应当自完成移交手续之日起 5 个工作日内,向中国基金业协会报告,同时抄送对移交双方有辖区监管权的中国证监会派出机构。

第二十二条 托管人办理专项计划的托管业务,应当履行下列职责:

(一)安全保管专项计划相关资产;

(二)监督管理人专项计划的运作,发现管理人的管理指令违反计划说明书或者托管协议约定的,应当要求改正;未能改正的,应当拒绝执行并及时向中国基金业协会报告,同时抄送对管理人有辖区监管权的中国证监会派出机构;

(三)出具资产托管报告;

(四)计划说明书以及相关法律文件约定的其他事项。

第三章 专项计划的设立及备案

第二十三条 法律法规规定基础资产转让应当办理批准、登记手续的,应当依法办理。法律法规没有要求办理登记或者暂时不具备办理登记条件的,管理人应当采取有效措施,维护基础资产安全。

基础资产为债权的,应当按照有关法律规定将债权转让事项通知债务人。

第二十四条 基础资产不得附带抵押、质押等担保负担或者其他权利限制,但通过专项计划相关安排,在原始权益人向专项计划转移基础资产时能够解除相关担保负担和其他权利限制的除外。

第二十五条 以基础资产产生现金流循环购买新的同类基础资产方式组成专项计划资产的,专项计划的法律文件应当明确说明基础资产的购买条件、购买规模、流动性风险以及风险控制措施。

第二十六条 基础资产的规模、存续期限应当与资产支持证券的规模、存续期限相匹配。

第二十七条 专项计划的货币收支活动均应当通过专项计划账户进行。

第二十八条 资产支持证券是投资者享有专项计划权益的证明,可以依法继承、交易、转让或出质。资产支持证券投资者不得主张分割专项计划资产，不得要求专项计划回购资产支持证券。

资产支持证券投资者享有下列权利：

（一）分享专项计划收益；

（二）按照认购协议及计划说明书的约定参与分配清算后的专项计划剩余资产；

（三）按规定或约定的时间和方式获得资产管理报告等专项计划信息披露文件，查阅或者复制专项计划相关信息资料；

（四）依法以交易、转让或质押等方式处置资产支持证券；

（五）根据证券交易场所相关规则，通过回购进行融资；

（六）认购协议或者计划说明书约定的其他权利。

第二十九条　资产支持证券应当面向合格投资者发行，发行对象不得超过二百人，单笔认购不少于100万元人民币发行面值或等值份额。合格投资者应当符合《私募投资基金监督管理暂行办法》规定的条件，依法设立并受国务院金融监督管理机构监管，并由相关金融机构实施主动管理的投资计划不再穿透核查最终投资者是否为合格投资者和合并计算投资者人数。

第三十条　发行资产支持证券，应当在计划说明书中约定资产支持证券持有人会议的召集程序及持有人会议规则，明确资产支持证券持有人通过持有人会议行使权利的范围、程序和其他重要事项。

第三十一条　专项计划可以通过内部或者外部信用增级方式提升资产支持证券信用等级。

同一专项计划发行的资产支持证券可以划分为不同种类。同一种类的资产支持证券，享有同等权益，承担同等风险。

第三十二条　对资产支持证券进行评级的，应当由取得中国证监会核准的证券市场资信评级业务资格的资信评级机构进行初始评级和跟踪评级。

第三十三条　专项计划的管理人以及资产支持证券的销售机构应当采取下列措施，保障投资者的投资决定是在充分知悉资产支持证券风险收益特点的情形下作出的审慎决定：

（一）了解投资者的财产与收入状况、风险承受能力和投资偏好等，推荐与其风险承受能力相匹配的资产支持证券；

（二）向投资者充分披露专项计划的基础资产情况、现金流预测情况以及对专项计划的影响、交易合同主要内容及资产支持证券的风险收益特点，告知投资资产支持证券的权利义务；

（三）制作风险揭示书充分揭示投资风险，在接受投资者认购资金前应当确保投资者已经知悉风险揭示书内容并在风险揭示书上签字。

第三十四条 专项计划应当指定资产支持证券募集资金专用账户，用于资产支持证券认购资金的接收与划转。

第三十五条 资产支持证券按照计划说明书约定的条件发行完毕，专项计划设立完成。

发行期结束时，资产支持证券发行规模未达到计划说明书约定的最低发行规模，或者专项计划未满足计划说明书约定的其他设立条件，专项计划设立失败。管理人应当自发行期结束之日起10个工作日内，向投资者退还认购资金，并加算银行同期活期存款利息。

第三十六条 管理人应当自专项计划成立日起5个工作日内将设立情况报中国基金业协会备案，同时抄送对管理人有辖区监管权的中国证监会派出机构。

中国基金业协会应当制定备案规则，对备案实施自律管理。

未按规定进行备案的，本规定第三十八条所列证券交易场所不得为其提供转让服务。

第三十七条 中国基金业协会根据基础资产风险状况对可证券化的基础资产范围实施负面清单管理，并可以根据市场变化情况和实践情况，适时调整负面清单。

第四章 资产支持证券的挂牌、转让

第三十八条 资产支持证券可以按照规定在证券交易所、全国中小企业股份转让系统、机构间私募产品报价与服务系统、证券公司柜台市场以及中国证监会认可的其他证券交易场所进行挂牌、转让。

资产支持证券仅限于在合格投资者范围内转让。转让后,持有资产支持证券的合格投资者合计不得超过二百人。

资产支持证券初始挂牌交易单位所对应的发行面值或等值份额应不少于100万元人民币。

第三十九条 资产支持证券申请在证券交易场所挂牌转让的,还应当符合证券交易所或其他证券交易场所规定的条件。

证券交易所、全国中小企业股份转让系统应当制定挂牌、转让规则,对资产支持证券的挂牌、转让进行自律管理。

中国证券业协会应当制定挂牌、转让规则,对资产支持证券在机构间私募产品报价与服务系统、证券公司柜台市场的挂牌、转让进行自律管理。

证券交易所、全国中小企业股份转让系统、中国证券业协会可以根据市场情况对投资者适当性管理制定更为严格的标准。

第四十条 证券公司等机构可以为资产支持证券转让提供双边报价服务。

第五章 资产支持证券信息披露

第四十一条 管理人及其他信息披露义务人应当按照本规定及所附《证券公司及基金管理公司子公司资产证券化业务信息披露指引》(以下简称《信息披露指引》)履行信息披露和报送义务。证券交易所、全国中小企业股份转让系统、中国证券业协会、中国基金业协会可以根据本规定及《信息披露指引》制定信息披露规则。

第四十二条 管理人及其他信息披露义务人应当及时、公平地履行披露义务,所披露或者报送的信息必须真实、准确、完整,不得有虚假记载、误导性陈述或者重大遗漏。

第四十三条 管理人、托管人应当在每年4月30日之前向资产支持证券合格投资者披露上年度资产管理报告、年度托管报告。每次收益分配前,管理人应当及时向资产支持证券合格投资者披露专项计划收益分配报告。

年度资产管理报告、年度托管报告应当由管理人向中国基金业协会报告,同时抄送对管理人有辖区监管权的中国证监会派出机构。

第四十四条　发生可能对资产支持证券投资价值或价格有实质性影响的重大事件,管理人应当及时将有关该重大事件的情况向资产支持证券合格投资者披露,说明事件的起因、目前的状态和可能产生的法律后果,并向证券交易场所、中国基金业协会报告,同时抄送对管理人有辖区监管权的中国证监会派出机构。

第四十五条　管理人及其他信息披露义务人应当按照相关规定在证券交易场所或中国基金业协会指定的网站向合格投资者披露信息。

第六章　监督管理

第四十六条　中国证监会及其派出机构依法对资产证券化业务实行监督管理,并根据监管需要对资产证券化业务开展情况进行检查。对于违反本规定的,中国证监会及其派出机构可采取责令改正、监管谈话、出具警示函、责令公开说明、责令参加培训、责令定期报告、认定为不适当人选等监管措施;依法应行政处罚的,依照《证券法》、《证券投资基金法》等法律法规和中国证监会的有关规定进行处罚;涉嫌犯罪的,依法移送司法机关,追究其刑事责任。

第四十七条　中国证券业协会、中国基金业协会等证券自律组织应当根据本规定及所附指引对证券公司、基金管理公司子公司开展资产证券化业务过程中的尽职调查、风险控制等环节实施自律管理。

第七章　附　则

第四十八条　资产支持证券的登记结算业务应当由中国证券登记结算有限责任公司或中国证监会认可的其他机构办理。

第四十九条　证券公司、基金管理公司子公司通过其他特殊目的载体开展的资产证券化业务,参照本规定执行。中国证监会另有规定的,从其规定。

第五十条 经中国证监会认可,期货公司、证券金融公司、中国证监会负责监管的其他公司以及商业银行、保险公司、信托公司等金融机构,可参照适用本规定开展资产证券化业务。

第五十一条 本规定及所附《信息披露指引》、《尽职调查指引》自公布之日起施行。《证券公司资产证券化业务管理规定》(证监会公告〔2013〕16号)同时废止。

证券公司及基金管理公司子公司资产证券化业务信息披露指引

(中国证券监督管理委员会公告2014年第49号
2014年11月19日发布)

第一章 总 则

第一条 为规范资产证券化业务的信息披露行为,保障投资者的合法权益,推动资产证券化业务的发展,根据《证券公司及基金管理公司子公司资产证券化业务管理规定》,制定本指引。

第二条 管理人及其他信息披露义务人应当及时履行信息披露义务,所披露的信息必须真实、准确、完整,不得有虚假记载、误导性陈述或者重大遗漏。

本指引所称其他信息披露义务人包括但不限于托管人、资信评级机构等。

第三条 原始权益人和除管理人以外的其他服务机构应当按照合同约定,及时向管理人提供有关信息,并保证所提供信息真实、准确、完整。

本指引所称的其他服务机构包括但不限于资产服务机构、托管人、信用增级机构、律师事务所、会计师事务所、流动性支持机构、销售机构等。

第四条 资产支持证券在证券交易场所挂牌、转让的，管理人及其他信息披露义务人应当在证券交易场所指定的网站向合格投资者披露信息。资产支持证券不在证券交易场所挂牌转让的，管理人及其他信息披露义务人应当在中国证券投资基金业协会（以下简称中国基金业协会）指定的网站向合格投资者披露信息。

第五条 管理人、其他服务机构、证券交易场所及登记托管机构等相关知情人在信息披露前不得泄露拟披露的信息。

第二章 资产支持证券发行环节信息披露

第六条 管理人应当在资产支持证券发行前向合格投资者披露计划说明书、法律意见书、评级报告（如有）等文件。

第七条 计划说明书由管理人编制，应当包括但不限于以下内容：

（一）资产支持证券的基本情况，包括：发行规模、品种、期限、预期收益率（如有）、资信评级状况（如有）以及登记、托管、交易场所等基本情况；

（二）专项计划的交易结构；

（三）资产支持证券的信用增级方式；

（四）原始权益人、管理人和其他服务机构情况；

（五）基础资产情况及现金流预测分析；

（六）专项计划现金流归集、投资及分配；

（七）专项计划资产的构成及其管理、运用和处分；

（八）专项计划的有关税务、费用安排；

（九）原始权益人风险自留的相关情况；

（十）风险揭示与防范措施；

（十一）专项计划的设立、终止等事项；

（十二）资产支持证券的登记及转让安排；

（十三）信息披露安排；

（十四）资产支持证券持有人会议相关安排；

（十五）主要交易文件摘要；

（十六）《证券公司及基金管理公司子公司资产证券化业务管理规定》第十七条、第十九条和第二十条要求披露或明确的事项；

（十七）备查文件（包括与基础资产交易相关的法律协议等）存放及查阅方式。

第八条　管理人应当在计划说明书的显著位置提示投资者："资产支持证券仅代表专项计划权益的相应份额，不属于管理人或者其他任何服务机构的负债。投资者应当认真阅读有关信息披露文件，进行独立的投资判断，自行承担投资风险。"

第九条　管理人应当在计划说明书中披露有关基础资产的相关信息，包括但不限于以下内容：

（一）基础资产符合法律法规规定，权属明确，能够产生稳定、可预测现金流的有关情况；

（二）基础资产是否存在附带抵押、质押等担保负担或其他权利限制的情况以及解除前述权利负担或限制的措施；

（三）基础资产构成情况；

（四）基础资产的运营及管理；

（五）风险隔离手段和效果；

（六）基础资产循环购买（如有）的入池标准、计划购买规模及流程和后续监督管理安排；

（七）资金归集监管情况。

若专项计划由类型相同的多笔债权资产组成基础资产池的，管理人还应在计划说明书中针对该基础资产池披露以下信息：

（一）基础资产池的遴选标准及创建程序；

（二）基础资产池的总体特征；

（三）基础资产池的分布情况；

（四）基础资产池所对应的单一债务人未偿还本金余额占比超过15%，或债务人及其关联方的未偿还本金余额合计占比超过20%的，应披露该等债务人的相关信用情况。

第十条 管理人应当聘请律师事务所对专项计划的有关法律事宜发表专业意见,并向合格投资者披露法律意见书,包括但不限于以下内容:

(一)管理人、销售机构、托管人等服务机构的资质及权限;

(二)计划说明书、资产转让协议、托管协议、认购协议等法律文件的合规性;

(三)基础资产的真实性、合法性、权利归属及其负担情况;

(四)基础资产转让行为的合法有效性;

(五)风险隔离的效果;

(六)循环购买(如有)安排的合法有效性;

(七)专项计划信用增级安排的合法有效性;

(八)对有可能影响资产支持证券投资者利益的其他重大事项的意见。

第十一条 信用评级报告(如有)应由取得中国证监会核准的证券市场资信评级业务资格的资信评级机构(以下简称资信评级机构)出具,报告内容应当包括但不限于:

(一)评级基本观点、评级意见及参考因素;

(二)基础资产池及入池资产概况、基础资产(池)信用风险分析;

(三)特定原始权益人的信用风险分析及法律风险分析;

(四)专项计划交易结构分析;

(五)管理人、托管人等服务机构的履约能力分析;

(六)现金流分析及压力测试;

(八)跟踪评级安排。

设置循环购买的交易,还需对基础资产的历史表现进行量化分析。

第十二条 管理人应在每期资产支持证券发行结束的当日或次一工作日向资产支持证券认购人披露资产支持证券发行情况。

第十三条 管理人或其他信息披露义务人应当根据不同的基础

资产类别特征,依据穿透原则对底层基础资产的情况按照本指引第九条的规定进行信息披露。

第三章 资产支持证券存续期间信息披露

第十四条 资产支持证券存续期内,管理人应在每期资产支持证券收益分配日的两个交易日前向合格投资者披露专项计划收益分配报告,每年 4 月 30 日前披露经具有从事证券期货相关业务资格的会计师事务所审计的上年度资产管理报告。

对于设立不足两个月的,管理人可以不编制年度资产管理报告。

第十五条 年度资产管理报告应当包括但不限于下列内容:

(一)基础资产的运行情况;

(二)原始权益人、管理人和托管人等资产证券化业务参与人的履约情况;

(三)特定原始权益人的经营情况;

(四)专项计划账户资金收支情况;

(五)各档次资产支持证券的本息兑付情况;

(六)管理人以自有资金或者其管理的资产管理计划、其他客户资产、证券投资基金等认购资产支持证券的情况;

(七)需要对资产支持证券投资者报告的其他事项。

第十六条 托管人应当在管理人披露资产管理报告的同时披露相应期间的托管报告,托管报告应当包括但不限于下列内容:

(一)专项计划资产托管情况,包括托管资产变动及状态、托管人履责情况等;

(二)对管理人的监督情况,包括管理人的管理指令遵守计划说明书或者托管协议约定的情况以及对资产管理报告有关数据的真实性、准确性、完整性的复核情况等;

(三)需要对投资者报告的其他事项。

第十七条 聘请资信评级机构针对资产支持证券出具评级报告的,在评级对象有效存续期间,资信评级机构应当于资产支持证券存续期内每年的6月30日前向合格投资者披露上年度的定期跟踪评级报告,并应当及时披露不定期跟踪评级报告。

定期跟踪评级报告应包括但不限于以下要点:评级意见及参考因素、基础资产(池)的变动概况、专项计划交易结构摘要、当期资产支持证券的还本付息情况、基础资产现金流运行情况、现金流压力测试结果、基础资产(池)信用质量分析、特定原始权益人的信用分析、资产证券化交易结构相关各方情况分析和评级结论等。设置循环购买交易的,还需包括循环购买机制有效性的分析。

第十八条 资产支持证券持有人会议的召集人应及时向资产支持证券持有人通知会议的召开时间、会议形式、审议事项、议事程序和表决方式等事项,并于会议结束后及时披露持有人会议决议。

第十九条 在发生可能对资产支持证券投资价值或价格有实质性影响的重大事件时,管理人应及时向合格投资者披露相关信息,并向中国基金业协会报告。重大事件包括但不限于以下事项:

(一)未按计划说明书约定分配收益;

(二)资产支持证券信用等级发生不利调整;

(三)专项计划资产发生超过资产支持证券未偿还本金余额10%以上的损失;

(四)基础资产的运行情况或产生现金流的能力发生重大变化;

(五)特定原始权益人、管理人、托管人等资产证券化业务参与人或者基础资产涉及法律纠纷,可能影响按时分配收益;

(六)预计基础资产现金流相比预期减少20%以上;

(七)原始权益人、管理人、托管人等资产证券化业务参与人违反合同约定,对资产支持证券投资者利益产生不利影响;

(八)特定原始权益人、管理人、托管人等资产证券化业务参与人的经营情况发生重大变化,或者作出减资、合并、分立、解散、申请破产等决定,可能影响资产支持证券投资者利益;

(九)管理人、托管人、资信评级机构等资产证券化业务参与人发生变更;

（十）特定原始权益人、管理人、托管人等资产证券化业务参与人信用等级发生调整，可能影响资产支持证券投资者利益；

（十一）可能对资产支持证券投资者利益产生重大影响的其他情形。

第二十条 管理人应当自专项计划清算完毕之日起 10 个工作日内，向合格投资者披露清算报告。

第二十一条 以基础资产产生现金流循环购买新的同类基础资产方式组成专项计划资产的，管理人及其他信息披露义务人应当按照计划说明书的约定，定期披露循环购买符合入池标准的资产规模及循环购买的实际操作情况。

第四章 附 则

第二十二条 资产支持证券存续期间信息披露文件应于披露日后的 5 个工作日内由管理人报中国基金业协会备案。

第二十三条 本指引由中国证监会负责解释。

第二十四条 本指引自发布之日起施行。

证券公司及基金管理公司子公司资产证券化业务尽职调查工作指引

（中国证券监督管理委员会公告 2014 年第 49 号
2014 年 11 月 19 日发布）

第一章 总 则

第一条 为规范和指导资产证券化业务的尽职调查工作，提高尽职调查工作质量，根据《证券公司及基金管理公司子公司资产证券化业务管理规定》，制定本指引。

第二条 本指引所称尽职调查是指证券公司及基金管理公司子公司(以下简称管理人)勤勉尽责地通过查阅、访谈、列席会议、实地调查等方法对业务参与人以及拟证券化的基础资产进行调查,并有充分理由确信相关发行文件及信息披露真实、准确、完整的过程。

本指引所称业务参与人,包括原始权益人、资产服务机构、托管人、信用增级机构以及对交易有重大影响的其他交易相关方。

第三条 本指引是对管理人尽职调查工作的一般要求。凡对投资者作出投资决策有重大影响的事项,不论本指引是否有明确规定,管理人均应当勤勉尽责进行尽职调查。

第四条 管理人应当根据本指引的要求制定完善的尽职调查内部管理制度,建立健全业务流程,并确保参与尽职调查工作的相关人员能够恪守独立、客观、公正的原则,具备良好的职业道德和专业胜任能力。

第五条 对计划说明书等相关文件中无中介机构出具专业意见的内容,管理人应当在获得充分的尽职调查证据材料并对各种证据材料进行综合分析的基础上进行独立判断。

对计划说明书等相关文件中有中介机构出具专业意见的内容,管理人应当结合尽职调查过程中获得的信息对专业意见的内容进行审慎核查。对专业意见有异议的,应当要求中介机构做出解释或者出具依据;发现专业意见与尽职调查过程中获得的信息存在重大差异的,应当对有关事项进行调查、复核,并可聘请其他中介机构提供专业服务。

第二章 尽职调查内容及要求

第一节 对业务参与人的尽职调查

第六条 对业务参与人尽职调查的主要内容包括业务参与人的法律存续状态、业务资质及相关业务经营情况等。

第七条 对特定原始权益人的尽职调查应当包括但不限于以下内容:

（一）基本情况：特定原始权益人的设立、存续情况；股权结构、组织架构及治理结构；

（二）主营业务情况及财务状况：特定原始权益人所在行业的相关情况；行业竞争地位比较分析；最近三年各项主营业务情况、财务报表及主要财务指标分析、资本市场公开融资情况及历史信用表现；主要债务情况、授信使用状况及对外担保情况；对于设立未满三年的，提供自设立起的相关情况；

（三）与基础资产相关的业务情况：特定原始权益人与基础资产相关的业务情况；相关业务管理制度及风险控制制度等。

第八条　对资产服务机构的尽职调查应当包括但不限于以下内容：

（一）基本情况：资产服务机构设立、存续情况；最近一年经营情况及财务状况；资信情况等；

（二）与基础资产管理相关的业务情况：资产服务机构提供基础资产管理服务的相关业务资质以及法律法规依据；资产服务机构提供基础资产管理服务的相关制度、业务流程、风险控制措施；基础资产管理服务业务的开展情况；基础资产与资产服务机构自有资产或其他受托资产相独立的保障措施。

第九条　对托管人的尽职调查应当包括但不限于以下内容：

（一）托管人资信水平；

（二）托管人的托管业务资质；托管业务管理制度、业务流程、风险控制措施等。

第十条　对提供信用增级的机构的尽职调查，应当充分反映其资信水平及偿付能力，包括但不限于以下内容：

（一）基本情况：公司设立、存续情况；股权结构、组织架构及治理结构；公司资信水平以及外部信用评级情况；

（二）主营业务情况及财务状况：公司最近三年各项主营业务情况、财务报表及主要财务指标分析及历史信用表现；主要债务情况、授信使用状况及对外担保情况等；对于设立未满三年的，提供自设立起

的相关情况;

（三）其他情况:业务审批或管理流程、风险控制措施;包括杠杆倍数(如有)在内的与偿付能力相关的指标;公司历史代偿情况等。

第十一条 尽职调查过程中,对于单一应收款债务人的入池应收款的本金余额占资产池比例超过15%,或者债务人及其关联方的入池应收款本金余额合计占资产池的比例超过20%的,应当视为重要债务人。对于重要债务人,应当全面调查其经营情况及财务状况,反映其偿付能力和资信水平。

第十二条 对与基础资产的形成、管理或者资产证券化交易相关的其他重要业务参与人的尽职调查,应当包括但不限于以下内容:参与人的基本情况、资信水平;参与人的相关业务资质、过往经验以及其他可能对证券化交易产生影响的因素。

第二节 对基础资产的尽职调查

第十三条 对基础资产的尽职调查包括基础资产的法律权属、转让的合法性、基础资产的运营情况或现金流历史记录,同时应当对基础资产未来的现金流情况进行合理预测和分析。

第十四条 对基础资产合法性的尽职调查应当包括但不限于以下内容:基础资产形成和存续的真实性和合法性;基础资产权属、涉诉、权利限制和负担等情况;基础资产可特定化情况;基础资产的完整性等。

第十五条 对基础资产转让合法性的尽职调查应当包括但不限于以下内容:基础资产是否存在法定或约定禁止或者不得转让的情形;基础资产(包括附属权益)转让需履行的批准、登记、通知等程序及相关法律效果;基础资产转让的完整性等。

第十六条 管理人应当根据不同基础资产的类别特性对基础资产现金流状况进行尽职调查,应当包括但不限于以下内容:基础资产质量状况;基础资产现金流的稳定性和历史记录;基础资产未来现金流的合理预测和分析。

第三章　尽职调查报告

第十七条　管理人应当建立尽职调查工作底稿制度。

尽职调查工作底稿是指管理人在尽职调查过程中获取和制作的、与资产证券化业务相关的各种工作记录和重要资料的总称。

尽职调查工作底稿应当真实、准确、完整地反映尽职调查工作。

第十八条　管理人应当在尽职调查的基础上形成尽职调查报告。

尽职调查报告应当说明调查的基准日、调查内容、调查程序等事项。

尽职调查报告应当对资产证券化项目是否符合相关法律法规、部门规章以及规范性文件的相关规定发表明确意见。

尽职调查工作组全体成员应当在尽职调查报告上签字，并加盖管理人公司公章和注明报告日期。

第四章　附　　则

第十九条　对于资产支持证券申请在证券交易场所转让的，在资产支持证券备案完成后、挂牌转让前，管理人应当参照本指引的规定，持续履行尽职调查义务。

第二十条　管理人应当保留尽职调查过程中的相关资料并存档备查，全面、如实反映尽职调查全过程，相关资料自资产支持专项计划终止之日起至少保存十年。

第二十一条　本指引由中国证监会负责解释。

第二十二条　本指引自发布之日起施行。

国家发展改革委、中国证监会关于推进传统基础设施领域政府和社会资本合作（PPP）项目资产证券化相关工作的通知

（发改投资〔2016〕2698号　2016年12月21日发布）

各省、自治区、直辖市、计划单列市发展改革委，新疆生产建设兵团发展改革委，中国证监会各派出机构，上海证券交易所、深圳证券交易所，中国证券业协会，中国证券投资基金业协会：

为贯彻落实《中共中央　国务院关于深化投融资体制改革的意见》（中发〔2016〕18号）、《国务院关于创新重点领域投融资机制鼓励社会投资的指导意见》（国发〔2014〕60号）等文件精神，推动政府和社会资本合作（PPP）项目融资方式创新，更好吸引社会资本参与，现就推进传统基础设施领域PPP项目资产证券化工作通知如下：

一、充分认识PPP项目资产证券化的重要意义

（一）PPP项目资产证券化是保障PPP持续健康发展的重要机制。资产证券化是基础设施领域重要融资方式之一，对盘活PPP项目存量资产、加快社会投资者的资金回收、吸引更多社会资本参与PPP项目建设具有重要意义。各省级发展改革委与中国证监会当地派出机构及上海、深圳证券交易所等单位应加强合作，充分依托资本市场，积极推进符合条件的PPP项目通过资产证券化方式实现市场化融资，提高资金使用效率，更好地支持传统基础设施项目建设。

二、各省级发展改革部门应大力推动传统基础设施领域PPP项目资产证券化

（二）明确重点推动资产证券化的PPP项目范围。各省级发展改革委应当会同相关行业主管部门，重点推动符合下列条件的PPP项目

在上海证券交易所、深圳证券交易所开展资产证券化融资：一是项目已严格履行审批、核准、备案手续和实施方案审查审批程序，并签订规范有效的 PPP 项目合同，政府、社会资本及项目各参与方合作顺畅；二是项目工程建设质量符合相关标准，能持续安全稳定运营，项目履约能力较强；三是项目已建成并正常运营 2 年以上，已建立合理的投资回报机制，并已产生持续、稳定的现金流；四是原始权益人信用稳健，内部控制制度健全，具有持续经营能力，最近三年未发生重大违约或虚假信息披露，无不良信用记录。

（三）优先鼓励符合国家发展战略的 PPP 项目开展资产证券化。各省级发展改革委应当优先选取主要社会资本参与方为行业龙头企业，处于市场发育程度高、政府负债水平低、社会资本相对充裕的地区，以及具有稳定投资收益和良好社会效益的优质 PPP 项目开展资产证券化示范工作。鼓励支持"一带一路"建设、京津冀协同发展、长江经济带建设，以及新一轮东北地区等老工业基地振兴等国家发展战略的项目开展资产证券化。

（四）积极做好 PPP 项目管理和配合资产证券化尽职调查等工作。项目实施单位要严格执行 PPP 项目合同，保障项目实施质量，切实履行资产证券化法律文件约定的基础资产移交与隔离、现金流归集、信息披露、提供增信措施等相关义务，并积极配合相关中介机构做好 PPP 项目资产证券化业务尽职调查。各地发展改革部门和相关行业主管部门等要按职责分工加强监督管理，督促项目实施单位做好相关工作。

三、证券监管部门及自律组织应积极支持 PPP 项目资产证券化

（五）着力优化 PPP 项目资产证券化审核程序。上海证券交易所、深圳证券交易所、中国证券投资基金业协会应按照规定对申报的 PPP 项目资产证券化产品进行审核、备案和持续监管。证券交易所、中国证券投资基金业协会等单位应建立专门的业务受理、审核及备案绿色通道，专人专岗负责，提高国家发展改革委优选的 PPP 项目相关资产证券化产品审核、挂牌和备案的工作效率。

（六）引导市场主体建立合规风控体系。中国证监会系统相关单位应积极配合发展改革部门加大PPP项目资产证券化业务的宣传和培训力度，普及资产证券化业务规则及监管要求等相关知识，推动PPP项目相关责任方建立健全资产证券化业务的合规、风控与管理体系。

（七）鼓励中介机构依法合规开展PPP项目资产证券化业务。中国证监会鼓励支持相关中介机构积极参与PPP项目资产证券化业务，并督促其勤勉尽责，严格遵守执业规范和监管要求，切实履行尽职调查、保障基础资产安全、现金流归集、收益分配、信息披露等管理人职责，在强化内部控制与风险管理的基础上，不断提高执业质量和服务能力。

四、营造良好的政策环境

（八）共同培育和积极引进多元化投资者。国家发展改革委与中国证监会将共同努力，积极引入城镇化建设基金、基础设施投资基金、产业投资基金、不动产基金以及证券投资基金、证券资产管理产品等各类市场资金投资PPP项目资产证券化产品，推进建立多元化、可持续的PPP项目资产证券化的资金支持机制。中国证监会将积极研究推出主要投资于资产支持证券的证券投资基金，并会同国家发展改革委及有关部门共同推动不动产投资信托基金（REITs），进一步支持传统基础设施项目建设。

（九）建立完善沟通协作机制。国家发展改革委与中国证监会将加强沟通协作，及时共享PPP项目信息，协调解决资产证券化过程中存在的问题与困难。中国证监会、国家发展改革委及相关部门将共同推动建立针对PPP项目资产证券化的风险监测、违约处置机制和市场化增信机制，研究完善相关信息披露及存续期管理要求，确保资产证券化的PPP项目信息披露公开透明，项目有序实施，接受社会和市场监督。各省级发展改革委与中国证监会当地派出机构应当建立信息共享及违约处置的联席工作机制，推动PPP项目证券化产品稳定运营。

五、近期工作安排

请各省级发展改革委于2017年2月17日前,推荐1-3个首批拟进行证券化融资的传统基础设施领域PPP项目,正式行文报送国家发展改革委。国家发展改革委将从中选取符合条件的PPP项目,加强支持辅导,力争尽快发行PPP项目证券化产品,并及时总结经验、交流推广。

请中国证监会各派出机构、上海证券交易所、深圳证券交易所、中国证券业协会、中国证券投资基金业协会等有关部门单位做好支持配合工作,推动传统基础设施领域PPP项目资产证券化融资平稳健康发展,并依据传统基础设施领域PPP项目资产证券化执行情况,不断完善资产证券化备案及负面清单管理。

中国证监会、住房城乡建设部关于推进住房租赁资产证券化相关工作的通知

(证监发〔2018〕30号 2018年4月24日发布)

中国证监会各派出机构,各省、自治区、直辖市住房城乡建设厅(建委、房地局),新疆生产建设兵团建设局,上海证券交易所、深圳证券交易所,中国证券业协会(报价系统),中国证券投资基金业协会,中国房地产估价师与房地产经纪人学会:

为贯彻落实党的十九大精神和2017年中央经济工作会议提出的关于加快建立多主体供给、多渠道保障、租购并举的住房制度要求,按照《国务院办公厅关于加快培育和发展住房租赁市场的若干意见》(国办发〔2016〕39号)和《关于在人口净流入的大中城市加快发展住房租赁市场的通知》(建房〔2017〕153号),加快培育和发展住房租赁市场特别是长期租赁,支持专业化、机构化住房租赁企业发展,鼓励发行住

房租赁资产证券化产品,现就有关事宜通知如下:

一、总体要求

(一)重要意义。住房租赁资产证券化,有助于盘活住房租赁存量资产、加快资金回收、提高资金使用效率,引导社会资金参与住房租赁市场建设;有利于降低住房租赁企业的杠杆率,服务行业供给侧结构性改革,促进形成金融和房地产的良性循环;可丰富资本市场产品供给,提供中等风险、中等收益的投资品种,满足投资者多元化的投资需求。

(二)基本原则。坚持市场化、法治化原则,充分发挥资本市场服务实体经济和国家战略的积极作用;明确优先和重点支持的领域;加强监管协作,推动业务规范发展;积极履行监管职责,切实保护投资者合法权益,合力防范风险。

二、住房租赁资产证券化业务的开展条件及其优先和重点支持领域

(三)发行住房租赁资产证券化产品应当符合下列条件:一是物业已建成并权属清晰,工程建设质量及安全标准符合相关要求,已按规定办理住房租赁登记备案相关手续;二是物业正常运营,且产生持续、稳定的现金流;三是发起人(原始权益人)公司治理完善,具有持续经营能力及较强运营管理能力,最近2年无重大违法违规行为。

(四)优先支持大中城市、雄安新区等国家政策重点支持区域、利用集体建设用地建设租赁住房试点城市的住房租赁项目及国家政策鼓励的其他租赁项目开展资产证券化。

(五)鼓励专业化、机构化住房租赁企业开展资产证券化。支持住房租赁企业建设和运营租赁住房,并通过资产证券化方式盘活资产。支持住房租赁企业依法依规将闲置的商业办公用房等改建为租赁住房并开展资产证券化融资。优先支持项目运营良好的发起人(原始权益人)开展住房租赁资产证券化。

(六)重点支持住房租赁企业发行以其持有不动产物业作为底层资产的权益类资产证券化产品,积极推动多类型具有债权性质的资产证券化产品,试点发行房地产投资信托基金(REITs)。

三、完善住房租赁资产证券化工作程序

（七）支持住房租赁企业开展资产证券化。住房租赁企业可结合自身运营现状和财务需求，自主开展住房租赁资产证券化，配合接受中介机构尽职调查，提供相关材料，协助开展资产证券化方案设计和物业估值等工作，并向证券交易场所提交发行申请。

（八）优化租赁住房建设验收、备案、交易等程序。各地住房建设管理部门应对开展住房租赁资产证券化中涉及的租赁住房建设验收、备案、交易等事项建立绿色通道。对于在租赁住房用地上建设的房屋，允许转让或抵押给资产支持专项计划等特殊目的载体用于开展资产证券化。

（九）优化住房租赁资产证券化审核程序。各证券交易场所和中国证券投资基金业协会应根据资产证券化业务规定，对申报的住房租赁资产证券化项目进行审核、备案和监管，研究建立受理、审核和备案的绿色通道，专人专岗负责，提高审核、发行、备案和挂牌的工作效率。

四、加强住房租赁资产证券化监督管理

（十）建立健全业务合规、风控与管理体系。中国证监会和住房城乡建设部推动建立健全住房租赁资产证券化业务的合规、风控与管理体系，指导相关单位完善自律规则及负面清单，建立住房租赁资产证券化的风险监测、违约处置、信息披露和存续期管理等制度规则，引导相关主体合理设计交易结构，切实做好风险隔离安排，严格遵守执业规范，做好利益冲突防范以及投资者保护，落实各项监管要求。研究探索设立专业住房租赁资产证券化增信机构。

（十一）建立健全自律监管体系。中国证券业协会、中国证券投资基金业协会、中国房地产估价师与房地产经纪人学会要加强配合，搭建住房租赁资产证券化自律监管协作平台，加强组织协作，加快建立住房租赁企业、资产证券化管理人、物业运营服务机构、房地产估价机构、评级机构等参与人的自律监管体系，研究推动将住房租赁证券化项目运行表现纳入住房租赁企业信用评价体系考核指标，依法依规对严重失信主体采取联合惩戒措施。

（十二）合理评估住房租赁资产价值。房地产估价机构对住房租赁资产证券化底层不动产物业进行评估时，应以收益法作为最主要的评估方法，严格按照房地产资产证券化物业评估有关规定出具房地产估价报告。承担房地产资产证券化物业估值的机构，应当为在住房城乡建设部门备案的专业力量强、声誉良好的房地产估价机构。资产支持证券存续期间，房地产估价机构应按照规定或约定对底层不动产物业进行定期或不定期评估，发生收购或者处置资产等重大事项的，应当重新评估。

（十三）积极做好尽职调查、资产交付与持续运营管理工作。资产证券化管理人、房地产估价机构、评级机构等中介机构应勤勉尽责，对有关交易主体和基础资产进行全面的尽职调查，确保符合相关政策和监管要求。发起人（原始权益人）应切实履行资产证券化法律文件约定的基础资产移交与隔离、现金流归集、信息披露、提供增信措施等相关义务，并积极配合中介机构做好尽职调查。

五、营造良好政策环境

（十四）培育多元化的投资主体，提升资产支持证券流动性。中国证监会、住房城乡建设部将共同努力，积极鼓励证券投资基金、政府引导基金、产业投资基金、保险资金等投资主体参与资产证券化业务，建立多元化、可持续的资金保障机制。

（十五）鼓励相关部门和地方政府通过市场化方式优先选择专业化、机构化或具有资产证券化业务经验的租赁住房建设或运营机构参与住房租赁市场，并就其开展租赁住房资产证券化予以政策支持。

（十六）建立健全监管协作机制。中国证监会、住房城乡建设部建立住房租赁资产证券化项目信息共享、日常监管及违规违约处置的工作机制，协调解决住房租赁资产证券化过程中存在的问题与困难，推动住房租赁资产证券化有序发展。中国证监会各派出机构及上海、深圳证券交易所等单位与各省级住房城乡建设主管部门应加强合作，充分依托资本市场，积极推进符合条件的企业发行住房租赁资产证券化产品，拓宽融资渠道；加强资产证券化的业务过程监管，防范资金违规进入房地产市场,严禁利用特殊目的载体非法转让租赁性质土地使用权或改变土地租赁性质的行为。

资产证券化监管问答(一)

(2016年5月13日中国证券监督管理委员会发布)

一、对于污水处理费、垃圾处理费、政府还贷高速公路通行费等收费,其按照"污染者/使用者付费"原则由企业或个人缴纳,全额上缴地方财政,专款专用,并按照约定返还给公共产品或公共服务的提供方。请问上述收费权类资产是否可以作为资产证券化的基础资产?

答:上述为社会提供公共产品或公共服务,最终由使用者付费,实行收支两条线管理,专款专用,并约定了明确的费用返还安排的相关收费权类资产,可以作为基础资产开展资产证券化业务。该类基础资产应当取得地方财政部门或有权部门按约定划付购买服务款项的承诺或法律文件。

以该类资产为基础资产的,管理人应当在尽职调查过程中详细了解提供公共产品或公共服务企业的历史现金流情况,约定明确的现金流返还账户。管理人应当对现金流返还账户获得完整、充分的控制权限。

二、对于现金流入中包含中央财政补贴的可再生能源发电、节能减排技术改造、能源清洁化利用、新能源汽车及配套设施建设、绿色节能建筑等领域的项目,请问现金流中的中央财政补贴部分是否可以作为资产证券化的基础资产?

答:我会积极支持鼓励绿色环保产业相关项目比照各交易场所关于开展绿色公司债券试点通知的相关要求,通过资产证券化方式融资发展。上述项目现金流中来自按照国家统一政策标准发放的中央财政补贴部分(包括价格补贴),可纳入资产证券化的基础资产。

三、对于政府与社会资本合作(PPP)项目开展资产证券化,请问相关PPP项目的范围应当如何界定?

答:政府与社会资本合作(PPP)项目开展资产证券化,原则上需为纳入财政部PPP示范项目名单、国家发展改革委PPP推介项目库或财政部公布的PPP项目库的项目。PPP项目现金流可来源于有明确依据的政府付费、使用者付费、政府补贴等。其中涉及的政府支出或补贴应当纳入年度预算、中期财政规划。

四、对于单一信托受益权进行资产证券化,请问有哪些关注要点?

答:以单一信托受益权为基础资产,基础资产除必须满足现金流独立、持续、稳定、可预测的要求之外,还应当依据穿透原则对应和锁定底层资产的现金流来源,同时现金流应当具备风险分散的特征。无底层现金流锁定作为还款来源的单笔或少笔信托受益权不得作为基础资产。

五、对于以融资租赁债权为基础资产进行资产证券化,请问有哪些关注要点?

答:以融资租赁债权为基础资产的,管理人除应当对出租人与承租人租赁合同的商业合理性、租赁物评估价值的合理性、承租人偿还租金的还款安排、租赁公司的内控制度和资产服务能力等出具核查意见以外,还应对基础资产所实现的风险分散程度以及资产支持证券是否有足够的信用增级做出相关披露和说明。

资产证券化监管问答(三)

(2019年4月19日中国证券监督管理委员会发布)

2018年6月,我会指导交易场所发布了《基础设施类资产支持证券挂牌条件确认指南》(以下简称《指南》),为进一步明确准入监管执行标准,在防范业务风险、规范市场运作的同时,切实加强基础设施领域补短板的金融支持力度,现就未来经营收入类资产证券化的有关事项明确如下:

一、对于基础设施收费等未来经营收入类资产证券化产品,其现金流来源于特定原始权益人未来经营性收入,依赖于特定原始权益人的持续经营。对该类资产证券化产品的现金流来源有哪些要求?

答:基础设施收费等未来经营收入类资产证券化产品,其现金流应当来源于特定原始权益人基于政府和社会资本合作(PPP)项目、国家政策鼓励的行业及领域的基础设施运营维护,或者来自从事具备特许经营或排他性质的燃气、供电、供水、供热、污水及垃圾处理等市政设施,公路、铁路、机场等交通设施,教育、健康养老等公共服务所形成的债权或者其他权利。

对于电影票款、不具有垄断性和排他性的入园凭证等未来经营性收入,不得作为资产证券化产品的基础资产现金流来源。物业服务费、缺乏实质抵押品的商业物业租金(不含住房租赁)参照执行。

二、特定原始权益人的持续经营能力有哪些要求?

答:特定原始权益人或者资产服务机构应当具有运营基础资产或底层资产的相关特许经营许可或其他经营资质,具有持续经营能力及对相关资产的控制能力,并在资产支持专项计划(以下简称专项计划)存续期间持续提供与基础资产或底层资产相关的服务。专项计划存续期间内,特定原始权益人经营现金流入扣除向专项计划归集的基础资产现金流后应当能够覆盖维持基础资产运营必要的成本、税费等支出。原始权益人及资产服务机构资信状况良好,且专项计划设置担保、差额支付等有效增信措施的,可免于前述成本、税费等支出覆盖要求。

管理人、现金流预测机构应当对专项计划存续期内维持基础资产运营必要的成本、税费等支出进行合理、谨慎地测算,并在计划说明书、现金流预测报告中披露相关测算的假设及结果。

三、专项计划期限有哪些要求?

答:在符合《指南》关于专项计划期限规定的前提下,专项计划期限原则上不超过5年,其中,基础资产现金流来源于政府和社会资本合作(PPP)项目,或者交通运输、能源、水利以及重大市政工程等基础设施的,可以适当延长。

四、在现金流归集和收益分配方面有哪些要求?

答:自专项计划设立日起,资产证券化产品的基础资产或底层资产产生的现金流应当全额归集至专项计划账户或管理人有效监管的账户。资产支持证券的收益分配应当按照相关规则和流程要求通过登记结算机构办理。

管理人应当合理设置次级资产支持证券的收益留存机制,以保障专项计划存续期间内优先级资产支持证券的收益分配。管理人应当在计划说明书中披露次级资产支持证券分配期间收益的方式及对优先级资产支持证券本息覆盖率的影响,并应当针对原始权益人或资产服务机构经营情况出现不利变化等情形合理设置次级资产支持证券收益分配方式调整的信用触发机制。

二、业务规则和业务指引

中国证券投资基金业协会关于发布《资产支持专项计划备案管理办法》及配套规则的通知

(中基协函〔2014〕459号 2014年12月24日发布)

各证券公司、基金管理公司子公司:

根据《证券公司及基金管理公司子公司资产证券化业务管理规定》的相关要求,我会将承担资产证券化业务的事后备案工作,对资支持专项计划备案、风险控制等实施自律管理,并对基础资产负面清单进行管理。为此,我会制定了《资产支持专项计划备案管理办法》、《资产证券化业务基础资产负面清单指引》、《资产证券化业务风险控制指引》等自律规则或相关文件(见附件),现予以公布,自公布之日起施行。

附件1:资产支持专项计划备案管理办法

附件2:资产证券化业务基础资产负面清单指引

附件3:资产证券化业务风险控制指引

附件4:资产证券化业务自律规则的起草说明

附件5:资产支持专项计划说明书内容与格式指引(试行)

附件6:资产支持证券认购协议与风险揭示书(适用个人投资者)(具体内容见本书第三部分)

附件7:资产支持证券认购协议与风险揭示书(适用机构投资者)(具体内容见本书第三部分)

附件1:

资产支持专项计划备案管理办法

第一章 总 则

第一条 为做好资产支持专项计划(以下简称专项计划)备案管理工作,根据《证券公司及基金管理公司子公司资产证券化业务管理规定》等相关法律法规、规范性文件及自律规则,制定本办法。

第二条 管理人设立专项计划,应依据本办法进行备案。

本办法所称管理人,是指具备客户资产管理业务资格的证券公司、证券投资基金管理公司设立的具备特定客户资产管理业务资格的子公司(以下简称基金子公司)。

第三条 中国证券投资基金业协会(以下简称基金业协会)负责

专项计划的备案和自律管理。

第四条 管理人应当指定专人通过基金业协会备案管理系统以电子方式报送备案材料。

第五条 管理人、原始权益人和其他资产证券化业务服务机构及相关人员应当承诺相关备案材料内容真实、准确、完整，不存在虚假记载、误导性陈述和重大遗漏，并对其出具的相关文件及备案材料中引用内容的真实性、准确性、完整性承担相应的法律责任。

第六条 专项计划在基金业协会备案不代表基金业协会对专项计划的风险或收益做出判断或者保证，不能免除信息披露义务人真实、准确、完整、及时、公平地披露专项计划信息的法律责任。

第七条 基金业协会根据公平、公正、简便、高效的原则实施专项计划的备案工作。

第二章 设立备案

第八条 管理人应在专项计划设立完成后5个工作日内，向基金业协会报送以下备案材料：

（一）备案登记表；

（二）专项计划说明书、交易结构图、发行情况报告；

（三）主要交易合同文本，包括但不限于基础资产转让协议、担保或其他增信协议(如有)、资产服务协议(如有)、托管协议、代理销售协议(如有)；

（四）法律意见书；

（五）特定原始权益人最近3年(未满3年的自成立之日起)经审计的财务会计报告及融资情况说明；

（六）合规负责人的合规审查意见；

（七）认购人资料表及所有认购协议与风险揭示书；

（八）基础资产未被列入负面清单的专项说明；

（九）基金业协会要求的其他材料。

拟在证券交易场所挂牌、转让资产支持证券的专项计划，管理人应当提交证券交易场所拟同意挂牌转让文件;管理人向基金业协会报送的备案材料应当与经证券交易场所审核后的挂牌转让申报材料保持一致。

首次开展资产证券化业务的管理人和其他参与机构,还应当将相关资质文件报基金业协会备案。

第九条 管理人应当对基础资产未被列入负面清单且资产支持证券的销售符合适当性要求做出承诺,基金业协会对备案材料进行齐备性复核,并在备案材料齐备后5个工作日内出具备案确认函。备案材料不齐备的,基金业协会在收到备案材料后5个工作日内,一次性告知管理人需要补正的全部内容。管理人按照要求补正的,基金业协会在文件齐备后5个工作日内出具备案确认函。

第十条 基金业协会可以通过书面审阅、问询、约谈等方式对备案材料进行复核。

第十一条 基金业协会与证券交易场所建立备案与挂牌转让的沟通衔接机制,并建立与中国证监会、地方证监局及相关自律组织之间的信息共享机制。

第十二条 专项计划设立的备案确认情况在基金业协会网站上公示。

第三章 日常报告

第十三条 资产支持证券申请在中国证监会认可的证券交易场所挂牌、转让的,管理人应在签订转让服务协议或取得其他证明材料后5个工作日内,向基金业协会报告。

第十四条 专项计划存续期内发生重大变更的,管理人应在完成变更后5个工作日内,将变更情况说明和变更后的相关文件向基金业协会报告。进行变更时,管理人应按有关规定做出合理安排,不得损害投资者合法权益。

前述变更情况包括:

(一)增加或变更转让场所;

(二)增加或变更信用增级方式；

(三)增加或变更计划说明书其他相关约定；

(四)增加或变更主要交易合同相关约定；

(五)托管人、资信评级机构等相关机构发生变更；

(六)其他重大变更情况。

第十五条 专项计划变更管理人，应当充分说明理由，并向基金业协会报告。管理人出现被取消资产管理业务资格、解散、被撤消或宣告破产以及其他不能继续履行职责情形的，在依据计划说明书或其他相关法律文件的约定选任符合规定要求的新的管理人之前，原管理人应向基金会业协会推荐临时管理人，经基金业协会认可后指定为临时管理人。

原管理人职责终止的，应当自完成移交手续之日起5个工作日内，向基金业协会报告，报告内容包括但不限于：新管理人的名称及新的管理人履行职责日期、专项计划文件和资料移交情况等。

第十六条 管理人应当在每年4月30日之前向基金业协会提交年度资产管理报告、年度托管报告。

第十七条 管理人、托管人及其他信息披露义务人按照相关约定履行信息披露义务的，管理人应当同时将披露的信息向基金业协会报告。

第十八条 专项计划存续期间，发生《证券公司及基金管理公司子公司资产证券化业务信息披露指引》所规定的重大事项时，管理人应立即采取有效措施，并于重大事项发生后2个工作日内向基金业协会提交报告，说明重大事项的起因、目前的状态和可能产生的法律后果。

重大事项处置完毕后，管理人应在5个工作日内向基金业协会提交报告，说明重大事项的处置措施及处置结果。

第十九条 专项计划的托管人、登记结算机构、资信评级机构、销售机构及其他相关中介机构按照相关规定的要求及专项计划文件的约定需出具相关报告的，管理人应在报告出具后5个工作日内向基金业协会提交报告。

上述机构在履行职责过程中发现管理人、原始权益人存在未及时履行披露义务或存在违反法律、法规或自律规则行为的,应及时向基金业协会报告。

第二十条　管理人因专项计划被证监会及其派出机构等监管机构采取监管措施,或被交易场所、登记结算机构、证券业协会等自律组织采取自律措施的,应在监管措施或自律措施文件出具后2个工作日内向基金业协会报告。

第二十一条　专项计划终止清算的,管理人应在清算完毕之日起10个工作日内将清算结果向基金业协会报告。

第四章　自律管理

第二十二条　管理人应当真实、准确、完整、及时地报送备案材料,并对登记备案材料内容的合规性负责。

第二十三条　基金业协会可以对管理人、资产证券化业务参与人从事资产证券化业务进行定期或者不定期的现场和非现场自律检查,管理人、资产证券化业务参与人应当予以配合。

基金业协会工作人员依据自律检查规则进行检查时,不得少于二人,并应当出示合法证件;对检查中知晓的商业秘密负有保密的义务。

在检查过程中,基金业协会工作人员应当忠于职守,公正廉洁,接受监督,不得利用职务牟取私利。

第二十四条　管理人、托管人、销售机构违反法律法规、本办法、协会章程及其他自律规则的,基金业协会可以视情节轻重对其采取谈话提醒、书面警示、要求限期改正、公开谴责、暂停备案、取消会员资格等纪律处分,对直接负责的主管人员和其他直接责任人员采取谈话提醒、书面警示、要求参加强制培训、行业内谴责、认定为不适当人选、暂停从业资格、取消从业资格等纪律处分。情节严重的,移交中国证监会处理。

第二十五条　管理人未取得资产管理业务资格开展资产证券化

业务的,基金业协会可取消其会员资格,移交中国证监会处理,且一年之内不再受理相关备案申请。对直接负责的主管人员和其他直接责任人员,协会可认定为不适当人选。

第二十六条 管理人有下列情形之一的,基金业协会可视情节轻重,相应采取谈话提醒、书面警示、要求限期改正、暂停备案三个月等纪律处分;对直接负责的主管人员和其他直接责任人员,基金业协会可相应采取谈话提醒、书面警示、要求参加强制培训等纪律处分。

(一)多次报备不及时、不完备、未按要求补正;

(二)不配合问询、约谈;

(三)专项计划被交易场所、登记结算机构、证券业协会等自律组织采取自律措施;

(四)计划说明书等备案材料的内容与格式不符合基金业协会要求;

(五)其他违反自律规则的行为。

第二十七条 管理人有下列情形之一的,应当限期改正,基金业协会可视情节轻重相应采取公开谴责、暂停备案六个月、取消会员资格等纪律处分;对直接负责的主管人员和其他直接责任人员,基金业协会可相应采取要求参加强制培训、行业内谴责、认定为不适当人选、暂停从业资格、取消从业资格等纪律处分。

(一)向合格投资者之外的单位或者个人非公开募集资金或者转让资产支持证券或专项计划合格投资者超过200人;

(二)基础资产被列入负面清单;

(三)备案材料及日常运行报告存在瞒报漏报、虚假记载、合规性问题;

(四)不配合基金业协会自律检查;

(五)未按规定完成备案,擅自在证券交易场所转让资产支持证券;

(六)专项计划被证监会采取行政监管措施。

(七)其他违反法律法规、证监会规定的行为。

第二十八条　管理人设立的专项计划在一年之内出现两次以上重大风险事件的,基金业协会可暂停其专项计划备案,暂停期为三至六个月。情节严重的,移交中国证监会处理。

第二十九条　管理人、托管人、销售机构在一年之内被基金业协会采取两次谈话提醒、书面警示、要求限期改正等纪律处分的,基金业协会可暂停其资产管理计划备案一至三个月;在二年之内被基金业协会采取两次公开谴责、暂停备案纪律处分的,基金业协会可采取取消会员资格纪律处分。

从业人员在一年之内被采取两次谈话提醒、书面警示纪律处分的,基金业协会可要求其参加强制培训;在二年内被两次要求参加强制培训或行业内谴责的,基金业协会可采取认定为不适当人选、暂停从业资格、取消从业资格纪律处分。

第三十条　因涉嫌违规等情形造成投资者损失,管理人、托管人、销售机构积极主动采取补偿投资者损失、与投资者达成和解等措施,减轻或消除不良影响的,基金业协会可以减轻对其的纪律处分。

第五章　附　　则

第三十一条　管理人通过设立其他特殊目的载体开展资产证券化业务的,比照本办法执行。中国证监会或基金业协会另有规定的,从其规定。

第三十二条　本办法由基金业协会负责解释和修订。

第三十三条　本办法自公布之日起施行。

附件2:

资产证券化业务基础资产负面清单指引

第一条　为做好资产证券化业务基础资产负面清单(以下简称负面清单)管理工作,根据《证券公司及基金管理公司子公司资产证券化业务管理规定》《资产支持专项计划备案管理办法》等相关法律法规和自律规则，制定本指引。

第二条 资产证券化业务基础资产实行负面清单管理。负面清单列明不适宜采用资产证券化业务形式、或者不符合资产证券化业务监管要求的基础资产。实行资产证券化的基础资产应当符合《证券公司及基金管理公司子公司资产证券化业务管理规定》等相关法规的规定，且不属于负面清单范畴。

第三条 中国证券投资基金业协会（以下简称基金业协会）负责资产证券化业务基础资产负面清单管理工作，研究确定并在基金业协会网站及时公开发布负面清单。

第四条 基金业协会至少每半年对负面清单进行一次评估，可以根据业务发展与监管需要不定期进行评估。

第五条 基金业协会可以邀请监管机构、证券交易场所及其他行业专家对负面清单进行讨论研究，提出调整方案，经中国证监会批准后进行调整。

第六条 本指引由基金业协会负责解释和修订，自发布之日起实施。

附件：

资产证券化基础资产负面清单

一、以地方政府为直接或间接债务人的基础资产。但地方政府按照事先公开的收益约定规则，在政府与社会资本合作模式（PPP）下应当支付或承担的财政补贴除外。

二、以地方融资平台公司为债务人的基础资产。本条所指的地方融资平台公司是指根据国务院相关文件规定，由地方政府及其部门和机构等通过财政拨款或注入土地、股权等资产设立，承担政府投资项目融资功能，并拥有独立法人资格的经济实体。

三、矿产资源开采收益权、土地出让收益权等产生现金流的能力具有较大不确定性的资产。

四、有下列情形之一的与不动产相关的基础资产：

1. 因空置等原因不能产生稳定现金流的不动产租金债权；

2. 待开发或在建占比超过10%的基础设施、商业物业、居民住宅等不动产或相关不动产收益权。当地政府证明已列入国家保障房计划并已开工建设的项目除外。

五、不能直接产生现金流、仅依托处置资产才能产生现金流的基础资产。如提单、仓单、产权证书等具有物权属性的权利凭证。

六、法律界定及业务形态属于不同类型且缺乏相关性的资产组合，如基础资产中包含企业应收账款、高速公路收费权等两种或两种以上不同类型资产。

七、违反相关法律法规或政策规定的资产。

八、最终投资标的为上述资产的信托计划受益权等基础资产。

附件3：

资产证券化业务风险控制指引

第一章　总　　则

第一条　为指导证券公司、基金管理公司子公司（以下简称管理人）开展资产证券化业务，防范业务风险，保护投资者的利益，依据《证券公司及基金管理公司子公司资产证券化业务管理规定》和其他相关法律法规、规范性文件，制定本指引。

第二条　管理人应当根据本指引的要求，对资产证券化业务开展过程中存在的风险进行识别、评估、管理，制定风险控制措施，与其他参与主体按照合同约定执行风险控制措施，并协调、督促其他参与主体履行相关责任。

第三条　管理人在开展资产证券化业务过程中进行风险控制应

当遵循全面性、规范性、审慎性、适当性的原则。

第二章　风险控制的内容及要求

第四条　基础资产在法律上能够准确、清晰界定，符合《证券公司及基金管理公司子公司资产证券化业务管理规定》相关规定。

原始权益人应当拥有基础资产相关权属证明或运营许可。按照穿透原则，基础资产不应附带担保负担或者其他权利限制，能够通过资产支持专项计划（以下简称专项计划）相关安排解除基础资产相关担保负担和其他权利限制的除外。

第五条　基础资产为债权的，管理人在转让环节应当关注转让登记、通知债务人、附属担保权益转让等相关安排。在附属担保权益无法完成向专项计划转让的法律手续的情况下，管理人应当采取恰当措施防止附属担保权益被原始权益人侵占或者被第三方获得，从而影响投资者的合法权益。

基础资产现金流来源于原始权益人经营性收入的，管理人应当采取相应措施，防范基础资产及相关权益被第三方主张权利的风险。

第六条　对基础资产现金流的预测应当遵循合理、审慎的原则。管理人及相关中介机构在现金流预测中应当以历史数据为基础，充分考虑影响未来现金流变化的各种因素，分析因素变化对预测结果可能产生的影响。管理人应当在专项计划相关文件中对预测的假设和依据进行说明，并在初始信息披露文件中披露各期现金流预测结果和相应覆盖倍数。专项计划存续期间，管理人及相关中介机构应当定期检视预测结果与实际现金流情况的差异，在专项计划设立时向投资者披露专项计划存续期间现金流跟踪检查的频率，并在资产管理报告中披露及说明差异原因，并根据情况修正后续期限预测现金流量。

对不动产等专业性较强的基础资产价值的评估，管理人应当委托符合条件的专业资产评估机构出具评估报告。基础资产为不动产的，发生收购或者处置等影响基础资产价值的重大事项时均应当进行评估。

第七条 管理人应当在专项计划相关文件中说明基础资产现金流自产生至分配投资人的全部过程,明确各个账户环节、流入与流出时间、可能面临的风险及监管措施。基础资产产生现金流后未直接支付至专项计划托管账户的,应当关注现金流在流转环节中的混同风险,设置混同风险的防范机制。

第八条 基础资产产生现金流后沉淀在监管账户或者专项计划账户的,可以进行再投资。管理人应当关注再投资风险,确保再投资在约定范围内进行,不得投资权益类产品;投资固定收益类产品的,应当充分考虑投资标的的信用风险、市场风险和流动性风险。

第九条 基础资产为不动产的,管理人可以为投资或者运营的目的向金融机构借款,金额不得超过其最近一次资产估价报告确定的基础资产总值的30%。

第十条 资产服务机构应当具备管理基础资产的资质、能力和经验。管理人应当关注资产服务机构的持续服务能力,并设置资产服务机构解任后的处理方式。原始权益人担任资产服务机构的,应当明确与其管理的其他自有资产或受托资产相隔离的措施,防范道德风险。

第十一条 以基础资产产生现金流循环购买新的同类基础资产方式组成专项计划资产的,管理人应当设置适当的入池标准,通过管理流程安排对每一期后续购买的资产清单进行事前审查和执行确认,并定期进行信息披露。

基础资产的规模、存续期限应当与资产支持证券的规模、存续期限相匹配。管理人应当持续关注符合入池标准的资产规模,以满足循环购买需求,在合格资产规模不足时及时进行信息披露并采取风险缓释措施。

第十二条 专项计划法律文件应当明确各项信用增级措施的触发条件、操作流程。管理人应当督促相关方严格按照专项计划法律文件的约定履行相关义务。管理人以及资产支持证券的销售机构应当如实披露资产证券化交易的信用增级安排,在销售时不得夸大信用增级效果误导投资者。

聘请资信评级机构的,资信评级机构应当谨慎评估各项信用增级措施提供信用保护的程度,并如实在信用评级报告中披露。

第十三条 专项计划法律文件应当明确列示各档资产支持证券的受偿顺序、期限、偿付方式等,并向投资者提示可能面临的偿付不确定性,如偿付金额波动、偿付期限变化等。

管理人应当严格按照合同约定进行收益分配,控制现金流划转、兑付的操作风险,按照合同约定及时向投资者披露收益分配信息。

基础资产为不动产的,期末可分配余额的90%以上应当用于当期分配。在符合分配条件的前提下,分配频率不得低于每年一次。

第十四条 管理人与原始权益人存在关联关系或者重大业务关系的,应当在计划说明书中充分披露有关事项,并对可能存在的风险以及采取的风险防范措施予以说明。

交易结构中存在关联交易的,管理人应当遵循投资者利益优先的原则,按照公允价值公平进行交易,及时履行信息披露义务。基础资产为不动产的,发生交易价格超过基础资产总值5%以上的关联交易时,应当在发生之日起2日内进行公告,披露关联关系性质以及重要交易要素。

第十五条 管理人在专项计划存续期间应当关注基础资产现金流的状况,监督资产服务机构履行合同义务,发现可能影响兑付的情况,应当协调相关方做好相关应对方案,维护基础资产现金流的安全。

第十六条 出现不能按照约定向资产支持证券投资者分配收益的情形,管理人应及时向投资者披露,并采取合法措施维护投资者利益。

第三章 附 则

第十七条 管理人应当保留专项计划设立至存续期内的相关资料并存档备查,相关资料自专项计划终止之日起至少保存十年。

第十八条 本指引由基金业协会负责解释。

第十九条 本指引自发布之日起施行。

附件4：

资产证券化业务自律规则的起草说明

《证券公司及基金管理公司子公司资产证券化业务管理规定》（以下简称《管理规定》）已正式发布。根据《管理规定》的相关要求，基金业协会将承担资产证券化业务的事后备案工作，对资产支持专项计划备案实施自律管理，并对基础资产负面清单进行管理。为此，基金业协会起草了《资产支持专项计划备案管理办法》（以下简称《备案办法》）、《资产证券化业务基础资产负面清单指引》（以下简称《负面清单指引》）、《资产证券化业务风险控制指引》（以下简称《风控指引》）等自律规则或相关文件。

一、起草思路

根据《管理规定》，管理人应当自专项计划设立完成后5个工作日内将设立情况报基金业协会备案，基金业协会应当制定备案规则，对备案实施自律管理，并可根据基础资产风险状况对可证券化的基础资产范围实施资产证券化业务基础资产负面清单（以下简称负面清单）管理。因此，基金业协会以事后备案为原则、负面清单管理为核心、备案完成后日常报告为辅助，建立专项计划备案复核制度和工作流程。

为做好负面清单管理工作，根据《管理规定》、《备案办法》等相关法律法规和自律规则，基金业协会制定了《负面清单指引》，对基础资产实行负面清单管理。负面清单列明不适宜采用资产证券化业务形式、或者不符合资产证券化业务监管要求的基础资产。实行资产证券化的基础资产应当符合《管理规定》等相关法规的规定，且不属于负面清单范畴。

为指导管理人开展资产证券化业务，防范业务风险，保护投资者的利益，基金业协会制定了《风控指引》，要求管理人应当对资产证券化业务开展过程中存在的风险进行识别、评估、管理，制定风险控制措施,与其他参与主体按照合同约定执行风险控制措施,并协调、督促其他参与主体履行相关责任。

二、《备案办法》主要内容

《备案办法》全文共计五章三十三条,涵盖了资产支持专项计划备案的总体要求、设立备案的具体要求、备案完成后的日常报告、对管理人和其他资产证券化业务服务机构及相关人员的自律管理规定和附则五大部分,并将基础资产负面清单作为附件,根据资产证券化业务发展与监管需要适时进行调整。主要内容说明如下:

(一)明确《备案办法》依据、备案管理主体、备案义务人

《管理规定》明确了开展资产证券化业务新的法律依据和特殊目的载体(SPV),《备案办法》以《管理规定》为依据,对专项计划的备案和自律管理工作进行规范。

根据《管理规定》的有关规定,《备案办法》明确了基金业协会负责专项计划的备案和自律管理。基金业协会将根据公平、公正、简便、高效的原则实施专项计划的备案工作。

此外,《备案办法》明确了备案义务人以及备案文件报送方式。专项计划的管理人设立资产支持专项计划、发行资产支持证券,应当指定专人通过基金业协会备案管理系统以电子方式报送备案文件,明确了报备主体的相关责任。管理人通过设立其他特殊目的载体开展资产证券化业务的,比照本办法执行,中国证监会或基金业协会另有规定的,从其规定。

(二)明确专项计划设立备案的具体要求

1.明确设立备案的具体要求和备案文件的报送要求。

(1)设立备案的具体要求。根据《管理规定》的有关规定,《备案办法》进一步明确了管理人报送备案文件的具体时点为专项计划设立完成后5个工作日内。资产支持证券按照计划说明书约定的条件发行完毕,专项计划设立完成。

(2)备案文件的报送要求。主要包括一般要求和特殊要求。一般要求是指所有专项计划设立完成后,管理人均需要报送的文件,包括

备案登记表、计划说明书、主要交易合同文本等文件的扫描件。特殊要求主要包括两方面：一是拟在证券交易场所挂牌、转让资产支持证券的专项计划，管理人应当提交证券交易场所拟同意挂牌转让文件；管理人向基金业协会报送的备案文件应当与经证券交易场所审核后的挂牌转让申报材料保持一致。二是首次开展资产证券化业务的管理人和其他参与机构，还应当将相关资质文件报基金业协会备案。

2. 明确备案复核程序。基金业协会重点关注以下方面：一是管理人对基础资产未被列入负面清单做出承诺；二是管理人对资产支持证券的销售符合适当性要求做出承诺，包括管理人应保证认购人根据我会制定的认购协议模板逐项签字确认、管理人应提交认购协议的扫描件等；三是备案文件齐备。符合上述要求的专项计划，基金业协会对备案文件进行齐备性复核，并在备案文件齐备后5个工作日内出具备案接收函。

另外，备案文件不齐备的，基金业协会在收到备案文件后5个工作日内，一次性告知管理人需要补正的全部内容。管理人按照要求补正的，基金业协会在5个工作日内出具备案接收函。

（三）明确专项计划备案完成后有关报告的管理

1. 加强转让场所报告管理。《备案办法》增加了转让场所报告环节，规定："资产支持证券申请在中国证监会认可的证券交易场所挂牌或转让的，管理人应在签订转让服务协议或获取其他证明材料后5个工作日内，向基金业协会报告。"

转让场所报备完成以后，如转让场所发生增加或变更的，应在变更完成后，通过变更环节向基金业协会报告。

2. 变更、终止清算的报告管理。备案完成后，专项计划发生变更或终止清算的，管理人应就有关情况向基金业协会报告。

3. 专项计划管理人变更报告。专项计划变更管理人，应当充分说明理由，并向基金业协会报告。管理人出现被取消资产管理业务资格、解散、被撤消或宣告破产以及其他不能继续履行职责情形的，在依据计划说明书或其他相关法律文件的约定选任符合规定要求的新的管理人之前,原管理人应向基金会业协会推荐临时管理人,经基金业协会认可后指定为临时管理人。

原管理人职责终止的,应当自完成移交手续之日起5个工作日内,向基金业协会报告,报告内容包括但不限于:新管理人的名称及新的管理人履行职责日期,专项计划文件和资料移交情况等。

4. 年度资产管理报告、年度托管报告等定期报告与重大事项报告、违规报告、信息披露报告等不定期报告。除《管理规定》要求的年度报告、重大事项报告外,《备案办法》要求管理人、托管人及其他信息披露义务人按照相关约定履行信息披露义务的,管理人应当同时将披露的信息向基金业协会报告。此外,专项计划存续期间,被证监会及其派出机构等监管机构采取监管措施,或被交易场所、登记结算机构、证券业协会等自律组织采取自律措施的,管理人应在监管措施或自律措施文件出具后2个工作日内向基金业协会报告。

5. 中介机构的监督和报告义务。《备案办法》明确了专项计划的托管人、登记结算机构、资信评级机构、销售机构及其他相关中介机构的监督义务,规定中介机构在履行职责过程中发现管理人、特定原始权益人在未及时履行披露义务或存在违反法律、法规或协会自律规则行为的,应及时向基金业协会报告。

(四) 加强自律管理职能

1. 纪律处分类型。管理人、托管人、销售机构违反法律法规、本办法、协会章程及其他自律规则的,基金业协会可以视情节轻重对其采取谈话提醒、书面警示、要求限期改正、公开谴责、暂停备案、取消会员资格等纪律处分,对直接负责的主管人员和其他直接责任人员采取谈话提醒、书面警示、要求参加强制培训、行业内谴责、认定为不适当人选、暂停从业资格、取消从业资格等纪律处分。情节严重的,移交中国证监会处理。

2. 现场检查。基金业协会可以对管理人、资产证券化业务参与人从事资产证券化业务进行定期或者不定期的现场和非现场自律检查,管理人、资产证券化业务参与人应当予以配合。

基金业协会工作人员依据自律检查规则进行检查时,不得少于二人,并应当出示合法证件;对检查中知晓的商业秘密负有保密的义务。

3. 加重处分。

(1)加重处分。管理人、托管人、销售机构在一年之内被基金业协会采取两次谈话提醒、书面警示、要求限期改正等纪律处分的,基金业协会可暂停其资产管理计划备案一至三个月;在二年之内被基金业协会采取两次公开谴责、暂停备案纪律处分的,基金业协会可采取取消会员资格纪律处分。

从业人员在一年之内被采取两次谈话提醒、书面警示纪律处分的,基金业协会可要求其参加强制培训;在二年内被两次要求参加强制培训或行业内谴责的,基金业协会可采取认定为不适当人选、暂停从业资格、取消从业资格纪律处分。

(2)减轻处分。因涉嫌违规等情形造成投资者损失,管理人及其从业人员、托管人、销售机构积极主动采取补偿投资者损失、与投资者达成和解等措施,减轻或消除不良影响的,基金业协会可以减轻对其的纪律处分。

三、《负面清单指引》主要内容

(一)明确资产证券化业务基础资产的具体要求

首先,《负面清单指引》根据《管理规定》制定,因此,基础资产首先需要符合《管理规定》中的具体规定。其次,基金业协会根据资产证券化业务前期的实践和行业征求的意见,在负面清单中列明不适宜采用资产证券化业务形式、或者不符合资产证券化业务监管要求的基础资产,实行资产证券化的基础资产不得属于负面清单范畴。

(二)明确负面清单的调整时间和调整方式

为适应资产证券化业务发展与监管需要,负面清单将适时进行调整。基金业协会至少每半年对负面清单进行一次评估,可以根据业务发展与监管需要不定期进行评估。

基金业协会可以邀请监管机构、证券交易场所及其他行业专家对负面清单进行讨论研究,提出调整方案,经中国证监会批准后进行调整。

四、《风控指引》主要内容

(一)明确了风险控制的主体

本章规定了管理人作为风险控制的主体,在开展资产证券化业务过程中应当履行的风险控制原则具体职责。

管理人应当根据本指引的要求,对资产证券化业务开展过程中存在的风险进行识别、评估、管理,制定风险控制措施,与其他参与主体按照合同约定执行风险控制措施,并协调、督促其他参与主体履行相关责任。

(二)明确了风险控制的内容及要求

《风控指引》要求管理人在以下方面进行风险控制:

1. 基础资产的合法性、有效转让、估值;
2. 基础资产现金流的预测、转付、账户监管和混同风险的控制;
3. 现金流的使用和再投资;
4. 不动产证券化的负债经营、循环购买资产的要求;
5. 资产服务机构的相关资质要求及其后备服务机构的替换机制;
6. 信用增级安排、触发条件及操作流程;
7. 收益分配的基本要求;
8. 存在关联关系与关联交易情形;
9. 违约的处理。

(三)明确了文件保存的要求

文件保存期限。管理人应当保留专项计划设立至存续期内的相关资料并存档备查,相关资料自专项计划终止之日起至少保存十年。

五、其他需要说明的情况

根据中国证监会及相关自律组织的监管职责分工,基金业协会将加强与证监会、派出机构和交易场所之间的监管协调,建立完善监管机构和自律组织之间、自律组织之间的工作衔接机制。

附件5：

资产支持专项计划说明书内容与格式指引（试行）

总　则

一、根据《证券公司及基金管理公司子公司资产证券化业务管理规定》《证券公司及基金管理公司子公司资产证券化业务信息披露指引》等法律法规、规范性文件及中国证券监督管理委员会和中国证券投资基金业协会的有关规定，制定本指引。

二、证券公司、基金管理公司子公司等相关主体（以下简称管理人）开展资产证券化业务应当按照本指引的要求订立资产支持专项计划说明书。

三、管理人应当保证本说明书的内容真实、准确、完整，不存在任何虚假内容、误导性陈述和重大遗漏。

四、本指引的规定是对计划说明书信息披露的最低要求。不论本指引是否有明确规定，凡对投资者投资决策有重大影响的信息，均应披露。

管理人可根据基础资产及原始权益人所属行业或业态特征，在本指引基础上增加有利于投资者判断和决策的相关内容。

五、本指引部分条款具体要求不适用的，管理人可根据实际情况，在不影响内容完整性的前提下作适当调整，但应在申报时作书面说明；由于涉及特殊原因申请豁免披露的，应有充分依据，管理人及律师应出具意见。

六、计划说明书应包括封面、扉页、目录、释义和正文内容等部分。

计划说明书封面和目录

计划说明书封面应当标有"××资产支持专项计划说明书"的字样。封面下端应当标明管理人的全称、公告年月以及相关机构签章。

管理人应当在计划说明书的扉页提示投资者:"资产支持证券仅代表专项计划权益的相应份额,不属于管理人或者其他任何服务机构的负债。中国证券投资基金业协会对本期专项计划的备案、××证券交易场所同意本期资产支持证券的挂牌转让(如有),并不代表对本期证券的投资风险、价值或收益作出任何判断或保证。投资者应当认真阅读有关信息披露文件,进行独立的投资判断,自行承担投资风险。"

计划说明书释义应在目录次页排印,对计划说明书中的有关机构简称、代称、专有名词、专业名词进行准确、简要定义。

计划说明书正文

第一章　当事人的权利和义务

1.1　资产支持证券持有人的权利与义务

1.2　管理人的权利与义务

1.3　托管人的权利与义务

1.4　其他参与机构的权利与义务

第二章　资产支持证券的基本情况,包括:发行规模、品种、期限、预期收益率、资信评级状况(如有)以及登记、托管、交易场所等基本情况

第三章　专项计划的交易结构与相关方简介

3.1　项目参与方基本信息,包括:联系人、联系方式、办公地址等

3.2　交易结构,主要包括:交易结构概述、交易结构图、交易相关方所担任的角色和相关权利义务说明

第四章　专项计划的信用增级方式

包括专项计划采用增信方式的种类。各项信用增级方式的主要条款、触发条件及时点。若资产支持专项计划采用多种增信方式,明确各种增信方式的触发先后顺序。

第五章　特定原始权益人、管理人和其他主要业务参与人情况

5.1　特定原始权益人基本情况

5.1.1　特定原始权益人的设立、存续情况;股权结构、组织架构及治理结构;

5.1.2 主营业务情况及财务状况：特定原始权益人所在行业的相关情况；行业竞争地位比较分析；最近三年各项主营业务情况、财务报表及主要财务指标分析、资本市场公开融资情况及历史信用表现；主要债务情况、授信使用状况及对外担保情况；对于设立未满三年的，提供自设立起的相关情况；

5.1.3 与基础资产相关的业务情况：特定原始权益人与基础资产相关的业务情况；相关业务管理制度及风险控制制度等。

5.2 管理人基本情况

5.2.1 管理人的经营情况和资信水平；

5.2.2 管理人的客户资产管理业务资质、业务开展情况、管理制度、业务流程和风险控制措施等；

5.2.3 管理人最近一年是否因重大违法违规行为受到行政处罚的情形。

5.3 资产服务机构基本情况

5.3.1 基本情况：资产服务机构设立、存续情况；最近一年经营情况及财务状况；资信情况等；

5.3.2 与基础资产管理相关的业务情况：资产服务机构提供基础资产管理服务的相关业务资质以及法律法规依据；资产服务机构提供基础资产管理服务的相关制度、业务流程、风险控制措施等；基础资产管理服务业务的开展情况；基础资产与资产服务机构自有资产或其他受托资产相独立的保障措施。

5.4 托管人基本情况

5.4.1 托管人经营情况及资信水平；

5.4.2 托管人的托管业务资质；托管业务管理制度、业务流程、风险控制措施等。

5.5 提供信用增级或其他相关支持的机构的基本情况

上述机构包括担保人、差额支付承诺人、流动性支持机构等。

5.5.1 基本情况：公司设立、存续情况；股权结构、组织架构及治理结构；公司资信水平以及外部信用评级情况；

5.5.2 主营业务情况及财务状况:公司最近三年各项主营业务情况、财务报表及主要财务指标分析及历史信用表现;主要债务情况、授信使用状况及对外担保情况等;

5.5.3 其他情况:业务审批或管理流程、风险控制措施;包括杠杆倍数(如有)在内的与偿付能力相关的指标;公司历史代偿情况等。

第六章 基础资产情况及现金流预测分析

6.1 基础资产情况

6.1.1 基础资产构成情况;基础资产符合法律法规规定,权属明确,能够产生稳定、可预测现金流的有关情况;基础资产未被列入负面清单的相关说明;

6.1.2 基础资产是否存在附带抵押、质押等担保负担或其他权利限制的情况以及解除前述权利负担或限制的措施;

6.1.3 基础资产转让行为的合法性;

6.1.4 基础资产的运营及管理;

6.1.5 风险隔离手段和效果;

6.1.6 基础资产循环购买(如有)的入池标准、计划购买规模及流程和后续监督管理安排;

6.1.7 资金归集监管情况;

6.1.8 若专项计划由类型相同的多笔债权资产组成基础资产池的,管理人还应在计划说明书中针对该基础资产池披露以下信息:

6.1.8.1 基础资产池的遴选标准及创建程序;

6.1.8.2 基础资产池的总体特征;

6.1.8.3 基础资产池的分布情况;

6.1.8.4 基础资产池所对应的单一债务人未偿还本金余额占比超过15%,或债务人及其关联方的未偿还本金余额合计占比超过20%的,应披露该等债务人的相关信用情况。

6.2 盈利模式及现金流预测分析

6.2.1 盈利模式;

6.2.2 基础资产未来特定期间现金流预测情况;

6.2.3 基础资产预计现金流覆盖倍数；

6.2.4 基础资产现金流预测的主要影响因素分析。

第七章 专项计划现金流归集、投资及分配

7.1 账户设置安排

7.2 基础资产归集安排：现金流归集方式、归集频率、归集使用的货币形式及防范现金流混同和挪用风险的机制

7.3 现金流分配：包括分配顺序和分配流程

7.4 专项计划的现金流运用及投资安排

第八章 专项计划资产的管理安排

8.1 包括专项计划资产的构成

8.2 专项计划相关费用：

8.2.1 费用种类及金额；

8.2.2 费用支取方式；

8.2.3 专项计划无需承担的费用；

8.2.4 管理人针对高级管理人员和项目经办人的激励约束办法。管理人应当保证建立长效激励约束机制和问责机制，防止片面追求项目数量及管理规模而忽视风险的短期激励行为。

8.3 税务事项

8.4 专项计划资金运用

8.5 专项计划资产处分

8.6 其他资产管理安排

第九章 原始权益人风险自留的相关情况

第十章 风险揭示与防范措施

主要包括：与原始权益人、管理人或其他服务机构有关的风险，与基础资产有关的风险，与信用增级有关的风险，现金流预测风险、市场风险（包括利率、流动性风险）和政策风险（税务风险等）等。对关键性风险的应对措施和安排。

第十一章 专项计划的销售、设立及终止等事项

11.1 专项计划的销售方案：包括销售期间、销售方式及场所、参

与原则、认购人合法性要求、参与手续、认购资金接收和存放等

11.2 专项计划设立相关事项,包括:设立完成日的确定、设立失败后的相关安排

11.3 专项计划终止与清算的相关安排,包括终止条件、终止后的清算安排等

第十二章 资产支持证券的登记及转让安排

第十三章 信息披露安排

主要包括:信息披露的形式、信息披露的内容及时间、信息披露文件的存放与查阅等内容。

第十四章 资产支持证券持有人会议相关安排

主要包括持有人会议的决议事项、召集方式、会议召开及议事程序、争议解决机制等。

第十五章 主要交易文件摘要

第十六章 《证券公司及基金管理公司子公司资产证券化业务管理规定》第十七条、第十九条和第二十条要求披露或明确的事项

16.1 管理人、托管人与原始权益人之间的重大利益关系说明;包括充分披露有关事项,并对可能存在的风险以及采取的风险防范措施予以说明

16.2 专项计划变更管理人的相关安排

第十七章 违约责任与争议解决

第十八章 备查文件(包括与基础资产交易相关的法律协议等)存放及查阅方式

中国证券投资基金业协会关于 PPP 项目资产证券化产品实施专人专岗备案的通知

(2017 年 2 月 17 日发布)

各证券公司,基金公司子公司:

为贯彻落实《国家发展改革委 中国证监会关于推进传统基础设施领域政府和社会资本合作(PPP)项目资产证券化相关工作的通知》(以下简称《通知》),提高国家发展改革委优选的 PPP 项目资产证券化产品审核、挂牌和备案的工作效率,我会针对 PPP 项目资产证券化产品实施专人专岗备案管理,现就有关事项通知如下:

专项计划管理人按照《资产支持专项计划备案管理办法》(以下简称《备案管理办法》)的要求,通过基金业协会备案管理系统以电子化方式报备 PPP 项目资产证券化产品,备案网址为:ba.amac.org.cn。

针对符合《通知》要求的 PPP 项目资产证券化产品,我会指定专人负责,依据《备案管理办法》在备案标准不放松的前提下,即报即审、提高效率,加快备案速度,优先出具备案确认函。

中国证券投资基金业协会将全力配合证监会、交易所,落实《通知》工作,引导 PPP 项目资产证券化业务健康发展。

中国证券投资基金业协会关于发布《政府和社会资本合作(PPP)项目资产证券化业务尽职调查工作细则》等系列自律规则的通知

(中基协字〔2019〕292号 2019年6月24日发布)

各相关单位：

为进一步完善业务规则体系，规范和指导资产证券化业务的尽职调查工作，提高尽职调查工作质量，根据中国证监会《证券公司及基金管理公司子公司资产证券化业务管理规定》(以下简称《管理规定》)《证券公司及基金管理公司子公司资产证券化业务尽职调查工作指引》(以下简称《尽调指引》)《资产证券化业务风险控制指引》(以下简称《风控指引》)以及其他有关规定，中国证券投资基金业协会(以下简称"协会")研究制定了《政府和社会资本合作(PPP)项目资产证券化尽职调查工作细则》等系列自律规则，经中国证监会同意及协会理事会审议通过，现予发布实施，请遵照执行。

一、此次发布PPP项目、企业应收账款、融资租赁债权等三类基础资产的尽职调查工作细则，后续按照"成熟一类制定一类"的原则制定、发布其他大类资产尽职调查工作细则。

二、本细则的规定是资产证券化业务尽职调查工作的最低要求，各相关机构可在此基础上制定更为细化、标准更高的制度。已登记私募基金管理人的私募基金产品投资标的涉及相关基础资产的，其尽职调查工作参照本细则执行。

三、对资产证券化业务的尽职调查工作应满足如下原则和标准：

(一)管理人应遵循全面性、审慎性、准确性原则开展资产证券化

业务尽职调查工作;

(二)对业务参与人的尽职调查结论需支撑相关参与主体合法存续,具备相应业务资质,业务制度、风控制度健全,能够持续稳定展业;

(三)对基础资产的尽职调查结论需确保基础资产符合法律法规规定,权属明确,可以产生独立、可预测、持续、稳定的现金流且可特定化;

(四)重点关注基础资产涉及的交易合同,应确保其真实、合法、有效;同时,加强对现金流归集账户的核查力度,确保专项计划能够建立相对封闭、独立的基础资产现金流归集机制,保证现金流回款路径清晰明确,切实防范专项计划资产与其他资产混同以及被侵占、挪用等风险;

(五)通过充分的尽职调查工作,使专项计划的设立满足《管理规定》《尽调指引》《风控指引》以及各交易场所相关自律规则的要求。

四、管理人、原始权益人、资产服务机构、增信机构、托管人、资信评级机构、会计师事务所、律师事务所、资产评估机构、其他参与机构应严格履行尽职调查过程中相应的义务。原始权益人和除管理人以外的其他中介机构应按照合同约定,及时向管理人提供相关信息,并保证所提供信息真实、准确、完整。

五、管理人、原始权益人、资产服务机构、增信机构、托管人、资信评级机构、会计师事务所、律师事务所、资产评估机构、其他参与机构及其人员违反本细则、相关约定、承诺或者协会其他规定的,协会可采取口头提示、约见谈话等方式对其予以提醒。情节严重的,协会可相应采取谈话提醒、书面警示、要求限期改正、公开谴责、暂停备案、取消会员资格等纪律处分;对直接负责的主管人员和其他直接责任人员,协会可相应采取谈话提醒、书面警示、要求参加强制培训、行业内谴责、认定为不适当人选、暂停从业资格、取消从业资格等纪律处分。协会可视情况,将违规机构、人员移送监管机构处理。

各机构在执行本通知过程中发现的问题,请及时向协会报告(联系邮箱:zczqh@amac.org.cn)。

附件1:政府和社会资本合作(PPP)项目资产证券化业务尽职调查工作细则
附件2:企业应收账款资产证券化业务尽职调查工作细则
附件3:融资租赁债权资产证券化业务尽职调查工作细则

附件1:

政府和社会资本合作(PPP)项目资产证券化业务尽职调查工作细则

第一章 总 则

第一条 为规范政府和社会资本合作(PPP)项目资产证券化业务的尽职调查工作,提高尽职调查工作质量,根据《证券公司及基金管理公司子公司资产证券化业务管理规定》、《证券公司及基金管理公司子公司资产证券化业务尽职调查工作指引》、《资产证券化业务风险控制指引》等相关规定,制定本细则。

第二条 以社会资本方(项目公司)作为原始权益人的PPP项目资产证券化业务,适用本细则。在《国家发展和改革委员会关于开展政府和社会资本合作的指导意见》(发改投资〔2014〕2724号)及《关于推广运用政府和社会资本合作模式有关问题的通知》(财金〔2014〕76号)发布以前已按照PPP模式实施并事先明确约定收益规则的项目以及其他PPP项目主要参与方,如融资提供方、承包商等,以与PPP项目相关的基础资产或基础资产现金流来源开展资产证券化业务,参照本细则执行。

本细则未作规定的,依照《证券公司及基金管理公司子公司资产证券化业务尽职调查工作指引》及各交易场所《政府和社会资本合作(PPP)项目资产支持证券挂牌条件确认指南》的有关规定执行。

第二章 对业务参与人的尽职调查

第三条 对社会资本方(项目公司)的尽职调查,应当包括但不限于以下内容:

(一)基本情况:社会资本方(项目公司)设立、存续情况;设立项目公司的,包括设立登记、股东认缴及实缴资本金、股权结构、控股股东和实际控制人,历次增减资,组织架构、公司治理和内部控制情况等。

(二)主营业务情况及财务状况:社会资本方(项目公司)所在行业的相关情况;行业竞争地位比较分析;最近三年各项主营业务情况、财务报表及主要财务指标分析、资本市场公开融资情况及历史信用表现;主要债务情况、授信使用状况及对外担保情况;对于设立未满三年的,提供自设立起的相关情况。

会计师事务所对社会资本方(项目公司)近三年财务报告出具的审计意见(成立未满三年的自公司设立起)。会计师事务所曾出具非标准审计意见的,管理人应当查阅社会资本方(项目公司)董事会(或者法律法规及公司章程规定的有权机构)关于非标准意见审计报告涉及事项处理情况的说明以及会计师事务所及注册会计师关于非标准意见审计报告的补充意见。管理人应当分析相关事项对社会资本方(项目公司)生产经营的影响。

(三)持续经营能力及资信情况:社会资本方(项目公司)持续经营能力、最近三年是否有发生重大违约或虚假信息披露、是否有不良信用记录、是否被有权部门认定为失信被执行人、失信生产经营单位或者其他失信单位等。

(四)股东及股息分配情况:PPP项目公司股东以项目公司股权开展资产证券化业务的,还包括项目公司股东情况、项目公司股权股息的分配情况以及未分配利润分配机制情况等。

尽调结论需支撑社会资本方(项目公司)满足如下要求:

(一)生产经营符合法律、行政法规,社会资本方(项目公司)公司章程或者企业、事业单位内部规章文件的规定；

（二）内部控制制度健全；

（三）具有持续经营能力，无重大经营风险、财务风险和法律风险；

（四）最近三年未发生重大违约、虚假信息披露或者其他重大违法违规行为；

（五）法律、行政法规和中国证监会规定的其他条件。

第四条　管理人应当核查底层基础资产现金流重要提供方的股权结构、实际控制人、涉诉情况以及最近三年的经营情况、财务状况、偿付能力和资信水平，对于设立未满三年的，提供自设立起的相关情况。

尽调结论应充分支撑现金流重要提供方具有较强的偿付能力及偿付意愿。

本细则所称底层基础资产现金流重要提供方，指底层基础资产现金流单一提供方按照约定未支付现金流金额占基础资产未来现金流总额比例超过15%，或该单一提供方及其关联方的未支付现金流金额合计占基础资产未来现金流总额比例超过20%的现金流提供方。针对政府付费及可行性缺口补助模式下，政府作为底层基础资产现金流重要提供方的情况，不适用上述尽调要求。

第五条　对提供差额支付、保证担保、流动性支持等增信措施的增信主体的尽职调查包括但不限于：

（一）增信主体为法人或其他组织的，管理人应当核查增信机构股权结构、实际控制人、与原始权益人的关联关系情况、主营业务情况、最近三年的净资产、资产负债率、净资产收益率、流动比率、速动比率等主要财务指标，主要债务情况，授信使用情况及累计对外担保余额及其占净资产的比例；对于设立未满三年的，提供自设立起的相关情况。管理人及律师事务所应当核查增信机构资信情况。增信机构属融资性担保机构的，管理人及律师事务所应当核实其业务资质以及是否满足相关主管部门监管要求；同时，管理人应当核查融资性担保机构的代偿余额。

（二）增信主体为自然人的，应当核查增信方资信状况、代偿能力、资产受限情况、对外担保情况以及可能影响增信措施有效实现的其他信息。

（三）增信主体为社会资本方（项目公司）控股股东或实际控制人的，还应当核查增信机构所拥有的除社会资本方（项目公司）股权外其他主要资产，该部分资产的权利限制及是否存在后续权利限制安排。

尽调结论应充分反映相关增信主体的资信水平及偿付能力，确保其具备足够的增信能力，并在触发增信措施时能够及时、有效履约。

第六条 提供抵押或质押担保的，管理人及律师事务所应当核查担保物的法律权属情况、相关主体提供抵质押担保的内部决议情况、账面价值和评估价值（如有）情况、已经担保的债务总余额以及抵押、质押顺序、担保物的评估、登记、保管情况，并了解担保物的抵押、质押登记的可操作性等情况。

尽调结论应充分支撑担保物评估价值公允，存在顺位抵押情况的应确保其他顺位抵押权人的知情权，若触发担保增信措施，应确保担保物可依法执行处置。

第三章 对基础资产的尽职调查

第七条 管理人及律师事务所应当核查 PPP 项目是否已按规定完成 PPP 项目实施方案评审以及必要的审批、核准或备案等相关手续，财政承受能力论证报告及物有所值评价报告情况（如有），PPP 项目采购情况，社会资本方（项目公司）与政府方签订 PPP 项目合同的情况，PPP 项目入库情况等。

在能源、交通运输、水利、环境保护、市政工程等特定领域需要政府实施特许经营的，管理人及律师事务所应当核查项目公司是否已按规定完成特许经营项目实施方案审定，特许经营者与政府方签订特许经营协议的情况。

使用者付费模式和可行性缺口补助模式下，管理人及律师事务所应当核查项目公司是否取得收费许可文件，该收费许可是否仍处于有效期间;收费价格是否遵循政府定价或者政府指导价的浮动幅度内。

尽调结论应充分支撑PPP项目审批流程完整,核准手续健全,签署协议完善且真实有效,符合相关法律法规及政府其他有关规定。

第八条 管理人及律师事务所应当核查项目建设情况,包括项目建设进度、质量以及是否符合相关政策法规、PPP项目合同以及项目施工合同约定的标准和要求。针对涉及新建或存量项目改建、依据项目合同约定在项目建成并开始运营后才获得相关付费的PPP项目,应核查社会资本方(项目公司)项目建设或改建进度的情况,是否依法履行了基建程序,包括固定资产投资审批、规划、用地、建设、环评、消防、验收等;相应PPP项目是否已经按相关规定或合同约定经验收或政府方认可,并开始运营,有权按照规定或约定获得收益。

尽调结论应充分支撑PPP项目建设情况符合相关法律法规及合同约定,项目基建程序合规,PPP项目有权取得收益。

第九条 管理人及律师事务所应当核查PPP项目是否存在政府方违规提供担保,或政府方采用固定回报、回购安排、明股实债等方式进行变相债务融资等情形。

尽调结论应充分支撑PPP项目不存在现行政策、法律法规规定的关于地方政府违规融资的情况。

第十条 管理人及律师事务所应当核查基础资产(PPP项目资产或PPP项目收益权或PPP项目公司股权)及相关资产、相关资产收益权是否存在抵押、质押等权利负担。已经设有抵押、质押等权利负担且计划通过专项计划予以解除的,获得相关抵押权人、质押权人及其他相关担保权利人同意偿还相关融资,解除抵押、质押的情况。

社会资本方以PPP项目公司股权作为基础资产开展证券化,PPP项目公司股权股息分配来源于PPP项目收益或其他收益的,相关收益权是否存在被转让或被设定质押等权利负担的情形。相关收益权已经设有质押等权利负担且计划通过专项计划予以解除的,应核查相关解除措施如回购收益权、偿还相关融资以及取得质押权人解除质押的同意等。

基础资产对应的底层相关资产（如管道、设备、厂房、土地使用权等）是否存在抵押、质押等担保权益或其他权利限制情况，以及相关权利负担或限制是否可能导致底层相关资产被处置从而影响到社会资本方（项目公司）持续业务经营、现金流稳定和专项计划投资者利益。

第十一条　管理人及律师事务所应当核查 PPP 项目合同、融资合同、项目公司股东协议或公司章程等相关文件是否存在对社会资本方（项目公司）转让基础资产（PPP 项目资产或 PPP 项目收益权或 PPP 项目公司股权），抵押、质押基础资产及相关资产、相关资产收益权做出限制性约定的情形，或是否已满足解除限制的条件、获得相关方的同意等。

尽调结论应充分支撑基础资产不得附带抵押、质押等担保负担或者其他权利限制，或通过专项计划相关安排，在原始权益人向专项计划转移基础资产时能够解除相关担保负担和其他权利限制。

第十二条　社会资本方（项目公司）以 PPP 项目资产作为基础资产开展证券化，应当核查 PPP 项目合同等是否明确约定了社会资本方（项目公司）拥有 PPP 项目资产的所有权或用益物权，该等资产是否可依法转让，若存在转让限制的，是否已通过协议安排解除。

尽调结论应充分支撑 PPP 项目资产权属明确且依法可以转让。

第十三条　管理人及律师事务所应当核查 PPP 项目运营情况，包括已运营时间、项目维护、运营情况以及是否符合相关政策法规和 PPP 项目合同约定的标准和要求。社会资本方（项目公司）是否存在与政府方因 PPP 项目合同的重大违约、不可抗力因素影响项目持续建设运营，或导致付费机制重大调整等情形；是否存在因 PPP 项目合同或相关合同及其他重大纠纷而影响项目持续建设运营，或可能导致付费机制重大调整的协商、调解、仲裁或诉讼等情形。

尽调结论应充分支撑 PPP 项目运营建设情况符合相关法律法规规定及合同约定，且 PPP 项目可持续建设运营。

第十四条　管理人及律师事务所应当核查不同的付费模式下 PPP 项目合同、政府相关文件中约定的项目付费及收益情况：

（一）使用者付费模式下，包括但不限于使用者范围、付费条件、付费标准、付费期间、影响付费的因素等。是否涉及付费调整及调整的条件、方法及程序。是否涉及新建竞争性项目或限制社会资本方（项目公司）超额利润。

（二）政府付费模式下，采取可用性付费的，对可用性标准、付费标准、付费时间、不可用情形及扣减机制的约定；采取使用量付费的，对公共服务使用量计算标准、付费标准、付费时间、扣减机制的约定；采用绩效付费的，对绩效标准、绩效考核机制、付费标准、付费时间、扣减机制的约定。是否涉及付费调整及调整的条件、方法及程序。

（三）可行性缺口补助模式下，除了对使用者付费机制作出的约定外，还应当包括政府给予的可行性缺口补助形式、数额、时间等约定。

尽调结论应充分支撑基础资产现金流可特定化。

第十五条　管理人及律师事务所应当核查在政府付费模式下，政府付费纳入本级或本级以上政府财政预算、政府财政规划的情形；在可行性缺口补助模式下，可行性缺口补助涉及使用财政资金、政府投资资金的，纳入本级或本级以上政府财政预算、政府财政规划的情形。

尽调结论应充分支撑两种付费模式下涉及使用财政资金的情况均已纳入地方政府财政预算。

第十六条　政府付费模式和可行性缺口补助模式下，涉及地方政府支付安排的情况，管理人可适当核查当地政府最近三年财政收支及政府债务情况，核实财政资金安排的合规性和真实性，并根据获取的相关材料对地方政府支付能力进行分析。

第十七条　针对PPP项目实施中可能发生的下列事项，管理人及律师事务所应当分析PPP项目合同或其他相关合同约定的补救、处置方式：

（一）因运营成本上升、市场需求下降等因素造成现金流回收低于预期的风险分担机制，以及补助机制等政府承诺和保障、购买保险等风险缓释措施的安排。

（二）社会资本方（项目公司）在PPP项目建设、运营中发生重大违约及合同约定的补救、处置方式。如项目公司破产或资不抵债、未按项目合同约定完成融资、未在约定时间内完成建设或开始运营、未按照规定或约定的标准和要求提供产品或服务、违反合同约定的股权变更限制、未按合同约定为PPP项目或相关资产购买保险等。

（三）政府方在PPP项目建设、运营中发生重大违约及合同约定的补救、处置方式。如未按合同约定付费或提供补助、未按约定完成项目审批、提供土地使用权、其他配套设施、防止不必要竞争性项目、自行决定征收征用或改变相关规定等。

（四）政治不可抗力事件及合同约定的补救、处置方式。如非因签约政府方原因导致且不在其控制下的征收征用、法律变更、未获审批等。

（五）自然不可抗力事件及合同约定的补救、处置方式。如地震、台风、洪水等自然灾害，武装冲突、骚乱、疫情等社会异常事件。

（六）政府方因PPP项目所提供的公共产品或服务已经不合适或者不再需要，或者会影响公共安全和公共利益而单方面决定接管、变更、终止项目及合同约定的补救、处置方式。

（七）其他影响PPP项目建设、运营以及社会资本方（项目公司）获得投资回报的情形。

尽调结论应充分支撑PPP项目存在上述风险时，管理人可采取包括但不限于终止项目发行，为专项计划设置相应的风险缓释条款以及其他可维护专项计划资产安全的措施。

第十八条 以PPP项目公司股权作为基础资产开展证券化的，应当核查PPP项目公司股东协议、公司章程等对项目公司收益分配的来源、分配比例、时间、程序、影响因素的约定。

第十九条 以PPP项目收益权作为基础资产的，专项计划应当以PPP项目合同、政府相关文件为依据，综合评估PPP项目建设运营经济技术指标、付费模式和标准，参考相关历史数据或同类项目数据，测算PPP项目收益现金流。

使用者付费模式下，应当核查影响PPP项目收益现金流的各种因素,包括但不限于:使用者范围和未来数量变化、收费标准及其可能的调整、未能及时足额收取费用的情况、新建竞争性项目或限制社会资本方(项目公司)超额利润的情况等。

政府付费模式下,应当核查影响 PPP 项目收益现金流的各种因素,包括但不限于:PPP 项目建设运营经济技术标准是否满足政府付费要求、付费标准及其可能的调整、未能及时足额收取费用的情况、绩效监控及其可能扣减付费的情况等。

可行性缺口补助模式下,应当核查影响使用者付费和政府付费现金流的因素,以及可行性缺口补助的条件、形式和能形成持续现金流的补助等。

第二十条 以 PPP 项目资产、项目公司股权作为基础资产的,除按上述 PPP 项目收益权测算现金流外,应当由专业机构出具独立的资产评估报告,考虑项目资产的价值变化情况、项目公司股权股息分配的其他来源等。

第二十一条 管理人应当核查项目前期融资情况,包括提供融资的机构名称、融资金额、融资结构及融资交割情况等。

管理人应当核查 PPP 项目建设运营中是否存在尚未付清的融资负债、建设工程结算应付款或需要支付运营成本等情况,并分析上述负债偿还或运营成本支付是否对 PPP 项目资产现金流归集形成限制、是否可能导致现金流截留风险。

尽调结论应充分支撑基础资产可以产生独立、持续、稳定、可预测的现金流。

第二十二条 管理人及律师事务所应当核查是否存在 PPP 项目合同到期日早于资产支持证券的最晚到期日的情形。

第二十三条 以 PPP 项目资产、PPP 项目收益权及 PPP 项目公司股权开展证券化,应当核查社会资本方(项目公司)在开展证券化业务后实际控制权是否变化,是否继续承担项目的持续维护、运营责任。若履行项目运营责任的主体发生变化应核查相关安排是否取得政府方认可。

尽调结论应充分支撑社会资本方(项目公司)在开展证券化业务后,不得影响基础设施的稳定运营或公共服务供给的持续性和稳定性。

第二十四条 对账户安排的尽职调查包括收款账户信息、收款账户是否用于其他资金往来、付款人的付款方式等。

尽调结论应充分支撑专项计划能够建立相对封闭、独立的基础资产现金流归集机制,保证现金流回款路径清晰明确,切实防范专项计划资产与其他资产混同以及被侵占、挪用等风险。

第四章 附 则

第二十五条 管理人和律师事务所应当通过如下途径对相关主体违法失信情况进行核查：

(一)通过央行出具的《企业信用报告》、被执行人信息查询系统、最高人民法院的"全国法院失信被执行人名单信息公布与查询系统"等查询相关主体资信情况；

(二)通过应急管理部政府网站、生态环境部政府网站、国家市场监督管理总局政府网站、国家发展改革委和财政部网站、"信用中国"网站和国家企业信用信息公示系统等查询相关主体是否存在安全生产领域、环境保护领域、产品质量领域、财政性资金管理使用领域失信记录；

(三)通过税务机关门户网站、"信用中国"网站和国家企业信用信息公示系统等查询相关主体是否为重大税收违法案件当事人；

(四)其他可查询相关主体违约失信情况的途径。

第二十六条 已登记私募基金管理人的私募基金产品投资标的涉及PPP项目相关基础资产的,其尽职调查工作参照本细则执行。

第二十七条 本细则由中国证券投资基金业协会负责解释,并将根据业务发展情况不定期修订并发布更新版本。

第二十八条 本细则自发布之日起施行。

第二十九条 本细则所称"PPP项目资产支持证券""PPP项目收

益权""PPP项目资产""PPP项目公司股权""政府和社会资本合作(Public-Private Partnerships,简称PPP)""政府方""社会资本方""项目公司""PPP项目合同""使用者付费""政府付费""可行性缺口补助""可用性付费""使用量付费""绩效付费"的含义与《上海证券交易所政府和社会资本合作(PPP)项目资产支持证券挂牌条件确认指南》《深圳证券交易所政府和社会资本合作(PPP)项目资产支持证券挂牌条件确认指南》《机构间私募产品报价与服务系统政府和社会资本合作(PPP)项目资产支持证券挂牌条件确认指南》中的含义相同。

附件2：

企业应收账款资产证券化业务尽职调查工作细则

第一章 总 则

第一条 为规范企业应收账款资产证券化业务的尽职调查工作，提高尽职调查工作质量，根据《证券公司及基金管理公司子公司资产证券化业务管理规定》、《证券公司及基金管理公司子公司资产证券化业务尽职调查工作指引》、《资产证券化业务风险控制指引》等相关规定，制定本细则。

第二条 以企业应收账款债权为基础资产或基础资产现金流来源开展资产证券化业务，适用本细则。本细则未作规定的，依照《证券公司及基金管理公司子公司资产证券化业务尽职调查工作指引》及各交易场所《企业应收账款资产支持证券挂牌条件确认指南》的有关规定执行。

本细则所称应收账款，是指企业因履行合同项下销售商品、提供劳务等经营活动的义务后获得的付款请求权，但不包括因持有票据或其他有价证券而产生的付款请求权。

第二章 对业务参与人的尽职调查

第三条 对原始权益人的尽职调查包括但不限于：

（一）基本情况：原始权益人的设立、存续情况；主体评级情况（如有）；股权结构、控股股东及实际控制人；组织架构、公司治理及内部控制情况等。

（二）主营业务情况及财务状况：原始权益人所在行业的相关情况；行业竞争地位比较分析；最近三年各项主营业务情况、财务报表及主要财务指标分析、资本市场公开融资情况及历史信用表现；主要债务情况、授信使用状况及对外担保情况；对于设立未满三年的，提供自设立起的相关情况。

管理人应当核查会计师事务所对原始权益人近三年财务报告出具的审计意见（成立未满三年的自公司设立起）。会计师事务所曾出具非标准审计意见的，管理人应当查阅原始权益人董事会（或者法律法规及公司章程规定的有权机构）关于非标准意见审计报告涉及事项处理情况的说明以及会计师事务所及注册会计师关于非标准意见审计报告的补充意见。管理人应当分析相关事项对原始权益人生产经营的影响。

（三）与基础资产相关的业务情况：相关的业务制度及风险控制制度、业务流程，包括但不限于客户准入标准、客户评级体系（如有）、客户授信办法（如有）、应收账款的确认标准、应收账款回收流程、应收账款逾期和违约确认标准、应收账款催收流程、坏账核销制度等以及管理系统、管理人员、管理经验等；与基础资产同类型业务的历史回款情况，包括但不限于历史账期、历史坏账情况、逾期率、违约率、回收情况等；内部授权情况等。

（四）资信情况：管理人及律师事务所应当核查原始权益人及其实际控制人最近两年是否存在因严重违法失信行为，被有权部门认定为失信被执行人、失信生产经营单位或者其他失信单位，并被暂停或限制进行融资的情形。管理人及律师事务所应当就上述事项是否影响原始权益人进行融资展开核查,并在专项计划文件中发表明确意见。

(五)持续经营能力:如原始权益人需承担基础资产回收款转付义务,或涉及循环购买机制的,应当对原始权益人的持续经营能力进行分析。

(六)循环购买:涉及循环购买机制的,还应当对原始权益人可供购买的资产规模与循环购买额度的匹配性(循环购买情形下)进行分析。

循环购买通过原始权益人信息化系统或提供信息化系统服务的资产服务机构进行的,管理人应当对信息化系统的有效性、可靠性和稳定性等进行充分尽职调查,核查原始权益人或相关资产服务机构信息化系统的功能机制、相关的IT权限和授权情况、循环购买操作流程、系统的有效性、可靠性和稳定性、系统应急机制和备选方案等。

若原始权益人为特定原始权益人,则尽调结论需支撑原始权益人满足如下要求:

(一)生产经营符合法律、行政法规、原始权益人公司章程或者企业、事业单位内部规章文件的规定;

(二)内部控制制度健全;

(三)具有持续经营能力,无重大经营风险、财务风险和法律风险;

(四)最近三年未发生重大违约、虚假信息披露或者其他重大违法违规行为;

(五)法律、行政法规和中国证监会规定的其他条件。

若原始权益人为非特定原始权益人,管理人及律师事务所本着审慎的原则,可根据实际情况参考上述核查要点及相关要求对原始权益人展开尽职调查。

第四条 对入池应收账款中的重要债务人或现金流重要提供方,应当核查其主营业务、财务数据、信用情况、偿债能力、资信评级情况(如有)、与原始权益人的关联关系及过往业务合作情况、应收账款历史偿付情况(如有)。管理人及律师事务所应当核查重要债务人或现金流重要提供方(如有)最近两年内是否存在因严重违法失信行为,被有权部门认定为失信被执行人、重大税收违法案件当事人或涉金融严重失信人的情形，就上述事项是否影响重要债务人或现金流重要提供方的偿债能力进行核查，并在专项计划文件中发表明确意见。

尽调结论应充分支撑重要债务人或现金流重要提供方具有较强的偿债能力及偿债意愿。

本细则所称底层基础资产现金流重要提供方，指底层基础资产现金流单一提供方按照约定未支付现金流金额占基础资产未来现金流总额比例超过15%，或该单一提供方及其关联方的未支付现金流金额合计占基础资产未来现金流总额比例超过20%的现金流提供方。

第五条 对不合格基础资产的处置义务人，应当核查其履职能力，包括但不限于基本情况、财务数据、偿债能力、资信情况和内部授权情况，与基础资产相关的业务制度、业务流程以及管理系统、管理人员、管理经验等。

尽调结论应充分支撑不合格基础资产的处置义务人具有较强的履职能力及处置意愿。

不合格基础资产系指在基准日、专项计划设立日或循环购买日不符合合格标准或资产保证的基础资产或专项计划文件约定的其他不合格基础资产。

第六条 对提供差额支付、保证担保、流动性支持等增信措施的增信主体的尽职调查包括但不限于：

（一）增信主体为法人或其他组织的，管理人应当核查增信机构股权结构、实际控制人、与原始权益人的关联关系情况、主营业务情况、最近三年的净资产、资产负债率、净资产收益率、流动比率、速动比率等主要财务指标，主要债务情况，授信使用情况及累计对外担保余额及其占净资产的比例；对于设立未满三年的，提供自设立起的相关情况。管理人及律师事务所应当核查增信机构违法失信情况。增信机构属融资性担保机构的，管理人及律师事务所应当核实其业务资质以及是否满足相关主管部门监管要求；同时，管理人应当核查融资性担保机构的代偿余额。

（二）增信主体为自然人的，应当核查增信主体资信状况、代偿能力、资产受限情况、对外担保情况以及可能影响增信措施有效实现的其他信息。

（三）增信主体为原始权益人控股股东或实际控制人的，还应当核查增信机构所拥有的除原始权益人股权外其他主要资产，该部分资产的权利限制及是否存在后续权利限制安排。

尽调结论应充分反映相关增信主体的资信水平及偿付能力，确保其具备足够的增信能力，并在触发增信措施时能够及时、有效履约。

第七条 提供抵押或质押担保的，管理人及律师事务所应当核查担保物的法律权属情况、相关主体提供抵质押担保的内部决议情况、账面价值和评估价值（如有）情况，已经担保的债务总余额以及抵押、质押顺序，担保物的评估、登记、保管情况，并了解担保物的抵押、质押登记的可操作性等情况。

尽调结论应充分支撑担保物评估价值公允，存在顺位抵押情况的应确保其他顺位抵押权人的知情权，若触发担保增信措施，应确保担保物可依法执行处置。

第三章 对基础资产的尽职调查

第八条 对企业应收账款资产证券化业务的尽职调查可以采用逐笔尽职调查或者抽样尽职调查两种方法。

入池资产符合笔数众多、资产同质性高、单笔资产占比较小等特征的，可以采用抽样尽职调查方法。原则上，对于入池资产笔数少于50笔的资产池，应当采用逐笔尽职调查方法；对于入池资产笔数不少于50笔的资产池，可以采用抽样尽职调查方法。

采用逐笔尽职调查方法的，应当对每一笔资产展开尽职调查。

采用抽样尽职调查方法的，管理人及其他中介机构应当设置科学合理的抽样方法和标准，并对抽取样本的代表性进行分析说明。对于对基础资产池有重要影响的入池资产应当着重进行抽样调查。原则上，入池资产笔数在50笔以上，1万笔以下的，抽样比例应当不低于百分之五,且笔数不低于50笔;入池资产笔数在1万至10万笔之间的,抽样比例应当不低于千分之五,且笔数不低于200笔;入池资产笔数在10万笔及以上的,可结合基础资产特征和对筛选基础资产所依赖的技术系统进行测试验证的结果,自行确定抽样规模,且笔数不低于300笔。抽样比例系抽样样本的应收账款总金额占入池资产应收账款总金额的比重。

第九条 对基础资产形成与转让合法性的尽职调查应当包括但不限于以下内容:

(一)原始权益人是否合法拥有基础资产,涉及的应收账款是否基于真实、合法的交易活动(包括销售商品、提供劳务等)产生,交易对价是否公允,是否涉及《资产证券化业务基础资产负面清单指引》。基础资产涉及关联交易的,应当对交易背景真实性、交易对价公允性重点核查。应收账款系从第三方受让所得的,应当核查原始权益人支付转让对价情况,以及转让对价是否公允,应收账款转让是否通知债务人及附属担保权益义务人(如有),并在相关登记机构办理应收账款转让登记。如存在特殊情形未进行债权转让通知或未办理转让登记,管理人应当核查未进行转让通知或未办理转让登记的原因及合理性。

(二)基础资产涉及的交易合同是否真实、合法、有效,债权人履行合同项下的义务的完成情况,合同约定的付款条件的满足情况,是否存在属于预付款的情形,债务人履行其付款义务是否存在抗辩事由和抵销情形。

(三)基础资产的权属是否清晰明确,是否涉诉,是否附带抵押、质押等担保负担或者其他权利限制。已经存在抵押、质押等担保负担或者其他权利限制的,是否能够通过专项计划相关安排在原始权益人向专项计划转移基础资产时予以解除。对基础资产权属、涉诉、权利限制和负担等情况的调查,管理人及律师事务所应当通过相关系统查询确认基础资产及其相关资产的权属、涉诉、权利限制和负担情况。

(四)基础资产的界定是否清晰,附属担保权益(如有)的具体内容是否明确;存在附属担保权益的,是否一并转让。

（五）基础资产涉及的应收账款是否可特定化，应收账款金额、付款时间是否明确。

尽调结论应充分支撑基础资产的交易基础真实、交易对价公允、交易合同真实，符合法律法规规定，权属明确，可以产生独立、持续、稳定、可预测的现金流，且现金流可特定化。

第十条　管理人应当统计分析基础资产池的基本情况，包括但不限于入池应收账款总金额、笔数、单笔金额分布，贸易类型分布（如有），区域分布，行业分布，账龄及剩余账期分布，结算支付方式分布，影子评级分布及加权结果（如有），担保、信用保险及其他增信情况（如有）分布，债权人和债务人数量及集中度，重要债务人情况（包括但不限于重要债务人名单、涉及的入池应收账款金额、笔数及其占比），关联交易笔数与金额及其占比，关联交易方情况等。

第十一条　管理人或现金流预测机构（如有）应当采集分析原始权益人与入池资产同类别的应收账款历史表现数据并作为出具相应专业意见的依据。

第十二条　对应收账款账户安排的尽职调查包括收款账户信息、收款账户是否用于其他资金往来、债务人的付款方式等。

尽调结论应充分支撑专项计划能够建立相对封闭、独立的基础资产现金流归集机制，保证现金流回款路径清晰明确，切实防范专项计划资产与其他资产混同以及被侵占、挪用等风险。

第十三条　循环购买的入池资产应当由管理人、律师事务所等相关中介机构确认是否符合入池标准，相关中介机构应当勤勉尽责，对入池资产进行充分尽职调查。

第四章　附　　则

第十四条　管理人和律师事务所应当通过如下途径对相关主体违法失信情况进行核查：

（一）通过央行出具的《企业信用报告》、被执行人信息查询系统、最高人民法院的"全国法院失信被执行人名单信息公布与查询系统"

等查询相关主体资信情况；

（二）通过应急管理部政府网站、生态环境部政府网站、国家市场监督管理总局政府网站、国家发展改革委和财政部网站、"信用中国"网站和国家企业信用信息公示系统等查询相关主体是否存在安全生产领域、环境保护领域、产品质量领域、财政性资金管理使用领域失信记录；

（三）通过税务机关门户网站、"信用中国"网站和国家企业信用信息公示系统等查询相关主体是否为重大税收违法案件当事人；

（四）其他可查询相关主体违约失信情况的途径。

第十五条 已登记私募基金管理人的私募基金产品投资标的涉及企业应收账款相关基础资产的，其尽职调查工作参照本细则执行。

第十六条 本细则由中国证券投资基金业协会负责解释，并将根据业务发展情况不定期修订并发布更新版本。

第十七条 本细则自发布之日起施行。

附件3：

融资租赁债权资产证券化业务尽职调查工作细则

第一章 总 则

第一条 为规范融资租赁债权资产证券化业务的尽职调查工作，提高尽职调查工作质量，根据《证券公司及基金管理公司子公司资产证券化业务管理规定》《证券公司及基金管理公司子公司资产证券化业务尽职调查工作指引》《资产证券化业务风险控制指引》等相关规定，制定本细则。

第二条 以融资租赁债权为基础资产或基础资产现金流来源开展资产证券化业务，适用本细则。本细则未作规定的，依照《证券公司及基金管理公司子公司资产证券化业务尽职调查工作指引》及各交易场所《融资租赁债权资产支持证券挂牌条件确认指南》的有关规定执行。

本细则所称融资租赁债权,是指融资租赁公司依据融资租赁合同对债务人(承租人)享有的租金债权、附属担保权益(如有)及其他权利(如有)。

第二章 对业务参与人的尽职调查

第三条 对原始权益人的尽职调查包括但不限于:

(一)基本情况:原始权益人的设立、存续情况;主体评级情况(如有);股权结构、控股股东及实际控制人;组织结构、公司治理及内部控制等;内部授权情况;原始权益人开展业务是否满足相关主管部门监管要求、正式运营期限、是否具备风险控制能力;业务经营是否合法合规。

(二)原始权益人是否为境内外上市公司或者境内外上市公司的子公司。为境内外上市公司子公司的,其总资产、营业收入或净资产等指标占上市公司的比重。

(三)主营业务情况及财务状况:原始权益人所在行业的相关情况;行业竞争地位比较分析;最近三年各项主营业务情况、财务报表及主要财务指标分析、资本市场公开融资情况及历史信用表现;主要债务情况、授信使用状况及对外担保情况;对于设立未满三年的,提供自设立起的相关情况。

管理人应当核查会计师事务所对原始权益人近三年财务报告出具的审计意见(成立未满三年的自公司设立起)。会计师事务所曾出具非标准审计意见的,管理人应当查阅原始权益人董事会(或者法律法规及公司章程规定的有权机构)关于非标准意见审计报告涉及事项处理情况的说明以及会计师事务所及注册会计师关于非标准意见审计报告的补充意见。管理人应当分析相关事项对原始权益人生产经营的影响。

（四）资信情况：管理人及项目律师事务所应当核查原始权益人及其实际控制人最近两年是否存在因严重违法失信行为，被有权部门认定为失信被执行人、失信生产经营单位或者其他失信单位，并被暂停或限制进行融资的情形。管理人及律师事务所应当就上述事项是否影响原始权益人进行融资展开核查，并在专项计划文件中发表明确意见。

（五）业务开展情况：包括但不限于主营业务概况、业务开展的时间、经营模式、承租人集中度、行业分布、期限分布、盈利和现金流的稳定性、业务开展的资金来源、风险资产规模、既有负债、或有负债等情况，以及近五年或者成立以来（若成立未满五年）融资租赁业务的展期、早偿、逾期、违约以及违约后回收等情况的定义、具体计算方式及相关历史数据。

（六）风险控制制度：包括但不限于风险分类管理制度、承租人信用评估制度、事后追偿和处置制度、风险预警机制、风险准备金计提情况及风险资产占净资产的比重等。其中关于风险分类管理制度，应当就其分类管理标准、定义、方式等进行核查。

（七）持续经营能力：如原始权益人需承担基础资产回收款转付义务，或涉及循环购买机制的，应当对原始权益人的持续经营能力进行分析。

（八）循环购买：涉及循环购买机制的，还应当对原始权益人可供购买的资产规模与循环购买额度的匹配性（循环购买情形下）进行分析。

循环购买通过原始权益人信息化系统或提供信息化系统服务的资产服务机构进行的，管理人应当对信息化系统的有效性、可靠性和稳定性等进行充分尽职调查，核查原始权益人或相关资产服务机构信息化系统的功能机制、相关IT权限和授权情况、循环购买操作流程、系统的有效性、可靠性和稳定性、系统应急机制和备选方案等。

若原始权益人为特定原始权益人，则尽调结论需支撑原始权益人满足如下要求：

（一）生产经营符合法律、行政法规、原始权益人公司章程或者企业、事业单位内部规章文件的规定；

（二）内部控制制度健全；

（三）具有持续经营能力，无重大经营风险、财务风险和法律风险；

（四）最近三年未发生重大违约、虚假信息披露或者其他重大违法违规行为；

（五）法律、行政法规和中国证监会规定的其他条件。

若原始权益人为非特定原始权益人，管理人及律师事务所本着审慎的原则，可根据实际情况参考上述核查要点及相关要求对原始权益人展开尽职调查。

第四条 对入池融资租赁债权中的重要债务人或现金流重要提供方，应当核查其主营业务、财务数据、信用情况、偿债能力、资信评级情况（如有）、与原始权益人的关联关系及过往业务合作情况、租金历史偿付情况（如有）等。未达到重要债务人或现金流重要提供方要求但单笔未偿还本金金额占比较大的，管理人应当结合对专项计划现金流影响情况，对其经营状况及财务状况进行必要的尽职调查。管理人及律师事务所应当核查重要债务人或现金流重要提供方（如有）最近两年内是否存在因严重违法失信行为，被有权部门认定为失信被执行人、重大税收违法案件当事人或涉金融严重失信人的情形。管理人及律师事务所应当就上述事项是否影响重要债务人或现金流重要提供方的偿债能力进行核查，并在专项计划文件中发表明确意见。

尽调结论应充分支撑重要债务人或现金流重要提供方具有较强的偿债能力及偿债意愿。

本细则所称底层基础资产现金流重要提供方，指底层基础资产现金流单一提供方按照约定未支付现金流金额占基础资产未来现金流总额比例超过15%，或该单一提供方及其关联方的未支付现金流金额合计占基础资产未来现金流总额比例超过20%的现金流提供方。

第五条 对不合格基础资产的处置义务人，应当核查其履职能力，包括但不限于基本情况、财务数据、偿债能力、资信情况和内部授权情况,与基础资产相关的业务制度、业务流程以及管理系统、管理人员、管理经验等。

尽调结论应充分支撑不合格基础资产的处置义务人具有较强的履职能力及处置意愿。

不合格基础资产系指在基准日、专项计划设立日或循环购买日不符合合格标准或资产保证的基础资产或专项计划文件约定的其他不合格基础资产。

第六条 对提供差额支付、保证担保、流动性支持等增信措施的增信主体的尽职调查包括但不限于:

(一)增信主体为法人或其他组织的,管理人应当核查增信机构股权结构、实际控制人、与原始权益人的关联关系情况、主营业务情况、最近三年的净资产、资产负债率、净资产收益率、流动比率、速动比率等主要财务指标,主要债务情况,授信使用情况及累计对外担保余额及其占净资产的比例;对于设立未满三年的,提供自设立起的相关情况。管理人及律师事务所应当核查增信机构违法失信情况。增信机构属融资性担保机构的,管理人及律师事务所应当核实其业务资质以及是否满足相关主管部门监管要求;同时,管理人应当核查融资性担保机构的代偿余额。

(二)增信主体为自然人的,应当核查增信方资信状况、代偿能力、资产受限情况、对外担保情况以及可能影响增信措施有效实现的其他信息。

(三)增信主体为原始权益人及其关联方或重要债务人的,管理人应当结合风险相关性情况进行详细核查。增信主体为原始权益人控股股东或实际控制人的,还应当核查增信机构所拥有的除原始权益人股权外其他主要资产,该部分资产的权利限制及是否存在后续权利限制安排。

尽调结论应充分反映相关增信主体的资信水平及偿付能力,确保其具备足够的增信能力,并在触发增信措施时能够及时、有效履约。

第七条 提供抵押或质押担保的,管理人及律师事务所应当核查担保物的法律权属情况、相关主体提供抵质押担保的内部决议情况、账面价值和评估价值(如有)情况,已经担保的债务总余额以及抵押、质押顺序,担保物的评估、登记、保管情况,并了解担保物的抵押、质押登记的可操作性等情况。

尽调结论应充分支撑担保物评估价值公允,存在顺位抵押情况的应确保其他顺位抵押权人的知情权,若触发担保增信措施,应确保担保物可依法执行处置。

第八条 债务人集中度较高的,管理人应当强化对原始权益人、增信机构及债务人的尽职调查要求,应当就增信合同、债务人底层现金流锁定相关业务合同以及上述合同签署的相关授权、审批等情况进行充分尽职调查,发表明确的尽职调查意见。

尽调结论应充分支撑基础资产池债务人集中度较高的合理性,并应当设置有效的风险缓释措施。

债务人集中度较高的情形包括:基础资产池中相互之间不存在关联关系的债务人数量低于 10 个,或单个债务人入池资产金额占比超过 50%,或前 5 大债务人入池资产金额占比超过 70%。上述债务人之间存在关联关系的,应当合并计算。

第九条 管理人应当核查资产服务机构融资租赁相关的业务管理能力,包括但不限于回收租金的资金管理、附属担保权益及其他权利的管理(如有)、租赁项目的跟踪评估等。

第三章 对基础资产的尽职调查

第十条 对融资租赁债权资产证券化业务的尽职调查可以采用逐笔尽职调查或者抽样尽职调查两种方法。

尽职调查范围原则上应当覆盖全部入池资产。入池资产符合笔数众多、资产同质性高、单笔资产占比较小等特征的,可以采用抽样尽职调查方法。原则上,对于入池资产笔数少于 50 笔的资产池,应当采用逐笔尽职调查方法;对于入池资产笔数不少于 50 笔的资产池,可以采用抽样尽职调查方法。

采用逐笔尽职调查方法的,应当对每一笔资产展开尽职调查。

采用抽样尽职调查方法的,管理人及其他中介机构应当设置科学合理的抽样方法和标准,并对抽取样本的代表性进行分析说明。对于对基础资产池有重要影响的入池资产应当着重进行抽样调查。原则上,入池资产笔数在 50 笔以上,1 万笔以下的,抽样比例应当不低于百分之五,且笔数不低于 50 笔;入池资产笔数在 1 万至 10 万笔之间的,抽样比例应当不低于千分之五,且笔数不低于 200 笔;入池资产笔数在 10 万笔及以上的,可结合基础资产特征和对筛选基础资产所依赖的技术系统进行测试验证的结果,自行确定抽样规模,且笔数不低于 300 笔。抽样比例系抽样样本的未偿还本金总额占入池资产未偿还本金总额的比重。

第十一条 对基础资产形成与转让合法性的尽职调查应当包括但不限于以下内容:

(一)原始权益人是否合法拥有基础资产及对应租赁物的所有权。除租赁物以原始权益人为权利人设立的担保物权外,基础资产及租赁物是否附带抵押、质押等担保负担或者其他权利限制。租赁物状况是否良好,是否涉及诉讼、仲裁、执行或破产程序,或涉及国防、军工或其他国家机密。对基础资产权属、涉诉、权利限制和负担等情况的调查,管理人及律师事务所应当通过相关系统查询确认基础资产及其相关资产的权属、涉诉、权利限制和负担情况。

(二)基础资产界定是否清晰,附属担保权益(如有)、其他权利(如有)及租赁物的具体内容是否明确。

(三)基础资产涉及的租赁物及对应租金是否可特定化,租金数额、支付时间是否明确。

(四)基础资产涉及的融资租赁债权是否基于真实、合法的交易活动产生,交易对价是否公允,是否具备商业合理性。基础资产是否属于《资产证券化业务基础资产负面清单指引》列示的负面清单范畴,是否属于以地方政府为直接或间接债务人、以地方融资平台公司为债务人的基础资产,是否存在违反地方政府债务管理相关规定的情形。基础资产涉及关联交易的,应当对交易背景真实性、交易对价公允性重点核查。

（五）基础资产涉及的交易合同是否真实、合法、有效。出租人是否已经按照合同约定向出卖人支付了租赁物购买价款。是否存在出卖人针对租赁物所有权转让给出租人提出合理抗辩事由。出租人是否已经按照合同约定向承租人履行了合同项下的义务。相关租赁物是否已按照合同约定交付给承租人。租金支付条件是否已满足,历史租金支付情况是否正常。除以保证金冲抵租赁合同项下应付租金外,承租人履行其租金支付义务是否存在抗辩事由和抵销情形。

（六）按照国家法律法规规定租赁物的权属应当登记的,原始权益人是否已依法办理相关登记手续。租赁物不属于依法需要登记的财产类别,原始权益人是否在主管部门指定或行业组织鼓励的相关的登记系统进行融资租赁业务登记,登记的租赁物财产信息是否与融资租赁合同及租赁物实际状况相符;对于租赁物权属不随基础资产转让给专项计划的情形,管理人应关注采取何种措施防止第三方获得租赁物权属。

（七）债务人集中度较高或租赁物涉及无形资产等情形的,管理人及律师事务所应当结合租赁物的性质和价值、基础资产的构成、租赁本金、合同利率和服务费、出租人与承租人的合同权利和义务,对入池资产对应的租赁物买卖合同及融资租赁合同的商业合理性、相关财产作为租赁物是否符合相关法律法规等进行专项核查,并出具核查意见。商业合理性核查,包括但不限于租赁物评估价值、租赁物的可处置性、租赁物买卖合同的交易对价、融资租赁合同的租金确定的依据及合理性等情况。

尽调结论应充分支撑基础资产的交易基础真实、交易对价公允,符合法律法规规定,权属明确,可以产生独立、持续、稳定、可预测的现金流,且现金流可特定化。

第十二条　管理人应当统计分析基础资产池的基本情况,包括但不限于租赁业务形式占比情况(直接租赁、售后回租等)、租赁物描述等情况、原始权益人在获取租赁物时的付款情况、租赁物交付情况、租赁物投保情况、承租人租金历史偿付情况(如有)、债务人行业及地区分布、入池资产信用等级分布(如有)、未偿本金余额分布、剩余期限分布、利率与计息方式、租金偿还方式及分布、首付款比例分布(如有)、担保人、担保形式及担保物/保证金对债务的覆盖比例(如有)、保证金收取及管理情况、债务人数量及集中度、重要债务人情况(包括但不限于重要债务人对应基础资产的本金总额、本金余额、账龄、期限、还款计划安排、地区、行业等具体信息)、关联交易笔数与金额及其占比、关联方情况等。

第十三条 管理人及中介机构应当核查基础资产所涉租赁合同的相关约定。基础资产所涉租赁合同中存在采用浮动利率计息方式的,管理人应当核查该等利率的浮动方式与基准利率的关系等相关信息,并分析利率浮动是否会对专项计划的超额利差增信方式产生影响。对租金利率的设定,管理人应当核查是否符合最高人民法院关于民间借贷利率的规定。管理人应当核查基础资产所涉及提前退租的相关约定,包括但不限于提前退租的条件,提前退租是否可以减免租赁利息和相关费用等。

尽调结论应充分支撑基础资产所涉底层租赁合同相关条款设置合法合规,浮动计息及提前退租情形下,对基础资产现金流稳定归集不产生较大影响。

第十四条 管理人或现金流预测机构(如有)应当采集分析原始权益人融资租赁债权历史表现数据,并充分考虑基础资产违约率、违约回收率、提前退租、预期收益率变动和相关税费是否由专项计划承担等因素对基础资产现金流的影响,在此基础上出具相应专业意见。

第十五条 对融资租赁债权账户安排的尽职调查包括收款账户信息、收款账户是否用于其他资金往来、承租人的付款方式等。

尽调结论应充分支撑专项计划能够建立相对封闭、独立的基础资产现金流归集机制,保证现金流回款路径清晰明确,切实防范专项计划资产与其他资产混同以及被侵占、挪用等风险。

第十六条 循环购买的入池资产应当由管理人、律师事务所等相关中介机构确认是否符合入池标准,相关中介机构应当勤勉尽责,对入池资产进行充分尽职调查。

第四章 附 则

第十七条 管理人和律师事务所应当通过如下途径对相关主体违法失信情况进行核查:

(一)通过央行出具的《企业信用报告》、被执行人信息查询系统、最高人民法院的"全国法院失信被执行人名单信息公布与查询系统"等查询相关主体资信情况;

(二)通过应急管理部政府网站、生态环境部政府网站、国家市场监督管理总局政府网站、国家发展改革委和财政部网站、"信用中国"网站和国家企业信用信息公示系统等查询相关主体是否存在安全生产领域、环境保护领域、产品质量领域、财政性资金管理使用领域失信记录;

(三)通过税务机关门户网站、"信用中国"网站和国家企业信用信息公示系统等查询相关主体是否为重大税收违法案件当事人;

(四)其他可查询相关主体违约失信情况的途径。

第十八条 本细则由中国证券投资基金业协会负责解释,并将根据业务发展情况不定期修订并发布更新版本。

第十九条 本细则自发布之日起施行。

上海证券交易所关于发布《上海证券交易所资产支持证券业务规则》的通知

（上证发〔2024〕29号　2024年3月29日发布）

各市场参与人：

为了规范资产支持证券业务，推进资产证券化市场高质量发展，服务实体经济发展，保护投资者合法权益，上海证券交易所（以下简称本所）制定了《上海证券交易所资产支持证券业务规则》（详见附件），经中国证监会批准，现予以发布，并自发布之日起施行。

本所于2014年11月26日发布的《上海证券交易所资产证券化业务指引》（上证发〔2014〕80号）、2017年6月20日发布的《上海证券交易所资产支持证券挂牌条件确认业务指引》（上证发〔2017〕28号）同时废止。

特此通知。

附件：1.上海证券交易所资产支持证券业务规则
　　　2.《上海证券交易所资产支持证券业务规则》起草说明

附件1：

上海证券交易所资产支持证券业务规则

第一章　总　　则

第一条　为了规范资产支持证券业务，维护市场秩序，保护投资者合法权益，上海证券交易所（以下简称本所）根据《中华人民共和国证券法》《证券公司及基金管理公司子公司资产证券化业务管理规定》(以下简称《管理规定》)等有关法律、行政法规、部门规章和规范性文件(以下统称法律法规),以及本所相关业务规则,制定本规则。

第二条　资产支持证券在本所发行、挂牌转让和存续期管理等事宜,适用本规则。

本规则所称资产支持证券,是指符合《管理规定》要求的证券公司、基金管理公司子公司等相关主体作为管理人通过设立资产支持专项计划(以下简称专项计划)或者中国证券监督管理委员会(以下简称中国证监会)认可的其他特殊目的载体,以基础资产所产生的现金流为偿付支持,通过交易结构设计等方式进行信用增级,在此基础上所发行的证券。

第三条　管理人、原始权益人、资产服务机构、增信机构、托管人、销售机构、证券服务机构等资产支持证券业务参与人(以下统称业务参与人)及其相关人员应当诚实守信、勤勉尽责,遵守法律法规、本规则和本所相关业务规则的规定,以及挂牌协议、计划说明书等文件的约定和相关承诺,保证所披露或者报送的信息真实、准确、完整,不存在虚假记载、误导性陈述或者重大遗漏。

第四条　业务参与人及其相关人员在资产支持证券业务开展过程中,不得存在违反公平竞争、利益输送、直接或间接谋取不正当利益以及其他破坏市场秩序的行为。

第五条　本所对资产支持证券的发行认购和挂牌转让实行投资者适当性管理。本所可以根据市场情况、资产支持证券资信状况以及投资者保护需要等,在挂牌转让期间动态调整转让机制、信息披露安排以及投资者适当性要求。

第六条　资产支持证券在本所挂牌转让,不表明本所对资产支持证券的投资风险或收益等作出判断或保证,也不表明本所对挂牌转让申请文件、信息披露文件的真实性、准确性、完整性作出保证。

资产支持证券的投资风险由投资者自行判断和承担。

第七条　本所依据相关法律法规、本规则和本所相关业务规则的规定,以及挂牌协议、计划说明书等文件的约定和相关承诺等,对业务参与人及其相关人员(以下统称监管对象)实施自律管理。

第八条 资产支持证券的登记和结算,由中国证券登记结算有限责任公司或者中国证监会认可的其他机构按照其业务规则办理。

第二章 挂牌条件

第九条 资产支持证券在本所挂牌转让的,应当符合下列条件:

(一)基础资产符合本规则第十条的规定;

(二)交易结构设置合理;

(三)中国证监会和本所规定的其他条件。

第十条 资产支持证券在本所挂牌转让的,其基础资产应当符合下列条件:

(一)法律属性界定清晰,可以明确为财产权利或者财产;

(二)权属明确,内容和范围明确,可特定化,且具备可转让性;

(三)不存在抵押、质押等担保负担或者其他权利限制,但通过专项计划相关安排,在原始权益人向专项计划转移基础资产时能够解除相关担保负担和其他权利限制的除外;

(四)现金流独立、持续、稳定、可预测,现金流来源原则上应当分散;

(五)涉及的交易合同和经营活动真实、合法、有效,交易对价公允,具有商业合理性;

(六)不存在中国证券投资基金业协会《资产证券化业务基础资产负面清单指引》规定的相关情形;

(七)不存在违反地方政府性债务管理相关规定的情形;

(八)中国证监会和本所规定的其他要求。

第十一条 基础资产的现金流回款以及分配路径应当清晰明确。专项计划应当建立风险防范机制,防范现金流的混同和挪用等风险。

管理人可以聘请符合规定的会计师事务所或者其他证券服务机

构进行现金流预测并出具报告。现金流预测应当遵循合理、审慎的原则,充分考虑影响未来现金流变化的各种因素。

第十二条 基础资产的规模、存续期限应当与资产支持证券的规模、存续期限相匹配。

以基础资产产生现金流循环购买新的同类基础资产的,管理人应当设置适当的入池标准、资产筛选和确认流程、管理人监督管理机制等相关安排。

第十三条 原始权益人开展资产支持证券业务应当合法合规、满足主管部门监管要求,取得相关经营许可或经营资质。特定原始权益人应当符合《管理规定》相关要求。

第十四条 专项计划交易结构中设置资产服务机构的,资产服务机构应当具有持续服务能力。管理人应当设置资产服务机构替换机制。原始权益人或者其关联方担任资产服务机构的,管理人还应当确保基础资产、现金流的独立性,防范利益冲突和道德风险。

第十五条 专项计划设置结构化分层、差额支付承诺、保证担保等内外部信用增级措施的,应当明确各项增级措施的启动时间、触发机制、保障内容及操作流程、增信安排的法律效力和增信效果等事项。

第十六条 原始权益人或其关联方应当保留一定比例的基础资产信用风险,本所另有规定的,从其规定。

第三章 挂牌条件确认程序

第十七条 本所遵循公开、公平、公正以及便捷高效的原则开展挂牌条件确认工作,及时向市场公开挂牌条件确认标准、信息披露要求和相关工作流程信息。

本所开展挂牌条件确认,重点关注和判断下列事项:

(一)资产支持证券是否符合中国证监会和本所规定的条件;

(二)资产支持证券的信息披露是否符合中国证监会和本所要求。

第十八条 本所挂牌条件确认过程中,发现资产支持证券涉及重大宏观调控及产业政策等变化、重大影响偿付能力事项、重大无先例情况、重大敏感事项、重大舆情和重大违法违规线索的，以及其他需要中国证监会决定的事项，将及时请示中国证监会。

第十九条 资产支持证券申请在本所挂牌转让的，管理人应当向本所提交下列申请文件：

（一）挂牌转让申请书；

（二）计划说明书、法律意见书、管理人尽职调查报告等文件；

（三）本所要求的其他文件。

申请文件的内容与格式应当符合中国证监会和本所规定。

第二十条 本所收到申请文件后，在二个工作日内对申请文件是否齐备和是否符合规定形式要求进行核对。申请文件齐备且符合要求的，本所予以受理；申请文件不齐备或者不符合要求的，本所一次性告知需补正的事项。

第二十一条 本所根据业务参与人的资信状况、基础资产类别、管理人及其人员执业情况等，对资产支持证券挂牌转让申请实行分类审核，具体安排由本所另行规定。

第二十二条 本所受理申请文件后，安排两名工作人员对申请文件进行审核，自受理之日起十个工作日内出具书面反馈意见；无需出具反馈意见的，召开挂牌条件确认会议（以下简称审核会）进行审议。

第二十三条 管理人应当自收到反馈意见之日起三十个工作日内提交反馈意见回复。不能在规定期限内回复的，管理人应当在期限届满前向本所提交延期回复申请，延期时间最长不超过三十个工作日。

管理人提交的反馈意见回复和经修改的申请文件不符合本所要求的，本所可以再次出具反馈意见；无需再次出具反馈意见的，召开审核会进行审议。

第二十四条 审核会通过合议方式形成"通过"或者"不通过"的会议意见。

因存在尚待核实的重大问题，无法形成会议意见的，可以暂缓审议。

审核会的人员组成、工作程序等事宜,由本所另行规定。

第二十五条 本所结合审核会意见,出具资产支持证券符合挂牌条件和信息披露要求的文件或者终止挂牌条件确认的文件。

第二十六条 资产支持证券挂牌条件确认过程中出现下列情形之一的,管理人应当及时书面报告本所,本所确认后中止挂牌条件确认程序:

(一)原始权益人因涉嫌违法违规被行政机关调查,或者被司法机关侦查,尚未结案,对资产支持证券挂牌转让影响重大的;

(二)原始权益人、管理人、增信机构或者证券服务机构被责令停业整顿、指定其他机构托管或接管等监管措施,相关机构或其签字人员被主管部门依法采取限制参与资产证券化相关业务活动、被本所实施一定期限内不接受其出具的相关文件的纪律处分,尚未解除;

(三)管理人向本所申请中止挂牌条件确认程序且理由正当;

(四)本所规定的其他情形。

第二十七条 资产支持证券挂牌条件确认过程中,出现下列情形之一的,本所确认后终止挂牌条件确认程序并通知管理人:

(一)申请文件存在虚假记载、误导性陈述或重大遗漏,或者挂牌转让申请文件内容存在重大缺陷;

(二)管理人、原始权益人等阻碍或者拒绝中国证监会、本所依法对其实施检查、核查,或者管理人、原始权益人及其关联方等以不正当手段严重干扰挂牌条件确认工作;

(三)中止挂牌条件确认程序超过三个月,或者管理人撤回挂牌转让申请;

(四)本所规定的其他情形。

第二十八条 本所受理资产支持证券挂牌转让申请后至资产支持证券挂牌前,发生可能影响资产支持证券挂牌条件、严重影响投资者价值判断及投资决策的相关事项,管理人应当及时向本所报告,按照本所要求进行核查并出具核查意见。相关事项导致资产支持证券不再符合挂牌条件的,按照本所相关规定处理。

第四章　发行和挂牌转让

第二十九条　管理人应当在每期资产支持证券发行前及时更新计划说明书等资产支持证券发行文件，并向本所报备，由本所确认是否符合挂牌条件。

第三十条　资产支持证券发行可以采用簿记建档、协议发行等方式。

第三十一条　资产支持证券应当面向专业投资者中的机构投资者发行和转让。参与资产支持证券认购和转让的专业投资者应当符合本所投资者适当性管理规定。

第三十二条　资产支持证券发行完成后，管理人应当向本所提交专项计划设立公告、实际募集资金金额的证明文件等材料。

本所收到材料后，办理资产支持证券挂牌，并与管理人签订挂牌协议，明确双方的权利、义务和自律管理等有关事项。

管理人在本所存在存续资产支持证券的，无须重新签订挂牌协议。

第三十三条　资产支持证券转让适用本所债券交易相关规则，并可以按照本所相关规则参与债券质押式三方回购、债券质押式协议回购、债券借贷等业务。

第五章　信息披露

第三十四条　管理人、托管人、资信评级机构等信息披露义务人应当及时、公平履行信息披露义务。

原始权益人、资产服务机构、增信机构、证券服务机构等应当配合信息披露义务人，及时提供相关信息。

第三十五条　信息披露义务人应当通过本所网站或者本所认可的其他方式进行信息披露，且披露时间不得晚于在其他场所或场合披露的时间。

信息披露义务人和其他知情人员在信息正式披露前，应当将该信息的知悉者控制在最小范围内,不得提前泄露拟披露的信息。法律法规或者本所相关业务规则另有规定的除外。

第三十六条 拟披露的信息属于国家秘密、商业秘密或者本所认可的其他情形,披露或者履行相关义务可能导致其违反国家有关保密法律法规规定或者损害信息披露义务人利益的,信息披露义务人可以向本所申请豁免披露。

第三十七条 拟披露的信息存在较大不确定性、属于临时性商业秘密或商业敏感信息,或者符合本所认可的其他情形,立即披露可能会损害信息披露义务人利益或者误导投资者,且同时符合下列条件的,信息披露义务人可以向本所申请暂缓披露,并说明暂缓披露的理由和期限:

(一)拟披露的信息未泄露;

(二)有关内幕信息知情人已书面承诺保密;

(三)资产支持证券交易未发生异常波动。

经本所同意,信息披露义务人可以暂缓披露相关信息,暂缓披露的期限原则上不超过2个月。暂缓披露申请未获本所同意、暂缓披露的原因已经消除或者暂缓披露的期限届满的,信息披露义务人应当及时披露相关信息。

暂缓披露的信息确实难以保密、已经泄露或者出现市场传闻,导致资产支持证券转让价格发生大幅波动的,信息披露义务人应当立即披露相关信息。

第三十八条 信息披露义务人可以自愿披露其他与投资者价值判断和投资决策有关的信息。自愿披露应当遵守有关法律法规、本规则以及本所相关业务规则的规定,符合信息披露有关要求,就类似事件执行同一披露标准,不得选择性披露,且不得与依法披露的信息相冲突,不得误导投资者。

业务参与人及其相关人员作出承诺的,相关承诺应当披露。

第三十九条 信息披露义务人应当在本所规定的期限内如实报告或者回复本所提出的问询,并按照本所要求如实报告、披露相关事项。

信息披露义务人未在本所要求的期限内回复本所问询，未按照本规则规定和本所要求进行报告或披露，或者本所认为必要的，本所可以向市场说明有关情况。

第四十条　本所对符合条件的信息披露文件实行直通车管理。管理人等通过本所债券业务系统上传信息披露文件，直接提交至本所网站披露，本所进行事后审查。本所可以视情况对部分可能影响投资者价值判断和投资决策的信息披露文件实行事前审查。

信息披露文件出现错误、遗漏或者误导性陈述的，本所可以要求信息披露义务人作出说明并补充披露，信息披露义务人应当按照本所的要求办理。

第四十一条　资产支持证券发行前，管理人应当按照规定披露计划说明书等文件。

第四十二条　资产支持证券存续期内，管理人、托管人应当按照规定披露上年度资产管理报告和托管报告。

第四十三条　资产支持证券存续期内，发生可能影响资产支持证券收益分配、投资价值、转让价格或者投资者权益的重大事项，管理人应当及时向本所提交临时报告并予以披露，说明事件的起因、目前的状态和可能产生的后果。

已披露的重大事项出现新的进展或者变化，可能对资产支持证券收益分配、投资价值、转让价格或者投资者权益等产生较大影响的，管理人应当及时披露后续进展或者变化情况及其影响。

第四十四条　资产支持证券存续期内，管理人应当按照规定和约定披露收益分配报告、循环购买报告、回售赎回等行权报告、清算报告和其他临时报告。

第四十五条　聘请资信评级机构对资产支持证券进行信用评级的，资信评级机构应当按照规定和约定持续跟踪受评对象信用状况的变化情况，及时披露定期和不定期跟踪评级报告。

资信评级机构应当同时向管理人和本所提交跟踪评级报告，并及时予以披露。资产支持证券评级报告原则上在非交易时间披露。

第四十六条 计划说明书、年度资产管理报告、年度托管报告、临时报告等文件的内容与格式由本所另行规定。

第六章 持有人权益保护

第一节 信用风险管理

第四十七条 业务参与人及其相关人员应当按照规定和约定切实履行责任，加强配合，共同做好资产支持证券信用风险管理工作。

第四十八条 管理人应当妥善管理、运用、处分专项计划资产，持续动态监测其他业务参与人、基础资产、现金流状况和资产支持证券的信用风险变化情况，采取有效措施，防范、化解和处置资产支持证券信用风险，并督促其他业务参与人合规履行规定和约定的义务，维护基础资产现金流的稳定和安全。

第四十九条 原始权益人应当移交基础资产，确保基础资产真实、合法、有效和独立。

特定原始权益人应当维持正常的生产经营活动，维护自身生产经营、现金流与信用水平的稳定，加强负债、资金和现金流管理，为基础资产产生预期现金流提供必要的保障。

第五十条 资产服务机构应当管理、运营、维护基础资产，监测基础资产质量变化情况，按照约定及时归集和划转现金流。

第五十一条 增信机构应当承担增信责任，及时履行增信义务。

第五十二条 资产支持证券出现风险或违约情形，管理人应当勤勉尽责、及时有效地采取相关措施，并根据计划说明书、标准条款的约定或者资产支持证券持有人会议决议的授权，处分基础资产，接受全部或部分资产支持证券持有人的委托依法申请财产保全措施、提起或参加诉讼、仲裁、破产等法律程序。

第二节 持有人会议

第五十三条 管理人应当按照有利于保护资产支持证券持有人

权益的原则制定资产支持证券持有人会议规则。

持有人会议规则应当公平、合理、合法，不得违反法律法规、本规则以及本所相关业务规则的规定，明确约定下列事项：

（一）通过持有人会议行使权利的范围；

（二）持有人会议的召集、通知、召开程序及其适用情形；

（三）持有人会议的决策程序，决策生效条件和效力范围等；

（四）持有人会议决议的披露与落实；

（五）其他重要事项。

管理人应当在计划说明书中披露持有人会议规则以及落实持有人会议决议的相关安排。

第五十四条　资产支持证券存续期内，出现下列可能影响持有人权益的重大事项，需要持有人作出决定或者授权采取相应措施的，管理人应当及时召集持有人会议：

（一）拟变更计划说明书、标准条款的约定；

（二）拟修改持有人会议规则；

（三）专项计划已经或者预计不能按约定分配收益；

（四）基础资产现金流归集相关账户被冻结或者限制使用，现金流未按约定足额归集、划转或者被截留、挪用；

（五）特定原始权益人、增信机构、重要现金流提供方、资产服务机构的资信情况发生明显恶化或者不履行职责，或者增信机制、专项计划资产安全维护机制未能有效实施，可能影响专项计划按约定分配收益；

（六）持有人会议规则约定的其他应当召开持有人会议的情形；

（七）发生其他对持有人权益有重大影响的事项。

持有人会议规则可以约定其他主体召集持有人会议的安排。相关安排应当有利于保护持有人权益，便于会议召集和持有人行使权利。

第五十五条　管理人或者其他召集人应当提前发布会议通知，按照规定或者约定召开持有人会议。

第五十六条　管理人可以按照相关规定或者持有人会议规则的约定简化持有人会议召集程序或者决议方式,但不得对持有人权益产生不利影响。

第五十七条　提交持有人会议审议的议案应当符合相关规定和约定,具有明确并切实可行的决议事项,有利于保护资产支持证券持有人权益,不得违反法律法规禁止性规定,不得损害国家利益、社会公共利益或者他人合法权益。

第五十八条　管理人应当在持有人会议结束后及时披露持有人会议决议。持有人会议应当由律师见证。见证律师对会议的召集、召开、表决程序、出席会议人员资格、有效表决权、决议的合法性以及效力等事项出具法律意见。法律意见书应当与资产支持证券持有人会议决议一同披露。

第五十九条　持有人应当按照持有人会议规则的约定行使表决权。与决议事项存在利益冲突的持有人应当回避表决。

第六十条　资产支持证券持有人、相关业务参与人应当遵守并落实持有人会议生效决议。

第七章　停牌、复牌、终止挂牌

第六十一条　为了保证信息披露的及时与公平,本所可以根据法律法规和本所业务规则的规定,决定资产支持证券临时停止转让(以下简称停牌)与恢复转让(以下简称复牌)。

发生本规则规定的停牌与复牌事项的,管理人应当向本所申请资产支持证券停牌与复牌。本规则未作明确规定,但是管理人有合理理由认为应当停牌与复牌的,可以向本所提出申请并说明理由,本所视情况决定是否同意资产支持证券的停牌与复牌事项。

第六十二条　出现下列情形之一的,管理人应当及时向本所申请停牌,并在按照规定披露或者相关情形消除后申请复牌:

(一)媒体中出现尚未披露的关于资产支持证券或者业务参与人的信息,可能对资产支持证券转让价格产生重大影响;

(二)应当披露的重大信息存在不确定性因素;

(三)应当披露的重大信息未按规定及时披露,或者已经披露的信息不符合要求,且相关信息可能对投资者权益产生重大影响;

(四)对资产支持证券投资者权益有重大影响的其他情形。

出现前款规定情形且已经对资产支持证券转让价格产生重大影响,或者应当披露但暂未披露的重大信息预计难以保密或已经泄露的,管理人应当立即向本所申请停牌。

出现前两款规定事项的,为保护资产支持证券投资者权益、维护市场秩序,本所可以直接对资产支持证券实施停牌或者复牌。

第六十三条 资产支持证券价格发生异常波动的,本所可以根据管理人的申请或者实际情况,对资产支持证券实施停牌,并在相关公告披露或者相关情形消除后予以复牌。

第六十四条 资产支持证券停牌或者复牌的,管理人应当及时披露停牌或者复牌公告。

停牌期间,资产支持证券的派息、兑付、回售、赎回等事宜按照相关规定以及计划说明书等文件的约定执行。

第六十五条 出现下列情形之一的,本所终止资产支持证券挂牌:

(一)资产支持证券全部完成偿付;

(二)经全体资产支持证券持有人同意,管理人提出申请;

(三)本所规定的其他情形。

管理人应当在前款规定情形发生后及时披露相关公告。

第八章 自律监管

第六十六条 本所在自律监管过程中,可以根据本规则以及本所相关规则单独或合并采取下列日常工作措施:

(一)要求对有关问题作出解释和说明;

(二)出具监管工作函;

(三)约见有关人员;

（四）要求提供相关备查文件或材料；

（五）要求就相关事项开展自查或者核查；

（六）向中国证监会报告有关情况；

（七）本所规定的其他日常工作措施。

第六十七条 本所在自律监管过程中，可以根据工作需要，对监管对象实施现场检查。

前款所称现场检查，是指本所在监管对象及其控股子公司、分支机构等相关主体的生产、经营、管理等场所，查阅、复制、提取文件和资料、采集数据信息、查看实物、询问相关人员等。

相关监管对象应当积极配合本所实施现场检查，及时制作并完整保存相关工作底稿备查，按要求提供相关资料，如实回复相关问询，并保证提供的有关文件和资料真实、准确、完整、及时，不得拒绝、阻碍和隐瞒。

第六十八条 监管对象违反本规则以及本所相关业务规则的，本所可以采取下列监管措施：

（一）口头警示；

（二）书面警示；

（三）监管谈话；

（四）要求限期改正；

（五）要求公开致歉；

（六）要求聘请证券服务机构进行核查并发表意见；

（七）要求限期参加培训；

（八）建议更换相关任职人员；

（九）向相关主管部门出具监管建议函；

（十）本所规定的其他监管措施。

第六十九条 监管对象违反本规则以及本所相关业务规则且情节严重的，本所可以采取下列纪律处分：

（一）通报批评；

（二）公开谴责；

(三）暂不接受管理人、证券服务机构或者其从业人员出具的资产支持证券挂牌相关文件；

(四）本所规定的其他纪律处分。

第七十条 监管对象违反本所业务规则规定以及计划说明书、挂牌协议等文件的约定或者其所作出的承诺的，本所视情节轻重，对其单独或者合并采取自律监管措施或者实施纪律处分。

第七十一条 监管对象出现下列情形之一的，本所可以将其纳入诚信档案：

(一）未按规定和约定履行还本付息或者代偿等义务的；

(二）不履行作出的重要承诺的；

(三）被本所实施纪律处分及相关监管措施的；

(四）本所规定的其他情形。

本所根据法律法规、本所相关业务规则规定，可以审慎受理记入诚信档案的监管对象提交的申请或出具的相关文件。

第七十二条 监管对象不服本所纪律处分决定的，可以按照本所规定提出复核申请。复核期间，该纪律处分不停止执行，本所另有规定的除外。

第九章 附 则

第七十三条 本所对特定品种或者特定资产类型资产支持证券的挂牌条件、信息披露、持有人权益保护等有特别规定的，从其规定。

第七十四条 本所对无法按约定完成收益分配资产支持证券及相关主体涉及的资产支持证券的信息披露、投资者适当性管理、挂牌转让及其他自律管理相关安排另有规定的，从其规定。

第七十五条 资产支持证券挂牌转让相关收费标准，按照本所相关规定执行。

第七十六条 本规则经本所理事会审议通过，报中国证监会批准后生效，修改时亦同。

第七十七条 本规则由本所负责解释。

第七十八条 本规则自发布之日起施行。本所于2014年11月26日发布的《上海证券交易所资产证券化业务指引》(上证发〔2014〕80号)、2017年6月20日发布的《上海证券交易所资产支持证券挂牌条件确认业务指引》(上证发〔2017〕28号)同时废止。

附件2：

《上海证券交易所资产支持证券业务规则》起草说明

一、制定背景

2014年，中国证监会发布实施《证券公司及基金管理公司子公司资产证券化业务管理规定》，上海证券交易所(以下简称上交所)据此制定了《上海证券交易所资产证券化业务指引》及相关配套规则。近年来，上交所资产证券化业务稳步发展，基础资产类型日益丰富，产品持续创新。截至2024年2月末，上交所资产支持证券累计发行6.58万亿元，存量规模1.39万亿元，在盘活存量资产、降低企业杠杆、拓宽融资渠道、服务实体经济、助力供给侧改革等方面发挥了重要作用。

随着资产证券化业务进入发展新阶段和市场形势的变化，现有业务规则不能充分适应业务发展的需要。为进一步夯实资产信用和破产隔离制度、加强投资者保护、明确自律监管要求，上交所在中国证监会统一部署下，结合日常监管实践，对《上海证券交易所资产证券化业务指引》《上海证券交易所资产支持证券挂牌条件确认业务指引》进行了修订、整合，形成了《上海证券交易所资产支持证券业务规则》(以下简称《业务规则》)。

《业务规则》旨在建立覆盖资产支持证券全生命周期的业务规则

体系和制度保障,作为上交所资产证券化业务基本规则,与前期已经发布的第 1 号至第 5 号资产支持证券挂牌条件确认规则适用指引等业务指引一起,共同构成上交所资产证券化业务规则体系,通过明确市场预期、引导相关主体归位尽责、促进自律管理转型升级,进一步激发市场活力,充分发挥资产证券化业务在落实新发展理念、构建新发展格局、推动高质量发展方面的功能,更好地服务于实体经济发展与金融风险防控相关要求。

二、主要内容

本次修订涉及挂牌条件及确认程序、发行和挂牌转让、信息披露、持有人权益保护、停复牌及终止挂牌、自律监管等环节和领域,对资产证券化业务全流程作出全面性、基础性的规范,主要包括以下几方面内容:

(一)完善挂牌条件,明确挂牌条件确认程序

一是聚焦资产支持证券的特点和规律,细化基础资产及现金流、交易结构、特定原始权益人及资产服务机构等方面的挂牌条件要求,推动审查要求公开透明;二是明确挂牌条件确认程序,确立发行前备案程序依据,强化对挂牌条件确认工作的约束和监督,加强廉洁风险防范。

(二)补强信息披露要求,规范信息披露机制

一是新增信息披露基本原则、披露方式,强调信息披露义务人职责,明确申报、发行、存续期间计划说明书、定期报告、临时报告、评级报告等文件的信息披露要求;二是规范特殊情形信息披露机制,明确自愿披露、暂缓或豁免披露、交易所主动公告、重大事项临时报告等的适用情形和要求,提升信息披露的及时性和规范性。

(三)完善持有人权益保护机制安排,强化风险管理责任

一是新增资产支持证券持有人会议制度,明确持有人会议规则应当约定的事项、会议召集事项和召开程序、会议议案原则性要求、表决权和表决回避、持有人会议决议效力等,同时保留了自治约定的空间,强化市场内生约束;二是强调管理人主动管理和信用风险监测防范化

解职责,强化原始权益人、资产服务机构和增信机构存续期规范运行职责。

(四)完善停复牌监管,细化自律监管安排

一是细化资产支持证券停复牌和摘牌的情形,优化实施程序,明确停复牌发起机制、停牌期间的信息披露安排,优化资产支持证券摘牌情形等;二是丰富细化了自律监管措施及适用情形,引导相关主体归位尽责。

三、征求意见及采纳情况

2022年12月2日至12月9日,上交所就《业务规则》向社会公开征求意见。征求意见期间,共收到23条相关意见建议。上交所对此进行了认真研究梳理,并结合相关意见,从立法技术角度对若干条款的具体表述进行了适当优化,以增强具体规定的规范性和简明性。

上海证券交易所关于发布《上海证券交易所资产管理计划份额转让业务指引》的通知

(上证发〔2014〕19号　2014年4月4日发布)

各会员单位、基金管理人及其他市场参与主体:

为规范资产管理计划份额转让业务,维护证券市场秩序,上海证券交易所(以下简称"本所")制定了《上海证券交易所资产管理计划份额转让业务指引》(详见附件)。现予发布,并自发布之日起施行。

本所于2013年8月19日发布的《关于为资产管理计划份额提供转让服务的通知》同时废止。

特此通知。

上海证券交易所资产管理计划
份额转让业务指引

第一章 总则

第一条 为了规范资产管理计划份额转让业务,促进资产管理业务发展,根据中国证监会《证券公司集合资产管理业务实施细则》、《基金管理公司特定客户资产管理业务试点办法》等相关规定以及上海证券交易所(以下简称"本所")相关业务规则,制定本指引。

第二条 资产管理机构依法设立并存续的资产管理计划份额在本所转让的,适用本指引。

本指引所称资产管理机构,是指证券公司或其资产管理子公司、基金管理公司或其资产管理子公司以及经中国证监会认可的其他资产管理机构。

本指引所称资产管理计划份额,是指证券公司集合资产管理计划份额、基金管理公司特定客户资产管理计划份额以及本所认可的其他资产管理计划份额。

第三条 符合中国证监会的相关规定以及资产管理合同约定的投资者,可以参与资产管理计划份额转让业务。

第四条 本所为资产管理计划份额提供转让服务,不表明对资产管理计划的投资风险或收益作出判断或保证,相关投资与转让风险由投资者自行承担。

第五条 资产管理计划份额转让的清算交收事宜,由资产管理计划份额登记机构根据其规则办理。

第二章 服务提供、暂停与终止

第六条 资产管理机构将其资产管理计划份额在本所进行转让,应当向本所提交以下材料:

（一）业务申请书；

（二）资产管理计划核准或者备案确认文件；

（三）资产管理计划说明书；

（四）资产管理合同；

（五）资产管理计划募集资金验资报告；

（六）资产管理计划资产托管协议、份额登记证明或其他登记托管证明文件；

（七）本所要求的其他材料。

资产管理机构应当保证其申请材料真实、准确、完整。

第七条 资产管理机构提交的材料完备的，本所出具可以提供资产管理计划份额转让服务的书面通知。

资产管理机构应当在收到本所书面通知后的 10 个交易日内，与本所签订资产管理计划份额转让服务协议。

本所为提供转让服务的资产管理计划分配相应的证券代码。

第八条 资产管理计划展期的，资产管理机构应当于资产管理计划到期前一个月前向本所提交展期的合规说明以及继续提供转让服务的书面通知。

资产管理机构提供的材料完备的，本所为其展期后的资产管理计划份额继续提供转让服务。

第九条 自资产管理计划的存续期届满前的第 5 个交易日起，本所终止该资产管理计划份额的转让服务。

第十条 出现下列情形之一的，本所可以暂停或者提前终止提供资产管理计划份额转让服务：

（一）资产管理机构向本所提交暂停或者终止资产管理计划份额转让的书面通知，并经本所确认的；

（二）资产管理机构违反本所相关规定或者资产管理计划份额转让服务协议的约定的；

（三）本所根据市场发展需要、法律法规的规定或监管机关的要求，决定暂停或者终止提供资产管理计划份额转让服务的；

（四）本所规定的其他情形。

第十一条　资产管理计划份额转让服务的暂停、恢复与终止时间，以本所公告为准。

第三章　业务开展

第十二条　资产管理机构应当建立健全投资者适当性管理制度，确保参与资产管理计划份额转让的投资者符合相关要求。

第十三条　通过受让资产管理计划份额首次参与资产管理计划的投资者，应当先与资产管理机构、资产托管机构签订资产管理合同。

第十四条　资产管理机构应当向参与转让业务的投资者全面介绍相关法律法规、部门规章和业务规则的规定，充分揭示可能产生的风险，并要求其签署风险揭示书。

风险揭示书必备条款由本所制定。

第十五条　资产管理计划份额转让通过协议转让或本所认可的其他转让方式进行。

第十六条　本所于每个交易日9:00至16:00接受资产管理计划份额协议转让的成交申报。根据市场情况，本所可以对业务受理时间进行调整。

投资者可以采取书面或互联网自助等方式，通过资产管理机构向本所提交成交申报指令。

成交申报指令应当包括证券代码、用户账号、买卖方向、成交价格、成交数量等内容。

第十七条　资产管理计划份额转让成交申报的计价单位为每100元面值资产管理计划份额的价格。最小申报数量应当符合中国证监会和本所的相关规定以及资产管理合同的约定要求。

第十八条　投资者转让或受让资产管理计划份额的，应当持有相应的足额份额或资金。

资产管理机构负责对投资者是否持有足额份额或资金进行前端

检查,并确保资产管理计划份额转让后份额持有人人数及单个投资者持有的份额余额符合中国证监会及本所的相关规定。

第十九条　本所对资产管理计划份额转让成交申报进行形式审核,对符合规定的成交申报予以确认。

转让双方应当根据经确认的成交结果履行清算交收义务。

第二十条　资产管理计划份额的转让可以当日回转。

第二十一条　根据市场需要,本所可以确定或者调整资产管理计划份额转让的申报时间、申报方式、申报数量、申报价格限制、申报内容等事项,并向市场公布。

第四章　转让信息

第二十二条　资产管理机构应当在资产管理计划份额转让开始前3个交易日,向符合条件的投资者披露资产管理计划份额转让公告书。

第二十三条　资产管理计划份额转让期间,资产管理机构应当履行以下信息披露义务:

(一)通过本所网站或以本所认可的其他方式,在当日上午9:00前披露资产管理计划上一交易日单位净值、总份额等信息;

(二)在其营业场所置备资产管理计划合同、说明书等法律协议及风险揭示书,供投资者查询;

(三)按照资产管理合同约定的方式,向投资者提供季度资产管理报告、年度资产管理报告、临时报告和其他信息披露文件;

(四)发生资产管理合同约定的可能影响投资者利益的重大事项时,及时告知投资者;

(五)中国证监会和本所规定以及资产管理合同约定的其他披露义务。

第二十四条　出现下列情形之一的,资产管理机构应当在资产管理计划份额终止转让前一个月进行公告:

(一)资产管理计划存续期临近期满而终止转让;

(二)资产管理机构向本所申请提前终止转让;

(三)其他应当公告的情形。

第二十五条 本所通过本所网站公布提供转让服务的资产管理计划份额的基本信息。

每个交易日数据处理结束后,本所向市场公布资产管理计划份额转让的证券代码、转让简称、当日成交价及成交量等信息。

第五章 附 则

第二十六条 本所按转让金额千万分之九的标准向转让双方收取转让经手费,最高不超过 100 元/笔。

根据市场情况,本所可以对经手费标准进行调整。

第二十七条 资产管理机构或者投资者在资产管理计划份额转让业务中违反中国证监会及本所相关规定的,本所可以视情况采取口头警示、书面警示等纪律处分或者监管措施,并计入诚信档案。

第二十八条 本指引由本所负责解释。

第二十九条 本指引自发布之日起实施。本所于 2013 年 8 月 19 日发布的《关于为资产管理计划份额提供转让服务的通知》同时废止。

附件

资产管理计划份额转让风险揭示书必备条款

为了使投资者充分了解资产管理计划份额转让业务风险,通过上海证券交易所(以下简称"上交所")开展资产管理计划份额转让业务的资产管理机构应当制定资产管理计划份额转让的《风险揭示书》。《风险揭示书》至少应包括下列内容:

一、上交所为资产管理计划份额转让提供服务,不代表对资产管理计划的投资风险或收益做出判断或保证。

二、资产管理机构在资产管理计划合同和说明书中对资产管理计划存在的风险已作揭示,投资者在参与资产管理计划份额转让业务前,应认真阅读资产管理计划合同和说明书,了解产品特性,关注产品风险。

三、资产管理计划份额在上交所进行转让,并非集中竞价交易,可能不具有一个活跃的转让市场。上交所可以根据需要暂停或终止转让服务。

四、资产管理计划份额转让后,如果份额持有人人数或者单个投资者持有的份额余额不再符合中国证监会及上交所的相关规定或者资产管理计划的约定的,可能导致已经确认的成交申报无效,相关法律责任及后果由资产管理机构及相关投资者自行承担。

五、资产管理计划份额转让实行非担保交收。申报转让(受让)资产管理计划份额时,上交所对资产管理计划份额(资金)余额事先不实行检查、控制,相关份额登记结算机构也不实行担保交收,转让合同履行风险由转让方、受让方及资产管理机构自行控制。

除上述各项风险提示外,资产管理机构还可以根据具体情况在本公司制定的《风险揭示书》中对资产管理计划份额转让存在的风险做进一步列举。

风险揭示书应以醒目的文字载明:

本《风险揭示书》的揭示事项仅为列举性质,并未穷尽通过上交所办理资产管理计划份额转让业务所有风险因素。投资者参与资产管理计划份额转让业务前,对其他可能产生投资风险的相关因素也应详细了解、认真评估,以免因贸然从事此业务而遭受损失。

上海证券交易所关于推进传统基础设施领域政府和社会资本合作(PPP)项目资产证券化业务的通知

(2017年2月17日发布)

各市场参与人:

为贯彻落实《国家发展改革委 中国证监会关于推进传统基础设施领域政府和社会资本合作(PPP)项目资产证券化相关工作的通知》(发改投资〔2016〕2698号)等文件精神,推动政府和社会资本合作(PPP)项目融资方式创新,提升服务实体经济能力,上海证券交易所(以下简称本所)根据《证券公司及基金管理公司子公司资产证券化业务管理规定》、《上海证券交易所资产证券化业务指引》等相关规定,就推进PPP项目资产证券化业务有关事项通知如下:

一、本所鼓励支持PPP项目企业及相关中介机构依法积极开展PPP项目资产证券化业务。各相关方应勤勉尽责,严格遵守执业规范和监管要求,切实履行尽职调查、信息披露、现金流归集、收益分配和风险防控等职责,确保业务稳健运营,保障投资者利益,维护市场稳定。

二、本所成立PPP项目资产证券化工作小组,明确专人负责落实,对于符合条件的优质PPP项目资产证券化产品建立绿色通道,提升受理、评审和挂牌转让工作效率。项目申报阶段实行即报即审,受理后5个工作日内出具反馈意见,管理人提交反馈回复确认后3个工作日内召开工作小组会议,明确是否符合挂牌要求。项目挂牌阶段专人专岗负责,提升挂牌手续办理效率。

三、根据统一安排,本所建立与证监会、发改委、基金业协会、证券业协会和其他交易场所的沟通衔接机制,积极推进符合条件的项目通过资产证券化方式实现市场化融资,为 PPP 项目联通资本市场提供配合与支持。

本所 PPP 项目资产证券化工作小组联系人:贺锐骁,电话:021-50186162;徐承志,电话:021-50185671;胡双力,电话:021-50185107。资产证券化业务专用邮箱:sseabs@sse.com.cn。

特此通知。

上海证券交易所政府和社会资本合作(PPP)项目资产支持证券挂牌条件确认指南

(2017 年 10 月 19 日发布)

第一条 【制定依据】为规范发展政府和社会资本合作项目(以下简称 PPP 项目)资产证券化业务,便于管理人和原始权益人等参与机构开展业务和加强风险管理,保护投资者合法权益,促进资产证券化业务健康发展,根据《中共中央 国务院关于深化投融资体制改革的意见》(中发〔2016〕18 号)、《证券公司及基金管理公司子公司资产证券化业务管理规定》(证监会公告〔2014〕49 号)、《国家发展改革委 中国证监会关于推进传统基础设施领域政府和社会资本合作(PPP)项目资产证券化相关工作的通知》(发改投资〔2016〕2698 号)、《财政部 中国人民银行 中国证监会关于规范开展政府和社会资本合作项目资产证券化有关事宜的通知》(财金〔2017〕55 号)、《上海证券交易所资产支持证券挂牌条件确认业务指引》(上证发〔2017〕28 号)等相关规定,制定本指南。

第二条 【产品定义】本指南所称 PPP 项目资产支持证券,是指证券公司、基金管理公司子公司作为管理人,通过设立资产支持专项计划（以下简称"专项计划"）开展资产证券化业务，以 PPP 项目收益权、PPP 项目资产、PPP 项目公司股权等为基础资产或基础资产现金流来源所发行的资产支持证券。

　　PPP 项目收益权是在基础设施和公共服务领域开展政府和社会资本合作过程中，社会资本方（项目公司）与政府方签订 PPP 项目合同等协议，投资建设基础设施、提供相关公共产品或服务，并依据合同和有关规定享有的取得相应收益的权利，包括收费权、收益权、合同债权等。PPP 项目收益主要表现形式为使用者付费、政府付费或可行性缺口补助等。

　　PPP 项目资产是在基础设施和公共服务领域开展政府和社会资本合作过程中，社会资本方（项目公司）与政府方签订 PPP 项目合同等协议，并依据合同和有关规定享有所有权或用益物权的项目设施或其他资产，包括项目公司运营所需的动产（机器、设备等）、不动产（土地使用权、厂房、管道等）等。

　　PPP 项目公司股权是在基础设施和公共服务领域开展政府和社会资本合作过程中，社会资本方出资组建项目公司开展 PPP 项目的实施，并依据股东协议和项目公司章程等享有的资产收益、参与重大决策和选择管理者等权利。

　　第三条　【适用范围】本指南适用于社会资本方（项目公司）作为原始权益人的 PPP 项目资产支持证券在上海证券交易所（以下简称"本所"）挂牌转让申请。在《国家发展和改革委员会关于开展政府和社会资本合作的指导意见》（发改投资〔2014〕2724 号）及《关于推广运用政府和社会资本合作模式有关问题的通知》（财金〔2014〕76 号）发布以前已按照 PPP 模式实施并事先明确约定收益规则的项目开展资产证券化，以及其他 PPP 项目主要参与方，如提供融资的融资方、承包商等，以与 PPP 项目相关的基础资产或基础资产现金流来源开展资产证券化，申请在本所挂牌的，参照本指南执行。

　　第四条　【基础资产合格标准－PPP 项目收益权】社会资本方（项目公司）以 PPP 项目收益权作为基础资产开展证券化，原始权益人初始入池和后续循环购买入池(如有)的基础资产在基准日、专项计划设立日和循环购买日(如有)除满足基础资产合格标准的一般要求外，还需要符合以下特别要求：

1. PPP项目已按规定完成PPP项目实施方案评审以及必要的审批、核准或备案等相关手续，社会资本方(项目公司)与政府方已签订有效的PPP项目合同；在能源、交通运输、水利、环境保护、市政工程等特定领域需要政府实施特许经营的，已按规定完成特许经营项目实施方案审定，特许经营者与政府方已签订有效的特许经营协议。

2. PPP项目涉及新建或存量项目改建、依据项目合同约定在项目建成并开始运营后才获得相关付费的，社会资本方(项目公司)应完成项目建设或改建，按相关规定或合同约定经验收或政府方认可，并开始运营，有权按照规定或约定获得收益。

3. PPP项目合同、融资合同未对社会资本方(项目公司)转让项目收益权作出限制性约定，或社会资本方(项目公司)已满足解除限制性约定的条件。

4. PPP项目收益权相关的项目付费或收益情况在PPP合同及相关协议中有明确、清晰的约定。政府付费模式下，政府付费应纳入本级或本级以上政府财政预算、政府财政规划。可行性缺口补助模式下，可行性缺口补助涉及使用财政资金、政府投资资金的，应纳入本级或本级以上政府财政预算、政府财政规划。

5. PPP项目资产或收益权未设定抵押、质押等权利负担。已经设有抵押、质押等权利负担的，通过专项计划安排能够予以解除，如偿还相关融资、取得相关融资方解除抵押、质押的同意等。

6. 社会资本方(项目公司)与政府方不存在因PPP项目合同的重大违约、不可抗力因素影响项目持续建设运营，或导致付费机制重大调整等情形；也不存在因PPP项目合同或相关合同及其他重大纠纷而影响项目持续建设运营，或可能导致付费机制重大调整的协商、调解、仲裁或诉讼等情形。

7. PPP项目不得存在政府方违规提供担保，或政府方采用固定回报、回购安排、明股实债等方式进行变相债务融资情形。

8. PPP项目合同到期日应不早于资产支持证券的最晚到期日。

9. 相关主管部门以及本所确定的其他标准。

第五条 【建设期PPP项目收益权资产证券化的特殊规定】PPP项目公司依据项目合同约定在项目建设期即开始获得相关付费的,可探索在项目建设期以未来收益作为基础资产,并合理设置资产证券化产品规模。

第六条 【基础资产合格标准－PPP项目资产】社会资本方(项目公司)以PPP项目资产作为基础资产开展证券化,除符合第四条关于PPP项目收益权的合格标准外,还需符合以下要求:

1. PPP项目合同等约定社会资本方(项目公司)拥有PPP项目资产的所有权或用益物权,且该等资产可依法转让。

2. PPP项目已经建成并开始运营。

3. PPP项目合同、融资合同等不存在社会资本方(项目公司)转让项目资产的限制性约定,或已满足解除限制性约定的条件。

4. 社会资本方(项目公司)以PPP项目资产开展证券化,应继续履行项目运营责任,或重新确定履行项目运营责任的主体并经政府方等认可,确保不得影响基础设施的稳定运营或公共服务供给的持续性和稳定性。

第七条 【基础资产合格标准－PPP项目公司股权】社会资本方以PPP项目公司股权作为基础资产开展证券化,除符合上述PPP项目收益权的合格标准外,还需符合以下要求:

1. PPP项目合同、项目公司股东协议或公司章程等对项目公司股东转让、质押项目公司股权及转让的受让方没有限制性约定,或已满足解除限制性约定的条件。

2. PPP项目已经建成。

3. PPP项目公司股东协议、公司章程等对项目公司股权股息分配的来源、分配比例、时间、程序、影响因素等,作出了明确约定。

4. PPP项目公司股权股息分配来源于PPP项目收益或其他收益

的，相关收益权不存在被转让的情形，且没有被设定质押等权利负担。相关收益权已经设有质押等权利负担的，应通过专项计划安排予以解除，如回购收益权、偿还相关融资、取得相关融资方解除质押的同意等。

5. PPP项目公司控股股东以项目公司股权作为基础资产发行资产支持证券的规模不得超过其持有股权带来的现金流现值的50%；其他股东发行规模不得超过其持有股权带来的现金流现值的70%。

6. PPP项目公司控股股东以持有的项目公司股权发行资产支持证券，不得改变对项目公司的实际控制权和项目运营责任，不得影响基础设施的稳定运营或公共服务供给的持续性和稳定性。

第八条 【原始权益人的特别要求】社会资本方（项目公司）应具有持续经营能力，内部控制制度健全，最近三年未发生重大违约或虚假信息披露，无不良信用记录。

第九条 【优先鼓励的项目】鼓励社会资本方（项目公司）开展下列PPP项目资产证券化：

1. 行业龙头企业作为社会资本方参与建设运营；

2. 雄安新区和京津冀协同发展、"一带一路"建设、长江经济带建设以及新一轮东北地区等老工业基地振兴等符合国家战略的项目；

3. 水务、环境保护、交通运输等市场化程度较高、公共服务需求稳定、现金流可预测性较强的行业项目；

4. 项目所在地政府偿付能力较好、信用水平较高、严格履行PPP项目财政管理要求；

5. 其他具有稳定投资收益和良好社会效益的示范项目。

社会资本方（项目公司）可以以其建设运营的多个PPP项目中具有同质性的基础资产组成基础资产池开展证券化；可以将综合性PPP项目中权属清晰、现金流独立的部分子项目资产单独开展证券化。

本所对PPP项目主管部门推荐的项目和中国政企合作支持基金投资的项目的资产证券化建立受理、审核绿色通道，专人专岗负责，提高受理、审核、挂牌的工作效率。

第十条 【解释权】本指南为开放性指南,将根据业务发展情况不定期修订并发布更新版本。本所对本指南保留最终解释权。

第十一条 【生效时间】本指南自发布之日起施行。

名词解释:

政府和社会资本合作(Public – Private Partnerships,简称 PPP),是指政府采取竞争性方式择优选择具有投资、运营管理能力的社会资本方,双方按照平等协商原则订立合同,明确责权利关系,由社会资本方提供公共产品或服务,政府向社会资本方支付相应对价,社会资本方获得合理收益的合作模式。PPP 采取建设 – 运营 – 移交(BOT)、建设 – 拥有 – 运营(BOO)、建设 – 拥有 – 运营 – 移交(BOOT)、转让 – 运营 – 移交(TOT)、改建 – 运营 – 移交(ROT)、委托运营(O&M)等运营方式。

政府方,是指组织实施 PPP 项目并代表政府签署 PPP 项目合同的政府及其所属部门或事业单位。

社会资本方,是指依法设立且有效存续的具有法人资格的企业,包括国有企业、民营企业、外国企业、外商投资企业、混合所有制企业,原则上不包括本级政府所属融资平台公司。社会资本方是 PPP 项目的实际投资人,实践中,社会资本方通常不会直接作为 PPP 项目的实施主体,而会专门针对该项目成立项目公司,作为 PPP 项目合同及项目其他相关合同的签约主体,负责项目具体实施。

项目公司,是指依法设立的自主运营、自负盈亏的具有独立法人资格的经营实体。项目公司可以由社会资本方(可以是一家企业,也可以是多家企业组成的联合体)出资设立,也可以由政府和社会资本方共同出资设立。

PPP 项目合同,是指政府方与社会资本方(项目公司)依法就 PPP 项目合作所订立的合同,是政府方与社会资本方之间合理分配项目风险,明确双方权利义务关系以及 PPP 项目的交易结构,以保障双方能够依据合同约定合理主张权利,妥善履行义务,确保项目全生命周期内的顺利实施的相关安排。PPP 项目合同是 PPP 整个合同体系的基础和核心。

使用者付费(User Charges),是指由最终消费用户直接付费购买公共产品和服务。社会资本方(项目公司)直接从最终用户处收取费用,以回收项目的建设和运营成本并获得合理收益。

政府付费(Government Payment),是指政府方直接付费购买公共产品和服务,政府方可以依据项目设施的可用性、产品或服务的使用量以及质量向项目公司付费。

可行性缺口补助(Viability Gap Funding),是指使用者付费不足以满足社会资本方(项目公司)成本回收和合理回报时,由政府方给予一定的经济补助,以弥补使用者付费之外的缺口部分。可行性缺口补助的形式可能包括土地划拨、投资入股、投资补助、价格补贴、优惠贷款、贷款贴息、放弃分红权、授予项目相关开发收益权等其中的一种或多种。

可用性付费(Availability Payment),是指政府方依据社会资本方(项目公司)所提供的项目设施或服务是否符合合同约定的标准和要求来付费。

使用量付费(Usage Payment),是指政府方依据社会资本方(项目公司)所提供的项目设施或服务的实际使用量来付费。

绩效付费(Performance Payment),是指政府方依据社会资本方(项目公司)所提供的公共产品或服务的质量付费。通常政府方与项目公司会明确约定项目的绩效标准,并将政府付费与项目公司的绩效表现挂钩。

上海证券交易所政府和社会资本合作(PPP)项目资产支持证券信息披露指南

(2017年10月19日发布)

第一章 总 则

第一条 【制定依据】为规范发展政府和社会资本合作项目(以下简称PPP项目)资产证券化业务,便于管理人和原始权益人等参与机构开展业务和加强风险管理,保护投资者合法权益,促进资产证券化业务健康发展,根据《中共中央 国务院关于深化投融资体制改革的意见》(中发〔2016〕18号)、《证券公司及基金管理公司子公司资产证券化业务管理规定》(证监会公告〔2014〕49号,以下简称《管理规定》)、《国家发展改革委 中国证监会关于推进传统基础设施领域政府和社会资本合作(PPP)项目资产证券化相关工作的通知》(发改投资〔2016〕2698号)、《财政部 中国人民银行 中国证监会关于规范开展政府和社会资本合作项目资产证券化有关事宜的通知》(财金〔2017〕55号)、《上海证券交易所资产支持证券挂牌条件确认业务指引》(上证发〔2017〕28号)等相关规定,制定本指南。

第二条 【产品定义】本指南所称PPP项目资产支持证券,是指证券公司、基金管理公司子公司作为管理人,通过设立资产支持专项计划(以下简称"专项计划")开展资产证券化业务,以PPP项目收益权、PPP项目资产、PPP项目公司股权等为基础资产或基础资产现金流来源所发行的资产支持证券。

PPP项目收益权是在基础设施和公共服务领域开展政府和社会资本合作过程中,社会资本方(项目公司)与政府方签订PPP项目合同等协议,投资建设基础设施、提供相关公共产品或服务,并依据合同和有关规定享有的取得相应收益的权利,包括收费权、收益权、合同债权等。PPP项目收益主要表现形式为使用者付费、政府付费或可行性缺口补助等。

PPP项目资产是在基础设施和公共服务领域开展政府和社会资本合作过程中,社会资本方(项目公司)与政府方签订PPP项目合同等协议,并依据合同和有关规定享有所有权或用益物权的项目设施或其他资产,包括项目公司运营所需的动产(机器、设备等)、不动产(土地使用权、厂房、管道等)等。

PPP项目公司股权是在基础设施和公共服务领域开展政府和社会资本合作过程中,社会资本方出资组建项目公司开展PPP项目的实施,并依据股东协议和项目公司章程等享有的资产收益、参与重大决策和选择管理者等权利。

第三条 【适用范围】本指南适用于社会资本方(项目公司)作为原始权益人的PPP项目资产支持证券在上海证券交易所(以下简称"本所")挂牌转让的信息披露专项要求。在《国家发展和改革委员会关于开展政府和社会资本合作的指导意见》(发改投资〔2014〕2724号)及《关于推广运用政府和社会资本合作模式有关问题的通知》(财金〔2014〕76号)发布以前已按照PPP模式实施并事先明确约定收益规则的项目开展资产证券化,以及其他PPP项目主要参与方,如提供融资的融资方、承包商等,以与PPP项目相关的基础资产或基础资产现金流来源开展资产证券化,在本所挂牌转让的,参照本指南执行。

第四条 【信息披露责任】管理人及其他信息披露义务人应当按照《管理规定》、《证券公司及基金管理公司子公司资产证券化业务信息披露指引》、《上海证券交易所资产证券化业务指南》、本指南的规定以及计划说明书的约定履行信息披露义务,及时、公平地披露可能对资产支持证券产生重大影响的信息,并保证所披露的信息真实、准确、完整,不得有虚假记载、误导性陈述或者重大遗漏。

本指南所称其他信息披露义务人包括但不限于托管人、律师事务所、资信评级机构、资产服务机构、现金流预测分析机构、不动产评估机构等。

第五条 【信息披露渠道】资产支持证券在本所挂牌转让的,管理人及其他信息披露义务人应当在信息披露日前将披露文件报送本所。本所于信息披露当日通过本所网站或以本所认可的其他方式向合格投资者披露信息。

本所对管理人及其他信息披露义务人披露的信息进行形式审核,对其内容的真实性不承担责任。

第六条 【信息保密义务】管理人、其他服务机构及登记托管机构等相关知情人在信息披露前不得泄露拟披露的信息。

第二章 发行环节信息披露

第七条 【PPP 项目情况 – PPP 项目收益权】专项计划以 PPP 项目收益权作为基础资产的,计划说明书除按照资产支持证券一般要求进行编制和披露外,还应披露包括但不限于下述关于 PPP 项目建设、运营等相关信息:

1. 项目识别、准备和采购情况,包括 PPP 项目实施方案评审,项目立项审批、核准或备案情况,财政承受能力论证报告及物有所值评价报告相关信息(如有),PPP 项目采购情况,PPP 项目合同签订情况、入库情况等。在能源、交通运输、水利、环境保护、市政工程等特定领域需要政府实施特许经营的,应披露是否已按规定完成特许经营项目实施方案审定,特许经营者与政府方已签订有效的特许经营协议。

2. 社会资本(项目公司)设立、运营情况,设立项目公司的,包括设立登记、股东认缴及实缴资本金、股权结构、增减资、项目公司内部控制情况、财务情况、提供履约担保情况等。PPP 项目公司股东以项目公司股权开展资产证券化的,还包括项目股东情况、项目公司股权股息的分配情况等。

3. 项目前期融资情况,包括融资机构名称、融资金额、融资结构及融资交割情况等。

4. 项目建设情况,包括项目建设进度、质量以及是否符合相关政策法规和PPP项目合同约定的标准和要求;PPP项目涉及新建或存量项目改建后再运营并获得相关付费的,是否完成项目建设或改建,按相关规定或合同约定经验收或政府方认可,并开始运营等。

5.项目运营情况,包括已运营时间、项目维护、运营情况以及是否符合相关政策法规和PPP项目合同约定的标准和要求。

6.项目付费或收益情况。计划管理人应当依据不同的付费模式,披露PPP项目合同、政府相关文件中约定的项目付费及收益情况:

(1)使用者付费模式下,包括但不限于使用者范围、付费条件、付费标准、付费期间、影响付费的因素等。如涉及付费调整的,应当披露调整的条件、方法及程序;涉及新建竞争性项目或限制社会资本方(项目公司)超额利润的,应当披露相关约定。

(2)政府付费模式下,采取可用性付费的,应披露对可用性标准、付费标准、付费时间、不可用情形及扣减机制的约定;采取使用量付费的,应披露对公共服务使用量计算标准、付费标准、付费时间、扣减机制的约定;采用绩效付费的,应披露对绩效标准、绩效考核机制、付费标准、付费时间、扣减机制的约定。如涉及付费调整的,应披露调整的条件、方法及程序。应披露政府付费纳入本级政府财政预算、中期财政规划的相关情况。

(3)可行性缺口补助模式下,除了披露对使用者付费机制作出的约定外,还应当披露政府给予的可行性缺口补助形式、数额、时间等约定。可行性缺口补助涉及使用财政资金、政府投资资金的,应披露纳入本级政府财政预算、中期财政规划及政府投资计划的相关情况。

第八条 【PPP项目情况－PPP项目资产】专项计划以PPP项目资产作为基础资产的,除按照PPP项目收益权的相关要求披露PPP项目建设、运营信息,还应当披露根据PPP项目合同等约定PPP项目资产权属情况。

第九条 【PPP项目情况－PPP项目公司股权】专项计划以PPP项目公司股权作为基础资产的,除按照PPP项目收益权的相关要求披露PPP项目建设、运营信息,还应当披露PPP项目公司股东协议、公司章程等对项目公司股权股息分配的来源、分配比例、时间、程序、影响因素等作出的约定,项目公司已有股权股息的分配情况等。

第十条 【基础资产权利负担】管理人应在计划说明书等发行文件中明确披露 PPP 项目合同、项目公司股东协议、融资合同中是否存在社会资本方(项目公司)转让基础资产的限制性约定,或披露是否已满足解除限制的条件、获得相关方转让基础资产的同意等。

基础资产已经设定的抵押、质押等权利负担,通过专项计划安排能够予以解除的,应披露偿还相关融资、取得相关融资方解除抵押、质押的同意的文件和相关信息。

基础资产对应的底层相关资产(如管道、设备、厂房、土地使用权等)存在抵押、质押等担保权益或其他权利限制情况的,管理人应核查并在计划说明书中披露相关权利负担或限制是否可能导致底层资产被处置从而影响到原始权益人持续业务经营、现金流稳定和专项计划投资者利益,并设置相关风险缓释措施。

第十一条 【PPP 项目合规性】管理人和律师事务所应核查 PPP 项目是否存在政府方违规提供担保,或政府方采用固定回报、回购安排、明股实债等方式进行变相债务融资的情形,并在相关发行文件中发表明确意见。法律意见书除按照资产支持证券一般要求进行编制和披露外,项目律师还应就基础资产是否符合 PPP 项目相关的合格标准、原始权益人的特别要求等发表明确意见。

第十二条 【现金流测算－PPP 项目收益权】以 PPP 项目收益权作为基础资产的,专项计划应以 PPP 项目合同、政府相关文件为依据,综合评估 PPP 项目建设运营经济技术指标、付费模式和标准,参考相关历史数据或同类项目数据,在计划说明书及相关发行文件中披露 PPP 项目收益现金流的测算过程及结果。管理人应核查并披露 PPP 合同是否明确了因运营成本上升、市场需求下降等因素造成现金流回收低于预期的风险分担机制,并设置了补助机制等政府承诺和保障、购买保险等风险缓释措施。

使用者付费模式下,计划说明书及相关发行文件应披露测算 PPP

项目收益现金流所考虑的各种因素，包括但不限于：使用者范围和未来数量变化、收费标准及其可能的调整、未能及时足额收取费用的情况、新建竞争性项目或限制社会资本方（项目公司）超额利润的情况等。

政府付费模式下，计划说明书及相关发行文件应披露测算PPP项目收益现金流所考虑的各种因素，包括但不限于：PPP项目建设运营经济技术标准是否满足政府付费要求、付费标准及其可能的调整、未能及时足额收取费用的情况、绩效监控及其可能扣减付费的情况等。

可行性缺口补助模式下，计划说明书及相关发行文件应披露测算PPP项目未来现金流所考虑的相关影响使用者付费和政府付费现金流的因素，可行性缺口补助的条件、形式和能形成现金流的补助等。

第十三条 【现金流测算－PPP项目资产、项目公司股权】以PPP项目资产、项目公司股权作为基础资产的，除按上述PPP项目收益权测算现金流外，应由专业机构出具独立的资产评估报告，考虑项目资产的价值变化情况、项目公司股权股息分配的其他来源等。

第十四条 【现金流归集】管理人应在计划说明书等发行文件中确定并披露各个账户环节、流入流出时间等。基础资产现金流涉及从项目公司归集至原始权益人再转付至专项计划的，应披露专项计划设置的现金流混同风险的防范机制及资产支持证券存续期间设置防范混同风险的持续检查机制等。

第十五条 【影响现金流归集的因素及防范措施】PPP项目建设运营中存在尚未付清的融资负债、建设工程结算应付款或需要支付运营成本等情况的，管理人应核查和分析上述负债偿还或运营成本支付是否对PPP项目资产现金流归集形成限制、是否可能导致现金流截留风险等作出判断，并在计划说明书中披露。

管理人应在计划说明书中披露上述负债或需要支付运营成本的情况，与社会资本方（项目公司）确定并披露防范现金流截留风险的措施。上述防范措施包括但不限于：不能防范截留风险的不纳入基础资产范围，在入池基础资产的现金流预测中扣减上述负债或运营成本总额;社会资本方(项目公司)承诺以自有资金偿还相关负债或支付运营成本;社会资本方(项目公司)提供有效的增信或防范截留风险的措施,在资产支持证券存续期间安排防范截留风险的持续检查机制等。

第十六条 【交易结构安排】管理人、社会资本方(项目公司)可以结合PPP项目运营情况、基础资产质量、现金流归集安排等设置并在计划说明书中披露差异化的交易结构和投资者保护措施,包括但不限于优先次级分层、现金流超额覆盖、资产超额抵押、差额支付、外部担保、股东方流动性支持等信用增级措施,现金流归集路径和频率调整、加速清偿、原始权益人回购等投资者保护机制。

第十七条 【风险缓释】针对PPP项目实施中可能发生的下列事项,管理人和项目律师事务所应认真分析并根据PPP项目合同或其他相关合同约定的补救、处置方式,设置并在计划说明书中披露相应的交易结构安排、权利完善事件及其他投资者保护机制,保护投资者合法权益。涉及现金流变化的,应在现金流测算和归集中防范相关风险。

1. 社会资本方(项目公司)在PPP项目建设、运营中发生重大违约及合同约定的补救、处置方式。如项目公司破产或资不抵债、未按项目合同约定完成融资、未在约定时间内完成建设或开始运营、未按照规定或约定的标准和要求提供产品或服务、违反合同约定的股权变更限制、未按合同约定为PPP项目或相关资产购买保险等。

2. 政府方在PPP项目建设、运营中发生重大违约及合同约定的补救、处置方式。如未按合同约定付费或提供补助,未按约定完成项目审批、提供土地使用权及其他配套设施、防止不必要竞争性项目,自行决定征收征用或改变相关规定等。

3. 政治不可抗力事件及合同约定的补救、处置方式。如非因签约政府方原因导致且不在其控制下的征收征用、法律变更、未获审批等。

4. 自然不可抗力事件及合同约定的补救、处置方式。如地震、台风、洪水等自然灾害,武装冲突、骚乱、疫情等社会异常事件。

5. 政府方因PPP项目所提供的公共产品或服务已经不合适或者不再需要，或者会影响公共安全和公共利益而单方面决定接管、变更、终止项目及合同约定的补救、处置方式。

6. 其他影响PPP项目建设、运营以及社会资本方(项目公司)获得投资回报的情形。

第十八条 【运营责任安排】社会资本方(项目公司)转让PPP项目收益权、项目资产及项目公司股权开展资产证券化，应在计划说明书、资产买卖协议、资产服务协议中明确，社会资本方(项目公司)应继续承担项目的持续维护、运营责任，或对项目持续维护、运营责任作出合理安排并取得政府方认可，不得影响基础设施的稳定运营或公共服务供给的持续性和稳定性。

第十九条 【备查文件】管理人、社会资本方(项目公司)在提交PPP项目资产证券化申报文件时，除提交资产支持证券要求的申报文件外，还应提交下列文件作为备查文件并予以披露：

1. 经评审或审核、审批的PPP项目实施方案。

2. 社会资本方(项目公司)与政府方签订的有效的PPP项目合同；需要政府实施特许经营的，特许经营者与政府方签订的有效的特许经营协议。

3. 政府付费机制下，主管部门出具的同意政府付费的证明文件及政府付费纳入政府财政预算、政府财政规划的相关文件。使用者付费机制下，主管部门等单位出具的相关收费文件或证明文件。经主管部门审核通过的物有所值评价报告(如有)、财政承受能力论证报告(如有)。

4. 项目公司股东协议、公司章程等。

第三章 存续期间信息披露

第二十条 【年度资产管理报告】年度资产管理报告应就PPP项目实施情况、运营情况、是否达到规定或约定的运营标准和要求以及影响运营的其他情况，项目公司绩效情况、付费调整情况、使用者付费模式下项目实际收费情况、政府付费模式下实际付费情况、可行性缺口补助模式下实际收益情况以及影响项目收益的其他情况进行专项披露。

第二十一条 【临时信息披露】资产支持证券存续期间,发生下列影响PPP项目建设运营、项目收益现金流和资产支持证券本息偿付的重大事项,管理人应在相关事项发生后两个交易日内及时进行临时信息披露:

1. 发生本指南第十七条所列的事项,管理人应进行临时信息披露,并持续披露采取的相关补救、处置措施及其影响。

2. 发生PPP项目合同重大变更、补充,项目重大变更等影响项目建设运营的事项。

3. 发生收费价格、付费标准重大调整事项。

4. 其他影响PPP项目建设运营、项目收益现金流和资产支持证券本息偿付的重大事项。

第四章 附 则

第二十二条 【解释权】本指南为开放性指南,将根据业务发展情况不定期修订并发布更新版本。本所对本指南保留最终解释权。

第二十三条 【生效时间】本指南自发布之日起施行。

名词解释:

政府和社会资本合作(Public-Private Partnerships,简称PPP),是指政府采取竞争性方式择优选择具有投资、运营管理能力的社会资本方,双方按照平等协商原则订立合同,明确责权利关系,由社会资本方提供公共产品或服务,政府向社会资本方支付相应对价,社会资本方获得合理收益的合作模式。PPP采取建设-运营-移交(BOT)、建设-拥有-运营(BOO)、建设-拥有-运营-移交(BOOT)、转让-运营-移交(TOT)、改建-运营-移交(ROT)、委托运营(O&M)等运营方式。

政府方,是指组织实施PPP项目并代表政府签署PPP项目合同的政府及其所属部门或事业单位。

社会资本方,是指依法设立且有效存续的具有法人资格的企业,包括国有企业、民营企业、外国企业、外商投资企业、混合所有制企业,原则上不包括本级政府所属融资平台公司。社会资本方是PPP项目的实际投资人,实践中,社会资本方通常不会直接作为PPP项目的实施主体,而会专门针对该项目成立项目公司,作为PPP项目合同及项目其他相关合同的签约主体,负责项目具体实施。

项目公司,是指依法设立的自主运营、自负盈亏的具有独立法人资格的经营实体。项目公司可以由社会资本方(可以是一家企业,也可以是多家企业组成的联合体)出资设立,也可以由政府和社会资本方共同出资设立。

PPP项目合同,是指政府方与社会资本方(项目公司)依法就PPP项目合作所订立的合同,是政府方与社会资本方之间合理分配项目风险、明确双方权利义务关系以及PPP项目的交易结构,以保障双方能够依据合同约定合理主张权利,妥善履行义务,确保项目全生命周期内的顺利实施。PPP项目合同是PPP整个合同体系的基础和核心。

使用者付费(User Charges),是指由最终消费用户直接付费购买公共产品和服务。社会资本方(项目公司)直接从最终用户处收取费用,以回收项目的建设和运营成本并获得合理收益。

政府付费(Government Payment),是指政府方直接付费购买公共产品和服务,政府方可以依据项目设施的可用性、产品或服务的使用量以及质量向项目公司付费。

可行性缺口补助(Viability Gap Funding),是指使用者付费不足以满足社会资本方(项目公司)成本回收和合理回报时,由政府方给予一定的经济补助,以弥补使用者付费之外的缺口部分。可行性缺口补助的形式可能包括土地划拨、投资入股、投资补助、价格补贴、优惠贷款、贷款贴息、放弃分红权、授予项目相关开发收益权等其中的一种或多种。

可用性付费(Availability Payment),是指政府方依据社会资本方

(项目公司)所提供的项目设施或服务是否符合合同约定的标准和要求来付费。

使用量付费(Usage Payment),是指政府方依据社会资本方(项目公司)所提供的项目设施或服务的实际使用量来付费。

绩效付费(Performance Payment),是指政府方依据社会资本方(项目公司)所提供的公共产品或服务的质量付费。通常政府方与项目公司会明确约定项目的绩效标准,并将政府付费与项目公司的绩效表现挂钩。

上海证券交易所企业应收账款资产支持证券挂牌条件确认指南

(2017年12月15日发布)

第一章 总 则

第一条 为规范企业应收账款资产证券化业务,便于管理人和原始权益人等参与机构开展业务和加强风险管理,保护投资者合法权益,促进资产证券化业务健康发展,根据《证券公司及基金管理公司子公司资产证券化业务管理规定》(证监会公告〔2014〕49号)、《上海证券交易所资产支持证券挂牌条件确认业务指引》(上证发〔2017〕28号)等相关规定,制定本指南。

第二条 本指南所称企业应收账款资产支持证券,是指证券公司、基金管理公司子公司作为管理人,通过设立资产支持专项计划(以下简称专项计划)开展资产证券化业务,以企业应收账款债权为基础资产或基础资产现金流来源所发行的资产支持证券。

本指南所称应收账款,是指企业因履行合同项下销售商品、提供劳务等经营活动的义务后获得的付款请求权,但不包括因持有票据或其他有价证券而产生的付款请求权。

第三条 本指南适用于企业应收账款资产支持证券在上海证券交易所(以下简称本所)挂牌转让申请。

融资租赁合同债权、消费贷款债权等其他债权类资产证券化的挂牌条件确认指南,由本所另行规定。

第二章 挂牌条件

第四条 以企业应收账款作为基础资产发行资产支持证券,初始入池和后续循环购买入池(如有)的基础资产在基准日、初始购买日和循环购买日(如有)除满足基础资产合格标准的一般要求外,还需要符合以下要求:

(一)基础资产界定应当清晰,附属担保权益(如有)的具体内容应当明确。

(二)原始权益人应当合法拥有基础资产,涉及的应收账款应当基于真实、合法的交易活动(包括销售商品、提供劳务等)产生,交易对价公允,且不涉及《资产证券化业务基础资产负面清单指引》。应收账款系从第三方受让所得的,原始权益人应当已经支付转让对价,且转让对价应当公允。

(三)基础资产涉及的交易合同应当合法有效,债权人已经履行了合同项下的义务,合同约定的付款条件已满足,不存在属于预付款的情形,且债务人履行其付款义务不存在抗辩事由和抵销情形。

(四)基础资产涉及的应收账款应当可特定化,且应收账款金额、付款时间应当明确。

(五)基础资产的权属应当清晰明确,不得附带抵押、质押等担保负担或者其他权利限制。已经存在抵押、质押等担保负担或者其他权利限制的,应当能够通过专项计划相关安排在原始权益人向专项计划转移基础资产时予以解除。

(六)基础资产应当具有可转让性。基础资产的转让应当合法、有效,转让对价应当公允,存在附属担保权益的,应当一并转让。

（七）应收账款转让应当通知债务人及附属担保权益义务人（如有），并在相关登记机构办理应收账款转让登记。

若存在特殊情形未进行债权转让通知或未办理转让登记，管理人应当在计划说明书中披露未进行转让通知或未办理转让登记的原因及合理性，充分揭示风险，设置相应的权利完善措施进行风险缓释。

第五条 基础资产池应当具有一定的分散度，至少包括10个相互之间不存在关联关系的债务人且单个债务人入池资产金额占比不超过50%。

符合以下条件之一的，可免于上述关于债务人分散度的要求：

（一）基础资产涉及核心企业供应链应付款等情况的，资产池包括至少10个相互之间不存在关联关系的债权人且债务人资信状况良好；

（二）原始权益人资信状况良好，且专项计划设置担保、差额支付等有效增信措施。

符合条件并免于债务人分散度要求的，管理人应当在计划说明书中披露基础资产池集中度较高的原因及合理性，充分揭示风险，设置相应的风险缓释措施。

第六条 管理人应当在专项计划文件中披露基础资产池的基本情况，包括但不限于入池应收账款总金额、笔数、单笔金额分布、贸易类型分布、区域分布、行业分布、账龄及剩余账期分布、结算支付方式分布、影子评级分布及加权结果（如有）、债权人和债务人数量及集中度、重要债务人情况、关联交易笔数与金额及其占比、关联交易方情况等。

第七条 管理人应当设置专项计划不合格基础资产处置机制，并在专项计划文件中披露处置机制的触发条件、处置流程、信息披露要求以及处置义务人的履责能力。

第八条 基础资产涉及循环购买的，应当满足以下要求：

（一）计划说明书、标准条款（如有）应当详细披露循环购买的相关安排，包括但不限于循环购买入池标准、资产筛选及确认流程、确认资产符合入池标准的主体、购买频率、资金与资产交割方式、循环购买账户设置、可供购买的资产规模与循环购买额度的匹配性、尽职调查安排、购买定价的公允性、可供购买的资产不足时的防范和处理机制、循环购买与专项计划现金流分配的衔接安排、管理人监督管理机制安排等。

（二）循环购买应当在专项计划账户进行。循环购买资金的支出应当得到管理人的事前审查和执行确认。

特殊情形下循环购买难以在专项计划账户进行的，管理人应当设置专项监管账户。专项监管账户资金应当与原始权益人的自有资金等进行有效隔离，禁止资金混同或挪用。同时，管理人应充分披露在专项监管账户进行循环购买的合理性、必要性和安全性，并就专项监管账户的开立、资金收支和账户管理等情况定期进行信息披露。

（三）循环购买的入池资产应当由管理人、律师等相关中介机构确认是否符合入池标准，相关中介机构应当勤勉尽责，对拟入池资产进行充分尽职调查。

（四）循环购买通过原始权益人信息化系统进行的，管理人应当对信息化系统的有效性、可靠性和稳定性等进行充分尽职调查，说明并披露原始权益人信息化系统的功能机制、循环购买操作流程、系统的有效性、可靠性和稳定性、系统应急机制和备选方案等。

（五）管理人应当定期和不定期对入池资产的运行状况、现金流回款情况等进行核查和动态监测，在合格资产规模不足时及时进行信息披露并采取风险缓释措施。

第九条 入池资产符合笔数众多、资产同质性高、单笔资产占比较小等特征的，可以采用抽样尽职调查方法。采用抽样尽职调查方法的，管理人及其他中介机构应当设置科学合理的抽样方法和标准，并对抽取样本的代表性进行分析说明。对于对基础资产池有重要影响的入池资产应当着重进行抽样调查。

第十条 基础资产现金流预测应当遵循合理、谨慎的原则。管理人和现金流预测机构（如有）应当在计划说明书和现金流预测报告（如有)中披露预测假设因素、预测方法和预测结论,并结合基础资产相关历史数据说明预测方法和相关指标设置的合理性。

第十一条 管理人和评级机构应当在计划说明书和评级报告披露现金流压力测试的假设条件、压力因素、各压力情形现金流覆盖情况,其中,压力因素可以包括基础资产违约率、违约回收率、循环购买安排及预期收益率等指标。

第十二条 基础资产的现金流回款路径应当清晰明确,管理人应当在专项计划文件中明确专项计划账户设置、现金流自产生至当期分配给投资者期间在各账户间划转时间节点安排等。

基础资产现金流应当由债务人直接回款至专项计划账户,难以直接回款至专项计划账户的,应当直接回款至专项监管账户。专项监管账户资金应当与原始权益人的自有资金进行有效隔离,禁止资金混同或挪用。特殊情形下,基础资产现金流难以直接回款至专项计划账户或专项监管账户的,管理人应当充分披露基础资产现金流未能直接回款至专项计划账户或专项监管账户的原因和必要性,揭示资金混同或挪用等风险以及相应的风险缓释措施。

基础资产现金流未直接回款至专项计划账户的,应当由资产服务机构或管理人指定的机构负责基础资产现金流归集,且自专项计划设立之日起,基础资产回款归集至专项计划账户的周期应当不超过1个月。资产服务机构或管理人指定的机构可根据专项计划的约定,提高资金归集频率。原始权益人资信状况良好,且专项计划设置担保、差额支付等有效增信措施的,现金流归集周期可以适当延长,但最长不得超过3个月。

第十三条 专项计划应当设置合理的基础资产现金流分配流程和分配顺序。

第十四条 专项计划存在信用增级安排的,管理人应当在计划说明书等专项计划文件中披露各项信用增级措施的启动时间、触发机制、保障内容及操作流程、增信安排法律效力及增信效果等。

第十五条 原始权益人最近两年不存在因严重违法失信行为,被有权部门认定为失信被执行人、失信生产经营单位或者其他失信单位，并被暂停或限制进行融资的情形。重要债务人(如有)最近两年内不存在因严重违法失信行为，被有权部门认定为失信被执行人、重大税收违法案件当事人或涉金融严重失信人的情形。管理人和律师应当就上述事项是否影响原始权益人进行融资或重要债务人的偿债能力进行核查，并在专项计划文件中发表明确意见。

第十六条 原始权益人及其关联方应当保留一定比例的基础资产信用风险，具体比例按照以下第(一)款或第(二)款要求进行：

(一)持有最低档次资产支持证券，且持有比例不得低于所有档次资产支持证券发行规模的5%，持有期限不低于资产支持证券存续期限；

(二)若持有除最低档次之外的资产支持证券，各档次证券均应当持有，且应当以占各档次证券发行规模的相同比例持有，总持有比例不得低于所有档次资产支持证券发行规模的5%，持有期限不低于各档次资产支持证券存续期限。

原始权益人及其关联方按照上述要求进行风险自留后，除非根据生效判决或裁定，不得将其持有的资产支持证券进行转让或者以任何形式变相转让。

符合以下两种条件之一的，原始权益人可免于上述风险自留要求：

(一)基础资产涉及核心企业供应链应付款等情况的，基础资产池包含的债权人分散且债务人资信状况良好；

(二)原始权益人资信状况良好，且专项计划设置担保、差额支付等有效增信措施。

符合条件并免于上述风险自留要求的，管理人应当在计划说明书中充分披露原始权益人未进行风险自留的原因及合理性，并揭示相关风险。

第十七条 若专项计划涉及合格投资安排，合格投资应当仅限在专项计划账户内进行。合格投资不得投资权益类产品，投资固定收益类产品的,应当防范投资标的的信用、市场和流动性等相关风险。

第十八条 本所将视情况对涉及绿色金融、创新创业、住房租赁等政策支持鼓励领域的资产证券化项目,实行"即报即审、专人专岗负责",提升受理、评审和挂牌转让工作效率。

第三章 附 则

第十九条 本指南所称核心企业供应链应付款,是指上游供应商或服务提供方向核心企业或其下属公司销售商品或提供服务等经营活动后产生的、以核心企业或其下属公司为付款方的应付款。

第二十条 本所将根据业务发展情况不定期修订本指南并发布更新版本。本所对本指南保留最终解释权。

第二十一条 本指南自发布之日起施行。

上海证券交易所融资租赁债权资产支持证券挂牌条件确认指南

(2018年2月9日发布)

第一章 总 则

第一条 为规范发展融资租赁债权资产证券化业务,便于管理人和原始权益人等参与机构开展业务和加强风险管理,保护投资者合法权益,促进资产证券化业务健康发展,根据《证券公司及基金管理公司子公司资产证券化业务管理规定》(证监会公告〔2014〕49号)、《上海证券交易所资产支持证券挂牌条件确认业务指引》(上证发〔2017〕28号)等相关规定,制定本指南。

第二条 本指南所称融资租赁债权资产支持证券,是指证券公司、基金管理公司子公司作为管理人,通过设立资产支持专项计划(以下简称专项计划)开展资产证券化业务,以融资租赁债权为基础资产或基础资产现金流来源所发行的资产支持证券。

本指南所称融资租赁债权,是指融资租赁公司依据融资租赁合同对债务人(承租人)享有的租金债权、附属担保权益(如有)及其他权利(如有)。

第三条 本指南适用于融资租赁债权资产支持证券在上海证券交易所(以下简称本所)的挂牌转让申请。

第二章 挂牌条件

第四条 以融资租赁债权作为基础资产发行资产支持证券,入池的基础资产在基准日、专项计划设立日除满足基础资产合格标准的一般要求外,还需要符合以下要求:

(一)原始权益人应当合法拥有基础资产及对应租赁物的所有权。除租赁物以原始权益人为权利人设立的担保物权外,基础资产及租赁物均不得附带抵押、质押等担保负担或者其他权利限制。已经存在抵押、质押等担保负担或者其他权利限制的,应当能够通过专项计划相关安排在原始权益人向专项计划转移基础资产时予以解除。租赁物状况良好,不涉及诉讼、仲裁、执行或破产程序,且应当不涉及国防、军工或其他国家机密。

(二)基础资产界定应当清晰,附属担保权益(如有)、其他权利(如有)及租赁物的具体内容应当明确。

(三)基础资产涉及的租赁物及对应租金应当可特定化,且租金数额、支付时间应当明确。

(四)基础资产涉及的融资租赁债权应当基于真实、合法的交易活动产生,交易对价公允,具备商业合理性。基础资产不属于《资产证券化业务基础资产负面清单指引》列示的负面清单范畴,不属于以地方政府为直接或间接债务人、以地方融资平台公司为债务人的基础资产,不存在违反地方政府债务管理相关规定的情形。

(五)基础资产涉及的交易合同应当合法有效。出租人应当已经按照合同约定向出卖人支付了租赁物购买价款；出卖人不存在转让租赁物所有权给出租人的抗辩事由。出租人应当已经按照合同约定向承租人履行了合同项下的义务；相关租赁物已按照合同约定交付给承租人；租金支付条件已满足，历史租金支付情况良好；除以保证金冲抵租赁合同项下应付租金外，承租人履行其租金支付义务不存在抗辩事由和抵销情形。

（六）按照国家法律法规规定租赁物的权属应当登记的，原始权益人须已依法办理相关登记手续；租赁物不属于依法需要登记的财产类别，原始权益人应当在主管部门指定或行业组织鼓励的相关的登记系统进行融资租赁业务登记，登记的租赁物财产信息应与融资租赁合同及租赁物实际状况相符。

若存在汽车融资租赁债权等特殊情形未进行权属登记的，管理人应当在计划说明书中披露未进行权属登记的原因及合理性，充分揭示风险，并设置相应的权利完善措施。

第五条 基础资产转让应当满足以下要求：

（一）基础资产应当具有可转让性，转让应当合法、有效，转让对价应当公允。

（二）基础资产转让应当通知债务人、附属担保权益义务人（如有）及其他权利义务人（如有），并在相关登记系统办理转让登记。

若存在特殊情形未进行债权转让通知或未办理转让登记的，管理人应当在计划说明书中披露未进行转让通知或未办理转让登记的原因及合理性，充分揭示风险。

（三）基础资产包含附属担保权益及其他权利（如有）的，附属担保权益及其他权利（如有）应当随融资租赁债权一同转让给专项计划，管理人应当明确附属担保权益及其他权利（如有）的权利变更登记事宜或交付事宜。

保证金、抵押权、质权等附属担保权益及其他权利（如有）未在专项计划设立日转付至专项计划账户或未办理转让变更登记的，应当在《资产服务协议》等文件中约定相关权益的管理及运作方式，并充分揭示风险。

（四）租赁物所有权随基础资产转让给专项计划且租赁物权属变更依法应当登记的，应当办理变更登记手续。

租赁物所有权转让给专项计划但存在特殊情形未办理权属变更登记或租赁物所有权不随基础资产转让给专项计划的，管理人应当在计划说明书中披露租赁物所有权未办理权属变更登记或未转让给专项计划的原因及合理性，需采取有效措施防止第三方获取租赁物所有权，并充分揭示风险。

第六条 管理人应当设置相应的权利完善措施进行风险缓释。权利完善措施的触发事件，可以包括但不限于资产服务机构解任、原始权益人或资产服务机构主体信用评级下降、原始权益人丧失清偿能力、基础资产违约、租赁物出现不可修复性损坏或灭失等。

存在本指南第五条列示的须充分揭示风险相关情形的，管理人应当设置有针对性的权利完善措施。

第七条 管理人应当设置专项计划不合格基础资产处置机制，并在专项计划文件中披露处置机制的触发条件、处置流程、信息披露要求以及处置义务人的履责能力。

第八条 基础资产池应当具有一定的分散度，至少包括10个相互之间不存在关联关系的债务人，单个债务人入池资产金额占比不超过50%，且前5大债务人入池资产金额占比不超过70%。上述债务人之间存在关联关系的，应当合并计算。

原始权益人资信状况良好，且专项计划设置担保、差额支付等有效增信措施的，可以免于上述关于债务人分散度的要求。

符合条件并免于债务人分散度要求的，管理人应当在计划说明书中披露基础资产池集中度较高的原因及合理性，充分揭示风险，设置相应的风险缓释措施。

第九条 满足相关条件免于本指南第八条债务人分散度要求或租赁物涉及无形资产等情形的，管理人及律师应当结合租赁物的性质和价值、基础资产的构成、租赁本金和利率、出租人与承租人的合同权利和义务，对入池资产对应的租赁物买卖合同及融资租赁合同的商业合理性、相关财产作为租赁物是否符合相关法律法规等进行专项核查，并出具核查意见。

商业合理性核查，包括但不限于租赁物评估价值、租赁物的可处置性、租赁物买卖合同的交易对价、融资租赁合同的租金确定的依据及合理性等情况。

第十条　管理人应当按照《证券公司及基金管理公司子公司资产证券化业务尽职调查工作指引》要求开展尽职调查工作，尽职调查范围原则上应当覆盖全部入池资产。

入池资产满足相关条件免于本指南第八条债务人分散度要求的，管理人应当强化对原始权益人、增信机构及债务人的尽职调查要求，应当就增信合同、债务人底层现金流锁定相关业务合同以及上述合同签署的相关授权、审批等情况进行充分尽职调查，发表明确的尽职调查意见。

入池资产符合笔数众多、资产同质性高、单笔资产占比较小等特征的，可以采用抽样尽职调查方法。采用抽样尽职调查方法的，管理人及其他中介机构应当设置科学合理的抽样方法和标准，并对抽取样本的代表性进行分析说明。对于基础资产池有重要影响的入池资产应当着重进行抽样调查。

第十一条　基础资产现金流预测应当遵循合理、谨慎的原则，并充分考虑基础资产违约率、违约回收率、提前退租、预期收益率变动和相关税费是否由专项计划承担等因素对基础资产现金流的影响。

管理人和现金流预测机构（如有）应当在计划说明书和现金流预测报告（如有）中披露预测假设因素、预测方法和预测结论，并结合基础资产相关历史数据说明预测方法和相关指标设置的合理性。

第十二条　管理人和评级机构应当在计划说明书和评级报告中披露现金流压力测试的假设条件、压力因素、各压力情形可承受的违约率情况，其中，压力因素可以包括基础资产违约率、违约回收率、提前退租及预期收益率等指标。管理人应当在计划说明书中披露各压力情形下的现金流覆盖情况。

第十三条 基础资产的现金流回款路径应当清晰明确，管理人应当在专项计划文件中明确专项计划账户设置、现金流自产生至当期分配给投资者期间在各账户间划转时间节点安排等。

基础资产现金流应当由债务人直接回款至专项计划账户，难以直接回款至专项计划账户的，应当直接回款至专项监管账户。专项监管账户资金应当与原始权益人的自有资金进行有效隔离，禁止资金混同或挪用。特殊情形下，基础资产现金流难以直接回款至专项计划账户或专项监管账户的，管理人应当充分披露基础资产现金流未能直接回款至专项计划账户或专项监管账户的原因和必要性，揭示资金混同或挪用等风险，并设置相应的风险缓释措施。

基础资产现金流未直接回款至专项计划账户的，应当由资产服务机构或管理人指定的机构负责基础资产现金流归集，且自专项计划设立之日起，基础资产回款归集至专项计划账户的周期应当不超过1个月。资产服务机构或管理人指定的机构可以根据专项计划的约定，提高资金归集频率。原始权益人资信状况良好，且专项计划设置担保、差额支付等有效增信措施的，现金流归集周期可以适当延长，但最长不得超过3个月。

第十四条 专项计划应当设置合理的基础资产现金流分配流程和分配顺序。

第十五条 专项计划存在信用增级安排的，管理人应当在计划说明书等专项计划文件中披露各项信用增级措施的启动时间、触发机制、保障内容及操作流程、增信安排法律效力及增信效果等。

增信机构为原始权益人及其关联方或重要债务人的，管理人应当结合风险相关性情况，详细核查并披露前述情况对增信效果的影响，并充分揭示风险。

第十六条 原始权益人开展业务应当满足相关主管部门监管要求、正式运营满2年、具备风险控制能力且为符合下列条件之一的融资租赁公司：

（一）境内外上市公司或者境内外上市公司的子公司。为境内外上市公司子公司的，其总资产、营业收入或净资产等指标占上市公司的比重应当超过30%。

（二）主体评级达AA级及以上的融资租赁公司。

符合以下条件之一的，原始权益人可以为前款第（一）项和第（二）项规定以外的融资租赁公司：

（一）单笔入池资产信用等级A-级及以上资产的未偿还本金余额对优先级本金覆盖倍数大于100%，且入池资产对应的租赁物为能产生持续稳定的经营性收益、处置时易于变现的租赁物。

（二）入池资产为汽车融资租赁债权，承租人高度分散，单笔入池资产占比均不超过0.1%，基础资产相关业务的逾期率、违约率等风控指标处于较低水平，且原始权益人最近一年末净资产超过人民币2亿元，最近一个会计年度净利润为正。

（三）专项计划设置担保、差额支付等有效增信措施，提供担保、差额支付等增信机构的主体评级为AA级及以上。

第十七条　原始权益人最近两年不存在因严重违法失信行为，被有权部门认定为失信被执行人、失信生产经营单位或者其他失信单位，并被暂停或限制进行融资的情形。重要债务人（如有）最近两年内不存在因严重违法失信行为，被有权部门认定为失信被执行人、重大税收违法案件当事人或涉金融严重失信人的情形。管理人和律师应当就上述事项是否影响原始权益人进行融资或重要债务人的偿债能力进行核查，并在专项计划文件中发表明确意见。

第十八条　资产服务机构应当具备融资租赁相关业务管理能力，包括但不限于回收租金、附属担保权益及其他权利（如有）管理、租赁项目的跟踪评估等。管理人需对资产服务机构的资产服务能力进行尽职调查。

第十九条　原始权益人及其关联方应当保留一定比例的基础资产信用风险，具体比例按照以下第（一）款或第（二）款要求进行：

（一）持有最低档次资产支持证券，且持有比例不得低于所有档次资产支持证券发行规模的 5%,持有期限不低于资产支持证券存续期限。

（二）若持有除最低档次之外的资产支持证券,各档次证券均应当持有,且应当以占各档次证券发行规模的相同比例持有,总持有比例不得低于所有档次资产支持证券发行规模的 5%,持有期限不低于各档次资产支持证券存续期限。

原始权益人及其关联方按照上述要求进行风险自留后,除非根据法院生效判决或裁定,不得将其持有的最低比例要求的资产支持证券进行转让或者任何形式的变相转让。

原始权益人资信状况良好,且专项计划设置担保、差额支付等有效增信措施的,可以免于上述风险自留要求。符合条件并免于上述风险自留要求的,管理人应当在计划说明书中充分披露原始权益人未进行风险自留的原因及合理性,并揭示相关风险。

第二十条 若专项计划涉及合格投资安排,合格投资应当仅限在专项计划账户内进行。合格投资不得投资权益类产品,投资固定收益类产品的,应当防范投资标的的信用、市场和流动性等相关风险。

第二十一条 本所鼓励积极服务"一带一路"、京津冀协同发展、长江经济带、"中国制造 2025"和新型城镇化建设等国家重大战略的融资租赁公司开展资产证券化业务,鼓励在飞机、船舶、工程机械等传统领域以及新一代信息技术、高端装备制造、新能源、节能环保和生物等战略性新兴产业展业的融资租赁公司发行资产证券化产品。针对前述鼓励情形,本所将提升受理、评审及挂牌转让工作效率。

第三章 附 则

第二十二条 涉及主体评级要求的,原则上应当为公开市场评级,可以引用相关主体公司债券或债务融资工具有效期内的评级报告。

第二十三条 融资租赁债权资产证券化基础资产确需设置循环购买的,参照本所《企业应收账款资产支持证券挂牌条件确认指南》中有关循环购买的要求办理,并做好信息披露。

第二十四条 本所将根据业务发展情况不定期修订并发布更新版本。本所对本指南保留最终解释权。

第二十五条 本指南自发布之日起施行。

上海证券交易所融资租赁债权资产支持证券信息披露指南

(2018年2月9日发布)

第一章 总 则

第一条 为规范发展融资租赁债权资产证券化业务,便于管理人和原始权益人等参与机构开展业务和加强风险管理,保护投资者合法权益,促进资产证券化业务健康发展,根据《证券公司及基金管理公司子公司资产证券化业务管理规定》(证监会公告〔2014〕49号,以下简称《管理规定》)、《证券公司及基金管理公司子公司资产证券化业务信息披露指引》(证监会公告〔2014〕49号,以下简称《信息披露指引》)、《上海证券交易所资产支持证券挂牌条件确认业务指引》(上证发〔2017〕28号,以下简称《业务指引》)等相关规定,制定本指南。

第二条 本指南所称融资租赁债权资产支持证券,是指证券公司、基金管理公司子公司作为管理人,通过设立资产支持专项计划(以下简称专项计划)开展资产证券化业务,以融资租赁债权为基础资产或基础资产现金流来源所发行的资产支持证券。

本指南所称融资租赁债权,是指融资租赁公司依据融资租赁合同对债务人(承租人)享有的租金债权、附属担保权益(如有)及其他权利(如有)。

第三条 本指南适用于融资租赁债权资产支持证券在上海证

交易所(以下简称本所)挂牌转让的信息披露专项要求。

第四条 管理人及其他信息披露义务人应当按照《管理规定》《信息披露指引》《业务指引》及本指南的规定以及计划说明书的约定履行信息披露义务,及时、公平地披露可能对资产支持证券产生重大影响的信息,并保证所披露的信息真实、准确、完整,不得有虚假记载、误导性陈述或者重大遗漏。

本指南所称其他信息披露义务人包括但不限于托管人、律师事务所、会计师事务所、资信评级机构、资产服务机构、现金流预测机构、资产评估机构等。

第五条 原始权益人和除管理人以外的其他服务机构应当按照合同约定,及时向管理人提供相关信息,并保证所提供信息真实、准确、完整。

本指南所称的其他服务机构包括但不限于资产服务机构、托管人、信用增级机构、律师事务所、会计师事务所、资信评级机构、现金流预测机构、流动性支持机构、销售机构等。

第六条 资产支持证券在本所挂牌转让的,管理人及其他信息披露义务人应当于规定时间内通过指定网站或以本所认可的其他方式向合格投资者披露信息。

第七条 管理人、其他信息披露义务人、其他服务机构及登记托管机构等相关知情人在信息披露前不得泄露拟披露的信息。

第二章 发行环节信息披露

第八条 专项计划以融资租赁债权作为基础资产的,计划说明书除按照资产支持证券一般要求进行编制和披露外,还应当详细披露基础资产池、交易结构、现金流预测及压力测试、现金流归集、原始权益人、增信方式、增信主体(如有)及风险自留等相关情况,包括但不限于以下内容:

(一)基础资产入池标准及创建程序。

(二)基础资产池的基本情况,包括但不限于租赁业务形式占比情况（直接租赁、售后回租等）、租赁物描述等情况、原始权益人在获取租赁物时的付款情况、租赁物交付情况、租赁物投保情况、债务人行业及地区分布、入池资产信用等级分布（如有）、未偿本金余额分布、剩余期限分布、利率与计息方式、租金偿还方式及分布、首付款比例分布（如有）、担保人、担保形式及担保物/保证金对债务的覆盖比例（如有）、保证金收取及管理情况、债务人数量及集中度、重要债务人情况、关联交易笔数与金额及其占比、关联方情况、涉及关联方交易相关的风险及风险缓释措施等，并以计划说明书附件列表形式披露基础资产未偿本金余额占比最大的20笔基础资产的上述信息。

基础资产所涉租赁合同中存在采用浮动利率计息方式的，管理人需披露该等利率的浮动方式与基准利率的关系等相关信息，并说明利率浮动是否会对专项计划的超额利差增信方式产生影响。

基础资产所涉及提前退租的相关约定，包括但不限于提前退租的条件、提前退租是否可以减免租赁利息和相关费用等。

（三）入池融资租赁债权及对应租赁物的抵押、质押等担保负担或者其他权利限制情况，若存在担保负担或者其他权利限制，还应当披露解除前述担保负担或者权利限制的相关安排、资金监控措施、风险处置安排、基础资产向专项计划转移时是否已合法有效地解除了担保负担或者权利限制。

（四）权利完善措施的具体情况，包括但不限于触发条件、完善措施的具体内容及流程等。

（五）不合格基础资产处置机制，包括但不限于处置机制的触发条件、处置流程、信息披露要求及处置义务人的履责能力分析。

（六）基础资产池的分散度情况及是否符合最低分散度要求，如依照相关规定免于最低分散度要求的，应披露基础资产池集中度较高的原因及合理性，因此产生的风险情况及设置的相关风险缓释措施等。

（七）基础资产池所对应重要债务人的主营业务、财务数据、信用情况、偿债能力及资信评级情况（如有）等。重要债务人是指单一债务人未偿还本金金额占比超过15%的,或债务人及其关联方的未偿还本金金额合计占比超过20%的情形。

未达到重要债务人要求但单笔未偿还本金金额占比较大的,管理人应当结合对专项计划现金流影响情况,对债务人经营状况及财务状况进行必要的信息披露,并披露相关尽职调查的程序、范围及方式等。

(八)相关中介机构采取抽样调查方法的情况(如有),包括但不限于抽样方法、抽样标准设置的合理性,及抽取样本的代表性等。

(九)现金流预测假设因素、预测方法和预测结论,并结合基础资产相关历史数据说明预测方法和相关指标设置的合理性。

(十)现金流压力测试的假设条件、压力因素及各压力情形可承受的违约率情况。

(十一)基础资产现金流归集频率、路径和资金监管措施,包括但不限于专项计划账户设置、现金流自产生至分配给投资人期间在各账户间划转时间节点安排等。现金流未直接回款至专项计划账户的,还应当披露转付安排的合理性、资金混同和挪用等风险的防范机制及资产支持证券存续期间设置防范混同和挪用等风险的持续检查机制等,揭示资金混同和挪用等风险,并披露设置的风险缓释措施。

(十二)增信措施或安排(如有)的具体情况及其合法性和有效性,增信机构为原始权益人及其关联方或重要债务人的,管理人应有针对性加强对相关主体经营财务信息的披露,并结合风险相关性情况,详细披露前述情况对增信效果的影响,并充分揭示风险。

(十三)为入池融资租赁债权的偿付提供信用支持或对专项计划提供流动性支持、差额补足、担保等增信安排主体(如有)的基本情况、财务数据、偿债能力和资信状况,及对其增信效力的分析说明。

(十四)原始权益人融资租赁业务开展情况。包括但不限于主营业务概况、业务开展的时间、经营模式、承租人集中度、行业分布、期限分布、盈利和现金流的稳定性、业务开展的资金来源、风险资产规模、既有负债、或有负债等情况,以及自展业以来融资租赁业务的展期、早偿、逾期、违约以及违约后回收等情况的定义、具体计算方式及相关历史数据。

（十五）原始权益人与融资租赁业务相关的风险控制制度。包括但不限于风险分类管理制度、承租人信用评估制度、事后追偿和处置制度、风险预警机制、风险准备金计提情况及风险资产占净资产的比重等。其中关于风险分类管理制度，应当就其分类管理标准、定义、方式等进行披露。

（十六）失信记录特别核查情况，包括但不限于原始权益人最近两年内是否存在严重违法失信行为，是否存在被有权部门认定为失信被执行人、失信生产经营单位或者其他失信单位，并被暂停或限制进行融资的情形；重要债务人（如有）最近两年内是否存在因严重违法失信行为，被有权部门认定为失信被执行人、重大税收违法案件当事人或涉金融严重失信人的情形；上述事项是否影响原始权益人进行融资或重要债务人的偿债能力的明确核查意见等。

（十七）资产服务机构融资租赁相关的业务管理能力，包括但不限于回收租金的资金管理、附属担保权益及其他权利的管理（如有）、租赁项目的跟踪评估等。

（十八）原始权益人风险自留情况，若免于风险自留的，管理人应当充分披露未进行风险自留的原因及合理性，并揭示相关风险。

（十九）合格投资（如有）相关安排，包括但不限于投资范围、账户安排、投资标的的信用、市场和流动性等相关风险及防范措施等。

第九条 专项计划应当由律师事务所对专项计划的有关法律事宜发表专业意见，并向合格投资者披露法律意见书，法律意见书除按照资产支持证券一般要求进行编制和披露外，还应当包括以下内容：

（一）基础资产界定的具体范围和法律依据。

（二）基础资产涉及交易合同的合法有效性、出租人履行合同义务情况、出卖人交付及转让租赁物所有权情况、融资租赁合同租金给付条件满足情况及承租人履行其租金给付义务的抗辩事由和抵销情形。

（三）基础资产转让的合法有效性，包括但不限于融资租赁债权转让通知安排及转让登记情况、附属担保权益及其他权利的转让及转付安排（如有）、租赁物的转让安排（如有）等。

（四）基础资产涉及关联交易（如有）的交易背景真实性、交易对价公允性。

（五）基础资产与原始权益人的破产隔离效果。

（六）原始权益人、增信主体（如有）等相关主体的内部授权情况。

（七）增信措施或安排（如有）的具体情况及其合法性等。

（八）失信记录特别核查情况，包括但不限于原始权益人最近两年内是否存在严重违法失信行为，是否存在被有权部门认定为失信被执行人、失信生产经营单位或者其他失信单位，并被暂停或限制进行融资的情形；重要债务人（如有）最近两年内是否存在因严重违法失信行为，被有权部门认定为失信被执行人、重大税收违法案件当事人或涉金融严重失信人的情形；上述事项是否影响原始权益人进行融资或重要债务人的偿债能力的明确核查意见等。

（九）抽样调查方法（如有）具体内容，包括但不限于抽样方法、抽样标准设置等。

第十条　信用评级报告（如有）应当由具有中国证监会核准的证券市场资信评级业务资格的资信评级机构出具，评级报告除按照资产支持证券一般要求进行编制和披露外，还应当包括以下内容：

（一）专项计划涉及信用增级方式的增信效果分析。

（二）基础资产影子评级分布（如有）以及加权影子评级（如有）。

（三）现金流归集路径、监管措施及混同和挪用等风险分析。

（四）现金流压力测试的假设条件、压力因素、各压力情形下压力测试结果。

第十一条　现金流预测机构（如有）、资产评估机构（如有）等应当按照相关规则及规定要求编制现金流预测报告和资产评估报告。

现金流预测报告应当披露基础资产现金流预测的假设因素、预测方法、预测结论，并结合基础资产相关历史数据说明预测方法和相关指标设置的合理性。

第三章　存续期间信息披露

第十二条　年度资产管理报告除按照资产支持证券信息披露规则要求进行编制和披露外，还应当包括以下内容：

（一）基础资产的运行情况，包括但不限于：入池资产早偿、逾期、违约、不良等运行表现情况，各预测周期基础资产实际现金流及与预测比较情况，融资租赁款的归集、划转情况，租赁物价值的变动情况，现金流混同和挪用风险防范落实情况，以及基础资产相关的争议、纠纷、诉讼、仲裁、保险赔偿情况等。

（二）报告期内特定原始权益人与增信机构的股权结构、公司治理、经营情况、财务情况、资信情况以及相关重大变化情况。

（三）专项计划不合格基础资产处置、权利完善事件、增信措施（如有）等相关投资者保护条款的触发与执行情况。

（四）原始权益人风险自留及次级资产支持证券期间分配收益情况。

第十三条　资产支持证券存续期间，发生《信息披露指引》第十九条规定的重大事件及下列可能影响基础资产现金流和资产支持证券本息偿付等的重大事项，信息披露义务人应在相关事件或事项发生后两个交易日内及时进行临时信息披露：

（一）重要债务人的经营情况出现重大变化，可能影响资产支持证券投资者利益。

（二）基础资产池的信用状况出现重大不利变化，如发生违约率、逾期率等指标大幅提升等可能影响基础资产现金流流入的事项。

（三）触发权利完善事件（如有）、加速清偿事件（如有）、提前终止事件（如有）等可能影响资产支持证券投资者利益的事项。

（四）其他可能影响基础资产现金流和资产支持证券本息偿付的重大事项。

第四章　附　则

第十四条　融资租赁债权资产证券化基础资产确需设置循环购买的,信息披露参照本所《企业应收账款资产支持证券信息披露指南》中有关循环购买的相关要求办理。

第十五条　本所将根据业务发展情况不定期修订本指南并发布更新版本。本所对本指南保留最终解释权。

第十六条　本指南自发布之日起施行。

上海证券交易所关于发布《上海证券交易所债券自律监管规则适用指引第4号——公司债券和资产支持证券信用风险管理》的通知

（上证发〔2023〕176号　2023年10月20日发布）

各市场参与人：

为了规范各业务参与人的信用风险管理行为,提升公司债券(含企业债券)和资产支持证券存续期信用风险管理实效,保护投资者合法权益,上海证券交易所(以下简称本所)制定了《上海证券交易所债券自律监管规则适用指引第4号——公司债券和资产支持证券信用风险管理》(详见附件1),现予以发布,并自发布之日起施行。废止清单中列明的业务规则、业务指南(详见附件2)同时废止。

特此通知。

附件：1.上海证券交易所债券自律监管规则适用指引第4号——公司债券和资产支持证券信用风险管理
2.同步废止的业务规则、业务指南清单

附件1：

上海证券交易所债券自律监管规则适用指引第4号——公司债券和资产支持证券信用风险管理

第一章 总 则

第一条 为了加强公司债券（含企业债券）、资产支持证券存续期信用风险管理，规范市场参与主体开展信用风险监测与预警，提高信用风险应对与处置实效，根据《公司债券发行与交易管理办法》《证券公司及基金管理公司子公司资产证券化业务管理规定》《上海证券交易所公司债券上市规则》《上海证券交易所非公开发行公司债券挂牌规则》《上海证券交易所资产证券化业务指引》等相关规定，制定本指引。

第二条 在上海证券交易所（以下简称本所）上市交易或者挂牌转让（以下简称上市挂牌）的公司债券、资产支持证券的信用风险管理事宜适用本指引。

本所上市公司发行的可转换公司债券的信用风险管理，不适用本指引。

第三条 公司债券、资产支持证券的信用风险管理遵循市场化、法治化原则，各市场参与主体应当在平等、自愿基础上，充分考虑融资主体和相应产品的风险特征及风险传导影响，按照规定或者约定履行义务、遵守承诺并自行承担相应风险。

第四条 本所可以根据市场情况、融资主体和相应产品资信状况的变化，实施差异化的交易机制、投资者适当性以及信息披露安排，不断丰富完善信用风险化解处置工具。

第二章　信用风险管理职责

第五条　公司债券发行人、受托管理人和主承销商,资产支持证券计划管理人、原始权益人、基础资产重要现金流提供方、资产服务机构和托管机构,公司债券和资产支持证券增信主体、证券服务机构、投资者(以下统称信用风险管理业务参与人)及其相关人员应当按照规定和约定切实履行责任,加强相互配合,共同做好公司债券、资产支持证券的信用风险管理工作。

第六条　发行人、特定原始权益人、受托管理人、计划管理人及其相关人员应当坚持统筹协调、分类施策,在信用风险管理工作中发挥核心作用,不断提高风险管理工作的系统性、前瞻性和针对性。

第七条　发行人应当在公司债券信用风险管理中履行下列职责:

(一)提高财务管理水平,根据经营需要与偿债能力合理举债,加强日常现金流监测与债务管理,定期评估风险敞口;

(二)制定内部管理制度,安排专人负责公司债券付息、到期兑付、回售、分期偿还、按照约定提前清偿或者展期后清偿等(以下统称还本付息)事项,提前落实偿债资金,不得怠于履行偿债义务,不得通过虚构债权、为虚构债务提供增信、实施不合理交易或者隐匿、转移、无偿转让财产等方式逃废债务;

(三)按照规定和约定履行信息披露义务,及时披露影响偿债能力和还本付息的风险事项;

(四)针对自身风险特征和实际情况,主动采取有效措施,防范化解可能影响偿债能力和还本付息的风险事项,稳定、修复和持续提升自身信用水平;

(五)及时处置预计或者已经违约的公司债券风险事件,保护投资者合法权益,避免个案风险外溢;

(六)配合受托管理人及其他相关机构开展风险管理工作;

(七)法律法规、本所业务规则等规定或者募集说明书等协议约定的其他职责。

第八条　原始权益人应当在资产支持证券信用风险管理中履行下列职责：

（一）确保基础资产真实、合法、有效；

（二）按照规定或者约定转移基础资产，确保转移给专项计划的基础资产及其产生的现金流与原始权益人固有财产不存在混同，不得以任何方式侵占、损害专项计划资产；

（三）出现基础资产未能按照规定或者约定转移至专项计划、已转移基础资产及其产生的现金流可能或者已经与原始权益人固有财产发生混同等情形的，积极采取有效应对措施并及时告知计划管理人；

（四）配合计划管理人及其他参与机构开展信用风险管理；

（五）法律法规、本所业务规则等规定或者协议约定的其他职责。

特定原始权益人还应当参照本指引第七条的要求履行相应职责，努力维护自身生产经营、现金流与信用水平稳定，保障基础资产质量不发生重大不利变化，为基础资产产生预期现金流提供支持与保障。

第九条　基础资产重要现金流提供方应当努力维护自身生产经营、现金流与信用水平稳定，积极配合管理人及其他参与机构和投资者开展资产支持证券信用风险管理工作。

专项计划基础资产为核心企业供应链应付款的，核心企业应当参照本指引关于特定原始权益人的相关规定履行信用风险管理职责。

第十条　发行人、特定原始权益人、基础资产重要现金流提供方的控股股东、实际控制人应当诚实守信，按照法律法规的规定和公司章程的约定行使权利，严格履行所作出的各项承诺，切实维护持有人享有的法定权利和募集说明书、计划说明书等协议约定的权利。

第十一条　发行人、特定原始权益人、基础资产重要现金流提供方的董事、监事、高级管理人员或者履行同等职责的人员应当勤勉尽责，积极配合受托管理人、计划管理人及相关机构履行信用风险管理职责，及时告知可能影响偿付能力或者投资者权益的重大事项，确保所提供文件或者材料的真实、准确、完整，切实维护持有人享有的法定权利和募集说明书、计划说明书等协议约定的权利。

第十二条 增信主体应当在信用风险管理中履行下列职责：

（一）按照规定和约定履行信息披露义务，及时披露影响增信能力或者增信措施有效性的风险事项，及时告知发行人、受托管理人或者计划管理人；

（二）关注所增信公司债券及其发行人，或者资产支持证券及其特定原始权益人、重要现金流提供方的信用风险情况，对预计或者已经违约的公司债券、资产支持证券及时落实资金，按照规定和约定承担增信责任，不得拖延或者拒绝；

（三）配合发行人、受托管理人、计划管理人及其他相关机构履行信息披露义务，开展风险管理工作；

（四）法律法规、本所业务规则等规定或者协议约定的其他职责。

第十三条 受托管理人应当在公司债券信用风险管理中履行下列职责：

（一）持续动态监测受托管理公司债券及其发行人、增信主体的信用风险变化情况，进行风险分类管理；

（二）发挥自身专业优势，协助、督导发行人有针对性地主动管理信用风险；

（三）督促发行人或者其他相关机构及时披露影响还本付息风险事项的相关信息，进行风险预警；

（四）按照规定或者约定披露受托管理事务报告；

（五）协调、督促发行人、增信主体等采取有效措施化解信用风险或者处置违约事件，履行规定或者约定的信息披露和风险管理义务；

（六）协助债券持有人积极沟通发行人，必要时按照规定或者约定召集债券持有人会议；

（七）根据相关规定、约定或者持有人委托，代表持有人维护合法权益；

（八）法律法规、本所业务规则等规定或者协议约定的其他职责。

发行人发行多只公司债券并聘请不同受托管理人的，各受托管理人应当按照规定和约定切实履行责任，相互加强配合，做好各自受托管理公司债券的风险管理工作。发行人应当公平配合各受托管理人的风险管理工作。

第十四条 计划管理人应当在资产支持证券信用风险管理中履行下列职责：

（一）按照规定或者约定管理、运用、处分专项计划资产，向资产支持证券持有人分配收益（含按照约定支付资产支持证券本金及收益、其他权利行权资金等，下同）；

（二）按照规定或者约定落实不合格基础资产赎回或替换、现金流归集和维护专项计划资产安全的机制；

（三）督促原始权益人、资产服务机构、增信主体、基础资产重要现金流提供方等机构合规履行规定或者约定的义务；

（四）持续动态监测基础资产质量变化情况，以及特定原始权益人、基础资产重要现金流提供方、增信主体的信用风险变化情况，跟踪基础资产现金流产生、归集和划转情况，进行风险分类管理；

（五）协助、督导特定原始权益人、基础资产重要现金流提供方有针对性地主动管理信用风险；

（六）按照规定和约定履行信息披露义务；

（七）协调原始权益人、增信主体、资产服务机构、基础资产重要现金流提供方等机构，采取有效措施，防范并化解资产支持证券信用风险，及时处置预计或已经违约的资产支持证券风险事件；

（八）积极沟通资产支持证券持有人，必要时按照规定或者约定召集持有人会议；

（九）按照规定或者约定开展专项计划终止清算，并披露清算报告；

（十）按照规定、约定或者持有人委托，代表持有人维护合法权益；

（十一）接受托管人监督，配合托管人办理托管业务；

（十二）法律法规、本所业务规则等规定或者协议约定的其他职责。

第十五条 受托管理人、计划管理人应当建立健全公司债券、资产支持证券信用风险管理制度,持续优化信用风险监测、研判、排查、预警、报送、应对及处置等环节的业务流程,配备充足资源并设立专门机构或者岗位从事信用风险管理相关工作,确保信用风险管理责任落实到具体岗位和人员,并在业绩考核评价中充分考虑信用风险管理工作实效。

受托管理人、计划管理人应当建立信用风险管理集体决策机制,由公司主要负责人或者分管公司债券、资产支持证券、风险管理等业务的高级管理人员(以下简称相关高级管理人员)负责,定期研判信用风险管理工作形势,明确工作方向和重点,就信用风险管理履职中的重要事项做出决策并督促落实。

第十六条 主承销商在公司债券发行前的尽职调查过程中,应当综合发行人的整体信用风险状况和存量负债结构,协助发行人合理确定融资方案,针对其主要风险点设置相应投资者权益保护条款,防范发行人过度融资或者违规新增债务。

第十七条 资产支持证券资产服务机构应当履行下列信用风险管理职责:

(一)按照规定或者约定积极履行基础资产管理、运营、维护职责,监测基础资产质量变化情况;

(二)按照规定或者约定及时归集和划转现金流,防范基础资产及其现金流与自身或者相关参与机构固有财产混同,维护专项计划资产安全;

(三)按照规定或者约定落实现金流归集、不合格基础资产赎回或者替换等维护专项计划资产安全的机制;

(四)积极配合计划管理人及其他参与机构和持有人开展风险管理工作,发现影响专项计划资产安全、投资者利益等风险事项的,及时告知计划管理人;

(五)法律法规、本所业务规则等规定或者协议约定的其他职责。

第十八条 资产支持证券托管机构应当履行下列信用风险管理职责:

（一）安全保管专项计划资产；

（二）监督计划管理人管理、运用、处分专项计划资产的情况，发现计划管理人的管理指令违反专项计划说明书或者托管协议约定的，应当要求改正；未能改正的，应当拒绝执行并及时向本所及相关监管机构报告；

（三）履行信息披露义务，出具资产托管报告；

（四）配合计划管理人及其他参与机构和持有人开展风险管理工作；

（五）法律法规、本所业务规则等规定或者协议约定的其他职责。

第十九条　资信评级机构应当在公司债券和资产支持证券信用风险管理中履行下列职责：

（一）按照规定或者约定开展定期跟踪评级并及时披露定期跟踪评级结果；

（二）持续了解所评级公司债券及其发行人、资产支持证券的资信状况，及时开展不定期跟踪评级并披露不定期跟踪评级结果；

（三）配合发行人、受托管理人、计划管理人及相关机构履行信息披露义务，开展风险管理工作；

（四）法律法规、本所业务规则等规定或者协议约定的其他职责。

第二十条　会计师事务所、律师事务所、资产评估机构等应当按照规定或者约定履行相关职责，积极配合发行人、受托管理人、计划管理人及其他相关机构开展信用风险管理工作。

第二十一条　投资者应当严格遵守投资者适当性管理制度，密切关注所投资公司债券或者资产支持证券的信息披露文件，综合运用多种方式持续评估投资标的的信用风险，自主判断投资价值，审慎作出投资决策，依法理性维护自身合法权益，自行承担投资风险。

第二十二条　信用风险管理业务参与人应当建立内部信息隔离和保密制度，防止相关人员利用信用风险管理过程中掌握的内幕信息及其他未公开信息实施内幕交易、利益输送、操纵市场等违法违规行为，扰乱市场秩序。

第三章　信用风险监测与预警

第一节　信用风险监测

第二十三条　发行人、特定原始权益人、基础资产重要现金流提供方应当加强日常负债与资金管理，定期开展现金流压力测试，审慎评估风险敞口，提前调度偿付资金，根据资金筹措情况适时采取必要风险应对或者化解处置措施。

第二十四条　受托管理人、计划管理人应当按季度对债券市场信用风险形势、所管理公司债券或者资产支持证券及相关负有偿付义务主体的信用风险情况进行整体研判，明确下一阶段信用风险管理工作重点和重点关注企业，有针对性地提前部署风险管理相关工作。

第二十五条　受托管理人应当持续关注下列事项，综合发行人公开市场存续产品规模、还本付息时限、投资者保护条款具体约定等因素，研判分析发行人自身信用风险程度及其所属企业集团的整体资信状况：

（一）行业政策，重点关注所处行业周期、政策、竞争格局及其变化等对发行人经营环境、融资环境、现金流管理等产生的影响。

（二）经营状况，重点关注发行人生产经营和盈利能力的稳定性、可持续性，是否发生可能影响偿债能力的重大诉讼或者仲裁等。

（三）财务状况，重点关注发行人杠杆水平、真实负债规模和期限结构、融资结构、资产质量及其变化、主要资产变现能力、现金流状况及其变化等，综合评估偿债压力和再融资可得性。

（四）公司治理，重点关注发行人及其所属企业集团控制权和经营管理团队的稳定性，是否存在重大违法违规或者严重失信行为，发行人偿债意愿，发行人控股股东、实际控制人、主要负责人的资信状况等。

（五）市场表现，重点关注是否存在重大负面舆情，二级市场交易价格是否存在异常波动，发行人及其公开市场融资产品资信评级变化情况等。

（六）所属企业集团关联影响，重点关注发行人所属企业集团内部资金往来及相互担保情况、集团整体资信状况及是否存在可能影响发行人资信水平的重大负面事件等。

（七）其他可能影响发行人信用状况的信息。

受托管理人应当参照前款要求，持续关注增信主体资信状况和增信措施有效性的变化情况，研判分析对公司债券按时还本付息可能产生的影响。

第二十六条 受托管理人应当持续关注下列募投项目相关事项，分析对项目预期运营收益实现是否存在不利影响：

（一）是否按照预期开工、建设和完工；

（二）建设进度是否与募集资金投入使用进度匹配；

（三）已形成的资产或者收益权是否按照募集说明书约定办理抵押或者质押手续（如有）；

（四）完工后的实际收益是否符合预期；

（五）可能影响募投项目运营收益的其他事项。

第二十七条 计划管理人应当持续关注下列事项，综合基础资产类型、交易结构安排、收益分配时限、投资者保护条款具体约定等因素，研判分析资产支持证券的信用风险程度：

（一）基础资产类型、特征、权属、担保负担或者其他权利限制以及质量变化情况；

（二）基础资产现金流归集、划转以及预计基础资产产生现金流能力的变化情况；

（三）资产服务机构提供基础资产管理服务的相关业务资质、风险控制措施有效性；

（四）专项计划交易结构各环节实施情况、风险控制措施的落实情况；

（五）其他可能影响资产支持证券信用状况的信息。

计划管理人还应当参照本指引第二十五条的要求，加强对特定原始权益人、基础资产重要现金流提供方、增信主体及其所属企业集团有关事项的持续关注,研判分析对专项计划资信状况的具体影响。

第二十八条 受托管理人、计划管理人应当充分运用日常主动履职核查、查阅公开市场信息或者舆情信息、监测二级市场交易信息等多种方式和渠道,持续动态收集可能影响公司债券或者资产支持证券信用状况的信息,及时准确掌握信用风险变化情况。

鼓励受托管理人、计划管理人根据自身情况和所管理产品及其融资主体的风险特征,建立信用风险监测指标体系或者模型,运用技术手段提升风险监测实效。

受托管理人、计划管理人可以聘请外部专业机构协助开展信用风险监测分析,但是不能免除其自身应当承担的风险管理责任。

第二节 信用风险分类

第二十九条 受托管理人、计划管理人应当根据公司债券或者资产支持证券信用风险程度,将所管理产品划分为正常类、一般关注类、重点关注类、风险类及违约类,实施差异化的风险监测、排查、化解和处置安排,对重点关注类、风险类和违约类产品的风险管理工作投入更多资源、执行更高要求,并在内部制度流程中予以明确。

本所可以根据日常监管情况和风险管理需要,要求受托管理人、计划管理人调整相关公司债券或者资产支持证券的信用风险分类,提出相应风险管理工作要求。

第三十条 本指引所称一般关注类债券,是指发行人的偿债能力或者增信措施的有效性已经或者正在发生不利变化,可能对按期还本付息产生实质影响,需要持续关注信用风险是否进一步恶化的公司债券。

出现下列情形之一的,受托管理人可以将相关公司债券列为一般关注类债券:

(一)发行人所处行业环境或者政策发生不利变化;

(二)发行人生产经营情况发生不利变化;

(三)发行人控制权稳定性或者董事长、总经理、财务负责人等关键人员履职稳定性发生不利变化；

（四）发行人最近一期财务报告被出具非标准审计意见，且相关事项对发行人的偿债能力产生不利影响；

（五）发行人董事、监事、高级管理人员无法保证最近一期定期报告内容的真实性、准确性、完整性或者持有异议；

（六）发行人母公司或者合并报表口径主要经营指标或者财务指标发生较大不利变化或者与发行人所处行业相应特征存在较大差异；

（七）发行人母公司或者合并报表口径有息负债、或有负债的余额较大或最近一年新增规模较大，或者短期负债占比较高或负债短期化趋势明显；

（八）发行人母公司或者合并报表口径自由现金流规模下降，或者对短期负债的覆盖比例下降；

（九）发行人融资环境、融资渠道、融资成本等发生异常或者不利变化；

（十）发行人及其主要子公司的主要资产被查封、扣押、冻结，发生灭失或者大幅资产减值；

（十一）发行人频繁收购资产，但是未相应增加主营业务利润；

（十二）发行人公开市场融资产品交易价格频繁出现异常波动或者严重偏离合理估值；

（十三）出现关于发行人及其重要子公司的重大市场不利传闻；

（十四）发行人未能履行募集说明书约定等相关承诺事项，或者存在公司信用类债券业务相关的违法违规行为；

（十五）发行人被列为失信被执行人、环保或者安全生产领域失信单位等信用惩戒对象，受到刑事处罚、重大行政处罚或者行政监管措施，或者涉嫌违法犯罪；

（十六）境内外资信评级机构下调发行人主体或者债项评级、调整评级展望为负面或者将其列入信用观察名单；

（十七）发行人作为特定原始权益人、基础资产重要现金流提供方、增信主体的专项计划的资信状况发生不利变化；

（十八）发行人控股股东、实际控制人、与发行人处于同一控制下的其他关联主体出现本条第一项至第十七项规定情形的同类事项，可能对发行人的资信状况产生不利影响；

（十九）增信主体出现本条第一项至第十七项规定情形的同类事项，可能对其代偿能力产生不利影响，或者在其他债务中存在无故拖延、拒绝承担增信责任的情形；

（二十）抵押物、质押物等灭失或者价值发生较大减损；

（二十一）募集资金投资计划、募投项目建设情况、募投项目所处市场环境等发生变化，可能对项目预期运营收益实现产生较大不利影响；

（二十二）公司债券募投项目建设、运营所形成的资产或者收益权未能按照募集说明书约定办理抵押或者质押手续；

（二十三）其他可能对公司债券还本付息产生不利影响或者受托管理人认为应当予以关注的情形。

第三十一条 本指引所称重点关注类债券，是指发行人的偿债能力或者增信措施的有效性已经发生明显不利变化，按期还本付息存在较大不确定性，需要提前采取措施积极应对的公司债券。

出现下列情形之一的，受托管理人应当将相关公司债券列为重点关注类债券：

（一）发行人最近6个月内面临还本付息公司信用类债券的偿债资金来源暂未明确，且存在第三十条规定的任一情形；

（二）发行人最近3个月内面临公司信用类债券还本付息，且偿债资金来源暂未明确或者预计按时足额归集、划付存在较大不确定性；

（三）发行人及其主要子公司在缺乏合理交易背景、交易对价的情况下，或者违反公司债券募集说明书或相关承诺的约定，出售转让主要资产或者将其用于抵押、质押等增信措施；

（四）募投项目存在长期未开工、未完工、完工后未实际运营等情形或者因擅自变更募集资金用途、项目投资建设运营违法违规等原因导致募投项目建设进度严重滞后或者长期无法正常产生运营收益的；

（五）发行人或者相关主体拒不配合受托管理人履职，导致受托管理人无法正常开展信用风险管理工作并准确研判发行人或者公司债券的信用风险程度；

（六）其他受托管理人认为应当重点关注的情形。

第三十二条 本指引所称风险类债券，是指发行人的偿债能力或者增信措施的有效性严重恶化，预计无法按时还本付息的公司债券。

出现下列情形之一的，受托管理人应当将相关公司债券列为风险类债券：

（一）已经或者应当被列为重点关注类债券的发行人未能积极主动采取风险应对措施，或者已采取的措施效果有限，发行人信用风险仍进一步恶化，可能严重影响公司债券按时还本付息；

（二）发行人未能按时清偿其他公司信用类债券或者境外债券；

（三）发行人发生可能触发募集说明书约定的交叉违约、加速清偿等条款的事项；

（四）发行人被行业主管部门、地方政府、国有资本运营公司等接管或者托管；

（五）募投项目为虚假项目、发生重大减值、出现严重损毁或灭失；

（六）其他受托管理人认为应当列为风险类的情形。

第三十三条 本指引所称违约类债券，是指未能在下列日期还本付息的公司债券：

（一）募集说明书、持有人会议决议等约定的还本付息日。相关文件或者协议对还本付息日约定宽限期的，以宽限期届满日为准。

（二）生效判决、仲裁裁决确定的偿付日期。

（三）人民法院裁定受理发行人破产和解、重整或者清算程序之日。

第三十四条 本指引所称一般关注类资产支持证券，是指基础资产质量、产生现金流能力、交易结构有效性或者增信措施有效性中一项或者多项已经或者正在发生不利变化，需要持续关注按照约定分配收益是否存在较大风险的资产支持证券。

出现下列情形之一的,计划管理人可以将相关资产支持证券列为一般关注类:

(一)基础资产及其他相关资产因政策变化、质量变化、涉及法律纠纷等,产生的现金流可能不足以按约定分配收益的;

(二)基础资产现金流归集等账户被冻结或者限制使用,可能影响按约定分配收益的;

(三)专项计划交易结构安排的现金流归集、不合格基础资产赎回或者替换、权利完善等维护专项计划资产安全的机制未能有效实施或者不足以防范风险的;

(四)原始权益人、资产服务机构、托管人及其他参与机构发生重大变化或者不履行规定或者约定的职责、义务,可能影响专项计划资产安全或者投资者利益的;

(五)特定原始权益人、基础资产重要现金流提供方以及前述主体的控股股东、实际控制人或者与其处于同一控制下的其他重要关联主体出现第三十条第二款第一项至第十七项规定情形的同类事项,可能影响专项计划资产安全或者现金流稳定归集的;

(六)增信主体出现第三十条第二款第一项至第十七项规定情形的同类事项,可能对其代偿能力产生不利影响,或者在其他债务中存在无故拖延、拒绝承担增信责任的情形;

(七)抵押物、质押物灭失或者价值发生较大减损;

(八)其他可能对资产支持证券收益分配产生不利影响或者计划管理人认为应当予以关注的情形。

第三十五条 本指引所称重点关注类资产支持证券,是指基础资产质量、产生现金流能力、交易结构有效性或者增信措施有效性中一项或者多项已经发生重大不利变化,按照约定分配收益存在较大不确定性,需要提前采取措施积极应对的资产支持证券。

出现下列情形之一的,计划管理人应当将相关资产支持证券列为重点关注类:

(一)发生第三十四条规定的任一情形,但是专项计划交易结构安排中缺乏其他保障专项计划资产安全、投资者权益的有效措施或者预计相关措施难以有效实施的；

（二）最近3个月内资产支持证券面临收益分配，基础资产现金流预计难以覆盖，且专项计划交易结构安排中缺乏其他保障专项计划资产安全、投资者权益的有效措施或者预计相关措施难以有效实施的；

（三）特定原始权益人、基础资产重要现金流提供方及其主要子公司在缺乏合理交易背景、交易对价的情况下，或者违反计划说明书或者相关协议的约定，出售转让主要资产或者将其用于抵押、质押等增信措施；

（四）原始权益人、资产服务机构、基础资产重要现金流提供方或者相关主体拒不配合计划管理人履职，导致计划管理人无法正常开展信用风险管理工作并准确研判资产支持证券信用风险程度的；

（五）发生可能触发计划说明书约定的加速归集、交叉违约或者提前终止等条款的事件；

（六）其他计划管理人认为应当重点关注的情形。

第三十六条　本指引所称风险类资产支持证券，是指基础资产质量、产生现金流能力、交易结构有效性或者增信措施有效性中一项或者多项严重恶化，预计无法按时分配收益的资产支持证券。

出现下列情形之一的，计划管理人应当将相关资产支持证券列为风险类：

（一）针对重点关注类或者应当列为重点关注类的资产支持证券，已采取的保障专项计划资产安全、投资者权益的各项措施效果有限，专项计划信用风险仍进一步恶化，可能严重影响资产支持证券按时分配收益的；

（二）发生可能触发计划说明书约定的加速归集、交叉违约或者提前终止等条款的事件，且专项计划交易结构安排中缺乏其他保障专项计划资产安全、投资者权益的有效措施或者预计相关措施难以有效实施的；

（三）其他计划管理人认为应当列为风险类的情形。

第三十七条　本指引所称违约类资产支持证券,是指未能于计划说明书、持有人会议决议等约定的收益分配日足额分配收益,或者专项计划按照约定提前终止但未能在约定期限内足额分配收益的资产支持证券。相关文件或者协议对分配日期约定宽限期的,以宽限期届满日为准。

第三十八条　违约类、风险类、重点关注类及一般关注类以外的全部公司债券、资产支持证券均属于正常类产品。

第三十九条　受托管理人、计划管理人应当按照各风险等级产品的定义、分类标准和风险监测、排查中掌握的实际情况,综合评估确定相关公司债券、资产支持证券的风险分类,并对分类结果进行动态管理。

同一受托管理人、计划管理人所管理一般关注类以上风险程度的公司债券或者资产支持证券的只数占比、发行金额占比原则上均应当达到5%。不足5%的,受托管理人、计划管理人应当提交专项报告说明原因,本所可以视情况建议相关监管部门加强日常业务抽查或者检查。

第三节　信用风险排查

第四十条　受托管理人、计划管理人应当结合风险分类结果,聚焦重点领域、重点主体和偿债能力相关关键事项,及时开展信用风险排查,摸清所管理公司债券或资产支持证券、相关负有偿付义务主体的风险底数、主要风险点和偿付意愿,核实资金筹措、归集情况,评估相关增信措施、投资者权益保护措施或者风险应对措施的有效性,研判信用风险影响程度及其他可能的风险传导影响,形成相应风险档案并动态更新。

第四十一条　信用风险排查可以采取现场、非现场或者现场与非现场相结合的方式进行,但应当综合运用查阅调取资料、访谈相关人员、书面函证、现场走访等方式进行,必要时应当实地了解相关负有偿付义务主体的具体情况,并可以视情况对其控股股东、实际控制人、供应商、客户、债权人、相关专业机构等进行延伸排查,不得仅以电话、邮件或者通用问题列表问询等形式开展排查。

第四十二条 受托管理人、计划管理人应当结合信用风险程度、偿付日或者收益分配日远近、募集说明书或者计划说明书等相关投资者权益保护条款约定等因素,统筹安排风险排查工作,优先排查风险程度较高、还本付息或者收益分配日较近的主体。

本所可以根据日常监管情况和信用风险管理需要,要求受托管理人、计划管理人实施全面风险排查或者对特定行业、特定区域相关主体和特定风险事项实施专项风险排查。

第四十三条 对于正常类的公司债券或者资产支持证券,受托管理人、计划管理人应当至少在还本付息或收益分配日前1个月开展风险排查,提醒相关主体落实偿付资金,按时履行还本付息、资金归集或转付等义务,并持续跟踪偿付资金落实情况。

资产支持证券约定按月分配收益的,计划管理人应当至少在收益分配日前5个交易日按照前款规定履职。计划说明书或者其他协议有更高约定的,从其约定。

第四十四条 对于一般关注类的公司债券或者资产支持证券,受托管理人、计划管理人应当至少在还本付息或者收益分配日前2个月开展风险排查,并持续跟踪偿付资金落实情况。

资产支持证券约定按月分配收益的,计划管理人应当至少在收益分配日前10个交易日按照前款规定履职。资产支持证券约定按季度分配收益的,计划管理人应当至少在收益分配日前1个月按照前款规定履职。计划说明书或者其他协议有更高约定的,从其约定。

受托管理人、计划管理人每年采取现场方式进行风险排查的一般关注类债券发行人家数或者专项计划个数不得少于上一年末管理的全部一般关注类债券发行人家数或者专项计划个数的三分之一;发行人总家数或者专项计划总个数少于3家(个)的,受托管理人、计划管理人每年至少对一家发行人或者一个专项计划进行现场风险排查。

第四十五条 对于重点关注类、风险类的公司债券或者资产支持证券,受托管理人、计划管理人应当至少在还本付息或者收益分配日前 3 个月、前 2 周各完成一次风险排查,并持续跟踪偿付资金落实情况。排查形式上至少一次应当为现场排查。

资产支持证券约定按季度或者其他更高频率分配收益的,计划管理人应当按照第四十四条第二款规定的频率,以现场方式开展风险排查,并持续跟踪资金落实情况。计划说明书或者其他协议有更高约定的,从其约定。

第四十六条 对于违约类的公司债券或者资产支持证券,受托管理人、计划管理人应当每季度至少开展一次风险排查,每年至少开展一次现场排查,并持续跟踪违约处置进展情况。

第四十七条 受托管理人、计划管理人应当不晚于每次还本付息或者收益分配日前的第 5 个交易日,以适当方式确认偿付资金的实际落实情况并持续跟踪归集、划付情况。发现按时偿付或者分配存在不确定性的,应当及时向本所报告。募集说明书、计划说明书、受托管理协议或者其他相关协议有更高要求的,从其约定。

第四十八条 存在下列情形之一的,受托管理人、计划管理人应当及时以适当方式开展风险排查,分析研判相关事件的具体成因,评估其对发行人、专项计划信用风险的影响程度以及是否存在风险传导影响:

(一)出现关于发行人、特定原始权益人或者基础资产重要现金流提供方及其控股股东、实际控制人的市场不利传闻。

(二)公司债券、资产支持证券出现价格异常大幅波动,或者连续多日成交价格明显偏离合理价值。

(三)发行人、特定原始权益人或者基础资产重要现金流提供方及其所属同一企业集团内的其他主体在境内外公开市场融资产品的交易价格出现大幅下跌。

(四)发生其他可能影响发行人、特定原始权益人或者基础资产重要现金流提供方偿付能力且影响程度暂不确定的事件。

第四十九条 受托管理人、计划管理人相关高级管理人员应当亲自参与下列现场风险排查工作,指导制定排查计划,负责沟通协调排查对象相关负责人,综合排查情况及风险研判结果组织拟定相关应对措施:

(一)风险类债券还本付息日、风险类资产支持证券收益分配日前的现场排查;

(二)违约类债券或者资产支持证券每年一次的现场排查;

(三)相关融资主体市场关注度较高或者公开市场融资规模较大,且发生本指引第四十八条规定情形,拟对其开展现场风险排查的;

(四)其他本所或者受托管理人、计划管理人认为有必要由相关高级管理人员参与的风险排查。

第五十条 受托管理人应当定期核查所管理公司债券持有人结构变化情况,是否与发行人存在直接或者间接关联关系,并按要求向本所报告核查结果。

第四节 信用风险管理报告机制

第五十一条 受托管理人、计划管理人及其有关人员应当及时向本所报告信用风险监测、排查中的重要情况。情况紧急的,应当第一时间进行口头报告,避免发生超预期的信用风险事件。

发行人、特定原始权益人、基础资产重要现金流提供方、增信主体、承销机构、资信评级机构和其他相关机构及其有关人员在履行信用风险管理职责过程中,发现公司债券或资产支持证券按时偿付或分配存在重大不确定性的,应当通过适当方式,及时向本所报告。

第五十二条 受托管理人、计划管理人应当于每年 2 月末、5 月末、8 月末、11 月末之前,向本所报告截至上月末全部存量公司债券、资产支持证券的风险分类情况,说明负责相应风险管理事务的高级管理人员、部门负责人及直接责任人员(以下统称相关责任人员)姓名、职务和联系方式。

第五十三条 受托管理人、计划管理人应当于每月 20 日前向本所报告下一个月内面临还本付息或者收益分配的一般关注类、重点关注类、风险类和违约类公司债券、资产支持证券的资金筹措或者归集情况。

第五十四条 发生下列情形之一的,受托管理人、计划管理人应当在5个交易日内向本所报送临时信用风险管理报告和相关发行人、特定原始权益人、基础资产重要现金流提供方的风险档案:

(一)公司债券、资产支持证券的信用风险分类发生变更,且变更前或者变更后的分类属于重点关注类、风险类或者违约类的;

(二)公司债券还本付息或者资产支持证券收益分配日前1个月(约定按月分配收益的资产支持证券为收益分配日前10天),偿付资金的具体来源或者预计到位时间仍无法确定,预计相关产品按期偿付或者分配收益存在较大不确定性的;

(三)重点关注类、风险类、违约类发行人、专项计划的信用风险发生重大不利变化或者风险应对处置取得重大进展的;

(四)其他可能对公司债券、资产支持证券的按期偿付或者分配收益产生较大不利影响的情形。

临时信用风险管理报告和风险档案的内容应当分别符合本指引第五十五条、第五十六条的规定,重点突出较前次报告发生变化的相关内容。

第五十五条 临时信用风险管理报告应当包括但不限于下列内容:

(一)发行人和公司债券、专项计划和资产支持证券的基本情况、最新风险分类;

(二)风险分类调整及其原因(如有);

(三)最新风险事件基本情况(如有);

(四)已采取的信用风险主动管理措施、效果和面临的主要困难;

(五)后续风险应对安排,包括偿付资金的来源和可行性评估、具体落实安排和相关重要时点等。涉及资产处置的,需进一步说明待处置资产或者项目明细、处置时间节点。涉及协商和解的,需进一步说明沟通工作安排和进展情况;

（六）受托管理人、计划管理人履职情况，包括已采取的应对措施和效果、内部集体决策机制落实情况、相关责任人员履职情况等；

（七）发行人、特定原始权益人、基础资产重要现金流提供方主要负责人和业务联络人的姓名、职务、职责范围、电话和邮箱；

（八）受托管理人、计划管理人相关责任人员的姓名、职务、职责范围、电话和邮箱；

（九）其他受托管理人、计划管理人认为应当报告的事项。

第五十六条 发行人、特定原始权益人、基础资产重要现金流提供方的风险档案应当包括但不限于下列内容：

（一）基本情况，包括公司名称、性质、行业、注册地、主要业务所在地、成立时间、控股股东、实际控制人、是否为境内外上市公司或者上市公司关联方等。

（二）生产经营情况，包括从事的业务类型、主要收入来源和主要财务数据。属于市政建设类企业的，应当说明所属行政层级、业务所在区域情况等。属于房地产企业的，应当说明主要经营的物业类型、销售情况、主要项目分布、土地储备规模与区域分布等。属于其他产业类企业的，应当说明所处行业当前景气度和政策情况、近三年销售情况和变动趋势等。

（三）公司治理情况，包括公司经营与管理风格、实际控制人背景、管理层人员稳定性、公司与集团内其他主体间决策机制和资金管理机制的独立运行情况等。

（四）集团内债券、资产证券化或者其他融资产品情况，包括融资主体、期限结构、产品明细表，并按照融资主体和偿付类型列示一年内待偿付或者分配收益产品的只数、金额、上市挂牌场所。

（五）主要风险点及其影响程度。包括结合有息负债结构和投资者权益保护条款约定情况研判债务压力；结合当前自由现金流情况、现金流对短期债务覆盖程度、资产受限情况、现金流可持续性等研判流动性风险；结合主要融资渠道、债权人结构、融资政策、市场舆情、二级市场价格等研判融资可得性；结合主要资产类型、分布、权利受限情况等研判资产变现能力。

（六）压力测试情况，结合主要风险点，评估一个月内、三个月内、半年内的信用风险程度，分析极端情况下可能的风险传导路径及其风险敞口。

发行人、特定原始权益人、基础资产重要现金流提供方为集团控股平台的，应当进一步说明核心子公司的基本情况、生产经营情况、主要风险点及其影响研判。

发行人、特定原始权益人、基础资产重要现金流提供方的直接或者间接控股股东、处于同一控制下的其他重要关联方为境内外上市公司或者存续境内外公开市场融资产品，且相关主体之间存在风险交叉传导可能的，应当一并说明控股股东或者重要关联方的基本情况、生产经营情况、公司治理情况、公开市场融资情况、主要风险点及其影响研判。

第四章　信用风险应对与处置

第一节　投资者权益保护机制安排

第五十七条　公司债券、资产支持证券发行前，发行人、特定原始权益人、受托管理人、计划管理人等应当在募集说明书、计划说明书、标准条款、增信协议及其他相关协议中，明确偿债保障措施、投资者权益保护和风险化解处置的具体机制安排和各方权利义务，细化约定履行相应机制以及本指引规定职责的具体方式、执行频率、违约责任及宽限期安排等事项，并按照规定和约定予以披露。

第五十八条　募集说明书、计划说明书、标准条款、增信协议等文件约定偿债保障措施、投资者权益保护条款或者其他相关风险化解处置措施的，受托管理人、计划管理人应当在受托管理协议、资产服务协议、托管协议等文件中进一步细化约定相关措施的持续监测或者执行安排，并明确相关主体违反约定的救济方式及违约责任。

第五十九条　公司债券和资产支持证券存续期间，发行人应当在定期报告中披露偿债保障措施、投资者权益保护机制的执行情况，受托管理人、计划管理人应当在年度报告中披露信用风险管理履职情况、偿债保障措施或者投资者权益保护措施的执行情况等。

第六十条　受托管理人、计划管理人应当按照有利于保护持有人共同利益的原则制定并完善持有人会议规则。持有人可以充分利用持有人会议机制，与相关负有偿付义务的主体、增信主体、受托管理人、计划管理人等进行沟通，积极表达合理诉求，协商确定风险化解处置方案。

本所鼓励持有人会议根据不同表决事项，建立分层次的表决机制。对于可能实质减损、让渡持有人利益的偿付相关事项，应当在持有人会议规则中明确约定相应表决机制、程序、决议效力和落实等事项。

发行人、特定原始权益人、重要现金流提供方、前述主体关联方以及对决议事项存在利益冲突的其他持有人应当回避表决。受托管理人、计划管理人、见证律师应当加强提示与核查。

第二节　信用风险主动管理

第六十一条　公司债券、资产支持证券存续期间，发行人、原始权益人、基础资产重要现金流提供方、增信主体、资产服务机构等应当按照规定和约定，积极推进落实相关救济措施和承诺事项，切实保障持有人合法权益。

受托管理人、计划管理人应当及时督促发行人、原始权益人、基础资产重要现金流提供方、增信主体、资产服务机构等按照规定或者约定履行相应义务。

第六十二条　受托管理人、计划管理人应当就信用风险监测、排查了解的发行人或者专项计划相关风险点，与发行人、特定原始权益人或者其他相关主体充分沟通，协助其制定并落实相关应对措施，并持续跟踪评估相关主体信用风险的变化情况。

第六十三条　受托管理人应当充分发挥自身专业优势，针对发行人及其所属企业集团的信用风险特征和实际情况，积极协助发行人开展信用风险主动管理,以逐步稳定、修复、提升其自身及所属企业集团的信用水平,赢得利益相关方的支持认同,保障公司偿债能力、经营与外部融资环境总体稳定。

第六十四条　计划管理人应当综合基础资产类型、专项计划日常运营及破产隔离情况等特征开展信用风险主动管理,通过完善专项计划交易结构、协助改善特定原始权益人或者基础资产重要现金流提供方主体信用等方式,保障专项计划现金流来源的总体稳定,防范基础资产及其产生的现金流被截留、挪用或者占用。

第六十五条　鼓励发行人、特定原始权益人、增信主体等市场主体综合运用下列市场化方式主动管理自身信用风险:

(一)优化财务结构。合理安排债务期限结构、融资主体、融资渠道和融资品种,综合运用债券购回、回售转售、债券置换、债转贷等方式进行债务管理,合理举债,降低财务成本和单一主体风险敞口。

(二)寻求外部支持。积极寻求控股股东、实际控制人资金或者增信支持,协调增信主体新增增信措施、代为偿还债务或者处置担保物,争取金融机构和资本市场投资者融资或者债务重组支持,缓解短期流动性压力。

(三)及时变现资产。梳理评估资产明细及其可变现性,对照债务压力和现金流敞口,提前部署并积极落实资产变现工作,包括交易性金融资产变现、应收款项催收、存货变现或者处置市场认可度相对较高的房屋、土地使用权或者股权等非流动资产等。

(四)推进资产重组。通过处置亏损业务或者机构、剥离非主业相关业务板块、引入战略投资者等,调整优化资产或者业务结构,提升整体经营效率和偿债能力。

(五)完善公司治理。健全所属集团及各运营主体间投融资决策及资金管理机制流程,确保不同主体间风险有效隔离。优化内部组织架构,增加资本市场信用风险管理事务的资源投入,不断提升风险主动管理和应急处置的专业水平。

(六)强化信息披露。严格履行规定和约定的信息披露义务和承诺事项,鼓励自愿披露有利于全面、客观、公允反映公司行业地位、经营情况、偿债能力、治理水平、投资者权益保护安排等方面的信息,及时回应投资者与市场关切,树立公开、透明、诚信的资本市场主体形象,稳定市场信心。

(七)其他有利于稳定、修复及提升主体信用水平的措施。

第六十六条 发生法律法规和本所业务规则规定的可能影响发行人偿债能力、增信措施有效性或者公司债券交易价格的重大事项的,发行人、增信主体应当及时予以披露,说明相关事项的起因、目前的状况、对投资者权益的影响以及已采取、拟采取的投资者权益保护措施等。

受托管理人在信用风险管理中发现前款规定情形的,应当督促发行人、增信主体及时披露相关信息。发行人、增信主体未及时披露的,受托管理人应当及时披露临时受托管理事务报告。

第六十七条 计划管理人在信用风险管理中发现可能影响资产支持证券投资价值以及投资者利益的重大事项的,应当及时披露临时报告,说明相关事项的起因、目前的状况、对投资者权益的影响以及已采取、拟采取的投资者权益保护措施等。

特定原始权益人、基础资产重要现金流提供方、增信主体、资产服务机构、托管机构等发现前款规定情形的,应当及时通知计划管理人。

第六十八条 发生本指引第四十八条规定情形的,发行人、特定原始权益人应当及时、主动核查有关情况,研判风险影响。受托管理人、计划管理人应当根据风险排查情况,督促并协助发行人、特定原始权益人视情况通过披露公告澄清说明、召开投资者恳谈会或者其他适当方式,及时回应投资者与市场关切,防范信用风险无序扩散。如触发规定或者约定披露要求的,相关信息披露义务人应当及时履行披露义务。

第三节 信用风险化解处置

第六十九条 发行人、特定原始权益人、增信主体等市场主体已经采取的各项事中主动管理措施未能有效修复自身信用风险,或者因其他因素导致公司债券、资产支持证券预计无法按期偿付或者分配收益的,发行人、特定原始权益人、受托管理人、计划管理人应当在3个交易日内成立信用风险化解处置工作小组,由公司主要负责人或者分管相关业务的高级管理人员牵头,按照本节规定、相关协议的约定或者承诺,积极开展信用风险化解处置相关工作,加强与持有人的沟通协商,及时披露或者告知化解处置进展情况。

第七十条　发行人、特定原始权益人、增信主体应当按照市场化、法治化原则,在平等、自愿基础上,综合考虑自身风险水平、经营情况、财务状况、投资者意愿及市场情况等因素,结合融资产品期限、含权条款、投资者权益保护条款等差异化安排,科学合理地选择合适的信用风险管理工具或者其他风险化解处置措施,并按规定或者约定积极推进落实。

受托管理人、计划管理人应当加强对相关主体实施信用风险管理工具或者推进风险化解处置措施的合规性核查,按规定和约定履行信息披露和核查义务。

第七十一条　风险类债券或者资产支持证券的发行人、特定原始权益人、增信主体应当自确定风险分类后的5个交易日内制定切实可行的信用风险应对和处置预案,积极推动落实相关风险化解处置工作,并根据实际情况及时调整完善。募集说明书、计划说明书或相关协议约定更早时间的,从其约定。

本所可以基于产品规模、市场影响、风险外溢可能或者其他风险管理工作需要,要求相关主体提前制定并实施信用风险应对和处置预案。

第七十二条　发行人、特定原始权益人的信用风险应对和处置预案应当明确下列事项:

(一)风险应对和处置的组织机制、人员构成和职责分工;

(二)结合主要风险点、风险底数以及可调配或者争取资源的情况,明确下一阶段主要应对和处置工作目标、思路;

（三）风险化解和处置措施的组合安排，明确各项措施的实施顺序及关键时间节点。涉及偿付资金筹措的，应当细化说明资金来源、资金规模、预计到账时间或者所涉项目情况；

（四）持续信息披露安排，包括披露文件的起草、审核、批准、报出流程及其人员分工；

（五）加强舆情、市场动态等日常监测与管理的工作安排；

（六）投资者关系管理安排，包括持有人结构分析、投资者沟通协调机制与分工、持有人会议安排等；

（七）相关债券、资产支持证券交易机制和投资者适当性管理安排（如有）；

（八）与受托管理人、计划管理人及其他相关机构的沟通协调机制；

（九）与增信主体、控股股东、实际控制人及其他关联方的沟通协调机制（如有）；

（十）与地方政府、金融局、证监局等部门的沟通事项及安排（如有）；

（十一）与金融机构债权人委员会、托管组或者接管组、破产管理人等其他处置相关方的沟通协调机制（如有）；

（十二）其他有利于风险化解和处置的工作机制。

增信主体的信用风险应对和处置预案应当包括但不限于前款第一项至第四项、第八项至第十二项规定的内容。

第七十三条　发行人控股股东、实际控制人以及发行人的董事、监事、高级管理人员或者履行同等职责的人员等应当积极督促并协助发行人推进风险应对处置有关事项，切实履行规定和约定义务，落实有关承诺事项，不得相互推诿，不得通过财产转移、关联交易等方式直接或者间接地协助发行人逃废债务，不得通过不正当手段挪用、占用发行人财产，损害债券持有人合法权益。

第七十四条　特定原始权益人、资产服务机构、基础资产重要现金流提供方以及前述主体的董事、监事、高级管理人员或者履行同等职责的人员、控股股东、实际控制人等应当积极推进或者协助计划管理人推进风险应对处置有关事项，切实履行规定和约定义务，落实有关承诺事项，不得相互推诿，不得挪用、侵占基础资产及其产生的现金流，损害资产支持证券持有人合法权益。

第七十五条　风险类债券或者资产支持证券的受托管理人、计划管理人应当自确定风险分类后的 5 个交易日内，结合发行人、专项计划的风险特征，有针对性地制定信用风险应对和处置预案，积极推动相关主体落实信用风险化解处置措施，切实维护持有人合法权益，防范风险扩散外溢，并根据实际情况及时调整完善。

本所可以基于产品规模、市场影响、风险外溢可能或其他风险管理工作需要，要求其他非风险类产品的受托管理人、计划管理人提前制定并实施信用风险应对和处置预案。

第七十六条　受托管理人、计划管理人应当在信用风险应对和处置预案中，明确履行下列职责的具体机制与安排：

（一）成立风险化解处置工作组，明确参与部门、人员及其职责分工；

（二）评估发行人、特定原始权益人、增信主体的信用风险应对和处置预案的可行性，督促相关主体持续完善预案内容并积极落实化解处置措施；

（三）主动了解持有人意愿和具体诉求，结合发行人、特定原始权益人的风险情况及化解处置安排，协助其沟通协调持有人；

（四）按照规定或者约定及时召集持有人会议，就全部拟提交审议的议案与提议人充分沟通，确保提交审议的议案符合相关规定或者约定，有利于保护持有人利益，具有明确并切实可行的决议事项；

（五）积极推动发行人、特定原始权益人、基础资产重要现金流提供方、增信主体或者其他相关方落实募集说明书、计划说明书、受托管理协议、增信协议等文件约定的救济措施、承诺事项以及持有人会议的生效决议；

（六）进一步加强风险监测排查力度，结合化解处置进展情况，持

续评估相关债券或资产支持证券的风险状态,按照规定和约定履行信息披露及报告义务;

(七)加强舆情、市场动态等监测与管理,努力防范信用风险扩散外溢;

(八)根据持有人的授权,代表持有人提起或者参加诉讼、仲裁、破产等程序;

(九)根据持有人的授权,发起或者参与金融机构债权人委员会,及时了解并客观、真实反映持有人的合理诉求;

(十)加强与金融机构债权人委员会、托管组或者接管组、破产管理人等处置相关方的沟通协调,积极了解风险处置相关进展并及时告知持有人;

(十一)按照规定或约定应当采取的其他措施。

第七十七条 信用风险化解和处置过程中,相关重大事项按照规定或者约定应当由持有人会议决策或者授权采取措施的,受托管理人、计划管理人应当及时组织召开持有人会议,积极落实或者督促发行人、特定原始权益人、增信主体或者其他相关方切实落实会议决议内容。

第七十八条 持有人会议拟审议事项需要发行人、特定原始权益人、基础资产重要现金流提供方、增信主体或者其他相关方推进落实的,受托管理人、计划管理人或者其他会议召集人应当提前与相关主体充分沟通,了解其就议案落实安排的具体意见,按照有利于风险化解处置的原则,必要时协商拟定或者修改完善议案相关内容。

发行人、特定原始权益人或者其他相关主体及其主要负责人员应当按照会议召集人的要求出席持有人会议,接受持有人等相关方的问询,并就拟审议议案的落实安排发表明确意见。

第七十九条 受托管理人、计划管理人应当积极落实或者督促发行人、特定原始权益人或者其他相关主体切实落实持有人会议形成的生效决议。

相关主体应当及时说明并披露落实会议决议的具体安排、进展情况或不同意落实的合理理由。

相关主体未按照规定或约定落实持有人会议决议的,受托管理人、计划管理人应当通知持有人,并及时采取应对措施,切实维护持有人法定或约定的权利。

第八十条　受托管理人、计划管理人应当按照下列要求,以临时信用风险管理报告的形式,及时向本所报告信用风险化解与处置中的重要情况:

(一)风险化解处置的关键节点或者发生可能影响风险化解处置的事项之日起5个交易日内,报告相关事项的情况、可能的影响、后续工作计划和拟采取的措施等;

(二)出现可能导致信用风险扩散的情形之日起3个交易日内,报告具体情况、潜在影响、后续工作计划和拟采取的措施等,相关情形包括但不限于二级市场价格大幅波动或者明显异常、相关主体融资环境的稳定性发生明显变化、多名持有人就相关主体或债券举报或者单独提起诉讼、市场对相关主体的合规情况或者风险处置进展广泛关注或者存在重大质疑等;

(三)信用风险应对和处置预案制定或者调整之日起5个交易日内,报告预案的内容、风险化解处置工作组的人员构成和联系方式;

(四)风险化解和处置工作完成后,及时报告风险化解和处置过程、结果、经验教训总结和改进建议等。

情况紧急的,受托管理人、计划管理人应当先及时口头报告,再提交相关书面临时报告。

第八十一条　发行人、增信主体、受托管理人、计划管理人等应当按照相关规定和约定,真实、准确、完整、及时、公平地披露风险化解处置相关重要信息,重点说明最新风险情况及其影响、拟采取和已采取的风险管理措施及其进展、违约及其救济情况等相关事项。本所对风险类、违约类债券的信息披露另有规定的,从其规定。

第八十二条　发行人依法进入破产程序的,发行人或者破产管理人应当按照相关规定及时披露破产程序的进展情况、破产重整、和解或者财产处分、分配的方案以及其他影响投资者决策的重要信息。

人民法院裁定批准发行人破产重整计划、认可破产和解协议或者宣告发行人破产的，发行人的债券终止在本所上市挂牌并按照规定予以摘牌。

第五章　信用风险管理工具

第一节　公司债券、资产支持证券购回

第八十三条　为优化发行人债务结构、降低负债规模，发行人或者符合本所规定的第三方（以下合称购回方）可以按照本节规定，通过要约方式或者其他本所认可的方式，购回发行人在本所上市挂牌的存量公司债券。募集说明书另有约定的除外。

资产支持证券的购回业务参照适用本节规定。

第八十四条　购回方实施债券购回业务，应当符合《公司法》《证券法》《公司债券发行与交易管理办法》等法律法规和本所有关规定，严格履行决策程序和信息披露义务。

债券购回事项触发募集说明书等协议约定的投资者权益保护条款，发行人应当及时披露公告说明基本情况、具体影响和应对安排。

第八十五条　债券购回应当以现金方式支付对价。

第八十六条　下列期间内，购回方不得购回发行人在本所上市挂牌的任一债券：

（一）发行人定期报告、业绩预告或者业绩快报（如有）披露前10个交易日内；

（二）按照规定或约定应当披露临时报告的重大事项发生之日至对外披露后的2个交易日内；

（三）法律法规、本所业务规则等规定的其他情形。

第八十七条　受托管理人应当积极协助购回方制定公允、合理的债券购回方案，选择合适的购回业务模式，加强对购回业务全流程的合规性核查，督促购回方严格按照本指引及本所相关业务规则的要求实施购回并履行信息披露义务，切实维护持有人的合法权益。

购回方应当于内部决策程序履行完毕之日起2个交易日内及时告知标的债券的发行人和受托管理人,积极配合受托管理人开展相应核查工作,并在购回开始前向其报备购回方相关内幕信息知情人名单,承诺严格按照规定和约定开展债券购回业务并履行相应义务。

受托管理人应当在购回方披露购回实施结果公告后的5个交易日内披露临时受托管理事务报告,说明债券购回期间的履职情况,并就本次购回是否符合本指引和本所其他业务规则的规定发表意见。

第八十八条 购回方通过要约方式购回公司债券的,应当同步向拟购回债券及本金偿付日早于该债券的所有公司债券持有人发出要约,并确保各期债券按净价计算的购回单价或者定价方式、购回比例、购回实施安排等保持一致,但符合下列情形之一的除外:

(一)增信主体指定购回其提供增信措施的债券;

(二)第三方依据破产和解协议、破产重整计划或者市场化重组方案等一揽子处置方案,购回符合特定条件的债券;

(三)本金偿付日早于购回债券的其他债券持有人无异议的;

(四)具有其他合理理由且经本所认可的情形。

第八十九条 购回方通过要约方式购回债券的,应当不晚于购回要约申报开始前的3个交易日公告购回方案,说明下列事项:

(一)购回背景及目的;

(二)标的债券基本情况、要约对象;

(三)购回资金总额、购回价格、价格确定机制及其合理性、购回资金派付日等;

(四)要约申报方案,包括要约申报期间(原则上不少于3个交易日)、申报方式、申报撤销条件、申报撤销期间、超额申报后的处理方式等;

(五)应当披露的其他事项。

第九十条 发行人以外的第三方要约购回公司债券的,除本指引第八十九条规定的披露事项外,还应当结合与发行人或其相关方的协

议约定,或者市场化重组方案、破产和解协议约定、破产重整计划等具体安排,在公告中披露下列事项:

（一）第三方购回发行人债券的主要考虑或依据；

（二）第三方获取的对价及其履行情况；

（三）与债券持有人的沟通情况、对未参与购回债券持有人的相应安排（如有）；

（四）应当披露的其他事项。

第九十一条 购回方应当在购回要约申报期届满后的 2 个交易日内,公告债券购回申报结果,说明申报规模、拟实施规模、资金来源、购回资金派付及注销安排等。

购回资金发放后的 2 个交易日内,购回方应当披露债券购回实施结果公告,说明实施规模、标的债券未偿余额、购回份额的注销安排等。

购回方通过要约方式购回的债券份额应当按照本所有关规定予以注销。

第二节 公司债券、资产支持证券回售撤销与转售

第九十二条 公司债券、资产支持证券附回售条款的,发行人、受托管理人、计划管理人应当提前了解投资者回售意愿,做好投资者沟通引导,明确回售预期,降低回售对发行人或者基础资产流动性的冲击。

第九十三条 公司债券、资产支持证券的持有人可以在回售申报期间通过本所交易系统进行回售申报。

已申报回售登记的持有人可以于公告的回售撤销期内通过本所交易系统进行回售申报撤销。公告的回售撤销期届满后,经与发行人、专项计划文件约定的回售义务人协商一致并经本所认可,持有人可以按照规定通过受托管理人或者计划管理人向本所申请撤销回售申报。

证券经营机构、受托管理人、计划管理人应当协助持有人做好回

售申报和撤销的有关工作。

第九十四条 为缓解相关主体的流动性压力，已回售的公司债券、资产支持证券可以按照规定程序予以转售。法律法规、本所业务规则规定或者募集说明书、计划说明书等约定不得转售，或者发行人、计划管理人等公告承诺不予转售的除外。

第九十五条 公司债券、资产支持证券拟实施回售转售的，发行人、计划管理人应当按照本所相关规定履行信息披露义务，并在公告中承诺转售符合相关规定、约定及承诺事项。

转售期原则上不超过20个交易日，自回售资金发放日当日起算。确有合理理由的，发行人、计划管理人可以于转售期届满前向本所申请适当延长转售期。经本所同意后，发行人、计划管理人应当及时公告延期事由及具体安排。

转售期间届满后，已回售未转售部分的债券、资产支持证券将按照规定予以注销。

第九十六条 回售转售业务原则上应当通过本所交易系统办理。确有必要通过其他方式办理的，发行人或者计划管理人应当提前向本所申请并经本所同意。

第九十七条 发行人通过发行公司债券筹措资金偿还存量公司债券回售本金，且募集说明书约定的金额超过存量债券实际回售申报规模的，发行人应当于回售完成后直接注销相应债券份额，不得实施转售业务。

存量债券实际回售申报规模超过新发债券募集说明书约定偿还金额的，发行人可以对超额部分进行转售。

第九十八条 受托管理人、计划管理人应当加强对公司债券、资产支持证券回售转售业务全流程的监督管理，督导发行人、回售义务人合规开展转售业务。如发现发行人存在违反规定、约定或者相关承诺的，应当督促发行人、回售义务人予以纠正并向本所报告。

发行人及其各期公司债券的主承销商、专项计划文件约定的回售义务人应当配合受托管理人、计划管理人开展核查工作。

第三节 公司债券置换

第九十九条 发行人为优化存量债务期限结构,可以发行公司债券(以下简称置换债券)用于置换本所上市挂牌的存量标的债券。

第一百条 债券置换应当以发行人要约方式进行。

发行人应当于要约申报起始日前披露公告,明确下列置换方案有关事项：

（一）置换背景和目的；

（二）标的债券基本情况、要约对象、置换比例；

（三）置换债券基本要素、已获注册或者确认情况、发行计划等；

（四）要约申报方案,包括要约申报期间（原则上不少于3个交易日）、标的债券持有人申报方式、申报撤销条件、申报撤销期间、超额申报后的处理方式等。

第一百零一条 标的债券持有人可以根据置换方案,选择以所持有的标的债券份额认购并登记为置换债券的持有人。

持有人应当确保接受置换要约的标的债券不存在质押或冻结等权利受限情形。存在相应情形的标的债券份额不得用于认购置换债券。

第一百零二条 要约申报期间届满后的2个交易日内,发行人应当披露债券置换申报结果公告,说明申报规模、置换规模、标的债券注销安排、置换债券发行安排等。

第一百零三条 发行人申请发行置换债券并在本所上市交易或挂牌转让的,应当符合法律法规、本所公司债券上市挂牌相关业务规则的规定。

置换债券计划发行规模超过置换规模的部分,符合投资者适当性管理等规定条件的投资者可以根据发行公告相关安排以现金方式进行认购。

第一百零四条 置换债券发行后,用于置换的标的债券相应份额将按照规定注销。未用于置换的标的债券,发行人应当按照规定和约定履行偿付义务。

标的债券全部置换或偿付完毕的,按照本所相关规定终止上市挂牌并摘牌。

第一百零五条 发行人、接受要约的标的债券持有人应当按照规定和要约约定,及时办理标的债券注销、置换债券发行认购及上市挂牌等事宜。

第四节 特定债券、资产支持证券转让

第一百零六条 为畅通债券信用风险出清渠道,本所按照相关业务规则和本节规定,为符合下列条件之一的特定债券和资产支持证券提供转让服务,相关债券、资产支持证券不具备同等权利义务事项和风险特征,或者存在其他不适宜继续转让的除外:

(一)经持有人会议决议或者与全体持有人协商一致,同意债券的本息展期偿付、资产支持证券延期分配收益的;

(二)符合第三十三条、第三十七条规定的违约类公司债券或者资产支持证券;

(三)同一发行人、特定原始权益人在其他交易场所上市挂牌的公司信用类债券或者资产证券化产品出现展期或者未按照约定还本付息、分配收益情形的;

(四)发行人被第三方整体托管或接管的;

(五)根据相关规定,银行保险机构、证券期货基金经营机构等金融机构或者私募投资基金管理人发起成立针对发行人的金融机构债权人委员会的;

(六)发行人进入破产预重整程序的;

(七)特定原始权益人、基础资产重要现金流提供方存在第四项至第六项规定的同类情形或者进入破产程序,且专项计划交易结构安排中缺乏其他保障专项计划资产安全、投资者权益的有效措施或者预计相关措施难以有效实施的;

(八)本所为保护投资者合法权益认定的其他情形。

第一百零七条 发生本指引第一百零六条第一项、第二项规定情形的,发行人、受托管理人、计划管理人应当向本所申请为相关债券、资产支持证券提供相应转让服务。

发生本指引第一百零六条规定的任一情形,或者发行人、受托管理人、计划管理人认为有其他合理理由的,可以向本所申请为同一发行人在本所上市挂牌的全部或部分债券、计划管理人管理的同一特定原始权益人或者重要现金流提供方的资产支持证券提供相应转让服务。

发行人、受托管理人、计划管理人未按照规定及时向本所提出申请的,本所可以决定为相关债券、资产支持证券办理转让事宜并予以公告。

第一百零八条 本所同意为相关公司债券、资产支持证券提供转让服务的,申请人应当于特定债券或者资产支持证券转让起始日前发布公告,明确下列事项:

(一)相关背景及事由;

(二)特定债券或者资产支持证券名称、证券代码及转让起始日;

(三)特定债券或者资产支持证券转让和登记结算具体安排,包括转让方式、计价方式、结算模式、投资者适当性管理安排、信息披露安排等;

(四)相关投资风险提示;

(五)本所要求的其他内容。

第一百零九条 投资者可以按照本所债券交易相关规则的规定,采取点击成交、询价成交、竞买成交、协商成交或者本所认可的其他方式参与特定债券、资产支持证券的转让。

特定债券、资产支持证券转让按照全价报价,经本所债券交易系统确认后成交。持有数量少于本所规定的最低申报数量的,持有人可以一次性申报卖出。如遇特殊情况,本所可以要求转让双方提供转让确认材料。

自转让起始日起,本所不再对特定债券、资产支持证券作除息处理。

第一百一十条 特定债券、资产支持证券转让期间,发行人、受托管理人、计划管理人等信息披露义务人应当按照规定或者约定及时履行信息披露义务,保证所披露的信息真实、准确、完整,并切实加强内幕信息管理。

拟披露的信息预计将影响特定债券、资产支持证券信用风险化解处置,或者有其他合理理由的,信息披露义务人可以暂缓披露或者申请仅面向专业机构投资者、持有人披露相关信息或通过适当方式向持有人公平披露相关信息。

第一百一十一条 受让方应当主动调查了解可能影响特定债券、资产支持证券权利义务的相关事项,充分评估并确保自身具备相应的风险识别和承受能力,能够自行承担所受让特定债券、资产支持证券的投资风险及损失。

出让方应当确保拟出让的特定债券、资产支持证券权属清晰,不存在质押、司法冻结等权利受限情形,并将其知悉的关于拟出让特定债券、资产支持证券相关权利义务事项及其他可能影响转让价格的重要事项如实告知受让方。

受托管理人、计划管理人应当为转让双方的转让协商和履行相应义务提供协助配合及相关便利。

第一百一十二条 证券经营机构应当切实履行投资者适当性管理职责,确保特定债券、资产支持证券受让方为符合本所投资者适当性管理规定的专业机构投资者,具备与产品风险程度相适应的风险承受能力,并已签署特定债券转让风险揭示书。

第一百一十三条 发行人或者其他相关方申请办理特定债券、资产支持证券资金偿付或者注销业务的,按照本所和登记结算机构的相关规定办理。由此可能产生的法律后果由申请人自行承担。

特定债券、资产支持证券根据偿付方案偿付完毕、存在不适宜转让情形或者本所认定的其他情形的,本所可以终止相关债券、资产支持证券的转让。

第五节 其他信用风险管理工具

第一百一十四条 发行人可以按照本所有关规定，结合自身存续期信用风险分类管理情况，做好持续滚动融资规划，提前启动相应程序，防范化解信用风险。

第一百一十五条 发行人、计划管理人可以按照募集说明书、计划说明书的约定或者通过召开持有人会议等方式，就募集说明书、计划说明书关于偿付主体、期限、票面利率及其调整机制、偿付方式等偿付基本要素进行变更。

发行人、计划管理人拟变更偿付基本要素的，应当履行规定或者约定的程序，及时、准确、完整披露变更后的偿付要素及生效日期，并在变更生效前及时向本所及登记结算机构申请变更相应登记事项。

第一百一十六条 债券持有人可以根据募集说明书约定或者与发行人或其关联方协商一致，将所持有的债券份额以一定比例及方式转换为发行人或其关联方持有的股票或股权。

发行人或其关联方应当确保相应股票或者股权的转让符合法律法规、相关业务规则的规定和募集说明书等约定的条件。

第六章 自律监管

第一百一十七条 信用风险管理业务参与人及其有关人员开展信用风险管理工作，应当严格遵守法律法规、本所业务规则、本指引及相关规定或者约定，勤勉履职，及时向本所报告相关重要情况，并接受本所自律管理。

第一百一十八条 受托管理人、计划管理人、主承销商、证券服务机构应当制作并妥善保存信用风险管理相关工作底稿，以客观、完整反映信用风险管理履职情况。

工作底稿至少应当保存至债权债务关系终止、专项计划清算完成后5年。法律法规和本所业务规则对保存期限另有规定的，从其规定。

第一百一十九条 本所可以对信用风险管理业务参与人及其人员的尽职履责情况开展问询、要求自查或者核查、实施现场或者非现场检查、要求披露或者说明有关情况等。

相关机构及其人员应当积极配合，及时提供相关资料，如实说明相关情况，严格落实相关事项。

第一百二十条 信用风险管理业务参与人及其有关人员应当在本所要求的期限内如实报告或者回复本所就相关事项提出的问询，不得以有关事项存在不确定性或者需要保密等为由不履行报告或回复本所问询的义务。

相关机构及其人员未在要求期限内回复本所问询、未按照本规则的规定和本所的要求落实工作、报告情况或进行披露的，或者存在本所认为必要的其他情形的，本所可以以交易所公告等形式，向市场说明有关情况。

第一百二十一条 信用风险管理业务参与人及其有关人员违反本指引的，本所可以按照规定对其采取监管措施或者纪律处分。涉嫌违法违规的，本所将依法报中国证监会等主管部门查处。

本所可以将实施的纪律处分或者监管措施、导致公司债券或者资产支持证券违约的情形记入相关主体诚信档案。

第七章 附 则

第一百二十二条 本指引相关术语的含义：

（一）基础资产，指符合法律法规规定，权属明确，可以产生独立、可预测的现金流且可特定化的财产权利或者财产，包含底层基础资产。

（二）基础资产重要现金流提供方，指报告期末基础资产现金流单一提供方按照约定未支付现金流金额占基础资产未来现金流总额比例超过15%，或者该单一提供方及其关联方的未支付现金流金额合计占基础资产未来现金流总额比例超过20%的现金流提供方。

（三）核心企业供应链应付款，指上游供应商或者服务提供方向核心企业或者其下属公司销售商品或者提供服务等经营活动后产生的、以核心企业或者下属公司为付款方的应付款。

（四）核心企业，指在供应链业务过程中具备主导地位且利用其主体资信为供应链资产支持证券提供信用支持的企业。

第一百二十三条　本指引由本所负责解释。

第一百二十四条　本指引自发布之日起实施。本所于2017年3月17日发布的《上海证券交易所公司债券存续期信用风险管理指引（试行）》（上证发〔2017〕6号）、2018年5月11日发布的《上海证券交易所资产支持证券存续期信用风险管理指引（试行）》（上证发〔2018〕28号）等规则同时废止。

附件2：

同步废止的业务规则、业务指南清单

编号	发文文号	规则标题	发布日期
1	上证发〔2017〕6号	关于发布实施《上海证券交易所公司债券存续期信用风险管理指引（试行）》有关事项的通知	2017/03/17
2	上证发〔2018〕28号	关于发布实施《上海证券交易所资产支持证券存续期信用风险管理指引（试行）》有关事项的通知	2018/05/11
3	上证发〔2019〕70号	关于公司债券回售业务有关事项的通知	2019/06/21
4	上证发〔2020〕58号	关于开展公司债券置换业务有关事项的通知	2020/07/30

续表

编号	发文文号	规则标题	发布日期
5	上证函〔2018〕155号	关于进一步加强债券存续期信用风险管理工作有关事项的通知	2018/02/09
6	上证函〔2022〕78号	关于做好2022年公司债券及资产支持证券信用风险管理工作的通知	2022/01/21

上海证券交易所基础设施类资产支持证券挂牌条件确认指南

(2018年6月8日发布)

第一章 总　　则

第一条 为规范基础设施类资产证券化业务,便于管理人和原始权益人等参与机构开展业务和加强风险管理,保护投资者合法权益,促进资产证券化业务健康发展,根据《证券公司及基金管理公司子公司资产证券化业务管理规定》(证监会公告〔2014〕49号)、《上海证券交易所资产支持证券挂牌条件确认业务指引》(上证发〔2017〕28号)等相关规定,制定本指南。

第二条 本指南所称基础设施类资产支持证券,是指证券公司、基金管理公司子公司作为管理人,通过设立资产支持专项计划(以下简称专项计划)开展资产证券化业务,以燃气、供电、供水、供热、污水及垃圾处理等市政设施,公路、铁路、机场等交通设施,教育、健康养老等公共服务产生的收入为基础资产现金流来源所发行的资产支持证券。

第三条 本指南适用于基础设施类资产支持证券在上海证券交

易所(以下简称本所)挂牌转让申请。

涉及政府和社会资本合作项目的基础设施类资产支持证券申请在本所挂牌的,应当适用本所《上海证券交易所政府和社会资本合作(PPP)项目资产支持证券挂牌条件确认指南》的要求。

第二章 挂牌条件

第四条 基础设施类资产支持证券的基础资产、底层资产及相关资产应当符合以下要求:

(一)基础资产的界定应当清晰,具有法律、法规依据,附属权益(如有)的内容应当明确。

(二)基础资产、底层资产及相关资产应当合法、合规,已按相关规定履行必要的审批、核准、备案、登记等相关程序。

(三)基础资产、底层资产的运营应当依法取得相关特许经营等经营许可或其他经营资质,且特许经营等经营许可或其他经营资质应当能覆盖专项计划期限。经营资质在专项计划存续期内存在展期安排的,管理人应当取得相关授权方或主管部门关于经营资质展期的书面意向函,在计划说明书中披露按照相关规定或主管部门要求办理展期手续的具体安排,说明专项计划期限设置的合理性,充分揭示风险并设置相应的风险缓释措施。

(四)基础资产现金流应当基于真实、合法的经营活动产生,形成基础资产的法律协议或文件(如有)应当合法、有效,价格或收费标准符合相关规定。基础资产不属于《资产证券化基础资产负面清单》列示的范畴。

(五)原始权益人应当合法拥有基础资产。基础资产系从第三方受让所得的,原始权益人应当已经支付转让对价,且转让对价应当公允。

(六)基础资产、底层资产应当可特定化,其产生的现金流应当独立、稳定、可预测。基础资产及底层资产的规模、存续期限应当与资产支持证券的规模、存续期限相匹配。

第五条 基础资产转让应当满足以下要求：

（一）基础资产应当具有可转让性，转让应当合法、有效，转让对价应当公允，存在附属权益（如有）的，应当一并转让。

（二）基础资产转让依法须取得的授权、批准等手续应当齐备，并在相关登记机构办理转让登记（如需）。

若存在特殊情形未办理登记的，管理人应当在计划说明书中披露未办理登记的原因及合理性，充分揭示风险，并设置相应的风险缓释措施。

第六条 基础资产、底层资产及相关资产的权属应当清晰明确，不得附带抵押、质押等担保负担或者其他权利限制。基础资产或底层资产已经存在抵押、质押等担保负担或者其他权利限制的，应当能够通过专项计划相关安排在原始权益人向专项计划转移基础资产时予以解除。

底层资产、相关资产应当向专项计划或其相关方进行质押、抵押以保障基础资产现金流的回收，其授权、批准等手续应当齐备，并在相关登记机构办理质押、抵押登记。底层资产、相关资产质押或抵押未进行登记的，管理人应当在计划说明书中说明未进行登记的原因及合理性，充分揭示风险，并设置相应的风险缓释措施。相关资产由于特殊情形未能进行质押或抵押的，管理人应当在计划说明书中披露合理性，充分揭示风险，并设置相应的风险缓释措施。

第七条 基础资产及底层资产的现金流来源应当具备一定的分散度。管理人应当结合基础资产或底层资产涉及的地区概况、区域经济、行业政策、供需变化等因素，对专项计划的集中度风险进行分析。管理人应当说明基础资产或底层资产现金流来源的集中度情况，集中度较高的应当进行风险提示，并披露重要现金流提供方的经营情况及财务状况。

第八条 基础资产或底层资产涉及关联交易的，管理人、律师等应当在专项计划文件中披露基础资产或底层资产涉及的关联关系、关联交易的金额及占比情况，并就交易背景的真实性、交易对价的公允性及其对基础资产现金流预测的影响发表明确意见。

第九条 律师应当在法律意见书中分析基础资产的破产隔离效果,包括但不限于基础资产转让、基础资产交割、基础资产现金流归集和违约处置等方面,说明基础资产与原始权益人之间的风险隔离措施,并对其是否可以实现与原始权益人之间的破产隔离发表明确法律意见。

第十条 管理人应当按照《证券公司及基金管理公司子公司资产证券化业务尽职调查工作指引》(证监会公告〔2014〕49号)的要求开展尽职调查工作,尽职调查范围应当覆盖基础资产、底层资产及主要相关资产。

对特定原始权益人的尽职调查应当包括但不限于基本情况、主营业务情况、财务情况以及与基础资产相关的业务情况。对资产服务机构的尽职调查应当包括但不限于基本情况、与基础资产管理相关的业务情况。对基础资产的尽职调查应当包括基础资产的法律权属、转让的合法性、基础资产的运营情况和现金流历史记录,同时应当对基础资产未来的现金流情况进行合理预测和分析。

第十一条 管理人应当在计划说明书中披露基础资产及底层资产的现金流构成以及至少最近三年(未满三年的自开始运营之日起)的历史现金流情况、波动情况及波动原因,分析现金流的独立性、稳定性。基础资产或底层资产历史现金流波动较大的,管理人应当在计划说明书中充分揭示风险,并设置相应的风险缓释措施。

管理人应当聘请具备证券期货相关业务资格的现金流预测机构编制现金流预测报告,对专项计划存续期内的基础资产或底层资产现金流状况进行预测。现金流预测应当遵循合理、谨慎的原则,并充分考虑宏观及区域经济发展、行业政策及发展、原始权益人资质取得及持续经营能力、价格规制、供需关系、结算方式、预付或延迟支付、收缴率、相关税费是否由专项计划承担等因素对基础资产现金流的影响。基础资产或底层资产现金流预测周期应当与资产支持证券兑付周期匹配。

管理人、现金流预测机构应当在计划说明书、现金流预测报告中披露预测假设因素、预测方法和预测结论,并结合基础资产或底层资产相关历史数据说明预测方法和相关指标设置的合理性。对于面向特定领域服务或者现金流来源行业较为集中的基础设施,应当结合宏观经济政策对现金流作出更为谨慎的测算,并增强风险缓释措施。

第十二条 管理人和评级机构应当在计划说明书和评级报告中披露现金流压力测试的相关方法以及结果,包括但不限于涉及的压力因素、参数设置以及取值原因和合理性等,并应当披露压力情况下各兑付期间的现金流覆盖倍数。

第十三条 基础资产及底层资产的现金流回款路径应当清晰明确,管理人应当在专项计划文件中明确专项计划的账户设置、现金流自产生至当期分配给投资者期间在各账户间划转时间节点安排等。

基础资产现金流应当由现金流提供方直接支付至专项计划账户。现金流提供方无法将基础资产现金流直接支付至专项计划账户的,管理人应当聘请资产服务机构负责基础资产或底层资产的现金流归集。资产服务机构可以由原始权益人担任,资产服务机构不由原始权益人担任的,管理人应当充分披露该机构的资产服务能力、担任资产服务机构的必要性和合理性,同时应当明确原始权益人在现金流归集与划转中的责任和义务。资产服务机构应当设置专项监管账户,基础资产或底层资产现金流应当由资产服务机构从专项监管账户全部划付至专项计划账户。专项监管账户资金应当与资产服务机构的自有资金进行有效隔离,禁止资金混同或挪用。

自专项计划设立之日起,基础资产或底层资产回款自产生至归集进入专项计划账户的周期应当不超过 1 个月。资产服务机构可以根据专项计划的约定,提高资金归集频率。原始权益人及资产服务机构资信状况良好,且专项计划设置担保、差额支付等有效增信措施的,现金流归集周期可以适当延长,但最长不得超过 3 个月。

第十四条 管理人应当针对各项不利于专项计划资产安全、现金流归集的情形设置合理的信用触发机制,并在专项计划文件中披露各信用触发机制的触发条件、处置流程、触发结果、风险缓释效果和信息披露要求。

上述相关情形可以包括：(1)原始权益人丧失所需的经营资质、丧失持续经营能力或经营权利；(2)特定原始权益人、资产服务机构、增信机构等主体评级下降、丧失清偿能力、金融债务违约、涉及重大诉讼、相关账户查封或冻结；(3)原始权益人发生安全生产或环境污染重大事故，受到主管部门重大行政处罚；(4)基础资产、底层资产的现金流回收出现大幅波动，或者相较现金流预测出现重大偏差；(5)相关资产的权属出现重大不利变化、出现不可修复性损坏或灭失；(6)专项计划现金流入严重依赖于重要现金流提供方或单一下游行业，且该现金流提供方或该行业发生重大不利情形；(7)其他可能影响基础资产运行、投资者收益分配的不利情形。

第十五条　专项计划存在信用增级安排的，管理人应当在计划说明书等专项计划文件中披露各项信用增级措施的启动时间、触发机制、保障内容及操作流程、增信安排的法律效力及增信效果等。

增信机构为原始权益人及其关联方或现金流提供方的，管理人应当结合风险相关性情况，详细核查并披露前述情况对增信效果的影响，并充分揭示风险。

第十六条　特定原始权益人开展业务应当满足相关主管部门监管要求、取得相关特许经营等经营许可或其他经营资质、基础资产或底层资产相关业务正式运营满2年、具备资产运营能力且符合下列条件之一：

（一）主体评级达AA级及以上。

（二）专项计划设置担保、差额支付等有效增信措施，提供担保、差额支付等增信机构的主体评级为AA级及以上。

第十七条　原始权益人最近两年不存在因严重违法失信行为，被有权部门认定为失信被执行人、失信生产经营单位或者其他失信单位，并被暂停或限制进行融资的情形；重要现金流提供方(如有)最近两年内不存在因严重违法失信行为，被有权部门认定为失信被执行人、重大税收违法案件当事人或涉金融严重失信人的情形。管理人和律师应当就上述事项是否影响原始权益人进行融资或重要现金流提供方的偿债能力进行核查,并在专项计划文件中发表明确意见。

第十八条 特定原始权益人应当具备持续经营能力,管理人应当在专项计划文件中测算专项计划存续期间特定原始权益人经营现金流入扣除向专项计划归集的现金流后对经营成本、税费的覆盖情况,并分析其对相关资产的控制程度和持续运营能力。若覆盖存在缺口或相关资产控制、运营能力存在潜在不利影响,管理人应当设置合理的运营保障措施,并在计划说明书中进行充分的风险揭示。

第十九条 原始权益人及其关联方应当保留一定比例的基础资产信用风险,持有最低档次资产支持证券,且持有比例不得低于所有档次资产支持证券发行规模的5%,持有期限不低于资产支持证券存续期限。

原始权益人及其关联方按照上述要求进行风险自留后,除非根据生效判决或裁定,不得将其持有的资产支持证券进行转让或者以任何形式的变相转让。

第二十条 若专项计划涉及合格投资安排,合格投资应当仅限在专项计划账户内进行。合格投资不得投资权益类产品,投资固定收益类产品的,应当防范投资标的的信用、市场和流动性等相关风险。

第二十一条 本所鼓励积极服务绿色发展、"一带一路"、精准扶贫、京津冀协同发展、长江经济带、雄安新区建设、"中国制造2025"和新型城镇化建设等国家重大战略的基础设施类资产证券化业务。针对前述鼓励情形,本所将提升受理、评审及挂牌转让工作效率。

第三章 附 则

第二十二条 对专项计划中以其持有的底层资产作为基础资产现金流来源并获得融资的主体,应当穿透核查其是否符合本指南中对原始权益人的相关要求,并由其按照本指南第十九条的相关要求进行风险自留。

第二十三条 本指南相关用语的含义：

（一）底层资产，是指根据穿透原则在专项计划中作为专项计划现金流最终偿付来源的资产。

（二）相关资产，是指基础资产或底层资产所依附的土地使用权、建筑物、设施、设备等财产或财产权利。

（三）重要现金流提供方，是指现金流预测基准日基础资产或底层资产现金流单一提供方按照约定未支付现金流金额占基础资产未来现金流总额比例超过15%，或该单一提供方及其关联方的未支付现金流金额合计占基础资产未来现金流总额比例超过20%的现金流提供方。

第二十四条 涉及主体评级要求的，原则上应当为公开市场评级，可以引用相关主体公司债券或债务融资工具有效期内的评级报告。

第二十五条 本所将根据业务发展情况不定期修订本指南并发布更新版本。本所对本指南保留最终解释权。

第二十六条 本指南自发布之日起施行。

上海证券交易所基础设施类资产支持证券信息披露指南

（2018年6月8日发布）

第一章 总 则

第一条 为规范基础设施类资产证券化业务，便于管理人和原始权益人等参与机构开展业务和加强风险管理，保护投资者合法权益，促进资产证券化业务健康发展，根据《证券公司及基金管理公司子公司资产证券化业务管理规定》（证监会公告〔2014〕49号，以下简称《管理规定》)、《证券公司及基金管理公司子公司资产证券化业务信息披露指引》(证监会公告〔2014〕49号,以下简称《信息披露指引》)、《上海证券交易所资产支持证券挂牌条件确认业务指引》(上证发〔2017〕28号,以下简称《业务指引》)等相关规定,制定本指南。

第二条 本指南所称基础设施类资产支持证券,是指证券公司、基金管理公司子公司作为管理人,通过设立资产支持专项计划(以下简称专项计划)开展资产证券化业务,以燃气、供电、供水、供热、污水及垃圾处理等市政设施,公路、铁路、机场等交通设施,教育、健康养老等公共服务产生的收入为基础资产现金流来源所发行的资产支持证券。

第三条 本指南适用于基础设施类资产支持证券在上海证券交易所(以下简称本所)挂牌转让的信息披露专项要求。

涉及政府和社会资本合作项目的基础设施类资产支持证券申请在本所挂牌的,应当适用本所《上海证券交易所政府和社会资本合作(PPP)项目资产支持证券信息披露指南》的要求。

第四条 管理人及其他信息披露义务人应当按照《管理规定》《信息披露指引》《业务指引》及本指南的规定以及计划说明书的约定履行信息披露义务,及时、公平地披露可能对资产支持证券产生重大影响的信息,并保证所披露的信息真实、准确、完整,不得有虚假记载、误导性陈述或者重大遗漏。

本指南所称其他信息披露义务人包括但不限于托管人、律师事务所、会计师事务所、资信评级机构、资产服务机构、现金流预测机构、资产评估机构等。

第五条 原始权益人和除管理人以外的其他服务机构应当按照合同约定,及时向管理人提供相关信息,并保证所提供信息真实、准确、完整。

本指南所称的其他服务机构包括但不限于资产服务机构、托管人、信用增级机构、律师事务所、会计师事务所、资信评级机构、现金流预测机构、流动性支持机构、销售机构等。

第六条　资产支持证券在本所挂牌转让的,管理人及其他信息披露义务人应当于规定时间内通过指定网站或以本所认可的其他方式向合格投资者披露信息。

第七条　管理人、其他信息披露义务人、其他服务机构及登记托管机构等相关知情人在信息披露前不得泄露拟披露的信息。

第二章　发行环节信息披露

第八条　基础设施类资产支持证券的计划说明书除按照资产支持证券的一般要求进行编制和披露外,还应当详细披露基础资产、底层资产、相关资产、现金流预测、现金流归集与分配机制、原始权益人、重要现金流提供方、增信主体(如有)及风险自留等相关情况,包括但不限于以下内容:

(一)基础资产的界定情况以及相关的法律、法规依据,附属权益(如有)的具体内容。

(二)基础资产入池标准(如有)及创建程序。

(三)基础资产、底层资产及相关资产的基本情况及其合法合规性,包括但不限于:涉及规定的审批、核准、备案、登记等相关程序的履行情况;取得特许经营等经营许可或其他经营资质的情况,以及该等特许经营等经营许可或其他经营资质的期限覆盖专项计划期限的情况;基础资产现金流涉及的经营活动及其基础合同的真实性、合法性、有效性及价格或收费标准符合相关规定的情况;基础资产涉及《资产证券化基础资产负面清单》的情况,以及基础资产涉及使用者付费、实行收支两条线管理、专款专用的取得地方财政部门或有权部门按照约定划付购买服务款项的承诺或法律文件的情况;基础资产或底层资产涉及的关联交易情况;现金流提供方集中度情况,以及基础资产或底层资产涉及的地区概况、区域经济、行业政策、供需变化等情况。

(四)基础资产或底层资产的特定化情况,以及现金流的构成和独立性、稳定性或可预测性情况,至少最近三年(未满三年的自开始运营之日起)的历史现金流情况、波动情况及波动原因。基础资产或底层资产的规模、存续期限与资产支持证券的规模、存续期限的匹配情况。

(五)基础资产、底层资产及相关资产的权属情况及存在的担保负担或者其他权利限制情况。若存在担保负担或者其他权利限制,还应当披露解除前述担保负担或者权利限制的相关安排、向专项计划转移资产时是否已合法有效地解除了担保负担或者权利限制。

(六)基础资产转让的真实性、合法性、有效性、完整性及转让对价公允性情况,附属权益(如有)的转让情况。

基础资产系从第三方受让所得(如有)的,应当披露交易对价的支付情况、交易对价的公允性。

(七)基础资产、附属权益(如有)转让或底层资产、相关资产向专项计划质押(如有)、抵押(如有)的授权、批准等情况,在相关登记机构的登记办理情况(如需)。

基础资产未进行转让登记、底层资产及相关资产未进行质押或抵押登记的,应当说明原因及合理性,充分揭示风险,设置相应的风险缓释措施。

(八)基础资产或底层资产涉及的重要现金流提供方的基本情况、财务数据、信用情况、偿债能力及资信评级情况(如有)等。

未达到重要现金流提供方要求但单笔付款金额占比较大的,管理人应当结合对专项计划现金流影响情况,对现金流提供方经营状况及财务状况进行必要的信息披露,并披露相关尽职调查的程序、范围及方式等。

(九)相关尽职调查方法、尽职调查范围等。

(十)现金流预测假设因素、预测方法和预测结论,并结合基础资产相关历史数据说明预测方法和相关指标设置的合理性。

(十一)现金流压力测试的假设条件、压力因素及各压力情形现金流覆盖情况。

(十二)基础资产或底层资产现金流归集路径和资金监管措施,包括但不限于专项计划账户设置、现金流自产生至分配给投资者期间在各账户间划转时间节点安排等。现金流未直接回款至专项计划账户的,还应当披露现金流归集安排及其合理性、专项监管账户设置、归集频率、现金流混同和挪用等风险的防范机制及资产支持证券存续期间设置防范混同和挪用等风险的持续检查机制等,揭示资金混同和挪用等风险。

(十三)增信措施或安排(如有)的具体情况及其合法性和有效性。为基础资产或底层资产的收入提供信用支持(如有)或对专项计划提供流动性支持、差额补足、担保等增信安排的主体(如有)的基本情况、财务数据、偿债能力和资信评级情况,及对其增信效力的分析说明。

增信机构为原始权益人及其关联方或现金流提供方的,管理人应有针对性地加强对相关主体经营财务信息的披露,并结合风险相关性情况,详细披露前述情况对增信效果的影响,并充分揭示风险。

(十四)信用触发机制(如有),包括但不限于信用触发机制的触发条件、处置流程、触发结果、风险缓释措施、对专项计划相关安排的影响以及信息披露要求。

(十五)专项计划回售、赎回机制(如有)的流程、安排以及投资者回售权的保障措施。

(十六)合格投资(如有)的相关安排,包括但不限于投资范围、账户安排、投资标的的信用、市场和流动性等相关风险及防范措施等。

(十七)原始权益人与基础资产、底层资产及相关资产相关的业务制度、业务流程及历史业务情况(包括但不限于历史回款情况、逾期情况及回收情况等)等。原始权益人的持续经营能力、经营成本覆盖以及相应的持续经营支持措施情况。

(十八)特定原始权益人符合《上海证券交易所基础设施类资产支持证券挂牌条件确认指南》第十六条要求的相关情况。

(十九)失信记录特别核查情况,包括但不限于原始权益人最近两年内是否存在严重违法失信行为,是否存在被有权部门认定为失信被执行人、失信生产经营单位或者其他失信单位，并被暂停或限制进行融资的情形；重要现金流提供方（如有）最近两年内是否存在因严重违法失信行为，被有权部门认定为失信被执行人、重大税收违法案件当事人或涉金融严重失信人的情形。上述事项是否影响原始权益人进行融资或重要现金流提供方的偿债能力的明确核查意见等。

（二十）原始权益人及其关联方的风险自留情况。

第九条 管理人应当聘请律师事务所对专项计划的有关法律事宜发表专业意见，并向合格投资者披露法律意见书。法律意见书除按照资产支持证券一般要求进行编制和披露外，还应当包括以下内容：

（一）基础资产界定的具体范围和法律、法规依据。

（二）基础资产、底层资产及相关资产，取得特许经营等经营许可或其他经营资质的合法性、有效性，以及该等经营许可或经营资质的期限涵盖专项计划期限的情况；涉及相关规定的审批、核准、备案、登记等相关程序的履行情况；涉及的经营活动及其基础合同的真实性、合法性、有效性及价格或收费标准是否符合相关规定的情况；涉及《资产证券化基础资产负面清单》的情况，以及涉及使用者付费、实行收支两条线管理、专款专用的取得地方财政部门或有权部门按照约定划付购买服务款项的承诺或法律文件的情况。

（三）基础资产、附属权益（如有）转让以及底层资产、相关资产质押（如有）、抵押（如有）的合法性、有效性，包括但不限于转让登记情况、质押或抵押登记情况等。

（四）基础资产或底层资产涉及的关联交易（如有）的交易背景真实性、交易对价公允性。

（五）原始权益人、增信主体（如有）等相关主体的内部授权情况。

（六）基础资产的破产隔离效果，包括但不限于基础资产转让、基础资产交割、基础资产现金流归集和违约处置等方面，以及与原始权益人之间的风险隔离措施。

（七）增信措施或安排（如有）的具体情况及其合法性和有效性等。

（八）失信记录特别核查情况，包括但不限于原始权益人最近两年内是否存在严重违法失信行为，是否存在被有权部门认定为失信被执行人、失信生产经营单位或者其他失信单位，并被暂停或限制进行融资的情形；重要现金流提供方（如有）最近两年内是否存在因严重违法失信行为，被有权部门认定为失信被执行人、重大税收违法案件当事人或涉金融严重失信人的情形。上述事项是否影响原始权益人进行融资或重要现金流提供方的偿债能力的明确核查意见等。

（九）原始权益人等公共服务提供方最近三年内发生安全生产或环境污染重大事故，受到主管部门重大行政处罚的情况。

第十条 信用评级报告（如有）应当由具有中国证券监督管理委员会核准的证券市场资信评级业务资格的资信评级机构出具，评级报告除按照资产支持证券一般要求进行编制和披露外，还应当包括以下内容：

（一）影响基础资产或底层资产运营状况的地区概况、区域经济、行业政策、供需变化等各种因素及历史运营状况分析。

（二）原始权益人的持续经营能力分析。

（三）专项计划涉及信用增级方式的增信效果分析。

（四）现金流归集路径、监管措施及混同和挪用等风险分析。

（五）特定期间内各兑付期间的现金流覆盖倍数、现金流压力测试的结果以及相关方法。

第十一条 现金流预测机构、资产评估机构（如有）等应当按照相关规则及规定要求编制现金流预测报告和资产评估报告。

现金流预测报告应当披露基础资产现金流预测的假设因素、预测方法、预测结论，结合基础资产或底层资产相关历史数据说明预测方法和相关指标设置的合理性，并说明宏观及区域经济发展、行业政策及发展、原始权益人资质取得及持续经营能力、价格规制、供需关系、结算方式、预付或延迟支付、收缴率和相关税费是否由专项计划承担等因素对基础资产现金流的影响。基础资产或底层资产现金流预测周期应当与资产支持证券兑付周期匹配。

第三章　存续期间信息披露

第十二条　年度资产管理报告除按照资产支持证券一般要求进行编制和披露外,还应当包括以下内容:

(一)基础资产、底层资产及相关资产的运行情况,包括但不限于:基础资产或底层资产的回款金额,实际回款金额与现金流预测金额的差异及原因,回款资金的归集及划转情况,回款追索(如有)情况,以及与回款、基础资产、底层资产或相关资产相关的争议、纠纷、诉讼、仲裁、保险赔偿情况等。

(二)报告期内原始权益人与增信机构的股权结构、公司治理、经营情况、财务情况、资信情况以及相关重大变化情况。

(三)专项计划信用触发机制、增信措施(如有)等相关投资者保护条款的触发与执行情况。

(四)原始权益人及其关联方风险自留、优先档及次级档资产支持证券期间分配收益情况。

第十三条　资产支持证券存续期间,发生《信息披露指引》第十九条规定的重大事件及下列可能影响基础资产现金流和资产支持证券本息偿付等的重大事项,信息披露义务人应在相关事件或事项发生后两个交易日内及时进行临时信息披露:

(一)原始权益人、重要现金流提供方(如有)或增信机构(如有)的经营情况出现重大变化,可能影响资产支持证券投资者利益。

(二)基础资产、底层资产或相关资产及其运营出现重大不利变化,可能影响资产支持证券投资者利益。

(三)触发权利完善事件(如有)、加速清偿事件(如有)、提前终止事件(如有)等可能影响资产支持证券投资者利益的事项。

(四)其他可能影响基础资产现金流和资产支持证券本息偿付的重大事项。

第四章 附 则

第十四条 对专项计划中以其持有的底层资产作为基础资产现金流来源并获得融资的主体,应当穿透核查并按照本指引对原始权益人的相关要求进行信息披露。

第十五条 本指南下列用语的含义：

（一）底层资产,是指根据穿透原则在专项计划中作为专项计划现金流最终偿付来源的资产。

（二）相关资产,是指基础资产或底层资产所依附的土地使用权、建筑物、设施、设备等财产或财产权利。

（三）重要现金流提供方,是指现金流预测基准日基础资产或底层资产现金流单一提供方按照约定未支付现金流金额占基础资产未来现金流总额比例超过15%,或该单一提供方及其关联方的未支付现金流金额合计占基础资产未来现金流总额比例超过20%的现金流提供方。

第十六条 本所将根据业务发展情况不定期修订本指南并发布更新版本。本所对本指南保留最终解释权。

第十七条 本指南自发布之日起施行。

上海证券交易所关于发布《上海证券交易所债券自律监管规则适用指引第5号——资产支持证券持续信息披露》的通知

（上证发〔2024〕30号 2024年3月29日发布）

各市场参与人：

为了进一步规范资产支持证券挂牌转让期间信息披露活动,提升信息披露的针对性和有效性,保护投资者合法权益,上海证券交易所(以下简称本所)制定了《上海证券交易所债券自律监管规则适用指引第 5 号——资产支持证券持续信息披露》(详见附件),现予以发布,并自发布之日起施行。

本所于 2018 年 5 月 11 日发布的《上海证券交易所资产支持证券定期报告内容与格式指引》(上证发〔2018〕29 号)、2019 年 11 月 1 日发布的《上海证券交易所资产支持证券临时报告信息披露指引》(上证发〔2019〕105 号)同时废止。

特此通知。

附件:上海证券交易所债券自律监管规则适用指引第 5 号——资产支持证券持续信息披露

附件:

上海证券交易所债券自律监管规则适用指引第 5 号——资产支持证券持续信息披露

第一章 总 则

1.1 为了规范资产支持证券在上海证券交易所(以下简称本所)挂牌转让期间信息披露活动,保护投资者权益,根据《证券公司及基金管理公司子公司资产证券化业务管理规定》《证券公司及基金管理公司子公司资产证券化业务信息披露指引》等相关法律、行政法规、部门规章、规范性文件(以下统称法律法规)及本所相关业务规则的规定,制定本指引。

1.2 资产支持专项计划(以下简称专项计划)的管理人、托管人、资信评级机构等信息披露义务人应当按照法律法规、中国证监会和本所的规定、专项计划文件的约定和所作出的承诺,及时、公平履行信息披露义务,保证所披露的信息真实、准确、完整,不存在虚假记载、误导性陈述或者重大遗漏。

1.3 特定原始权益人的控股股东、实际控制人、董事、监事、高级管理人员或者履行同等职责的人员应当诚实守信，按照法律法规、中国证监会和本所的规定及公司章程的约定行使权利，严格履行所作出的各项承诺，督促特定原始权益人履行规定、约定和承诺的各项义务，切实维护持有人享有的法定权利和计划说明书等协议约定的权利。

1.4 本指引的规定是对资产支持证券信息披露的最低要求。不论本指引是否明确规定，相关信息可能对资产支持证券收益分配(含按约定支付资产支持证券本金及收益、其他权利行权等，下同)、转让价格、投资价值、投资者权益产生重大影响，或者触发约定的投资者权益保护条款、构成持有人会议召开事由的，信息披露义务人均应披露。

1.5 本所根据法律法规、本所相关规定、挂牌协议、资产支持证券相关约定及承诺，对原始权益人、增信主体、资产服务机构等现金流参与人，律师事务所、会计师事务所、评级机构、资产评估机构、现金流预测机构等专业机构，信息披露义务人以及监管银行(以下统称资产支持证券业务参与人)及有关人员实施自律监管。

第二章　信息披露一般规定

第一节　信息披露基本要求

2.1.1 信息披露义务人披露信息，应当符合下列要求：

（一）以客观事实或者具有事实基础的判断和意见为依据，如实反映实际情况，不得有虚假记载；

（二）合理、谨慎、客观，不得夸大其辞，不得有误导性陈述；

（三）内容完整、文件齐备，格式符合规定要求，不得有重大遗漏；

（四）使用事实描述性的语言，做到简明清晰、通俗易懂，不得含有祝贺性、广告性、恭维性或者诋毁性的词句；

（五）公平披露重大信息，信息未披露前不得向单个或者部分持有人透露或者泄露；

（六）根据不同基础资产类型、交易结构等进行针对性披露，有效揭示资产支持证券的偿付能力，充分披露有利于投资者作出价值判断和合理决策的信息；

（七）法律法规、中国证监会和本所规定或者专项计划文件约定的其他要求。

2.1.2 信息披露义务人编制的信息披露文件应当符合下列要求：

（一）在不影响信息披露完整性和不妨碍阅读的前提下，可采取相互引证的方法，对信息披露文件进行合理的技术处理，以避免不必要的重复和保持文字简洁；

（二）引用的数字应当采用阿拉伯数字，货币金额除特别说明外，通常指人民币金额，并注明金额单位；

（三）根据有关规定或者其他需求，编制信息披露文件外文译本的，应当保证中外文文本的一致性，并在外文文本上注明："中外文文本的理解上发生歧义时，以中文文本为准。"

（四）在编制的信息披露文件中说明："信息披露义务人保证信息披露文件的真实、准确、完整，不存在虚假记载、误导性陈述或者重大遗漏。"

2.1.3 信息披露义务人披露的财务数据或者财务指标，法律法规、本所业务规则规定应当经审计的，信息披露义务人应当遵守相关规定；未作规定的，应当优先使用经审计的数据或者指标。

信息披露义务人披露未经审计的数据和指标，应当确保披露内容的真实、准确、完整，并注明该财务数据或者指标未经审计。

2.1.4 已披露信息出现错误、遗漏或者误导等情形的，信息披露义务人应当及时披露补充或者更正公告，说明原因、补充或者更正事项、具体影响等，并同步披露经补充或者更正的信息披露文件。

2.1.5 管理人更正专项计划经审计的财务信息的，应当聘请会计师事务所进行全面审计或者对更正事项进行专项鉴证。更正事项对经审计的财务报表具有广泛性影响，或者该事项导致专项计划相关年度盈亏性质发生改变的,应当聘请会计师事务所对更正后的财务信息进行全面审计。信息披露义务人应当及时披露专项鉴证报告、审计报告、更正后的财务信息等内容。

前款所述的广泛性影响、盈亏性质发生改变,参照中国证监会关于财务信息更正及披露的相关信息披露编报规则予以认定。

特定原始权益人更正经审计的公司财务信息的,参照前两款规定处理。

2.1.6 拟披露的信息存在较大不确定性、属于临时性商业秘密或商业敏感信息,或者具有本所认可的其他情形,及时披露可能会损害其利益或者误导投资者,且符合下列条件的,信息披露义务人可以向本所申请暂缓披露,并说明暂缓披露的理由和期限:

(一)拟披露的信息未泄漏;

(二)有关内幕信息知情人已书面承诺保密;

(三)资产支持证券交易价格未发生异常波动。

本所同意的,信息披露义务人可以暂缓披露相关信息。暂缓披露的期限原则上不超过2个月。

本所不同意暂缓披露申请、暂缓披露的原因已经消除或者暂缓披露的期限届满的,信息披露义务人应当及时披露。

2.1.7 信息披露义务人有充分理由认为披露有关信息会损害其利益,且不公布也不会导致资产支持证券交易价格重大变动的,或者认为拟披露的信息属于国家秘密、永久性商业秘密或商业敏感信息,根据国家有关法律法规不得披露或者可以不予披露的,应当向本所报告,并陈述不宜披露的理由;经本所同意,可不予披露。

2.1.8 信息披露义务人应当审慎确定信息披露暂缓、豁免事项,并采取有效措施防止暂缓或者豁免披露的信息泄露。决定对特定信息作暂缓、豁免披露处理的,应当由信息披露事务负责人或者履行同等职责的人员负责登记,并经董事长或者履行同等职责的人员签字确认后,妥善归档保管。

2.1.9 信息披露义务人和其他资产支持证券业务参与人可以在

法律法规、中国证监会和本所规定的披露要求之外，结合专项计划文件的约定、交易结构、基础资产类型和自身实际情况等事项，自愿披露有利于全面、客观、公允反映资产支持证券偿付能力、投资者权益保护安排及其他与投资者作出价值判断和投资决策有关的信息。

自愿披露应当符合信息披露有关要求，遵守有关监管规定，在同一专项计划中就类似事件执行同一披露标准，不得选择性披露，且所披露内容不得与依法披露的信息相冲突，不得误导投资者。

2.1.10 资产支持证券业务参与人应当积极配合信息披露义务人履行信息披露义务，及时向信息披露义务人提供相关信息，并保证所提供的信息真实、准确、完整。

2.1.11 就信息披露义务人可能需要履行信息披露义务的事项，原始权益人、增信主体、资产服务机构、托管人等应当在下列任一情形最早发生日的2个交易日内告知信息披露义务人：

（一）董事会、监事会或者履行同等职责的机构就该重大事项形成决议；

（二）与相关方就该重大事项签署意向书或者协议；

（三）董事、监事、高级管理人员或者履行同等职责的人员知悉该重大事项的发生；

（四）收到相关主管部门关于该重大事项的决定或者通知；

（五）该重大事项相关信息已经发生泄露或者出现市场传闻；

（六）其他信息披露义务配合主体知道或者应当知道的情形。

第二节 信息披露事务管理

2.2.1 信息披露义务人应当按照本所的有关要求，使用本所提供的公告编制软件编制并提交经校验的信息披露文件。

2.2.2 信息披露文件应当通过本所网站或者以本所认可的其他方式向专业投资者披露，不得以在公司网站、官方微博、微信公众号等互联网平台发布，召开新闻发布会、投资者说明会或者答记者问等形式代替履行信息披露义务。

信息披露义务人和其他知情人员在信息正式披露前,应当将该信息的知悉者控制在最小范围内,在披露前不得泄露其内容,法律法规或者本所业务规则另有规定的除外。

2.2.3 信息披露义务人在本所披露信息的时间应当不晚于其在其他信息披露渠道上披露信息的时间。

相关信息披露义务人按照规定在境内外市场进行信息披露,且披露时点不在本所规定信息披露时段内的,信息披露义务人应当在本所最近一个信息披露时段内披露,披露的内容应当一致。

2.2.4 信息披露义务人或者其委托办理信息披露业务的计划管理人(以下统称业务办理人)应当通过本所资产支持证券信息披露电子化系统或者本所认可的其他方式提交信息披露文件,并及时关注相关文件的披露状态。

信息披露义务人应当及时、公平地向业务办理人提交信息披露文件。

2.2.5 业务办理人应当强化信息披露的责任意识,完善内部工作流程,加强业务操作的风险控制,确保信息披露业务办理质量,不得利用信息披露文件违规发布不当信息。

2.2.6 业务办理人应当按照本所规定的时间和渠道办理信息披露业务,确保及时、完整地上传信息披露文件,准确填写公告标题、业务要素并选择相应公告类别。

2.2.7 本所资产支持证券信息披露实行直通车信息披露和非直通车信息披露两种方式。

本指引所称直通车信息披露,是指业务办理人通过本所资产支持证券信息披露电子化系统上传信息披露文件后,直接提交至符合条件的媒体的信息披露方式。

本所对信息披露文件内容的真实性、准确性或者完整性不承担责任。披露文件出现错误、遗漏或者误导的,本所可以要求信息披露义务人或者其他资产支持证券业务参与人作出说明并披露,相关主体应当按照本所的要求办理。

2.2.8 资产支持证券同时符合下列条件的,相关信息披露文件可以通过直通车披露:

(一)专项计划资信状况良好;

(二)公告类别属于本所规定的直通车公告范围;

(三)公告信息披露对象符合本所相关要求;

(四)本所规定的其他情形。

业务办理人不得将不符合直通车披露条件的信息披露文件通过直通车公告类别予以上传并披露。

2.2.9 本所可根据专项计划资信状况、规范运作情况、信息披露义务人的信息披露质量、市场情况及直通车业务实施情况等,对信息披露义务人的信息披露业务实施分类管理,并视情况调整直通车业务适用范围。

2.2.10 因不可抗力、意外事件及技术故障等原因,导致直通车披露业务不能正常办理的,业务办理人应当按照本所规定的其他方式办理信息披露事务。

2.2.11 信息披露义务人编制信息披露文件取得的资料、信息,应当制作相关工作底稿。工作底稿应当至少保存至专项计划按约定分配全部收益或者完成违约化解和处置工作后5年。法律法规和本所业务规则对保存期限另有规定的,从其规定。

第三章 年度资产管理报告

第一节 一般规定

3.1.1 管理人应当在每年4月30日前披露年度资产管理报告,但专项计划设立距报告期末不足2个月或者专项计划所有挂牌证券在披露截止日前已全部摘牌的除外。

3.1.2 年度资产管理报告封面应当标明专项计划名称、报告期间、管理人名称和披露时间。

3.1.3 管理人应当在年度资产管理报告正文扉页作出如下重要提示:"管理人保证本报告的内容真实、准确、完整,不存在虚假记载、误导性陈述或者重大遗漏,并承担相应的法律责任。"

3.1.4 管理人应当在"重要提示"中说明执行审计的会计师事务所对专项计划出具的审计意见,并将审计报告作为年度资产管理报告的附件披露。

会计师事务所出具非标准审计意见的,管理人应当在年度资产管理报告中就所涉及事项作出说明,并分析相关事项对资产支持证券收益分配的影响。

3.1.5 年度资产管理报告中相关信息来源于管理人外的其他资产支持证券业务参与人的,管理人应当在"重要提示"中说明相关信息来源、经信息来源方确认的情况,以及管理人已通过合理方式进行复核确认的情况。经复核仍存在重要差异的,管理人应当说明重要差异内容及其原因。

管理人应当在"重要提示"中说明年度资产管理报告相关内容与托管人出具的年度托管报告相关内容是否一致。存在重要差异的,管理人应当说明重要差异内容及其原因。

3.1.6 年度资产管理报告中披露的相关信息可能对资产支持证券的收益分配、投资价值、转让价格和投资者权益产生重大不利影响的,管理人应当在"重要提示"中说明相关信息、产生的重大不利影响并向投资者提示风险。

3.1.7 年度资产管理报告内容较多的,可以编制目录。目录应当标明各章、节的标题及其对应的页码。

3.1.8 管理人应当对可能造成投资者理解障碍以及特定含义的术语作出通俗易懂的解释,年度资产管理报告的释义应当在重要提示或者目录次页排印。

3.1.9 管理人应当在年度资产管理报告中披露附件目录,并在办公场所置备下列附件:

(一)会计师事务所对专项计划出具的审计报告与会计师事务所从事证券期货相关业务的备案证明;

(二)会计师事务所出具的特定原始权益人审计报告及特定原始

权益人的年度财务报告(如有);

(三)增信机构年度财务报告(如有);

(四)抵质押物评估报告或者其他资产评估报告(如有);

(五)现金流预测报告(如有);

(六)其他附件。

第二节 专项计划基本情况及业务参与人履约情况

3.2.1 管理人应当简要披露专项计划设立情况、发行规模、交易结构、增信方式、基础资产类型及具体内容、资产支持证券挂牌转让场所等专项计划基本情况。

3.2.2 管理人应当披露各档资产支持证券简称、证券代码、发行日、到期日、发行金额、信用评级(如有)、预期收益率(如有)、收益分配方式及频率、截至报告期末已进行收益分配的分配时间、分配的本金与收益金额,以及未来收益分配安排等。

管理人应当披露截至报告期末原始权益人及其关联方风险自留的情况。与报告期初发生变化的,管理人应当披露变化发生原因以及是否存在违反规定和约定的情形。

3.2.3 报告期内原始权益人、资产服务机构、增信主体、托管人、资信评级机构、资产评估机构(如有)、现金流预测机构(如有)等其他资产支持证券业务参与人发生变更或者基本情况变化的,管理人应当披露变更或者变化情况。

3.2.4 管理人应当披露报告期内履行职责和义务的情况,包括但不限于专项计划资产管理过程中是否严格遵守了法律法规、中国证监会和本所的规定以及专项计划文件约定和所作出的承诺,是否勤勉尽责地履行专项计划资产管理职责和义务,是否积极督促原始权益人、资产服务机构、增信主体、托管人等按照规定或者约定履行职责和义务,有无损害资产支持证券投资者权益的行为。

管理人应当披露报告期内原始权益人、资产服务机构、增信主体、托管人等按照规定或者约定履行职责和义务情况。相关机构存在严重违反相关规定、约定或者损害资产支持证券投资者权益行为的,管理人应当披露具体情况,以及管理人采取的维护投资者权益的措施。

3.2.5 管理人应当披露报告期内专项计划资产隔离情况,包括但不限于管理的专项计划资产是否独立于固有财产、所管理的其他专项计划资产和客户资产,是否对专项计划资产单独记账、独立核算,管理人管理、运用和处分专项计划资产所产生的债权是否与其自身固有财产、所管理的其他专项计划资产和客户资产产生的债务相抵销。

管理人应当披露报告期内原始权益人、资产服务机构等按照规定或者约定落实专项计划资产隔离制度与混同风险防范机制的情况。专项计划资产未独立于管理人固有财产、所管理的其他资产,或者发生基础资产现金流被截留、挪用等严重损害资产支持证券投资者权益行为的,管理人应当披露具体情况,以及采取的维护投资者权益的措施。

3.2.6 资产支持证券附基础资产相关权益方或者投资者选择权条款的,管理人应当披露报告期内相关选择权的行使情况。

3.2.7 报告期内启动权利完善、加速清偿、提前终止等信用触发机制的,管理人应当披露该事项发生的具体情况、原因、截至报告披露时的最新处置进展以及对未来收益分配的影响。

3.2.8 报告期内聘请的资信评级机构对资产支持证券出具跟踪评级报告的,管理人应当披露报告期内的跟踪评级情况,包括但不限于资信评级机构、评级报告出具时间、调整前后评级结论及标识所代表的含义等。

3.2.9 计划说明书约定原始权益人转让基础资产所取得的资金有专门用途或者限制性用途的,管理人应当披露资金使用情况、资金使用用途是否符合计划说明书的约定等。

3.2.10 管理人应当披露管理人以自有资金或者其管理的资产管理计划、其他客户资产、证券投资基金等认购资产支持证券的情况。

第三节 基础资产情况

3.3.1 管理人应当披露专项计划基础资产变化情况,包括但不限于基础资产数量、金额的报告期初、期末情况,报告期内变化情况及其原因等。

首次披露年度资产管理报告的,管理人应当参照前款规定披露相关协议约定的基础资产转让生效日至报告期末的基础资产变化情况。

报告期末基础资产数量或者金额相比上一年度资产管理报告或者计划说明书期末变动比例达到20%的,管理人应当参照计划说明书的披露要求,披露报告期末基础资产构成、特征、分布等情况。

3.3.2 报告期内因循环购买、替换、赎回、处置等导致基础资产发生变化的,管理人应当披露报告期内变化的具体情况,并说明基础资产循环购买、替换、赎回、处置等是否符合相关规定或者协议约定。

报告期内基础资产筛选标准发生调整的,管理人还应当披露调整情况。

3.3.3 管理人应当披露基础资产重要现金流提供方在报告期末的基本情况、经营情况、财务状况、偿付能力、资信水平及其在报告期内的变化情况。

3.3.4 基础资产为债权类资产的,管理人还应当披露下列情况,并说明是否影响报告期内按约定分配收益及其解决措施,以及对未来收益分配的影响与应对措施:

(一)报告期末单笔未偿本息余额占全部基础资产未偿本息余额1%以上的前20笔基础资产的情况,以及较报告期初的变化情况。发生变化的,应当参照计划说明书的披露要求披露变化后的基础资产情况。

(二)报告期内不合格基础资产的处置情况。

(三)报告期内早偿、逾期、违约等各类非正常偿还的金额笔数及其占比情况。

(四)报告期内涉及诉讼或者仲裁等争议及其处置情况。

(五)影响报告期内或者未来专项计划收益分配的债权类资产质量和现金流变化的其他情况。

3.3.5 基础资产为基础设施等经营收益类资产的,管理人还应当披露下列情况,并说明是否影响报告期内按约定分配收益及其解决措施,以及对未来收益分配的影响与应对措施:

(一)报告期内原始权益人相关经营资质或者范围变化情况,经营所提供服务的数量、质量变化情况,经营业务管理和风险管理情况等。

(二)报告期内经营收益来源对象变化情况,经营所提供服务价格变化情况,项目外部环境变化情况,经营成本及经营资金来源的变化情况,涉及诉讼或者仲裁等争议及其处置情况等。

(三)基础资产与相关资产的权属、权利负担或者其他权利限制的变化情况。

(四)影响报告期内或者未来专项计划收益分配的基础设施等经营收益类资产质量和现金流变化的其他情况。

3.3.6 基础资产为不动产财产或者不动产财产权利类资产的,管理人还应当披露下列情况,并说明是否影响报告期内按约定分配专项计划收益及其解决措施,以及对未来收益分配的影响与应对措施:

(一)报告期内不动产基本情况是否发生变化,包括不动产物业类型及实际用途、建筑面积及可出租面积、所属土地性质变化情况等;

(二)报告期内对不动产的运营、维护、管理情况等,包括但不限于运营、维护主体,运营、维护业务管理和风险管理,是否实现规定或者约定的质量标准,周边竞争性不动产变化情况等;

(三)报告期内不动产相关权属变化情况,不动产价值变化情况,不动产使用数量、使用率、使用价格、收益变化情况,涉及诉讼或者仲裁等争议及其处置情况等;

(四)影响报告期内或者未来专项计划收益分配的不动产财产或者不动产财产权利类资产质量和现金流变化的其他情况。

3.3.7 以政府和社会资本合作(以下简称 PPP)项目收益权、PPP 项目资产、PPP 项目公司股权等为基础资产或者基础资产现金流来源所发行的资产支持证券,管理人还应当披露PPP项目实施情况、运营情况、是否达到规定或者约定的运营标准和要求,项目公司绩效情况、付费调整情况以及影响运营和项目收益的其他情况,并说明是否影响报告期内按约定分配专项计划收益及其解决措施,以及对未来收益分配的影响与应对措施。

3.3.8 基础资产为其他类型资产的,应当按照相关规定或者约定,结合基础资产实际情况披露报告期内基础资产质量变化和现金流情况,并说明是否影响报告期内按约定分配专项计划收益及其解决措施,以及对未来收益分配的影响与应对措施。

第四节 资金收支与投资管理情况

3.4.1 管理人应当披露专项计划现金流的回款和归集情况,包括各类各层回款和归集账户的设置,基础资金现金流的回款及划转时间、金额,说明现金流归集、划转是否符合相关规定或者协议约定,是否存在滞留、截留、挪用等情况,并说明是否影响报告期内按约定分配专项计划收益及其解决措施,以及对未来收益分配的影响与应对措施。

3.4.2 管理人应当披露专项计划账户资金管理、运用、处分的下列情况,并说明是否影响报告期内按约定分配专项计划收益及其解决措施,以及对未来收益分配的影响与应对措施:

(一)专项计划账户资金收支情况,包括但不限于收入来源、金额,支出用途、金额,报告期初和期末余额等。支出用于分配专项计划收益的,支出用途应明确专项计划各档资产支持证券简称、证券代码等;

(二)管理人依据规定或者约定,利用专项计划账户闲置资金进行投资的,应当披露报告期内投资的产品、投资期限、累计投资金额、累计投资收益、报告期初和期末投资余额等;

(三)管理人依据规定或者约定,以投资或者运营专项计划中不动产为目的,报告期内向金融机构等借款的,应当披露债权人、借款金额、利率、借入资金用途、偿还本息情况、报告期初和期末借款余额等;

（四）专项计划账户资金管理、运用、处分的其他情况。

3.4.3 管理人应当以报告期内实际划转至专项计划账户的基础资产现金流为基础，披露报告期内基础资产实际现金流与之前预测的该期现金流是否存在差异。实际现金流较预测值下降20%以上的，应当说明造成差异的原因，是否影响报告期内按约定分配专项计划收益及其解决措施，以及对未来收益分配的影响与应对措施。

第五节 特定原始权益人情况

3.5.1 专项计划存在特定原始权益人的，管理人应当按照本节规定披露特定原始权益人的情况。

3.5.2 管理人应当简要披露报告期内特定原始权益人的股权结构和公司治理结构的重大变化情况，是否存在控股股东、实际控制人、主要负责人变动或者无法履行职责等影响公司治理和经营的重大情况及对资产支持证券投资者权益的影响。

3.5.3 管理人应当简要披露报告期内特定原始权益人从事的经营模式、主要业务情况，所处行业发展环境和政策变化情况，报告期内特定原始权益人不同业务板块营业收入、成本的构成及比例，并重点说明与基础资产相关业务的经营管理、为基础资产产生预期现金流提供支持和保障等情况。

3.5.4 管理人应当说明会计师事务所对特定原始权益人财务报告出具的审计意见，并将审计报告作为年度资产管理报告的附件披露。会计师事务所出具非标准审计意见的，管理人应披露特定原始权益人就所涉及事项作出的说明，并分析相关事项对特定原始权益人生产经营的影响和对资产支持证券投资者权益的影响。

3.5.5 管理人应当采用数据列表方式，披露截至报告期末特定原始权益人最近2年的下列主要会计数据和财务指标及其变动比例，同比变动超过30%的，还应当披露产生变化的主要原因：

（一）资产负债情况，包括总资产、总负债、短期借款、长期借款、其他有息负债、所有者权益等；

(二)收入利润情况,包括营业总收入、营业收入、营业外收入、利润总额、净利润、扣除非经常性损益后净利润等;

(三)现金流情况,包括经营活动产生现金流量净额、投资活动产生现金流量净额、筹资活动产生现金流量净额等;

(四)财务指标情况,包括流动比率、速动比率、资产负债率、债务资本比率、营业毛利率、平均总资产回报率、加权平均净资产收益率、扣除非经常性损益后加权平均净资产收益率、税息折旧及摊销前利润(EBITDA)、EBITDA全部债务比、EBITDA利息倍数等。

前款所称全部债务,金额包括长期借款、应付债券、短期借款、交易性金融负债、应付票据、应付短期债券以及一年内到期的非流动负债之和;所称EBITDA利息倍数,是指EBITDA与计入财务费用的利息支出及资本化的利息支出之和的比例。

3.5.6 特定原始权益人报告期内发生金额超过上年末合并口径净资产5%且超过5000万元的违约或者公开市场债务融资产品违约的,管理人应当披露未按期偿还的金额、未按期偿还原因、未来偿还安排等情况和对资产支持证券投资者权益的影响。

3.5.7 报告期内特定原始权益人(被)申请破产、发生重大诉讼或者仲裁、被托管或者接管、清算、受到刑事处罚或重大行政处罚、被列入失信被执行人的,管理人应当披露相关事项的具体情况、最新进展,并说明该事项对特定原始权益人经营和对资产支持证券投资者权益的影响。

第六节 增信措施及其执行情况

3.6.1 报告期内专项计划或者资产支持证券内外部增信措施发生变更的,管理人应当参照计划说明书的编制要求,披露增信措施变更的原因、具体内容、履行的程序、是否符合计划说明书等专项计划文件约定,以及相关变更对资产支持证券投资者权益的影响。

3.6.2 报告期内按照规定或约定执行专项计划或者资产支持证券差额支付、保证人代偿、流动性支持、处置抵质押资产等增信措施的,管理人应当披露相关增信措施执行的具体情况,并说明对资产支持证券投资者权益的影响。

3.6.3 专项计划或者资产支持证券存在差额支付、保证、流动性支持等增信措施的,管理人应当按照下列要求披露相关信息:

(一)增信主体为法人或者其他组织的,应当披露报告期末的净资产、资产负债率、净资产收益率、流动比率、速动比率等主要财务指标(并注明相关财务报告是否经审计)、增信主体资信情况、累计对外担保余额及其占合并口径净资产的比例,并将增信机构财务报告作为年度资产管理报告的附件披露;

(二)增信主体为自然人的,应当披露资信状况、代偿能力、资产受限情况、对外担保情况以及可能影响增信措施有效实现的其他信息;

(三)增信主体为原始权益人控股股东或者实际控制人的,还应当披露报告期末增信主体所拥有的除原始权益人股权外其他主要资产,以及该部分资产的权利限制情况。

3.6.4 专项计划或者资产支持证券存在抵押或者质押担保增信的,管理人应当披露报告期末担保物价值情况、已经担保的债务总余额以及抵押、质押顺序,报告期内担保物的评估(如有)、登记、保管等情况。

3.6.5 专项计划或者资产支持证券附其他增信措施的,管理人应当披露报告期内相关增信措施有效性的变化情况。

第四章 年度托管报告

4.1 托管人应当在每年4月30日前披露年度托管报告,但专项计划设立距报告期末不足2个月或者专项计划所有挂牌证券在披露截止日前已全部摘牌的除外。

4.2 年度托管报告封面应当标明专项计划名称、报告期间、托管人名称和披露时间。

4.3 托管人应当在年度托管报告正文扉页作出如下重要提示:"托管人保证本报告的内容真实、准确、完整,不存在虚假记载、误导性陈述或者重大遗漏,并承担相应的法律责任。"

4.4 托管人发现报告期内管理人有严重违反相关规定或者约定、损害资产支持证券投资者权益的情形,或者年度托管报告中披露的相关信息可能对资产支持证券收益分配、转让价格、投资价值和投资者权益产生重大不利影响的,应当在"重要提示"中说明相关信息、产生的重大不利影响并提醒投资者关注。

4.5 年度托管报告中相关信息来源于管理人等其他资产支持证券业务参与人的,托管人应在"重要提示"中说明相关信息来源、经信息来源方确认的情况,以及托管人已通过合理方式进行复核确认的情况。经复核仍存在重要差异的,托管人应当说明重要差异内容及其原因。

托管人应当对年度资产管理报告有关数据的真实性、准确性、完整性进行复核,并披露复核情况。

4.6 年度托管报告内容较多的,可以编制目录。目录应当标明各章、节的标题及其对应的页码。

托管人应当对可能造成投资者理解障碍以及特定含义的术语作出通俗易懂的解释。年度托管报告的释义应当在重要提示或者目录次页排印。

4.7 托管人应当披露报告期内履行职责和义务的情况,包括但不限于在专项计划资产托管过程中是否严格遵守了法律法规、中国证监会和本所的规定以及专项计划文件约定,是否勤勉尽责地履行托管职责和义务,是否安全保管专项计划相关资产,是否积极监督管理人对专项计划资产的运作,有无损害资产支持证券投资者权益的行为。

4.8 托管人应当披露报告期内专项计划资产隔离情况,包括但不限于托管的专项计划资产是否独立于其自身固有财产和所托管的其他资产,托管的专项计划资产所产生的债权是否与其自身固有财产和所托管的其他资产产生的债务相抵销。

4.9 托管人应当披露报告期内监督管理人对专项计划资产运作情况,包括但不限于是否认真复核管理人的每项管理指令,管理指令是否存在违反相关规定或者约定的情形,是否存在损害资产支持证券投资者权益的情形,以及相关规定或者约定的其他监督事项的执行情况。

4.10 托管人应当披露报告期内下列专项计划资金运用、处分情况:

(一)专项计划账户资金收支情况,包括但不限于收支日期、收入来源、金额、支出用途、金额、报告期初和期末余额等。支出用于分配专项计划收益的,支出用途应明确专项计划各档资产支持证券简称、证券代码等。专项计划账户下设多个子账户的,托管人应当提供报告期内专项计划账户所有子账户的资金收支情况;

(二)管理人利用专项计划账户闲置资金进行投资的,应当披露报告期内投资、投资回收、取得投资收益日期,投资的产品、投资金额、投资收益金额,报告期初和期末投资余额等,并说明该等投资是否符合规定或者约定;

(三)管理人以投资或者运营专项计划中不动产为目的向金融机构等借款的,应当披露报告期内借款、还款、利息支付日期、债权人、借款金额、利率、借入资金用途、偿还本息情况,报告期初借款余额、期末借款余额等;

(四)专项计划账户资金运用、处分的其他情况。

4.11 年度托管报告有附件的,托管人应在年度托管报告中披露附件目录,并在办公场所置备该附件。

第五章 管理人临时报告

第一节 一般规定

5.1.1 资产支持证券在本所挂牌转让期间,发生法律法规、中国证监会、本所规定或者计划说明书约定的可能影响资产支持证券收益分配、投资价值、转让价格或者投资者权益的重大事项,信息披露义务人应当及时披露临时报告。

资产支持证券发行后至挂牌转让前,发生本指引规定的临时报告披露事项的,信息披露义务人应当参照本指引披露临时报告。

5.1.2 管理人应当于知道或者应当知道重大事件发生后2个交易日内披露包括下列事项的临时报告,并于重大事件出现重大进展或者变化的2个交易日内披露后续进展或者变化情况,本指引另有规定的除外:

(一)专项计划与资产支持证券的基本情况;

(二)重大事件的事实、成因;

(三)对资产支持证券的影响分析;

(四)本章规定的其他信息披露内容。

5.1.3 本章所称专项计划的基本情况,包括但不限于专项计划全称、发行规模、设立日、预期到期日。

本章所称各档资产支持证券基本情况,包括但不限于报告披露日仍未完成偿付的资产支持证券简称、证券代码、发行日、预期到期日、发行金额、发行利率、存续金额。

本章所称基础资产的基本情况,包括但不限于基础资产的类型及具体内容。

5.1.4 本章所称有权决策机构的决策情况,包括资产支持证券业务参与人内部决策情况、有权机关的批准或者备案情况、资产支持证券持有人会议的情况等。

5.1.5 本章所称重大事件对资产支持证券的影响分析,包括但不限于重大事件是否会对资产支持证券收益分配、投资价值、转让价格和投资者权益产生重大影响或者可能引发信用触发机制。

管理人认为存在重大不利影响的,应当披露影响具体内容,以及管理人和相关主体已采取和拟采取的对资产支持证券持有人的权益保护措施,包括但不限于专项计划增信措施、信用触发机制或者其他后续安排。认为不存在重大不利影响的,管理人应当说明理由。

第二节 与专项计划资产或者现金流相关的临时报告

5.2.1 任一会计年度内专项计划发生的资产损失累计每超过全

部资产支持证券未偿还本金余额10%的,管理人应当于知道或者应当知道的2个交易日内披露专项计划资产变动公告,说明下列事项:

(一)损失发生时间、原因和金额;

(二)资产支持证券未偿还本金金额及损失占比;

(三)损失发生对资产支持证券的影响;

(四)管理人及相关主体已采取和拟采取的应对措施。

管理人应当于补救措施取得重大进展及后续安排执行完毕等事项发生的2个交易日内披露进展情况。

5.2.2 基础资产运行情况、产生现金流的能力发生重大变化的,管理人应当于知道或者应当知道之日的2个交易日内披露基础资产运行变动公告。

重大变化对资产支持证券投资者权益产生不利影响的,管理人应当于知道或者应当知道基础资产恢复正常运行、产生现金流的能力恢复正常等事项发生的2个交易日内披露进展情况。

与基础资产运行相关的生产经营设施等发生重大变化的,管理人应当参照本项要求进行信息披露。

5.2.3 管理人按照本指引第5.2.2条披露基础资产运行变动公告的,应当说明下列事项:

(一)基础资产的基本情况;

(二)重大变化的基本情况,包括但不限于基础资产数量及金额变化情况,基础资产违约率、逾期率等指标大幅提升情况,不动产资产评估价值大幅下降情况,基础资产质量变化情况,现金流变化情况等;

(三)相关资产评估报告(如有);

(四)发生重大变化的具体原因;

(五)重大变化对资产支持证券的影响分析。

5.2.4 基础资产在任一预测周期内实际产生的现金流较对应期间的最近一次现金流预测结果下降20%以上,或者最近一次对任一预测周期的现金流预测结果比上一次披露的预测结果下降20%以上的,管理人应当于知道或者应当知道相应事项的2个交易日内披露基础

资产现金流变动公告,说明下列事项:

(一)基础资产的基本情况;

(二)基础资产现金流变化的具体情况,包括实际产生的现金流金额和对应的现金流预测结果及其变动比率,或者最近一次和上一次现金流预测结果及其变动比率等;

(三)修正后的现金流预测报告(如有);

(四)现金流减少的具体原因;

(五)对资产支持证券的影响分析;

(六)管理人和相关主体已采取和拟采取的应对措施。

管理人应当于知道或者应当知道应对措施取得重大进展的2个交易日内披露进展情况。

5.2.5 专项计划文件约定或者承诺在专项计划设立后完成相关资产抵(质)押登记、解除相关资产权利负担或者其他事项的,管理人应当于原定约定或者承诺履行期间届满的2个交易日内披露专项计划约定或者承诺事项履行公告,说明下列事项:

(一)约定或者承诺事项内容及其履行情况;

(二)未完成约定或者承诺事项的原因(如有);

(三)对资产支持证券的影响分析;

(四)约定或者承诺事项未完成时,管理人和相关主体已采取和拟采取的应对措施(如有)。

约定或者承诺事项未完成的,管理人应当于相关约定或者承诺事项履行发生重大进展后的2个交易日内披露进展情况。

5.2.6 基础资产权属发生变化或者争议、被设置权利负担或者其他权利限制的,管理人应当于知道或者应当知道相关事项的2个交易日内披露基础资产权属变化或者权利受限公告,说明下列事项:

(一)基础资产发生变化或者争议的情况,所涉资产金额及占比;

(二)基础资产原权利受限情况、新增权利受限种类、权利人基本信息、受限资产金额及占比;

(三)基础资产权属发生变化、被设置权利负担或者其他权利限制的原因；

（四）有权决策机构的决策情况；

（五）关于是否符合专项计划文件约定的说明；

（六）对资产支持证券的影响分析；

（七）管理人和相关主体已采取和拟采取的应对措施。

管理人应当于知道或者应当知道基础资产权属变更或者权利受限事项应对措施发生重大进展的2个交易日内披露进展情况。

5.2.7 专项计划现金流归集相关账户因涉及法律纠纷被查封、冻结或限制使用，或者基础资产现金流出现被滞留、截留、挪用等情况，可能对资产支持证券投资者权益产生重大不利影响的，管理人应当于知道或者应当知道相关事项的2个交易日内披露专项计划现金流归集情况公告，说明下列事项：

（一）现金流归集账户被查封、冻结或者限制使用情况（如有），包括账户名称、发生时间、发生原因、查封冻结或者限制使用机构、归集账户中的资金余额及权利受限金额、截至披露日的进展情况等；

（二）现金流的滞留、截留、挪用情况（如有），包括发生时间、发生原因、涉及主体、涉及金额、截至披露日的进展情况等；

（三）对资产支持证券的影响分析；

（四）管理人和相关主体已采取或者拟采取的应对措施。

现金流归集账户被解除查封、冻结或限制使用，或者现金流滞留、截留、挪用等情况已改正的，管理人应当于知道或者应当知道解除或者改正事项的2个交易日内及时披露相应的解除或者改正事项。

5.2.8 基础资产发生法律纠纷、可能影响专项计划按时分配收益的，管理人应当于知道或者应当知道相应纠纷的2个交易日内，参照本指引第5.3.1条披露基础资产法律纠纷公告，并说明涉及法律纠纷的基础资产的基本情况。

5.2.9 专项计划文件约定循环购买基础资产的，管理人应当于每次循环购买完成的2个交易日内披露循环购买公告，说明下列事项：

（一）本次循环购买的时间和次数、可用于购买新增基础资产的价款总额、可供购买的基础资产总额；

（二）实际购买的新增基础资产总额、基础资产买方及卖方、新增基础资产是否均符合合格标准、新增基础资产的购买价款的计算方式及其公允性、循环购买账户资金划转情况；

（三）新增基础资产的规模（包括未偿本金及利息余额）、笔数、债务人数量、债务人行业分布、利率分布、合同剩余期限分布等特征及新增重要现金流提供方情况等；

（四）购买完成后基础资产的总规模、笔数、债务人数量、债务人行业分布、利率分布、合同剩余年限分布等特征；

（五）循环购买的条件、程序和确认依据，包括循环购买基础资产的条件、流程，循环购买是否符合计划说明书等专项计划文件的约定；

（六）律师事务所按照专项计划文件约定对循环购买基础资产真实合法有效性、是否符合合格标准、基础资产转让合法有效性发表的意见。

循环购买频率高于每季度一次的，管理人可以参照前款规定的具体内容，于每季度前 10 个交易日内整体披露上一季度发生的循环购买情况。

5.2.10 未按照专项计划文件约定进行循环购买或者提前结束循环期的，管理人应当于事件发生的 2 个交易日内披露循环购买调整公告，说明下列事项：

（一）专项计划关于循环购买的有关约定，包括循环购买频率、涉及主体、循环购买条件及流程、循环期提前结束事件；

（二）违反循环购买约定或者导致循环期提前结束的具体事件及发生原因；

（三）截至临时报告披露时的进展情况；

（四）对资产支持证券的影响分析。

管理人应当于违反循环购买约定的行为纠正等事项发生的 2 个交易日内披露进展情况。

第三节 与业务参与人相关的临时报告

5.3.1 管理人、托管人、特定原始权益人及其他现金流参与人等发生法律纠纷、可能影响专项计划按时分配收益的,管理人应当于知道或者应当知道相应纠纷的2个交易日内披露资产支持证券业务参与人涉及法律纠纷公告,说明下列事项:

(一)涉及法律纠纷参与机构的名称和职责;

(二)法律纠纷的具体情况,包括法律纠纷的案件当事人、案由、案件发生原因、具体内容、涉及金额、纠纷进展等;

(三)法律纠纷对资产支持证券的影响;

(四)管理人和相关主体拟采取和已采取的应对措施。

管理人应当按照分阶段披露原则,于知道或者应当知道相应法律纠纷发生重大进展的2个交易日内持续披露进展情况。

5.3.2 管理人、托管人、现金流参与人、监管银行等违反专项计划文件约定,对资产支持证券投资者权益产生不利影响的,管理人应当于知道或者应当知道相关主体违反专项计划文件约定的2个交易日内披露资产支持证券业务参与人违反合同约定公告,并于知道或者应当知道后续应对措施取得重大进展的2个交易日内披露进展情况。

前款所称合同约定包括专项计划收益分配安排、循环购买安排、资金保管使用安排、风险隔离措施、增信措施、基础资产合格标准、持有人会议安排等条款的约定。

5.3.3 发生本指引第5.3.2条所规定事项的,管理人应当披露包括但不限于下列事项:

(一)违反合同约定的参与机构名称和职责;

(二)违反约定的基本情况,包括违反约定的原因,原合同约定的相关内容、违反约定的具体情况;

(三)违约责任的承担方式和承担情况;

(四)对资产支持证券的影响分析;

(五)管理人和其他主体已采取和拟采取的应对措施。

5.3.4 管理人、托管人、现金流参与人等变更的,管理人应当于知道或者应当知道相关变更事项生效后的 2 个交易日内披露资产支持证券业务参与人变更公告,说明下列事项:

(一)变更机构的名称,涉及多个参与机构变更的,应当分别说明对应关系;

(二)变更的原因、变更生效时间;

(三)有权决策机构的决策情况、相关协议签署情况;

(四)变更是否符合规定和约定的说明;

(五)变更后参与机构的基本信息及其相应执业资格(如有);

(六)变更后的参与机构主要职责;

(七)工作移交情况或者移交安排;

(八)对资产支持证券的影响分析。

本条所称管理人变更,包括经资产支持证券持有人会议同意的管理人变更,也包括基金业协会指定的临时计划管理人开始履职。

5.3.5 管理人、托管人、特定原始权益人及其他现金流参与人等信用评级或者评级展望发生变化、被列入信用观察名单,可能影响资产支持证券投资者权益的,管理人应当于知道或者应当知道评级发生变化的 2 个交易日内披露资产支持证券业务参与人信用评级调整公告,说明下列事项:

(一)评级调整所涉主体的名称及其职责;

(二)进行评级调整的评级机构名称、评级调整时间;

(三)调整前后的评级结论;

(四)评级调整的原因;

(五)评级调整对相关主体的履约能力和资产支持证券的影响分析,出现评级负面调整的,管理人还需说明管理人和相关主体针对该项负面因素已采取和拟采取的应对措施。

5.3.6 市场上出现关于现金流参与人等的重大不利报道或者负面市场传闻,可能影响资产支持证券投资者权益的,管理人应当于知道或者应当知道相关市场传闻或者报道后的 2 个交易日内发布澄清说明公告，说明下列事项：

（一）传闻或者报道涉及的主体名称及其职责；

（二）简要说明相关市场报道或者传闻的内容；

（三）对报道或者传闻的核实情况或者截至目前的核实进展；

（四）是否存在应披露未披露事项；

（五）对资产支持证券的影响分析。

传闻或者报道需要进一步核实的，管理人应当自核实事项出现重大进展时，披露相应的进展公告直至明确澄清为止。

5.3.7 特定原始权益人及其他现金流参与人等发生经营方针或者经营范围的重大变化，法律政策或者重大灾害导致的经营外部条件的重大变化，盈利和偿债能力的重大变化等事项，可能影响资产支持证券投资者权益的，管理人应当于知道或者应当知道之日的2个交易日内披露业务经营情况发生重大变化公告，说明下列事项，并持续披露重大事项进展公告：

（一）经营情况发生重大变化的主体名称及其职责；

（二）经营情况发生重大变化的具体情况及发生原因；

（三）重大变化的预计持续时间；

（四）对资产支持证券的影响分析。

5.3.8 管理人、托管人、特定原始权益人及其他现金流参与人被列为失信被执行人，受到刑事处罚、重大行政处罚或者相关立案调查，发生超过上年末合并口径净资产5%且超过5000万元的债务违约或者其他资信状况的重大变化，可能影响资产支持证券投资者权益的，或者发生公开市场债务违约，管理人应当于知道或者应当知道之日的2个交易日内披露资信情况发生重大变化公告，说明下列事项：

（一）被列为失信被执行人的，披露导致被列为失信被执行人的案件情况，包括案件当事人、案由、涉案原因、案件进展、涉案金额、作出相应裁定的人民法院、参与机构知道时间；

（二）受到刑事处罚、重大行政处罚、立案调查的，披露处罚调查机构、处罚调查事由、处罚结果、处罚调查时间、参与机构知道时间；

(三)债务违约的,披露债务基本情况、违约时间、违约金额、违约原因、处置进展、参与机构目前的资信情况;

(四)对资产支持证券的影响分析;

(五)管理人和相关主体已采取和拟采取的应对措施。

管理人应当于知道或者应当知道相关处罚处分履行完毕、解除失信被执行人、债务违约处置取得重大进展等事项的2个交易日内披露进展情况。

5.3.9 管理人、托管人、特定原始权益人及其他现金流参与人等作出减资、合并、分立等决定,可能影响资产支持证券投资者权益的,或者作出解散、申请破产等决定,被申请破产的,管理人应当于知道或者应当知道之日的2个交易日内披露主体变动报告,说明下列事项:

(一)减资、合并、分立、解散、申请破产的主体、实施原因及实施依据;

(二)减资、合并、分立、解散、申请破产的具体实施方案;

(三)原业务参与人职责的承继情况(如有);

(四)有权决策机构的决策情况;

(五)工商或者产权变更登记情况(如有);

(六)对资产支持证券的影响分析;

(七)管理人和其他主体已采取和拟采取的应对措施。

管理人应当于知道或者应当知道减资、合并、分立、解散、(被)申请破产的决策程序取得进展、破产被人民法院受理、完成相应产权或者工商登记变更等事项的2个交易日内披露进展情况。

第四节 与资产支持证券相关的临时报告

5.4.1 专项计划未按照约定的时间、金额、方式等向持有人分配收益的,管理人应当在未按约定分配收益的2个交易日内披露专项计划收益分配变动公告,说明下列事项:

(一)原定的收益分配时间、金额和方式;

(二)未按约定分配收益的具体情况和原因;

（三）对本专项计划各档资产支持证券的影响；

（四）已采取的持有人权益保护措施，包括资金筹措进展、向持有人派付情况、与相关增信措施提供方的协商进展；

（五）后续拟采取的投资者权益保护安排，包括后续资金筹措方案、收益分配安排及投资者赔偿安排（如有）等。

管理人应当在资金筹措或增信措施落实等事项发生重大进展的2个交易日内披露进展情况。

5.4.2 任一档资产支持证券信用等级被下调、评级展望发生负面变化或者被列入信用观察名单的，管理人应当在知道或者应当知道之日的2个交易日内披露资产支持证券信用等级发生不利调整公告，说明下列事项：

（一）信用等级调整涉及的简称和代码；

（二）评级机构名称、调整时间、调整前后的评级结论；

（三）信用等级调整的原因；

（四）对资产支持证券的影响分析。

5.4.3 资产支持证券基本要素条款、专项计划收益分配安排、循环购买、资金保管使用安排、风险隔离措施、增信措施、基础资产合格标准和持有人会议安排等专项计划文件的主要约定发生变更的，管理人应当于知道或者应当知道变更发生的2个交易日内披露专项计划文件主要约定发生变更公告，说明下列事项：

（一）变更前后的约定具体内容；

（二）变更发生原因；

（三）有权决策机构的决策情况；

（四）对资产支持证券的影响分析。

持有人会议审议通过前款规定的专项计划文件约定变更事宜并已在持有人会议决议公告中披露相关内容的，管理人可以不再重复披露。

5.4.4 管理人应当于每期资产支持证券收益分配日5个交易日前及时披露专项计划收益分配报告。

5.4.5 资产支持证券附调整收益率条款的,管理人应当按照专项计划文件约定的日期披露收益率调整公告。收益率调整实施日同时为回售资金发放日的,管理人应当于回售申报期起始日前披露收益率调整公告。没有约定或者约定不明确的,管理人应当于收益率调整实施日之前及时披露。

收益率调整公告应当说明预期收益率调整条款具体内容、是否调整收益率、调整前后的收益率、收益率调整生效日期等信息。

5.4.6 资产支持证券附回售选择权的,管理人应当在回售申报期起始日前披露回售条款的基本内容、回售义务人、回售程序、回售申报期、回售价格、回售资金发放日等信息。

5.4.7 管理人应当在回售登记期届满后及时披露资产支持证券回售结果公告,说明回售申报金额、回售资金发放及资产支持证券注销安排等,并按规定注销相应资产支持证券。

5.4.8 拟实施转售的,应当在回售实施公告中披露拟转售安排,在回售结果公告中披露转售数量、转售期间,并承诺转售符合相关规定、约定及承诺的要求。管理人应当于转售期间届满后的2个交易日内披露转售结果公告,并注销或者督促相关方注销未转售部分的资产支持证券。

5.4.9 拟申请延长转售期间的,管理人应当于转售期限届满5个交易日前向本所提交书面申请,说明目前转售进度、申请延长转售期的必要性和可行性、拟申请延长的期间。本所同意申请的,管理人应当及时披露延长转售期公告,说明相关安排。

延长的转售期间内,管理人应当至少每5个交易日披露一次进展公告,说明目前转售进展、为推进转售工作所采取的措施及成效、预计转售完成时间。

5.4.10 资产支持证券附赎回条款的,管理人应当在满足赎回条件时,披露相关主体是否行使赎回权。行使赎回权的,应当披露赎回条款的基本内容、行使主体、赎回程序、赎回价格、赎回资金发放日等内容。赎回完成后,管理人应当及时披露赎回情况及其影响,并注销或者督促相关主体注销相应资产支持证券。

5.4.11 专项计划文件约定由指定主体受让资产支持证券的,管理人应当参照本指引第5.4.6条、5.4.7条、5.4.10条等要求披露相关权利条款的主要内容与行权情况。

5.4.12 资产支持证券停牌、复牌的,管理人应当于资产支持证券停复牌前披露停牌或者复牌公告,说明专项计划与资产支持证券的基本信息、涉及停牌或者复牌的证券信息、申请停牌或者复牌的原因、停牌或者复牌具体时间等。停牌期间,管理人应当于相关事项取得重大进展或者发生重大变化时及时进行信息披露。

5.4.13 资产支持证券终止挂牌转让的,管理人应当于资产支持证券终止挂牌转让日之前披露终止挂牌转让的原因、终止挂牌转让的日期、相关清算安排(如有)。

5.4.14 专项计划终止的,管理人应当自专项计划清算完毕之日的10个交易日内披露清算报告,说明终止时间、终止原因、专项计划清偿顺序、专项计划剩余资产情况、分配安排等信息。

第六章 持有人会议

6.1 管理人、单独或者合计持有本期资产支持证券总额10%以上的持有人书面提议召开持有人会议的,管理人应当自收到书面提议之日起5个交易日内向提议人书面回复是否召集持有人会议,并说明召集会议的具体安排或者不召集会议的理由。

同意召集会议的,管理人应当于书面回复之日起15个交易日内召开持有人会议,提议人同意延期召开的除外。管理人不同意召集会议或者应当召集而未召集会议的,单独或者合计持有本期资产支持证券总额10%以上的持有人有权自行召集持有人会议,管理人应当为召开持有人会议提供必要协助。

持有人会议规则对有召集权的持有人比例另有约定的,从其约定。

6.2 资产支持证券召开持有人会议的,管理人或者其他召集人应当至少于持有人会议召开日前10个交易日发布持有人会议召开通知。持有人会议规则对通知时间安排另有约定的，从其约定。

召集人因临时突发事件认为需要紧急召集持有人会议以有利于持有人权益保护的，可以适当缩短会议通知的提前期限，但应当给予相关方充分讨论决策时间。

6.3 持有人会议通知的公告内容包括但不限于下列事项：

（一）专项计划和资产支持证券的基本情况；

（二）召集人、会务负责人姓名及联系方式；

（三）会议召集事由；

（四）会议时间和地点；

（五）会议召开形式：可以采用现场、非现场或者两者相结合的形式；会议以网络投票方式进行的，召集人应当披露网络投票办法、计票原则、投票方式、计票方式等信息；

（六）会议拟审议议案：议案应当属于持有人会议权限范围、有明确的决议事项，并且符合法律法规和本所业务规则的相关规定；

（七）会议议事程序：包括持有人会议的召集方式、表决方式、表决时间、计票方式和其他相关事项；

（八）持有人会议权益登记日：应当为持有人会议召开日前1个交易日；有权参加持有人会议并享有表决权的持有人以权益登记日收市后的持有人名册为准；

（九）委托事项：资产支持证券持有人委托参会的，参会人员应当出示授权委托书和身份证明，在授权范围内参加持有人会议并履行受托义务。

会议拟审议议案应当最晚于持有人会议权益登记日前公告，增补议案应当及时披露并给予相关方充分讨论决策时间。议案未按规定或者持有人会议规则的约定公告的，不得提交该次持有人会议审议。

6.4 持有人会议应当由律师见证。见证律师对会议的召集、召开、表决程序、出席会议人员资格、有效表决权、决议的合法性及其效力等事项出具法律意见。法律意见书应当与持有人会议决议一同披露。

6.5 召集人应当在持有人会议表决截止日次一交易日内披露会议决议公告,会议决议公告包括但不限于下列内容:

(一)会议召开时间、形式和地点,会议召集人、权益登记日等持有人会议召开情况;

(二)会议出席情况和出席会议的资产支持证券持有人所持表决权情况;

(三)会议有效性;

(四)各项议案的议题、表决结果及决议生效情况;

(五)律师见证情况。

6.6 持有人会议形成生效决议后,管理人应当积极落实或者督促原始权益人、资产服务机构、增信主体或者其他相关方按照规定和约定予以落实。

持有人会议决议需要原始权益人、资产服务机构、增信主体或者其他相关方落实的,相关方应当按照相关规定或者约定履行相关义务。未按规定或者约定落实持有人会议决议的,管理人应当及时采取有效应对措施,切实维护持有人法定或者约定的权利。

管理人应当及时披露决议落实的进展情况及后续安排事项的重大进展情况。

6.7 管理人可以按照相关规定或者持有人会议规则的约定简化持有人会议召集程序或者决议方式,但不得对持有人权益产生不利影响。

第七章 资信评级报告

7.1 聘请资信评级机构对资产支持证券进行评级的,资信评级机构应当按照相关规定和约定编制定期跟踪评级报告,于每年6月30日前通过指定网站或者以本所认可的其他方式披露,但专项计划设立距报告期末不足2个月或者专项计划所有挂牌证券在披露截止日前已全部摘牌的除外。

7.2 资信评级机构应当密切关注受评对象的资信状况，按照规定以及专项计划文件约定及时披露资产支持证券不定期跟踪评级报告。

第八章 自律监管

8.1 本所在自律监管过程中可以根据工作需要，对本指引第1.5条规定的主体（以下统称监管对象）实施检查、就相关事项问询监管对象、要求就相关事项开展自查或者核查、督促履行相关职责或者义务以及其他本所认为适当的监管方式。

相关监管对象应当积极配合本所实施监管，及时制作并完整保存相关工作底稿备查，按要求提供相关资料，并保证提供的有关文件和资料真实、准确、完整、及时，不得拒绝、阻碍和隐瞒。

8.2 监管对象应当在本所要求的规定期限内如实报告或者回复本所就相关事项提出的问询，不得以有关事项存在不确定性或者需要保密等为由不履行报告或者回复本所问询的义务。

监管对象未在相关期限内回复本所问询、未按照本指引的规定和本所的要求进行报告或披露的，或者存在本所认为必要的其他情形的，本所可以以交易所公告等形式，向市场说明有关情况。

8.3 监管对象违反本指引、本所其他业务规则、专项计划文件约定或者其所作出的承诺的，本所可以按照规定对其采取监管措施或者纪律处分。涉嫌违法违规的，本所将依法报中国证监会等主管部门查处。

本所可以将对监管对象实施的监管措施或者纪律处分记入诚信档案。

第九章 附 则

9.1 本指引相关术语的含义：

（一）基础资产，指符合法律法规规定，权属明确，可以产生独立、可预测的现金流且可特定化的财产权利或者财产，包含底层基础资产。

（二）基础资产重要现金流提供方，指基础资产现金流单一提供方按照约定未支付现金流金额占基础资产未来现金流总额比例超过15%，或者该单一提供方及其关联方的未支付现金流金额合计占基础资产未来现金流总额比例超过20%的现金流提供方。

（三）重大行政处罚，指中国证监会及其派出机构实施的行政处罚，其他行政机关实施的暂扣许可证件、降低资质等级、吊销许可证件、限制开展生产经营活动、责令停产停业、责令关闭、限制从业等行政处罚或者其他可能严重影响被处罚主体经营情况或者资产支持证券收益分配的行政处罚。

（四）现金流参与人包括原始权益人、重要现金流提供方、资产服务机构以及增信机构。

9.2 剩余基础资产规模不足专项计划证券发行时资产规模的20%，且单一基础资产重要现金流提供方按照约定未支付现金流金额占基础资产未来现金流总额比例不足30%，或者该单一提供方及其关联方的未支付现金流金额合计占基础资产未来现金流总额比例不足40%的，可豁免本指引中与基础资产重要现金流提供方相关的披露要求。

9.3 专项计划基础资产为核心企业供应链应付款的，核心企业参照执行本指引关于特定原始权益人的披露要求。

前款所称核心企业供应链应付款，是指上游供应商或者服务提供方向核心企业或者其下属公司销售商品或者提供服务等经营活动后产生的、以核心企业或者其下属公司为付款方的应付款；核心企业，是指在供应链业务过程中具备主导地位且利用其主体资信为供应链资产支持证券提供信用支持的企业。

9.4 本指引由本所负责解释。

9.5 本指引自发布之日起施行。本所于2018年5月11日发布的《上海证券交易所资产支持证券定期报告内容与格式指引》（上证发〔2018〕29号）、2019年11月1日发布的《上海证券交易所资产支持证券临时报告信息披露指引》（上证发〔2019〕105号）同时废止。

深圳证券交易所资产管理计划份额转让业务操作指南

(2014年12月修订)

目 录

一、概述

二、申请和办理

三、转让

四、投资者适当性

五、信息披露

六、展期、终止和资料变更

七、业务联系

附件1:关于为××资产管理计划提供份额转让服务的申请(略)

附件2:资产管理计划信息申报表(略)

附件3:关于××资产管理计划份额转让展期的申请(略)

附件4:关于××资产管理计划份额终止转让的申请(略)

附件5:关于××资产管理计划资料变更的申请(略)

附件6:房地产类资管产品补充材料(略)

附件7:地方融资平台类资管产品补充材料(略)

特别说明:本指南仅为方便证券公司或其资产管理子公司、基金管理公司或其资产管理子公司(以下简称"管理人")在本所办理资产管理计划(以下简称"资管计划")份额转让业务之用,并非本所业务规则或对规则的解释。如本指南与国家法律、法规及有关业务规则发生冲突,应以法律、法规及有关业务规则为准。本所保留对本指南的最终解释权。

已按照中国证监会要求备案的私募投资基金管理人，申请为其设立并备案的私募投资基金提供份额转让服务的，参照资管计划份额转让办理。

一、概述

证券公司或其资产管理子公司、基金管理公司或其资产管理子公司（以下简称"管理人"）设立资产管理计划（以下简称"资管计划"）的，可以向本所申请为其设立的资管计划提供份额转让服务。

二、申请和办理

管理人向本所申请为资管计划提供份额转让服务的，该资管计划应当已经获得批准或经过备案，并已成立。

（一）申请材料

管理人应当向本所提交以下材料，并保证申请材料的内容真实、准确、完整，不得有虚假记载、误导性陈述或者重大遗漏。

1. 申请书（附件1）；

2. 资产管理计划信息申报表（附件2）；

3. 对于中国证监会予以核准的，应当提交核准文件，对于备案的，应当提交已完成备案的相关证明文件；

4. 资产管理计划合同；

5. 登记托管文件；

6.《资产管理计划份额转让服务协议》（向本所索取）。

（二）信息申报表填报要求

管理人在填写《资产管理计划信息申报表》时应注意：

1. 计划类型包括但不限于：类资产证券化型、定向增发型、股票质押型、对冲套利型、多空型、类公募基金型（如债券型、货币型等）、现金管理类，以及其他类型。

2. 份额类型包括但不限于：单一份额、优先级和次级、同级多种份额（以数字或字母区别）等。

3. 单笔最低转让数量如果不填，系统将默认为1000份，低于1000

份的申报将认定无效；如果填具体的数值（最低可填1000份），则可差异化设定，即同一资管计划下的不同份额既可以填相同数值，也可以填不同数值。例如，计划包含A、B两类份额，可以将其单笔最低转让数量统一设定为10万份，则两类份额单笔申报低于10万份都将被认定无效；也可以A份额填10万份，B份额填1万份，此时，A份额低于10万份的申报将被认定无效，B份额低于1万份的申报将被认定无效。

4.转让基数的填报规则与单笔最低转让数量相同。如果不填，系统将默认为1000份，超过单笔最低转让数量的部分必须为1000份的整数倍；如果填具体的数值（最低可填1份），则超过单笔最低转让数量的部分必须为所填数值的整数倍。

5.每只产品申报用交易单元代码只能填写一个。其中，使用电子化接口进行申报的，该交易单元需为已配置到综合协议交易网关的自用A股交易单元；使用交易终端进行申报的，该交易单元应是与交易终端绑定的交易单元。资管份额的转让申报应通过该交易单元进行，同时，其他业务可共用该交易单元。

6.无管理人代码的，需先申请"资管份额转让业务专区"数字证书获得管理人代码。申请材料和注意事项请登录本所官网－"关于本所"－"业务专栏"－"资管计划份额转让"－"业务通知"栏目，查阅《关于启用深交所"资管份额转让业务专区"的通知》。

（三）提交方式及格式要求

1.申请材料应当逐项标明序号，压缩为一个电子文件，以"××公司××资管计划份额转让申请材料×年×月×日"为文件名，通过本所"资管份额转让业务专区"－"公文及报表上传"－"上传新公文"栏目，或者是"会员业务专区"－"公文及报表上传"－"公文上传"栏目在线提交，提交时填写的公文标题与文件名相同。

2.上述材料中，第1、2、6项应当加盖管理人公司公章。除第4、6项外，均应当为PDF格式，且为原件的彩色扫描件，第5项如果管理人收到的是传真件，则需在传真件上加盖管理人公司公章后进行彩色扫描,第 6 项应当为 4 份加盖管理人公司公章原件。第 2 项应当额外提供一份 Word 格式,并于申报表抬头下方注明"与盖章件一致"字样。

(四)办理程序

1. 代码分配

对符合要求的申请,本所将向管理人分配证券代码,并以传真方式将《资管计划简称及代码确认表》(以下简称"《确认表》")发送给管理人,管理人收到后应当立即以传真方式回复确认。

2. 协议签署

管理人提交的《服务协议》符合要求,且本所同意为相关产品提供转让服务的,在签署相关内容后,本所将向管理人书面发出《关于同意××资产管理计划份额转让的通知》和《服务协议》,并明确转让开始日。

(五)办理时限

本所自收到管理人完备申请材料之日起五个工作日内完成办理。

三、转让

(一)份额登记托管在中国结算

自转让开始日起,投资者可使用中国证券登记结算有限责任公司(以下简称"中国结算")开放式基金账户(暂限于现金管理产品)进行份额转让。相关清算交收按照中国结算有关规定办理。

如果投资者希望通过证券账户(包括人民币普通股票账户或证券投资基金账户)进行转让的,可按照中国结算有关规定先办理转托管手续,再进行份额转让。

(二)份额登记托管在自建 TA

1. 通过电子化接口进行交易申报

需按照本所《资产管理计划份额转让业务之券商技术系统变更指南》进行改造,改造后可使用自建 TA 账户(后十位)进行转让,本所成交确认后由份额登记托管机构办理清算交收。

2. 通过交易终端进行交易申报

可直接通过交易终端使用自建 TA 账户(后十位)进行转让,本所成交确认后由份额登记托管机构办理清算交收。

四、投资者适当性

（一）转让主体

转让双方应当是符合证监会有关资产管理业务相关规定的合格投资者。

（二）持有人数

管理人应当严格按照证监会有关资产管理业务的相关规定，确保单只资管计划的持有人数符合要求。

（三）参与门槛和流程

管理人应当按照证监会有关资产管理业务的相关规定，履行客户适当性职责。对于首次参与转让的客户，应当在客户参与转让前对其进行产品介绍和风险揭示，并要求客户签署合同和风险揭示书。管理人应当确保单个客户的参与金额符合证监会有关资产管理业务的相关规定。

五、信息披露

管理人应当按照证监会有关资产管理业务的相关规定，履行资管计划的信息披露义务，并向其客户提供份额转让的相关信息。为便于市场了解，本所可通过网站（www.szse.cn）"关于本所"－"业务专栏"－"资管计划份额转让"栏目，披露提供转让服务的资管计划的产品名称、证券代码、证券简称、转让开始日、转让到期日、管理人、转让范围等基本信息，以及意向报价信息和转让成交统计信息等。管理人也可以通过本所披露资管计划重大事项的提示性信息。

六、展期、终止和资料变更

（一）展期

资管计划有存续期，到期后需要展期且份额继续在本所转让的，管理人应当于资管计划到期前一个月，以"××公司××资管计划份额转让展期申请×年×月×日"为公文标题，通过本所"资管份额转让业务专区"或者是"会员业务专区"在线提交展期申请（附件3）。申请材料应当为PDF格式，且为原件的彩色扫描件。

（二）终止

资管计划有存续期的，其转让终止时间为资管计划的到期日。如遇节假日休市，则转让终止时间为到期日的前一个交易日。

转让期间，如果资管计划依据法律法规、规章和合同约定需要提前终止的，管理人应当立即告知本所，并以"××公司××资管计划份额终止转让申请×年×月×日"为公文标题，通过本所"资管份额转让业务专区"或者是"会员业务专区"在线提交终止申请（附件4）。申请材料应当为PDF格式，且为原件的彩色扫描件。

（三）资料变更

转让其间，管理人可以向本所提出资料变更申请，包括简称变更、申报用交易单元变更、交易门槛（最低转让数量或转让基数）变更等，并以"××公司××资管计划份额转让资料变更申请×年×月×日"为公文标题，通过本所"资管份额转让业务专区"或者是"会员业务专区"在线提交资料变更申请（附件5）。申请材料应当为PDF格式，且为原件的彩色扫描件。

（四）办理时限

本所自收到管理人完备申请材料之日起五个工作日内完成上述办理程序。

七、业务联系

有关资管计划份额转让事宜，请与本所会员管理部联系，联系方式如下：

王辉电话：0755-88668608 邮箱：wang-hui@szse.cn

吕玥先电话：0755-88668366 邮箱：yxlv@szse.cn

深圳证券交易所关于发布《深圳证券交易所资产证券化业务指引（2014年修订）》的通知[*]

（深证会〔2014〕130号 2014年11月25日发布）

各相关单位：

为了规范资产证券化业务，维护正常市场秩序和投资者的合法权益，根据《证券公司及基金管理公司子公司资产证券化业务管理规定》（证监会公告〔2014〕49号）等有关规定，本所修订了《深圳证券交易所资产证券化业务指引》（2014年修订），现予以发布，请遵照执行。

特此通知

附件：深圳证券交易所资产证券化业务指引（2014年修订）

附件：

深圳证券交易所资产证券化业务指引（2014年修订）

第一章 总 则

第一条 为了规范资产证券化业务，维护正常市场秩序和投资者

---

[*] 本篇法规中"第二十四条"已被深圳证券交易所关于发布《深圳证券交易所债券市场投资者适当性管理办法》的通知宣布不再执行，本篇法规中"第四章"已被深圳证券交易所关于发布《深圳证券交易所债券交易规则》的通知宣布不再执行。

的合法权益,根据《证券公司及基金管理公司子公司资产证券化业务管理规定》(证监会公告〔2014〕49号,以下简称"《管理规定》")、《证券公司及基金管理公司子公司资产证券化业务信息披露指引》(以下简称"《信息披露指引》")等有关规定以及深圳证券交易所(以下简称"本所")相关业务规则,制定本指引。

第二条 具备客户资产管理业务资格的证券公司、证券投资基金管理公司设立且具备特定客户资产管理业务资格的子公司担任管理人,通过设立资产支持专项计划(以下简称"专项计划")或者其他特殊目的载体开展资产证券化业务,并申请资产支持证券在本所挂牌转让的,适用本指引。

《管理规定》第五十条所列金融机构发行资产支持证券在本所挂牌转让的,参照适用本指引。本所另有规定的,从其规定。

第三条 本所为资产支持证券的挂牌、转让以及信息披露提供服务,并实施自律管理。

第四条 资产支持证券在本所挂牌转让,不表明本所对资产支持证券的投资风险或者收益等作出判断或者保证。资产支持证券的投资风险由投资者自行判断和承担。

第五条 管理人应当向具备相应风险识别和承担能力的合格投资者发行资产支持证券。

单只资产支持证券的投资者合计不得超过二百人。

第六条 本所与专项计划备案机构建立挂牌转让与备案的沟通衔接机制,并建立与中国证监会、相关自律组织之间的信息共享机制。

第七条 资产支持证券的登记和结算,由中国证券登记结算有限责任公司或者中国证监会认可的其他机构按照其业务规则办理。

第二章 挂牌、停牌、复牌、终止挂牌

第八条 资产支持证券在本所挂牌转让的,应当符合以下条件:

(一)基础资产符合相关法律法规以及负面清单的规定,权属明确,可特定化,可以产生独立、可预测的现金流;

（二）产品结构设计符合中国证监会以及本指引的相关要求；

（三）本所规定的其他条件。

第九条 资产支持证券拟在本所挂牌转让的，管理人应当在资产支持证券发行前向本所申请确认是否符合挂牌转让条件。

第十条 专项计划备案后，管理人申请资产支持证券在本所挂牌的，应当经本所同意，与本所签订转让服务协议，并提交下列文件：

（一）挂牌申请书；

（二）专项计划备案证明文件；

（三）计划说明书、交易合同文本以及法律意见书等专项计划法律文件；

（四）资信评级机构出具的报告（如有）；

（五）特定原始权益人最近三年（未满三年的自成立之日起）经具有从事证券期货相关业务资格的会计事务所审计的财务会计报告及融资情况说明；

（六）募集完成后经具有从事证券期货相关业务资格的会计师事务所出具的验资报告；

（七）本所指定登记结算机构出具的登记托管证明文件；

（八）专项计划是否发生重大变化的说明；

（九）本所要求的其他文件。

第十一条 本所对挂牌申请文件进行完备性核对。挂牌申请文件完备的，本所自接受挂牌申请文件之日起五个交易日内，出具接受挂牌通知书。

第十二条 管理人、托管人等为专项计划提供服务的机构及其相关人员为资产证券化业务制作计划说明书及交易合同文本、出具专业意见或者报告，应当勤勉尽责，对所制作、出具的文件内容的真实性、准确性、完整性进行核查和验证，保证制作、出具的文件不存在虚假记载、误导性陈述或者重大遗漏。

第十三条 专项计划存续期间出现下列情形之一的，本所可以对资产支持证券进行停牌处理：

（一）《信息披露指引》第十九条所列情形之一的；

（二）资产支持证券转让价格异常波动的；

（三）本所认为需要停牌的其他情形。

前款规定所列相关情形消除后，本所可以视情况复牌。

第十四条 资产支持证券出现下列情况之一的，本所可以终止其挂牌：

（一）资产支持证券到期的；

（二）资产支持证券未到期，但根据计划说明书约定终止的；

（三）发生对投资者利益重大不利影响的情形，本所认为需要终止挂牌的。

第三章 挂牌要求

第十五条 管理人应当根据基础资产类型对基础资产转让环节的转让登记、通知债务人、附属担保权益等事项作出适当安排。

第十六条 管理人及相关机构应当合理、审慎地预测基础资产现金流状况，结合影响未来现金流变化的各种因素，充分揭示相关风险。

管理人及相关机构应当在专项计划法律文件中对现金流预测的假设、依据、各期预测结果及存续期间现金流跟踪监测机制进行说明，定期监测预测结果与实际情况的差异，并分析其原因。

第十七条 管理人应当针对现金流归集环节中的资金混同风险建立相应风险防范机制，并在计划说明书等专项计划法律文件中披露基础资产现金流归集、划转以及分配流程，明确账户设置、归集时点，说明可能面临的风险。

第十八条 管理人应当建立基础资产现金流持续监督机制。发现影响兑付的情况，管理人应当协调相关主体做好应对方案，维护基础资产现金流的安全。

第十九条 专项计划资金不得投资权益类产品。专项计划法律文件对专项计划资金再投资有约定的，管理人应当确保再投资限于约定范围内。投资固定收益类产品的，应当防范投资标的的信用、市场和流动性等相关风险。

第二十条 以基础资产产生现金流循环购买新的同类基础资产方式组成专项计划资产的,管理人应当设置适当的入池标准,通过流程安排对后续购买的资产进行事前审查和执行确认,并定期进行信息披露。

管理人应当核实符合入池标准的资产规模是否满足循环购买要求,在合格资产规模不足时及时进行信息披露并采取风险缓释措施。

第二十一条 管理人应当核查资产服务机构的持续服务能力,并设置后备服务机构替换机制。原始权益人担任资产服务机构的,应当使基础资产与其自有资产或者管理的其他受托资产相隔离,防范利益冲突和道德风险。

第二十二条 专项计划法律文件应当设置各项信用增级措施的触发条件、操作流程,管理人应当督促相关方严格按照专项计划法律文件的约定履行相关义务。

第二十三条 基础资产为不动产的,管理人应当委托符合条件的专业评估机构对不动产价值进行评估,出具评估报告。

专项计划法律文件应当约定,在专项计划存续期间,不动产发生收购或者处置等影响其价值判断的重大事项的,管理人应当及时组织专业评估机构进行评估。

第四章 转 让

第二十四条 参与资产支持证券认购、转让的合格投资者,应当符合下列条件之一:

(一)经有关金融监管部门批准或者备案设立的金融机构,包括但不限于银行、证券公司、基金管理公司、信托公司和保险公司等;

(二)前项规定的金融机构面向投资者发行的金融产品,包括但不限于银行理财产品、信托产品、保险产品、基金产品、证券公司资产管理产品等;

（三）经有关金融监管部门认可的境外金融机构及其发行的金融产品，包括但不限于合格境外机构投资者、人民币合格境外机构投资者；

（四）社会保障基金、企业年金等养老基金，慈善基金等社会公益基金；

（五）在行业自律组织备案或者登记的私募基金及私募基金管理人；

（六）净资产不低于1000万元的非金融机构；

（七）符合中国证监会《私募投资基金监督管理暂行办法》及相关规定的其他合格投资者。

第二十五条　证券公司应当建立完备的投资者适当性管理制度，了解和评估投资者对资产支持证券的风险识别和承担能力，充分揭示风险，确认参与资产支持证券转让的投资者是符合中国证监会及本所规定要求的合格投资者。

第二十六条　资产支持证券每份面值为100元，计价单位为每百元面值的价格，单笔申报数量为整数份且不低于10000份，申报价格最小变动单位为0.01元。

第二十七条　资产支持证券采用全价转让的方式，转让价格由买卖双方自行协议确定。资产支持证券转让可以当日回转。

第二十八条　本所接受资产支持证券转让申报的时间为每个交易日9:15至11:30、13:00至15:30，转让申报当日有效。

第二十九条　本所接受下列类型的资产支持证券转让申报：

（一）意向申报；

（二）定价申报；

（三）成交申报；

（四）其他申报。

第三十条　意向申报指令应当包括证券账户号码、证券代码、买卖方向和本方交易单元代码等内容。

意向申报不承担成交义务，意向申报指令可以撤销。

第三十一条 定价申报指令应当包括证券账户号码、证券代码、买卖方向、价格、数量和本方交易单元代码等内容。

市场所有参与者可以提交成交申报,按指定的价格与定价申报全部或部分成交,本所按时间优先顺序进行成交确认。

定价申报的未成交部分可以撤销。定价申报每笔成交的转让数量,应当满足资产支持证券转让的最低数量要求。

第三十二条 成交申报指令当包括证券账户号码、证券代码、买卖方向、价格、数量、对手方交易单元代码、约定号等内容。成交申报要求明确指定价格和数量。

成交申报可以撤销,但在对手方提交匹配的申报后不得撤销。

本所对约定号、证券代码、买卖方向、价格、数量等各项要素均匹配的成交申报进行成交确认。

第三十三条 本所按照时间先后顺序对资产支持证券转让申报进行实时成交确认。转让后单只资产支持证券的投资者合计不得超过二百人。

符合本指引达成的转让,转让双方应当承认转让结果,并履行交收义务。

第三十四条 本所在交易时间内通过交易系统、本所网站即时公布资产支持证券转让的报价信息和成交信息。

发布的报价信息包括:证券代码、证券简称、申报类型、买卖方向、数量、价格等。

发布的成交信息包括:证券代码、证券简称、开盘价、当日最高价、当日最低价、总成交数量、总成交金额、总成交笔数等。

第三十五条 本所在每个交易日结束后,通过本所网站公布资产支持证券转让每笔成交信息,内容包括:证券代码、证券简称、成交数量、成交价格以及买卖双方所在会员营业部或交易单元的名称。

第三十六条 资产支持证券以当日该证券所有转让的成交量加权平均价为收盘价。当日无成交的,以前收盘价为当日收盘价。

第三十七条 资产支持证券回购业务相关规则,由本所另行规定。

第五章 信息披露

第三十八条 管理人及其他信息披露义务人应当按照《管理规定》、《信息披露指引》、本指引的规定以及计划说明书的约定履行信息披露义务,及时、公平地披露可能对资产支持证券产生重大影响的信息,并保证所披露的信息真实、准确、完整,不得有虚假记载、误导陈述或者重大遗漏。

第三十九条 资产支持证券通过本所挂牌转让的,管理人应当不晚于挂牌当日向合格投资者披露计划说明书、风险揭示书和信用评级报告(如有)。

第四十条 管理人应当履行下列定期报告义务:

(一)每年4月30日前披露经具有从事证券期货相关业务资格的会计师事务所审计的上年度资产管理报告;

(二)在每期资产支持证券收益分配日的两个交易日前,披露专项计划收益分配报告;

(三)中国证监会、本所规定和计划说明书约定的其他定期报告义务。

对设立不足两个月的专项计划,管理人可以不编制年度资产管理报告。

第四十一条 托管人应当在管理人披露资产管理报告的同时披露相应期间的托管报告。

第四十二条 管理人、托管人应当按照本指引及本所其他相关规定编制资产管理报告、托管报告和收益分配报告。

第四十三条 原始权益人应当按照合同约定,及时向管理人提供信息披露所需的有关信息,保证所提供信息真实、准确、完整,不存在虚假记载、误导性陈述或者重大遗漏。

第四十四条 聘请资信评级机构针对资产支持证券出具信用评级报告的,在评级对象有效存续期间,资信评级机构应当在每年6月30日前向合格投资者披露上年度的定期跟踪评级报告,并应当及时披露不定期的跟踪评级报告。

第四十五条 专项计划存续期间发生《信息披露指引》第十九条所列可能对资产支持证券投资价值或者价格有实质性影响的重大事件时,管理人应当及时履行临时报告义务。

第四十六条 管理人及其他信息披露义务人应当不迟于信息披露前一交易日14:00将披露文件报送本所。本所于信息披露当日通过本所网站或者以本所认可的其他方式向合格投资者披露。

本所对管理人及其他信息披露义务人披露的信息进行形式审核,对其内容的真实性不承担责任。

第四十七条 管理人及其他信息披露义务人应当至少指定一名信息披露联络人,负责办理资产支持证券的信息披露及相关业务。

第四十八条 信息披露联络人出现下列情形之一的,管理人及其他信息披露义务人应当立即予以更换,并及时报告本所:

(一)连续三个月以上不能履行职责;

(二)在履行职责时出现重大错误,产生严重后果的;

(三)本所认为不适宜继续担任信息披露联络人的其他情形。

第六章 自律监管和纪律处分措施

第四十九条 原始权益人违反本指引及本所其他相关规定或者其所作出的承诺的,本所可以采取自律监管及纪律处分措施。

第五十条 管理人、托管人等为专项计划提供服务的机构及其相关人员违反本指引及本所相关规定,未履行信息披露义务或者所出具的文件存在虚假记载、误导性陈述、重大遗漏的,本所可以采取自律监管和纪律处分措施。情节严重的,本所可以上报相关主管机关查处,追究相关当事人的法律责任。

第五十一条 证券公司未按照投资者适当性管理的要求遴选确定具有风险识别和风险承受能力的合格投资者的,本所可以视情节轻重采取相应的自律监管和纪律处分措施。

第五十二条 本所将对相关当事人采取纪律处分措施的有关情

况记入诚信档案,并可以视情况予以公告。

第五十三条 资产支持证券转让双方转让行为违反本指引、本所其他相关规定的,本所可以视情况采取自律监管和纪律处分措施。

转让双方以及其他相关主体涉嫌操纵市场、内幕交易等违法犯罪行为的,本所上报相关机关查处,追究其法律责任。

第七章 附 则

第五十四条 本所对资产支持证券转让收取转让经手费,收费标准为100万元以下(含100万)每笔0.1元,超过100万元的每笔10元。

第五十五条 本指引所称"元",指人民币元。

第五十六条 本指引由本所负责解释。

第五十七条 本指引自发布之日起施行。本所2013年4月22日发布的《深圳证券交易所资产证券化业务指引》(深证会〔2013〕38号)同时废止。本指引此前发布的通知、规定与本指引不一致的,以本指引为准。

深圳证券交易所关于推进传统基础设施领域政府和社会资本合作(PPP)项目资产证券化业务的通知

(深证会〔2017〕46号 2017年2月17日发布)

各市场参与人:

为贯彻落实《国家发展改革委 中国证监会关于推进传统基础设施领域政府和社会资本合作(PPP)项目资产证券化相关工作的通知》(发改投资〔2016〕2698号)等文件精神,推动政府和社会资本合作

(PPP)项目融资方式创新,提升服务实体经济能力,深圳证券交易所(以下简称"本所")根据《证券公司及基金管理公司子公司资产证券化业务管理规定》、《深圳证券交易所资产证券化业务指引(2014年修订)》、《深圳证券交易所资产支持证券挂牌条件确认业务指引》等相关规定,就推进PPP项目资产证券化业务有关事项通知如下:

一、本所鼓励支持PPP项目企业及相关中介机构依法积极开展PPP项目资产证券化业务。各相关方应勤勉尽责,严格遵守执业规范和监管要求,切实履行尽职调查、信息披露、现金流归集、收益分配和风险防控等职责,确保业务稳健运营,保障投资者利益,维护市场稳定。

二、本所成立PPP项目资产证券化工作小组,明确专人落实相应职责,对于符合条件的优质PPP项目资产证券化产品,提升受理、评审和挂牌转让工作效率,实行"即报即审、专人专岗负责"。对于申报项目,受理后5个交易日内出具反馈意见,管理人提交反馈回复确认后3个交易日内召开挂牌工作小组会议。

三、根据统一安排,本所逐步建立与证监会、发改委、基金业协会、证券业协会和其他交易场所的沟通衔接机制,积极推进符合条件的项目通过资产证券化方式实现市场化融资,为PPP项目联通资本市场提供配合与支持。

四、本所PPP项目资产证券化工作小组联系人:卞超、张暕、沈冰洁、徐向江

联系电话:0755-88668481、0755-88668509、0755-88668353、0755-88668140

电子邮箱:abs@szse.cn(资产证券化业务专用邮箱)

深圳证券交易所关于发布《深圳证券交易所政府和社会资本合作(PPP)项目资产支持证券挂牌条件确认指南》、《深圳证券交易所政府和社会资本合作(PPP)项目资产支持证券信息披露指南》的通知

(深证会〔2017〕340号 2017年10月19日发布)

各市场参与人:

为贯彻落实《国家发展改革委中国证监会关于推进传统基础设施领域政府和社会资本合作(PPP)项目资产证券化相关工作的通知》(发改投资〔2016〕2698号)、《财政部 人民银行 证监会关于规范开展政府和社会资本合作项目资产证券化有关事宜的通知》(财金〔2017〕55号)等文件精神,进一步推动政府和社会资本合作(PPP)项目融资方式创新,深圳证券交易所制定了《深圳证券交易所政府和社会资本合作(PPP)项目资产支持证券挂牌条件确认指南》和《深圳证券交易所政府和社会资本合作(PPP)项目资产支持证券信息披露指南》,现予以发布实施。

特此通知

附件:1.深圳证券交易所政府和社会资本合作(PPP)项目资产支持证券挂牌条件确认指南

2.深圳证券交易所政府和社会资本合作(PPP)项目资产支持证券信息披露指南

附件1：

深圳证券交易所政府和社会资本合作（PPP）项目资产支持证券挂牌条件确认指南

第一条　【制定依据】为规范发展政府和社会资本合作项目（以下简称"PPP项目"）资产证券化业务，便于管理人和原始权益人等参与机构开展业务和加强风险管理，保护投资者合法权益，促进资产证券化业务健康发展，根据《中共中央　国务院关于深化投融资体制改革的意见》（中发〔2016〕18号）、《证券公司及基金管理公司子公司资产证券化业务管理规定》（证监会公告〔2014〕49号）、《国家发展改革委　中国证监会关于推进传统基础设施领域政府和社会资本合作（PPP）项目资产证券化相关工作的通知》（发改投资〔2016〕2698号）、《财政部　人民银行　证监会关于规范开展政府和社会资本合作项目资产证券化有关事宜的通知》（财金〔2017〕55号）、《深圳证券交易所资产证券化业务指引（2014年修订）》（深证会〔2014〕130号）等相关规定，制定本指南。

第二条　【产品定义】本指南所称PPP项目资产支持证券，是指证券公司、基金管理公司子公司作为管理人，通过设立资产支持专项计划（以下简称"专项计划"）开展资产证券化业务，以PPP项目收益权、PPP项目资产、PPP项目公司股权等为基础资产或基础资产现金流来源所发行的资产支持证券。

PPP项目收益权是在基础设施和公共服务领域开展政府和社会资本合作过程中，社会资本方（项目公司）与政府方签订PPP项目合同等协议，投资建设基础设施、提供相关公共产品或服务，并依据合同和有关规定享有的取得相应收益的权利，包括收费权、收益权、合同债权等。PPP项目收益主要表现形式为使用者付费、政府付费或可行性缺口补助等。

PPP项目资产是在基础设施和公共服务领域开展政府和社会资本合作过程中,社会资本方(项目公司)与政府方签订PPP项目合同等协议,并依据合同和有关规定享有所有权或用益物权的项目设施或其他资产,包括项目公司运营所需的动产(机器、设备等)、不动产(土地使用权、厂房、管道等)等。

PPP项目公司股权是在基础设施和公共服务领域开展政府和社会资本合作过程中,社会资本方出资组建项目公司开展PPP项目的实施,并依据股东协议和项目公司章程等享有的资产收益、参与重大决策和选择管理者等权利。

第三条 【适用范围】本指南适用于社会资本方(项目公司)作为原始权益人的PPP项目资产支持证券在深圳证券交易所(以下简称"本所")挂牌转让申请。在《国家发展和改革委员会关于开展政府和社会资本合作的指导意见》(发改投资〔2014〕2724号)及《关于推广运用政府和社会资本合作模式有关问题的通知》(财金〔2014〕76号)发布以前已按照PPP模式实施并事先明确约定收益规则的项目开展资产证券化,以及其他PPP项目主要参与方,如提供融资的融资方、承包商等,以与PPP项目相关的基础资产或基础资产现金流来源开展资产证券化,申请在本所挂牌的,参照本指南执行。

第四条 【基础资产合格标准－PPP项目收益权】社会资本方(项目公司)以PPP项目收益权作为基础资产开展证券化,原始权益人初始入池和后续循环购买入池(如有)的基础资产在基准日、专项计划设立日和循环购买日(如有)除满足基础资产合格标准的一般要求外,还需要符合以下特别要求:

1. PPP项目已按规定完成PPP项目实施方案评审以及必要的审批、核准或备案等相关手续,社会资本方(项目公司)与政府方已签订有效的PPP项目合同;在能源、交通运输、水利、环境保护、市政工程等特定领域需要政府实施特许经营的,已按规定完成特许经营项目实施方案审定,特许经营者与政府方已签订有效的特许经营协议。

2. PPP项目涉及新建或存量项目改建、依据项目合同约定在项目建成并开始运营后才获得相关付费的,社会资本方(项目公司)应完成项目建设或改建,按相关规定或合同约定经验收或政府方认可,并开始运营,有权按照规定或约定获得收益。

3. PPP项目合同、融资合同未对社会资本方(项目公司)转让项目收益权作出限制性约定,或社会资本方(项目公司)已满足解除限制性约定的条件。

4. PPP项目收益权相关的项目付费或收益情况在PPP合同及相关协议中有明确、清晰的约定。政府付费模式下,政府付费应纳入本级或本级以上政府财政预算、政府财政规划。可行性缺口补助模式下,可行性缺口补助涉及使用财政资金、政府投资资金的,应纳入本级或本级以上政府财政预算、政府财政规划。

5. PPP项目资产或收益权未设定抵押、质押等权利负担。已经设有抵押、质押等权利负担的,通过专项计划安排能够予以解除,如偿还相关融资、取得相关融资方解除抵押、质押的同意等。

6. 社会资本方(项目公司)与政府方不存在因PPP项目合同的重大违约、不可抗力因素影响项目持续建设运营,或导致付费机制重大调整等情形;也不存在因PPP项目合同或相关合同及其他重大纠纷而影响项目持续建设运营,或可能导致付费机制重大调整的协商、调解、仲裁或诉讼等情形。

7. PPP项目不得存在政府方违规提供担保,或政府方采用固定回报、回购安排、明股实债等方式进行变相债务融资情形。

8. PPP项目合同到期日应不早于资产支持证券的最晚到期日。

9. 相关主管部门以及本所确定的其他标准。

第五条 【建设期PPP项目收益权资产证券化的特殊规定】PPP项目公司依据项目合同约定在项目建设期即开始获得相关付费的,可探索在项目建设期以未来收益作为基础资产,并合理设置资产证券化产品规模。

第六条 【基础资产合格标准－PPP项目资产】社会资本方(项目公司)以PPP项目资产作为基础资产开展证券化,除符合第四条关于 PPP 项目收益权的合格标准外，还需符合以下要求：

1. PPP 项目合同等约定社会资本方（项目公司）拥有 PPP 项目资产的所有权或用益物权，且该等资产可依法转让。

2. PPP 项目已经建成并开始运营。

3. PPP 项目合同、融资合同等不存在社会资本方（项目公司）转让项目资产的限制性约定，或已满足解除限制性约定的条件。

4. 社会资本方（项目公司）以 PPP 项目资产开展证券化，应继续履行项目运营责任，或重新确定履行项目运营责任的主体并经政府方等认可，确保不得影响基础设施的稳定运营或公共服务供给的持续性和稳定性。

第七条　【基础资产合格标准－PPP 项目公司股权】社会资本方以 PPP 项目公司股权作为基础资产开展证券化，除符合上述 PPP 项目收益权的合格标准外，还需符合以下要求：

1. PPP 项目合同、项目公司股东协议或公司章程等对项目公司股东转让、质押项目公司股权及转让的受让方没有限制性约定，或已满足解除限制性约定的条件。

2. PPP 项目已经建成。

3. PPP 项目公司股东协议、公司章程等对项目公司股权股息分配的来源、分配比例、时间、程序、影响因素等，作出了明确约定。

4. PPP 项目公司股权股息分配来源于 PPP 项目收益或其他收益的，相关收益权不存在被转让的情形，且没有被设定质押等权利负担。相关收益权已经设有质押等权利负担的，应通过专项计划安排予以解除，如回购收益权、偿还相关融资、取得相关融资方解除质押的同意等。

5. PPP 项目公司控股股东以项目公司股权作为基础资产发行资产支持证券的规模不得超过其持有股权带来的现金流现值的 50%；其他股东发行规模不得超过其持有股权带来的现金流现值的 70%。

6. PPP 项目公司控股股东以持有的项目公司股权发行资产支持证券，不得改变对项目公司的实际控制权和项目运营责任，不得影响基础设施的稳定运营或公共服务供给的持续性和稳定性。

第八条 【原始权益人的特别要求】社会资本方(项目公司)应具有持续经营能力,内部控制制度健全,最近三年未发生重大违约或虚假信息披露,无不良信用记录。

第九条 【优先鼓励的项目】鼓励社会资本方(项目公司)开展下列 PPP 项目资产证券化：

1. 行业龙头企业作为社会资本方参与建设运营；

2. 雄安新区和京津冀协同发展、"一带一路"建设、长江经济带建设以及新一轮东北地区等老工业基地振兴等符合国家战略的项目；

3. 水务、环境保护、交通运输等市场化程度较高、公共服务需求稳定、现金流可预测性较强的行业项目；

4. 项目所在地政府偿付能力较好、信用水平较高、严格履行 PPP 项目财政管理要求；

5. 其他具有稳定投资收益和良好社会效益的示范项目。

社会资本方(项目公司)可以以其建设运营的多个 PPP 项目中具有同质性的基础资产组成基础资产池开展证券化；可以将综合性 PPP 项目中权属清晰、现金流独立的部分子项目资产单独开展证券化。

本所对 PPP 项目主管部门推荐的项目和中国政企合作支持基金投资的项目的资产证券化实行"即报即审、专人专岗负责",提高受理、审核、挂牌的工作效率。

第十条 【名词解释】本指南下列用语的含义：

1. 政府和社会资本合作(Public – Private Partnerships,简称 PPP),是指政府采取竞争性方式择优选择具有投资、运营管理能力的社会资本方,双方按照平等协商原则订立合同,明确责权利关系,由社会资本方提供公共产品或服务,政府向社会资本方支付相应对价,社会资本方获得合理收益的合作模式。PPP 采取建设 – 运营 – 移交(BOT)、建设 – 拥有 – 运营(BOO)、建设 – 拥有 – 运营 – 移交(BOOT)、转让 – 运营 – 移交(TOT)、改建 – 运营 – 移交(ROT)、委托运营(O&M)等运营方式。

2. 政府方,是指组织实施PPP项目并代表政府签署PPP项目合同的政府及其所属部门或事业单位。

3. 社会资本方,是指依法设立且有效存续的具有法人资格的企业,包括国有企业、民营企业、外国企业、外商投资企业、混合所有制企业,原则上不包括本级政府所属融资平台公司。社会资本方是PPP项目的实际投资人,实践中,社会资本方通常不会直接作为PPP项目的实施主体,而会专门针对该项目成立项目公司,作为PPP项目合同及项目其他相关合同的签约主体,负责项目具体实施。

4. 项目公司,是指依法设立的自主运营、自负盈亏的具有独立法人资格的经营实体。项目公司可以由社会资本方(可以是一家企业,也可以是多家企业组成的联合体)出资设立,也可以由政府和社会资本方共同出资设立。

5. PPP项目合同,是指政府方与社会资本方(项目公司)依法就PPP项目合作所订立的合同,是政府方与社会资本方之间合理分配项目风险、明确双方权利义务关系以及PPP项目的交易结构,以保障双方能够依据合同约定合理主张权利,妥善履行义务,确保项目全生命周期内的顺利实施。PPP项目合同是PPP整个合同体系的基础和核心。

6. 使用者付费(User Charges),是指由最终消费用户直接付费购买公共产品和服务。社会资本方(项目公司)直接从最终用户处收取费用,以回收项目的建设和运营成本并获得合理收益。

7. 政府付费(Government Payment),是指政府方直接付费购买公共产品和服务,政府方可以依据项目设施的可用性、产品或服务的使用量以及质量向项目公司付费。

8. 可行性缺口补助(Viability Gap Funding),是指使用者付费不足以满足社会资本方(项目公司)成本回收和合理回报时,由政府方给予一定的经济补助,以弥补使用者付费之外的缺口部分。可行性缺口补助的形式可能包括土地划拨、投资入股、投资补助、价格补贴、优惠贷款、贷款贴息、放弃分红权、授予项目相关开发收益权等其中的一种或多种。

9. 可用性付费(Availability Payment),是指政府方依据社会资本方(项目公司)所提供的项目设施或服务是否符合合同约定的标准和要求来付费。

10. 使用量付费(Usage Payment),是指政府方主要依据社会资本方(项目公司)所提供的项目设施或服务的实际使用量来付费。

11. 绩效付费(Performance Payment),是指政府方依据社会资本方(项目公司)所提供的公共产品或服务的质量付费。通常政府方与项目公司会明确约定项目的绩效标准,并将政府付费与项目公司的绩效表现挂钩。

第十一条 【解释权】本所将根据业务发展情况不定期修订本指南并发布更新版本。本所对本指南保留最终解释权。

第十二条 【生效时间】本指南自发布之日起施行。

附件2:

深圳证券交易所政府和社会资本合作(PPP)项目资产支持证券信息披露指南

第一章 总 则

第一条 【制定依据】为规范发展政府和社会资本合作项目(以下简称"PPP项目")资产证券化业务,便于管理人和原始权益人等参与机构开展业务和加强风险管理,保护投资者合法权益,促进资产证券化业务健康发展,根据《中共中央 国务院关于深化投融资体制改革的意见》(中发〔2016〕18号)、《证券公司及基金管理公司子公司资产证券化业务管理规定》(证监会公告〔2014〕49号,以下简称"《管理规定》")、《国家发展改革委 中国证监会关于推进传统基础设施领域政府和社会资本合作(PPP)项目资产证券化相关工作的通知》(发改投资〔2016〕2698号〉、《财政部　人民银行　证监会关于规范开展政府和社会资本合作项目资产证券化有关事宜的通知》(财金〔2017〕55号)、《深圳证券交易所资产证券化业务指引(2014年修订)》(深证会〔2014〕130号)等相关规定,制定本指南。

第二条　【产品定义】本指南所称PPP项目资产支持证券,是指证券公司、基金管理公司子公司作为管理人,通过设立资产支持专项计划(以下简称"专项计划")开展资产证券化业务,以PPP项目收益权、PPP项目资产、PPP项目公司股权等为基础资产或基础资产现金流来源所发行的资产支持证券。

PPP项目收益权是在基础设施和公共服务领域开展政府和社会资本合作过程中,社会资本方(项目公司)与政府方签订PPP项目合同等协议,投资建设基础设施、提供相关公共产品或服务,并依据合同和有关规定享有的取得相应收益的权利,包括收费权、收益权、合同债权等。PPP项目收益主要表现形式为使用者付费、政府付费或可行性缺口补助等。

PPP项目资产是在基础设施和公共服务领域开展政府和社会资本合作过程中,社会资本方(项目公司)与政府方签订PPP项目合同等协议,并依据合同和有关规定享有所有权或用益物权的项目设施或其他资产,包括项目公司运营所需的动产(机器、设备等)、不动产(土地使用权、厂房、管道等)等。

PPP项目公司股权是在基础设施和公共服务领域开展政府和社会资本合作过程中,社会资本方出资组建项目公司开展PPP项目的实施,并依据股东协议和项目公司章程等享有的资产收益、参与重大决策和选择管理者等权利。

第三条　【适用范围】本指南适用于社会资本方(项目公司)作为原始权益人的PPP项目资产支持证券在深圳证券交易所(以下简称"本所")挂牌转让的信息披露专项要求。在《国家发展和改革委员会关于开展政府和社会资本合作的指导意见》(发改投资〔2014〕2724号)及《关于推广运用政府和社会资本合作模式有关问题的通知》(财金〔2014〕76号）发布以前已按照PPP模式实施并事先明确约定收益规则的项目开展资产证券化，以及其他PPP项目主要参与方，如提供融资的融资方、承包商等，以与PPP项目相关的基础资产或基础资产现金流来源开展资产证券化，在本所挂牌转让的，参照本指南执行。

第四条 【信息披露责任】管理人及其他信息披露义务人应当按照《管理规定》《证券公司及基金管理公司子公司资产证券化业务信息披露指引》《深圳证券交易所资产证券化业务指引（2014年修订）》、本指南的规定以及计划说明书的约定履行信息披露义务，及时、公平地披露可能对资产支持证券产生重大影响的信息，并保证所披露的信息真实、准确、完整，不得有虚假记载、误导性陈述或者重大遗漏。

本指南所称其他信息披露义务人包括但不限于托管人、律师事务所、资信评级机构、资产服务机构、现金流预测分析机构、不动产评估机构等。

第五条 【信息披露渠道】资产支持证券在本所挂牌转让的，管理人及其他信息披露义务人应当于规定时间内通过指定网站或以本所认可的其他方式向合格投资者披露信息。

第六条 【信息保密义务】管理人、其他服务机构及登记托管机构等相关知情人在信息披露前不得泄露拟披露的信息。

第二章 发行环节信息披露

第七条 【PPP项目情况－PPP项目收益权】专项计划以PPP项目收益权作为基础资产的，计划说明书除按照资产支持证券一般要求进行编制和披露外，还应披露包括但不限于下述关于PPP项目建设、运营等相关信息：

1. 项目识别、准备和采购情况，包括PPP项目实施方案评审，项目立项审批、核准或备案情况，财政承受能力论证报告及物有所值评价报告相关信息（如有），PPP项目采购情况，PPP项目合同签订情况、入库情况等。在能源、交通运输、水利、环境保护、市政工程等特定领域需要政府实施特许经营的，应披露是否已按规定完成特许经营项目实施方案审定,特许经营者与政府方已签订有效的特许经营协议。

2. 社会资本(项目公司)设立、运营情况,设立项目公司的,包括设立登记、股东认缴及实缴资本金、股权结构、增减资、项目公司内部控制情况、财务情况、提供履约担保情况等。PPP项目公司股东以项目公司股权开展资产证券化的,还包括项目股东情况、项目公司股权股息的分配情况等。

3. 项目前期融资情况,包括融资机构名称、融资金额、融资结构及融资交割情况等。

4. 项目建设情况,包括项目建设进度、质量以及是否符合相关政策法规和PPP项目合同约定的标准和要求;PPP项目涉及新建或存量项目改建后再运营并获得相关付费的,是否完成项目建设或改建,按相关规定或合同约定经验收或政府方认可,并开始运营等。

5. 项目运营情况,包括已运营时间、项目维护、运营情况以及是否符合相关政策法规和PPP项目合同约定的标准和要求。

6. 项目付费或收益情况,包括不同的付费模式下PPP项目合同、政府相关文件中约定的项目付费及收益情况:

(1)使用者付费模式下,包括但不限于使用者范围、付费条件、付费标准、付费期间、影响付费的因素等。如涉及付费调整的,应当披露调整的条件、方法及程序;涉及新建竞争性项目或限制社会资本方(项目公司)超额利润的,应当披露相关约定。

(2)政府付费模式下,采取可用性付费的,应披露对可用性标准、付费标准、付费时间、不可用情形及扣减机制的约定;采取使用量付费的,应披露对公共服务使用量计算标准、付费标准、付费时间、扣减机制的约定;采取绩效付费的,应披露对绩效标准、绩效考核机制、付费标准、付费时间、扣减机制的约定。

如涉及付费调整的,应披露调整的条件、方法及程序。应披露政府付费纳入本级政府财政预算、中期财政规划的相关情况。

(3)可行性缺口补助模式下,除了披露对使用者付费机制作出的约定外,还应当披露政府给予的可行性缺口补助形式、数额、时间等约定。可行性缺口补助涉及使用财政资金、政府投资资金的,应披露纳入本级政府财政预算、中期财政规划及政府投资计划的相关情况。

第八条 【PPP项目情况 – PPP项目资产】专项计划以PPP项目资产作为基础资产的,除按照PPP项目收益权的相关要求披露PPP项目建设、运营信息,还应当披露根据PPP项目合同等约定PPP项目资产权属情况。

第九条 【PPP项目情况 – PPP项目公司股权】专项计划以PPP项目公司股权作为基础资产的,除按照PPP项目收益权的相关要求披露PPP项目建设、运营信息,还应当披露PPP项目公司股东协议、公司章程等对项目公司股权股息分配的来源、分配比例、时间、程序、影响因素等作出的约定,项目公司已有股权股息的分配情况等。

第十条 【基础资产权利负担】管理人应在计划说明书等发行文件中明确披露PPP项目合同、项目公司股东协议、融资合同中是否存在社会资本方(项目公司)转让基础资产的限制性约定,或披露是否已满足解除限制的条件、获得相关方转让基础资产的同意等。

基础资产已经设定的抵押、质押等权利负担,通过专项计划安排能够予以解除的,应披露偿还相关融资、取得相关融资方解除抵押、质押的同意的文件和相关信息。

基础资产对应的底层相关资产(如管道、设备、厂房、土地使用权等)存在抵押、质押等担保权益或其他权利限制情况的,管理人应核查并在计划说明书中披露相关权利负担或限制是否可能导致底层资产被处置从而影响到原始权益人持续业务经营、现金流稳定和专项计划投资者利益,并设置相关风险缓释措施。

第十一条 【PPP项目合规性】管理人和律师事务所应核查PPP项目是否存在政府方违规提供担保,或政府方采用固定回报、回购安排、明股实债等方式进行变相债务融资的情形,并在相关发行文件中发表明确意见。法律意见书除按照资产支持证券一般要求进行编制和披露外,项目律师还应就基础资产是否符合PPP项目相关的合格标准、原始权益人的特别要求等发表明确意见。

第十二条 【现金流测算－PPP项目收益权】以PPP项目收益权作为基础资产的,专项计划应以PPP项目合同、政府相关文件为依据,综合评估PPP项目建设运营经济技术指标、付费模式和标准,参考相关历史数据或同类项目数据,在计划说明书及相关发行文件中披露PPP项目收益现金流的测算过程及结果。管理人应核查并披露PPP合同是否明确了因运营成本上升、市场需求下降等因素造成现金流回收低于预期的风险分担机制,并设置了补助机制等政府承诺和保障、购买保险等风险缓释措施。

使用者付费模式下,计划说明书及相关发行文件应披露测算PPP项目收益现金流所考虑的各种因素,包括但不限于:使用者范围和未来数量变化、收费标准及其可能的调整、未能及时足额收取费用的情况、新建竞争性项目或限制社会资本方(项目公司)超额利润的情况等。

政府付费模式下,计划说明书及相关发行文件应披露测算PPP项目收益现金流所考虑的各种因素,包括但不限于:PPP项目建设运营经济技术标准是否满足政府付费要求、付费标准及其可能的调整、未能及时足额收取费用的情况、绩效监控及其可能扣减付费的情况等。

可行性缺口补助模式下,计划说明书及相关发行文件应披露测算PPP项目未来现金流所考虑的相关影响使用者付费和政府付费现金流的因素,可行性缺口补助的条件、形式和能形成现金流的补助等。

第十三条 【现金流测算－PPP项目资产、项目公司股权】以PPP项目资产、项目公司股权作为基础资产的,除按上述PPP项目收益权测算现金流外,应由专业机构出具独立的资产评估报告,考虑项目资产的价值变化情况、项目公司股权股息分配的其他来源等。

第十四条 【现金流归集】管理人应在计划说明书等发行文件中确定并披露各个账户环节、流入流出时间等。基础资产现金流涉及从项目公司归集至原始权益人再转付至专项计划的,应披露专项计划设置的现金流混同风险的防范机制及资产支持证券存续期间设置防范混同风险的持续检查机制等。

第十五条 【影响现金流归集的因素及防范措施】PPP项目建设运营中存在尚未付清的融资负债、建设工程结算应付款或需要支付运营成本等情况的,管理人应核查和分析上述负债偿还或运营成本支付是否对PPP项目资产现金流归集形成限制、是否可能导致现金流截留风险等作出判断,并在计划说明书中披露。

管理人应在计划说明书中披露上述负债或需要支付运营成本的情况,与社会资本方(项目公司)确定并披露防范现金流截留风险的措施。上述防范措施包括但不限于:不能防范截留风险的不纳入基础资产范围,在入池基础资产的现金流预测中扣减上述负债或运营成本总额;社会资本方(项目公司)承诺以自有资金偿还相关负债或支付运营成本;社会资本方(项目公司)提供有效的增信或防范截留风险的措施,在资产支持证券存续期间安排防范截留风险的持续检查机制等。

第十六条 【交易结构安排】管理人、社会资本方(项目公司)可以结合PPP项目运营情况、基础资产质量、现金流归集安排等设置并在计划说明书中披露差异化的交易结构和投资者保护措施,包括但不限于优先次级分层、现金流超额覆盖、资产超额抵押、差额支付、外部担保、股东方流动性支持等信用增级措施,现金流归集路径和频率调整、加速清偿、原始权益人回购等投资者保护机制。

第十七条 【风险缓释】针对PPP项目实施中可能发生的下列事项,管理人和项目律师事务所应当分析并根据PPP项目合同或其他相关合同约定的补救、处置方式,设置并在计划说明书中披露相应的交易结构安排,权利完善事件及其他投资者保护机制,保护投资者合法权益。涉及现金流变化的,应在现金流测算和归集中防范相关风险。

1. 社会资本方(项目公司)在PPP项目建设、运营中发生重大违约及合同约定的补救、处置方式。如项目公司破产或资不抵债、未按项目合同约定完成融资、未在约定时间内完成建设或开始运营、未按照规定或约定的标准和要求提供产品或服务、违反合同约定的股权变更限制、未按合同约定为PPP项目或相关资产购买保险等。

2. 政府方在PPP项目建设、运营中发生重大违约及合同约定的补救、处置方式。如未按合同约定付费或提供补助、未按约定完成项目审批、提供土地使用权、其他配套设施、防止不必要竞争性项目、自行决定征收征用或改变相关规定等。

3. 政治不可抗力事件及合同约定的补救、处置方式。如非因签约政府方原因导致且不在其控制下的征收征用、法律变更、未获审批等。

4. 自然不可抗力。事件及合同约定的补救、处置方式。如地震、台风、洪水等自然灾害，武装冲突、骚乱、疫情等社会异常事件。

5. 政府方因 PPP 项目所提供的公共产品或服务已经不合适或者不再需要，或者会影响公共安全和公共利益而单方面决定接管、变更、终止项目及合同约定的补救、处置方式。

6. 其他影响 PPP 项目建设、运营以及社会资本方（项目公司）获得投资回报的情形。

第十八条 【运营责任安排】社会资本方（项目公司）转让 PPP 项目收益权、项目资产及项目公司股权开展资产证券化，应在计划说明书、资产买卖协议、资产服务协议中明确，社会资本方（项目公司）应继续承担项目的持续维护、运营责任，或对项目持续维护、运营责任作出合理安排并取得政府方认可，不得影响基础设施的稳定运营或公共服务供给的持续性和稳定性。

第十九条 【备查文件】管理人、社会资本方（项目公司）在提交 PPP 项目资产证券化申报文件时，除提交资产支持证券要求的申报文件外，还应提交下列文件作为备查文件并予以披露：

1. 经评审或审核、审批的 PPP 项目实施方案。

2. 社会资本方（项目公司）与政府方签订的有效的 PPP 项目合同；需要政府实施特许经营的，特许经营者与政府方签订的有效的特许经营协议。

3. 政府付费机制下，主管部门出具的同意政府付费的证明文件及政府付费纳入政府财政预算、政府财政规划的相关文件。使用者付费机制下，主管部门等单位出具的相关收费文件或证明文件。经主管部门审核通过的物有所值评价报告（如有）、财政承受能力论证报告

(如有)。

4. 项目公司股东协议、公司章程等。

第三章 存续期间信息披露

第二十条 【年度资产管理报告】年度资产管理报告应就PPP项目实施情况、运营情况、是否达到规定或约定的运营标准和要求以及影响运营的其他情况、项目公司绩效情况、付费调整情况、使用者付费模式下项目实际收费情况、政府付费模式下实际付费情况、可行性缺口补助模式下实际收益情况以及影响项目收益的其他情况进行专项披露。

第二十一条 【临时信息披露】资产支持证券存续期间，发生下列影响PPP项目建设运营、项目收益现金流和资产支持证券本息偿付的重大事项，管理人应在相关事项发生后两个交易日内及时进行临时信息披露：

(1) 发生本指南第十七条所列的事项，管理人应进行临时信息披露，并持续披露采取的相关补救、处置措施及其影响。

(2) 发生PPP项目合同重大变更、补充、项目重大变更等影响项目建设运营的事项。

(3) 发生收费价格、付费标准重大调整事项。

(4) 其他影响PPP项目建设运营、项目收益现金流和资产支持证券本息偿付的重大事项。

第四章 附 则

第二十二条 【名词解释】本指南下列用语的含义：

1. 政府和社会资本合作(Public–Private Partnerships，简称PPP)，是指政府采取竞争性方式择优选择具有投资、运营管理能力的社会资本方，双方按照平等协商原则订立合同，明确责权利关系，由社会资本方提供公共产品或服务，政府向社会资本方支付相应对价，社会资本方获得合理收益的合作模式。PPP采取建设–运营–移交(BOT)、建设－拥有－运营(BOO)、建设－拥有－运营－移交(BOOT)、转让－运营－移交(TOT)、改建－运营－移交(ROT)、委托运营(O&M)等运营方式。

2. 政府方,是指组织实施 PPP 项目并代表政府签署 PPP 项目合同的政府及其所属部门或事业单位。

3. 社会资本方,是指依法设立且有效存续的具有法人资格的企业,包括国有企业、民营企业、外国企业、外商投资企业、混合所有制企业,原则上不包括本级政府所属融资平台公司。社会资本方是 PPP 项目的实际投资人,实践中,社会资本方通常不会直接作为 PPP 项目的实施主体,而会专门针对该项目成立项目公司,作为 PPP 项目合同及项目其他相关合同的签约主体,负责项目具体实施。

4. 项目公司,是指依法设立的自主运营、自负盈亏的具有独立法人资格的经营实体。项目公司可以由社会资本方(可以是一家企业,也可以是多家企业组成的联合体)出资设立,也可以由政府和社会资本方共同出资设立。

5. PPP 项目合同,是指政府方与社会资本方(项目公司)依法就 PPP 项目合作所订立的合同,是政府方与社会资本方之间合理分配项目风险,明确双方权利义务关系以及 PPP 项目的交易结构,以保障双方能够依据合同约定合理主张权利,妥善履行义务,确保项目全生命周期内的顺利实施。PPP 项目合同是 PPP 整个合同体系的基础和核心。

6. 使用者付费(User Charges),是指由最终消费用户直接付费购买公共产品和服务。社会资本方(项目公司)直接从最终用户处收取费用,以回收项目的建设和运营成本并获得合理收益。

7. 政府付费(Government Payment),是指政府方直接付费购买公共产品和服务,政府方可以依据项目设施的可用性、产品或服务的使用量以及质量向项目公司付费。

8. 可行性缺口补助(Viability Gap Funding),是指使用者付费不足以满足社会资本方(项目公司)成本回收和合理回报时,由政府方给予一定的经济补助,以弥补使用者付费之外的缺口部分。可行性缺口补助的形式可能包括土地划拨、投资入股、投资补助、价格补贴、优惠贷款、贷款贴息、放弃分红权、授予项目相关开发收益权等其中的一种或多种。

9. 可用性付费(Availability Payment),是指政府方依据社会资本方(项目公司)所提供的项目设施或服务是否符合合同约定的标准和要求来付费。

10. 使用量付费(Usage Payment),是指政府方主要依据社会资本方(项目公司)所提供的项目设施或服务的实际使用量来付费。

11. 绩效付费(Performance Payment),是指政府方依据社会资本方(项目公司)所提供的公共产品或服务的质量付费。通常政府方与项目公司会明确约定项目的绩效标准,并将政府付费与项目公司的绩效表现挂钩。

第二十三条 【解释权】本所将根据业务发展情况不定期修订本指南并发布更新版本。本所对本指南保留最终解释权。

第二十四条 【生效时间】本指南自发布之日起施行。

深圳证券交易所关于发布《深圳证券交易所企业应收账款资产支持证券挂牌条件确认指南》和《深圳证券交易所企业应收账款资产支持证券信息披露指南》的通知

(深证上〔2017〕819号 2017年12月15日发布)

各市场参与人:

为规范企业应收账款资产证券化业务,便于管理人和原始权益人等参与机构开展业务和加强风险管理,保护投资者合法权益,促进资产证券化业务健康发展,根据《证券公司及基金管理公司子公司资产证券化业务管理规定》(证监会公告〔2014〕49号)、《深圳证券交易所资产证券化业务指引(2014年修订)》(深证会〔2014〕130号)等相关规定,深圳证券交易所制定了《深圳证券交易所企业应收账款资产支持证券挂牌条件确认指南》和《深圳证券交易所企业应收账款资产支持证券信息披露指南》,现予以发布实施。

特此通知。

附件1:

深圳证券交易所企业应收账款资产支持证券挂牌条件确认指南

第一章 总 则

第一条 为规范企业应收账款资产证券化业务,便于管理人和原始权益人等参与机构开展业务和加强风险管理,保护投资者合法权益,促进资产证券化业务健康发展,根据《证券公司及基金管理公司子公司资产证券化业务管理规定》(证监会公告〔2014〕49号)、《深圳证券交易所资产证券化业务指引(2014年修订)》(深证会〔2014〕130号)等相关规定,制定本指南。

第二条 本指南所称企业应收账款资产支持证券,是指证券公司、基金管理公司子公司作为管理人,通过设立资产支持专项计划(以下简称"专项计划")开展资产证券化业务,以企业应收账款债权为基础资产或基础资产现金流来源所发行的资产支持证券。

本指南所称应收账款,是指企业因履行合同项下销售商品、提供劳务等经营活动的义务后获得的付款请求权,但不包括因持有票据或其他有价证券而产生的付款请求权。

第三条 本指南适用于企业应收账款资产支持证券在深圳证

交易所(以下简称"本所")挂牌转让申请。

融资租赁合同债权、消费贷款债权等其他债权类资产证券化的挂牌条件确认指南,由本所另行规定。

第二章 挂牌条件

第四条 以企业应收账款作为基础资产发行资产支持证券,初始入池和后续循环购买入池(如有)的基础资产在基准日、初始购买日和循环购买日(如有)除满足基础资产合格标准的一般要求外,还需要符合以下要求:

(一)基础资产界定应当清晰,附属担保权益(如有)的具体内容应当明确。

(二)原始权益人应当合法拥有基础资产,涉及的应收账款应当基于真实、合法的交易活动(包括销售商品、提供劳务等)产生,交易对价公允,且不涉及《资产证券化业务基础资产负面清单指引》。应收账款系从第三方受让所得的,原始权益人应当已经支付转让对价,且转让对价应当公允。

(三)基础资产涉及的交易合同应当合法有效,债权人已经履行了合同项下的义务,合同约定的付款条件已满足,不存在属于预付款的情形,且债务人履行其付款义务不存在抗辩事由和抵销情形。

(四)基础资产涉及的应收账款应当可特定化,且应收账款金额、付款时间应当明确。

(五)基础资产的权属应当清晰明确,不得附带抵押、质押等担保负担或者其他权利限制。已经存在抵押、质押等担保负担或者其他权利限制的,应当能够通过专项计划相关安排在原始权益人向专项计划转移基础资产时予以解除。

(六)基础资产应当具有可转让性。基础资产的转让应当合法、有效,转让对价应当公允。存在附属担保权益的,应当一并转让。

(七)应收账款转让应当通知债务人及附属担保权益义务人(如有),并在相关登记机构办理应收账款转让登记。若存在特殊情形未进行债权转让通知或未办理转让登记，管理人应当在计划说明书中披露未进行转让通知或未办理转让登记的原因及合理性，充分揭示风险，设置相应的权利完善措施进行风险缓释。

第五条 基础资产池应当具有一定的分散度，至少包括10个相互之间不存在关联关系的债务人且单个债务人入池资产金额占比不超过50%。

符合以下条件之一的，可免于上述关于债务人分散度的要求：

（一）基础资产涉及核心企业供应链应付款等情况的，资产池包括至少10个相互之间不存在关联关系的债权人且债务人资信状况良好；

（二）原始权益人资信状况良好，且专项计划设置担保、差额支付等有效增信措施。

符合条件并免于债务人分散度要求的，管理人应当在计划说明书中披露基础资产池集中度较高的原因及合理性，充分揭示风险，设置相应的风险缓释措施。

第六条 管理人应当在专项计划文件中披露基础资产池的基本情况，包括但不限于入池应收账款总金额、笔数、单笔金额分布、贸易类型分布、区域分布、行业分布、账龄及剩余账期分布、结算支付方式分布、影子评级分布及加权结果（如有）、债权人和债务人数量及集中度、重要债务人情况、关联交易笔数与金额及其占比、关联交易方情况等。

第七条 管理人应当设置专项计划不合格基础资产处置机制，并在专项计划文件中披露处置机制的触发条件、处置流程、信息披露要求以及处置义务人的履责能力。

第八条 基础资产涉及循环购买的，应当满足以下要求：

（一）计划说明书、标准条款（如有）应当详细披露循环购买的相关安排，包括但不限于循环购买入池标准、资产筛选及确认流程、确认资产符合入池标准的主体、购买频率、资金与资产交割方式、循环购买账户设置、可供购买的资产规模与循环购买额度的匹配性、尽职调查安排、购买定价的公允性、可供购买的资产不足时的防范和处理机制、循环购买与专项计划现金流分配的衔接安排、管理人监督管理机制安排等。

（二）循环购买应当在专项计划账户进行。循环购买资金的支出应当得到管理人的事前审查和执行确认。

特殊情形下循环购买难以在专项计划账户进行的，管理人应当设置专项监管账户。专项监管账户资金应当与原始权益人的自有资金进行有效隔离，禁止资金混同或挪用。同时，管理人应当充分披露在专项监管账户进行循环购买的合理性、必要性和安全性，并就专项监管账户的开立、资金收支和账户管理等情况定期进行信息披露。

（三）循环购买的入池资产应当由管理人、律师等相关中介机构确认是否符合入池标准，相关中介机构应当勤勉尽责，对拟入池资产进行充分尽职调查。

（四）循环购买通过原始权益人信息化系统进行的，管理人应当对信息化系统的有效性、可靠性和稳定性等进行充分尽职调查，说明并披露原始权益人信息化系统的功能机制、循环购买操作流程、系统的有效性、可靠性和稳定性、系统应急机制和备选方案等。

（五）管理人应当定期和不定期对入池资产的运行状况、现金流回款情况等进行核查和动态监测，在合格资产规模不足时及时进行信息披露并采取风险缓释措施。

第九条 入池资产符合笔数众多、资产同质性高、单笔资产占比较小等特征的，可以采用抽样尽职调查方法。采用抽样尽职调查方法的，管理人及其他中介机构应当设置科学合理的抽样方法和标准，并对抽取样本的代表性进行分析说明。对于对基础资产池有重要影响的入池资产应当着重进行抽样调查。

第十条 基础资产现金流预测应当遵循合理、谨慎的原则。管理人和现金流预测机构（如有）应当在计划说明书和现金流预测报告（如有）中披露预测假设因素、预测方法和预测结论，并结合基础资产相关历史数据说明预测方法和相关指标设置的合理性。

第十一条 管理人和评级机构应当在计划说明书和评级报告中披露现金流压力测试的假设条件、压力因素、各压力情形现金流覆盖情况,其中,压力因素可以包括基础资产违约率、违约回收率、循环购买安排及预期收益率等指标。

第十二条 基础资产的现金流回款路径应当清晰明确,管理人应当在专项计划文件中明确专项计划账户设置、现金流自产生至当期分配给投资者期间在各账户间划转时间节点安排等。

基础资产现金流应当由债务人直接回款至专项计划账户,难以直接回款至专项计划账户的,应当直接回款至专项监管账户。专项监管账户资金应当与原始权益人的自有资金进行有效隔离,禁止资金混同或挪用。特殊情形下,基础资产现金流难以直接回款至专项计划账户或专项监管账户的,管理人应当充分披露基础资产现金流未能直接回款至专项计划账户或专项监管账户的原因和必要性,揭示资金混同或挪用等风险以及相应的风险缓释措施。

基础资产现金流未直接回款至专项计划账户的,应当由资产服务机构或管理人指定的机构负责基础资产现金流归集,且自专项计划设立之日起,基础资产回款归集至专项计划账户的周期应当不超过1个月。资产服务机构或管理人指定的机构可根据专项计划的约定,提高资金归集频率。原始权益人资信状况良好,且专项计划设置担保、差额支付等有效增信措施的,现金流归集周期可以适当延长,但最长不得超过3个月。

第十三条 专项计划应当设置合理的基础资产现金流分配流程和分配顺序。

第十四条 专项计划存在信用增级安排的,管理人应当在计划说明书等专项计划文件中披露各项信用增级措施的启动时间、触发机制、保障内容及操作流程、增信安排法律效力及增信效果等。

第十五条 原始权益人最近两年不存在因严重违法失信行为,被有权部门认定为失信被执行人、失信生产经营单位或者其他失信单位,并被暂停或限制进行融资的情形。重要债务人(如有)最近两年内不存在因严重违法失信行为,被有权部门认定为失信被执行人、重大税收违法案件当事人或涉金融严重失信人的情形。

管理人和律师应当就上述事项是否影响原始权益人进行融资或重要债务人的偿债能力进行核查,并在专项计划文件中发表明确意见。

第十六条 原始权益人及其关联方应当保留一定比例的基础资产信用风险,具体比例按照以下第(一)款或第(二)款要求进行:

(一)持有最低档次资产支持证券,且持有比例不得低于所有档次资产支持证券发行规模的5%,持有期限不低于资产支持证券存续期限;

(二)若持有除最低档次之外的资产支持证券,各档次证券均应当持有,且应当以占各档次证券发行规模的相同比例持有,总持有比例不得低于所有档次资产支持证券发行规模的5%,持有期限不低于各档次资产支持证券存续期限。原始权益人及其关联方按照上述要求进行风险自留后,除非根据生效判决或裁定,不得将其持有的资产支持证券进行转让或者以任何形式变相转让。

符合以下两种条件之一的,原始权益人可免于上述风险自留要求:

(一)基础资产涉及核心企业供应链应付款等情况的,基础资产池包含的债权人分散且债务人资信状况良好;

(二)原始权益人资信状况良好,且专项计划设置担保、差额支付等有效增信措施。

符合条件并免于上述风险自留要求的,管理人应当在计划说明书中充分披露原始权益人未进行风险自留的原因及合理性,并揭示相关风险。

第十七条 若专项计划涉及合格投资安排,合格投资应当仅限在专项计划账户内进行。合格投资不得投资权益类产品,投资固定收益类产品的,应当防范投资标的的信用、市场和流动性等相关风险。

第十八条 本所将视情况对涉及绿色金融、创新创业、住房租赁等政策支持鼓励领域的资产证券化项目,实行"即报即审、专人专岗负责",提升受理、评审和挂牌转让工作效率。

第三章 附 则

第十九条 本指南所称核心企业供应链应付款,是指上游供应商或服务提供方向核心企业或其下属公司销售商品或提供服务等经营活动后产生的、以核心企业或其下属公司为付款方的应付款。

第二十条 本所将根据业务发展情况不定期修订本指南并发布更新版本。本所对本指南保留最终解释权。

第二十一条 本指南自发布之日起施行。

附件2:

深圳证券交易所企业应收账款资产支持证券信息披露指南

第一章 总 则

第一条 为规范企业应收账款资产证券化业务,便于管理人和原始权益人等参与机构开展业务和加强风险管理,保护投资者合法权益,促进资产证券化业务健康发展,根据《证券公司及基金管理公司子公司资产证券化业务管理规定》(证监会公告〔2014〕49号,以下简称"《管理规定》")、《证券公司及基金管理公司子公司资产证券化业务信息披露指引》(证监会公告〔2014〕49号,以下简称"《信息披露指引》")、《深圳证券交易所资产证券化业务指引(2014年修订)》(深证会〔2014〕130号,以下简称"《业务指引》")等相关规定,制定本指南。

第二条 本指南所称企业应收账款资产支持证券,是指证券公司、基金管理公司子公司作为管理人,通过设立资产支持专项计划(以下简称"专项计划")开展资产证券化业务,以企业应收账款债权为基础资产或基础资产现金流来源所发行的资产支持证券。

本指南所称应收账款,是指企业因履行合同项下销售商品、提供劳务等经营活动的义务后获得的付款请求权,但不包括因持有票据或其他有价证券而产生的付款请求权。

第三条 本指南适用于企业应收账款资产支持证券在深圳证券交易所(以下简称"本所")挂牌转让的信息披露专项要求。融资租赁合同债权、消费贷款债权等其他债权类资产证券化的信息披露指南,由本所另行规定。

第四条 管理人及其他信息披露义务人应当按照《管理规定》《信息披露指引》《业务指引》及本指南的规定以及计划说明书的约定履行信息披露义务,及时、公平地披露可能对资产支持证券产生重大影响的信息,并保证所披露的信息真实、准确、完整,不得有虚假记载、误导性陈述或者重大遗漏。

本指南所称其他信息披露义务人包括但不限于托管人、律师事务所、会计师事务所、资信评级机构、资产服务机构、现金流预测机构、资产评估机构等。

第五条 原始权益人和除管理人以外的其他服务机构应当按照合同约定,及时向管理人提供相关信息,并保证所提供信息真实、准确、完整。

本指南所称的其他服务机构包括但不限于资产服务机构、托管人、信用增级机构、律师事务所、会计师事务所、资信评级机构、现金流预测机构、流动性支持机构、销售机构等。

第六条 资产支持证券在本所挂牌转让的,管理人及其他信息披露义务人应当于规定时间内通过指定网站或以本所认可的其他方式向合格投资者披露信息。

第七条 管理人、其他信息披露义务人、其他服务机构及登记托管机构等相关知情人在信息披露前不得泄露拟披露的信息。

第二章 发行环节信息披露

第八条 专项计划以企业应收账款作为基础资产的,计划说明书除按照资产支持证券一般要求进行编制和披露外,还应当详细披露基础资产池、现金流预测、现金流归集、原始权益人、增信主体(如有)及循环购买(如有)、风险自留等相关情况,包括但不限于以下内容:

(一)基础资产初始入池标准及创建程序。

(二)基础资产池的基本情况,包括但不限于入池应收账款总金额、笔数、单笔金额分布、贸易类型分布、区域分布、行业分布、账龄及剩余账期分布、结算支付方式分布、影子评级分布及加权结果(如有)、债权人和债务人数量及集中度、重要债务人情况、关联交易笔数与金额及其占比、关联交易方情况等。

(三)基础资产池的分散度情况及是否符合最低分散度要求,如不满足最低分散度要求,应当披露基础资产池集中度较高的原因及合理性、因此产生的风险情况及采取的相关风险缓释措施等。

(四)基础资产系从第三方受让所得(如有)的,应当披露交易对价支付情况、交易对价的公允性。

(五)基础资产池所对应重要债务人的主营业务、财务数据、信用情况、偿债能力及资信评级情况(如有)等。重要债务人是指单一债务人未偿还本金金额占比超过15%的,或债务人及其关联方的未偿还本金金额合计占比超过20%的情形。

(六)入池应收账款抵押、质押等担保负担或者其他权利限制情况,若存在担保负担或者其他权利限制,还应当披露解除前述担保负担或者权利限制的相关安排、相关资产入池时是否已合法有效地解除了担保负担或者权利限制。

(七)增信措施或安排(如有)的具体情况及其合法性和有效性等。

(八)不合格基础资产处置机制(如有),包括但不限于处置机制的触发条件、处置流程、信息披露要求及处置义务人的履责能力分析。

（九）循环购买的相关安排（如有），包括但不限于循环购买入池标准、资产筛选及确认流程、确认资产符合入池标准的主体、购买频率、资金与资产交割方式、循环购买账户设置、可供购买的资产规模与循环购买额度的匹配性、尽职调查安排、购买定价的公允性、可供购买的资产不足时的防范和处理机制、循环购买与专项计划现金流分配的衔接安排、管理人监督管理机制安排等。循环购买通过原始权益人信息化系统进行的，管理人应当充分披露原始权益人信息化系统的功能机制、循环购买的操作流程、系统的有效性、可靠性和稳定性情况、系统应急机制和备选方案等。

（十）现金流预测假设因素、预测方法和预测结论，并结合基础资产相关历史数据说明预测方法和相关指标设置的合理性。

（十一）现金流压力测试的假设条件、压力因素及各压力情形现金流覆盖情况。

（十二）为入池应收账款的偿付提供信用支持或对专项计划提供流动性支持、差额补足、担保等增信安排的主体（如有）的基本情况、财务数据、偿债能力和资信状况，及对其增信效力的分析说明。

（十三）基础资产现金流归集路径和资金监管措施，包括但不限于专项计划账户设置、现金流自产生至分配给投资人期间在各账户间划转时间节点安排等。现金流未直接回款至专项计划账户的，还应当披露转付安排的合理性、现金流混同和挪用等风险的防范机制及资产支持证券存续期间设置防范混同和挪用等风险的持续检查机制等，揭示资金混同和挪用等风险。

（十四）合格投资（如有）相关安排，包括但不限于投资范围、账户安排、投资标的的信用、市场和流动性等相关风险及防范措施等。

（十五）原始权益人与基础资产相关的业务制度、业务流程及与基础资产同类型业务的历史回款情况（包括但不限于历史账期、历史坏账情况、逾期率、违约率、回收情况等）等。如原始权益人需承担基础资产回收款转付义务，或涉及循环购买机制的，应当对原始权益人的持续经营能力进行分析。

（十六）失信记录特别核查情况，包括但不限于原始权益人最近两年内是否存在严重违法失信行为，是否存在被有权部门认定为失信被执行人、失信生产经营单位或者其他失信单位，并被暂停或限制进行融资的情形；重要债务人（如有）最近两年内是否存在因严重违法失信行为，被有权部门认定为失信被执行人、重大税收违法案件当事人或涉金融严重失信人的情形。上述事项是否影响原始权益人进行融资或重要债务人的偿债能力的明确核查意见等。

（十七）相关中介机构采取抽样调查方法情况（如有），包括但不限于抽样方法、抽样标准设置的合理性，及抽取样本的代表性等。

（十八）原始权益人风险自留情况，若免于风险自留情形的，管理人应当充分披露未进行风险自留的原因及合理性，并揭示相关风险。

第九条　管理人应当聘请律师事务所对专项计划的有关法律事宜发表专业意见，并向合格投资者披露法律意见书，法律意见书除按照资产支持证券一般要求进行编制和披露外，还应当包括以下内容：

（一）基础资产界定的具体范围和法律依据。

（二）基础资产涉及交易合同的合法有效性、债权人履行合同义务情况、合同付款条件满足情况，及债务人履行其付款义务的抗辩事由和抵销情形。

（三）基础资产转让的合法有效性，包括但不限于应收账款转让通知安排、应收账款转让登记情况。

（四）基础资产涉及的关联交易（如有）的交易背景真实性、交易对价公允性。

（五）原始权益人、增信主体（如有）等相关主体的内部授权情况。

（六）增信措施或安排（如有）的具体情况及其合法性和有效性等。

（七）失信记录特别核查情况，包括但不限于原始权益人最近两年内是否存在严重违法失信行为，是否存在被有权部门认定为失信被执行人、失信生产经营单位或者其他失信单位，并被暂停或限制进行融资的情形；重要债务人（如有）最近两年内是否存在因严重违法失信行为、被有权部门认定为失信被执行人、重大税收违法案件当事人或涉金融严重失信人的情形。上述事项是否影响原始权益人进行融资或重要债务人的偿债能力的明确核查意见等。

（八）循环购买（如有）的具体安排及其合法性和有效性。

（九）抽样调查方法（如有）具体内容，包括但不限于抽样方法、抽样标准设置等。

第十条 信用评级报告（如有）应当由具有中国证监会核准的证券市场资信评级业务资格的资信评级机构出具，评级报告除按照资产支持证券一般要求进行编制和披露外，还应当包括以下内容：

（一）专项计划涉及信用增级方式的增信效果分析。

（二）现金流归集路径、监管措施及混同和挪用等风险分析。

第十一条 现金流预测机构（如有）、资产评估机构（如有）等应当按照相关规则及规定要求编制现金流预测报告和资产评估报告。

现金流预测报告应当披露基础资产现金流预测的假设因素、预测方法、预测结论，并结合基础资产相关历史数据说明预测方法和相关指标设置的合理性。

第三章 存续期间信息披露

第十二条 年度资产管理报告除按照资产支持证券一般要求进行编制和披露外，还应当包括以下内容：

（一）基础资产的运行情况，包括但不限于：循环购买（如有）情况，应收账款回收资金的归集、划转情况，应收账款的追索（如有）和不合格基础资产处置情况，以及应收账款相关的争议、纠纷、诉讼、仲裁、保险赔偿情况等。

（二）原始权益人风险自留及次级资产支持证券期间分配收益情况。

第十三条 资产支持证券存续期间，发生《信息披露指引》第十九条规定的重大事件及下列可能影响基础资产现金流和资产支持证券本息偿付等的重大事项，信息披露义务人应在相关事件或事项发生后两个交易日内及时进行临时信息披露：

（一）存在循环购买安排的，可供购买资产不足。

（二）重要债务人的经营情况出现重大变化，可能影响资产支持证券投资者利益。

（三）基础资产池的信用状况出现重大不利变化，如发生违约率、逾期率指标大幅提升等可能影响基础资产现金流流入的事项。

（四）触发权利完善事件（如有）、加速清偿事件（如有）、提前终止事件（如有）等可能影响资产支持证券投资者利益的事项。

（五）其他可能影响基础资产现金流和资产支持证券本息偿付的重大事项。

第四章 附 则

第十四条 本所将根据业务发展情况不定期修订本指南并发布更新版本。本所对本指南保留最终解释权。

第十五条 本指南自发布之日起施行。

深圳证券交易所关于发布《深圳证券交易所融资租赁债权资产支持证券挂牌条件确认指南》和《深圳证券交易所融资租赁债权资产支持证券信息披露指南》的通知

（深证上〔2018〕73号 2018年2月9日发布）

各市场参与人：

为规范融资租赁债权资产证券化业务，便于管理人和原始权益人等参与机构开展业务和加强风险管理，保护投资者合法权益，促进资产证券化业务健康发展，根据《证券公司及基金管理公司子公司资证券化业务管理规定》(证监会公告〔2014〕49号)、《深圳证券交易所资产证券化业务指引(2014年修订)》(深证会〔2014〕130号)等相关规定,深圳证券交易所制定了《深圳证券交易所融资租赁债权资产支持证券挂牌条件确认指南》和《深圳证券交易所融资租赁债权资产支持证券信息披露指南》,现予以发布实施。

特此通知

附件1:深圳证券交易所融资租赁债权资产支持证券挂牌条件确认指南

附件2:深圳证券交易所融资租赁债权资产支持证券信息披露指南

附件1:

深圳证券交易所融资租赁债权资产支持证券挂牌条件确认指南

第一章 总 则

第一条 为规范发展融资租赁债权资产证券化业务,便于管理人和原始权益人等参与机构开展业务和加强风险管理,保护投资者合法权益,促进资产证券化业务健康发展,根据《证券公司及基金管理公司子公司资产证券化业务管理规定》(证监会公告〔2014〕49号)、《深圳证券交易所资产证券化业务指引(2014年修订)》(深证会〔2014〕130号)等相关规定,制定本指南。

第二条 本指南所称融资租赁债权资产支持证券,是指证券公司、基金管理公司子公司作为管理人,通过设立资产支持专项计划(以下简称"专项计划")开展资产证券化业务,以融资租赁债权为基础资产或基础资产现金流来源所发行的资产支持证券。

本指南所称融资租赁债权,是指融资租赁公司依据融资租赁合同对债务人(承租人)享有的租金债权、附属担保权益(如有)及其他权利(如有)。

第三条 本指南适用于融资租赁债权资产支持证券在深圳证券交易所(以下简称"本所")的挂牌转让申请。

第二章 挂 牌 条 件

第四条 以融资租赁债权作为基础资产发行资产支持证券,入池的基础资产在基准日、专项计划设立日除满足基础资产合格标准的一般要求外,还需要符合以下要求：

(一)原始权益人应当合法拥有基础资产及对应租赁物的所有权。除租赁物以原始权益人为权利人设立的担保物权外,基础资产及租赁物均不得附带抵押、质押等担保负担或者其他权利限制。已经存在抵押、质押等担保负担或者其他权利限制的,应当能够通过专项计划相关安排在原始权益人向专项计划转移基础资产时予以解除。租赁物状况良好,不涉及诉讼、仲裁、执行或破产程序,且应当不涉及国防、军工或其他国家机密。

(二)基础资产界定应当清晰,附属担保权益(如有)、其他权利(如有)及租赁物的具体内容应当明确。

(三)基础资产涉及的租赁物及对应租金应当可特定化,且租金数额、支付时间应当明确。

(四)基础资产涉及的融资租赁债权应当基于真实、合法的交易活动产生,交易对价公允,具备商业合理性。基础资产不属于《资产证券化业务基础资产负面清单指引》列示的负面清单范畴,不属于以地方政府为直接或间接债务人、以地方融资平台公司为债务人的基础资产,不存在违反地方政府债务管理相关规定的情形。

(五)基础资产涉及的交易合同应当合法有效。出租人应当已经按照合同约定向出卖人支付了租赁物购买价款;出卖人不存在转让租赁物所有权给出租人的抗辩事由。出租人应当已经按照合同约定向承租人履行了合同项下的义务;相关租赁物已按照合同约定交付给承租人;租金支付条件已满足,历史租金支付情况良好;除以保证金冲抵租赁合同项下应付租金外,承租人履行其租金支付义务不存在抗辩事由和抵销情形。

(六)按照国家法律法规规定租赁物的权属应当登记的,原始权益人须已依法办理相关登记手续;租赁物不属于依法需要登记的财产类别,原始权益人应当在主管部门指定或行业组织鼓励的相关的登记系统进行融资租赁业务登记,登记的租赁物财产信息应与融资租赁合同及租赁物实际状况相符。

若存在汽车融资租赁债权等特殊情形未进行权属登记的,管理人应当在计划说明书中披露未进行权属登记的原因及合理性,充分揭示风险,并设置相应的权利完善措施。

第五条 基础资产转让应当满足以下要求:

(一)基础资产应当具有可转让性,转让应当合法、有效,转让对价应当公允。

(二)基础资产转让应当通知债务人、附属担保权益义务人(如有)及其他权利义务人(如有),并在相关登记系统办理转让登记。

若存在特殊情形未进行债权转让通知或未办理转让登记的,管理人应当在计划说明书中披露未进行转让通知或未办理转让登记的原因及合理性,充分揭示风险。

(三)基础资产包含附属担保权益及其他权利(如有)的,附属担保权益及其他权利(如有)应当随融资租赁债权一同转让给专项计划,管理人应当明确附属担保权益及其他权利(如有)的权利变更登记事宜或交付事宜。

保证金、抵押权、质权等附属担保权益及其他权利(如有)未在专项计划设立日转付至专项计划账户或未办理转让变更登记的,应当在《资产服务协议》等文件中约定相关权益的管理及运作方式,并充分揭示风险。

(四)租赁物所有权随基础资产转让给专项计划且租赁物权属变更依法应当登记的,应当办理变更登记手续。租赁物所有权转让给专项计划但存在特殊情形未办理权属变更登记或租赁物所有权不随基础资产转让给专项计划的,管理人应当在计划说明书中披露租赁物所有权未办理权属变更登记或未转让给专项计划的原因及合理性,需采取有效措施防止第三方获取租赁物所有权,并充分揭示风险。

第六条　管理人应当设置相应的权利完善措施进行风险缓释。权利完善措施的触发事件,可以包括但不限于资产服务机构解任、原始权益人或资产服务机构主体信用评级下降、原始权益人丧失清偿能力、基础资产违约、租赁物出现不可修复性损坏或灭失等。

存在本指南第五条列示的须充分揭示风险相关情形的,管理人应当设置有针对性的权利完善措施。

第七条　管理人应当设置专项计划不合格基础资产处置机制,并在专项计划文件中披露处置机制的触发条件、处置流程、信息披露要求以及处置义务人的履责能力。

第八条　基础资产池应当具有一定的分散度,至少包括10个相互之间不存在关联关系的债务人,单个债务人入池资产金额占比不超过50%,且前5大债务人入池资产金额占比不超过70%。上述债务人之间存在关联关系的,应当合并计算。

原始权益人资信状况良好,且专项计划设置担保、差额支付等有效增信措施的,可以免于上述关于债务人分散度的要求。

符合条件并免于债务人分散度要求的,管理人应当在计划说明书中披露基础资产池集中度较高的原因及合理性,充分揭示风险,设置相应的风险缓释措施。

第九条　满足相关条件免于本指南第八条债务人分散度要求或租赁物涉及无形资产等情形的,管理人及律师应当结合租赁物的性质和价值、基础资产的构成、租赁本金和利率、出租人与承租人的合同权利和义务,对入池资产对应的租赁物买卖合同及融资租赁合同的商业合理性、相关财产作为租赁物是否符合相关法律法规等进行专项核查,并出具核查意见。

商业合理性核查,包括但不限于租赁物评估价值、租赁物的可处置性、租赁物买卖合同的交易对价、融资租赁合同的租金确定的依据及合理性等情况。

第十条 管理人应当按照《证券公司及基金管理公司子公司资产证券化业务尽职调查工作指引》要求开展尽职调查工作，尽职调查范围原则上应当覆盖全部入池资产。

入池资产满足相关条件免于本指南第八条债务人分散度要求的，管理人应当强化对原始权益人、增信机构及债务人的尽职调查要求，应当就增信合同、债务人底层现金流锁定相关业务合同以及上述合同签署的相关授权、审批等情况进行充分尽职调查，发表明确的尽职调查意见。

入池资产符合笔数众多、资产同质性高、单笔资产占比较小等特征的，可以采用抽样尽职调查方法。采用抽样尽职调查方法的，管理人及其他中介机构应当设置科学合理的抽样方法和标准，并对抽取样本的代表性进行分析说明。对于基础资产池有重要影响的入池资产应当着重进行抽样调查。

第十一条 基础资产现金流预测应当遵循合理、谨慎的原则，并充分考虑基础资产违约率、违约回收率、提前退租、预期收益率变动和相关税费是否由专项计划承担等因素对基础资产现金流的影响。

管理人和现金流预测机构（如有）应当在计划说明书和现金流预测报告（如有）中披露预测假设因素、预测方法和预测结论，并结合基础资产相关历史数据说明预测方法和相关指标设置的合理性。

第十二条 管理人和评级机构应当在计划说明书和评级报告中披露现金流压力测试的假设条件、压力因素、各压力情形可承受的违约率情况，其中，压力因素可以包括基础资产违约率、违约回收率、提前退租及预期收益率等指标。管理人应当在计划说明书中披露各压力情形下的现金流覆盖情况。

第十三条 基础资产的现金流回款路径应当清晰明确，管理人应当在专项计划文件中明确专项计划账户设置、现金流自产生至当期分配给投资者期间在各账户间划转时间节点安排等。

基础资产现金流应当由债务人直接回款至专项计划账户，难以直接回款至专项计划账户的，应当直接回款至专项监管账户。专项监管账户资金应当与原始权益人的自有资金进行有效隔离，禁止资金混同或挪用。特殊情形下，基础资产现金流难以直接回款至专项计划账户或专项监管账户的，管理人应当充分披露基础资产现金流未能直接回款至专项计划账户或专项监管账户的原因和必要性，揭示资金混同或挪用等风险，并设置相应的风险缓释措施。

基础资产现金流未直接回款至专项计划账户的，应当由资产服务机构或管理人指定的机构负责基础资产现金流归集，且自专项计划设立之日起，基础资产回款归集至专项计划账户的周期应当不超过1个月。资产服务机构或管理人指定的机构可以根据专项计划的约定，提高资金归集频率。原始权益人资信状况良好，且专项计划设置担保、差额支付等有效增信措施的，现金流归集周期可以适当延长，但最长不得超过3个月。

第十四条 专项计划应当设置合理的基础资产现金流分配流程和分配顺序。

第十五条 专项计划存在信用增级安排的，管理人应当在计划说明书等专项计划文件中披露各项信用增级措施的启动时间、触发机制、保障内容及操作流程、增信安排法律效力及增信效果等。

增信机构为原始权益人及其关联方或重要债务人的，管理人应当结合风险相关性情况，详细核查并披露前述情况对增信效果的影响，并充分揭示风险。

第十六条 原始权益人开展业务应当满足相关主管部门监管要求、正式运营满2年、具备风险控制能力且为符合下列条件之一的融资租赁公司：

（一）境内外上市公司或者境内外上市公司的子公司。为境内外上市公司子公司的，其总资产、营业收入或净资产等指标占上市公司的比重应当超过30%。

（二）主体评级达AA级及以上的融资租赁公司。

符合以下条件之一的,原始权益人可以为前款第(一)项和第(二)项规定以外的融资租赁公司:

(一)单笔入池资产信用等级 A-级及以上资产的未偿还本金余额对优先级本金覆盖倍数大于100%,且入池资产对应的租赁物为能产生持续稳定的经营性收益、处置时易于变现的租赁物。

(二)入池资产为汽车融资租赁债权,承租人高度分散,单笔入池资产占比均不超过0.1%,基础资产相关业务的逾期率、违约率等风控指标处于较低水平,且原始权益人最近一年末净资产超过人民币2亿元、最近一个会计年度净利润为正。

(三)专项计划设置担保、差额支付等有效增信措施,提供担保、差额支付等增信机构的主体评级为 AA 级及以上。

第十七条 原始权益人最近两年不存在因严重违法失信行为,被有权部门认定为失信被执行人、失信生产经营单位或者其他失信单位,并被暂停或限制进行融资的情形。重要债务人(如有)最近两年内不存在因严重违法失信行为,被有权部门认定为失信被执行人、重大税收违法案件当事人或涉金融严重失信人的情形。管理人和律师应当就上述事项是否影响原始权益人进行融资或重要债务人的偿债能力进行核查,并在专项计划文件中发表明确意见。

第十八条 资产服务机构应当具备融资租赁相关业务管理能力,包括但不限于回收租金、附属担保权益及其他权利(如有)管理、租赁项目的跟踪评估等。管理人需对资产服务机构的资产服务能力进行尽职调查。

第十九条 原始权益人及其关联方应当保留一定比例的基础资产信用风险,具体比例按照以下第(一)款或第(二)款要求进行:

(一)持有最低档次资产支持证券,且持有比例不得低于所有档次资产支持证券发行规模的5%,持有期限不低于资产支持证券存续期限。

(二)若持有除最低档次之外的资产支持证券,各档次证券均应当持有,且应当以占各档次证券发行规模的相同比例持有,总持有比例不得低于所有档次资产支持证券发行规模的5%,持有期限不低于各档次资产支持证券存续期限。

原始权益人及其关联方按照上述要求进行风险自留后,除非根据法院生效判决或裁定,不得将其持有的最低比例要求的资产支持证券进行转让或者任何形式的变相转让。

原始权益人资信状况良好,且专项计划设置担保、差额支付等有效增信措施的,可以免于上述风险自留要求。符合条件并免于上述风险自留要求的,管理人应当在计划说明书中充分披露原始权益人未进行风险自留的原因及合理性,并揭示相关风险。

第二十条 若专项计划涉及合格投资安排,合格投资应当仅限在专项计划账户内进行。合格投资不得投资权益类产品,投资固定收益类产品的,应当防范投资标的的信用、市场和流动性等相关风险。

第二十一条 本所鼓励积极服务"一带一路"、京津冀协同发展、长江经济带、"中国制造2025"和新型城镇化建设等国家重大战略的融资租赁公司开展资产证券化业务,鼓励在飞机、船舶、工程机械等传统领域以及新一代信息技术、高端装备制造、新能源、节能环保和生物等战略性新兴产业展业的融资租赁公司发行资产证券化产品。针对前述鼓励情形,本所将提升受理、评审及挂牌转让工作效率。

第三章 附 则

第二十二条 涉及主体评级要求的,原则上应当为公开市场评级,可以引用相关主体公司债券或债务融资工具有效期内的评级报告。

第二十三条 融资租赁债权资产证券化基础资产确需设置循环购买的,参照本所《企业应收账款资产支持证券挂牌条件确认指南》中有关循环购买的要求办理,并做好信息披露。

第二十四条 本所将根据业务发展情况不定期修订并发布更新版本。本所对本指南保留最终解释权。

第二十五条 本指南自发布之日起施行。

附件2：

深圳证券交易所融资租赁债权资产支持证券信息披露指南

第一章 总　则

第一条 为规范发展融资租赁债权资产证券化业务，便于管理人和原始权益人等参与机构开展业务和加强风险管理，保护投资者合法权益，促进资产证券化业务健康发展，根据《证券公司及基金管理公司子公司资产证券化业务管理规定》(证监会公告〔2014〕49号，以下简称"《管理规定》")、《证券公司及基金管理公司子公司资产证券化业务信息披露指引》(证监会公告〔2014〕49号，以下简称"《信息披露指引》")、《深圳证券交易所资产证券化业务指引(2014年修订)》(深证会〔2014〕130号，以下简称"《业务指引》")等相关规定，制定本指南。

第二条 本指南所称融资租赁债权资产支持证券，是指证券公司、基金管理公司子公司作为管理人，通过设立资产支持专项计划(以下简称"专项计划")开展资产证券化业务，以融资租赁债权为基础资产或基础资产现金流来源所发行的资产支持证券。

本指南所称融资租赁债权，是指融资租赁公司依据融资租赁合同对债务人(承租人)享有的租金债权、附属担保权益(如有)及其他权利(如有)。

第三条 本指南适用于融资租赁债权资产支持证券在深圳证券交易所(以下简称"本所")挂牌转让的信息披露专项要求。

第四条 管理人及其他信息披露义务人应当按照《管理规定》《信息披露指引》《业务指引》及本指南的规定以及计划说明书的约定履行信息披露义务，及时、公平地披露可能对资产支持证券产生重大影响的信息，并保证所披露的信息真实、准确、完整，不得有虚假记载、误导性陈述或者重大遗漏。

本指南所称其他信息披露义务人包括但不限于托管人、律师事务所、会计师事务所、资信评级机构、资产服务机构、现金流预测机构、资产评估机构等。

第五条 原始权益人和除管理人以外的其他服务机构应当按照合同约定，及时向管理人提供相关信息，并保证所提供信息真实、准确、完整。

本指南所称的其他服务机构包括但不限于资产服务机构、托管人、信用增级机构、律师事务所、会计师事务所、资信评级机构、现金流预测机构、流动性支持机构、销售机构等。

第六条 资产支持证券在本所挂牌转让的，管理人及其他信息披露义务人应当于规定时间内通过指定网站或以本所认可的其他方式向合格投资者披露信息。

第七条 管理人、其他信息披露义务人、其他服务机构及登记托管机构等相关知情人在信息披露前不得泄露拟披露的信息。

第二章 发行环节信息披露

第八条 专项计划以融资租赁债权作为基础资产的，计划说明书除按照资产支持证券一般要求进行编制和披露外，还应当详细披露基础资产池、交易结构、现金流预测及压力测试、现金流归集、原始权益人、增信方式、增信主体（如有）及风险自留等相关情况，包括但不限于以下内容：

（一）基础资产入池标准及创建程序。

（二）基础资产池的基本情况，包括但不限于租赁业务形式占比情况（直接租赁、售后回租等）、租赁物描述等情况、原始权益人在获取租赁物时的付款情况、租赁物交付情况、租赁物投保情况、债务人行业及地区分布、入池资产信用等级分布（如有）、未偿本金余额分布、剩余期限分布、利率与计息方式、租金偿还方式及分布、首付款比例分布（如有）、担保人、担保形式及担保物/保证金对债务的覆盖比例（如有）、保证金收取及管理情况、债务人数量及集中度、重要债务人情况、关联交易笔数与金额及其占比、关联方情况、涉及关联方交易相关的风险及风险缓释措施等,并以计划说明书附件列表形式披露基础资产未偿本金余额占比最大的20笔基础资产的上述信息。

基础资产所涉租赁合同中存在采用浮动利率计息方式的,管理人需披露该等利率的浮动方式与基准利率的关系等相关信息,并说明利率浮动是否会对专项计划的超额利差增信方式产生影响。

基础资产所涉及提前退租的相关约定,包括但不限于提前退租的条件,提前退租是否可以减免租赁利息和相关费用等。

(三)入池融资租赁债权及对应租赁物的抵押、质押等担保负担或者其他权利限制情况,若存在担保负担或者其他权利限制,还应当披露解除前述担保负担或者权利限制的相关安排、资金监控措施、风险处置安排、基础资产向专项计划转移时是否已合法有效地解除了担保负担或者权利限制。

(四)权利完善措施的具体情况,包括但不限于触发条件、完善措施的具体内容及流程等。

(五)不合格基础资产处置机制,包括但不限于处置机制的触发条件、处置流程、信息披露要求及处置义务人的履责能力分析。

(六)基础资产池的分散度情况及是否符合最低分散度要求,如依照相关规定免于最低分散度要求的,应披露基础资产池集中度较高的原因及合理性,因此产生的风险情况及设置的相关风险缓释措施等。

(七)基础资产池所对应重要债务人的主营业务、财务数据、信用情况、偿债能力及资信评级情况(如有)等。重要债务人是指单一债务人未偿还本金金额占比超过15%的,或债务人及其关联方的未偿还本金金额合计占比超过20%的情形。

未达到重要债务人要求但单笔未偿还本金金额占比较大的,管理人应当结合对专项计划现金流影响情况,对债务人经营状况及财务状况进行必要的信息披露,并披露相关尽职调查的程序、范围及方式等。

(八)相关中介机构采取抽样调查方法的情况(如有),包括但不限于抽样方法、抽样标准设置的合理性,及抽取样本的代表性等。

(九)现金流预测假设因素、预测方法和预测结论,并结合基础资产相关历史数据说明预测方法和相关指标设置的合理性。

(十)现金流压力测试的假设条件、压力因素及各压力情形可承受的违约率情况。

(十一)基础资产现金流归集频率、路径和资金监管措施,包括但不限于专项计划账户设置、现金流自产生至分配给投资人期间在各账户间划转时间节点安排等。现金流未直接回款至专项计划账户的,还应当披露转付安排的合理性、资金混同和挪用等风险的防范机制及资产支持证券存续期间设置防范混同和挪用等风险的持续检查机制等,揭示资金混同和挪用等风险,并披露设置的风险缓释措施。

(十二)增信措施或安排(如有)的具体情况及其合法性和有效性,增信机构为原始权益人及其关联方或重要债务人的,管理人应有针对性加强对相关主体经营财务信息的披露,并结合风险相关性情况,详细披露前述情况对增信效果的影响,并充分揭示风险。

(十三)为入池融资租赁债权的偿付提供信用支持或对专项计划提供流动性支持、差额补足、担保等增信安排主体(如有)的基本情况、财务数据、偿债能力和资信状况,及对其增信效力的分析说明。

(十四)原始权益人融资租赁业务开展情况。包括但不限于主营业务概况、业务开展的时间、经营模式、承租人集中度、行业分布、期限分布、盈利和现金流的稳定性、业务开展的资金来源、风险资产规模、既有负债、或有负债等情况,以及自展业以来融资租赁业务的展期、早偿、逾期、违约以及违约后回收等情况的定义、具体计算方式及相关历史数据。

(十五)原始权益人与融资租赁业务相关的风险控制制度。包括但不限于风险分类管理制度、承租人信用评估制度、事后追偿和处置制度、风险预警机制、风险准备金计提情况及风险资产占净资产的比重等。其中关于风险分类管理制度,应当就其分类管理标准、定义、方式等进行披露。

(十六)失信记录特别核查情况,包括但不限于原始权益人最近两年内是否存在严重违法失信行为,是否存在被有权部门认定为失信被执行人、失信生产经营单位或者其他失信单位,并被暂停或限制进行融资的情形;重要债务人(如有)最近两年内是否存在因严重违法失信行为,被有权部门认定为失信被执行人、重大税收违法案件当事人或涉金融严重失信人的情形;上述事项是否影响原始权益人进行融资或重要债务人的偿债能力的明确核查意见等。

(十七)资产服务机构融资租赁相关的业务管理能力,包括但不限于回收租金的资金管理、附属担保权益及其他权利的管理(如有)、租赁项目的跟踪评估等。

(十八)原始权益人风险自留情况,若免于风险自留的,管理人应当充分披露未进行风险自留的原因及合理性,并揭示相关风险。

(十九)合格投资(如有)相关安排,包括但不限于投资范围、账户安排、投资标的的信用、市场和流动性等相关风险及防范措施等。

第九条 专项计划应当由律师事务所对专项计划的有关法律事宜发表专业意见,并向合格投资者披露法律意见书,法律意见书除按照资产支持证券一般要求进行编制和披露外,还应当包括以下内容:

(一)基础资产界定的具体范围和法律依据。

(二)基础资产涉及交易合同的合法有效性、出租人履行合同义务情况、出卖人交付及转让租赁物所有权情况、融资租赁合同租金给付条件满足情况及承租人履行其租金给付义务的抗辩事由和抵销情形。

(三)基础资产转让的合法有效性,包括但不限于融资租赁债权转让通知安排及转让登记情况、附属担保权益及其他权利的转让及转付安排(如有)、租赁物的转让安排(如有)等。

(四)基础资产涉及关联交易(如有)的交易背景真实性、交易对价公允性。

(五)基础资产与原始权益人的破产隔离效果。

(六)原始权益人、增信主体(如有)等相关主体的内部授权情况。

（七）增信措施或安排（如有）的具体情况及其合法性等。

（八）失信记录特别核查情况，包括但不限于原始权益人最近两年内是否存在严重违法失信行为，是否存在被有权部门认定为失信被执行人、失信生产经营单位或者其他失信单位，并被暂停或限制进行融资的情形；重要债务人（如有）最近两年内是否存在因严重违法失信行为，被有权部门认定为失信被执行人、重大税收违法案件当事人或涉金融严重失信人的情形；上述事项是否影响原始权益人进行融资或重要债务人的偿债能力的明确核查意见等。

（九）抽样调查方法（如有）具体内容，包括但不限于抽样方法、抽样标准设置等。

第十条 信用评级报告（如有）应当由具有中国证监会核准的证券市场资信评级业务资格的资信评级机构出具，评级报告除按照资产支持证券一般要求进行编制和披露外，还应当包括以下内容：

（一）专项计划涉及信用增级方式的增信效果分析。

（二）基础资产影子评级分布（如有）以及加权影子评级（如有）。

（三）现金流归集路径、监管措施及混同和挪用等风险分析。

（四）现金流压力测试的假设条件、压力因素、各压力情形下压力测试结果。

第十一条 现金流预测机构（如有）、资产评估机构（如有）等应当按照相关规则及规定要求编制现金流预测报告和资产评估报告。

现金流预测报告应当披露基础资产现金流预测的假设因素、预测方法、预测结论，并结合基础资产相关历史数据说明预测方法和相关指标设置的合理性。

第三章 存续期间信息披露

第十二条 年度资产管理报告除按照资产支持证券信息披露规则要求进行编制和披露外，还应当包括以下内容：

（一）基础资产的运行情况，包括但不限于：入池资产早偿、逾期、违约、不良等运行表现情况，各预测周期基础资产实际现金流及与预测比较情况、融资租赁款的归集、划转情况、租赁物价值的变动情况、现金流混同和挪用风险防范落实情况,以及基础资产相关的争议、纠纷、诉讼、仲裁、保险赔偿情况等。

(二)报告期内特定原始权益人与增信机构的股权结构、公司治理、经营情况、财务情况、资信情况以及相关重大变化情况。

(三)专项计划不合格基础资产处置、权利完善事件、增信措施(如有)等相关投资者保护条款的触发与执行情况。

(四)原始权益人风险自留及次级资产支持证券期间分配收益情况。

第十三条 资产支持证券存续期间,发生《信息披露指引》第十九条规定的重大事件及下列可能影响基础资产现金流和资产支持证券本息偿付等的重大事项,信息披露义务人应在相关事件或事项发生后两个交易日内及时进行临时信息披露:

(一)重要债务人的经营情况出现重大变化,可能影响资产支持证券投资者利益。

(二)基础资产池的信用状况出现重大不利变化,如发生违约率、逾期率等指标大幅提升等可能影响基础资产现金流流入的事项。

(三)触发权利完善事件(如有)、加速清偿事件(如有)、提前终止事件(如有)等可能影响资产支持证券投资者利益的事项。

(四)其他可能影响基础资产现金流和资产支持证券本息偿付的重大事项。

第四章 附 则

第十四条 融资租赁债权资产证券化基础资产确需设置循环购买的,信息披露参照本所《企业应收账款资产支持证券信息披露指南》中有关循环购买的相关要求办理。

第十五条 本所将根据业务发展情况不定期修订本指南并发布更新版本。本所对本指南保留最终解释权。

第十六条 本指南自发布之日起施行。

深圳证券交易所关于发布《深圳证券交易所基础设施类资产支持证券挂牌条件确认指南》和《深圳证券交易所基础设施类资产支持证券信息披露指南》的通知

(深证上〔2018〕263号　2018年6月8日发布)

各市场参与人：

为规范基础设施类资产证券化业务，便于管理人和原始权益人等参与机构开展业务和加强风险管理，保护投资者合法权益，促进资产证券化业务健康发展，根据《证券公司及基金管理公司子公司资产证券化业务管理规定》(证监会公告〔2014〕49号)、《深圳证券交易所资产证券化业务指引(2014年修订)》(深证会〔2014〕130号)等相关规定，我所制定了《深圳证券交易所基础设施类资产支持证券挂牌条件确认指南》和《深圳证券交易所基础设施类资产支持证券信息披露指南》，现予以发布实施。

特此通知

附件：1. 深圳证券交易所基础设施类资产支持证券挂牌条件确认指南

2. 深圳证券交易所基础设施类资产支持证券信息披露指南

附件1：

深圳证券交易所基础设施类
资产支持证券挂牌条件确认指南

第一章 总 则

第一条 为规范基础设施类资产证券化业务，便于管理人和原始权益人等参与机构开展业务和加强风险管理，保护投资者合法权益，促进资产证券化业务健康发展，根据《证券公司及基金管理公司子公司资产证券化业务管理规定》（证监会公告〔2014〕49号）、《深圳证券交易所资产证券化业务指引（2014年修订）》（深证会〔2014〕130号）等相关规定，制定本指南。

第二条 本指南所称基础设施类资产支持证券，是指证券公司、基金管理公司子公司作为管理人，通过设立资产支持专项计划（以下简称专项计划）开展资产证券化业务，以燃气、供电、供水、供热、污水及垃圾处理等市政设施，公路、铁路、机场等交通设施，教育、健康养老等公共服务产生的收入为基础资产现金流来源所发行的资产支持证券。

第三条 本指南适用于基础设施类资产支持证券在深圳证券交易所（以下简称本所）挂牌转让申请。

涉及政府和社会资本合作项目的基础设施类资产支持证券申请在本所挂牌的，应当适用本所《深圳证券交易所政府和社会资本合作（PPP）项目资产支持证券挂牌条件确认指南》的要求。

第二章 挂 牌 条 件

第四条 基础设施类资产支持证券的基础资产、底层资产及相关资产应当符合以下要求：

（一）基础资产的界定应当清晰，具有法律、法规依据，附属权益

(如有)的内容应当明确。

（二）基础资产、底层资产及相关资产应当合法、合规，已按相关规定履行必要的审批、核准、备案、登记等相关程序。

（三）基础资产、底层资产的运营应当依法取得相关特许经营等经营许可或其他经营资质，且特许经营等经营许可或其他经营资质应当能覆盖专项计划期限。经营资质在专项计划存续期内存在展期安排的，管理人应当取得相关授权方或主管部门关于经营资质展期的书面意向函，在计划说明书中披露按照相关规定或主管部门要求办理展期手续的具体安排，说明专项计划期限设置的合理性，充分揭示风险并设置相应的风险缓释措施。

（四）基础资产现金流应当基于真实、合法的经营活动产生，形成基础资产的法律协议或文件(如有)应当合法、有效，价格或收费标准符合相关规定。基础资产不属于《资产证券化基础资产负面清单》列示的范畴。

（五）原始权益人应当合法拥有基础资产。基础资产系从第三方受让所得的，原始权益人应当已经支付转让对价，且转让对价应当公允。

（六）基础资产、底层资产应当可特定化，其产生的现金流应当独立、稳定、可预测。基础资产及底层资产的规模、存续期限应当与资产支持证券的规模、存续期限相匹配。

第五条 基础资产转让应当满足以下要求：

（一）基础资产应当具有可转让性，转让应当合法、有效，转让对价应当公允，存在附属权益(如有)的，应当一并转让。

（二）基础资产转让依法须取得的授权、批准等手续应当齐备，并在相关登记机构办理转让登记(如需)。

若存在特殊情形未办理登记的，管理人应当在计划说明书中披露未办理登记的原因及合理性，充分揭示风险，并设置相应的风险缓释措施。

第六条 基础资产、底层资产及相关资产的权属应当清晰明确，不得附带抵押、质押等担保负担或者其他权利限制。基础资产或底层资产已经存在抵押、质押等担保负担或者其他权利限制的,应当能够通过专项计划相关安排在原始权益人向专项计划转移基础资产时予以解除。

底层资产、相关资产应当向专项计划或其相关方进行质押、抵押以保障基础资产现金流的回收,其授权、批准等手续应当齐备,并在相关登记机构办理质押、抵押登记。底层资产、相关资产质押或抵押未进行登记的,管理人应当在计划说明书中说明未进行登记的原因及合理性,充分揭示风险,并设置相应的风险缓释措施。相关资产由于特殊情形未能进行质押或抵押的,管理人应当在计划说明书中披露合理性,充分揭示风险,并设置相应的风险缓释措施。

第七条 基础资产及底层资产的现金流来源应当具备一定的分散度。管理人应当结合基础资产或底层资产涉及的地区概况、区域经济、行业政策、供需变化等因素,对专项计划的集中度风险进行分析。管理人应当说明基础资产或底层资产现金流来源的集中度情况,集中度较高的应当进行风险提示,并披露重要现金流提供方的经营情况及财务状况。

第八条 基础资产或底层资产涉及关联交易的,管理人、律师等应当在专项计划文件中披露基础资产或底层资产涉及的关联关系、关联交易的金额及占比情况,并就交易背景的真实性、交易对价的公允性及其对基础资产现金流预测的影响发表明确意见。

第九条 律师应当在法律意见书中分析基础资产的破产隔离效果,包括但不限于基础资产转让、基础资产交割、基础资产现金流归集和违约处置等方面,说明基础资产与原始权益人之间的风险隔离措施,并对其是否可以实现与原始权益人之间的破产隔离发表明确法律意见。

第十条 管理人应当按照《证券公司及基金管理公司子公司资产证券化业务尽职调查工作指引》(证监会公告〔2014〕49号)的要求开展尽职调查工作,尽职调查范围应当覆盖基础资产、底层资产及主要相关资产。

对特定原始权益人的尽职调查应当包括但不限于基本情况、主营业务情况、财务情况以及与基础资产相关的业务情况。对资产服务机构的尽职调查应当包括但不限于基本情况、与基础资产管理相关的业务情况。对基础资产的尽职调查应当包括基础资产的法律权属、转让的合法性、基础资产的运营情况和现金流历史记录，同时应当对基础资产未来的现金流情况进行合理预测和分析。

第十一条 管理人应当在计划说明书中披露基础资产及底层资产的现金流构成以及至少最近三年（未满三年的自开始运营之日起）的历史现金流情况、波动情况及波动原因，分析现金流的独立性、稳定性。基础资产或底层资产历史现金流波动较大的，管理人应当在计划说明书中充分揭示风险，并设置相应的风险缓释措施。

管理人应当聘请具备证券期货相关业务资格的现金流预测机构编制现金流预测报告，对专项计划存续期内的基础资产或底层资产现金流状况进行预测。现金流预测应当遵循合理、谨慎的原则，并充分考虑宏观及区域经济发展、行业政策及发展、原始权益人资质取得及持续经营能力、价格规制、供需关系、结算方式、预付或延迟支付、收缴率、相关税费是否由专项计划承担等因素对基础资产现金流的影响。基础资产或底层资产现金流预测周期应当与资产支持证券兑付周期匹配。

管理人、现金流预测机构应当在计划说明书、现金流预测报告中披露预测假设因素、预测方法和预测结论，并结合基础资产或底层资产相关历史数据说明预测方法和相关指标设置的合理性。对于面向特定领域服务或者现金流来源行业较为集中的基础设施，应当结合宏观经济政策对现金流作出更为谨慎的测算，并增强风险缓释措施。

第十二条 管理人和评级机构应当在计划说明书和评级报告中披露现金流压力测试的相关方法以及结果，包括但不限于涉及的压力因素、参数设置以及取值原因和合理性等，并应当披露压力情况下各兑付期间的现金流覆盖倍数。

第十三条 基础资产及底层资产的现金流回款路径应当清晰明确,管理人应当在专项计划文件中明确专项计划的账户设置、现金流自产生至当期分配给投资者期间在各账户间划转时间节点安排等。

基础资产现金流应当由现金流提供方直接支付至专项计划账户。现金流提供方无法将基础资产现金流直接支付至专项计划账户的,管理人应当聘请资产服务机构负责基础资产或底层资产的现金流归集。资产服务机构可以由原始权益人担任,资产服务机构不由原始权益人担任的,管理人应当充分披露该机构的资产服务能力、担任资产服务机构的必要性和合理性,同时应当明确原始权益人在现金流归集与划转中的责任和义务。资产服务机构应当设置专项监管账户,基础资产或底层资产现金流应当由资产服务机构从专项监管账户全部划付至专项计划账户。专项监管账户资金应当与资产服务机构的自有资金进行有效隔离,禁止资金混同或挪用。

自专项计划设立之日起,基础资产或底层资产回款自产生至归集进入专项计划账户的周期应当不超过 1 个月。资产服务机构可以根据专项计划的约定,提高资金归集频率。原始权益人及资产服务机构资信状况良好,且专项计划设置担保、差额支付等有效增信措施的,现金流归集周期可以适当延长,但最长不得超过 3 个月。

第十四条 管理人应当针对各项不利于专项计划资产安全、现金流归集的情形设置合理的信用触发机制,并在专项计划文件中披露各信用触发机制的触发条件、处置流程、触发结果、风险缓释效果和信息披露要求。

上述相关情形可以包括:(1)原始权益人丧失所需的经营资质、丧失持续经营能力或经营权利;(2)特定原始权益人、资产服务机构、增信机构等主体评级下降、丧失清偿能力、金融债务违约、涉及重大诉讼、相关账户查封或冻结;(3)原始权益人发生安全生产或环境污染重大事故,受到主管部门重大行政处罚;(4)基础资产、底层资产的现金流回收出现大幅波动,或者相较现金流预测出现重大偏差;(5)相关资产的权属出现重大不利变化、出现不可修复性损坏或灭失;(6)专项计划现金流入严重依赖于重要现金流提供方或单一下游行业,且该现金流提供方或该行业发生重大不利情形;(7)其他可能影响基础资产运行、投资者收益分配的不利情形。

第十五条 专项计划存在信用增级安排的,管理人应当在计划说明书等专项计划文件中披露各项信用增级措施的启动时间、触发机制、保障内容及操作流程、增信安排的法律效力及增信效果等。

增信机构为原始权益人及其关联方或现金流提供方的,管理人应当结合风险相关性情况,详细核查并披露前述情况对增信效果的影响,并充分揭示风险。

第十六条 特定原始权益人开展业务应当满足相关主管部门监管要求、取得相关特许经营等经营许可或其他经营资质、基础资产或底层资产相关业务正式运营满 2 年、具备资产运营能力且符合下列条件之一:

(一)主体评级达 AA 级及以上。

(二)专项计划设置担保、差额支付等有效增信措施,提供担保、差额支付等增信机构的主体评级为 AA 级及以上。

第十七条 原始权益人最近两年不存在因严重违法失信行为,被有权部门认定为失信被执行人、失信生产经营单位或者其他失信单位,并被暂停或限制进行融资的情形;重要现金流提供方(如有)最近两年内不存在因严重违法失信行为,被有权部门认定为失信被执行人、重大税收违法案件当事人或涉金融严重失信人的情形。管理人和律师应当就上述事项是否影响原始权益人进行融资或重要现金流提供方的偿债能力进行核查,并在专项计划文件中发表明确意见。

第十八条 特定原始权益人应当具备持续经营能力,管理人应当在专项计划文件中测算专项计划存续期间特定原始权益人经营现金流入扣除向专项计划归集的现金流后对经营成本、税费的覆盖情况,并分析其对相关资产的控制程度和持续运营能力。若覆盖存在缺口或相关资产控制、运营能力存在潜在不利影响,管理人应当设置合理的运营保障措施,并在计划说明书中进行充分的风险揭示。

第十九条 原始权益人及其关联方应当保留一定比例的基础资产信用风险,持有最低档次资产支持证券,且持有比例不得低于所有档次资产支持证券发行规模的 5%,持有期限不低于资产支持证券存续期限。

原始权益人及其关联方按照上述要求进行风险自留后,除非根据生效判决或裁定,不得将其持有的资产支持证券进行转让或者以任何形式的变相转让。

第二十条 若专项计划涉及合格投资安排,合格投资应当仅限在专项计划账户内进行。合格投资不得投资权益类产品,投资固定收益类产品的,应当防范投资标的的信用、市场和流动性等相关风险。

第二十一条 本所鼓励积极服务绿色发展、"一带一路"、精准扶贫、京津冀协同发展、长江经济带、雄安新区建设、"中国制造 2025"和新型城镇化建设等国家重大战略的基础设施类资产证券化业务。针对前述鼓励情形,本所将提升受理、评审及挂牌转让工作效率。

第三章 附 则

第二十二条 对专项计划中以其持有的底层资产作为基础资产现金流来源并获得融资的主体,应当穿透核查其是否符合本指南中对原始权益人的相关要求,并由其按照本指南第十九条的相关要求进行风险自留。

第二十三条 本指南相关用语的含义:

(一)底层资产,是指根据穿透原则在专项计划中作为专项计划现金流最终偿付来源的资产。

(二)相关资产,是指基础资产或底层资产所依附的土地使用权、建筑物、设施、设备等财产或财产权利。

(三)重要现金流提供方,是指现金流预测基准日基础资产或底层资产现金流单一提供方按照约定未支付现金流金额占基础资产未来现金流总额比例超过 15%,或该单一提供方及其关联方的未支付现金流金额合计占基础资产未来现金流总额比例超过 20% 的现金流提供方。

第二十四条 涉及主体评级要求的,原则上应当为公开市场评级,可以引用相关主体公司债券或债务融资工具有效期内的评级报告。

第二十五条 本所将根据业务发展情况不定期修订本指南并发布更新版本。本所对本指南保留最终解释权。

第二十六条 本指南自发布之日起施行。

附件2:

深圳证券交易所基础设施类资产支持证券信息披露指南

第一章 总 则

第一条 为规范基础设施类资产证券化业务,便于管理人和原始权益人等参与机构开展业务和加强风险管理,保护投资者合法权益,促进资产证券化业务健康发展,根据《证券公司及基金管理公司子公司资产证券化业务管理规定》(证监会公告〔2014〕49号,以下简称《管理规定》)、《证券公司及基金管理公司子公司资产证券化业务信息披露指引》(证监会公告〔2014〕49号,以下简称《信息披露指引》)、《深圳证券交易所资产证券化业务指引(2014年修订)》(深证会〔2014〕130号,以下简称《业务指引》)等相关规定,制定本指南。

第二条 本指南所称基础设施类资产支持证券,是指证券公司、基金管理公司子公司作为管理人,通过设立资产支持专项计划(以下简称专项计划)开展资产证券化业务,以燃气、供电、供水、供热、污水及垃圾处理等市政设施,公路、铁路、机场等交通设施,教育、健康养老等公共服务产生的收入为基础资产现金流来源所发行的资产支持证券。

第三条 本指南适用于基础设施类资产支持证券在深圳证券交易所(以下简称本所)挂牌转让的信息披露专项要求。

涉及政府和社会资本合作项目的基础设施类资产支持证券申请

在本所挂牌的,应当适用本所《深圳证券交易所政府和社会资本合作（PPP）项目资产支持证券信息披露指南》的要求。

第四条 管理人及其他信息披露义务人应当按照《管理规定》《信息披露指引》《业务指引》及本指南的规定以及计划说明书的约定履行信息披露义务,及时、公平地披露可能对资产支持证券产生重大影响的信息,并保证所披露的信息真实、准确、完整,不得有虚假记载、误导性陈述或者重大遗漏。

本指南所称其他信息披露义务人包括但不限于托管人、律师事务所、会计师事务所、资信评级机构、资产服务机构、现金流预测机构、资产评估机构等。

第五条 原始权益人和除管理人以外的其他服务机构应当按照合同约定,及时向管理人提供相关信息,并保证所提供信息真实、准确、完整。

本指南所称的其他服务机构包括但不限于资产服务机构、托管人、信用增级机构、律师事务所、会计师事务所、资信评级机构、现金流预测机构、流动性支持机构、销售机构等。

第六条 资产支持证券在本所挂牌转让的,管理人及其他信息披露义务人应当于规定时间内通过指定网站或以本所认可的其他方式向合格投资者披露信息。

第七条 管理人、其他信息披露义务人、其他服务机构及登记托管机构等相关知情人在信息披露前不得泄露拟披露的信息。

第二章　发行环节信息披露

第八条 基础设施类资产支持证券的计划说明书除按照资产支持证券的一般要求进行编制和披露外,还应当详细披露基础资产、底层资产、相关资产、现金流预测、现金流归集与分配机制、原始权益人、重要现金流提供方、增信主体（如有）及风险自留等相关情况,包括但不限于以下内容：

（一）基础资产的界定情况以及相关的法律、法规依据,附属权益

(如有)的具体内容。

（二）基础资产入池标准(如有)及创建程序。

（三）基础资产、底层资产及相关资产的基本情况及其合法合规性，包括但不限于：涉及规定的审批、核准、备案、登记等相关程序的履行情况；取得特许经营等经营许可或其他经营资质的情况，以及该等特许经营等经营许可或其他经营资质的期限覆盖专项计划期限的情况；基础资产现金流涉及的经营活动及其基础合同的真实性、合法性、有效性及价格或收费标准符合相关规定的情况；基础资产涉及《资产证券化基础资产负面清单》的情况，以及基础资产涉及使用者付费、实行收支两条线管理、专款专用的取得地方财政部门或有权部门按照约定划付购买服务款项的承诺或法律文件的情况；基础资产或底层资产涉及的关联交易情况；现金流提供方集中度情况，以及基础资产或底层资产涉及的地区概况、区域经济、行业政策、供需变化等情况。

（四）基础资产或底层资产的特定化情况，以及现金流的构成和独立性、稳定性或可预测性情况，至少最近三年(未满三年的自开始运营之日起)的历史现金流情况、波动情况及波动原因。基础资产或底层资产的规模、存续期限与资产支持证券的规模、存续期限的匹配情况。

（五）基础资产、底层资产及相关资产的权属情况及存在的担保负担或者其他权利限制情况。若存在担保负担或者其他权利限制，还应当披露解除前述担保负担或者权利限制的相关安排、向专项计划转移资产时是否已合法有效地解除了担保负担或者权利限制。

（六）基础资产转让的真实性、合法性、有效性、完整性及转让对价公允性情况，附属权益(如有)的转让情况。

基础资产系从第三方受让所得(如有)的，应当披露交易对价的支付情况、交易对价的公允性。

（七）基础资产、附属权益(如有)转让或底层资产、相关资产向专项计划质押(如有)、抵押(如有)的授权、批准等情况，在相关登记机构的登记办理情况(如需)。

基础资产未进行转让登记、底层资产及相关资产未进行质押或抵押登记的,应当说明原因及合理性,充分揭示风险,设置相应的风险缓释措施。

(八)基础资产或底层资产涉及的重要现金流提供方的基本情况、财务数据、信用情况、偿债能力及资信评级情况(如有)等。

未达到重要现金流提供方要求但单笔付款金额占比较大的,管理人应当结合对专项计划现金流影响情况,对现金流提供方经营状况及财务状况进行必要的信息披露,并披露相关尽职调查的程序、范围及方式等。

(九)相关尽职调查方法、尽职调查范围等。

(十)现金流预测假设因素、预测方法和预测结论,并结合基础资产相关历史数据说明预测方法和相关指标设置的合理性。

(十一)现金流压力测试的假设条件、压力因素及各压力情形现金流覆盖情况。

(十二)基础资产或底层资产现金流归集路径和资金监管措施,包括但不限于专项计划账户设置、现金流自产生至分配给投资者期间在各账户间划转时间节点安排等。现金流未直接回款至专项计划账户的,还应当披露现金流归集安排及其合理性、专项监管账户设置、归集频率、现金流混同和挪用等风险的防范机制及资产支持证券存续期间设置防范混同和挪用等风险的持续检查机制等,揭示资金混同和挪用等风险。

(十三)增信措施或安排(如有)的具体情况及其合法性和有效性。为基础资产或底层资产的收入提供信用支持(如有)或对专项计划提供流动性支持、差额补足、担保等增信安排的主体(如有)的基本情况、财务数据、偿债能力和资信评级情况,及对其增信效力的分析说明。

增信机构为原始权益人及其关联方或现金流提供方的,管理人应有针对性加强对相关主体经营财务信息的披露,并结合风险相关性情况,详细披露前述情况对增信效果的影响,并充分揭示风险。

(十四)信用触发机制(如有),包括但不限于信用触发机制的触发条件、处置流程、触发结果、风险缓释措施、对专项计划相关安排的影响以及信息披露要求。

（十五）专项计划回售、赎回机制（如有）的流程、安排以及投资者回售权的保障措施。

（十六）合格投资（如有）的相关安排，包括但不限于投资范围、账户安排、投资标的的信用、市场和流动性等相关风险及防范措施等。

（十七）原始权益人与基础资产、底层资产及相关资产相关的业务制度、业务流程及历史业务情况（包括但不限于历史回款情况、逾期情况及回收情况等）等。原始权益人的持续经营能力、经营成本覆盖以及相应的持续经营支持措施情况。

（十八）特定原始权益人符合《深圳证券交易所基础设施类资产支持证券挂牌条件确认指南》第十六条要求的相关情况。

（十九）失信记录特别核查情况，包括但不限于原始权益人最近两年内是否存在严重违法失信行为，是否存在被有权部门认定为失信被执行人、失信生产经营单位或者其他失信单位，并被暂停或限制进行融资的情形；重要现金流提供方（如有）最近两年内是否存在因严重违法失信行为，被有权部门认定为失信被执行人、重大税收违法案件当事人或涉金融严重失信人的情形。上述事项是否影响原始权益人进行融资或重要现金流提供方的偿债能力的明确核查意见等。

（二十）原始权益人及其关联方的风险自留情况。

第九条 管理人应当聘请律师事务所对专项计划的有关法律事宜发表专业意见，并向合格投资者披露法律意见书。法律意见书除按照资产支持证券一般要求进行编制和披露外，还应当包括以下内容：

（一）基础资产界定的具体范围和法律、法规依据。

（二）基础资产、底层资产及相关资产，取得特许经营等经营许可或其他经营资质的合法性、有效性，以及该等经营许可或经营资质的期限涵盖专项计划期限的情况；涉及相关规定的审批、核准、备案、登记等相关程序的履行情况；涉及的经营活动及其基础合同的真实性、合法性、有效性及价格或收费标准是否符合相关规定的情况；涉及《资产证券化基础资产负面清单》的情况,以及涉及使用者付费、实行收支两条线管理、专款专用的取得地方财政部门或有权部门按照约定划付购买服务款项的承诺或法律文件的情况。

(三)基础资产、附属权益(如有)转让以及底层资产、相关资产质押(如有)、抵押(如有)的合法性、有效性,包括但不限于转让登记情况、质押或抵押登记情况等。

(四)基础资产或底层资产涉及的关联交易(如有)的交易背景真实性、交易对价公允性。

(五)原始权益人、增信主体(如有)等相关主体的内部授权情况。

(六)基础资产的破产隔离效果,包括但不限于基础资产转让、基础资产交割、基础资产现金流归集和违约处置等方面,以及与原始权益人之间的风险隔离措施。

(七)增信措施或安排(如有)的具体情况及其合法性和有效性等。

(八)失信记录特别核查情况,包括但不限于原始权益人最近两年内是否存在严重违法失信行为,是否存在被有权部门认定为失信被执行人、失信生产经营单位或者其他失信单位,并被暂停或限制进行融资的情形;重要现金流提供方(如有)最近两年内是否存在因严重违法失信行为,被有权部门认定为失信被执行人、重大税收违法案件当事人或涉金融严重失信人的情形。上述事项是否影响原始权益人进行融资或重要现金流提供方的偿债能力的明确核查意见等。

(九)原始权益人等公共服务提供方最近三年内发生安全生产或环境污染重大事故,受到主管部门重大行政处罚的情况。

第十条 信用评级报告(如有)应当由具有中国证券监督管理委员会核准的证券市场资信评级业务资格的资信评级机构出具,评级报告除按照资产支持证券一般要求进行编制和披露外,还应当包括以下内容:

(一)影响基础资产或底层资产运营状况的地区概况、区域经济、行业政策、供需变化等各种因素及历史运营状况分析。

(二)原始权益人的持续经营能力分析。

(三)专项计划涉及信用增级方式的增信效果分析。

(四)现金流归集路径、监管措施及混同和挪用等风险分析。

(五)特定期间内各兑付期间的现金流覆盖倍数、现金流压力测试的结果以及相关方法。

第十一条 现金流预测机构、资产评估机构(如有)等应当按照相关规则及规定要求编制现金流预测报告和资产评估报告。

现金流预测报告应当披露基础资产现金流预测的假设因素、预测方法、预测结论,结合基础资产或底层资产相关历史数据说明预测方法和相关指标设置的合理性,并说明宏观及区域经济发展、行业政策及发展、原始权益人资质取得及持续经营能力、价格规制、供需关系、结算方式、预付或延迟支付、收缴率和相关税费是否由专项计划承担等因素对基础资产现金流的影响。基础资产或底层资产现金流预测周期应当与资产支持证券兑付周期匹配。

第三章 存续期间信息披露

第十二条 年度资产管理报告除按照资产支持证券一般要求进行编制和披露外,还应当包括以下内容:

(一)基础资产、底层资产及相关资产的运行情况,包括但不限于:基础资产或底层资产的回款金额,实际回款金额与现金流预测金额的差异及原因,回款资金的归集及划转情况,回款追索(如有)情况,以及与回款、基础资产、底层资产或相关资产相关的争议、纠纷、诉讼、仲裁、保险赔偿情况等。

(二)报告期内原始权益人与增信机构的股权结构、公司治理、经营情况、财务情况、资信情况以及相关重大变化情况。

(三)专项计划信用触发机制、增信措施(如有)等相关投资者保护条款的触发与执行情况。

(四)原始权益人及其关联方风险自留、优先档及次级档资产支持证券期间分配收益情况。

第十三条　资产支持证券存续期间，发生《信息披露指引》第十九条规定的重大事件及下列可能影响基础资产现金流和资产支持证券本息偿付等的重大事项，信息披露义务人应在相关事件或事项发生后两个交易日内及时进行临时信息披露：

（一）原始权益人、重要现金流提供方（如有）或增信机构（如有）的经营情况出现重大变化，可能影响资产支持证券投资者利益。

（二）基础资产、底层资产或相关资产及其运营出现重大不利变化，可能影响资产支持证券投资者利益。

（三）触发权利完善事件（如有）、加速清偿事件（如有）、提前终止事件（如有）等可能影响资产支持证券投资者利益的事项。

（四）其他可能影响基础资产现金流和资产支持证券本息偿付的重大事项。

第四章　附　　则

第十四条　对专项计划中以其持有的底层资产作为基础资产现金流来源并获得融资的主体，应当穿透核查并按照本指引对原始权益人的相关要求进行信息披露。

第十五条　本指南下列用语的含义：

（一）底层资产，是指根据穿透原则在专项计划中作为专项计划现金流最终偿付来源的资产。

（二）相关资产，是指基础资产或底层资产所依附的土地使用权、建筑物、设施、设备等财产或财产权利。

（三）重要现金流提供方，是指现金流预测基准日基础资产或底层资产现金流单一提供方按照约定未支付现金流金额占基础资产未来现金流总额比例超过15％，或该单一提供方及其关联方的未支付现金流金额合计占基础资产未来现金流总额比例超过20％的现金流提供方。

第十六条　本所将根据业务发展情况不定期修订本指南并发布更新版本。本所对本指南保留最终解释权。

第十七条　本指南自发布之日起施行。

深圳证券交易所关于发布《深圳证券交易所资产支持证券存续期监管业务指引第2号——临时报告》的通知

（深证上〔2024〕242号 2024年3月29日发布）

各市场参与人：

为了进一步规范资产支持证券存续期信息披露业务，切实保护投资者的合法权益，本所对《深圳证券交易所资产支持证券临时报告信息披露指引》进行修订，并更名为《深圳证券交易所资产支持证券存续期监管业务指引第2号——临时报告》，现予以发布，自发布之日起施行。

本所2019年10月31日发布的《深圳证券交易所资产支持证券临时报告信息披露指引》（深证上〔2019〕685号）同时废止。

特此通知。

附件：深圳证券交易所资产支持证券存续期监管业务指引第2号——临时报告

附件：

深圳证券交易所资产支持证券存续期监管业务指引第2号——临时报告

第一章 总　　则

第一条 为了规范资产支持证券临时报告编制和披露行为，保护投资者合法权益,根据《深圳证券交易所资产支持证券业务规则》等业务规则的规定,制定本指引。

第二条 在深圳证券交易所(以下简称本所)挂牌转让的资产支持证券的临时报告披露,适用本指引。本所另有规定的,从其规定。

第三条 资产支持证券在本所挂牌转让的,资产支持专项计划(以下简称专项计划)的管理人、资信评级机构等信息披露义务人应当按照法律、行政法规、部门规章、规范性文件(以下统称法律法规)、本所规定、专项计划文件的约定和所作出的承诺,及时、公平履行临时报告信息披露义务,保证所披露的信息真实、准确、完整,不存在虚假记载、误导性陈述或者重大遗漏。

第四条 原始权益人、资产服务机构、增信机构、托管人、律师事务所、会计师事务所、资产评估机构、现金流预测机构、监管银行等其他资产支持证券业务参与人应当积极配合信息披露义务人编制和披露临时报告,及时向信息披露义务人提供相关信息,并保证所提供的信息真实、准确、完整。

管理人、资信评级机构为履行临时报告信息披露义务,需要约定重要现金流提供方配合提供信息等义务的,应当通过协议或者其他相关文件加以约定。

特定原始权益人的控股股东、实际控制人、董事、监事、高级管理人员或者履行同等职责的人员应当诚实守信,按照规定和约定行使权利,严格履行所作出的各项承诺,督促特定原始权益人履行规定、约定和承诺的各项义务,切实维护投资者权益。

第五条 资产支持证券在本所挂牌转让期间,信息披露义务人应当按照法律法规、本所规定、专项计划文件的约定和所作出的承诺履行临时报告信息披露义务。

资产支持证券发行后至挂牌转让前,发生本指引规定的临时披露事项的,信息披露义务人应当参照本指引履行临时报告信息披露义务。

第六条 本指引是对资产支持证券临时报告信息披露的最低要

求。不论本指引是否明确规定，相关信息可能对资产支持证券收益分配、投资价值、转让价格、投资者权益产生重大影响，或者触发约定的投资者权益保护条款、构成持有人会议召开事由的，信息披露义务人均应当及时履行临时报告信息披露义务。

前款所称资产支持证券收益分配，包含按约定支付资产支持证券本金及收益、其他权利行权等。

第七条 本所依照法律法规、本指引、本所相关业务规则的规定，以及转让服务协议、计划说明书等文件的约定和作出的相关承诺，对信息披露义务人以及其他资产支持证券业务参与人及其相关人员（以下统称监管对象）实施自律管理。

第二章 信息披露一般规定

第八条 发生可能影响资产支持证券收益分配、投资价值、转让价格或者投资者权益的重大事项的，管理人应当于知道或者应当知道重大事项发生之日起2个交易日内披露临时报告，临时报告应当包括下列内容：

（一）专项计划与资产支持证券的基本情况；

（二）重大事项的事实、成因；

（三）对资产支持证券的影响分析；

（四）本指引规定的其他信息披露内容。

已披露的重大事项出现新的进展或者变化，可能对资产支持证券收益分配、投资价值、转让价格或者投资者权益等产生较大影响的，管理人应当于知道或者应当知道之日起2个交易日内披露后续进展或者变化情况及其影响。

第九条 就信息披露义务人可能需要履行信息披露义务的事项，原始权益人、资产服务机构、增信机构、托管人等应当于知道或者应知道该事项发生之日起2个交易日内告知信息披露义务人。

第十条 专项计划的基本情况，包括但不限于专项计划全称、发行规模、设立日、预期到期日。

第十一条　各档资产支持证券的基本情况，包括但不限于报告披露日仍未完成偿付的资产支持证券简称、证券代码、发行日、预期到期日、发行金额、发行利率、存续金额。

第十二条　有权决策机构的决策情况，包括但不限于资产支持证券业务参与人内部决策情况、有权机关的批准或者备案情况、资产支持证券持有人会议的情况。

第十三条　重大事项对资产支持证券的影响分析，包括但不限于重大事项是否会对资产支持证券收益分配、投资价值、转让价格和投资者权益产生重大影响或者可能引发信用触发机制。

管理人认为存在重大不利影响的，应当披露影响具体内容，以及管理人和相关主体已采取和拟采取的对资产支持证券投资者的权益保护措施，包括但不限于专项计划增信措施、信用触发机制或者其他后续安排。如认为不存在重大不利影响的，管理人应当说明理由。

第十四条　同一事件触发本指引不同事项披露标准的，临时报告应当同时符合不同事项的披露要求。

第十五条　信息披露义务人应当根据不同基础资产类型、交易结构等进行针对性披露，有效揭示资产支持证券的偿付能力，充分披露有利于投资者作出价值判断和合理决策的信息。

第十六条　信息披露义务人披露的财务数据或者财务指标，法律法规、本所业务规则规定应当经审计的，信息披露义务人应当遵守相关规定；未作规定的，应当优先使用经审计的财务数据或者财务指标。

信息披露义务人披露未经审计的财务数据或者财务指标，应当注明该财务数据或者财务指标未经审计。

第十七条　信息披露义务人应当在其编制的临时报告中声明"保证本报告的真实、准确、完整，不存在虚假记载、误导性陈述或者重大遗漏，并承担相应的法律责任"。

第十八条　已披露信息出现错误、遗漏或者误导等情形的，信息披露义务人应当及时披露补充或者更正公告，说明原因、补充或者更正事项、具体影响等。

第三章 重大事项信息披露

第一节 与专项计划资产或者现金流相关的重大事项

第十九条 任一会计年度内专项计划发生的资产损失累计每超过全部资产支持证券未偿还本金余额10%的,管理人应当于知道或者应当知道之日起2个交易日内披露专项计划资产变动公告,并说明下列事项:

(一)损失发生时间、原因和金额;

(二)资产支持证券未偿还本金金额及损失占比;

(三)损失发生对资产支持证券的影响;

(四)管理人及相关主体已采取和拟采取的应对措施。

管理人应当于补救措施取得重大进展及后续安排执行完毕等事项发生之日起2个交易日内披露进展情况。

第二十条 基础资产运行情况、产生现金流的能力发生重大变化的,管理人应当于知道或者应当知道之日起2个交易日内披露基础资产运行变动公告。

重大变化对资产支持证券投资者权益产生不利影响的,管理人应当于知道或者应当知道基础资产恢复正常运行、产生现金流的能力恢复正常等事项发生之日起2个交易日内披露进展情况。

与基础资产运行相关的生产经营设施等发生重大变化的,管理人应当参照本条要求进行信息披露。

第二十一条 管理人按照本指引第二十条披露基础资产运行变动公告的,应当说明下列事项:

(一)基础资产的基本情况;

(二)重大变化的基本情况,包括但不限于基础资产数量及金额变化情况,基础资产违约率、逾期率等指标大幅提升情况,不动产资产评估价值大幅下降情况,基础资产质量变化情况,现金流变化情况;

(三)相关资产评估报告(如有);

(四)发生重大变化的具体原因;

(五)对资产支持证券的影响分析。

前款所称基础资产的基本情况,包括但不限于基础资产的类型及具体内容。

第二十二条 基础资产在任一预测周期内实际产生的现金流较对应期间的最近一次现金流预测结果下降20%以上,或者最近一次对任一预测周期的现金流预测结果比上一次披露的预测结果下降20%以上的,管理人应当于知道或者应当知道相关事项发生之日起2个交易日内披露基础资产现金流变动公告,并说明下列事项:

(一)基础资产的基本情况;

(二)基础资产现金流变化的具体情况,包括实际产生的现金流金额和对应的现金流预测结果及其变动比率,或者最近一次和上一次现金流预测结果及其变动比率等;

(三)修正后的现金流预测报告(如有);

(四)现金流减少的具体原因;

(五)对资产支持证券的影响分析;

(六)管理人和相关主体已采取和拟采取的应对措施。

管理人应当于知道或者应当知道应对措施取得重大进展之日起2个交易日内披露进展情况。

第二十三条 专项计划文件约定在专项计划设立后完成基础资产及其相关资产抵质押登记、解除相关资产权利负担或者业务参与人承诺履行其他事项的,管理人应当于约定或者承诺履行期间届满之日起2个交易日内披露专项计划约定或者承诺事项履行公告,并说明下列事项:

(一)约定或者承诺事项内容及其履行情况;

(二)未完成约定或者承诺事项的原因(如有);

(三)对资产支持证券的影响分析;

(四)约定或者承诺事项未完成时,管理人和相关主体已采取和拟采取的应对措施(如有)。

约定或者承诺事项未完成的,管理人应当于相关约定或者承诺事项履行发生重大进展之日起2个交易日内披露进展情况。

第二十四条 基础资产权属发生变化或者争议、被设置权利负担或者其他权利限制,管理人应当于知道或者应当知道相关事项发生之日起2个交易日内披露基础资产权属变化或者权利受限公告,并说明下列事项:

(一)基础资产权属发生变化或者争议的情况,所涉资产金额及占比;

(二)基础资产原权利受限情况、新增受限权利种类、权利人基本信息、受限资产金额及占比;

(三)基础资产权属发生变化或者争议、被设置权利负担或者其他权利限制的原因;

(四)有权决策机构的决策情况;

(五)是否符合专项计划文件约定;

(六)对资产支持证券的影响分析;

(七)管理人和相关主体已采取和拟采取的应对措施。

管理人应当于知道或者应当知道基础资产权属变化或者权利受限事项应对措施取得重大进展之日起2个交易日内披露进展情况。

第二十五条 专项计划现金流归集账户因涉及法律纠纷被查封、冻结或者限制使用,或者基础资产现金流出现被滞留、截留、挪用等情况,可能对资产支持证券投资者权益产生重大不利影响的,管理人应当于知道或者应当知道相关事项发生之日起2个交易日内披露专项计划现金流归集情况公告,并说明下列事项:

(一)现金流归集账户被查封、冻结或者限制使用情况(如有),包括账户名称、发生时间、发生原因、查封冻结或者限制使用机构、归集账户中的资金余额及权利受限金额、截至披露日的进展情况等;

(二)现金流被滞留、截留、挪用情况(如有),包括发生时间、发生原因、涉及主体、涉及金额、截至披露日的进展情况等;

(三)对资产支持证券的影响分析;

(四)管理人和相关主体已采取或者拟采取的应对措施。

现金流归集账户被解除查封、冻结或者限制使用,或者现金流被滞留、截留、挪用等情况已改正的,管理人应当于知道或者应当知道相关事项发生之日起2个交易日内及时披露相应的解除或者改正事项。

第二十六条 基础资产发生法律纠纷、可能影响专项计划按时分配收益的,管理人应当于知道或者应当知道相关纠纷发生之日起2个交易日内,参照本指引第二十九条披露基础资产法律纠纷公告,并说明涉及法律纠纷基础资产的基本情况。

第二十七条 专项计划文件约定循环购买基础资产的,管理人应当于每次循环购买完成之日起2个交易日内披露循环购买公告,并说明下列事项:

(一)本次循环购买的时间和次数、可以用于购买新增基础资产的价款总额、可供购买的基础资产总额;

(二)实际购买的新增基础资产总额、基础资产买方及卖方、新增基础资产是否均符合合格标准、新增基础资产的购买价款的计算方式及其公允性、循环购买账户资金划转情况;

(三)新增基础资产的规模(包括未偿本金及利息余额)、笔数、债务人数量、债务人行业分布、利率分布、合同剩余期限分布等特征及新增重要现金流提供方情况等;

(四)购买完成后基础资产的总规模、笔数、债务人数量、债务人行业分布、利率分布、合同剩余期限分布等特征;

(五)循环购买的条件、程序和确认依据,包括循环购买基础资产的条件、流程,循环购买是否符合专项计划文件的约定;

(六)律师事务所按照专项计划文件约定对循环购买基础资产真实合法有效性、是否符合合格标准、基础资产转让合法有效性发表的意见。

循环购买频率高于每季度一次的,管理人可以于每季度前10个交易日内整体披露上一季度发生的循环购买情况。

第二十八条 未按照专项计划文件约定进行循环购买或者提前结束循环期的,管理人应当于相关事项发生之日起2个交易日内披露循环购买调整公告，并说明下列事项：

（一）专项计划关于循环购买的有关约定，包括循环购买频率、涉及主体、循环购买条件及流程、循环期提前结束事件；

（二）违反循环购买约定或者导致循环期提前结束的具体事件及发生原因；

（三）截至报告披露时的进展情况；

（四）对资产支持证券的影响分析。

管理人应当于违反循环购买约定的行为纠正等事项发生之日起2个交易日内披露进展情况。

第二节 与业务参与人相关的重大事项

第二十九条 管理人、托管人、特定原始权益人及其他现金流参与人等发生法律纠纷、可能影响专项计划按时分配收益的，管理人应当于知道或者应当知道相关纠纷发生之日起2个交易日内披露相关主体涉及法律纠纷公告，并说明下列事项：

（一）涉及法律纠纷的主体名称和职责；

（二）法律纠纷的具体情况，包括法律纠纷的案件当事人、案由、涉案原因、案件进展、涉案金额等；

（三）对资产支持证券的影响分析；

（四）管理人和相关主体已采取和拟采取的应对措施。

管理人应当按照分阶段披露原则，于知道或者应当知道相关法律纠纷发生重大进展之日起2个交易日内披露进展情况。

第三十条 管理人、托管人、现金流参与人、监管银行等违反专项计划文件约定，对资产支持证券投资者权益产生不利影响的，管理人应当于知道或者应当知道相关事项发生之日起2个交易日内披露相关主体违反专项计划文件约定公告，并说明下列事项：

（一）违反约定的主体名称和职责；

（二）违反约定的基本情况，包括约定的相关内容、违反约定的原因及具体情况；

(三)违约责任的承担方式和承担情况;

(四)对资产支持证券的影响分析;

(五)管理人和其他主体已采取和拟采取的应对措施。

管理人应当于知道或者应当知道后续应对措施取得重大进展之日起2个交易日内披露进展情况。

前款所称专项计划文件约定包括专项计划收益分配安排、循环购买安排、资金保管使用安排、风险隔离措施、增信措施、基础资产合格标准、持有人会议安排等条款的约定。

第三十一条 管理人、托管人、现金流参与人等变更的,管理人应当于知道或者应当知道相关变更事项生效之日起2个交易日内披露相关主体变更公告,并说明下列事项:

(一)变更涉及的主体名称,涉及多个主体变更的,应当分别说明对应关系;

(二)变更的原因、变更生效时间;

(三)有权决策机构的决策情况、相关协议签署情况;

(四)是否符合规定和约定;

(五)变更后主体的基本信息及其相应执业资格(如有);

(六)变更后主体的主要职责;

(七)工作移交情况或者移交安排;

(八)对资产支持证券的影响分析。

第三十二条 管理人、托管人、特定原始权益人及其他现金流参与人等信用评级或者评级展望发生调整、被列入信用观察名单,可能影响资产支持证券投资者权益的,管理人应当于知道或者应当知道相关事项发生之日起2个交易日内披露相关主体信用评级调整公告,并说明下列事项:

(一)评级调整所涉主体的名称及其职责;

(二)评级机构名称、评级调整时间、调整前后的评级结论;

(三)评级调整的原因;

(四)评级调整对相关主体的履约能力和资产支持证券的影响分

析,如出现评级负面调整,管理人还需说明管理人和相关主体针对该项负面因素已采取和拟采取的应对措施。

第三十三条 市场上出现关于现金流参与人等主体的重大不利报道或者负面市场传闻,可能影响资产支持证券投资者权益的,管理人应当于知道或者应当知道相关报道或者市场传闻之日起2个交易日内发布报道或者市场传闻说明公告,并说明下列事项:

(一)报道或者市场传闻涉及的主体名称及其职责;

(二)报道或者市场传闻的主要内容;

(三)对报道或者市场传闻的核实情况或者截至报告披露时的核实进展;

(四)是否存在应当披露而未披露事项;

(五)对资产支持证券的影响分析。

报道或者市场传闻需要进一步核实的,管理人应当自核实事项发生重大进展之日起2个交易日内披露进展情况。

第三十四条 管理人、托管人、特定原始权益人及其他现金流参与人等发生经营方针或者经营范围的重大变化、法律政策或者重大灾害导致的经营外部条件的重大变化、盈利和偿债能力的重大变化等事项,可能影响资产支持证券投资者权益的,管理人应当于知道或者应当知道相关事项发生之日起2个交易日内披露经营情况发生重大变化公告,说明下列事项,并持续披露重大事项进展公告:

(一)经营情况发生重大变化的主体名称及其职责;

(二)经营情况发生重大变化的具体情况及发生原因;

(三)重大变化的预计持续时间;

(四)对资产支持证券的影响分析。

第三十五条 管理人、托管人、特定原始权益人及其他现金流参与人等被列为失信被执行人、受到刑事处罚、重大行政处罚或者被立案调查,发生金额占上年末合并口径净资产的5%以上且超过5000万元的债务违约或者其他资信状况的重大变化,可能影响资产支持证券投资者权益的,或者发生公开市场债务违约的,管理人应当于知道或者应当知道相关事项发生之日起2个交易日内披露资信情况发生重大变化公告，并说明下列事项：

（一）被列为失信被执行人的，披露导致被列为失信被执行人的案件情况，包括案件当事人、案由、涉案原因、案件进展、涉案金额、作出相应裁定的法院、所涉主体知道上述事项的时间；

（二）受到刑事处罚、重大行政处罚或者被立案调查的，披露处罚调查机构、处罚调查事由、处罚调查时间、处罚结果、所涉主体知道上述事项的时间；

（三）债务违约的，披露债务基本情况、违约时间、违约金额、违约原因、处置进展、所涉主体目前的资信情况；

（四）对资产支持证券的影响分析；

（五）管理人和相关主体已采取和拟采取的应对措施。

管理人应当于知道或者应当知道相关处罚履行完毕、失信被执行人解除、债务违约处置取得重大进展等事项发生之日起2个交易日内披露进展情况。

第三十六条 管理人、托管人、特定原始权益人及其他现金流参与人等作出减资、合并、分立等决定，可能影响资产支持证券投资者权益的，或者作出解散决定、出现破产事由的，管理人应当于知道或者应当知道相关事项发生之日起2个交易日内披露主体变动报告，并说明下列事项：

（一）减资、合并、分立、解散、破产的主体、实施原因及实施依据；

（二）减资、合并、分立、解散、破产的具体实施方案；

（三）所涉主体职责的承继情况（如有）；

（四）有权决策机构的决策情况；

（五）工商或者产权变更登记情况（如有）；

（六）对资产支持证券的影响分析；

（七）管理人和其他主体已采取和拟采取的应对措施。

管理人应当于知道或者应当知道减资、合并、分立、解散、破产等事项发生重大进展之日起2个交易日内披露进展情况。

第三节　与资产支持证券相关的重大事项

第三十七条　专项计划未按照约定的时间、金额、方式等向投资者分配收益的,管理人应当在相关事项发生之日起 2 个交易日内披露专项计划收益分配变动公告,并说明下列事项:

(一)原定的收益分配时间、金额和方式;

(二)未按照约定分配收益的具体情况和原因;

(三)对资产支持证券的影响分析;

(四)管理人和其他主体已采取和拟采取的应对措施,包括但不限于后续资金筹措方案、后续收益分配安排以及投资者赔偿安排(如有)。

管理人应当在资金筹措或者增信措施落实等事项发生重大进展之日起 2 个交易日内披露进展情况。

第三十八条　资产支持证券信用评级下调、评级展望发生负面变化或者被列入信用观察名单的,管理人应当于知道或者应当知道相关事项发生之日起 2 个交易日内披露资产支持证券信用评级发生不利调整公告,并说明下列事项:

(一)评级调整涉及的证券简称和代码;

(二)评级机构名称、评级调整时间、调整前后的评级结论;

(三)评级调整的原因;

(四)对资产支持证券的影响分析。

第三十九条　资产支持证券基本要素条款、专项计划收益分配、循环购买、资金保管使用安排、风险隔离措施、增信措施、基础资产合格标准和持有人会议安排等专项计划文件的主要约定发生变化的,管理人应当于知道或者应当知道相关事项发生之日起 2 个交易日内披露专项计划文件主要约定发生变化公告,并说明下列事项:

(一)变化前后约定的具体内容;

(二)变化发生原因;

(三)有权决策机构的决策情况;

(四)对资产支持证券的影响分析。

持有人会议审议通过前款规定的专项计划文件主要约定变化事宜并已在持有人会议决议公告中披露相关内容的,管理人可以不再重复披露。

第四十条 管理人应当及时披露专项计划收益分配报告,披露日应当不晚于每期专项计划收益分配日前的第3个交易日。

第四十一条 资信评级机构应当密切关注受评对象的资信状况,按照相关规定和约定及时披露资产支持证券不定期跟踪评级报告。

第四十二条 资产支持证券附调整收益率条款的,管理人应当按照专项计划文件约定的日期披露收益率调整公告。没有约定或者约定不明确的,管理人应当于收益率调整实施日之前及时披露收益率调整公告。调整收益率条款与回售业务相关的,管理人应当于回售申报起始日前至少披露3次收益率调整公告。

收益率调整公告应当说明收益率调整条款具体内容、是否调整收益率、调整前后的收益率、收益率调整生效日期等信息。

第四十三条 资产支持证券附回售选择权的,管理人应当在回售申报起始日前披露回售条款的基本内容、回售义务人、回售程序、回售申报期、回售撤销期(如有)、回售价格、回售资金到账日和转售安排(如有)等内容,并在回售申报结束日前至少披露3次。回售、转售(如有)完成后,管理人应当及时披露资产支持证券回售、转售(如有)情况及其影响。

管理人应当在回售资金到账日前及时披露资产支持证券回售结果公告,说明回售申报金额、回售资金发放及资产支持证券注销安排等,并按规定注销相应资产支持证券。

第四十四条 资产支持证券拟实施转售的,管理人应当于回售实施提示性公告中披露拟转售安排,在回售结果公告中披露转售数量、转售期间,并承诺转售符合相关规定、约定及承诺的要求。管理人应当于转售期间届满之日起2个交易日内披露转售结果公告,并注销未转售部分的资产支持证券。

第四十五条　管理人拟申请延长转售期间的,应当于转售期限届满前5个交易日向本所提交申请,说明目前转售进度、申请延长转售期的必要性和可行性、拟申请延长的期间。确定延长转售期的,管理人应当及时披露延长转售期公告,说明相关安排。

延长的转售期间内,管理人应当至少每5个交易日披露一次进展公告,说明目前转售进展、管理人为推进转售工作所采取的措施及其成效、预计转售完成时间。

第四十六条　资产支持证券附赎回条款的,管理人应当在满足赎回条件时,披露相关主体是否行使赎回权。行使赎回权的,应当披露赎回条款的基本内容、行使主体、赎回程序、赎回价格、赎回资金到账日等内容,并在赎回权行权日前至少披露3次。赎回完成后,管理人应当及时披露赎回情况及其影响。

第四十七条　专项计划文件约定由指定主体受让资产支持证券的,管理人应当参照本指引第四十二条、第四十三条、第四十六条的规定披露相关权利条款的主要内容与行权情况。

第四十八条　资产支持证券停牌、复牌的,管理人应当于资产支持证券停复牌前提交停牌或者复牌申请,并披露停牌或者复牌公告,说明专项计划与资产支持证券的基本信息、涉及停牌或者复牌的证券信息、申请停牌或者复牌的原因、停牌或者复牌的具体时间,以及后续进展公告的披露安排等。

停牌期间,管理人应当于相关事项取得重大进展或者发生重大变化时及时进行信息披露。

第四十九条　资产支持证券终止挂牌转让的,管理人应当于资产支持证券终止挂牌转让日之前披露终止挂牌转让的原因、终止挂牌转让的日期、相关清算安排(如有)。

第五十条　专项计划终止的,管理人应当自专项计划清算完毕之日起10个交易日内披露清算报告,说明终止时间、终止原因、专项计划清偿顺序、专项计划剩余资产情况、分配安排等信息。

第四章 持有人会议信息披露

第五十一条 管理人、单独或者合计持有本期资产支持证券总额10%以上的持有人书面提议召开持有人会议的,管理人应当自收到书面提议之日起5个交易日内向提议人书面回复是否召集持有人会议,并说明召集会议的具体安排或者不召集会议的理由。

同意召集会议的,管理人应当于书面回复日起15个交易日内召开持有人会议,提议人同意延期召开的除外。管理人不同意召集会议或者应当召集而未召集会议的,单独或者合计持有本期资产支持证券总额10%以上的持有人有权自行召集持有人会议,管理人应当为召开持有人会议提供必要协助。

持有人会议规则对有召集权的持有人比例另有约定的,从其约定。

第五十二条 资产支持证券召开持有人会议的,管理人或者其他召集人(以下简称召集人)应当至少于持有人会议召开日前10个交易日发布持有人会议通知的公告,持有人会议规则另有约定的,从其约定。

第五十三条 持有人会议通知的公告内容包括但不限于下列事项:

(一)专项计划和资产支持证券的基本情况;

(二)召集人、会务负责人姓名及联系方式;

(三)会议召集事由;

(四)会议时间和地点;

(五)会议召开形式;

(六)会议拟审议议案,议案应当属于持有人会议权限范围、有明确的决议事项,并且符合法律法规、本指引和本所其他业务规则的规定;

(七)会议议事程序,包括持有人会议的召集方式、表决方式、表决时间、计票方式和其他相关事项;

（八）持有人会议权益登记日，权益登记日与会议召开日之间的间隔应当不超过3个交易日且不少于1个交易日；有权参加持有人会议并享有表决权的持有人以权益登记日收市后的持有人名册为准；

（九）委托事项，资产支持证券持有人委托他人参会的，受托参会人员应当出示授权委托书和身份证明，在授权范围内参加持有人会议并履行受托义务。

会议通知中未包含的议案，应当不晚于权益登记日前1交易日公告，未按规定以及约定公告的议案不得提交该次持有人会议审议。

第五十四条 管理人可以按照相关规定或者持有人会议规则的约定简化持有人会议召集程序或者决议方式，但不得对持有人权益产生不利影响。

第五十五条 持有人会议应当由律师见证。见证律师对会议的召集、召开、表决程序、出席会议人员资格、有效表决权、决议的合法性及其效力等事项出具法律意见，法律意见应当与持有人会议决议一同披露。

第五十六条 召集人应当在持有人会议表决截止日次1交易日内披露会议决议公告，会议决议公告包括但不限于以下内容：

（一）会议召开时间、形式和地点，会议召集人，权益登记日等持有人会议召开情况；

（二）会议出席情况和出席会议的资产支持证券持有人所持表决权情况；

（三）会议有效性；

（四）各项议案的议题、表决结果及决议生效情况；

（五）律师见证情况。

第五十七条 持有人会议形成生效决议后，管理人应当积极落实或者督促原始权益人、资产服务机构、增信机构或者其他相关方按照规定和约定予以落实。

原始权益人、资产服务机构、增信机构或者其他相关方未按规定或者约定落实持有人会议决议的，管理人应当及时采取有效应对措施,切实维护持有人法定或者约定的权利。

管理人应当及时披露决议落实的进展情况及后续安排事项的重大进展情况。

第五章 附 则

第五十八条 专项计划基础资产为核心企业供应链应付款的,核心企业参照执行本指引特定原始权益人的披露要求。

前款所称核心企业供应链应付款,是指上游供应商或者服务提供方向核心企业或者其下属公司销售商品或者提供服务等经营活动后产生的、以核心企业或者其下属公司为付款方的应付款;核心企业,是指在供应链业务过程中具备主导地位且利用其主体资信为供应链资产支持证券提供信用支持的企业。

第五十九条 专项计划剩余基础资产规模不足发行时资产规模的20%,且单一重要现金流提供方按照约定未支付现金流金额占基础资产未来现金流总额比例不足30%,或者该单一提供方及其关联方的未支付现金流金额合计占基础资产未来现金流总额比例不足40%的,可以豁免管理人披露重要现金流提供方相关事项的要求。

第六十条 本指引所称知道或者应当知道之日,指下列任一情形的最早发生日当日:

(一)董事会、监事会或者履行同等职责的机构就该重大事项形成决议;

(二)有关各方就该重大事项签署意向书或者协议;

(三)董事、监事、高级管理人员或者履行同等职责的人员知悉该重大事项发生;

(四)收到相关主管部门关于该重大事项的决定或者通知;

(五)其他能够明确该重大事项已经发生的时点。

第六十一条 本指引所称重大行政处罚,指中国证监会及其派出机构实施的行政处罚,其他行政机关实施的暂扣许可证件、降低资质等级、吊销许可证件、限制开展生产经营活动、责令停产停业、责令关闭、限制从业等行政处罚或者其他可能严重影响被处罚主体经营情况或者专项计划收益分配的行政处罚。

第六十二条 本指引所称现金流参与人包括原始权益人、重要现金流提供方、资产服务机构以及增信机构。

第六十三条 监管对象违反本指引的,本所根据《深圳证券交易所资产支持证券业务规则》等相关业务规则的规定对其采取自律监管措施或者纪律处分。

第六十四条 本指引由本所负责解释。

第六十五条 本指引自发布之日起施行。本所于2019年10月31日发布的《深圳证券交易所资产支持证券临时报告信息披露指引》(深证上〔2019〕685号)同时废止。

深圳证券交易所关于发布《深圳证券交易所资产证券化业务指南第1号——挂牌条件确认业务办理》的通知

(深证上〔2020〕1279号 2020年12月31日发布)

各市场参与人:

为进一步提高资产证券化业务监管透明度和市场服务水平,本所制定了《深圳证券交易所资产证券化业务指南第1号——挂牌条件确认业务办理》,自发布之日起施行。原《深圳证券交易所资产证券化业务问答(2020年5月修订)》同时废止。

特此通知

附件:深圳证券交易所资产证券化业务指南第1号——挂牌条件确认业务办理

附件：

深圳证券交易所资产证券化业务指南第 1 号——挂牌条件确认业务办理

为规范资产证券化业务，明确挂牌条件确认业务办理程序，进一步提升工作透明度和市场服务水平，根据《证券公司及基金管理公司子公司资产证券化业务管理规定》《深圳证券交易所资产证券化业务指引（2014 年修订）》（以下简称《资产证券化业务指引》）《深圳证券交易所资产支持证券挂牌条件确认业务指引》（以下简称《挂牌条件确认指引》）等相关规定，制定本指南。

本指南未尽事宜，按照中国证监会和本所相关要求执行。

第一部分 挂牌条件确认业务程序

1.1 受理

（一）申请方式。管理人应当通过本所"固定收益品种业务专区"（https://biz.szse.cn/fic/index.html）（以下简称固收专区）提交资产支持专项计划挂牌条件确认申请材料，并填报申请信息。

（二）申请材料修改。申请材料通过固收专区提交后至本所受理前，管理人可以修改申请材料或者申请终止。

固收专区将保存申请材料提交、修改、中止以及终止的历史记录。

（三）申请受理。本所接收管理人提交的申请材料后，在二个交易日内对申请材料的齐备性进行形式核对。材料齐备的，予以受理；材料不齐备的，一次性告知补正；明显不符合本所挂牌条件的，不予受理。

（四）申请材料补正。申请材料需要补正的，管理人应当按照补正要求及时提交补正后的申请材料；补正后符合要求的，本所予以受理。

1.2 核对与反馈

（一）核对。本所受理申请材料当日，按照本所回避要求确定两名核对人员负责核对申请材料。

（二）反馈。本所自申请材料受理之日起十个交易日内，通过固收专区向管理人出具书面反馈意见（如有）。无需出具书面反馈意见的，通过固收专区通知管理人。

（三）静默期。自申请材料受理之日起至首次书面反馈意见出具或无书面反馈意见通知发出期间为静默期，本所核对人员不接受管理人及相关中介机构就本次资产支持专项计划挂牌条件确认申请事宜的来访或其他任何形式的沟通。

管理人对书面反馈意见有疑问的，可以与核对人员在工作时间内通过电话、邮件、会谈等方式进行沟通。以会谈方式进行沟通的，应当在本所办公场所进行，并有两名及以上本所工作人员同时在场。核对人员对申请材料及反馈意见回复中不清晰的问题，也可以通过上述方式询问管理人及中介机构相关人员，被询问人员应当积极配合，真实、准确、完整地回答相关询问。

（四）反馈意见回复。管理人应当根据书面反馈意见的具体内容，组织原始权益人、相关机构开展相关工作，逐项明确回复，并形成书面反馈意见回复。书面反馈意见回复应当逐项列明反馈结论及落实情况、概括具体修改内容、说明修改内容在相关申请材料中的具体位置（章节或页码）。反馈意见回复涉及申请材料修改的，应当同时提交修改后的申请材料及《修改说明表》（内容与格式见附件9），并以楷体加粗方式在申请材料中对修改内容进行标注；需要管理人或律师补充发表意见的，管理人和律师应当完善原计划说明书、尽职调查报告、法律意见书或者出具专项意见。

（五）反馈意见回复时间。管理人应当在书面反馈意见出具之日起二十个交易日内，通过固收专区提交符合要求的书面反馈意见回复、修改后的申请材料及《修改说明表》。反馈意见回复不符合相关要求需要进一步补充或完善的，管理人应当按照要求予以补充或完善，补充或完善时间与前次反馈意见回复已使用时间累计计算，累计时间应当符合反馈意见回复期限要求。

管理人不能在规定期限内予以回复的，应当在回复期限届满前通过固收专区向本所提交延期回复的书面申请,说明理由和延期回复时间。延期回复时间最长不超过二十个交易日。在延期回复时间内仍无法提交符合要求的反馈意见回复的,管理人可以在延期回复期限届满前通过固收专区申请中止核对。

(六)再次出具书面反馈意见。反馈意见回复及经修改的申请材料不符合要求或者出现重大事项需进一步说明的,本所可以再次出具书面反馈意见。再次出具书面反馈意见的,参照首次反馈的要求办理。

1.3 召开挂牌工作小组会议

(一)召开挂牌工作小组会议。反馈意见回复及经修改的申请材料符合要求的,自核对人员确认该等文件符合要求后五个交易日内召开挂牌工作小组会议。无需出具书面反馈意见的,自核对人员通知管理人之日起五个交易日内召开挂牌工作小组会议。

(二)会议意见。挂牌工作小组会议意见分为"通过"、"有条件通过"和"不通过"三种。本所于挂牌工作小组会议召开后通过固收专区通知会议意见。挂牌工作小组会议认为存在需要管理人进一步补充披露、解释说明或其他中介机构进一步核查落实相关问题的,可以暂缓审议。管理人或其他中介机构按要求补充反馈意见回复后,将按照相关程序另行召开挂牌工作小组会议。

会议意见为"有条件通过"的,核对人员将会议确定需要管理人或其他中介机构进一步补充披露、解释说明、核查落实的相关问题形成书面文件,并通过固收专区出具。管理人应当在五个交易日内提交符合要求的补充说明、解释材料及经修改的申请材料。不能在规定时间内提交的,管理人应当在到期日前向本所提交书面延期申请,说明理由和延期时间,延期时间最长不超过十个交易日。延期时间内仍不能提交的,可以申请中止核对。补充说明、解释材料及经修改的申请材料符合要求的,按照会议意见为"通过"的后续流程处理。

会议意见为"不通过"的,本所通过固收专区向管理人出具相关文件并告知理由。

1.4 封卷及出具无异议函

会议意见为"通过"的,或者会议意见为"有条件通过"的,在相关事项落实完毕后,管理人应当尽快通过固收专区提交全套电子封卷材料,确保电子封卷材料齐全,且与纸质材料完全一致,并妥善保管和归档纸质材料。如封卷材料较上会材料有修改,管理人应当同时提交《修改说明表》(内容与格式见附件9)。本所在确认电子封卷材料符合要求后,通过固收专区向管理人出具确认符合挂牌条件的无异议函。如需纸质版无异议函,管理人可以通过邮寄或现场方式领取。

对于单期发行项目,无异议函有效期为12个月,管理人应当自无异议函出具之日起12个月内正式向本所提交挂牌转让申请文件;对于储架发行项目,无异议函有效期为24个月,管理人应当自无异议函出具之日起12个月内正式向本所提交首期专项计划挂牌转让申请文件、24个月内正式向本所提交全部专项计划挂牌转让申请文件。在无异议函有效期内未按规定向本所提交挂牌转让申请文件的,无异议函自动失效。

1.5 特殊情形处理程序

(一)重大事项报告。本所核对过程中,相关主体或基础资产发生重大事项、可能影响投资价值及投资决策判断的事项,以及认为存在需要补充披露的其他重要事项时,管理人等相关中介机构应当及时向本所报告,提交相关事项的书面说明和中介机构意见,并修改申请材料。

(二)中止核对。核对过程中,发生下列情形之一的,本所可以中止核对并通知管理人:

1. 管理人因正当理由主动要求中止核对的;

2. 管理人、原始权益人因涉嫌违法违规,被有权机关立案调查或侦查尚未终结,对其发行的资产支持证券符合挂牌条件可能产生不利影响的;

3. 管理人或其他中介机构被主管部门采取限制参与资产证券化相关业务活动、责令停业整顿、指定其他机构托管或接管等监管措施,尚未解除的；

4. 管理人未及时回复且未按规定申请延期回复，或者在延期回复期限内仍不能提交回复文件的；

5. 原始权益人的财务报告、相关资质许可等申请文件已超过有效期，且短期内难以重新提交的；

6. 本所收到涉及资产支持证券挂牌条件确认申请的相关举报材料并需要进一步核查的；

7. 本所认为应当中止核对的其他情形。

上述第1至5项情形消除后，管理人可以向本所申请恢复核对。本所自收到恢复核对的书面申请之日起二个交易日内确定是否恢复核对，并通过固收专区通知管理人。

对于上述第6项情形，本所可以采取核查、要求管理人及相关中介机构自查、委托独立第三方核查以及移交证监会稽查部门调查等措施，管理人及相关中介机构应当积极配合，并按要求向本所提交自查、核查报告。经核查，未发现所举报事项影响资产支持证券挂牌条件的，本所恢复核对并通过固收专区通知管理人。经核查所举报事项影响挂牌条件或者存在违法违规行为等情形的，本所按照有关规定进行处理。

管理人主动要求中止核对的，管理人和原始权益人应当通过固收专区提交中止核对的书面申请文件（内容与格式见附件11），说明中止理由和拟中止期限，本所在固收专区就是否同意中止核对申请进行确认。

（三）终止核对。核对过程中，发生下列情形之一的，本所可以终止核对并通知管理人：

1. 管理人主动要求撤回申请的；

2. 管理人或原始权益人发生解散、清算或者宣告破产等原因依法终止的；

3. 中止核对超过三个月的；

4. 本所认为需要终止核对的其他情形。

管理人主动要求撤回申请的,管理人和原始权益人应当通过固收专区提交终止核对的书面申请文件(内容与格式见附件11),说明终止理由,本所固收专区就是否同意终止核对申请进行确认。

(四)期后事项

本所确认资产支持专项计划符合挂牌条件并出具无异议函后至提供挂牌转让服务前,发生不符合《挂牌条件确认指引》第六、七、八条规定情形,或者出现《挂牌条件确认指引》第二十五、二十七条规定的情形,或者资产支持专项计划交易结构、基础资产、相关主体发生变化或者更新特定原始权益人、增信方财务数据,或者存在其他可能影响挂牌条件、资产支持证券投资价值、投资决策判断等事项的,管理人应当及时向本所报告,中介机构应当进行核查,并对该事项是否影响发行及挂牌条件发表明确意见。

管理人应当通过固收专区向本所提交《取得无异议函后是否发生变化的专项说明》(内容与格式见附件8),逐项说明是否发生相关变化,如是,说明相关变化的基本情况、是否影响资产支持专项计划发行及挂牌条件、已采取或拟采取的应对措施等,管理人应当同时提交涉及修改的申请材料及《修改说明表》(内容与格式见附9)。如发生重大变化未及时告知本所的,无异议函自动失效。

本所根据期后事项的具体情况,视情况提交挂牌工作小组会议再次讨论。

管理人提交期后事项材料后,需在固收专区收到期后事项通过通知后,才可启动发行或挂牌转让流程。

第二部分 申请材料清单及要求

2.1 申请材料清单

(一)关于确认资产支持专项计划是否符合深圳证券交易所挂牌条件的申请(内容与格式要求详见附件3);

(二)管理人合规审查意见(内容与格式要求详见附件4);

(三)资产支持专项计划说明书、标准条款(如有);

(四)基础资产买卖协议、托管协议、监管协议(如有)、资产服务协议(如有)等主要交易合同文本；

(五)法律意见书；

(六)信用评级报告(如有)；

(七)特定原始权益人最近三年(未满三年的自成立之日起)的财务报告和审计报告、最近一期财务报告或会计报表(注明是否经审计)(上市公司非必备)；

(八)特定原始权益人最近三年及最近一期的融资情况说明(内容与格式要求详见附件5)；

(九)增信方最近一年的财务报告及最近一期财务报告或会计报表(注明是否经审计)(如有)；

(十)基础资产评估报告/现金流预测报告(如有)；

(十一)差额支付承诺函/担保协议或担保函(如有)及授权文件(如有)；

(十二)尽职调查报告；

(十三)关于专项计划会计处理意见的说明(如有)；

(十四)法律法规或原始权益人公司章程规定的有权机构作出的关于开展资产证券化融资相关事宜的决议；

(十五)电子封卷相关事项的承诺书(内容与格式要求详见附件6)；

(十六)基础资产未被列入负面清单的专项说明；

(十七)多期申报差异说明(如有)(内容与格式要求详见附件7)；

(十八)本所要求的其他材料。

申请材料的具体要求详见附件1。

2.2　申请材料通用要求

管理人及相关中介机构应当按照中国证监会《证券公司及基金管理公司子公司资产证券化业务信息披露指引》、中国证券投资基金业协会《资产支持专项计划说明书内容与格式指引(试行)》《深圳证券交易所企业应收账款资产支持证券挂牌条件确认指南》《深圳证券交易所企业应收账款资产支持证券信息披露指南》《深圳证券交易所融资租赁债权资产支持证券挂牌条件确认指南》《深圳证券交易所融资租赁债权资产支持证券信息披露指南》《深圳证券交易所基础设施类资产支持证券挂牌条件确认指南》《深圳证券交易所基础设施类资产支持证券信息披露指南》《深圳证券交易所政府和社会资本合作（PPP）项目资产支持证券挂牌条件确认指南》《深圳证券交易所政府和社会资本合作（PPP）项目资产支持证券信息披露指南》以及本指南等相关规则的要求制作申请材料。

管理人应当按照附件1材料清单的要求提交全套电子版申请材料。电子申请文件的文件名称应当与文件内部名称、内容相符。计划说明书、标准条款、法律意见书等申请文件应当设置目录导航。单个文件大小超过系统上限时，可以拆分成多个文件上传。

申请材料所需签名处，应当为签名人亲笔签名或本人签名章盖印；法律法规、文件出具机构明确规定或约定可以授权他人签字的，应当提交授权委托书。申请材料所需加盖公章处，应当加盖相关机构公章。每份已签章的申请文件应当注明签章日期。符合要求使用电子印章的机构，应当提交律师出具的《关于申请文件电子印章与传统印章具有同等法律效力的说明》，由两名经办律师签名并加盖律师事务所公章。境外机构或人员的签名、签章，按照公司内部规定或国际惯例处理。

封卷时，所有材料均应当按照要求完成签字、盖章，尚未签署的文件（一般为交易合同文本）由管理人加盖骑缝章确认文本内容。原则上，电子封卷材料应当为盖章版原件的彩色扫描件，不能提供原件的应当由律师出具鉴证意见或由文件出具方盖章确认。扫描文件、签名、签章、公章应当清晰可读。

对于存在多个管理人的专项计划，申请材料、封卷材料中需要管理人盖章的文件，全部管理人均应当盖章。同时，各管理人应当提交各自的《管理人合规审查意见》及《尽职调查报告》。

第三部分 其他

3.1 【项目咨询】管理人应当根据《资产证券化业务指引》《挂牌

条件确认指引》以及本指南等相关规则要求，向本所提交资产支持专项计划挂牌条件确认申请材料，申报前无需沟通。涉及新增基础资产类型、新设交易结构等创新、疑难项目，管理人确有需求的，可以发送邮件至本所资产证券化业务公共邮箱（abs@szse.cn）进行咨询，邮件标题注明项目咨询，本所将视情况回复。

3.2 【多期申报项目】同一管理人针对同一原始权益人或者同一最终融资人再次提交的资产支持专项计划挂牌条件确认申请，若基础资产类型、交易结构等相同，管理人应当提交《多期申报资产支持专项计划挂牌条件确认申请材料差异说明》（内容与格式要求详见附件7）。本所将视情况提升评审工作效率。

3.3 【储架发行】资产支持专项计划满足以下条件时，管理人可以申请储架发行，即"一次申报、分期发行"。

（一）分期发行的各期资产支持专项计划的交易结构、增信安排等相同；

（二）基础资产具有较高同质性、质量优良，法律界定及业务形态属于相同类型，且风险特征不存在太大差异，各期基础资产合格标准相同；

（三）原始权益人能够持续产生与分期发行规模相适应的基础资产规模；

（四）原始权益人或增信方资信良好、履约能力较强，原则上主体信用评级为AA级或以上；

（五）管理人和相关参与方应当具备良好的履约能力和较为丰富的资产证券化业务经验。

申请储架发行的，管理人应当按照本指南的申请材料清单提交储架发行的挂牌条件确认申请材料。其中，关于确认资产支持专项计划是否符合深圳证券交易所挂牌条件的申请、计划说明书等申请材料中应当明确储架发行安排，包括但不限于储架规模、发行期数、存续期限、证券分层、证券评级、收益分配方式、增信措施、相关参与主体、基础资产定义、基础资产合格标准、模拟资产池或一期资产池概况、现金流归集路径和归集频率、循环购买(如有)以及风险自留安排等信息。各期专项计划在存续期限、证券分层及相关参与主体等方面存在差异性安排的，申请材料中应当予以明确。同时，储架申请材料中应当结合原始权益人/最终融资人相关业务开展情况和备选资产情况说明储架规模设置的合理性。如首期资产支持专项计划的基础资产已确定，管理人应当结合首期资产支持专项计划的基础资产编制储架发行的挂牌条件确认申请材料，无需单独提交首期资产支持专项计划的挂牌条件确认申请材料。

储架发行项目，各期资产支持专项计划发行前均应履行报备程序，管理人应当至少在发行日5个交易日前通过固收专区期后事项栏目提交当期发行材料。申报时首期基础资产池已确定，且未发生本指南第1.5条要求应当提交期后事项情形的，可豁免首期发行前报备程序。

3.4 【基础资产类型】资产支持专项计划基础资产的分类应当遵循资产证券化基础资产分类标准(分类标准详见附件2)。管理人在本所固收专区提交资产支持专项计划挂牌条件确认申请材料时，应当按照附件2的分类标准准确填报基础资产类型、创新标签及双层结构标签。

3.5 【专项计划命名规范】资产支持专项计划的名称应当简洁、明确，不夸大，不误导，不产生歧义。若专项计划名称包括多项信息，可以按照管理人、原始权益人/最终融资人/增信方等相关主体、基础资产类型、年份(如2021年)、期数(如1-10期、1-X期等)的顺序进行命名。若为储架发行产品，名称中可以不体现年份。各字段之间如需连接符的，均以"-"体现，不得使用其他符号。名称中如包含住房租赁、绿色、一带一路、创新创业、扶贫、纾困等字样的，管理人应当在计划说明书中披露冠名依据。在本所申报的资产支持专项计划名称不得与其他市场的产品名称重复。

3.6 【财务报表有效期】计划说明书引用的特定原始权益人、增信方的财务报表在其最近一期截止日后六个月内有效。财务报表应以年度末、半年度末或者季度末为截止日。对于超过财务报表有效期的资产证券化项目,管理人应当按要求及时做好财务报表更新工作,具体要求详见附件10。

3.7 【业务规则和项目进度查询】业务规则查询途径:"深交所官网－固收产品－规则指引－规则与指南"或者"深市固收微信公众号－固收资讯－规则指引"。

项目进度查询途径:"深交所官网－固收产品－信息披露－项目进度信息"或者"深市固收微信公众号－业务查询－项目进度"。

3.8 【网上业务办理示例】管理人可以按照附件12的业务办理示例进行挂牌条件确认申请材料的报送和业务办理。

附件1至附件12(具体内容见本书第三部分)

深圳证券交易所关于发布《深圳证券交易所债券市场投资者适当性管理办法(2023年修订)》的通知

(深证上〔2023〕976号　2023年10月20日发布)

各市场参与人:

为了贯彻落实党中央、国务院关于机构改革的决策部署,做好企业债券发行审核职责划转工作衔接,促进交易所债券市场健康发展,保护投资者合法权益,本所对《深圳证券交易所债券市场投资者适当性管理办法(2022年修订)》进行修订。经中国证监会批准,现予以发布,自发布之日起施行。有关事项通知如下:

一、证券经营机构应当按照《深圳证券交易所债券市场投资者适当性管理办法(2023年修订)》(以下简称新《办法》)的规定,完善投资者适当性管理制度,做好前端技术控制,加强投资者适当性管理。

新《办法》施行后，不再符合本所债券投资者适当性要求的投资者，仅可以选择卖出或者继续持有新《办法》施行前买入的债券。

二、本所于2022年4月22日发布的《深圳证券交易所债券市场投资者适当性管理办法（2022年修订）》（深证上〔2022〕393号）同时废止。

附件：深圳证券交易所债券市场投资者适当性管理办法（2023年修订）

附件：

深圳证券交易所债券市场投资者适当性管理办法（2023年修订）

第一章 总 则

第一条 为了引导投资者理性参与债券市场，保护投资者合法权益，促进债券市场健康稳定发展，根据《证券期货投资者适当性管理办法》（以下简称《投资者适当性管理办法》）、《公司债券发行与交易管理办法》（以下简称《公司债券管理办法》）等有关法律、行政法规、部门规章、规范性文件（以下统称法律法规）以及深圳证券交易所（以下简称本所）相关业务规则，制定本办法。

第二条 本办法适用于债券和资产支持证券在本所债券市场的发行认购、上市交易以及挂牌转让（以下统称交易）的投资者适当性管理。

上市公司可转换公司债券的投资者适当性管理，不适用本办法。

第三条 本所可以根据市场需要、债券和资产支持证券资信状况变化以及投资者保护要求等，调整债券市场投资者适当性管理安排。

第四条 本所会员以及其他证券经营机构(以下统称证券经营机构)应当切实履行适当性管理职责,建立健全适当性管理的业务制度和操作流程,加强系统建设和业务人员培训,充分了解投资者信息,有针对性地进行风险揭示,引导投资者在充分了解债券和资产支持证券特性的基础上审慎参与债券和资产支持证券交易。

第五条 投资者参与本所债券市场,应当充分知悉和了解债券和资产支持证券风险事项、法律法规和本所业务规则,客观评估自身的风险认知和承受能力,审慎决定是否参与债券和资产支持证券交易。

第二章 投资者适当性标准

第六条 债券市场投资者按照财产状况、金融资产状况、投资知识和经验、专业能力等因素,分为专业投资者和普通投资者。

第七条 专业投资者应当符合下列条件:

(一)经有关金融监管部门批准设立的金融机构,包括证券公司、期货公司、基金管理公司及其子公司、商业银行及其理财子公司、保险公司、信托公司、财务公司等;经行业协会备案或者登记的证券公司子公司、期货公司子公司、私募基金管理人。

(二)上述机构面向投资者发行的理财产品,包括但不限于证券公司资产管理产品、基金管理公司及其子公司产品、期货公司资产管理产品、银行理财产品、保险产品、信托产品、经行业协会备案的私募基金。

(三)社会保障基金、企业年金等养老基金,慈善基金等社会公益基金,合格境外机构投资者(QFII)、人民币合格境外机构投资者(RQFII)。

(四)同时符合下列条件的法人或者其他组织:

1.最近1年末净资产不低于2000万元;

2.最近1年末金融资产不低于1000万元;

3.具有2年以上证券、基金、期货、黄金、外汇等投资经历。

（五）同时符合下列条件的个人：

1. 申请资格认定前 20 个交易日名下金融资产日均不低于 500 万元，或者最近 3 年个人年均收入不低于 50 万元；

2. 具有 2 年以上证券、基金、期货、黄金、外汇等投资经历，或者具有 2 年以上金融产品设计、投资、风险管理以及相关工作经历，或者属于本条第（一）项规定的专业投资者的高级管理人员、获得职业资格认证的从事金融相关业务的注册会计师和律师。

（六）中国证券监督管理委员会（以下简称中国证监会）和本所认可的其他投资者。

前款所称金融资产按照《投资者适当性管理办法》相关规定予以认定。

第八条 发行人的董事、监事、高级管理人员以及持股比例超过 5% 的股东交易该发行人发行的债券，资产支持证券原始权益人及其关联方交易相应的资产支持证券，不受本办法第七条规定的专业投资者条件的限制。

第九条 专业投资者可以交易在本所上市交易或者挂牌转让的全部债券，但下列债券仅限专业投资者中的机构投资者交易：

（一）依据《公司债券管理办法》第十六条面向普通投资者公开发行的公司债券外的其他公司债券；

（二）本所规定的其他仅限专业投资者中的机构投资者交易的债券。

资产支持证券仅限专业投资者中的机构投资者交易。

第十条 普通投资者可以交易在本所上市的下列债券：

（一）国债；

（二）地方政府债券；

（三）政策性银行金融债券；

（四）中国铁路建设债券等政府支持债券；

（五）资信状况符合《公司债券管理办法》第十六条规定标准并面向普通投资者公开发行的公司债券；

（六）本所认可的其他债券品种。

第十一条 承销机构可以参与其承销的债券和资产支持证券的交易，但其自营、资产管理以及投资顾问等不同业务类型下的债券和资产支持证券业务应当按照相关规定分开办理，实行严格分离，切实防范利益冲突。

第十二条 因继承、赠与、企业分立等非交易行为，普通投资者获得仅限专业投资者参与交易的债券和资产支持证券，或者专业投资者中的个人投资者获得仅限机构投资者参与交易的债券和资产支持证券的，可以选择持有到期或者卖出，不得另行买入。

第十三条 在本所上市交易或者挂牌转让的债券，发生下列情形之一的，发行人、受托管理人或者具有同等职责的机构应当及时发布公告提示投资风险，自该情形披露之日起，仅本办法规定的专业投资者中的机构投资者可以买入该债券：

（一）发行人最近一个会计年度经审计的财务报告显示为亏损或者经更正的财务报告显示为亏损；

（二）发行人发生严重违反法律法规或者合同约定的行为，或者被证券监督管理部门立案调查，严重影响其偿债能力的；

（三）发行人发生债务违约或者延迟支付本息的；

（四）发行人发生严重影响其偿债能力的其他重大事项，导致债券还本付息存在重大不确定性；

（五）发行人发生其他影响投资者权益保护的负面情形。

发行人、受托管理人或者具有同等职责的机构未按前款要求发布公告的，本所可以根据实际情况，调整债券的投资者适当性管理要求。

第十四条 债券通用质押式回购的融资、债券质押式协议回购以及债券质押式三方回购的融资和融券等交易仅限本办法规定的专业投资者中的机构投资者参与。专业投资者以及普通投资者可以参与本所债券通用质押式回购的融券交易。

第三章　投资者适当性管理

第十五条　证券经营机构应当采取有效措施，确保债券和资产支持证券投资者符合本所投资者适当性管理规定。

第十六条　证券经营机构评估债券和资产支持证券投资者风险识别和承受能力并告知其不适合购买相关债券或者资产支持证券后，投资者仍要求购买的，证券经营机构应当确认其不属于风险承受能力最低类别的投资者，并进一步了解其投资的资金来源，投资损失后的损失计提、核销等损失承担方式，告知相关债券或者资产支持证券特别的风险点，就该债券或者资产支持证券风险高于其承受能力进行特别的书面风险警示。投资者仍坚持购买的，证券经营机构可以向其销售相关产品或者提供相关服务，也可以暂缓向其销售产品或者提供服务，给予其更多的考虑时间，或者增加回访频次等。

第十七条　证券经营机构应当通过系统前端控制等方式对客户的债券和资产支持证券交易委托指令进行管理，对不符合交易权限的交易委托予以拒绝。

第十八条　证券经营机构应当采取多种方式和途径开展投资者教育，帮助投资者熟悉本所债券市场的产品以及相关规则，提示参与债券和资产支持证券交易可能面临的风险。

第十九条　证券经营机构应当根据相关规定、债券和资产支持证券品种以及业务的风险特征等情况制定相关风险揭示书。

证券经营机构应当要求参与公司债券（含企业债券）交易的普通投资者签署风险揭示书。

证券经营机构可以在充分提示业务风险的基础上，根据细化分类和管理情况决定是否要求专业投资者签署风险揭示书。

风险揭示书应当由投资者以纸面或者电子方式签署。

第二十条　申请人符合专业投资者条件的，证券经营机构应当填写专业投资者资格确认表，并于为申请人开通专业投资者相关交易权限的当日，通过本所网站相关专区提交专业投资者账户名单。

直接持有或者使用本所交易单元的专业投资者在参与债券和资产支持证券交易前，需通过本所网站相关专区提交账户名单。

第二十一条　证券经营机构应当动态跟踪和持续了解专业投资者情况，至少每两年对投资者进行一次后续资格评估，根据评估情况更新专业投资者名单，并于当日通过本所网站相关专区提交更新的专业投资者账户名单。

第二十二条　可参与债券交易的投资者范围根据本所相关业务规则规定和本办法第十三条规定进行调整的，证券经营机构应当在调整事项披露日及时调整投资者参与该债券交易的权限，履行投资者适当性管理职责。

第二十三条　证券经营机构应当根据本所相关规则对客户的债券和资产支持证券交易活动进行管理，对可能严重影响正常交易秩序的异常交易行为或者涉嫌违法违规的交易行为，证券经营机构应当根据与客户之间签订的证券交易委托代理协议拒绝接受其委托，并及时向本所报告。

第二十四条　本所可以对证券经营机构的投资者适当性管理制度以及向本所报备的专业投资者名单进行检查。证券经营机构应当配合本所的检查，如实提供相关资料。本所发现有不符合专业投资者条件的，可以要求证券经营机构调整专业投资者名单。

第二十五条　投资者应当配合证券经营机构的投资者适当性管理工作，如实提供有效证明资料，不得采用提供虚假材料等手段规避投资者适当性管理要求。投资者所提供的信息发生重要变化、可能影响其分类的，应当及时告知证券经营机构。

投资者不按照规定提供相关信息，提供信息不真实、不准确、不完整的，应当依法承担相应法律责任，证券经营机构应当告知其后果，并拒绝向其销售产品或者提供服务。

投资者不得以不符合投资者适当性标准为由拒绝承担交易债券和资产支持证券的履约责任。

第二十六条　证券经营机构应当妥善保管投资者适当性管理的

全部记录,包括客户开户时间、资产规模、信用状况以及风险承受能力等信息,并依法对投资者信息承担保密义务。

第二十七条 证券经营机构应当妥善处理适当性相关纠纷。投资者与证券公司发生纠纷的,双方可以向投资者保护机构申请调解。普通投资者提出调解请求的,证券公司不得拒绝。

第二十八条 发行人、证券经营机构违反本办法的,本所可以根据相关规定实施自律监管措施和纪律处分。

第四章 附 则

第二十九条 本规则的制定和修改须经本所理事会审议通过,报中国证监会批准。

第三十条 本办法由本所负责解释。

第三十一条 本办法自发布之日起施行。本所于2022年4月22日发布的《深圳证券交易所债券市场投资者适当性管理办法(2022年修订)》(深证上〔2022〕393号)同时废止。

第四篇 公募 REITs

一、部门规章及规范性文件

中国证监会、国家发展改革委关于推进基础设施领域不动产投资信托基金（REITs）试点相关工作的通知

（证监发〔2020〕40号 2020年4月24日发布）

中国证监会各派出机构，上海证券交易所、深圳证券交易所，中国证券业协会，中国证券投资基金业协会，各省、自治区、直辖市、计划单列市发展改革委，新疆生产建设兵团发展改革委：

　　为贯彻落实党中央、国务院关于防风险、去杠杆、稳投资、补短板的决策部署，积极支持国家重大战略实施，深化金融供给侧结构性改革，强化资本市场服务实体经济能力，进一步创新投融资机制，有效盘活存量资产，促进基础设施高质量发展，现就推进基础设施领域不动产投资信托基金（以下简称基础设施REITs）试点工作通知如下：

　　一、充分认识推进基础设施REITs试点的重要意义

　　基础设施REITs是国际通行的配置资产，具有流动性较高、收益相对稳定、安全性较强等特点，能有效盘活存量资产，填补当前金融产品空白，拓宽社会资本投资渠道，提升直接融资比重，增强资本市场服务实体经济质效。短期看有利于广泛筹集项目资本金，降低债务风险，是稳投资、补短板的有效政策工具；长期看有利于完善储蓄转化投资机制，降低实体经济杠杆，推动基础设施投融资市场化、规范化健康

发展。

各相关单位应充分认识推进基础设施 REITs 试点的重要意义,加强合作,推动基础设施 REITs 在证券交易所公开发行交易,盘活存量资产、形成投资良性循环,吸引更专业的市场机构参与运营管理,提高投资建设和运营管理效率,提升投资收益水平。

二、推进基础设施 REITs 试点的基本原则

(一)符合国家政策,聚焦优质资产。推动国家重大战略实施,服务实体经济,支持重点领域符合国家政策导向、社会效益良好、投资收益率稳定且运营管理水平较好的项目开展基础设施 REITs 试点。

(二)遵循市场原则,坚持权益导向。结合投融资双方需求,按照市场化原则推进基础设施 REITs,依托基础设施项目持续、稳定的收益,通过 REITs 实现权益份额公开上市交易。

(三)创新规范并举,提升运营能力。加强对基础设施资产持续运营能力、管理水平的考核、监督,充分发挥管理人的专业管理职能,确保基础设施项目持续健康运营,努力提升运营效率和服务质量,推动基础设施投融资机制和运营管理模式创新。

(四)规则先行,稳妥开展试点。借鉴成熟国际经验,在现行法律法规框架下,在重点领域以个案方式先行开展基础设施 REITs 试点,稳妥起步,及时总结试点经验,优化工作流程,适时稳步推广。

(五)强化机构主体责任,推动归位尽责。明确管理人、托管人及相关中介机构的职责边界,加强监督管理,严格落实诚实守信、勤勉尽责义务,推动相关参与主体归位尽责。

(六)完善相关政策,有效防控风险。健全法律制度保障与相关配套政策,把握好基础资产质量,夯实业务基础,有效防范市场风险。借鉴境外成熟市场标准,系统构建基础设施 REITs 审核、监督、管理制度,推动制度化、规范化发展。

三、基础设施 REITs 试点项目要求

(一)聚焦重点区域。优先支持京津冀、长江经济带、雄安新区、粤港澳大湾区、海南、长江三角洲等重点区域,支持国家级新区、有条件的国家级经济技术开发区开展试点。

（二）聚焦重点行业。优先支持基础设施补短板行业，包括仓储物流、收费公路等交通设施，水电气热等市政工程，城镇污水垃圾处理、固废危废处理等污染治理项目。鼓励信息网络等新型基础设施，以及国家战略性新兴产业集群、高科技产业园区、特色产业园区等开展试点。

（三）聚焦优质项目。基础设施 REITs 试点项目应符合以下条件：

1.项目权属清晰，已按规定履行项目投资管理，以及规划、环评和用地等相关手续，已通过竣工验收。PPP 项目应依法依规履行政府和社会资本管理相关规定，收入来源以使用者付费为主，未出现重大问题和合同纠纷。

2.具有成熟的经营模式及市场化运营能力，已产生持续、稳定的收益及现金流，投资回报良好，并具有持续经营能力、较好的增长潜力。

3.发起人（原始权益人）及基础设施运营企业信用稳健、内部控制制度健全，具有持续经营能力，最近 3 年无重大违法违规行为。基础设施运营企业还应当具有丰富的运营管理能力。

（四）加强融资用途管理。发起人（原始权益人）通过转让基础设施取得资金的用途应符合国家产业政策，鼓励将回收资金用于新的基础设施和公用事业建设，重点支持补短板项目，形成投资良性循环。

四、基础设施 REITs 试点工作安排

（一）试点初期，由符合条件的取得公募基金管理资格的证券公司或基金管理公司，依法依规设立公开募集基础设施证券投资基金，经中国证监会注册后，公开发售基金份额募集资金，通过购买同一实际控制人所属的管理人设立发行的基础设施资产支持证券，完成对标的基础设施的收购，开展基础设施 REITs 业务。公开募集基础设施证券投资基金符合《证券法》《证券投资基金法》规定的，可以申请在证券交易所上市交易。

（二）各省级发展改革委主要从项目是否符合国家重大战略、宏观调控政策、产业政策、固定资产投资管理法规制度,以及鼓励回收资金用于基础设施补短板领域等方面出具专项意见。各省级发展改革委要加强指导,推动盘活存量资产,促进回收资金用于基础设施补短板项目建设,形成投资良性循环。在省级发展改革委出具专项意见基础上,国家发展改革委将符合条件的项目推荐至中国证监会,由中国证监会、沪深证券交易所依法依规,并遵循市场化原则,独立履行注册、审查程序,自主决策。中国证监会各派出机构、沪深证券交易所与省级发展改革委加强协作,做好项目遴选与推荐工作。

(三)中国证监会制定公开募集基础设施证券投资基金相关规则,对基金管理人等参与主体履职要求、产品注册、份额发售、投资运作、信息披露等进行规范。沪深证券交易所比照公开发行证券相关要求建立基础设施资产支持证券发行审查制度。中国证监会各派出机构、沪深证券交易所、中国证券业协会、中国证券投资基金业协会等有关单位要抓紧建立基础设施资产支持证券受理、审核、备案、信息披露和持续监管的工作机制,做好投资者教育和市场培育,参照公开发行证券相关要求强化对基础设施资产支持证券发行等环节相关参与主体的监督管理,压实中介机构责任,落实各项监管要求。

中国证监会指导各派出机构、沪深证券交易所、中国证券业协会与中国证券投资基金业协会制定完善试点项目遴选相关配套措施,加强基础设施 REITs 的业务过程监管,并结合实践情况,适时完善法律制度保障。

(四)中国证监会、国家发展改革委密切沟通协作、加强信息共享,协调解决基础设施 REITs 试点过程中存在的问题与困难,并依据职责分工,不断优化流程、提高效率,推动基础设施 REITs 试点工作顺利开展,并支持探索开展基础设施 REITs 试点的其他可行模式。

有关单位应按照本《通知》要求,做好项目储备等前期工作,待相关配套规则明确后,按规定报送相关材料。

国家发展改革委办公厅关于建立全国基础设施领域不动产投资信托基金(REITs)试点项目库的通知

(发改办投资〔2021〕35号　2021年1月13日发布)

各省、自治区、直辖市及计划单列市、新疆生产建设兵团发展改革委：

为贯彻落实党中央、国务院决策部署，根据《中国证监会国家发展改革委关于推进基础设施领域不动产投资信托基金(REITs)试点相关工作的通知》《国家发展改革委办公厅关于做好基础设施领域不动产投资信托基金(REITs)试点项目申报工作的通知》和中国证监会《公开募集基础设施证券投资基金指引(试行)》(以下分别简称"40号文"、"586号文"和"指引")等文件要求，切实保障试点项目质量，有效防范市场风险，推动基础设施领域不动产投资信托基金(以下简称"基础设施REITs")试点工作高质量推进，我委决定建立全国基础设施REITs试点项目库。现就有关工作通知如下：

一、充分认识稳妥推进基础设施REITs试点的重要意义

稳妥推进基础设施REITs试点，把握好基础资产质量，及时总结经验，健全规章制度，优化工作流程，夯实业务基础，对于推动基础设施REITs试点工作制度化、规范化发展至关重要。各地发展改革委对此要有充分认识，要严格执行40号文、586号文、指引以及中国证监会、国家发展改革委相关文件要求，按照统一的政策规定、操作规范、审核条件和工作程序，与中国证监会各派出机构密切沟通协作、加强信息共享，共同稳妥推进试点工作。同时，切实采取有效措施防范风险隐患，避免对试点工作造成不利影响，促进基础设施REITs试点工作平稳顺利开展。

二、切实加强基础设施 REITs 试点项目储备管理

基础设施 REITs 试点项目社会关注度高、示范性强,切实加强项目储备管理,选准选好试点项目,对推进基础设施 REITs 试点工作平稳顺利开展十分重要。为切实保障基础设施 REITs 试点项目质量,我委将按照统一标准和规则,设立覆盖试点各区域、各行业的全国基础设施 REITs 试点项目库,并作为全国盘活存量项目库的一个重要组成部分。各地发展改革委对此要高度重视、精心组织,积极做好统筹协调工作,推动落实相关条件,在严格审核把关的基础上,将符合条件的项目纳入基础设施 REITs 试点项目库,为稳妥开展基础设施 REITs 试点工作奠定坚实基础。

三、严格把握入库项目条件

基础设施 REITs 试点项目库包含意向项目、储备项目和存续项目 3 类项目。入库项目应分别满足下列条件:

(一)意向项目。

属于基础设施项目,基本符合基础设施 REITs 发行条件,原始权益人具有发行 REITs 产品的明确意向。如所在地区、行业等暂不属于基础设施 REITs 试点范围,可单独备注说明。

(二)储备项目。

项目发起人(原始权益人)已正式启动发行 REITs 产品准备工作。比如,已开始目标资产重组工作,或已基本确定公募基金管理人和资产支持专项计划管理人,或已筹备成立项目公司,或相关股东已协商一致同意转让,或有权主管部门同意发行 REITs 产品等。入库项目应符合中国证监会、国家发展改革委关于推进基础设施 REITs 试点工作有关要求和规定。

(三)存续项目。

项目已成功发行 REITs 产品,设立的基础设施基金进入存续期管理。

四、强化入库项目政策支持和协调服务

(一)对入库的意向项目,要综合考虑国家重大战略要求、地方经

济社会发展需要、项目自身条件与前期工作准备情况等,加强指导协调,推动做好发行 REITs 各项准备工作。

(二)对入库的储备项目,要深入了解项目工作进展,及时掌握项目情况,联合当地有关部门,加强统筹协调,做好咨询服务,帮助落实各项条件,并与当地中国证监会派出机构、相关证券交易所加强沟通,帮助项目做好相关准备。向国家发展改革委推荐基础设施 REITs 试点的项目,应从储备库中统一选取,未入库项目不得推荐。

(三)对符合条件的入库储备项目和使用募集资金投资的新项目,我委将采取投资补助等方式安排中央预算内投资,支持项目顺利实施。

(四)对使用募集资金投资的新项目,在安排其他中央预算内投资专项、地方政府专项债券时,可在同等条件下优先支持,推动盘活存量资产、形成投资良性循环。

五、做好入库项目梳理和报送工作

(一)请各地抓紧梳理汇总本地区基础设施 REITs 试点项目,及时将符合条件的项目分类纳入基础设施 REITs 试点项目库,并按照附件1、附件2、附件3 填写相关项目情况。

(二)为便于及时掌握项目情况,请按照入库项目和资产编码规则(见附件4)编制有关入库项目和资产代码。其中,"项目"是指原始权益人拟申报基础设施 REITs 试点的项目,"资产"是指项目中位于不同地理位置的独立资产(或称子项目)。

(三)涉及跨区域或打包项目的,请原始权益人注册地省份填报该项目的所有资产(子项目)情况,请注册地以外省份填报该项目在本地区的资产(子项目)情况。

(四)请于3月5日前将首批入库项目报送我委投资司,并于每月5日前更新并报送截至上月末的项目信息。

六、统一规则、加强协作,切实做好基础设施 REITs 试点工作

(一)为稳妥推进试点工作,切实规范试点项目管理,各地发展改革委要与当地中国证监会派出机构、有关部门积极沟通、加强协作,切实贯彻落实好40号文、586号文、指引和中国证监会、国家发展改革委相关工作要求，不得出台不符合40号文等精神的配套文件，不得违反40号文等明确的规则、规范、条件和程序推荐项目，确保基础设施REITs试点工作稳妥推进。

（二）各地发展改革委对不符合40号文等精神、未纳入基础设施REITs试点项目库的项目，要主动作为、及时制止，防止扰乱试点进程；必要时应从国家重大战略、宏观调控政策、产业政策、发展规划、投资管理法规制度等方面进行审核，对于发现的问题要责令项目单位及时改进，并抄送当地中国证监会派出机构和有关部门，情节严重的要及时报告国家发展改革委。对向不符合40号文等精神的项目提供发行REITs相关服务的各类中介机构，各地发展改革委要及时进行提醒和约谈。

（三）国家发展改革委将对各地发展改革委执行40号文等政策精神，以及建立基础设施REITs试点项目库有关情况加强监督指导，对执行不力的及时予以提醒，对问题突出、造成严重不良影响的将通报批评，并视情况采取其他惩戒措施。对违反40号文等政策精神的有关情况，及时通报中国证监会和相关部门，必要时采取适当方式向社会公开。

特此通知。

附件：1. 全国基础设施REITs试点项目库——意向项目表（略）
2. 全国基础设施REITs试点项目库——储备项目表（略）
3. 全国基础设施REITs试点项目库——存续项目表（略）
4. 入库项目和资产编码规则（略）

国家发展改革委关于进一步做好基础设施领域不动产投资信托基金（REITs）试点工作的通知

（发改投资〔2021〕958号 2021年6月29日发布）

各省、自治区、直辖市及计划单列市、新疆生产建设兵团发展改革委：

为贯彻落实党中央、国务院决策部署，按照《中华人民共和国国民经济和社会发展第十四个五年规划和2035年远景目标纲要》（以下简称"'十四五'规划《纲要》"），以及我委与中国证监会联合印发的《关于推进基础设施领域不动产投资信托基金（REITs）试点相关工作的通知》（以下简称"40号文"）等要求，进一步做好基础设施领域不动产投资信托基金（以下简称"基础设施REITs"）试点工作，现就有关事项通知如下：

一、不断深化认识，加强支持引导

（一）充分认识基础设施REITs的重要意义。"十四五"规划《纲要》提出，推动基础设施REITs健康发展，有效盘活存量资产，形成存量资产和新增投资的良性循环。开展基础设施REITs试点，对推动形成市场主导的投资内生增长机制，提升资本市场服务实体经济的质效，构建投资领域新发展格局，具有重要意义。各地发展改革委要把基础设施REITs作为一项重点工作，高度重视、积极推动，盘活存量资产，促进形成投资良性循环。

（二）结合本地实际加大工作力度。各地发展改革委要充分发挥在发展规划、投资管理、项目建设等方面的经验，做好项目储备，加强协调服务，帮助解决问题，促进市场培育，充分调动各类原始权益人的积极性。鼓励结合本地区实际情况，研究出台有针对性的支持措施，促进基础设施 REITs 市场健康发展。

（三）加强政策解读和宣传培训。采取多种方式加强政策解读，总结推广典型经验，宣传推介成功案例，推动有关方面充分认识基础设施 REITs 的重要意义和积极作用。组织开展多种类型的业务培训，帮助有关部门、地方政府、原始权益人、基金管理人、资产支持证券管理人、中介机构等，掌握和了解与基础设施 REITs 相关的政策法规、管理要求，进一步熟悉基础设施 REITs 的操作规则，不断提升参与试点的意愿和能力。

二、加强项目管理和协调服务

（四）加强项目储备管理。及时梳理汇总本地区基础设施 REITs 试点项目，将符合条件的项目分类纳入全国基础设施 REITs 试点项目库，做到应入尽入，未纳入项目库的项目不得申报参与试点。督促有关方面适时更新项目信息，动态掌握入库项目进展，及时剔除不符合要求的项目，切实保障入库项目质量。

（五）推动落实项目条件。对纳入项目库的意向项目，要结合发展需要和项目情况，推动做好相关准备工作。对储备项目，要及时掌握项目进展，与中国证监会当地派出机构、沪深证券交易所、有关行业管理部门、有关行政审批部门等加强沟通，依法依规办理相关手续，帮助落实发行基础设施 REITs 的各项条件。

（六）充分发挥政府投资引导作用。用好引导社会资本参与盘活国有存量资产中央预算内投资示范专项，支持回收资金投入的新项目加快开工建设，促进形成投资良性循环。在安排中央预算内投资、地方政府专项债券时，对使用回收资金投入的新项目，以及在盘活存量资产方面取得积极成效的项目单位，可在同等条件下优先支持，充分调动盘活存量积极性。

三、严把项目质量关

（七）规范编制申报材料。督促指导项目原始权益人、基金管理人、资产支持证券管理人、律师事务所、会计师事务所、资产评估机构等有关方面，严格落实本通知规定，按照统一的申报要求，认真编制项目申报材料。项目申报材料应真实、完整、有效，不得存在虚假记载、误导性陈述、重大遗漏等情况。

（八）切实保障项目质量。严格按照试点有关政策规定、项目条件、操作规范和工作程序，坚持标准、宁缺毋滥，认真把关申报项目质量，成熟一个、申报一个。项目申报工作要对各种所有制企业、本地和外埠企业一视同仁、公平对待。优先支持贯彻新发展理念，有利于促进实现碳达峰碳中和目标、保障和改善民生、推动区域协调发展、推进县城补短板强弱项、增强创新能力等的基础设施项目。

（九）提高申报工作效率。各地发展改革委要在严格防范风险前提下，切实承担责任，优化工作流程，及时向我委申报项目，不符合试点条件和要求的项目不得申报。如相关省级发展改革委向我委申报明显不符合要求且情况比较严重的项目，我委一定时间内将不再受理该省级发展改革委项目申报。我委将持续完善工作程序，进一步提高工作效率，及时将有关项目推荐至中国证监会、沪深证券交易所。

四、促进基础设施 REITs 长期健康发展

（十）引导回收资金用于新项目建设。引导原始权益人履行承诺，将回收资金以资本金注入等方式投入新项目建设，确保新项目符合国家重大战略、发展规划、产业政策等要求。加强跟踪服务，对回收资金拟投入的新项目，协调加快前期工作和开工建设进度，尽快形成实物工作量。对原始权益人未按承诺将回收资金投入到相关项目的，要及时督促落实。

（十一）促进存续项目稳定运营。推动基金管理人与运营管理机构健全激励约束机制，提高运营效率，提升服务水平，保障基金存续期间项目持续稳定运营。引导运营管理机构依法合规运营，处理好基础设施项目公益性和商业性关系，切实保障公共利益，防范化解潜在风险。

（十二）加强投融资机制创新。鼓励重点领域项目原始权益人用好基础设施 REITs 模式，开展投融资创新，打通投资合理退出渠道，形成投融资闭环，推动企业长期健康发展。探索结合本地区实际，加强项目和行业优化整合,提升原始权益人资产规模和质量。深化投融资体制改革,多措并举吸引社会资本参与盘活存量资产,促进"两新一重"和补短板项目建设。

五、加强部门协作和政策落实

(十三)加强与相关部门沟通合作。各地发展改革委要与中国证监会当地派出机构、沪深证券交易所密切协作配合,加强信息共享,共同稳妥推进试点相关工作。加强与本地区行业管理、城乡规划、土地管理、生态环境、住房城乡建设、国资监管等部门沟通交流,协调解决项目推进过程中存在的问题,促进形成工作合力。

(十四)抓好政策贯彻落实。严格落实 40 号文,以及国家发展改革委、中国证监会相关工作要求,确保试点工作稳妥推进。不得出台不符合 40 号文等精神的配套文件,不得违反 40 号文等明确的规则、规范、条件和程序推荐项目。对向不符合 40 号文等精神的项目提供发行基础设施 REITs 相关服务的中介机构,及时进行提醒和约谈。

自本通知发布之日起,基础设施 REITs 试点项目申报等有关工作依照本通知执行。

特此通知。

附件:基础设施领域不动产投资信托基金(REITs)试点项目申报要求

附件:

基础设施领域不动产投资信托基金（REITs）试点项目申报要求

一、试点区域和行业范围

(一)全国各地区符合条件的项目均可申报。重点支持位于京津冀协同发展、长江经济带发展、粤港澳大湾区建设、长三角一体化发展、海南全面深化改革开放、黄河流域生态保护和高质量发展等国家重大战略区域，符合"十四五"有关战略规划和实施方案要求的基础设施项目。

（二）试点主要包括下列行业：

1. 交通基础设施。包括收费公路、铁路、机场、港口项目。

2. 能源基础设施。包括风电、光伏发电、水力发电、天然气发电、生物质发电、核电等清洁能源项目，特高压输电项目、增量配电网、微电网、充电基础设施项目，分布式冷热电项目。

3. 市政基础设施。包括城镇供水、供电、供气、供热项目，以及停车场项目。

4. 生态环保基础设施。包括城镇污水垃圾处理及资源化利用环境基础设施、固废危废医废处理环境基础设施、大宗固体废弃物综合利用基础设施项目。

5. 仓储物流基础设施。应为面向社会提供物品储存服务并收取费用的仓库，包括通用仓库以及冷库等专业仓库。

6. 园区基础设施。位于自由贸易试验区、国家级新区、国家级与省级开发区、战略性新兴产业集群的研发平台、工业厂房、创业孵化器、产业加速器、产业发展服务平台等园区基础设施。其中，国家级与省级开发区以《中国开发区审核公告目录（2018年版）》发布名单为准，战略性新兴产业集群以国家发展改革委公布名单为准。

7. 新型基础设施。包括数据中心类、人工智能项目，5G、通信铁塔、物联网、工业互联网、宽带网络、有线电视网络项目，智能交通、智慧能源、智慧城市项目。

8. 保障性租赁住房。包括各直辖市及人口净流入大城市的保障性租赁住房项目。

9. 探索在其他基础设施领域开展试点。

（1）具有供水、发电等功能的水利设施；

（2）自然文化遗产、国家AAAAA级旅游景区等具有较好收益的旅游基础设施，其中自然文化遗产以《世界遗产名录》为准。

酒店、商场、写字楼等商业地产项目不属于试点范围。项目土地用途原则上应为非商业、非住宅用地,租赁住房用地以及为保障项目正常运转而无法分割的办公用房、员工宿舍等少数配套设施用地除外。

二、项目基本条件

(三)项目应成熟稳定,满足以下条件:

1. 基础设施项目权属清晰、资产范围明确,发起人(原始权益人)依法合规直接或间接拥有项目所有权、特许经营权或经营收益权。项目公司依法持有拟发行基础设施REITs的底层资产。

2. 土地使用依法合规。

(1)对项目公司拥有土地使用权的非PPP(含特许经营)类项目。如项目以划拨方式取得土地使用权,土地所在地的市(县)人民政府或自然资源行政主管部门应对项目以100%股权转让方式发行基础设施REITs无异议;如项目以协议出让方式取得土地使用权,原土地出让合同签署机构(或按现行规定承担相应职责的机构)应对项目以100%股权转让方式发行基础设施REITs无异议;如项目以招拍挂出让或二级市场交易方式取得土地使用权,应说明取得土地使用权的具体方式、出让(转让)方、取得时间及相关前置审批事项。

(2)对项目公司拥有土地使用权的PPP(含特许经营)类项目。发起人(原始权益人)和基金管理人应就土地使用权作出包含以下内容的承诺:项目估值中不含项目使用土地的土地使用权市场价值,基金存续期间不转移项目涉及土地的使用权(政府相关部门另有要求的除外),基金清算时或特许经营权等相关权利到期时将按照特许经营权等协议约定以及政府相关部门的要求处理相关土地使用权。

(3)对项目公司不拥有土地使用权的项目。应说明土地使用权拥有人取得土地使用权的具体方式、出让(转让)方和取得时间等相关情况,土地使用权拥有人与项目公司之间的关系,以及说明项目公司使用土地的具体方式、使用成本、使用期限和剩余使用年限,分析使用成本的合理性,并提供相关证明材料。

3. 基础设施项目具有可转让性。

(1)发起人（原始权益人）、项目公司相关股东已履行内部决策程序，并协商一致同意转让。

(2)如相关规定或协议对项目公司名下的土地使用权、项目公司股权、特许经营权、经营收益权、建筑物及构筑物转让或相关资产处置存在任何限定条件、特殊规定约定的，相关有权部门或协议签署机构应对项目以100%股权转让方式发行基础设施REITs无异议，确保项目转让符合相关要求或相关限定具备解除条件。

(3)对PPP（含特许经营）类项目，PPP（含特许经营）协议签署机构、行业主管部门应对项目以100%股权转让方式发行基础设施REITs无异议。

4. 基础设施项目成熟稳定。

(1)项目运营时间原则上不低于3年。对已能够实现长期稳定收益的项目，可适当降低运营年限要求。

(2)项目现金流投资回报良好，近3年内总体保持盈利或经营性净现金流为正。

(3)项目收益持续稳定且来源合理分散，直接或穿透后来源于多个现金流提供方。因商业模式或者经营业态等原因，现金流提供方较少的，重要现金流提供方应当资质优良，财务情况稳健。

(4)预计未来3年净现金流分派率（预计年度可分配现金流/目标不动产评估净值）原则上不低于4%。

5. 资产规模符合要求。

(1)首次发行基础设施REITs的项目，当期目标不动产评估净值原则上不低于10亿元。

(2)发起人（原始权益人）具有较强扩募能力，以控股或相对控股方式持有、按有关规定可发行基础设施REITs的各类资产规模（如高速公路通车里程、园区建筑面积、污水处理规模等）原则上不低于拟首次发行基础设施REITs资产规模的2倍。

6. 发起人（原始权益人）等参与方符合要求。

（1）优先支持有一定知名度和影响力的行业龙头企业的项目。

（2）发起人（原始权益人）、项目公司、基金管理人、资产支持证券管理人、基础设施运营管理机构近3年在投资建设、生产运营、金融监管、市场监管、税务等方面无重大违法违规记录。项目运营期间未出现安全、质量、环保等方面的重大问题或重大合同纠纷。

三、申报材料要求

（四）项目申报材料应符合以下条件：

1. 项目申报材料须包含基础设施REITs设立方案等项目基本情况、依法依规取得固定资产投资管理手续等项目合规情况，以及产权证书、政府批复文件或无异议函、相关方承诺函等项目证明材料。

2. 发起人（原始权益人）应严格按照本申报要求准备项目申报材料。国家发展改革委向中国证监会推荐项目时，将以适当方式一并转送项目申报材料中的有关内容。

3. 发起人（原始权益人）对材料真实性、有效性、合规性、完备性负责。对缺少相关材料、未办理相关手续，以及需要说明的重大问题等，发起人（原始权益人）要在项目申报材料中对有关情况和原因进行详细说明。

四、项目申报程序

（五）项目应按照以下程序申报：

1. 各地发展改革委组织发起人（原始权益人）等有关方面选择优质项目，纳入全国基础设施REITs试点项目库。

2. 发起人（原始权益人）选择符合条件的入库项目，向项目所在地省级发展改革委报送试点项目申报材料。未纳入全国基础设施REITs试点项目库的项目不得申报。

3. 发起人（原始权益人）拟整合跨地区的多个项目一次性发行基础设施REITs产品的，应向注册地省级发展改革委报送完整的项目申报材料，并分别向相关省级发展改革委报送涉及该地区的项目材料；发起人（原始权益人）注册地省级发展改革委对本地区项目和基础设施 REITs 发行总体方案审查把关，其他相关省级发展改革委对本地区项目审查把关。

发起人（原始权益人）为中央企业的跨地区打包项目，有关中央企业可将申报请示文件和项目申报材料直接报送国家发展改革委，同时须附项目所在地省级发展改革委意见。

对于项目收益是否满足试点基本条件，需以打包后项目整体收益进行判断。

4. 对本地区符合相关条件、拟推荐开展试点的项目，省级发展改革委向国家发展改革委上报项目申报请示文件和项目申报材料，或为有关中央企业出具意见。项目申报请示文件或省级发展改革委为中央企业出具的意见中，需包含"经初步评估，所推荐项目符合国家重大战略、发展规划、宏观调控政策、产业政策、固定资产投资管理法规制度，以及试点区域、行业等相关要求，推荐该项目开展基础设施 REITs 试点"的表述。

5. 国家发展改革委根据项目申报材料，对项目进行综合评估后，确定拟向中国证监会推荐的项目名单。国家发展改革委推荐项目时一并将有关项目材料转送中国证监会。

五、项目审查内容

（六）符合宏观管理政策要求。主要包括：

1. 符合国家重大战略、国家宏观调控政策有关要求。

2. 符合国民经济和社会发展总体规划、有关专项规划和区域规划（实施方案）要求。

3. 符合《产业结构调整指导目录》和相关行业政策规定，符合行业发展相关要求。

4. 外商投资项目还需符合外商投资管理有关要求。

（七）依法依规取得固定资产投资管理相关手续。主要包括：

1. 项目审批、核准或备案手续。

2. 规划、用地、环评、施工许可手续。

3. 竣工验收报告（或建设、勘察、设计、施工、监理"五方验收单"，或政府批复的项目转入商运文件)。

4. 外商投资项目应取得国家利用外资有关手续。

5. 依据相关法律法规应办理的其他必要手续。

项目投资管理手续的合法合规性,应以办理时的法律法规、规章制度、国家政策等为判定依据。项目无需办理上述手续的,应说明有关情况,并提供证明材料。项目投资管理手续缺失的,应依法依规补办相关手续,或以适当方式取得相关部门认可;如现行法律法规、规章制度、政策文件等明确无需办理的,应对有关情况作出详细说明,并提供项目所在地相关部门或机构出具的证明材料。

(八)PPP(含特许经营)类项目还需满足以下条件:

1. 2015年6月以前采用BOT、TOT、股权投资等模式实施的特许经营类项目,应符合当时国家关于特许经营管理相关规定。2015年6月以后批复实施的特许经营类项目,应符合《基础设施和公用事业特许经营管理办法》(国家发展改革委等6部委第25号令)有关规定。

2. 2015年6月以后批复实施的非特许经营类PPP项目,应符合国家关于规范有序推广PPP模式的规定,已批复PPP项目实施方案,通过公开招标等竞争方式确定社会资本方,并依照法定程序规范签订PPP合同。

3. 收入来源以使用者付费(包括按照穿透原则实质为使用者支付费用)为主。收入来源含地方政府补贴的,需在依法依规签订的PPP合同或特许经营协议中有明确约定。

4. 项目运营稳健、正常,未出现暂停运营等重大问题或重大合同纠纷。

(九)鼓励将回收资金用于基础设施补短板项目建设,具体应满足以下要求:

1. 回收资金应明确具体用途,包括具体项目、使用方式和预计使用规模等。在符合国家政策及企业主营业务要求的条件下,回收资金可跨区域、跨行业使用。

2. 90%(含)以上的净回收资金(指扣除用于偿还相关债务、缴纳税费、按规则参与战略配售等的资金后的回收资金)应当用于在建项目或前期工作成熟的新项目。

3. 鼓励以资本金注入方式将回收资金用于项目建设。

(十)促进基础设施持续健康平稳运营,应满足以下条件:

1. 基础设施运营管理机构具备丰富的项目运营管理经验,配备充足的运营管理人员,公司治理与财务状况良好,具有持续经营能力。

2. 基金管理人与运营管理机构之间建立合理的激励和约束机制,明确奖惩标准。

3. 明确界定运营管理权责利关系,并约定解聘、更换运营管理机构的条件和程序。

六、中介机构要求

(十一)为项目申报提供服务的中介机构,包括法律顾问、财务顾问、评估机构、税务咨询顾问、审计机构等,应依法依规履行相关职责,保证出具的相关材料科学、合规、真实、全面、准确。

(十二)发起人(原始权益人)选择的律师事务所和会计师事务所近3年未发生重大违法违规事件,未受到国家行政机关或监管机构行政处罚。律师事务所出具法律意见书应经律师事务所负责人及承办律师签字。会计师事务所出具审计报告应经有关注册会计师签字和盖章。

(十三)如相关中介机构对项目合法合规性等重大问题应发现而未发现,或与发起人(原始权益人)、基金管理人等串通、隐瞒相关情况,或出具法律意见书、审计报告、资产评估报告或其他相关报告有虚假记载、误导性陈述、重大遗漏,或不符合上述相关要求而故意隐瞒等,国家发展改革委不予推荐,已推荐的建议取消,并将相关情况反馈中介机构主管部门。

七、其他工作要求

(十四)发起人(原始权益人)、基金管理人应按照有关规定和要求,对如实办理相关事项的承诺、并表或出表管理的情况说明、拟纳税方案向税务部门书面报告情况(如需)、需说明的重大问题等进行准确完整的信息披露。

（十五）向省级发展改革委报送项目申报材料之日起一年内拟进行改建扩建的，应说明具体计划、进展情况及保障项目持续运营的相关措施。

（十六）基础设施 REITs 扩募有关项目申报工作也应符合本申报要求相关规定，可根据项目具体情况适当简化。

（十七）项目由国家发展改革委推荐至中国证监会后，如需更换基金管理人、律师事务所、会计师事务所等机构，发起人（原始权益人）须按本申报要求，及时将机构更换涉及的项目申报材料相关内容报送国家发展改革委备案和复核，并说明更换原因。国家发展改革委将以适当方式向中国证监会反馈有关复核意见。

（十八）各省级发展改革委与当地中国证监会派出机构等协商一致，并经国家发展改革委和中国证监会初步同意，可按程序上报其他对盘活存量资产、促进投资良性循环、加强基础设施领域补短板、推动经济社会高质量发展具有特殊示范意义的项目。

（十九）项目还应满足国家发展改革委和中国证监会提出的其他工作要求。

国家发展改革委办公厅关于加快推进基础设施领域不动产投资信托基金（REITs）有关工作的通知

（发改办投资〔2021〕1048号　2021年12月29日发布）

各省、自治区、直辖市及计划单列市、新疆生产建设兵团发展改革委：

"十四五"规划《纲要》明确，推动基础设施领域不动产投资信托基金（REITs）健康发展，有效盘活存量资产，形成存量资产和新增投资的良性循环。按照"十四五"规划《纲要》及实施机制明确的分工安排，为贯彻中央经济工作会议精神，进一步加快推进基础设施 REITs 试点有关工作，推动盘活存量资产、形成投资良性循环，现就有关工作要求通知如下。

一、加强宣传解读，调动参与积极性

各地要进一步加强新闻宣传和政策解读，介绍基础设施 REITs 在降低企业资产负债率、防范和化解隐性债务风险、提高企业再投资能力、提升基础设施运营效率、促进投资良性循环等方面的积极作用，鼓励企业拿出优质资产参与试点，促进企业实现轻资产运营。适时组织行业管理部门、原始权益人和金融机构等开展业务培训，普及相关政策规定，讲解操作规则，提升业务水平。总结推广典型经验和成功案例，不断提高各方面参与基础设施 REITs 试点的积极性。

二、摸清项目底数，分类辅导服务

根据本地区基础设施现状、项目自身条件和前期准备情况等，认真梳理意向项目和储备项目，对符合条件的项目做好分类储备。全国基础设施 REITs 试点项目库要坚持统计监测和协调服务的功能定位，做到项目"愿入尽入、应入尽入"，不得以任何理由拒绝项目入库。及时对项目进行分类辅导，加强项目谋划、储备、申报等全过程服务，推动做好发行准备工作。

三、安排专人对接，做好服务工作

完善项目推进工作机制，对每一个储备项目，都要明确专人对接，压实工作责任，切实加快项目进度。项目负责人员要与原始权益人、基金管理人等加强沟通，及时掌握项目进度和存在问题，全力提供政策咨询等服务。各地发展改革委每月要进行一次项目调度，动态掌握项目进展，有针对性地开展辅导工作，为项目顺利申报发行打好基础。

四、加强部门协调，落实申报条件

加强与证监、行业管理、城乡规划、自然资源、生态环境、住房城乡建设、国资监管等部门的沟通协调，共同解决项目推进过程中存在的问题，尽可能压缩项目准备周期。在依法合规的前提下，重点围绕项目手续完善、产权证书办理、土地使用、PPP 和特许经营协议签订、国有资产转让等，协调有关方面对项目发行基础设施 REITs 予以支持，加快无异议函等相关手续办理，落实各项发行条件。

五、及时沟通反映，加快申报进度

对项目推进过程中遇到的重点难点问题，要及时与我委投资司沟通联系，反映项目情况和问题，协商确定合理的解决方案。在严格保证质量的前提下进一步优化工作流程、提高工作效率，及时向我委申报符合条件的项目。对各类申报项目，没有名额限制、地域区别，只要符合条件、质量过硬即可申报推荐。对中央企业跨地区项目，要及时受理涉及本地区资产的相关材料，出具专项意见。

六、用好回收资金，形成良性循环

对已发行基础设施 REITs 的项目，要加强回收资金使用情况的跟踪监督，定期调度回收资金是否及时使用、是否投入到原始权益人承诺的新项目建设，以及使用方式是否为资本金注入等情况，督导项目原始权益人切实履行承诺。对回收资金拟投入的新项目，协调加快前期工作和开工建设进度，尽快形成实物工作量。对原始权益人未按承诺将回收资金投入到相关项目的，要加强督促落实，要求整改，并及时向我委投资司反映有关情况。

七、鼓励先进典型，形成示范引领

鼓励结合本地区实际情况，借鉴先进地区经验，研究出台有针对性的支持措施，支持本地区企业积极参与基础设施 REITs 试点。对成功发行基础设施 REITs 的企业，研究在资金安排等方面给予优先支持，充分发挥示范引领作用。及时总结先进企业典型经验做法，鼓励相关企业学习借鉴，加强基础设施资产优化整合，推动更多符合条件的项目发行基础设施 REITs。

特此通知。

公开募集证券投资基金运作管理办法

(2014年7月7日证监会令第104号发布
自2014年8月8日起施行)

第一章 总 则

第一条 为了规范公开募集证券投资基金(以下简称基金)运作活动,保护投资者的合法权益,促进证券投资基金市场健康发展,根据《证券投资基金法》及其他有关法律、行政法规,制定本办法。

第二条 本办法适用于基金的募集,基金份额的申购、赎回和交易,基金财产的投资,基金收益的分配,基金份额持有人大会的召开,以及其他基金运作活动。

第三条 从事基金运作活动,应当遵守法律、行政法规和中国证券监督管理委员会(以下简称中国证监会)的规定,遵循自愿、公平、诚实信用原则,不得损害国家利益和社会公共利益。

基金管理人运用基金财产进行证券投资,应当遵守审慎经营规则,制定科学合理的投资策略和风险管理制度,有效防范和控制风险。

第四条 中国证监会及其派出机构依照法律、行政法规、本办法的规定和审慎监管原则,对基金运作活动实施监督管理。

中国证监会对基金募集的注册审查以要件齐备和内容合规为基础,以充分的信息披露和投资者适当性为核心,以加强投资者利益保护和防范系统性风险为目标。中国证监会不对基金的投资价值及市场前景等作出实质性判断或者保证。投资者应当认真阅读基金招募说明书、基金合同等信息披露文件,自主判断基金的投资价值,自主做出投资决策,自行承担投资风险。

第五条 证券投资基金行业协会(以下简称基金行业协会)依据

法律、行政法规、中国证监会的规定和自律规则，对基金运作活动进行自律管理。

第二章 基金的募集

第六条 申请募集基金，拟任基金管理人、基金托管人应当具备下列条件：

（一）拟任基金管理人为依法设立的基金管理公司或者经中国证监会核准的其他机构，拟任基金托管人为具有基金托管资格的商业银行或者经中国证监会核准的其他金融机构；

（二）有符合中国证监会规定的、与管理和托管拟募集基金相适应的基金经理等业务人员；

（三）最近一年内没有因重大违法违规行为、重大失信行为受到行政处罚或者刑事处罚；

（四）没有因违法违规行为、失信行为正在被监管机构立案调查、司法机关立案侦察，或者正处于整改期间；

（五）最近一年内向中国证监会提交的注册基金申请材料不存在虚假记载、误导性陈述或者重大遗漏；

（六）不存在对基金运作已经造成或者可能造成不良影响的重大变更事项，或者诉讼、仲裁等其他重大事项；

（七）不存在治理结构不健全、经营管理混乱、内部控制和风险管理制度无法得到有效执行、财务状况恶化等重大经营风险；

（八）中国证监会根据审慎监管原则规定的其他条件。

第七条 申请募集基金，拟募集的基金应当具备下列条件：

（一）有明确、合法的投资方向；

（二）有明确的基金运作方式；

（三）符合中国证监会关于基金品种的规定；

（四）基金合同、招募说明书等法律文件草案符合法律、行政法规和中国证监会的规定；

（五）基金名称表明基金的类别和投资特征，不存在损害国家利益、社会公共利益，欺诈、误导投资者，或者其他侵犯他人合法权益的内容；

（六）招募说明书真实、准确、完整地披露了投资者做出投资决策所需的重要信息，不存在虚假记载、误导性陈述或者重大遗漏，语言简明、易懂、实用，符合投资者的理解能力；

（七）有符合基金特征的投资者适当性管理制度，有明确的投资者定位、识别和评估等落实投资者适当性安排的方法，有清晰的风险警示内容；

（八）基金的投资管理、销售、登记和估值等业务环节制度健全，行为规范，技术系统准备充分，不存在影响基金正常运作、损害或者可能损害基金份额持有人合法权益、可能引发系统性风险的情形；

（九）中国证监会规定的其他条件。

第八条 基金管理人申请募集基金，应当按照《证券投资基金法》和中国证监会的规定提交申请材料。申请材料自被行政受理时点起，基金管理人、基金托管人及相关中介机构即需要对申请材料的真实性、准确性、完整性承担相应的法律责任。

为基金申请材料出具法律意见书等文件的中介机构，应当勤勉尽责，对所依据的文件资料的真实性、准确性、完整性进行核查和验证。

申请材料受理后，相关内容不得随意更改。申请期间申请材料涉及的事项发生重大变化的，基金管理人应当自变化发生之日起五个工作日内向中国证监会提交更新材料。

第九条 中国证监会依照《行政许可法》和《证券投资基金法》第五十五条的规定，受理基金募集注册申请，并进行审查，作出注册或者不予注册的决定，并通知申请人；不予注册的，应当说明理由。

第十条 中国证监会在注册审查中可视情况征求基金行业协会、证券交易所、证券登记结算机构等的意见，供注册审查参考。

第十一条 基金募集期限自基金份额发售之日起不得超过三个月。

第十二条 基金募集期限届满，募集的基金份额总额符合《证券投资基金法》第五十九条的规定,并具备下列条件的,基金管理人应当按照规定办理验资和基金备案手续:基金募集份额总额不少于两亿份,基金募集金额不少于两亿元人民币;基金份额持有人的人数不少于二百人。

发起式基金不受上述限制。发起式基金是指,基金管理人在募集基金时,使用公司股东资金、公司固有资金、公司高级管理人员或者基金经理等人员资金认购基金的金额不少于一千万元人民币,且持有期限不少于三年。发起式基金的基金合同生效三年后,若基金资产净值低于两亿元的,基金合同自动终止。

第十三条 中国证监会自收到基金管理人验资报告和基金备案材料之日起三个工作日内予以书面确认;自中国证监会书面确认之日起,基金备案手续办理完毕,基金合同生效。

基金管理人应当在收到中国证监会确认文件的次日予以公告。

第十四条 基金募集期间的信息披露费、会计师费、律师费以及其他费用,不得从基金财产中列支;基金收取认购费的,可以从认购费中列支。

第三章 基金份额的申购、赎回和交易

第十五条 开放式基金的基金合同应当约定,并在招募说明书中载明基金管理人办理基金份额申购、赎回业务的日期(以下简称开放日)和时间。基金管理人在办理基金份额申购、赎回业务时,应当遵循基金份额持有人利益优先原则,发生申购、赎回损害持有人利益的情形时,应当及时暂停申购、赎回业务。

第十六条 开放式基金的基金合同可以约定基金管理人自基金合同生效之日起一定期限内不办理赎回;但约定的期限不得超过三个月,并应当在招募说明书中载明。但中国证监会规定的特殊基金品种除外。

第十七条 开放式基金份额的申购、赎回价格,依据申购、赎回日基金份额净值加、减有关费用计算。开放式基金份额的申购、赎回价

格具体计算方法应当在基金合同和招募说明书中载明。

开放式基金份额净值，应当按照每个开放日闭市后，基金资产净值除以当日基金份额的余额数量计算。具体计算方法应当在基金合同和招募说明书中载明。

第十八条　基金管理人不得在基金合同约定之外的日期或者时间办理基金份额的申购、赎回或者转换。

投资者在基金合同约定之外的日期和时间提出申购、赎回或者转换申请的，其基金份额申购、赎回价格为下次办理基金份额申购、赎回时间所在开放日的价格。

第十九条　投资者申购基金份额时，必须全额交付申购款项；投资者交付申购款项，申购成立；基金份额登记机构确认基金份额时，申购生效。基金份额持有人递交赎回申请，赎回成立；基金份额登记机构确认赎回时，赎回生效。但中国证监会规定的特殊基金品种除外。

投资特定指数所对应的组合证券或者基金合同约定的其他投资标的的开放式基金，其基金份额可以用组合证券、现金或者基金合同约定的其他对价进行申购、赎回。基金份额的申购、赎回对价根据基金的资产组合和申购、赎回日基金份额净值确定，具体计算方法应当在基金合同和招募说明书中载明。基金份额的上市交易、申购赎回和资金结算应当符合证券交易所和证券登记结算机构等的有关规定。

第二十条　基金管理人应当自收到投资者申购、赎回申请之日起三个工作日内，对该申购、赎回的有效性进行确认，但中国证监会规定的特殊基金品种除外。

基金管理人应当自接受投资者有效赎回申请之日起七个工作日内支付赎回款项，但中国证监会规定的特殊基金品种除外。

第二十一条　开放式基金的基金合同可以约定基金达到一定的规模后，基金管理人不再接受认购、申购申请，但应当在招募说明书中载明。

基金管理人在基金募集期间不得调整基金合同约定的基金规模。基金合同生效后，基金管理人可以按照基金合同的约定，根据实际情况调整基金规模，但应当提前三日公告，并更新招募说明书。

第二十二条　开放式基金的基金合同可以对单个基金份额持有人持有基金份额的比例或者数量设置限制，但应当在招募说明书中载明。

第二十三条　开放式基金单个开放日净赎回申请超过基金总份额的百分之十的，为巨额赎回，但中国证监会规定的特殊基金品种除外。

开放式基金发生巨额赎回的，基金管理人当日办理的赎回份额不得低于基金总份额的百分之十，对其余赎回申请可以延期办理。

第二十四条　开放式基金发生巨额赎回的，基金管理人对单个基金份额持有人的赎回申请，应当按照其申请赎回份额占当日申请赎回总份额的比例，确定该单个基金份额持有人当日办理的赎回份额。

基金份额持有人可以在申请赎回时选择将当日未获办理部分予以撤销。基金份额持有人未选择撤销的，基金管理人对未办理的赎回份额，可延迟至下一个开放日办理，赎回价格为下一个开放日的价格。

第二十五条　开放式基金发生巨额赎回并延期办理的，基金管理人应当通过邮寄、传真或者招募说明书规定的其他方式，在三个交易日内通知基金份额持有人，说明有关处理方法，同时在指定媒介上予以公告。

第二十六条　开放式基金连续发生巨额赎回，基金管理人可按基金合同的约定和招募说明书的规定，暂停接受赎回申请；已经接受的赎回申请可以延缓支付赎回款项，但延缓期限不得超过二十个工作日，并应当在指定媒介上予以公告。

第二十七条　开放式基金的基金合同可以约定，单个基金份额持有人在单个开放日申请赎回基金份额超过基金总份额一定比例的，基金管理人可以按照本办法第二十六条的规定暂停接受赎回申请或者延缓支付。

第二十八条　开放式基金应当保持不低于基金资产净值百分之五的现金或者到期日在一年以内的政府债券，以备支付基金份额持有人的赎回款项,但中国证监会规定的特殊基金品种除外。

第二十九条　基金份额可以依法在证券交易所上市交易,或者按照法律法规规定和基金合同约定在中国证监会认可的交易场所或者通过其他方式进行转让。

第四章　基金的投资和收益分配

第三十条　基金合同和基金招募说明书应当按照下列规定载明基金的类别:

(一)百分之八十以上的基金资产投资于股票的,为股票基金;

(二)百分之八十以上的基金资产投资于债券的,为债券基金;

(三)仅投资于货币市场工具的,为货币市场基金;

(四)百分之八十以上的基金资产投资于其他基金份额的,为基金中基金;

(五)投资于股票、债券、货币市场工具或其他基金份额,并且股票投资、债券投资、基金投资的比例不符合第(一)项、第(二)项、第(四)项规定的,为混合基金;

(六)中国证监会规定的其他基金类别。

第三十一条　基金名称显示投资方向的,应当有百分之八十以上的非现金基金资产属于投资方向确定的内容。

第三十二条　基金管理人运用基金财产进行证券投资,不得有下列情形:

(一)一只基金持有一家公司发行的证券,其市值超过基金资产净值的百分之十;

(二)同一基金管理人管理的全部基金持有一家公司发行的证券,超过该证券的百分之十;

(三)基金财产参与股票发行申购,单只基金所申报的金额超过该基金的总资产,单只基金所申报的股票数量超过拟发行股票公司本次发行股票的总量;

(四)一只基金持有其他基金(不含货币市场基金),其市值超过

基金资产净值的百分之十,但基金中基金除外;

(五)基金中基金持有其他单只基金,其市值超过基金资产净值的百分之二十,或者投资于其他基金中基金;

(六)基金总资产超过基金净资产的百分之一百四十;

(七)违反基金合同关于投资范围、投资策略和投资比例等约定;

(八)中国证监会规定禁止的其他情形。

完全按照有关指数的构成比例进行证券投资的基金品种可以不受前款第(一)项、第(二)项规定的比例限制。

基金管理人运用基金财产投资证券衍生品种的,应当根据风险管理的原则,并制定严格的授权管理制度和投资决策流程。基金管理人运用基金财产投资证券衍生品种的具体比例,应当符合中国证监会的有关规定。

中国证监会另行规定的其它特殊基金品种可不受上述比例的限制。

第三十三条 基金管理人运用基金财产买卖基金管理人、基金托管人及其控股股东、实际控制人或者与其有重大利害关系的公司发行的证券或者承销期内承销的证券,或者从事其他重大关联交易的,应当符合基金的投资目标和投资策略,遵循持有人利益优先原则,防范利益冲突,建立健全内部审批机制和评估机制,按照市场公平合理价格执行。相关交易必须事先得到基金托管人的同意,并按法律法规予以披露。重大关联交易应提交基金管理人董事会审议,并经过三分之二以上的独立董事通过。基金管理人董事会应至少每半年对关联交易事项进行审查。

第三十四条 基金管理人应当自基金合同生效之日起六个月内使基金的投资组合比例符合基金合同的有关约定。期间,基金的投资范围、投资策略应当符合基金合同的约定。

第三十五条 因证券市场波动、上市公司合并、基金规模变动等基金管理人之外的因素致使基金投资不符合本办法第三十二条规定的比例或者基金合同约定的投资比例的,基金管理人应当在十个交易日内进行调整,但中国证监会规定的特殊情形除外。

第三十六条 下列与基金有关的费用可以从基金财产中列支：

（一）基金管理人的管理费；

（二）基金托管人的托管费；

（三）基金合同生效后的会计师费和律师费；

（四）基金份额持有人大会费用；

（五）基金的证券交易费用；

（六）按照国家有关规定和基金合同约定,可以在基金财产中列支的其他费用。

基金管理人可以根据与基金份额持有人利益一致的原则,结合产品特点和投资者的需求设置基金管理费率的结构和水平。

第三十七条 封闭式基金的收益分配,每年不得少于一次,封闭式基金年度收益分配比例不得低于基金年度可供分配利润的百分之九十。

开放式基金的收益分配,由基金合同约定。

第三十八条 基金收益分配应当采用现金方式,但中国证监会规定的特殊基金品种除外。

开放式基金的基金份额持有人可以事先选择将所获分配的现金收益,按照基金合同有关基金份额申购的约定转为基金份额；基金份额持有人事先未做出选择的,基金管理人应当支付现金。

第五章　基金转换运作方式、合并及变更注册

第三十九条 基金转换运作方式或者与其他基金合并,应当按照法律法规及基金合同约定的程序进行。实施方案若未在基金合同中明确约定的,应当经基金份额持有人大会审议通过。基金管理人应当提前发布提示性通知,明确有关实施安排,说明对现有基金份额持有人的影响以及基金份额持有人享有的选择权（如赎回、转出或者卖出）,并在实施前预留至少二十个开放日或者交易日供基金份额持有人做出选择。

第四十条　基金注册后,如需对原注册事项进行实质性调整,应当依照法律法规和基金合同履行相关手续;继续公开募集资金的,应当在公开募集前按照《行政许可法》的规定向中国证监会提出变更注册事项的申请。未经注册,不得公开或者变相公开募集基金。

第四十一条　按照本办法第十二条第一款成立的开放式基金,基金合同生效后,连续二十个工作日出现基金份额持有人数量不满二百人或者基金资产净值低于五千万元情形的,基金管理人应当在定期报告中予以披露;连续六十个工作日出现前述情形的,基金管理人应当向中国证监会报告并提出解决方案,如转换运作方式、与其他基金合并或者终止基金合同等,并召开基金份额持有人大会进行表决。

按照本办法第十二条第二款成立的发起式基金,在基金合同生效三年后继续存续的,依照前款规定执行。

第六章　基金份额持有人大会

第四十二条　除《证券投资基金法》第四十八条第(一)项至第(四)项规定的事项外,基金合同还应当按照中国证监会的规定,约定对基金合同当事人权利、义务产生重大影响,须召开基金份额持有人大会的其他事项。

第四十三条　基金份额持有人大会未设立日常机构的,基金托管人认为有必要召开基金份额持有人大会的,应当向基金管理人提出书面提议。基金管理人应当自收到书面提议之日起十日内决定是否召集,并书面告知基金托管人。

基金管理人决定召集的,应当自出具书面决定之日起六十日内召开;基金管理人决定不召集,基金托管人仍认为有必要召开的,应当自行召集,并自出具书面决定之日起六十日内召开并告知基金管理人,基金管理人应当配合。

第四十四条　基金份额持有人大会未设立日常机构的,代表基金份额百分之十以上的基金份额持有人认为有必要召开基金份额持有人大会的,应当向基金管理人提出书面提议。基金管理人应当自收到书面提议之日起十日内决定是否召集，并书面告知提出提议的基金份额持有人代表和基金托管人。

基金管理人决定召集的，应当自出具书面决定之日起六十日内召开；基金管理人决定不召集，代表基金份额百分之十以上的基金份额持有人仍认为有必要召开的，应当向基金托管人提出书面提议。

基金托管人应当自收到书面提议之日起十日内决定是否召集，并书面告知提出提议的基金份额持有人代表和基金管理人；基金托管人决定召集的，应当自出具书面决定之日起六十日内召开。

第四十五条 基金份额持有人大会设立日常机构的，基金管理人、基金托管人或者代表基金份额百分之十以上的基金份额持有人认为有必要召开基金份额持有人大会的，应当向该日常机构提出书面提议。

该日常机构应当自收到书面提议之日起十日内决定是否召集，并书面告知基金管理人、基金托管人和提出提议的基金份额持有人代表。该日常机构决定召集的，应当自出具书面决定之日起六十日内召开；该日常机构决定不召集，基金管理人、基金托管人或者代表基金份额百分之十以上的基金份额持有人仍认为有必要召开的，按照未设立日常机构的相关规定执行。

第四十六条 基金份额持有人大会日常机构、基金管理人和基金托管人都不召集基金份额持有人大会的，基金份额持有人可以按照《证券投资基金法》第八十四条第二款的规定自行召集基金份额持有人大会。

基金份额持有人自行召集基金份额持有人大会的，应当至少提前三十日向中国证监会备案。

第四十七条 基金份额持有人依法自行召集基金份额持有人大会的，基金份额持有人大会日常机构、基金管理人、基金托管人应当配合，不得阻碍、干扰。

第四十八条 基金份额持有人大会可通过现场开会或者通讯开会等基金合同约定的方式召开。基金管理人、基金托管人须为基金份额持有人行使投票权提供便利。

基金份额持有人大会决定的事项自表决通过之日起生效。基金份额持有人大会按照《证券投资基金法》第八十七条的规定表决通过的事项，召集人应当自通过之日起五日内报中国证监会备案。

第四十九条 基金份额持有人大会日常机构、基金管理人、基金托管人和基金份额持有人应当执行生效的基金份额持有人大会的决定。

第七章 监督管理和法律责任

第五十条 中国证监会及其派出机构对基金管理人、基金托管人从事基金运作活动的情况进行定期或者不定期检查，基金管理人、基金托管人应当予以配合。

第五十一条 基金管理人、基金托管人及其直接负责的主管人员和其他直接责任人员违反本办法规定从事基金运作活动，依法应予以行政处罚的，依照法律、行政法规的规定进行行政处罚；法律、行政法规未做规定的，依照本办法的规定进行行政处罚；涉嫌犯罪的，依法移送司法机关，追究其刑事责任。

第五十二条 基金管理人、基金托管人违反本办法规定的，中国证监会及其派出机构可以采取监管谈话、出具警示函、责令限期整改，整改期间暂停受理及审查基金产品募集申请或者其他业务申请等行政监管措施，记入诚信档案；对直接负责的主管人员和其他直接责任人员，可以采取监管谈话、出具警示函、暂停履行职务、认定为不适宜担任相关职务者等行政监管措施，记入诚信档案。

第五十三条 基金管理人注册基金，向中国证监会提交的申请材料存在信息自相矛盾、或者就同一事实前后存在不同表述且有实质性差异的，中国证监会将中止审查，并在六个月内不再受理基金管理人提交的基金注册申请。

基金管理人注册基金，向中国证监会提交的申请材料存在虚假记载、误导性陈述、重大遗漏的，中国证监会不予受理；已经受理的，不予注册；已经注册，尚未募集的，撤销注册决定；并在一年内不再受理该基金管理人提交的基金注册申请，对该基金管理人及其直接负责的主管人员和其他直接责任人员，采取相关行政监管措施并记入诚信档案；情节严重的，采取单处或者并处警告、三万元以下罚款。已经注册并募集的，依照《证券投资基金法》第一百三十二条的规定处罚。

基金管理人违反本办法第四十条的规定，在公开募集前未变更注册的，依照《证券投资基金法》第一百二十八条的规定处罚。

第五十四条　基金管理人违反本办法第三十二条的规定运用基金财产进行证券投资、情节严重的，或者违反本办法第三十三条的规定从事关联交易的，依照《证券投资基金法》第一百三十条的规定处罚。

第五十五条　基金管理人、基金托管人不按照本办法第四十二条、第四十三条的规定召集基金份额持有人大会的，依照《证券投资基金法》第一百三十三条的规定处罚。

第五十六条　基金管理人从事基金运作活动，有下列情形之一的，中国证监会可以对基金管理人及其直接负责的主管人员和其他直接责任人员，采取相关行政监管措施并记入诚信档案；情节严重的，可单处或者并处警告、三万元以下罚款：

（一）未按照本办法第十一条规定发售基金份额的；

（二）未按照本办法第十二条规定及时办理验资和基金备案手续的；

（三）未按照本办法第十五条规定办理申购、赎回业务，涉及损害基金财产和基金份额持有人利益的；

（四）未按照本办法第十七条的规定计算基金份额申购、赎回价格；

（五）基金管理人违反本办法第十八条的规定，在基金合同约定之外的日期或者时间办理基金份额的申购、赎回或者转换的；

（六）未按照本办法第二十条的规定确认申购、赎回的有效性，并支付赎回款项；

（七）未按照本办法第二十三条第二款、第二十四条第一款的规定办理赎回申请；

（八）未按照本办法第二十八条的规定保持现金或者政府债券；

（九）未按照本办法第三十四条、第三十五条的规定调整投资比例；

（十）未按照本办法第三十七条、第三十八条的规定进行收益分配；

（十一）未按照本办法第三十九条的规定办理基金转换运作方式或者合并；

（十二）未按照本办法第四十一条的规定报告、说明有关情况，报送解决方案，或者召开基金份额持有人大会；

（十三）技术系统出现故障，影响基金正常运作，损害持有人利益的。

第五十七条 基金管理人、基金托管人有下列情形之一的，中国证监会可以对基金管理人、基金托管人及其直接负责的主管人员和其他直接责任人员，采取相关行政监管措施并记入诚信档案；情节严重的，可单处或者并处警告、三万元以下罚款：

（一）未按照本办法第十四条、第三十六条规定列支相关费用；

（二）未按照本办法第四十七条规定配合基金份额持有人召集基金份额持有人大会；

（三）未按照本办法第四十八条的规定申请备案基金份额持有人大会决定的事项；

（四）未按照本办法第四十九条的规定执行基金份额持有人大会的生效决定；

（五）未按照本办法第五十条的规定配合中国证监会及其派出机构进行检查。

第八章 附 则

第五十八条 证券公司管理的投资者超过二百人的集合资产管理计划须遵守《证券投资基金法》关于管理人及从业人员禁止从事利

益输送、非公平交易、内幕交易等规定,并参照本办法关于防范利益冲突、保护投资者的相关规定执行。

第五十九条 本办法自2014年8月8日起施行。《证券投资基金运作管理办法》(证监会令第79号)同时废止。

中国证券监督管理委员会
关于实施《公开募集证券投资基金信息披露管理办法》有关问题的规定

(2019年7月26日中国证券监督管理委员会公告〔2019〕17号发布 根据2020年10月30日中国证券监督管理委员会公告〔2020〕66号《关于修改、废止部分证券期货制度文件的决定》修正)

为了做好《公开募集证券投资基金信息披露管理办法》(证监会令第158号)(以下简称《办法》)的实施工作,现就有关问题规定如下:

一、《办法》第三条第二款规定的中国证监会基金电子披露网站网址为http://eid.csrc.gov.cn/fund,该网站集中展示公开募集证券投资基金(以下简称基金)的募集信息、运作信息和临时信息等依照法律、行政法规及中国证监会规定应予公开的信息。

二、《办法》第五条第二款规定的指定机构包括但不限于中证信息技术服务有限责任公司。指定机构应当根据中国证监会授权及法律法规的规定,负责维护中国证监会基金电子披露网站及相关信息系统,组织开展基于该网站的基金信息披露文件的报送管理、监测监控及信息展示等工作,同时应当根据法律、行政法规及中国证监会规定,为基金信息披露可拓展商业报告语言模板的完善及时提供技术支持。

《办法》实施之日起一年内,中证信息技术服务有限责任公司应组织全行业基金管理人、基金托管人等信息披露义务人统一报送历史基金信息披露文件。

三、《办法》第十二条规定的重大变更主要包括：

（一）基金合同、基金托管协议相关内容发生变更；

（二）变更基金简称（含场内简称）、基金代码（含场内代码）；

（三）变更基金管理人、基金托管人的法定名称；

（四）变更基金经理；

（五）变更认购费、申购费、赎回费等费率；

（六）其他对投资者有重大影响的事项。

除上述事项之外，基金招募说明书、基金产品资料概要其他信息发生变更的，基金管理人至少每年更新一次。

基金合同终止的，除基金合同另有约定外，基金管理人可以不再更新基金招募说明书和基金产品资料概要。

四、基金首次募集及持续运作期间，基金管理人除按照《办法》第十条、第十二条规定将基金产品资料概要登载在规定网站外，还应当将基金产品资料概要登载在基金销售机构网站或营业网点。

五、《办法》第二十一条第（十四）项所称"中国证监会另有规定的情形"包括但不限于：

（一）基金管理人运用基金财产买卖基金管理人、基金托管人及其控股股东、实际控制人或者与其有重大利害关系的公司非主承销的证券；

（二）完全按照有关指数的构成比例进行证券投资的基金品种涉及的重大关联交易。

基金发生重大关联交易事项依规披露的临时报告书的内容应当包括但不限于：交易事项概述、交易标的基本情况、交易数量、交易金额、交易定价依据、关联方名称、交易各方的关联关系等，若成交价格与公允价格差异较大的，应当说明原因。

六、《办法》第二十四条所称"基金敏感信息"，包括但不限于：

（一）基金投资决策、交易、持仓、估值调整、收益分配等与基金投

资运作相关的信息;

(二)与基金份额持有人相关的信息;

(三)其他可能影响市场交易活动或影响基金份额持有人权益的信息。

七、对于《办法》第二十七条第二款规定,中国证监会基金电子披露网站统一接收应披露的基金信息,并可以向规定报刊推送信息。

八、对于《办法》第二十八条第二款规定,适用于《办法》实施之后注册或变更注册的基金。

九、按照《办法》第二十九条要求,基金管理人、基金销售机构、证券公司应当履行下列信息披露服务职责:

(一)投资者购入基金时,基金管理人、基金销售机构应当提示投资者确认已知悉基金产品资料概要,货币市场基金、ETF及中国证监会规定的其他基金品种或情形除外;

(二)极端情形下基金存在或潜在重大风险的,基金管理人、基金销售机构、证券公司应当及时向投资者警示申购或买入基金的相关风险;

(三)召集基金份额持有人大会的,基金管理人、基金销售机构、证券公司等相关机构应当及时告知投资者;

(四)中国证监会规定的其他信息披露服务事项。

基金销售机构应做好信息传递工作,通过短信、电子邮件、移动客户端、社交平台或其他与投资者约定的方式,将信息传递给投资者,基金管理人应及时将需要传递的信息提供给基金销售机构。基金管理人和基金销售机构应通过协议方式明确双方在信息披露服务方面的责任划分。

十、《办法》第十条、第十二条规定的基金产品资料概要编制、披露与更新要求,以及《办法》第二十九条、本规定第九条规定的信息披露服务等要求,自《办法》实施之日起一年后开始执行。

基金管理人编制并披露基金产品资料概要后,可不再编制基金招募说明书摘要。基金管理人可以通过中国证监会指定的公募基金行业注册登记数据中央交换平台将基金产品资料概要提供给基金销售机构。基金管理人、基金销售机构等机构应在过渡期内及时做好系统改造工作,增加提示投资者阅读基金产品资料概要和必要的确认环节。

十一、对于《办法》第三十条规定,基金管理人如提供月度报告等自主披露服务的,应按照中国证券投资基金业协会自律规则要求执行。

十二、本规定自2019年9月1日起施行。

公开募集基础设施证券投资基金指引(试行)

(2020年8月6日中国证券监督管理委员会公告〔2020〕54号发布 根据2023年10月20日《中国证券监督管理委员会关于修改〈公开募集基础设施证券投资基金指引(试行)〉第五十条的决定》修订)

第一条 为了规范公开募集基础设施证券投资基金(以下简称基础设施基金)设立、运作等相关活动,保护投资者合法权益,根据《证券法》《证券投资基金法》及其他有关法律法规,制定本指引。

第二条 本指引所称基础设施基金,是指同时符合下列特征的基金产品:

(一)80%以上基金资产投资于基础设施资产支持证券,并持有其全部份额;基金通过基础设施资产支持证券持有基础设施项目公司全部股权;

(二)基金通过资产支持证券和项目公司等载体(以下统称特殊目的载体)取得基础设施项目完全所有权或经营权利;

(三)基金管理人主动运营管理基础设施项目,以获取基础设施项目租金、收费等稳定现金流为主要目的；

（四）采取封闭式运作，收益分配比例不低于合并后基金年度可供分配金额的 90%。

第三条 基金管理人、基金托管人从事基础设施基金活动应当恪尽职守，履行诚实信用、谨慎勤勉的义务，遵守持有人利益优先的基本原则，有效防范利益冲突，实现专业化管理和托管。

为基础设施基金提供服务的专业机构应当严格遵守法律法规，恪守职业道德、执业准则和行为规范，诚实守信、勤勉尽责、专业审慎，出具的专业意见不得存在虚假记载、误导性陈述或重大遗漏。

第四条 因基础设施基金的管理、运用或者其他情形而取得的财产和收益，归入基础设施基金财产。基础设施基金财产的债务由基础设施基金财产承担。

基础设施基金财产独立于原始权益人、基金管理人、基金托管人及其他参与机构的固有财产。

原始权益人、基金管理人、基金托管人及其他参与机构因依法解散、被依法撤销或者被依法宣告破产等原因进行清算的，基础设施基金财产不属于其清算财产。

基础设施基金财产的债权，不得与原始权益人、基金管理人、基金托管人及其他参与机构的固有财产产生的债务相抵消。不同基础设施基金财产的债权债务，不得相互抵消。

第五条 申请募集基础设施基金，拟任基金管理人应当符合《证券投资基金法》《公开募集证券投资基金运作管理办法》规定的相关条件，并满足下列要求：

（一）公司成立满 3 年，资产管理经验丰富，公司治理健全，内控制度完善；

（二）设置独立的基础设施基金投资管理部门，配备不少于 3 名具有 5 年以上基础设施项目运营或基础设施项目投资管理经验的主要负责人员，其中至少 2 名具备 5 年以上基础设施项目运营经验；

（三）财务状况良好，能满足公司持续运营、业务发展和风险防范的需要；

（四）具有良好的社会声誉，在金融监管、工商、税务等方面不存在重大不良记录；

（五）具备健全有效的基础设施基金投资管理、项目运营、内部控制与风险管理制度和流程；

（六）中国证监会规定的其他要求。

拟任基金管理人或其同一控制下的关联方应当具有不动产研究经验，配备充足的专业研究人员；具有同类产品或业务投资管理或运营专业经验，且同类产品或业务不存在重大未决风险事项。

第六条 申请募集基础设施基金，拟任基金托管人应当符合《证券投资基金法》《公开募集证券投资基金运作管理办法》规定的相关条件，并满足下列要求：

（一）财务状况良好，风险控制指标符合监管部门相关规定；

（二）具有良好的社会声誉，在金融监管、工商、税务等方面不存在重大不良记录；

（三）具有基础设施领域资产管理产品托管经验；

（四）为开展基础设施基金托管业务配备充足的专业人员；

（五）中国证监会规定的其他要求。

基础设施基金托管人与基础设施资产支持证券托管人应当为同一人。

第七条 申请注册基础设施基金前，基金管理人应当对拟持有的基础设施项目进行全面的尽职调查，聘请符合规定的专业机构提供评估、法律、审计等专业服务，与基础设施资产支持证券管理人协商确定基础设施资产支持证券设立、发行等相关事宜，确保基金注册、份额发售、投资运作与资产支持证券设立、发行之间有效衔接。

第八条 基础设施基金拟持有的基础设施项目应当符合下列要求：

（一）原始权益人享有完全所有权或经营权利，不存在重大经济或法律纠纷，且不存在他项权利设定，基础设施基金成立后能够解除他项权利的除外；

（二）主要原始权益人企业信用稳健、内部控制健全，最近3年无重大违法违规行为；

（三）原则上运营3年以上，已产生持续、稳定的现金流，投资回报良好，并具有持续经营能力、较好增长潜力；

（四）现金流来源合理分散，且主要由市场化运营产生，不依赖第三方补贴等非经常性收入；

（五）中国证监会规定的其他要求。

第九条 基金管理人应当制定完善的尽职调查内部管理制度，建立健全业务流程，对基础设施项目出具的尽职调查报告应当包括下列内容：

（一）基础设施项目原始权益人及其控股股东、实际控制人，项目管理机构等主要参与机构情况；

（二）基础设施项目财务情况；

（三）基础设施项目对外借款情况，及基础设施基金成立后保留对外借款相关情况（如适用）；

（四）基础设施项目现金流的稳定性和历史记录，及未来现金流的合理测算和分析；

（五）已签署正在履行期内及拟签署的全部重要协议；

（六）安全生产及环境保护情况，及是否符合城市规划要求；

（七）基础设施项目法律权属，及是否存在抵押、查封、扣押、冻结等他项权利限制和应付未付义务；

（八）是否已购买基础设施项目保险，及承保范围和保险金额；

（九）同业竞争、关联关系及关联交易等潜在利益冲突情况；

（十）基础设施基金是否可合法取得基础设施项目的所有权或经营权利；

（十一）可能影响基础设施项目运营的其他重要事项。

第十条 基金管理人可以与资产支持证券管理人联合开展尽职调查，必要时还可以聘请财务顾问开展尽职调查，但基金管理人与资产支持证券管理人依法应当承担的责任不因聘请财务顾问而免除。基金管理人或其关联方与原始权益人存在关联关系，或享有基础设施项目权益时，应当聘请第三方财务顾问独立开展尽职调查，并出具财务顾问报告。

财务顾问应当由取得保荐业务资格的证券公司担任。基金管理人、财务顾问应按照法律法规及中国证监会有关规定对基础设施项目进行尽职调查，充分了解基础设施项目的经营状况及其面临的风险和问题。

第十一条 申请注册基础设施基金前，基金管理人应当聘请独立的评估机构对拟持有的基础设施项目进行评估，并出具评估报告。

评估机构应当按照《证券投资基金法》第九十七条规定经中国证监会备案，并符合国家主管部门相关要求，具备良好资质和稳健的内部控制机制，合规运作、诚信经营、声誉良好，不得存在可能影响其独立性的行为。评估机构为同一只基础设施基金提供评估服务不得连续超过3年。评估机构在评估过程中应当客观、独立、公正，遵守一致性、一贯性及公开、透明、可校验原则，不得随意调整评估方法和评估结果。

第十二条 评估报告包括下列内容：

（一）评估基础及所用假设的全部重要信息；

（二）所采用的评估方法及评估方法的选择依据和合理性说明；

（三）基础设施项目详细信息，包括基础设施项目地址、权属性质、现有用途、经营现状等，每期运营收入、应缴税收、各项支出等收益情况及其他相关事项；

（四）基础设施项目的市场情况，包括供求情况、市场趋势等；

（五）影响评估结果的重要参数，包括土地使用权或经营权利剩余期限、运营收入、运营成本、运营净收益、资本性支出、未来现金流变动预期、折现率等；

（六）评估机构独立性及评估报告公允性的相关说明；

（七）调整所采用评估方法或重要参数情况及理由（如有）；

（八）可能影响基础设施项目评估的其他事项。

基础设施基金份额首次发售，评估基准日距离基金份额发售公告日不得超过6个月；基金运作过程中发生购入或出售基础设施项目等情形时，评估基准日距离签署购入或出售协议等情形发生日不得超过6个月。

第十三条 申请注册基础设施基金前，基金管理人应当聘请符合条件的律师事务所就基础设施项目合法合规性、基础设施项目转让行为合法性、主要参与机构资质等出具法律意见书，聘请符合条件的会计师事务所对基础设施项目财务情况进行审计并出具报告。

第十四条 申请注册基础设施基金，基金管理人应当向中国证监会提交下列材料：

（一）《证券投资基金法》《公开募集证券投资基金运作管理办法》要求的公开募集证券投资基金注册申请文件；

（二）基金管理人及资产支持证券管理人相关说明材料，包括但不限于：投资管理、项目运营、内部控制与风险管理制度和流程，部门设置与人员配备，同类产品与业务管理情况等；

（三）拟投资基础设施资产支持证券相关说明材料，包括但不限于：资产支持专项计划说明书、法律意见书、拟提交中国证券投资基金业协会备案材料等；

（四）拟投资基础设施资产支持证券认购协议；

（五）基金管理人与主要参与机构签订的协议文件；

（六）中国证监会规定提交的其他材料。

基础设施基金拟在证券交易所上市的，基金管理人应当同步向证券交易所提交相关上市申请。证券交易所同意基础设施资产支持证券挂牌和基础设施基金上市的，应当将无异议函在产品注册前报送中国证监会。

第十五条 基础设施基金经中国证监会注册后，基金管理人应当在基金份额公开发售3日前，依法披露基金合同、托管协议、招募说明书、基金份额发售公告、基金产品资料概要等法律文件。

基金招募说明书除按照法律法规要求披露相关信息外，还应当披露下列信息：

（一）基础设施基金整体架构及拟持有特殊目的载体情况；

（二）基金份额发售安排；

（三）预期上市时间表；

（四）基础设施基金募集及存续期相关费用，并说明费用收取的合理性；

（五）募集资金用途；

（六）基础设施资产支持证券基本情况；

（七）基础设施项目基本情况，包括项目所在地区宏观经济概况、基础设施项目所属行业和市场概况、项目概况、运营数据、合规情况、风险情况等；

（八）基础设施项目财务状况及经营业绩分析；

（九）基础设施项目现金流测算分析；

（十）基础设施项目运营未来展望；

（十一）为管理基础设施基金配备的主要负责人员情况；

（十二）基础设施项目运营管理安排，聘请外部管理机构的，应当披露外部管理机构基本信息、人员配备、项目资金收支及风险管控安排等；

（十三）借款安排，基础设施基金成立后保留基础设施项目已存在对外借款的，应当充分说明理由，详细说明保留借款的金额、比例、偿付安排、符合法定条件的说明及对基础设施项目收益的影响，并充分揭示相关风险；

（十四）关联关系、关联交易等潜在利益冲突及防控措施，包括基金管理人与原始权益人关联关系情况，基金管理人运用基金财产买卖基础设施资产支持证券涉及的关联交易及其他关联交易概况，基金管理人就关联交易采取的内控措施等；

（十五）基础设施项目原始权益人基本情况，及原始权益人或其同一控制下的关联方拟认购基础设施基金份额情况；

（十六）基础设施基金募集失败的情形和处理安排；

（十七）基础设施基金拟持有的基础设施项目权属到期、处置等相关安排；

（十八）主要原始权益人及其控股股东、实际控制人对相关事项的承诺；

（十九）基础设施项目最近3年及一期的财务报告及审计报告，最近一期财务报告截止日距离招募说明书披露日不超过6个月。如无法提供上述材料，则应当充分说明理由，并提供基础设施项目财务状况和运营情况；

（二十）经会计师事务所审阅的基金可供分配金额测算报告，测算期限不超过2年且不晚于第二年年度最后一日；

（二十一）基础设施项目尽职调查报告、财务顾问报告（如有）；

（二十二）基础设施项目评估报告；

（二十三）主要参与机构基本情况，包括名称、注册地址与办公地址、成立日期、通讯方式、法定代表人、主要业务负责人等；

（二十四）可能影响投资者决策的其他重要信息。

第十六条　基础设施基金份额认购价格应当通过向网下投资者询价的方式确定。基金管理人或其聘请的财务顾问受委托办理基础设施基金份额发售的路演推介、询价、定价、配售等相关业务活动。

第十七条　网下投资者为证券公司、基金管理公司、信托公司、财务公司、保险公司、合格境外机构投资者、商业银行及其理财子公司、符合规定的私募基金管理人以及其他中国证监会认可的专业机构投资者。全国社会保障基金、基本养老保险基金、年金基金等可根据有关规定参与基础设施基金网下询价。

第十八条　基础设施项目原始权益人或其同一控制下的关联方参与基础设施基金份额战略配售的比例合计不得低于本次基金份额发售数量的20%，其中基金份额发售总量的20%持有期自上市之日起不少于60个月，超过20%部分持有期自上市之日起不少于36个月，基金份额持有期间不允许质押。原始权益人或其同一控制下的关联方拟卖出战略配售取得的基础设施基金份额的,应当按照相关规定履行信息披露义务。

基础设施项目原始权益人或其同一控制下的关联方以外的专业机构投资者可以参与基础设施基金份额战略配售,战略配售比例由基金管理人合理确定,持有基础设施基金份额期限自上市之日起不少于12个月。

基金管理人应当与战略投资者事先签署配售协议,且应当在基金合同、招募说明书等法律文件中披露战略投资者选择标准、向战略投资者配售的基金份额总量、占本次基金份额发售比例及持有期限等。

第十九条 扣除向战略投资者配售部分后,基础设施基金份额向网下投资者发售比例不得低于本次公开发售数量的70%。

对网下投资者进行分类配售的,同类投资者获得的配售比例应当相同。

第二十条 网下询价结束后,基金管理人应当及时向公众投资者公告基金份额认购价格。

公众投资者通过基金销售机构以询价确定的认购价格参与基础设施基金份额认购。

第二十一条 基金管理人应当严格落实投资者适当性管理制度,会同基金销售机构认真做好产品风险评价、投资者风险承受能力与投资目标识别、适当性匹配等投资者适当性管理工作,将适当的产品销售给适合的投资者。

第二十二条 基金管理人应当制作基础设施基金产品资料概要,简明清晰说明基金产品结构及风险收益特征,在基金合同、招募说明书及产品资料概要显著位置,充分揭示基础设施基金投资运作、交易等环节的主要风险。

第二十三条 基金管理人及基金销售机构应当加强投资者教育,引导投资者充分认识基础设施基金风险特征,要求普通投资者在首次购买环节以纸质或电子形式确认其了解基础设施基金产品特征及主要风险。

第二十四条 基金募集期限届满，出现下列情形之一的，基础设施基金募集失败：

（一）基金份额总额未达到准予注册规模的80%；

（二）募集资金规模不足2亿元，或投资人少于1000人；

（三）原始权益人或其同一控制下的关联方未按规定参与战略配售；

（四）扣除战略配售部分后，向网下投资者发售比例低于本次公开发售数量的70%；

（五）导致基金募集失败的其他情形。

基金募集失败的，基金管理人应当在募集期限届满后30日内返还投资人已交纳的款项，并加计银行同期存款利息。

第二十五条 基础设施基金成立后，基金管理人应当将80%以上基金资产投资于与其存在实际控制关系或受同一控制人控制的管理人设立发行的基础设施资产支持证券全部份额，并通过特殊目的载体获得基础设施项目全部所有权或经营权利，拥有特殊目的载体及基础设施项目完全的控制权和处置权。前述行为应当按照相关法律法规关于重大关联交易要求履行适当程序、依法披露。

基础设施基金投资基础设施资产支持证券的比例不受《公开募集证券投资基金运作管理办法》第三十二条第（一）项、第（二）项限制。

第二十六条 基础设施基金除投资基础设施资产支持证券外，其余基金资产应当依法投资于利率债、AAA级信用债，或货币市场工具。

第二十七条 基础设施基金应当采取封闭式运作，符合法定条件并经证券交易所依法审核同意后，可上市交易。

第二十八条 基础设施基金成立前，基础设施项目已存在对外借款的，应当在基础设施基金成立后以募集资金予以偿还，满足本条第二款规定且不存在他项权利设定的对外借款除外。

基础设施基金直接或间接对外借入款项，应当遵循基金份额持有人利益优先原则，不得依赖外部增信，借款用途限于基础设施项目日常运营、维修改造、项目收购等，且基金总资产不得超过基金净资产的140%。其中，用于基础设施项目收购的借款应当符合下列条件：

（一）借款金额不得超过基金净资产的20%；

（二）基础设施基金运作稳健，未发生重大法律、财务、经营等风险；

（三）基础设施基金已持基础设施和拟收购基础设施相关资产变现能力较强且可以分拆转让以满足偿还借款要求，偿付安排不影响基金持续稳定运作；

（四）基础设施基金可支配现金流足以支付已借款和拟借款本息支出，并能保障基金分红稳定性；

（五）基础设施基金具有完善的融资安排及风险应对预案；

（六）中国证监会规定的其他要求。

基础设施基金总资产被动超过基金净资产140%的，基础设施基金不得新增借款，基金管理人应当及时向中国证监会报告相关情况及拟采取的措施等。

第二十九条　基金管理人运用基金财产收购基础设施项目后从事其他重大关联交易的，除应当按照相关法律法规要求防范利益冲突、健全内部制度、履行适当程序外，还应当按照《证券投资基金法》《公开募集证券投资基金运作管理办法》和本指引要求召开基金份额持有人大会。

基金管理人董事会应至少每半年对关联交易事项进行审查。

第三十条　基础设施基金应当将90%以上合并后基金年度可供分配金额以现金形式分配给投资者。基础设施基金的收益分配在符合分配条件的情况下每年不得少于1次。

可供分配金额是在净利润基础上进行合理调整后的金额，相关计算调整项目至少包括基础设施项目资产的公允价值变动损益、折旧与摊销，同时应当综合考虑项目公司持续发展、偿债能力和经营现金流等因素，具体由中国证券投资基金业协会另行规定。

基础设施基金进行分配的，应当至少在权益登记日前2个交易日公告权益登记日、收益分配基准日、现金红利发放日、可供分配金额（含净利润、调整项目及调整原因）、按照基金合同约定应分配金额等事项。

第三十一条　基础设施基金募集期间产生的评估费、财务顾问费（如有）、会计师费、律师费等各项费用不得从基金财产中列支。如基础设施基金募集失败，上述相关费用不得从投资者认购款项中支付。

基础设施基金存续期间发生的与基金有关的下列费用可以从基金财产中列支：

（一）基金管理费、托管费；

（二）为基金提供专业服务的会计师事务所、律师事务所等收取的服务费用；

（三）由基金财产承担的其他费用。

第三十二条　除《证券投资基金法》规定的情形外，发生下列情形的，应当经参加大会的基金份额持有人所持表决权的二分之一以上表决通过：

（一）金额超过基金净资产20%且低于基金净资产50%的基础设施项目购入或出售；

（二）金额低于基金净资产50%的基础设施基金扩募；

（三）基础设施基金成立后发生的金额超过基金净资产5%且低于基金净资产20%的关联交易；

（四）除基金合同约定解聘外部管理机构的法定情形外，基金管理人解聘外部管理机构的。

除《证券投资基金法》规定的情形外，发生下列情形的，应当经参加大会的基金份额持有人所持表决权的三分之二以上表决通过：

（一）对基础设施基金的投资目标、投资策略等作出重大调整；

（二）金额占基金净资产50%及以上的基础设施项目购入或出售；

（三）金额占基金净资产50%及以上的扩募；

（四）基础设施基金成立后发生的金额占基金净资产20%及以上

的关联交易。

基金份额持有人与表决事项存在关联关系的,应当回避表决,其所持份额不计入有表决权的基金份额总数。证券交易所应当为基金份额持有人大会提供网络投票系统。

基础设施基金就扩募、项目购入或出售等重大事项召开基金份额持有人大会的,相关信息披露义务人应当依法公告持有人大会事项,披露相关重大事项的详细方案及法律意见书等文件,方案内容包括但不限于:交易概况、交易标的及交易对手方的基本情况、交易标的定价方式、交易主要风险、交易各方声明与承诺等。

第三十三条 基础设施基金存续期间拟购入基础设施项目的,应当按照《公开募集证券投资基金运作管理办法》第四十条相关规定履行变更注册等程序。需提交基金份额持有人大会投票表决的,应当事先履行变更注册程序。

基础设施基金存续期间拟购入基础设施项目的标准和要求、战略配售安排、尽职调查要求、信息披露等应当与基础设施基金首次发售要求一致,中国证监会认定的情形除外。

第三十四条 基础设施基金存续期间,基金管理人应当聘请评估机构对基础设施项目资产每年进行1次评估。出现下列情形之一的,基金管理人应当及时聘请评估机构对基础设施项目资产进行评估:

(一)基础设施项目购入或出售;

(二)基础设施基金扩募;

(三)提前终止基金合同拟进行资产处置;

(四)基础设施项目现金流发生重大变化且对持有人利益有实质性影响;

(五)对基金份额持有人利益有重大影响的其他情形。

第三十五条 除《公开募集证券投资基金信息披露管理办法》规定的情形外,发生下列情形之一的,基金管理人应当依法编制并发布临时公告:

(一)基础设施基金发生重大关联交易;

（二）基础设施项目公司对外借入款项或者基金总资产被动超过基金净资产140%；

（三）金额占基金净资产10%及以上的交易；

（四）金额占基金净资产10%及以上的损失；

（五）基础设施项目购入或出售；

（六）基础设施基金扩募；

（七）基础设施项目运营情况、现金流或产生现金流能力发生重大变化；

（八）基金管理人、基础设施资产支持证券管理人发生重大变化或管理基础设施基金的主要负责人员发生变动；

（九）更换评估机构、律师事务所、会计师事务所等专业机构；

（十）原始权益人或其同一控制下的关联方卖出战略配售取得的基金份额；

（十一）可能对基础设施基金份额持有人利益或基金资产净值产生重大影响的其他事项。

第三十六条　基金管理人应当按照法律法规及中国证监会相关规定，编制并披露基础设施基金定期报告，内容包括：

（一）基础设施基金产品概况及主要财务指标。季度报告主要财务指标包括基金本期收入、本期净利润、本期经营活动产生的现金流量、本期可供分配金额和单位可供分配金额及计算过程、本期及过往实际分配金额（如有）和单位实际分配金额（如有）等；中期报告和年度报告主要财务指标除前述指标外还应当包括期末基金总资产、期末基金净资产、期末基金份额净值、基金总资产占基金净资产比例等，年度报告需说明实际可供分配金额与测算可供分配金额差异情况（如有）；

（二）基础设施项目明细及相关运营情况；

（三）基础设施基金财务报告及基础设施项目财务状况、业绩表现、未来展望情况；

（四）基础设施项目现金流归集、管理、使用及变化情况，如单一客

户占比较高的,应当说明该收入的公允性和稳定性;

(五)基础设施项目公司对外借入款项及使用情况,包括不符合本指引借款要求的情况说明;

(六)基础设施基金与资产支持证券管理人和托管人、外部管理机构等履职情况;

(七)基础设施基金与资产支持证券管理人、托管人及参与机构费用收取情况;

(八)报告期内购入或出售基础设施项目情况;

(九)关联关系、报告期内发生的关联交易及相关利益冲突防范措施;

(十)报告期内基础设施基金份额持有人结构变化情况,并说明关联方持有基础设施基金份额及变化情况;

(十一)可能影响投资者决策的其他重要信息。

基础设施基金季度报告披露内容可不包括前款第(三)(六)(九)(十)项,基础设施基金年度报告应当载有年度审计报告和评估报告。

基础设施基金应当充分披露与产品特征相关的重要信息。确不适用的常规基金信息披露事项,基础设施基金可不予披露,包括但不限于:每周基金资产净值和基金份额净值,半年度和年度最后一个交易日基金份额净值和基金份额累计净值,定期报告基金净值增长率及相关比较信息。

基金信息披露文件涉及评估报告相关事项的,应在显著位置特别声明相关评估结果不代表基础设施项目资产的真实市场价值,也不代表基础设施项目资产能够按照评估结果进行转让。

第三十七条 基金管理人应当按照法律法规、企业会计准则及中国证监会相关规定进行资产负债确认计量,编制基础设施基金中期与年度合并及单独财务报表,财务报表至少包括资产负债表、利润表、现金流量表、所有者权益变动表及报表附注。

基金托管人复核基金信息披露文件时,应当加强对基金管理人资产确认计量过程的复核。会计师事务所在年度审计中应当评价基金管理人和评估机构采用的评估方法和参数的合理性。

第三十八条 基础设施基金运作过程中,基金管理人应当按照法律法规规定和基金合同约定主动履行基础设施项目运营管理职责,包括:

(一)及时办理基础设施项目、印章证照、账册合同、账户管理权限交割等;

(二)建立账户和现金流管理机制,有效管理基础设施项目租赁、运营等产生的现金流,防止现金流流失、挪用等;

(三)建立印章管理、使用机制,妥善管理基础设施项目各种印章;

(四)为基础设施项目购买足够的财产保险和公众责任保险;

(五)制定及落实基础设施项目运营策略;

(六)签署并执行基础设施项目运营的相关协议;

(七)收取基础设施项目租赁、运营等产生的收益,追收欠缴款项等;

(八)执行日常运营服务,如安保、消防、通讯及紧急事故管理等;

(九)实施基础设施项目维修、改造等;

(十)基础设施项目档案归集管理等;

(十一)按照本指引要求聘请评估机构、审计机构进行评估与审计;

(十二)依法披露基础设施项目运营情况;

(十三)提供公共产品和服务的基础设施资产的运营管理,应符合国家有关监管要求,严格履行运营管理义务,保障公共利益;

(十四)建立相关机制防范外部管理机构的履约风险、基础设施项目经营风险、关联交易及利益冲突风险、利益输送和内部人控制风险等基础设施项目运营过程中的风险;

(十五)按照基金合同约定和持有人利益优先的原则,专业审慎处置资产;

(十六)中国证监会规定的其他职责。

第三十九条 基金管理人可以设立专门的子公司承担基础设施

项目运营管理职责,也可以委托外部管理机构负责第三十八条第(四)至(九)项运营管理职责,其依法应当承担的责任不因委托而免除。

基金管理人委托外部管理机构运营管理基础设施项目的,应当自行派员负责基础设施项目公司财务管理。基金管理人与外部管理机构应当签订基础设施项目运营管理服务协议,明确双方的权利义务、费用收取、外部管理机构考核安排、外部管理机构解聘情形和程序、协议终止情形和程序等事项。

第四十条 外部管理机构应当按照《证券投资基金法》第九十七条规定经中国证监会备案,并持续符合下列要求:

(一)具有符合国家规定的不动产运营管理资质(如有);

(二)具备丰富的基础设施项目运营管理经验,配备充足的具有基础设施项目运营经验的专业人员,其中具有5年以上基础设施项目运营经验的专业人员不少于2名;

(三)公司治理与财务状况良好;

(四)中国证监会规定的其他要求。

外部管理机构受委托从事基础设施项目运营管理的,不得泄露因职务便利获取的未公开信息,不得利用该信息从事或者明示、暗示他人从事相关交易活动。外部管理机构同时向其他机构提供基础设施项目运营管理服务的,应当采取充分、适当的措施避免可能出现的利益冲突。外部管理机构不得将受委托运营管理基础设施的主要职责转委托给其他机构。

外部管理机构应当配合基金管理人等机构履行信息披露义务,确保提供的文件资料真实、准确、完整。

第四十一条 基金管理人应当对接受委托的外部管理机构进行充分的尽职调查,确保其在专业资质(如有)、人员配备、公司治理等方面符合法律法规要求,具备充分的履职能力。

基金管理人应当持续加强对外部管理机构履职情况的监督,至少每年对其履职情况进行评估,确保其勤勉尽责履行运营管理职责。基金管理人应当定期检查外部管理机构就其获委托从事基础设施项目运营管理活动而保存的记录、合同等文件，检查频率不少于每半年1次。

委托事项终止后，基金管理人应当妥善保管基础设施项目运营维护相关档案。

第四十二条 外部管理机构应当勤勉尽责、专业审慎运营管理基础设施项目，发生下列情形之一的，基金管理人应当解聘外部管理机构：

（一）外部管理机构因故意或重大过失给基础设施基金造成重大损失；

（二）外部管理机构依法解散、被依法撤销、被依法宣告破产或者出现重大违法违规行为；

（三）外部管理机构专业资质、人员配备等发生重大不利变化已无法继续履职。

基金管理人应当在基金合同等法律文件中明确约定上述解聘外部管理机构的法定情形。除上述法定情形外，基金管理人解聘、更换外部管理机构的，应当提交基金份额持有人大会投票表决。与外部管理机构存在关联关系的基金份额持有人就解聘、更换外部管理机构事项无需回避表决，中国证监会认可的特殊情形除外。

第四十三条 基础设施基金原始权益人不得侵占、损害基础设施基金所持有的基础设施项目，并应当履行下列义务：

（一）配合基金管理人、基金托管人以及其他为基础设施基金提供服务的专业机构履行职责；

（二）确保基础设施项目真实、合法，确保向基金管理人等机构提供的文件资料真实、准确、完整，不存在虚假记载、误导性陈述或者重大遗漏；

（三）依据法律法规、基金合同及相关协议约定及时移交基础设施项目及相关印章证照、账册合同、账户管理权限等；

（四）法律法规及相关协议约定的其他义务。

主要原始权益人及其控股股东、实际控制人应当承诺，提供的文件资料存在隐瞒重要事实或者编造重大虚假内容等重大违法违规行为的,应当购回全部基金份额或基础设施项目权益。

第四十四条 基金托管人应当依照法律法规规定、基金合同和托管协议约定履行下列职责:

(一)安全保管基础设施基金财产、权属证书及相关文件;

(二)监督基础设施基金资金账户、基础设施项目运营收支账户等重要资金账户及资金流向,确保符合法律法规规定和基金合同约定,保证基金资产在监督账户内封闭运行;

(三)监督、复核基金管理人按照法律法规规定和基金合同约定进行投资运作、收益分配、信息披露等;

(四)监督基金管理人为基础设施项目购买足够的保险;

(五)监督基础设施项目公司借入款项安排,确保符合法律法规规定及约定用途;

(六)法律法规及中国证监会规定的其他职责。

第四十五条 基金管理人应当在基金合同中明确约定基金合同终止的情形。触发基金合同终止情形的,基金管理人应当按照法律法规规定和基金合同约定组织清算组对基金财产进行清算。

基金清算涉及基础设施项目处置的,基金管理人应当遵循基金份额持有人利益优先的原则,按照法律法规规定进行资产处置,并尽快完成剩余财产的分配。资产处置期间,清算组应当按照法律法规规定和基金合同约定履行信息披露义务。

第四十六条 证券交易所应当比照公开发行证券要求建立基础设施资产支持证券挂牌及基金上市审查制度,制定基础设施基金份额发售、上市、交易、收购、信息披露、退市等具体业务规则,强化对相关参与主体的自律管理。

中国证券业协会按照自律规则对网下投资者进行注册,并实施自律管理;中国证券投资基金业协会对基础设施基金人员管理、项目尽职调查、信息披露等行为进行自律管理。

第四十七条 中国证监会及其派出机构对基金管理人、基金托管人、基础设施资产支持证券管理人、相关专业机构等从事基础设施基金运作活动进行定期或不定期检查，相关主体应当予以配合。

第四十八条 基金管理人、基金托管人、基础设施资产支持证券管理人及其从业人员等违反法律、行政法规及中国证监会规定的，中国证监会及相关派出机构可依法对其采取行政监管措施；依法应予行政处罚的，依照有关规定进行行政处罚；涉嫌犯罪的，依法移送司法机关，追究刑事责任。

第四十九条 律师事务所、会计师事务所、评估机构、财务顾问、外部管理机构等专业机构及其从业人员违反本指引，并构成违反《证券法》《证券投资基金法》《证券公司监督管理条例》《律师事务所从事证券法律业务管理办法》《证券发行上市保荐业务管理办法》等规定的违法情形的，中国证监会及相关派出机构可依法采取责令改正、监管谈话、出具警示函、限制业务活动等行政监管措施，并按照相关法律法规的规定进行处罚。

第五十条 本指引相关用语的含义如下：

（一）基础设施基金是指基金通过特殊目的载体持有基础设施项目的整体架构。

（二）基础设施资产支持证券是指依据《证券公司及基金管理公司子公司资产证券化业务管理规定》等有关规定，以基础设施项目产生的现金流为偿付来源，以基础设施资产支持专项计划为载体，向投资者发行的代表基础设施财产或财产权益份额的有价证券。基础设施包括仓储物流、收费公路、机场港口等交通设施，水电气热等市政设施，百货商场、购物中心、农贸市场等消费基础设施，污染治理、信息网络、产业园区、保障性租赁住房、清洁能源等符合国家重大战略、发展规划、产业政策、投资管理法规等相关要求的其他基础设施。

（三）原始权益人是指基础设施基金持有的基础设施项目的原所有人。

（四）参与机构是指为基础设施基金提供专业服务的评估机构、会计师事务所、律师事务所、外部管理机构等专业机构。

（五）基金总资产与基金净资产均指合并报表层面的基金总资产

与基金净资产。

（六）本指引第三十二条所述相关金额是指连续12个月内累计发生金额。

第五十一条 本指引自公布之日起施行。

中国银保监会办公厅关于保险资金投资公开募集基础设施证券投资基金有关事项的通知

（银保监办发〔2021〕120号 2021年11月10日发布）

各保险集团（控股）公司、保险公司、保险资产管理公司：

为进一步丰富保险资产配置结构，助力盘活基础设施存量资产，提高直接融资比重，根据《保险资金运用管理办法》《保险公司投资证券投资基金管理暂行办法》《保险资金投资不动产暂行办法》等规定，经银保监会同意，现就保险资金投资公开募集基础设施证券投资基金（以下简称基础设施基金）有关事项通知如下：

一、本通知所称基础设施基金，是指依据国务院证券监督管理机构有关规定设立并公开发行，由符合条件的基金管理人管理，主要投资于基础设施资产支持证券并通过资产支持证券持有基础设施项目公司全部股权的基金产品。

二、保险集团（控股）公司、保险公司、保险资产管理公司（以下统称保险机构）开展基础设施基金投资业务的，应当公司治理完善、市场信誉良好，具备健全有效的内部控制体系和投资管理制度，经营审慎稳健。

三、保险集团（控股）公司和保险公司自行投资基础设施基金的，应当具备不动产投资管理能力，最近一年资产负债管理能力评估结果不得低于80分，上季度末综合偿付能力充足率不得低于150%。

保险集团(控股)公司和保险公司委托保险资产管理公司及其他专业管理机构投资基础设施基金的，最近一年资产负债管理能力评估结果不得低于60分，上季度末综合偿付能力充足率不得低于120%。

四、保险资产管理公司受托管理保险资金或通过保险资产管理产品投资基础设施基金的，应当具备债权投资计划产品管理能力，且公司最近一年监管评级结果不得低于C类。

五、保险资金投资的基础设施基金，基金管理人和资产支持证券管理人在注册资本、管理资产、专业人员、资产托管、风险隔离等方面，应当符合银保监会关于保险资金投资不动产相关金融产品的监管要求。其中，基金管理人和资产支持证券管理人的管理资产和专业人员可以合并计算。

六、保险机构应当健全公司治理，完善投资基础设施基金的决策程序和授权机制，建立相对集中、分级管理、权责一致的投资决策和授权制度，明确相关决策机构的决策权限。

七、保险集团(控股)公司和保险公司投资的基础设施基金及投资于基础设施基金比例不低于80%的资产管理产品，应当纳入不动产类资产投资比例管理。

八、保险机构投资基础设施基金前，应当对基础设施基金持有项目的经营管理、财务、现金流、法律权属等情况进行分析评估，形成分析评估报告。

九、保险机构应当加强投资基础设施基金的风险管理，按照上市权益类资产投资管理要求，建立健全内部控制制度和风险管理制度，防范内幕交易、利用未公开信息交易、利益冲突和利益输送。

十、保险机构应当审慎评估投资基础设施基金可能出现的重大风险，制定相应风险处置预案。基金净资产发生10%及以上损失，基础设施项目运营、项目现金流或产生现金流能力发生重大变化的，保险机构应当及时向银保监会报告。

十一、保险集团(控股)公司和保险公司应当将保险资金投资基础设施基金情况纳入季度资金运用情况报告,保险资产管理公司应当将组合类保险资产管理产品投资基础设施基金情况纳入年度产品业务管理报告,报告内容包括相关投资情况、项目运营情况、风险管理情况等。

十二、保险机构违反本通知规定投资基础设施基金的,银保监会将责令限期改正,并依法采取监管措施或实施行政处罚。

财政部、税务总局关于基础设施领域不动产投资信托基金(REITs)试点税收政策的公告

(财政部、税务总局公告2022年第3号
2022年1月26日发布)

为支持基础设施领域不动产投资信托基金(以下称基础设施REITs)试点,现将有关税收政策公告如下:

一、设立基础设施REITs前,原始权益人向项目公司划转基础设施资产相应取得项目公司股权,适用特殊性税务处理,即项目公司取得基础设施资产的计税基础,以基础设施资产的原计税基础确定;原始权益人取得项目公司股权的计税基础,以基础设施资产的原计税基础确定。原始权益人和项目公司不确认所得,不征收企业所得税。

二、基础设施REITs设立阶段,原始权益人向基础设施REITs转让项目公司股权实现的资产转让评估增值,当期可暂不缴纳企业所得税,允许递延至基础设施REITs完成募资并支付股权转让价款后缴纳。其中,对原始权益人按照战略配售要求自持的基础设施REITs份额对应的资产转让评估增值,允许递延至实际转让时缴纳企业所得税。原始权益人通过二级市场认购(增持)该基础设施REITs份额,按照先进先出原则认定优先处置战略配售份额。

三、对基础设施 REITs 运营、分配等环节涉及的税收，按现行税收法律法规的规定执行。

四、本公告适用范围为证监会、发展改革委根据有关规定组织开展的基础设施 REITs 试点项目。

五、本公告自 2021 年 1 月 1 日起实施。2021 年 1 月 1 日前发生的符合本公告规定的事项，可按本公告规定享受相关政策。

二、业务规则和业务指引

上海证券交易所关于发布《上海证券交易所公开募集基础设施证券投资基金（REITs）业务办法（试行）》的通知

（上证发〔2021〕9 号　2021 年 1 月 29 日发布）

各市场参与人：

为规范公开募集基础设施证券投资基金上市审核、发售认购、上市交易、收购及信息披露等业务活动，保护投资者合法权益，根据《证券法》《证券投资基金法》《公开募集基础设施证券投资基金指引（试行）》《证券公司及基金管理公司子公司资产证券化业务管理规定》等有关规定，上海证券交易所制定了《上海证券交易所公开募集基础设施证券投资基金（REITs）业务办法（试行）》（详见附件），经中国证监会批准，现予以发布，并自发布之日起施行。

特此通知。

附件：上海证券交易所公开募集基础设施证券投资基金（REITs）业务办法（试行）

附件：

上海证券交易所公开募集基础设施证券投资基金（REITs）业务办法（试行）

第一章 总 则

第一条 为规范公开募集基础设施证券投资基金（以下简称基础设施基金）业务，保护投资者合法权益，根据《证券法》《证券投资基金法》《公开募集基础设施证券投资基金指引（试行）》（以下简称《基础设施基金指引》）、《证券公司及基金管理公司子公司资产证券化业务管理规定》（以下简称《资产证券化业务管理规定》）等有关法律、行政法规、部门规章、规范性文件以及上海证券交易所（以下简称本所）相关业务规则，制定本办法。

第二条 本办法所称基础设施基金及基础设施资产支持证券是指符合《基础设施基金指引》规定的基金产品及资产支持证券。

基础设施基金份额在本所的发售、上市交易以及基础设施资产支持证券在本所的挂牌转让等业务活动，适用本办法。本办法未作规定的，适用《上海证券交易所证券投资基金上市规则》（以下简称《证券投资基金上市规则》）等本所其他有关规定。

第三条 基础设施基金份额在本所上市交易、基础设施资产支持证券在本所挂牌，不表明本所对该产品的投资风险或者收益等作出判断或者保证。基础设施基金、基础设施资产支持证券的投资风险，由投资者自行判断和承担。

第四条 基金管理人、基金托管人、基础设施项目运营管理机构等业务参与机构及其人员从事基础设施基金业务活动，资产支持证券管理人、资产支持证券托管人、资产服务机构、原始权益人等业务参与机构及其人员从事基础设施资产支持证券业务活动，应当恪尽职守、诚实信用、谨慎勤勉，有效防范利益冲突。

基金管理人、基金托管人、资产支持证券管理人、资产支持证券托管人等基础设施基金、基础设施资产支持证券的信息披露义务人,以及基础设施基金的收购及基金份额权益(以下简称份额权益)变动活动中的信息披露义务人应当及时、公平地履行信息披露义务,保证其向本所提交的文件和披露的信息真实、准确、完整,不存在虚假记载、误导性陈述或者重大遗漏。

为基础设施基金、基础设施资产支持证券提供服务的财务顾问、会计师事务所、律师事务所、资产评估机构等专业机构及其人员,应当勤勉尽责,严格遵守执业规范和监管规则,按规定和约定履行义务,出具的文件和专业意见真实、准确、完整,不得存在虚假记载、误导性陈述或者重大遗漏。

第五条 基金管理人、基金销售机构及本所会员应当加强基金投资者保护,通过多种渠道开展投资者教育,充分揭示相关风险,切实履行投资者适当性管理职责,引导投资者理性参与基金投资。

投资者买卖基础设施基金份额,应当遵守中国证监会以及本所的有关规定。

第六条 本所依照相关部门规章、规范性文件、本办法、本所其他相关业务规定、上市(挂牌)协议及其所做出的承诺等,对业务参与机构及其相关人员、信息披露义务人、专业机构及其相关人员、投资者及其相关人员(以下简称监管对象)实施自律管理。

第七条 基础设施基金的登记结算相关业务适用中国证券登记结算有限责任公司(以下简称中国结算)相关规定。

第二章 申请条件与确认程序

第八条 基础设施基金拟在本所上市的,基金管理人应当向本所提交基础设施基金上市申请,由本所审核是否具备上市条件;资产支持证券管理人应当同时向本所提交基础设施资产支持证券挂牌申请,由本所确认是否符合相关条件。

第九条 基础设施基金申请在本所上市的,应当符合《基础设施基金指引》和本所规定的条件。

第十条　基础设施资产支持证券申请在本所挂牌的,应当符合《基础设施基金指引》《资产证券化业务管理规定》及本所资产证券化相关业务规则等规定的条件。

第十一条　基金管理人、资产支持证券管理人应当聘请符合规定的专业机构提供评估、法律、审计等专业服务,对拟持有的基础设施项目进行全面尽职调查。基金管理人拟委托运营管理机构运营管理基础设施项目的,应当对拟接受委托的运营管理机构进行充分的尽职调查,确保其在专业资质(如有)、人员配备、公司治理等方面符合规定的要求,具备充分的履职能力。

基金管理人与资产支持证券管理人聘请的专业机构可以为同一机构。资产支持证券管理人聘请资产服务机构的,资产服务机构可以与运营管理机构为同一机构。基金管理人可以依据《基础设施基金指引》聘请财务顾问开展尽职调查,也可以与资产支持证券管理人联合开展尽职调查,但应当各自依法承担相应的责任。

第十二条　基金管理人申请基础设施基金上市,应当向本所提交以下文件:

(一)上市申请;

(二)基金合同草案;

(三)基金托管协议草案;

(四)招募说明书草案;

(五)律师事务所对基金出具的法律意见书;

(六)基金管理人及资产支持证券管理人相关说明材料,包括但不限于:投资管理、项目运营、风险控制制度和流程,部门设置与人员配备,同类产品与业务管理情况等;

(七)拟投资基础设施资产支持证券认购协议;

(八)基金管理人与主要参与机构签订的协议文件;

(九)本所要求的其他材料。

资产支持证券管理人申请基础设施资产支持证券挂牌条件确认,

应当向本所提交以下文件：

（一）挂牌条件确认申请；

（二）资产支持证券管理人合规审查意见；

（三）基础设施资产支持专项计划（以下简称专项计划）说明书、标准条款（如有）；

（四）基础资产买卖协议、托管协议、监管协议（如有）、资产服务协议（如有）等主要交易合同文本；

（五）律师事务所对专项计划出具的法律意见书；

（六）基础设施项目最近3年及一期的财务报告及审计报告，如无法提供，应当提供最近1年及一期的财务报告及审计报告，相关材料仍无法提供的，应当至少提供最近1年及一期经审计的备考财务报表；

（七）基础设施项目评估报告；

（八）专项计划尽职调查报告；

（九）关于专项计划相关会计处理意见的说明（如有）；

（十）法律法规或原始权益人公司章程规定的有权机构作出的关于开展资产证券化融资相关事宜的决议；

（十一）本所要求的其他材料。

第十三条 申请文件的内容应当真实、准确、完整，简明清晰、通俗易懂。

申请文件一经受理，基金管理人、资产支持证券管理人等业务参与机构及其人员，以及为基础设施基金提供服务的专业机构及其人员即须承担相应的法律责任。

未经本所同意，不得对申请文件进行修改。

第十四条 本所比照公开发行证券要求建立基础设施资产支持证券挂牌及基金上市审查制度。相关工作流程信息对外披露，接受社会监督。

第十五条 本所接收申请文件后，在5个工作日内对申请文件是否齐备和符合形式要求进行形式审核。文件齐备的，予以受理；文件不齐备或不符合形式要求的,一次性告知补正。

第十六条　本所受理申请后确定审核人员对申请材料进行审核。本所自受理之日起 30 个工作日内出具首次书面反馈意见;无需出具反馈意见的,应当通知基金管理人、资产支持证券管理人。

基金管理人、资产支持证券管理人应当在收到书面反馈意见后 30 个工作日内予以书面回复。基金管理人、资产支持证券管理人不能在规定期限内予以回复的,应当向本所提出延期回复申请,并说明理由和拟回复时间,延期时间不得超过 30 个工作日。

本所对回复意见文件进行审核,不符合要求的,可再次出具反馈意见;不需要基金管理人和资产支持证券管理人进一步落实或反馈的,依程序进行评议。

第十七条　本所根据评议结果出具基础设施资产支持证券挂牌和基础设施基金在本所上市的无异议函或者作出终止审核的决定,并通知基金管理人和资产支持证券管理人。

第十八条　本所出具无异议函后至基础设施基金上市前,发生可能对基础设施基金投资价值及投资决策判断有重大影响的事项的,基金管理人、资产支持证券管理人等相关业务参与机构应当及时向本所报告,必要时应当聘请专业机构进行核查,本所依相关程序处理,并视情况向中国证监会报告。

第三章　发售、上市与交易

第十九条　基础设施基金份额的发售,分为战略配售、网下询价并定价、网下配售、公众投资者认购等活动。

基金管理人应当按照《基础设施基金指引》及本所基础设施基金发售业务的有关规定办理基础设施基金份额发售的相关业务活动。

第二十条　参与基金份额战略配售的投资者(以下简称战略投资者)应当满足《基础设施基金指引》规定的要求,不得接受他人委托或者委托他人参与,但依法设立并符合特定投资目的的证券投资基金、公募理财产品和其他资产管理产品,以及全国社会保障基金、基本养老保险基金、年金基金等除外。

基础设施项目原始权益人或其同一控制下的关联方参与基础设施基金份额战略配售的比例合计不得低于本次基金份额发售总量的20%，其中基金份额发售总量的20%持有期自上市之日起不少于60个月，超过20%部分持有期自上市之日起不少于36个月，基金份额持有期间不允许质押。

基础设施项目控股股东或实际控制人，或其同一控制下的关联方，原则上还应当单独适用前款规定。

第二十一条　基础设施基金首次发售的，基金管理人或者财务顾问应当通过向网下投资者询价的方式确定基础设施基金份额认购价格。

本所为基础设施基金份额询价提供网下发行电子平台服务。

网下投资者及配售对象的信息以中国证券业协会注册的信息为准。

第二十二条　网下投资者通过本所网下发行电子平台参与基金份额的网下配售。基金管理人或财务顾问按照询价确定的认购价格办理网下投资者的网下基金份额的认购和配售。

第二十三条　公众投资者可以通过场内证券经营机构或者基金管理人及其委托的场外销售机构认购基础设施基金。

第二十四条　基础设施基金完成资金募集后，应当按照约定将80%以上基金资产用于投资基础设施资产支持证券的全部份额。

第二十五条　基础设施基金符合本所《证券投资基金上市规则》规定的上市条件的，基金管理人向本所申请基金上市，应提交下列文件：

（一）本所《证券投资基金上市规则》要求的基金上市申请文件；

（二）已生效的基础设施基金认购基础设施资产支持证券的认购协议；

（三）基础设施基金所投资专项计划的成立公告；

（四）基础设施基金所投资专项计划的已生效的基础资产买卖

协议；

（五）本所要求的其他文件。

已根据本办法第十二条规定提交且无变化的材料，可不再提交。

第二十六条 基础设施基金符合上市条件的，本所向基金管理人出具上市通知书。

基金管理人应当在基金份额上市交易的 3 个工作日前，公告上市交易公告书。上市交易公告书除应披露中国证监会《证券投资基金信息披露内容与格式准则第 1 号〈上市交易公告书的内容与格式〉》规定的内容外，还应披露下列内容：

（一）基础设施基金发售情况；

（二）基础设施项目原始权益人或其同一控制下的关联方、其他战略投资者参与本次基金战略配售的具体情况及限售安排；

（三）基础设施基金投资运作、交易等环节的主要风险；

（四）基础设施基金认购基础设施资产支持证券以及基础设施基金所投资专项计划投资的基础资产的情况；

（五）本所要求的其他内容。

第二十七条 基础设施基金的开盘价为当日该证券的第一笔成交价格，收盘价为当日该证券最后一笔交易前一分钟所有交易的成交量加权平均价（含最后一笔交易）。基础设施基金份额上市首日，其即时行情显示的前收盘价为基础设施基金发售价格。

第二十八条 战略投资者持有的基础设施基金战略配售份额应当按照《基础设施基金指引》的规定以及相关约定进行限售管理。

基金管理人应当制定专项制度，加强对战略投资者持有基金份额的限售管理。

第二十九条 战略投资者持有的基础设施基金战略配售份额符合解除限售条件的，可以通过基金管理人在限售解除前 5 个交易日披露解除限售安排。申请解除限售时，基金管理人应当向本所提交下列文件：

（一）基金份额解除限售申请；

（二）全部或者部分解除限售的理由和相关证明文件（如适用）；

（三）基金份额解除限售的提示性公告；

（四）本所要求的其他文件。

基金管理人应当披露战略投资者履行限售承诺的情况以及律师的核查意见(如需)。

第三十条 普通投资者首次认购或买入基础设施基金份额前，基金管理人、本所会员应当要求其以纸质或者电子形式签署风险揭示书，确认其了解基础设施基金产品特征及主要风险。

第三十一条 资产支持证券管理人应按照本所资产证券化相关业务规则向本所申请基础设施资产支持证券挂牌。

挂牌申请文件完备的，本所向资产支持证券管理人出具接受挂牌通知书。

第三十二条 基础设施基金可以采用竞价、大宗、报价、询价、指定对手方和协议交易等本所认可的交易方式交易。

基础设施基金竞价、大宗交易适用基金交易的相关规定，报价、询价、指定对手方和协议交易等参照适用债券交易的相关规定，本所另有规定的除外。

第三十三条 本所对基础设施基金交易实行价格涨跌幅限制，基础设施基金上市首日涨跌幅限制比例为30%，非上市首日涨跌幅限制比例为10%，本所另有规定的除外。

基础设施基金涨跌幅价格的计算公式为：涨跌幅价格 = 前收盘价 × (1 ± 涨跌幅比例)。

第三十四条 本所在交易时间内通过交易系统或交易所网站即时公布基础设施基金以下信息：证券代码、证券简称、申报类型、买卖方向、数量、价格、收益率等。

第三十五条 基础设施基金采用竞价交易的，单笔申报的最大数量应当不超过1亿份；基础设施基金采用询价和大宗交易的，单笔申报数量应当为1000份或者其整数倍。

本所可以根据市场发展需要，调整基础设施基金交易申报数量。

第三十六条 基础设施基金申报价格最小变动单位为 0.001 元。

第三十七条 基础设施基金可作为质押券按照本所规定参与质押式协议回购、质押式三方回购等业务。

原始权益人或其同一控制下的关联方在限售届满后参与上述业务的，质押的战略配售取得的基础设施基金份额累计不得超过其所持全部该类份额的 50%，本所另有规定除外。

第三十八条 基础设施基金上市期间，基金管理人原则上应当选定不少于 1 家流动性服务商为基础设施基金提供双边报价等服务。

基础设施基金管理人及流动性服务商开展基金流动性服务业务，按照《上海证券交易所上市基金流动性服务业务指引》及其他相关规定执行。

第四章 存续期管理

第一节 运营管理与信息披露

第三十九条 基础设施基金存续期间，基金管理人、基金托管人、资产支持证券管理人、资产支持证券托管人、原始权益人、运营管理机构（如有）等业务参与机构应当按照法律、行政法规、《基础设施基金指引》、本办法规定及相关合同约定履行职责或者义务。

基金管理人应当主动履行基础设施项目运营管理职责，通过设立专门子公司或者委托运营管理机构负责基础设施项目运营管理的，应当符合《基础设施基金指引》有关规定，并按照相关规定持续加强对专门子公司或运营管理机构等履职情况的监督。

基金管理人根据规定或约定解聘运营管理机构的，且该运营管理机构为资产支持证券管理人聘请的资产服务机构，资产支持证券管理人应当同步解除与该机构的资产服务协议。

第四十条 基金管理人应当按照《公开募集证券投资基金信息披露管理办法》《基础设施基金指引》和本所《证券投资基金上市规则》等相关规定披露基础设施基金定期报告和临时报告。

第四十一条 资产支持证券管理人可以通过符合规定的网站或

者定向披露的方式履行信息披露义务。

第四十二条　拟披露的信息存在不确定性、属于临时性商业秘密或者具有本所认可的其他情形，及时披露可能会损害基金利益或者误导投资者，且同时符合以下条件的，基金管理人等信息披露义务人可以暂缓披露：

（一）拟披露的信息未泄漏；

（二）有关内幕信息知情人已书面承诺保密；

（三）基础设施基金交易未发生异常波动。

信息披露义务人应当审慎确定信息披露暂缓事项，建立相应的内部管理制度，明确信息披露暂缓的内部审核程序。本所对暂缓披露实行事后监管。

暂缓披露的信息确实难以保密、已经泄漏或者出现市场传闻，导致基础设施基金交易价格发生大幅波动的，信息披露义务人应当立即予以披露。

第四十三条　基金管理人和资产支持证券管理人以外的其他业务参与机构和信息披露义务人应当按照规定及约定及时向基金管理人、资产支持证券管理人提供有关材料。

第四十四条　本所对公开披露的基金信息以及在符合规定的网站或者定向披露的基础设施资产支持证券信息进行事前核对或者事前登记、事后核对，对其内容的真实性、准确性和完整性不承担责任。

第四十五条　信息披露义务人、业务参与机构、专业机构等的相关知情人在信息披露前不得泄露拟披露的信息。

第四十六条　基金合同应当约定基金份额持有人大会会议规则，包括但不限于审议事项范围、召集程序、表决机制。

召开基金份额持有人大会的，召集人应当披露基金份额持有人大会的召开时间、会议形式、审议事项、议事程序、表决方式及决议结果等事项。召集人应当聘请律师事务所对上述事项出具法律意见，并与持有人大会决议一并披露。

召开基金份额持有人大会的，基金管理人、基金销售机构及本所会员等相关机构应当及时告知投资者基金份额持有人大会相关事宜。

第四十七条 基金管理人应当根据基础设施基金的特点,在基金合同中明确约定包括但不限于基础设施项目无法维持正常、持续运营,难以再产生持续、稳定现金流等基金合同终止情形。触发基金合同终止情形的,基金管理人应当按照法律、行政法规等规定和基金合同约定办理基金清算。

涉及基础设施项目处置的,应当遵循份额持有人利益优先的原则,资产支持证券管理人应当配合基金管理人按照有关规定和约定进行资产处置,并尽快完成剩余财产分配。

资产处置期间,基金管理人、资产支持证券管理人应当按照有关规定和约定履行信息披露义务。

第四十八条 基础设施基金的停牌、复牌、终止上市等应当按照本所《证券投资基金上市规则》及其他相关规定执行。

第二节 新购入基础设施项目

第四十九条 基础设施基金存续期间,基金管理人作出拟购入基础设施项目决定的,应当及时编制并发布临时公告,披露拟购入基础设施项目的相关情况及安排。

就拟购入基础设施项目发布首次临时公告后,基金管理人应当定期发布进展公告,说明本次购入基础设施项目的具体进展情况。若本次购入基础设施项目发生重大进展或者重大变化,基金管理人应当及时披露。

在购入基础设施项目交易中,基金管理人应当制定切实可行的保密措施,严格履行保密义务。

涉及停复牌业务的,基金管理人应当按照本所相关规定办理。

第五十条 基础设施基金存续期间拟购入基础设施项目,基金管理人按照规定向中国证监会申请基础设施基金变更注册的,基金管理人和资产支持证券管理人应当同时向本所提交基金产品变更申请和基础设施资产支持证券相关申请,由本所确认是否符合相关条件。

第五十一条 基金管理人就拟购入基础设施项目事宜申请基础设施基金产品变更,应当向本所提交以下文件:

(一)产品变更申请;

(二)产品变更方案;

(三)本办法第十二条第一款第二项至第八项规定的文件;

(四)本所要求的其他材料。

资产支持证券管理人应当按照本办法第十二条第二款规定同时向本所提交基础设施资产支持证券的相关申请材料。

本所按照基础设施基金产品首次发售的相关工作程序,对基础设施基金产品变更和相关基础设施资产支持证券是否符合条件进行审核,根据评议结果出具基础设施基金产品变更以及基础设施资产支持证券符合本所相关要求的无异议函或者作出终止审核的决定,并通知基金管理人和资产支持证券管理人。

第五十二条 基础设施基金按照规定或者基金合同约定就购入基础设施项目事项召开基金份额持有人大会的,相关信息披露义务人应当按照《基础设施基金指引》规定公告持有人大会事项,披露拟购入基础设施项目事项的详细方案及法律意见书等文件。涉及扩募的,还应当披露扩募发售价格确定方式。

第五十三条 基础设施基金存续期间购入基础设施项目完成后,涉及扩募基金份额上市的,依基金管理人申请,本所安排新增基金份额上市;涉及基础设施资产支持证券挂牌的,参照本办法第三章的有关规定办理。

第三节 基础设施基金的收购及份额权益变动

第五十四条 基础设施基金的收购及份额权益变动活动,当事人应当按照本办法规定履行相应的程序或者义务。本办法未作规定的其他事项,当事人应当参照中国证监会《上市公司收购管理办法》、《上海证券交易所股票上市规则》以及其他关于上市公司收购及股份权益变动的规定履行相应的程序或者义务;对于确不适用的事项,当事人可以说明理由，免除履行相关程序或者义务。

第五十五条 通过本所交易或者本所认可的其他方式，投资者及其一致行动人拥有权益的基金份额达到一只基础设施基金份额的10%时，应当在该事实发生之日起3日内编制权益变动报告书，通知该基金管理人，并予公告；在上述期限内，不得再行买卖该基础设施基金的份额。

投资者及其一致行动人拥有权益的基金份额达到一只基础设施基金份额的10%后，其通过本所交易拥有权益的基金份额占该基础设施基金份额的比例每增加或者减少5%，应当依照前款规定进行通知和公告。在该事实发生之日起至公告后3日内，不得再行买卖该基础设施基金的份额。

基金合同中应当约定，投资者及其一致行动人同意在拥有基金份额时即视为承诺，若违反本条第一款、第二款的规定买入在基础设施基金中拥有权益的基金份额的，在买入后的36个月内，对该超过规定比例部分的基金份额不行使表决权。

第五十六条 投资者及其一致行动人应当参照《上市公司收购管理办法》、中国证监会关于公开发行证券的公司权益变动报告书内容与格式相关规定以及其他有关上市公司收购及股份权益变动的规定编制相关份额权益变动报告书等信息披露文件并予公告。

投资者及其一致行动人拥有权益的基础设施基金份额达到或者超过该基础设施基金份额的10%但未达到30%的，应当参照《上市公司收购管理办法》第十六条规定编制权益变动报告书。

投资者及其一致行动人拥有权益的基础设施基金份额达到或者超过该基础设施基金份额的30%但未达到50%的，应当参照《上市公司收购管理办法》第十七条规定编制权益变动报告书。

第五十七条 投资者及其一致行动人拥有权益的基金份额达到基础设施基金份额的50%时，继续增持该基础设施基金份额的，应当参照《上市公司收购管理办法》以及其他有关上市公司收购及股份权益变动的有关规定，采取要约方式进行并履行相应的程序或者义务，但符合本办法规定情形的可免除发出要约。

投资者及其一致行动人通过首次发售方式拥有权益的基金份额达到或超过基础设施基金份额50%，继续增持该基础设施基金份额的，适用前述规定。

被收购基础设施基金的管理人应当参照《上市公司收购管理办法》的规定，编制并公告管理人报告书，聘请独立财务顾问出具专业意见并予公告。

以要约方式进行基础设施基金收购的，要约收购期限届满至要约收购结果公告前，基础设施基金应当停牌。基金管理人披露要约收购结果公告日复牌，公告日为非交易日的，于次一交易日起复牌。

以要约方式进行基础设施基金收购的，当事人应当参照本所和中国结算上市公司要约收购业务的有关规定办理相关手续。

第五十八条 投资者及其一致行动人拥有权益的基础设施基金份额达到或者超过基础设施基金份额的2/3的，继续增持该基础设施基金份额的，可免于发出要约。

除符合本条第一款规定的条件外，投资者及其一致行动人拥有权益的基础设施基金份额达到或者超过基础设施基金份额的50%的，且符合《上市公司收购管理办法》第六十三条列举情形之一的，可免于发出要约。

符合《上市公司收购管理办法》第六十二条列举情形之一的，投资者可以免于以要约方式增持基础设施基金份额。

第五章 自律监管

第五十九条 本所可以根据自律管理工作需要实施日常监管，具体措施包括：

（一）向监管对象作出口头提醒或者督促；

（二）向监管对象发出问询、通知、督促等书面函件；

（三）与监管对象及有关人员进行谈话；

（四）要求监管对象开展自查等；

（五）要求业务参与机构核查并发表意见；

（六）对监管对象进行现场或者非现场检查；

（七）向中国证监会报告有关情况；

（八）其他日常监管措施。

第六十条 监管对象违反本办法、上市协议、相关约定、承诺或者其他相关规定的，本所可以对监管对象及其直接负责的主管人员和其他直接责任人员实施下列监管措施：

（一）口头警示；

（二）书面警示；

（三）监管谈话；

（四）要求限期改正；

（五）要求公开更正、澄清或说明；

（六）要求公开致歉；

（七）要求聘请其他机构进行核查并发表意见；

（八）建议更换相关任职人员；

（九）向相关主管部门出具监管建议函；

（十）本所规定的其他监管措施。

第六十一条 监管对象违反本办法、上市协议、相关约定、承诺或者其他相关规定，情节严重的，本所可以对监管对象及其直接负责的主管人员和其他直接责任人员实施下列纪律处分：

（一）通报批评；

（二）公开谴责；

（三）暂不受理专业机构或者其相关人员出具的文件；

（四）收取惩罚性违约金；

（五）本所规定的其他纪律处分。

第六十二条 监管对象出现下列情形之一的，本所可以将其记入诚信档案：

（一）未履行合同约定的义务，给投资者造成重大损失的；

（二）未履行做出的重要承诺的；

(三)被本所实施纪律处分或者相关监管措施的;

(四)本所规定的其他情形。

第六十三条 相关纪律处分决定作出前,当事人可以按照本所有关业务规则规定的受理范围和程序申请听证。

当事人对本所作出的相关纪律处分决定不服的,可以按照本所有关业务规则规定的受理范围和程序申请复核。

第六章 附 则

第六十四条 除另有规定外,涉及基础设施基金的收购及份额权益变动的,《上市公司收购管理办法》及本所关于上市公司收购及股份权益变动有关规则中的股份应理解为基础设施基金份额;股东应理解为基础设施基金份额持有人;控股股东应理解为拥有基础设施基金控制权的基础设施基金份额持有人;股东大会应理解为基础设施基金份额持有人会议;上市公司的董事会应当理解为基金管理人等在基础设施基金业务活动中具同等职能的组织或机构。

第六十五条 基础设施基金上市、交易相关费用按照本所基金标准执行。

基础设施基金非限售份额持有人参与要约收购业务,参照基础设施基金交易的标准收费。

第六十六条 本办法由本所负责解释。

第六十七条 本办法自发布之日起施行。

附件

公开募集基础设施证券投资基金
风险揭示书必备条款

公开募集基础设施证券投资基金(以下简称基础设施基金)采用"公募基金+基础设施资产支持证券"的产品结构,主要特点如下:

一是基础设施基金与投资股票或债券的公募基金具有不同的风险收

益特征，80%以上基金资产投资于基础设施资产支持证券，并持有其全部份额，基金通过基础设施资产支持证券持有基础设施项目公司全部股权，穿透取得基础设施项目完全所有权或经营权利；二是基础设施基金以获取基础设施项目租金、收费等稳定现金流为主要目的，收益分配比例不低于合并后基金年度可供分配金额的90%；三是基础设施基金采取封闭式运作，不开放申购与赎回，在证券交易所上市，场外份额持有人需将基金份额转托管至场内才可卖出或申报预受要约。

投资基础设施基金可能面临以下风险，包括但不限于：

（一）基金价格波动风险。基础设施基金大部分资产投资于基础设施项目，具有权益属性，受经济环境、运营管理等因素影响，基础设施项目市场价值及现金流情况可能发生变化，可能引起基础设施基金价格波动，甚至存在基础设施项目遭遇极端事件（如地震、台风等）发生较大损失而影响基金价格的风险。

（二）基础设施项目运营风险。基础设施基金投资集中度高，收益率很大程度依赖基础设施项目运营情况，基础设施项目可能因经济环境变化或运营不善等因素影响，导致实际现金流大幅低于测算现金流，存在基金收益率不佳的风险，基础设施项目运营过程中租金、收费等收入的波动也将影响基金收益分配水平的稳定。此外，基础设施基金可直接或间接对外借款，存在基础设施项目经营不达预期，基金无法偿还借款的风险。

（三）流动性风险。基础设施基金采取封闭式运作，不开通申购赎回，只能在二级市场交易，存在流动性不足的风险。

（四）终止上市风险。基础设施基金运作过程中可能因触发法律法规或交易所规定的终止上市情形而终止上市，导致投资者无法在二级市场交易。

（五）税收等政策调整风险。基础设施基金运作过程中可能涉及基金持有人、公募基金、资产支持证券、项目公司等多层面税负，如果国家税收等政策发生调整，可能影响投资运作与基金收益。

本风险揭示书的揭示事项仅为列举事项，未能详尽列明基础设施基金的所有风险。投资者在参与基础设施基金相关业务前,应认真阅读基金合同、招募说明书等法律文件,熟悉基础设施基金相关规则,自主判断基金投资价值,自主做出投资决策,自行承担投资风险。

备注:风险揭示书应当包括但不限于以上内容,本所会员等可在此基础上自主补充。

上海证券交易所关于发布《上海证券交易所公开募集基础设施证券投资基金(REITs)规则适用指引第1号——审核关注事项(试行)(2023年修订)》的通知

(上证发〔2023〕81号 2023年5月12日发布)

各市场参与人:

为了贯彻落实国务院办公厅《关于进一步盘活存量资产扩大有效投资的意见》和中国证监会《关于进一步推进基础设施领域不动产投资信托基金(REITs)常态化发行相关工作的通知》的要求,上海证券交易所(以下简称本所)深入总结公开募集基础设施证券投资基金试点经验,修订了《上海证券交易所公开募集基础设施证券投资基金(REITs)规则适用指引第1号——审核关注事项(试行)》,现将《上海证券交易所公开募集基础设施证券投资基金(REITs)规则适用指引第1号——审核关注事项(试行)(2023年修订)》(详见附件)予以发布,并自发布之日起施行。

本所于2021年1月29日发布的《关于发布〈上海证券交易所公开募集基础设施证券投资基金(REITs)规则适用指引第1号——审核关注事项(试行)〉的通知》(上证发〔2021〕10号)同时废止。

特此通知。

附件：1. 上海证券交易所公开募集基础设施证券投资基金（REITs）规则适用指引第 1 号——审核关注事项（试行）（2023 年修订）

2. 《上海证券交易所公开募集基础设施证券投资基金（REITs）规则适用指引第 1 号——审核关注事项（试行）（2023 年修订）》修订说明

附件 1

上海证券交易所公开募集基础设施证券投资基金（REITs）规则适用指引第 1 号——审核关注事项（试行）（2023 年修订）

第一章 总 则

第一条 为了规范公开募集基础设施证券投资基金（以下简称基础设施基金）上市审核和基础设施资产支持证券挂牌条件确认业务，保护投资者合法权益，根据《证券法》《证券投资基金法》《公开募集基础设施证券投资基金指引（试行）》（以下简称《基础设施基金指引》）、《证券公司及基金管理公司子公司资产证券化业务管理规定》（以下简称《资产证券化业务管理规定》）、《上海证券交易所公开募集基础设施证券投资基金（REITs）业务办法（试行）》（以下简称《基础设施基金业务办法》）等法律、行政法规、部门规章、规范性文件（以下统称法律法规）以及上海证券交易所（以下简称本所）相关业务规则，制定本指引。

第二条 基金管理人向本所申请基础设施基金上市审核、资产支持证券管理人向本所申请基础设施资产支持证券挂牌条件确认事宜，适用本指引。本指引未作规定的，适用中国证券监督管理委员会（以下简称中国证监会）和本所的其他规定。

本指引所称基础设施基金、基础设施资产支持证券是指符合《基础设施基金指引》规定的基金产品和资产支持证券。

第三条 本所对基础设施基金上市和基础设施资产支持证券挂牌出具的意见，不表明本所对基础设施基金的投资风险或者收益等作出判断或者保证。投资者应当自主判断基础设施基金投资价值，自主做出投资决策，自行承担投资风险。

第二章　一　般　规　定

第一节　业务参与机构

第四条 拟任基金管理人应当符合《证券投资基金法》《公开募集证券投资基金运作管理办法》和《基础设施基金指引》规定的条件。

拟任资产支持证券管理人应当符合《资产证券化业务管理规定》规定的条件，且与拟任基金管理人存在实际控制关系或者受同一控制人控制。

除特别规定外，本指引所称管理人包括基金管理人和资产支持证券管理人。

第五条 拟任基金托管人应当符合《证券投资基金法》《公开募集证券投资基金运作管理办法》和《基础设施基金指引》规定的条件，且与资产支持证券托管人为同一主体。

第六条 原始权益人应当符合下列条件：

（一）依法设立且存续；

（二）享有基础设施项目完全所有权或者经营权利，不存在重大权属纠纷或者争议；

（三）信用稳健，内部控制制度健全，具有持续经营能力；

（四）最近3年（未满3年的自成立之日起，下同）不存在重大违法违规记录，不存在因严重违法失信行为被有权部门认定为失信被执行人、失信生产经营单位或者其他失信单位并被暂停或者限制融资的情形；

（五）中国证监会和本所规定的其他条件。

第七条　原始权益人向基础设施基金转让项目公司股权,应当符合地方政府性债务管理的规定,不得新增地方政府隐性债务。

原始权益人通过转让基础设施项目取得的回收资金用途应当符合国家产业政策。

第八条　委托外部管理机构运营管理基础设施项目的,外部管理机构应当符合《基础设施基金指引》规定并符合下列条件:

(一)具有持续经营能力;

(二)最近3年不存在重大违法违规记录;

(三)中国证监会和本所规定的其他条件。

第九条　管理人聘请财务顾问、会计师事务所、律师事务所、评估机构等专业机构,应当遵循最少必需原则,精简产品结构,降低运营成本。相关专业机构应当符合《基础设施基金指引》规定的条件。

资产支持证券管理人可以与基金管理人聘请相同的专业机构。

原始权益人聘请的财务顾问等专业机构应当具有依法从事相关金融业务的资质。

第十条　管理人应当核查并披露业务参与机构之间的关联关系、潜在利益冲突,并设置合理充分的风险防控措施。

第二节　基础设施项目

第十一条　基础设施项目应当符合下列条件:

(一)权属清晰,资产范围明确,原则上应当依照规定完成相应权属登记。

(二)不存在法定或者约定的限制转让、抵押、质押的情形,主管机关或者相关权利方同意转让的除外。

(三)不存在抵押、质押等他项权利设定,基础设施基金成立后能够解除他项权利的除外。

(四)基础设施资产已通过竣工验收,工程建设质量和安全标准符合相关要求,原则上已按照投资建设时的规定履行规划、用地、环评等审批、核准、备案、登记以及其他依据法律法规应当办理的手续。

（五）基础设施资产的土地实际用途原则上应当与其规划用途、权证所载用途相符。存在差异的，律师应当对实际用途是否符合法律法规和相关政策进行核查并发表明确意见；管理人应当充分揭示风险，并设置相应的风险缓释措施。

（六）基础设施资产涉及经营资质的，相关经营资质或者经营许可应当合法、有效。经营资质或者经营许可在基础设施基金和资产支持证券存续期内存在展期安排的，管理人应当披露具体安排，并按照规定或者主管机关要求办理展期手续。

（七）中国证监会和本所规定的其他条件。

第十二条 基础设施项目公司应当符合下列条件：

（一）依法设立且存续；

（二）财务会计制度和财务管理制度规范；

（三）合法持有基础设施项目相关资产；

（四）中国证监会和本所规定的其他条件。

第十三条 管理人原则上应当提供并披露基础设施项目最近3年和一期的财务报告和审计报告。无法提供的，应当说明理由，提供并披露最近1年和一期的财务报告和审计报告；相关材料仍然无法提供的，应当提供并披露基于历史运营经验和合理假设编制的最近1年和一期经审计的备考财务报表。

第十四条 基础设施项目现金流应当符合下列条件：

（一）基于真实、合法的经营活动产生，价格或者收费标准符合相关规定（如有）。

（二）符合市场化原则，不依赖第三方补贴等非经常性收入。

（三）具有持续性和稳定性，最近3年（不满3年的，自开始运营起，下同）未出现不合理的异常波动。

（四）来源合理分散，直接或者穿透后来源于多个现金流提供方。因商业模式或者经营业态等原因，现金流提供方较少的，重要现金流提供方应当资信情况良好，财务状况稳健。

（五）最近3年平均净利润或者经营性净现金流为正。

（六）中国证监会和本所规定的其他条件。

第十五条　基础设施项目运营情况应当符合下列条件：

（一）具备成熟稳定的运营模式，运营收入有较好增长潜力；

（二）运营时间原则上不低于3年，投资回报良好；

（三）产业园区、仓储物流、数据中心等依托租赁收入的，最近3年总体出租率较高，租金收缴情况良好，主要承租人资信状况良好、租约稳定，承租人行业分布合理；

（四）收费公路、污水处理等依托收费收入的，最近3年运营收入较高或者保持增长，使用者需求充足稳定，区域竞争优势显著；

（五）中国证监会和本所规定的其他条件。

第十六条　管理人应当披露基础设施项目报告期内关联交易情况，并结合关联交易定价对基础设施项目运营的独立性和稳定性进行核查并发表明确意见。

相关交易延续至基础设施基金存续期间的，管理人应当分析关联交易的合理性、必要性和潜在风险，对关联交易的公允性和独立性进行核查并发表明确意见，充分揭示风险。

第十七条　管理人应当充分揭示基础设施项目可能存在的资产灭失、运营收入波动、不动产价格波动、利益冲突、利益输送等风险事项，并设置相应风险缓释措施，保障投资者权益。

第三节　评估与现金流

第十八条　评估机构原则上应当以收益法作为基础设施项目评估的主要估价方法，充分考虑不可抗力因素的影响，并在评估报告及其附属文件中披露评估过程和下列影响评估的重要参数：

（一）土地使用权或者经营权的剩余期限；

（二）主要固定资产的使用寿命；

（三）运营收入；

（四）运营成本；

（五）运营净收益；

（六）资本性支出；

（七）未来现金流预期；

（八）折现率；

（九）其他应当披露的重要参数。

管理人应当披露基础设施项目的评估情况、定期和不定期评估安排。

第十九条 管理人应当披露基础设施项目报告期内现金流构成、集中度、波动情况等，并分析现金流的独立性和稳定性。

现金流来源集中度较高的，管理人应当进行风险提示，并披露重要现金流提供方的经营情况和财务状况。

现金流波动较大的，管理人应当分析波动原因和合理性，充分揭示风险，并设置相应的风险缓释措施。

第二十条 基金管理人应当提交并披露经会计师事务所审阅的可供分配金额测算报告。

可供分配金额测算应当遵循合理、谨慎的原则，充分考虑宏观和区域经济发展、可比项目、项目业态和用途、运营情况和未来调整安排、重大资本性支出、税费安排、周边生态环境和竞争环境等因素的影响。

第二十一条 管理人应当披露评估报告与可供分配金额测算报告对基础设施项目现金流预测结果的差异情况。差异比例超过5%的，管理人应当披露原因，并对相关评估和测算的合理性进行核查并发表明确意见。

第二十二条 管理人应当披露基础设施项目未来大修支出等资本性支出安排及其合理性，以及资本性支出对基础设施基金存续期内可供分配金额的影响。

管理人按照前款规定进行披露时，应当重点说明基础设施基金存续期内项目大修支出与历史水平（如有）是否具有延续性、与运营年限是否匹配等。

第二十三条 资产支持专项计划（以下简称专项计划）的基础资

产现金流归集路径应当清晰明确，管理人应当披露账户设置和现金流自产生至当期分配给基础设施基金期间在各账户间的划转安排等。

项目公司基本户、运营收支账户等银行账户原则上应当在基金托管人处开立。在其他商业银行开立的，管理人应当充分说明和论证必要性，并设置合理的资金闭环管理安排，提高资金归集频率，明确现金流归集和划转情况的定期核查安排，防范现金流混同，保证资金安全。

第四节 产品设计

第二十四条 基础设施基金应当持有基础设施资产支持证券全部份额，资产支持证券应当持有基础设施项目公司全部股权。基础设施基金通过资产支持证券和项目公司等载体取得基础设施项目完全所有权或者经营权利。

第二十五条 基础设施基金名称与资产支持证券名称应当规范清晰，表明基金的类别和投资特征，不存在损害国家利益、社会公共利益、欺诈、误导投资者，或者其他侵犯他人合法权益的内容。

第二十六条 管理人应当合理确定基础设施基金和资产支持证券的期限。基础设施资产支持证券期限应当与基础设施项目土地使用权或者经营权的剩余期限、主要固定资产的使用寿命等相匹配，基础设施基金期限不得短于基础设施资产支持证券期限。

管理人可以通过续期机制、持有人会议决议等方式延长期限，并披露期限调整安排和决策机制。

第二十七条 基金管理人应当结合产品规模、原始权益人参与战略配售比例等情况合理确定战略配售比例，保证首次发售上市后流通份额适度充裕。

第二十八条 基金管理人应当设置二级市场异常波动风险防控安排，充分做好二级市场异常波动和解除禁售等风险提示。

第二十九条 基础设施基金存续期间，基础设施项目拟对外借款的，管理人应当核查并披露下列事项：

（一）对外借款类型、金额、比例、用途、增信方式、涉及的抵押或者质押等权利限制情况，充分说明对外借款的必要性；

（二）对外借款偿还安排和风险应对措施，审慎评估对外借还款对基础设施项目持续稳定运营，以及基础设施基金可供分配现金流的影响，确保可供分配现金流持续稳定，并充分揭示风险。

第三十条 基金经理应当具备专业胜任能力，基础设施基金应当由工作背景、管理经验相匹配的基金经理管理。

基金经理存在兼任情形的，基金管理人应当充分论证基金经理的专业胜任能力和兼任安排的合理性。

第三十一条 基金管理费收取应当遵循基金管理人统筹收支的基本原则，原则上由基金管理人整体安排并进行信息披露。管理人应当在基金合同、专项计划说明书、外部运营管理协议等文件中约定费用支付标准和支付路径。

基金管理费、财务顾问费水平应当合理，能够覆盖展业成本，不得以明显低于行业定价水平等不正当竞争方式招揽业务。管理人和外部管理机构费用收取应当根据各自工作职责合理确定，具体收取方式按照相关协议约定执行。

外部管理机构收取的基础费用应当结合基础设施项目历史运营成本情况等合理确定，收取的浮动报酬应当与基础设施项目运营业绩表现挂钩，能够有效体现激励与约束。

第五节 交易安排

第三十二条 专项计划的基础资产应当符合下列条件：

（一）资产范围和权利内容界定清晰，具有明确的法律法规依据。

（二）合法合规。涉及债权的，债权应当真实有效，符合法律法规规定。律师应当对债权的真实性、合法性和有效性进行核查并发表明确意见。

（三）权属清晰。从第三方受让所得的，原始权益人应当已经支付转让对价或者明确转让对价支付安排，且转让对价公允，已完成登记、批准、备案或者其他手续（如需）。律师应当就转让的公允性、合法性和有效性进行核查并发表明确意见。

（四）不存在抵押、质押等权利限制，专项计划成立后使用募集资金偿还债务，能够解除相关限制的除外。

（五）不存在法定或者约定的限制转让、抵押、质押的情形，主管机关或者相关权利方同意转让的除外。

（六）中国证监会和本所规定的其他条件。

第三十三条 专项计划基础资产的转让应当符合下列条件：

（一）转让应当合法、有效，存在附属权益的，应当一并转让。

（二）依照法律法规的规定办理基础资产转让批准、登记手续。法律法规没有要求办理登记或者暂不具备办理登记条件的，应当采取有效措施，维护基础资产安全。

（三）基础资产涉及债权的，应当按照规定通知债务人债权转让事项。

（四）结合基础设施基金询价、定价情况合理确定基础资产转让对价，确保转让对价公允。

（五）中国证监会和本所规定的其他条件。

第三十四条 管理人应当披露基础设施基金存续期间以及清算时可能面临的基础设施项目限制转让的情形，充分揭示风险，并设置风险缓释措施。

第三十五条 基础设施基金设置专项计划以外特殊目的载体（SPV）的，基金管理人应当详细披露相关安排的必要性，明确SPV注销安排，充分揭示风险，并设置有效的风险防控措施。

第三十六条 基础设施基金购入基础设施项目的，基金管理人应当及时披露交割审计报告、购买基础设施项目实际支付的对价、购买的基础设施项目的资产和负债情况、交割日后尚需以基金财产向原始权益人支付或者收取与本次资产交易相关的价款情况。

第三十七条 基金管理人应当按照《基础设施基金指引》等规定在基金合同中明确基金合同终止的情形。

基金合同终止或者基金清算涉及基础设施项目处置的,管理人应当披露基础设施项目处置的触发情形、决策程序、处置方式和流程以及相关信息披露安排等。

第六节 运作管理安排

第三十八条 基金管理人应当披露基金份额持有人会议规则,基金份额持有人通过基金份额持有人会议行使权利的范围、程序,基金份额持有人会议的召集、通知、决策机制、会议记录和信息披露等重要事项。

第三十九条 资产支持证券管理人应当披露基础设施资产支持证券存续期间,资产支持证券持有人行使权利的有关安排。

第四十条 基金管理人应当明确约定并披露其按照《证券投资基金法》《公开募集证券投资基金运作管理办法》《基础设施基金指引》《基础设施基金业务办法》等有关规定履行基础设施项目运营管理职责的相关安排和机制。

第四十一条 资产支持证券管理人应当明确约定并披露其按照《资产证券化业务管理规定》等有关规定履行基础设施项目运营管理职责的相关安排和机制。

第四十二条 基金管理人委托外部管理机构运营管理基础设施项目的,应当符合《基础设施基金指引》等有关规定,明确约定并披露外部管理机构的解聘、更换条件和流程、履职情况评估、激励机制等安排。

基金管理人应当明确约定有效的外部管理机构激励约束安排,督促外部管理机构更好地履行相关职责,切实保护投资者利益。

存在外部管理机构同时向基础设施基金以外的其他机构提供同类基础设施项目运营管理服务情形或者安排的,基金管理人可以要求外部管理机构设立独立机构或者独立部门负责本基础设施项目的运营管理,并采取充分、适当的措施避免可能出现的利益冲突。基金管理人应当对相关措施的合理性、充分性和可行性进行核查并发表明确意见。

第四十三条 基金管理人管理多个相同类型基础设施基金的，应当披露在同类项目运营管理、扩募安排、决策机制等方面的利益冲突防范机制，并充分揭示风险。

第三章 产业园区

第四十四条 产业园区项目涉及的土地使用权原则上应当以出让等有偿使用方式取得。

第四十五条 产业园区项目涉及的固定资产报建手续、不动产权证书、融资合同、政策文件、土地出让合同等应当不存在对基础设施项目的土地、资产、股权等转让限制。存在转让限制的，主管机关或者相关权利方应当对项目以转让全部股权方式发行基础设施基金无异议。管理人和律师应当对相关事项进行核查并发表明确意见。

第四十六条 产业园区项目资产范围包含配套设施的，管理人应当披露配套设施估值、现金流占比及其入池的合理性。

第四十七条 产业园区项目涉及的租赁合同应当合法有效，并符合相关登记备案的管理规定。

租赁合同未按照规定办理登记备案手续的，管理人应当披露原因，充分揭示风险，并设置风险缓释措施。

第四十八条 产业园区项目重要现金流提供方的行业属性应当与园区规划相符。存在差异的，管理人应当结合相关产业政策文件、主管机关意见等披露下列内容：

（一）租户行业属性与园区规划不相符的原因以及是否符合相关法律法规和政策文件的要求；

（二）行业属性与园区规划不相符的租户提供的收入占比；

（三）对基础设施基金的影响，包括产业园区项目运营的合法合规性、相关税收优惠的可持续性（如有）、换租风险等，充分揭示风险，并设置风险缓释措施。

第四十九条 产业园区项目租户涉及政府类机构的，其运营应当符合市场化原则。

管理人应当结合政府类租户在租金价格、支付安排等方面与其他租户的对比情况,对产业园区项目运营是否符合市场化原则进行核查并发表明确意见。

管理人应当结合政府类租户的租赁面积、租约期限等,对产业园区项目运营的稳定性进行核查并发表明确意见。

第五十条　管理人应当披露产业园区项目的下列基本情况:

(一)园区类型;

(二)所在区位;

(三)运营模式;

(四)运营年限;

(五)建筑面积与可供出租或者经营使用面积;

(六)投保情况;

(七)周边竞争园区;

(八)本所要求披露的其他信息。

第五十一条　管理人应当披露产业园区项目报告期内的下列经营情况:

(一)租金水平以及与周边可比物业租金水平对比情况、租金增长率、租金收缴率和租金支付结算方式等;

(二)出租率、租户分布和集中度、租赁合同期限分布、免租期协定(如有)、关联交易占比等;

(三)运营收入以及各类收入占比、成本支出以及各类成本占比、相关税金和费用、运营净收益等。

产业园区项目各年度出租率、租金增长率、租金收缴率等指标波动较大的,管理人应当披露变动原因。

产业园区项目出租率、租金水平存在明显上涨情形的,管理人应当披露原因、合理性及其可持续性,进行核查并发表明确意见。

第五十二条　在本指引第十三条规定的报告期内,因不可抗力或者产业政策等原因导致产业园区项目租金收入下降的,管理人可以延长历史运营数据的披露期限。历史运营数据披露期限延长的,租金增长率、收入增长情况等体现年度增长情况的数据可以不包括异常年份数据,但应当至少包括3年和一期的数据。

第五十三条 评估机构应当合理审慎确定影响评估结果的重要参数,包括收益年限、租金价格、出租率、租金增长率、折现率等。

管理人应当披露产业园区项目的评估参数设定依据、评估过程、评估结果、资本化率(CapRate)等评估情况。

管理人应当结合产业园区项目情况对评估方法和参数的合理性进行核查,并按照下列要求就相关事项发表明确意见:

(一)结合区域总体规划是否存在重大调整、建筑设计功能是否满足使用至土地使用权到期日等,说明收益年限参数指标选取的合理性;

(二)结合产业园区项目历史运营情况、已签订租约情况、市场同类可比项目情况等,说明估值参数指标设置的合理性。

第五十四条 管理人应当披露产业园区项目报告期内租金减免情况,并说明减免安排对历史现金流的影响。

基础设施基金存续期间产业园区项目预计存在租金减免情形的,管理人应当充分揭示风险,并设置风险缓释措施。针对产业政策鼓励但未强制要求的租金减免情形,管理人应当明确租金减免在基金治理层面的决策机制。

第五十五条 产业园区项目存在重要现金流提供方的,管理人应当披露重要现金流提供方的租约期限、合同续签安排、承租面积占比和租金占比等租赁情况。

来自重要现金流提供方的收入占比超过50%的,管理人应当结合重要现金流提供方的业务模式、资信情况等,对产业园区项目运营的稳定性进行核查并发表明确意见,充分揭示风险,并设置风险缓释措施。

第五十六条 管理人应当对基础设施基金存续期间产业园区项目是否存在重要租户换租、集中换租风险进行核查,充分揭示风险,并设置风险缓释措施。

产业园区项目根据租户定制化需求建设的，管理人应当审慎评估相关租户换租对产业园区项目运营、空置率、大额费用支出的影响，充分揭示风险，并设置风险缓释措施。

第五十七条 管理人应当披露产业园区项目所涉及的投资协议是否存在项目运营的投资强度、产出强度和税收强度等经济指标约束和相关承诺。存在经济指标约束的，管理人应当披露可能存在的违约风险和风险缓释措施。

原始权益人应当明确说明产业园区项目是否存在经济指标约束及其相关违约责任（如存在）。

第五十八条 管理人应当披露产业园区项目房产税、城镇土地使用税、企业所得税等税收优惠政策的情况，并结合未来税收优惠政策的变动情况，说明前述事项对基础设施基金未来现金流的影响。

第五十九条 外部管理机构存在同业竞争情况的，基金管理人应当通过协议明确对外部管理机构的约束机制，防范同业竞争和利益冲突，保障投资者利益。

基金管理人可以约定产业园区项目具有优先租赁权以及外部管理机构损害优先租赁权的补偿安排等利益冲突的缓释措施。

第六十条 产业园区基础设施基金涉及的投资性房地产原则上应当采用成本法进行会计计量。

存续期间，投资性房地产按照成本法计量的账面价值与评估值差异较大的，可以调整会计计量方法，基金管理人应当在基金合同等文件中约定会计计量方法的调整安排和决策机制。

第四章 收费公路

第六十一条 收费公路项目资产应当包括收费公路经营权和归属于原始权益人的相关资产。

前款所称收费公路经营权，应当包括收费公路收费权和符合本指引第十一条要求的服务区等附属设施经营权，可以包括广告经营权。

前款所称相关资产，原则上应当包括收费公路土地使用权、收费站不动产所有权、附属设施所有权等。

第六十二条 管理人应当披露收费公路项目经营权依据和经营权范围。

前款所称经营权依据包括有权机关的法律政策文件或者经营权协议等，经营权范围包括经营期限、收费安排等。

第六十三条 收费公路项目的转让应当符合有关法律法规和政策文件要求。收费公路项目所涉及的固定资产报建手续、特许经营权协议、不动产权证书、融资合同、主管机关政策文件、土地出让合同等应当不存在对基础设施项目的土地、资产、股权等转让限制。存在转让限制的，主管机关或者相关权利方应当对项目以转让全部股权方式发行基础设施基金无异议。管理人和律师应当对相关事项进行核查并发表明确意见。

第六十四条 收费公路项目的通行费、广告费等收费标准应当符合主管机关的规定。存在分路段、分车型、分时段、分出入口、分方向、分支付方式等差异性收费标准的，管理人应当合理评估并披露差异性收费对现金流的影响。

第六十五条 管理人应当披露收费公路项目报告期内经营情况，包括各年度车流量、车流量增长率、车流量复合增长率、通行费收入、其他业务收入明细、经营性净现金流等。

经营情况波动较大的，管理人应当披露变动原因。

管理人应当披露实际交通量与收费公路项目可行性研究报告预测交通量的差异情况。差异超过5%的，应当披露原因。

第六十六条 在本指引第十三条规定的报告期内，因不可抗力等影响导致收费公路项目收入下降的，管理人可以延长历史运营数据的披露期限。历史运营数据披露期限延长的，车流量复合增长率、收入增长情况等体现年度增长情况的数据可以不包括异常年份数据，但应当至少包括3年和一期的数据。

第六十七条 管理人应当披露现行规划内的其他收费公路、铁路、国省县公路干道等竞争性交通设施项目对收费公路项目运营的影响，充分揭示风险，设置风险缓释措施。

第六十八条　评估机构应当合理审慎确定影响评估结果的重要参数，结合收费公路项目历史运营时间、历史经营收入、区域经济增长水平、常住人口增长率、民用汽车保有量增长率、与货运汽车相匹配的产业经济发展情况（如有）、产业增长率、未来竞品设施的修建情况等因素合理确定剩余运营期限、车型构成和比例、车流量增长率、人工成本和养护支出、折现率等。

管理人应当披露收费公路项目的评估情况，包括评估参数设定依据、评估过程、评估结果和基金存续期内内部收益率（IRR）等，并对评估方法和参数的合理性发表明确意见。

第六十九条　管理人应当披露收费公路项目报告期内收费减免情况，并说明减免安排对历史现金流的影响。

基础设施基金存续期间收费公路项目预计存在收费减免情形的，管理人应当充分揭示风险，并设置风险缓释措施。针对政策鼓励但未强制要求的收费减免情形，管理人应当明确收费减免在基金治理层面的决策机制。

第七十条　管理人应当结合实际运营交通量占最大交通承载量比例情况、道路服务水平、区域经济发展、未来交通量增长情况、运营期限等，评估收费公路项目未来是否存在通过扩能改造等形式延续或者提升道路通行能力的安排。经评估认为存在的，管理人应当披露相关规划、计划方案、风险因素、投资者保护措施等。

第七十一条　管理人应当结合收费公路运营情况、相关政府规划、特许经营权协议等，评估基础设施基金存续期间收费公路经营权是否存在被主管机关提前收回的安排。经评估认为存在的，管理人应当披露投资者利益保护机制，包括拟要求的回购价款与收费公路项目估值之间的关联性、支付条件、投资者收益率等。

第七十二条　管理人应当核查收费公路项目最近一期的路桥隧全面检测报告，并披露收费公路项目路基路面、桥涵隧道等可能存在的隐性质量问题。

原始权益人应当承诺向管理人等提供的安全风险相关资料真实、准确、完整,不存在虚假记载、误导性陈述或者重大遗漏。

第七十三条 管理人应当结合特许经营权协议(如有)、收费公路运营权安排、主管机关的管理规定等,披露收费公路运营权到期后相关资产移交安排。

评估机构应当在估值中充分考虑相关移交成本对评估结果的影响。

第五章 附 则

第七十四条 基础设施基金存续期间拟购入基础设施项目的,管理人向本所提交的基金产品变更申请和基础设施资产支持证券相关申请业务参照适用本指引。

第七十五条 本指引相关用语的含义如下:

(一)基础设施项目是指项目公司、基础设施资产的统称。项目公司是指直接拥有基础设施资产合法、完整产权的法人实体。

(二)重要现金流提供方是指在尽职调查基准日前的一个完整自然年度中,基础设施资产的单一现金流提供方及其关联方合计提供的现金流超过基础设施资产同一时期现金流总额的10%的现金流提供方。

第七十六条 本指引由本所负责解释。

第七十七条 本指引自发布之日起施行。本所于2021年1月29日发布的《上海证券交易所公开募集基础设施证券投资基金(REITs)规则适用指引第1号——审核关注事项(试行)》(上证发〔2021〕10号)同时废止。

附件2

《上海证券交易所公开募集基础设施证券投资基金(REITs)规则适用指引第1号——审核关注事项(试行)(2023年修订)》修订说明

为了贯彻落实国务院办公厅《关于进一步盘活存量资产扩大有效投资的意见》和中国证监会《关于进一步推进基础设施领域不动产投资信托基金(REITs)常态化发行相关工作的通知》的要求,上交所深入总结公开募集基础设施证券投资基金(以下简称基础设施REITs)试点经验,对《上海证券交易所公开募集基础设施证券投资基金(REITs)规则适用指引第1号——审核关注事项(试行)》(以下简称《REITs审核关注事项指引》)进行修订,进一步完善基础设施REITs审核关注事项,明确了产业园区、收费公路两类成熟资产的审核标准,并强化信息披露要求。

一、修订背景

2020年4月,基础设施REITs试点启动后,为明确基础设施REITs的申请条件,本所结合有关业务实际,于2021年1月起草发布了《REITs审核关注事项指引》,对业务参与机构、基础设施项目、评估与现金流、交易结构和运作管理安排等方面作出了具体规定。首批基础设施REITs上市以来,上交所REITs业务稳步发展,项目涵盖收费公路、产业园区、污水处理、仓储物流、保障性租赁住房、新能源等多种资产类型,在盘活存量资产、扩大有效投资方面发挥了重要作用。

按照《关于进一步推进基础设施领域不动产投资信托基金(REITs)常态化发行相关工作的通知》中"总结试点经验,对产业园区、收费公路等实践较多的资产类型,按照'成熟一类、推出一类'的原则,细化完善审核和信息披露要点,对项目质量从严要求,并以适当方式向市场公开,加快成熟类型资产的推荐审核透明度和发行上市节奏"的要求,上交所在中国证监会的统一部署下,对《REITs审核关注事项指引》进行了修订。

二、主要修订内容

本次修订重点明确了实践较多的产业园区和收费公路项目审核和信息披露要点,突出重要性、提高针对性,对项目质量从严把关,提高信息透明度。同时,针对市场关切的项目参与机构、资产评估和产品设计等相关问题进行了规范。主要包括以下几方面内容。

一是细化业务参与机构、评估和现金流要求。加强原始权益人约束,要求原始权益人向基础设施基金转让项目公司股权不得新增地方政府隐性债务,取得的回收资金用途应当符合国家产业政策;规范中介机构选聘,要求管理人聘请专业机构应当遵循最少必需原则,且专业机构应当具有依法从事相关金融业务的资质;细化评估和现金流要求,明确评估报告与可供分配金额测算报告对基础设施项目现金流预测结果的差异比例超过5%的,管理人应当披露原因,同时,强化基础设施项目资本性支出安排及其合理性的披露要求。

二是规范产品设计要求。明确基金控制要求,要求基础设施基金取得基础设施项目完全所有权或者经营权利;细化产品命名规范,要求基础设施基金名称与资产支持证券名称应当表明基金的类别和投资特征,不得误导投资者;强化风险防控,要求基金管理人设置二级市场异常波动风险防控安排,合理确定战略配售比例,保证首次发售上市后流通份额适度充裕;明确基金经理要求,存在兼任情形的,要求基金管理人充分论证基金经理的专业胜任能力和兼任安排的合理性;规范费用收取水平,要求基金管理费、财务顾问费水平能够覆盖展业成本,相关参与机构不得以明显低于行业定价水平等不正当竞争方式招揽业务。

三是明确产业园区项目的特殊性要求。明确产业园区项目土地性质、转让限制、配套设施入池、租赁合同备案、重要现金流提供方行业属性等合规性关注事项;细化产业园区项目历史运营数据、评估参数、租金减免情况、重要现金流提供方租赁情况、投资协议约束、税收优惠政策等信息披露要求。此外，明确产业园区基础设施基金涉及的投资性房地产原则上应当采用成本法进行会计计量。

四是明确收费公路项目的特殊性要求。明确收费公路项目资产范围、经营权依据和范围、转让限制、收费标准等合规性关注事项；细化收费公路项目历史运营数据、竞争性交通设施项目影响、评估参数、收费减免情况、资产到期移交安排等信息披露要求；要求管理人对收费公路项目延续或者提升道路通行能力的安排、经营权提前回收风险进行评估，并采取相关应对措施。此外，关注项目隐性质量问题，要求管理人进行核查，原始权益人承诺其提供的安全风险相关资料真实、准确、完整。

上海证券交易所关于发布《上海证券交易所公开募集基础设施证券投资基金（REITs）规则适用指引第2号——发售业务（试行）》的通知

（上证发〔2021〕11号　2021年1月29日发布）

各市场参与人：

为规范公开募集基础设施证券投资基金发售行为，促进市场主体归位尽责，维护市场秩序，保护投资者合法权益，根据《证券法》《公开募集基础设施证券投资基金指引（试行）》等有关规定，上海证券交易所制定了《上海证券交易所公开募集基础设施证券投资基金（REITs）规则适用指引第2号——发售业务（试行）》（详见附件），现予以发布，并自发布之日起施行。

特此通知。

附件:上海证券交易所公开募集基础设施证券投资基金(REITs)规则适用指引第2号——发售业务(试行)

附件

上海证券交易所公开募集基础设施证券投资基金(REITs)规则适用指引第2号——发售业务(试行)

第一章 总 则

第一条 为规范公开募集基础设施证券投资基金(以下简称基础设施基金)发售行为,促进市场主体归位尽责,维护市场秩序,保护投资者合法权益,根据《证券法》《公开募集基础设施证券投资基金指引(试行)》(以下简称《基础设施基金指引》)《上海证券交易所公开募集基础设施证券投资基金(REITs)业务办法(试行)》等法律、行政法规、部门规章、规范性文件及上海证券交易所(以下简称本所)的有关规定,制定本指引。

第二条 基础设施基金的路演、询价、定价、认购、配售、扩募及其相关信息披露等事宜,适用本指引。本指引未作规定的,参照适用《上海证券交易所上市开放式基金业务指引》及本所其他相关规定。

基础设施基金的登记结算业务按照中国证券登记结算有限责任公司(以下简称中国结算)有关规定办理。

第三条 基金管理人按照《基础设施基金指引》的规定聘请财务顾问的,可以委托财务顾问办理基础设施基金发售的路演、询价、定价、配售及扩募等相关业务,但基金管理人依法应当承担的责任不因此而免除。

第四条 基金管理人、财务顾问应当依据本指引以及本所其他相关规定,建立健全基础设施基金发售业务的风险管理制度和内部控制制度,加强定价和发售过程管理,防范利益冲突。

基金管理人、财务顾问、基金销售机构、律师事务所、会计师事务所、资产评估机构等基金服务机构,投资者及其他相关主体应当诚实守信、勤勉尽责,严格遵守相关法律法规、本所业务规则的规定以及相关行业规范,不得操纵发行定价、暗箱操作;不得以代持、信托等方式谋取不正当利益或向其他相关利益主体输送利益;不得直接或通过其利益相关方向参与认购的投资者提供财务资助;不得有其他违反公平竞争、破坏市场秩序等行为。

第五条 基础设施基金的认购价格应当通过本所网下发行电子平台向网下投资者以询价的方式确定。基金份额认购价格确定后,战略投资者、网下投资者和公众投资者应当按照本指引规定的认购方式,参与基础设施基金份额认购。

第六条 基金管理人等机构应当加强投资者教育,引导投资者充分认识基础设施基金的风险特征,落实投资者适当性管理制度,要求普通投资者在首次购买基础设施基金时签署风险揭示书。

第七条 基金管理人、财务顾问及基金销售机构应当采用现场、电话、互联网等合法合规的方式,向投资者介绍基础设施基金及其持有项目的基本情况、估值情况、所属市场和行业概况,以及发售方案等相关内容。推介过程中,不得夸大宣传,或以虚假广告等不正当手段诱导、误导投资者,不得披露除招募说明书等公开信息以外的其他信息。

第八条 投资者参与基础设施基金场内认购的,应当持有中国结算上海人民币普通股票账户或封闭式基金账户(以下统称场内证券账户)。

投资者参与基础设施基金场外认购的,应当持有中国结算开放式基金账户(以下简称场外基金账户)。

第九条 投资者使用场内证券账户认购的基金份额,可直接参与本所场内交易;使用场外基金账户认购的,应先转托管至场内证券经营机构后,参与本所场内交易。

第十条　本所根据相关法律法规、业务规则以及本指引的规定，对基础设施基金份额发售活动，以及基金管理人、财务顾问、基金服务机构、投资者等参与主体实施自律监管。

第二章　询价与定价

第十一条　基础设施基金首次发售的，基金管理人或财务顾问应当通过向网下投资者询价的方式确定基础设施基金份额认购价格。

第十二条　网下投资者为证券公司、基金管理公司、信托公司、财务公司、保险公司及保险资产管理公司、合格境外机构投资者、商业银行及银行理财子公司、政策性银行、符合规定的私募基金管理人以及其他符合中国证监会及本所投资者适当性规定的专业机构投资者。

全国社会保障基金、基本养老保险基金、年金基金等可根据有关规定参与基础设施基金网下询价。

网下投资者应当按照规定向中国证券业协会注册，接受中国证券业协会自律管理。

第十三条　根据基金管理人或财务顾问的书面委托，本所向符合条件的网下投资者提供网下发行电子平台进行询价报价和认购申报。

第十四条　基金管理人或财务顾问办理询价业务的，应当向本所申请获得网下发行电子平台的发行人 CA 证书。

网下投资者参与询价的，应当向本所申请获得网下发行电子平台的投资者 CA 证书。

CA 证书可在基础设施基金份额发售中多次使用。

第十五条　基金管理人申请发售基础设施基金的，应向本所提交以下材料：

（一）发售申请；

（二）中国证监会准予注册的批文复印件；

（三）发售方案，包括但不限于询价日、募集期、基金份额初始发售数量、战略投资者名称及其拟认购份额数量、战略投资者认购方式、网下初始发售份额数量、网下投资者条件和范围、路演推介和网下询价安排、基金份额询价区间(若有)、定价方式、定价程序、配售原则、配售方式、公众投资者初始发售份额数量、销售机构、认购方式、认购费用等内容;

(四)相关法律文件,包括询价公告、招募说明书、基金产品资料概要、基金合同、托管协议等;

(五)本所要求的其他材料。

第十六条　本所在收到基金管理人的发售申请后5个工作日内无异议的,基金管理人应通过本所网站或本所认可的其他方式披露基础设施基金询价公告、招募说明书、基金产品资料概要、基金合同、托管协议等有关文件。

基金管理人报送的发售申请材料不符合本指引规定或其他相关要求的,应当按照本所要求予以补正,补正时间不计入前款规定的5个工作日内。

第十七条　基金管理人、财务顾问应当确定参与询价的网下投资者条件、有效报价条件、配售原则和配售方式,并按照事先确定的配售原则,在有效报价的网下投资者中选择配售对象。

原始权益人及其关联方、基金管理人、财务顾问、战略投资者以及其他与定价存在利益冲突的主体不得参与网下询价,但基金管理人或财务顾问管理的公募证券投资基金、全国社会保障基金、基本养老保险基金和年金基金除外。

第十八条　网下投资者及其配售对象应当在询价日前一交易日12:00前在中国证券业协会完成注册。本所从中国证券业协会获取网下投资者及其配售对象的相关信息。

基金管理人、财务顾问应根据公告的询价条件,对网下投资者的资格进行审核,并向网下发行电子平台确认拟参与该次网下发售的网下投资者及配售对象的相关信息。

第十九条　基础设施基金确定询价区间的,基金管理人和财务顾问应当根据基础设施项目的评估情况和市场情况,合理确定询价区间,并在询价公告中披露。

第二十条　网下询价时间原则上为1个交易日。基金管理人或财务顾问应当在本所规定的时间内，在网下发行电子平台上确认基金代码、名称等相关询价参数，并通过网下发行电子平台确认拟参与网下发售的配售对象名称、场内证券账户或场外基金账户等相关信息，同时剔除不符合本指引及询价公告规定的网下投资者及其配售对象账户，完成询价准备的确认工作。

第二十一条　参与询价的网下投资者应当根据基础设施项目评估情况，遵循独立、客观、诚信的原则，合理报价，不得采取串通合谋、协商报价等方式故意压低或抬高价格，不得有其他违反公平竞争、破坏市场秩序等行为。

第二十二条　询价期间，网下投资者及其管理的配售对象的报价应当包含每份价格和该价格对应的拟认购数量，填报的拟认购数量不得超过网下初始发售总量，且同一网下投资者全部报价中的不同拟认购价格不得超过3个。

网下投资者为拟参与报价的全部配售对象录入报价记录后，应当一次性提交。网下投资者可以多次提交报价记录，但以最后一次提交的全部报价记录为准。

网下发行电子平台记录本次发售的每一个报价情况，基金管理人或财务顾问可实时查询和获取询价的报价情况。询价截止后，基金管理人或财务顾问可以从网下发行电子平台获取询价报价情况。

第二十三条　网下投资者提交的拟认购数量合计低于网下初始发售总量的，基金管理人、财务顾问应当中止发售，并发布中止发售公告。

中止发售后，在中国证监会同意注册决定的有效期内，基金管理人可重新启动发售。

除规定的中止发售情形外，基金管理人、财务顾问还可以约定中止发售的其他具体情形并事先披露。

第二十四条　报价截止后，基金管理人或财务顾问应当根据事先确定并公告的条件，剔除不符合条件的报价及其对应的拟认购数量。

剔除不符合条件的报价后，基金管理人、财务顾问应当根据所有网下投资者报价的中位数和加权平均数，并结合公募证券投资基金、公募理财产品、社保基金、养老金、企业年金基金、保险资金、合格境外机构投资者资金等配售对象的报价情况，审慎合理确定认购价格。

第二十五条　基金管理人、财务顾问确定的认购价格高于本指引第二十四条规定的中位数和加权平均数的孰低值的，基金管理人、财务顾问应至少在基金份额认购首日前5个工作日发布投资风险特别公告，并在公告中披露超过的原因，以及各类网下投资者报价与认购价格的差异情况，同时提请投资者关注投资风险，理性作出投资决策。

第三章　战略配售

第二十六条　基础设施项目原始权益人或其同一控制下的关联方，以及符合本指引第十二条规定的专业机构投资者，可以参与基础设施基金的战略配售。

参与本次战略配售的投资者不得参与本次基础设施基金份额网下询价，但依法设立且未参与本次战略配售的证券投资基金、理财产品和其他资产管理产品除外。

第二十七条　参与战略配售的专业机构投资者，应当具备良好的市场声誉和影响力，具有较强资金实力，认可基础设施基金长期投资价值。本所鼓励下列专业投资者和配售对象参与基础设施基金的战略配售：

（一）与原始权益人经营业务具有战略合作关系或长期合作愿景的大型企业或其下属企业；

（二）具有长期投资意愿的大型保险公司或其下属企业、国家级大型投资基金或其下属企业；

（三）主要投资策略包括投资长期限、高分红类资产的证券投资基金或其他资管产品；

（四）具有丰富基础设施项目投资经验的基础设施投资机构、政府专项基金、产业投资基金等专业机构投资者；

（五）原始权益人及其相关子公司；

（六）原始权益人与同一控制下关联方的董事、监事及高级管理人员参与本次战略配售设立的专项资产管理计划。

第二十八条　原始权益人与同一控制下关联方的董事、监事及高级管理人员设立专项资产管理计划参与本次战略配售的，应当在招募说明书或询价公告中披露专项资产管理计划的具体名称、设立时间、募集资金规模、管理人、实际支配主体以及参与人姓名、职务与比例等。

第二十九条　基金管理人应当与战略投资者事先签署配售协议。

基金管理人、财务顾问应当在招募说明书及询价公告中披露战略投资者选取标准、向战略投资者配售的基金份额数量、占本次基金发售数量的比例以及限售期安排等。

基金管理人、财务顾问应当在发售公告中披露战略投资者名称、承诺认购的基金份额数量以及限售期安排、原始权益人初始持有基础设施项目权益的比例等。

基金管理人、财务顾问应当在基金合同生效公告中披露最终获配的战略投资者名称、基金份额数量及限售期安排等。

第三十条　战略投资者不得接受他人委托或者委托他人参与基础设施基金战略配售，但依法设立并符合特定投资目的的证券投资基金、公募理财产品等资管产品，以及全国社会保障基金、基本养老保险基金、年金基金等除外。

第三十一条　基金管理人、财务顾问向战略投资者配售基金份额的，不得承诺基金上市后价格上涨、承销费用分成、聘请关联人员任职等直接或间接的利益输送行为。

第三十二条　基金管理人、财务顾问应当对战略投资者的选取标准、配售资格，以及是否存在本指引第三十条及第三十一条规定的禁止性情形进行核查。

基金管理人应当就核查事项出具文件，并聘请律师事务所出具法律意见书。核查文件及法律意见书应当与发售公告一并披露。

第三十三条 募集期结束前,战略投资者应当在约定的期限内,以认购价格认购其承诺认购的基金份额数量。参与战略配售的原始权益人,可以用现金或者中国证监会认可的其他对价进行认购。

战略投资者应当按照《基础设施基金指引》的规定,承诺持有的基金份额在规定的持有期限内不得进行转让、交易。

第四章 网下及公众投资者认购

第三十四条 网下询价结束后,网下投资者及公众投资者应当以询价确定的认购价格参与基础设施基金份额认购。

第三十五条 基金管理人应当在基金份额认购首日的3日前,披露基金份额的发售公告。

发售公告应披露投资者详细报价情况、认购价格及其确定过程、募集期起止日、基金份额发售数量、网下发售份额数量、公众投资者发售份额数量、回拨机制、销售机构、认购方式、认购费用,以及以认购价格计算的基础设施项目价值及预期收益测算等内容。

前款所述详细报价情况应当包括每个投资者名称、配售对象信息、认购价格及对应的拟认购数量,以及所有网下投资者报价的中位数和加权平均数。

第三十六条 网下投资者和公众投资者应在募集期内认购,募集期原则上不得超过5个交易日。

第三十七条 基金份额认购价格确定后,询价阶段提供有效报价的投资者方可参与网下认购。

有效报价是指网下投资者提交的不低于基金管理人及财务顾问确定的认购价格,同时符合基金管理人、财务顾问事先确定且公告的其他条件的报价。

第三十八条 基金管理人或财务顾问应于基金份额认购首日前,通过网下发行电子平台录入并提交确定的基金份额认购价格、网下发售基金份额总量等认购参数,并在认购开始前,完成相关参数确认。

网下发售基金份额总量由基金管理人、财务顾问根据预先披露的发售方案对网下初始发售份额总量调整后确定。

网下发行电子平台将自动剔除配售对象不符合第三十七条规定的询价报价及其对应的拟认购数量。

第三十九条　网下投资者应当通过本所网下发行电子平台向基金管理人提交认购申请。本所接受网下投资者认购申请的时间为募集期内的每个交易日9：00－15：00。

网下投资者认购时，应当按照确定的认购价格填报一个认购数量，其填报的认购数量不得低于询价阶段填报的"拟认购数量"，也不得高于基金管理人、财务顾问确定的每个配售对象认购数量上限，且不得高于网下发售份额总量。

基金管理人可以通过网下发行电子平台获取网下投资者的认购申请。

第四十条　网下投资者提交认购申请后，应当在募集期内通过基金管理人完成认购资金的缴纳，并通过中国结算登记份额。

第四十一条　基金管理人、财务顾问在办理基础设施基金网下询价、定价、配售等业务活动中，应当勤勉尽责，做好网下投资者核查和监测工作，并对网下投资者是否存在相关法律法规、中国证券业协会自律规则及本所有关规定的禁止情形进行核查。

基金管理人、财务顾问发现网下投资者存在上述情形的，应将其报价或认购行为认定为无效并予以剔除，并将有关情况报告本所。本所将公开通报相关情况，并建议中国证券业协会对该网下投资者采取列入网下投资者黑名单等自律管理措施。

第四十二条　参与网下询价的配售对象及其关联账户不得再通过面向公众投资者发售部分认购基金份额。基金管理人应拒绝网下投资者参与的公众发售认购申请。

配售对象关联账户是指与配售对象场内证券账户或场外基金账户注册资料中的"账户持有人名称""有效身份证明文件号码"均相同的账户。

证券公司客户定向资产管理专用账户以及企业年金账户注册资

料中"账户持有人名称""有效身份证明文件号码"均相同的,不受上述限制。

第四十三条 募集期内,公众投资者可以通过场内证券经营机构或基金管理人及其委托的场外基金销售机构认购基金份额。

第四十四条 募集期届满,公众投资者认购份额不足的,基金管理人和财务顾问可以将公众投资者部分向网下发售部分进行回拨。网下投资者认购数量低于网下最低发售数量的,不得向公众投资者回拨。

网下投资者认购数量高于网下最低发售数量,且公众投资者有效认购倍数较高的,网下发售部分可以向公众投资者回拨。回拨后的网下发售比例,不得低于本次公开发售数量扣除向战略投资者配售部分后的70%。

基金管理人、财务顾问应在募集期届满后的次一个交易日(或指定交易日)日终前,将公众投资者发售与网下发售之间的回拨份额通知本所并公告。未在规定时间内通知本所并公告的,基金管理人、财务顾问应根据发售公告确定的公众投资者、网下投资者发售量进行份额配售。

第四十五条 基金管理人、财务顾问按照事先确定的配售原则在有效认购的网下投资者中选择配售基金份额的对象。面向公众投资者发售部分应当按照相同比例或本所认可的方式进行配售。

基金管理人或财务顾问应于募集期届满后的次一个交易日(或指定交易日)15:00前,将网下投资者各配售对象获配情况,包括获配份额、配售款、场内证券账户或场外基金账户、应退认购款、配售对象证件代码等数据上传至网下发行电子平台。各配售对象可通过网下发行电子平台查询其网下获配情况。

第四十六条 基金管理人应当在基金合同生效的次日披露基金合同生效公告。基金管理人应当在公告中披露最终向战略配售投资者、网下投资者和公众投资者发售的基金份额数量及其比例,获配机构投资者名称以及每个获配投资者的报价、认购数量和获配数量等,并明确说明自主配售的结果是否符合事先公布的配售原则。对于提供有效报价但未参与认购，或实际认购数量明显少于报价时拟认购数量的投资者应列表公示并着重说明。

第四十七条　基金募集期限届满，出现下列情形的，基础设施基金募集失败：

（一）基金份额总额未达到准予注册规模的80%；

（二）募集资金规模不足2亿元，或投资人少于1000人；

（三）原始权益人或其同一控制下的关联方未按规定参与战略配售；

（四）扣除战略配售部分后，网下发售比例低于本次公开发售数量的70%；

（五）导致基金募集失败的其他情形。

基金募集失败的，基金管理人应当在募集期限届满后30日内返还投资者已缴纳的款项，并加计银行同期存款利息。

第五章　基金份额确认

第四十八条　基金管理人应当根据《基础设施基金指引》的要求确认战略投资者认缴情况，以及公众投资者和网下投资者的最终配售情况，并完成相关募集结束处理。

第四十九条　募集期结束前，基金份额总额未达到募集规模的，应当根据基金管理人、财务顾问和原始权益人事先确定并披露的方式处理。

第五十条　投资者认购缴款结束后，基金管理人、财务顾问应当聘请符合相关规定的会计师事务所对认购和募集资金进行鉴证，并出具验资报告；并应当聘请律师事务所对网下发售、配售行为，参与定价和配售投资者的资质条件，及其与基金管理人和财务顾问的关联关系、资金划拨等事项进行见证，并出具法律意见书。

基金设立之日起10个工作日内，基金管理人或财务顾问应当将法律意见书、发售总结报告等文件一并报送本所。

第六章　基础设施基金扩募发售

第五十一条　基础设施基金扩募的,可以向原基础设施基金持有人配售份额,也可以向不特定对象或特定对象发售。

第五十二条　基金管理人可以根据基础设施基金二级市场交易价格和拟投资项目市场价值等有关因素,合理确定基金扩募发售价格或定价方式,以及相应的份额数量,并将其与扩募方案等其他事项报基金份额持有人大会决议通过。

第五十三条　基础设施基金扩募的,基金管理人应当向本所提交中国证监会同意变更注册的批准或备案文件复印件、扩募发售方案、扩募发售公告等文件。本所5个工作日内表示无异议的,基金管理人启动扩募发售工作。

扩募发售方案中应当包括本次基础设施基金发售的种类及数量、发售方式、发售对象及向原基金份额持有人配售安排、原战略投资者份额持有比例因本次扩募导致的变化、新增战略投资者名称及认购方式(若有)、基金扩募价格、募集资金用途、配售原则及其他本所要求的事项。

第七章　其他规定

第五十四条　基金管理人应当在招募说明书中披露财务顾问费、审计与验资费、律师费、信息披露费以及发售的手续费等情况,并明确费用承担方式。

第五十五条　基金管理人、财务顾问应当保留路演、定价、配售等过程中的相关资料至少15年并存档备查,包括推介宣传材料、路演现场录音等,且能如实、全面反映询价、定价和配售过程。

第五十六条　基金管理人、财务顾问、基金服务机构、投资者及其相关人员存在下列情形的,本所可以视情节轻重,对其单独或者合并采取监管措施或纪律处分:

(一)在询价、配售活动中进行合谋报价、利益输送或者谋取其他不当利益;

(二)违反本指引的规定,向不符合要求的主体进行询价、配售;

(三)未及时向本所报备发售方案,或者本所提出异议后仍然按原方案启动发售工作;

(四)基金管理人、财务顾问、基金服务机构等主体未按规定及时编制并披露发售信息披露文件,或者所披露信息不真实、不准确、不完整,存在虚假记载、误导性陈述或者重大遗漏;

(五)参与战略配售的投资者、原始权益人违反其作出的限售期以及其他相关承诺;

(六)基金管理人、财务顾问违反规定向原始权益人、投资者不当收取费用;

(七)违反本指引的其他情形。

第五十七条 基金管理人、财务顾问、基金服务机构、投资者及其相关人员违反本指引的,本所可以视情节轻重,对其单独或者合并采取以下监管措施或纪律处分:

(一)口头警示;

(二)书面警示;

(三)监管谈话;

(四)要求限期改正;

(五)要求限期作出解释和说明;

(六)暂不受理或者办理相关业务;

(七)通报批评;

(八)公开谴责;

(九)暂不受理其出具的文件;

(十)本所规定的其他监管措施和纪律处分。

涉嫌违反法律、行政法规和部门规章的,本所报告中国证监会。

第八章 附 则

第五十八条 本指引由本所负责解释。

第五十九条 本指引自公布之日起施行。

上海证券交易所关于发布《上海证券交易所公开募集基础设施证券投资基金(REITs)规则适用指引第 3 号——新购入基础设施项目(试行)》的通知

(上证发〔2022〕83 号　2022 年 5 月 31 日发布)

各市场参与人:

为进一步深入推进公开募集基础设施证券投资基金(REITs)(以下简称基础设施 REITs)试点,规范基础设施 REITs 新购入基础设施项目及扩募发售等行为,促进基础设施 REITs 市场长期健康发展,保护投资者合法权益,上海证券交易所(以下简称本所)制定了《上海证券交易所公开募集基础设施证券投资基金(REITs)规则适用指引第 3 号——新购入基础设施项目(试行)》(详见附件)。现予以发布,并自发布之日起施行。

此外,为促进基础设施 REITs 发展,本所暂免收取基础设施 REITs 扩募业务的上市初费、上市年费及交易经手费,相关费用恢复收取时间由本所另行通知。

特此通知。

附件 1:上海证券交易所公开募集基础设施证券投资基金(REITs)规则适用指引第 3 号——新购入基础设施项目(试行)

附件 2:《上海证券交易所公开募集基础设施证券投资基金(REITs)规则适用指引第 3 号——新购入基础设施项目(试行)》起草说明

附件 1

上海证券交易所公开募集基础设施证券投资基金(REITs)规则适用指引第 3 号——新购入基础设施项目(试行)

第一章 总 则

第一条 为了规范公开募集基础设施证券投资基金(以下简称基础设施基金)新购入基础设施项目行为,促进基础设施基金长期健康发展,保护投资者合法权益,根据《中华人民共和国证券法》《中华人民共和国证券投资基金法》《公开募集证券投资基金运作管理办法》《公开募集基础设施证券投资基金指引(试行)》(以下简称《基础设施基金指引》)、《上海证券交易所公开募集基础设施证券投资基金(REITs)业务办法(试行)》(以下简称《基础设施基金业务办法》)等有关法律、行政法规、部门规章、规范性文件(以下统称法律法规),以及上海证券交易所(以下简称本所)相关业务规则,制定本指引。

第二条 在本所上市的基础设施基金存续期内新购入基础设施项目以及相关的扩募、信息披露等事项,适用本指引。

第三条 任何单位和个人不得利用购入基础设施项目损害基础设施基金财产或者基金份额持有人的合法权益。

第四条 本所对基础设施基金新购入基础设施项目出具的基础设施基金产品变更以及基础设施资产支持证券相关申请符合本所相关要求的无异议函,不表明本所对该基础设施基金的投资价值或者投资者的收益作出实质性判断或者保证。因基础设施基金新购入基础设施项目带来的投资风险,由投资者自行承担。

第二章 新购入基础设施项目的原则和条件

第五条 基础设施基金存续期间新购入基础设施项目,应当满足下列要求：

（一）符合国家重大战略、发展规划、产业政策、投资管理法规、反垄断等法律法规的规定；

（二）不会导致基础设施基金不符合基金上市条件；

（三）拟购入的基础设施项目原则上与基础设施基金当前持有基础设施项目为同一类型；

（四）有利于基础设施基金形成或者保持良好的基础设施项目投资组合，不损害基金份额持有人合法权益；

（五）有利于基础设施基金增强持续运作水平，提升综合竞争力和吸引力；

（六）拟购入基础设施项目涉及扩募份额导致基础设施基金持有人结构发生重大变化的，相关变化不影响基金保持健全有效的治理结构；

（七）拟购入基础设施项目涉及主要参与机构发生变化的，相关变化不会对基础设施基金当前持有的基础设施项目运营产生不利影响。

第六条 申请新购入基础设施项目，基础设施基金应当符合下列条件：

（一）符合《中华人民共和国证券投资基金法》《公开募集证券投资基金运作管理办法》《基础设施基金指引》《基础设施基金业务办法》及相关规定的要求；

（二）基础设施基金投资运作稳健，上市之日至提交基金变更注册申请之日原则上满12个月，运营业绩良好，治理结构健全，不存在运营管理混乱、内部控制和风险管理制度无法得到有效执行、财务状况恶化等重大经营风险；

（三）持有的基础设施项目运营状况良好，现金流稳定，不存在对持续经营有重大不利影响的情形；

（四）会计基础工作规范，最近1年财务报表的编制和披露符合企业会计准则或者相关信息披露规则的规定，最近1年财务会计报告未被出具否定意见或者无法表示意见的审计报告；最近1年财务会计报告被出具保留意见审计报告的，保留意见所涉及事项对基金的重大不利影响已经消除；

（五）中国证券监督管理委员会（以下简称中国证监会）和本所规定的其他条件。

第七条 申请新购入基础设施项目，基金管理人、基金托管人、持有份额不低于20%的第一大基础设施基金持有人等主体除应当符合《基础设施基金指引》《基础设施基金业务办法》等相关规定外，还应当符合下列条件：

（一）基金管理人具备与拟购入基础设施项目相适应的专业胜任能力与风险控制安排；

（二）基金管理人最近2年内没有因重大违法违规行为受到行政处罚或者刑事处罚，最近12个月未受到重大行政监管措施；

（三）基金管理人最近12个月内未受到证券交易所公开谴责，不存在其他重大失信行为；

（四）基金管理人现任相关主要负责人员不存在最近两年受到中国证监会行政处罚，或者最近1年受到证券交易所公开谴责，或者因涉嫌犯罪正在被司法机关立案侦查或者涉嫌违法违规被中国证监会立案调查的情形；

（五）基金管理人不存在擅自改变基础设施基金前次募集资金用途未作纠正的情形；

（六）基金管理人、持有份额不低于20%的第一大基础设施基金持有人最近1年不存在未履行向本基金投资者作出的公开承诺的情形；

（七）基金管理人、持有份额不低于20%的第一大基础设施基金持有人最近3年不存在严重损害基础设施基金利益、投资者合法权益、社会公共利益的重大违法行为；

（八）中国证监会和本所规定的其他条件。

第八条 基金管理人应当综合考虑现有基础设施基金规模、自身管理能力、持有人结构、二级市场流动性等因素，合理确定新购入基础设施项目类型、规模、融资方式和结构等。

基础设施基金存续期间拟购入基础设施项目的标准和要求与基础设施基金首次发售一致,中国证监会认定的情形除外。

基金管理人应当遵循基金份额持有人利益优先的原则,根据拟购入基础设施项目评估值及其市场公允价值等有关因素,合理确定拟购入基础设施项目的交易价格或价格区间,按照规定履行必要决策程序。交易价格应当公允,不存在损害基金份额持有人合法权益的情形。

第九条 基础设施基金新购入基础设施项目的,可以单独或同时以留存资金、对外借款或者扩募资金等作为资金来源。

基金管理人应当遵循公平、公正、基金份额持有人利益优先的原则,在有效保障基础设施基金可供分配现金流充裕性及分红稳定性前提下,合理确定拟购入基础设施项目的资金来源,按照规定履行必要决策程序。

第十条 新购入基础设施项目的原始权益人应当符合《基础设施基金指引》第八条相关规定,并履行《基础设施基金指引》第十八条、第四十三条相关义务,中国证监会认定的情形除外。

第三章 新购入基础设施项目的程序

第十一条 基金管理人与交易对方就基础设施项目购入进行初步磋商时,应当立即采取必要且充分的保密措施,制定严格有效的保密制度,限定相关敏感信息的知悉范围。基金管理人及交易对方聘请专业机构的,应当立即与所聘请专业机构签署保密协议。

基金管理人披露拟购入基础设施项目的决定前,相关信息已在媒体上传播或者基础设施基金交易出现异常波动的,基金管理人应当立即将有关计划、方案或者相关事项的现状以及相关进展情况和风险因素等予以公告,并按照有关信息披露规则办理其他相关事宜。

第十二条 基金管理人应当按照《基础设施基金指引》等相关规定对拟购入的基础设施项目进行全面尽职调查,基金管理人可以与资产支持证券管理人联合开展尽职调查，必要时还可以聘请财务顾问开展尽职调查，尽职调查要求与基础设施基金首次发售要求一致。

基金管理人或其关联方与新购入基础设施项目原始权益人存在关联关系，或享有基础设施项目权益时，应当聘请第三方财务顾问独立开展尽职调查，并出具财务顾问报告。

涉及新设基础设施资产支持证券的，基金管理人应当与基础设施资产支持证券管理人协商确定基础设施资产支持证券设立、发行等相关事宜，确保基金变更注册、扩募（如有）、投资运作与资产支持证券设立、发行之间有效衔接。

第十三条　基金管理人应当聘请符合法律法规规定的律师事务所、评估机构、会计师事务所等专业机构就新购入基础设施项目出具意见。

律师事务所就拟购入基础设施项目合法合规性、转让行为合法性、主要参与机构资质等出具法律意见书。会计师事务所对拟购入基础设施项目财务情况进行审计，并出具报告。评估机构对拟购入的基础设施项目进行评估，并按照《基础设施基金指引》相关规定出具评估报告。

第十四条　新购入的基础设施项目以资产评估结果作为定价依据或参考的，评估机构应当按照资产评估相关准则和规范开展执业活动。基金管理人、财务顾问（如有）应当对评估机构的独立性、评估假设前提的合理性、评估方法与评估目的的相关性和交易价格的公允性发表意见，在招募说明书等文件中披露。

采取收益法等基于未来收益预期的方法对拟购入基础设施项目进行评估并作为定价参考依据的，基础设施基金应当在购入基础设施项目后两年内的年度报告中单独披露相关项目可供分配金额的实际数与预测数的差异情况，并由会计师事务所对此出具专项审核意见。

第十五条　基金管理人应当在作出拟购入基础设施项目决定前履行必要内部决策程序，并于作出拟购入基础设施项目决定后两日内披露临时公告，同时至少披露以下文件：

(一)拟购入基础设施项目的决定。

(二)产品变更草案,内容包括交易概况、拟购入基础设施项目及交易对方的基本情况、拟购入基础设施项目定价方式和定价依据、资金来源、交易主要风险、交易各方声明与承诺,以及本次交易存在的其他重大因素等。

(三)扩募方案(如有),内容包括发行方式、发行对象、定价方式、募集资金用途、对原基金份额持有人的影响、发行前累计收益的分配方案(如有)等。

第十六条 基金管理人依法作出拟购入基础设施项目决定的,应当履行中国证监会变更注册、本所基础设施基金产品变更和基础设施资产支持证券相关申请确认程序(以下简称变更注册程序)。

对于基础设施项目交易金额超过基金净资产20%的或者涉及扩募安排的,基金管理人应当在履行变更注册程序后提交基金份额持有人大会批准。

第十七条 基金管理人首次发布新购入基础设施项目临时公告至提交基金变更注册申请之前,应当定期发布进展公告,说明本次购入基础设施项目的具体进展情况。若本次购入基础设施项目发生重大进展或者重大变化,基金管理人应当及时披露。

第十八条 基金管理人向中国证监会申请基础设施基金产品变更注册的,基金管理人和资产支持证券管理人应当同时向本所提交基础设施基金产品变更申请和基础设施资产支持证券相关申请,以及《基础设施基金业务办法》第十二条、第五十一条规定的申请文件,本所认可的情形除外。基金管理人应当同时披露提交基金产品变更申请的公告及相关申请文件。

第十九条 本所参照基础设施基金产品首次发售的相关程序,对基础设施基金产品变更和基础设施资产支持证券相关申请是否符合条件进行审核,出具基础设施基金产品变更以及基础设施资产支持证券相关申请符合本所相关要求的无异议函或者作出终止审核的决定,并通知基金管理人、资产支持证券管理人。

第二十条 基金管理人履行变更注册程序期间,发生以下情形时,应当在两日内予以公告:

(一)收到中国证监会或者本所的受理通知书;

(二)收到本所问询;

(三)提交问询答复及相关文件;

(四)收到本所关于变更申请的无异议函或者终止审核通知;

(五)收到中国证监会关于基金变更注册或者不予注册的批复。

履行变更注册程序期间,基金管理人决定撤回申请的,应当说明原因,并予以公告。

第二十一条 基础设施项目交易需提交基金份额持有人大会投票表决的,基金管理人应当在履行完毕基金变更注册程序后,至少提前30日发布召开基金份额持有人大会的通知并附相关表决议案。

招募说明书、基金合同、托管协议和法律意见书等文件或其相关修订情况(如有)应当与基金份额持有人大会通知公告同时披露。

第二十二条 基金份额持有人大会应当按照《基础设施基金指引》第三十二条要求就新购入基础设施项目、扩募(如有)进行表决。

基金份额持有人大会就拟购入基础设施项目作出的决议,至少应当包括下列内容:

(一)拟购入基础设施项目和交易对方;

(二)交易价格或者价格区间;

(三)定价方式或者定价依据;

(四)基础设施项目自定价基准日至交割日期间损益的归属;

(五)基础设施项目办理权属转移的合同义务和违约责任;

(六)扩募方案(如有);

(七)决议有效期;

(八)对基金管理人办理本次基础设施项目交易及扩募(如有)的具体授权;

(九)招募说明书、基金合同、托管协议等文件针对本次基础设施项目购入事项的相关修订;

(十) 其他需要明确的事项。

第二十三条 基金管理人就拟购入基础设施项目召开基金份额持有人大会的, 基础设施基金应当自基金份额持有人大会召开之日(以现场方式召开的) 或者基金份额持有人大会计票之日(以通讯方式召开的) 开市起停牌, 至基金份额持有人大会决议生效公告日复牌(如公告日为非交易日, 公告后第一个交易日复牌)。

第二十四条 基金管理人应当在基金份额持有人大会作出购入基础设施项目决议后公告该决议, 以及律师事务所对本次会议的召集程序、召集人和出席人员的资格、表决程序、表决结果等事项出具的法律意见书。

第二十五条 基础设施基金履行完毕变更注册程序后, 基金管理人拟对交易对方、拟购入的基础设施项目、交易价格、资金来源等作出变更, 构成对原交易方案重大调整的, 应当重新履行变更注册程序并及时公告相关文件。需提交基金份额持有人大会投票表决的, 应当在重新履行完毕变更注册程序后再次召开基金份额持有人大会进行表决。

履行交易方案变更程序期间, 基金管理人决定撤回申请的, 应当说明原因, 并予以公告。

第二十六条 基础设施基金拟购入基础设施项目完成相关变更注册程序并经基金份额持有人大会表决通过(如需) 后, 应当及时实施交易方案, 并于实施完毕之日起3个工作日内编制交易实施情况报告书予以公告。涉及扩募的, 应当按照本指引的要求披露扩募程序相关公告。

基础设施基金在实施基础设施项目交易的过程中, 发生法律法规要求披露的重大事项的, 应当及时作出公告。重大事项导致本次交易发生实质性变动的, 须重新履行变更注册程序并提交基金份额持有人大会审议。

基础设施基金拟终止新购入基础设施项目的, 应当及时作出公告并召开基金份额持有人大会审议终止事项, 基金份额持有人大会已授权基金管理人在必要情况下办理终止新购入基础设施项目相关事宜的除外。

第二十七条 新购入基础设施项目实施过程涉及扩募且向不特定对象发售的,基金管理人应当在发售首日的3日前将招募说明书等刊登在本所网站和符合中国证监会规定条件的网站,供公众查阅。

新购入基础设施项目实施过程涉及扩募且向特定对象发售的,基金管理人应当在发售前将招募说明书等刊登在本所网站和符合中国证监会规定条件的网站,供公众查阅;在发售验资完成后的两个工作日内,将发行情况报告书刊登在本所网站和符合中国证监会规定条件的网站,供公众查阅。

第二十八条 扩募发售完成后基金管理人应当向本所申请扩募份额上市,并提交下列文件:

(一)基金上市申请文件;

(二)已生效的基础设施基金认购基础设施资产支持证券的认购协议(如有);

(三)基础设施基金所投资专项计划的成立公告(如有);

(四)基础设施基金所投资专项计划的已生效的基础资产买卖协议(如有);

(五)本所要求的其他文件。

第二十九条 基金管理人应当在基金扩募份额上市交易的3个工作日前,公告上市交易公告书。上市交易公告书至少应当披露下列内容:

(一)基础设施基金扩募情况;

(二)新购入基础设施项目原始权益人或者其同一控制下的关联方、其他战略投资者参与本次基金战略配售的具体情况及限售安排;

(三)基础设施基金投资运作、交易等环节的主要风险及变化;

(四)基础设施基金认购基础设施资产支持证券以及基础设施基金所投资的专项计划持有的基础资产情况(如有);

(五)本所要求的其他内容。

第四章　信息管理与停复牌

第三十条　基金管理人筹划、实施基础设施项目交易,相关信息披露义务人应当公平地向所有投资者披露可能对基础设施基金交易价格产生较大影响的相关信息(以下简称价格敏感信息),不得有选择性地向特定对象提前泄露。

第三十一条　基础设施基金份额持有人以及参与基础设施项目交易筹划、论证、决策等环节的其他相关机构和人员,应当及时、准确地向基金管理人通报有关信息,并配合基金管理人及时、准确、完整地进行披露。

第三十二条　基金管理人、基础设施项目交易的交易对方及其关联方,交易各方聘请的证券服务机构及其从业人员,参与基础设施项目交易筹划、论证、决策、审批等环节的相关机构和人员,以及因直系亲属关系、提供服务和业务往来等知悉或者可能知悉价格敏感信息的其他相关机构和人员,在基础设施项目交易的价格敏感信息依法披露前负有保密义务,禁止利用该信息进行内幕交易。

第三十三条　基金管理人筹划基础设施项目交易事项,应当详细记载筹划过程中每一具体环节的进展情况,包括商议相关方案、形成相关意向、签署相关协议或者意向书的具体时间、地点、参与机构和人员、商议和决议内容等,制作书面的交易进程备忘录并予以妥当保存。参与每一具体环节的所有人员应当即时在备忘录上签名确认。

第三十四条　基金管理人筹划基础设施项目购入事项,应当在基础设施基金不停牌的情况下分阶段披露所筹划事项的具体情况,不得以相关事项结果尚不确定为由随意申请停牌。

难以按照前款规定分阶段披露,确有需要申请停牌的,基金管理人可以申请停牌,停牌时间不得超过 5 个交易日。基金管理人应当在停牌期限届满前披露产品变更草案和扩募方案(如有),并申请复牌;未能按期披露产品变更草案和扩募方案(如有)的,应当终止筹划本次基础设施项目购入事项并申请复牌。

不停牌筹划基础设施项目购入事项的,应当做好信息保密工作,在产品变更草案和扩募方案(如有)披露前,不得披露所筹划的相关信息。相关信息发生泄露的,基金管理人应当及时申请停牌。

第三十五条　基金管理人无法在停牌期限届满前完成相关事项筹划,但国家有关部门对于相关事项的停复牌时间另有要求的,基金管理人可以在充分披露筹划事项的进展、继续停牌的原因和预计复牌的时间后向本所申请继续停牌,但连续停牌时间原则上不得超过25个交易日。涉及国家重大战略项目、国家军工秘密等事项,对停复牌时间另有要求的从其要求。

第五章　基础设施基金扩募发售

第一节　一般要求

第三十六条　基础设施基金扩募的,可以向不特定对象发售,也可以向特定对象发售(以下简称定向扩募)。向不特定对象发售包括向原基础设施基金持有人配售份额(以下简称向原持有人配售)和向不特定对象募集(以下简称公开扩募)。

第三十七条　基础设施基金扩募的,向新购入基础设施项目的原始权益人或者其同一控制下的关联方配售的基金份额、占本次扩募发售比例及持有期限等应当符合《基础设施基金指引》第十八条相关规定,中国证监会认定的情形除外。

第三十八条　新购入基础设施项目涉及向原持有人配售和公开扩募的,基金管理人应当向本所申请停牌并披露停复牌安排。

第三十九条　因基础设施基金扩募,投资者及其一致行动人拥有权益的基金份额比例达到《基础设施基金业务办法》规定的收购及权益变动标准的,应当按照《基础设施基金业务办法》相关规定履行相应的程序和义务。

第四十条　基金扩募发售期限届满,出现下列情形之一的,基础设施基金扩募发售失败:

(一)基金扩募份额总额未达到准予注册规模的80%;

(二)新购入基础设施项目的原始权益人或者其同一控制下的关联方等未按规定参与战略配售；

(三)导致基金扩募发售失败的其他情形。

基金扩募发售失败的，基金管理人应当在募集期限届满后30日内返还投资人已交纳的款项，并加计银行同期存款利息。

第二节 向原持有人配售

第四十一条 向原持有人配售的，基金管理人应当在提交变更注册申请的招募说明书中披露持有份额不低于20%的第一大基础设施基金持有人、新购入基础设施项目的原始权益人或者其同一控制下的关联方认购基金份额数量的承诺文件。持有份额不低于20%的第一大基础设施基金持有人、新购入基础设施项目的原始权益人或者其同一控制下的关联方不履行认购基金份额的承诺，或者募集期限届满后原基础设施基金持有人认购的数量未达到拟配售数量80%的，基金管理人应当在募集期限届满后30日内返还已认购投资者缴纳的款项，并加计银行同期存款利息。

第四十二条 向原持有人配售的，应当向权益登记日登记在册的持有人配售，且配售比例应当相同。

第四十三条 基金管理人、财务顾问(如有)应当遵循基金份额持有人利益优先的原则，根据基础设施基金二级市场交易价格和新购入基础设施项目的市场价值等有关因素，合理确定配售价格。

第三节 公开扩募

第四十四条 基础设施基金公开扩募的，可以全部或者部分向权益登记日登记在册的原基础设施基金份额持有人优先配售，优先配售比例应当在发售公告中披露。

网下机构投资者、参与优先配售的原基础设施基金份额持有人以及其他投资者，可以参与优先配售后的余额认购。

第四十五条 基金管理人、财务顾问(如有)应当遵循基金份额持有人利益优先的原则,根据基础设施基金二级市场交易价格和新购入基础设施项目的市场价值等有关因素,合理确定公开扩募的发售价格。

公开扩募的发售价格应当不低于发售阶段公告招募说明书前20个交易日或者前1个交易日的基础设施基金交易均价。

第四节 定向扩募

第四十六条 基础设施基金定向扩募的,发售对象应当符合基金份额持有人大会决议规定的条件,且每次发售对象不超过35名。

前款所称"发售对象不超过35名",是指认购并获得本次向特定对象发售基金的法人、自然人或者其他合法投资组织不超过35名。

证券投资基金管理公司、证券公司、银行理财子公司、保险资产管理公司、合格境外机构投资者、人民币合格境外机构投资者以其管理的2只以上产品认购的,视为一个发售对象。

第四十七条 定向扩募的发售价格应当不低于定价基准日前20个交易日基础设施基金交易均价的90%。

第四十八条 定向扩募的定价基准日为基金发售期首日。

基金份额持有人大会决议提前确定全部发售对象,且发售对象属于下列情形之一的,定价基准日可以为本次扩募的基金产品变更草案公告日、基金份额持有人大会决议公告日或者发售期首日:

(一)持有份额超过20%的第一大基础设施基金持有人或者通过认购本次发售份额成为持有份额超过20%的第一大基础设施基金持有人的投资者;

(二)新购入基础设施项目的原始权益人或者其同一控制下的关联方;

(三)通过本次扩募拟引入的战略投资者。

第四十九条 定向扩募的发售对象属于本指引第四十八条第二款规定以外的情形的,基金管理人、财务顾问(如有)应当以竞价方式确定发售价格和发售对象。

基金份额持有人大会决议确定部分发售对象的,确定的发售对象不得参与竞价,且应当接受竞价结果,并明确在通过竞价方式未能产生发售价格的情况下,是否继续参与认购、价格确定原则及认购数量。

第五十条 定向扩募的基金份额,自上市之日起6个月内不得转让;发售对象属于本指引第四十八条第二款规定情形的,其认购的基金份额自上市之日起18个月内不得转让。

第六章 自律监管

第五十一条 本所可以根据自律管理工作需要,对基金管理人、资产支持证券管理人、基础设施项目运营管理机构、新购入基础设施项目的原始权益人等业务参与机构及其从业人员,持有份额不低于20%的第一大基础设施基金持有人,律师事务所、会计师事务所、资产评估机构、财务顾问(如有)等专业机构及其人员,采取日常监管措施。

第五十二条 本指引第五十一条有关主体在新购入基础设施项目中违反本指引相关规定或者其所作出承诺的,本所可以按照相关业务规则对其采取自律监管措施或者予以纪律处分。

第五十三条 本指引第五十一条有关主体在新购入基础设施项目中涉嫌违反法律法规的,本所将及时报告中国证监会。

第七章 附则

第五十四条 基础设施基金新购入基础设施项目产生的评估费、财务顾问费(如有)、会计师费、律师费等各项费用不得从基金财产中列支。

第五十五条 基础设施基金存续期间扩募用于基础设施项目重大改造等非购入基础设施项目的,应当参照本指引第三章相关要求履行本所基础设施基金产品变更、基础设施资产支持证券相关申请确认程序,并参照适用本指引第五章相关规定。

第五十六条 本指引相关用语的含义如下:

(一)持有份额不低于20%的第一大基础设施基金持有人是指基

础设施基金持有人及其关联方、一致行动人合计持有基础设施基金份额比例不低于20%且持有份额最多的基金份额持有人。

（二）本指引第十六条所述相关金额是指连续12个月内累计发生金额。

（三）本指引所称基础设施基金交易均价的计算公式为：定价基准日前特定交易日基础设施基金交易均价＝定价基准日前特定交易日基础设施基金交易总金额/定价基准日前特定交易日基础设施基金交易总份额。

（四）本指引第四十八条所称战略投资者，是指具有与基础设施基金所持有基础设施项目同行业或相关行业较强的重要战略性资源，与基础设施基金谋求双方协调互补的长期共同战略利益，愿意长期持有基础设施基金较大比例份额，愿意并且有能力认真履行相应职责，帮助基础设施基金显著提高运作质量和内在价值，具有良好诚信记录，最近3年未受到中国证监会行政处罚或被追究刑事责任的投资者。

第五十七条　本指引由本所负责解释。

第五十八条　本指引自发布之日起施行。

附件2

《上海证券交易所公开募集基础设施证券投资基金（REITs）规则适用指引第3号——新购入基础设施项目（试行）》起草说明

为进一步深入推进公开募集基础设施证券投资基金（REITs）（以下简称基础设施REITs）试点，规范基础设施REITs新购入基础设施项目及扩募发售等行为，促进基础设施REITs市场长期健康发展，保护投资者合法权益，根据《公开募集基础设施证券投资基金指引（试行）》《上海证券交易所公开募集基础设施证券投资基金（REITs）业务办法（试行）》等有关规定，上海证券交易所（以下简称本所）制定了《上海证券交易所公开募集基础设施证券投资基金（REITs）规则适用指引第3号——新购入基础设施项目（试行）》（以下简称《新购入基础设施项目指引》），并根据公开征求意见情况进行了修订完善，现发布实施。

一、规则定位

《新购入基础设施项目指引》作为本所规范和引导基础设施REITs存续期间新购入基础设施项目及相关的扩募、信息披露等事项的规则，对新购入项目的条件、实施程序安排、信息披露、停复牌要求及扩募发售等关键事项均进行了规定。扩募用于重大改造等非收购基础设施项目的，参照适用本指引。

二、起草过程

《新购入基础设施项目指引》（征求意见稿）于2022年4月15日至4月30日向社会公开征求意见。总体来看，社会各界反应积极全面，总体认可相关规定，同时也提出了具体修改意见。本所对征求意见已进行认真梳理研究，充分吸收，主要采纳的意见包括：明确运作时间界定、完善聘请财务顾问的情形、压实拟购入基础设施项目估值要求、细化停复牌安排、明确扩募发售失败情形、取消向原持有人配售的比例限制、拓宽向特定对象发售（以下简称定向扩募）投资者范围、明确定向扩募战略投资者要求等。

未采纳的意见主要包括：缩短申请新购入基础设施项目基金运作时间要求、缩短定向扩募投资者锁定期等。考虑到基础设施REITs仍在试点初期，且部分基础设施项目相对复杂，产品运作管理水平有待进一步提升，为充分保护投资者利益，未予采纳。

三、主要内容

《新购入基础设施项目指引》共7章58条，主要包括如下内容：

（一）明确新购入基础设施项目的条件

一是总体要求。基础设施REITs存续期间购入基础设施项目应当符合相关法律法规，有利于增强基础设施REITs持续运作水平，相关变化不会影响基础设施 REITs 保持健全有效的治理结构和当前持有项目的稳定运营。

二是基础设施 REITs 要求。基础设施 REITs 应当符合相关法律法规，投资运作稳健，会计基础工作规范，上市之日至提交基金变更注册申请之日原则上满 12 个月，且持有的基础设施项目运营情况良好。

三是主要参与机构要求。明确了基金管理人、基金托管人、持有份额不低于 20% 的第一大基础设施 REITs 持有人等主体应当符合的条件。

四是购入基础设施项目要求。基金管理人应当综合考虑现有基础设施基金规模、自身管理能力、持有人结构、二级市场流动性等因素，合理确定新购入基础设施项目类型、规模、融资方式和结构等。拟购入基础设施项目的标准和要求与首次发售要求一致，交易价格应当公允。

五是资金来源。明确新购入基础设施项目的资金来源可以是留存资金、对外借款或者扩募等一种或多种方式。

六是原始权益人要求。新购入基础设施项目的原始权益人应当符合首次发售相关条件，中国证监会认定的情形除外。

（二）明确购入基础设施项目的程序安排

一是明确实施和申报程序的安排。存续期购入基础设施项目的全流程环节，包括磋商、首次披露、尽职调查、持续披露、审核程序、持有人大会、交易实施、扩募份额发售及申请上市等。1. 实施主要程序。基金管理人按照"决议购入项目－履行证监会变更注册程序－取得证监会批文－召开持有人大会（如需）"的程序实施。2. 持有人大会相关事宜。明确持有人大会通知时间、公告时间、表决事项以及停牌要求。3. 交易实施程序。交易实施中，基金管理人应持续做好信息披露。基础设施 REITs 完成变更注册程序后，交易方案存在重大调整的，变更后需重新履行注册程序和持有人大会的决策程序（如需）。4. 扩募发售上市程序。规范了申请扩募基金份额上市的申请文件和公告要求。

二是规范尽职调查。要求基金管理人严控购入基础设施项目的质量,参照首次发行要求进行全面尽职调查,可联合资产支持证券管理人开展尽职调查,并聘请必要的中介机构出具相关专业意见。基金管理人或其关联方与新购入基础设施项目原始权益人存在关联关系,或享有基础设施项目权益时,应当聘请第三方财务顾问独立开展尽职调查,并出具财务顾问报告。

三是压实资产估值。新购入的基础设施项目以资产评估结果作为定价依据或参考的,基金管理人、财务顾问(如有)应当对影响评估的重要事项发表意见,并在年度报告中披露可供分配金额的实际数与预测数的差异情况。

四是明确审核程序。明确本所参照首次发售标准审核涉及新购入基础设施项目的基金产品变更和基础设施资产支持证券相关申请,审核结果为出具无异议函或者作出终止审核决定。基金管理人须按照申报和问询进展进行相应的披露和公告。

(三)明确信息管理及停复牌要求

一是保密义务和披露要求。贯彻"以信息披露为中心"和公平向所有投资者披露的原则,要求参与交易的各方应当及时向基金管理人通报信息、配合基金管理人披露。规范保密责任,要求交易参与各方对交易价格等敏感信息负有保密义务,严禁交易各方或信息知情人利用敏感信息进行内幕交易。

二是停复牌安排。坚持审慎停牌和分阶段披露交易情况的原则,停牌时间不得超过5个交易日。对于无法在停牌期限届满前完成相关事项筹划,但国家有关部门对于相关事项的停复牌时间另有要求的,可申请继续停牌,但连续停牌时间原则上不得超过25个交易日。

(四)明确扩募购入资产的发售和定价方式

一是扩募的一般要求。基础设施REITs扩募可以向不特定对象发售(包括向原持有人配售和公开扩募),也可以进行定向扩募,并应根据规定停复牌。因扩募使投资者拥有权益的基金份额比例达到一定标准的,应当按照相关规定履行相应的程序和义务。此外,进一步明确了扩募发售失败的情形。

二是向原持有人配售的要求。持有份额不低于20%的第一大基础设施REITs持有人、新购入基础设施项目的原始权益人或者其同一控制下的关联方应当承诺认购基金份额的数量。此外,进一步细化了配售失败情形、配售对象及价格的要求。

三是公开扩募的方式和要求。明确基础设施REITs公开扩募的可以全部或者部分向权益登记日登记在册的原基础设施REITs持有人优先配售,其他投资者可以参与优先配售后的余额认购。公开扩募的发售价格可以由基金管理人、财务顾问(如有)根据基础设施REITs二级市场交易价格和新购入基础设施项目的市场价值等有关因素合理确定,但发售价格应不低于发售阶段公告招募说明书前20个交易日或者前1个交易日的基础设施REITs交易均价。

四是定向扩募的要求。明确基础设施REITs定向扩募发售对象应当符合基金持有人大会决议规定的条件,且每次发售对象不超过35名。考虑到基础设施REITs收益稳定、波动率相对较低的产品特征,定向扩募发售价格应不低于定价基准日前20个交易日基础设施REITs交易均价的90%。此外,进一步细化了定向扩募定价机制及锁定期相关安排。

上海证券交易所关于发布《上海证券交易所公开募集基础设施证券投资基金(REITs)业务指南第1号——发售上市业务办理》的通知

(上证函〔2021〕895号 2021年4月30日发布)

各市场参与人:

为规范公开募集基础设施证券投资基金(以下简称REITs)的发售、上市业务及相关信息披露等工作程序,明确各市场参与机构业务办理职责、提高工作效率，根据《上海证券交易所证券投资基金上市规则》《上海证券交易所公开募集基础设施证券投资基金（REITs）业务办法》《上海证券交易所公开募集基础设施证券投资基金（REITs）规则适用指引第 2 号——发售业务》等规则，上海证券交易所（以下简称本所）制定了《上海证券交易所公开募集基础设施证券投资基金（REITs）业务指南第 1 号——发售上市业务办理》（以下简称指南），现予发布，并自发布之日起实施。

为便于业务开展，本所已开放 REITs 相关业务平台的数字证书申请。请各基金管理人及相关市场参与机构按照指南要求办理本所 REITs 发售上市等业务。上述指南全文可至本所官方网站（http://www.sse.com.cn）"规则"－"本所业务指南与流程"栏目查阅。

特此通知。

附件：上海证券交易所公开募集基础设施证券投资基金（REITs）
　　　业务指南第 1 号——发售上市业务办理

附件：

上海证券交易所公开募集基础设施证券投资基金（REITs）业务指南第 1 号——发售上市业务办理

第一章　总　　则

为规范上海证券交易所（以下简称本所）公开募集基础设施证券投资基金（以下简称 REITs）的网下询价、认购、上市及相关信息披露工作，指导基金管理人、财务顾问以及网下机构投资者等市场参与机构办理 REITs 发售上市业务，规范基金管理人、证券公司做好投资者适当性管理，提高本所业务受理效率和服务质量，制定本指南。

本指南适用于办理 REITs 的发售与上市相关业务，依据《上海证券交易所证券投资基金上市规则》《上海证券交易所公开募集基础设施证券投资基金（REITs）业务办法》《上海证券交易所公开募集基础设施证券投资基金（REITs）规则适用指引第2号——发售业务》等业务规则制定。本指南如有内容与REITs法律法规及本所业务规则不一致，以REITs法律法规及本所业务规则为准；本指南对于REITs发售、上市业务未列明事项，参照《上海证券交易所基金业务指南第1号——业务办理》办理。

基金管理人、财务顾问应确保向本所提交的业务申请和基金公告内容一致，提供给媒体的基金公告内容和提供给本所的一致。REITs的登记结算业务，按照中国证券登记结算有限责任公司（以下简称中国结算）及中国证券登记结算有限责任公司上海分公司（以下简称上海结算）有关规定办理。

于本所网站发布的公告一经披露不予撤销或替换，信息披露义务人应当以保护基金份额持有人利益为根本出发点，按照法律、行政法规和中国证券监督管理委员会的规定披露基金信息，并保证所披露信息的真实性、准确性、完整性、及时性、简明性和易得性，不得有虚假记载、误导性陈述或重大遗漏。如无特殊说明，本指南中描述的日期均为交易日。

本所正式受理业务申请后，基金管理人/财务顾问应书面指定对口联络人，负责与本所沟通联络，如因特殊情况确需更换联络人，须及时告知本所。基金管理人办理本指南相关业务时，可参考使用附件模板。

本所REITs相关业务联络人名单详见"本所网站—业务办理专区—衍生品与基金业务专区"首页左栏，地址：http://biz.sse.com.cn/fund。

第二章 发　　售

本所根据基金管理人或财务顾问的书面委托，向符合条件的网下投资者提供"网下发行电子平台"（以下简称询价平台）进行询价报价和认购申报。询价平台面向发行人的接入端为"上交所业务管理系平台—基金业务管理系统模块"(以下简称发行人系统),面向网下投资者的接入端为"REITs 询价与认购系统"(以下简称投资者系统)。

一、发售前工作

(一)数字证书申请

1. 事项说明:

1)首次于本所办理 REITs 业务的各业务参与人在办理以下对应平台的数字证书(以下简称 CA 证书)后,方可在相应平台办理业务:

● 基金管理人需申请用于衍生品与基金业务平台进行基金业务线上业务申请、信息披露办理的专用 CA 证书(不同于 REITs 项目申报系统的 CA 证书);

● 基金管理人或其指定的财务顾问需申请用于登录发行人系统办理网下发售业务的专用 CA 证书(以下简称发行人 CA 证书),已具备 IPO 承销商权限的可直接复用承销商证书,无需重复申请;

● 网下机构投资者需申请用于登录投资者系统办理网下询价、认购业务的专用 CA 证书(以下简称投资者 CA 证书),已具备网下 IPO 权限的网下机构投资者可直接复用 IPO 的 CA 证书,无需重复申请;

2)由 IPO 主承销商代理统一申请 IPO 网下机构投资者 CA 证书时,将同步开通 REITs 投资者权限;只具备 REITs 网下机构投资者权限的投资者 CA 证书必须由基金管理人代理统一申请。

3)各业务参与人应于首次业务发起前至少 10 个工作日完成相应 CA 证书的申请工作。

2. 业务办理流程:

◇详细办理流程请登录"本所网站—业务办理专区—CA 服务专区—业务流程",地址:http://www.sse.com.cn/home/biz/cnsca/。

◇除 CA 证书申请必要提交附件外,发行人 CA 证书、投资者 CA 证书申请还需额外提交以下文件:

①基金管理人或财务顾问首次申请发行人 CA 证书的,需提交经办人身份证明(签字扫描件)、申请机构的业务办理授权(格式参考附件,盖章扫描件),如为财务顾问,还应提交基金管理人指定发行人的

授权(格式参考附件,盖章扫描件);

②由基金管理人代为统一申请只具备 REITs 网下机构投资者权限的投资者 CA 证书的,基金管理人需提前核实网下机构投资者的身份信息,并提交网下机构投资者证书申请授权(格式参考附件,盖章扫描件)、代网下机构投资者申请证书的承诺(格式参考附件,盖章扫描件)。

(二)全天候环境测试

1. 注意事项:

1)基金管理人首次与本所合作开发 REITs 的,应申请参加本业务。

2)基金管理人旗下已管理有本所上市的 REITs,如两年内未有 REITs 在本所发售上市的,应申请参加本业务。

3)基金管理人旗下已管理有本所上市的 REITs,如两年内有 REITs 在本所发售上市的,可不用申请参加本业务。

4)基金管理人可根据产品需要申请参加本业务。

5)如需通过 VPN 远程参加全天候环境测试,请参见本所网站"服务—交易服务—交易技术支持专区—技术服务"栏目的《上海证券交易所技术服务指南》,安装 VPN 客户端软件包。

6)基金管理人申请全天候环境 REITs 测试 应满足以下条件:

● 基金及其项目已被本所 REITs 项目申报系统受理;

● 基金管理人拟上市的 REITs 技术系统已准备就绪并完成公司内部业务测试;

● 本所要求的其他条件。

2. 业务办理流程:

● 名称释义:

T 日——全天候专项测试申请日

● 日——基金管理人正式进行 VPN 接入全天候测试环境日

N 日——基金测试完成日

T 日

◇基金管理人递交全天候环境测试申请(格式参考附件,盖章扫描件)及以下材料：

①基金管理人自身技术系统改造就绪情况介绍和内部测试报告；

②基金简要情况说明，包括产品进展、产品方案和本产品方案与旗下已上市产品的业务及技术差异；

③全天候环境测试申请材料，包括全天候环境测试申请表、测试环境使用风险承诺书、测试环境使用保密承诺书(公司)和测试环境使用保密承诺书(个人)。上述申请材料请至本所网站交易技术支持专区下载；

④本所要求的其他材料。

◇申请 VPN 接入测试的，基金管理人需要递交测试环境远程接入申请表、测试环境使用风险承诺书和测试环境使用保密承诺书(公司)，并申请开通 VPN。具体流程可参见本所网站"服务—交易服务—交易技术支持专区—技术服务"栏目中相应文档。

T 日

◇本所收到基金管理人的测试申请后，对测试材料进行初步审核，经审核符合本所测试条件的，由本所技术公司通知基金管理人具体测试时间。

L-2 日前

◇本所技术公司视情况要求提供基金管理人测试数据，基金管理人根据要求提供测试用例、测试数据等。

L-1 日

◇基金管理人应完成测试联机工作。

L 日

◇基金管理人按照规定进行(VPN 接入)全天候环境测试。

N 日

◇基金管理人提交 REITs 全天候环境测试反馈表(格式参考附件)。

(三)代码、简称申请

1.注意事项：

1) 本流程适用于在本所上市交易的 REITs。

2) REITs 简称包括证券简称（短简称）和扩位简称，证券代码和简称分配原则与规范详见《上海证券交易所基金业务指南第 1 号——业务办理》。

2. 业务办理流程：

• 名称释义：T 日为申请日

T 日

◇基金管理人通过衍生品与基金业务平台菜单"在线填报—基金产品代码申请"提交基金代码线上申请，并上传以下申请材料：

①代码、简称申请函（格式参考附件，盖章扫描件）；

②中国证监会准予产品注册的正式批文复印件（扫描件）；

③本所要求的其他申请材料。

◇基金管理人若无本所 CA 证书，需按证书申请流程提交材料办理 CA 证书申请，用于相关业务线上申请事宜（证书申请流程参见本节"（一）数字证书申请"内容）。

T+3 日

◇如申请材料符合规定，本所审核通过基金管理人提交的基金代码申请，基金管理人可通过衍生品与基金平台查看已分配的基金代码。

（四）询价平台发行人指定

1. 注意事项：

1) 询价平台发行人可以为基金管理人或其指定的财务顾问，发行人在询价平台办理网下询价、认购等业务；

2) 基金管理人通过衍生品与基金业务平台指定询价平台发行人后，发行人才能在询价平台办理对应基金的网下询价、认购等业务。

2. 业务办理流程：

完成代码、简称申请后

◇基金管理人通过衍生品与基金业务平台菜单"业务办理—REITs—发行人指定"提交申请，同时提交相关电子形式申请材料，包括：

①基金公司指定发行人的授权(格式参考附件,与申请发行人 CA 证书时提供的授权文件一致);

②双方签订关于职责归属的协议(如指定财务顾问为发行人,扫描件);

③资质证明材料(如指定财务顾问为发行人,盖章扫描件);

④本所要求的其他材料。

◇基金管理人、财务顾问若无本所 CA 证书,需按证书申请流程提交材料办理 CA 证书申请,用于相关业务线上申请事宜(证书申请流程参见本节"(一)数字证书申请"内容)。

二、询价

(一)发售申请与受理

1. 注意事项:基金管理人首次在本所发售、上市 REITs 的,或近两年内未在本所发售上市 REITs 的,应在发售前完成全天候环境测试,具体流程可参考本章"一、发售前准备—(二)全天候环境测试"。

2. 申请及审批流程:

● 名称释义:X 日为询价日

X-8 日(含)前

◇基金管理人获得中国证监会批文后,通过衍生品与基金业务平台菜单"业务办理—REITs—询价业务及公告"提交申请,包括业务申请文件和信息披露文件两部分:

● 业务申请文件:

①发售申请函(格式参考附件,盖章扫描件);

②中国证监会准予产品注册的正式批文复印件;

③REITs 全天候环境测试反馈表(如有,盖章扫描件);

④基金管理人、财务顾问(如有)及原始权益人对 REITs 获准注册至发售前不存在可能对 REITs 投资价值及投资决策判断有重大影响的事项的承诺(盖章扫描件);

⑤基金管理人、财务顾问(如有)对战略投资者的选取标准、配售资格,以及是否存在相关禁止性情形进行核查的文件以及律师事务所

出具的相应法律意见书(盖章扫描件);

⑥原始权益人与同一控制下关联方的董事、监事及高级管理人员设立专项资产管理计划参与战略配售的,应提交设立专项资产管理计划的合同、专项资产管理计划完成基金业协会或银保监会备案的证明文件(扫描件,如有);

⑦《证券登记服务协议》及其相关附加协议的复印件;

⑧基金管理人内部运作管理规范,包括内部运作管理架构、运营操作流程、风险防范措施、指定联系人等(盖章扫描件);

⑨发行人关于REITs发售上市业务自查和承诺反馈表(格式参考附件,盖章扫描件);

⑩提交报备文件与对外披露文件一致的承诺函(盖章扫描件);

□本所要求的其他材料。

● 信息披露文件:

①询价公告(含发售方案,格式参考附件);

②招募说明书;

③基金合同;

④托管协议;

⑤基金产品资料概要;

⑥投资价值研究报告(如有,需发行人盖章扫描件,在审核通过后,由发行人在询价平台上提交,并将向网下机构投资者披露);

⑦其他必要披露文件。

上述披露文件需以PDF格式的电子文件提交。

◇本所自收到基金管理人的申请材料之日起5个工作日内,对申请材料进行核对,当日13:00后提交的,当日不计入前述5个工作日内;若相关材料未符合本所要求,则退回基金管理人予以补正,补正时间不计入上述5个工作日内。

◇基金管理人应按要求与本所开展《公开募集基础设施证券投资基金询价、认购、转托管等业务服务协议》签署事宜。协议一式四份,均需在签字盖章处签字、盖章,全本协议盖骑缝章后寄给本所相关业务协调人。

X-4日(含)前

◇经本所初次审核通过后,基金管理人在衍生品与基金业务平台提交的询价业务申请中对拟定的询价日期进行确认:

● 如确认拟定询价日期为正式询价日期,则询价业务申请办结;

● 如此时需变更拟定的询价日期,但询价其他相关信息无变动,则基金管理人可修改询价日期,并重新提交日期变更后的公告文件,以及业务信息调整申请函(附件),经本所再次审核通过后,询价业务申请办结;

● 如此时因其他因素导致询价相关信息有变化或需取消询价,则基金管理人可直接取消此次询价申请,本流程自此终止。后续如有需要,可再次发起新的询价申请。

◇本业务申请经本所最终审核办结后,视为正式启动发售流程,基金管理人及发行人应按照发售方案中列明的时间表和相关工作安排推进发售阶段工作。启动发售后,基金管理人及发行人不得再对发售方案作出修改。如因特殊情况需要对发售方案作出重大调整的,应当及时通知本所。

(二)披露《询价公告》

X-3日(含)前

◇询价公告、基金合同、招募说明书、基金产品资料概要、托管协议在本所官网发布,基金管理人核对网站披露内容是否符合预期。

◇基金管理人根据中国证监会规定在其他媒介上刊登前述公告。

(三)网下投资者询价

1. 注意事项:

1)基金管理人需在询价业务开始前必须指定发行人,如未提前指定将无法正常办理询价业务;

2)发行人登录发行人系统进行网下投资者询价、认购等业务办理,登录地址:https://bmsp.uap.sse.com.cn/;

3)网下投资者通过登录投资者系统进行询价报价、认购申报等,登录地址：https://iitp.uap.sse.com.cn/otcreits；

4）询价日期原则上为1个交易日。

2. 业务办理流程：

● 名称释义：

L 日——认购起始日

场内账户——中国结算上海人民币普通股票账户或封闭式基金账户

场外账户——中国结算开放式基金账户

X-2日（含）前

◇发行人通过发行人系统录入询价相关参数。

◇经本所审核通过后，相关设置生效，并不可再修改。

X-1日

◇13:00-21:00，发行人结合询价平台从证券业协会获取的《网下机构名单和配售对象名单》，在询价平台完成首轮剔除，剔除异常账户、限制账户、询价禁入账户。

注：

1）主要剔除中国证券业协会发布的《REITs配售对象限制名单》所列机构，以及根据规则要求剔除原始权益人及其关联方、基金管理人、财务顾问、战略投资者等与定价存在利益冲突的主体；

2）经询价平台校验后，如发现场内账户与名称不匹配、无效账户等，则询价平台自动生成"场内账户状态"为异常，并供发行人下载参考。询价平台不直接剔除场内账户。

X 日

◇9:00-15:00，网下投资者登录投资者系统：

1）在报价前最终确认本次询价的账户信息（含资金账户）；

2）进行询价申报：网下投资者可为其管理的不同配售对象分别报价，每个配售对象只能提供1个报价，同一网下投资者全部报价中的不同拟认购价格不得超过3个；网下投资者为拟参与报价的全部配售对象录入报价记录后，应当一次性提交。网下投资者可以多次提交报

价记录,但以最后一次提交的全部报价记录为准;

3)可实时查看和下载已生效的询价参数、配售对象的报价记录、配售对象状态等。

◇9:00-15:00,发行人在发行人系统可实时查询除拟认购价格之外的其他询价信息。

◇15:00前,如因特殊情况,需延长询价日的,基金管理人与发行人可按本章"六、特殊情况—(一)询价日延长"内容处理。

◇15:00后,询价平台保存"初步询价结果全量数据",并据此计算加权均价和中间价(剔除前)。

X日15:00至X+k日(k≥1)

◇发行人登录发行人系统:

1)查看加权均价和中间价(剔除前),查看并导出全部询价报价明细数据、账户信息、机构和配售对象名称等;

2)剔除配号失败账户(即账号和名称不匹配的账户,含证券账户、基金账户、资金账户);

3)剔除无效的场外基金账户和资金账户;

4)剔除限制账户、询价禁入账户(如有)。

X日至基金成立前

◇如触发了规则或基金合同约定的中止发售情形,基金管理人或发行人提交中止发售申请,具体流程参考"本章—六、特殊情况处理—(二)中止发售",整个发售流程至此结束。

X+k日(X+k≤L-5,如果触发特别风险提示,X+k≤L-6)

◇12:00前,发行人通过发行人系统首次填入确定的"网下投资者认购相关参数"(认购价格、网下发售份额总量、代码、简称、基金管理人名称及直销渠道收款银行资金账号、发售日期等参数)。

◇询价平台根据认购价格,剔除低于认购价格的申报后,测算拟认购总数量应大于等于网下发售份额总量。如测算通过,则相关参数可正常提交;如测算未通过,则不可提交,需修改后再次确定相关参数直至测算通过后方可提交。

◇认购参数成功提交后,发行人应提醒基金管理人于衍生品与基金业务平台提交认购业务及公告申请,以及其他必要信息披露文件。(详见本章"三、认购—(一)认购业务申请与受理"内容)

L-6日15:00或之前

◇发行人通过发行人系统提交认购参数成功后,如确定的认购价格高于剔除不符合条件的报价后所有网下投资者报价的中位数和加权平均数孰低值,基金管理人通过衍生品与基金业务平台菜单"信息披露—REITs公告",选取对应产品代码及公告类型,提交投资风险特别提示公告,核对通过后次日网站披露。

L-4日(含)前

◇"网下投资者认购相关参数"审核通过后,询价平台自动剔除配售对象低于基金认购价格的询价报价及其对应的拟认购数量。

◇网下投资者通过投资者系统可查询:配售对象的认购价格、认购数量上限、询价报价的拟认购数量(即认购数量下限)、是否被剔除及原因。

三、认购

(一)认购业务申请与受理

1. 注意事项:原则上,募集期不超过5个交易日,募集期指场内、场外、询价平台三类认购期的最早起始日至最晚终止日的期间。

2. 业务办理流程:

L-4日(含)前

◇在询价平台提交认购参数成功后,当日10:00前,基金管理人通过衍生品与基金业务平台菜单"业务办理—REITs—认购业务及公告"提交申请,包括业务申请和信息披露文件两部分:

• 业务申请材料:

①认购申请函(格式参考附件,盖章扫描件);

②本所要求的其他材料。

• 信息披露文件:

①发售公告(格式参考附件);

②关于战略投资者的专项核查报告；

③律师关于战略投资者核查的专项法律意见书；

④招募说明书(如有更新)；

⑤基金合同(如有更新)；

⑥托管协议(如有更新)；

⑦基金产品资料概要(如有更新)；

⑧本所要求披露的其他文件。

上述披露文件需以 PDF 格式的电子文件提交。

L-4 日(含)

◇经本所初次审核通过后,基金管理人在衍生品与基金业务平台提交的认购业务申请中对拟定的认购日期进行确认：

• 如确定拟定认购日期为正式认购日期,则认购业务申请办结；

• 如此时需变更拟定的认购日期,但认购其他相关信息无变动,则基金管理人可修改认购日期,并重新提交日期变更后的发售公告文件,以及业务信息调整申请函(附件),经本所再次审核通过后,认购业务申请办结；

• 如此时因其他因素导致认购相关信息有变化或需取消认购的,则基金管理人可直接取消此次认购申请,本流程自此终止。后续如有需要,可再次发起新的认购申请。

◇本业务申请经本所最终审核办结后,如因特殊情况需要对募集期相关安排作出重大调整的,应当及时通知本所。

(二)披露《发售公告》

L-3 日(含,自然日)前

◇发售公告、基金管理人对战略投资者的核查文件及律师事务所对战略投资者核查的法律意见书等公告文件在本所官网发布,基金管理人核对网站披露内容是否符合预期。

◇基金管理人根据中国证监会规定在其他媒介上刊登前述公告。

(三)投资者认购

1. 注意事项：

1) 使用租用交易单元的投资者无法参与 LOF 模式下的场内认购，无法参与场内份额转托管至场外业务；(LOF 模式参见《上海证券交易所上市开放式基金业务指引》)

2) 网下机构投资者、战略投资者如使用场内账户进行认购(强增份额)且其指定的交易单元为租用交易单元的，上市后无法将场内份额转托管至场外；

3) 网下机构投资者、战略投资者如使用场外账户进行认购(强增份额)，其登记的场外份额可以转托管至场内，但如转入的场内账户指定交易单元为租用交易单元的，上市后也无法将场内份额转托管至场外。

2. 业务办理流程：

● 名称释义：

M 日——认购终止日

中登 TA 系统——中国结算开放式基金登记结算系统

L 至 M 日

公众发售：

◇公众投资者可通过场内、场外渠道进行认购。

◇每个认购日日末，基金管理人接收中登 TA 系统发送的公众投资者当日场内、场外认购申报数据，并做第一次确认；基金管理人自行收取网下投资者的认购资金，并确认资金到位情况。

网下投资者认购：

◇每日 9:00-15:00，网下投资者通过投资者系统提交、查询认购申请，并在 M 日日末之前(具体时点由基金管理人自行约定)通过确认过的资金账户，向基金管理人支付认购款项。

◇每日 9:00-15:00，发行人通过发行人系统可实时查询网下投资者认购情况；每日 15:00 后，发行人可通过发行人系统下载《认购后下载文件》，其中，包含询价平台自动生成场内认购账户的 PBU 信息，供发行人强增份额使用。

战略投资者认购：

◇战略投资者按与基金管理人签订的认购协议中规定的认购方

式进行认购。

(四)认购日期变更

1.注意事项:在认购期内,基金管理人可根据实际募集情况变更场内、场外、询价平台的认购日期。

2.业务办理流程:

• 名称释义:

T日——原场内/场外/参与询价的网下机构投资者认购终止日与变更后的认购终止日的孰早日

T-1日12:00或之前(如为提前截止,提交时间可推迟至T日16:00前)

◇基金管理人提交业务申请材料,并通过衍生品与基金业务平台提交信息披露文件:

• 业务申请材料:

①认购日期变更申请函(格式参考附件,如仅变更场外认购日期不用提交,盖章扫描件);

②本所要求的其他材料。

• 信息披露文件:

①认购日期变更公告;

②本所要求披露的其他文件。

上述披露文件需以PDF格式的电子文件提交。

◇如涉及询价平台认购日期调整,发行人应同步于发行人系统提交认购日期变更申请。

T日

◇认购日期变更等公告文件在本所官网发布,基金管理人核对网站披露内容是否符合预期。

◇基金管理人根据中国证监会规定在其他媒介上刊登前述公告。

◇日末,日期变更生效。

(五)回拨与配售

• 名称释义:M+f日为公众投资者认购份额登记日

M+1 日

◇基金管理人归集公众投资者的场内、场外认购申请；归集特殊认购申请（即根据中登总部《上海证券交易所公开募集基础设施证券投资基金登记结算业务指引（试行）》规定需通过份额强制调增业务完成初始登记的认购部分）。

M+1 日至 M+f-1 日（f≥2，由基金管理人确定）

◇发行人：

1）核查账户异常、限制账户、询价禁入、资金未到位以及其他违规情况，进行账户剔除；

2）根据认购资金到位情况，设置全额配售、比例配售、未正常缴款等类型；

3）根据投资者违规情况，确定配售对象"建议纳入限制名单"。

◇基金管理人：

1）剔除参与了网下询价的配售对象及其关联账户通过公众发售的认购申请；

2）根据归集的场内账户和场外账户的特殊认购申请，生成缴款成功的特殊认购申请数据；

3）发送最终确认的全量认购数据给本所。

M+f-1 日

◇日末，中登 TA 系统向基金管理人发送公众投资者场内、外认购申请二次确认待确认数据。

M+f 日

◇11:00 前，基金管理人完成公众、网下认购额度的回拨和比例配售，确认网下投资者有效认购结果。

◇11:00 前，基金管理人向中登 TA 系统发送公众投资者场内、外认购最终确认结果数据文件。

◇15:00 前，中登 TA 系统根据基金管理人发送的认购结果完成通过场内、场外销售机构认购的份额登记，并上海结算发送场内份额记增指令。

◇如根据相关规则,触发份额回拨的,基金管理人应在募集期届满后约定期限内,通过衍生品与基金业务平台菜单"信息披露—REITs公告",选取对应产品代码及公告类型,提交份额回拨公告,核对通过后次日网站披露。

◇上市前,基金管理人可选择开通/关闭场外份额转托管至场内业务,如需披露相关公告,通过衍生品与基金业务平台菜单"信息披露—REITs公告",选取对应产品代码及公告类型,提交上市前开通转托管公告,本所审核通过后按公告日期于网站披露。

M+f+1日

◇完成公众投资者认购申请未确认部分的退款或退息。

M+f+1日至M+f+n日(n≥2)

◇每个强增申请日,基金管理人通过83文件向中登TA系统申请强增份额(仅涉及战略投资者和网下投资者)。

◇强增申请日的次日15:00前,中登TA系统向上海结算发送场内强增份额数据记增指令。如强增有失败情况,则次日继续强增申请过程,直至全部强增完成。

M+f+n日

◇15:00前,基金管理人在中登TA系统参数管理平台设置不允许场内份额强增业务的业务控制(不再打开)。

◇20:00前,发行人通过发行人系统上传《配售结果上传文件》。

◇20:00后,询价平台保存《配售结果上传文件》,网下投资者可登录投资者系统查询其认购获配结果。

M+f+n日(含)后

◇基金管理人完成网下投资者和战略配售投资者认购申请未确认部分的退款。

四、基金成立

(一)披露《基金合同生效公告》

1.注意事项:基金管理人应在备案通过当日提交合同生效公告,次日披露。

2. 业务办理流程：

• 名称释义：T 日为基金合同生效日

T 日

◇基金管理人通过衍生品与基金业务平台菜单"信息披露——REITs公告"，选取对应产品代码及公告类型，提交基金合同生效公告（格式参考附件）。

T+1 日

◇基金合同生效公告在本所官网发布，基金管理人核对网站披露内容是否符合预期。

◇基金管理人根据中国证监会规定在其他媒介上刊登前述公告。

（二）材料报备

业务办理流程：

• 名称释义：

T 日——基金合同生效日

T+10 日内

◇基金管理人通过衍生品与基金业务平台菜单"业务办理——REITs—基金成立材料报备"提交以下文件：

①律师事务所出具的法律意见书（盖章扫描件）；

②发售总结报告（盖章扫描件）；

③全部基金份额已经中国结算托管的证明文件（盖章扫描件）；

④发售结束后具有执行证券、期货相关业务资格的会计师事务所出具的验资报告（盖章扫描件）。

五、上市前基金份额限售和锁定管理

（一）限售管理

◇战略投资者、战略配售等相关事宜应符合《上海证券交易所公开募集基础设施证券投资基金（REITs）业务办法（试行）》《上海证券交易所公开募集基础设施证券投资基金（REITs）规则适用指引第 2 号——发售业务（试行）》等相关规定。

◇基金管理人负责提供 REITs 限售和锁定相关数据，在发起上市申请前及时完成场内份额限售、场外份额锁定;若上市申请前无法完成限售或锁定完整流程,请推迟上市申请日期。

◇场外已锁定生效的份额不能转托管至场内。

◇战略投资者有限售期的场外份额如需转托管至场内,则应在基金管理人提交限售/锁定申请前完成转托管。

(二)限售/锁定流程

● 名称释义:L日为上市日

L-7日(含)17:00前

◇基金管理人通过衍生品与基金业务平台菜单"业务办理—REITs—限售及解锁"提交限售申请(场内限售、场外锁定);

◇申请限售时,基金管理人应当向本所提交下列文件:

①REITs场内份额限售申请;

②REITs场外份额锁定申请;

③基金份额限售/锁定的公告(附件);

④本所要求的其他文件。

L-5日(含)前

◇上海结算完成场内份额限售登记。

◇中国结算总部完成场外份额锁定。

◇在办结限售和锁定流程前,原则上,基金管理人应一次性完成所有限售份额的限售/锁定。

◇基金管理人通过衍生品与基金业务平台发起限售办结申请,申请确认战略投资者份额的限售和锁定已完成,并提交全量生效数据(盖章)。

◇经本所审核通过后,办结流程生效,禁止再次发起限售、锁定流程。

◇基金份额限售/锁定的公告见网。

L日(含)

◇对于完成锁定的份额明细,L日当日投资者申报的份额减少类业务(赎回、转托管等)将判失败。

六、特殊情况处理

(一)中止发售

1. 注意事项:

1)网下投资者提交的拟认购数量合计低于网下初始发售总量的,基金管理人、财务顾问应当中止发售,并发布中止发售公告。

2)除规定的中止发售情形外,基金管理人、财务顾问还可以约定中止发售的其他具体情形并事先披露。

2. 业务办理流程:

询价后至基金成立前

◇基金管理人提交业务申请材料,并通过衍生品与基金业务平台提交信息披露:

• 业务申请材料:

①中止发售申请函(格式参考附件,盖章扫描件);

②本所要求的其他材料。

• 信息披露文件:

①中止发售公告;

②本所要求披露的其他文件。

上述披露文件需以 PDF 格式的电子文件提交。

◇如触发中止发售的情形发生在认购开始前,发行人应同时通过发行人系统提交基金中止发售申请。

审核通过后

◇中止发售公告在本所官网发布,基金管理人核对网站披露内容是否符合预期。

◇基金管理人根据中国证监会规定在其他媒介上刊登前述公告。

中止发售后

◇在中国证监会同意注册决定的有效期内,基金管理人可重新启动发售,并按本章询价、认购流程重新办理。

(二)募集失败

1. 注意事项:基金募集期限届满,出现下列情形的,REITs 募集

失败:

1) 基金份额总额未达到准予注册规模的80%;

2) 募集资金规模不足2亿元,或投资人少于1000人;

3) 原始权益人或其同一控制下的关联方未按规定参与战略配售;

4) 扣除战略配售部分后,网下发售比例低于本次公开发售数量的70%;

5) 导致基金募集失败的其他情形。

2. 业务办理流程:

◇基金管理人通过衍生品与基金业务平台菜单"信息披露—REITs公告",选取对应产品代码及公告类型,提交募集失败公告,经核对通过后披露。

◇基金管理人视退款资金发放情况,向本所提交摘牌申请。

第三章 上　　市

一、上市业务申请与受理

1. 注意事项:在发起上市业务申请前,基金管理人应确认:

1) 已完成基金成立材料报备,具体流程参见"第二章　发售—四、基金成立—(二)材料备案";

2) 已完成全部战略投资者的份额限售和锁定,份额限售/锁定流程参见"第二章　发售—五、上市前基金份额限售管理"内容;

3) 已指定至少1家做市商提供做市服务,并在上市申请函中明确。督促相关做市商及时向本所提交做市申请,保证上市首日能正常开展做市业务。

2. 申请及审批流程:

● 名称释义:T日为上市日

T-5日(含)10:00前

◇基金管理人通过衍生品与基金业务平台菜单"业务办理—REITs—初始上市业务及公告"提交申请,包括业务申请、信息披露文件两部分。

● 业务申请材料：
①上市申请函（格式参考附件，盖章扫描件）；
②REITs 账户信息（格式参考附件，盖章扫描件）；
③基金合同生效公告；
④上市交易公告书中财务部分（含投资组合）（经托管人确认的盖章件）；
⑤已生效的 REITs 认购基础设施资产支持证券的认购协议（扫描件）；
⑥REITs 所投资专项计划的成立公告（盖章扫描件）；
⑦REITs 所投资专项计划的已生效的基础资产买卖协议（扫描件）；
⑧持有份额 10% 及以上基金持有人情况表（格式参考附件，盖章扫描件）；
⑨发售后至上市前新增的财务资料和有关重大事项的说明（如有，盖章扫描件）；
⑩本所一至两名会员出具的上市推荐书（盖章扫描件）；
⑪基金管理人、基金托管人就基金上市之后履行管理人、托管人职责的承诺（盖章扫描件）；
⑫基金管理人保证所提交文件和材料真实、准确和完整的承诺（盖章扫描件）；
⑬本所要求的其他材料。

● 信息披露文件：
①上市交易公告书（除基金上市交易的核准机构核准文号、上市份额数量（如未确认）为空外，其余数据及内容应已确定，格式参考附件）；
②本所要求披露的其他文件。
上述披露文件需以 PDF 格式的电子文件提交。
◇上市交易公告书披露的"本次上市交易份额"为截至 T-5 日的数据，准确的上市份额数量以 T 日披露（T-1 日提交）的上市提示性公告为准。

◇上市交易公告书、上市提示性公告中所披露的"本次上市交易份额"指初始上市份额数量，等于 T-1 日日末的场内份额数量扣除场内限售份额数量。

◇如在当日 10:00 后提交上市申请的，则当日不计入上市业务受理时间。

◇如需举行上市仪式，基金管理人需在 T-14 日前向本所申请，并将上市仪式所需信息、背景资料、公司简介等提交给本所，本所相关部门配合基金管理人协调上市仪式安排事宜。

T-5 日(含)前

◇本所对 REITs 上市申请进行初步审核，如无异议，则流程正常进行；如对上市申请审核有异议，通知基金管理人修正、补充材料。

T-4 日(含)前

◇本所将核查战略投资者份额限售和锁定办结流程是否已于 T-5 日完成，并核对上市公告中关于战略投资者限售和锁定内容与基金业务系统已存数据是否一致。如未完成或不一致，或存在其他影响按原计划上市的情况，则退回此次上市申请，待基金管理人完成限售及锁定业务且相关数据一致，或影响因素消除后，再次提交上市申请，受理时间按最新计划上市日期重新计算。

◇基金管理人于本日 12:00 前，补充提交经中国结算盖章确认截至日期为 T-5 日及之前的持有人结构申报表(格式参考附件，盖章扫描件)，以及 T-5 日基金场内证券持有人名册(盖章扫描件)。本所将结合持有人结构申报表数据及场内份额限售完成情况，核实该基金 T-5 日日末的上市份额数量是否满足上市条件，如不满足则需基金管理人补充提交承诺函：保证该基金于 T-1 日日末或之前达到上市条件，如未满足，则上市日起实施停牌。

◇16:00 前，本所完成上市审核，正式函告基金管理人，并通过衍生品与基金业务平台上市申请流程告知业务发起人函件文号。

◇16:30 前基金管理人在上市公告中补充上市文号、上市份额数量（如申请时未确认），重新上传，并提交业务信息调整申请函（附件），同时对拟定的上市日期进行确认：

• 如确定拟定上市日期为正式上市日期，则在提交补充内容的上市公告及要求文件后，上市业务申请办结；

• 如此时需变更拟定的上市日期，但其他相关信息无变动，则基金管理人可修改上市日期，并重新提交日期变更后的上市公告文件，经本所再次审核通过后，上市业务申请办结；

• 如此时因其他因素导致需推出或取消本次上市的，则基金管理人可直接取消此次上市申请，本流程自此终止。后续如有需要，可再次发起新的上市申请。

T 日前

◇基金管理人需在 REITs 上市之前，按本所规定签定《证券投资基金上市协议》(2018 年版)（基金管理人与本所签署该协议，在本所上市交易的其他基金也将遵守该协议，不再另行签署。如举办上市仪式，可安排在上市日签署该协议。）

T 日

◇REITs 正式上市。

二、上市公告披露

T-3 日（含，工作日）前

◇上市公告等公告文件在本所官网发布，基金管理人核对网站披露内容是否符合预期。

◇基金管理人根据中国证监会规定在其他媒介上刊登前述公告。

T-1 日

◇基金管理人通过衍生品与基金业务平台菜单"信息披露—REITs 公告"，选取对应产品代码及公告类型，提交上市交易提示性公告（公告信息包括证券代码、证券简称、上市首日证券简称、上市日期、上市交易份额数量、上市首日涨跌幅、涨跌幅等）。

T 日

◇上市提示性公告在本所官网发布，基金管理人核对网站披露内容是否符合预期。

◇基金管理人根据中国证监会规定在其他媒介上刊登前述公告。

第四章 投资者适当性管理

一、建立健全适当性管理制度

基金管理人和证券公司等基金销售机构应当根据《证券期货投资者适当性管理办法》《公开募集基础设施证券投资基金指引（试行）》《上海证券交易所公开募集基础设施证券投资基金（REITs）业务办法》等规定，制定 REITs 投资者适当性管理的相关工作制度，对投资者进行适当性管理。

二、开展适当性评估

基金管理人应当严格落实投资者适当性管理制度，会同证券公司等基金销售机构认真做好 REITs 风险评价、投资者风险承受能力与投资目标识别、适当性匹配等投资者适当性管理工作，将适当的产品销售给适合的投资者。

投资者认购或买卖 REITs 份额，应当遵守中国证监会以及本所的有关规定。

三、充分揭示风险

（一）制定风险揭示书

基金管理人应当制作 REITs 产品资料概要，简明清晰说明基金产品结构及风险收益特征，在基金合同、招募说明书及产品资料概要显著位置，充分揭示 REITs 投资运作、交易等环节的主要风险。

基金管理人和证券公司等基金销售机构应当对照《公开募集基础设施证券投资基金风险揭示书必备条款》，制定《公开募集基础设施证券投资基金相关业务风险揭示书》（以下简称《风险揭示书》）。

除《公开募集基础设施证券投资基金风险揭示书必备条款》规定的风险事项，基金管理人和证券公司等基金销售机构还可以根据具体情况在本公司制定的《风险揭示书》中对 REITs 投资的相关风险做进一步列举。

(二)签署风险揭示书

首次认购和买入环节的风险揭示

基金管理人和证券公司等基金销售机构应当要求普通投资者在首次认购或买入 REITs 份额前,以纸质或电子形式签署风险揭示书,确认其了解 REITs 产品特征及主要风险。普通投资者未签署《风险揭示书》的,基金管理人、证券公司等基金销售机构不得接受其认购或买入委托。

转托管环节的风险揭示

普通投资者将场外 REITs 份额转托管至场内的,证券公司应当在转入场内后首次交易环节,确认投资者已了解 REITs 产品特征及主要风险。

(三)重要风险揭示

基础设施项目涉及灭失风险、运营收入波动风险、不动产价格波动风险、关联交易、利益冲突风险和利益输送风险等重要风险的,基金管理人和资产支持证券管理人应当充分揭示风险,设置相应风险缓释措施,保障投资者权益。

四、投资风险教育

基金管理人、证券公司等基金销售机构应当加强 REITs 产品的投资者教育,引导投资者充分认识 REITs 的风险特征。

五、投资者回访机制

基金管理人和证券公司等基金销售机构应当建立健全普通投资者回访制度,对购买 REITs 产品或接受服务的普通投资者定期抽取一定比例进行回访,持续做好适当性管理工作。

第五章 模板及附件(具体内容见本书第三部分)

上海证券交易所公开募集基础设施证券投资基金(REITs)业务指南第2号——存续业务

(上证函〔2021〕1033号　2021年6月17日发布)

引　言

为规范上海证券交易所(以下简称本所)公开募集基础设施证券投资基金(以下简称公募REITs)的交易、分红、停复牌、摘牌、暂停转托管、更名、信息披露公告等存续业务,便利基金管理人等市场参与人开展相关业务操作,根据《证券法》《证券投资基金法》《公开募集证券投资基金信息披露管理办法》《公开募集基础设施证券投资基金指引(试行)》《上海证券交易所证券投资基金上市规则(修订稿)》《上海证券交易所公开募集基础设施证券投资基金(REITs)业务办法(试行)》等相关法律法规、部门规章及业务规则,制定本指南。本指南未尽事宜,按照证监会和本所相关要求执行。

基金管理人应认真按照相关规定、本指南及本所其他要求编制、报送申请文件并办理存续业务。基金管理人应当指定专人负责存续业务相关材料的制作、递交及业务联络,指定专人变更的,应当及时与本所债券业务中心专管员沟通。

投资者应按照相关规定、本指南及本所其他要求参与公募REITs相关业务,熟悉公募REITs现券交易及融资业务,并事先认真阅读基金合同、招募说明书等法律文件。

本指南为开放性指南,本所将不定期进行修订并发布更新版本。本所对本指南保留最终解释权。如对本指南有任何疑义,基金管理人等相关机构可与本所债券业务中心联系。

第一章 交易业务安排

一、现券交易

（一）竞价交易机制

1. 每个交易日的 9：15 至 9：25 为开盘集合竞价时间，9：30 至 11：30、13：00 至 15：00 为连续竞价时间。

2. 公募 REITs 竞价交易申报数量应当为 100 份或其整数倍。卖出余额不足 100 份的，应当一次申报卖出。交易系统支持单笔申报的最大数量上限为 99,999,900 份（含）。

3. 公募 REITs 竞价交易申报价格最小变动单位为 0.001 元人民币。

4. 公募 REITs 的开盘价为当日该证券的第一笔成交价格，收盘价为当日该证券最后一笔交易前一分钟所有交易的成交量加权平均价（含最后一笔交易）。公募 REITs 份额上市首日，其即时行情显示的前收盘价为公募 REITs 发售价格。

5. 公募 REITs 实行价格涨跌幅限制，上市首日涨跌幅限制比例为 30%，非上市首日涨跌幅限制比例为 10%，本所另有规定的除外。涨跌幅价格的计算公式为：涨跌幅价格＝前收盘价×（1±涨跌幅比例）。

6. 当日无交易的，前收盘价格视为最新成交价格。

（二）大宗交易机制

1. 大宗交易申报包括意向申报、成交申报。

2. 本所每个交易日 9：30 至 11：30、13：00 至 15：30 接受意向申报；15：00 至 15：30 接受成交申报。

3. 公募 REITs 大宗交易单笔申报数量应当为 1000 份或者其整数倍。

4. 公募 REITs 大宗交易申报价格最小变动单位为 0.001 元人民币。

5. 公募 REITs 大宗交易成交申报价格，由买方和卖方在当日价格涨跌幅限制范围内确定。

6. 大宗交易不纳入本所即时行情和指数的计算,成交量在大宗交易结束后计入该证券成交总量。

(三)报价等交易机制

1. 公募 REITs 的报价、询价、指定对手方等交易方式在上海证券交易所固定收益证券综合电子平台(下称固收平台)开展。

2. 固收平台交易机制包括报价(确定报价、待定报价)、询价、指定对手方交易。

3. 本所每个交易日 9:30 至 11:30、13:00 至 15:30 为固收平台交易时间。

4. 公募 REITs 报价单笔申报数量应当为 1000 份或者其整数倍,询价、指定对手方交易单笔申报数量最小为 100000 份,且为 1000 份或者其整数倍。

5. 公募 REITs 报价等交易申报价格最小变动单位为 0.001 元人民币。

6. 公募 REITs 报价等交易成交申报价格,由买方和卖方在当日价格涨跌幅限制范围内确定。

二、融资业务

根据《公开募集基础设施证券投资基金指引(试行)》《上海证券交易所公开募集基础设施证券投资基金(REITs)业务办法》等规则,原始权益人或其同一控制下的关联方战略配售部分份额(下称原始权益人限售份额)在限售期内不能参与质押;专业机构投资者战略配售部分(下称战略配售份额)在限售期内能够参与质押。

公募 REITs 可以在固收平台上参与债券质押式协议回购。其中非限售份额可以参与交易、质押式协议回购,战略配售份额可参与债券质押式协议回购。

(一)债券质押式协议回购交易

债券质押式协议回购交易(以下简称协议回购)是指回购双方自主协商约定,由资金融入方(以下简称正回购方)将债券出质给资金融出方(以下简称逆回购方)融入资金,并在未来返还资金和支付回购利息,同时解除债券质押登记的交易。

投资者参与债券质押式协议回购融资,应遵守《上海证券交易所债券质押式协议回购交易暂行办法》中对于投资者适当性、违约处置、签署主协议的相关要求,相关交易方式如下:

1. 协议回购交易通过本所固定收益平台进行,各类账户已设置具备协议回购交易权限。

2. 协议回购申报的时间为每个交易日的9:30至11:30,13:00至15:30。

3. 协议回购的交易要素包括但不限于回购方向、回购利率、质押券名称、质押券代码、质押券数量、质押券面值总额①、质权人、成交金额、折算比例②、首次结算日、回购到期日、回购期限、到期结算日、实际占款天数、到期结算金额等。

4. 协议回购的期限不得超过365天,且不得超过质押券的存续期间。协议回购的利率和折算比例不得超过100%。

5. 协议回购交易经双方协商一致后,由正回购方发起成交申报,填妥交易要素后发送到逆回购方,经逆回购方确认后成交。

6. 正回购方当日买入的公募REITs,属于净额结算券种的,当日不得作为协议回购的质押券。正回购方已经申报用于协议回购的公募REITs,当日不得申报卖出。

7. 正回购方可以通过成交申报批量提交多个质押券,经逆回购方确认申报后,交易系统按质押券种分拆逐笔成交。

8. 协议回购到期结算日,正回购方应当通过交易系统进行到期确认申报或者到期续做申报。

9. 到期确认申报是指正回购方确认履行到期回购义务的申报。

---

① 对于REITs质押券,质押债券面值总额=质押数量(份)×上日均价(上市首日为开盘参考价)。单位为元,整数。

② 折算比率=(成交金额/质押券面值总额)×100%

到期确认申报由正回购方发起，交易系统予以确认，逆回购方无需进行确认申报。

10. 到期续做是指正回购方在回购到期日，基于到期回购的质押券与原交易对手或其他第三方达成一笔新的回购交易，是两笔单独的回购交易；但在结算环节正回购方的回购续做应收资金和到期回购的应付资金可以轧差结算。到期续做申报由正回购方发起，经续做逆回购方进行确认申报后，由交易系统确认成交。

11. 协议回购存续期间（不含首次结算日和到期结算日），经双方协商一致，可以对质押券进行变更。质押券变更申报由正回购方发起，经逆回购方进行确认申报后，由交易系统予以确认。

12. 协议回购存续期间（不含首次结算日和到期结算日），经双方协商一致，协议回购可以提前终止，并按照双方重新商定的回购利率进行结算。提前终止申报由正回购方或者逆回购方发起，经对手方进行确认申报后，由交易系统予以确认。

13. 公募 REITs 在质押期间发生分红等事项，参照《上海证券交易所债券质押式协议回购交易主协议》约定，其中公募 REITs 分红款项归正回购方所有，协议回购发生违约后的协商、担保品处置参照债券标的的相关约定执行。

（二）限售份额融资管理

基础设施项目原始权益人或其同一控制下的关联方，向本所申请办理质押式协议回购，应确保其质押行为符合《公开募集基础设施证券投资基金指引（试行）》的有关规定以及其他相关约定。

公募 REITs 投资者使用公募 REITs 基金限售份额作为担保品参加质押式协议回购的，其回购到期日不得早于《公开募集基础设施证券投资基金指引（试行）》及本所相关规则规定的公募 REITs 基金份额限售期间、锁定期间。

原始权益人或其同一控制下的关联方在限售届满后参与质押式协议回购、质押式三方回购等业务的，质押的战略配售取得的基础设施基金份额累计不得超过其所持全部该类份额的 50%，本所另有规定除外。

（三）其他融资业务

本所竞价交易系统上市的允许质押的公募 REITs 份额，可以作为股票质押式回购交易补充质押的标的证券。

会员应当加强交易前端控制，不得将公募 REITs 份额作为股票质押式回购的初始交易标的证券，不得将不允许质押的公募 REITs 份额开展股票质押式回购。如因不当操作导致相关交易完成的，会员应及时要求融入方提前购回，本所将视情况对相关会员采取监管措施或纪律处分。

本所竞价交易系统上市的非限售公募 REITs 份额，可以作为约定购回式证券交易业务的标的证券。

本所竞价交易系统上市的非限售公募 REITs 份额，可以作为融资融券业务的可充抵保证金证券及担保物，折算率上限按照《上海证券交易所融资融券交易实施细则》规定的其他上市证券投资基金实施管理。

第二章　日常运作业务

一、一般规定

（一）业务申请和信息披露平台

基金管理人应通过本所业务管理系统平台提交公募 REITs 上市后业务申请及办理信息披露业务。基金管理人可以使用上交所衍生品与基金业务平台 CA 证书登录衍生品与基金业务平台后点击"上市后业务"跳转，或者使用该 CA 证书直接访问网址 https://bmsp.uap.sse.com.cn/选择债券业务模板，进入本所业务管理系统平台办理公募 REITs 存续业务。基金管理人登录衍生品与基金业务平台使用的 CA 证书与发售上市阶段一致，无需重新办理 CA 证书。

（二）信息披露方式和公告类别

本所对公开披露的公募 REITs 信息进行事前核对或者事前登记、事后核对，其中事前核对是指基金管理人提交的公告经本所形式核对后方可予以披露的方式;事前登记、事后核对是指基金管理人登记上传公告后直接通过本所网站披露,本所不对公告进行事前形式审核的方式。

基金管理人应根据信息披露事项的内容,按照公募 REITs 公告类别(详见附件1)提交信息披露文件。由于不同的信息披露公告类别对应不同的披露模式、审核流程以及业务操作等,基金管理人务必准确选择信息披露公告类型。

(三)信息披露文件发布和提交时间

原则上,基金管理人应当在当日 15:30 之前提交信息披露申请,经本所事前核对或基金管理人完成登记的公告将自交易日或单一非交易日/连续非交易日的最后一日 15:30 以后通过本所网站披露。基金管理人应当按照本所有关要求,在交易日早间披露时段(7:30 - 8:30)或午间披露时段(11:30 - 12:30)内,披露澄清公告和紧急停牌公告。

二、暂停(恢复)转托管

(一)适用情形

本流程适用于公募 REITs 上市后转托管的暂停及恢复业务。

(二)办理时间

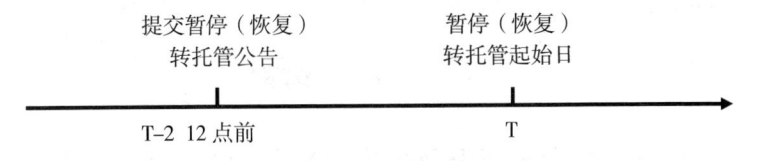

图 2 - 2 - 1 公募 REITs 暂停(恢复)转托管业务办理时间

基金管理人需至少在暂停(恢复)转托管起始日前 2 个交易日提交暂停(恢复)转托管公告(格式参考附件2)。

(三)具体操作

基金管理人通过业务管理系统平台的"REITs—暂停恢复转托管—新建业务申请"进入暂停(恢复)转托管申请表(见图 2 - 2 - 2),

填写证券代码、暂停转托管起始日、恢复转托管起始日等要素信息,并上传暂停(恢复)转托管公告等材料。上传材料均以 PDF 格式的电子文件提交。

图 2-2-2　公募 REITs 暂停(恢复)转托管业务新建申请页面

三、规停复牌
(一)临时停牌/连续停牌

1. 适用情形

临时停牌是指停牌时间为一天且停牌日期明确的停牌操作。连续停牌是指停牌时间超过一天或停牌终止日不确定的长时间连续停牌操作。

2. 办理时间

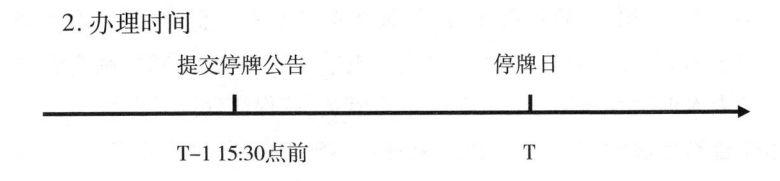

```
提交停牌公告              停牌日
─────┼──────────────────┼─────►
 T-1 15:30点前            T
```

图 2-3-1　公募 REITs 临时/连续停复牌业务办理时间

基金管理人需至少在停牌（复牌）日前 1 个交易日提交停复牌公告（格式参考附件 3）。

3. 具体操作

基金管理人通过业务管理系统平台的"REITs—常规停复牌—新建业务申请"进入停复牌申请表（见图 2-3-2），填写证券代码、停牌

图 2-3-2　公募 REITs 常规停复牌业务新建申请页面

原因、停牌起始日、停牌终止日、停牌类型等要素信息,并上传停牌公告等材料,上传材料均以 PDF 格式的电子文件提交。同时,基金管理人需要及时联系本所债券业务中心专管员,确保流程按时完结。

连续停牌时,若无需复牌或复牌日不确定的,停牌终止日可不填;临时停牌时,停牌起始日、停牌终止日为同一天。

(二)复牌

1. 适用情形

复牌是指连续停牌后基金管理人申请的复牌操作。通常情况下连续停牌后才有复牌操作,临时停牌和紧急停牌流程不需要复牌操作。

2. 办理时间

```
        提交复牌公告                       复牌日
    ────────┼──────────────────────────┼────────
        T-1 15:30点前                     T
```

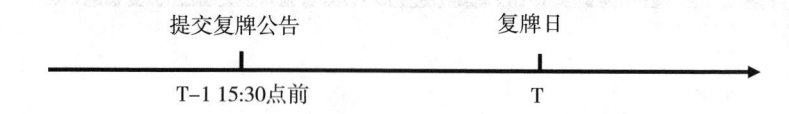

图 2-3-3 公募 REITs 复牌业务办理时间

基金管理人需至少在复牌日前 1 个交易日提交复牌公告(格式参考附件 3)。

3. 具体操作

复牌流程和连续停牌流程基本一致,不同点在于无需填写停牌起始日,只填写停牌终止日即可。停牌终止日次一交易日为复牌日。

基金管理人通过业务管理系统平台的"REITs—常规停复牌"通道,进入停复牌申请表(见上图 2-3-2)。在申请表中填写证券代码,选择停牌类型为"连续停牌",同时填写停牌终止日(停牌起始日为空),停牌原因一般为"基金管理人申请",并上传复牌公告等材料,上传材料均以 PDF 格式的电子文件提交。同时,基金管理人需要及时联系本所债券业务中心专管员,确保流程按时完结。

(三)紧急停牌

1. 适用情形

本流程适用于基金管理人申请的公募REITs二级市场交易当日紧急暂停的情形。

2. 办理时间

基金管理人选择当日停牌时间为"全天"或"上午"的,应当至少在8:00之前完成提交;选择停牌时间为"下午"的,则需在12:00之前完成提交;选择停牌时间为交易时间内的具体时间段的,需在拟停牌时间段之前及时完成提交,并为后续流程处理预留充足时间。

3. 具体操作

基金管理人如需申请紧急停牌,应在第一时间电话通知本所债券业务中心专管人员,确认相关流程后,通过业务管理系统平台"REITs—紧急停牌"流程上传紧急停牌公告(格式参考附件3)等材料,上传材料均以PDF格式的电子文件提交。

四、分红

(一)适用情形

本流程适用于公募REITs分红业务的情形。

(二)办理时间

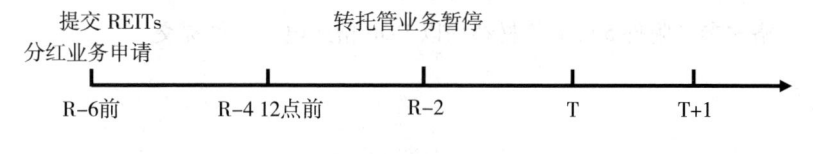

图2-4-1 公募REITs分红业务办理时间

基金管理人需至少在权益登记日R前6个交易日根据中国结算相关要求,向中国结算上海分公司相关业务部提交公募REITs分红业务申请。

基金管理人需至少在权益登记日R前4个交易日提交分红及暂停转托管公告(格式参考附件4)。

（三）具体操作

基金管理人通过业务管理系统平台"REITs—分红"流程提交暂停（恢复）转托管、分红申请，填写业务要素相关信息，上传分红及暂停转托管公告，并进行暂停转托管业务的操作，上传材料均以 PDF 格式的电子文件提交。

五、更名

（一）适用情形

本流程适用于公募 REITs 全称、证券简称（场内短简称）、扩位简称的更名业务。

（二）办理时间

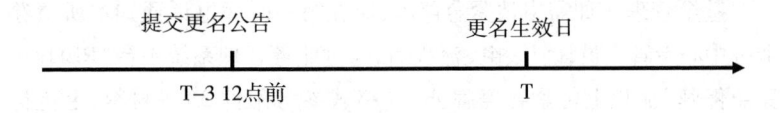

图 2-5-1　公募 REITs 更名业务办理时间

基金管理人需至少在更名生效日前 3 个交易日提交公告。

（三）具体操作

基金管理人通过业务管理系统平台"REITs-更名"通道，进入更名申请表（见图 2-5-2）填写业务要素相关信息，并上传更名公告（格式参考附件 5），上传材料均以 PDF 格式电子文件提交。

图 2-5-2　公募 REITs 更名业务新建申请页面

六、定期和临时报告信息披露

(一)适用情形

适用于公募 REITs 上市后基金管理人、基金托管人等信息披露义务人披露基础设施基金定期报告或临时报告的业务。

1. 定期报告。基金管理人应当在每年结束之日起三个月内,披露基金年度报告正文及摘要,年度报告的财务会计报告应当经过审计。基金管理人应当在上半年结束之日起两个月内,披露基金中期报告。基金管理人应当在季度结束之日起十五个工作日内,披露基金季度报告。

2. 临时报告。基础设施基金发生重大事件时,基金管理人应当按照《公开募集证券投资基金信息披露管理办法》《公开募集基础设施证券投资基金业务指引(试行)》《上海证券交易所公开募集基础设施证券投资基金(REITs)业务办法(试行)》等相关规定在两日内编制并披露临时报告。

(二)办理时间

基金管理人应当至少在公告日15:30前通过业务管理系统平台流程上传信息披露文件。交易日17:00之后上传的信息披露文件,最早仅可于第2个交易日予以披露。

(三)具体操作

基金管理人通过业务管理系统平台的"REITs—信息披露"流程,选择公告类型并上传信息披露文件。公告类型包括定期报告、临时报告、基金运作、基金管理人公告、其他公告,信息披露文件包括公告和附件。

基金托管人涉及的信息披露文件应当委托基金管理人通过上述流程上传。基金管理人需注意:

1. 确认上传信息披露文件时已准确填写公募REITs证券代码、公告类型、公告标题、公告日期、登报选择、是否发布、是否登报等信息;

2. 确认"公告标题"和"文件标题"填写的是拟发布公告的上网标题,即与公告文档所显示的标题一致,不得包含特殊符号。基金管理人应当正确选择文件是否发布,对于备查文件或其他非公告上网文件,应当选择"否"。

图 2-6-1　公募 REITs 定期报告和临时报告业务新建申请页面

七、摘牌

公募 REITs 出现上市规则规定的终止上市情形时,基金管理人应及时向本所报告并提出摘牌申请。

八、解除限售/锁定

(一)适用情形

本流程适用于公募 REITs 上市后解除限售/锁定的业务。

(二)办理时间

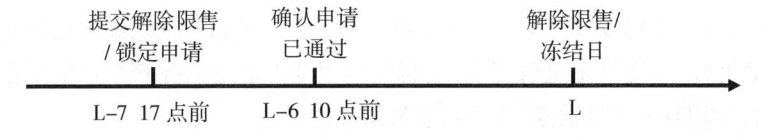

提交解除限售 /锁定申请	确认申请 已通过	解除限售/ 冻结日
L-7　17 点前	L-6　10 点前	L

图 2-8-1　公募 REITs 解除限售/锁定业务办理时间

对于场内份额，基金管理人需至少在解除限售日前 7 个交易日前通过基金业务管理系统提交公募 REITs 场内份额解除限售申请（在线填写解除限售总量）及提示性公告。如出现非全部按期解禁等情形，还应发送《限售公募 REITs 解除限售申请表》（附件 6）。

对于场外份额，基金管理人需至少在解除锁定日前 7 个交易日前通过基金业务管理系统提交公募 REITs 场外份额解除锁定申请（在线填写申请并上传《公募 REITs 场外份额解锁申请表》EXCEL，示例见附件 7）及提示性公告。

公募 REITs 份额解除限售/解锁的提示性公告（必备要素见附件 8），上传材料均以 PDF 格式的电子文件提交。

上传申请后，基金管理人应于解除限售/锁定日前 6 日 10：00 前确认上述申请审核通过，否则将影响生效日期。

（三）具体操作

基金管理人通过业务管理系统平台在线下载 EXCEL 表格、限售公募 REITs 解除限售申请表（格式参考附件 5）及公募 REITs 场外份额解锁申请等申请材料，并上传公募 REITs 份额解除限售/解锁的提示性公告，上传材料均以 PDF 格式的电子文件提交。

九、一致行动人信息填报及披露

基金管理人在投资者及其一致行动人拥有的基础设施基金份额达到一只基础设施基金份额的 10%、30%、50% 时，或者达到 10% 后通过本所交易拥有权益的基金份额占该基础设施基金份额的比例每增加或者减少 5% 时，应当于 3 个交易日内通过衍生品与基金业务平台的"公募 REITs 一致行动人信息"流程填报更新后的投资者及其一致行动人信息。

投资者及其一致行动人应当按照《上海证券交易所公开募集基础设施证券投资基金（REITs）业务办法（试行）》等相关规定编制权益变动报告书，通知基金管理人，委托基金管理人通过业务管理系统平台的"REITs－信息披露"上传信息披露文件。

第三章 模板及附件

附件1 信息披露公告类别

一级公告类别	二级公告类别	主要公告内容
定期报告	年度报告	年度报告,相关提示性公告(可选)
	中期报告	中期报告(半年度报告),相关提示性公告(可选)
	季度报告	季度报告,相关提示性公告(可选)
	其他自主披露定期公告	其他自主披露定期公告,相关提示性公告(可选)
临时报告	重大关联交易事项	基金管理人运用基金财产与其关联方进行的重大交易,如买卖基金管理人、基金托管人及其控股股东、实际控制人或者与其有重大利害关系的公司发行的证券或者承销期内承销的证券,或者从事其他重大关联交易事项,中国证监会规定的情形除外
	总资产超过净资产公告	基础设施项目公司对外借入款项或基金总资产被动超过基金净资产140%
	重大交易或损失	金额占基金净资产10%及以上的交易或损失
	项目购入或出售	基础设施项目购入或出售,定期发布的进展公告
	扩募	基础设施基金扩募,相关提示性公告(可选)
	运营情况及现金流重大变化	基础设施项目运营情况、现金流或产生现金流能力发生重大变化的情况
	管理人或主要负责人员变动	基金管理人、基础设施资产支持证券管理人发生重大变化或管理基础设施基金的主要负责人员发生变动,更换、新增、减少基金经理或基金经理情况变更

续表

一级公告类别	二级公告类别	主要公告内容
临时报告	基金更换相关专业机构	更换或改聘基金托管人、更换评估机构、律师事务所、会计师事务所等专业机构。
	外部管理机构变更	根据基金合同约定解聘或更换外部管理机构
	基金管理人等被调查处罚或涉诉	涉及基金财产、基金管理业务、基金托管业务的调查、诉讼或仲裁;基金管理人或其高级管理人员、基金经理因基金管理业务相关行为受到重大行政处罚、刑事处罚;基金托管人或其专门基金托管部门负责人因基金托管业务相关行为受到重大行政处罚、刑事处罚
	原始权益人卖出战配份额	原始权益人或其同一控制下的关联方卖出战略配售取得基金份额的公告,相关提示性公告
	其他对持有人利益或资产净值重大影响事项	可能对基础设施基金份额持有人利益或基金资产净值产生重大影响的其他事项
	权益变动报告书	投资者及其一致行动人持有权益的基础设施基金份额达到规定比例应当编制权益变动报告书,每增加或减少相应比例份额应当进行公告,相关权益变动提示性公告(可选)
	收购报告书	收购人通过要约等方式收购基础设施基金编制的报告书
	被收购基金的管理报告书	被收购基础设施基金的管理人编制的报告书
	澄清公告	澄清或说明公告
	更正公告	错误更正公告
	做市商变更	做市商新增/终止公告(可选)
	修订基金合同或协议公告及文件	修改基金合同公告,合同期限变更公告;修改托管协议;管理费、托管费等费用计提标准、计提方式和费率变更相关事项的公告;其他导致基金合同、协议修订的事项

续表

一级公告类别	二级公告类别	主要公告内容
临时报告	更新招募说明书或产品资料概要公告及文件	修改、更新招募说明书、产品资料概要公告;其他导致招募、产品资料概要修订的事项
	基金估值方法调整	基金估值方法变更
	提示性公告	场内交易价格波动/巨额赎回等风险提示公告;基金募集/申赎/扩募/代销等其他提示性公告;基金份额解除限售提示性公告
	营销活动	申购、赎回费率及收费方式变更相关事项的公告;基金营销活动有关事项,新增、变更基金销售机构
基金运作	基金名称、简称变更	基金名称、简称变更公告
	跨系统转托管	基金开通跨系统转托管以及暂停跨系统转托管的公告
	收益分配	基金收益分配公告
	停复牌	停复牌事项公告
	基金合同终止	基金合同终止相关事项公告
	基金终止上市	基金终止上市公告及提示性公告
	基金清算	基金清算相关事项公告,相关提示性公告(可选)
	持有人大会	基金持有人大会公告(审议事项)、基金持有人大会提示性公告、基金持有人大会停牌提示性公告、基金持有人大会决议

续表

一级公告类别	二级公告类别	主要公告内容
基金管理人公告	基金管理人情况发生变更	基金管理人名称、住所发生变更,高级管理人员离任、变更、兼职,设立分公司或分公司成立,董事会及主要业务人员大比例变更,公司地址及电话号码变更,督察长变更等,基金管理人股东及出资情况变更、更换基金管理人等
	基金管理人投资有关事项	基金管理人投资有关的事项
	投资者服务	投资者身份证明相关事项,网站、网上交易及客服系统相关事项,对账单服务,提醒投资者事项等
	基金管理人其他公告	基金管理人自身非重大事项的公告
其他公告	其他公告事项	信息披露义务人披露的其他公告

注:本所对定期报告和基金管理人公告进行事前登记、事后核对,对临时报告、基金运作报告、其他公告等信息披露文件进行事前核对。

附件2　暂停(恢复)转托管公告模板(具体内容见本书第三部分)

深圳证券交易所关于发布公开募集基础设施证券投资基金配套业务规则的通知*

（深证上〔2021〕144号　2021年1月29日发布）

各市场参与人：

为保障基础设施领域不动产投资信托基金（REITs）试点的顺利实施，规范深圳证券交易所公开募集基础设施证券投资基金上市审核、持续监管及交易等行为，维护正常市场秩序，保护投资者合法权益，根据中国证监会《公开募集基础设施证券投资基金指引（试行）》（中国证监会公告〔2020〕54号），本所制定了《深圳证券交易所公开募集基础设施证券投资基金业务办法（试行）》《深圳证券交易所公开募集基础设施证券投资基金业务指引第1号——审核关注事项（试行）》《深圳证券交易所公开募集基础设施证券投资基金业务指引第2号——发售业务（试行）》，现予以发布，自发布之日起实施。

一、为促进公开募集基础设施证券投资基金的发展，本所暂免收取公开募集基础设施证券投资基金上市初费、上市月费、交易经手费及非限售份额参与要约收购业务费用。

二、基础设施基金作为质押券参与债券质押式三方回购业务的具体实施时间由本所另行通知。

特此通知

---

* 本篇法规中"深圳证券交易所公开募集基础设施证券投资基金业务指引第1号——审核关注事项（试行）"已被深圳证券交易所关于发布《深圳证券交易所公开募集基础设施证券投资基金业务指引第1号——审核关注事项（试行）（2023年修订）》的通知废止。本篇法规中"深圳证券交易所公开募集基础设施证券投资基金业务指引第1号——审核关注事项（试行）"已被深圳证券交易所关于废止部分业务规则的公告（第十四批）废止。

附件1：深圳证券交易所公开募集基础设施证券投资基金业务办法（试行）

附件2：深圳证券交易所公开募集基础设施证券投资基金业务指引第1号——审核关注事项（试行）（略）

附件3：深圳证券交易所公开募集基础设施证券投资基金业务指引第2号——发售业务（试行）

附件1

深圳证券交易所公开募集基础设施证券投资基金业务办法（试行）

第一章 总 则

第一条 为规范公开募集基础设施证券投资基金（以下简称基础设施基金）业务，保护投资者合法权益，根据《证券法》《证券投资基金法》《公开募集基础设施证券投资基金指引（试行）》（以下简称《基础设施基金指引》）、《证券公司及基金管理公司子公司资产证券化业务管理规定》（以下简称《资产证券化业务管理规定》）等有关法律、行政法规、部门规章、规范性文件以及深圳证券交易所（以下简称本所）相关业务规则，制定本办法。

第二条 本办法所称基础设施基金及基础设施资产支持证券是指符合《基础设施基金指引》规定的基金产品及资产支持证券。

基础设施基金份额在本所的发售、上市交易以及基础设施资产支持证券在本所的挂牌转让等业务活动，适用本办法。本办法未作规定的，适用本所其他有关规定。

第三条 基础设施基金份额在本所上市交易、基础设施资产支持证券在本所挂牌，不表明本所对该产品的投资风险或者收益等作出判断或者保证。基础设施基金、基础设施资产支持证券的投资风险，由投资者自行判断和承担。

第四条 基金管理人、基金托管人、基础设施项目运营管理机构等业务参与机构及其人员从事基础设施基金业务活动，资产支持证券管理人、资产支持证券托管人、资产服务机构、原始权益人等业务参与机构及其人员从事基础设施资产支持证券业务活动，应当恪尽职守、诚实信用、谨慎勤勉，有效防范利益冲突。

基金管理人、基金托管人、资产支持证券管理人、资产支持证券托管人等基础设施基金、基础设施资产支持证券的信息披露义务人，以及基础设施基金的收购及基金份额权益（以下简称份额权益）变动活动中的信息披露义务人应当及时、公平地履行信息披露义务，保证其向本所提交的文件和披露的信息真实、准确、完整，不存在虚假记载、误导性陈述或者重大遗漏。

为基础设施基金、基础设施资产支持证券提供服务的财务顾问、会计师事务所、律师事务所、资产评估机构等专业机构及其人员，应当勤勉尽责，严格遵守执业规范和监管规则，按规定和约定履行义务，出具的文件和专业意见真实、准确、完整，不得存在虚假记载、误导性陈述或者重大遗漏。

第五条 基金管理人、基金销售机构及本所会员应当加强基金投资者保护，通过多种渠道开展投资者教育，充分揭示相关风险，切实履行投资者适当性管理职责，引导投资者理性参与基金投资。

投资者买卖基础设施基金份额，应当遵守中国证监会以及本所的有关规定。

第六条 本所依照相关部门规章、规范性文件、本办法、本所其他相关业务规定、上市（挂牌）协议及其所做出的承诺等，对业务参与机构及其相关人员、信息披露义务人、专业机构及其相关人员、投资者及其相关人员（以下简称监管对象）实施自律管理。

第七条 基础设施基金的登记结算相关业务适用中国证券登记结算有限责任公司（以下简称中国结算）相关规定。

第二章 申请条件与确认程序

第八条 基础设施基金拟在本所上市的,基金管理人应当向本所提交基础设施基金上市申请,资产支持证券管理人应当向本所提交基础设施资产支持证券挂牌条件确认申请,由本所确认是否符合相关条件。

第九条 基础设施基金申请在本所上市的,应当符合《基础设施基金指引》和本所规定的条件。

第十条 基础设施资产支持证券申请在本所挂牌的,应当符合《基础设施基金指引》《资产证券化业务管理规定》及本所资产证券化相关业务规则等规定的条件。

第十一条 基金管理人、资产支持证券管理人应当聘请符合规定的专业机构提供评估、法律、审计等专业服务,对拟持有的基础设施项目进行全面尽职调查。基金管理人拟委托运营管理机构运营管理基础设施项目的,应当对接受委托的运营管理机构进行充分的尽职调查,确保其在专业资质(如有)、人员配备、公司治理等方面符合规定的要求,具备充分的履职能力。

基金管理人与资产支持证券管理人聘请的专业机构可以为同一机构。资产支持证券管理人可以聘请资产服务机构,资产服务机构可以与基金管理人委托的运营管理机构为同一机构。基金管理人必要时可以依据《基础设施基金指引》聘请财务顾问开展尽职调查,也可以与资产支持证券管理人联合开展尽职调查,但应当各自依法承担相应的责任。

第十二条 基金管理人拟申请基础设施基金上市的,应当向本所提交以下文件:

(一)上市申请;

(二)基金合同草案;

(三)基金托管协议草案;

(四)招募说明书草案;

（五）律师事务所对基金出具的法律意见书；

（六）基金管理人及资产支持证券管理人相关说明材料，包括但不限于：投资管理、项目运营、风险控制制度和流程，部门设置与人员配备，同类产品与业务管理情况等；

（七）拟投资基础设施资产支持证券认购协议；

（八）基金管理人与主要参与机构签订的协议文件；

（九）本所要求的其他材料。

资产支持证券管理人申请基础设施资产支持证券挂牌条件确认，应当向本所提交以下文件：

（一）挂牌条件确认申请；

（二）资产支持证券管理人合规审查意见；

（三）基础设施资产支持专项计划（以下简称专项计划）说明书、标准条款（如有）；

（四）基础资产买卖协议、托管协议、监管协议（如有）、资产服务协议（如有）等主要交易合同文本；

（五）律师事务所对专项计划出具的法律意见书；

（六）基础设施项目最近3年及一期的财务报告及审计报告，如无法提供，应当提供最近1年及一期的财务报告及审计报告，相关材料仍无法提供的，应当至少提供最近1年及一期经审计的备考财务报表；

（七）基础设施项目评估报告；

（八）专项计划尽职调查报告；

（九）关于专项计划相关会计处理意见的说明（如有）；

（十）法律法规或原始权益人公司章程规定的有权机构作出的关于开展资产证券化融资相关事宜的决议；

（十一）本所要求的其他材料。

第十三条 申请文件的内容应当真实、准确、完整，简明清晰、通俗易懂。

申请文件一经受理，基金管理人、资产支持证券管理人等业务参与机构及其人员，以及为基础设施基金提供服务的专业机构及其人员即须承担相应的法律责任。

未经本所同意，不得对申请文件进行修改。

第十四条 本所比照公开发行证券要求建立基础设施资产支持证券挂牌及基金上市审查制度。相关工作流程信息对外披露，接受社会监督。

第十五条 本所接收申请文件后，在5个工作日内对申请文件是否齐备和符合形式要求进行形式审核。文件齐备的，予以受理；文件不齐备或不符合形式要求的，一次性告知补正。

第十六条 本所受理申请后确定审核人员对申请材料进行审核。本所自受理之日起30个工作日内出具首次书面反馈意见；无需出具反馈意见的，应当通知基金管理人、资产支持证券管理人。

基金管理人、资产支持证券管理人应当在收到书面反馈意见后30个工作日内予以书面回复。基金管理人、资产支持证券管理人不能在规定期限内予以回复的，应当向本所提出延期回复申请，并说明理由和拟回复时间，延期时间不得超过30个工作日。

本所对回复意见文件进行审核，不符合要求的，可再次出具反馈意见；不需要基金管理人和资产支持证券管理人进一步落实或反馈的，依程序进行评议。

第十七条 本所根据评议结果出具基础设施资产支持证券挂牌和基础设施基金在本所上市的无异议函或者作出终止审核的决定，并通知基金管理人和资产支持证券管理人。

第十八条 本所出具无异议函后至基础设施基金上市前，发生可能对基础设施基金投资价值及投资决策判断有重大影响的事项的，基金管理人、资产支持证券管理人等相关业务参与机构应当及时向本所报告，必要时应当聘请专业机构进行核查，本所依相关程序处理，并视情况向中国证监会报告。

第三章 发售、上市（挂牌）与交易

第十九条 基础设施基金份额的发售，分为战略配售、网下询价并定价、网下配售、公众投资者认购等活动。

基金管理人应当按照《基础设施基金指引》及本所基础设施基金发售业务的有关规定办理基础设施基金份额发售的相关业务活动。

第二十条 参与基金份额战略配售的投资者(以下简称战略投资者)应当满足《基础设施基金指引》规定的要求，不得接受他人委托或者委托他人参与，但依法设立并符合特定投资目的的证券投资基金、公募理财产品等资管产品，以及全国社会保障基金、基本养老保险基金、年金基金等除外。

基础设施项目原始权益人或其同一控制下的关联方参与基础设施基金份额战略配售的比例合计不得低于本次基金份额发售数量的20%，其中基金份额发售总量的20%持有期自上市之日起不少于60个月，超过20%部分持有期自上市之日起不少于36个月，基金份额持有期间不允许质押。

基础设施项目有多个原始权益人的，作为基础设施项目控股股东或实际控制人的原始权益人或其同一控制下的关联方持有期限自上市之日起不少于60个月的基金份额原则上应当不低于本次基金发售总量的20%。

第二十一条 基础设施基金首次发售的，基金管理人或者财务顾问应当通过向网下投资者询价的方式确定基础设施基金份额认购价格。

本所为基础设施基金份额询价提供网下发行电子平台服务。

网下投资者及配售对象的信息以中国证券业协会注册的信息为准。

第二十二条 网下投资者通过本所网下发行电子平台参与基金份额的网下配售。基金管理人或财务顾问按照询价确定的认购价格办理网下投资者的网下基金份额的认购和配售。

第二十三条 公众投资者可以通过场内证券经营机构或者基金管理人及其委托的场外基金销售机构认购基础设施基金。

第二十四条 基础设施基金完成资金募集后，应当按照约定将

80%以上基金资产用于投资基础设施资产支持证券的全部份额。

第二十五条 基础设施基金符合本所《基金上市规则》规定的上市条件，基金管理人向本所申请基金上市，应提交下列文件：

（一）本所《基金上市规则》要求的基金上市申请文件；

（二）已生效的基础设施基金认购基础设施资产支持证券的认购协议；

（三）基础设施基金所投资专项计划的成立公告；

（四）基础设施基金所投资专项计划的已生效的基础资产买卖协议；

（五）本所要求的其他文件。

第二十六条 基础设施基金符合上市条件的，本所向基金管理人出具上市通知书。

基金管理人应当在基金份额上市交易的三个工作日前，公告上市交易公告书。上市交易公告书除应披露中国证监会《证券投资基金信息披露内容与格式准则第1号〈上市交易公告书的内容与格式〉》规定的内容外，还应披露下列内容：

（一）基础设施基金发售情况；

（二）基础设施项目原始权益人或其同一控制下的关联方、其他战略投资者参与本次基金战略配售的具体情况及限售安排；

（三）基础设施基金投资运作、交易等环节的主要风险；

（四）基础设施基金认购基础设施资产支持证券以及基础设施基金所投资专项计划投资基础资产的情况；

（五）本所要求的其他内容。

第二十七条 基础设施基金份额上市首日，其即时行情显示的前收盘价为基础设施基金发售价格。

第二十八条 战略投资者持有的基础设施基金战略配售份额应当按照《基础设施基金指引》的规定以及相关约定进行限售管理。

基金管理人应当制定专项制度，加强对战略投资者持有基金份额的限售管理。

第二十九条 战略投资者持有的基础设施基金战略配售份额符合解除限售条件的，可以通过基金管理人在限售解除前5个交易日披露解除限售安排。申请解除限售时，基金管理人应当向本所提交下列文件：

（一）基金份额解除限售申请；

（二）全部或者部分解除限售的理由和相关证明文件(如适用)；

（三）基金份额解除限售的提示性公告；

（四）本所要求的其他文件。

基金管理人应当披露战略投资者履行限售承诺的情况以及律师的核查意见(如需)。

第三十条 普通投资者首次认购或买入基础设施基金份额前，基金管理人、本所会员应当要求其以纸质或者电子形式签署风险揭示书，确认其了解基础设施基金产品特征及主要风险。

第三十一条 基础设施资产支持证券符合挂牌条件的，资产支持证券管理人按照本所《资产证券化业务指引》的相关规定向本所申请挂牌。

挂牌申请文件完备的，本所向资产支持证券管理人出具接受挂牌通知书。

第三十二条 基础设施基金可以采用竞价、大宗和询价等本所认可的交易方式进行交易。

第三十三条 除本规则另有规定外，基础设施基金采用竞价及大宗交易的，具体的委托、申报、成交、交易时间等事宜应当适用本所基金交易的相关规定。

第三十四条 本所对基础设施基金交易实行价格涨跌幅限制，基础设施基金上市首日涨跌幅限制比例为30%，非上市首日涨跌幅限制比例为10%，本所另有规定的除外。

第三十五条 询价交易是指投资者作为询价方向被询价方发送询价请求，被询价方针对询价请求进行回复，询价方选择一个或多个询价回复确认成交的交易方式。

询价请求要素应当包括询价方证券账户号码、证券代码、买卖方向、数量等内容。

询价回复要素包括价格、数量、被询价方证券账户号码等内容。

第三十六条　询价方选择询价回复并确认后,相关交易按照询价方确认的数量、价格成交。

第三十七条　未成交的询价请求,询价方可以撤销,被询价方可以撤销其询价回复。询价请求被撤销后,针对该询价的回复也随之自动撤销。询价请求部分成交的,未成交部分的询价请求及询价回复自动撤销。

第三十八条　基础设施基金采用询价交易方式的,申报价格最小变动单位为0.001元。

第三十九条　当日提交的基础设施基金询价交易申报当日有效,本所另有规定的除外。

第四十条　基础设施基金询价交易的成交价格,在该证券当日涨跌幅限制价格范围内确定。

第四十一条　基础设施基金协议大宗交易在接受申报的时间内实时确认成交。基础设施基金采用询价交易方式的,本所接受申报和成交确认时间参照基础设施基金大宗交易执行。

本所可以根据市场发展需要,调整基础设施基金交易时间。

第四十二条　基础设施基金采用竞价交易的,单笔申报的最大数量应当不超过10亿份;基础设施基金采用大宗或询价交易的,单笔申报数量应当为1000份或者其整数倍。

本所可以根据市场发展需要,调整基础设施基金交易申报数量。

第四十三条　本所在交易时间内通过交易系统或交易所网站即时公布基础设施基金以下信息:证券代码、证券简称、买卖方向、数量、价格等。

第四十四条　基础设施基金可作为质押券按照本所规定参与质押式协议回购、质押式三方回购等业务。

原始权益人或其同一控制下的关联方在限售届满后参与上述业

务的,质押的战略配售取得的基础设施基金份额累计不得超过其所持全部该类份额的 50%,本所另有规定除外。

第四十五条 基础设施基金上市期间,基金管理人原则上应当选定不少于 1 家流动性服务商为基础设施基金提供双边报价等服务。

基础设施基金管理人及流动性服务商开展基金流动性服务业务,按照本所《基金流动性服务业务指引》及其他相关规定执行。

第四章 存续期管理

第一节 运营管理与信息披露

第四十六条 基础设施基金存续期间,基金管理人、基金托管人、资产支持证券管理人、资产支持证券托管人、原始权益人、运营管理机构(如有)等业务参与机构应当按照法律、行政法规、《基础设施基金指引》、本办法规定及相关合同约定履行职责或者义务。

基金管理人应当主动履行基础设施项目运营管理职责,通过设立专门子公司或者委托运营管理机构负责基础设施项目运营管理的,应当符合《基础设施基金指引》有关规定,并按照相关规定持续加强对专门子公司或运营管理机构等履职情况的监督。

基金管理人根据规定或约定解聘运营管理机构的,且该运营管理机构为资产支持证券管理人聘请的资产服务机构,资产支持证券管理人应当同步解除与该机构的资产服务协议。

第四十七条 基金管理人应当按照《公开募集证券投资基金信息披露管理办法》《基础设施基金指引》和本所《基金上市规则》等相关规定披露基础设施基金定期报告和临时报告。

第四十八条 资产支持证券管理人可以通过符合规定的网站或者定向披露的方式履行信息披露义务。

第四十九条 拟披露的信息存在不确定性、属于临时性商业秘密等情形,及时披露可能会损害基金利益或者误导投资者,且同时符合以下条件的,基金管理人等信息披露义务人可以暂缓披露:

(一)拟披露的信息未泄漏;

（二）有关内幕信息知情人已书面承诺保密；

（三）基础设施基金交易未发生异常波动。

信息披露义务人应当审慎确定信息披露暂缓事项，建立相应的内部管理制度，明确信息披露暂缓的内部审核程序。本所对暂缓披露实行事后监管。

暂缓披露的信息确实难以保密、已经泄漏或者出现市场传闻，导致基础设施基金交易价格发生大幅波动的，信息披露义务人应当立即予以披露。

第五十条 基金管理人、资产支持证券管理人以外的其他业务参与机构和信息披露义务人应当按照规定及约定及时向基金管理人、资产支持证券管理人提供有关材料。

第五十一条 本所对公开披露的基金信息以及在符合规定的网站或者定向披露的基础设施资产支持证券信息进行事前核对或者事前登记、事后核对，对其内容的真实性、准确性和完整性不承担责任。

第五十二条 信息披露义务人、业务参与机构、专业机构等的相关知情人在信息披露前不得泄露拟披露的信息。

第五十三条 基金合同应当约定基金份额持有人大会会议规则，包括但不限于审议事项范围、召集程序、表决机制等。

召开基金份额持有人大会的，召集人应当披露基金份额持有人大会的召开时间、会议形式、审议事项、议事程序、表决方式及决议结果等事项。召集人应当聘请律师事务所对上述事项出具法律意见，并与持有人大会决议一并披露。

召开基金份额持有人大会的，基金管理人、基金销售机构及本所会员等相关机构应当及时告知投资者基金份额持有人大会相关事宜。

第五十四条 基金管理人应当根据基础设施基金的特点，在基金合同中明确约定包括但不限于基础设施项目无法维持正常、持续运营，难以再产生持续、稳定现金流等基金合同终止情形。触发基金合同终止情形的，基金管理人应当按照法律、行政法规等规定和基金合同约定办理基金清算。

涉及基础设施项目处置的，应当遵循份额持有人利益优先的原则，资产支持证券管理人应当配合基金管理人按照有关规定和约定进行资产处置，并尽快完成剩余财产分配。

资产处置期间，基金管理人、资产支持证券管理人应当按照有关规定和约定履行信息披露义务。

第五十五条 基础设施基金的停牌、复牌、终止上市等应当按照本所《基金上市规则》及其他相关规定执行。

第二节 新购入基础设施项目

第五十六条 基础设施基金存续期间，基金管理人作出拟购入基础设施项目决定的，应当及时编制并发布临时公告，披露拟购入基础设施项目的相关情况及安排。

就拟购入基础设施项目发布首次临时公告后，基金管理人应当定期发布进展公告，说明本次购入基础设施项目的具体进展情况。若本次购入基础设施项目发生重大进展或者重大变化，基金管理人应当及时披露。

在购入基础设施项目交易中，基金管理人应当制定切实可行的保密措施，严格履行保密义务。

涉及停复牌的，基金管理人应当按照本所《基金上市规则》及其他相关规定办理。

第五十七条 基础设施基金存续期间拟购入基础设施项目，基金管理人按照规定向中国证监会申请基础设施基金变更注册的，基金管理人和资产支持证券管理人应当同时向本所提交基金产品变更申请和基础设施资产支持证券相关申请，由本所确认是否符合相关条件。

第五十八条 基金管理人就拟购入基础设施项目事宜申请基础设施基金产品变更，应当向本所提交以下文件：

（一）产品变更申请；

（二）产品变更方案；

(三)本办法第十二条第一款第二项至第八项规定的文件;

(四)本所要求的其他材料。

资产支持证券管理人应当按照本办法第十二条第二款规定同时向本所提交基础设施资产支持证券的相关申请材料。

本所按照基础设施基金产品首次发售的相关工作程序,对基础设施基金产品变更和相关基础设施资产支持证券是否符合条件进行审核,根据评议结果出具基础设施基金产品变更以及基础设施资产支持证券符合本所相关要求的无异议函或者作出终止审核的决定,并通知基金管理人和资产支持证券管理人。

第五十九条 基础设施基金按照规定或者基金合同约定就购入基础设施项目事项召开基金份额持有人大会的,相关信息披露义务人应当按照《基础设施基金指引》规定公告持有人大会事项,披露拟购入基础设施项目事项的详细方案及法律意见书等文件。涉及扩募的,还应当披露扩募发售价格确定方式。

第六十条 基础设施基金存续期间购入基础设施项目完成后,涉及扩募基金份额上市的,依基金管理人申请,本所安排新增基金份额上市;涉及基础设施资产支持证券挂牌的,参照本办法第三章的有关规定办理。

第三节 基础设施基金的收购及份额权益变动

第六十一条 基础设施基金的收购及份额权益变动活动,当事人应当按照本办法规定履行相应的程序或者义务。本办法未作规定的其他事项,当事人应当参照中国证监会《上市公司收购管理办法》、本所《股票上市规则》以及其他关于上市公司收购及股份权益变动的规定履行相应的程序或者义务;对于确不适用的事项,当事人可以说明理由,免除履行相关程序或者义务。

第六十二条 通过本所交易或者本所认可的其他方式,投资者及其一致行动人拥有权益的基金份额达到一只基础设施基金份额的10%时,应当在该事实发生之日起3日内编制权益变动报告书,通知该基金管理人，并予公告；在上述期限内，不得再行买卖该基础设施基金的份额，但另有规定的除外。

投资者及其一致行动人拥有权益的基金份额达到一只基础设施基金份额的10%后，其通过本所交易拥有权益的基金份额占该基础设施基金份额的比例每增加或者减少5%，应当依照前款规定进行通知和公告。在该事实发生之日起至公告后3日内，不得再行买卖该基础设施基金的份额，但另有规定的除外。

基金合同中应当约定，投资者及其一致行动人同意在拥有基金份额时即视为承诺，若违反本条第一款、第二款的规定买入在基础设施基金中拥有权益的基金份额的，在买入后的36个月内对该超过规定比例部分的基金份额不行使表决权。

第六十三条　投资者及其一致行动人应当参照《上市公司收购管理办法》、中国证监会公开发行证券的公司权益变动报告书内容与格式规定以及其他有关上市公司收购及股份权益变动的规定编制相关份额权益变动报告书等信息披露文件并予公告。

投资者及其一致行动人拥有权益的基础设施基金份额达到或者超过基础设施基金份额的10%但未达到30%的，应当参照《上市公司收购管理办法》第十六条规定编制权益变动报告书。

投资者及其一致行动人拥有权益的基础设施基金份额达到或者超过基础设施基金份额的30%但未达到50%的，应当参照《上市公司收购管理办法》第十七条规定编制权益变动报告书。

第六十四条　投资者及其一致行动人拥有权益的基金份额达到基础设施基金份额的50%时，继续增持该基础设施基金份额的，应当参照《上市公司收购管理办法》以及其他有关上市公司收购及股份权益变动的有关规定，采取要约方式进行并履行相应的程序或者义务，但符合本办法规定情形的可免除发出要约。

投资者及其一致行动人通过首次发售拥有权益的基金份额达到或超过基础设施基金份额50%的，继续增持该基础设施基金份额的，适用前述规定。

被收购基础设施基金的管理人应当参照《上市公司收购管理办法》的规定,编制并公告管理人报告书,聘请独立财务顾问出具专业意见并予公告。

以要约方式进行基础设施基金收购的,要约收购期限届满至要约收购结果公告前,基础设施基金应当停牌。基金管理人披露要约收购结果公告日复牌,公告日为非交易日的,于次一交易日起复牌。

以要约方式进行基础设施基金收购的,当事人应当参照本所和中国结算上市公司要约收购业务的有关规定办理相关手续。

第六十五条 投资者及其一致行动人拥有权益的基础设施基金份额达到或者超过基础设施基金份额的2/3的,继续增持该基础设施基金份额的,可免于发出要约。

除符合本条第一款规定的条件外,投资者及其一致行动人拥有权益的基础设施基金份额达到或者超过基础设施基金份额的50%的,且符合《上市公司收购管理办法》第六十三条列举情形之一的,可免于发出要约。

符合《上市公司收购管理办法》第六十二条列举情形之一的,投资者可以免于以要约方式增持基础设施基金份额。

第五章 自 律 监 管

第六十六条 本所可以根据自律管理工作需要实施日常监管,具体措施包括:

(一)向监管对象作出口头提醒或者督促;

(二)向监管对象发出问询、通知、督促等书面函件;

(三)与监管对象及有关人员进行谈话;

(四)要求监管对象开展自查等;

(五)要求业务参与机构核查并发表意见;

(六)对监管对象进行现场或者非现场检查;

(七)向中国证监会报告有关情况;

(八)其他日常监管措施。

第六十七条 监管对象违反本办法、本所其他相关规定、上市（挂牌）协议或者其所作出的承诺的，本所可以责令改正，并视情节轻重对其采取以下自律监管措施：

（一）口头警示；

（二）书面警示；

（三）约见谈话；

（四）要求限期改正；

（五）要求公开更正、澄清或者说明；

（六）建议更换相关任职人员；

（七）暂停受理或者办理相关业务；

（八）向相关主管部门出具监管建议函；

（九）本所规定的其他自律监管措施。

第六十八条 监管对象违反本办法、本所其他相关规定、上市（挂牌）协议或者其所作出的承诺的，本所可以视情节轻重对其采取以下纪律处分：

（一）通报批评；

（二）公开谴责；

（三）暂不受理专业机构或者其相关人员出具的文件；

（四）收取惩罚性违约金；

（五）本所规定的其他纪律处分。

本所将对监管对象实施纪律处分等的情况记入诚信档案。

第六十九条 相关纪律处分决定作出前，当事人可以按照本所有关业务规则规定的受理范围和程序申请听证。

当事人对本所作出的相关纪律处分决定不服的，可以按照本所有关业务规则规定的受理范围和程序申请复核。

第六章 附 则

第七十条 除另有规定外，涉及基础设施基金的收购及份额权益变动的，《上市公司收购管理办法》及本所关于上市公司收购及股份权益变动有关规则中的股份应理解为基础设施基金份额;股东应理解为基础设施基金份额持有人;控股股东应理解为拥有基础设施基金控制权的基础设施基金份额持有人;股东大会应理解为基础设施基金份额持有人会议;上市公司的董事会应当理解为基金管理人等在基础设施基金业务活动中具同等职能的组织或机构。

第七十一条 基础设施基金上市、交易相关费用按照本所基金收费标准执行,其中询价交易参照基金大宗交易的标准收费。

基础设施基金非限售份额参与要约收购业务,参照基础设施基金交易的标准收费。

第七十二条 本办法由本所负责解释。

第七十三条 本办法自发布之日起施行。

附件1-1

公开募集基础设施证券投资基金
风险揭示书必备条款

公开募集基础设施证券投资基金(以下简称基础设施基金)采用"公募基金+基础设施资产支持证券"的产品结构,主要特点如下:一是基础设施基金与投资股票或债券的公募基金具有不同的风险收益特征,80%以上基金资产投资于基础设施资产支持证券,并持有其全部份额,基金通过基础设施资产支持证券持有基础设施项目公司全部股权,穿透取得基础设施项目完全所有权或经营权利;二是基础设施基金以获取基础设施项目租金、收费等稳定现金流为主要目的,收益分配比例不低于合并后基金年度可供分配金额的90%;三是基础设施基金采取封闭式运作,不开放申购与赎回,在证券交易所上市,场外份额持有人需将基金份额转托管至场内才可卖出或申报预受要约。

投资基础设施基金可能面临以下风险,包括但不限于:

(一)基金价格波动风险。基础设施基金大部分资产投资于基础设施项目,具有权益属性,受经济环境、运营管理等因素影响,基础设施项目市场价值及现金流情况可能发生变化,可能引起基础设施基金价格波动,甚至存在基础设施项目遭遇极端事件(如地震、台风等)发生较大损失而影响基金价格的风险。

(二)基础设施项目运营风险。基础设施基金投资集中度高,收益率很大程度依赖基础设施项目运营情况,基础设施项目可能因经济环境变化或运营不善等因素影响,导致实际现金流大幅低于测算现金流,存在基金收益率不佳的风险,基础设施项目运营过程中租金、收费等收入的波动也将影响基金收益分配水平的稳定。此外,基础设施基金可直接或间接对外借款,存在基础设施项目经营不达预期,基金无法偿还借款的风险。

(三)流动性风险。基础设施基金采取封闭式运作,不开通申购赎回,只能在二级市场交易,存在流动性不足的风险。

(四)终止上市风险。基础设施基金运作过程中可能因触发法律法规或交易所规定的终止上市情形而终止上市,导致投资者无法在二级市场交易。

(五)税收等政策调整风险。基础设施基金运作过程中可能涉及基金持有人、公募基金、资产支持证券、项目公司等多层面税负,如果国家税收等政策发生调整,可能影响投资运作与基金收益。

本风险揭示书的揭示事项仅为列举事项,未能详尽列明基础设施基金的所有风险。投资者在参与基础设施基金相关业务前,应认真阅读基金合同、招募说明书等法律文件,熟悉基础设施基金相关规则,自主判断基金投资价值,自主做出投资决策,自行承担投资风险。

备注:风险揭示书应当包括但不限于以上内容,本所会员等可在此基础上自主补充。

附件3

深圳证券交易所公开募集基础设施证券投资基金业务指引第2号
——发售业务(试行)

第一章 总　则

第一条 为规范公开募集基础设施证券投资基金(以下简称基础设施基金)发售行为,促进市场主体归位尽责,维护市场秩序,保护投资者合法权益,根据《证券法》《公开募集基础设施证券投资基金指引(试行)》(以下简称《基础设施基金指引》)《深圳证券交易所公开募集基础设施证券投资基金业务办法(试行)》等法律、行政法规、部门规章、规范性文件及深圳证券交易所(以下简称本所)的有关规定,制定本指引。

第二条 基础设施基金的路演、询价、定价、认购、配售、扩募及其相关信息披露等事宜,适用本指引。本指引未作规定的,适用《深圳证券交易所证券投资基金交易和申购赎回实施细则》及本所其他相关规定。

基础设施基金的登记结算业务按照中国证券登记结算有限责任公司(以下简称中国结算)有关规定办理。

第三条 基金管理人按照《基础设施基金指引》的规定聘请财务顾问的,可以委托财务顾问办理基础设施基金发售的路演、询价、定价、配售及扩募等相关业务,但基金管理人依法应当承担的责任不因此而免除。

第四条 基金管理人、财务顾问应当依据本指引以及本所其他相关规定,建立健全基础设施基金发售业务的风险管理制度和内部控制制度,加强定价和发售过程管理,防范利益冲突。

基金管理人、财务顾问、基金销售机构、律师事务所、会计师事务所、资产评估机构等基金服务机构，投资者及其他相关主体应当诚实守信、勤勉尽责，严格遵守相关法律法规、本所业务规则的规定以及相关行业规范，不得操纵发行定价、暗箱操作；不得以代持、信托等方式谋取不正当利益或向其他相关利益主体输送利益；不得直接或通过其利益相关方向参与认购的投资者提供财务资助；不得有其他违反公平竞争、破坏市场秩序等行为。

第五条　基础设施基金的认购价格应当通过本所网下发行电子平台向网下投资者以询价的方式确定。基金份额认购价格确定后，战略投资者、网下投资者和公众投资者应当按照本指引规定的认购方式，参与基础设施基金份额认购。

第六条　基金管理人等机构应当加强投资者教育，引导投资者充分认识基础设施基金的风险特征，落实投资者适当性管理制度，要求普通投资者在首次购买基础设施基金时签署风险揭示书。

第七条　基金管理人、财务顾问及基金销售机构应当采用现场、电话、互联网等合法合规的方式，向投资者介绍基础设施基金及其持有项目的基本情况、估值情况、所属市场和行业概况，以及发售方案等相关内容。推介过程中，不得夸大宣传，或以虚假广告等不正当手段诱导、误导投资者，不得披露除招募说明书等公开信息以外的其他信息。

第八条　投资者参与基础设施基金场内认购的，应当持有中国结算深圳人民币普通股票账户或封闭式基金账户（以下统称场内证券账户）。

投资者参与基础设施基金场外认购的，应当持有中国结算开放式基金账户（以下简称场外基金账户）。

第九条　投资者使用场内证券账户认购的基金份额，可直接参与本所场内交易；使用场外基金账户认购的，应先转托管至场内证券经营机构后，参与本所场内交易。

第十条　本所根据相关法律法规、业务规则以及本指引的规定，对基础设施基金份额发售活动，以及基金管理人、财务顾问、基金服务机构、投资者等参与主体实施自律监管。

第二章 询价与定价

第十一条 基础设施基金首次发售的,基金管理人或财务顾问应当通过向网下投资者询价的方式确定基础设施基金份额认购价格。

第十二条 网下投资者为证券公司、基金管理公司、信托公司、财务公司、保险公司及保险资产管理公司、合格境外机构投资者、商业银行及银行理财子公司、政策性银行、符合规定的私募基金管理人以及其他符合中国证监会及本所投资者适当性规定的专业机构投资者。

全国社会保障基金、基本养老保险基金、年金基金等可根据有关规定参与基础设施基金网下询价。

网下投资者应当按照规定向中国证券业协会注册,接受中国证券业协会自律管理。

第十三条 根据基金管理人或财务顾问的书面委托,本所向符合条件的网下投资者提供网下发行电子平台进行询价报价和认购申报。

第十四条 基金管理人或财务顾问办理询价业务的,应当向本所申请获得网下发行电子平台的发行人 CA 证书。

网下投资者参与询价的,应当向本所申请获得网下发行电子平台的投资者 CA 证书。

CA 证书可在基础设施基金份额发售中多次使用。

第十五条 基金管理人申请发售基础设施基金的,应向本所提交以下材料:

(一) 发售申请;

(二) 中国证监会准予注册的批文复印件;

(三) 发售方案,包括但不限于询价日、募集期、拟募集份额数量、战略投资者名称及其拟认购份额数量、战略投资者认购方式、网下初始发售份额数量、网下投资者条件和范围、路演推介和网下询价安排、基金份额询价区间(若有)、定价方式、定价程序、配售原则、配售方式、公众投资者初始发售份额数量、销售机构、认购方式、认购费用等内容；

（四）相关法律文件，包括询价公告、招募说明书、基金产品资料概要、基金合同、托管协议等；

（五）本所要求的其他材料。

第十六条 本所在收到基金管理人的发售申请后5个工作日内无异议的，基金管理人应通过本所网站或本所认可的其他方式披露基础设施基金询价公告、招募说明书、基金产品资料概要、基金合同、托管协议等有关文件。

基金管理人报送的发售申请材料不符合本指引规定或其他相关要求的，应当按照本所要求予以补正，补正时间不计入前款规定的5个工作日内。

第十七条 基金管理人、财务顾问应当确定参与询价的网下投资者条件、有效报价条件、配售原则和配售方式，并按照事先确定的配售原则，在有效报价的网下投资者中选择配售对象。

原始权益人及其关联方、基金管理人、财务顾问、战略投资者以及其他与定价存在利益冲突的主体不得参与网下询价，但基金管理人或财务顾问管理的公募证券投资基金、全国社会保障基金、基本养老保险基金和年金基金除外。

第十八条 网下投资者及其配售对象应当在询价日前一交易日12:00前在中国证券业协会完成注册。本所从中国证券业协会获取网下投资者及其配售对象的相关信息。

基金管理人、财务顾问应根据公告的询价条件，对网下投资者的资格进行审核，并向网下发行电子平台确认拟参与该次网下发售的网下投资者及配售对象的相关信息。

第十九条 基础设施基金确定询价区间的，基金管理人和财务顾问应当根据基础设施项目的评估情况和市场情况，合理确定询价区间，并在询价公告中披露。

第二十条 网下询价时间原则上为1个交易日。基金管理人或财务顾问应当在本所规定的时间内，在网下发行电子平台上确认基金代码、名称等相关询价参数，并通过网下发行电子平台确认拟参与网下发售的配售对象名称、场内证券账户或场外基金账户等相关信息，同时剔除不符合本指引及询价公告规定的网下投资者及其配售对象账户，完成询价准备的确认工作。

第二十一条　参与询价的网下投资者应当根据基础设施项目评估情况，遵循独立、客观、诚信的原则，合理报价，不得采取串通合谋、协商报价等方式故意压低或抬高价格，不得有其他违反公平竞争、破坏市场秩序等行为。

第二十二条　询价期间，网下投资者及其管理的配售对象的报价应当包含每份价格和该价格对应的拟认购数量，填报的拟认购数量不得超过网下初始发售份额数量，且同一网下投资者全部报价中的不同拟认购价格不得超过3个。

网下投资者为拟参与报价的全部配售对象录入报价记录后，应当一次性提交。网下投资者可以多次提交报价记录，但以最后一次提交的全部报价记录为准。

网下发行电子平台记录本次发售的每一个报价情况，基金管理人或财务顾问可实时查询和获取询价的报价情况。询价截止后，基金管理人或财务顾问可以从网下发行电子平台获取询价报价情况。

第二十三条　网下投资者提交的拟认购数量合计低于网下初始发售份额数量的，基金管理人、财务顾问应当中止发售，并发布中止发售公告。

中止发售后，在中国证监会同意注册决定的有效期内，基金管理人可重新启动发售。

除规定的中止发售情形外，基金管理人、财务顾问还可以约定中止发售的其他具体情形并事先披露。

第二十四条　报价截止后，基金管理人或财务顾问应当根据事先确定并公告的条件，剔除不符合条件的报价及其对应的拟认购数量。

剔除不符合条件的报价后，基金管理人、财务顾问应当根据所有网下投资者报价的中位数和加权平均数，并结合公募证券投资基金、公募理财产品、社保基金、养老金、企业年金基金、保险资金、合格境外机构投资者资金等配售对象的报价情况，审慎合理确定认购价格。

第二十五条 基金管理人、财务顾问确定的认购价格高于本指引第二十四条规定的中位数和加权平均数的孰低值的，基金管理人、财务顾问应至少在基金份额认购首日前5个工作日发布投资风险特别公告，并在公告中披露超过的原因，以及各类网下投资者报价与认购价格的差异情况，同时提请投资者关注投资风险，理性作出投资决策。

第三章 战略配售

第二十六条 基础设施项目原始权益人或其同一控制下的关联方，以及符合本指引第十二条规定的专业机构投资者，可以参与基础设施基金的战略配售。

参与本次战略配售的投资者不得参与本次基础设施基金份额网下询价，但依法设立且未参与本次战略配售的证券投资基金、理财产品和其他资产管理产品除外。

第二十七条 参与战略配售的专业机构投资者，应当具备良好的市场声誉和影响力，具有较强资金实力，认可基础设施基金长期投资价值。本所鼓励下列专业投资者和配售对象参与基础设施基金的战略配售：

（一）与原始权益人经营业务具有战略合作关系或长期合作愿景的大型企业或其下属企业；

（二）具有长期投资意愿的大型保险公司或其下属企业、国家级大型投资基金或其下属企业；

（三）主要投资策略包括投资长期限、高分红类资产的证券投资基金或其他资管产品；

（四）具有丰富基础设施项目投资经验的基础设施投资机构、政府专项基金、产业投资基金等专业机构投资者；

（五）原始权益人及其相关子公司；

（六）原始权益人与同一控制下关联方的董事、监事及高级管理人员参与本次战略配售设立的专项资产管理计划。

第二十八条 原始权益人与同一控制下关联方的董事、监事及高级管理人员设立专项资产管理计划参与本次战略配售的，应当在招募说明书或询价公告中披露专项资产管理计划的具体名称、设立时间、募集资金规模、管理人、实际支配主体以及参与人姓名、职务与比例等。

第二十九条 基金管理人应当与战略投资者事先签署配售协议。

基金管理人、财务顾问应当在招募说明书及询价公告中披露战略投资者选取标准、向战略投资者配售的基金份额数量、占本次基金发售数量的比例以及限售期安排等。

基金管理人、财务顾问应当在发售公告中披露战略投资者名称、承诺认购的基金份额数量以及限售期安排、原始权益人初始持有基础设施项目权益的比例等。

基金管理人、财务顾问应当在基金合同生效公告中披露最终获配的战略投资者名称、基金份额数量以及限售期安排等。

第三十条 战略投资者不得接受他人委托或者委托他人参与基础设施基金战略配售，但依法设立并符合特定投资目的的证券投资基金、公募理财产品等资管产品，以及全国社会保障基金、基本养老保险基金、年金基金等除外。

第三十一条 基金管理人、财务顾问向战略投资者配售基金份额的，不得承诺基金上市后价格上涨、承销费用分成、聘请关联人员任职等直接或间接的利益输送行为。

第三十二条 基金管理人、财务顾问应当对战略投资者的选取标准、配售资格，以及是否存在本指引第三十条及第三十一条规定的禁止性情形进行核查。

基金管理人应当就核查事项出具文件，并聘请律师事务所出具法律意见书。核查文件及法律意见书应当与发售公告一并披露。

第三十三条 募集期结束前，战略投资者应当在约定的期限内，以认购价格认购其承诺认购的基金份额数量。参与战略配售的原始权益人,可以用现金或者中国证监会认可的其他对价进行认购。

战略投资者应当按照《基础设施基金指引》的规定,承诺持有的基金份额在规定的持有期限内不得进行转让、交易。

第四章 网下及公众投资者认购

第三十四条 网下询价结束后,网下投资者及公众投资者应当以询价确定的认购价格参与基础设施基金份额认购。

第三十五条 基金管理人应当在基金份额认购首日的3日前,披露基金份额的发售公告。

发售公告应披露投资者详细报价情况、认购价格及其确定过程、募集期起止日、基金份额发售数量、网下发售份额数量、公众投资者发售份额数量、回拨机制、销售机构、认购方式、认购费用,以及以认购价格计算的基础设施项目价值及预期收益测算等内容。

前款所述详细报价情况应当包括每个投资者名称、配售对象信息、认购价格及对应的拟认购数量,以及所有网下投资者报价的中位数和加权平均数。

第三十六条 网下投资者和公众投资者应在募集期内认购,募集期原则上不得超过5个交易日。

第三十七条 基金份额认购价格确定后,询价阶段提供有效报价的网下投资者可参与网下认购。

有效报价是指网下投资者提交的不低于基金管理人及财务顾问确定的认购价格,同时符合基金管理人、财务顾问事先确定并公告的其他条件的报价。

第三十八条 基金管理人或财务顾问应于基金份额认购首日前,通过网下发行电子平台录入并提交确定的基金份额认购价格、网下发售基金份额数量等认购参数,并在认购开始前,完成相关参数确认。

网下发售份额数量由基金管理人、财务顾问根据预先披露的发售方案对网下初始发售份额数量调整后确定。

认购参数确定后，网下发行电子平台将自动剔除配售对象不符合第三十七条规定的询价报价及其对应的拟认购数量。

第三十九条　网下投资者应当通过本所网下发行电子平台向基金管理人提交认购申请。本所接受网下投资者认购申请的时间为募集期内的每个交易日的9:30至15:00。

网下投资者认购时，应当按照确定的认购价格填报一个认购数量，其填报的认购数量不得低于询价阶段填报的"拟认购数量"，也不得高于基金管理人、财务顾问确定的每个配售对象认购数量上限，且不得高于网下发售份额数量。

基金管理人可以通过网下发行电子平台获取网下投资者的认购申请。

第四十条　网下投资者提交认购申请后，应当在募集期内通过基金管理人完成认购资金的缴纳，并通过中国结算登记份额。

第四十一条　基金管理人、财务顾问在办理基础设施基金网下询价、定价、配售等业务活动中，应当勤勉尽责，做好网下投资者核查和监测工作，并对网下投资者是否存在相关法律法规、中国证券业协会自律规则及本所有关规定的禁止情形进行核查。

基金管理人、财务顾问发现网下投资者存在上述情形的，应将其报价或认购行为认定为无效并予以剔除，并将有关情况报告本所。本所将公开通报相关情况，并建议中国证券业协会对该网下投资者采取列入网下投资者黑名单等自律管理措施。

第四十二条　参与网下询价的配售对象及其关联账户不得再通过面向公众投资者发售部分认购基金份额，基金管理人应当做好认购管理工作。

配售对象关联账户是指与配售对象场内证券账户或场外基金账户注册资料中的"账户持有人名称""有效身份证明文件号码"均相同的账户。

证券公司客户定向资产管理专用账户以及企业年金账户注册资料中"账户持有人名称""有效身份证明文件号码"均相同的，不受上述限制。

第四十三条 募集期内,公众投资者可以通过场内证券经营机构或基金管理人及其委托的场外基金销售机构认购基金份额。

第四十四条 募集期届满,公众投资者认购份额不足的,基金管理人和财务顾问可以将公众投资者部分向网下发售部分进行回拨。网下投资者认购数量低于网下最低发售数量的,不得向公众投资者回拨。

网下投资者认购数量高于网下最低发售数量,且公众投资者有效认购倍数较高的,网下发售部分可以向公众投资者回拨。回拨后的网下发售比例,不得低于本次公开发售数量扣除向战略投资者配售部分后的70%。

基金管理人、财务顾问应在募集期届满后的次一个交易日(或指定交易日)日终前,将公众投资者发售与网下发售之间的回拨份额通知本所并公告。未在规定时间内通知本所并公告的,基金管理人、财务顾问应根据发售公告确定的公众投资者、网下投资者发售量进行份额配售。

第四十五条 基金管理人、财务顾问按照事先确定的配售原则在有效认购的网下投资者中选择配售基金份额的对象,进行基金份额配售。

基金管理人或财务顾问应于募集期届满的次一个交易日(或指定交易日)15:00前,将网下投资者各配售对象获配情况,包括获配份额、配售款、场内证券账户或场外基金账户、应退认购款、配售对象证件代码等数据上传至网下发行电子平台。各配售对象可通过网下发行电子平台查询其网下获配情况。

第四十六条 基金管理人应当在基金合同生效的次日披露基金合同生效公告。基金管理人应当在公告中披露最终向战略投资者、网下投资者和公众投资者发售的基金份额数量及其比例,获配网下投资者名称以及每个获配投资者的报价、认购数量和获配数量等,并明确说明自主配售的结果是否符合事先公布的配售原则。对于提供有效报价但未参与认购,或实际认购数量明显少于报价时拟认购数量的网下投资者应列表公示并着重说明。

第四十七条 基金募集期届满,出现下列情形的,基础设施基金募集失败:

(一)基金份额总额未达到准予注册规模的80%;

(二)募集资金规模不足2亿元,或投资人少于1000人;

(三)原始权益人或其同一控制下的关联方未按规定参与战略配售;

(四)扣除战略配售部分后,网下发售比例低于本次公开发售数量的70%;

(五)导致基金募集失败的其他情形。

基金募集失败的,基金管理人应当在募集期届满后30日内返还投资者已缴纳的款项,并加计银行同期存款利息。

第五章　基金份额确认

第四十八条 基金管理人应当根据《基础设施基金指引》的要求确认战略投资者认缴情况,以及公众投资者和网下投资者的最终配售情况,并完成相关募集结束处理。

第四十九条 募集期结束前,基金发售份额总额未达到基金成立所需规模的,应当根据基金管理人、财务顾问和原始权益人事先确定并披露的方式处理。

第五十条 投资者认购缴款结束后,基金管理人、财务顾问应当聘请符合相关规定的会计师事务所对认购和募集资金进行鉴证,并出具验资报告;并应当聘请律师事务所对网下发售、配售行为,参与定价和配售投资者的资质条件,及其与基金管理人和财务顾问的关联关系、资金划拨等事项进行见证,并出具法律意见书。

基金设立之日起10个工作日内,基金管理人或财务顾问应当将法律意见书、发售总结报告等文件一并报送本所。

第六章　基础设施基金扩募发售

第五十一条　基础设施基金扩募的，可以向原基础设施基金持有人配售份额，也可以向不特定对象或特定对象发售。

第五十二条　基金管理人可以根据基础设施基金二级市场交易价格和拟投资项目市场价值等有关因素，合理确定基金扩募发售价格或定价方式，以及相应的份额数量，并将其与扩募发售方案等其他事项报基金份额持有人大会决议通过。

第五十三条　基础设施基金扩募的，基金管理人应当向本所提交中国证监会同意变更注册的批准或备案文件复印件、扩募发售方案、扩募发售公告等文件。本所5个工作日内表示无异议的，基金管理人启动扩募发售工作。

扩募发售方案应当包括本次基础设施基金发售的种类及数量、发售方式、发售对象及向原基金份额持有人配售安排、原战略投资者份额持有比例因本次扩募导致的变化、新增战略投资者名称及认购方式（若有）、基金扩募价格、募集资金用途、配售原则及其他本所要求的事项。

第七章　其他规定

第五十四条　基金管理人应当在招募说明书中披露财务顾问费、审计与验资费、律师费、信息披露费以及发售的手续费等情况，并明确费用承担方式。

第五十五条　基金管理人、财务顾问应当保留路演、定价、配售等过程中的相关资料至少十五年并存档备查，包括推介宣传材料、路演现场录音等，且能如实、全面反映询价、定价和配售过程。

第五十六条　基金管理人、财务顾问、基金服务机构、投资者及其相关人员存在下列情形的，本所可以视情节轻重，对其单独或者合并采取自律监管措施或纪律处分：

（一）在询价、配售活动中进行合谋报价、利益输送或者谋取其他不当利益；

（二）违反本指引的规定，向不符合要求的主体进行询价、配售；

（三）未及时向本所报备发售方案，或者本所提出异议后仍然按原方案启动发售工作；

（四）基金管理人、财务顾问、基金服务机构等主体未按规定及时编制并披露发售信息披露文件，或者所披露信息不真实、不准确、不完整，存在虚假记载、误导性陈述或者重大遗漏；

（五）参与战略配售的投资者、原始权益人违反其作出的限售期以及其他相关承诺；

（六）基金管理人、财务顾问违反规定向原始权益人、投资者不当收取费用；

（七）违反本指引的其他情形。

第八章　附　则

第五十七条　本指引由本所负责解释。

第五十八条　本指引自公布之日起施行。

深圳证券交易所关于发布《深圳证券交易所公开募集基础设施证券投资基金业务指南第 1 号——发售上市业务办理》的通知

（深证上〔2021〕455 号　2021 年 4 月 30 日发布）

各市场参与人：

为便于基金管理人、财务顾问等市场参与人做好公开募集基础设施证券投资基金的发售与上市工作，本所制定了《深圳证券交易所公开募集基础设施证券投资基金业务指南第 1 号——发售上市业务办理》,现予以发布,自发布之日起施行。

特此通知

附件:深圳证券交易所公开募集基础设施证券投资基金业务指南第 1 号——发售上市业务办理

附件

深圳证券交易所公开募集基础设施证券投资基金业务指南第 1 号——发售上市业务办理

重 要 提 示

一、本指南仅为办理基础设施证券投资基金(以下简称公募 REITs)的发售与上市等相关业务之用,并非深圳证券交易所(以下简称本所或深交所)业务规则或对规则的解释。如本指南与国家法律、法规及有关业务规则发生冲突,应当以法律、法规及有关业务规则为准。

二、本所将根据业务需要不定期对本指南作出修订,并保留对本指南的最终解释权;基金管理人、财务顾问等应当按照最新指南办理业务。基金业务专区和网下发行电子平台的业务由基金管理人负责,若基金管理人聘请财务顾问办理询价等业务的,网下发行电子平台的业务由财务顾问负责,基金管理人具有查询权限。

三、基金管理人、财务顾问应确保向本所提交的业务申请和基金公告内容一致,提供给媒体的公告内容和提供给本所的一致。

四、本指南要求基金管理人提供的相关材料在基金业务专区相应业务表单中有明确列示,部分材料在报送说明中附有模板,基金管理人应当按照基金业务专区中最新模板(注:红色"*"标注的为必须提交材料)提交材料。

五、公募 REITs 的登记结算业务,按照中国证券登记结算有限责任公司(以下简称中国结算)及中国证券登记结算有限责任公司深圳分公司(以下简称深圳结算)有关规定办理。

第一章 发　　售

一、发售前的工作

(一)申请深圳证券数字证书(以下简称 CA 证书)

1. 基金管理人、财务顾问申请网下发行电子平台(以下简称 EIPO 平台)的 CA 证书

基金管理人、财务顾问首次在深交所发售公募 REITs 的,应于询价日前至少 10 个工作日通过现场或邮寄方式办理 CA 证书(EIPO 平台证书)。具体业务办理说明、联系方式等可通过深交所官网中的"市场服务→信息服务→CA 服务"查阅。

(1)若基金管理人聘请财务顾问办理公募 REITs 发售业务的,财务顾问填写《深圳证券数字证书业务申请表》(单位用户专用)(以下简称《申请表》)的申请证书类型时,勾选"网下发行电子平台(EIPO 平台单选)→财务顾问",用此证书在 EIPO 平台开展询价、网下发售等业务操作。财务顾问已有 EIPO(主承销商)的 CA 证书,也需另行申请财务顾问 CA 证书。

基金管理人填写《申请表》的申请证书类型时,勾选"网下发行电子平台(EIPO 平台单选)→基金管理人",此类型的证书在 EIPO 平台仅有查询功能。基金管理人已有基金业务专区 CA 证书的,仍需申请 EIPO 平台的 CA 证书。

(2)若基金管理人未聘请财务顾问办理公募 REITs 发售业务的,基金管理人填写《申请表》的申请证书类型时,勾选"网下发行电子平台(EIPO 平台单选)→财务顾问",用此证书在 EIPO 平台开展询价、网下发售等业务操作。

2. 网下投资者申请 EIPO 平台的 CA 证书

网下投资者首次参与深交所 EIPO 平台询价的,应于询价日前至少 10 个工作日通过现场或邮寄方式办理 CA 证书(EIPO 平台证书)。

具体业务办理说明、联系方式等可通过深交所官网中的"市场服务→信息服务→CA 服务"查阅。

网下投资者填写《申请表》的申请证书类型时，勾选"网下发行电子平台（EIPO 平台单选）→投资者"，用此证书在 EIPO 平台参与公募 REITs 的询价和认购。网下投资者已有 EIPO 平台的 CA 证书（投资者），无需再申请此 CA 证书，可用此证书在 EIPO 平台参与公募 REITs 的报价和认购。

注：已有 EIPO 平台的 CA 证书（投资者）的个人投资者不是公募 REITs 的网下投资者范围，无权参与公募 REITs 的询价和认购。商业银行和理财子公司因不能参与股票的询价和认购，需申请 EIPO 平台的 CA 证书（投资者），仅用于公募 REITs 的询价和认购。

3. 基金管理人申请基金业务专区 CA 证书

公募 REITs 为基金管理人首只在深交所上市基金产品的，基金管理人应于拟申请基金代码和简称前至少 10 个工作日通过现场或邮寄方式办理 CA 证书（基金业务专区）。具体业务办理说明、联系方式等可通过深交所官网中的"市场服务→信息服务→CA 服务"查阅。

基金管理人填写《申请表》的申请证书类型时，勾选"基金业务专区"，用此证书在基金业务专区办理基金代码简称申请、发售、上市、信息披露等相关业务。基金管理人已有 EIPO 平台的 CA 证书的，仍需申请基金业务专区 CA 证书。

（二）进行技术测试

公募 REITs 基金管理人或财务顾问（如有）应在办理发售业务前联系深交所基金管理部进行发售上市测试（含 EIPO 平台的测试）。

（三）基金代码简称申请

基金管理人通过基金业务专区的"业务办理→基金代码简称申请"提交基金代码、简称申请。

1. 表单填写注意事项：

（1）基金业务类别的选择：基础设施基金；

（2）基金投资类别的选择：ABS；

(3)基金简称编制应参考基金全称；

(4)基金代码编制:代码区间为180000-180999；

(5)基金登记结算系统的选择:中登TA系统；

(6)后端基金:选择"否"；

(7)中国证监会编码报送信息

份额类别:选择"1=非特殊份额类别"；

收费方式:根据基金份额具体的收费方式进行相应选择；

币种:根据基金份额具体的币种进行相应选择；

交易场所:选择"3=仅场内深市"；

注册登记机构编码:98；

基金类别:选择"10.其他"；

2.申请材料为：

(1)中国证监会准予基金注册的批复(如延期募集,需同时提交原批复和准予延期募集的批复)；

(2)关于证券代码和简称的申请(加盖公司公章)；

(3)基金业务类别记录表(加盖公司公章)；

(4)基金合同。

3.基金简称命名规范:基金简称原则上应参考基金名称,含义清晰、指向明确。

二、询价

注:X为询价日,T日为募集期首日

(一)报备发售方案

基金管理人通过基金业务专区的"业务办理→发售方案报备(REITs)"提交以下材料：

1.发售申请及发售方案(基金管理人、财务顾问盖章扫描件)。

发售方案包括但不限于项目公司基本情况、本次发售的要点(本次发售概况、重要时间安排、战略配售的相关安排、网下投资者的资格标准与核查、询价及确定发售价格、各类投资者认购及费用、回拨机制、配售原则及方式、认购不足的处理、中止发售情况、份额登记托管及上市工作、发售的相关费用)、本次发售前的准备工作(内部组织安排、外部协调工作安排、与监管机构的沟通协调、路演推介准备)、发售可能遇到的问题及拟采取的措施、发售有关中介机构。

2. 询价公告(必备要素参考附件4-1)、招募说明书、基金产品资料概要、基金合同、托管协议等公告文件。

3. 中国证监会准予基金注册的批文(扫描件)。

4. 基金管理人、财务顾问对战略投资者的选取标准、配售资格,以及是否存在相关禁止性情形进行核查的文件以及律师事务所出具的相应法律意见书(盖章扫描件)。

5. 评估机构对基础设施项目出具的评估报告。

6. 原始权益人与同一控制下关联方的董事、监事及高级管理人员设立专项资产管理计划参与战略配售的,应提交设立专项资产管理计划的合同、专项资产管理计划完成基金业协会或银保监会备案的证明文件(扫描件,如有)。

7. 发售上市期间报送文件的相关承诺,承诺内容应包括 EIPO 平台上传的询价公告和填报的网下发售参数设置与发售方案相关内容一致、对外披露的公告与经本所审核的公告一致;公告内容与发售方案一致(基金管理人、财务顾问盖章扫描件)。

8. 基金管理人、原始权益人、财务顾问(如有)对公募 REITs 获准注册至发售前不存在可能对公募 REITs 投资价值及投资决策判断有重大影响事项的承诺(基金管理人、原始权益人、财务顾问盖章扫描件)。

本所收到基金管理人的发售方案5个工作日内无异议的,基金管理人可正式启动发售。基金管理人报送的发售方案不符合《深圳证券交易所公开募集基础设施证券投资基金业务指引第2号——发售业务(试行)》(以下简称《发售指引》)规定或其他相关要求的,应当按照本所要求予以补正,补正时间不计入前述5个工作日内。

注:1. 上述文件应在当日 13:00 前提交。如在当日 13:00 后提交的,当日不纳入《发售指引》规定的5个工作日内。

2. 上述材料需由基金管理人、财务顾问盖章的,如未聘请财务顾问,由基金管理人盖章即可。

3. 正式启动发售后,基金管理人、财务顾问(如有)应按照发售方案中列明的时间表和相关工作安排推进发售上市工作。启动发售后,基金管理人不得再对发售方案作出修改。如因特殊情况需要对发售方案作出重大调整的,应当及时通知本所。

(二)披露《询价公告》

1. "发售方案报备(公募REITs)"经本所通过后,基金管理人在刊登询价公告的1个交易日前(X－4日前),通过基金业务专区的"业务办理→信息披露→基金募集→询价公告(REITs)"提交询价公告信息披露申请(关联"发售方案报备(REITs)"),经本所核对后,基金管理人在询价日3个交易日前(X－3日前)在中国证监会规定的媒介及本所网站上刊登询价公告、基金合同、招募说明书、基金产品资料概要、托管协议。

2. 询价公告刊登后,网下投资者向基金管理人提交询价资格核查资料,基金管理人进行核查。若基金管理人聘请财务顾问的,网下投资者向财务顾问提交核查资料,财务顾问进行核查。

(三)提交网下发售申请

网下询价日前1个交易日(X－1日)上午10点前,基金管理人或财务顾问(若聘请财务顾问,由财务顾问办理,未聘请财务顾问的,由基金管理人办理,下同)需通过EIPO平台录入网下发售基本信息(录入2次,且比对一致)并提交发售申请。

X－1日21:00前,基金管理人或财务顾问需在EIPO平台剔除不满足其要求的网下投资者及配售对象,剔除原始权益人及其关联方、基金管理人、财务顾问、战略投资者以及其他与定价存在利益冲突的主体,确认可参与询价的网下投资者及配售对象相关信息。

询价投资者确定完成后,询价开始前,基金管理人或财务顾问须启动询价,可以在询价启动页面上传询价公告、评估报告等相关文件。

基金管理人或财务顾问需要在EIPO平台上完成的操作请参考

《发售指引》《深圳证券交易所公开募集基础设施证券投资基金业务指南第2号——网下发行电子平台用户手册》和基础设施基金 EIPO 平台操作时间节点(见附件2)。

(四)网下投资者询价

1. 网下投资者在 EIPO 平台参与询价,询价原则上为1个交易日。

2. 询价日 9:30—15:00,网下投资者可为其管理的不同配售对象分别报价,每个配售对象报价不得超过1个,同一网下投资者全部报价中的不同拟认购价格不得超过3个。

网下投资者需要在 EIPO 平台上完成的操作请参考《发售指引》《深圳证券交易所公开募集基础设施证券投资基金业务指南第2号——网下发行电子平台用户手册》。

3. 若出现中止发售情形,具体流程详见本章第五部分"特殊情形处理"。

三、认购

(一)提交上网发售业务申请

1. 询价日次一交易日(X+1日),基金管理人、财务顾问(如有)根据询价结果,确定发售价格、有效报价配售对象名单及最终的网下发售份额数量。若出现需要披露投资风险特别公告情形,具体流程详见本章第五部分"特殊情形处理"。

2. 基金管理人通过基金业务专区中"业务办理→基础资料维护→基金基础资料"维护基金资料。

3. 基金管理人在刊登发售公告2个交易日前,通过基金业务专区的"业务办理→基金发行"提交上网发售业务申请。

申请表单填报注意事项:

发售价格:填写通过询价后确定的认购价格;上网发售额度:填写询价后确定的公众投资者发售份额数量;基金管理人接收基金认购清算数据路径:选择"中国结算总公司 TA 系统";每笔认购份额下限:填写1000份;是否末日比例配售:选择"是";募集期:原则上不得超过5个交易日。

4. 上网发售业务所需的文件：

（1）基金上网发售申请表（基金管理人盖章扫描件）：与申请表单的内容保持一致；

（2）基金份额发售公告（必备要素参考附件4-2）；

（3）基金管理人关于战略投资者配售资格的专项核查报告（与发售方案报备时提交的材料为同一份）；

（4）律师事务所关于战略投资者核查事项的法律意见书（与发售方案报备时提交的材料为同一份）；

（5）《基金认购、申购和赎回服务协议》（每家基金管理人签署并提交一次，须填写签订日期，如已经签订无须提交，盖章扫描件）。

（二）披露《发售公告》

上网发售业务经本所确认通过后，基金管理人通过基金业务专区中的"业务办理→信息披露→基金募集→发售公告（REITs）"提交信息披露申请（关联"基金发行"），经本所核对后，基金管理人在基金募集期首日的3个自然日（T-3日）之前披露基金份额发售公告、基金管理人关于战略投资者配售资格的专项核查报告、律师事务所关于战略投资者核查事项的法律意见书。

《发售公告》披露后，基金管理人或财务顾问应于基金份额募集期首日前，通过EIPO平台录入并提交确定的基金份额认购价格、网下发售基金份额数量等认购参数并启动网下认购。

（三）投资者认购

1. 网下投资者认购：网下投资者通过EIPO平台申报认购，其填报的认购数量不得低于询价阶段填报的"拟认购数量"，也不得高于基金管理人、财务顾问确定的每个配售对象认购数量上限，且不得高于网下发售份额数量。

网下投资者在EIPO平台申报认购后，在募集期向基金管理人缴纳认购款项。

（1）投资者使用场内证券账户认购的，基金管理人参照"ETF网下现金认购"方式，完成资金交收，并按照深圳结算的相关规定办理该部分场内份额的初始登记。

（2）投资者使用场外基金账户认购的，基金管理人参照"深证LOF基金直销"相关业务规则办理；也可由基金管理人完成资金交收，并将投资者认购所得份额等信息在募集结束后通过份额强制调增业务报送至中国结算TA系统，中国结算据此进行登记。该部分份额登记为场外份额。

（3）基金管理人根据网下投资者认购的份额以及公告的网下发售份额数量进行比例配售，并根据配售结果将部分款项退还投资者。

2. 公众投资者认购：通过场内证券经营机构或者基金管理人及其委托的场外基金销售机构认购基金份额并缴纳认购款，基金管理人参照深证LOF相关业务规则办理。参与网下询价的配售对象及其关联账户不得再通过面向公众投资者发售部分认购基金份额。配售对象关联账户是指与配售对象场内证券账户或场外基金账户注册资料中的"账户持有人名称""有效身份证明文件号码"均相同的账户。证券公司客户定向资产管理专用账户以及企业年金账户注册资料中"账户持有人名称""有效身份证明文件号码"均相同的，不受上述限制。

基金管理人应当做好场外部分的认购管理工作，不向参与过询价的网下投资者发售份额。

使用租用交易单元的投资者参与公募REITs场内认购时，应事先确保已在本所开通了LOF认购权限，具体办理流程详见本所发布的《深圳证券交易所证券投资基金业务指南第1号——相关业务办理》中"基金认购、申购赎回业务权限办理"。

3. 战略投资者认购：募集期内，战略投资者应当以认购价格认购其承诺认购的基金份额，并向基金管理人缴纳认购款项。

（1）投资者使用场内证券账户认购的，基金管理人参照"ETF网下现金认购"方式，完成资金交收，并按照深圳结算的相关规定办理该部分场内份额的初始登记。

（2）投资者使用场外基金账户认购的，基金管理人参照"深证LOF基金直销"相关业务规则办理；也可由基金管理人完成资金交收，并将投资者认购所得份额等信息在募集结束后通过份额强制调增业务报送至中国结算 TA 系统,中国结算据此进行登记。该部分份额登记为场外份额。

(3)基金管理人根据与战略投资者签署的战略投资协议进行配售。

4. 基金管理人在募集期每日 12:00 前,通过基金业务专区中的"业务办理→基金发行→基金销售日报"上传前一交易日的认购数据及累计认购数据。

(四)基金截止认购日期变更

1. 基金截止认购日期变更业务申请

(1)基金管理人若需提前认购截止日期,须于新截止日当天通过基金业务专区中的"业务办理→基金发行→基金认购截止日期变更"提交基金认购截止日期变更业务申请,所需文件为:《××基金提前结束募集期的公告》、《××基金截止认购日期变更通知》(基金管理人盖章扫描件)。

(2)基金管理人若需延长认购截止日期,须于原截止日当天通过基金业务专区提交基金认购截止日期变更业务申请,所需文件为:《××基金延长募集期的公告》、《××基金截止认购日期变更通知》(基金管理人盖章扫描件)。

2. 发起基金截止认购日期变更信息披露

基金认购截止日期变更业务经本所核对后,基金管理人应通过基金业务专区提交信息披露申请,所需文件包括:《××基金提前结束募集/延长募集期的公告》、《××基金截止认购日期变更通知》(基金管理人盖章扫描件)。次日,在中国证监会规定的媒介及本所网站上刊登公告。

(五)认购份额配售

1. 如需回拨,募集期届满后的次一交易日(或指定交易日)前,基金管理人或财务顾问应将公众投资者发售与网下发售之间的回拨份额通知本所,基金管理人通过基金业务专区"业务办理→信息披露→

份额回拨公告(公募 REITs)"向本所提交信息披露申请,经本所核对后,次日在中国证监会规定的媒介和本所网站披露。

2. 基金管理人或财务顾问对网下投资者基金份额配售,并于募集期届满的次一个交易日(或指定交易日)15:00 前,将网下投资者各配售对象获配情况上传至 EIPO 平台。

3. 若出现募集失败情形,具体流程详见本章第五部分"特殊情形处理"。

四、基金合同生效

(一)向深圳结算申请办理相关事项

1. 发售期间,基金管理人应当在深圳结算规定的时限前向深圳结算提交《基金网上发售认购资金划款申请表》。

2. 认购结束后,基金管理人应按深圳结算规定的时间,向深圳结算申请办理"基金网上发售末日确认比例""基金募集登记"等业务。

(二)披露《基金合同生效公告》

1. 基金管理人将募集情况上报中国证监会证券基金机构监管部备案。获取《关于××基金备案确认的函》后,通过基金业务专区中的"业务办理→信息披露→基金募集→基金合同生效"发起信息披露流程,提交基金合同生效公告(必备要素参考附件 4-3),次日在中国证监会规定的媒介及本所网站上刊登基金合同生效公告。

2. 基金合同生效之日起 10 个工作日内,基金管理人应当将法律意见书、发售总结报告等文件通过基金业务专区的"业务办理→信息披露→信息披露事后补充附件-基金合同生效"提交本所。

(三)基金份额限售管理

基金管理人通过基金业务专区中的"业务办理→信息披露→基金募集→限售公告(REITs)"发起信息披露流程,提交基金限售公告(必备要素参考附件 4-4),并附场内份额限售申请(见附件 5,盖章扫描件)、场外份额锁定申请表(见附件 6,盖章扫描件)。其中场内份额限售申请中的《证券登记申报明细清单》为基金管理人向深圳结算申请办理基金初始登记时所取得的材料。

限售业务办理完毕后，次日在中国证监会规定的媒介及本所网站上刊登公告。

五、特殊情形处理

（一）中止发售

若出现网下投资者提交的拟认购数量合计低于网下初始发售份额数量或约定的中止发售情形时，基金管理人应于询价日次一交易日前（含当日）通过基金业务专区的"业务办理→信息披露→基金募集→中止发售公告（REITs）"向本所提交中止发售公告和申请，经本所核对后，次日在中国证监会规定的媒介及本所网站上刊登公告。

注：在中国证监会同意注册决定的有效期内，基金管理人可重新启动发售。

（二）投资风险特别提示公告

若基金管理人和财务顾问（如有）确定的发售价格高于符合条件的所有网下投资者报价的中位数和加权平均数的孰低值的，基金管理人应在基金份额认购首日6个工作日（T-6）前通过基金业务专区"业务办理→信息披露→投资风险特别提示公告（REITs）"向本所提交投资风险特别提示公告。

经本所核对后，基金管理人于基金份额认购首日前5个工作日在中国证监会规定的媒介及本所网站上刊登投资风险特别提示公告。

（三）募集失败

基金募集结束后，若出现募集失败情形的，基金管理人通过基金业务专区中的"业务办理→信息披露→基金份额募集失败"发起信息披露流程，提交基金募集失败公告和基金募集失败的情况说明。

经本所核对后，次日在中国证监会规定的媒介及本所网站上刊登。

基金管理人还应按照中国结算的规定办理认购资金退款等相关业务。

第一部分　法律法规　　1045

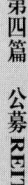

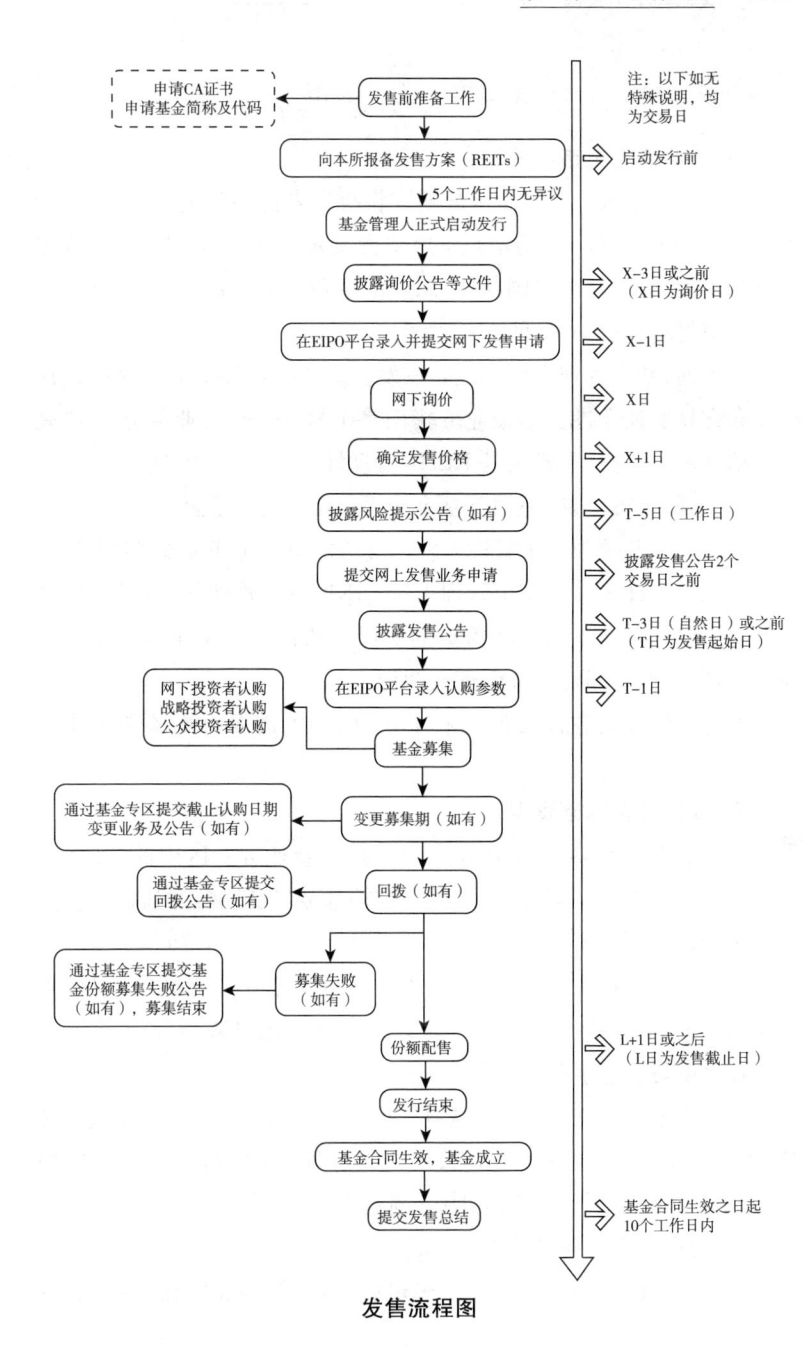

```
┌─────────────────┐
│ 申请CA证书      │────▶ 发售前准备工作          注：以下如无
│ 申请基金简称及代码│                              特殊说明，均
└─────────────────┘         │                    为交易日
                            ▼
                   向本所报备发售方案（REITs）  ⇒ 启动发行前
                            │
                      5个工作日内无异议
                            ▼
                   基金管理人正式启动发行
                            │
                            ▼
                   披露询价公告等文件         ⇒ X-3日或之前
                            │                    （X日为询价日）
                            ▼
                在EIPO平台录入并提交网下发售申请 ⇒ X-1日
                            │
                            ▼
                        网下询价               ⇒ X日
                            │
                            ▼
                      确定发售价格            ⇒ X+1日
                            │
                            ▼
                  披露风险提示公告（如有）     ⇒ T-5日（工作日）
                            │
                            ▼
                   提交网上发售业务申请       ⇒ 披露发售公告2个
                            │                    交易日之前
                            ▼
                       披露发售公告          ⇒ T-3日（自然日）或之前
                            │                    （T日为发售起始日）
                            ▼
                 在EIPO平台录入认购参数       ⇒ T-1日
                            │
┌─────────────────┐         ▼
│ 网下投资者认购  │                                
│ 战略投资者认购  │────▶    基金募集
│ 公众投资者认购  │         │
└─────────────────┘         ▼
┌─────────────────┐    变更募集期（如有）
│通过基金专区提交截止认购日期│
│变更业务及公告（如有）│
└─────────────────┘         │
                            ▼
┌─────────────────┐    回拨（如有）
│通过基金专区提交 │
│回拨公告（如有） │
└─────────────────┘         │
                            ▼
┌─────────────────┐    募集失败
│通过基金专区提交基│     （如有）
│金份额募集失败公告│
│（如有），募集结束│
└─────────────────┘         │
                            ▼
                        份额配售            ⇒ L+1日或之后
                            │                   （L日为发售截止日）
                            ▼
                        发行结束
                            │
                            ▼
                   基金合同生效，基金成立
                            │
                            ▼
                      提交发售总结          ⇒ 基金合同生效之日起
                                              10个工作日内
```

发售流程图

第二章 上　　市

一、协商确定上市时间

基金合同生效且完成全部战略配售投资者份额锁定后，基金管理人应根据《基金合同》的约定与本所协商确定上市时间（T 日）。确定上市时间后，应及时与中国结算、深圳结算和基金托管人沟通，确定所需的上市材料，预留充分的准备时间。

上市前，基金管理人应办理完成发售总结报告等报备，并按照《深圳证券交易所证券投资基金业务指南第 1 号——相关业务办理》"基金流动性服务业务"办理公募 REITs 流动性服务商新增业务。

二、签署上市协议（适用于基金管理人首只上市基金）

若公募 REITs 为基金管理人在深交所的首只上市基金，上市时间确定后（T－7 日之前），基金管理人应与本所基金管理部联系签订《基金上市协议》，并于上市前将盖章的协议一式四份邮寄至本所基金管理部，本所盖章后回寄基金管理人两份。

若基金管理人在深交所已有上市基金，不需要再次签署上市协议。

三、维护基金基础资料

提交上市申请前，基金管理人应通过基金业务专区中的"业务办理→基础资料维护→基金基础资料"维护基金当前规模等基础信息。

四、填报基金 ISIN 码申请

基金基础资料维护后，基金管理人通过基金业务专区中的"业务办理→基金上市→ISIN 码申请"提交基金 ISIN 码申请。

表单填写注意事项：

（1）"是否为非交易业务"选择"否"；（2）"是否需要人工审核"选择"需要人工审核"；（3）"WM 公司是否分配 ISIN 编码"，不用选择；（4）"WM 公司已分配的 ISIN 编码"选择"未分配"。

五、提交上市业务申请

上市时间（T 日为上市首日）确定后，基金管理人应在 T－7 交易日前,通过基金业务专区中的"业务办理→基金上市→基金上市"提交上市业务申请。

(一)表单填写注意事项

基金代码、简称、基金业务类别、基金总规模(单位:份,含所有份额)、基金规模(份)、本次流通份额(份)、上市日期、前收盘价等参数应确保与上市申请材料(含上市申请书、上市申报材料表和上市交易公告书等)保持一致。

(二)上市申请材料

1.《上市申请书》(基金管理人盖章扫描件);

《上市申请书》是对满足上市条件的描述,应包括基金募集金额及持有人户数;募集情况数据须和验资报告一致;流动性服务商情况说明。

2. 基金募集资金验资报告(扫描件);

3. 中国证监会对基金备案的确认文件(扫描件);

4. 基金上市交易公告书(必备要素参考附件4-5);

5. T-5日基金持有人结构申报表(中国结算盖章扫描件);

6. 深圳结算出具的T-5日基金场内证券持有人名册;

7. 上市交易公告书中财务部分(含投资组合)(经托管人确认的盖章件);

8. 已生效的公募REITs认购基础设施资产支持证券的认购协议(基金管理人盖章扫描件);

9. 公募REITs所投资专项计划的成立公告;

10. 公募REITs所投资专项计划已生效的基础资产买卖协议(基金管理人盖章扫描件);

11. 持有份额10%及以上基金持有人情况表;

12. 发售后至上市前发生的可能对基础设施基金投资价值及投资决策判断有重大影响事项的说明(如适用)。

(三)基金管理人更新、补充上市申请材料

在T-4日前,本所对基金管理人提交的上市申请材料进行审核,基金管理人根据审核意见对上市申请材料进行修改、更正或补充。

六、基金管理人收取《上市通知书》

T-4日，上市业务审核通过后，基金管理人通过基金业务专区收取《上市通知书》。

七、发起《基金上市交易公告书》信息披露流程

T-4日，上市业务审核通过后，基金管理人通过本所基金业务专区中的"业务办理→信息披露→基金运作→上市交易公告书"发起信息披露流程。

T-3日，基金管理人在中国证监会规定的媒介及本所网站刊登《基金上市交易公告书》。

八、发起《基金上市交易提示性公告》信息披露流程

T-1日，基金管理人通过基金业务专区的"业务办理→信息披露→基金运作→上市交易提示性公告"发起信息披露流程。

上市交易提示性公告应包含基金代码、场内简称、最新交易份额数量、上市首日涨跌幅、涨跌幅、T日，在中国证监会规定的媒介及本所网站刊登《基金上市交易提示性公告》。

```
协商确定上市时间
      ↓
签署上市协议(适用于    ⇒  T-7日之前
基金管理人首只基金)       (T日为上市日)
      ↓
维护基金基础资料
      ↓
填报基金ISIN码申请
      ↓
提交上市业务申请     ⇒  T-7日或之前
      ↓
收取上市通知书       ⇒  T-4日
      ↓
刊登上市交易公告书   ⇒  T-3日
                        (工作日)
      ↓
提交上市交易
提示性公告          ⇒  T-1日
      ↓
上市               ⇒  T日
```

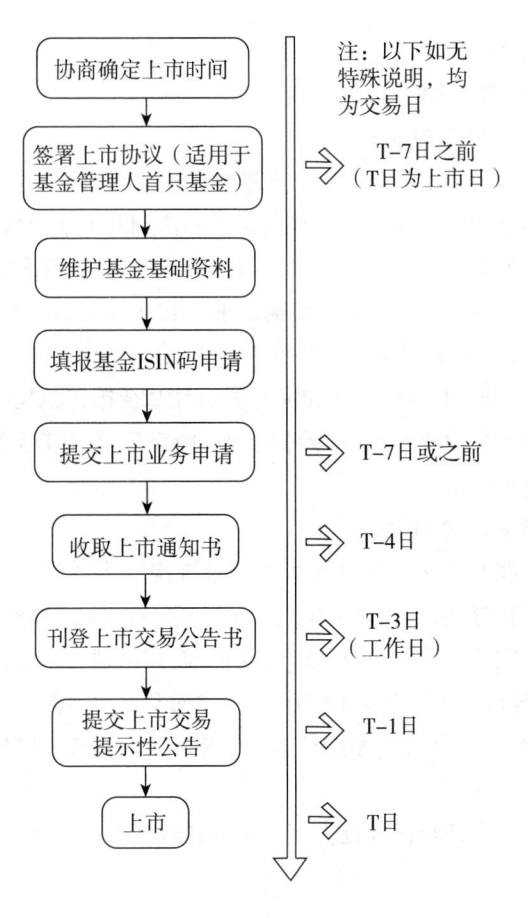

注：以下如无特殊说明，均为交易日

上市流程图

第三章 投资者适当性

一、建立健全适当性管理制度

基金管理人和证券公司等基金销售机构应当根据《证券期货投资者适当性管理办法》《公开募集基础设施证券投资基金指引（试行）》《深圳证券交易所公开募集基础设施证券投资基金业务办法（试行）》等规定，制定公募 REITs 投资者适当性管理的相关工作制度，对投资者进行适当性管理。

二、充分揭示风险

（一）制定风险揭示书

基金管理人和证券公司等基金销售机构应当对照《深圳证券交易所公开募集基础设施证券投资基金业务办法（试行）》的附件《公开募集基础设施证券投资基金风险揭示书必备条款》，制定《公开募集基础设施证券投资基金相关业务风险揭示书》（以下简称《风险揭示书》）。

除《公开募集基础设施证券投资基金风险揭示书必备条款》规定的风险事项以外，基金管理人和证券公司等基金销售机构还可以根据具体情况在本公司制定的《风险揭示书》中对公募 REITs 投资的相关风险做进一步列举。

（二）签署风险揭示书

基金管理人和证券公司等基金销售机构应当加强公募 REITs 产品的投资者教育，引导投资者充分认识公募 REITs 的风险特征，要求普通投资者在首次购买公募 REITs 份额前，以纸质或电子形式签署风险揭示书，确认其了解公募 REITs 产品特征及主要风险。普通投资者未签署《风险揭示书》的，基金管理人、证券公司等基金销售机构不得接受其购买委托。

普通投资者，即符合《证券期货投资者适当性管理办法》第十条规定的投资者。

第四章　联系方式

序号	部门	电话
1	深交所基金管理部	0755-88668341（CA 证书、业务咨询） 0755-88668818（北京地区） 0755-88668598（上海地区） 0755-88668057（广深地区）

续表

序号	部门	电话
2	深圳证券数字证书认证中心(深交所CA证书)	0755-88820030(技术支持)
		0755-88666172(业务申请)
3	深圳证券信息有限公司(巨潮网信息披露)	0755-83991101(值班电话)

第五章 附 件

附件1:基础设施基金发售各业务完成时点要求

(X日为询价日,T日为募集期首日,L日为募集期最后一日。其中,募集期首日(T日)至少应在发售公告发布三个自然日后。如无特殊说明,均为交易日)

期限	工作要求
经证监会注册,启动发售前	申请基金简称及代码
	通过基金业务专区报备发售方案
询价日3个交易日前(X-3日前)	披露询价公告、招募说明书等信息披露文件
询价日1个交易日前(X-1日前)	在EIPO平台录入并提交询价参数,确定可参与询价的网下投资者及配售对象
询价日(X日)	询价
询价日下一交易日(X+1日)	根据询价结果,确定有效报价配售对象名单、发售价格及最终的网下发售份额数量
刊登发售公告2个交易日前	在基金业务专区提交发售公告、战略投资者专项核查报告和专项法律意见书,T-3日(自然日)在指定媒体披露
募集期首日前一交易日(T-1日)	T-1日15:00前在EIPO平台录入发售参数,并启动认购

续表

期限	工作要求
募集期(T日至L日),基金募集	1. 网下投资者、公众投资者、战略投资者认购 2. 基金管理人在募集期每日 12:00 前,通过基金业务专区上传前一交易日的认购数据 3. 若需变更基金认购期限,按本指南规定的时限提交业务,并在 EIPO 平台修改募集期相关参数
募集期结束的次一交易日(L+1日)或指定交易日	1. 基金管理人、财务顾问确认是否启动回拨机制,如回拨通知本所并公告 2. 基金管理人进行网下发售份额配售 3. 网下投资者各配售对象获配情况上传至 EIPO 平台
募集期结束后	1. 基金管理人向中国结算进行份额登记并进行验资 2. 战配投资者份额锁定 3. 披露基金合同生效公告 4. 基金管理人应当将法律意见书、发售总结报告等文件报送本所(设立之日起 10 个工作日内)

附件2:基础设施基金 EIPO 平台操作时间节点

(X日为询价日,T日为募集期首日,L日为募集期最后一日,如无特殊说明,均为交易日。)

时间节点		基金管理人或财务顾问
X-1日	10:00 前	1. 发售申请首次录入 2. 发售申请二次录入 3. 发售申请确认提交
X-1日	21:00 前	1. 询价投资者确定 2. 启动初步询价
X日	9:30-15:00	询价,询价截止后可查询询价结果,并进行投资者剔除

续表

时间节点		基金管理人或财务顾问
T-1日	15:00前	1. 发售参数首次录入 2. 发售参数二次录入 3. 确定发售参数 4. 确定有效入围投资者(配售对象)
T日至L日	9:30-15:00	查询认购结果
	12:00前	上传前一交易日的认购数据及累计认购数据
L+1日或之后	15:00前	上传配售结果文件
L+1日或之后	17:00前	确认结束网下发售

附件3:需上传系统的发售上市相关公告文件

(X日为询价日,T日为募集期首日,L日为募集期最后一日,如无特殊说明,均为交易日。)

公告名称	上传系统时间	公告日期	备注
询价公告、基金合同、招募说明书、基金产品资料概要、托管协议	启动发售前	X-3日或之前	基金业务专区提交
发售公告	刊登发售公告前2个交易日	T-3日(自然日)	基金业务专区提交
基金管理人关于战略投资者的专项核查报告及法律意见书	刊登发售公告前2个交易日	T-3日(自然日)	基金业务专区提交
公众投资者发售与网下发售之间的回拨份额公告(如有)	L+1日15:00前	L+2	基金业务专区提交
基金合同生效公告	L+3日后15:00前	次一交易日	基金业务专区提交

续表

公告名称	上传系统时间	公告日期	备注
上市公告书	上市日前4个交易日	上市日前3个交易日	基金业务专区提交
上市提示性公告	上市日前1个交易日	上市日首日	基金业务专区提交

附件4-1:《询价公告》必备要素

特别提示

重要提示

一、本次发售的基本情况

(一)发售方式

(二)发售数量

1. 基金份额发售总量

2. 战略配售、网下发售数量

(三)定价方式

(四)限售期安排

(五)本次发售重要时间安排

1. 发售时间安排

2. 本次发售路演推介安排

二、战略配售

(一)参与对象

1. 选择标准

2. 战略投资者具体情况

(二)配售数量

(三)配售条件

(四)限售期限

(五)核查情况

(六)认购款项缴纳及验资安排

(七)相关承诺

三、网下询价安排

(一)参与网下询价的投资者标准及条件

(二)承诺函及资质证明文件的提交方式

(三)网下投资者备案核查

(四)询价

(五)网下投资者违规行为的处理

四、确定有效报价投资者和发售价格

五、各类投资者认购方式及费用

六、本次发售回拨机制

七、各类投资者配售原则及方式

八、投资者缴款

九、中止发售情况

十、基金管理人、财务顾问联系方式

附件4-2:《发售公告》必备要素

特别提示

重要提示

释义

一、询价结果及定价情况

(一)询价情况

1. 总体申报情况

2. 剔除无效报价情况

3. 剔除无效报价后的报价情况

(二)发售价格的确定

(三)有效报价投资者的确定

二、本次发售的基本情况

(一)发售规模和发售结构

(二)认购价格

(三)募集资金

(四)回拨机制

(五)限售期安排

(六)拟上市地点

(七)本次发售的重要日期安排

(八)认购费用

(九)以发售价格计算的基础设施项目价值及预期收益测算

三、投资者开户

四、战略配售

(一)参与对象

(二)承诺认购的基金份额数量及限售期安排

(三)原始权益人初始持有基础设施项目权益的比例

五、网下认购

(一)参与对象

(二)网下认购

(三)网下初步配售基金份额

(四)公布初步配售结果

(五)认购款项的缴付

六、公众认购

(一)销售机构

(二)禁止参与公众认购的投资者

七、中止发售情况

八、发售费用

九、清算与交割

十、基金资产的验资与基金合同生效

十一、本次募集的有关当事人或中介机构

附表：投资者报价信息统计

序号	交易员名称	配售对象代码	配售对象名称	配售对象类别	拟申购价格(元)	拟申购数量(万份)	备注

附件4-3：《基金合同生效公告》必备要素

一、公告基本信息

基金名称、基金简称、基金运作方式、基金合同生效日等。

二、基金募集情况

（一）有效认购份额、募集期间净认购金额以及认购资金在募集期间产生的利息。

（二）最终向战略投资者、网下投资者和公众投资者发售的基金份额数量及其比例，获配网下投资者名称以及每个获配投资者的报价、认购数量和获配数量等，并明确说明自主配售的结果是否符合事先公布的配售原则；最终获配的战略投资者名称、基金份额数量以及限售期安排等。

（三）对于提供有效报价但未参与认购，或实际认购数量明显少于报价时拟认购数量的投资者应列表公示并着重说明。

三、其他需要提示的事项

附件4-4：《限售公告》必备要素

一、公告基本信息

基金代码、基金简称、业务类型等。

二、限售投资者具体信息

下列投资者作为战略配售投资者，其持有的战略配售份额已根据《公开募集基础设施证券投资基金指引（试行）》的要求办理完成限售业务，具体如下：

（1）场内份额限售

序号	证券账户名称	限售份额总量	限售期（月）
1			
2			
3			

（2）场外份额锁定

序号	账户名称	锁定份额数量	锁定期（月）
1			
2			
3			

三、其他需要提示的事项

附件4-5:《上市交易公告书》必备要素

一、重要声明与提示

二、基金概览

（一）基金简称、交易代码、截至公告日前两个工作日的基金份额总额和基金份额净值、本次上市交易份额、上市交易的证券交易所、上市交易日期、基金管理人、基金托管人等基本信息。

（二）基础设施基金投资运作、交易等环节的主要风险。

（三）基础设施基金认购基础设施资产支持证券以及基础设施基金所投资专项计划投资基础资产的情况。

三、基金的募集与上市交易

（一）本次上市前基金募集情况，至少包括：

1.基金募集申请的核准机构和核准文号、基金运作方式、基金合同期限、发售日期、发售价格、发售期限、发售方式、发售机构、验资机构名称、募集资金总额及入账情况、基金备案情况、基金合同生效日及该日的基金份额总额等；

2. 基础设施项目原始权益人或同一控制下的关联方、其他战略投资者参与本次基金战略配售的具体情况及限售安排。

（二）基金上市交易的主要内容，至少包括：

基金上市交易的核准机构和核准文号、上市交易日期、上市交易的证券交易所、基金简称、基金交易代码、本次上市交易无限售安排的份额、本次上市交易有限售安排的份额、未上市交易份额的份额规定。

四、持有人户数、持有人结构及前十名持有人

五、基金主要当事人简介

基金管理人、基金托管人、基金验资机构等基本信息

六、基金合同摘要

七、基金财务状况

八、基金投资组合

九、重大事件揭示

十、基金管理人承诺

十一、基金托管人承诺

十二、备查文件目录

附件5：基础设施基金场内份额限售申请

深圳证券交易所：

根据《公开募集基础设施证券投资基金指引（试行）》要求，基础设施基金战略配售份额存在限售期。现申请对××证券投资基金（证券代码：　　证券简称：　　）部分场内份额进行限售，限售信息详见附件《证券登记申报明细清单》。

××基金公司

年　月　日

附:基础设施基金限售份额《证券登记申报明细清单》

证券代码： 证券简称：

序号	证券账户号码	股东名称	股东类别	证件号码	持股数量	股份性质	流通类型	托管单元编码	采集标志	平均原值
1										
2										

总计   记录数：   股份数量：

说明：

1.持有数量单位:股票为"股",基金和权证为"份",债券为"张"。

发行人核查结果反馈：

□经核查,数据准确无误。

发行人公章

经办人姓名：   年 月 日

附件6:基础设施基金场外份额锁定申请表

序号	基金代码	代理人代码	份额类别	基金账户	交易账户	投资者人名称	证件类型	证件号码	申请锁定份额	锁定生效日	解锁生效日
1											不自动解锁
2											不自动解锁
3											不自动解锁

注意事项：

1.此通知单需于场外份额登记日当日提交至深圳证券交易所,锁定生效日为场外份额登记日次一交易日。

2.基金账户为场外12位基金账户;代理人代码为场外代理人代码;份额类别为"前收费"或"后收费"。

3.交易账户为投资人在场外基金销售人处开立的交易账户。若基金账户下任何交易账户份额均可锁定(不指定交易账户),交易账户填"不指定交易账户"。

4.中国结算总部基金业务部核验基金账户投资人名称、证件类型、证件号码,根据基金代码、代理人代码、份额类别、基金账户、交易账户查询确定可锁定份额。可锁定份额大于或等于申请锁定份额时,中国结算总部基金业务部在可锁定份额内锁定申请锁定份额;可锁定份额小于申请锁定份额时,锁定失败(不能锁定任何份额)。

5. 解锁生效日若填具体日期,填写后将于该日期自动解锁,解锁生效日当日投资者申报的份额减少类业务将被正常处理。解锁生效日不确定或不自动解锁的填写"不自动解锁"。原则上应填写"不自动解锁"。

6. 对于完成锁定的份额明细,锁定生效日当日投资者申报的份额减少类业务将判失败。

经办人: 联系电话:

×××基金管理公司(盖章)

年 月 日

深圳证券交易所关于发布《深圳证券交易所公开募集基础设施证券投资基金业务指南第2号——网下发行电子平台用户手册》的通知

(深证上〔2021〕457号 2021年4月30日发布)

各市场参与人:

为便于基金管理人、财务顾问、网下投资者等市场参与人在本所网下发行电子平台参与公开募集基础设施证券投资基金的询价和发售,本所制定了《深圳证券交易所公开募集基础设施证券投资基金业务指南第2号——网下发行电子平台用户手册》,现予以发布,自发布之日起施行。

特此通知

附件：深圳证券交易所公开募集基础设施证券投资基金业务指南第2号——网下发行电子平台用户手册

附件：

深圳证券交易所公开募集基础设施证券投资基金业务指南第2号——网下发行电子平台用户手册

说　明

一、本指南为方便市场参与人在深圳证券交易所（以下简称本所）网下发行电子平台参与公开募集基础设施证券投资基金询价和发售时参考，不构成本所业务规则或对规则的解释。如本指南与国家法律、法规及有关业务规则存在不一致的，应以法律、法规及有关业务规则为准。

二、本指南分网下发行电子平台用户手册投资者版和发行申请人版。

三、本所将根据需要随时修订本指南，请及时关注本所通知。

四、本所保留对本指南的最终解释权。

网下发行电子平台用户手册（基础设施基金投资者版）

一、系统简介

网下发行电子平台为网下发行的市场参与者，包括基金管理人、财务顾问和网下投资者，提供了方便简捷、安全可靠的业务办理通道，实现了初步询价、认购和网下配售的电子化。

网下发行电子平台基于浏览器/服务器方式实现，用户无需安装专门客户端应用程序，简便易用。网下发行电子平台使用了数字证书技术,保证了系统和用户操作的安全,提供安全有效的网上业务渠道。

二、系统要求

◇ 操作系统:Windows 7/8/10

◇ 浏览器:IE(Internet Explorer)9/10/11(暂不支持 Edge 浏览器)

三、准备工作

3.1 设置 IE(Internet Explorer)浏览器

1. 检查调整安全设置

打开 IE(Internet Explorer)浏览器,在"工具"菜单上,单击"Internet 选项",在"安全"标签下,找到"受信任的站点"图标(如下图箭头所在位置),查看"受信任站点"的安全级别,如果和下图所示不同,则单击右下角的"默认级别",将"受信任站点"的安全级别设置为与下图相同。

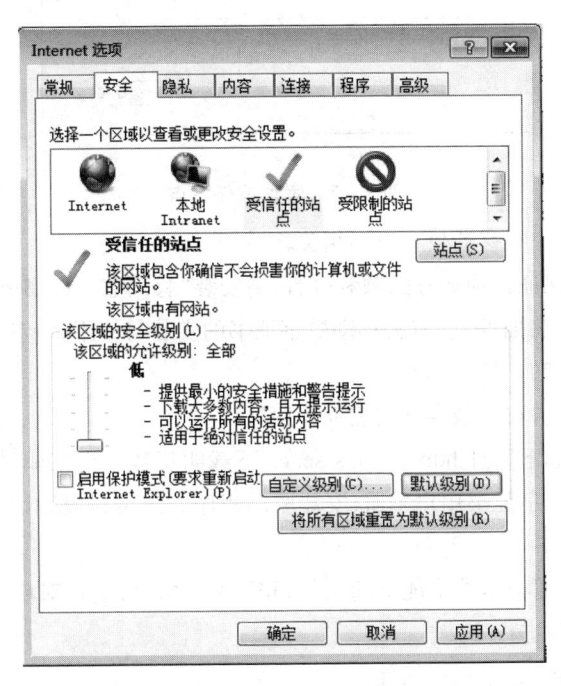

图 3-1 设置安全级别

2. 将"＊.szse.cn"加入受信任站点

如上图所示,选中"受信任站点",然后用鼠标点击"站点"按钮,弹出如下窗口。

请用鼠标点击"添加"按钮,将"https：//＊.szse.cn"添加到该区域中。

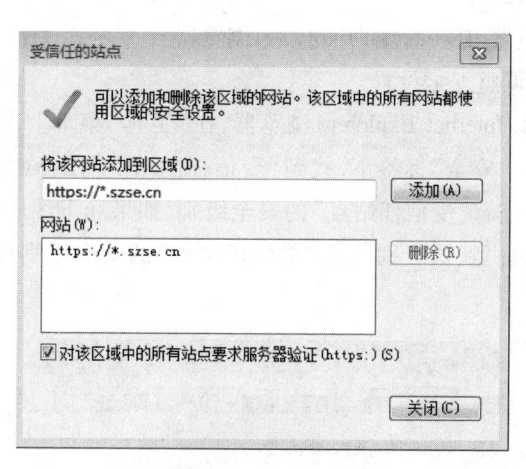

图3-2 添加信任站点

3.2 安装移动数字证书相关软件

为了保证各项业务的顺利进行,请安装"移动数字证书驱动程序"和"数字签名插件"。有关移动数字证书的安装与使用,请参考移动数字证书附带的用户手册。

1. 安装"移动数字证书驱动程序"

请从如下网址 http://ca.szse.cn 下载明华数字证书驱动程序,并根据明华数字证书用户手册,安装驱动程序。安装完成后请重新启动计算机。

注意:请根据数字证书的型号(M2、M3、M4),选择对应的数字证书驱动程序进行安装。

2. 安装"数字签名插件"

请从如下网址 http://ca.szse.cn 下载"数字签名插件"安装程序

到电脑硬盘上并执行安装。安装完成后请重新启动计算机。

四、系统登录

4.1 用户登录

用户插入数字证书,通过 IE 浏览器访问 https://biz.szse.cn/eipo,选择数字证书,系统会自动弹出图 4-1 所示窗口,要求用户输入硬证书密码,用户输入硬证书密码后即可登录到网下发行电子平台。硬证书初始密码是 111111,用户使用证书成功登录后应当立即通过硬证书管理软件"Ekey 管理器"(图标通常在屏幕右下角)修改硬证书密码。

图 4-1 硬证书密码输入窗口

4.2 用户首页

投资者通过证书成功登录网下发行电子平台后,即进入投资者首页,如图 4-2 所示。

图 4-2 投资者首页

投资者首页的证券发行列表中展示处于发行过程中的基础设施基金网下发行信息,点击"证券简称"蓝色链接,进入项目详情页,可查询发行的详细信息。

4.3 发行信息查询

通过点击首页证券发行列表该基金的"基金简称(基金代码)"超链接,进入项目详情页面,如图4-3所示。

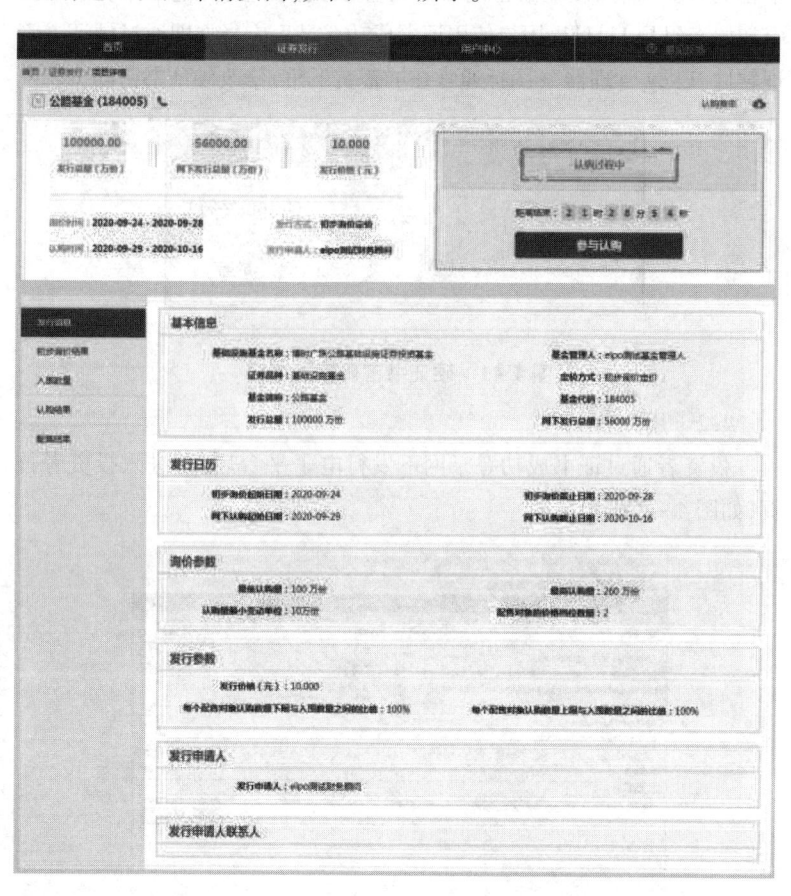

图4-3 项目详情-查看发行信息

网下发行电子平台中，与发行相关的所有信息，包括发行信息、初步询价结果、入围数量、认购结果和配售结果，全部在项目详情页面集中展示。

例如，投资者在初步询价报价完成后，若要查询初步询价结果，请点击进入"项目详情"，选择"初步询价结果"菜单，即可查看初步询价结果，如图4-4所示。

图4-4　项目详情-查看初步询价结果

4.4　证书密码修改

硬证书初始密码是111111，用户使用证书成功登录后应当立即通过硬证书管理软件"Ekey管理器"（图标通常在屏幕右下角）修改硬证书密码，如图4-5所示。

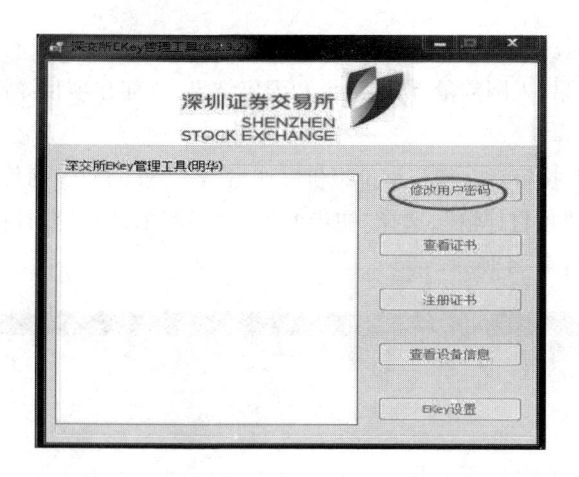

图 4–5　硬证书修改密码

五、初步询价

基础设施基金初步询价启动后，投资者可以在初步询价阶段的交易日的 9:30~15:00 参与基础设施基金的初步询价报价。

5.1　初步询价

投资者通过首页的证券发行列表，可以查询正在发行过程中的基础设施基金，如图 5–1 所示。

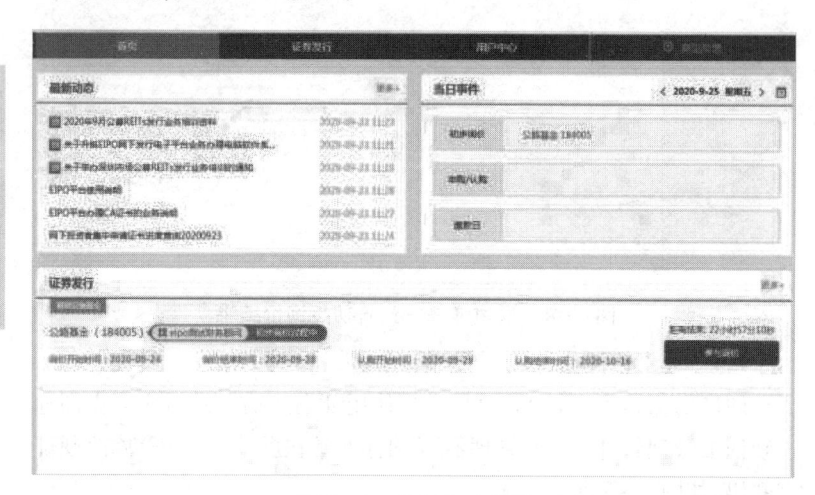

图 5–1　参与初步询价

对于处于初步询价过程中的基础设施基金,列表中发行状态显示为"初步询价过程中",右侧按钮显示为"参与询价"。

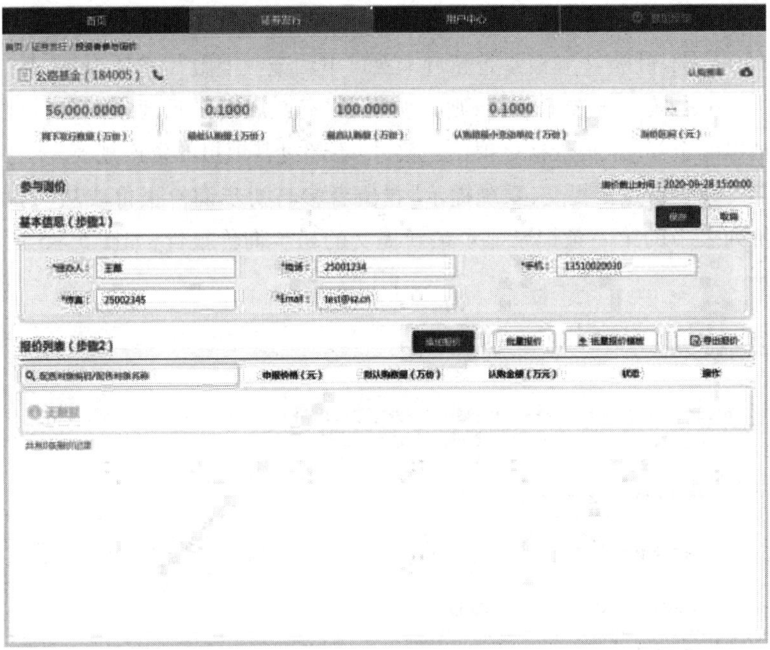

图 5-2 初步询价报价

投资者点击"参与询价"按钮,进入初步询价报价页面,如图 5-2 所示。投资者参与初步询价分为以下两个步骤:

第一步:填写并保存基本信息。基本信息包括经办人、电话、手机、传真、电子邮箱。

第二步:点击"添加报价",如图 5-3 所示。填报规则如下:

1)仅可选择投资者管理的符合报价条件的配售对象;

2)账户类型数据来源于配售对象,默认只读显示;

3)账户类型属于场内账户时必须填写托管单元,托管单元为 6 位数字;

4)申报价格由投资者填写;每个配售对象报价不得超过 1 个,同

一网下投资者的不同报价不得超过3个;

5)拟认购数量必须在有效范围内,并满足最小变动单位的要求;

6)资产规模填报说明:

a. 选择"资产规模是否超过本次可申购金额上限",选项为是、否;

b. 若第一步选择"否",则必须填写"资产规模",且要求配售对象拟申购金额(申报价格×拟认购数量)不超过其填报的资产规模。

投资者点击提交,系统提示"投资者参与初步询价报价成功",报价列表中的第一条记录显示最新提交的初步询价报价,如图5-5所示。

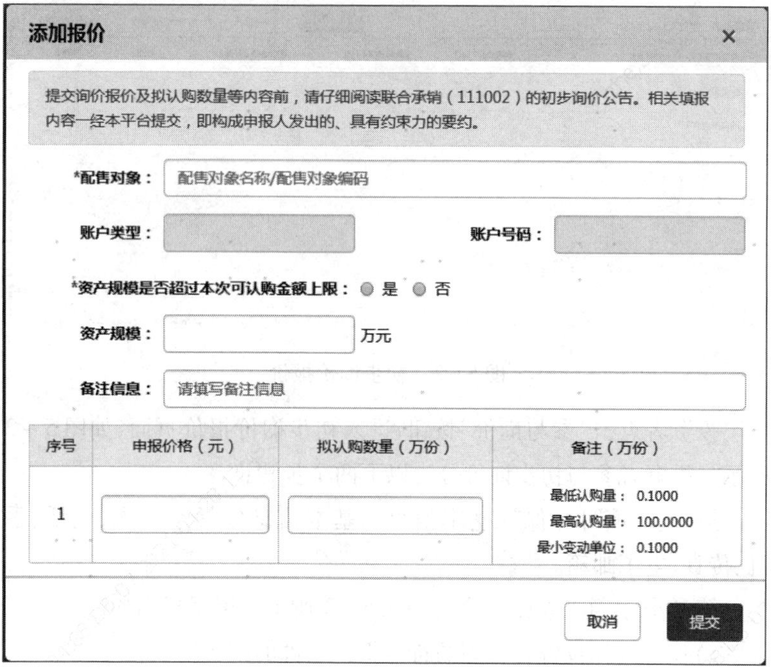

图5-3 添加报价

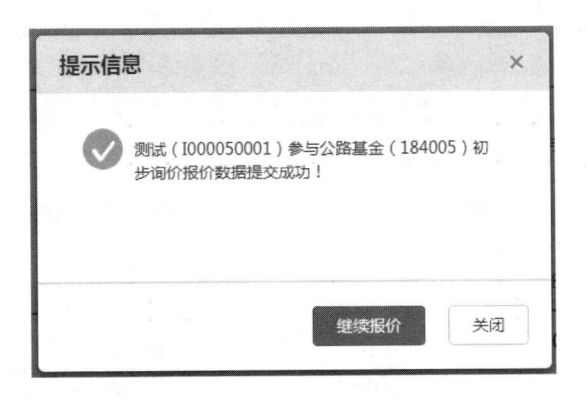

图 5-4　添加报价成功提示

图 5-5　初步询价报价列表

5.2　修改初步报价信息

投资者可直接点击配售对象报价列表操作栏的编辑按钮(见图5-5),修改所选择配售对象的申报价格、拟认购数量等信息。

修改时,投资者需要填写修改原因,然后点击提交,如图5-6所示。系统提示"修改初步询价报价数据成功!",即表示已修改完成,如图5-7所示。

图 5-6　修改报价信息

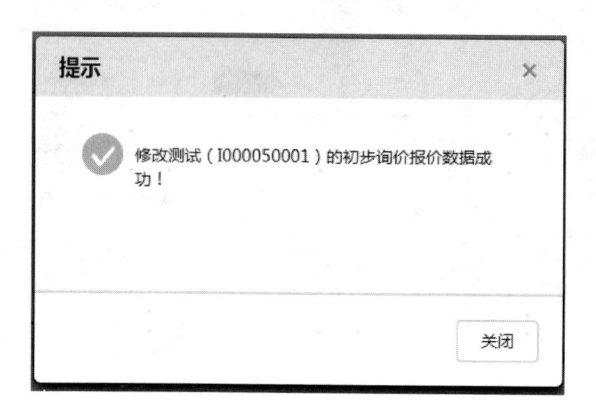

图 5-7　报价修改成功提示

5.3　初步询价结果查询

投资者初步询价报价完成后,点击如图 5-2 页面最上方的证券简称,或返回首页,点击首页证券发行列表的基金简称,进入基础设施基金的项目详情页,点击"初步询价结果"子菜单,查询初步询价结果,如图 5-8 所示。

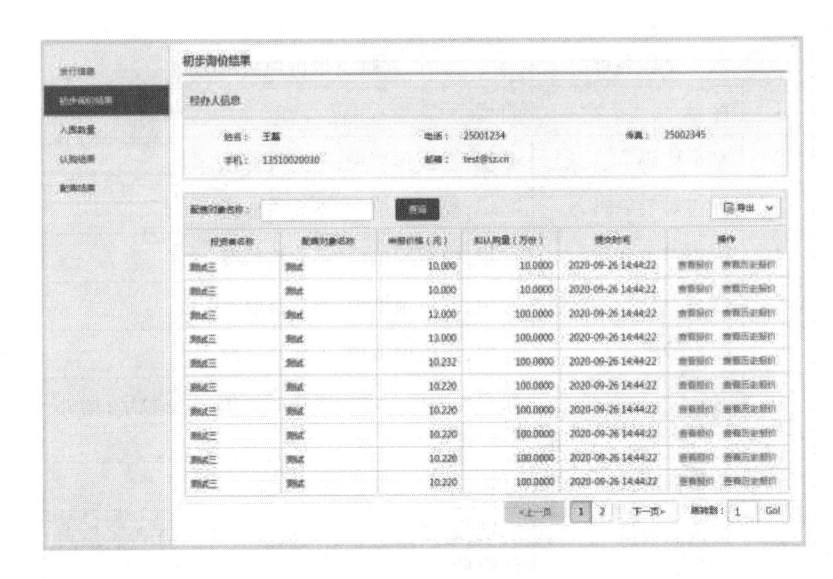

图 5-8　查询初步询价结果

5.4　批量报价

对于管理多个配售对象的投资者,可选择"批量报价"方式,同时为多个配售对象添加报价。特别提醒:批量报价文件上传成功后,已经提交的报价全部被清除,将以最新提交的报价为准。批量报价的操作步骤如下:

第一步:点击图 5-2 中的"批量报价模板"按钮,下载"批量报价模板",并按照"批量报价填写说明",补充填写申报价格、拟认购数量、托管单元等信息,制作批量报价文件(Excel 格式)。

图 5-9　初步询价批量报价模板

序号	字段名称	批量报价填写说明
1	序号	自增
2	基金代码	必填,模板预填项,不允许修改
3	配售对象编码	必填,模板预填项,不允许修改
4	配售对象名称	必填,模板预填项,不允许修改
5	账户类型	必填,模板预填项,不允许修改
6	账户号码	必填,模板预填项,不允许修改
7	托管单元	账户类型属于场内账户时必填,6位数字;场外账户留空
8	申报价格(元)	必填,小数位数不超过3位
9	拟认购数量(万份)	必填,必须大于等于最低认购量,小于等于最高认购量
10	资产规模是否超过本次可申购金额上限	选择框,取值是、否
11	资产规模(万元)	若"资产规模是否超过本次可申购金额上限"为"否"时,必填10位整数,6位小数
12	备注	非必填

说明:
1. 建议参与每只基础设施基金询价时,分别下载对应的模板,制作批量报价文件。
2. 批量报价文件中的配售对象必须在该发行的询价投资者范围内。
3. 每行报价记录中必填字段都必须填写完整,否则无法提交。
4. 不参与报价的配售对象,请从批量报价文件中删除。

第二步:点击图5-2中的"批量报价"按钮,系统弹出批量报价窗口,如图5-10所示,选择第一步制作的批量报价文件,并上传。点击提交按钮,系统提示"初步询价批量报价提交成功",如图5-11所示,表示已完成批量报价。

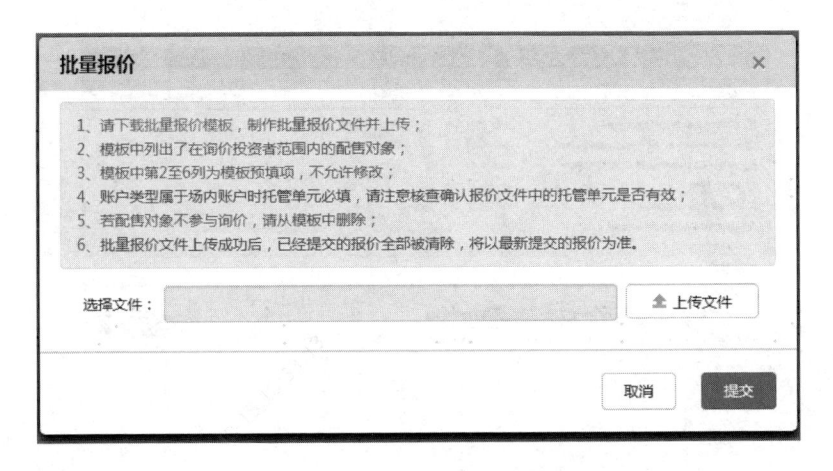

图 5 – 10　上传批量报价文件

图 5 – 11　批量报价成功提示

六、网下认购

网下认购启动后,有效入围投资者查询入围数量,并在认购阶段交易日的 9:30 ~ 15:00 参与基础设施基金的网下认购。

6.1　入围数量查询

SS – 1 日(SS 为认购开始日)15:00 后,投资者通过首页的"基金简称(基金代码)"超链接进入项目详情页,点击"入围数量"菜单,查询配售对象入围情况,如图 6 – 2 所示。

注意:SS – 1 日 15:00 网下认购启动后,投资者方可查询入围数量。若入围数量列表中为空,表示投资者未入围。

图 6-1 入围数量查询

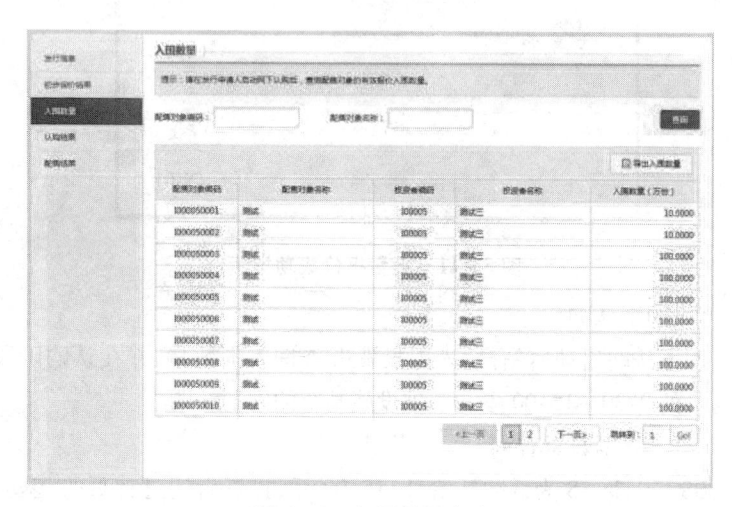

图 6-2 入围数量查询

6.2 网下认购

投资者通过首页的证券发行列表,可以查询正在认购过程中的基础设施基金,如图 6-3 所示。

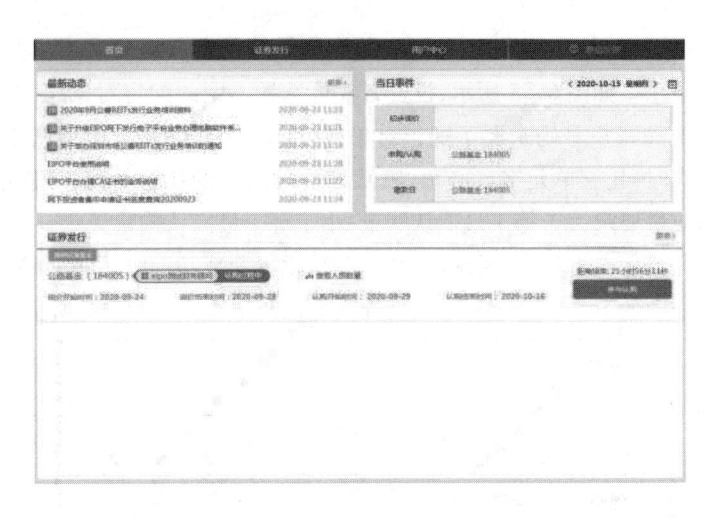

图 6-3　网下认购

投资者点击列表中"参与认购"按钮,进入认购单录入页面,如图 6-4 所示。投资者参与网下认购分为以下两个步骤:

第一步:填写经办人基本信息,并点击"保存"按钮。

图 6-4　认购单录入

第二步:点击"添加认购",为投资者管理的配售对象录入认购数量等信息。如图6-5所示,投资者仅可选择入围的配售对象;其中账户类型和账户号码来源于配售对象,默认只读显示;账户类型属于场内账户时,托管单元字段必填,默认询价时填写的托管单元,可修改;认购数量要求大于等于最低认购量,小于等于最高认购量。

投资者点击提交,系统提示"认购数据提交成功"(见图6-6),认购列表中的第一条记录显示最新提交的认购记录,如图6-7所示。

图6-5 认购单录入

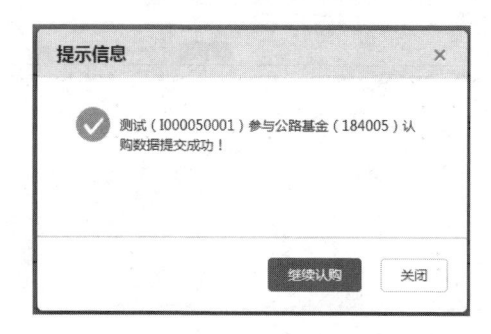

图6-6 认购提交成功提示

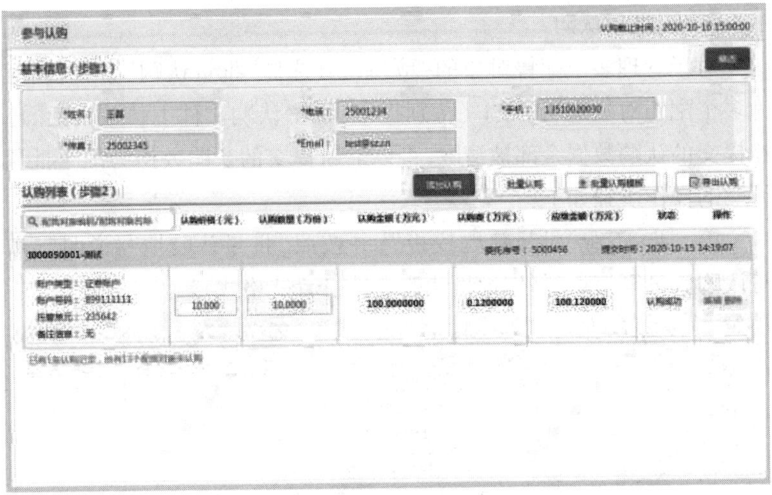

图 6-7　认购列表

6.3　认购结果查询

投资者可点击首页证券发行列表的证券简称,进入基础设施基金的项目详情页,点击"认购结果"子菜单,查询认购结果,如图 6-8 所示。

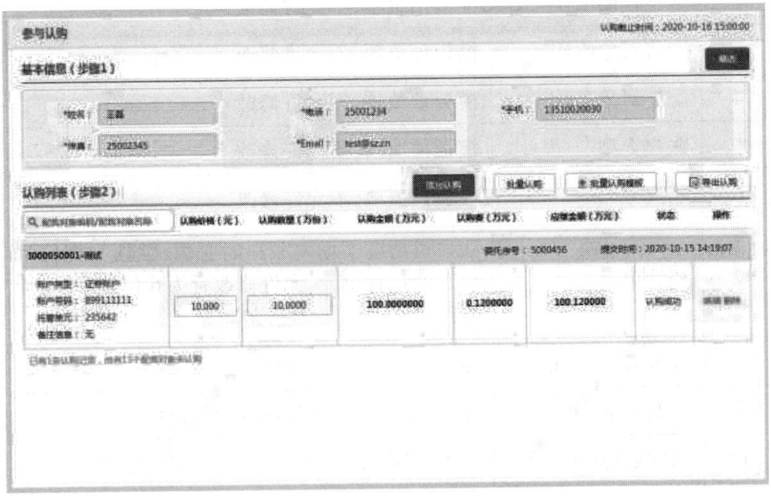

图 6-8　认购结果查询

6.4 批量认购

对于管理多个配售对象的投资者,可选择"批量认购"方式,同时为多个配售对象进行认购。特别提醒:批量认购文件上传成功后,已经提交的认购数据全部被清除,将以最新提交的认购数据为准。批量认购的操作步骤如下:

第一步:下载"批量认购模板",并按照"批量认购填写说明",填写认购数量等信息,制作批量认购文件(Excel 格式)。

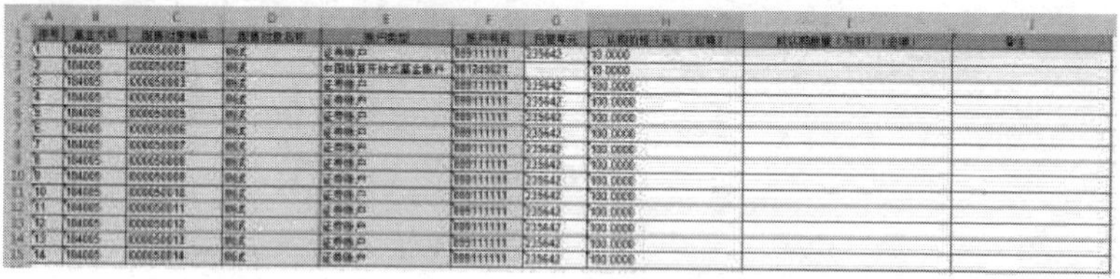

图6-9 批量认购模板

序号	字段名称	批量申购填写说明
1	序号	自增
2	基金代码	模板预填项,不允许修改
3	配售对象编码	模板预填项,不允许修改
4	配售对象名称	模板预填项,不允许修改
5	账户类型	模板预填项,不允许修改
6	账户号码	模板预填项,不允许修改
7	托管单元	账户类型属于场内账户时必填,默认为询价时填写的托管单元,允许修改且为6位数字;场外账户留空
8	入围数量(万份)	模板预填项,不允许修改
9	认购价格(元)	模板预填项,认购价格与发行价格一致
10	认购数量(万股)	必填,必须在有效认购数量上下限范围内
11	备注	非必填

续表

说明：
1. 建议参与每只新基础设施基金申购时，分别下载对应的模板，制作批量认购文件。
2. 批量认购文件中的配售对象必须是有效报价配售对象。
3. 每行认购记录中必填字段都必须填写完整，否则无法提交。

第二步：点击图6-4中的"批量认购"按钮，系统弹出批量认购窗口，如图6-10所示，选择第一步制作的批量认购文件，并上传。点击提交，系统进行批量认购数据校验，校验通过后，系统提示"批量认购提交成功"，如图6-11所示。

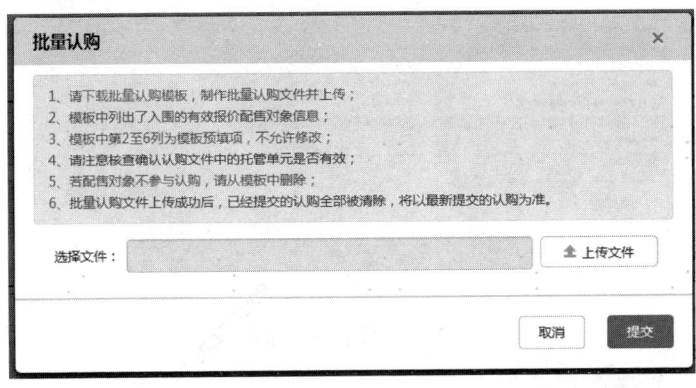

图6-10　上传批量认购文件

图6-11　批量认购提交成功提示

七、配售结果查询

7.1 查询配售结果

SE+1日(SE为认购结束日期)或发行人指定日期15:00后,投资者点击首页证券发行列表的基金简称,进入项目详情页,选择左侧的"配售结果"菜单,查询基础设施基金获配数量、获配金额、认购费、退款金额等,如图7-2所示。注意:SE+1日或发行人指定日期15:00配售完成后,投资者方可查询配售结果。若配售结果列表中为空,表示投资者未获得配售。

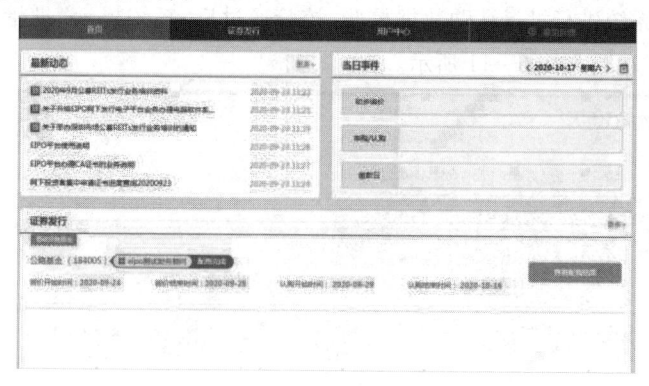

图7-1 配售结果查询

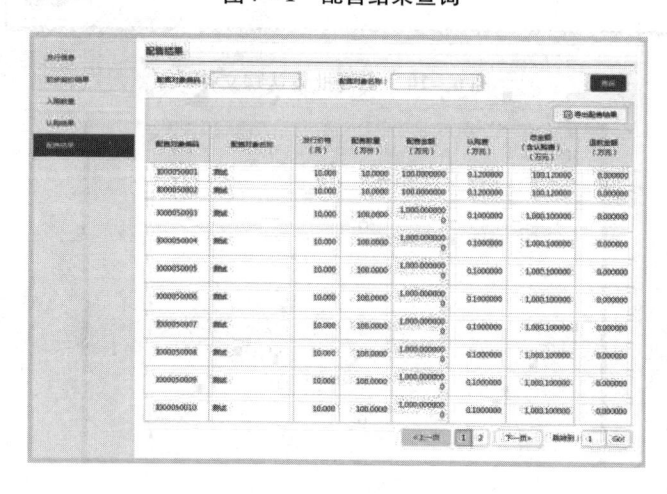

图7-2 配售结果查询

八、账户资料报备

参与网下询价的配售对象及其关联账户不得再通过面向公众投资者发售部分认购基金份额。

参与基础设施基金发行的网下投资者,可通过账户资料报备功能,报备场内证券账户对应的开户证件号码。报备成功后,系统将对投资者网上网下同时认购的行为进行拦截。

8.1 新增报备

投资者通过"账户资料报备"菜单进入账户资料报备列表页,可以查询已报备的账户资料,如图8-1所示。

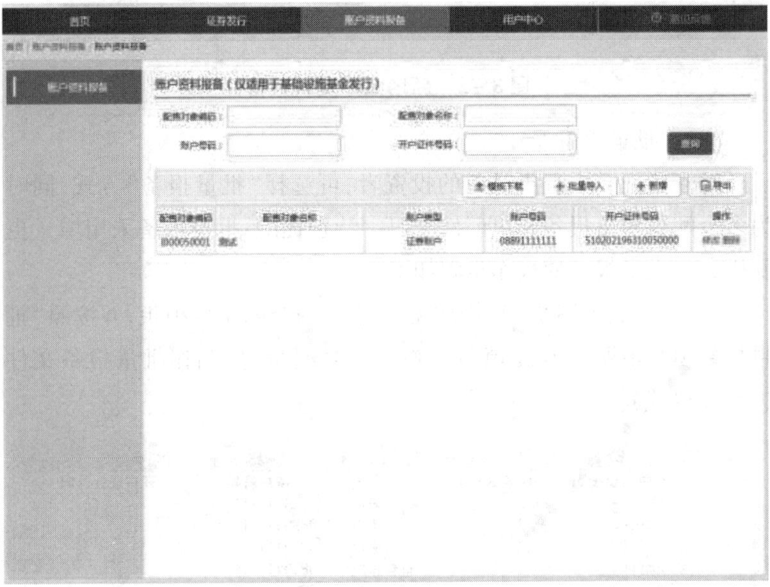

图8-1 账户资料报备列表

投资者点击"新增"按钮进入"新增账户资料报备"页面,选择配售对象,填写证券账户对应的开户证件号码,点击提交按钮,完成账户资料报备,如图8-2所示。

注意:"证件号码"应填写开立深市证券账户时使用的"有效身份证明文件号码"。

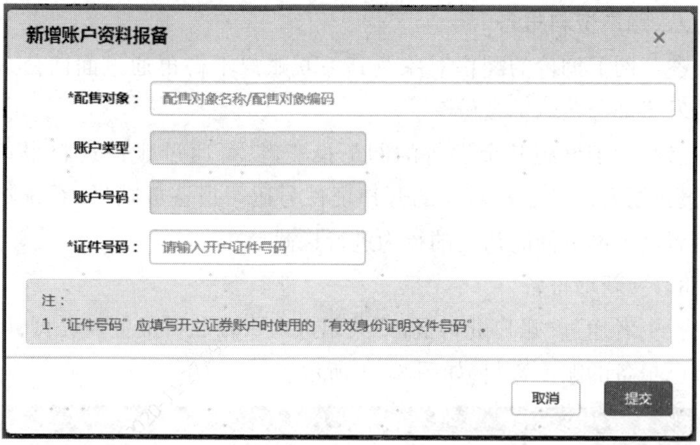

图 8 – 2 新增账户资料报备

8.2 批量报备

对于管理多个配售对象的投资者,可选择“批量报备”方式,同时为多个配售对象报备开户证件号码。特别提醒:批量报备采用增量更新模式。批量报备的操作步骤如下:

第一步:点击图 8 – 1 中的“模板下载”按钮,下载模板,并按照“批量报备填写说明”,补充填写开户证件号码信息,制作批量报备文件(Excel 格式)。

	A	B	C	D	E	F
1	序号	配售对象编码	配售对象名称	账户类型	账户号码	开户证件号码
2	1	I000050001	测试	证券账户	0899111111	
3	2	I000050002	测试	证券账户	0899111112	
4	3	I000050003	测试	证券账户	0899111113	
5	4	I000050004	测试	证券账户	0899111114	
6	5	I000050005	测试	证券账户	0899111115	
7	6	I000050006	测试	证券账户	0899111116	
8	7	I000050007	测试	证券账户	0899111117	

图 8 – 3 账户批量报备模板

序号	字段名称	批量报价填写说明
1	序号	自增
2	配售对象编码	模板预填项,不允许修改
3	配售对象名称	模板预填项,不允许修改
4	账户类型	模板预填项,不允许修改
5	账户号码	模板预填项,不允许修改
6	开户证件号码	填写开立证券账户时使用的"有效身份证明文件号码"

说明:
账户类型为深市证券账户的,必须报备开户证件号码,其他情况可以选择性报备

第二步:点击图8-1中的"批量导入"按钮,系统弹出批量报备窗口,如图8-4所示,选择第一步制作的文件,并上传。点击提交按钮,系统提示"披露报备提交成功",如图5-11所示,表示已完成批量报备。

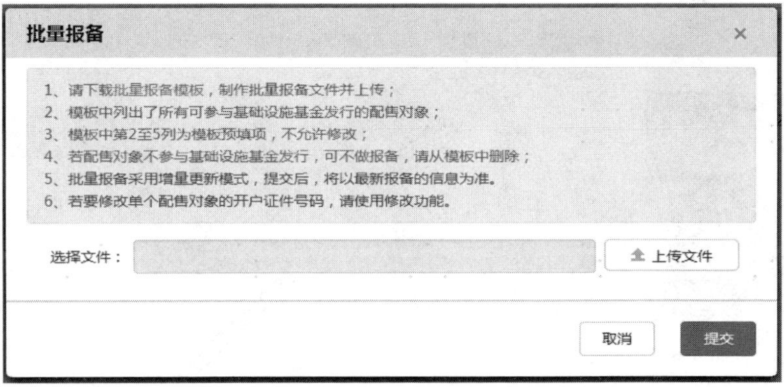

图8-4 批量报备

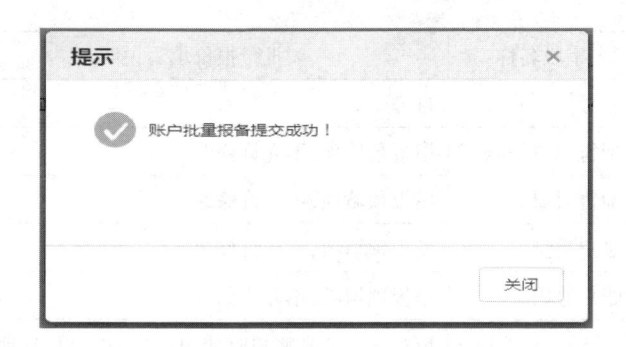

图 8-5　批量导入成功提示

九、用户中心

9.1　我的基金

"我的基金"展示投资者已参与发行的所有基础设施基金列表,如图 9-1 所示。

图 9-1　我的基金

9.2 投资者资料

"投资者资料"页面展示投资者的详细信息,点击修改按钮,可修改联系方式,若要更新其他信息,请到证券业协会更新,如图9-2所示。

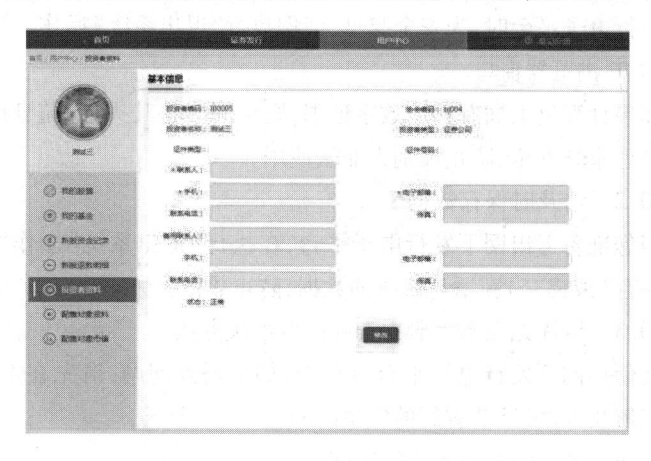

图 9-2　投资者资料

9.3 配售对象资料

"配售对象资料"页面展示配售对象的详细信息,若要修改配售对象相关信息,请到证券业协会更新,如图9-3所示。

图 9-3　配售对象资料

十、特别提醒及技术支持服务

10.1 请及时退出系统,拔出移动数字证书

当您使用完网下发行电子平台,或短时间内(如10分钟)不使用网下发行电子平台时,为安全起见,请您执行"退出系统"操作,并关闭所有的IE浏览器窗口。

如果计算机上插有移动数字证书,则请同时将其拔出,随身携带,以保障您系统安全,防止被别人非法使用。

10.2 请及时保存数据

当您准备退出网下发行电子平台,在执行"退出系统"操作之前,请先保存(或提交)新增与修改的数据,防止数据丢失。

10.3 请优先在本手册中查找问题解决办法

在使用网下发行电子平台过程中,如果遇到问题,请先在本手册中查找解决办法,以节省您的宝贵时间。

10.4 请及时联系本所解决问题

如果您遇到的问题无法在本手册中找到解决办法,请根据问题性质及时联系本所相应部门解决。当与本所联系时,建议您坐在计算机旁边,并准备好以下信息,以便快速说明和定位问题:(1)屏幕上所提示的信息;(2)出现问题时您正在进行的操作;(3)为了解决问题,您已经采取的措施。

我所系统运行部网上业务专区技术支持中心,负责网下发行电子平台使用中的技术性问题的解答,包括网站运行是否正常、网站速度过慢、文件无法提交、系统报错提示等。电话:0755-88820030,传真:0755-82083870,EMAIL:business@szse.cn。

我所CA证书技术支持中心,负责网下发行电子平台中与移动数字证书(E-key)相关的问题解答,包括移动数字证书的申请、发放、安装、使用、问题咨询等。电话:0755-88666172(或0755-88668486),传真:0755-88666344,EMAIL:ca@szse.cn,网站:http://ca.szse.cn。

网下发行电子平台用户手册
（基础设施基金发行申请人版）

一、系统简介

网下发行电子平台为网下发行的市场参与者，包括发行申请人（基金管理人、财务顾问）和网下投资者，提供了方便快捷、安全可靠的业务办理通道，实现了初步询价、认购和网下配售的电子化。

网下发行电子平台基于浏览器/服务器方式实现，用户无需安装专门客户端应用程序，简便易用。网下发行电子平台使用了数字证书技术，保证了系统和用户操作的安全，提供安全有效的网上业务渠道。

二、系统要求

◇ 操作系统：Windows 7/8/10

◇ 浏览器：IE(Internet Explorer) 9/10/11（暂不支持 Edge 浏览器）

三、准备工作

3.1 设置 IE(Internet Explorer) 浏览器

1. 检查调整安全设置

打开 IE(Internet Explorer) 浏览器，在"工具"菜单上，单击"Internet 选项"，在"安全"标签下，找到"受信任的站点"图标（如下图箭头所在位置），查看"受信任站点"的安全级别，如果和下图所示不同，则单击右下角的"默认级别"，将"受信任站点"的安全级别设置为与下图相同。

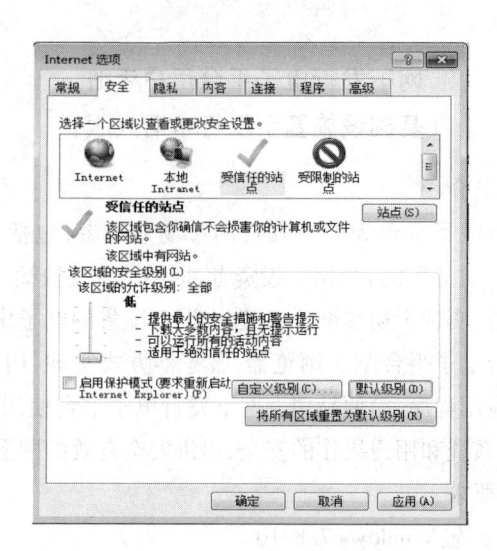

图 3–1　设置安全级别

2. 将"*.szse.cn"加入受信任站点

如上图所示,选中"受信任站点",然后用鼠标点击"站点"按钮,弹出如下窗口。请用鼠标点击"添加"按钮,将"https:// *.szse.cn"添加到该区域中。

图 3–2　添加信任站点

3.2 安装移动数字证书相关软件

为了保证各项业务的顺利进行,请安装"移动数字证书驱动程序"和"数字签名插件"。有关移动数字证书的安装与使用,请参考移动数字证书附带的用户手册。

1. 安装"移动数字证书驱动程序"

请从如下网址 http://ca.szse.cn 下载明华数字证书驱动程序,并根据明华数字证书用户手册,安装驱动程序。安装完成后请重新启动计算机。

注意:请根据数字证书的型号(M2、M3、M4),选择对应的数字证书驱动程序进行安装。

2. 安装"数字签名插件"

请从如下网址 http://ca.szse.cn 下载"数字签名插件"安装程序到电脑硬盘上并执行安装。安装完成后请重新启动计算机。

四、系统登录

4.1 用户登录

用户插入数字证书,通过 IE 浏览器访问 https://biz.szse.cn/eipo,选择数字证书,系统会自动弹出图 4-1 所示窗口,要求用户输入硬证书密码,用户输入硬证书密码后即可登录到网下发行电子平台。硬证书初始密码是 111111,用户使用证书成功登录后应当立即通过硬证书管理软件"Ekey 管理器"(图标通常在屏幕右下角)修改硬证书密码。

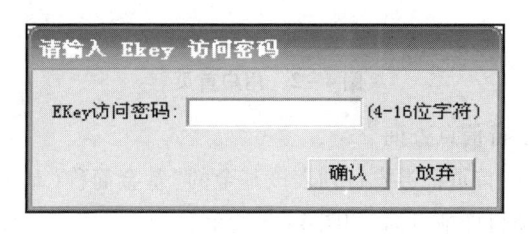

图 4-1 硬证书密码输入窗口

4.2 用户首页

发行申请人通过 CA 证书成功登录网下发行电子平台后，即进入发行申请人首页页面。

首页的证券发行列表中展示处于发行过程中的基础设施基金网下发行信息，点击"基金简称"蓝色链接，进入项目详情页，可查询发行的详细信息。

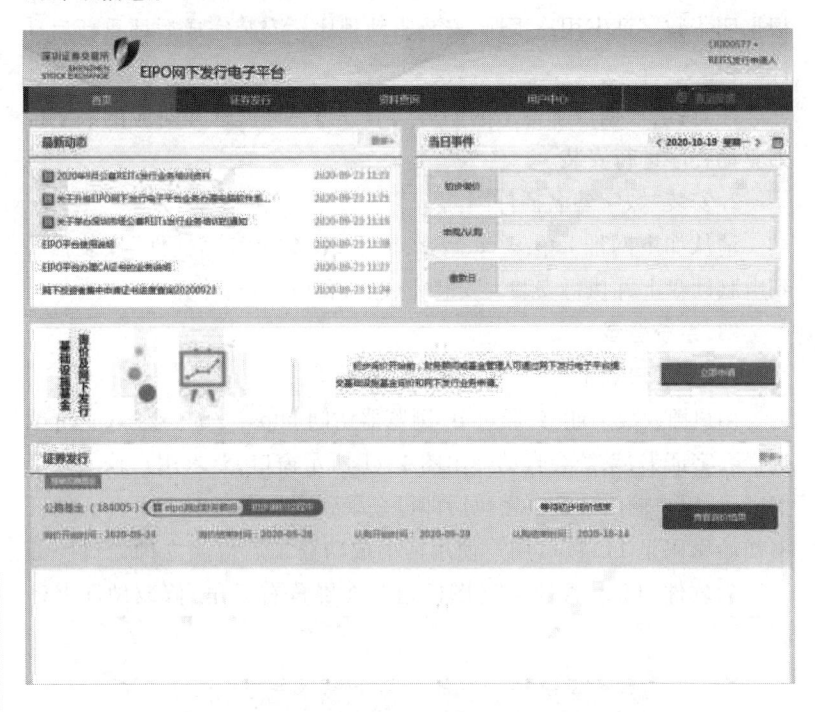

图 4-2 用户首页

4.3 发行信息查询

通过点击首页证券发行列表该基金的"基金简称(基金代码)"超链接，进入项目详情页面，如图 4-3 所示。

图 4-3 项目详情

网下发行电子平台中,与发行相关的所有信息,包括发行信息、询价投资者范围、初步询价结果、有效报价确认结果、入围数量、认购结果和配售结果,全部在项目详情页面集中展示。

例如,发行申请人在初步询价报价完成后,若要查询初步询价结果,请点击进入"项目详情",选择"初步询价结果"菜单,即可查看初步询价结果,如图 4-4 所示。

图 4-4 项目详情-初步询价结果查询

4.4 修改密码

硬证书初始密码是 111111，用户使用证书成功登录后应当立即通过硬证书管理软件"Ekey 管理器"（图标通常在屏幕右下角）修改硬证书密码。

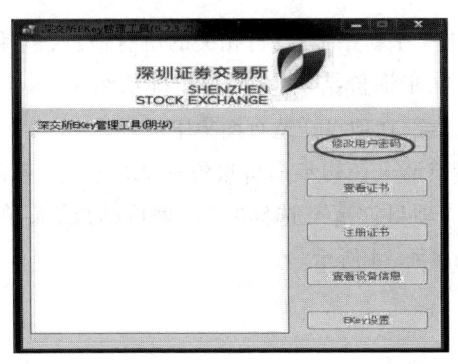

图 4-5 硬证书修改密码

五、发行申请

初步询价开始前,发行申请人登录网下发行电子平台提交发行申请。

5.1 发行申请首次录入

点击首页的"立即申请"按钮(见图5-1),进入发行申请首次录入页面,如图5-2所示。

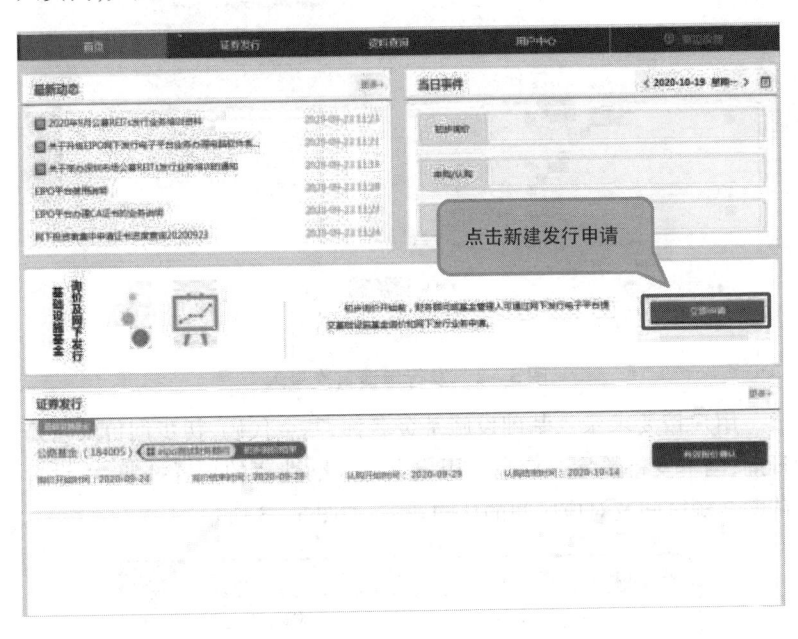

图5-1 新建发行申请

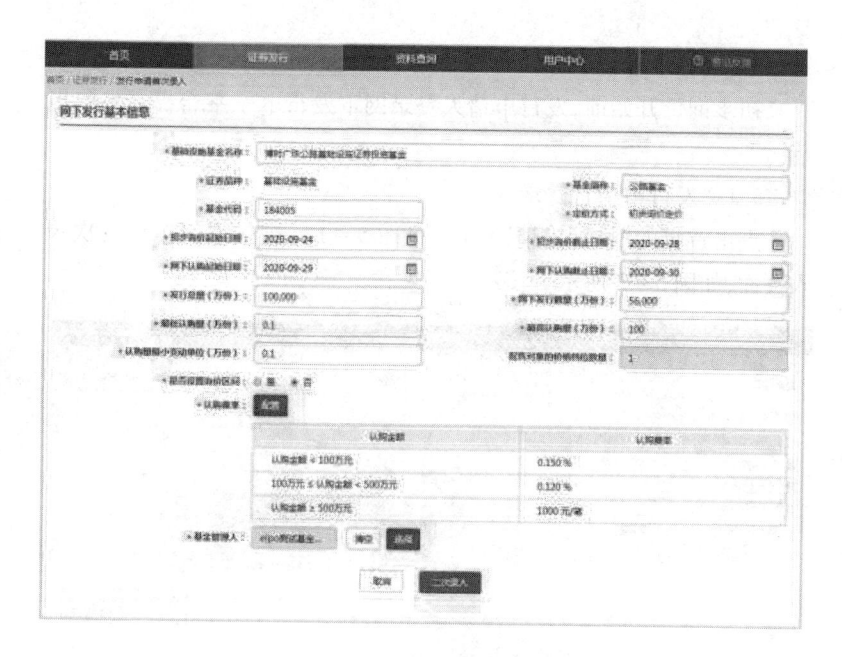

图 5-2　发行申请首次录入

　　用户按要求录入基础设施基金名称、基金代码、初步询价及认购日期、网下发行数量等信息。用户点击认购费率的配置按钮,可设置认购金额区间及对应区间的认购费率,如图 5-3 所示。

图 5-3　认购费率配置

5.2 发行申请二次录入

发行申请首次录入完成后,进入发行申请二次录入页面,如图5-4所示,用户按要求填写相关信息(同首次录入的信息),点击"提交"按钮,则完成二次录入操作。

注意:若采用双人复核的方式提交发行申请,用户可在完成发行申请首次录入,进入二次录入页面后退出,另一个用户登录平台进行二次录入。

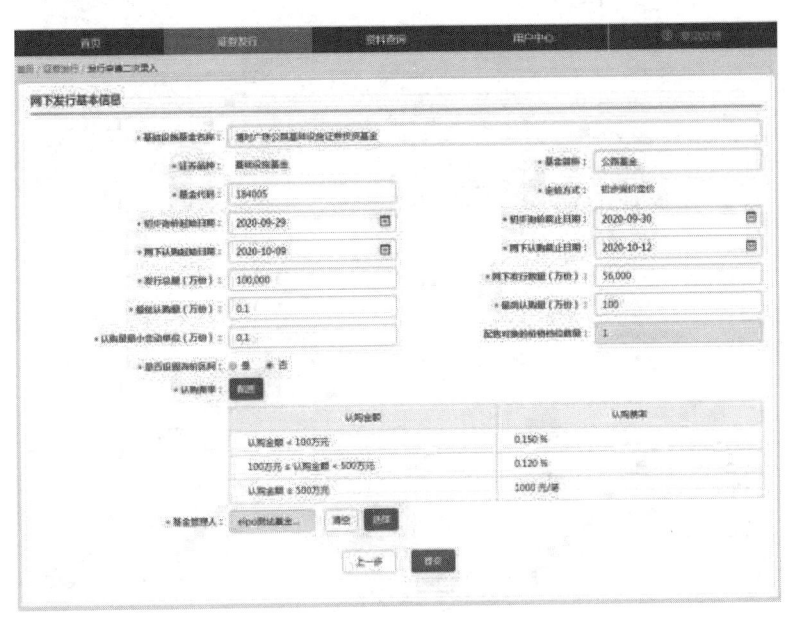

图5-4 发行申请二次录入

5.3 发行申请确认提交

发行申请二次录入完成后,进入发行申请确认提交页面,如图5-5所示。如果首次录入和二次录入不同,则在对比页面会用红色将不同项进行标示。用户可直接修改,将首次录入和二次录入信息修改为一致。

如果首次录入和二次录入一致,则填写完成经办人和联系人信息后,点击"提交"按钮,完成发行申请的提交,发行状态变更为"申请已提交",等待审核。

图 5-5　发行申请确认

六、初步询价

6.1　询价投资者确定

发行申请审批通过后,发行申请人需于初步询价开始日(ES 日)

前一交易日 14:00 后,初步询价开始日 8:30 前,确定参与询价的投资者范围。

通过"首页→证券发行列表→询价投资者确定"按钮(见图 6-1),进入询价投资者确定页面,如图 6-2 所示。

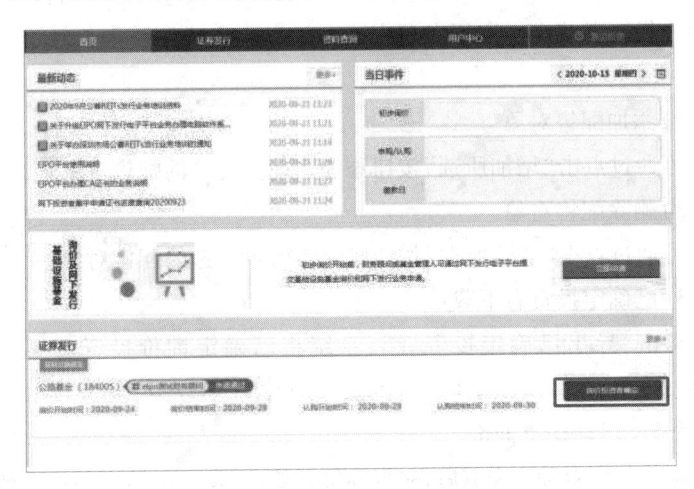

图 6-1　询价投资者确定入口

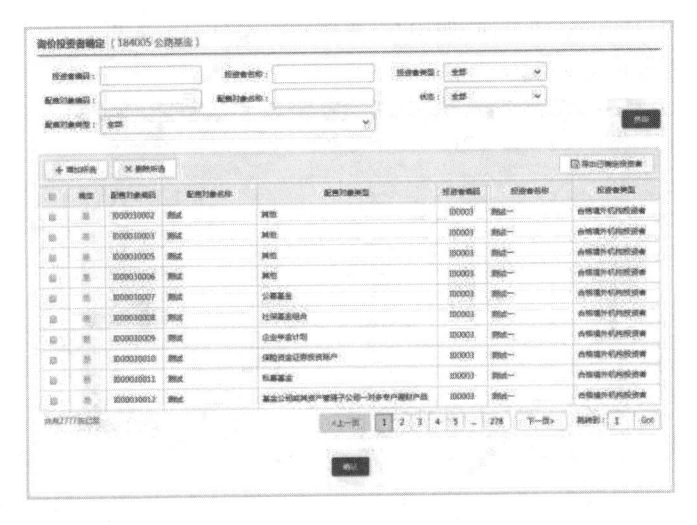

图 6-2　询价投资者确定

列表中显示所有在证券业协会已备案的投资者,"确定"列显示橙色"是"的配售对象表示已在询价投资者范围内,可参与初步询价。发行申请人确认无误后,点击"确认"按钮完成询价投资者范围确定。

说明:ES-1日14:00前,平台将自动添加符合条件的配售对象列入询价投资者范围。发行申请人可通过以下方式调整询价投资者范围:

1)添加配售对象

可通过点击"增加所选"按钮添加当前页勾选的配售对象。

2)删除配售对象

可通过点击"删除所选"按钮删除当前页勾选的配售对象。

3)已确定投资者下载:

点击"导出已确定投资者",系统将已确定询价投资者导出到excel文件。

6.2 启动初步询价

询价投资者确定完成后,初步询价开始前,发行申请人须启动初步询价。通过"首页→证券发行列表→启动初步询价"按钮(见图6-3),进入初步询价启动页面,如图6-4所示。发行申请人可以在该页面上传发行相关文件。

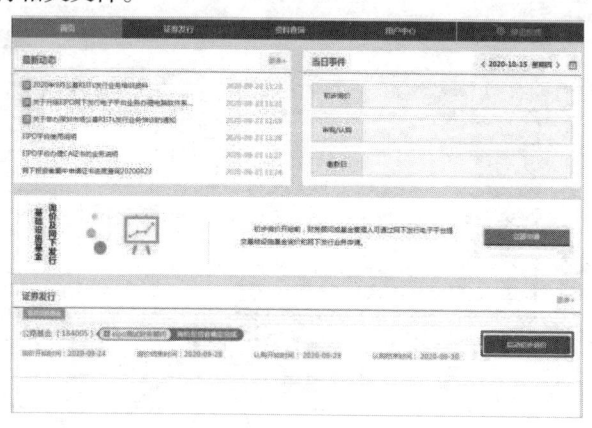

图6-3 启动初步询价

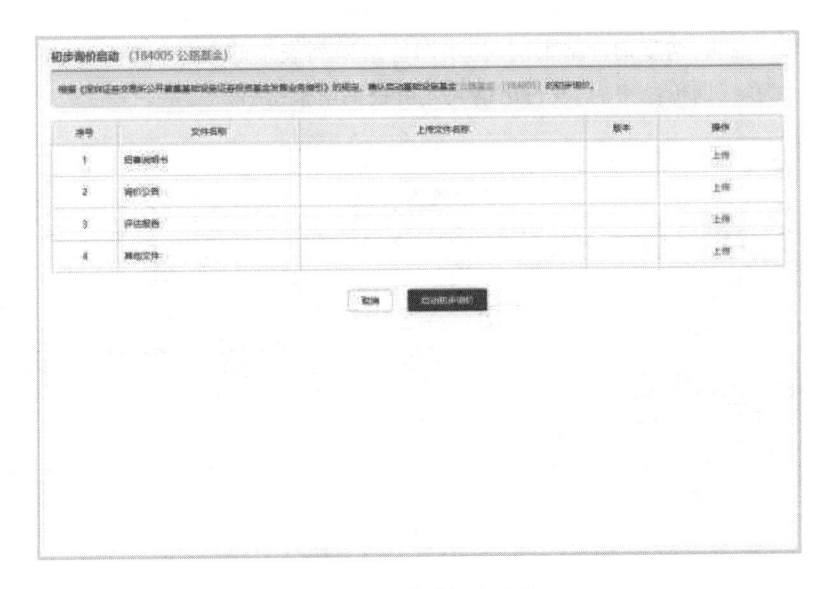

图6-4 启动初步询价

6.3 初步询价结果查询

初步询价开始后,发行申请人通过"首页→证券发行列表→查看询价结果"按钮,进入初步询价结果查询页面,如图6-6所示。

图6-5 初步询价结果查询

说明:初步询价结束前,初步询价结果列表中的申报价格字段显示为空,询价结束后,发行申请人才可查询申报价格。

图 6-6 初步询价结果查询

6.4 有效报价确认

初步询价结束后,发行申请人查询初步询价结果,并根据初步询价公告,进行有效报价确认:剔除关联方和不符合条件的报价。

通过"首页→证券发行列表→有效报价确认"按钮(见图 6-7),进入有效报价确认操作页面,如图 6-8 所示。

有效报价确认页面,显示了参与初步询价的配售对象列表,其中状态列显示报价是否有效。发行申请人点击操作栏的"标记无效"按钮,可将配售对象报价标记为无效;确认无误后,点击"提交"按钮完成有效报价确认。

第一部分　法律法规　　1103

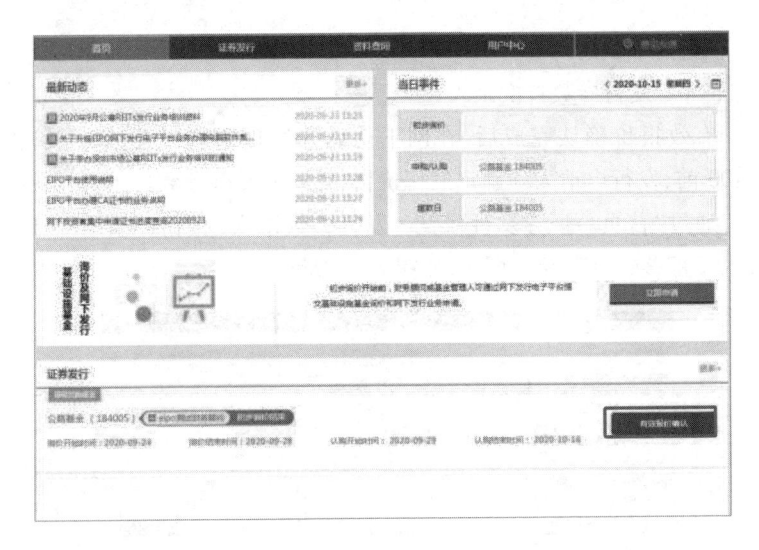

图 6-7　有效报价确认

图 6-8　有效报价确认

七、网下认购

7.1 发行参数首次录入

有效报价确认完成后,在网下认购开始日期前一天(SS-1)的15:00前,发行申请人须确定发行价格,并录入发行参数。

通过"首页→证券发行列表→发行参数录入"按钮(见图7-1),进入发行参数首次录入页面,如图7-2所示。

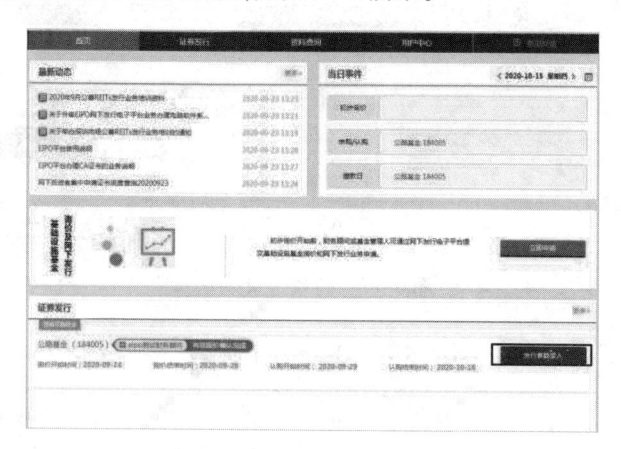

图 7-1 发行参数录入

图 7-2 发行参数首次录入

发行申请人按要求填写网下发行数量、发行价格、每个配售对象认购数量下限与入围数量的比值等信息。

填写时请注意:"每个配售对象认购数量下限/上限与入围数量的比值"限定了每个配售对象认购数量的上下限,计算规则如下:

- 认购数量下限 = 入围数量 * 每个配售对象认购数量下限与入围数量的比值
- 认购数量下限 = 入围数量 * 每个配售对象认购数量下限与入围数量的比值

例如,若"每个配售对象认购数量下限/上限与入围数量的比值"均填写为100%。那么认购数量下限 = 入围数量 * 100%,认购数量上限 = 入围数量 * 100%,即认购数量 = 入围数量。

发行申请人按要求填写完相关信息后,点击"二次录入"按钮,则完成发行参数首次录入的操作。

7.2 发行参数二次录入

发行参数首次录入完成后,系统进入"发行参数二次录入页面",如图7-3所示。发行申请人按要求填写相关信息(同首次录入的信息),点击"提交"按钮,则完成二次录入操作。

图7-3 发行参数二次录入

注意:若采用双人复核的方式提交发行参数,用户可在发行参数首次录入完成进入二次录入页面后退出,另一个用户登录平台进行二次录入。

7.3　发行参数确认提交

发行参数二次录入完成后,进入发行参数确认提交页面,如图7-4所示。如果首次录入和二次录入不同,则在对比页面会用红色将不同项进行标示。用户可直接修改,将首次录入和二次录入信息修改为一致。

如果首次录入和二次录入一致,则填写完成经办人和联系人信息后,点击"提交"按钮,完成发行参数的提交,发行状态变更为"发行参数已提交"。

发行参数确定后,系统自动将所有小于发行价格的报价设置为无效报价,无效报价列表如图7-5所示。每个配售对象的有效认购数量为其在所有不小于发行价格的价格档位上申报的拟认购数量的加总。

图7-4　发行参数提交

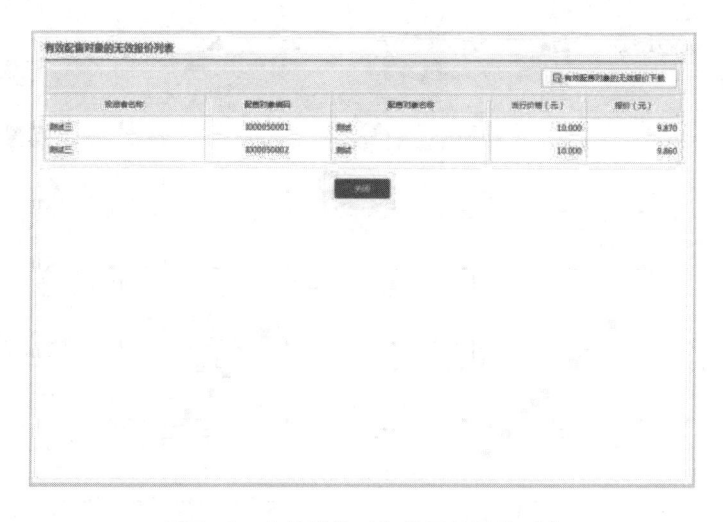

图7-5　有效配售对象的无效报价列表

7.4　确定有效入围投资者

发行参数录入完成后,SS-1日15:00前,发行申请人确定有效入围投资者及入围数量,并启动认购。

通过"首页→证券发行列表→确定有效入围投资者"按钮(见图7-6),进入有效入围投资者确定页面,如图7-7所示。

图7-6　有效入围投资者确定

图 7-7　有效入围投资者确定

有效入围投资者确定页面,显示了所有参与初步询价,且报价有效的配售对象的入围数量。用户点击操作栏中的"无效/有效"链接可将该入围配售对象的询价数据设置为无效/有效。被设置为无效配售对象不能参与后续的认购。(提示:入围数量显示的是该配售对象参与询价的有效的拟认购量)。

点击"确定有效入围投资者"按钮,系统提示有效入围投资者确定成功,高于发行价的配售对象入围,低于发行价的未入围,同时提示发行申请人启动网下认购。发行申请人启动网下认购后,系统将在网下认购开始日期的 9:30 自动将网下发行基金的发行状态更新为网下认购过程中。

7.5　认购结果查询

网下认购开始后,发行申请人点击操作栏的"查看认购结果"按钮(见图 7-8),或通过首页的"基金简称(基金代码)"超链接,进入项目详情页,点击"认购结果"子菜单,查询网下认购结果,如图 7-9 所示。

第一部分　法律法规　　1109

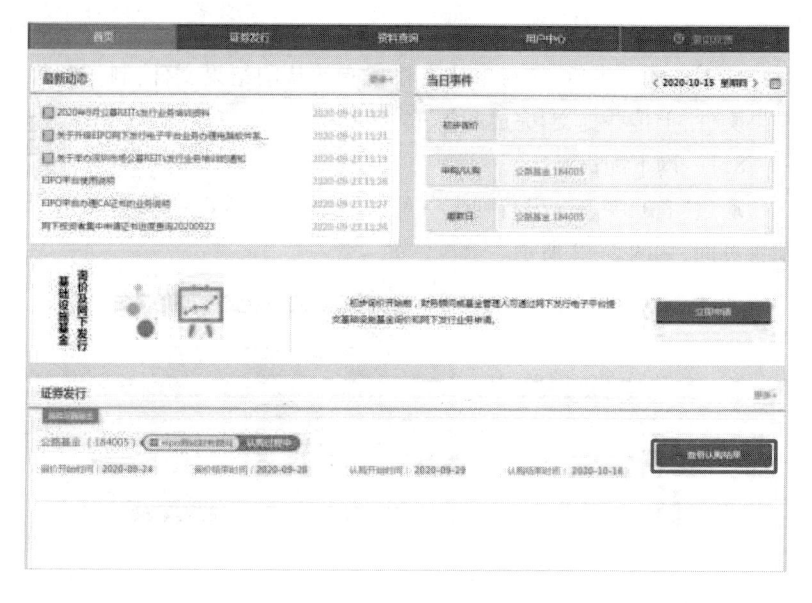

图 7-8　认购结果查询

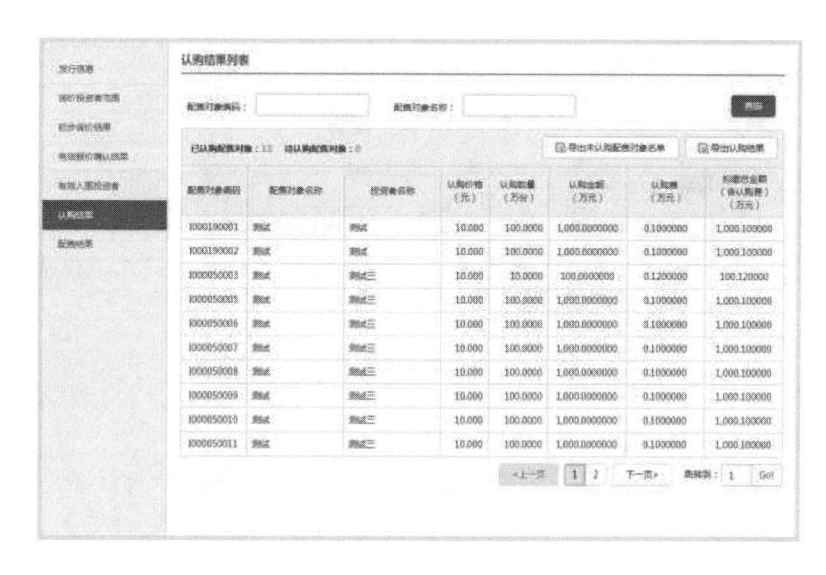

图 7-9　认购结果查询

八、网下配售

网下认购结束后,发行申请人根据有效认购结果文件,制作配售结果文件,上传并提交,完成配售。

8.1 网下配售

通过"首页→基金发行列表→配售"按钮(见图8-1),进入网下配售页面,如图8-2所示。

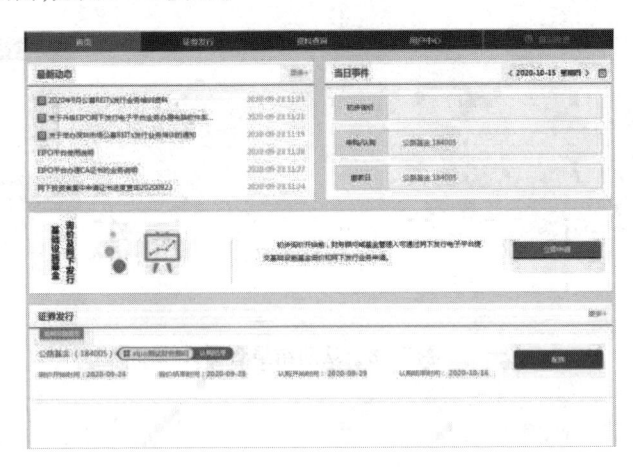

图8-1 网下配售

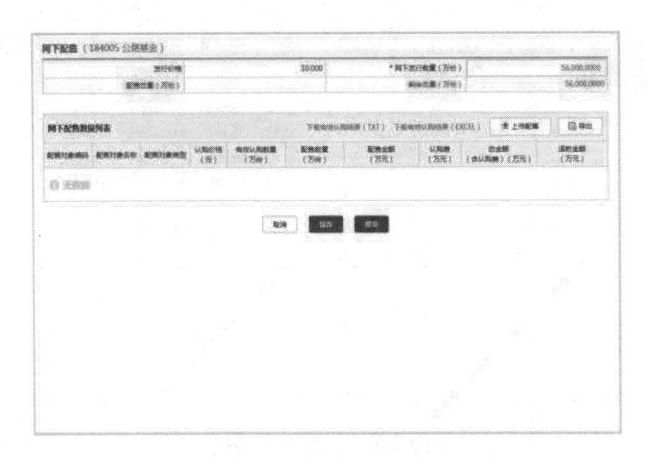

图8-2 网下配售

发行申请人按要求录入最终的网下发行数量,并按照以下步骤制作并上传配售结果文件:

1. 手工制作配售结果文件

发行申请人点击"下载有效认购结果文件 txt"或"下载有效认购结果文件 EXCEL"链接,下载有效认购结果文件,文件中列出了该证券的有效认购结果。

发行申请人根据《网下发行电子平台配售结果文件制作指南(基础设施基金 Ver1.0).doc》(下载地址:深圳证券交易所官网(www.szse.cn)法律法规→本所本所备忘录和服务指南→服务指南),按照要求制作配售结果文件。

2. 上传配售结果文件

发行申请人点击"上传配售"按钮,选择已经制作好的配售结果文件(txt 或 excel 格式)并上传,网下配售数据列表则显示发行申请人已上传的配售结果,确认无误后,点击"提交"按钮,完成配售操作。

【提示】配售结果上传完成后,发行申请人可在提交前,点击"保存"按钮保存配售结果,并通过列表上方的"导出"按钮,导出配售结果,核对无误后,再点击"提交"。

8.2 配售结果查询

配售完成后,发行申请人点击操作栏的"查看配售结果"按钮,或通过首页的"基金简称(基金代码)"超链接,进入项目详情页,点击"配售结果"子菜单,查询网下配售结果,如图 8-3 所示。

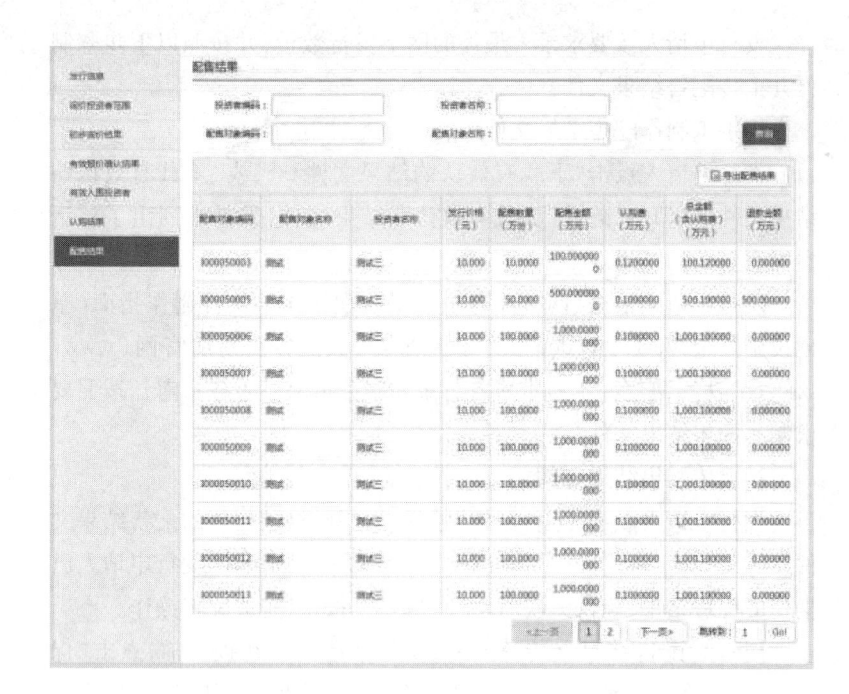

图 8-3 配售结果查询

九、网下发行结束确认

配售完成后,SE+3 日 17:00 前,发行申请人登录平台确认结束网下发行。

通过点击"首页→证券发行列表→确认网下发行结束"按钮,完成发行结果确认,如图 9-1 所示。如果发行申请人没有点击该按钮,则网下发行电子平台在 SE+3 日 17:00 自动结束网下发行。

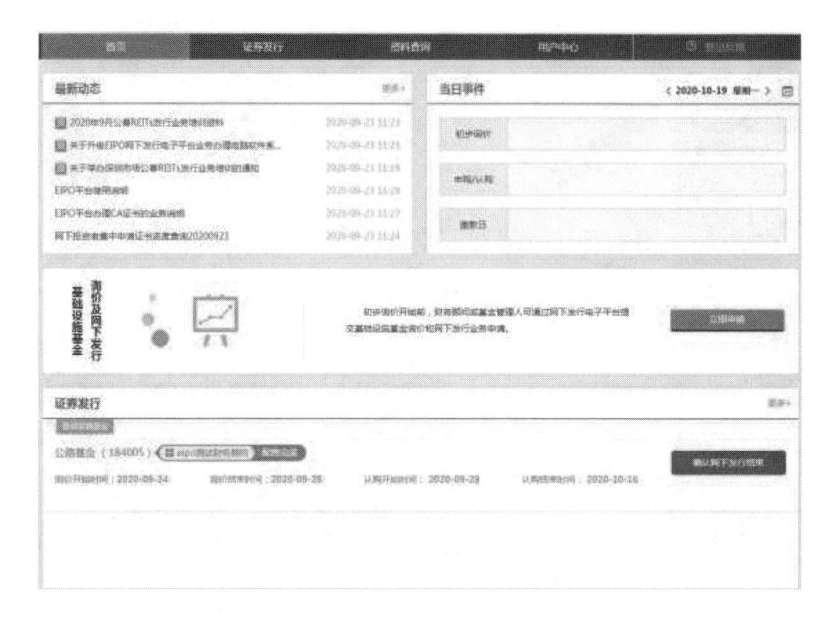

图 9－1　发行结束确认

十、资料查询

10.1　投资者资料查询

发行申请人登录网下发行电子平台后,点击"资料查询"菜单,选择"投资者资料子菜单",进入"投资者资料查询"页面,如图 10－1 所示。

在"投资者资料查询"列表显示所有的投资者信息,分别显示投资者名称、类型、联系人、联系电话。

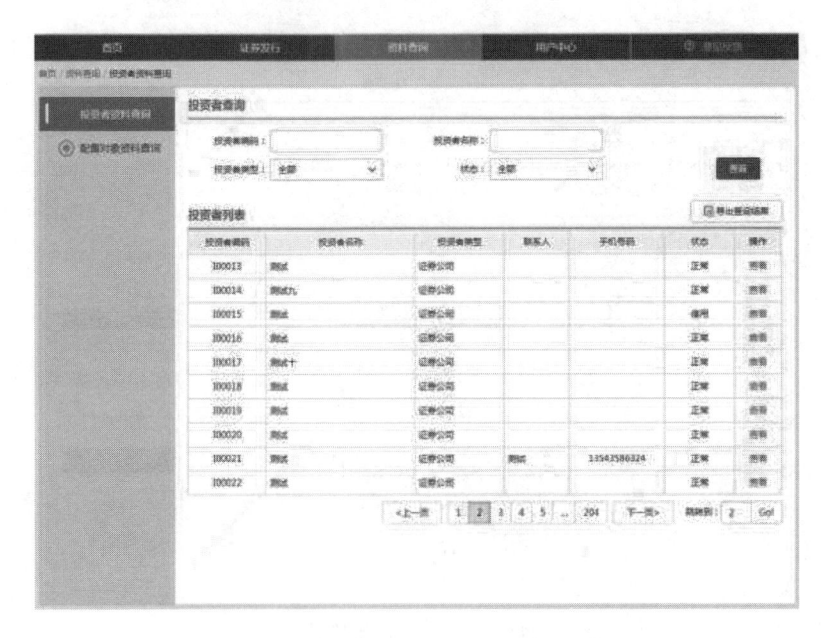

图 10 - 1　投资者资料查询

10.2　配售对象资料查询

发行申请人点击"资料查询"菜单,选择"配售对象资料查询"子菜单,进入"配售对象资料查询"页面,如图 10 - 2 所示。

在"配售对象资料查询"列表显示所有的配售对象信息,分别显示配售对象编码、配售对象名称、配售对象类型、投资者名称、账户类型、账户号码等信息。

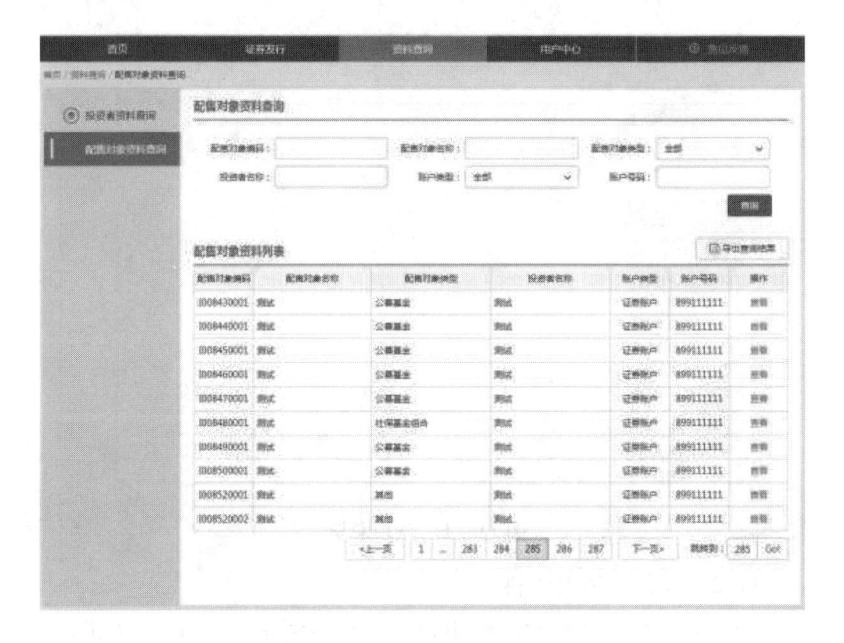

图 10 – 2　配售对象资料查询

十一、用户中心

11.1　账户总览

发行申请人登录网下发行电子平台后,点击"用户中心"菜单,进入"账户总览"页面,如图 11 – 1 所示。

在"账户总览"页面显示发行申请人近一年基础设施基金发行的统计信息。

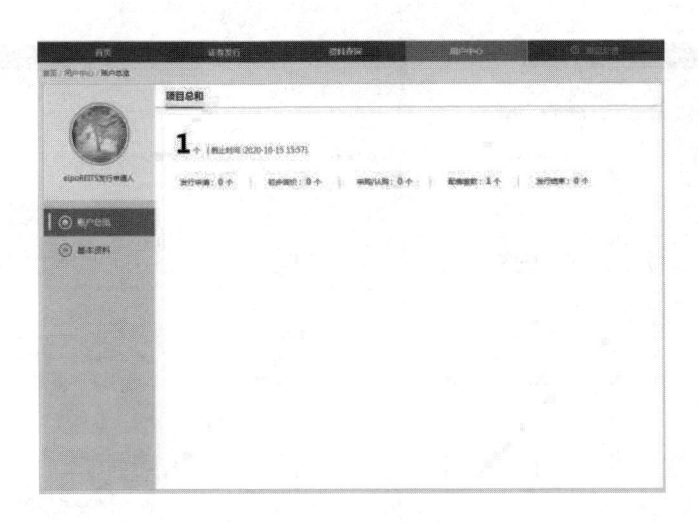

图 11 – 1　账户总览

11.2　发行申请人资料

"基本资料"页面显示发行申请人的基本信息,点击修改按钮,可修改联系方式等信息,如图 11 – 2 所示。

图 11 – 2　发行申请人资料

十二、特别提醒及技术支持服务

12.1　请及时退出系统,拔出移动数字证书

当您使用完网下发行电子平台,或短时间内(如 10 分钟)不使用网下发行电子平台时,为安全起见,请您执行"退出系统"操作,并关闭所有的 IE 浏览器窗口。

如果计算机上插有移动数字证书,则请同时将其拔出,随身携带,以保障您系统安全,防止被别人非法使用。

12.2　请及时保存数据

当您准备退出网下发行电子平台,在执行"退出系统"操作之前,请先保存(或提交)新增与修改的数据,防止数据丢失。

12.3　请优先在本手册中查找问题解决办法

在使用网下发行电子平台过程中,如果遇到问题,请先在本手册中查找解决办法,以节省您的宝贵时间。

12.4　请及时联系本所解决问题

如果您遇到的问题无法在本手册中找到解决办法,请根据问题性质及时联系本所相应部门解决。当与本所联系时,建议您坐在计算机旁边,并准备好以下信息,以便快速说明和定位问题:(1)屏幕上所提示的信息;(2)出现问题时您正在进行的操作;(3)为了解决问题,您已经采取的措施。

我所系统运行部网上业务专区技术支持中心,负责网下发行电子平台使用中的技术性问题的解答,包括网站运行是否正常、网站速度过慢、文件无法提交、系统报错提示等。电话:0755 - 88820030,传真:0755 - 82083870,EMAIL:business@szse.cn。

我所 CA 证书技术支持中心,负责网下发行电子平台中与移动数字证书(E - key)相关的问题解答,包括移动数字证书的申请、发放、安装、使用、问题咨询等。电话:0755 - 88666172(或 0755 - 88668486),传真:0755 - 88666344,EMAIL:ca@szse.cn,网站:http://ca.szse.cn。

深圳证券交易所关于发布《深圳证券交易所公开募集基础设施证券投资基金业务指南第 3 号——交易业务》的通知

（深证上〔2021〕600 号　2021 年 6 月 18 日发布）

各市场参与人：

为便于公开募集基础设施证券投资基金市场参与主体进行基金交易，保障基础设施公募 REITs 上市交易的平稳运行，本所制定了《深圳证券交易所公开募集基础设施证券投资基金业务指南第 3 号——交易业务》，现予以发布，自发布之日起施行。公开募集基础设施证券投资基金作为质押券参与债券质押式三方回购业务的具体实施时间由本所另行通知。

特此通知

附件：深圳证券交易所公开募集基础设施证券投资基金业务指南第 3 号——交易业务

附件：

深圳证券交易所公开募集基础设施证券投资基金业务指南第 3 号——交易业务

重要提示

一、本指南仅用于深圳证券交易所（以下简称本所）公开募集基础设施证券投资基金（以下简称基础设施基金）现券交易、回购交易等业务,并非本所业务规则或对规则的解释。如本指南与国家法律、法规及有关业务规则发生冲突,应当以法律、法规及有关业务规则为准。

二、本所将根据实际情况,对本指南进行不定期修订并发布更新版本。

三、本所保留对本指南的最终解释权。

第一章 现券交易

基础设施基金可以采用竞价、大宗和询价等本所认可的交易方式进行交易。

一、竞价交易机制

1. 基础设施基金采用竞价交易方式的,申报时间为每个交易日9:15 至 9:25、9:30 至 11:30、13:00 至 15:00。

每个交易日 9:20 至 9:25、14:57 至 15:00,本所交易主机不接受参与竞价交易的撤销申报;在其他接受申报的时间内,未成交申报可以撤销。

2. 基础设施基金竞价交易申报数量应当为 100 份或其整数倍,单笔申报的最大数量应当不超过 10 亿份。卖出基础设施基金时,余额不足 100 份部分,应当一次性申报卖出。

3. 基础设施基金竞价交易申报价格最小变动单位为 0.001 元人民币。

4. 基础设施基金的开盘价为当日该证券的第一笔成交价格。开盘价通过集合竞价方式产生,不能通过集合竞价产生的,以连续竞价方式产生。

基础设施基金的收盘价通过集合竞价的方式产生。收盘集合竞价不能产生收盘价或未进行收盘集合竞价的,以当日该证券最后一笔交易前一分钟所有交易的成交量加权平均价(含最后一笔交易)为收盘价。

当日无成交的,以前收盘价为当日收盘价。

基础设施基金份额上市首日,其即时行情显示的前收盘价为基础设施基金发售价格。

5.本所对基础设施基金交易实行价格涨跌幅限制,基础设施基金上市首日涨跌幅限制比例为30%,非上市首日涨跌幅限制比例为10%。

涨跌幅限制价格的计算公式为:涨跌幅限制价格 = 前收盘价 × (1 ± 涨跌幅限制比例)。计算结果按照四舍五入原则取至价格最小变动单位。涨跌幅限制价格与前收盘价之差的绝对值低于价格最小变动单位的,以前收盘价增减一个价格最小变动单位为涨跌幅限制价格。

6.买卖基础设施基金,其有效竞价范围与涨跌幅限制范围一致,在价格涨跌幅限制以内的申报为有效申报,超过涨跌幅限制的申报为无效申报。

二、大宗交易机制

1.采用协议大宗交易方式的,本所接受申报的时间为每个交易日9:15至11:30、13:00至15:30。

采用盘后定价大宗交易方式的,本所接受申报的时间为每个交易日15:05至15:30。

当天全天停牌、处于临时停牌期间或停牌至收市的证券,本所不接受其协议大宗交易申报。

当天全天停牌或停牌至收市的证券,本所不接受其盘后定价大宗交易申报。

2.基础设施基金大宗交易单笔申报数量应当为1000份或者其整数倍。

3.基础设施基金大宗交易申报价格最小变动单位为0.001元人民币。

4.基础设施基金大宗交易成交价格,在该证券当日涨跌幅限制价格范围内确定。

5.基础设施基金协议大宗交易在接受申报的时间内实时确认成交。

6. 大宗交易不纳入本所即时行情和指数的计算,成交量在大宗交易结束后计入当日该证券成交总量。

三、询价交易机制

1. 询价交易是指投资者作为询价方向被询价方发送询价请求,被询价方对询价请求进行回复,询价方选择一个或多个询价回复确认成交的交易方式。

2. 采用询价交易方式的,本所接受申报的时间为每个交易日9:15至11:30、13:00至15:30。

3. 基础设施基金询价交易单笔申报数量应当为1000份或者其整数倍。

4. 基础设施基金询价交易申报价格最小变动单位为0.001元。

5. 询价请求要素应当包括询价方证券账户号码、证券代码、买卖方向、数量等内容。

询价回复要素包括价格、数量、被询价方证券账户号码等内容。

6. 每个询价请求的有效期为2个小时,当日有效,中午休市期间不予计时。2小时内未确认成交的,该询价请求、其对应的询价回复自动撤销。

7. 询价方选择询价回复并确认后,相关交易按照询价方确认的数量、价格成交。

8. 未成交的询价请求,询价方可以撤销,被询价方可以撤销其询价回复。询价请求被撤销后,针对该询价的回复也随之自动撤销。询价请求部分成交的,未成交部分的询价请求及询价回复自动撤销。

9. 基础设施基金询价交易的成交价格,在该证券当日涨跌幅限制价格范围内确定。

第二章　回购交易

基础设施基金可作为质押券按照本所《公开募集基础设施证券投资基金业务办法(试行)》的规定参与质押式协议回购、质押式三方回购等业务。

一、限售份额回购交易管理

1. 原始权益人或其同一控制下的关联方参与战略配售的基础设施基金份额在限售期内不允许质押；其他专业机构投资者战略配售份额在限售期内允许质押。

2. 原始权益人或其同一控制下的关联方在限售届满后参与质押式协议回购、质押式三方回购等业务的，质押的战略配售取得的基础设施基金份额累计不得超过其所持全部该类份额的50%。

二、债券质押式协议回购

1. 基础设施基金作为质押券进行债券质押式协议回购交易的，应当按照《深圳证券交易所债券质押式协议回购交易业务办法》《深圳证券交易所债券交易业务指南第2号——债券质押式协议回购》等规定参与债券质押式协议回购业务。

2. 本所接受债券质押式协议回购申报的时间为每个交易日的9:15至11:30,13:00至15:30。本所可以根据市场需要调整债券质押式协议回购的申报时间。

3. 债券质押式协议回购的期限不得超过365天，且不得超过质押券的存续期间。

4. 债券质押式协议回购交易申报类型包括初始交易申报、质押券变更申报、到期续做申报、购回交易申报四类，其中购回交易申报包含到期购回申报和提前购回申报。

5. 基础设施基金份额性质包含无限售流通份额、首发后限售份额两类，正回购方在发起初始交易申报、质押券变更申报时，需明确质押券份额性质为无限售流通份额或首发后限售份额，逆回购方需对质押券份额性质进行确认。

6. 初始交易申报时，单笔交易仅能选择单一份额性质的质押券，若质押券涉及两种份额性质，需按照不同份额性质逐笔申报。

7. 基础设施基金作为质押券的，质押券数量单位为份，成交金额不得超过基础设施基金质押份数与基础设施基金前收盘价或面值（取较大）的乘积。

8.债券质押式协议回购发生违约的,经回购双方协商一致,可向本所申请办理协议回购质押券处置过户。基础设施基金作为债券质押式协议回购质押券的,若违约发生时所质押的基础设施基金份额尚未解除限售,则对于限售部分的基础设施基金份额,需待解除限售后才可办理处置过户。

9.基础设施基金在质押期间发生分红,依据《深圳证券交易所债券质押式协议回购交易主协议(2021年版)》约定,相关资金作为质押财产,除双方另有约定外,待基础设施基金解除质押登记后方可提取。回购双方在确保担保品价值足额的前提下,经协商一致,可提交质押券变更申报换出上述现金质押物。

三、其他回购交易

1.基础设施基金可以作为质押券按照本所相关规定参与债券质押式三方回购业务,具体实施时间由本所另行通知。

2.本所上市的基础设施基金份额战略配售限售份额及无限售流通份额可以作为股票质押式回购补充质押标的证券。

第三章 其 他

1.本所上市的基础设施基金无限售流通份额可以作为融资融券的可充抵保证金证券,折算率上限按照《深圳证券交易所融资融券交易实施细则》规定的其他上市证券投资基金执行。

2.本所上市的基础设施基金无限售流通份额可以作为约定购回标的证券。

3.本所会员应做好交易前端的检查控制,不得将基础设施基金限售份额(包括原始权益人或其同一控制下的关联方战略配售限售份额、其他专业机构投资者战略配售限售份额)作为融资融券可充抵保证金证券及约定购回标的证券,不得将基础设施基金份额作为股票质押式回购初始交易质押标的证券,不得将基础设施基金原始权益人或其同一控制下的关联方限售份额作为股票质押式回购补充质押标的证券。如因操作不当导致相关交易完成的,会员应及时要求投资者恢复原状，本所将根据业务规则对相关会员采取自律监管措施或纪律处分。

深圳证券交易所关于发布《深圳证券交易所公开募集基础设施证券投资基金业务指南第4号——存续期业务办理》的通知

（深证上〔2021〕692号　2021年7月15日发布）

各市场参与人：

为便于公开募集基础设施证券投资基金市场参与主体办理各项存续期业务，保障基础设施公募REITs平稳运作，本所制定了《深圳证券交易所公开募集基础设施证券投资基金业务指南第4号——存续期业务办理》，现予以发布，自发布之日起施行。

特此通知

附件：深圳证券交易所公开募集基础设施证券投资基金业务指南第4号——存续期业务办理

附件：

深圳证券交易所公开募集基础设施证券投资基金业务指南第4号——存续期业务办理

重要提示

一、本指南仅为办理基础设施证券投资基金（以下简称公募REITs）存续期相关业务之用，如本指南与国家法律、法规及有关业务规则发生冲突,应当以法律、法规及有关业务规则为准。本指南未尽事宜,参照本所上市基金相关业务指南的规定办理。

二、基金管理人应确保向本所提交的业务申请和公募REITs公告内容一致,提供给指定媒介的公募REITs公告内容和提供给本所的一致。基金管理人应当指定专人负责存续期业务办理,指定专人变更的,应当及时与本所联系。

三、本指南要求基金管理人提供的相关材料在基金业务专区相应业务表单中有明确列示,部分材料在报送说明中附有模板,基金管理人应当按照基金业务专区中最新模板(注:红色"＊"标注的为必须提交材料)提交材料。

四、本所将根据业务需要不定期对本指南作出修订,并保留对本指南的最终解释权。

第一章　信息披露

一、信息披露办理的一般规定

(一)信息披露业务办理平台

基金管理人应通过本所基金业务专区(https://biz.szse.cn/fund)提交公募REITs信息披露申请,基金管理人使用本所发放的基金业务专区数字证书(数字证书办理流程详见http://www.szse.cn/market-Services/message/ca/)登录专区,办理信息披露业务。

(二)信息披露方式及公告类别本所对公开披露的公募REITs信息进行事前核对或者事前登记、事后核对,其中事前核对是指基金管理人提交的公告经本所形式核对后方可在证监会规定的媒介及本所网站上披露的方式;事前登记、事后核对是指基金管理人将对外披露的公告通过本所基金业务专区提交后,在证监会规定的媒介及本所网站上直接披露,本所进行事后核对的方式。

基金管理人应根据信息披露事项,按照公募REITs公告类别(详见附件1)或其他适用的基金公告类别提交信息披露文件。由于不同的信息披露公告类别对应不同的披露方式及业务操作流程,基金管理人应当准确选择信息披露公告类别。

(三)信息披露提交和公告发布时间

基金业务专区 24 小时开放,基金管理人原则上应当于公告日前一交易日通过基金业务专区提交申请,本指南对提交时间有具体规定的,从其规定。如因特殊原因,基金管理人在 17:00 后提交事前核对公告的,应提前与本所联系。经本所事前核对或基金管理人完成事前登记的公告将于信息披露申请通过当日 15:00 以后通过本所网站披露。

基金管理人在基金业务专区办理完毕信息披露业务后,应当跟进巨潮资讯网刊登情况。如当日 15:00 前办理完毕的申请 16:00 后未查询到刊登情况,或当日 15:00 后办理完毕的申请超过 1 个小时未查询到刊登情况,应当与巨潮资讯网(0755-83991101)联系确认。对于 20:30 以后提交的信息披露申请,基金管理人应当在信息披露申请通过后及时联系巨潮资讯网,避免出现公告披露不及时的情况。

二、定期报告披露

(一)定期报告披露时间

定期报告公告日应当符合《公开募集证券投资基金信息披露管理办法》对披露截止日的规定。

(二)定期报告披露办理流程

1. 提交信息披露申请

基金管理人应当最晚于公告日前一交易日通过本所基金业务专区中的"业务办理→信息披露"提交定期报告信息披露申请。

2. 刊登定期报告

公告日当日基金管理人在符合中国证监会规定条件的媒体上刊登定期报告。

三、临时公告披露

(一)临时公告披露时间

当公募 REITs 发生《公开募集证券投资基金信息披露管理办法》《公开募集基础设施证券投资基金业务指引(试行)》等规定的临时公

告情形时,基金管理人应当按照上述规则的要求编制和披露临时公告。

(二)临时公告披露办理流程

1. 提交信息披露申请

基金管理人应当最晚于公告日前一交易日通过本所基金业务专区中的"业务办理→信息披露"提交信息披露申请,同时根据不同公告类别,提交相关材料(详见基金业务专区中相应业务表单)。

2. 刊登临时公告

公告日当日基金管理人在符合中国证监会规定条件的媒体上刊登临时公告。

第二章 解除限售/锁定

投资者持有的公募REITs战略配售份额符合解除限售/锁定条件的,基金管理人应当最晚于T-7日(T日为解除限售/锁定日)通过本所基金业务专区中的"业务办理→信息披露"提交解除限售/锁定申请,具体材料包括:

1. 基金份额解除限售/锁定申请,包括全部或者部分解除限售/锁定的理由和相关证明文件;

2. 基金份额解除限售/锁定申请表(模板见附件2、附件3);

3. 基金份额解除限售/锁定的提示性公告(公告必备要素见附件4);

4. 本所要求的其他文件。

注意事项:

1. 提交申请后,基金管理人应当于T-6日17:00前确认上述申请通过,否则将影响生效日期;

2. 因申请信息填写错误、业务冲突等原因导致解除限售/锁定失败或实际处理结果与提示性公告内容不一致的,基金管理人应当补充公告并重新按照上述流程申请解除限售/锁定。

第三章 收益分配

一、拟定收益分配公告

基金管理人拟定公募 REITs 收益分配公告交基金托管人复核。场内托管份额按照本指南规定的流程进行收益分配,场外托管份额的收益分配按照中国结算相关规定执行。基金管理人应当最晚于 R-2 日(R 日为权益登记日)披露收益分配公告。

二、向中国结算提交收益分配公告并申请暂停转托管

基金管理人应当最晚于 R-4 日按照中国结算深圳分公司的相关规定向其提交收益分配公告等材料(模板见附件5),协商确定收益分配相关事项。收益分配业务办理期间,基金管理人应当同时向中国结算深圳分公司申请暂停场内转托管至场外业务,向中国结算总部申请暂停场外转托管至场内业务。

三、发起收益分配流程

R-3 日前,基金管理人通过基金业务专区中的"业务办理→信息披露"发起收益分配流程并提交收益分配公告,填写公募 REITs 分红参数,确保申请表单的权益登记日、除权日和单位分红金额与公告内容、向中国结算深圳分公司提交的申请一致,并填写停牌时间为公告日开市起至当日 10:30。提交的材料包括收益分配公告、托管人确认函。

注意事项:收益分配公告应当包括但不限于权益登记日、收益分配基准日、现金红利发放日、可供分配金额(含净利润、调整项目及调整原因)、按照基金合同约定应分配金额等事项。

第四章 停复牌

一、常规停复牌

拟申请常规停复牌的,基金管理人应当在停牌/复牌日前一交易日 16:00 前通过本所基金业务专区中的"业务办理→信息披露"提交停牌/复牌信息披露申请,并在申请表单中填写停牌/复牌参数,申请材料为公告文件(模板见附件6)和停牌/复牌申请。

二、临时停牌

拟申请当日进行临时停牌的,基金管理人应当通过基金业务专区的"业务办理→基金临时停牌/暂停申赎"提交申请,并在申请表单中填写停复牌参数,申请材料为公告文件(模板见附件6)和临时停牌业务申请。

基金管理人应根据当前时间选择合适的业务生效时间,并关注系统的提示信息。业务生效日期仅为当日,业务生效时间为开市、13:00和盘中即时三种情形。若选择生效时间为开市或13:00,基金管理人应至少提前30分钟通过基金业务专区提交申请。

公募REITs已实施临时停牌的,基金管理人应当及时在基金管理人网站披露《公募REITs临时停牌公告》,公告中应说明临时停牌的原因及停复牌时间等事项。

第五章 更 名

公告日前一交易日,基金管理人应当通过本所基金业务专区"业务办理→信息披露"发起信息披露流程,并勾选需要变更的公募REITs名称(或简称),填写更改后的内容及更名启用日期、恢复日期(如有)。公告日应当不晚于更名启用日期。提供的材料包括:

1. 更名公告(模板见附件7);
2. 公募REITs名称、简称变更申请(加盖公司公章);
3. 基金合同;
4. 主管机构相关批复文件(如有);
5. 持有人大会决议(如有)。

第六章 一致行动人信息填报及权益变动信息披露

一、一致行动人信息填报

公募REITs上市前,基金管理人应当最晚于上市日前一交易日通过基金业务专区中的"业务办理→基础资料维护→一致行动人维护"首次填报投资者及其一致行动人信息。首次填报时基金管理人应当在专区中录入持有该只基础设施基金份额10%及以上的投资者及其一致行动人信息。一只公募REITs存在多组投资者及其一致行动人的,基金管理人应当在专区中建立独立条目分别录入。

公募REITs上市后,投资者及其一致行动人的一致行动事项发生变更,或持有该只基础设施基金份额达到10%时,应当及时告知基金管理人,基金管理人应当于3个交易日内通过基金业务专区中的"业务办理→基础资料维护→一致行动人维护"更新填报投资者及其一致行动人信息。

二、权益变动信息披露

投资者及其一致行动人应当按照《深圳证券交易所公开募集基础设施证券投资基金业务办法(试行)》等相关规定的要求编制权益变动报告书,通知并委托基金管理人于公告日前一交易日通过基金业务专区"业务办理→信息披露"提交信息披露申请。

第七章 模板及附件

附件1:信息披露公告类别

一级公告类别	二级公告类别	公告内容
定期报告	年度报告	年度报告
	半年度报告	半年度报告
	第一季度报告	第一季度报告
	第二季度报告	第二季度报告
	第三季度报告	第三季度报告
	第四季度报告	第四季度报告

续表

一级公告类别	二级公告类别	公告内容
临时报告	收益分配事项	公募REITs收益分配公告
	跨系统转托管	基金开通跨系统转托管以及暂停跨系统转托管的公告
	停复牌公告	停复牌事项公告
	基金名称、简称变更	基金名称、简称变更公告
	基金持有人大会通知	基金持有人大会公告、基金持有人大会提示性公告、基金持有人大会停牌提示性公告
	基金持有人大会决议	基金持有人大会决议公告
	交易价格波动风险提示	二级市场交易价格波动较大且折溢价水平较高的风险提示公告
	原始权益人卖出战配份额公告	原始权益人或其同一控制下的关联方卖出战略配售取得的基金份额
	基金份额解除限售/锁定提示性公告	基金份额解除限售/锁定提示性公告
	权益变动报告书	投资者及其一致行动人拥有权益的基础设施基金份额达到或超过一定比例编制的权益变动报告书
	改聘或更换专业机构	改聘或更换会计师事务所、律师事务所、基金托管人或评估机构
	外部管理机构变更	解聘或更换外部管理机构
	管理人或负责人员发生变动公告	基金管理人、基础设施资产支持证券管理人发生重大变化或管理基础设施基金的主要负责人员发生变动

续表

一级公告类别	二级公告类别	公告内容
临时报告	重大关联交易事项	基金管理人运用基金财产与其关联方进行的重大交易,如买卖基金管理人、基金托管人及其控股股东、实际控制人或者与其有重大利害关系的公司发行的证券或者承销期内承销的证券,或者从事其他重大关联交易事项,中国证监会规定的情形除外
	总资产超过净资产公告	基础设施项目公司对外借款或基金总资产被动超过基金净资产140%
	重大交易或损失	金额占基金净资产10%及以上的交易或损失
	项目购入或出售	基础设施项目购入或出售
	运营情况及现金流重大变化	基础设施项目运营情况、现金流或产生现金流能力发生重大变化
	公募REITs及相关主体、相关人员受到监管部门调查、诉讼、处罚等事项	基金托管人、基金管理人、外部管理机构或基金经理受到监管部门的调查或严重行政处罚,以及涉及基金财产、基金托管业务的调查、诉讼等
	其他对持有人利益或资产净值产生重大影响事项	可能对基础设施基金份额持有人利益或基金资产净值产生重大影响的其他事项
基金管理人公告	基金管理人情况发生变更	基金管理人名称、住所发生变更,高级管理人员离任、变更、兼职,设立分公司或分公司成立,董事会换届,公司地址及电话号码变更,督察长变更等,基金管理人股东及出资情况变更、基金管理人章程
	基金管理人投资有关事项	基金管理人投资有关的事项

续表

一级公告类别	二级公告类别	公告内容
基金管理人公告	投资者服务	投资者身份证明相关事项,网站、网上交易及客服系统相关事项,对账单服务,提醒投资者事项等
	基金管理人其他公告	

附件2:基础设施基金场内份额解除限售申请表

基金代码					基金简称		
解限上市流通日期							
账户号码	账户名称	限售类别	托管单元	解限份额	备注		
					未冻结份额	解限份额	
					已冻结份额	解限份额	冻结序号: 再冻结序号:

注意事项:

1. 限售类别一栏根据限售份额的性质填写01(首发后限售股,用于表示普通战略投资者持有的限售份额)或05(首发前限售股,用于表示原始权益人持有的限售份额)。

2. 基金代码、基金简称、账户号码、账户名称、限售类别、托管单元等信息应与成功限售的记录(可参考从中国结算发行人E通道下载的《限售股份明细表》)填写一致。申请解限份额应不超过已限售份额。

3. (1)若份额持有人持有的某一托管单元上的同类限售份额全部解限,则无需填写备注信息。(2)若份额持有人持有的某一托管单元上的同类限售份额部分解限,且解限份额包含冻结股份,则需在备注列中分行填写未冻结情形和冻结情形的解限份额,及冻结份额相对应的冻结序号和再冻结序号。否则,将按照中国结算深圳分公司默认解限方式办理,优先解限未冻结份额。(3)冻结情况可参考从中国结算发行人E通道下载的《证券冻结明细表》。

4.为保证解限业务正常处理,本公司将督促投资者在解限期间(T-6至T-1日)不要办理变更托管单元、份额冻结或解冻等业务。

本公司保证上述内容和提交的其他申请材料真实、准确、完整、合法,相关份额解除限售符合《公开募集基础设施证券投资基金指引(试行)》《深圳证券交易所公开募集基础设施证券投资基金业务办法(试行)》等规定,特向深圳证券交易所、中国证券登记结算有限责任公司深圳分公司申请办理解除股份限售申请事宜。

经办人:　　　　　　　联系电话:

×××基金管理公司(盖章)

年　　月　　日

附件3:基础设施基金场外份额解除锁定申请表

序号	基金代码	代理人代码	份额类别	基金账户	交易账户	申请解锁份额	解锁生效日
1							
2							
3							

注意事项:

1.基金代码、代理人代码、份额类别、基金账户、交易账户与成功锁定的记录填写一致。基金账户为场外12位基金账户;代理人代码为场外代理人代码;份额类别为"前收费"或"后收费";交易账户为投资人在场外基金销售人处开立的交易账户。

2.中国结算总部基金业务部根据基金代码、代理人代码、份额类别、基金账户、交易账户查询确定已锁定份额。已锁定份额大于等于申请解锁份额时,中国结算总部基金业务部在已锁定份额内解锁申请解锁份额;已锁定份额小于申请解锁份额时,解锁失败(不能解锁任何份额)。

3.对于完成解锁的份额明细,解锁生效日当日投资者申报的份额减少类业务将被正常处理。

本公司保证上述内容和提交的其他申请材料真实、准确、完整、合法,相关份额解除锁定符合《公开募集基础设施证券投资基金指引(试行)》《深圳证券交易所公开募集基础设施证券投资基金业务办法(试行)》等规定,特向深圳证券交易所、中国证券登记结算有限责任公司申请办理解除份额锁定申请事宜。

经办人:　　　　　联系电话:

×××基金管理公司(盖章)

年　月　日

附件4:《×××基础设施证券投资基金份额解除限售/锁定的提示性公告》必备要素

一、公告基本信息

公募REITs全称:

公募REITs简称:

公募REITs代码:

生效时间:　年　月　日

二、公告文件模板

(一)公募REITs场内份额解除限售

本次解除限售的份额情况

序号	证券账户名称	限售份额总量	限售类型	限售期(月)
1				

续表

序号	证券账户名称	限售份额总量	限售类型	限售期(月)
2				
3				
…				

本次解除限售后剩余的限售份额情况

序号	证券账户名称	限售份额总量	限售类型	限售期(月)
1				
2				
3				
…				

(二)公募 REITs 场外份额解除锁定

本次解除锁定的份额情况

序号	账户名称	申请锁定份额	限售类型	限售期(月)
1				
2				
3				
…				

本次解除锁定后剩余锁定份额情况

序号	账户名称	申请锁定份额	限售类型	限售期(月)
1				
2				
3				
…				

注:1."限售类型"填写"原始权益人及其同一控制下关联方战略配售限售"、"其他专业机构投资者战略配售限售"。

2. 限售期(月)填写12月、36月、60月。

附件5:收益分配公告模板(具体内容见本书第三部分)

附件6:停复牌公告模板(具体内容见本书第三部分)

附件7:更名公告模板(具体内容见本书第三部分)

中国证券业协会关于发布《公开募集基础设施证券投资基金网下投资者管理细则》的通知

(中证协发〔2021〕15号 2021年1月29日发布)

各证券公司、基金管理公司、信托公司、财务公司、保险公司、合格境外机构投资者、商业银行及其理财子公司、相关私募基金管理人、政策性银行、保险资产管理公司:

为规范网下投资者参与公开募集基础设施证券投资基金(以下简称基础设施基金)网下询价和认购行为,维护基础设施基金定价和发行秩序,根据《公开募集基础设施证券投资基金指引(试行)》等相关规定,我会组织起草了《公开募集基础设施证券投资基金网下投资者管理细则》,经协会第六届理事会第二十一次会议表决通过,并向中国证监会备案,现予以发布,自发布之日起实施。

网下投资者注册网址:http://ipo.sac.net.cn。前期已注册为科创板/创业板首次公开发行股票网下投资者、配售对象的机构及相关产品等,无需重复注册。注册有关事项可咨询 wxzc@sac.net.cn。

附件:公开募集基础设施证券投资基金网下投资者管理细则

公开募集基础设施证券投资基金网下投资者管理细则

第一章 总 则

第一条 为规范网下投资者参与公开募集基础设施证券投资基金(以下简称基础设施基金)网下询价和认购业务,根据《公开募集基础设施证券投资基金指引(试行)》等相关规定,制定本细则。

第二条 网下投资者参与基础设施基金网下询价和认购业务,证券公司开展基础设施基金网下投资者推荐工作,办理基础设施基金网下询价、定价、配售等工作的基金管理人及财务顾问开展网下投资者管理工作等,适用本细则。

第三条 中国证券业协会(以下简称协会)依据《公开募集基础设施证券投资基金指引(试行)》以及本细则的相关规定,对基础设施基金网下投资者实施自律管理。

第二章 基础设施基金网下投资者注册

第四条 证券公司、基金管理公司、信托公司、财务公司、保险公司、合格境外机构投资者、商业银行及其理财子公司、符合本细则第五条规定的私募基金管理人、以及政策性银行、保险资产管理公司等其他中国证监会认可的专业机构投资者,在协会注册后,可以参与基础设施基金网下询价。全国社会保障基金、基本养老保险基金、年金基金等可根据有关规定参与基础设施基金网下询价。

第五条 基础设施基金网下投资者在协会注册,应当具备必要的定价能力和良好的信用记录,最近十二个月未因证券投资、资产管理等相关业务重大违法违规受到相关监管部门的行政处罚、行政监管措施或相关自律组织的纪律处分,并符合监管部门、协会要求的其他条件。私募基金管理人申请注册为基础设施基金网下投资者的,还应当符合以下适当性要求：

（一）已在中国证券投资基金业协会完成登记；

（二）具备一定的投资经验。依法设立并持续经营时间达到两年（含）以上，从事证券交易或基础设施项目投资时间达到两年（含）以上；

（三）具备一定的资产管理实力。私募基金管理人管理的在中国证券投资基金业协会备案的产品总规模最近两个季度均为 10 亿元（含）以上，且近三年管理的产品中至少有一只存续期两年（含）以上的产品；申请注册的私募基金产品规模应为 6000 万元（含）以上、已在中国证券投资基金业协会完成备案，且委托第三方托管人独立托管基金资产。其中，私募基金产品规模是指基金产品资产净值。

第六条 基础设施基金网下投资者在协会完成注册后，可将其所属或直接管理的、拟参与基础设施基金网下询价和认购业务且符合本细则规定的自营投资账户或资产管理产品注册为配售对象。网下投资者应对所注册的配售对象切实履行主动管理职责，不得为其他机构、个人或产品规避监管规定提供通道服务。

网下投资者及其配售对象参与基础设施基金网下询价和认购业务的，还应当符合监管规定和其他相关自律组织的要求，遵守相关规定。

第七条 证券公司、基金管理公司、信托公司、财务公司、保险公司、合格境外机构投资者、商业银行及其理财子公司、政策性银行、保险资产管理公司等机构投资者可直接向协会申请注册。私募基金管理人应由具有证券承销业务资格的证券公司向协会推荐注册。向协会申请注册，应当在协会网下投资者管理系统提交基本信息及相关资质证明文件（见附表）。投资者注册填写用于网下询价和认购的账户时，可以优先使用人民币普通股票账户或封闭式基金账户（以下统称场内证券账户）。

网下投资者应当保证其提交的注册资料真实、准确、完整。证券公司应负责对所推荐网下投资者进行核查，保证所推荐的网下投资者符合本细则规定的基本条件。

第八条 协会自受理注册申请文件之日起十个工作日内完成注册工作,符合注册条件的,在协会网站予以公示;不符合注册条件的,书面说明不予注册的原因。受理日期自注册申请材料接收之日起计算。

第九条 证券公司开展基础设施基金网下投资者推荐工作,应当告知所推荐的投资者认真阅读相关规则,并建立基础设施基金网下投资者适当性管理制度,制定明确的推荐标准,建立审核决策机制、日常培训管理机制和定期复核机制,确保其推荐的网下投资者符合本细则规定,并符合本公司设定的推荐条件。

第十条 证券公司应当每半年对其推荐注册的基础设施基金网下投资者开展一次适当性自查并形成自查报告。证券公司发现本公司推荐的网下投资者不符合本公司要求或不符合本细则第五条第(一)至(三)项规定的,应当及时向协会申请注销或暂停其资格。

第三章 基础设施基金网下投资者行为规范

第十一条 网下投资者参与基础设施基金网下询价和认购业务的,应当加强对相关业务规则的学习,强化基础设施项目估值定价研究工作,并建立完善的内部控制制度和业务操作流程,做好相关工作人员的培训和管理,确保业务开展合法合规。网下投资者应将相关业务制度汇编、工作底稿等存档备查。

第十二条 网下投资者在参与基础设施基金网下询价和认购业务前,应做好询价前准备工作,确保在协会注册的信息真实、准确、完整,在网下询价和认购过程中相关配售对象处于注册有效期、缴款渠道畅通,且沪深证券交易所网下询价平台CA证书、银行账户等认购和缴款必备工具可正常使用。网下投资者在参与网下询价和认购期间,不得随意变更名称、场内证券账户或开放式基金账户号等注册信息,并应做好停电、网络故障等突发事件的应急预案,避免询价后无法认购或缴款。

第十三条 网下投资者应当在对基础设施基金充分了解的基础上参与网下询价,提供有效报价的网下投资者不得放弃认购。网下投资者在参与基础设施基金网下询价时,应认真研读招募说明书、基金合同等资料,坚持科学、独立、客观、审慎的原则对基础设施项目进行深入研究,发挥专业的定价能力,在充分研究并严格履行定价决策程序的基础上理性报价,不得存在不独立、不客观、不诚信、不廉洁的行为。网下投资者应对每次报价的定价依据、定价决策过程相关材料存档备查。

参与询价的网下投资者应当按照基金管理人或其财务顾问的要求提供相关信息及材料,并确保所提供的信息及材料真实、准确、完整。

第十四条 同一配售对象只能使用一个场内证券账户或开放式基金账户参与基础设施基金网下询价,其他关联账户不得参与。已参与网下询价的配售对象及其关联账户不得通过面向公众投资者发售部分认购基金份额。

第十五条 网下投资者在基础设施基金初步询价环节为配售对象填报拟认购数量时,应当根据实际认购意愿、资金实力、风险承受能力等情况合理确定认购数量,拟认购数量不得超过网下初始发行总量,也不得超过相关询价公告确定的单个配售对象认购数量上限,拟认购金额不得超过该配售对象的总资产或资金规模,并确保其认购数量和未来持有基金份额的情况符合相关法律法规及监管部门的规定。

第十六条 网下投资者应当根据认购金额,预留充足的认购资金。提供有效报价的网下投资者,应按照相关公告要求在募集期内进行认购,认购数量不得低于询价时有效报价对应的拟认购数量,并应在募集结束前使用在协会注册的银行账户按照认购金额足额缴纳认购资金。如有特殊情况,经基金管理人或其财务顾问核查,在不违反账户实名制要求的前提下,可使用配售对象其他自有银行账户缴款。

第十七条 网下投资者及相关工作人员在参与基础设施基金网下询价和认购业务时,不得存在下列行为:

(一)使用他人账户、多个账户或委托他人报价；

(二)与其他投资者、原始权益人、基金管理人或其财务顾问等利益相关方串通报价；

(三)利用内幕信息、未公开信息报价；

(四)无定价依据、未在充分研究的基础上理性报价，未严格履行报价决策程序审慎报价或故意压低、抬高价格；

(五)未合理确定拟认购数量，拟认购金额超过配售对象总资产或资金规模；

(六)提供有效报价但未参与认购或未足额认购；

(七)未按时足额缴付认购资金；

(八)参与网下询价的配售对象及其关联账户通过面向公众投资者发售部分认购基金份额；

(九)获配后未恪守相关承诺；

(十)接受原始权益人、基金管理人或其财务顾问以及其他利益相关方提供的财务资助、补偿、回扣等；

(十一)其他不独立、不客观、不诚信、不廉洁的情形或其他影响发行秩序的情形。

第四章 相关方核查责任

第十八条 基础设施基金的基金管理人应当勤勉尽责，做好网下投资者核查和监测工作。基金管理人聘请财务顾问办理基础设施基金份额发售的路演推介、询价、定价、配售等相关业务活动的，财务顾问应当承担网下投资者核查和监测责任，但基金管理人应承担的责任不因聘请财务顾问而免除。

第十九条 基础设施基金的基金管理人或其财务顾问可以自主确定参与询价的网下投资者的具体条件，并在相关发行公告中预先披露。具体条件不得低于本细则规定的基本条件。

第二十条 基础设施基金的基金管理人或受委托办理基础设施基金网下询价配售的财务顾问应当对网下投资者是否存在禁止参与

询价情形、是否参与询价后通过面向公众投资者发售部分认购基金份额、缴款账户是否为该配售对象自有银行账户、是否超资产规模认购等情形进行实质核查。

基金管理人或其财务顾问发现网下投资者存在不符合法律法规、自律规则规定或公告要求等情形的，应当将其报价或认购行为认定为无效并予以剔除，确保不向违反相关法律法规、监管规定、自律规则的对象配售基金份额。

第二十一条　基金管理人或其财务顾问在开展网下投资者资产规模核查工作中，应在询价相关公告中明确资产规模核查的执行口径。其中，对于公募基金、基金专户、资产管理计划、私募基金等产品，应以询价首日前第五个工作日的产品总资产为准；对于自营投资账户，应以公司出具的自营账户资金规模说明为准。

第二十二条　基金管理人或其财务顾问发现网下投资者出现违反本细则情形的，应于发现违规情形后两个工作日内向协会报告。

第五章　自律管理

第二十三条　协会对基础设施基金网下投资者日常业务的开展情况进行跟踪监测，并组织开展现场或非现场检查，发现异常情形的，将采取自律措施。

第二十四条　协会可以根据网下投资者参与基础设施基金网下询价情况建立网下投资者评价体系，并依据评价结果对网下投资者实行分类管理。

第二十五条　网下投资者或配售对象参与基础设施基金网下询价和认购业务时违反本细则第十七条规定的，协会按照以下规则采取自律措施并在协会网站公布。网下投资者相关工作人员出现本细则第十七条情形的，视为所在机构行为。

（一）网下投资者或其管理的配售对象一个自然年度内出现本细则第十七条规定情形一次的，协会将出现上述违规情形的配售对象列入基础设施基金配售对象限制名单六个月；出现本细则第十七条规定情形两次（含）以上的，协会将其列入基础设施基金配售对象限制名单十二个月。

（二）网下投资者或其管理的配售对象出现本细则第十七条规定情形、情节严重或造成较大不良影响的，协会视违规情形的严重程度，在前款处理措施的基础上，暂停该网下投资者新增配售对象注册三至十二个月；情节特别严重或造成严重不良影响的，在前款处理措施的基础上，暂停该网下投资者资格三至十二个月。

违规情节显著轻微，未造成明显不良影响的，可依规从轻或减轻处理。因不可抗力或基金托管人、银行等第三方过失导致发生违规情形，相关网下投资者及配售对象自身没有责任，且能提供有效证明材料的，该网下投资者可向协会申请免予处罚。

第二十六条　网下投资者在询价认购过程中存在不符合本细则要求的情形、其报价或认购行为被基金管理人或其财务顾问认定为无效并予以剔除的，协会视情节轻重对该网下投资者发送提醒函或采取暂停新增配售对象注册、暂停网下投资者资格等自律措施。

第二十七条　网下投资者未按本细则要求报送信息、瞒报或谎报信息、提供虚假材料、不配合协会检查工作，或存在其他违反本细则行为的，协会可视情节轻重，给予警示、责令整改、暂停新增配售对象注册、暂停网下投资者资格等自律措施。

第二十八条　被采取自律措施的投资者，可以在协会网站公布相关公告或协会做出相关决定后的五个工作日内书面提出申诉。协会在申诉期满后的十个工作日内进行审核，并作出决定。

第二十九条　被采取列入基础设施基金配售对象限制名单、暂停网下投资者资格等自律措施的网下投资者，可在相关自律措施到期后重新向协会申请注册。

第三十条　网下投资者在参与基础设施基金网下询价和认购业务时涉嫌违反法律法规、监管规定的，协会将移交监管部门等有权机关处理。

第三十一条　推荐基础设施基金网下投资者注册的证券公司、办理基础设施基金网下询价配售业务的基金管理人或其财务顾问违反本细则的,协会根据有关规定视情节轻重对其采取警示、责令整改、行业内通报批评、公开谴责等自律措施。

第六章 附 则

第三十二条 本细则由协会负责解释。

第三十三条 本细则自发布之日起施行。

附表:基础设施基金网下投资者注册文件明细表

	网下投资者资质证明文件		
1	工商营业执照副本		
2	经营金融业务许可证/私募基金管理人备案证明等		
3	符合本细则规定条件的承诺函		
4	公司内部制度(包括询价和网下认购业务流程、参与推介活动的专项内控机制、报价决策机制、估值定价模型、认购资金划付审批程序、合规风控制度、员工培训制度、询价和网下认购业务工作底稿存档制度等)		
5	资本市场违法违规失信记录以及中国执行信息公开网信用信息查询证明		
6	私募基金管理人首次交易日期查询记录或基础设施项目投资经验证明		
	配售对象资质证明文件		
1	以公开募集方式设立的证券投资基金产品	1	产品募集设立批复
		2	产品备案确认函
		3	验资报告或托管人出具的资产估值报告
		4	产品合同
		5	沪深交易所场内证券账户或开放式基金账户证明

续表

\multicolumn{3}{c	}{配售对象资质证明文件}
2	全国社会保障基金	1	社保基金组合设立确认函
		2	社保基金组合资产规模说明函
		3	社保基金组合投资管理合同
		4	沪深交易所场内证券账户或开放式基金账户证明
3	基本养老保险基金	1	基本养老保险基金投资组合设立确认函
		2	基本养老保险基金投资组合资金规模说明函
		3	基本养老保险基金投资管理合同
		4	沪深交易所场内证券账户或开放式基金账户证明
4	企业年金基金	1	企业年金确认函复印件
		2	企业年金计划投资规模说明函
		3	企业年金计划投资管理合同
		4	沪深交易所场内证券账户或开放式基金账户证明
5	商业银行理财产品	1	"全国银行业理财信息登记系统"理财产品登记证明
		2	公开募集产品:验资报告或托管人出具的资产估值报告 非公开募集产品:最近一个月末托管人出具的资产估值1000万元以上的报告(或一个月内的验资报告)
		3	产品合同
		4	沪深交易所场内证券账户或开放式基金账户证明
6	保险资金证券投资账户	1	保险产品的批复或备案回执
		2	资产规模说明函
		3	属于受托代理投资业务的,应提交委托代理合同复印件
		4	沪深交易所场内证券账户或开放式基金账户证明

续表

	配售对象资质证明文件		
7	合格境外机构投资者管理的证券投资账户(QFI-IRQFII)	1	投资规模说明函
		2	沪深交易所场内证券账户或开放式基金账户证明
8	保险机构资产管理产品	1	保险资产管理产品设立的批复或备案回执
		2	最近一个月末托管人出具的资产估值1000万元以上的报告(或一个月内的验资报告)
		3	沪深交易所场内证券账户或开放式基金账户证明
		4	资产管理产品合同复印件
		5	持有5%(含)以上产品份额的投资者情况说明
9	信托产品	1	信托产品登记证明
		2	信托产品保管行出具的资产估值1000万元以上的报告(或一个月内的验资报告)
		3	产品合同
		4	沪深交易所场内证券账户或开放式基金账户证明
		5	持有5%(含)以上产品份额的投资者情况说明
10	证券公司资产管理计划、基金公司专户理财产品	1	私募投资基金备案证明
		2	最近一个月末托管人出具的资产估值1000万元以上的报告(或一个月内的验资报告)
		3	产品合同复印件
		4	沪深交易所场内证券账户或开放式基金账户证明
		5	持有5%(含)以上产品份额的投资者情况说明

续表

配售对象资质证明文件		
11	私募基金管理人管理的私募证券投资基金、私募股权投资基金、创业投资基金以及其他私募投资基金	1 私募投资基金备案证明
^	^	2 最近一个月末托管人出具的资产估值6000万元以上的报告(或一个月内的验资报告)
^	^	3 产品合同复印件
^	^	4 沪深交易所场内证券账户或开放式基金账户证明
^	^	5 持有5%(含)以上产品份额的投资者情况说明
12	各类机构投资者的自营账户	1 沪深交易所场内证券账户或开放式基金账户证明
^	^	2 投资规模说明函

中国证券登记结算有限责任公司公开募集基础设施证券投资基金登记结算业务实施细则(试行)

(中国结算发字[2021]15号 2021年2月5日发布)

第一条 为规范公开募集基础设施证券投资基金(以下简称基础设施基金)登记结算业务,保护投资者合法权益,根据《中华人民共和国证券法》《中华人民共和国证券投资基金法》《证券登记结算管理办法》《公开募集基础设施证券投资基金指引(试行)》等有关法律、行政法规、部门规章、规范性文件以及中国证券登记结算有限责任公司(以下简称本公司)相关业务规则,制定本细则。

第二条 本细则所称基础设施基金,是指符合《公开募集基础设施证券投资基金指引(试行)》规定的基金产品。

第三条 基础设施基金的登记结算相关业务适用本细则,参照适用《中国证券登记结算有限责任公司上市开放式基金登记结算业务实施细则》。本细则及《中国证券登记结算有限责任公司上市开放式基金登记结算业务实施细则》未规定或无法参照适用的，适用本公司其他相关规定。

本公司可以根据本细则，制定相关登记结算业务指引和业务流程，规范相关各方的业务关系。

第四条 投资者可持本公司人民币普通股票账户、封闭式基金账户（以下统称场内证券账户）、本公司开放式基金账户（以下简称开放式基金账户）参与基础设施基金战略配售、网下配售及面向公众投资者发售份额的认购。投资者可持场内证券账户参与基础设施基金份额的交易。

第五条 本公司基础设施基金份额采取分系统登记原则。记录在投资者场内证券账户中的基础设施基金份额登记在本公司证券登记结算系统；记录在投资者开放式基金账户中的基础设施基金份额登记在本公司开放式基金登记结算系统。

第六条 基础设施基金份额认购的相关登记结算业务，参照本公司上市开放式基金认购相关业务规则办理。对于战略配售及网下配售部分份额的认购，也可由基金管理人完成资金交收后，向本公司提交相关配售结果。本公司根据基金管理人申请，按照相关规定办理基础设施基金份额的初始登记。

基金管理人应确保投资者认购所得基础设施基金份额为整数份。

第七条 基础设施基金份额转托管业务参照本公司上市开放式基金相关业务规则办理。

第八条 本公司为基础设施基金的交易提供多边净额结算、逐笔全额结算等结算服务。基础设施基金参与质押式协议回购、质押式三方回购等回购交易的，结算业务参照本公司债券质押式协议回购、债券质押式三方回购等相关业务规则办理。

第九条 基础设施基金的权益分派应采用现金分红方式进行，相关业务参照本公司上市开放式基金相关业务规则办理。

第十条 基础设施基金的要约收购,相关登记结算业务规则由本公司另行规定。

第十一条 基础设施基金的扩募,相关登记结算业务规则由本公司另行规定。

第十二条 投资者场内证券账户内的基础设施基金份额因继承、离婚、法人资格丧失、捐赠等情形涉及的非交易过户业务以及质押登记、司法协助执行等业务,参照本公司证券相关业务规则办理。

投资者开放式基金账户内的基础设施基金份额因继承、离婚、法人资格丧失、捐赠等情形涉及的非交易过户业务以及质押登记、司法协助执行等业务,参照本公司开放式基金相关业务规则办理。

第十三条 基础设施基金的相关结算业务参与人应当采取适当措施,加强登记结算业务的风险控制。本公司有权采取相应风险监控、防范、处置等措施。结算业务参与人应当确保在规定的交收时点前证券、资金足额完成交收。结算业务参与人如发生资金交收违约或证券交收违约,本公司根据相关业务规则进行违约处置,并有权采取相应自律管理措施。

第十四条 基础设施基金登记结算业务相关费用,按照本公司费用标准收取。

中国证监会、证券交易所等相关机构授权或委托本公司代为收取费用的,本公司按照相关授权或委托办理。基础设施基金相关税收安排,按照国家有关规定执行。

第十五条 本细则由本公司负责修订和解释。

第十六条 本细则自 2021 年 2 月 5 日起施行。

中国证券登记结算有限责任公司上海证券交易所公开募集基础设施证券投资基金登记结算业务指引(试行)

(中国结算发〔2022〕96号　自2022年6月24日起施行)

第一章　总　则

第一条　为规范上海证券交易所公开募集基础设施证券投资基金(以下简称上证基础设施基金)登记结算业务运作,保护投资者合法权益,根据《公开募集基础设施证券投资基金指引(试行)》《中国证券登记结算有限责任公司公开募集基础设施证券投资基金登记结算业务实施细则(试行)》等相关规定,制定本指引。

第二条　本指引所称上证基础设施基金是指符合《公开募集基础设施证券投资基金指引(试行)》规定,且可在上海证券交易所(以下简称上交所)认购、交易的公开募集证券投资基金。

第三条　上证基础设施基金的登记结算相关业务适用本指引,参照适用《上海证券交易所上市开放式基金业务指引》。本指引及《上海证券交易所上市开放式基金业务指引》未规定或无法参照适用的,适用中国证券登记结算有限责任公司(以下简称本公司)其他相关规定。

第四条　本公司对上证基础设施基金份额实行分系统登记。记录在本公司上海人民币普通股票账户、封闭式基金账户(以下统称场内证券账户)中的上证基础设施基金份额(以下简称场内份额)登记在本公司上海分公司证券登记结算系统(以下简称证券登记系统);记录在本公司上海开放式基金账户(以下简称开放式基金账户)中的上证基础设施基金份额(以下简称场外份额)登记在本公司开放式基金登记结算系统(以下简称TA系统)。

第二章 业务参与

第五条 场外基金销售机构、经上交所及本公司认可的具有基金销售业务资格的上交所会员可参与上证基础设施基金的认购业务;上交所会员可参与上证基础设施基金交易业务(上述上交所会员业务资格有所不同,以下统称场内证券经营机构)。

单只上证基础设施基金的场内证券经营机构以及场外基金销售机构名单以基金管理人的公告为准。

第六条 场内证券经营机构、场外基金销售机构、基金管理人应按照本公司相关规定办理参与上证基础设施基金的相关手续。

第三章 账户管理

第一节 证券账户

第七条 投资者可持场内证券账户、开放式基金账户参与上证基础设施基金首次发售战略配售、网下配售、面向公众投资者发售份额的认购以及扩募发售份额的认购。

投资者可持场内证券账户参与上证基础设施基金份额的交易。

第八条 场内证券账户的开立、使用、账户信息变更、查询、注销等业务,按照《中国证券登记结算有限责任公司证券账户管理规则》等相关规定办理。

开放式基金账户的开立、使用、账户信息变更、查询、注销等业务,按照《中国证券登记结算有限责任公司开放式证券投资基金及证券公司集合资产管理计划份额登记及资金结算业务指南》等相关规定办理。

第二节 资金结算账户

第九条 场内证券经营机构、场外基金销售机构、基金管理人等上证基础设施基金结算业务参与人应在本公司开立相关资金结算账户。已开立相关资金结算账户的,应使用现有的资金结算账户,但本公司另有规定的除外。

第十条 结算业务参与人参与上证基础设施基金场内份额的交易和权益分派等业务,应当使用A股结算备付金账户完成相关资金交收。

结算业务参与人参与上证基础设施基金份额的认购以及场外份额的权益分派等业务,应当使用开放式基金结算备付金账户完成相关资金交收。

第十一条 结算业务参与人开立A股资金结算账户,应按照《中国证券登记结算有限责任公司上海分公司结算账户管理及资金结算业务指南》等相关规定办理。

结算业务参与人开立开放式基金资金结算账户,应按照《中国证券登记结算有限责任公司上市开放式基金登记结算业务实施细则》《中国证券登记结算有限责任公司开放式证券投资基金及证券公司集合资产管理计划份额登记及资金结算业务指南》《中国证券登记结算有限责任公司上海分公司结算账户管理及资金结算业务指南》《中国证券登记结算有限责任公司深圳分公司证券资金结算业务指南》等相关规定办理。

第十二条 基金管理人应在上证基础设施基金首次发售前,向本公司申请将该基金通过开放式基金资金结算账户开展的资金交收业务设置为非担保模式。

第四章 首次发售

第十三条 投资者持场内证券账户或开放式基金账户参与上证基础设施基金首次发售战略配售的,认购业务可参照本公司上海证券交易所上市开放式基金(以下简称上证LOF)相关业务规则办理,也可由基金管理人完成资金交收后,将投资者认购所得份额等信息于R+1日(文件日期为R+2日)或其后的文件批次,通过份额强制调增业务报送至本公司TA系统(R日为基金管理人在本公司TA系统中为该基金代码设置的份额登记日,下同)。本公司及本公司上海分公司分别据此完成相应场外、场内份额的初始登记。

第十四条 投资者持场内证券账户参与上证基础设施基金首次发售网下配售的,认购业务应由基金管理人完成资金交收后,将投资者认购所得份额等信息于 R+1 日(文件日期为 R+2 日)或其后的文件批次,通过份额强制调增业务报送至本公司 TA 系统。本公司上海分公司据此完成相应场内份额的初始登记。

投资者持开放式基金账户参与上证基础设施基金首次发售网下配售的,认购业务可按照前款所述流程办理,由本公司完成相应场外份额的初始登记,也可参照本公司上证 LOF 认购相关业务规则办理。

第十五条 投资者持场内证券账户或开放式基金账户参与上证基础设施基金首次发售面向公众发售的,认购业务参照本公司上证 LOF 认购相关业务规则办理。

第十六条 基金管理人应在上证基础设施基金首次发售前向本公司申请设置该基金首次发售的发行价格。本公司据此进行该上证基础设施基金首次发售的认购业务处理,并将该价格发送给场外基金销售机构,同时通过上交所发送给场内证券经营机构。

第十七条 上证基础设施基金首次发售的认购费率设置、计算及认购资金处理,参照本公司上证 LOF 认购相关业务规则办理。

第十八条 基金管理人在确认投资者首次发售所得份额时,应保证投资者认购最终所得的上证基础设施基金份额为整数份。

第五章 交易、要约收购及回购交易

第十九条 本公司对上证基础设施基金场内份额的交易按照分级结算原则提供多边净额结算服务,相关证券交收、资金结算等业务参照本公司上证 LOF 相关业务规则以及《中国证券登记结算有限责任公司上海分公司结算账户管理及资金结算业务指南》的相关规定办理。本公司对基础设施基金的交易结算方式另有规定的,从其规定。

第二十条 投资者买入所得上证基础设施基金份额,过户日期记为买入当日。投资者卖出上证基础设施基金份额,本公司按照基金管理人在本公司 TA 系统中为该基金代码设置的赎回明细分配原则,采用"先进先出"或"后进先出"原则处理。

第二十一条 上证基础设施基金场内份额发生要约收购的,相关履约保证金(证券)的保管、拟收购份额的临时保管、收购份额的过户登记及其对应的资金(证券)的支付等业务参照《中国证券登记结算有限责任公司上海分公司上市公司收购及现金选择权登记结算业务指南》等相关业务规则办理。

第二十二条 上证基础设施基金参与质押式协议回购、质押式三方回购交易的,相关证券交收、资金结算等业务参照本公司债券质押式协议回购、债券质押式三方回购相关业务规则办理。

第六章 权益分派

第二十三条 上证基础设施基金份额的权益分派由本公司证券登记系统和 TA 系统依据权益登记日各自的投资者名册数据,参照本公司上证 LOF 相关业务规则分别办理。

第二十四条 上证基础设施基金份额的权益分派应采用现金分红方式。基金管理人应在上证基础设施基金首次发售前向本公司申请将该基金场外份额的默认分红方式设置为现金分红,并设置不允许投资者变更场外份额分红方式的业务控制。

第七章 扩募发售

第一节 向特定对象扩募发售

第二十五条 上证基础设施基金应使用原基金代码开展向特定对象扩募发售(以下简称定向扩募)业务。

第二十六条 投资者持场内证券账户或开放式基金账户参与上证基础设施基金定向扩募的,认购业务应由基金管理人完成资金交收后,将投资者认购所得份额等信息于 D-1 日(文件日期为 D 日)或其后的文件批次,通过份额强制调增业务报送至本公司 TA 系统(D 日为基金管理人在本公司 TA 系统中为该基金代码设置的定向扩募份额登记日）。本公司及本公司上海分公司分别据此完成相应定向扩募场外、场内份额的登记。

第二十七条　基金管理人在确认投资者定向扩募所得份额时，应保证投资者认购最终所得的上证基础设施基金份额为整数份。

第二节　向不特定对象扩募发售

第二十八条　上证基础设施基金开展向不特定对象扩募发售（以下简称非定向扩募）业务，应向上交所申请不同于原基金代码的基金代码（以下简称非定向扩募代码）。

第二十九条　投资者持场内证券账户或开放式基金账户参与上证基础设施基金非定向扩募的，认购业务可使用非定向扩募代码参照本公司上证 LOF 认购相关业务规则办理；也可由基金管理人完成资金交收后，于 S+1 日（文件日期为 S+2 日）或其后的文件批次，通过向本公司 TA 系统报送份额强制调增业务的方式（S 日为基金管理人在本公司 TA 系统中为非定向扩募代码设置的非定向扩募份额登记日，下同），申请将投资者认购所得份额登记在该上证基础设施基金的原基金代码下。

第三十条　基金管理人应于 S+1 日（文件日期为 S+2 日）或其后的文件批次，通过向本公司 TA 系统报送份额强制调减及份额强制调增业务，申请将非定向扩募代码中登记的全部场外份额调整至该上证基础设施基金的原基金代码下，本公司据此完成原基金代码非定向扩募场外份额的登记。

基金管理人应于 S+1 日或之后，向本公司提交非定向扩募场内份额代码调整申请，本公司上海分公司据此完成原基金代码非定向扩募场内份额的登记。

第三十一条　基金管理人应在上证基础设施基金非定向扩募前向本公司申请设置该基金本次非定向扩募的发售价格。本公司据此进行该上证基础设施基金非定向扩募的认购业务处理，并将该价格发送给场外基金销售机构,同时通过上交所发送给场内证券经营机构。

第三十二条 上证基础设施基金非定向扩募的认购费率设置、计算及认购资金处理,参照本公司上证 LOF 认购相关业务规则办理。

第三十三条 基金管理人在确认投资者非定向扩募发售认购所得份额时,应保证投资者认购最终所得的上证基础设施基金份额为整数份。

第三十四条 上证基础设施基金开展非定向扩募,涉及向原持有人配售份额的,基金管理人可自行组织开展向原持有人的配售业务,并按照上述方式完成相关登记结算业务,也可选择由本公司、本公司上海分公司分别配合开展向该上证基础设施基金场外、场内份额原持有人的配售业务。由本公司、本公司上海分公司配合开展向原持有人配售业务的,相关登记结算业务办理方式由本公司另行规定。

第八章 其他登记托管业务

第三十五条 登记在本公司证券登记系统中的上证基础设施基金份额,托管在场内证券经营机构处;登记在本公司 TA 系统中的上证基础设施基金份额,托管在场外基金销售机构处。

第三十六条 投资者可办理上证基础设施基金份额的转托管业务。上证基础设施基金份额的转托管,包括系统内转托管和跨系统转托管。

第三十七条 系统内转托管是指投资者将托管在某场外基金销售机构的上证基础设施基金份额,转托管至其他场外基金销售机构(或在同一场外基金销售机构内部,从某一销售网点转移到另一销售网点;或在同一场外基金销售机构内部,从某一交易账号转移到另一交易账号)。

上证基础设施基金的系统内转托管业务,按照《中国证券登记结算有限责任公司开放式证券投资基金及证券公司集合资产管理计划份额登记及资金结算业务指南》的相关规定办理。

第三十八条 跨系统转托管是指投资者将托管在某场内证券经

营机构的上证基础设施基金份额,转托管至某场外基金销售机构;或将托管在某场外基金销售机构的上证基础设施基金份额,转托管至某场内证券经营机构。上证基础设施基金的跨系统转托管业务,参照本公司上证 LOF 相关业务规则办理。

第三十九条　上证基础设施基金份额的转托管业务,本公司按照基金管理人在本公司 TA 系统中为该基金代码设置的赎回明细分配原则,采用"先进先出"或"后进先出"原则处理。

第四十条　本公司上海分公司根据上交所通知,对战略配售场内份额、定向扩募场内份额等场内份额进行限售或解除限售操作。

限售份额因司法协助执行、继承、离婚、法人资格丧失、捐赠等原因发生非交易过户的,相关份额过户后仍为限售份额。

限售份额不可办理跨系统转托管业务。

第四十一条　本公司根据上交所通知,对战略配售场外份额、定向扩募场外份额等场外份额进行锁定或解除锁定操作。

处于锁定状态的上证基础设施基金份额不可办理系统内转托管、跨系统转托管、份额强制调减等业务。处于锁定状态的上证基础设施基金份额因司法协助执行、继承、离婚、法人资格丧失、捐赠等原因发生非交易过户的,相关份额过户后仍处于锁定状态。

第四十二条　上证基础设施基金场内份额因继承、离婚、法人资格丧失、捐赠等情形涉及的非交易过户业务,以及质押登记、司法协助执行等业务,参照本公司证券相关业务规则办理。

上证基础设施基金场外份额因继承、离婚、法人资格丧失、捐赠等情形涉及的非交易过户业务,以及司法协助执行等业务,参照本公司开放式基金相关业务规则办理。

第四十三条　对于持有上证基础设施基金冻结份额的场内证券账户,本公司每日先按照基金管理人在本公司 TA 系统中为该基金代码设置的赎回明细分配原则,选取相应冻结份额,再按照相关原则处理该账户涉及的份额卖出、场内转场外跨系统转托管等业务。

第四十四条　基础设施项目原始权益人或其同一控制下的关联

方参与基础设施基金份额战略配售的比例合计不得低于本次基金份额发售数量的 20%，其中基金份额发售总量的 20% 持有期自上市之日起不少于 60 个月，超过 20% 部分持有期自上市之日起不少于 36 个月，基金份额持有期间不允许质押。

中国证监会对于基础设施基金存续期间新购入基础设施项目相关事项另有规定的，从其规定。

第四十五条 上证基础设施基金满足终止条件的，基金管理人应向本公司及本公司上海分公司分别申请办理 TA 系统和证券登记系统登记份额的清盘或退出登记业务。

第九章 结算风险管理

第四十六条 上证基础设施基金的场内份额交易纳入结算保证金、证券结算风险基金及最低结算备付金限额的计算。上证基础设施基金结算业务参与人应当按照《证券结算风险基金管理办法》《中国结算上海分公司结算保证金业务指引》《中国证券登记结算有限责任公司上海分公司结算账户管理及资金结算业务指南》等有关规定缴纳结算保证金、证券结算风险基金，并确保结算备付金账户的日末余额不低于本公司核定的最低结算备付金限额。

第四十七条 上证基础设施基金结算业务参与人应在规定的交收时点前确保相关结算备付金账户内的资金余额足额完成交收。如在最终交收时点，结算业务参与人相关结算备付金账户内的资金余额不能足额完成采用多边净额结算的业务品种的资金交收，构成资金交收违约（透支）情形的，本公司上海分公司将根据相关业务规则进行违约处置，并有权采取相应自律管理措施。

第十章 附 则

第四十八条 除另有规定外，基金管理人销售其管理的上证基础设施基金，适用本指引关于场外基金销售机构的相关规定。

第四十九条 本公司及本公司上海分公司按照本公司费用标准

收取上证基础设施基金登记结算业务相关费用。

上证基础设施基金相关税收安排,按照国家有关规定执行。

第五十条 本指引由本公司负责修订和解释。

第五十一条 本指引自 2022 年 6 月 24 日起施行。本公司于 2021 年 2 月 5 日发布的《中国证券登记结算有限责任公司上海证券交易所公开募集基础设施证券投资基金登记结算业务指引(试行)》同时废止。

中国证券登记结算有限责任公司深圳证券交易所公开募集基础设施证券投资基金登记结算业务指引(试行)

(中国结算发〔2022〕97 号　自 2022 年 6 月 24 日起施行)

第一章　总　　则

第一条 为规范深圳证券交易所公开募集基础设施证券投资基金(以下简称深证基础设施基金)登记结算业务运作,保护投资者合法权益,根据《公开募集基础设施证券投资基金指引(试行)》《中国证券登记结算有限责任公司公开募集基础设施证券投资基金登记结算业务实施细则(试行)》等相关规定,制定本指引。

第二条 本指引所称深证基础设施基金是指符合《公开募集基础设施证券投资基金指引(试行)》规定,且可在深圳证券交易所(以下简称深交所)认购、交易的公开募集证券投资基金。

第三条 深证基础设施基金的登记结算相关业务适用本指引,参照适用《深圳证券交易所上市开放式基金登记结算业务指引》。本指引及《深圳证券交易所上市开放式基金登记结算业务指引》未规定或无法参照适用的,适用中国证券登记结算有限责任公司(以下简称本公司)其他相关规定。

第四条 本公司对深证基础设施基金份额实行分系统登记。记录在本公司深圳人民币普通股票账户、封闭式基金账户(以下统称场内证券账户)中的深证基础设施基金份额(以下简称场内份额)登记在本公司深圳分公司证券登记结算系统(以下简称证券登记系统);记录在本公司深圳开放式基金账户(以下简称开放式基金账户)中的深证基础设施基金份额(以下简称场外份额)登记在本公司开放式基金登记结算系统(以下简称 TA 系统)。

第二章 业 务 参 与

第五条 场外基金销售机构、经深交所及本公司认可的具有基金销售业务资格的深交所会员可参与深证基础设施基金的认购业务;所有作为深交所会员单位的场内证券经营机构(以下统称场内证券经营机构)可通过深交所交易系统参与深证基础设施基金的交易业务。

单只深证基础设施基金的场内证券经营机构以及场外基金销售机构名单以基金管理人的公告为准。

第六条 场内证券经营机构、场外基金销售机构、基金管理人应按照本公司相关规定办理参与深证基础设施基金的相关手续。

第三章 账 户 管 理

第一节 证 券 账 户

第七条 投资者可持场内证券账户、开放式基金账户参与深证基础设施基金首次发售战略配售、网下配售、面向公众投资者发售份额的认购以及扩募发售份额的认购。

投资者可持场内证券账户参与深证基础设施基金份额的交易。

第八条 场内证券账户的开立、使用、账户信息变更、查询、注销等业务,按照《中国证券登记结算有限责任公司证券账户管理规则》等相关规定办理。

开放式基金账户的开立、使用、账户信息变更、查询、注销等业务，按照《中国证券登记结算有限责任公司开放式证券投资基金及证券公司集合资产管理计划份额登记及资金结算业务指南》等相关规定办理。

第二节　资金结算账户

第九条　场内证券经营机构、场外基金销售机构、基金管理人等深证基础设施基金结算业务参与人应在本公司开立相关资金结算账户。已开立相关资金结算账户的，应使用现有的资金结算账户，但本公司另有规定的除外。

第十条　结算业务参与人参与深证基础设施基金场内份额的认购、交易和权益分派等业务，应当使用A股结算备付金账户完成相关资金交收。

结算业务参与人参与深证基础设施基金场外份额的认购和权益分派等业务，应当使用开放式基金结算备付金账户完成相关资金交收。

第十一条　结算业务参与人开立A股资金结算账户，应按照《中国证券登记结算有限责任公司深圳分公司证券资金结算业务指南》等相关规定办理。

结算业务参与人开立开放式基金资金结算账户，应按照《中国证券登记结算有限责任公司上市开放式基金登记结算业务实施细则》《中国证券登记结算有限责任公司开放式证券投资基金及证券公司集合资产管理计划份额登记及资金结算业务指南》《中国证券登记结算有限责任公司深圳分公司证券资金结算业务指南》《中国证券登记结算有限责任公司上海分公司结算账户管理及资金结算业务指南》等相关规定办理。

第十二条　基金管理人应在深证基础设施基金首次发售前，向本公司申请将该基金通过开放式基金资金结算账户开展的资金交收业务设置为非担保模式。

第四章 首次发售

第十三条 投资者持场内证券账户参与深证基础设施基金首次发售战略配售的，认购业务应由基金管理人完成资金交收后，按照《中国证券登记结算有限责任公司深圳分公司发行人业务指南》的相关规定向本公司深圳分公司申请办理该部分场内份额的初始登记。本公司深圳分公司据此完成相应场内份额的初始登记。

投资者持开放式基金账户参与深证基础设施基金首次发售战略配售的，认购业务可参照本公司深圳证券交易所上市开放式基金（以下简称深证LOF）相关规则办理，也可由基金管理人完成资金交收后，将投资者认购所得份额等信息于L+1日（文件批次为L+2日）或其后的文件批次，通过份额强制调增业务报送至本公司TA系统（L日为基金管理人在本公司TA系统中为该基金代码设置的认购结束日，下同），本公司据此完成相应场外份额的初始登记。

第十四条 投资者持场内证券账户参与深证基础设施基金首次发售网下配售的，认购业务应由基金管理人完成资金交收后，按照《中国证券登记结算有限责任公司深圳分公司发行人业务指南》的相关规定向本公司深圳分公司申请办理该部分场内份额的初始登记。本公司深圳分公司据此完成相应场内份额的初始登记。

投资者持开放式基金账户参与深证基础设施基金首次发售网下配售的，认购业务可参照本公司深证LOF认购相关业务规则办理，也可由基金管理人完成资金交收后，将投资者认购所得份额等信息于L+1日（文件批次为L+2日）或其后的文件批次，通过份额强制调增业务报送至本公司TA系统，本公司据此完成相应场外份额的初始登记。

第十五条 投资者持场内证券账户或开放式基金账户参与深证基础设施基金首次发售面向公众发售的，认购业务参照本公司深证LOF认购相关业务规则办理。

第十六条 基金管理人应在深证基础设施基金首次发售前向本

公司申请设置该基金首次发售的发行价格。本公司据此进行该深证基础设施基金首次发售的场外份额认购业务处理,并将该价格发送给场外基金销售机构。

第十七条 深证基础设施基金首次发售的认购费率设置、计算及认购资金处理,参照本公司深证 LOF 认购相关业务规则办理。

第十八条 基金管理人在确认投资者首次发售所得份额时,应保证投资者认购最终所得深证基础设施基金份额为整数份。

第五章 交易、要约收购及回购交易

第十九条 本公司对深证基础设施基金场内份额的交易按照分级结算原则提供多边净额结算服务,相关证券交收、资金结算等业务参照本公司深证 LOF 相关业务规则以及《中国证券登记结算有限责任公司深圳分公司证券资金结算业务指南》的相关规定办理。本公司对深证基础设施基金的交易结算方式另有规定的,从其规定。

第二十条 对于当日买入和卖出份额明细轧差后为净卖出的,本公司在非限售份额内统一采用"先进先出"原则处理,即先卖出过户日期较早的基金份额。

第二十一条 深证基础设施基金场内份额涉及的要约收购业务,参照《中国证券登记结算有限责任公司深圳分公司上市公司要约收购业务指南》相关业务规则办理。

第二十二条 深证基础设施基金参与质押式协议回购、质押式三方回购交易的,相关证券交收、资金结算等业务参照本公司债券质押式协议回购、债券质押式三方回购相关业务规则办理。

第六章 权 益 分 派

第二十三条 深证基础设施基金份额的权益分派由本公司证券登记系统和 TA 系统依据权益登记日各自的投资者名册数据,参照本公司深证 LOF 相关业务规则分别办理。

第二十四条 深证基础设施基金份额的权益分派应采用现金分

红方式。基金管理人应在深证基础设施基金首次发售前向本公司申请将该基金场外份额的默认分红方式设置为现金分红,并设置不允许投资者变更场外份额分红方式的业务控制。

第七章 扩募发售

第一节 向特定对象扩募发售

第二十五条 深证基础设施基金应使用原基金代码开展向特定对象扩募发售(以下简称定向扩募)业务。

第二十六条 投资者持场内证券账户参与深证基础设施基金定向扩募的,由基金管理人参照首次发售网下配售份额登记的相关规定向本公司深圳分公司申请办理定向扩募场内份额的登记。

投资者持开放式基金账户参与深证基础设施基金定向扩募的,认购业务应由基金管理人完成资金交收后,将投资者认购所得份额等信息于D-1日(文件日期为D日)或其后的文件批次,通过份额强制调增业务报送至本公司TA系统(D日为基金管理人在本TA系统中为该基金代码设置的定向扩募份额登记日)。本公司据此完成相应定向扩募场外份额的登记。

第二十七条 基金管理人在确认投资者定向扩募所得份额时,应保证投资者认购最终所得的深证基础设施基金份额为整数份。

第二节 向不特定对象扩募发售

第二十八条 深证基础设施基金开展向不特定对象扩募发售(以下简称非定向扩募)业务,应向深交所申请不同于原基金代码的基金代码(以下简称非定向扩募代码)。

第二十九条 投资者持场内证券账户参与深证基础设施基金非定向扩募,战略配售份额认购业务应由基金管理人使用该深证基础设施基金原代码参照首次发售战略配售份额登记的相关规定向本公司深圳分公司申请办理;非战略配售份额认购业务可使用非定向扩募代码参照本公司深证LOF认购相关业务规则办理,也可由基金管理人使用该深证基础设施基金原代码参照首次发售网下配售份额登记的相关规定向本公司深圳分公司申请办理。

投资者持开放式基金账户参与深证基础设施基金非定向扩募的，认购业务可使用非定向扩募代码参照本公司深证 LOF 认购相关业务规则办理；也可由基金管理人完成资金交收后，于 S 日（文件日期为 S + 1 日）或其后的文件批次，通过向本公司 TA 系统报送份额强制调增业务的方式（S 日为基金管理人在本公司 TA 系统中为非定向扩募代码设置的非定向扩募份额登记日，下同），申请将投资者认购所得份额登记在该深证基础设施基金的原基金代码下。

第三十条　基金管理人应于 S 日（文件日期为 S + 1 日）或其后的文件批次，通过向本公司 TA 系统报送份额强制调减及份额强制调增业务，申请将非定向扩募代码中登记的全部场外份额调整至该深证基础设施基金的原基金代码下，本公司据此完成原基金代码非定向扩募场外份额的登记。

本公司深圳分公司根据基金管理人的申请，完成该深证基础设施基金原基金代码非定向扩募场内份额的登记。

第三十一条　基金管理人应在深证基础设施基金非定向扩募前向本公司申请设置该基金本次非定向扩募的发售价格。本公司据此进行该深证基础设施基金非定向扩募的认购业务处理，并将该价格发送给场外基金销售机构。

第三十二条　深证基础设施基金非定向扩募的认购费率设置、计算及认购资金处理，参照本公司深证 LOF 认购相关业务规则办理。

第三十三条　基金管理人在确认投资者非定向扩募发售认购所得份额时，应保证投资者认购最终所得的深证基础设施基金份额为整数份。

第三十四条　深证基础设施基金开展非定向扩募，涉及向原持有人配售份额的，基金管理人应分别向本公司、本公司深圳分公司申请配合开展向该基金场外、场内份额原持有人的配售业务。由本公司、本公司深圳分公司配合开展向原持有人配售业务的，相关登记结算业务办理方式由本公司另行规定。

第八章 其他登记托管业务

第三十五条 登记在本公司证券登记系统中的深证基础设施基金份额，托管在场内证券经营机构处；登记在本公司 TA 系统中的深证基础设施基金份额，托管在场外基金销售机构处。

第三十六条 投资者可办理深证基础设施基金份额的转托管业务。深证基础设施基金份额的转托管，包括系统内转托管和跨系统转托管。

第三十七条 系统内转托管是指投资者将托管在某场内证券经营机构托管单元的深证基础设施基金场内份额转托管至其他场内证券经营机构托管单元（或同一场内证券经营机构的其他托管单元），或将托管在某场外基金销售机构的深证基础设施基金场外份额转托管至其他场外基金销售机构（或在同一场外基金销售机构内部，从某一销售网点转移到另一销售网点；或在同一场外基金销售机构内部，从某一交易账号转移到另一交易账号）。

深证基础设施基金场内份额的系统内转托管业务，按照《中国证券登记结算有限责任公司深圳分公司证券转托管业务指南》相关规定办理；深证基础设施基金场外份额的系统内转托管业务，按照《中国证券登记结算有限责任公司开放式证券投资基金及证券公司集合资产管理计划份额登记及资金结算业务指南》相关规定办理。

第三十八条 跨系统转托管是指投资者将托管在某场内证券经营机构的深证基础设施基金份额，转托管至某场外基金销售机构；或将托管在某场外基金销售机构的深证基础设施基金份额，转托管至某场内证券经营机构。深证基础设施基金跨系统转托管业务，参照本公司深证 LOF 相关业务规则办理。

第三十九条 本公司深圳分公司根据深交所通知，对战略配售场内份额、定向扩募场内份额等场内份额进行限售或解除限售操作。

限售份额因司法协助执行、继承、离婚、法人资格丧失、捐赠等原因发生非交易过户的，相关份额过户后仍为限售份额。

限售份额可办理系统内转托管业务（处于解除限售期间的份额除外），但不可办理跨系统转托管业务。

第四十条 本公司根据深交所通知，对战略配售场外份额、定向扩募场外份额等场外份额进行锁定或解除锁定操作。

处于锁定状态的深证基础设施基金份额不可办理系统内转托管、跨系统转托管、份额强制调减等业务。处于锁定状态的深证基础设施基金份额因司法协助执行、继承、离婚、法人资格丧失、捐赠等原因发生非交易过户的，相关份额过户后仍处于锁定状态。

第四十一条 深证基础设施基金场内份额因继承、离婚、法人资格丧失、捐赠等情形涉及的非交易过户业务，以及质押登记、司法协助执行等业务，参照本公司证券相关业务规则办理。

深证基础设施基金场外份额因继承、离婚、法人资格丧失、捐赠等情形涉及的非交易过户业务，以及司法协助执行等业务，参照本公司开放式基金相关业务规则办理。

第四十二条 深证基础设施项目原始权益人或其同一控制下的关联方参与基础设施基金份额战略配售的比例合计不得低于本次基金份额发售数量的20%，其中基金份额发售总量的20%持有期自上市之日起不少于60个月，超过20%部分持有期自上市之日起不少于36个月，基金份额持有期间不允许质押。

中国证监会对于基础设施基金存续期间新购入基础设施项目相关事项另有规定的，从其规定。

第四十三条 深证基础设施基金满足终止条件的，基金管理人应向本公司及本公司深证分公司分别申请办理TA系统和证券登记系统登记份额的清盘或退出登记业务。

第九章 结算风险管理

第四十四条 深证基础设施基金的场内份额交易纳入结算保证金、证券结算风险基金及最低结算备付金限额的计算。深证基础设基金结算业务参与人应当按照《证券结算风险基金管理办法》《中国证券登记结算有限责任公司深圳分公司证券资金结算业务指南》等有关规定缴纳结算保证金、证券结算风险基金,并确保结算备付金账户的日末余额不低于本公司核定的最低结算备付金限额。

第四十五条　深证基础设施基金结算业务参与人应在规定的交收时点前确保相关结算备付金账户内的资金余额足额完成交收。如在最终交收时点,结算业务参与人相关结算备付金账户内的资金余额不能足额完成采用多边净额结算的业务品种的资金交收,构成资金交收违约(透支)情形的,本公司深圳分公司将根据相关业务规则进行违约处置,并有权采取相应自律管理措施。

第十章　附　　则

第四十六条　除另有规定外,基金管理人销售其管理的深证基础设施基金,适用本指引关于场外基金销售机构的相关约定。

第四十七条　本公司及本公司深圳分公司按照本公司费用标准收取深证基础设施基金登记结算业务相关费用。

深证基础设施基金相关税收安排,按照国家有关规定执行。

第四十八条　本指引由本公司负责修订和解释。

第四十九条　本指引自 2022 年 6 月 24 日起施行。本公司于 2021 年 2 月 5 日发布的《中国证券登记结算有限责任公司深圳证券交易所公开募集基础设施证券投资基金登记结算业务指引(试行)》同时废止。

第五篇　保险资产支持计划

一、法规性文件

国务院关于加快发展现代保险服务业的若干意见

(国发〔2014〕29号　2014年8月10日发布)

各省、自治区、直辖市人民政府，国务院各部委、各直属机构：

保险是现代经济的重要产业和风险管理的基本手段，是社会文明水平、经济发达程度、社会治理能力的重要标志。改革开放以来，我国保险业快速发展，服务领域不断拓宽，为促进经济社会发展和保障人民群众生产生活作出了重要贡献。但总体上看，我国保险业仍处于发展的初级阶段，不能适应全面深化改革和经济社会发展的需要，与现代保险服务业的要求还有较大差距。加快发展现代保险服务业，对完善现代金融体系、带动扩大社会就业、促进经济提质增效升级、创新社会治理方式、保障社会稳定运行、提升社会安全感、提高人民群众生活质量具有重要意义。为深入贯彻党的十八大和十八届二中、三中全会精神，认真落实党中央和国务院决策部署，加快发展现代保险服务业，现提出以下意见。

一、总体要求

(一)指导思想。以邓小平理论、"三个代表"重要思想、科学发展观为指导，立足于服务国家治理体系和治理能力现代化，把发展现代保险服务业放在经济社会工作整体布局中统筹考虑，以满足社会日益增长的多元化保险服务需求为出发点,以完善保险经济补偿机制、强化风险管理核心功能和提高保险资金配置效率为方向,改革创新、扩大开放、健全市场、优化环境、完善政策,建设有市场竞争力、富有创造力和充满活力的现代保险服务业,使现代保险服务业成为完善金融体系的支柱力量、改善民生保障的有力支撑、创新社会管理的有效机制、促进经济提质增效升级的高效引擎和转变政府职能的重要抓手。

(二)基本原则。一是坚持市场主导、政策引导。对商业化运作的保险业务,营造公平竞争的市场环境,使市场在资源配置中起决定性作用;对具有社会公益性、关系国计民生的保险业务,创造低成本的政策环境,给予必要的扶持;对服务经济提质增效升级具有积极作用但目前基础薄弱的保险业务,更好发挥政府的引导作用。二是坚持改革创新、扩大开放。全面深化保险业体制机制改革,提升对内对外开放水平,引进先进经营管理理念和技术,释放和激发行业持续发展和创新活力。增强保险产品、服务、管理和技术创新能力,促进市场主体差异化竞争、个性化服务。三是坚持完善监管、防范风险。完善保险法制体系,加快推进保险监管现代化,维护保险消费者合法权益,规范市场秩序。处理好加快发展和防范风险的关系,守住不发生系统性区域性金融风险的底线。

(三)发展目标。到2020年,基本建成保障全面、功能完善、安全稳健、诚信规范,具有较强服务能力、创新能力和国际竞争力,与我国经济社会发展需求相适应的现代保险服务业,努力由保险大国向保险强国转变。保险成为政府、企业、居民风险管理和财富管理的基本手段,成为提高保障水平和保障质量的重要渠道,成为政府改进公共服务、加强社会管理的有效工具。保险深度(保费收入/国内生产总值)达到5%,保险密度(保费收入/总人口)达到3500元/人。保险的社会"稳定器"和经济"助推器"作用得到有效发挥。

二、构筑保险民生保障网,完善多层次社会保障体系

(四)把商业保险建成社会保障体系的重要支柱。商业保险要逐步成为个人和家庭商业保障计划的主要承担者、企业发起的养老健康

保障计划的重要提供者、社会保险市场化运作的积极参与者。支持有条件的企业建立商业养老健康保障计划。支持保险机构大力拓展企业年金等业务。充分发挥商业保险对基本养老、医疗保险的补充作用。

（五）创新养老保险产品服务。为不同群体提供个性化、差异化的养老保障。推动个人储蓄性养老保险发展。开展住房反向抵押养老保险试点。发展独生子女家庭保障计划。探索对失独老人保障的新模式。发展养老机构综合责任保险。支持符合条件的保险机构投资养老服务产业，促进保险服务业与养老服务业融合发展。

（六）发展多样化健康保险服务。鼓励保险公司大力开发各类医疗、疾病保险和失能收入损失保险等商业健康保险产品，并与基本医疗保险相衔接。发展商业性长期护理保险。提供与商业健康保险产品相结合的疾病预防、健康维护、慢性病管理等健康管理服务。支持保险机构参与健康服务业产业链整合，探索运用股权投资、战略合作等方式，设立医疗机构和参与公立医院改制。

三、发挥保险风险管理功能，完善社会治理体系

（七）运用保险机制创新公共服务提供方式。政府通过向商业保险公司购买服务等方式，在公共服务领域充分运用市场化机制，积极探索推进具有资质的商业保险机构开展各类养老、医疗保险经办服务，提升社会管理效率。按照全面开展城乡居民大病保险的要求，做好受托承办工作，不断完善运作机制，提高保障水平。鼓励发展治安保险、社区综合保险等新兴业务。支持保险机构运用股权投资、战略合作等方式参与保安服务产业链整合。

（八）发挥责任保险化解矛盾纠纷的功能作用。强化政府引导、市场运作、立法保障的责任保险发展模式，把与公众利益关系密切的环境污染、食品安全、医疗责任、医疗意外、实习安全、校园安全等领域作为责任保险发展重点，探索开展强制责任保险试点。加快发展旅行社、产品质量以及各类职业责任保险、产品责任保险和公众责任保险，充分发挥责任保险在事前风险预防、事中风险控制、事后理赔服务等

方面的功能作用,用经济杠杆和多样化的责任保险产品化解民事责任纠纷。

四、完善保险经济补偿机制,提高灾害救助参与度

(九)将保险纳入灾害事故防范救助体系。提升企业和居民利用商业保险等市场化手段应对灾害事故风险的意识和水平。积极发展企业财产保险、工程保险、机动车辆保险、家庭财产保险、意外伤害保险等,增强全社会抵御风险的能力。充分发挥保险费率杠杆的激励约束作用,强化事前风险防范,减少灾害事故发生,促进安全生产和突发事件应急管理。

(十)建立巨灾保险制度。围绕更好保障和改善民生,以制度建设为基础,以商业保险为平台,以多层次风险分担为保障,建立巨灾保险制度。研究建立巨灾保险基金、巨灾再保险等制度,逐步形成财政支持下的多层次巨灾风险分散机制。鼓励各地根据风险特点,探索对台风、地震、滑坡、泥石流、洪水、森林火灾等灾害的有效保障模式。制定巨灾保险法规。建立核保险巨灾责任准备金制度。建立巨灾风险管理数据库。

五、大力发展"三农"保险,创新支农惠农方式

(十一)积极发展农业保险。按照中央支持保大宗、保成本,地方支持保特色、保产量,有条件的保价格、保收入的原则,鼓励农民和各类新型农业经营主体自愿参保,扩大农业保险覆盖面,提高农业保险保障程度。开展农产品目标价格保险试点,探索天气指数保险等新兴产品和服务,丰富农业保险风险管理工具。落实农业保险大灾风险准备金制度。健全农业保险服务体系,鼓励开展多种形式的互助合作保险。健全保险经营机构与灾害预报部门、农业主管部门的合作机制。

(十二)拓展"三农"保险广度和深度。各地根据自身实际,支持保险机构提供保障适度、保费低廉、保单通俗的"三农"保险产品。积极发展农村小额信贷保险、农房保险、农机保险、农业基础设施保险、森林保险,以及农民养老健康保险、农村小额人身保险等普惠保险业务。

六、拓展保险服务功能,促进经济提质增效升级

(十三)充分发挥保险资金长期投资的独特优势。在保证安全性、收益性前提下,创新保险资金运用方式,提高保险资金配置效率。鼓励保险资金利用债权投资计划、股权投资计划等方式,支持重大基础设施、棚户区改造、城镇化建设等民生工程和国家重大工程。鼓励保险公司通过投资企业股权、债权、基金、资产支持计划等多种形式,在合理管控风险的前提下,为科技型企业、小微企业、战略性新兴产业等发展提供资金支持。研究制定保险资金投资创业投资基金相关政策。

(十四)促进保险市场与货币市场、资本市场协调发展。进一步发挥保险公司的机构投资者作用,为股票市场和债券市场长期稳定发展提供有力支持。鼓励设立不动产、基础设施、养老等专业保险资产管理机构,允许专业保险资产管理机构设立夹层基金、并购基金、不动产基金等私募基金。稳步推进保险公司设立基金管理公司试点。探索保险机构投资、发起资产证券化产品。探索发展债券信用保险。积极培育另类投资市场。

(十五)推动保险服务经济结构调整。建立完善科技保险体系,积极发展适应科技创新的保险产品和服务,推广国产首台首套装备的保险风险补偿机制,促进企业创新和科技成果产业化。加快发展小微企业信用保险和贷款保证保险,增强小微企业融资能力。积极发展个人消费贷款保证保险,释放居民消费潜力。发挥保险对咨询、法律、会计、评估、审计等产业的辐射作用,积极发展文化产业保险、物流保险,探索演艺、会展责任险等新兴保险业务,促进第三产业发展。

(十六)加大保险业支持企业"走出去"的力度。着力发挥出口信用保险促进外贸稳定增长和转型升级的作用。加大出口信用保险对自主品牌、自主知识产权、战略性新兴产业的支持力度,重点支持高科技、高附加值的机电产品和大型成套设备,简化审批程序。加快发展境外投资保险,以能源矿产、基础设施、高新技术和先进制造业、农业、林业等为重点支持领域,创新保险品种,扩大承保范围。稳步放开短期出口信用保险市场,进一步增加市场经营主体。积极发展航运保险。拓展保险资金境外投资范围。

七、推进保险业改革开放,全面提升行业发展水平

（十七）深化保险行业改革。继续深化保险公司改革,加快建立现代保险企业制度,完善保险公司治理结构。全面深化寿险费率市场化改革,稳步开展商业车险费率市场化改革。深入推进保险市场准入、退出机制改革。加快完善保险市场体系,支持设立区域性和专业性保险公司,发展信用保险专业机构。规范保险公司并购重组。支持符合条件的保险公司在境内外上市。

（十八）提升保险业对外开放水平。推动保险市场进一步对内对外开放,实现"引进来"和"走出去"更好结合,以开放促改革促发展。鼓励中资保险公司尝试多形式、多渠道"走出去",为我国海外企业提供风险保障。支持中资保险公司通过国际资本市场筹集资金,多种渠道进入海外市场。努力扩大保险服务出口。引导外资保险公司将先进经验和技术植入中国市场。

（十九）鼓励保险产品服务创新。切实增强保险业自主创新能力,积极培育新的业务增长点。支持保险公司积极运用网络、云计算、大数据、移动互联网等新技术促进保险业销售渠道和服务模式创新。大力推进条款通俗化和服务标准化,鼓励保险公司提供个性化、定制化产品服务,减少同质低效竞争。推动保险公司转变发展方式,提高服务质量,努力降低经营成本,提供质优价廉、诚信规范的保险产品和服务。

（二十）加快发展再保险市场。增加再保险市场主体。发展区域性再保险中心。加大再保险产品和技术创新力度。加大再保险对农业、交通、能源、化工、水利、地铁、航空航天、核电及其他国家重点项目的大型风险、特殊风险的保险保障力度。增强再保险分散自然灾害风险的能力。强化再保险对我国海外企业的支持保障功能,提升我国在全球再保险市场的定价权、话语权。

（二十一）充分发挥保险中介市场作用。不断提升保险中介机构的专业技术能力,发挥中介机构在风险定价、防灾防损、风险顾问、损失评估、理赔服务等方面的积极作用,更好地为保险消费者提供增值服务。优化保险中介市场结构,规范市场秩序。稳步推进保险营销体制改革。

八、加强和改进保险监管,防范化解风险

(二十二)推进监管体系和监管能力现代化。坚持机构监管与功能监管相统一,宏观审慎监管与微观审慎监管相统一,加快建设以风险为导向的保险监管制度。加强保险公司治理和内控监管,改进市场行为监管,加快建设第二代偿付能力监管制度。完善保险法规体系,提高监管法制化水平。积极推进监管信息化建设。充分发挥保险行业协会等自律组织的作用。充分利用保险监管派出机构资源,加强基层保险监管工作。

(二十三)加强保险消费者合法权益保护。推动完善保险消费者合法权益保护法律法规和规章制度。探索建立保险消费纠纷多元化解决机制,建立健全保险纠纷诉讼、仲裁与调解对接机制。加大保险监管力度,监督保险机构全面履行对保险消费者的各项义务,严肃查处各类损害保险消费者合法权益的行为。

(二十四)守住不发生系统性区域性金融风险的底线。加强保险业全面风险管理,建立健全风险监测预警机制,完善风险应急预案,优化风险处置流程和制度,提高风险处置能力。强化责任追究,增强市场约束,防止风险积累。加强金融监管协调,防范风险跨行业传递。完善保险监管与地方人民政府以及公安、司法、新闻宣传等部门的合作机制。健全保险保障基金管理制度和运行机制。

九、加强基础建设,优化保险业发展环境

(二十五)全面推进保险业信用体系建设。加强保险信用信息基础设施建设,扩大信用记录覆盖面,构建信用信息共享机制。引导保险机构采取差别化保险费率等手段,对守信者予以激励,对失信者进行约束。完善保险从业人员信用档案制度、保险机构信用评价体系和失信惩戒机制。

(二十六)加强保险业基础设施建设。加快建立保险业各类风险数据库,修订行业经验生命表、疾病发生率表等。组建全行业的资产托管中心、保险资产交易平台、再保险交易所、防灾防损中心等基础平台,加快中国保险信息技术管理有限责任公司发展,为提升保险业风险管理水平、促进行业转型升级提供支持。

(二十七)提升全社会保险意识。发挥新闻媒体的正面宣传和引导作用,鼓励广播电视、平面媒体及互联网等开办专门的保险频道或节目栏目,在全社会形成学保险、懂保险、用保险的氛围。加强中小学、职业院校学生保险意识教育。

十、完善现代保险服务业发展的支持政策

(二十八)建立保险监管协调机制。加强保险监管跨部门沟通协调和配合,促进商业保险与社会保障有效衔接、保险服务与社会治理相互融合、商业机制与政府管理密切结合。建立信息共享机制,逐步实现数据共享,提升有关部门的风险甄别水平和风险管理能力。建立保险数据库公安、司法、审计查询机制。

(二十九)鼓励政府通过多种方式购买保险服务。鼓励各地结合实际,积极探索运用保险的风险管理功能及保险机构的网络、专业技术等优势,通过运用市场化机制,降低公共服务运行成本。对于商业保险机构运营效率更高的公共服务,政府可以委托保险机构经办,也可以直接购买保险产品和服务;对于具有较强公益性,但市场化运作无法实现盈亏平衡的保险服务,可以由政府给予一定支持。

(三十)研究完善加快现代保险服务业发展的税收政策。完善健康保险有关税收政策。适时开展个人税收递延型商业养老保险试点。落实和完善企业为职工支付的补充养老保险费和补充医疗保险费有关企业所得税政策。落实农业保险税收优惠政策。结合完善企业研发费用所得税加计扣除政策,统筹研究科技研发保险费用支出税前扣除政策问题。

(三十一)加强养老产业和健康服务业用地保障。各级人民政府要在土地利用总体规划中统筹考虑养老产业、健康服务业发展需要,扩大养老服务设施、健康服务业用地供给,优先保障供应。加强对养老、健康服务设施用地监管,严禁改变土地用途。鼓励符合条件的保险机构等投资兴办养老产业和健康服务业机构。

(三十二)完善对农业保险的财政补贴政策。加大农业保险支持力度,提高中央、省级财政对主要粮食作物的保费补贴,减少或取消产粮大县三大粮食作物保险县级财政保费补贴。建立财政支持的农业保险大灾风险分散机制。

各地区、各部门要充分认识加快现代保险服务业发展的重要意义,把发展现代保险服务业作为促进经济转型、转变政府职能、带动扩大就业、完善社会治理、保障改善民生的重要抓手,加强沟通协调,形成工作合力。有关部门要根据本意见要求,按照职责分工抓紧制定相关配套措施,确保各项政策落实到位。省级人民政府要结合实际制定具体方案,促进本地区现代保险服务业有序健康发展。

二、部门规章及规范性文件

项目资产支持计划试点业务监管口径

(资金部函〔2014〕197号 2014年7月28日发布)

各保险资产管理公司、长江养老保险股份有限公司:

为规范项目资产支持计划试点业务,保障保险资金安全,防范和控制风险,根据《中华人民共和国信托法》、《保险资金运用管理暂行办法》等相关法律法规,制定如下监管口径:

一、保险资产管理公司等专业管理机构作为项目资产支持计划(以下简称"支持计划")受托人,按照约定从原始权益人受让或者以其他方式获得基础资产,以基础资产产生的现金流为偿付支持,发行受益凭证的业务活动,适用本监管口径。

二、受托人开展试点业务,应当符合《保险资金间接投资基础设施项目试点管理办法》有关受托人的相关规定,获得基础设施投资计划产品创新能力备案,并按照附件向中国保监会提交有关申请材料。

三、支持计划投资的基础资产应当符合以下要求:

1. 权属明确,原始权益人对基础资产具有完整的财产权利和处置权利;

2. 可特定化的财产,能够产生独立、可持续现金流,支持计划存续期间内预期产生的累计现金流能够覆盖支持计划预期投资收益和投资本金;

3. 没有附带抵押、质押等担保责任或者其他权利限制,能够通过相关安排,解除基础资产相关担保责任和其他权利限制的除外;

4. 资产转让依法办理批准、登记手续,法律法规未要求或者暂时不具备办理登记条件的,应当采取其他措施,有效维护基础资产安全;

5. 资产种类限于信贷资产(企业商业贷款、住房及商业性不动产抵押贷款、个人消费贷款、小额贷款公司发放的贷款、信用卡贷款、汽车融资贷款)、金融租赁应收款和每年获得固定分配的收益且对本金回收和上述收益分配设置信用增级的股权资产。其中,股权资产的信用增级方式包括保证担保、抵押担保和质押担保。

四、支持计划的交易结构应当符合以下要求:

1. 结构简单明晰,募集资金投向基础资产的路径清晰,不存在两层或者多层嵌套;

2. 原始权益人具备持续经营能力,能够保障基础资产产生现金流的稳定性和可持续性,无重大经营风险、财务风险和法律风险;

3. 建立资产隔离机制,确保支持计划财产独立于原始权益人、受托人、托管人、受益凭证持有人及其他业务参与机构的固有财产;

4. 建立相对封闭、独立的基础资产现金流归集机制;

5. 建立托管机制,托管人具备保险资金托管资质;

6. 建立基础资产管理机制,委托原始权益人或其他有业务资格的

机构履行贷款服务等职责;

7. 由专业律师就交易结构、交易文件的合法性发表意见,出具专业法律文件;

8. 由经中国保监会认可的信用评级机构对支持计划受益凭证进行初始评级和跟踪评级。

五、受托人应当及时向中国保监会上报支持计划定期和不定期管理报告。其中年度报告应当至少包括基础资产运行情况、业务参与人的履约情况、支持计划账户资金收支情况、会计师事务所对支持计划年度运行情况的审计意见等内容。

请遵照执行。

资产支持计划业务管理暂行办法

(2015年8月25日发布 根据2021年12月8日《中国银保监会关于修改保险资金运用领域部分规范性文件的通知》修改)

第一章 总 则

第一条 为加强资产支持计划业务管理,支持资产证券化业务发展,维护保险资金运用安全,根据《中华人民共和国保险法》《中华人民共和国信托法》《保险资金运用管理暂行办法》和其他相关法律法规,制定本办法。

第二条 本办法所称资产支持计划(以下简称支持计划)业务,是指保险资产管理公司等专业管理机构作为受托人设立支持计划,以基础资产产生的现金流为偿付支持,面向保险机构等合格投资者发行受益凭证的业务活动。

支持计划业务应当建立托管机制。

第三条 支持计划作为特殊目的载体,其资产独立于基础资产原始权益人、受托人、托管人及其他为支持计划提供服务的机构(以下简称其他服务机构)的固有财产。原始权益人、受托人、托管人及其他服务机构因依法解散、被依法撤销或者被依法宣告破产等原因进行清算的,支持计划资产不纳入清算范围。

第四条 受托人因管理、运用或者处置支持计划资产取得的财产和收益,应当归入支持计划资产;因处理支持计划事务所支出的费用、对第三人所负债务,以支持计划资产承担。

受托人管理、运用和处分支持计划资产所产生的债权,不得与原始权益人、受托人、托管人及其他服务机构的固有财产产生的债务相抵销。受托人管理、运用和处分不同支持计划资产所产生的债权债务,不得相互抵销。

第五条 保险机构投资支持计划受益凭证,应当遵循稳健、安全性原则,加强资产负债匹配。受托人、托管人及其他服务机构应当遵守相关法律法规、本办法的规定及支持计划的约定,履行诚实信用、谨慎勤勉的义务,切实维护受益凭证持有人的合法利益。

第六条 中国保险监督管理委员会(以下简称中国保监会)负责制定支持计划业务监管规则,依法对支持计划业务进行监管。

第二章 基 础 资 产

第七条 本办法所称基础资产,是指符合法律法规规定,能够直接产生独立、可持续现金流的财产、财产权利或者财产与财产权利构成的资产组合。

第八条 基础资产应当满足以下要求:

(一)可特定化,权属清晰、明确;

(二)交易基础真实,交易对价公允,符合法律法规及国家政策规定;

(三)没有附带抵押、质押等担保责任或者其他权利限制,或者能够通过相关安排解除基础资产的相关担保责任和其他权利限制;

（四）中国保监会规定的其他条件。

基础资产依据穿透原则确定。

第九条 支持计划存续期间，基础资产预期产生的现金流，应当覆盖支持计划预期投资收益和投资本金。国家政策支持的基础设施项目、保障房和城镇化建设等领域的基础资产除外。本款所指基础资产现金流不包括回购等增信方式产生的现金流。

基础资产的规模、存续期限应当与支持计划的规模、存续期限相匹配。

第十条 法律法规规定基础资产转让应当办理批准、登记手续的，应当依法办理。法律法规没有要求办理登记或者暂时不具备办理登记条件的，受托人应当采取其他措施，有效维护基础资产安全。

第十一条 中国保监会根据基础资产风险状况和监管需要对基础资产的范围实施动态负面清单管理。

第三章 交易结构

第十二条 受托人为受益凭证持有人的利益，设立支持计划并进行管理。受托人应当符合下列能力标准：

（一）具有基础设施投资计划或者不动产投资计划运作管理经验；

（二）建立相关投资决策机制、风险控制机制、内部管理制度和业务操作流程；

（三）合理设置相关部门或者岗位，并配备专职人员；

（四）信用风险管理能力达到监管标准；

（五）最近一年未因重大违法违规行为受到行政处罚；

（六）中国保监会规定的其他条件。

受托人应当在首单支持计划设立时向中国保监会报告其能力建设情况。受托人能力下降，不再符合监管规定的，应当及时整改，并报告中国保监会。

第十三条 受托人应当履行下列职责：

（一）设立、发行、管理支持计划；

（二）按照支持计划约定,向受益凭证持有人分配收益;

（三）协助受益凭证持有人办理受益凭证转让、协议回购等事宜;

（四）持续披露支持计划信息;

（五）法律法规、本办法规定及支持计划约定的其他职责。

第十四条 原始权益人依照约定将基础资产移交给支持计划。原始权益人应当符合下列条件:

（一）具备持续经营能力,无重大经营风险、财务风险和法律风险;

（二）生产经营符合法律法规和公司章程的规定,符合国家产业政策;

（三）最近三年未发生重大违约或者重大违法违规行为;

（四）法律法规和中国保监会规定的其他条件。

第十五条 原始权益人应当积极配合受托人、托管人及其他服务机构履行职责,依照法律法规的规定和支持计划的约定移交基础资产,并确保基础资产真实、合法、有效,不存在虚假或欺诈性转移等任何影响支持计划的情形。

支持计划存续期间,原始权益人应当维持正常的生产经营活动,保障基础资产现金流的持续、稳定,发生重大事项可能损害支持计划利益的,应当及时书面告知受托人并采取补救措施。

第十六条 托管人为受益凭证持有人的利益,保管支持计划资产。托管人应当具有保险资金托管资格。

托管人与受托人不得为同一人,且不得具有关联关系。

第十七条 托管人应当履行下列职责:

（一）安全保管支持计划资产;

（二）按照支持计划约定方式,向受益凭证持有人分配投资收益;

（三）监督受托人管理支持计划运作行为,发现受托人违规操作的,应当立即以书面形式通知受托人纠正,并及时报告中国保监会;

（四）出具托管报告;

（五）法律法规、本办法规定及支持计划约定的其他职责。

第十八条 受托人可以聘请资产服务机构在支持计划存续期间对基础资产进行管理。资产服务机构可以是支持计划的原始权益人。

受托人聘请资产服务机构的，应当与资产服务机构签订服务合同，明确资产服务机构的职责、管理方法和标准、操作流程、风控措施等。

第十九条 支持计划可以通过内部或者外部增信方式提升信用等级。内部信用增级包括但不限于结构化、超额抵押等方式，外部信用增级包括但不限于担保、保证保险等方式。

第二十条 受托人应当聘请律师事务所对支持计划出具独立的法律意见书，并可根据需要聘请资产评估机构、会计师事务所等专业服务机构对支持计划出具专业意见。

第四章 发行、登记和转让

第二十一条 受托人发起设立支持计划，实行初次申报核准，同类产品事后报告。中国保监会依规对初次申报的支持计划实施合规性、程序性审核。支持计划交易结构复杂的，中国保监会可以建立外部专家评估机制，向投资者提示投资风险。

本条所称同类产品，是指支持计划的基础资产类别、交易结构等核心要素基本一致。

第二十二条 受托人发行受益凭证，应当向投资者提供认购风险申明书、募集说明书、受托合同等支持计划法律文件、信用评级报告及跟踪评级安排、法律意见书等书面文件，明示支持计划要素，充分披露相关信息，揭示并以醒目方式提示各类风险和风险承担原则。

募集说明书应当充分披露基础资产的构成和运营、基础资产现金流预测分析、回款机制、分配方式的相关情况、受托人与原始权益人存在的关联关系、可能存在的风险以及防范措施等。

受托人披露的信息应当真实、准确、完整，不得存在应披露而未披露的内容。

第二十三条 受益凭证发行可以采取一次足额发行，也可以在募集规模确定且交易结构一致的前提下，采用限额内分期发行的方式。分期发行的，末期发行距首期发行时间一般不超过 12 个月。

第二十四条 受益凭证可按规定在保险资产登记交易平台发行、登记和转让，实现受益凭证的登记存管和交易流通。

保险资产登记交易平台对受益凭证发行、登记和转让及相关信息披露进行自律管理，并与中国保监会建立信息共享机制。

第二十五条 受益凭证限于向保险机构以及其他具有风险识别和承受能力的合格投资者发行，并在合格投资者范围内转让。中国保监会根据市场情况制定投资者适当性管理标准。

第二十六条 受益凭证按照募集说明书约定的条件发行完毕，支持计划设立完成。受托人应当在支持计划设立完成 10 个工作日内将发行情况报告中国保监会。

发行期限届满，未能满足约定的成立条件的，支持计划设立失败。受托人应当在发行期限届满后 10 个工作日内返还投资人已缴付的款项，并加计同期活期银行存款利息，同时报告中国保监会。

第二十七条 受益凭证是持有人享有支持计划权益的证明。同一支持计划的受益凭证按照风险和收益特征的不同，可以划分为不同种类，同一种类的受益凭证持有人，享有同等权益，承担同等风险。

第二十八条 受益凭证持有人享有以下权利：

（一）依法继承、转让或者质押受益凭证；

（二）按照支持计划约定，享有支持计划投资收益以及参与分配清算后的支持计划剩余财产；

（三）获得支持计划信息披露资料；

（四）参加受益凭证持有人会议；

（五）法律法规、本办法规定及支持计划约定的其他权利。

第二十九条 受益凭证持有人可以根据中国保监会和保险资产登记交易平台的有关规定开展受益凭证协议回购。回购双方需审慎评估风险，通过协商约定进行回购融资。

第五章 运 作 管 理

第三十条 支持计划存续期间,受托人应当按照本办法的要求和支持计划的约定,对原始权益人经营状况、基础资产现金流以及增信安排效力等进行跟踪管理和持续监测评估,保障支持计划的正常运作。

受托人对原始权益人、基础资产以及增信安排的跟踪信用风险评估每年不少于一次。

第三十一条 支持计划存续期间,受托人应当按照支持计划的约定归集基础资产现金流,并向受益凭证持有人支付投资收益,支持计划资产无法按时支付投资收益的,受托人应当按照支持计划约定启动增信机制或者其他措施。

第三十二条 受托人应当为支持计划单独记账、独立核算,不同的支持计划在账户设置、资金划拨、账簿记录等方面应当相互独立。

第三十三条 受托人管理支持计划,不得以任何方式侵占、挪用支持计划资产,不得将支持计划资产和其他资产混同,不得以支持计划资产设定担保或者形成其他或有负债。

第三十四条 受益凭证持有人通过持有人会议对影响其利益的重大事项进行决策。以下重大事项应当由持有人会议审议决定:

(一)变更收益分配方式和内容;

(二)变更受托人、托管人;

(三)变更资产循环购买(如有)的标准或规模;

(四)对支持计划或者受益凭证持有人利益有重大影响的事项。

支持计划募集说明书应当约定持有人会议召集程序及会议规则,明确受益凭证持有人通过持有人会议行使权利的范围、程序、表决机制和其他重要事项。

第三十五条 支持计划终止,受托人应当按照有关规定和支持计划约定成立清算小组,负责清算工作。清算报告应当由具有资质的会计师事务所出具审计意见。

受益凭证持有人应当及时确认清算方案,接收清算资产。

第六章 风险控制

第三十六条 受托人应当建立支持计划业务风险责任人机制,加强业务风险管理,针对支持计划存续期间可能出现的重大风险进行审慎、适当的评估和管理,制定相应风控措施和风险处置预案,并协调、督促原始权益人、托管人及其他服务机构按照约定执行。

在风险发生时,受托人应当勤勉尽责地执行风险处置预案,保护受益凭证持有人利益。

第三十七条 受托人应当通过尽职调查等方式,对基础资产及交易结构的法律风险进行充分识别、评估和防范,保障基础资产合法有效,防范基础资产及相关权益被第三方主张权利的风险。

第三十八条 受托人应当审慎评估原始权益人资信状况,合理测算基础资产现金流,采取相应增信安排。基础资产现金流测算应当以历史数据为依据,并充分考虑影响未来现金流的因素。

第三十九条 受托人应当建立相对封闭、独立的现金流归集机制,明确基础资产现金流转付环节和时限。受托人聘请资产服务机构的,应当要求资产服务机构为基础资产单独设帐,单独管理,并定期披露现金流的归集情况,披露频率不少于支持计划投资收益支付频率。

受托人应当制定有效方案,明确在原始权益人、资产服务机构运营情况发生重大负面变化时增强现金流归集的方式和相关触发机制,防范资金混同风险。

第四十条 支持计划以沉淀的基础资产现金流进行再投资的,仅限于投资安全性高的流动性资产。受托人应当确保再投资在支持计划约定的投资范围内进行,并充分考虑相关风险。

第四十一条 支持计划以基础资产现金流循环购买新的同类基础资产的,受托人应当在募集说明书中明确入池标准,并对后续购买的基础资产进行事前审查和确认。

第四十二条 受托人与原始权益人存在关联关系,或者受托人以其自有资金、管理的其他客户资产认购受益凭证的,应当采取有效措施,防范可能产生的利益冲突。

第七章　信　息　披　露

第四十三条　受托人、托管人、原始权益人和其他服务机构应当按照有关规定和支持计划约定,以适当的方式及时披露信息,并保证所披露信息真实、准确、完整。受托人作为信息披露责任主体,应当加强存续期内信息披露管理,督促其他当事人及时披露相关信息。

第四十四条　受托人应当在每年6月30日和8月31日前,向受益凭证持有人分别披露支持计划年度和半年受托管理报告,同时报送中国保监会。受托管理报告内容包括但不限于基础资产运行状况、相关当事人的履约情况、支持计划资金的收支、受益凭证投资收益的分配等。支持计划成立不满2个月的,无需编制受托管理报告。

第四十五条　托管人应当在年度受托管理报告披露同时,向受益凭证持有人披露上一年度托管报告,同时报送中国保监会。托管报告内容包括但不限于资产托管状况、托管人履职情况和对受托人管理行为的监督情况等。

第四十六条　发生可能对受益凭证投资价值或者价格有实质性影响的重大事件时,受托人应当及时向受益凭证持有人披露相关信息,并向中国保监会报告。重大事件包括但不限于:

(一)未按支持计划约定分配收益;

(二)受益凭证信用评级发生不利调整;

(三)原始权益人、受托人、托管人发生重大变化;

(四)基础资产的运行情况或产生现金流的能力发生重大变化;

(五)其它可能对支持计划产生重大影响的事项。

第四十七条　支持计划终止清算的,受托人应当在清算完成后的10个工作日内进行信息披露。

第四十八条　信用评级机构应当在每年6月30日前向受益凭证持有人披露受益凭证上年度定期跟踪评级报告,并及时披露不定期跟踪评级报告。

第四十九条　受益凭证持有人会议的召集人应当提前不少于10个工作日向持有人通知会议的召开时间、会议形式、审议事项、议事程序和表决方式等事项,并于会议结束后10个工作日内披露持有人会议决议。

第八章　监督管理

第五十条　中国保监会依法对支持计划业务进行监管检查,必要时可聘请中介机构协助检查。对于违反本办法规定的,中国保监会可依法采取监管措施。涉嫌犯罪的,依法移送司法机关。

第五十一条　为支持计划提供服务的其他服务机构及其有关人员,应当遵守执业规范和职业道德,客观公正、独立发表专业意见。未尽责履职,或其出具的报告含有虚假记载、误导性陈述或重大遗漏的,应当承担相应的法律责任。

第九章　附　　则

第五十二条　本办法由中国保监会负责解释和修订。

第五十三条　本办法自公布之日起施行。

国家发展改革委、中国保监会关于保险业支持重大工程建设有关事项的指导意见

(发改投资〔2015〕2179号　2015年9月24日发布)

各省、自治区、直辖市及计划单列市、新疆生产建设兵团发展改革委,各保监局,各保险机构:

为深入贯彻落实《国务院关于加快发展现代保险服务业的若干意

见》(国发〔2014〕29号)和《国务院关于创新重点领域投融资机制鼓励社会投资的指导意见》(国发〔2014〕60号)精神,充分发挥保险资金长期投资和保险业风险保障的独特优势,支持重点工程建设,进一步加强保险业对经济增长和结构调整的支撑作用,助推实体经济发展,经商财政部、国土资源部同意,现提出以下意见:

一、加大长期资金支持

(一)鼓励投资重大工程建设项目债券。支持保险资金购买重大工程建设主体发行的企业债券、项目收益债券、专项债券等各类债券。探索实施重大工程建设主体向保险机构定向发行债券,提高债券发行效率,促进资金供求方的有效对接。

(二)发展重大工程建设投资基金。允许专业保险资产管理机构发起设立股权基金、夹层基金、并购基金、不动产基金等私募基金,支持基础设施、棚户区改造、城镇化建设等民生工程和重大工程。鼓励保险资金参股政府出资发起设立的各类投资基金。积极发挥中国保险投资基金作用,动员保险资金积极参与国家三大战略和重大工程实施。

(三)拓宽重大工程建设投资空间。鼓励保险资金通过债权投资计划、股权投资计划等方式,投资基础设施、民生工程等重大工程。在风险可控和依法合规的前提下,进一步拓宽保险资金投资基础设施项目和非重大股权的行业范围,丰富投资计划增信措施,创新交易结构。研究放宽保险公司投资重大工程建设的单一资产集中度比例,为重大工程建设提供长期稳定的资金支持。

(四)创新重大工程建设投资方式。鼓励保险资产管理机构发起设立资产支持计划,推动铁路、公路、机场等交通项目建设企业应收账款证券化,盘活存量资产,优化金融配置。探索保险资金参与重大工程银团贷款,降低融资成本。鼓励设立不动产、基础设施、养老等专业保险资产管理机构,支持保险资金进行养老、医疗、健康等相关领域的股权和不动产投资。

二、发挥风险保障功能

（五）大力发展工程保险。鼓励保险公司为重大工程建设相关的建筑工程、安装工程及各种机器设备提供风险保障，防范自然灾害和意外事故造成物质财产损失和第三者责任风险。支持保险公司发挥专业优势，为重大工程建设提供专业化风险管理建议，采取有效防灾减灾措施，降低风险事故发生率。

（六）研究建立巨灾保险制度。研究建立巨灾保险基金、巨灾再保险等制度，逐步形成财政支持下的多层次巨灾风险分散机制，加大对重大工程建设自然灾害的保障力度。

（七）加快发展再保险市场。推动发展区域性再保险中心，加大再保险产品和技术创新，增加再保险市场主体，提高再保险对农业、交通、能源、化工、水利、地铁、航空航天、核电等国家重大工程的大型风险、特殊风险的保险保障力度。强化再保险对我国海外企业的支持保障功能，支持国内企业"走出去"。

三、完善配套支持政策

（八）建立沟通协调机制。加强保险监管部门和项目投资主管部门的沟通协调和配合，促进保险资金与重大工程建设项目的有效衔接。探索通过保险资产交易平台发布重大工程建设项目信息，实现投资信息的公开、及时、准确发布。

（九）加强信用基础设施建设。推动有条件的保险机构接入金融信用信息基础数据库，构建信用信息共享机制，提升保险机构的风险甄别水平和风险管理能力，保障保险机构投资者合法权益，推进保险信用信息接入统一的信用信息共享交换平台。

（十）落实税收政策。对保险资金参与重大工程建设的符合规定的投资收益，按照现行税收法律法规给予税收优惠。

（十一）加强投资用地保障。各地要在土地利用总体规划中统筹考虑养老产业、健康服务业发展需要，合理安排保险机构投资养老服务设施、健康服务业用地供给。对保险机构依法投资重点工程在建设用地、不动产抵质押登记等方面给予支持。

四、加强风险管控

（十二）加强保险机构能力建设。保险机构参与重大工程建设投资，要按照市场化原则，综合考虑投资的风险和收益。搭建合理的组织架构和运作流程，加强专业团队建设，提升投资管理能力。建立健全风险监测、评估、预警体系，切实加强风险管控，维护保险资金安全。

（十三）提高属地化盐管水平。各保监局要根据当地监管实际，研究、反映保险资金投资重大工程建设的新情况和新问题，协调、推动和落实保险资金支持重大工程建设的政策，加强对辖区内投资项目的风险监测，加快形成上下联动的资金运用监管工作机制。

（十四）做好各地统筹协调。各地发展改革委要结合本地实际，完善重大工程建设投融资机制，推动落实项目财政资金支持等措施，为保险资金支持重大工程建设创造条件。

保险资金运用管理办法

（保监会令〔2018〕1号　2018年1月24日发布
自2018年4月1日起施行）

第一章　总　　则

第一条　为了规范保险资金运用行为，防范保险资金运用风险，保护保险当事人合法权益，维护保险市场秩序，根据《中华人民共和国保险法》等法律、行政法规，制定本办法。

第二条　在中国境内依法设立的保险集团（控股）公司、保险公司从事保险资金运用活动适用本办法规定。

第三条　本办法所称保险资金，是指保险集团（控股）公司、保险公司以本外币计价的资本金、公积金、未分配利润、各项准备金以及其他资金。

第四条 保险资金运用必须以服务保险业为主要目标,坚持稳健审慎和安全性原则,符合偿付能力监管要求,根据保险资金性质实行资产负债管理和全面风险管理,实现集约化、专业化、规范化和市场化。

保险资金运用应当坚持独立运作。保险集团(控股)公司、保险公司的股东不得违法违规干预保险资金运用工作。

第五条 中国保险监督管理委员会(以下简称中国保监会)依法对保险资金运用活动进行监督管理。

第二章 资金运用形式

第一节 资金运用范围

第六条 保险资金运用限于下列形式:
(一)银行存款;
(二)买卖债券、股票、证券投资基金份额等有价证券;
(三)投资不动产;
(四)投资股权;
(五)国务院规定的其他资金运用形式。

保险资金从事境外投资的,应当符合中国保监会、中国人民银行和国家外汇管理局的相关规定。

第七条 保险资金办理银行存款的,应当选择符合下列条件的商业银行作为存款银行:
(一)资本充足率、净资产和拨备覆盖率等符合监管要求;
(二)治理结构规范、内控体系健全、经营业绩良好;
(三)最近三年未发现重大违法违规行为;
(四)信用等级达到中国保监会规定的标准。

第八条 保险资金投资的债券,应当达到中国保监会认可的信用评级机构评定的、且符合规定要求的信用级别,主要包括政府债券、金融债券、企业(公司)债券、非金融企业债务融资工具以及符合规定的其他债券。

第九条　保险资金投资的股票，主要包括公开发行并上市交易的股票和上市公司向特定对象非公开发行的股票。

保险资金开展股票投资，分为一般股票投资、重大股票投资和上市公司收购等，中国保监会根据不同情形实施差别监管。

保险资金投资全国中小企业股份转让系统挂牌的公司股票，以及以外币认购及交易的股票，由中国保监会另行规定。

第十条　保险资金投资证券投资基金的，其基金管理人应当符合下列条件：

（一）公司治理良好、风险控制机制健全；

（二）依法履行合同，维护投资者合法权益；

（三）设立时间一年（含）以上；

（四）最近三年没有重大违法违规行为；设立未满三年的，自其成立之日起没有重大违法违规行为；

（五）建立有效的证券投资基金和特定客户资产管理业务之间的防火墙机制；

（六）投资团队稳定，历史投资业绩良好，管理资产规模或者基金份额相对稳定。

第十一条　保险资金投资的不动产，是指土地、建筑物以及其他附着于土地上的定着物，具体办法由中国保监会制定。

第十二条　保险资金投资的股权，应当为境内依法设立和注册登记，且未在证券交易所公开上市的股份有限公司和有限责任公司的股权。

第十三条　保险集团（控股）公司、保险公司购置自用不动产、开展上市公司收购或者从事对其他企业实现控股的股权投资，应当使用自有资金。

第十四条　保险集团（控股）公司、保险公司对其他企业实现控股的股权投资，应当满足有关偿付能力监管规定。保险集团（控股）公司的保险子公司不符合中国保监会偿付能力监管要求的，该保险集团（控股）公司不得向非保险类金融企业投资。

实现控股的股权投资应当限于下列企业：

（一）保险类企业，包括保险公司、保险资产管理机构以及保险专业代理机构、保险经纪机构、保险公估机构；

（二）非保险类金融企业；

（三）与保险业务相关的企业。

本办法所称保险资产管理机构，是指经中国保监会同意，依法登记注册，受托管理保险资金等资金的金融机构，包括保险资产管理公司及其子公司、其他专业保险资产管理机构。

第十五条 保险资金可以投资资产证券化产品。

前款所称资产证券化产品，是指金融机构以可特定化的基础资产所产生的现金流为偿付支持，通过结构化等方式进行信用增级，在此基础上发行的金融产品。

第十六条 保险资金可以投资创业投资基金等私募基金。

前款所称创业投资基金是指依法设立并由符合条件的基金管理机构管理，主要投资创业企业普通股或者依法可转换为普通股的优先股、可转换债券等权益的股权投资基金。

第十七条 保险资金可以投资设立不动产、基础设施、养老等专业保险资产管理机构，专业保险资产管理机构可以设立符合条件的保险私募基金，具体办法由中国保监会制定。

第十八条 除中国保监会另有规定以外，保险集团（控股）公司、保险公司从事保险资金运用，不得有下列行为：

（一）存款于非银行金融机构；

（二）买入被交易所实行"特别处理""警示存在终止上市风险的特别处理"的股票；

（三）投资不符合国家产业政策的企业股权和不动产；

（四）直接从事房地产开发建设；

（五）将保险资金运用形成的投资资产用于向他人提供担保或者发放贷款，个人保单质押贷款除外；

（六）中国保监会禁止的其他投资行为。

第十九条 保险集团(控股)公司、保险公司从事保险资金运用应当符合中国保监会比例监管要求，具体规定由中国保监会另行制定。

中国保监会根据保险资金运用实际情况，可以对保险资产的分类、品种以及相关比例等进行调整。

第二十条 投资连结保险产品和非寿险非预定收益投资型保险产品的资金运用，应当在资产隔离、资产配置、投资管理等环节，独立于其他保险产品资金，具体办法由中国保监会制定。

第二节 资金运用模式

第二十一条 保险集团(控股)公司、保险公司应当按照"集中管理、统一配置、专业运作"的要求，实行保险资金的集约化、专业化管理。

保险资金应当由法人机构统一管理和运用，分支机构不得从事保险资金运用业务。

第二十二条 保险集团(控股)公司、保险公司应当选择符合条件的商业银行等专业机构，实施保险资金运用第三方托管和监督，具体办法由中国保监会制定。

托管的保险资产独立于托管机构固有资产，并独立于托管机构托管的其他资产。托管机构因依法解散、被依法撤销或者被依法宣告破产等原因进行清算的，托管资产不属于其清算财产。

第二十三条 托管机构从事保险资金托管的，主要职责包括：

（一）保险资金的保管、清算交割和资产估值；

（二）监督投资行为；

（三）向有关当事人披露信息；

（四）依法保守商业秘密；

（五）法律、行政法规、中国保监会规定和合同约定的其他职责。

第二十四条 托管机构从事保险资金托管，不得有下列行为：

（一）挪用托管资金；

（二）混合管理托管资金和自有资金或者混合管理不同托管账户

资金；

（三）利用托管资金及其相关信息谋取非法利益；

（四）其他违法行为。

第二十五条　保险集团（控股）公司、保险公司、保险资产管理机构开展保险资金运用业务，应当具备相应的投资管理能力。

第二十六条　保险集团（控股）公司、保险公司根据投资管理能力和风险管理能力，可以按照相关监管规定自行投资或者委托符合条件的投资管理人作为受托人进行投资。

本办法所称投资管理人，是指依法设立的、符合中国保监会规定的保险资产管理机构、证券公司、证券资产管理公司、证券投资基金管理公司等专业投资管理机构。

第二十七条　保险集团（控股）公司、保险公司委托投资管理人投资的，应当订立书面合同，约定双方权利与义务，确保委托人、受托人、托管人三方职责各自独立。

保险集团（控股）公司、保险公司应当履行制定资产战略配置指引、选择受托人、监督受托人执行情况、评估受托人投资绩效等职责。

受托人应当执行委托人资产配置指引，根据保险资金特性构建投资组合，公平对待不同资金。

第二十八条　保险集团（控股）公司、保险公司委托投资管理人投资的，不得有下列行为：

（一）妨碍、干预受托人正常履行职责；

（二）要求受托人提供其他委托机构信息；

（三）要求受托人提供最低投资收益保证；

（四）非法转移保险利润或者进行其他不正当利益输送；

（五）其他违法行为。

第二十九条　投资管理人受托管理保险资金的，不得有下列行为：

（一）违反合同约定投资；

（二）不公平对待不同资金；

(三)混合管理自有、受托资金或者不同委托机构资金;

(四)挪用受托资金;

(五)向委托机构提供最低投资收益承诺;

(六)以保险资金及其投资形成的资产为他人设定担保;

(七)将受托资金转委托;

(八)为委托机构提供通道服务;

(九)其他违法行为。

第三十条 保险资产管理机构根据中国保监会相关规定,可以将保险资金运用范围内的投资品种作为基础资产,开展保险资产管理产品业务。

保险集团(控股)公司、保险公司委托投资或者购买保险资产管理产品,保险资产管理机构应当根据合同约定,及时向有关当事人披露资金投向、投资管理、资金托管、风险管理和重大突发事件等信息,并保证披露信息的真实、准确和完整。

保险资产管理机构应当根据受托资产规模、资产类别、产品风险特征、投资业绩等因素,按照市场化原则,以合同方式与委托或者投资机构,约定管理费收入计提标准和支付方式。

保险资产管理产品业务,是指由保险资产管理机构作为发行人和管理人,向保险集团(控股)公司、保险公司、保险资产管理机构以及其他合格投资者发售产品份额,募集资金,并选聘商业银行等专业机构为托管人,为投资人利益开展的投资管理活动。

第三十一条 保险资产管理机构开展保险资产管理产品业务,应当在中国保监会认可的资产登记交易平台进行发行、登记、托管、交易、结算、信息披露以及相关信用增进和抵质押融资等业务。

保险资金投资保险资产管理产品以外的其他金融产品,金融产品信息应当在中国保监会认可的资产登记交易平台进行登记和披露,具体操作参照保险资产管理产品的相关规定执行。

前款所称其他金融产品是指商业银行、信托公司、证券公司、证券投资基金管理公司等金融机构依照相关法律、行政法规发行,符合中国保监会规定的金融产品。

第三章 决策运行机制

第一节 组织结构与职责

第三十二条 保险集团(控股)公司、保险公司应当建立健全公司治理,在公司章程和相关制度中明确规定股东(大)会、董事会、监事会和经营管理层的保险资金运用职责,实现保险资金运用决策权、运营权、监督权相互分离,相互制衡。

第三十三条 保险资金运用实行董事会负责制。保险公司董事会应当对资产配置和投资政策、风险控制、合规管理承担最终责任,主要履行下列职责:

(一)审定保险资金运用管理制度;

(二)确定保险资金运用管理方式;

(三)审定投资决策程序和授权机制;

(四)审定资产战略配置规划、年度资产配置计划及相关调整方案;

(五)决定重大投资事项;

(六)审定新投资品种的投资策略和运作方案;

(七)建立资金运用绩效考核制度;

(八)其他相关职责。

董事会应当设立具有投资决策、资产负债管理和风险管理等相应职能的专业委员会。

第三十四条 保险集团(控股)公司、保险公司决定委托投资,以及投资无担保债券、股票、股权和不动产等重大保险资金运用事项,应当经董事会审议通过。

第三十五条 保险集团(控股)公司、保险公司经营管理层根据董事会授权,应当履行下列职责:

(一)负责保险资金运用的日常运营和管理工作;

(二)建立保险资金运用与财务、精算、产品和风险控制等部门之间的沟通协商机制；

（三）审议资产管理部门拟定的保险资产战略配置规划和年度资产配置计划及相关调整方案，并提交董事会审定；

（四）组织实施经董事会审定的资产战略配置规划和年度资产配置计划；

（五）控制和管理保险资金运用风险；

（六）其他相关职责。

第三十六条 保险集团（控股）公司、保险公司应当设置专门的保险资产管理部门，并独立于财务、精算、风险控制等其他业务部门，履行下列职责：

（一）拟定保险资金运用管理制度；

（二）拟定资产战略配置规划和年度资产配置计划及相关调整方案；

（三）执行资产战略配置规划和年度资产配置计划；

（四）实施保险资金运用风险管理措施；

（五）其他相关职责。

保险集团（控股）公司、保险公司自行投资的，保险资产管理部门应当负责日常投资和交易管理；委托投资的，保险资产管理部门应当履行监督投资行为和评估投资业绩等委托人职责。

第三十七条 保险集团（控股）公司、保险公司的保险资产管理部门应当在投资研究、资产清算、风险控制、业绩评估、相关保障等环节设置岗位，建立防火墙体系，实现专业化、规范化、程序化运作。

保险集团（控股）公司、保险公司自行投资的，保险资产管理部门应当设置投资、交易等与资金运用业务直接相关的岗位。

第三十八条 保险集团（控股）公司、保险公司风险管理部门以及具有相应管理职能的部门，应当履行下列职责：

（一）拟定保险资金运用风险管理制度；

（二）审核和监控保险资金运用合法合规性；

（三）识别、评估、跟踪、控制和管理保险资金运用风险；

（四）定期报告保险资金运用风险管理状况；

（五）其他相关职责。

第三十九条 保险资产管理机构应当设立首席风险管理执行官。

首席风险管理执行官为公司高级管理人员，负责组织和指导保险资产管理机构风险管理，履职范围应当包括保险资产管理机构运作的所有业务环节，独立向董事会、中国保监会报告有关情况，提出防范和化解重大风险建议。

首席风险管理执行官不得主管投资管理。如需更换，应当于更换前至少5个工作日向中国保监会书面说明理由和其履职情况。

第二节 资金运用流程

第四十条 保险集团（控股）公司、保险公司应当建立健全保险资金运用的管理制度和内部控制机制，明确各个环节、有关岗位的衔接方式及操作标准，严格分离前、中、后台岗位责任，定期检查和评估制度执行情况，做到权责分明、相对独立和相互制衡。相关制度包括但不限于：

（一）资产配置相关制度；

（二）投资研究、决策和授权制度；

（三）交易和结算管理制度；

（四）绩效评估和考核制度；

（五）信息系统管理制度；

（六）风险管理制度等。

第四十一条 保险集团（控股）公司、保险公司应当以独立法人为单位，统筹境内境外两个市场，综合偿付能力约束、外部环境、风险偏好和监管要求等因素，分析保险资金成本、现金流和期限等负债指标，选择配置具有相应风险收益特征、期限及流动性的资产。

第四十二条 保险集团（控股）公司、保险公司应当建立专业化分析平台，并利用外部研究成果，研究制定涵盖交易对手管理和投资品种选择的模型和制度，实时跟踪并分析市场变化，为保险资金运用决策提供依据。

第四十三条 保险集团（控股）公司、保险公司应当建立健全相对集中、分级管理、权责统一的投资决策和授权制度，明确授权方式、权限、标准、程序、时效和责任，并对授权情况进行检查和逐级问责。

第四十四条 保险集团（控股）公司、保险公司应当建立和完善公平交易机制，有效控制相关人员操作风险和道德风险，防范交易系统的技术安全疏漏，确保交易行为的合规性、公平性和有效性。公平交易机制至少应当包括以下内容：

（一）实行集中交易制度，严格隔离投资决策与交易执行；

（二）构建符合相关要求的集中交易监测系统、预警系统和反馈系统；

（三）建立完善的交易记录制度；

（四）在账户设置、研究支持、资源分配、人员管理等环节公平对待不同资金等。

保险集团（控股）公司、保险公司开展证券投资业务，应当遵守证券行业相关法律法规，建立健全风险隔离机制，实行相关从业人员本人及直系亲属投资信息申报制度，切实防范内幕交易、利用未公开信息交易、利益输送等违法违规行为。

第四十五条 保险集团（控股）公司、保险公司应当建立以资产负债管理为核心的绩效评估体系和评估标准，定期开展保险资金运用绩效评估和归因分析，推进长期投资、价值投资和分散化投资，实现保险资金运用总体目标。

第四十六条 保险集团（控股）公司、保险公司应当建立保险资金运用信息管理系统，减少或者消除人为操纵因素，自动识别、预警报告和管理控制资产管理风险，确保实时掌握风险状况。

信息管理系统应当设定合规性和风险指标阀值，将风险监控的各项要素固化到相关信息技术系统之中，降低操作风险、防止道德风险。

信息管理系统应当建立全面风险管理数据库，收集和整合市场基础资料，记录保险资金管理和投资交易的原始数据，保证信息平台共享。

第四章 风险管控

第四十七条 保险集团(控股)公司、保险公司应当建立全面覆盖、全程监控、全员参与的保险资金运用风险管理组织体系和运行机制,改进风险管理技术和信息技术系统,通过管理系统和稽核审计等手段,分类、识别、量化和评估各类风险,防范和化解风险。

第四十八条 保险集团(控股)公司、保险公司应当管理和控制资产负债错配风险,以偿付能力约束和保险产品负债特性为基础,加强成本收益管理、期限管理和风险预算,确定保险资金运用风险限额,采用缺口分析、敏感性和情景测试等方法,评估和管理资产错配风险。

第四十九条 保险集团(控股)公司、保险公司应当管理和控制流动性风险,根据保险业务特点和风险偏好,测试不同状况下可以承受的流动性风险水平和自身风险承受能力,制定流动性风险管理策略、政策和程序,防范流动性风险。

第五十条 保险集团(控股)公司、保险公司应当管理和控制市场风险,评估和管理利率风险、汇率风险以及金融市场波动风险,建立有效的市场风险评估和管理机制,实行市场风险限额管理。

第五十一条 保险集团(控股)公司、保险公司应当管理和控制信用风险,建立信用风险管理制度,及时跟踪评估信用风险,跟踪分析持仓信用品种和交易对手,定期组织回测检验。

第五十二条 保险集团(控股)公司、保险公司应当加强同业拆借、债券回购和融资融券业务管理,严格控制融资规模和使用杠杆,禁止投机或者用短期拆借资金投资高风险和流动性差的资产。保险资金参与衍生产品交易,仅限于对冲风险,不得用于投机,具体办法由中国保监会制定。

第五十三条 保险集团(控股)公司、保险公司、保险资产管理机构开展投资业务或者资产管理产品业务,应当建立风险责任人制度,明确相应的风险责任人,具体办法由中国保监会制定。

第五十四条 保险集团(控股)公司、保险公司应当建立内部稽核和外部审计制度。

保险集团(控股)公司、保险公司应当每年至少进行一次保险资金运用内部稽核。

保险集团(控股)公司、保险公司应当聘请符合条件的外部专业审计机构,对保险资金运用内部控制情况进行年度专项审计。

上述内部稽核和年度审计的结果应当向中国保监会报告。具体办法由中国保监会制定。

第五十五条 保险集团(控股)公司、保险公司主管投资的高级管理人员、保险资金运用部门负责人和重要岗位人员离任前应当进行离任审计,审计结果应当向中国保监会报告。

第五十六条 保险集团(控股)公司、保险公司应当建立保险资金运用风险处置机制,制定应急预案,及时控制和化解风险隐患。投资资产发生大幅贬值或者出现债权不能清偿的,应当制定处置方案,并及时报告中国保监会。

第五十七条 保险集团(控股)公司、保险公司应当确保风险管控相关岗位和人员具有履行职责所需知情权和查询权,有权查阅、询问所有与保险资金运用业务相关的数据、资料和细节,并列席与保险资金运用相关的会议。

第五十八条 保险集团(控股)公司、保险公司的保险资金运用行为涉及关联交易的,应当遵守法律、行政法规、国家会计制度,以及中国保监会的有关监管规定。

第五章 监督管理

第五十九条 中国保监会对保险资金运用的监督管理,采取现场监管与非现场监管相结合的方式。

中国保监会可以授权其派出机构行使保险资金运用监管职权。

第六十条 中国保监会应当根据公司治理结构、偿付能力、投资管理能力和风险管理能力,按照内控与合规计分等有关监管规则,对保险集团(控股)公司、保险公司保险资金运用实行分类监管、持续监管、风险监测和动态评估。

中国保监会应当强化对保险公司的资本约束，确定保险资金运用风险监管指标体系，并根据评估结果，采取相应监管措施，防范和化解风险。

第六十一条　保险集团（控股）公司、保险公司分管投资的高级管理人员、保险资产管理公司的董事、监事、高级管理人员，应当在任职前取得中国保监会核准的任职资格。

保险集团（控股）公司、保险公司的首席投资官由分管投资的高级管理人员担任。

保险集团（控股）公司、保险公司的首席投资官和资产管理部门主要负责人应当在任命后10个工作日内，由任职机构向中国保监会报告。

第六十二条　保险集团（控股）公司、保险公司的重大股权投资，应当报中国保监会核准。

重大股权投资的具体办法由中国保监会另行制定。

第六十三条　保险资产管理机构发行或者发起设立的保险资产管理产品，实行核准、备案或注册管理。

注册不对保险资产管理产品的投资价值以及风险作实质性判断。

第六十四条　中国保监会有权要求保险集团（控股）公司、保险公司提供报告、报表、文件和资料。

提交报告、报表、文件和资料，应当及时、真实、准确、完整。

第六十五条　保险集团（控股）公司、保险公司应当依法披露保险资金运用的相关信息。保险集团（控股）公司、保险公司的股东（大）会、董事会的重大投资决议，应当在决议作出后5个工作日内向中国保监会报告，中国保监会另有规定的除外。

第六十六条　中国保监会有权要求保险集团（控股）公司、保险公司将保险资金运用的有关数据与中国保监会的监管信息系统动态连接。

保险集团（控股）公司、保险公司应当按照中国保监会规定，及时、准确、完整地向中国保监会的监管信息系统报送相关数据。

第六十七条　保险集团(控股)公司和保险公司违反本办法规定，存在以下情形之一的，中国保监会可以限制其资金运用的形式和比例：

（一）偿付能力状况不符合中国保监会要求的；

（二）公司治理存在重大风险的；

（三）资金运用违反关联交易有关规定的。

第六十八条　保险集团(控股)公司、保险公司违反资金运用形式和比例有关规定的，由中国保监会责令限期改正。

第六十九条　中国保监会有权对保险集团(控股)公司、保险公司的董事、监事、高级管理人员和保险资产管理部门负责人进行监管谈话，要求其就保险资金运用情况、风险控制、内部管理等有关重大事项作出说明。

第七十条　保险集团(控股)公司、保险公司严重违反资金运用有关规定的，中国保监会可以责令调整负责人及有关管理人员。

第七十一条　保险集团(控股)公司、保险公司严重违反保险资金运用有关规定，被责令限期改正逾期未改正的，中国保监会可以决定选派有关人员组成整顿组，对公司进行整顿。

第七十二条　保险集团(控股)公司、保险公司违反本办法规定运用保险资金的，由中国保监会依法予以罚款、限制业务范围、责令停止接受新业务或者吊销业务许可证等行政处罚，对相关责任人员依法予以警告、罚款、撤销任职资格、禁止进入保险业等行政处罚。

受到行政处罚的，保险集团(控股)公司、保险公司应当对相关责任人员进行内部责任追究。

第七十三条　保险资金运用的其他当事人在参与保险资金运用活动中，违反有关法律、行政法规和本办法规定的，中国保监会应当记录其不良行为，并将有关情况通报其行业主管部门；情节严重的，中国保监会可以通报保险集团(控股)公司、保险公司3年内不得与其从事相关业务，并商有关监管部门依法给予行政处罚。

第七十四条 中国保监会工作人员滥用职权、玩忽职守,或者泄露所知悉的有关单位和人员的商业秘密的,依法追究法律责任。

第六章 附 则

第七十五条 保险资产管理机构以及其他投资管理人管理运用保险资金参照本办法执行。

第七十六条 中国保监会对保险集团(控股)公司、自保公司以及其他类型保险机构的资金运用另有规定的,从其规定。

第七十七条 本办法由中国保监会负责解释和修订。

第七十八条 本办法自2018年4月1日起施行。中国保监会2010年7月30日发布的《保险资金运用管理暂行办法》(保监会令2010年第9号)、2014年4月4日发布的《中国保险监督管理委员会关于修改〈保险资金运用管理暂行办法〉的决定》(保监会令2014年第3号)同时废止。

保险资产管理产品管理暂行办法

(中国银行保险监督管理委员会令2020年第5号
2020年3月18日发布 自2020年5月1日起施行)

第一章 总 则

第一条 为了规范保险资产管理机构开展保险资产管理产品(以下简称保险资管产品或者产品)业务,保护投资者和相关当事人合法权益,根据《中华人民共和国保险法》《中华人民共和国银行业监督管理法》《关于规范金融机构资产管理业务的指导意见》(以下简称《指导意见》)及相关法律法规,制定本办法。

第二条 在中华人民共和国境内设立的保险资产管理机构开展

保险资管产品业务,适用本办法。法律、行政法规以及中国银行保险监督管理委员会(以下简称银保监会)另有规定的除外。

第三条 本办法所称保险资管产品业务,是指保险资产管理机构接受投资者委托,设立保险资管产品并担任管理人,依照法律法规和有关合同约定,对受托的投资者财产进行投资和管理的金融服务。

保险资管产品包括债权投资计划、股权投资计划、组合类产品和银保监会规定的其他产品。

第四条 保险资管产品应当面向合格投资者通过非公开方式发行。

第五条 保险资产管理机构开展保险资管产品业务,应当发挥保险资金长期、稳定的优势,服务保险保障,服务经济社会发展。

第六条 保险资产管理机构开展保险资管产品业务,应当遵守法律、行政法规以及银保监会的规定,遵循公平、公正原则,维护投资者合法权益,诚实守信、勤勉尽责,防范利益冲突。

第七条 保险资产管理机构开展保险资管产品业务,应当加强投资者适当性管理,向投资者充分披露信息和揭示风险,不得承诺保本保收益。

投资者投资保险资管产品,应当根据自身能力审慎决策,独立承担投资风险。

第八条 保险资管产品财产独立于保险资产管理机构、托管人和其他为产品管理提供服务的自然人、法人或者组织的固有财产和其管理的其他财产。因产品财产的管理、运用、处分或者其他情形取得的财产和收益,应当归入产品财产。保险资产管理机构、托管人等机构因依法解散、被依法撤销或者被依法宣告破产等原因进行清算的,产品财产不属于其清算财产。

第九条 中国保险资产管理业协会、上海保险交易所股份有限公司、中保保险资产登记交易系统有限公司依照法律、行政法规以及银保监会的规定,对保险资产管理机构开展保险资管产品业务实施自律管理。

第十条 保险资产管理机构开展保险资管产品业务,应当在上海保险交易所股份有限公司、中保保险资产登记交易系统有限公司等银保监会认可的资产登记交易平台(以下简称登记交易平台)进行发行、登记、托管、交易、结算、信息披露等。

第十一条 银保监会依法对保险资管产品业务进行监督管理。

银保监会对保险资管产品业务实行穿透式监管,向上识别产品的最终投资者,向下识别产品的底层资产,并对产品运作管理实行全面动态监管。

第二章 产品当事人

第十二条 本办法所称合格投资者是指具备相应风险识别能力和风险承担能力,投资于单只产品不低于一定金额且符合下列条件的自然人、法人或者其他组织:

(一)具有两年以上投资经历,且满足以下条件之一的自然人:家庭金融净资产不低于300万元人民币,家庭金融资产不低于500万元人民币,或者近三年本人年均收入不低于40万元人民币;

(二)最近一年末净资产不低于1000万元人民币的法人单位;

(三)接受金融监督管理部门监管的机构及其发行的资产管理产品;

(四)基本养老金、社会保障基金、企业年金等养老基金;

(五)银保监会视为合格投资者的其他情形。

第十三条 保险资产管理机构开展保险资管产品业务,应当符合下列条件:

(一)公司治理完善,市场信誉良好,符合银保监会有关投资管理能力要求;

(二)具有健全的操作流程、内控机制、风险管理和稽核制度,建立公平交易和风险隔离机制;

(三)设置产品开发、投资研究、投资管理、风险控制、绩效评估等专业岗位;

（四）具有稳定的投资管理团队，拥有不低于规定数量的相关专业人员；

（五）最近三年无重大违法违规行为，设立未满三年的，自其成立之日起无重大违法违规行为；

（六）银保监会规定的其他审慎性条件。

第十四条　保险资产管理机构开展保险资管产品业务，应当履行下列职责：

（一）依法办理产品的注册或者登记手续以及份额销售、托管等事宜；

（二）对所管理的不同产品受托财产分别管理、分别记账，按照合同约定管理产品财产；

（三）按照产品合同约定确定收益分配方案，及时向投资者分配收益；

（四）进行产品会计核算并编制产品财务会计报告；

（五）依法计算并披露产品净值或者投资收益情况；

（六）办理与受托财产管理业务活动有关的信息披露事项；

（七）保存受托财产管理业务活动的记录、账册、报表和其他相关资料；

（八）以管理人名义，代表投资者利益行使诉讼权利或者实施其他法律行为；

（九）银保监会规定的其他职责。

第十五条　保险资产管理机构开展保险资管产品业务，应当聘请符合银保监会规定且已具备保险资产托管业务条件的商业银行或者其他金融机构担任托管人。

第十六条　托管人应当履行下列职责：

（一）忠实履行托管职责，妥善保管产品财产；

（二）根据不同产品，分别设置专门账户，保证产品财产独立和安全完整；

（三）根据保险资产管理机构指令，及时办理资金划转和清算交割；

（四）复核、审查保险资产管理机构计算的产品财产价值；

（五）了解并获取产品管理运营的有关信息，办理出具托管报告等与托管业务活动有关的信息披露事项；

（六）监督保险资产管理机构的投资运作，对托管产品财产的投资范围、投资品种等进行监督，发现保险资产管理机构的投资或者清算指令违反法律、行政法规、银保监会规定或者产品合同约定的，应当拒绝执行，并及时向银保监会报告；

（七）保存产品托管业务活动的记录、账册、报表和其他相关资料；

（八）主动接受投资者和银保监会的监督，对产品投资信息和相关资料承担保密责任，除法律、行政法规、规章规定或者审计要求、合同约定外，不得向任何机构或者个人提供相关信息和资料；

（九）法律、行政法规、银保监会规定以及产品合同约定的其他职责。

第十七条 保险资产管理机构开展保险资管产品业务，可以依照有关法律、行政法规以及银保监会规定，聘请专业服务机构，为产品提供独立监督、信用评估、投资顾问、法律服务、财务审计或者资产评估等专业服务。

保险资产管理机构应当向投资者披露专业服务机构的资质、收费等情况，以及更换、解聘的条件和程序，充分揭示聘请专业服务机构可能产生的风险。

第十八条 专业服务机构应当诚实守信、勤勉尽责，并符合下列条件：

（一）具有经国家有关部门认可的业务资质；

（二）具有完善的管理制度、业务流程和内控机制；

（三）熟悉产品相关法律法规、政策规定、业务流程和交易结构，具有相关服务经验和能力，商业信誉良好；

（四）银保监会规定的其他审慎性条件。

保险资产管理机构聘请的投资顾问，除满足上述条件外，还应当符合下列条件：

(一)具有专业资质并受金融监督管理部门监管；

(二)主要人员具备专业知识和技能，从事相关业务三年以上；

(三)最近三年无涉及投资顾问业务的违法违规行为；

(四)银保监会规定的其他条件。

保险资产管理机构与任一投资顾问进行首次合作的，应当提前十个工作日将合作情况报告银保监会。投资顾问不得承担投资决策职责，不得直接执行投资指令，不得以任何方式承诺保本保收益。保险资产管理机构不得向未提供实质服务的投资顾问支付费用或者支付与其提供的服务不相匹配的费用。

第三章 产品发行、存续与终止

第十九条 保险资管产品按照投资性质的不同，分为固定收益类产品、权益类产品、商品及金融衍生品类产品和混合类产品。

固定收益类产品投资于债权类资产的比例不低于80%，权益类产品投资于权益类资产的比例不低于80%，商品及金融衍生品类产品投资于商品及金融衍生品的比例不低于80%，混合类产品投资于债权类资产、权益类资产、商品及金融衍生品类资产且任一资产的投资比例未达到前三类产品标准。

非因保险资产管理机构主观因素导致突破前述比例限制的，保险资产管理机构应当在流动性受限资产可出售、可转让或者恢复交易的十五个交易日内调整至符合要求。

第二十条 合格投资者投资于单只固定收益类产品的金额不低于30万元人民币，投资于单只混合类产品的金额不低于40万元人民币，投资于单只权益类产品、单只商品及金融衍生品类产品的金额不低于100万元人民币。保险资管产品投资于非标准化债权类资产的，接受单个合格投资者委托资金的金额不低于100万元人民币。

第二十一条 保险资产管理机构发行的保险资管产品，应当在银保监会认可的机构履行注册或者登记等规定程序。

保险资产管理机构应当按照规定报送产品材料。产品材料应当真实、完备、规范。银保监会认可的机构仅对产品材料的完备性和合规性进行审查，不对产品的投资价值和风险作实质性判断。

第二十二条 在保险资管产品存续期，保险资产管理机构应当按照有关规定以及登记交易平台的业务规则，持续登记产品基本要素、募集情况、收益分配、投资者所持份额等信息。

第二十三条 投资者持有保险资管产品的份额信息以登记交易平台的登记结果为准。相关产品的受益凭证由登记交易平台出具并集中托管。

投资者对登记结果有异议的，登记交易平台应当及时复查并予以答复；因登记交易平台工作失误造成数据差错并给投资者造成损失的，登记交易平台应当承担相应责任。

第二十四条 登记交易平台和注册机构应当建立产品信息共享机制，实现系统互联互通，推进行业基础设施系统与监管信息系统的有效衔接，及时有效履行信息报送责任。

第二十五条 保险资产管理机构、托管人、投资者和有关专业服务机构应当按照登记交易平台和注册机构发布的数据标准和技术接口规范，报送产品材料和数据信息。

第二十六条 保险资产管理机构可以自行销售保险资管产品，也可以委托符合条件的金融机构以及银保监会认可的其他机构代理销售保险资管产品。

保险资产管理机构和代理销售机构应当诚实守信、勤勉尽责，防范利益冲突，履行说明义务、反洗钱义务等相关义务，承担投资者适当性审查、产品推介和合格投资者确认等相关责任。

保险资产管理机构和代理销售机构应当对自然人投资者的风险承受能力进行评估，确定投资者风险承受能力等级，向投资者销售与其风险识别能力和风险承担能力相适应的产品。产品销售的具体规则由银保监会依法另行制定。

第二十七条 保险资产管理机构应当按照产品的性质、规模，制定专项制度，建立健全机制，设置与产品发行相独立的岗位和专业人员，开展产品存续期管理工作。存续期管理应当涵盖风险预警、风险事件处置、数据报送、信息披露和报告等。

在产品存续期，注册机构和登记交易平台依法开展信息统计和风险监测等工作。

第二十八条　有下列情形之一的，保险资管产品终止：
（一）保险资管产品期限届满；
（二）保险资管产品目的已经实现或者不能实现；
（三）保险资管产品相关当事人协商同意；
（四）出现保险资管产品合同约定的应当终止的情形；
（五）法律、行政法规以及银保监会规定的其他情形。

第二十九条　保险资管产品终止的，保险资产管理机构应当按照银保监会要求和产品合同约定，组织开展清算工作，并及时履行报告义务。

第四章　产品投资与管理

第三十条　保险资管产品可以投资于国债、地方政府债券、中央银行票据、政府机构债券、金融债券、银行存款、大额存单、同业存单、公司信用类债券，在银行间债券市场或者证券交易所市场等经国务院同意设立的交易市场发行的证券化产品，公募证券投资基金、其他债权类资产、权益类资产和银保监会认可的其他资产。

保险资金投资的保险资管产品，其投资范围应当符合保险资金运用的有关监管规定。

第三十一条　保险资管产品的分级安排、负债比例上限、非标准化债权类资产投资限额管理和期限匹配要求应当符合金融管理部门的有关规定。

同一保险资产管理机构管理的全部组合类产品投资于非标准化债权类资产的余额，在任何时点不得超过其管理的全部组合类产品净资产的35％。

保险资管产品不得直接投资于商业银行信贷资产，依据金融管理部门颁布规则开展的资产证券化业务除外。

保险资管产品不得直接或者间接投资法律法规和国家政策禁止进行债权或者股权投资的行业和领域。

鼓励保险资产管理机构在依法合规、商业可持续的前提下，通过发行保险资管产品募集资金投向符合国家战略和产业政策要求、符合国家供给侧结构性改革政策要求的领域。鼓励保险资产管理机构通过发行保险资管产品募集资金支持经济结构转型，支持市场化、法治化债转股，降低企业杠杆率。

第三十二条　单只保险资管产品的投资者人数应当符合法律、行政法规以及银保监会的规定。保险资管产品接受其他资产管理产品投资的，不合并计算其他资产管理产品的投资者人数，但应当有效识别保险资管产品的实际投资者与最终资金来源。

保险资产管理机构不得违反相关规定，通过为单一融资项目设立多只产品的方式，变相突破投资者人数限制或者其他监管要求。

第三十三条　保险资产管理机构应当切实履行主动管理责任，不得让渡管理职责，不得为其他金融机构的资产管理产品提供规避投资范围、杠杆约束等监管要求的通道服务。

第三十四条　保险资管产品投资其他资产管理产品的，应当明确约定所投资的资产管理产品不得再投资公募证券投资基金以外的资产管理产品，法律、行政法规以及金融管理部门另有规定的除外。

保险资产管理机构在履行产品注册或者登记等程序时，应当充分披露资金投向、投资范围和交易结构等信息。

第三十五条　保险资产管理机构不得以受托管理的保险资管产品份额进行质押融资。保险集团（控股）公司、保险公司作为投资者，以其持有的保险资管产品份额进行质押融资的，应当在登记交易平台依法开展。

第三十六条　保险资管产品应当按照《企业会计准则》和《指导意见》等关于金融工具核算与估值的相关规定，确认和计量产品净值。

第三十七条　保险资产管理机构应当根据产品规模、投资范围、风险特征等因素，按照市场化原则，在产品合同中约定管理费的计提标准。

第三十八条　保险资产管理机构应当合理确定保险资管产品所投资资产的期限，加强对期限错配的流动性风险管理。

第三十九条　保险资产管理机构应当做到每只产品所投资资产构成清晰，风险可识别。

保险资产管理机构应当做到每只产品的资金单独管理、单独建账、单独核算，不得开展或者参与具有滚动发行、集合运作、分离定价特征的资金池业务。

第五章　信息披露与报告

第四十条　保险资产管理机构应当按照银保监会有关规定，向投资者主动、真实、准确、完整、及时披露产品募集情况、资金投向、收益分配、托管安排、投资账户信息和主要投资风险等内容。

保险资产管理机构应当至少每季度向投资者披露产品净值和其他重要信息。

第四十一条　投资者可以按照合同约定向保险资产管理机构或者登记交易平台查询与产品财产相关的信息。保险资产管理机构和登记交易平台应当在不损害其他投资者合法权益的前提下，真实、准确、完整、及时地提供相关信息，不得拒绝、推诿。

第四十二条　托管人和其他专业服务机构应当按照相关合同约定，向保险资产管理机构和银保监会履行信息披露和报告义务。

第四十三条　保险资产管理机构应当按照中国人民银行和银保监会要求，及时向中国人民银行和银保监会及其指定机构报送产品基本信息和起始募集信息、存续期募集信息等，并于产品终止后报送终止信息。

第四十四条　除本办法规定外，发生可能对投资者决策或者利益产生实质性影响的重大事项，保险资产管理机构应当及时向投资者披露，并向银保监会及其指定机构报告。

第四十五条 注册机构和登记交易平台应当按照银保监会的要求，定期或者不定期向银保监会报告产品专项统计、分析等信息。遇有重大突发事件的，双方应当加强信息和资源共享，及时向银保监会报告。

第六章 风险管理

第四十六条 保险资产管理机构应当建立全面覆盖、全程监控、全员参与的风险管理组织体系和运行机制，通过管理系统和稽核审计等手段，分类、识别、量化和评估保险资管产品的流动性风险、市场风险和信用风险等，有效管控和应对风险。保险资产管理机构董事会负责定期审查和评价业务管理情况。

第四十七条 保险资产管理机构开展保险资管产品业务，应当建立风险责任人制度，明确相应的风险责任人。

第四十八条 保险资产管理机构应当将保险资管产品业务纳入公司内部稽核和资金运用内部控制年度审计工作，并依法向银保监会报告。

第四十九条 保险资产管理机构应当建立产品风险处置机制，制定应急预案，有效控制和化解风险隐患，并及时向银保监会报告。

第五十条 保险资产管理机构应当确保风险管控相关岗位和人员具有履行职责所需知情权和查询权，有权查阅、询问与保险资管产品相关的数据、资料和细节，并列席相关会议。

第五十一条 保险资产管理机构应当建立相应的风险准备金机制，确保满足抵御业务不可预期损失的需要。风险准备金计提比例为产品管理费收入的10%，主要用于赔偿因保险资产管理机构违法违规、违反产品协议、操作错误或者技术故障等给产品财产或者投资者造成的损失。风险准备金余额达到产品余额的1%时可以不再提取。

第五十二条 保险资产管理机构应当建立健全保险资管产品业务人员的准入、培训、考核评价和问责制度，确保业务人员具备必要的专业知识、行业经验和业务能力，充分了解相关法律法规、监管规定以及产品的法律关系、交易结构、主要风险及风险管控方法，遵守行为准则和职业道德标准。

保险资产管理机构应当完善长效激励约束机制，不得以人员挂靠、业务包干等方式开展保险资管产品业务。

第五十三条 保险资产管理机构的董事、监事、高级管理人员和相关业务人员不得有下列行为：

（一）不公平地对待所管理的不同产品财产；

（二）利用产品财产或者职务便利为投资者以外的第三方谋取不正当利益；

（三）侵占、挪用产品财产；

（四）泄露因职务便利获取的未公开信息，利用该信息从事或者明示、暗示他人从事相关的交易活动；

（五）玩忽职守，不按照规定履行职责；

（六）法律、行政法规以及银保监会规定禁止的其他行为。

第五十四条 保险资产管理机构应当建立健全关联交易规则，对关联交易认定标准、定价方法和决策程序等进行规范，不得以保险资管产品的资金与关联方进行不正当交易、利益输送、内幕交易和操纵市场等违法违规行为。

第七章 监督管理

第五十五条 银保监会依法对保险资管产品业务有关当事人的经营活动进行监督管理。各方当事人应当积极配合，不得发生以下行为：

（一）拒绝、阻挠监管人员的监督检查；

（二）拒绝、拖延提供与检查事项有关的资料；

（三）隐匿、伪造、变造、毁弃会计账簿、会计报表以及其他有关资料；

（四）银保监会规定禁止的其他行为。

第五十六条 银保监会依法对保险资产管理机构董事、监事、高级管理人员和相关业务人员进行检查。对违反有关法律、行政法规以及本办法规定的相关责任人员进行质询和监管谈话，并依法予以警告、罚款、撤销任职资格、禁止进入保险业等行政处罚。

保险资产管理机构相关责任人员离任后，发现其在该机构工作期间违反有关法律、行政法规以及本办法规定的，应当依法追究责任。

第五十七条 保险资产管理机构、托管人、投资顾问等银行保险机构违反有关法律、行政法规以及本办法规定的，由银保监会依法予以行政处罚。

第五十八条 保险资管产品业务的其他当事人违反有关法律、行政法规以及本办法规定的，银保监会应当记录其不良行为，并将有关情况通报其主管部门；情节严重的，银保监会可以要求保险资产管理机构、保险集团（控股）公司和保险公司三年内不得与其从事相关业务，并建议有关监管部门依法予以行政处罚。

第五十九条 为保险资管产品业务提供服务的专业服务机构及其有关人员，应当遵守执业规范和职业道德，客观公正、勤勉尽责，独立发表专业意见。相关专业服务机构或者人员未尽责履职，或者其出具的报告存在虚假记载、误导性陈述或者重大遗漏的，应当承担相应法律责任。

第六十条 注册机构应当按照银保监会有关规定，建立健全机制，制定专项制度，完善注册业务系统，设置专门岗位，配备必要的专职人员，审慎、透明、高效开展注册业务。

第六十一条 登记交易平台应当按照银保监会有关规定，建立健全机制，制定专项制度，设置专门岗位，配备必要的专职人员，切实维护登记交易平台相关系统的稳定运行，为保险资管产品业务发展提供良好服务。

第八章　附　　则

第六十二条 符合条件的养老保险公司开展保险资管产品业务，

参照本办法执行。

第六十三条　保险资产管理机构开展跨境保险资管产品业务参照本办法执行,并应当符合跨境人民币和外汇管理有关规定。

第六十四条　按照"新老划断"原则设置过渡期,确保平稳过渡。过渡期自本办法施行之日起至2020年12月31日止。

过渡期内,保险资产管理机构新发行的产品应当符合本办法规定;保险资产管理机构可以发行老产品对接存量产品所投资的未到期资产,但应当严格控制在存量产品整体规模内,并有序压缩递减。保险资产管理机构应当制定过渡期内产品业务整改计划,明确时间进度安排,报送银保监会认可后实施,同时报备中国人民银行。

过渡期结束后,保险资产管理机构应当按照本办法对产品进行全面规范,不得再发行或者存续违反本办法规定的保险资管产品。

第六十五条　本办法由银保监会负责解释和修订。

第六十六条　本办法自2020年5月1日起施行。

中国银保监会办公厅关于资产支持计划和保险私募基金登记有关事项的通知

(银保监办发〔2021〕103号　2021年9月18日发布
自2021年10月1日起施行)

各保险资产管理机构:

为持续深入落实国务院"放管服"工作部署,进一步深化保险资金运用市场化改革,提高服务实体经济质效,银保监会决定将资产支持计划和保险私募基金由注册制改为登记制。现就有关事项通知如下:

一、保险资产管理机构发起设立资产支持计划,实行初次申报核准、后续产品登记。初次申报核准由银保监会依据相关规定办理,后续产品登记由中保保险资产登记交易系统有限公司依据监管规定和登记规则办理。

二、保险资产管理机构的下属机构发起设立保险私募基金,由中国保险资产管理业协会依据监管规定和登记规则办理登记。

三、中保保险资产登记交易系统有限公司和中国保险资产管理业协会(以下统称登记机构)应当于保险资产管理机构或其下属机构提交资产支持计划或保险私募基金(以下统称产品)登记材料之日起5个工作日内出具登记结果。

四、保险资产管理机构或其下属机构承担设立产品的合规风控主体责任,在产品设立和登记过程中应当履行下列职责:

(一)加强产品设立和登记内部管理,建立健全并严格实施产品登记管理制度,明确产品合规和风险管理责任人,确保产品登记工作规范有序开展。

(二)按照监管规定和登记机构的登记规则,真实、准确、完整、及时提交登记材料,不得有虚假记载、误导性陈述或重大遗漏。

(三)建立严格的数据质量管控和责任追究机制,持续提高登记信息质量,加强产品存续期管理。

(四)银保监会规定的其他职责。

五、登记机构仅对登记材料的完备性和合规性进行查验,不对产品的投资价值和风险作实质性判断。在办理产品登记过程中应当履行下列职责:

(一)加强产品登记工作管理。制定并实施产品登记规则和操作流程,建立完善登记信息系统,做好系统运营维护和数据备份工作。完善保密制度并采取保密措施,确保登记信息安全。

(二)提高登记工作效率和透明度。精简登记材料,优化工作流程,提高登记效率和服务质量,定期向产品管理人通报登记工作情况。

(三)加强产品登记后数据统计和风险监测。管理和维护登记信息,定期向银保监会报送产品登记情况、业务运行情况、风险监测报告和其他有关情况。发现重大风险和违规行为线索,应当及时报告银保监会，必要时协助银保监会开展相关工作。

（四）银保监会规定的其他职责。

六、银保监会依据相关规定，加强对产品登记工作的业务指导和监督，发现保险资产管理机构和登记机构未按规定和程序履行相应职责的，依法采取相应监管措施，不断完善事中事后监管。

七、本通知自2021年10月1日起施行。《中国银保监会办公厅关于资产支持计划注册有关事项的通知》（银保监办发〔2019〕143号）、《关于股权投资计划和保险私募基金注册有关事项的通知》（资金部函〔2019〕1号）同时废止。

三、业务规则和业务指引

上海保险交易所股份有限公司关于发布《保险资产管理产品登记办法》等业务制度的通知

（2018年6月21日发布）

各保险集团（控股）公司、保险公司、保险资产管理机构、有关托管机构：

为贯彻落实《保险资金运用管理办法》（保监会令〔2018〕1号）及《中国保监会关于中保保险资产登记交易系统上线运行有关事项的通知》（保监资金〔2018〕65号）有关要求，本公司制定了《保险资产管理产品登记办法》及《保险资产管理产品账户管理业务指引》、《债权投资计划、股权投资计划、资产支持计划登记业务指引》、《债权投资计划、股权投资计划、资产支持计划发行业务指引》、《保险资产管理产信息披露业务指引》,经中国银行保险监督管理委员会同意,现予以发布,并自发布之日起实施。

附件1:保险资产管理产品登记办法(试行)

附件2:债权投资计划、股权投资计划、资产支持计划登记业务指引(试行)

附件3:账户管理业务指引(试行)

附件4:保险资产管理产品信息披露业务指引(试行)

附件5:债权投资计划、股权投资计划、资产支持计划发行业务指引(试行)

附件1:

保险资产管理产品登记办法(试行)

第一章 总 则

第一条 为规范保险资产管理产品(以下简称"保险资管产品"或"产品")登记行为,保护产品相关方的合法权益,根据《中华人民共和国保险法》等法律法规及《保险资金运用管理办法》等监管规定,制定本办法。

第二条 本办法所称保险资管产品登记,是指中保保险资产登记交易系统有限公司(以下简称"中保登公司")按照国务院保险监督管理机构的要求对保险资产管理机构管理的保险资管产品的产品信息、持有人份额及变动情况等予以记录的行为。

第三条 本办法所称保险资产管理机构,是指依法设立的保险资产管理公司和国务院保险监督管理机构认可的从事保险资产管理业务的其他专业机构。

第四条 本办法所称保险资管产品,是指保险资产管理机构依据国务院保险监督管理机构的规定发行管理的债权投资计划、股权投资计划、资产支持计划及国务院保险监督管理机构认可的其他资产管理产品。

第五条 保险资产管理机构开展保险资管产品业务，应当在中保登公司办理预登记、初始登记、变更登记和终止登记。

第六条 保险资管产品登记应当遵守法律法规和国务院保险监督管理机构的有关规定，遵循诚实信用原则，维护保险资管产品相关方的合法权益。

第七条 中保登公司应当为保险资管产品登记等相关业务行为提供安全、高效、便捷的场所和设施。

第八条 中保登公司出具的数据电文、纸质形式的产品份额登记记录是保险资管产品份额登记的合法证明。

第九条 保险资管产品登记受国务院保险监督管理机构的监督管理。

第二章 基本规范

第十条 保险资管产品登记包括产品信息登记和产品份额登记。产品信息登记包括产品要素信息、收益分配信息的登记。产品份额登记包括持有人账户信息、持有人份额、份额状态及变动情况的登记。

第十一条 本办法所称保险资管产品登记申请人（以下简称"申请人"），是指按照本办法规定，向中保登公司申请办理保险资管产品登记的民事主体。

第十二条 申请人申请办理登记应当根据中保登公司的规定，通过中保登公司系统申请并提交相关材料。申请人应确保其提交的文件及信息真实、准确、完整、有效。

第十三条 中保登公司应确保对申请人提交的信息和数据及时、准确、完整地予以记录，不得隐匿、伪造、篡改或毁损。

第十四条 中保登公司对申请材料进行形式审核。中保登公司办理保险资管产品登记不代表对保险资管产品的持续合法合规情况、投资价值或投资风险作出判断或保证。

第十五条 产品管理人、产品投资人、托管人及独立监督人可在中保登公司系统中查询产品登记信息。

第三章 登记业务办理

第一节 登记准备

第十六条 申请人在中保登公司办理登记业务,应向中保登公司申请开立用户账号,用户账号是由中保登公司配发的身份识别代码,参与人使用用户账号登录中保登公司系统。

第十七条 持有人账户是中保登公司为产品投资人开立的,记载保险资管产品持有份额及其变动情况的电子簿记账户。

产品投资人在中保登公司开展业务前应当在中保登公司开立持有人账户,中保登公司为持有人账户统一配发唯一的账户号码。

第十八条 产品管理人开展保险资管产品业务,须在产品法律文件中列明产品投资人应在中保登公司开立持有人账户及办理产品份额登记等事宜的条款。

第二节 预登记

第十九条 预登记是指产品管理人在产品发行前向中保登公司申请产品代码的业务行为。

产品代码是中保登公司为拟发行产品配发的唯一代码。

第二十条 保险资产管理机构应在获得产品注册通知书等监管程序类文件后向中保登公司申请产品预登记,并在产品发行前完成产品预登记。未完成预登记的,产品管理人不得启动产品发行。

第二十一条 产品管理人申请办理预登记,应在中保登公司系统中填写拟发行产品的基本信息,并提交产品注册通知书等监管程序类文件(国务院保险监督管理机构另有规定的从其规定)、产品募集说明类文件及产品法律文件等中保登公司要求的材料。

第二十二条 中保登公司于收到产品预登记申请一个工作日内完成形式审核,审核通过后,配发拟发行产品的产品代码并出具产品预登记通知书。

第三节 初始登记

第二十三条 产品管理人应当于产品缴款完成日(不含)三个工作日内向中保登公司申请办理产品初始登记。

第二十四条 产品管理人申请办理初始登记,应提交产品持有人名册、托管人确认的资金到账证明文件及产品法律文件等中保登公司要求的材料。

第二十五条 中保登公司于收到初始登记申请一个工作日内完成形式审核,审核通过后,产品初始登记于下一工作日生效,中保登公司向产品管理人出具产品初始登记通知书。

第四节 变更登记

第二十六条 产品存续期间,产品信息发生变更的,或产品份额因分期还本、行使选择权等发生变更的,申请人应于发生变更之日(不含)起三个工作日内,向中保登公司申请产品变更信息披露,信息披露完成当日向中保登公司申请办理产品变更登记。

第二十七条 申请人申请办理变更登记,应提交变更申请、证明发生变动事实的材料和法律法规、国务院保险监督管理机构及中保登公司要求的其他材料。

第二十八条 中保登公司于收到产品变更登记申请一个工作日内完成形式审核,审核通过后,产品变更登记于下一工作日生效。

第五节 终止登记

第二十九条 因产品提前兑付、行使选择权、到期兑付等原因发生产品份额全部终止,产品管理人应于产品兑付日(不含)三个工作日内向中保登公司申请产品终止登记。

第三十条 申请人申请办理终止登记,应提交终止登记申请、证明产品终止的材料和法律法规、国务院保险监督管理机构及中保登公司要求的其他材料。

第三十一条 中保登公司于收到产品终止登记申请一个工作日

内完成形式审核,审核通过后,产品终止登记于下一工作日生效。

第三十二条 产品管理人应于取得产品清算报告之日(不含)三个工作日内向中保登公司提交产品清算报告。

第四章 持有人账户管理

第三十三条 持有人账户采用实名制,不得出租、出借或转让。

第三十四条 持有人账户业务可由产品投资人自行申请,也可由投资管理人、受托人及中保登公司认可的机构代为申请。产品投资人也可委托托管人或产品管理人向中保登公司提交申请材料。

第三十五条 产品投资人可申请注销其持有人账户,中保登公司在确认其持有人账户未持有产品份额,且不存在未了结业务后予以办理。

第三十六条 中保登公司有权依照法律的规定协助国家司法机关或其他有权机关对持有人账户进行查询、冻结,并暂时限制该账户相关权利。

第五章 信息安全管理

第三十七条 中保登公司及其工作人员对登记信息负有保密义务,但法律法规及国务院保险监督管理机构另有规定的情形除外。

第三十八条 中保登公司承担管理和维护保险资管产品登记信息的职责,应严格遵守法律法规及国务院保险监督管理机构的有关规定,确保登记信息的安全、完整与数据的合法合规使用。

第三十九条 中保登公司应建设并妥善维护系统,保障网络与信息安全,制定和发布产品集中登记的数据标准与数据接口规范。

第四十条 中保登公司应建立信息安全管理制度,中保登公司及其工作人员不得恶意泄露、出售或者非法向他人提供登记信息。

第四十一条 中保登公司应当妥善保存保险资管产品登记信息及相关申请材料,自产品终止之日起至少保存20年。

第六章 管理措施

第四十二条 中保登公司根据法律法规和国务院保险监督管理

机构规定制定自律管理规定,并向国务院保险监督管理机构备案。保险资管产品登记相关方应接受中保登公司的自律管理。

第四十三条 产品管理人未按规定办理登记或在登记中发生严重错报、漏报的,中保登公司可以采取约谈、书面警示、公开批评等管理措施,并将有关情况报告国务院保险监督管理机构。

第四十四条 产品管理人有下列行为之一的,中保登公司有权暂停接受其登记申请、注销其登记信息,给他人造成损失的,依法承担赔偿责任:

(一)伪造申请材料,或提交的登记材料存在重大瑕疵;

(二)伪造、擅自涂改中保登公司通知书的。

第四十五条 中保登公司及其工作人员违反本办法规定导致信息泄露,并给产品管理人、产品投资人或其他利益方造成财产损失的,应当承担相应的法律责任。

第七章 附 则

第四十六条 本办法未尽事宜按照中保登公司有关业务指引、指南的相关规定办理。

第四十七条 本办法由中保登公司负责解释。

第四十八条 本办法自发布之日起实施。

附件2:

债权投资计划、股权投资计划、资产支持计划登记业务指引(试行)

第一章 总 则

第一条 为规范中保保险资产登记交易系统有限公司(以下简称"中保登公司")登记业务,保护产品相关方合法权益,根据《中保保险资产登记交易系统有限公司保险资产管理产品登记办法》及中保登公司相关业务规定,制定本指引。

第二条　本指引适用于债权投资计划、股权投资计划、资产支持计划(以下简称"保险资管产品"或"产品")的预登记、初始登记、变更登记、终止登记业务。

第三条　产品管理人、产品投资人、托管人及独立监督人可在中保登公司系统中查询产品登记信息。

第二章　预　登　记

第四条　预登记是指产品管理人在产品发行前向中保登公司申请产品代码的业务行为。

产品代码是中保登公司为拟发行产品配发的唯一代码,分期产品按期配发产品代码;分级产品按级配发产品代码。

第五条　保险资产管理机构应在获得产品注册通知书等监管程序类文件后向中保登公司申请产品预登记,并在产品发行前完成产品预登记。未完成预登记的,产品管理人不得启动产品发行。

第六条　产品管理人向中保登公司提交产品预登记申请,应在中保登公司系统中填写拟发行产品的基本信息,并上传产品预登记申请材料。

第七条　产品管理人申请债权投资计划预登记,应向中保登公司提供以下申请材料:

(一)产品注册通知书等监管程序类文件(国务院保险监督管理机构另有规定的除外);

(二)产品募集说明书等产品募集类文件;

(三)产品投资合同等产品法律文件;

(四)中保登公司要求的其他材料。

以上申请材料须提供加盖产品管理人公章或授权业务章的扫描件。

第八条　产品管理人申请股权投资计划预登记,应向中保登公司提交以下申请材料：

（一）产品注册通知书等监管程序类文件（国务院保险监督管理机构另有规定的除外）；

（二）产品募集说明书等产品募集类文件；

（三）股权投资协议或有限合伙协议等产品法律文件；

（四）中保登公司要求的其他材料。

以上申请材料须提供加盖产品管理人公章或授权业务章的扫描件。

第九条 产品管理人申请资产支持计划预登记，应向中保登公司提供以下申请材料：

（一）产品注册通知书、核准批复等监管程序类文件（国务院保险监督管理机构另有规定的除外）；

（二）产品募集说明书等产品募集类文件；

（三）基础资产买卖协议或资产服务协议等产品法律文件；

（四）中保登公司要求的其他材料。

以上申请材料须提供加盖产品管理人公章或授权业务章的扫描件。

第十条 中保登公司于收到产品预登记申请一个工作日内完成形式审核，审核通过后，配发拟发行产品的产品代码并出具产品预登记通知书。

第十一条 产品预登记有效期为产品预登记通知书出具之日起至产品注册通知书或监管程序类文件所规定的发行有效期止。

第十二条 产品预登记完成后，启动发行前，若产品预登记信息发生变更的，产品管理人可向中保登公司申请办理产品预登记变更。

第十三条 产品管理人申请产品预登记变更，应在中保登公司系统上传以下申请材料：

（一）变更信息说明及相关证明文件；

（二）中保登公司要求的其他材料。

以上申请材料须提供加盖产品管理人公章或授权业务章的扫

描件。

第十四条 中保登公司于收到产品预登记变更申请一个工作日内完成形式审核,审核通过后,产品预登记变更生效。

第三章 初始登记

第十五条 产品管理人应当于产品缴款完成日(不含)三个工作日内向中保登公司申请办理产品初始登记。

产品分次缴款,产品管理人应于每次缴款的缴款完成日(不含)三个工作日内申请办理产品初始登记;产品分级发行,产品管理人应于本级缴款完成日(不含)三个工作日内申请办理产品初始登记。

第十六条 产品管理人申请产品初始登记,应在中保登公司系统上传以下申请材料:

(一)产品持有人名册;

(二)资金到账证明文件;

(三)产品托管合同、受托合同等产品法律文件;

(四)中保登公司要求的其他材料。

上述(一)(三)(四)项材料须提供加盖产品管理人公章或授权业务章的扫描件,(一)项材料同时提供 EXCEL 格式文件,(二)项材料须提供托管人盖章确认的扫描件。

产品全部份额采用场内发行的,产品管理人无需上传产品持有人名册。

第十七条 中保登公司于收到初始登记申请一个工作日内完成形式审核,审核通过后,产品初始登记于下一工作日生效,中保登公司向产品管理人出具产品初始登记通知书。

第四章 变更登记

第一节 产品信息变更

第十八条 产品初始登记完成后,产品信息发生变更,产品管理人应于发生变更之日(不含)起三个工作日内,向中保登公司申请产品信息变更披露,信息披露完成当日向中保登公司申请办理产品信息变更登记。

第十九条 产品管理人申请产品信息变更登记,应在中保登公司系统上传以下申请材料:

(一)变更原因、主要变更内容的对比说明;

(二)产品变更相关的证明文件;

(三)中保登公司规定的其他材料。

以上申请材料须提供加盖产品管理人公章或授权业务章的扫描件。

第二十条 产品管理人应于收益分配日(不含)三个工作日内,在中保登公司系统中提交 EXCEL 格式产品收益分配明细数据(附件一),并提交加盖产品管理人公章或授权业务章的扫描件。

第二十一条 中保登公司于收到产品信息变更登记申请一个工作日内完成形式审核,审核通过后,产品信息变更登记于下一工作日生效。

第二节 交易及非交易过户

第二十二条 产品份额如发生交易转让,产品管理人应于交易转让日(不含)三个工作日内向中保登公司申请办理产品份额变更登记。

第二十三条 因交易转让办理产品份额变更登记,应向中保登公司提交以下申请材料:

(一)加盖出让人及受让人公章或授权业务章的份额登记申请表(转让);

(二)加盖出让人及受让人公章或授权业务章的份额转让协议、过户指令书等复印件;

(三)加盖产品管理人公章或授权业务章的产品份额转让确认单;

(四)出让人资金到账证明;

(五)出让人及受让人经办人有效身份证明文件:

1.法人机构应提交法定代表人或负责人对经办人的授权委托书

（需加盖公章或授权业务章及法定代表人或负责人签章）和经办人有效身份证件及复印件（需加盖公章或授权业务章）；

2.合伙企业等其他非法人组织应提交执行事务合伙人或负责人对经办人的授权委托书（需加盖公章或授权业务章及执行事务合伙人或负责人签章）和经办人有效身份证件及复印件（需加盖公章或授权业务章）；

（六）中保登公司要求的其他材料。

第二十四条 中保登公司于收到交易转让申请材料原件当日完成形式审核，审核通过后，产品份额变更登记生效，中保登公司向出让人及受让人出具产品份额转让通知书。

第二十五条 因以下原因发生非交易过户的，可申请办理产品份额变更登记：

（一）继承、捐赠、依法进行的财产分割；

（二）法人或其他组织合并、分立；

（三）因解散、破产等原因丧失法人资格；

（四）相关法律、法规及中保登公司规定的其他情形。

第二十六条 因继承、捐赠、依法进行的财产分割，法人或其他组织合并、分立，或因解散、破产等原因丧失主体资格的，由资产或权利承继人，或资产管理人于相关证明文件生效日后，向中保登公司申请产品份额变更登记。

第二十七条 因非交易过户办理产品份额变更登记，应提交以下申请材料原件：

（一）有效的产品归属证明文件；

（二）加盖产品管理人公章或授权业务章的产品份额变更确认单；

（三）中保登公司要求的其他材料。

第二十八条 因非交易过户办理产品份额变更登记的资产或权利承继人，或资产管理人应通过中保登公司柜台提交申请材料。

第二十九条 中保登公司于收到非交易过户申请材料原件日（不含）三个工作日内完成形式审核，审核通过后，产品份额变更登记于下一工作日生效，中保登公司向资产或权利承继人，或资产管理人出具产品份额非交易过户登记通知书。

第三节 行使选择权

第三十条 因行使赎回选择权、回售选择权发生产品份额变动，由产品管理人申请办理产品份额变更登记。产品管理人应于产品行权日（不含）三个工作日内，向中保登公司申请产品份额变更登记。

第三十一条 产品管理人申请行使选择权产品份额变更登记，应在中保登公司系统中填写行权要素，上传以下申请材料：

（一）加盖产品管理人公章或授权业务章的行权方案；

（二）托管人盖章确认的向产品投资人划付资金凭证；

（三）赎回行权数据明细或回售行权数据明细（EXCEL 格式，附件二、三）。

第三十二条 中保登公司于收到产品份额变更申请一个工作日内完成形式审核，审核通过后，产品份额变更登记于下一工作日生效。

第四节 分期还本

第三十三条 产品管理人应于分期还本日（不含）三个工作日内，向中保登公司申请办理产品份额变更登记，并在中保登公司系统中填写分期还本方案要素，上传以下申请材料：

（一）由产品管理人及托管人盖章确认的分期还本方案；

（二）托管人盖章确认的向产品投资人划付资金凭证；

（三）分期还本数据明细（EXCEL 格式，附件四）。

第三十四条 中保登公司于收到产品变更申请材料一个工作日内完成形式审核，审核通过后，产品变更登记于下一工作日生效。

第五章 终止登记

第三十五条 因产品提前兑付、行使选择权、到期兑付等原因发生产品份额全部终止，产品管理人应于产品兑付日（不含）三个工作日内,向中保登公司申请产品终止登记。

第三十六条　产品管理人向中保登公司提交产品终止登记申请,应在中保登公司系统填写必要信息,包括兑付类型、实际兑付日等,上传以下申请材料:

(一)加盖产品管理人公章或授权业务章的产品清算方案;

(二)托管人盖章确认的向产品投资人划付资金凭证;

(三)中保登公司要求的其他材料。

第三十七条　中保登公司于收到产品终止登记申请一个工作日内完成形式审核,审核通过后,产品终止登记于下一工作日生效。

第三十八条　产品管理人应于取得产品清算报告日(不含)三个工作日内,在中保登公司系统上传产品清算报告。

第六章　附　　则

第三十九条　中保登公司业务办理时间为每周一至周五,9:30—11:30,13:00—16:30,国家法定节假日和中保登公司公告的休市日除外。

第四十条　本指引由中保登公司负责解释。

第四十一条　本指引自发布之日起实施。

附件一:收益分配明细数据模板(略)

附件二:赎回行权明细数据模板(略)

附件三:回售行权明细数据模板(略)

附件四:分期还本明细数据模板(略)

附件3:

账户管理业务指引(试行)

第一章　总　　则

第一条　为规范中保保险资产登记交易系统有限公司(以下简称

"中保登公司")账户管理业务,根据中保登公司《中保保险资产登记交易系统有限公司保险资产管理产品登记办法》及中保登公司相关业务规定,制定本指引。

第二条 本指引所称账户管理,指在中保登公司办理保险资产管理产品(以下简称"保险资管产品")相关业务的主体(以下简称"参与人")申请、使用用户账号和持有人账户的相关行为。

本指引所称用户账号是指中保登公司配发的用于参与人身份识别的代码。参与人通过用户账号登录中保登公司系统。

本指引所称持有人账户是指中保登公司为产品投资人开立的记载保险资管产品持有份额信息及其变动情况的电子簿记账户。

第三条 参与人在中保登公司开展业务,应申请开立用户账号,并根据本指引要求选择业务资格。

第四条 参与人在中保登公司开展发行及投资业务,应申请开立持有人账户,中保登公司为持有人账户统一配发唯一的账户号码。

第五条 持有人账户可以以法人或其他组织、非法人产品名义开立。

第六条 参与人申请用户账号业务和持有人账户业务,应提交符合中保登公司要求的申请材料,并保证申请材料的真实、准确、完整、有效。

第二章 参与人业务资格

第七条 参与人业务资格分为产品管理人、产品投资人、托管人和独立监督人。参与人可根据其具有的监管部门认可的资质选择一个或多个业务资格。

第八条 产品管理人是指国务院保险监督管理机构认可的,具有保险资管产品发行及受托管理资质的保险资产管理机构。

第九条 产品投资人是指符合国务院保险监督管理机构监管规定,具备风险识别和承受能力的投资主体,包括:

(一)经有关金融监管部门批准设立的金融机构,包括但不限于保险集团(控股)公司、保险公司、保险资产管理公司、商业银行、基金公司及其子公司、证券公司、信托公司等；

（二）符合法律法规及国务院保险监督管理机构认可的其他合格投资者。

第十条 托管人是指具有资产托管业务资格的商业银行、证券公司等专业金融机构。

第十一条 独立监督人是指符合国务院保险监督管理机构对独立监督人要求的专业管理机构。

第三章 用户账号管理

第十二条 用户账号采用实名制，不得违规使用他人的用户账号或将本人的用户账号违规提供给他人使用。

第十三条 用户账号业务包括用户账号开立、用户账号信息变更、重置初始管理员密码和用户账号注销。

第十四条 用户账号业务应由参与人自行申请，可委托产品管理人向中保登公司提交申请材料。

第十五条 参与人申请开立用户账号前，应与中保登公司签署与其业务资格相对应的参与人服务协议，并向中保登公司申请办理数字证书。

第十六条 参与人信息发生变更，应向中保登公司申请用户账号信息变更，参与人信息变更包含：

（一）申请人全称、证件信息、注册地址等参与人身份信息变更；

（二）业务常用联系人信息变更。

第十七条 参与人初始管理员密码遗失或其他原因需重置的，应向中保登公司申请重置管理员密码。

第十八条 参与人申请用户账号注销，应向中保登公司申请并同时满足以下条件：

（一）不存在与该用户账号相关的持有人账户；

（二）不存在任何未了结业务；

（三）中保登公司规定的其他条件。

第十九条　参与人申请用户账号业务，按照《中保保险资产登记交易系统有限公司业务办理指南》提交电子版申请材料。

第二十条　中保登公司对电子版申请材料进行形式审核，审核通过后，通知参与人提交加盖公章或授权业务章的申请材料原件。

第二十一条　中保登公司收到齐备的加盖公章或授权业务章的申请材料原件日为业务受理日，中保登公司受理后进行形式审核，在一个工作日内办理完毕，并向参与人出具用户账号业务通知书。

第四章　持有人账户管理

第二十二条　持有人账户采用实名制，不得违规使用他人的持有人账户或将本人的持有人账户违规提供给他人使用。

第二十三条　持有人账户业务包括持有人账户开立、持有人账户信息变更和持有人账户注销。

第二十四条　持有人账户业务应由产品投资人申请，可委托托管人或产品管理人向中保登公司代理提交申请材料，申请材料应加盖申请主体公章或授权业务章，并提供相关授权书。

第二十五条　持有人账户以法人或其他组织名义开立的，可由该法人或其他组织、受托人或托管人申请办理持有人账户业务。

第二十六条　持有人账户以非法人产品名义开立的，持有人账户业务申请主体包括：

（一）保险产品，可由委托人、受托人或托管人申请办理；

（二）保险资管产品，可由产品管理人或托管人申请办理；

（三）企业年金、基本养老保险基金，可由投资管理人或托管人申请办理；

（四）其他金融产品，可由产品管理人、受托人或托管人申请办理。

第二十七条　持有人账户命名规则为：

（一）账户类型为法人或其他组织

法人或其他组织全称－受托人简称（若有）－托管人简称（若有）。

(二)账户类型为非法人产品

1. 保险产品:委托人简称－产品全称－受托人简称(若有)－托管人简称;

2. 保险资产管理产品:产品管理人简称－产品全称－托管人简称;

3. 企业年金、基本养老保险基金:投资管理人简称－产品全称－托管人简称;

4. 其他金融产品:产品管理人简称－产品全称－托管人简称(若有)。

第二十八条 持有人账户信息发生以下变更,应向中保登公司申请持有人账户信息变更,变更内容包括:

(一)产品信息变更:产品全称及保险产品的资金类型变更;

(二)托管人变更;

(三)企业年金产品账户管理人变更;

(四)业务常用联系人信息变更。

第二十九条 参与人申请持有人账户注销,应同时满足以下条件:

(一)持有人账户中产品份额为零;

(二)不存在与该持有人账户相关的未了结业务;

(三)中保登公司规定的其他条件。

第三十条 持有人账户以非法人产品名义开立的,非法人产品到期日三个工作日内,持有人账户业务申请主体应办理持有人账户注销。

第三十一条 参与人申请持有人账户业务,按照《中保保险资产登记交易系统有限公司业务办理指南》提交电子版申请材料。

第三十二条 中保登公司对电子版申请材料进行形式审核,审核通过后,通知参与人提交加盖公章或授权业务章的申请材料原件。

第三十三条 中保登公司收到齐备的加盖公章或授权业务章的申请材料原件日为业务受理日,中保登公司受理后进行形式审核,在一个工作日内办理完毕,并向参与人出具持有人账户业务通知书。

第五章 附 则

第三十四条 中保登公司业务办理时间为每周一至周五,9:30—11:30,13:00—16:30,国家法定节假日和中保登公司公告的休市日除外。

第三十五条 本指引由中保登公司负责解释。

第三十六条 本指引自发布之日起实施。

附件4:

保险资产管理产品信息披露业务指引(试行)

第一章 总 则

第一条 为规范中保保险资产登记交易系统有限公司(以下简称"中保登公司")信息披露业务,保护产品相关方合法权益,根据《保险资金运用管理办法》等监管规定及《中保保险资产登记交易系统有限公司保险资产管理产品登记办法》等中保登公司相关业务规定,制定本指引。

第二条 本指引适用于债权投资计划、股权投资计划、资产支持计划(以下简称"保险资管产品"或"产品")的相关信息披露业务。

第三条 信息披露义务人是指产品管理人、托管人、独立监督人、中介机构等法律法规、国务院保险监督管理机构、产品法律文件和中保登公司规定的具有信息披露义务的法人或其他主体。

第四条 信息披露义务人履行信息披露义务,应遵循诚实信用的原则,确保信息披露内容已履行内部审议程序,保证其披露的信息真实、准确、完整、有效,不存在虚假记载、误导性陈述或重大遗漏。

第五条 信息披露按照披露范围分为定向披露和非定向披露。

定向披露是指向已经在中保登公司开户的指定参与人或特定类型的参与人(以下简称"定向参与人")公布披露信息，仅定向参与人可以查看该披露信息。非定向披露是指向已经在中保登公司开户的全部参与人公布披露信息，全部参与人均可查看该披露信息。

第六条　保险资管产品存续期间，产品管理人应在中保登公司系统中发布披露信息及文件，其他信息披露义务人应委托产品管理人在中保登公司系统中发布披露信息及文件。

第七条　中保登公司建设并运营管理信息披露系统，为参与人提供信息披露发布、查询、统计、下载等相关服务。

第八条　中保登公司对信息披露进行日常管理，对信息披露内容及文件进行形式审核及事后查验。

第二章　存续期间信息披露

第九条　产品存续期间信息披露包括定期披露和临时披露。

定期披露包括季报、半年报、年报和其他定期披露。

临时信息披露包括重大事项披露和其他事项披露。

第十条　本指引所称重大事项包括但不限于以下事项：

(一)产品相关主体的重大违法违规行为；

(二)产品相关主体重大股权变更情况，对偿债能力或担保能力造成不利影响；

(三)产品相关主体涉及重大投资处置或资产重组、重大诉讼或仲裁，或发生破产、兼并、重组等重大事项，对偿债能力或担保能力造成不利影响；

(四)产品管理人、托管人、独立监督人、偿债主体、担保人等产品相关主体发生变更；

(五)产品交易结构、利率、期限等产品关键要素发生变更；

(六)变更信用增级方式或信用增级措施产生不利变化，严重影响产品利益实现的；

(七)法律法规、国务院保险监督管理机构相关规定或产品法律文件约定的其他重大事项。

第十一条 本指引所规定重大事项披露是对产品相关的重大事项信息披露义务的最低要求，无论本指引是否明确规定，凡是对融资主体偿债能力、产品信用等级或投资人权益有重大影响的事项及信息，信息披露义务人均应履行重大事项披露义务。

第三章 信息披露发布、变更

第十二条 信息披露发布申请经中保登公司形式审核通过后，信息披露接收人即可查看该信息披露。

第十三条 产品管理人已披露信息发生变更的，应发布变更信息披露，并上传说明文件及证明材料，经中保登公司审核通过后发布变更后的信息披露。

第四章 管理措施

第十四条 信息披露义务人提供的披露信息及文件，不得存在以下情形：

（一）虚假记载、误导性陈述或重大遗漏；

（二）违规承诺收益或承担损失；

（三）诋毁其他相关方；

（四）采用不具有可比性、公平性、准确性、权威性的数据来源和方法进行业绩比较，任意使用"业绩最佳"、"规模最大"等相关措辞；

（五）法律法规、国务院保险监督管理机构及中保登公司禁止的其他披露行为及内容。

第十五条 中保登公司协助监管部门监测信息披露行为。对于未按国务院保险监督管理机构及中保登公司规定履行信息披露义务的行为，中保登公司将有关情况报告国务院保险监督管理机构。

第五章 附 则

第十六条 中保登公司产品业务办理时间为每周一至周五，

9:30—11:30,13:00—16:30,国家法定节假日和中保登公司公告的休市日除外。

第十七条 本指引由中保登公司负责解释。

第十八条 本指引自发布之日起实施。

附件5：

债权投资计划、股权投资计划、资产支持计划发行业务指引（试行）

第一章 总 则

第一条 为规范中保保险资产登记交易系统有限公司（以下简称"中保登公司"）发行业务，保护产品相关方合法权益，根据《保险资金运用管理办法》等监管规定及《中保保险资产登记交易系统有限公司保险资产管理产品登记办法》等中保登公司相关业务规定，制定本指引。

第二条 本指引适用于债权投资计划、股权投资计划、资产支持计划（以下简称"保险资管产品"或"产品"）的发行业务。

第三条 本指引所称发行，是指产品管理人在中保登公司向产品投资人发售产品份额、募集资金的行为。

第四条 产品管理人及产品投资人应确保提交的文件及信息真实、准确、完整、有效。

第五条 产品管理人应按照国务院保险监督管理机构规定的投资者适当性要求，了解和评估产品投资人风险识别和承受能力，确认参与产品认购的产品投资人为合格投资者，并充分披露产品风险。托管人等其他相关机构应当遵守法律法规、规范性文件、本指引及中保登其他业务规则的规定，严格履行法定职责，承担相应法律责任。

第六条 中保登公司为保险资管产品的发行提供系统服务及技

术支持。

第七条 中保登公司对产品管理人提交的申请材料进行形式审核。

第二章 发行准备

第一节 发行预告

第八条 产品管理人可通过中保登公司发布发行预告。

第九条 发行预告是指产品管理人向已在中保登公司开立用户账号的产品投资人进行产品发行路演或推介。发行预告内容可包括拟发行产品的产品全称、发行方式、资金收益率、产品期限、预计发行日期等信息。

第十条 产品管理人可采取定向方式向指定目标机构或特定类型的目标机构发布发行预告，也可采取非定向方式向在中保登公司开立用户账号的所有产品投资人发布。

第十一条 发行预告经中保登公司形式审核通过后，相关预告接收人可查阅该发行预告内容。产品管理人不应在发行预告中发布与产品发行无关的内容。

第二节 预登记

第十二条 保险资产管理机构应在获得产品注册通知书等监管程序类文件后向中保登公司申请产品预登记，并在产品发行前完成产品预登记。未完成预登记的，产品管理人不得启动产品发行。

第十三条 产品管理人向中保登公司提交产品预登记申请，应在中保登公司系统中填写拟发行产品的基本信息，并上传产品预登记申请材料。相关要求详见《中保保险资产登记交易系统有限公司债权投资计划、股权投资计划、资产支持计划登记业务指引》。

第三节 发行方案披露

第十四条 产品预登记完成后，启动发行前，产品管理人应在中保登公司披露发行方案,向目标产品投资人披露产品全称、产品基本要素、发行方式、募集规模、募集期间等产品发行相关信息,并按规定上传相关披露文件。

第十五条　债权投资计划发行方案披露应上传以下文件:

(一)产品注册通知书等监管程序类文件;

(二)产品募集说明书等产品募集类文件;

(三)产品投资合同;

(四)产品托管合同、受托合同等产品法律文件;

(五)增信类法律文件(如有);

(六)信用评级报告;

(七)法律意见书;

(八)受益人大会章程(如有);

(九)产品管理人认为应披露的其他文件;

(十)国务院保险监督管理机构规定应披露的其他文件。

以上申请材料须提供加盖产品管理人公章或授权业务章的扫描件。

第十六条　股权投资计划发行方案披露应上传以下文件:

(一)产品注册通知书等监管程序类文件;

(二)产品募集说明书等产品募集类文件;

(三)股权投资协议或有限合伙协议;

(四)产品托管合同、受托合同等产品法律文件;

(五)法律意见书;

(六)受益人大会章程(如有);

(七)产品管理人认为应披露的其他文件;

(八)国务院保险监督管理机构规定应披露的其他文件。

以上申请材料须提供加盖产品管理人公章或授权业务章的扫描件。

第十七条　资产支持计划发行方案披露应上传以下文件:

(一)产品发行许可文件;

(二)产品募集说明书等产品募集类文件;

（三）基础资产相关协议；

（四）产品托管合同、受托合同等产品法律文件；

（五）增信类法律文件（如有）；

（六）信用评级报告（如有）；

（七）法律意见书；

（八）产品管理人认为应披露的其他文件；

（九）国务院保险监督管理机构规定应披露的其他文件。

以上申请材料须提供加盖产品管理人公章或授权业务章的扫描件。

第三章 产品发行

第一节 发行信息登记

第十八条 产品管理人在中保登公司启动产品发行应登记发行信息，填写发行规模、发行范围、产品配售方式、募集规则及募集期间等主要发行要素。

第十九条 产品管理人可采取定向方式向指定目标机构或特定类型的目标机构发行产品，也可采取非定向方式向在中保登公司开立用户账号的、符合监管要求的全部产品投资人发行产品。

第二十条 定向发行产品，可采取自主配售等配售方式。非定向发行产品，可采取比例配售等配售方式。

第二十一条 比例配售是指当总认购规模超过拟募集规模时，按照认购比例进行产品份额配售。自主配售是指在比例配售的基础上，产品管理人可依据产品法律文件约定的规则调整配售结果。

第二节 产品认购

第二十二条 产品认购是指产品投资人在中保登公司系统登录、提交认购单的行为。

第二十三条 产品投资人应确保自身满足国务院保险监督管理机构及产品法律文件中要求的风险识别及承受能力，谨慎做出投资决策，并自行承担投资风险和损失。产品投资人提交认购单时应一并上传风险知晓函等产品法律文件所约定的产品认购要件。

第二十四条　产品投资人应对自身投资行为负责,产品投资人在系统内提交认购单表明该投资行为是经内部授权的、具有法律效力的要约,产品认购单一经提交后,不可更改、不可撤销。

第三节　产品配售

第二十五条　产品管理人应依据国务院保险监督管理机构对于合格投资人的要求及产品法律文件的约定,对产品投资人提交的认购单进行有效性确认,被确认无效的认购单将不参与产品配售。

第二十六条　产品管理人如确认认购单无效,应基于如下或其他合理理由:

（一）产品投资人不具备相应投资资质或能力;

（二）产品投资人数量超过国务院保险监督管理机构相关规定或产品法律文件约定;

（三）认购不符合产品管理人制定的募集规则;

（四）认购不符合产品法律文件的约定;

（五）国务院保险监督管理机构或中保登公司规定的其他情形。

第二十七条　产品配售完成后,中保登公司系统将生成产品配售结果通知书。

第四节　募集结果登记

第二十八条　产品募集期结束后,产品管理人应依据国务院保险监督管理机构规定及产品法律文件约定,结合产品认购结果,对产品募集是否成功进行有效判断。

第二十九条　产品管理人应登记产品募集结果,填写产品是否募集成功。如产品实际募集额未达到产品法律文件所约定的最低募集额,则募集失败。

第五节 投资缴款

第三十条 产品管理人应至少在产品缴款日前一个工作日,在系统填写产品缴款账户、分次缴款等缴款信息。

第三十一条 产品管理人填写完成产品缴款信息后,中保登公司系统可提供产品缴款通知书文件。

第三十二条 产品投资人根据产品缴款通知书文件进行缴款,产品管理人在中保登公司系统确认产品投资人是否完成缴款。

第三十三条 产品管理人对所有产品投资人的缴款到账金额确认后,中保登公司系统根据缴款到账确认结果生成持有人名册。

第六节 发行结束

第三十四条 产品发行完成后,产品管理人应依据国务院保险监督管理机构规定及产品法律文件约定,结合资金到账结果,对产品发行是否成功进行有效判断。

第三十五条 产品管理人应在中保登公司系统登记产品发行结果,确认产品是否发行成功。

第三十六条 产品发行结束当日,产品管理人应通过中保登公司系统向产品投资人披露产品发行结果,中保登公司于当日进行校验,校验通过后,发行结果披露生效。

第三十七条 发行结果披露生效后,产品管理人应进行产品初始登记。

第四章 管理措施

第三十八条 中保登公司根据法律法规和国务院保险监督管理机构规定制定自律管理规定,并向国务院保险监督管理机构备案。产品发行相关方应接受中保登公司的自律管理。

第五章 附 则

第三十九条 中保登公司产品发行业务办理时间为每周一至周五,9:30-11:30,13:00-16:30,国家法定节假日和中保登公司公告的休市日除外。

第四十条 本指引由中保登公司负责解释。

第四十一条 本指引自发布之日起实施。

第六篇　资产支持票据

业务规则和业务指引

中国银行间市场交易商协会关于发布《非金融企业债务融资工具尽职调查指引（2023版）》的公告

（中国银行间市场交易商协会公告〔2023〕12号 2023年8月3日公布　自2023年11月1日起施行）

为进一步规范银行间债券市场各类中介机构尽职调查行为，更好服务实体经济高质量发展，根据《银行间债券市场非金融企业债务融资工具管理办法》（中国人民银行令〔2008〕第1号）及中国银行间市场交易商协会（以下简称交易商协会）相关自律规则，交易商协会组织市场成员对《非金融企业债务融资工具主承销商尽职调查指引（2020版）》进行修订，形成《非金融企业债务融资工具尽职调查指引（2023版）》，经2023年6月29日交易商协会第四届理事会第九次会议审议通过，现予发布，自2023年11月1日起施行。

本指引施行前，主承销商等中介机构对企业在银行间债券市场注册发行债务融资工具开展尽职调查，适用当时的自律规则；当时的自律规则没有规定或规定不明确的，可参照本指引理解。

附件：非金融企业债务融资工具尽职调查指引（2023版）

附件：

非金融企业债务融资工具
尽职调查指引（2023版）

第一章 总 则

第一条 为规范银行间债券市场非金融企业债务融资工具（以下简称债务融资工具）中介机构的尽职调查行为，提高尽职调查质量，根据相关法律法规、部门规章、规范性文件及中国银行间市场交易商协会（以下简称交易商协会）相关自律规则，制定本指引。

第二条 本指引所称的尽职调查，是指中介机构遵循合理性、必要性和重要性原则，通过必要的方法和步骤，在债务融资工具债权债务关系成立前，调查了解企业的生产经营、财务状况、偿债能力、信用情况等事项及其合法合规性的行为。

第三条 中介机构应当勤勉尽责、诚实守信，严格遵守职业道德和执业规范，有计划、有组织、有步骤地开展尽职调查，保证尽职调查质量。

中介机构应当恪守保密义务，不得利用尽职调查过程中获得的内幕信息和商业秘密谋取不正当利益。

第四条 中介机构应当根据本指引的要求制定尽职调查内部管理制度，建立健全业务流程，督促尽职调查人员依法合规执业。

第二章 尽职调查基本要求

第五条 会计师事务所及其指派的会计师应当在充分尽职调查的基础上，依据法律、法规、规章、审计准则、企业会计准则、交易商协会相关自律规则，以及会计师行业公认的业务标准，出具审计报告。

第六条 律师事务所及其指派的律师应当在充分尽职调查的基础上，依据法律、法规、规章、交易商协会相关自律规则，以及律师行业公认的业务标准,对发行主体、发行程序、注册发行文件及相关中介机构的合法合规性、募集资金用途等重大法律事项、潜在法律风险、投资人保护机制等发表明确法律意见,出具法律意见书。

第七条 信用评级机构、第三方评估认证机构等其他中介机构及其指派的工作人员应当在充分尽职调查的基础上,依据法律、法规、规章、交易商协会相关自律规则,以及所在行业公认的业务标准,出具专业报告。

第八条 主承销商重点对企业控股股东和实际控制人、公司治理、主要业务板块的生产经营情况、重大会计科目的重要增减变动、信用情况、重大资产重组(如有)、信用增进情况(如有),以及其他主承销商认为对投资人判断企业偿债能力有重要影响的事项开展尽职调查,撰写尽职调查报告。

第九条 主承销商在尽职调查过程中,对其他中介机构出具专业意见的内容,可以合理信赖,履行普通注意义务。

主承销商在尽职调查过程中,发现其他中介机构出具的专业意见存在重大异常、前后重大矛盾,或与主承销商获取的信息存在重大差异的,应进一步核查验证,排除合理怀疑。

第十条 注册发行文件包含或引用其他中介机构出具专业意见的内容,相关中介机构应当对包含或引用的内容进行书面确认。

第十一条 企业应当按照本指引和交易商协会自律规则要求,配合中介机构开展尽职调查。

第三章 尽职调查方法

第十二条 中介机构开展尽职调查可采用查阅、访谈、列席会议、实地调查、分析印证和讨论等方法。

第十三条 查阅是指根据尽职调查需要,调取、查询下列与注册发行相关的文件。

(一)企业提供的相关资料和说明性文件;

(二)通过国家金融信用信息基础数据库(征信系统)以及其他信

用查询系统获得的相关资料(如有);

(三)通过工商税务查询系统获得的相关资料;

(四)通过公开信息披露媒体、互联网及其他渠道搜集的相关资料;

(五)中介机构认为与注册发行有关的其他文件。

第十四条 访谈是指根据尽职调查需要,与企业或相关中介机构的高级管理人员或其指定的经办人员进行访谈。

访谈记录应当由访谈人员和访谈对象签字或盖章(所在机构公章或经授权的业务章)。

第十五条 列席会议是指根据尽职调查需要,列席企业股东(大)会、董事会、高级管理层办公会或部门协调会等相关会议。

第十六条 实地调查是指根据尽职调查需要,前往企业的生产经营、销售场所进行实地调查。

第十七条 分析印证是指根据尽职调查需要,对调取、查询获取的文件和信息进行分析和交叉比对。

第十八条 讨论是指根据尽职调查需要,围绕尽职调查过程中涉及的问题进行讨论交流。

第十九条 主承销商可以针对不同企业安排分层尽职调查机制。

对于成熟层企业,可结合自身对企业行业地位、风险特征、偿债能力的判断,选择查阅、访谈等方式进行尽职调查。

对于主承销商多次主承销的企业,可在满足同类事项尽职调查要求的基础上,合规使用本机构前次公司信用类债券尽职调查工作底稿。

对于银行类主承销商的授信企业,可在满足同类事项尽职调查要求的基础上,合规使用授信业务形成的工作底稿。

第四章 尽职调查工作底稿与尽职调查报告

第二十条 尽职调查工作底稿应当格式规范、记录清晰。

尽职调查工作底稿中涉及尽职调查人员访谈、实地调查等相关内容的文件，应当由尽职调查人员及调查访谈对象签字或盖章（所在机构公章或经授权的业务章）。

第二十一条 会计师事务所、律师事务所、信用评级机构、第三方评估认证机构等相关中介机构应当依据行业公认的业务标准或自律规则编制尽职调查工作底稿。

主承销商可以参考交易商协会最新发布的《主承销商尽职调查工作底稿目录》编制尽职调查工作底稿。尽职调查工作底稿应客观反映主承销商尽职调查工作开展情况，作为主承销商撰写尽职调查报告的基础。尽职调查工作底稿涉及的说明性文件，如无特别说明，一般由企业提供。

第二十二条 尽职调查工作完成后，主承销商应当撰写尽职调查报告。尽职调查报告应当包含尽职调查涵盖的期间、调查内容、调查方法、调查结论等。

尽职调查报告应当由尽职调查人员签字，加盖主承销商公章或经授权的业务章，并注明报告日期。

第二十三条 中介机构应当于每期债务融资工具发行前，就本机构前次尽职调查以来发生的重大变化进行补充尽职调查。

第二十四条 尽职调查工作底稿及尽职调查报告应当以纸质或电子形式的文档留存备查。保存期限在债务融资工具债权债务关系终止后不少于5年。

第五章 自律管理

第二十五条 交易商协会依照本指引对中介机构尽职调查工作实施自律管理。中介机构及相关人员违反本指引规定的，交易商协会将根据《银行间债券市场自律处分规则》《银行间债券市场自律管理措施实施规程》等有关规定进行处理。涉嫌违反法律、行政法规的，交易商协会可移交有关部门进一步处理。

第二十六条 中介机构在尽职调查中未按本指引要求履行必要的工作程序，根据情节严重程度予以诫勉谈话、通报批评或警告，可并处责令改正、责令致歉或暂停相关业务。

第二十七条 中介机构未开展尽职调查或尽职调查内容严重缺失的,根据情节严重程度予以警告、严重警告或公开谴责,可并处责令改正、责令致歉、暂停相关业务、暂停会员权利、取消业务资格或取消会员资格。

第二十八条 中介机构违反保密义务,获取不正当利益或损害他人合法权益的,根据情节严重程度予以警告、严重警告或公开谴责,可并处责令改正、责令致歉、暂停相关业务、暂停会员权利、取消业务资格或取消会员资格。

第六章 附 则

第二十九条 本指引所称中介机构,是指为债务融资工具注册发行提供中介服务的主承销商、会计师事务所、律师事务所、信用评级机构和第三方评估认证机构等相关中介机构。

主要业务板块通常指近一年或近一期主营业务收入或毛利润占比较高的业务,一般为占比10%以上。

重大会计科目通常指近一年或近一期占总资产10%以上的资产类会计科目、占总负债10%以上的负债类会计科目,以及中介机构认为对投资人判断企业偿债能力有重要影响的其他会计科目和财务指标。

重要增减变动通常指幅度在30%以上的变动。

第三十条 定向发行债务融资工具另有规定或约定的,中介机构尽职调查从其规定或约定。

资产服务机构、资金监管机构、资金保管机构、现金流预测机构等为银行间债券市场企业资产证券化业务提供中介服务的其他中介机构,也应按照本指引及《银行间债券市场企业资产证券化业务规则》等自律规则规定和约定履行义务。

境外非金融企业注册发行债务融资工具,参照本指引开展尽职调查工作。

第三十一条　本指引由交易商协会秘书处负责解释。

第三十二条　本指引自 2023 年 11 月 1 日施行。《非金融企业债务融资工具主承销商尽职调查指引》(交易商协会公告〔2020〕32 号发布)同时废止。

附：

主承销商尽职调查工作底稿目录(2023 版)

1　控股股东及实际控制人

1-1　控股股东或者实际控制人为自然人的，直接或间接持有企业股份/股权的质押情况、对其他企业的主要投资情况、与其他主要股东关系的说明性文件。

1-2　控股股东或者实际控制人为法人的(政府及相关部门除外)，该法人的营业执照、公司章程、工商信息查询文件，近一年合并财务报表的主要财务数据，直接或间接持有的企业股份/股权的质押情况的说明性文件。

1-3　报告期内实际控制人变化情况(如有)的核查记录或说明性文件。

2　公司治理

2-1　企业的营业执照、公司章程、工商信息查询文件，预算管理、财务管理、重大投融资决策、担保制度、关联交易制度、信息披露事务管理制度及对下属子公司的管理制度等文件。

3　主要业务板块生产经营情况

3-1　与企业主要业务板块相关的业务资格许可证或者其他重要资质文件(如有)。

3-2　企业主要业务板块报告期营业收入、营业成本、毛利率等情况的核查记录或说明性文件。各主要业务板块的盈利模式、上下游产业链情况、产销区域、关键技术工艺的核查记录或说明性文件。

3-3　企业主要在建工程的核查记录或说明性文件，包括工程名称及基本内容、投资金额及已投资金额、立项、土地、环评等合规性文件,自有资本金及资本金到位情况等。

4 重大会计科目的重要增减变动

4-1 报告期内的经审计的财务报告和近一期会计报表(如需)。

4-2 企业和会计师事务所关于非标准无保留意见审计报告涉及事项的说明性文件(如有)。

4-3 报告期内重大会计政策变更(如有)、重大会计估计变更(如有)、报告期内重大会计差错更正(如有)的说明性文件。

4-4 报告期内会计师事务所变更(如有)、合并财务报表范围发生重大变化(如有)的核查记录或说明性文件。

4-5 重大会计科目及主承销商认为对投资人判断企业偿债能力有重要影响的其他会计科目和财务指标,有重要增减变动的,分析变动原因的说明性文件。

5 信用情况

5-1 通过国家金融信用信息基础数据库(征信系统)以及其他信用查询系统获得的企业本级和重要子公司相关资料。

5-2 企业近一年主要贷款银行授信额度、已使用额度及未使用额度的说明性文件。

5-3 报告期内企业及其子公司发行的非金融企业债务融资工具、公司债、企业债等公司信用类债券、其他债券及其他重大有息债务偿还情况的核查记录和说明性文件。

5-4 报告期内企业存在已发行的非金融企业债务融资工具、公司债、企业债等公司信用类债券、其他债券及其他重大有息债务违约或延迟支付本息的,对相关事项后续处理情况的核查记录和说明性文件。

6 重大资产重组(如有)

6-1 报告期近一年至募集说明书签署日期间内完成重大资产重组的,近一年经审计或审阅的模拟/备考合并财务报告或标的资产近一年经审计的合并财务报告。

附件：

非金融企业资产支持票据业务尽职调查指引（试行）

第一章 总 则

第一条 为规范和指导资产支持票据业务尽职调查行为，提高尽职调查质量，根据中国人民银行《银行间市场非金融企业债务融资工具管理办法》（人民银行令〔2008〕第1号）、中国银行间市场交易商协会（以下简称交易商协会）《非金融企业资产支持票据指引》等相关自律规则，制定本指引。

第二条 本指引所称尽职调查，是指主承销商和特定目的载体管理机构（以下统称尽职调查人）及其工作人员遵循勤勉尽责、诚实信用原则，通过各种有效方法和步骤对拟注册发行资产支持票据的参与机构以及基础资产进行调查，以合理确信注册发行文件及其信息披露的真实性、准确性和完整性的行为。

本指引所称参与机构，包括发起机构、资产服务机构、资金监管机构、资金保管机构、信用增级机构以及对资产支持票据有重大影响的其他相关方。

第三条 本指引是对尽职调查人尽职调查工作的一般要求。凡对投资者作出投资决策有重大影响的事项，不论本指引是否有明确规定，尽职调查人均应当进行尽职调查。

第四条 尽职调查人应按本指引要求进行尽职调查，编写工作底稿，撰写资产支持票据尽职调查报告（以下简称尽职调查报告），作为注册发行资产支持票据的备查文件。

第五条 尽职调查人应根据本指引的要求，制定资产支持票据相关尽职调查内部管理制度和内部风险隔离制度，明确尽职调查工作流程。

第六条 尽职调查人应遵循勤勉尽责、诚实信用的原则,严格遵守职业道德和执业规范,有计划、有组织、有步骤地开展尽职调查,保证尽职调查质量。尽职调查人应恪守保密义务,不得利用内幕信息获取不正当利益。

第七条 尽职调查过程中,尽职调查人应当在获得的尽职调查材料基础上综合分析,独立判断,对注册发行材料、其他中介机构专业意见进行核查。在核查过程中,对注册发行材料、其他中介机构专业意见存在合理怀疑的,应当主动与相关参与机构、中介机构沟通,要求其做出解释或出具依据;发现注册发行材料、专业意见与尽职调查过程中获得的信息存在重大差异的,应当对有关事项进行调查、复核,在尽职调查报告等文件中予以说明,并督导相关方进行信息披露。参与机构及其他中介机构应当配合尽职调查人的工作。

第八条 尽职调查人开展尽职调查应制定详细的工作计划。工作计划主要包括工作内容、工作方式、工作时间、工作流程、参与人员等。

第九条 尽职调查人开展尽职调查应组建尽职调查团队,按照相关内部管理制度明确团队成员各自职责。

尽职调查人可以聘请第三方专业机构进行尽职调查,但尽职调查人依法应当承担的责任不因聘请第三方专业机构而免除。

第二章 尽职调查内容

第一节 对参与机构的尽职调查

第十条 对发起机构的尽职调查应当包括但不限于以下内容:

(一)发起机构的基本情况,包括历史沿革、股权结构、治理结构;

(二)发起机构的主营业务情况、财务报表及主要财务指标分析、资信情况;

(三)发起机构内部决策程序情况;与基础资产相关的业务情况、业务管理制度及风险管理制度。

基础资产现金流的获得取决于发起机构持续经营,或发起机构需持续承担基础资产现金流转付义务的,还应参照《非金融企业债务融资工具主承销商尽职调查指引》(以下简称《债务融资工具尽调指引》)的要求对发起机构的企业基本情况、经营范围及主营业务情况、财务状况、资信状况及其他重大事项进行调查。

第十一条 对资产服务机构的尽职调查应当包括但不限于以下内容:

(一)资产服务机构的基本情况,包括资产服务机构设立、存续情况;治理结构及组织架构;经营情况及财务状况;资信情况;

(二)资产服务机构与基础资产管理相关的业务情况,包括提供基础资产管理服务的相关业务资质以及法律法规依据;内部控制制度;提供基础资产管理服务的业务管理制度及风险控制制度;基础资产管理服务业务的开展情况;基础资产与自有资产或其他受托资产相独立的保障措施。

第十二条 对资金监管机构、资金保管机构的尽职调查应当包括但不限于以下内容:

(一)资金监管机构、资金保管机构的基本情况,包括设立、存续情况;资信情况;

(二)资金监管机构、资金保管机构的业务资质情况;内部控制制度;相关业务管理制度、业务流程和风险控制制度。

第十三条 资产支持票据采用担保、差额支付、流动性支持、债务加入、保险等措施为资产支持票据或基础资产提供外部信用增级的,应对信用增级主体进行调查,反映其资信状况和偿付能力;关注信用增级安排的有效性。

(一)由专业机构提供信用增级的,应调查其专业资质和代偿余额情况;

(二)由其他法人或组织提供信用增级的,应参照《债务融资工具尽调指引》对其基本情况、经营范围及主营业务情况、财务状况、资信状况和其他重大事项进行调查;

(三)由自然人提供信用增级的,应核查其资信状况、代偿能力、资产受限情况、对外担保情况以及可能影响信用增级效力的其他情况；

（四）提供抵押或质押担保的，应核查担保物的法律权属情况、权利主体提供抵质押担保的内部决议情况、账面价值和评估价值情况、已经担保的债务总余额以及抵押、质押顺序，担保物的评估、登记、保管情况，并了解担保物的抵押、质押登记的可操作性等情况。

第十四条 主承销商对特定目的载体管理机构的尽职调查，应当包括但不限于以下内容：设立、存续情况；公司治理；经营情况及财务状况；内部控制制度；业务资质情况；业务管理制度、证券化业务流程和风险控制制度；重大违法违规情况。

第十五条 尽职调查人应对与基础资产的形成、管理或者资产支持票据相关的其他重要参与机构进行调查，应当包括但不限于以下内容：参与机构的基本情况、资信情况；参与机构的相关业务资质、过往经验以及其他可能对证券化交易产生影响的因素。

第二节 对基础资产的尽职调查

第十六条 对基础资产的尽职调查应包括基础资产的合法性、转让行为的合法有效性、基础资产的运营情况或现金流历史记录、基础资产未来现金流情况预测和分析和现金流归集机制等。

第十七条 对基础资产合法性的尽职调查应当包括但不限于以下内容：

（一）基础资产是否真实，形成和取得是否有法律法规依据；基础资产及其运营是否合法合规；

（二）基础资产权属、涉诉、权利限制和负担等情况；

（三）基础资产可特定化情况。

第十八条 基础资产转让合法有效性的尽职调查应当包括但不限于以下内容：

（一）基础资产是否存在法定或约定禁止或者不得转让的情形；

（二）将基础资产（包括附属权益）转让需履行的批准、登记、通知等程序及相关法律效果。

第十九条　尽职调查人应当根据不同基础资产的类别特性对基础资产现金流状况进行尽职调查，应当包括但不限于以下内容：

（一）基础资产质量状况；

（二）基础资产现金流的稳定性和历史记录；

（三）基础资产未来现金流的合理预测和分析。

第二十条　基础资产的尽职调查可以采用逐笔尽职调查或者抽样尽职调查两种方法。入池资产符合笔数众多、资产同质性高、单笔资产占比较小等特征的，可以采用抽样尽职调查方法。对于入池资产笔数少于50笔的资产池，原则上应当采用逐笔尽职调查方法；对于入池资产笔数不少于50笔的资产池，可以采用抽样尽职调查方法，抽样笔数不少于50笔。

采用逐笔尽职调查方法的，应当对每一笔资产展开尽职调查。采用抽样尽职调查方法的，应当设置科学合理的抽样比例、抽样方法和标准，并对抽取样本的代表性进行分析说明。

第二十一条　尽职调查过程中，对于基础资产池中单一债务人未偿本金余额占资产池比例超过15%，或者债务人及其关联方的未偿本金余额合计占比超过20%的，应当视为重要债务人。对于重要债务人，应调查其经营情况、财务状况、信用情况、偿债能力、与发起机构关联关系情况等。

第二十二条　尽职调查人应调查资产支持票据现金流归集机制、账户设置安排和管理措施，切实防范资金混同风险以及基础资产被侵占、挪用的风险。

第二十三条　如基础资产为信托受益权等财产权利的，尽职调查人应根据穿透原则对底层资产参照本指引对基础资产的要求进行尽职调查。

第二十四条　设置循环购买安排的，尽职调查人应当结合卖方提供循环购买资产的能力核查循环购买安排的合理有效性，并根据循环购买频率对循环购买资产设置合理的尽职调查安排。

循环购买通过信息化系统进行的，还应对信息化系统的有效性、可靠性和稳定性进行核查。

第三章　尽职调查报告与工作底稿

第二十五条　尽职调查报告应层次分明、条理清晰、具体明确，突出体现尽职调查的重点及结论，充分反映尽职调查的过程和结果，包括但不限于尽职调查的计划、步骤、时间、内容及结论性意见。

尽职调查报告应由调查团队签字，加盖尽职调查人公章或经授权的部门章并注明报告日期。

第二十六条　尽职调查工作底稿应当真实、准确、完整地反映尽职调查工作，成为尽职调查人出具尽职调查报告、推荐函或募集说明书等注册文件的基础。

尽职调查工作底稿应当包括：立项、内部审批资料、其他内部工作资料；尽职调查过程中获取和形成的资料；其他与资产支持票据相关的工作资料等。

第二十七条　尽职调查人应关注已注册资产支持票据的参与机构或基础资产发生的重大变化，并进行尽职调查。

尽职调查人应于每期资产支持票据发行前，就参与机构或基础资产发生的重大变化进行补充尽职调查，出具补充尽职调查报告。

第二十八条　尽职调查人应当将尽职调查报告及尽职调查工作底稿留存保管纳入内部管理制度，明确责任人员、归档保管流程、借阅程序与检查办法等。尽职调查报告及尽职调查工作底稿应当以纸质或电子形式的文档留存备查，保存期限在资产支持票据终止后不少于五年。

第四章　附　　则

第二十九条　本指引规范和指导资产支持票据尽职调查行为。尽职调查人采用的尽职调查方法除本指引规定外参照《债务融资工具尽调指引》执行。

第三十条　尽职调查人违反本指引的，交易商协会根据相关规则采取自律管理措施或自律处分措施。尽职调查人和相关人员的自律管理措施和自律处分措施参照《债务融资工具尽调指引》中自律管理相关规定执行。

第三十一条　本指引由交易商协会秘书处负责解释。

第三十二条　本指引自公布之日起施行。

银行间市场清算所股份有限公司关于非金融企业资产支持票据登记托管、清算结算业务的公告

(清算所公告〔2012〕9号　2012年8月8日公布)

经中国人民银行批准,自即日起,银行间市场清算所股份有限公司(以下简称上海清算所)开办非金融企业资产支持票据(以下简称资产支持票据)的登记托管、清算结算业务。根据《银行间债券市场债券登记托管结算管理办法》(中国人民银行令〔2009〕第1号),以及《银行间债券市场非金融企业资产支持票据指引》(中国银行间市场交易商协会公告〔2012〕14号),现就资产支持票据登记托管、清算结算有关事宜公告如下:

一、资产支持票据发行人(以下简称发行人)首次办理发行登记前,应与上海清算所签订发行人服务协议,申请开立发行人账户。

二、发行人应在发行前向上海清算所提交当期发行文件,包括发行公告、募集说明书、信用评级报告、法律意见书、经审计的财务报告等(PDF电子版)。缴款日前,应向上海清算所提交办理登记所需的材料,包括发行登记申请书、注册要素表、承销/认购额度表、发行款到账确认书等。上海清算所根据发行人提交的上述材料,办理发行信息披露及初始登记。

三、发行人分档发行资产支持票据的,上海清算所为每档资产支持票据单独配发证券代码,确定资产支持票据简称。

四、上海清算所为资产支持票据交易提供清算和结算服务。净额模式的清算和结算,按照《银行间债券市场现券交易净额清算业务规则(试行)》及相关规定办理;逐笔全额模式的清算和结算,参照上海清算所相关规定办理。

五、上海清算所为发行人提供代理付息兑付服务。发行人应在发行文件中明确资产支持票据的付息及兑付方式。

六、上海清算所为资产支持票据提供存续期信息披露服务,具体程序按中国银行间市场交易商协会及上海清算所相关规定办理。

七、发行人采用非公开定向发行方式发行资产支持票据的,登记托管及清算结算事项比照《关于非公开定向债务融资工具登记结算业务的公告》(清算所公告〔2011〕3号)办理。

八、本公告未尽事宜,参照上海清算所相关规定执行。

附件(具体内容见本书第三部分):
1. 资产支持票据发行登记申请书
2. 资产支持票据注册要素表
3. 资产支持票据承销/认购额度表
4. 资产支持票据发行款到账确认书

第二部分 典型案例

001 | 投资人是否能明确主张经济损失，系资产支持专项计划管理人是否承担侵权责任的重要前提之一

某信托公司与某证券公司侵权责任纠纷案

【案号】

（2019）粤0304民初11332号

【裁判要旨】

一般侵权之诉中，投资人需证明管理人存在侵权行为、投资人发生损失、损失与侵权行为之间具有因果关系、管理人存在过错。若投资人起诉时，是否存在损失及具体损失金额尚不能确定，则投资人请求要求赔偿其损失的条件即未成就。

【案情简介】

2016年1月5日，某信托公司与某证券公司签订《某资产支持专项计划资产支持证券认购协议与风险揭示书》（以下简称《认购协议》），约定信托公司从证券公司认购面值人民币3000万元的优先级资产支持证券，预期收益率6.3%，随后信托公司交纳了认购款项3000万元。本案专项计划的基础资产为证券公司受让的某租赁公司对某石化公司享有的设备租金请求权和其他权利及其附属担保权益。并且，石化公司因收中石油某分公司的6.5亿元款项质押给租赁公司，本案专项计划设立后转质押给本案专项计划，作为增信措施。

然而，2018年1月3日，证券公司发出公告称，其于2017年12月21日向中石油某分公司发送《询证函》，针对中石油某分公司与石化公司的业务合作关系、涉及中石油某分公司相关合同的真实性和有效性进行询证，中石油某分公司表示石化公司与中石油某分公司之间不

存在任何法律关系或者关联关系,也不存在任何业务往来,涉及中石油某分公司的相关合同等文件上所加盖的印章及负责人签字系伪造,中石油某分公司已向公安机关报案,案件正在侦查过程中。

2018年7月27日,证券公司向信托公司发送了关于触发本案专项计划提前终止事件的公告。截至目前,本案专项计划已经被上海证券交易所停牌,2018年8月6日应付的第11期收益无法兑付,到期亦无法获得本金兑付。

信托公司认为,证券公司作为资产支持证券的管理人和销售机构,存在虚假、误导以及主观疏忽等未尽职尽责情形,导致原告认购的资产支持证券遭受损失无法受偿。理由是:证券公司对基础资产的承租人石化公司的业务状况、供销关系及合作协议的披露均有虚假或不实,且对存货质押的真实有效性未进行任何现场尽调的方式核查,明显没有尽到审慎核查的职责。

证券公司则辩称,本案专项计划已经提前终止并按照约定进入清算程序,目前正处于清算阶段,信托公司尚未发生损失。此外,石化公司与中石油某分公司的业务关系所涉及的涉嫌伪造公章印章等事实尚在公安机关的侦查过程中。

【裁判结论】

裁定驳回信托公司的起诉。

【裁判观点】

首先,目前中石油某分公司被伪造变造公文证件印章一案尚在审理过程中,关于石化公司与中石油某分公司之间是否存在真实交易和账目往来、涉案相关合同等文件上所加盖的中石油某分公司印章及负责人签字是否真实,尚无最终结论。其次,本案资产支持专项计划已经提前终止,证券公司作为专项计划管理人已经组织成立了清算小组,目前清算程序尚在进行中,关于专项计划是否受到损失,信托公司作为资产支持证券持有人是否存在损失以及具体的损失金额尚不能确定。因此,信托公司起诉要求证券公司赔偿其损失的条件尚未成就,故其起诉应予以驳回。

【裁判依据】

《中华人民共和国民事诉讼法》第一百一十九条、第一百五十四条第一款第(三)项,《最高人民法院关于适用〈中华人民共和国民事诉讼法〉的解释》第二百零八条第三款

002 | 资产支持专项计划管理人是否存在违约行为的认定,在专项计划清算阶段投资人的具体损失金额的认定

某基金公司与某证券公司合同纠纷案

【案号】

(2020)京 0102 民初 6362 号

【裁判要旨】

在资产证券化业务中,管理人的尽职调查工作是指其勤勉尽责地通过查阅、访谈、列席会议、实地调查等方法对业务参与人以及拟证券化的基础资产进行调查,并有充分理由确信相关发行文件及信息披露真实、准确、完整的过程。业务参与人包括原始权益人、资产服务机构、托管人、信用增级机构以及对交易有重大影响的其他交易相关方。管理人所采取的尽职调查方法应与调查事项的重要性相匹配,调查所得的信息应足以使管理人确信调查事项的真实性。否则,管理人无法依约向投资人提供包含真实基础资产的资产支持证券,违反相关合同约定。

【案情简介】

2017 年 4 月 20 日,某基金公司与某证券公司签订《某资产支持专项计划资产支持证券认购协议与风险揭示书》(以下简称《认购协议》),约定基金公司从证券公司认购面值人民币 3500 万元的优先级

资产支持证券,随后信托公司交纳了认购款项3500万元。本案专项计划的基础资产为证券公司受让的某租赁公司对某石化公司享有的设备租金请求权和其他权利及其附属担保权益。并且,石化公司因收中石油某分公司的6.5亿元款项质押给租赁公司,本案专项计划设立后转质押给本案专项计划,作为增信措施。

2017年12月25日,证券公司公告称,石化公司实际控制人李某失联,石化公司已停产整改。由于石化公司资产处于查封状态,应收账款质押缓释措施存在无法实施的可能,专项计划评级由AAA级下调至B级。2018年1月3日,证券公司公告称其就中石油某分公司与石化公司的业务合作及相关合同的真实性和有效性向中石油某分公司进行询证。中石油某分公司回复称石化公司与中石油某分公司之间不存在任何法律关系或者关联关系,也不存在任何业务往来,涉及中石油某分公司的相关合同等文件上所加盖的印章及负责人签字系伪造,其已就石化公司伪造印章、公文一事向公安机关报案。2018年1月8日,中石油某分公司在《环球时报》发布《声明》,称其与石化公司之间无任何业务往来或者关联关系,石化公司以中石油某分公司旗号进行交易或发生的业务,均是虚构行为。2018年9月17日,证券公告称,持有人大会审议通过了《关于提前终止专项计划的议案》,管理人组织成立了清算小组。基金公司认购的资产支持证券,自2018年8月1日起,未收到2018年5月5日至2018年6月6日期间的收益。2018年9月专项计划经持有人决议提前终止,但未按照约定兑付应当给付的收益和本金。

基金公司认为,证券公司作为管理人未履行或未全部履行法律法规规定的职责、资产管理合同约定的任何职责或义务,致使专项计划资产受到损失,应当承担2014年修正的《证券法》第二十条、第六十九条规定的发行人虚假陈述的民事赔偿责任。

证券公司辩称,本案专项计划已经提前终止并按照约定进入清算程序,目前正处于清算阶段,基金公司尚未发生损失。而,石化公司与中石油某分公司的业务关系所涉及的涉嫌伪造公章印章等事实尚在公安机关的侦查过程中。此外,《证券法》第二十条、第六十九条不能适用于资产证券化业务。

【裁判结论】

一、证券公司于本判决生效之日起十日内向基金公司赔偿认购本金损失 3500 万元和收益损失;基金管理有限公司在本案专项计划清算中获得分配的金钱即时抵扣证券公司的上述赔偿责任金额;证券公司在履行完毕赔偿责任后,以实际赔偿金额为限,取得基金公司在本案专项计划清算中应受分配的相应金额资产的权利。

二、驳回基金公司的其他诉讼请求。

【裁判观点】

一、关于证券公司披露的应收账款信息是否真实、准确、完整。法院认为,石化公司实际控制人李某在伪造、变卖、买卖国家公文、证件、印章案开庭审理期间已对其虚构应收账款等作为担保,虚构租赁物向租赁公司取得售后回租资金 5 亿元,后证券公司向租赁公司收购 5 亿元债权,进行资产证券化,上市发行证券的事实予以认可,再结合中石油某分公司的复函、刊登的《声明》等证据,可以认定证券公司披露的应收账款信息不真实。

二、关于证券公司作为管理人对应收账款的调查是否尽到勤勉尽责责任。法院认为,应收账款在本案基础资产中极其重要,证券公司在设立专项计划之前,必须勤勉尽责地对应收账款及其质押进行充分调查,直至其有充足理由确信应收账款及其质押文件和信息真实、准确、完整,应向应收账款的债务人和质押人中石油某分公司直接调查。但证券公司在调查访谈过程中未核实对访谈人员身份,亦未在被调查单位的办公场所进行访谈。对此,证券监管部门已对证券公司采取出具警示函的监督管理措施。因此,可以认定证券公司的尽调方法与调查事实的重要性不相匹配。

三、关于证券公司作为资产支持证券管理人是否应向持有人承担责任。法院认为,证券公司在本案中应按照前述《中华人民共和国合同法》的规定承担违约损害赔偿责任。至于基金公司损失金额的认定,法院认为,基金公司在合同履行后可以获得的利益部分与其在专项计划清算中获得分配的金钱资产之间的差额,属于因证券公司违约给基金公司造成的可得利益损失。

【裁判依据】

《中华人民共和国合同法》第一百零七条、第一百一十三条第一款

003 | 基础资产买卖协议的效力,基础资产与原始权益人是否实现有效风险隔离

某财富管理公司作为案外人对某中院冻结某绿色能源公司应收账款执行异议案

【案号】

(2018)皖01执异43号

【裁判要旨】

在资产证券化业务中,原始权益人与专项计划的管理人之间依据基础资产买卖协议进行的资产(或相关权益)买卖交易,实质为债权转让而非质押担保。

基础资产的设定与流转,应根据法律规定或合同约定完成交割程序,以使得专项计划取得基础资产。基础资产交割完成后,专项计划取得基础资产,基础资产产生的现金流当然归属于专项计划,不以基础资产现金流是否划转至专项计划账户为判断依据。

【案情简介】

某中院在审理某银行与某绿色能源公司金融借款合同纠纷一案中进行诉讼财产保全,作出(2018)皖01民初533号《民事裁定书》及(2018)皖01执保字第21号《协助执行通知书》,要求某电力公司自2018年5月18日至2021年5月17日期间停止支付某绿色能源公司

应付电费及补贴 3000 万元。

某财富管理公司作为案外人对某中院冻结某绿色能源公司应收账款的行为提出书面异议，主张上述应收账款归属于某财务管理公司而非某绿色能源公司。某财富管理公司异议称，2015 年 6 月 12 日，某财富管理公司作为计划管理人设立了平安凯迪电力上网收费权资产支持专项计划（以下简称"平安凯迪专项计划"），基础资产为包括某绿色能源公司在内的三家原始权益人自 2015 年 5 月至 2020 年 6 月的电力上网收费权。就电力上网收费权转让事宜，某绿色能源公司取得了国网安徽省电力公司的同意函。某财富管理公司支付了基础资产购买价款，并就基础资产转让事宜在人民银行征信中心办理了应收账款转让登记和应收账款质押登记。2018 年 5 月，因专项计划触发权利完善措施，某财富管理公司已通知国网安徽省电力公司将某绿色能源公司上网电费和补贴直接支付至专项计划账户。因此，要求解除对某绿色能源公司在国网安徽省电力公司应收账款的冻结。

【裁判结论】

中止对某绿色能源公司在某电力公司应支付的电费及补贴 3000 万元的执行。

【裁判观点】

首先，就案涉的"电力上网收费权资产证券化"，某财富管理公司与原始权益人达成了《专项计划说明书》《专项计划标准条款》和《基础资产买卖协议》三份合同，该三份合同是一个整体，不可分割理解，依据前述三份合同，足以认定某财富管理公司以支付 11 亿元对价的方式，受让取得原始权益人自 2015 年 5 月至 2020 年 6 月因生物质发电自国网湖南省电力公司、国网安徽省电力公司和国网湖北省电力公司应当取得的电费、可再生能源补贴、调峰及停机补偿等产生的一切相关现金收入债权。虽结合前述三份合同，认定双方当事人就案涉电费及补贴，某财富管理公司和原始权益人之间形成的是债权转让关系而非质押担保关系是双方当事人的真实意思表示，某财富管理公司在受让债权后，又将自己设定为该债权的质押权人的行为无效。

其次，关于某银行的抗辩，法院认为：一、某财富管理公司已支付基础资产购买价款，虽然没有完全依据《基础资产买卖协议》的约定支付，但交易双方并无异议；二、不能以资金归属界定电力上网收费权的归属；三、专项计划文件中对电费收入的界定中包含了补贴。

法院认为，于2018年5月23日以(2018)皖01民初530号《民事裁定书》及(2018)皖01执保字第21号《协助执行通知书》，要求某电力公司自2018年5月18日至2021年5月17日期间停止支付原始权益人在该公司处的应付电费及补贴3000万元的行为损害了某财富管理公司的合法权利，某财富管理公司对案涉执行标的所提出的执行异议，符合《最高人民法院关于人民法院办理执行异议和复议案件若干问题的规定》第二十五条第一款第(五)项所规定的排除执行的情形，依法应予支持。

【裁判依据】

《中华人民共和国民事诉讼法》第二百二十七条，《最高人民法院关于适用〈中华人民共和国民事诉讼法〉的解释》第四百六十五条，《最高人民法院关于人民法院办理执行异议和复议案件若干问题的规定》第十六条、第二十五条。

004 资产支持专项计划的隔离效果，及监管账户内资金如何实现对"资金占有及所有"规则的突破

某证券公司作为案外人对某中院冻结某租赁公司监管账户中资金提出执行异议案

【案号】

(2019)鄂01执异786号

【裁判要旨】

对于特定专用账户中的货币,应根据账户当事人对该货币的特殊约定以及相关法律规定来判断资金权属,并确定能否对该账户资金强制执行,如信用证开证保证金、证券期货交易保证金、银行承兑汇票保证金、质押保证金、基金托管专户资金、社会保险基金等。对特定账户中的货币主张权利,符合法定专用账户构成要件及阻止执行条件的,可以排除对该账户的执行。

【案情简介】

某中院在审理原告为某信托公司诉被执行人借款合同纠纷一案中,根据某信托公司的申请,于 2019 年 1 月 8 日作出(2018)鄂 01 民初 4700 号之二民事裁定,冻结包括涉案账户在内的被执行人某租赁公司银行账户资金,以 7800 万元为限。同月 28 日,本院作出(2019)鄂 01 执保 15 号之四协助执行通知书,对涉案账户予以冻结。

案外人某证券公司称,案外人某证券公司与被执行人某租赁公司之间签署了《融信租赁 2017 年一期资产支持专项计划资产买卖协议》,约定被执行人某租赁公司将其应收租金作为基础资产有偿转让给案外人某证券公司,涉案账户视为支持专项计划的资金归集以及监管账户,账户内的资金已在冻结前,作为整体资产转让给案外人某证券公司。案外人某证券公司系涉案账户内资金的实际所有权人和占有人,其对涉案账户中的资金享有足以排除强制执行,请求法院撤销(2018)鄂 01 民初 4700 号之二民事裁定、(2019)鄂 01 执保 15 号之四协助执行通知书,解除对涉案账户的冻结。

【裁判结论】

中止对被执行人在中国光大银行股份有限公司福州分行华林支行开立的、账号为 79××× 72 银行账户资金的执行。

【裁判观点】

法院认为,首先,案外人提出异议所主张的是涉案账户内的资金,并非涉案账户,该资金是种类物,具有流通性,在特定条件下,则不能简单适用"登记主义"来判断案外人对涉案账户资金是否享有排除执行的权利。

其次，涉案账户内的资金系基于被执行人与案外人签订的《买卖协议》和案外人、某银行、被执行人签订的《监管协议》，在开立了涉案账户（监管账户）后，被执行人作为该项目的资产服务机构，将其归集的基础资产产生的回收款按照协议约定汇入涉案账户，在此情形下，该资金已被特定化。

最后，就该项目的转让以及转让资产的内容，已向中国人民银行的征信系统进行了登记，具有对外公示的效力。故，据此判断，案外人是涉案账户资金的权利人。另，申请执行人和被执行人对案外人提交的证据的合法性和真实性均不持异议，因此，案外人主张其对涉案账户内资金享有的所有权具备合法性和真实性的形式要件，能够排除执行。综上，案外人某证券公司对涉案账户的资金享有足以排除强制执行的权益，依法应对该执行标的中止执行。

【裁判依据】

《最高人民法院关于人民法院办理执行异议和复议案件若干问题的规定》第二十四条、第二十五条

005 差额支付约定及对差额支付义务提供担保的效力问题

某资管公司与某管理公司、某置业公司等证券交易合同纠纷案

【案号】

（2019）沪民初11号

【裁判要旨】

在资产证券化业务的交易结构中，差额支付承诺是比较常见的外部增信措施。由于管理人、原始权益人、资产服务机构并没有以自身

信用按期足额向投资人进行偿付的刚性兑付义务,即其与投资人之间不存在确定的债权债务关系,所以司法审判实践普遍认为差额支付不是保证担保。反而,差额支付承诺因差额支付义务的履行具备明确数额和履行时点,可以作为保证的主债权,进而可以对差额支付义务提供担保。

【案情简介】

2016年9月29日,某资管公司作为管理人、某管理公司作为原始权益人的"某资产支持专项计划"成立并挂牌交易。该资产支持专项计划的《说明书》和《标准条款》作了相关约定。约定,专项计划账户内可供分配的资金不足以支付优先级资产支持证券当期本息的,触发差额支付启动事件,应当由差额支付承诺人承担差额补足义务,如差额支付承诺人未依约支付差额,由担保人承担不可撤销的连带担保责任。

2016年6月2日,某管理公司和某置业公司共同向资管公司出具《专项计划差额支付承诺函》一份。

2016年6月3日,某建设公司作为担保人,签署了《担保协议》。2018年5月11日,某建飞公司作为担保人,签署了《担保协议》。该等担保协议所担保的主债权为《专项计划差额支付承诺函》项下管理人在发生差额支付启动事件后要求承诺人支付差额支付款项的权利。

2018年6月,资管公司与某房地产公司签署《股权质押协议》,约定房地产公司以其持有的某酒店管理公司100%的股权进行质押,为《专项计划差额支付承诺函》项下承诺人支付差额支付款项的义务进行担保。

2018年12月10日,资管公司向管理公司、置业公司出具《关于专项计划触发差额支付启动事件的通知》,催告二者补足差额支付款项。

2018年12月11日,资管公司向建设公司、建飞公司出具《关于专项计划触发担保启动事件的通知》,催告二者支付担保款项。

但差额支付承诺人及担保人均为履行相关义务。

【裁判结论】

一、管理公司、置业公司应于本判决生效之日起十日内向资管公司支付人民币376,203,405.73元；二、管理公司、置业公司应于本判决生效之日起十日内向资管公司支付以人民币376,203,405.73元为基数，按中国人民银行同期贷款利率计算，自2018年12月13日起至实际清偿之日止的利息；三、管理公司、置业公司应于本判决生效之日起十日内向资管公司支付律师费人民币376,768.56元，担保费人民币188,384.28元；四、建设公司、建飞公司对上述第一项、第二项、第三项付款义务承担连带保证责任。建设公司、建飞公司承担保证责任后，有权向管理公司、置业公司追偿；五、若管理公司、置业公司不履行上述第一项、第二项、第三项付款义务，资管公司有权与房地产公司协议，以房地产公司质押的酒店管理公司8500万股股权折价，或者以拍卖、变卖该质押财产所得的价款优先受偿；六、驳回资管公司的其余诉讼请求。

【裁判观点】

涉案《差额支付承诺函》《担保协议》及《股权质押协议》等系各方当事人的真实意思表示，且不违反法律法规的禁止性规定，应为合法有效，各方当事人均应恪守。

【裁判依据】

《中华人民共和国合同法》第六十条第一款、第一百零七条、第二百零七条，《中华人民共和国担保法》第十八条、第二十一条第一款、第三十一条，《中华人民共和国物权法》第一百七十六条、第二百一十九条、第二百二十一条、第二百二十六条第一款

006 ABS资产证券化中的票据行权要求

某证券公司与某商业保理公司等票据追索权纠纷案

【案号】

(2018)沪民终95号

【裁判要旨】

持票人行使票据权利,应当按照法定程序在票据上签章,并出示票据。以背书转让的汇票,背书应当连续。持票人以背书的连续,证明其汇票权利;非经背书转让,而以其他合法方式取得汇票的,依法举证,证明其汇票权利。

【案情简介】

2016年1月31日,某证券公司(作为买房、专项计划管理人)与某商业保理公司(作为卖方、原始权益人)签订了《同信证券瑞高保理(财盈一期)资产支持专项计划资产买卖协议》(以下简称《资产买卖协议》),约定卖方同意按照本协议规定的条款和条件向买方出售并转让基础资产,买方同意按照本协议规定的条款和条件向卖方购买并受让基础资产。该《资产买卖协议》附件一"基础资产的详情"载明四张汇票,其中,涉案票据的出票人和承兑人为某外海公司,收款人为某公司,票据金额100,292,500元,到期日2016/12/29,交易合同号HZWH××××××××××。

同日,双方签订了《同信证券瑞高保理(财盈一期)资产支持专项计划票据质押协议》(以下简称《票据质押协议》),约定某商业保理公司愿意按照协议约定的条款和条件以其持有的票据设定质押,作为各需方在购销合同项下的货款支付义务的担保。

同日,某商业保理公司(出质人、原始权益人)与某证券公司(质权人、管理人)、某银行上海分行(票据服务银行、托管人)签订《同信证券瑞高保理(财盈一期)资产支持专项计划票据服务协议》(以下简称《票据服务协议》)约定,某商业公司根据《票据质押协议》将其持有的如附件一所列示的票据出质于某证券公司,用以担保现在或将来任何时候各需方在购销合同项下对管理人的,使管理人能以现金方式合法、有效、按期、足额、不可撤销地获得相应货款偿付的义务;为了操作的需要和实施破产隔离机制,某商业保理公司作为出质人、某证券公司作为质权人拟委托某银行上海分行作为票据服务银行及质押代理人为前述质押票据的审验、保管和提示付款等事宜提供服务。该协议及《票据质押协议》项下质权人对票据的全部权利与义务仍由某证券公司享有。另外,《票据服务协议》附件一"质押票据清单"载明:以下为出质人发送给票据服务银行,用于同信证券瑞高保理(财盈一期)资产支持专项计划项下的电子商业承兑汇票质押票据明细,……涉案票据金额100,292,500元,出票人和承兑人为外海公司,收款人为某公司,出票日2016-01-13,到期日2016-12-29。

2016年2月2日,某证券公司支付了前述购买基础资产的对价2.4亿元。

2017年6月9日,某银行上海分行出具《关于编号××××××××××电子商票提示付款情况的回复函》称:2016年1月27日,某银行上海分行根据某证券公司(质权人)书面指令通过电子商业汇票系统签收出质人(某商业保理公司)提交的编号为××××××××××的电子商业承兑汇票,完成该项电票的质押托管。2016年12月29日(即票据到期日),某银行上海分行根据某证券公司书面指令通过电子商业汇票系统发出提示付款。2017年3月22日,该项电子商业承兑汇票被承兑人(某外海公司)拒付。

【裁判结论】

一审判决:一、被告某商业保理公司应于本判决生效之日起十日内支付原告证券公司汇票款人民币100,292,500元及利息;二、其他被告对被告某商业保理公司依本判决第一项所负的义务承担连带清偿责任。

二审判决:一、撤销一审民事判决;二、驳回被上诉人某证券公司的原审诉讼请求。

【裁判观点】

根据《票据法》第五条第一款的规定,票据当事人可以委托其代理人在票据上签章,并应当在票据上表明其代理关系。涉案票据并未载明某银行上海分行为某证券公司的代理人。由于票据具有严格文义性,故无法认定某证券公司为涉案票据的质权人。综上,某证券公司既未按照法定程序在票据上签章,又未以其他合法方式取得票据,在票据上也看不出由某银行上海分行代理其持有票据的字样，故某证券公司关于其为涉案票据的合法持票人的主张，依据不足，二审法院不予支持。

由于某证券公司并非涉案票据的合法持票人，其向被告某商业保理公司及其他被告行使票据追索权无事实和法律依据。

【裁判依据】

《中华人民共和国票据法》第四条第二款、第五条第一款、第三十一条第一款

007 原始权益人在法院受理破产申请前一年内向资产支持专项计划追加的抵押担保应否撤销？

某电力公司与某证券公司破产撤销权纠纷案

【案号】

（2017）鲁1626民初4302号

【裁判要旨】

在资产证券化业务中，增信机制是必不可少的要素，通常为基本资产的差额补足义务、连带责任保证及抵押担保等。如专项计划的管理人与原始权益人之间仅以协议方式设定增信机制的相关条款，而未要求原始权益人提供确切的物权担保并完成相应的登记备案手续。根据《中华人民共和国企业破产法》第三十一条第（三）项的规定，专项计划的管理人如后续追加的抵押担保的行为发生在原始权益人重整申请前一年内，应予撤销。

【案情简介】

某电力公司与某证券公司存在多年的业务合作关系。2015年12月15日，某电力公司与某证券公司签订了专项计划资产买卖协议，某

电力公司以 10 亿元的价款将其所享有的基础资产转让给某证券公司以进行资产证券化融资。同日,某电力公司向某证券公司出具专项计划差额补足承诺函,某电力公司作为专项计划差额补足义务人,某证券公司作为专项计划的管理人。

2015 年 12 月 15 日,某供电公司向某证券公司出具专项计划担保函,被担保的主债权为:1. 某电力公司依据专项计划标准条款第 6.6 款和专项计划资产买卖协议第七条所承担的优先级资产支持证券 03 的回售和赎回款项的支付义务;2. 电力公司依据专项计划差额补足承诺函所承担的差额补足义务。保证方式为:保证人提供保证的方式为全额不可撤销的连带责任保证担保。

2017 年 4 月 1 日,某电力公司、某铝业公司分别与被告某证券公司签订了抵押合同,对 2015 年 12 月 15 日某电力公司给某证券公司出具的专项计划差额补足承诺函的履行重新设定了财产抵押担保。同日,为确保某电力公司上述差额补足义务的履行,某证券公司分别与某电力公司、某铝业公司签署抵押合同二份,某电力公司、某铝业公司以其自有的财产对电力公司上述差额补足义务的履行设立抵押担保,并分别对设立抵押的财产出具了抵押财产清单。

2017 年 8 月 1 日,一审法院裁定受理某电力公司、某铝业公司的重整申请,同日指定某电力公司清算组担任某电力公司管理人、某铝业有限公司清算组担任某铝业公司管理人;2017 年 9 月 28 日,该管理人接收了被告某证券公司(代表专项计划)的债权申报资料;2017 年 10 月 20 日,一审法院裁定包括电力公司、铝业公司在内的二十七家公司合并重整,由原告齐星公司担任二十七家公司合并重整的管理人,齐星公司负责人担任二十七家公司合并重整管理人负责人。原告在审查债权申报资料时,发现"2017 年 4 月 1 日,为确保某电力公司差额补足义务的履行,某证券公司分别与某电力公司、某铝业公司签署抵押合同二份,某电力公司、某铝业公司以其自有的财产为某电力公司差额补足义务的履行设立抵押担保"的行为,存在《中华人民共和国企业破产法》第三十一条第(三)项规定的情形,应予撤销,遂于 2017 年

11月20日向本院提起诉讼。

【裁判结论】

撤销某电力公司、某铝业公司于2017年4月1日分别与被告某证券公司签署抵押合同为邹平电力购售电合同债权资产支持专项计划差额补足义务追加提供财产抵押担保的行为。

【裁判观点】

某电力公司、某铝业公司于2017年4月1日分别与被告某证券公司签订了抵押合同,对2015年12月15日某电力公司给某证券公司出具的专项计划差额补足承诺函的履行重新设定了财产抵押担保。

2017年8月1日,一审法院裁定受理电力公司、铝业公司的重整申请,某电力公司、铝业公司对被告国信公司负有的债务设定财产抵押担保的行为发生在一审法院受理某电力公司、某铝业公司重整申请前一年内,该行为符合《中华人民共和国企业破产法》第三十一条第(三)项规定的情形,现原告作为电力公司、铝业公司申请重整的管理人,向一审法院申请撤销某电力公司、某铝业公司与被告某证券公司的上述行为,一审法院应予支持。

某供电公司虽于2015年12月15日向某证券公司出具专项计划担保函,但该担保函未明确约定某供电公司的担保财产明细,亦未到有关部门将需担保的财产进行备案登记,且保证担保的义务主体是某供电公司,而非某电力公司、某铝业公司,因此,被告辩称原告的诉讼请求不适用《中华人民共和国企业破产法》第三十一条第(三)项之规定的意见,本院不予采信。

【裁判依据】

《中华人民共和国企业破产法》第三十一条

第三部分 文书范本

文书范本使用说明

本书文书范本放在有章平台，可以直接下载使用，使用说明如下：

输入网址（https://www.ilawpress.com/）- 搜索范本标题 - 阅读、下载文件；客户端：下载"有章阅读"APP - 浏览器/微信扫描二维码 - 打开有章阅读APP - 阅读文件。